C000000576

1 MONTH OF
FREE
READING

at
www.ForgottenBooks.com

By purchasing this book you are eligible for one month membership to ForgottenBooks.com, giving you unlimited access to our entire collection of over 1,000,000 titles via our web site and mobile apps.

To claim your free month visit:
www.forgottenbooks.com/free1340268

* Offer Is valid for 45 days from date of purchase. Terms and conditions apply.

ISBN 978-0-365-09096-0
PIBN 11340268

This book is a reproduction of an important historical work. Forgotten Books uses
state-of-the-art technology to digitally reconstruct the work, preserving the original format
whilst repairing imperfections present in the aged copy. In rare cases, an imperfection in
the original, such as a blemish or missing page, may be replicated in our edition. We do,
however, repair the vast majority of imperfections successfully; any imperfections that
remain are intentionally left to preserve the state of such historical works.

Forgotten Books is a registered trademark of FB &c Ltd.
Copyright © 2018 FB &c Ltd.
FB &c Ltd, Dalton House, 60 Windsor Avenue, London, SW19 2RR.
Company number 08720141. Registered in England and Wales.

For support please visit www.forgottenbooks.com

Shakespeares

sämtliche

dramatische Werke.

Übersetzt von

Schlegel und Tieck.

———

Mit einer biographischen Einleitung von Rob. Prölß.

———

Fünfter Band.

Leipzig.
Gustav Fock Verlag.

Julius Cäsar.

Übersetzt von

A. W. Schlegel.

Personen.

Julius Cäsar.
Octavius Cäsar,
Marcus Antonius, } Triumvirn, nach dem Tode des Julius Cäsar.
M. Ämilius Lepidus,
Cicero,
Publius, } Senatoren.
Popilius Lena,
Marcus Brutus,
Cassius,
Casca,
Trebonius,
Ligarius, } Verschworene gegen Julius Cäsar
Decius Brutus,
Metellus Cimber,
Cinna,
Flavius, } Tribunen.
Marullus,
Artemidorus, ein Sophist von Knidos.
Ein Wahrsager.
Cinna, ein Poet.
Ein anderer Poet.
Lucilius,
Titinius,
Messala, } Freunde des Brutus und Cassius.
Der junge Cato,
Volumnius,
Varro,
Clitus,
Claudius, } Diener des Brutus.
Strato,
Lucius,
Dardanius,
Pindarus, Diener des Cassius.
Calpurnia, Gemahlin des Cäsar.
Portia, Gemahlin des Brutus.

Senatoren, Bürger, Wache, Gefolge u. s. w.

(Die Scene ist einen großen Teil des Stücks hindurch zu Rom, nachher zu Sardes und bei Philippi.)

1*

Erster Aufzug.

1. Scene.

Rom. Eine Straße.

Flavius, Marullus und ein Haufe von Bürgern.

Flavius. Packt euch nach Haus, ihr Tagediebe! fort!
Ist dies ein Feiertag? Was? wißt ihr nicht,
Daß ihr als Handwerksleut' an Werkeltagen
Nicht ohne ein Zeichen der Hantierung dürft
Umhergehn? — Welch Gewerbe treibst du? sprich!
Erster Bürger. Nun, Herr, ich bin ein Zimmermann.
Marullus. Wo ist dein ledern Schurzfell und dein Maß?
Was machst du hier in deinen Sonntagskleidern? —
Ihr, Freund, was treibt Ihr?
Zweiter Bürger. Die Wahrheit zu gestehn, Herr, gegen einen
feinen Arbeiter gehalten, mache ich nur, sozusagen, Flickwerk.
Marullus. Doch welch Gewerb? Antworte gradezu.
Zweiter Bürger. Ein Gewerbe, Herr, das ich mit gutem Ge=
wissen treiben kann, wie ich hoffe. Es besteht darin, einen schlechten
Wandel zu verbessern.
Marullus. Welch ein Gewerb, du Schuft? welch ein Gewerb?
Zweiter Bürger. Nein, ich bitte Euch, Herr, laßt Euch die
Geduld nicht reißen. Wenn aber ja was reißt, so gebt Euch nur
in meine Hand.
Marullus. Was meinst du damit? Mich in deine Hand geben,
du naseweiser Bursch?
Zweiter Bürger. Nun ja, Herr, damit ich Euch flicken kann.
Flavius. Du bist ein Schuhflicker, nicht wahr?
Zweiter Bürger. Im Ernst, Herr, ich bin ein Wundarzt für
alte Schuhe: wenn's gefährlich mit ihnen steht, so mache ich sie
wieder heil. So hübsche Leute, als jemals auf Rindsleder getreten,
sind auf meiner Hände Werk einhergegangen.
Flavius. Doch warum bist du in der Werkstatt nicht?
Was führst du diese Leute durch die Gassen?
Zweiter Bürger. Meiner Tren, Herr, um ihre Schuhe ab=
zunutzen, damit ich wieder Arbeit kriege. Doch im Ernst, Herr, wir
machen Feiertag, um den Cäsar zu sehen, uns über seinen Triumph
zu freuen.
Marullus. Warum euch freun? Was hat er wohl erobert?
Was für Besiegte führt er heim nach Rom,

Und fesselt sie zur Zier an seinen Wagen?
Ihr Blöck'! ihr Steine! schlimmer als gefühllos!
O harte Herzen! arge Männer Roms!
Habt ihr Pompejus nicht gekannt? Wie oft
Stiegt ihr hinan auf Mauern und auf Zinnen,
Auf Türme, Fenster, ja auf Feueressen,
Die Kinder auf dem Arm, und saßet da
Den lieben langen Tag, geduldig wartend,
Bis durch die Straßen Roms Pompejus zöge?
Und saht ihr seinen Wagen nur von fern,
Erhobt ihr nicht ein allgemeines Jauchzen,
So daß die Tiber bebt' in ihrem Bett,
Wenn sie des Lärmes Widerhall vernahm
An ihren hohlen Usern?
Und legt ihr nun die Feierkleider an?
Und spart ihr nun euch einen Festtag aus?
Und streut ihr nun ihm Blumen auf den Weg,
Der siegprangt über des Pompejus Blut;
Hinweg!
In eure Häuser lauft, fallt auf die Knie,
Und fleht die Götter an, die Not zu wenden,
Die über diesen Undank kommen muß!

Flavius. Geht, geht, ihr guten Bürger! und versammelt
Für dies Vergehen eure armen Brüder;
Führt sie zur Tiber, weinet eure Thränen
Ins Flußbett, bis ihr Strom, wo er am flachsten,
Die höchsten ihrer Uferhöhen küßt.   (Die Bürger ab.)
Sieh, wie die Schlacken ihres Innern schmelzen!
Sie schwinden weg, verstummt in ihrer Schuld.
Geht Ihr den Weg, hinab zum Kapitol;
Hierhin will ich. Entkleidet dort die Bilder,
Seht Ihr mit Ehrenzeichen sie geschmückt.

Marullus. Ist das erlaubt?
Ihr wißt, es ist das Lupercalien=Fest.

Flavius. Es thut nichts: laßt mit den Trophäen Cäsars
Kein Bild behängt sein. Ich will nun umher
Und will den Pöbel von den Gassen treiben.
Das thut auch Ihr, wo Ihr gedrängt sie seht.
Dies wachsende Gefieder, ausgerupft
Der Schwinge Cäsars, wird den Flug ihm hemmen,
Der, über Menschenblicke hoch hinaus,
Uns alle sonst in knecht'scher Furcht erhielte.

            (Beide ab.)

2. Scene.

Ein öffentlicher Platz.

In einem feierlichen Aufzuge mit Musik kommen Cäsar, Antonius, zum Wettlauf gerüstet; Calpurnia, Portia, Decius, Cicero, Brutus, Cassius und Casca, und hinter ihnen ein großes Gedränge, darunter ein Wahrsager.

Cäsar. Calpurnia!

Casca.   Still da! Cäsar spricht. (Die Musik hält inne.)

Cäsar.   Calpurnia!

Calpurnia. Hier, mein Gemahl.

Cäsar. Stellt dem Antonius grad' Euch in den Weg,
   Wenn er zur Wette läuft. — Antonius!

Antonius. Erlauchter Cäsar?

Cäsar. Vergeßt, Antonius, nicht in Eurer Eil',
   Calpurnia zu berühren; denn es ist
   Ein alter Glaube, unfruchtbare Weiber,
   Berührt bei diesem heil'gen Wettelauf,
   Entladen sich des Fluchs.

Antonius.   Ich werd' es merken.
   Wenn Cäsar sagt: thu das, so ist's vollbracht.

Cäsar. Beginnt; laßt nichts von den Gebräuchen aus. (Musik.)

Wahrsager. Cäsar!

Cäsar. He, wer ruft?

Casca. Es schweige jeder Lärm: noch einmal still;
                (Die Musik hält inne.)

Cäsar. Wer ist es im Gedräng', der mich begehrt?
   Durch die Musik dringt gellend eine Stimme,
   Die: Cäsar! ruft. Sprich! Cäsar neigt sein Ohr.

Wahrsager. Nimm vor des Märzen Idus dich in acht.

Cäsar. Wer ist der Mann?

Brutus. Ein Wahrsager; er warnt Euch vor des Märzen Idus.

Cäsar. Führt ihn mir vor, laßt sein Gesicht mich sehn.

Casca. Komm aus dem Haufen, Mensch: tritt vor den Cäsar.

Cäsar. Was sagst du nun zu mir? Sprich noch einmal.

Wahrsager. Nimm vor des Märzen Idus dich in acht.

Cäsar. Er ist ein Träumer: laßt ihn gehn und kommt.
        Ein Marsch. Alle bis auf Brutus und Cassius gehen ab.

Cassius. Wollt Ihr den Hergang bei dem Wettlauf sehn?

Brutus. Ich nicht.

Cassius. Ich bitt' Euch, thut's.

Brutus. Ich hab' am Spiel nicht Lust, mir fehlt ein Teil
   Vom muntern Geiste des Antonius:

Doch muß ich Euch in Eurem Wunsch nicht hindern.
Ich laß' Euch, Cassius.
Cassius. Brutus, seit kurzem geb' ich acht auf Euch,
Ich find' in Eurem Blick die Freundlichkeit,
Die Liebe nicht, an die Ihr mich gewöhnt.
Zu grämlich und zu fremd begegnet Ihr
Dem Freunde, der Euch liebt.
Brutus.   Mein Cassius,
Betrügt Euch nicht. Hab' ich den Blick verschleiert,
So kehrt die Unruh' meiner Mienen sich
Nur gegen mich allein. Seit kurzem quälen
Mich Regungen von streitender Natur,
Gedanken, einzig für mich selbst geschickt,
Die Schatten wohl auf mein Betragen werfen.
Doch laßt dies meine Freunde nicht betrüben —
Wovon Ihr einer sein müßt, Cassius —
Noch mein achtloses Wesen anders denken,
Als daß, mit sich im Krieg, der arme Brutus
Den andern Liebe kund zu thun vergißt.
Cassius. Dann, Brutus, mißverstand ich Euren Unmut,
Deshalb begrud hier diese Brust Entwürfe
Von großem Werte, würdige Gedanken.
Sagt, Brutus, könnt Ihr Euer Antlitz sehn?
Brutus. Nein, Cassius, denn das Ange sieht sich nicht,
Als nur im Widerschein, durch andre Dinge.
Cassius. So ist's;
Und man beklagt sich sehr darüber, Brutus,
Daß Ihr nicht solche Spiegel habt, die Enren
Verborgnen Wert Euch in die Augen rückten,
Auf daß Ihr Enren Schatten säht. Ich hörte,
Wie viele von den ersten Männern Roms, —
Nur Cäsarn nehm' ich aus — vom Brutus redend,
Und seufzend unter dieser Zeiten Joch,
Ein Aug' für sich dem edlen Brutus wünschten.
Brutus. Auf welche Wege, Cassius, lockt Ihr mich,
Daß Ihr mich heißt in meinem Innern suchen.
Was doch nicht in mir ist?
Cassius. Drum, lieber Brutus, schickt Euch an zu hören.
Und weil Ihr wißt, Ihr könnt Euch selbst so gut
Nicht sehn als durch den Widerschein, so will
Ich, Euer Spiegel, Euch bescheidentlich
Von Euch entdecken, was Ihr noch nicht wißt.
Und denkt von mir kein Arges, werter Brutus.

Wär' ich ein Lacher aus der Menge; pflegt' ich
Mein Herz durch Alltagsschwüre jedem neuen
Beteurer auszubieten; wenn Ihr wißt,
Daß ich die Menschen streichle, fest sie herze,
Und dann sie lästre; oder wenn Ihr wißt,
Daß ich beim Schmaus mich mit der ganzen Schar
Verbrüdern mag, dann hütet Euch vor mir.

(Trompeten und Freudengeschrei.)

Brutus. Was heißt dies Jauchzen? Wie ich fürchte, wählt
Das Volk zum König Cäsarn.

Cassius. Fürchtet Ihr's?
Das hieße ja, Ihr möchtet es nicht gern.

Brutus. Nein, Cassius, nicht gern; doch lieb' ich ihn.
Doch warum haltet Ihr mich hier so lange?
Was ist es, das Ihr mir vertrauen möchtet?
Ist's etwas, dienlich zum gemeinen Wohl,
Stellt Ehre vor ein Auge, Tod vors andre,
Und beide seh' ich gleiches Mutes an.
Die Götter sein mir günstig, wie ich mehr
Die Ehre lieb', als vor dem Tod mich scheue.

Cassius. Ich weiß, daß diese Tugend in Euch wohnt,
So gut ich Euer äußres Ansehn kenne.
Wohl! Ehre ist der Inhalt meiner Rede.
Ich weiß es nicht, wie Ihr und andre Menschen
Von diesem Leben denkt; mir, für mich selbst,
Wär' es so lied, nicht da sein, als zu leben
In Furcht vor einem Wesen wie ich selbst.
Ich kam wie Cäsar frei zur Welt, so Ihr;
Wir nährten uns so gut, vir können beide
So gut wie er des Winters Frost ertragen.
Denn einst, an einem rauhen, stürm'schen Tage,
Als wild die Tiber an ihr Ufer todte,
Sprach Cäsar zu mir: Wagst du, Cassius, nun
Mit mir zu springen in die zorn'ge Flut,
Und bis dorthin zu schwimmen? — Auf dies Wort,
Bekleidet, wie ich var, stürzt' ich hinein,
Und hieß ihn folgen; wirklich that er's auch.
Der Strom brüllt auf uns ein; wir schlugen ihn
Mit wackern Sehnen, varsen ihn beiseit',
Und hemmten ihn mit einer Brust des Trotzes.
Doch eh wir das gevählte Ziel erreicht,
Rief Cäsar: Hilf mir, Cassius! ich sinke.
Ich, vie Aneas, unser großer Ahn,

Aus Trojas Flammen einst auf seinen Schultern
Den alten Vater trug, so aus den Wellen
Zog ich den müden Cäsar. — Und der Mann
Ist nun zum Gott erhöht, und Cassius ist
Ein arm Geschöpf, und muß den Rücken beugen,
Nickt Cäsar nur nachlässig gegen ihn.
Als er in Spanien war, hatt' er ein Fieber,
Und wenn der Schau'r ihn ankam, merkt' ich wohl
Sein Beben: ja, er bebte, dieser Gott!
Das feige Blut der Lippen nahm die Flucht.
Sein Auge, dessen Blick die Welt bedräut,
Verlor den Glanz, und ächzen hört' ich ihn.
Ja, dieser Mund, der horchen hieß die Römer,
Und in ihr Buch einzeichnen seine Reden,
Ach, rief: „Titinius! gieb mir zu trinken!"
Wie 'n krankes Mädchen. Götter! ich erstaune,
Wie nur ein Mann so schwächlicher Natur
Der stolzen Welt den Vorsprung abgewann,
Und nahm die Palm' allein. (Jubelgeschrei. Trompeten.)
Brutus.   Ein neues Janchzen!
Ich glaube, dieser Beifall gilt die Ehren,
Die man auf Cäsars Haupt von neuem häuft.
Cassius. Ja, er beschreitet, Freund, die enge Welt
Wie ein Kolossus, und wir kleinen Leute,
Wir wandeln unter seinen Riesenbeinen,
Und schaun umher nach einem schnöden Grab.
Der Mensch ist manchmal seines Schicksals Meister:
Nicht durch die Schuld der Sterne, lieber Brutus,
Durch eigne Schuld nur sind wir Schwächlinge.
Brutus und Cäsar — was steckt doch in dem Cäsar,
Daß man den Namen mehr als Euren spräche?
Schreibt sie zusammen: ganz so schön ist Eurer,
Sprecht sie: er steht den Lippen ganz so wohl;
Wägt sie: er ist so schwer; beschwört mit ihnen:
Brutus ruft Geister auf, so schnell wie Cäsar.
Nun denn, im Namen der gesamten Götter,
Mit was für Speise nährt der Cäsar sich,
Daß er so groß ward? Zeit, du bist entehrt!
Rom, du verlorst die Kraft des Heldenstamms!
Welch Alter schwand wohl seit der großen Flut,
Das nicht geglänzt durch mehr als einen Mann?
Wer sagte jemals, wenn er sprach von Rom,
Es faß' ihr weiter Kreis nur einen Mann?

Nun ist in Rom fürwahr des Raums genug:
Find't man darin nur einen einz'gen Mann.
O, beide hörten wir von unsern Vätern,
Einst gab es einen Brutus, der so gern
Des alten Teufels Hof als einen König
Geduldet hätt' in Rom.

Brutus.   Daß Ihr mich liebt, bezweifl' ich keineswegs;
Worauf Ihr bei mir dringt, das ahn' ich wohl;
Was ich davon gedacht und von den Zeiten,
Erklär' ich Euch in Zukunft.   Doch für jetzt
Möcht' ich, venn ich Euch freundlich bitten darf,
Nicht mehr getrieben sein.   Was Ihr gesagt,
Will ich erwägen; was Ihr habt zu sagen,
Mit Ruhe hören, und gelegne Zeit,
So hohe Dinge zu besprechen finden.
Bis dahin, edler Freund, beherzigt dies:
Brutus wär' lieber eines Dorfs Bewohner,
Als sich zu zählen zu den Söhnen Roms
In solchem harten Staud, wie diese Zeit
Uns aufzulegen drohi.

Cassius.   Ich bin erfreut, daß meine schwachen Worte
Dem Brutus so viel Funken nur entlockt.

Cäsar und kein Zug kommen zurück.

Brutus.   Das Spiel ist aus, und Cäsar kehrt zurück.

Cassius.   Wenn sie uns nahn, zupft Casca nur am Ärmel;
Er wird nach seiner mürr'schen Art Euch sagen,
Was von Belang sich heut ereignet hat.

Brutus.   Ich vill es thun.   Doch seht nur, Cassius,
Auf Cäsars Stirne glüht der zorn'ge Fleck,
Die andern sehn gescholtnen Dienern gleich.
Calpurnias Wang' ist blaß, und Cicero
Blickt mit so feurigen und roten Augen,
Wie wir ihn wohl im Kapitol gesehn,
Wenn Senatoren ihn im Rat bestritten.

Cassius.   Casca wird uns berichten, was es giebt.

Cäsar.   Antonius!

Antonius.   Cäsar?

Cäsar.   Laßt wohlbeleibte Männer um mich sein,
Mit glatten Köpfen, und die nachts gut schlafen,
Der Cassius dort hat einen hohlen Blick;
Er denkt zu viel: die Leute sind gefährlich.

Antonius.   O fürchtet den nicht: er ist nicht gefährlich.
Er ist ein edler Mann und wohlgesinnt.

Cäsar. Wär' er nur fetter! — Zwar ich fürcht' ihn nicht;
Doch wäre Furcht nicht meinem Namen fremd,
Ich kenne niemand, den ich eher miede,
Als diesen hagern Cassius. Er liest viel;
Er ist ein großer Prüfer, und durchschaut
Das Thun der Menschen ganz; er liebt kein Spiel
Wie du, Antonius; hört nicht Musik;
Er lächelt selten, und auf solche Weise,
Als spott' er sein, verachte seinen Geist,
Den irgend was zum Lächeln bringen konnte.
Und solche Männer haben nimmer Ruh',
Solang sie jemand größer sehn als sich.
Das ist es, was sie so gefährlich macht.
Ich sag' dir eher, was zu fürchten stände,
Als was ich fürchte; ich bin stets doch Cäsar.
Komm mir zur Rechten, denn dies Ohr ist taub,
Und sag mir wahrhaft, was du von ihm denkst.

Cäsar und sein Gefolge ab. Casca bleibt zurück.

Casca. Ihr zogt am Mantel mich: wollt Ihr mich sprechen?
Brutus. Ja, Casca, sag uns, was sich heut begeben.
Daß Cäsar finster sieht.
Casca. Ihr wart ja bei ihm: wart Ihr nicht?
Brutus. Dann fragt' ich Casca nicht, was sich begeben.
Casca. Nnn, man bot ihm eine Kroue an, und als man sie
ihm anbot, schob er sie mit dem Rücken der Hand zurück, so; und
da erhob das Volk ein Jauchzen.
Brutus. Worüber jauchzten sie zum andernmal?
Casca. Nnn, auch darüber.
Cassius. Sie jauchzten dreimal ja: warum zuletzt?
Casca. Nun, auch darüber.
Brutus. Wurd' ihm die Krone dreimal angeboten?
Casca. Ei, meiner Treu, wurde sie's, und er schob sie dreimal
zurück, jedesmal sachter als das vorige Mal, und bei jedem Zurück=
schieben jauchzten meine ehrlichen alten Freunde.
Cassius. Wer bot ihm die Krone an?
Casca. Je nun, Antonius.
Brutus. Sagt uns die Art und Weise, lieber Casca.
Casca. Ich kann mich ebensogut hängen lassen, als euch die
Art und Weise erzählen: es waren nichts als Possen, ich gab nicht
acht darauf. Ich sah den Mark Anton ihm eine Krone andieten —
doch eigentlich war's keine rechte Krone, es war so 'ne Art von
Stirnband — und wie ich euch sagte, er schob sie einmal beiseite;
aber bei allem dem hätte er sie nach meinem Bedünken gern gehabt.

Dann bot er sie ihm nochmals an, und dann schob er sie nochmals
zurück; aber nach meinem Bedünken kam es ihm hart an, die Finger
vieder davon zu thun. Und dann bot er sie ihm zum dritten Male
an; er schob sie zum dritten Male zurück, und jedesmal, daß er sie
ausschlug, kreischte das Gesindel, und klatschten in die rauhen Fäuste,
und varfen die schweißigen Nachtmützen in die Höhe und gaben eine
solche Last stinkenden Atem von sich, weil Cäsar die Krone ausschlug,
daß Cäsar fast daran erstickt wäre; denn er ward ohnmächtig und
fiel nieder, und ich für mein Teil wagte nicht zu lachen, aus Furcht,
ich möchte den Mund aufthun und die böse Luft einatmen.

Cassius. Still doch! ich bitt' Euch. Wie? er fiel in Ohnmacht?

Casca. Er fiel auf dem Marktplatze nieder, hatte Schaum vor
dem Munde und war sprachlos.

Brutus. Das mag wohl sein; er hat die fallende Sucht.

Cassius. Nein, Cäsar hat sie nicht. Doch Ihr und ich
Und unser wackrer Casca: wir haben sie.

Casca. Ich weiß nicht, was Ihr damit meint; aber ich bin
gewiß, Cäsar fiel nieder. Wenn das Lumpenvolk ihn nicht beklatschte
und auszischte, je nachdem er ihnen gefiel, oder mißfiel, wie sie es
mit den Komödianten auf dem Theater machen, so bin ich kein
ehrlicher Kerl.

Brutus. Was sagt' er, als er zu sich selber kam?

Casca. Ei nun, eh er hinfiel, als er merkte, daß der gemeine
Haufe sich freute, daß er die Krone ausschlug, so riß er auch sein
Wams auf, und bot ihnen seinen Hals zum Abschneiden — triebe
ich irgend 'ne Hantierung, so vill ich mit den Schuften zur Hölle
fahren, wo ich ihn nicht beim Wort genommen hätte — und damit
fiel er hin. Als er wieder zu sich selbst kam, sagte er, wenn er
irgend etwas Unrechtes gethan oder gesagt hätte, so däte er Ihre
Edeln, es seinem Übel beizumessen. Drei oder vier Weibsbilder, die
bei mir standen, riefen: „Ach, die gute Seele!“ und vergaben ihm
von ganzem Herzen. Doch das gilt freilich nicht viel: venn er ihre
Mütter aufgespießt hätte, sie hätten's ebensogut gethan.

Brutus. Und darauf ging er so verdrießlich weg?

Casca. Ja.

Cassius. Hat Cicero etwas gesagt?

Casca. Ja, er sprach griechisch.

Cassius. Was wollt' er denn?

Casca. Ja, venn ich Euch das sage, so will ich Euch niemals
wieder vor die Augen kommen. Aber die ihn verstanden, lächelten
einander zu und schüttelten die Köpfe. Doch was mich anlangt,
mir war es griechisch. Ich kann euch noch mehr Neues erzählen:
dem Marullus und Flavius ist das Maul gestopft, weil sie Binden

von Cäsars Bildsäulen gerissen haben. Lebt wohl! Es gab noch mehr
Possen, wenn ich mich nur darauf besinnen könnte.

    Cassius. Wollt Ihr heute abend bei mir speisen, Casca?

    Casca. Nein, ich bin schon versagt.

    Cassius. Wollt Ihr morgen bei mir zu Mittag speisen?

    Casca. Ja, wenn ich lebe, und Ihr bei Eurem Sinne bleibt,
und Eure Mahlzeit das Essen verlohnt.

    Cassius. Gut, ich erwart' Euch.

    Casca. Thut das: lebt beide wohl. (Ab.)

Brutus. Was für ein plumper Bursch ist dies geworden?
    Er war voll Feuer als mein Schulgenoß.

Cassius. Das ist er jetzt noch bei der Ausführung
    Von jedem kühnen, edlen Unternehmen,
    Stellt er sich schon so unbeholfen an.
    Dies rauhe Wesen dient gesundem Witz
    Bei ihm zur Brüh': es stärkt der Leute Magen,
    Eßlustig seine Reden zu verdaun.

Brutus. So ist es auch. Für jetzt verlaß' ich Euch,
    Und morgen, wenn Ihr wünscht mit mir zu sprechen,
    Komm' ich zu Euch ins Haus; doch wenn Ihr wollt,
    So kommt zu mir, und ich will Euch erwarten.

Cassius. Das will ich: bis dahin gedenkt der Welt. (Brutus ab.)
    Gut, Brutus, du bist edel; doch ich sehe,
    Dein löbliches Gemüt kann seiner Art
    Entwendet werden. Darum ziemt es sich,
    Daß Edle sich zu Edlen immer halten.
    Wer ist so fest, den nichts verführen kann?
    Cäsar ist feind mir, und er liebt den Brutus.
    Doch wär' ich Brutus nun, er Cassius,
    Er sollte mich nicht leuken. Diese Nacht
    Werf' ich ihm Zettel von verschiednen Händen,
    Als ob sie von verschiednen Bürgern kämen,
    Durchs Fenster, alle voll der großen Meinung,
    Die Rom von seinem Namen hegt, wo dunkel
    Auf Cäsars Ehrsucht soll gedeutet sein.
    Dann denke Cäsar seines nahen Falles,
    Wir stürzen bald ihn, oder dulden alles. (Ab.)

3. Scene.

Eine Straße. Ungewitter.

Casca mit gezogenem Schwert und Cicero kommen von verschiedenen Seiten.

Cicero. Guten Abend, Casca! Kommt Ihr her vom Cäsar?
    Warum so atemlos und so verstört?

Casca. Bewegt's Euch nicht, wenn dieses Erdballs Feste
Wankt, wie ein schwaches Rohr? O Cicero!
Ich sah wohl Stürme, wo der Winde Schelten
Den knot'gen Stamm gespaltet, und ich sah
Das stolze Meer anschwellen, wüten, schäumen,
Als wollt' es an die drohnden Wolken reichen.
Doch nie bis heute nacht, noch nie bis jetzt
Ging ich durch einen Feuerregen hin.
Entweder ist im Himmel innrer Krieg,
Wo nicht, so reizt die Welt durch Übermut
Die Götter, uns Zerstörung herzusenden.
Cicero. Ja, saht Ihr jemals wundervollre Dinge?
Casca. Ein Sklave, den Ihr wohl von Ansehn kennt,
Hob seine linke Hand empor; sie flammte
Wie zwanzig Fackeln auf einmal, und doch,
Die Glut nicht fühlend, blieb sie unversengt,
Auch kam — seitdem steck' ich mein Schwert nicht ein —
Beim Kapitol ein Löwe mir entgegen.
Er funkelte mich an, ging mürrisch weiter,
Und that mir nichts. Auf einen Haufen hatten
Wohl hundert bleiche Weiber sich gedrängt,
Entstellt von Furcht; die schwuren, daß sie Männer
Mit feur'gen Leibern wandern auf und ab
Die Straßen sahn. Und gestern saß der Vogel
Der Nacht sogar am Mittag auf dem Markte,
Und kreischt' und schrie. Wenn dieser Wunderzeichen
So viel zusammentreffen, sage niemand:
„Dies ist der Grund davon, sie sind natürlich."
Denn Dinge schlimmer Deutung, glaub' ich, sind's,
Dem Himmelsstrich, auf welchen sie sich richten.
Cicero. Gewiß, die Zeit ist wunderbar gelaunt,
Doch Menschen denken oft nach ihrer Weise
Die Dinge, weit entfernt vom wahren Sinn.
Kommt Cäsar morgen auf das Kapitol?
Casca. Ja, denn er trug es dem Antonius auf,
Euch kund zu thun, er werde morgen kommen.
Cicero. Schlaft wohl denn, Casca! Dieser Aufruhr läßt
Nicht draußen weilen.
Casca. Cicero, lebt wohl! (Cicero ab.)
Cassius tritt auf.
Cassius. Wer da?
Casca. Ein Römer.
Cassius. Casca, nach der Stimme.

Casca. Eu'r Ohr ist gut. Cassius, welch eine Nacht?
Cassius. Die angenehmste Nacht für wackre Männer.
Casca. Wer sah den Himmel je so zornig drohn?
Cassius. Die, welche so voll Schuld die Erde sahn.
Ich, für mein Teil, bin durch die Stadt gewandert,
Mich unterwerfend dieser grausen Nacht,
Und so entgürtet, Casca, wie Ihr seht,
Hab' ich die Brust dem Donnerkeil entblößt.
Und wenn des Blitzes schlängelnd Blau zu öffnen
Des Himmels Busen schien, bot ich mich selbst
Dem Strahl des Wetters recht zum Ziele dar.
Casca. Warum versuchtet Ihr den Himmel so?
Es steht den Menschen Furcht und Zittern an,
Wenn die gewalt'gen Götter solche Boten
Furchtbarer Warnung, uns zu schrecken, senden.
Cassius. O Casca! Ihr seid stumpf: der Lebensfunke,
Der glühen sollt' in Römern, fehlt Euch oder
Ihr braucht ihn nicht. Ihr sehet bleich und starrt,
Von Furcht ergriffen und versenkt in Staunen,
Des Himmels ungewohnten Grimm zu schaun.
Doch wolltet Ihr den wahren Grund erwägen,
Warum die Feu'r, die irren Geister alle,
Was Tier' und Vögel macht vom Stamm entarten,
Und Greise faseln, Kinder prophezeihn;
Warum all diese Dinge ihr Gesetz,
Natur und angeschaffne Gaben wandeln
In Mißbeschaffenheit: nun so erkennt Ihr,
Der Himmel hauchte diesen Geist in sie,
Daß sie der Furcht und Warnung Werkzeug würden,
Für irgend einen mißbeschaffnen Zustand.
Nun könnt' ich, Casca, einen Mann dir nennen,
Ganz ähnlich dieser schreckenvollen Nacht,
Der donnert, blitzt, die Gräber öffnet, brüllt,
So wie der Löwe dort im Kapitol;
Ein Mann, nicht mächtiger als ich und du
An Leibeskraft, doch drohend angewachsen,
Und furchtbar, wie der Ausbruch dieser Gärung.
Casca. 's ist Cäsar, den Ihr meint. Nicht, Cassius?
Cassius. Es sei auch, wer es sei: die Römer haben
Jetzt Mark und Bein, wie ihre Ahnen hatten.
Doch weh' uns! unsrer Väter Geist ist tot,
Und das Gemüt der Mütter lenket uns,
Denn unser Joch und Dulden zeigt uns weibisch.

Casca. Ja freilich heißt's, gewillt sei der Senat,
Zum König morgen Cäsarn einzusetzen;
Er soll zur See, zu Land die Krone tragen,
An jedem Ort, nur in Italien nicht.
Cassius. Ich weiß, wo diesen Dolch alsdann ich trage,
Denn Cassius soll von Knechtschaft Cassius lösen.
Darin, ihr Götter, macht ihr Schwache stark,
Darin, ihr Götter, machtlos die Tyrannen:
Noch felsenfeste Burg, noch eh'rne Mauern,
Noch dumpfe Kerker, noch der Ketten Last,
Sind Hindernisse für des Geistes Stärke.
Das Leben, dieser Erdenschranken satt,
Hat stets die Macht, sich selber zu entlassen.
Und veiß ich dies, so wiss' auch alle Welt:
Den Teil der Tyrannei, der auf mir liegt,
Werf' ich nach Willkür ab.
Casca. Das kann auch ich.
So trägt ein jeder Sklav in eigner Hand
Gewalt, zu brechen die Gefangenschaft.
Cassius. Warum denn wäre Cäsar ein Tyrann?
Der arme Mann! Ich weiß, er wär' kein Wolf,
Wenn er nicht säh', die Römer sind nur Schafe,
Er wär' kein Leu, wenn sie nicht Rehe wären.
Wer eilig will ein mächtig Fener machen,
Nimmt schwaches Stroh zuerst: was für Gestrüpp
Ist Rom, und was für Plunder, wenn es dient
Zum schlechten Stoff, der einem schnöden Dinge
Wie Cäsar Licht verleiht? Doch o, mein Gram!
Wo führtest du mich hin? Ich spreche dies
Vielleicht vor einem will'gen Knecht: dann weiß ich,
Daß ich muß Rede stehn; doch führ' ich Waffen,
Und mich bekümmern die Gefahren nicht.
Casca. Ihr sprecht mit Casca, einem Manne, der nie
Ein Ohrenbläser war. Hier, meine Hand!
Werdt nur Partei zur Abstellung der Übel,
Und dieser Fuß soll Schritt mit jedem halten,
Der noch so weit geht.
Cassius. Ein geschloßner Handel!
Nun, Casca, wißt: ich habe manche schon
Der Edelmütigsten von Rom beredei,
Mit mir ein Unternehmen zu bestehn
Von ehrenvoll=gefährlichem Erfolg.
Ich weiß, sie warten in Pompejus' Halle

Jetzt eben mein: denn in der furchtbarn Nacht
Kann niemand unter freiem Himmel dauern.
Des Elementes Antlitz und Gestalt
Ist vie das Werk beschaffen, das vir treiben,
Höchst blutig, feurig, und höchst fürchterlich.
Cinna tritt auf.

Casca. Seid still ein Weilchen, jemand kommt in Eil'.

Cassius. Ich hör' am Gange, daß es Cinna ist;
Er ist ein Freund. — Cinna, wohin so eilig?

Cinna. Euch such' ich. Wer ist das? Metellus Cimber?

Cassius. Nein, es ist Casca, ein Verbündeter
Zu unsrer That. Werd' ich erwartet, Cinna?

Cinna. Das ist mir lieb. Welch eine granse Nacht!
Ein paar von uns sahn seltsame Gesichte.

Cassius. Werd' ich erwartet, sagt mir?

Cinna.   Ja,
Ihr werdet es. O Cassius! könntet Ihr
In unsern Bund den edlen Brutus ziehn —

Cassius. Seid ruhig. Gnter Cinna, diesen Zettel,
Seht, vie Ihr in des Prätors Stuhl ihn legt,
Daß Brutus nur ihn finde: diesen werft
Ihm in das Fenster; diesen klebt mit Wachs
Ans Bild des alten Brutus. Dies gethan,
Kommt zu Pompejus' Hall' und trefft uns dort.
Ist Decius Brutus und Trebonius da?

Cinna. Ja, alle bis auf Cimber, und der sucht
In Eurem Haus Euch auf. Gut, ich will eilen,
Die Zettel anzubringen, wie Ihr wünscht.

Cassius. Dann stellt Ench ein bei des Pompejus Bühne. (Cinna ab.)
Kommt, Casca, laßt uns beide noch vor Tag
In seinem Hause Brutus sehn. Dreiviertel
Von ihm sind unser schon; der ganze Mann
Ergiebt sich bei dem nächsten Angriff uns.

Casca. O, er sitzt hoch in alles Volkes Herzen,
Und was in uns als Frevel nur erschiene,
Sein Ansehn wird es, vie der Stein der Weisen,
In Tugend wandeln und in Würdigkeit.

Cassius. Ihn, seinen Wert, wie sehr vir ihn bedürfen,
Habt Ihr recht wohl getroffen. Laßt uns gehn,
Es ist nach Mitternacht: wir wollen ihn
Vor Tage wecken und uns sein versichern. (Ab.)

Zweiter Aufzug.

1. Scene.

Rom. Der Garten des Brutus.

Brutus tritt auf.

Brutus. He, Lucius! auf! —
Ich kann nicht aus der Höh' der Sterne raten,
Wie nah' der Tag ist. — Lucius, hörst du nicht?
Ich wollt', es wär' mein Fehler, so zu schlafen. —
Nun, Lucius, nun! Ich sag': erwach! Auf, Lucius!

Lucius kommt.

Lucius. Herr, riefet Ihr?
Brutus. Bring eine Kerze mir ins Lesezimmer,
Und wenn sie brennt, so komm und ruf mich hier.
Lucius. Ich will es thun, Herr. (Ab.)
Brutus. Es muß durch seinen Tod geschehn. Ich habe
Für mein Teil keinen Grund, auf ihn zu zürnen,
Als fürs gemeine Wohl. Er wünscht gekrönt zu sein:
Wie seinen Sinn das ändern möchte, fragt sich.
Der warme Tag ist's, der die Natter zengt;
Das heischt mit Vorsicht gehn. Ihn krönen? — Das —
Und dann ist's wahr, wir leihn ihm einen Stachel,
Womit er kann nach Willkür Schaden thun.
Der Größe Mißbrauch ist, wenn von der Macht
Sie das Gewissen trennt: und, um von Cäsarn
Die Wahrheit zu gestehn, ich sah noch nie,
Daß ihn die Leidenschaften mehr beherrscht
Als die Vernunft. Doch oft bestätigt sich's,
Die Demut ist der jungen Ehrsucht Leiter;
Wer sie hinanklimmt, kehrt den Blick ihr zu,
Doch hat er erst die höchste Sproß' erreicht,
Dann kehrt er der Leiter seinen Rücken,
Schaut himmelan, verschmäht die niedern Tritte,
Die ihn hinaufgebracht. Das kann auch Cäsar:
Drum, eh er kann, beugt vor. Und weil der Streit
Nicht Schein gewinnt durch das, was Cäsar ist,
Legt so ihn aus: das, was er ist, vergrößert,
Kann dies und jenes Übermaß erreichen.
Drum achtet ihn gleich einem Schlangenei,
Das, ausgebrütet, heftig würde werden
Wie sein Geschlecht, und würgt ihn in der Schale.

Lucius kommt zurück.

Lucius. Die Kerze brennt in Eurem Zimmer, Herr.
Als ich nach Feuerstein im Fenster suchte,
Fand ich dies Blatt, versiegelt: und ich weiß,
Es war nicht da, als ich zu Bette ging.

Brutus. Geh wieder in dein Bett: es ist noch Nacht.
Ist morgen nicht des Märzen Idus, Knabe?

Lucius. Ich weiß nicht, Herr.

Brutus. Such im Kalender denn, und sag es mir.

Lucius. Das will ich, Herr. (Ab.)

Brutus. Die Ausdünstungen, schwirrend in der Luft,
Gewähren Licht genug, dabei zu lesen. (Er öffnet den Brief und liest.)
„Brutus, du schläfst. Erwach und sieh dich selbst!
Soll Rom? — Sprich, schlage, stelle her!
Brutus, du schläfst. Erwache! —"
Oft hat man schon dergleichen Aufgebote
Mir in den Weg gestreut.

„Soll Rom?" — So muß ich es ergänzen:
Soll Rom vor einem Manne beben? Wie?
Mein Ahnherr trieb einst von den Straßen Roms
Tarquin hinweg, als er ein König hieß.
„Sprich, schlage, stelle her!" Werd' ich zu sprechen,
Zu schlagen angemahnt? O Rom, ich schwöre,
Wenn nur die Herstellung erfolgt, empfängst du
Dein ganz Begehren von der Hand des Brutus!

Lucius kommt zurück.

Lucius. Herr, vierzehn Tage sind vom März verstrichen.
(Man klopft draußen.)

Brutus. 's ist gut. Geh an die Pforte: jemand klopft. (Lucius ab.)
Seit Cassius mich spornte gegen Cäsar,
Schlief ich nicht mehr.
Bis zur Vollführung einer furchtbarn That
Vom ersten Antrieb, ist die Zwischenzeit
Wie ein Phantom, ein grauenvoller Traum.
Der Genius und die sterblichen Organe
Sind dann im Rat vereint; und die Verfassung
Des Menschen, wie ein kleines Königreich,
Erleidet dann den Zustand der Empörung.

Lucius kommt zurück.

Lucius. Herr, Euer Bruder Cassius wartet draußen;
Er wünschet Euch zu sehn.

Brutus. Ist er allein?

Lucius. Nein, es sind mehr noch bei ihm.

Brutus. Kennst du sie?

2*

Lucius. Nein, Herr, sie tragen eingedrückt die Hüte,
Und das Gesicht im Mantel halb begraden,
Daß ich durchaus sie nicht erkennen kann
An irgend einem Zuge.

Brutus. Laß sie ein. (Lucius ab.)
Es sind die Bundesbrüder. O Verschwörung!
Du schämst dich, die verdächt'ge Stirn bei Nacht
Zu zeigen, wann das Bös' am frei'sten ist?
O denn, bei Tag, wo willst du eine Höhle
Entdecken, dunkel gnng, es zu verlarven,
Dein schnödes Antlitz? — Verschwörung, suche keine!
In Lächeln hüll' es und in Freundlichkeit!
Denn trätst du auf in angeborner Bildung,
So wär' der Erebus nicht finster gung,
Vor Argwohn dich zu schützen.

Cassius, Casca, Decius, Metellus Cimber und Trebonius treten auf.

Cassius. Sind wir gelegen? Guten Morgen, Brutus!
Ich fürchte, daß wir Eure Ruhe stören.

Brutus. Längst war ich auf, und wach die ganze Nacht.
Kenn' ich die Männer, welche mit Euch kommen?

Cassius. Ja, jeden aus der Zahl; und keiner hier,
Der Euch nicht hoch hält, und ein jeder wünscht,
Ihr hättet nur die Meinung von Euch selbst,
Die jeder edle Römer von Euch hegt.
Dies ist Trebonius.

Brutus. Er ist willkommen.

Cassius. Dies Decius Brutus.

Brutus. Er ist auch willkommen.

Cassius. Dies Casca, dies Cinna und dies Metellus Cimber.

Brutus. Willkommen alle!
Was stellen sich für wache Sorgen zwischen
Die Nacht und eure Augen?

Cassius. Auf ein Wort,
Wenn's Euch beliebt. (Sie reden leise miteinander.)

Decius. Hier liegt der Ost: bricht da der Tag nicht an?

Casca. Nein.

Cinna. Doch, um Verzeihung! und die grauen Streifen,
Die das Gewölk durchziehn, sind Tagesboten.

Casca. Ihr sollt gestehn, daß ihr euch beide trügt.
Die Sonn' erscheint hier, wo mein Degen hinweist;
Das ist ein gut Teil weiter hin nach Süden,
Wenn ihr die junge Jahreszeit erwägt.
Zwei Monde noch, und höher gegen Norden

Steigt ihre Flamm' empor, und grade hier
Steht hinterm Kapitol der hohe Ost.
Brutus. Gebt eure Hand mir, einer nach dem andern.
Cassius. Und lasset uns beschwören den Entschluß.
Brutus. Nein, keinen Eid! Wenn nicht der Menschen Antlitz
Das innre Seelenleid, der Zeit Verfall —
Sind diese Gründe schwach, so brecht nur auf,
Und jeder fort zu seinem trägen Bett!
Laßt frechgesinnte Tyrannei dann schalten,
Bis jeder nach dem Lose fällt. Doch tragen
Sie Feuer gnng in sich, wie offenbar,
Um Feige zu entflammen, und mit Mut
Des Weibes schmelzendes Gemüt zu stählen:
O denn, Mitbürger! welchen andern Sporn
Als unsre Sache braucht es, uns zu stacheln
Zur Herstellung? Was für Gewähr als diese:
Verschwiegne Römer, die das Wort gesprochen,
Und nicht zurückziehn? Welchen andern Eid,
Als Redlichkeit mit Redlichkeit im Bund,
Daß dies gescheh', wo nicht, dafür zu sterben?
Laßt Priester, Memmen, Vorsichtskrämer schwören,
Verdorrte Greis' und solche Jammerseelen,
Die für das Unrecht denken; schwören laßt
Bei bösen Händeln Volk, dem man nicht traut.
Entehrt nicht so den Gleichmut unsrer Handlung
Und unsern unbezwinglich festen Sinn,
Zu denken, unsre Sache, unsre That
Branch' einen Eid; da jeder Tropfe Bluts,
Der edel fließt in jedes Römers Adern,
Sich seines echten Stamms verlustig macht,
Wenn er das kleinste Teilchen nur verletzt
Von irgend einem Worte, das er gab.
Cassius. Doch vie mit Cicero? Forscht man ihn aus?
Ich denk', er wird sehr eifrig für uns sein.
Casca. Laßt uns ihn nicht vorübergehn.
Cinna.   Nein, ja nicht.
Metellus. Gewinnt ihn ja für uns. Sein Silberhaar
Wird eine gute Meinung uns erlausen,
Und Stimmen werden, unser Werk zu preisen,
Sein Urteil habe unsre Hand gelenkt,
So wird es heißen; unsre Hastigkeit
Und Jugend wird im mindsten nicht erscheinen,
Von seinem würd'gen Ansehn ganz bedeckt.

Brutus.
O nennt ihn nicht! Laßt uns ihm nichts eröffnen,
Denn niemals tritt er einer Sache bei,
Wenn andre sie erdachi.
Caſſius. So laßt ihn weg.
Caſca. 's ist wahr, er paßt auch nicht.
Decius. Wird niemand ſonſt als Cäſar angetaſtet?
Caſſius. Ja, gut bedacht! Mich dünkt, daß Marl Anton,
Der ſo beliebt beim Cäſar iſt, den Cäſar
Nicht überleben darf. Er wird ſich uns
Gewandt in Ränken zeigen, und ihr wißt,
Daß ſeine Macht, wenn er ſie nußt, wohl hinreicht,
Uns allen Not zu ſchaffen. Dem zu wehren,
Fall' Cäſar und Antonius zugleich.
Brutus. Zu blut'ge Weiſe, Cajus Caſſius, wär's,
Das Haupt abſchlagen und zerhaun die Glieder,
Wie Grimm beim Tod und Tücke hinterher.
Antonius iſt ja nur ein Glied des Cäſar.
Laßt Opferer uns ſein, nicht Schlächter, Cajus.
Wir alle ſtehen gegen Cäſars Geiſt,
Und in dem Geiſt des Menſchen iſt kein Blut.
O könnten wir denn Cäſars Geiſt erreichen,
Und Cäſarn nicht zerſtücken! Aber ach!
Cäſar muß für ihn bluten. Edle Freunde,
Laßt kühnlich uns ihn töten, doch nicht zornig;
Zerlegen laßt uns ihn, ein Mahl für Götter,
Nicht ihn zerhauen wie ein Aas für Hunde.
Laßt unſre Herzen, ſchlauen Herren gleich,
Zu raſcher That aufviegeln ihre Diener,
Und dann zum Scheine ſchmälen. Dadurch wird
Notwendig unſer Werk und nicht gehäſſig;
Und wenn es ſo dem Aug' des Volks erſcheint,
Wird man uns Reiniger, nicht Mörder nennen.
Was Marl Anton betrifft, denkt nicht an ihn,
Denn er vermag nicht mehr als Cäſars Arm,
Wenn Cäſars Haupt erſt fiel.
Caſſius. Doch fürcht' ich ihn,
Denn ſeine Liebe hängt ſo feſt am Cäſar —
Brutus. Ach, guter Caſſius, deukst nicht an ihn!
Liebt er den Cäſar, ſo vermag er nichts
Als gegen ſich: ſich härmen, für ihn ſterben.
Und das wär' viel von ihm, veil er der Luſt,
Der Wüſtheit, den Gelagen ſich ergiebt.

Trebonius. Es ist kein Arg in ihm; er sterbe nicht,
Denn er wird leben und dies einst belachen. (Die Glocke schlägt.)
Brutus. Still! zählt die Glocke.
Cassius. Sie hat drei geschlagen.
Trebonius. Es ist zum Scheiden Zeit.
Cassius. Doch zweifl' ich noch,
Ob Cäsar heute wird erscheinen wollen.
Denn kürzlich ist er abergläubisch worden,
Ganz dem entgegen, wie er sonst gedacht
Von Träumen, Einbildung und heil'gen Bräuchen,
Vielleicht, daß diese großen Wunderdinge,
Das ungewohnte Schrecken dieser Nacht
Und seiner Augurn Überredung ihn
Entfernt vom Kapitol für heute hält.
Decius. Das fürchtet nimmer: wenn er das beschloß,
So übermeistr' ich ihn. Er hört es gern,
Das Einhorn lasse sich mit Bäumen fangen,
Der Löw' im Netz, der Elefant in Gruben,
Der Bär mit Spiegeln und der Mensch durch Schmeichler.
Doch sag' ich ihm, daß er die Schmeichler haßt,
Bejaht er es, am meisten dann geschmeichelt.
Laßt mich gewähren,
Denn ich verstehe sein Gemüt zu lenken,
Und will ihn dringen auf das Kapitol.
Cassius. Ja, laßt uns alle gehn, um ihn zu holen.
Brutus. Zur achten Stund' aufs späteste, nicht wahr?
Cinna. Das sei das Späteste, und dann bleibt nicht aus.
Metellus. Cajus Ligarius ist dem Cäsar feind,
Der's ihm verwies, daß er Pompejus lobte,
Es wundert mich, daß niemand sein gedacht.
Brutus. Wohl, guter Cimber, geht nur vor bei ihm;
Er liebt mich herzlich und ich gab ihm Grund.
Schickt ihn hierher, so will ich schon ihn stimmen.
Cassius. Der Morgen übereilt uns: wir gehen, Brutus.
Zerstreut euch, Freunde, doch bedenket alle,
Was ihr gesagt, und zeigt euch echte Römer.
Brutus. Seht, werte Männer, frisch und fröhlich aus;
Tragt euren Vorsatz nicht auf eurer Stirn.
Nein, führt's hindurch wie Helden unsrer Bühne,
Mit munterm Geist und würd'ger Festigkeit.
Und somit, insgesamt euch guten Morgen! (Alle ab außer Brutus.)
He, Lucius! — Fest im Schlaf? Es schadet nichts.
Genieß den honigschweren Tau des Schlummers.

Du siehst Gestalten nicht noch Phantasien,
Womit geschäft'ge Sorg' ein Hirn erfüllt,
Drum schläfst du so gesund.

Portia tritt auf.

Portia. Mein Gatte! Brutus!
Brutus. Was wollt Ihr, Portia? warum steht Ihr auf?
Es dient Euch nicht, die zärtliche Natur
Dem rauhen kalten Morgen zu vertraun.
Portia. Euch gleichfalls nicht. Unfreundlich stahlt Ihr, Brutus,
Von meinem Bett Euch; und beim Nachtmahl gestern
Erhobt Ihr plötzlich Euch, und gingt umher,
Sinnend und seufzend mit verschränkten Armen.
Und wenn ich Euch befragte, was es sei,
So starrtet Ihr mich an mit finstern Blicken.
Ich drang in Euch, da riebt Ihr Euch die Stirn,
Und stampftet ungeduldig mit dem Fuß;
Doch hielt ich an, doch gabt Ihr keine Rede,
Und winktet mit der Hand unwillig weg,
Damit ich Euch verließ. Ich that es auch,
Besorgt, die Ungeduld noch zu verstärken,
Die schon zu sehr entflammt schien, und zugleich
Mir schmeichelnd, nur von Laune rühr' es her,
Die ihre Stunden hat bei jedem Mann.
Nicht essen, reden, schlafen läßt es Euch,
Und könnt' es Eure Bildung so entstellen,
Als es sich Eurer Fassung hat bemeistert,
So kennt' ich Euch nicht mehr. Mein teurer Gatte,
Teilt mir die Ursach' Eures Kummers mit.
Brutus. Ich bin nicht recht gesund und das ist alles.
Portia. Brutus ist weise: wär' er nicht gesund,
Er nähm' die Mittel wahr, um es zu werden.
Brutus. Das thu' ich — gute Portia, geh zu Bett.
Portia. Ist Brutus krank? und ist es heilsam, so
Entblößt umherzugehn und einzusaugen
Den Dunst des Morgens? Wie, ist Brutus krau!,
Und schleicht er vom gesunden Bett sich weg,
Der schnöden Ansteckung der Nacht zu trotzen?
Und reizet er die böse Fieberlust,
Sein Übel noch zu mehren? Nein, mein Brutus,
Ihr tragt ein krankes Übel im Gemüt,
Wovon nach meiner Stelle Recht und Würde
Ich wissen sollte; und auf meinen Knien
Fleh' ich bei meiner einst gepriesnen Schönheit,

Bei allen Euren Liebesschwüren, ja
Bei jenem großen Schwur, durch welchen wir
Einander einverleibt und eins nur sind:
Enthüllt mir, Eurer Hälfte, Eurem Selbst,
Was Euch bekümmert, was zu Nacht für Männer
Euch zugesprochen; denn es waren hier
Sechs oder sieben, die ihr Antlitz selbst
Der Finsternis verbargen.

Brutus. O kniet nicht, liebe Portia.

Portia. Ich braucht' es nicht, wär't Ihr mein lieber Brutus.
  Ist's im Vertrag der Ehe, sagt mir, Brutus,
  Bedungen, kein Geheimnis sollt' ich wissen,
  Das Euch gehört? Und bin ich Euer Selbst
  Nur gleichsam, mit gewissen Einschränkungen?
  Beim Mahl um Euch zu sein, Eu'r Bett zu teilen,
  Auch wohl mit Euch zu sprechen? Wohn' ich denn
  Nur in der Vorstadt Eurer Zuneigung?
  Ist es nur das, so ist ja Portia
  Des Brutus Buhle nur und nicht sein Weib.

Brutus. Ihr seid mein echtes, ehrenwertes Weib,
  So teuer mir als Purpurtropfen,
  Die um mein trauernd Herz sich drängen.

Portia. Wenn dem so wär', so wüßt' ich dies Geheimnis.
  Ich bin ein Weib, gesteh' ich, aber doch
  Ein Weib, das Brutus zur Gemahlin nahm.
  Ich bin ein Weib, gesteh' ich, aber doch
  Ein Weib von gutem Rufe, Catos Tochter.
  Denkt Ihr, ich sei so schwach wie mein Geschlecht,
  Aus solchem Stamm erzeugt und so vermählt?
  Sagt mir, was Euch im Sinn liegt, ich bewahr' es.
  Ich habe meine Stärke hart erprüft,
  Freiwillig eine Wunde mir versetzend
  Am Schenkel hier: ertrüg' ich das geduldig
  Und ein Geheimnis meines Gatten nicht?

Brutus. Ihr Götter macht mich wert des edlen Weibes!
      (Man klopft draußen.)
Horch! horch! man klopft; geh eine Weil' hinein
Und unverzüglich soll dein Busen teilen,
Was noch mein Herz verschließt.
Mein ganzes Bündnis will ich dir enthüllen,
Und meiner finstern Stirne Zeichenschrift.
Verlaß mich schnell.
      (Portia ab.)

Lucius und Ligarius kommen.

Brutus. Wer klopft denn, Lucius?

Lucius. Hier ist ein Kranker, der Euch sprechen will.

Brutus. Ligarius ist's, von dem Metellus sprach.
Du, tritt beiseit. — Cajus Ligarius, wie?

Ligarius. Nehmt einen Morgengruß von matter Zunge.

Brutus. O welche Zeit erwählt Ihr, wackrer Cajus,
Ein Tuch zu tragen! Wär't Ihr doch nicht krank!

Ligarius. Ich bin nicht krank, hat irgend eine That,
Des Namens Ehre würdig, Brutus vor.

Brutus. Solch eine That, Ligarius, hab' ich vor,
Wär' Euer Ohr gesund, davon zu hören.

Ligarius. Bei jedem Gott, vor dem sich Römer beugen!
Hier sag' ich ab der Krankheit. Seele Roms!
Du wackrer Sohn, aus edlem Blut entsprossen!
Wie ein Beschwörer riefst du auf in mir
Den abgestorbnen Geist. Nun heiß mich laufen,
So will ich an Unmögliches mich wagen,
Ja, Herr darüber werden. Was zu thun?

Brutus. Ein Wagestück, das Kranke heilen wird.

Ligarius. Doch giebt's nicht auch Gesunde krank zu machen?

Brutus. Die giebt es freilich. Was es ist, mein Cajus,
Eröffn' ich dir auf unserm Weg zu ihm,
An dem es muß geschehn.

Ligarius. Macht Euch nur auf;
Mit neu entflammtem Herzen folg' ich Euch,
Zu thun, was ich nicht weiß. Doch es genügt,
Daß Brutus mir vorangeht.

Brutus. Folgt mir denn. (Beide ab.)

2. Scene.

Ein Zimmer in Cäsars Palaste.

Donner und Blitz. Cäsar in seinem Nachtkleid.

Cäsar. Zu Nacht hat Erd' und Himmel Krieg geführt.
Calpurnia rief im Schlafe dreimal laut:
„O helft! Sie morden Cäsarn." — Niemand da?

Ein Diener kommt.

Diener. Herr?

Cäsar. Geh, heiß die Priester gleich zum Opfer schreiten
Und bring mir ihre Meinung vom Erfolg.

Diener. Es soll geschehn. (Ab.)

Calpurnia tritt auf.

Calpurnia. Was meint Ihr, Cäsar? Denkt Ihr auszugehn?
Ihr müßt heut keinen Schritt vom Hause weichen.

Cäsar. Cäsar geht aus. Mir haben stets Gefahren
Im Rücken nur gedroht; wenn sie die Stirn
Des Cäsar werden sehn, sind sie verschwunden.

Calpurnia. Cäsar, ich hielt auf Wunderzeichen nie,
Doch schrecken sie mich nun. Im Haus ist jemand,
Der außer dem, was wir gesehn, gehört,
Von Greueln meldet, so die Wach' erblickt.
Es warf auf offner Gasse eine Löwin,
Und Grüft' erlösten gähnend ihre Toten.
Wildglühnde Krieger fochten auf den Wolken,
In Reihn, Geschwadern, und nach Kriegsgebrauch,
Wovon es Blut gesprüht aufs Kapitol.
Das Schlachtgetöse klirrte in der Luft;
Da wiehern Rosse, Männer röcheln sterbend,
Und Geister wimmerten die Straßen durch,
O Cäsar! unerhört sind diese Dinge:
Ich fürchte sie.

Cäsar. Was kann vermieden werden,
Das sich zum Ziel die mächt'gen Götter setzten?
Ich gehe dennoch aus, denn diese Zeichen,
So gut wie Cäsarn, gelten sie der Welt.

Calpurnia. Kometen sieht man nicht, wann Bettler sterben:
Der Himmel selbst flammt Fürstentod herab.

Cäsar. Der Feige stirbt schon vielmal, eh er stirbt,
Die Tapfern kosten einmal nur den Tod.
Von allen Wundern, die ich je gehört,
Scheint mir das größte, daß sich Menschen fürchten,
Da sie doch sehn, der Tod, das Schicksal aller,
Kommt, wann er kommen soll.

Der Diener kommt zurück.

Was dünkt den Augurn?

Diener. Sie raten Euch, für heut nicht auszugehn.
Da sie dem Opfertier das Eingeweide
Ausnahmen, fanden sie kein Herz darin.

Cäsar. Die Götter thun der Feigheit dies zur Schmach.
Ein Tier ja wäre Cäsar ohne Herz,
Wenn er aus Furcht sich heut zu Hause hielte.
Das wird er nicht: gar wohl weiß die Gefahr,
Cäsar sei noch gefährlicher als sie.
Wir sind zwei Leu'n, an einem Tag geworfen,

Und ich der ältre und der schrecklichste;
Und Cäsar wird doch ausgehn.

Calpurnia.   Ach, mein Gatte!
In Zuversicht geht Eure Weisheit unter.
Geht heute doch nicht aus; nennt's meine Furcht,
Die Euch zu Hause hält, nicht Eure eigne.
Wir senden Mark Anton in den Senat,
Zu sagen, daß Ihr unpaß heute seid.
Laßt mich auf meinen Knieen dies erbitten.

Cäsar. Ja, Mark Anton soll sagen, ich sei unpaß;
Und dir zulieb vill ich zu Hause bleiben.

Decius tritt auf.

Sieh, Decius Brutus kommt; der soll's bestellen.

Decius. Heil, Cäsar! guten Morgen, würd'ger Cäsar!
Ich komm' Euch abzuholen zum Senat.

Cäsar. Und seid gekommen zur gelegnen Zeit,
Den Senatoren meinen Gruß zu bringen.
Sagt ihnen, daß ich heut nicht kommen vill;
Nicht kann, ist falsch; daß ich's nicht wage, falscher.
Ich vill nicht kommen heut, sagt ihnen das.

Calpurnia. Sagt, er sei krank.

Cäsar.   Hilft Cäsar sich mit Lügen?
Streckt' ich so veit erobernd meinen Arm,
Graubärten scheu die Wahrheit zu verkleiden?
Geht, Decius! sagt nur: Cäsar vill nicht kommen.

Decius. Laßt einen Grund mich wissen, großer Cäsar,
Daß man mich nicht verlacht, wenn ich es sage.

Cäsar. Der Grund ist nur mein Will'; ich will nicht kommen,
Das gnügt zu des Senats Befriedigung.
Doch um Euch insbesondere gnng zu thun,
Weil ich Euch liebe, will ich's Euch eröffnen.
Calpurnia hier, mein Weib, hält mich zu Haus.
Sie träumte diese Nacht, sie säh' mein Bildniß,
Das vie ein Springbrunn klares Blut vergoß
Aus hundert Röhren; rüsi'ge Römer kamen,
Und tauchten lächelnd ihre Hände drein.
Dies legt sie aus als Warnungen und Zeichen
Und Unglück, das uns droht, und hat mich knieend
Gebeten, heute doch nicht auszugehn.

Decius. Ihr habt den Traum ganz irrig ausgelegt,
Es var ein schönes, glückliches Gesicht.
Eu'r Bildniß, Blut aus vielen Röhren spritzend,
Worein so viele Römer lächelnd tauchten,

Bedeutet, fangen werd' aus Euch das große Rom
Belebend Blut; und große Männer werden
Nach Heiligtümern und nach Ehrenpfändern
Sich drängen. Das bedeutet dieser Traum.

Cäsar. Auf diese Art habt Ihr ihn vohl erklärt.

Decius. Ja, wenn Ihr erst gehört, was ich Euch melde.
Wißt denn: an diesem Tag will der Senat
Dem großen Cäsar eine Krone geben.
Wenn Ihr nun sagen laßt, Ihr wollt nicht kommen,
So kann es sie gereun. Auch ließ' es leicht
Zum Spott sich wenden! jemand spräche wohl:
„Verschiebt die Sitzung bis auf andre Zeit,
Wann Cäsars Gattin beßre Träume hat."
Wenn Cäsar sich versteckt, wird man nicht flüstern:
„Seht! Cäsar fürchtet sich?"
Verzeiht mir, Cäsar, meine Herzensliebe
Heißt dieses mich zu Eurem Vorgehn sagen,
Und Schicklichkeit steht meiner Liebe nach.

Cäsar. Wie thöricht scheint nun Eure Angst, Calpurnia!
Ich schäme mich, daß ich ihr nachgegeben.
Reicht mein Gewand mir her, denn ich vill gehn.

*Publius, Brutus, Ligarius, Metellus, Casca, Trebonius und
Cinna treten auf.*

Da kommt auch Publius, um mich zu holen.

Publius. Guten Morgen, Cäsar!

Cäsar. Publius, willkommen! —
Wie, Brutus? seid Ihr auch so früh schon auf! —
Guten Morgen, Casca! — Cajus Ligarius,
So sehr war Cäsar niemals Euer Feind
Als dieses Fieber, das Euch abgezehrt. —
Was ist die Uhr?

Brutus. Es hat schon acht geschlagen.

Cäsar. Habt Dank für Eure Müh' und Höflichkeit.

Antonius tritt auf.

Seht! Mark Anton, der lange schwärmt des Nachts,
Ist doch schon auf. — Antonius, seid gegrüßt!

Antonius. Auch Ihr, erlauchter Cäsar.

Cäsar. Befehlt, daß man im Hause fertig sei.
Es ist nicht recht, so auf sich varten lassen.
Ei, Cinna. — Ei, Metellus! — Wie, Trebonius?
Ich hab' mit Euch ein Stündchen zu verplaudern.
Gedenkt daran, daß Ihr mich heut besucht,
Und bleibt mir nah, damit ich Euer denke.

Trebonius. Das will ich, Cäsar — (beiseite) will so nah Euch sein,
Daß Eure besten Freunde wünschen sollen,
Ich wär' entfernt gewesen.
Cäsar. Lieben Freunde,
Kommt mit herein und trinkt ein wenig Weins,
Dann gehen wir gleich Freunden miteinander.
Brutus (beiseite). Das gleich nicht stets dasselbe ist, o Cäsar!
Das Herz des Brutus blutet, es zu denken. (Alle ab.)

3. Scene.

Eine Straße nahe beim Kapitol.

Artemidorus tritt auf und liest einen Zettel.

Artemidorus. „Cäsar, hüte dich vor Brutus, sei wachsam
gegen Cassius, halte dich weit vom Casca, habe ein Auge auf Cinna,
mißtraue dem Trebonius, beobachte den Metellus Cimber, Decius
Brutus liebt dich nicht, beleidigt hast du den Cajus Ligarius. Nur
ein Sinn lebt in allen diesen Männern, und er ist gegen Cäsar
gerichtet. Wo du nicht unsterblich bist, schau um dich. Sorglosigkeit
giebt der Verschwörung Raum. Mögen dich die großen Götter schützen.
Der Deinige
Artemidorus."

Hier will ich stehn, bis er vorübergeht,
Und will ihm dies als Bittschrift überreichen.
Mein Herz bejammert, daß die Tugend nicht
Frei von dem Zahn des Leidens leben kann.
O Cäsar, lies! so bist du nicht verloren:
Sonst ist das Schicksal mit Verrat verschworen. (Ab.)

4. Scene.

Ein anderer Teil derselben Straße, vor dem Hause des Brutus.

Portia und Lucius kommen.

Portia. Ich bitt' dich, Knabe, lauf in den Senat.
Halt dich mit keiner Antwort auf und geh.
Was wartest du?
Lucius. Zu hören, was ich soll.
Portia. Ich möchte dort und wieder hier dich haben,
Eh ich dir sagen kann, was du da sollst.
O Festigkeit, steh unverrückt mir bei,
Stell einen Fels mir zwischen Herz und Zunge!
Ich habe Mannessinn, doch Weibeskraft.
Wie fällt doch ein Geheimnis Weibern schwer! —
Bist du noch hier?

Lucius. Was sollt' ich, gnäd'ge Frau?
Nur hin zum Kapitol und weiter nichts,
Und so zu Euch und weiter nichts?
Portia. Nein, ob dein Herr wohl aussieht, melde mir,
Denn er ging unpaß fort, und merk dir recht,
Was Cäsar macht, ver mit Gesuch ihm naht.
Still, Knabe! Welch Geräusch?
Lucius. Ich höre keins.
Portia. Ich bitt' dich, horch genau.
Ich hörte wilden Lärm, als föchte man,
Und der Wind bringt vom Kapitol ihn her.
Lucius. Gewißlich, gnäd'ge Frau, ich höre nichts.
Ein Wahrsager kommt.
Portia. Komm näher, Mann! Wo führt dein Weg dich her?
Wahrsager. Von meinem Hause, liebe gnäd'ge Fran.
Portia. Was ist die Uhr?
Wahrsager. Die neunte Stund' etva.
Portia. Ist Cäsar schon aufs Kapitol gegangen?
Wahrsager. Nein, gnäd'ge Fran; ich geh' mir Platz zu nehmen,
Wo er vorbeizieht auf das Kapitol.
Portia. Du hast an Cäsarn ein Gesuch: nicht wahr?
Wahrsager. Das hab' ich, gnäd'ge Fran. Geliebt es Cäsarn,
Aus Güte gegen Cäsar mich zu hören,
So bitt' ich ihn, es gut mit sich zu meinen.
Portia. Wie? weißt du, daß man ihm ein Leid will anthun?
Wahrsager. Keins seh' ich klar vorher, viel, fürcht' ich, kann geschehn.
Doch guten Tag! Hier ist die Straße eng:
Die Schar, die Cäsarn auf der Ferse folgt,
Von Senatoren, Prätorn, Supplikanten,
Wird einen schwachen Mann beinah erdrücken.
Ich will an einen freiern Platz, und da
Den großen Cäsar sprechen, wenn er kommt. (Ab.)
Portia. Ich muß ins Haus. Ach, welch ein schwaches Ding
Das Herz des Weibes ist! O Brutus!
Der Himmel helfe deinem Unternehmen. —
Gewiß, der Knabe hört' es. — Brutus wirbt um etwas,
Das Cäsar veigert. — O, es wird mir schlimm!
Lauf, Lucius, empfiehl mich meinem Gatten,
Sag, ich sei fröhlich, komm zu mir zurück,
Und melde mir, was er dir aufgetragen. (Beide ab.)

Dritter Aufzug.

1. Scene.

Das Kapitol. Sitzung des Senats.

Ein Haufe Volks in der Straße, die zum Kapitol führt, darunter Artemidorus
und der Wahrsager. Trompetenstoß. Cäsar, Brutus, Cassius, Casca,
Decius, Metellus, Trebonius, Cinna, Antonius, Lepidus, Popi=
lius, Publius und andere kommen.

Cäsar. Des Märzen Idus ist nun da.

Wahrsager.   Ja, Cäsar,
Doch nicht vorbei.

Artemidorus. Heil, Cäsar! Lies den Zettel hier.

Decius. Trebonius bittet Euch, bei guter Weile
Dies unterthänige Gesuch zu lesen.

Artemidorus. Lies meines erst, o Cäsar!
Betrifft den Cäsar näher: lies, großer Cäsar!
           (Geht Cäsarn näher an.)

Cäsar. Was uns betrifft, werd' auf die Letzt verspart.

Artemidorus. Verschieb nicht, Cäsar, lies im Augenblick.

Cäsar. Wie? ist der Mensch verrückt?

Publius.   Mach Platz, Gesell!

Cassius. Was? drängt ihr auf der Straße mit Gesuchen?
Kommt in das Kapitol.

(Cäsar geht in das Kapitol, die übrigen folgen ihm. Alle Senatoren stehen auf.)

Popilius. Mög' Euer Unternehmen heut gelingen!

Cassius. Welch Unternehmen, Lena?

Popilius.   Geh's Euch wohl.
           (Er nähert sich dem Cäsar.)

Brutus. Was sprach Popilius Lena da?

Cassius.   Er wünschte,
Daß unser Unternehmen heut gelänge.
Ich fürchte, unser Anschlag ist entdeckt.

Brutus. Seht, wie er Cäsarn naht! Gebt acht auf ihn.

Cassius. Sei schleunig, Casca, daß man nicht zuvorkömmt
Was ist zu thun hier, Brutus? Wenn es auskömmt,
Kehrt Cassius noch Cäsar nimmer heim,
Denn ich entleide mich.

Brutus.   Sei standhaft, Cassius.
Popilius spricht von unserm Anschlag nicht.
Er lächelt, sieh, und Cäsar bleibt in Ruh'.

Cassius. Trebonius nimmt die Zeit wahr, Brutus; sieh,
Er zieht geschickt den Mark Anton beiseite.

(Antonius und Trebonius ab. Cäsar und die Senatoren nehmen ihre Sitze ein.)

Decius. Wo ist Metellus Cimber? Laßt ihn gehn,
  Und sein Gesuch sogleich dem Cäsar reichen.

Brutus. Er ist bereit, drängt an und steht ihm bei.

Cinna. Casca, Ihr müßt zuerst den Arm erheben.

Cäsar. Sind alle da? Was für Beschwerden giebt's,
  Die Cäsar heben muß und sein Senat?

Metellus (niederknieend). Glorreicher, mächtigster, erhabner Cäsar!
  Metellus Cimber wirft vor deinen Sitz
  Ein Herz voll Demut nieder.

Cäsar.   Cimber, hör,
  Ich muß zuvor dir kommen. Dieses Kriechen,
  Dies knechtische Verbeugen könnte vohl
  Gemeiner Menschen Blut in Feuer setzen,
  Und vorbestimmte Wahl, gefaßten Schluß
  Zum Kinderwillen machen. Sei nicht thöricht
  Und denk, so leicht empört sei Cäsars Blut,
  Um aufzutaun von seiner echten Kraft
  Durch das, was Narrn erweicht; durch süße Worte,
  Gekrümmtes Bücken, hündisches Geschmeichel.
  Dein Bruder ist verbannt durch einen Spruch;
  Wenn du für ihn dich bückst und flehst und schmeichelst,
  So stoß' ich dich wie einen Hund hinweg.
  Wiss'! Cäsar thut kein Unrecht; ohne Gründe
  Befriedigt man ihn nicht.

Metellus. Giebt's keine Stimme, würdiger als meine,
  Die süßer tön' im Ohr des großen Cäsar,
  Für des verbannten Bruders Wiederkehr?

Brutus. Ich küsse deine Hand, doch nicht als Schmeichler,
  Und bitte, Cäsar, daß dem Publius Cimber
  Die Rückberufung gleich bewilligt werde.

Cäsar. Wie? Brutus!

Cassius.   Gnade, Cäsar! Cäsar, Gnade!
  Auch Cassius fällt tief zu Füßen dir,
  Begnadigung für Cimber zu erbitten.

Cäsar. Ich ließe wohl mich rühren, glich ich euch:
  Mich rührten Bitten, bät' ich, um zu rühren.
  Doch bin ich standhaft wie des Nordens Stern,
  Des unverrückte, evig stete Art
  Nicht ihresgleichen hat am Firmament.
  Der Himmel prangt mit Funken ohne Zahl,
  Und Feuer sind sie all und jeder leuchtet,
  Doch einer nur behauptet seinen Stand.
  So in der Welt auch: sie ist voll von Menschen,

Und Menschen sind empfindlich, Fleisch und Blut;
Doch in der Menge weiß ich einen nur,
Der unbesiegbar seinen Platz bewahrt,
Vom Andrang unbewegt; daß ich der bin,
Auch hierin laßt es mich ein wenig zeigen,
Daß ich auf Cimbers Banne fest bestand,
Und drauf besteh', daß er im Banne bleibe.

Cinna. O Cäsar!

Cäsar. Fort, sag' ich! Willst du den Olymp versetzen?

Decius. Erhabner Cäsar! —

Cäsar.   Kniet nicht Brutus auch umsonst?

Casca. Dann, Hände, sprecht für mich!

(Casca sticht Cäsarn mit dem Dolch in den Nacken. Cäsar faßt ihm in den Arm.
Er wird alsdann von verschiedenen andern Verschworenen und zuletzt vom Marcus
Brutus mit Dolchen durchstochen.)

Cäsar. Brutus, auch du? — So falle, Cäsar.
(Er stirbt. Die Senatoren und das Volk fliehen bestürzt.)

Cinna. Befreiung! Freiheit! Die Tyrannei ist tot!
Lauft fort! verkündigt! ruft es durch die Gassen!

Cassius. Hin zu der Rednerbühne! Rufet aus:
Befreiung! Freiheit! Wiederherstellung!

Brutus. Seid nicht erschrocken, Volk und Senatoren!
Flieht nicht! steht still! Die Ehrfurcht hat gebüßt.

Casca. Geht auf die Rednerbühne, Brutus.

Decius. Ihr, Cassius, auch.

Brutus. Wo ist Publius?

Cinna. Hier, ganz betroffen über diesen Aufruhr.

Metellus. Steht dicht beisammen, wenn ein Freund des Cäsar
Etwa —

Brutus. Sprecht nicht von stehen! Publius, getrost!
Wir haben nicht im Sinn, Euch Leid zu thun,
Auch keinem Römer sonst: sagt ihnen das.

Cassius. Und geht nur, Publius, damit das Volk,
Das uns bestürmt, nicht Euer Alter kränke.

Brutus. Thut das; und niemand sieh' für diese That
Als wir, die Thäter.
                  Trebonius kommt zurück.

Cassius.   Wo ist Mark Anton?

Trebonius. Er floh bestürzt nach Haus, und Männer, Weiber
Und Kinder blicken starr, und schrei'n, und laufen,
Als wär' der jüngste Tag.

Brutus. Schicksal! wir wollen sehn, was dir geliebt.
Wir wissen, daß wir sterben werden; Frist
Und Zeitgewinn nur ist der Menschen Trachten.

Cassius. Ja, wer dem Leben zwanzig Jahre raubt,
Der raubt der Todesfurcht so viele Jahre.
Brutus. Gesteht das ein, und Wohlthat ist der Tod.
So sind wir Cäsars Freunde, die wir ihm
Die Todesfurcht verkürzten. Bückt euch, Römer!
Laßt unsre Händ' in Cäsars Blut uns baden
Bis an die Ellenbogen! Färbt die Schwerter!
So treten wir hinaus bis auf den Markt,
Und, überm Haupt die roten Waffen schwingend,
Ruft alle dann: Erlösung! Friede! Freiheit!
Cassius. Bückt euch und taucht! In wie entfernter Zeit
Wird dies hohe Schauspiel wiederholen,
In neuen Zungen, ungebornen Staaten!
Brutus. Wie oft wird Cäsar noch zum Spiele bluten,
Der jetzt am Fußgestell Pompejus' liegt,
Dem Staube gleich geachtet!
Cassius.   So oft als das geschieht,
Wird man auch unsern Bund, die Männer nennen,
Die Freiheit wiedergeben ihrem Land.
Decius. Nnn, sollen wir hinaus?
Cassius.   Ja, alle fort,
Brutus voran, und seine Tritte zieren
Wir mit den kühnsten, besten Herzen Roms.

Ein Diener kommt.

Brutus. Doch still! wer kommt? Ein Freund des Mark Anton.
Diener. So, Brutus, hieß mich mein Gebieter knien,
So hieß Antonius mich niederfallen,
Und tief im Staube hieß er so mich reden:
Brutus ist edel, tapfer, weis' und redlich,
Cäsar war groß, kühn, königlich und gütig.
Sprich: Brutus lieb' ich und ich ehr' ihn auch.
Sprich: Cäsarn fürchtet' ich, ehrt' ihn und liebt ihn,
Will Brutus nur gewähren, daß Anton
Ihm sicher nahen und erforschen dürfe,
Wie Cäsar solche Todesart verdient,
So soll dem Mark Anton der tote Cäsar
So teuer nicht als Brutus lebend sein;
Er will vielmehr dem Los' und der Partei
Des edlen Brutus unter den Gefahren
Der wankenden Verfassung treulich folgen.
Dies sagte mein Gebieter, Mark Anton.
Brutus. Und dein Gebieter ist ein wackrer Römer,
So achtet' ich ihn stets.

3*

Sag, wenn es ihm geliebt hierher zu kommen,
So sich' ich Red' ihm, und bei meiner Ehre,
Entlass' ihn ungekränkt.

Diener.   Ich hol' ihn gleich. (Ab.)

Brutus. Ich weiß, wir verden ihn zum Freunde haben.

Cassius. Ich wünsch' es, doch es wohnt ein Sinn in mir,
Der sehr ihn fürchtet; und mein Unglücahnen
Trifft immer ein aufs Haar.

Antonius kommt zurück.

Brutus. Hier kommt Antonius ja. — Willkommen, Mark Anton!

Antonius. O großer Cäsar! liegst du so im Staube?
Sind alle deine Stege, Herrlichkeiten,
Triumphe, Benten, eingesunken nun
In diesen kleinen Raum? — Gehab dich wohl! —
Ich weiß nicht, edle Herrn, was ihr gedenkt,
Wer sonst noch bluten muß, wer reif zum Fall.
Wofern ich selbst, kann keine Stunde besser
Als Cäsars Todesstunde, halb so kostbar
Kein Werkzeug sein, als diese eure Schwerter,
Geschmückt mit Blut, dem edelsten der Welt.
Ich bitt' euch, wenn ihr's feindlich mit mir meint,
Jetzt, da noch eure Purpurhände dampfen,
Büßt eure Lust. Und lebt' ich tausend Jahre,
Nie werd' ich so bereit zum Tod mich fühlen;
Kein Ort gefällt mir so, kein Weg zum Tode,
Als hier beim Cäsar fallen, und durch euch,
Die ersten Heldengeister unsrer Zeit.

Brutus. O Mark Anton! begehrt nicht Euren Tod.
Wir müssen blutig zwar und grausam scheinen,
Wie unsre Händ' und die geschehne That
Uns zeigen: doch Ihr seht die Hände nur,
Und dieses blut'ge Werk, so sie vollbracht;
Nicht unsre Herzen: sie sind mitleidsvoll,
Und Mitleid gegen Roms gesamte Not —
Wie Fener Fener löscht, so Mitleid Mitleid —
Verübt' an Cäsarn dies. Was Euch betrifft,
Für Euch sind unsre Schwerter stumpf, Anton!
Seht, unsre Arme, Trotz verübter Tücke,
Und unsre Herzen, brüderlich gesinnt,
Empfangen Euch mit alter Innigkeit,
Mit redlichen Gedanken und mit Achtung.

Cassius. Und Eure Stimme soll so viel als jede
Bei der Verteilung neuer Würden gelten.

Brutus. Seid nur geduldig, bis wir erst das Volk,
Das vor Furcht sich selbst nicht kennt, beruhigt,
Dann legen wir den Grund Euch dar, weswegen
Ich, der den Cäsar liebt', als ich ihn schlug,
Also verfahren.
Antonius.   Ich bau' auf eure Weisheit.
Mir reiche jeder seine blut'ge Hand.
Erst Marcus Brutus, schütteln wir sie uns;
Dann, Cajus Cassius, fass' ich Eure Hand;
Nun Eure, Decius Brutus; Eure, Cinna;
Metellus, Eure nun; mein tapfrer Casca,
Die Eure; reicht, Trebonius, Eure mir,
Zuletzt, doch nicht der letzte meinem Herzen.
Ach, all ihr edlen Herrn; was soll ich sagen?
Mein Ansehn steht jetzt auf so glattem Boden,
Daß ich euch eines von zwei schlimmen Dingen,
Ein Feiger oder Schmeichler scheinen muß.
Daß ich dich liebte, Cäsar, o, es ist wahr!
Wofern dein Geist jetzt niederblickt auf uns,
Wird's dich nicht kränken, bittrer als dein Tod,
Zu sehn, wie dein Antonius Frieden macht,
Und deiner Feinde blut'ge Hände drückt,
Du Edelster, in deines Leichnams Nähe?
Hätt' ich so manches Aug' als Wunden du,
Und jedes strömte Thränen, wie sie Blut,
Das ziemte besser mir als einen Bund
Der Freundschaft einzugehn mit deinen Feinden.
Verzeih mir, Julius! — Du edler Hirsch,
Hier wurdest du erjagt, hier fielest du;
Hier stehen deine Jäger, mit den Zeichen
Des Mordes und von deinem Blut bepurpurt.
O Welt! du warst der Wald für diesen Hirsch,
Und er, o Welt! war seines Waldes Stolz. —
Wie ähnlich einem Wild, von vielen Fürsten
Geschossen, liegst du hier!
Cassius. Antonius —
Antonius.   Verzeiht mir, Cajus Cassius;
Dies werden selbst die Feinde Cäsars sagen,
An einem Freund ist's kalte Mäßigung.
Cassius. Ich tadl' Euch nicht, daß Ihr den Cäsar preist:
Allein, wie denkt Ihr Euch mit uns zu stehen?
Seid Ihr von unsern Freunden? oder sollen
Wir vorwärts dringen, ohn' auf Euch zu baun?

Antonius. Deswegen faßt' ich eure Hände, nur
Vergaß ich mich, als ich auf Cäsar blickte.
Ich bin euch allen Freund, und lieb' euch alle,
In Hoffnung, eure Gründe zu vernehmen,
Wie und varum gefährlich Cäsar war.
Brutus. Jawohl, sonst wär' dies ein unmenschlich Schauspiel.
Und unsre Gründe sind so wohl bedacht,
Wär't Ihr der Sohn des Cäsar, Mark Anton,
Sie genügten Euch.
Antonius.   Das such' ich einzig ja.
Auch halt' ich an um die Vergünstigung,
Den Leichnam auszustellen auf dem Markt,
Und auf der Bühne, wie's dem Freunde ziemt,
Zu reden bei der Feier der Bestattung.
Brutus. Das mögt Ihr, Mark Anton.
Cassius.   Brutus, ein Wort mit Euch·
(Beiseite.) Ihr wißt nicht, was Ihr thut: gestattet nicht,
Daß ihm Antonius die Rede halte.
Wißt Ihr, wie sehr das Volk durch seinen Vortrag
Sich kann erschüttern lassen?
Brutus.   Nein, verzeiht,
Ich selbst betrete erst die Bühn' und lege
Von unsers Cäsars Tod die Gründe dar.
Was dann Antonius sagen wird, erklär' ich,
Gescheh' erlaubt und mit Bewilligung;
Es sei uns recht, daß Cäsar jeder Ehre
Teilhaftig verde, so die Sitte heiligt.
Dies wird uns mehr Gewinn als Schaden bringen.
Cassius. Wer weiß, was vorfällt? Ich bin nicht dafür.
Brutus. Hier, Mark Anton, nehmt Ihr die Leiche Cäsars.
Ihr sollt uns nicht in Eurer Rede tadeln,
Doch sprecht von Cäsarn Gutes nach Vermögen,
Und sagt, daß Ihr's mit unserm Willen thut.
Sonst sollt Ihr gar mit dem Begräbnis nichts
Zu schaffen haben. Auf derselben Bühne,
Zu der ich jetzo gehe, sollt Ihr reden,
Wenn ich zu reden aufgehört.
Antonius.   So sei's,
Ich wünsche veiter nichts.
Brutus. Bereitet denn die Leich' und folget uns.
              Alle bis auf Antonius ab.
Antonius. O du, verzeih mir, blutend Stückchen Erde!
Daß ich mit diesen Schlächtern freundlich that.

Du bist der Reft der edelften der Männer,
Der jemals lebt' im Wechjellauf der Zeit.
Weh! veh der Hand, die diejes Blut vergoß!
Jetzt prophezei' ich über deinen Wunden,
Die ihre Purpurlippen öffnen, ftumm
Von meiner Zunge Stimm' und Wort erfehend:
Ein Fluch wird fallen auf der Menfchen Glieder,
Und innre Wut und wilder Bürgerzwift
Wird ängften alle Teil' Italiens.
Verheerung, Mord wird jo zur Sitte werden,
Und jo gemein das Furchtbarfte, daß Mütter
Nur lächeln, wenn jie ihre zarten Kinder
Gevierteilt von des Krieges Händen jehn.
Die Fertigkeit in Greueln würgt das Mitleid:
Und Cäjars Geift, nach Rache jagend, wird,
Zur Seit' ihm Ate, heiß der Höll' entftiegen,
In diejen Grenzen mit des Herrjchers Ton
Mord rufen, und des Krieges Hund' entfefjeln,
Daß dieje Schandthat auf zum Himmel ftinke
Von Menfchenaas, das um Beftattung ächzt.
                    Ein Diener kommt
Ihr dienet dem Octavius Cäjar? nicht?
Diener. Ja, Mark Anton.
Antonius. Cäjar bejchied ihn jchriftlich her nach Rom.
Diener. Die Brief' empfing er und ift unterwegs;
Und mündlich hieß er mich an Euch beftellen —
        · (Er erblickt den Leichnam Cäjars.)
O Cäjar!
Antonius. Dein Herz ift voll, geh auf die Seit' und weine.
Ich jehe, Leid fteckt an: denn meine Augen,
Da jie des Grames Perlen jahn in deinen,
Begannen jie zu fließen. — Kommt dein Herr?
Diener. Er bleibt zu Nacht von Rom nur jieben Meilen.
Antonius. Reit jchnell zurück und meld ihm, was · gejchehn.
Hier ift ein Rom voll Trauer und Gefahr,
Kein jichres Rom noch für Octavius.
Eil hin und jag ihm das! — Nein, warte noch!
Du jollft nicht fort, bevor ich dieje Leiche
Getragen auf den Markt, und meine Rede
Das Volk geprüft, vie dieser blut'gen Männer
Unmenjchliches Beginnen ihm erjcheint.
Und demgemäß jollft du dem jungen Cäjar
Berichten, wie allhier die Dinge ftehn.
Leg Hand mit an! ˙ (Beide ab mit Cäjars Leiche.)

2. Scene.

Das Forum.

Brutus und Cassius kommen mit einem Haufen Volks.

Bürger. Wir wollen Rechenschaft, legt Rechenschaft uns ab!
Brutus. So folget mir und gebt Gehör mir, Freunde. —
Ihr, Cassius, geht in eine andre Straße
Und teilt die Haufen —
Wer mich will reden hören, bleibe hier!
Wer Cassius folgen will, der geh' mit ihm.
Und wie im Staatswohl Cäsars Tod begründet,
Erklären wir.

Erster Bürger. Ich will den Brutus hören.

Zweiter Bürger. Den Cassius ich: so können vir die Gründe
Vergleichen, wenn vir beide angehört.

(Cassius mit einigen Bürgern ab. Brutus besteigt die Rostra.)

Dritter Bürger. Der edle Brutus steht schon oben: still!

Brutus. Seid ruhig bis zum Schluß.

Römer! Mitbürger! Freunde! Hört mich meine Sache führen, und
seid still, damit ihr hören möget. Glaubt mir um meiner Ehre villen,
und hegt Achtung vor meiner Ehre, damit ihr glauben mögt. Richtet
mich nach eurer Weisheit, und weckt eure Sinne, um desto besser
urteilen zu können. Ist jemand in dieser Versammlung, irgend ein
herzlicher Freund Cäsars, dem sage ich: des Brutus Liebe zum Cäsar
var nicht geringer als seine. Wenn dieser Freund dann fragt, varum
Brutus gegen Cäsar aufstand, ist dies meine Antwort: nicht, veil
ich Cäsarn veniger liebte, sondern weil ich Rom mehr liebte. Wolltet
ihr lieber, Cäsar lebte und ihr stürbet alle als Sklaven, als daß
Cäsar tot ist, damit ihr alle lebet wie freie Männer? Weil Cäsar
mich liebte, vein' ich um ihn! weil er glücklich war, freue ich mich;
veil er tapfer var, ehr' ich ihn; aber weil er herrschsüchtig war,
erschlug ich ihn. Also Thränen für seine Liebe, Freude für sein
Glück, Ehre für seine Tapferkeit, und Tod für seine Herrschsucht. Wer
ist hier so niedrig gesinnt, daß er ein Knecht sein möchte? Ist es
jemand, er rede, denn ihn habe ich beleidigt. Wer ist hier so roh,
daß er nicht wünschte, ein Römer zu sein? Ist es jemand, er rede,
denn ihn habe ich beleidigt. Wer ist hier so niedrig, daß er sein
Vaterland nicht liebte? Ist es jemand, er rede, denn ihn habe ich
beleidigt. Ich halte inne, um Antwort zu hören.

Bürger (verschiedene Stimmen auf einmal). Niemand, Brutus, niemand.

Brutus. Dann habe ich niemand beleidigt. Ich that Cäsarn
nichts, als was ihr dem Brutus thun würdet. Die Untersuchung

über seinen Tod ist im Kapitol aufgezeichnet: sein Ruhm nicht ge=
schmälert, wo er Verdienste hatte, seine Vergehen nicht übertrieben,
für die er den Tod gelitten.

Antonius und andere treten auf mit Cäsars Leiche.

Hier kommt seine Leiche, vom Mark Anton betrauert, der, ob er
schon keinen Teil an seinem Tode hatte, die Wohlthat seines Sterbens,
einen Platz im gemeinen Wesen, genießen wird. Wer von euch wird
es nicht? Hiermit trete ich ab: vie ich meinen besten Freund für
das Wohl Roms erschlug, so habe ich denselben Dolch für mich selbst,
venn es dem Vaterlande gefällt, meinen Tod zu bedürfen.

Bürger. Lebe, Brutus! lebe! lebe!

Erster Bürger. Begleitet mit Triumph ihn in sein Haus.

Zweiter Bürger. Stellt ihm ein Bildnis auf bei seinen Ahnen.

Dritter Bürger. Er verde Cäsar.

Vierter Bürger. Im Brutus krönt ihr Cäsars beßre Gaben.

Erster Bürger. Wir bringen ihn zu Haus mit lautem Jubel.

Brutus. Mitbürger —

Zweiter Bürger.   Schweigt doch! stille! Brutus spricht.

Erster Bürger. Still da!

Brutus. Ihr guten Bürger, laßt allein mich gehn:
  Bleibt mir zuliebe hier beim Mark Anton.
  Ehrt Cäsars Leiche, ehret seine Rede,
  Die Cäsars Ruhm verherrlicht: dem Antonius
  Gab unser Will' Erlaubnis, sie zu halten.
  Ich bitt' euch, keiner gehe fort von hier
  Als ich allein, bis Mark Anton gesprochen.   (Ab.)

Erster Bürger. He, bleidt doch! Hören vir den Mark Anton.

Dritter Bürger. Laßt ihn hinaufgehn auf die Rednerbühne.
  Ja, hört ihn! Edler Mark Anton, hinauf!

Antonius. Um Brutus' villen bin ich euch verpflichtet.

Vierter Bürger. Was sagt er da vom Brutus?

Dritter Bürger. Er sagt, um Brutus' willen find' er sich
  Uns insgesamt verpflichtet.

Vierter Bürger.   Er thäte vohl,
  Dem Brutus hier nichts Übles nachzureden.

Erster Bürger. Der Cäsar war ein Tyrann.

Dritter Bürger.   Ja, das ist sicher.
  Es ist ein Glück für uns, daß Rom ihn los ward.

Vierter Bürger. Still! Hört doch, was Antonius sagen kann!

Antonius. Ihr edlen Römer —

Bürger.   Still da! hört ihn doch!

Antonius. Mitbürger! Freunde! Römer! hört mich an;
  Begraben will ich Cäsarn, nicht ihn preisen.

Was Menschen übles thun, das überlebt sie,
Das Gute wird ihnen oft begraben.
So sei es auch mit Cäsarn! Der edle Brutus
Hat euch gesagt, daß er voll Herrschsucht war;
Und war er das, so war's ein schwer Vergehen,
Und schwer hat Cäsar auch dafür gebüßt.
Hier, mit des Brutus Willen und der andern, —
Denn Brutus ist ein ehrenwerter Mann,
Das sind sie alle, alle ehrenwert —
Komm' ich bei Cäsars Leichenzug zu reden.
Er war mein Freund, war mir gerecht und treu,
Doch Brutus sagt, daß er voll Herrschsucht war,
Und Brutus ist ein ehrenwerter Mann.
Er brachte viel Gefangne heim nach Rom,
Wofür das Lösegeld den Schatz gefüllt.
Sah das der Herrschsucht wohl am Cäsar gleich?
Wenn Arme zu ihm schrie'n, so weinte Cäsar:
Die Herrschsucht soll aus härterm Stoff bestehn.
Doch Brutus sagt, daß er voll Herrschsucht war,
Und Brutus ist ein ehrenwerter Mann.
Ihr alle saht, wie am Lupercus=Fest
Ich dreimal ihm die Königskrone bot,
Die dreimal er geweigert. War das Herrschsucht?
Doch Brutus sagt, daß er voll Herrschsucht war,
Und ist gewiß ein ehrenwerter Mann.
Ich will, was Brutus sprach, nicht widerlegen,
Ich spreche hier von dem nur, was ich weiß.
Ihr liebtet all' ihn einst nicht ohne Grund;
Was für ein Grund wehrt euch, um ihn zu trauern?
O Urteil, du entflohst zum blöden Vieh,
Der Mensch ward unvernünftig! — Habt Geduld!
Mein Herz ist in dem Sarge hier beim Cäsar,
Und ich muß schweigen, bis es mir zurückkommt.

Erster Bürger. Mich dünkt, in seinen Reden ist viel Grund.

Zweiter Bürger.
Wenn man die Sache recht erwägt, ist Cäsarn
Groß Unrecht widerfahren.

Dritter Bürger.   Meint ihr, Bürger?
Ich fürcht', ein Schlimmrer kommt an seine Stelle.

Vierter Bürger. Habt ihr gehört? Er nahm die Krone nicht,
Da sieht man, daß er nicht herrschsüchtig war.

Erster Bürger. Wenn dem so ist, so wird es manchem teuer
Zu stehen kommen.

Zweiter Bürger. Ach, der arme Mann!
Die Augen sind ihm feuerrot vom Weinen.
Dritter Bürger. Antonius ist der brabste Mann in Rom.
Vierter Bürger. Gebt acht, er fängt von neuem an zu reden.
Antonius. Noch gestern hätt' umsonst dem Worte Cäsars
Die Welt sich widersetzt; nun liegt er da,
Und der Geringste neigt sich nicht vor ihm.
O Bürger! strebt' ich, Herz und Mut in euch
Zur Wut und zur Empörung zu entflammen,
So thät' ich Brutus und Cassius unrecht,
Die ihr als ehrenwerte Männer kennt.
Ich will nicht ihnen unrecht thun, will lieber
Den Toten unrecht thun, mir selbst und euch,
Als ehrenverten Männern, wie sie sind.
Doch seht dies Pergament mit Cäsars Siegel:
Ich fand's bei ihm, es ist sein letzter Wille.
Vernähme nur das Volk dies Testament, —
Das ich, verzeiht mir, nicht zu lesen denke —
Sie gingen hin und küßten Cäsars Wunden,
Und tauchten Tücher in sein heil'ges Blut,
Ja bäten um ein Haar zum Angedenken,
Und sterbend neunten sie's im Testament,
Und hinterließen's ihres Leides Erben
Zum köstlichen Vermächtnis.
Vierter Bürger. Wir wollen's hören: lef't das Testament!
Lef't, Mark Anton.
Bürger. Ja, ja, das Testament!
Laßt Cäsars Testament uns hören.
Antonius. Seid ruhig, lieben Freund'! Ich darf's nicht lesen,
Ihr müßt nicht wissen, wie euch Cäsar liebte.
Ihr seid nicht Holz, nicht Stein, ihr seid ja Menschen;
Drum, wenn ihr Cäsars Testament erführt,
Es setzt' in Flammen euch, es macht euch rasend.
Ihr dürft nicht wissen, daß ihr ihn beerbt,
Denn wüßtet ihr's, was würde draus entstehn?
Bürger. Lef't das Testament! Wir wollen's hören, Mark Anton.
Lef't das Testament! Cäsars Testament!
Antonius. Wollt ihr euch wohl gedulden? vollt ihr warten?
Ich übereilte mich, da ich's euch sagte.
Ich fürcht', ich thu' den ehrenwerten Männern
Zu nah, von deren Dolchen Cäsar fiel!
Ich fürcht' es.
Vierter Bürger. Sie sind Verräter: ehrenwerte Männer!

Bürger. Das Testament! Das Testament!

Zweiter Bürger. Sie waren Bösewichter, Mörder! Das Testament!
Les't das Testament!

Antonius. So zwingt ihr mich, das Testament zu lesen?
Schließt einen Kreis um Cäsars Leiche denn,
Ich zeig' euch den, der euch zu Erben machte.
Erlaubt ihr mir's? soll ich hinuntersteigen?

Bürger. Ja, kommt nur!

Zweiter Bürger. Steigt herab!
(Er verläßt die Rednerbühne.)

Dritter Bürger. Es ist euch gern erlaubt.

Vierter Bürger. Schließt einen Kreis herum.

Erster Bürger. Zurück vom Sarge! von der Leiche weg!

Zweiter Bürger. Platz für Antonius! für den edlen Antonius!

Antonius. Nein, drängt nicht so heran! Steht weiter weg!

Bürger. Zurück! Platz da! zurück!

Antonius. Wofern ihr Thränen habt, bereitet euch,
Sie jetzo zu vergießen. Diesen Mantel,
Ihr kennt ihn alle; noch erinnr' ich mich
Des ersten Males, daß ihn Cäsar trug
In seinem Zelt an einem Sommerabend —
Er überwand den Tag die Nervier —
Hier, schauet! fuhr des Cassius Dolch herein;
Seht, welchen Riß der tück'sche Casca machte!
Hier stieß der vielgeliebte Brutus durch;
Und als er den verfluchten Stahl hinwegriß,
Schaut her, wie ihm das Blut des Cäsar folgte,
Als stürzt' es vor die Thür, um zu erfahren,
Ob wirklich Brutus so unfreundlich klopfte.
Denn Bruins, wie ihr wißt, war Cäsars Engel, —
Ihr Götter, urteilt, wie ihn Cäsar liebte!
Kein Stich von allen schmerzte so wie der.
Denn als der edle Cäsar Brutus sah,
Warf Undank, stärker als Verräterwaffen,
Ganz nieder ihn: da brach sein großes Herz,
Und in den Mantel sein Gesicht verhüllend,
Grad am Gestell der Säule des Pompejus,
Von der das Blut rann, fiel der große Cäsar.
O meine Bürger, welch ein Fall war das!
Da fielet ihr und ich; wir alle fielen
Und über uns frohlockte blut'ge Tücke.
O ja! nun weint ihr, und ich merk', ihr fühlt
Den Drang des Mitleids: dies sind milde Tropfen.

Wie? weint ihr, gute Herzen, seht ihr gleich
Nur unsers Cäsars Kleid verletzt? Schaut her!
Hier ist er selbst, geschändet von Verrätern.

Erster Bürger. O kläglich Schauspiel!

Zweiter Bürger. O edler Cäsar!

Dritter Bürger. O jammervoller Tag!

Vierter Bürger. O Bube und Verräter!

Erster Bürger. O blut'ger Anblick!

Zweiter Bürger. Wir wollen Rache, Rache! Auf und sucht!
Sengt! brennt! schlagt! mordet! laßt nicht einen leben!

Antonius. Seid ruhig, meine Bürger!

Erster Bürger. Still da! Hört den edlen Antonius!

Zweiter Bürger. Wir wollen ihn hören, wir wollen ihm
folgen, wir wollen mit ihm sterben.

Antonius. Ihr guten lieben Freund', ich muß euch nicht
Hinreißen zu des Aufruhrs wildem Sturm.
Die diese That gethan, sind ehrenwert.
Was für Beschwerden sie persönlich führen,
Warum sie's thaten, ach! das weiß ich nicht,
Doch sind sie weis' und ehrenwert, und werden
Euch sicherlich mit Gründen Rede stehn.
Nicht euer Herz zu stehlen komm' ich, Freunde:
Ich bin kein Redner, wie es Brutus ist,
Nur, wie ihr alle wißt, ein schlichter Mann,
Dem Freund' ergeben, und das wußten die
Gar wohl, die mir gestattet, hier zu reden
Vorm Volk. Ich habe weder Witz noch Worte,
Noch Würd' und Vortrag, noch die Macht der Rede,
Der Menschen Blut zu reizen; nein, ich spreche
Nur gradezu, und sag' euch, was ihr wißt.
Ich zeig' euch des geliebten Cäsars Wunden,
Die armen stummen Munde, heiße die
Statt meiner reden. Aber wär' ich Brutus,
Und Brutus Mark Anton, dann gäb' es einen,
Der eure Geister schürt', und jeder Wunde
Des Cäsar eine Zunge lieh, die selbst
Die Steine Roms zum Aufstand würd' empören.

Dritter Bürger. Empörung!

Erster Bürger. Steckt des Brutus Haus in Brand.

Dritter Bürger. Hinweg denn! kommt, sucht die Verschwornen auf!

Antonius. Noch hört mich, meine Bürger, hört mich an!

Bürger. Still da! Hört den Mark Anton! den edlen Mark Anton!

Antonius. Nun, Freunde, wißt ihr selbst auch, was ihr thut?

Wodurch verdiente Cäsar eure Liebe?
Ach nein! ihr wißt nicht. — Hört es denn! Vergessen
Habt ihr das Testament, wovon ich sprach.
Bürger.
Wohl wahr? Das Testament! Bleibt, hört das Testament!
Antonius. Hier ist das Testament mit Cäsars Siegel.
Darin vermacht er jedem Bürger Roms,
Auf jeden Kopf euch fünfundsiebzig Drachmen.
Zweiter Bürger.
O edler Cäsar! — Kommt, rächt seinen Tod!
Dritter Bürger. O königlicher Cäsar!
Antonius. Hört mich mit Geduld!
Bürger. Still da!
Antonius. Auch läßt er alle seine Lustgehege,
Verschloßne Lauben, neugepflanzte Gärten,
Dießseits der Tiber, euch und euren Erben
Auf ew'ge Zeit, damit ihr euch ergehn
Und euch gemeinsam dort ergötzen könnt.
Das war ein Cäsar: wann kommt seinesgleichen?
Erster Bürger.
Nimmer! nimmer! — Kommt! — hinweg! hinweg!
Verbrennt den Leichnam auf dem heil'gen Platze,
Und mit den Bränden zündet den Verrätern
Die Häuser an. Nehmt denn die Leiche auf!
Zweiter Bürger. Geht! holt Feuer!
Dritter Bürger. Reißt Bänke ein!
Vierter Bürger. Reißt Sitze, Läden, alles ein!
(Die Bürger mit Cäsars Leiche ab.)
Antonius. Nun wirk' es fort. Unheil, du bist im Zuge:
Nimm, welchen Lauf du willst! —
Ein Diener kommt.
Was bringst du, Bursch?
Diener. Herr, Octavius ist schon nach Rom gekommen.
Antonius. Wo ist er?
Diener. Er und Lepidus sind in Cäsars Hause.
Antonius. Ich will sofort dahin, ihn zu besuchen;
Er kommt erwünscht. Das Glück ist aufgeräumt
Und wird in dieser Laun' uns nichts versagen.
Diener. Ich hört' ihn sagen, Cassius und Brutus
Sei'n durch die Thore Roms wie toll geritten.
Antonius. Vielleicht vernahmen sie vom Volke Kundschaft,
Wie ich es aufgewiegelt. Führ indes
Mich zum Octavius. (Beide ab.)

3. Scene.

Eine Straße.

Cinna der Poet tritt auf.

Cinna. Mir träumte heut, da ich mit Cäsarn schmauste,
Und Mißgeschick füllt meine Phantasie.
Ich bin unlustig, aus dem Haus zu gehn,
Doch treibt es mich heraus.

Bürger kommen.

Erster Bürger. Wie ist Euer Name?

Zweiter Bürger. Wo geht Ihr hin?

Dritter Bürger. Wo wohnt Ihr?

Vierter Bürger. Seid Ihr verheiratet oder ein Junggesell?

Zweiter Bürger. Antwortet jedem unverzüglich.

Erster Bürger. Ja, und kürzlich.

Vierter Bürger. Ja, und weislich.

Dritter Bürger. Ja, und ehrlich, das raten wir euch.

Cinna. Wie ist mein Name? Wohin gehe ich? Wo wohne ich? Bin ich verheiratet oder ein Junggesell? Also um jedem Manne unverzüglich und kürzlich, weislich und ehrlich zu antworten, sage ich weislich: ich bin ein Junggesell.

Zweiter Bürger. Das heißt so viel: wer heiratet, ist ein Narr. Dafür denke ich Euch eins zu versetzen. — Weiter, unverzüglich!

Cinna. Unverzüglich gehe ich zu Cäsars Bestattung.

Erster Bürger. Als Freund oder Feind?

Cinna. Als Freund.

Zweiter Bürger. Das war unverzüglich beantwortet.

Vierter Bürger. Eure Wohnung, kürzlich!

Cinna. Kürzlich, ich wohne beim Kapitol.

Dritter Bürger. Euer Name, Herr! ehrlich!

Cinna. Ehrlich, mein Name ist Cinna.

Erster Bürger. Reißt ihn in Stücke! Er ist ein Verschworner.

Cinna. Ich bin Cinna der Poet! Ich bin Cinna der Poet!

Vierter Bürger. Zerreißt ihn für seine schlechten Verse! Zerreißt ihn für seine schlechten Verse!

Cinna. Ich bin nicht Cinna der Verschworne.

Vierter Bürger. Es thut nichts: sein Name ist Cinna; reißt ihm den Namen aus dem Herzen und laßt ihn laufen.

Dritter Bürger. Zerreißt ihn! zerreißt ihn! Kommt, Brände! Heda, Feuerbrände! Zum Brutus! Zum Cassius! Steckt alles in Brand! Ihr zu des Decius Hause! Ihr zu des Casca! Ihr zu des Ligarius! Fort! kommt! (Alle ab.)

Vierter Aufzug.

1. Scene.

Rom. Ein Zimmer im Hause des Antonius.

Antonius, Octavius und Lepidus, an einem Tische sitzend.

Antonius. Die müssen also sterben, deren Namen
Hier angezeichnet stehn.

Octavius. Auch Euer Bruder
Muß sterben, Lepidus. Ihr willigt drein?

Lepidus. Ich will'ge drein.

Octavius. Zeichn' ihn, Antonius.

Lepidus. Mit dem Beding, daß Publius nicht lebe,
Der Eurer Schwester Sohn ist, Mark Anton.

Antonius. Er lebe nicht: sieh hier, ein Strich verdammt ihn.
Doch, Lepidus, geht Ihr zu Cäsars Haus,
Bringt uns sein Testament: wir wollen sehn,
Was an Vermächtnissen sich kürzen läßt.

Lepidus. Wie? soll ich hier euch finden?

Octavius. Hier oder auf dem Kapitol. (Lepidus ab.)

Antonius. Dies ist ein schwacher, unbrauchbarer Mensch,
Zum Botenlaufen nur geschickt. Verdient er,
Wenn man die dreibenamte Welt verteilt,
Daß er, als dritter Mann, sein Teil empfange?

Octavius. Ihr glaubtet es, und hörtet auf sein Wort,
Wen man im schwarzen Rate unsrer Ächt
Zum Tode zeichnen sollte.

Antonius. Octavius, ich sah mehr Tag' als ihr,
Ob wir auf diesen Mann schon Ehren häusen,
Um manche Last des Leumunds abzuwälzen,
Er trägt sie doch nur wie der Esel Gold,
Der unter dem Geschäfte stöhnt und schwitzt,
Geführt, getrieben, wie den Weg wir weisen:
Und hat er unsern Schatz wohin wir wollen
Gebracht, dann nehmen wir die Last ihm ab,
Und lassen ihn als led'gen Esel laufen,
Daß er die Ohren schütteln mög' und grasen
Auf offner Weide.

Octavius. Thut, was Euch beliebt;
Doch ist er ein geprüfter, wackrer Krieger.

Antonius. Das ist mein Pferd ja auch, Octavius,
Dafür bestimm' ich ihm sein Maß von Futter.

Ist's ein Geschöpf nicht, das ich lehre sechten,
Umwenden, halten, grade vorwärts rennen,
Des körperliches Thun mein Geist regiert?
In manchem Sinn ist Lepidus nichts weiter:
Man muß ihn erst abrichten, leuleu, mahnen;
Ein Mensch von dürft'gem Geiste, der sich nährt
Von weggeworfnem Abhub, Nachahmungen,
Die alt und schon von andern abgenutzt
Erst seine Mode werden: sprecht nicht anders
Von ihm als einem Werkzeug nur. — Und nun,
Octavius, vernehmet große Dinge.
Brutus und Cassius werben Völker an,
Wir müssen ihnen stracks die Spitze bieten.
Drum laßt die Bundsgenossen uns versammeln,
Die Freunde sichern, alle Macht aufbieten:
Und laßt zu Rat uns sitzen alsobald,
Wie man am besten Heimliches entdeckt,
Und offnen Fährlichkeiten sicher trotzt.
Octavius. Das laßt uns thun: denn uns wird aufgelauert,
Und viele Feinde bellen um uns her,
Und manche, so da lächeln, fürcht' ich, tragen
Im Herzen tausend Unheil. (Beide ab.)

2. Scene.

Vor Brutus' Zelte im Lager nahe bei Sardes.

Die Trommel gerührt. Brutus, Lucilius, Lucius und Soldaten treten
auf. Pindarus und Titinius kommen ihnen entgegen.

Brutus. Halt!
Lucilius. He! gebt das Wort und haltet.
Brutus. Was giebt's, Lucilius? Ist Cassius nahe?
Lucilius. Er ist nicht weit, und hier kömmt Pindarus,
Im Namen seines Herrn Euch zu begrüßen.
(Pindarus überreicht dem Brutus einen Brief.)
Brutus. Sein Gruß ist freundlich. Wißt, daß Euer Herr,
Von selbst verändert oder schlecht beraten,
Mir gült'gen Grund gegeben, ungeschehn
Geschehenes zu wünschen. Aber ist er
Hier in der Näh', so wird er mir genugthun.
Pindarus. Ich zweifle nicht, voll Ehr' und Würdigkeit
Wird, wie er ist, mein edler Herr erscheinen.
Brutus. Wir zweifeln nicht an ihm. — Ein Wort, Lucilius!
Laßt mich erfahren, wie er Euch empfing.

Lucilius. Mit Höflichkeit und Ehrbezeigung g'nug,
Doch nicht mit so vertrauter Herzlichkeit,
Nicht mit so freiem, freundlichem Gespräch,
Als er vordem wohl pflegte.
Brutus.　　　　　　　　Du beschreibst,
Wie warme Freund' erkalten. Merke stets,
Lucilius, wenn Lieb' erkrankt und schwindet,
Nimmt sie gezwungne Höflichkeiten an.
Einfält'ge schlichte Treu weiß nichts von Künsten;
Doch Gleißner sind wie Pferde, heiß im Anlauf:
Sie prangen schön mit einem Schein von Kraft,
Doch sollen sie den blut'gen Sporn erdulden,
So sinkt ihr Stolz, und falschen Mähren gleich
Erliegen sie der Prüfung. — Naht sein Heer?
Lucilius. Sie wollten Nachtquartier in Sardes halten.
Der größte Teil, die ganze Reiterei
Kommt mit dem Cassius. (Ein Marsch hinter der Scene.)
Brutus. ˙　　　　　Horch! er ist schon da.
Rückt langsam ihm entgegen.

　　　　Cassius tritt auf mit einigen Soldaten.

Cassius. Halt!
Brutus. Halt! Gebt das Befehlswort weiter.
(Hinter der Scene.) Halt! — Halt! — Halt! —
Cassius. Ihr thatet mir zu nah, mein edler Bruder!
Brutus. Ihr Götter, richtet! Thu' ich meinen Feinden
Zu nah, und sollt' ich's meinem Bruder thun?
Cassius. Brutus, dies Euer gemessenes Benehmen
Deckt Unrecht zu, und wenn Ihr es begeht —
Brutus. Seid ruhig, Cassius! bringet leise vor,
Was für Beschwerd' Ihr habt. — Ich kenn' Euch wohl. —
Im Angesicht der beiden Heere hier,
Die nichts von uns als Liebe sehen sollten,
Laßt uns nicht hadern. Heißt hinweg sie ziehn,
Führt Eure Klagen dann in meinem Zelt;
Ich will Gehör Euch geben.
Cassius.　　　　　　　Pindarus,
Heißt unsre Obersten ein wenig weiter
Von diesem Platz hinweg die Scharen führen.
Brutus. Thut Ihr das auch, Lucilius. Laßt niemand,
Solang die Unterredung dauert, ein.
Laßt Lucius und Titinius Wache stehn.

　　　　　　　　(Alle ab.)

3. Scene.

Im Zelte des Brutus.

Lucilius und Titinius in einiger Entfernung. Brutus und Cassius
treten auf.

Cassius. Eu'r Unrecht gegen mich erhellet hieraus:
Ihr habt den Lucius Pella hart verdammt,
Weil er bestochen worden von den Sardern.
Mein Brief, worin ich mich für ihn verwandt,
Weil ich ihn kenne, ward für nichts geachtet.

Brutus. Ihr thatet Euch zu nah, in solchem Fall zu schreiben.

Cassius. In solcher Zeit, wie diese, ziemt es nicht,
Daß jeder kleine Fehl bekrittelt werde.

Brutus. Laßt mich Euch sagen, Cassius, daß Ihr selbst
Verschrie'n seid, weil Ihr hohle Hände macht,
Weil Ihr an Unverdiente Eure Ämter
Verkauft und feilschet.

Cassius. Mach' ich hohle Hände?
Ihr wißt wohl, Ihr seid Brutus, der dies sagt,
Sonst, bei den Göttern! wär' dies Wort Eu'r letztes.

Brutus. Des Cassius Name adelt die Bestechung,
Darum verbirgt die Züchtigung ihr Haupt.

Cassius. Die Züchtigung!

Brutus. Denkt an den März! denkt an des Märzen Idus!
Hat um das Recht der große Julius nicht
Geblutet? Welcher Bube legt' an ihn
Die Hand wohl, schwang den Stahl, und nicht ums Recht?
Wie? soll nun einer derer, die den ersten
Von allen Männern dieser Welt erschlugen,
Bloß weil er Räuber schützte: sollen wir
Mit schnöden Gaben unsre Hand besudeln?
Und unsrer Würden weiten Kreis verkaufen
Für so viel Plunders, als man etwa greift?
Ein Hund sein lieber und den Mond anbellen,
Als solch ein Römer!

Cassius. Brutus, reizt mich nicht,
Ich will's nicht dulden. Ihr vergeßt Euch selbst,
Wenn Ihr mich so umzäunt: ich bin ein Krieger,
Erfahrner, älter, fähiger als Ihr,
Bedingungen zu machen.

Brutus. Redet nur,
Ihr seid es doch nicht, Cassius.

Cassius. Ich bin's.

Brutus. Ich sag', Ihr seid es nicht.
Cassius. Drängt mich nicht mehr, ich werde mich vergessen;
  Gedenkt an Euer Heil, reizt mich nicht länger.
Brutus. Geht, armer Wicht!
Cassius. Ist's möglich?
Brutus.   Hört mich an, denn ich will reden.
  Muß ich mich Eurer jähen Hitze fügen?
  Muß ich erschrecken, wenn ein Toller stiert?
Cassius. Ihr Götter! Götter! muß ich all dies dulden?
Brutus. All dies? Noch mehr! Ergrimmt, bis es Euch birst,
  Das stolze Herz; geht, zeiget Euren Sklaven,
  Wie rasch zum Zorn Ihr seid, und macht sie zittern.
  Muß ich beiseit' mich drücken? muß den Hof
  Euch machen? Muß ich dastehn und mich krümmen
  Vor Eurer krausen Laune? Bei den Göttern!
  Ihr sollt hinunterwürgen Euren Gift,
  Und wenn Ihr börstet: denn von heute an
  Dient Ihr zum Scherz, ja zum Gelächter mir,
  Wenn Ihr Euch so gebärdet.
Cassius.   Dahin kam's?
Brutus. Ihr sagt, daß Ihr ein beßrer Krieger seid:
  Beweist es denn, macht Euer Prahlen wahr.
  Es soll mir lieb sein, denn, was mich betrifft,
  Ich werde gern von edlen Männern lernen.
Cassius. Ihr thut zu nah, durchaus zu nah mir, Brutus.
  Ich sagt', ein älterer Krieger, nicht ein beßrer.
  Sagt' ich, ein beßrer?
Brutus. Und hättet Ihr's gesagt, mir gilt es gleich.
Cassius. Mir hätte Cäsar das nicht bieten dürfen.
Brutus. O schweigt! Ihr wagtet's nicht, ihn so zu reizen.
Cassius. Ich wagt' es nicht?
Brutus.   Nein.
Cassius.   Wagt' nicht, ihn zu reizen?
Brutus. Ihr wagtet es für Euer Leben nicht.
Cassius. Wagt nicht zu viel auf meine Liebe hin,
  Ich möchte thun, was ich nachher gerente.
Brutus. Ihr habt gethan, was Euch gereuen sollte.
  Eu'r Drohn hat keine Schrecken, Cassius,
  Denn ich bin so bewehrt durch Redlichkeit,
  Daß es vorbeizieht wie der leere Wind,
  Der nichts mir gilt. Ich sandte hin zu Euch
  Um eine Summe Golds, die Ihr mir abschlugt.
  Ich kann kein Geld durch schnöde Mittel heben,

Beim Himmel! lieber präg' ich ja mein Herz,
Und tröpfelte mein Blut für Drachmen aus,
Als daß ich aus der Bauern harten Händen
Die jämmerliche Habe winden sollte
Durch irgend einen Schlich. — Ich sandt' um Gold zu Euch,
Um meine Legionen zu bezahlen;
Ihr schlugt mir's ab: war das, wie Cassius sollte?
Hätt' ich dem Cajus Cassius so erwidert?
Wenn Marcus Brutus je so geizig wird,
Daß er so lump'ge Pfennige den Freunden
Verschließt, dann rüstet eure Donnerkeile,
Zerschmettert ihn, ihr Götter!
Cassius. Ich schlug es Euch nicht ab.
Brutus.   Ihr thatet es.
Cassius. Ich that's nicht: der Euch meine Antwort brachte,
War nur ein Thor. — Brutus zerreißt mein Herz.
Es sollt' ein Freund des Freundes Schwächen tragen,
Brutus macht meine größer, als sie sind.
Brutus. Das thu' ich nicht, bis Ihr damit mich quält.
Cassius. Ihr liebt mich nicht.
Brutus.   Nicht Eure Fehler lieb' ich.
Cassius. Nie konnt' ein Freundesaug' dergleichen sehn.
Brutus. Des Schmeichlers Auge säh' sie nicht, erschienen
Sie auch so riesenhaft wie der Olymp.
Cassius. Komm, Mark Anton, und komm, Octavius, nur!
Nehmt eure Rach' allein am Cassius,
Denn Cassius ist des Lebens überdrüssig:
Gehaßt von einem, den er liebt; getrotzt
Von seinem Bruder; wie ein Knecht gescholten.
Man späht nach allen meinen Fehlern, zeichnet
Sie in ein Denkbuch, lernt sie aus dem Kopf,
Wirft sie mir in die Zähne. — O, ich könnte
Aus meinen Augen meine Seele weinen!
Da ist mein Dolch, hier meine nackte Brust;
Ein Herz drin, reicher als des Plutus Schacht,
Mehr wert als Gold: wo du ein Römer bist,
So nimm's heraus. Ich, der dir Gold versagt,
Ich biete dir mein Herz. Stoß zu, wie einst
Auf Cäsar! Denn ich weiß, als du am ärgsten
Ihn haßtest, liebtest du ihn mehr, als je
Du Cassius geliebt.
Brutus.   Steckt Euren Dolch ein!
Seid zornig, wenn Ihr wollt: es sieh' Euch frei!

Thut, was Ihr wollt: Schmach soll für Laune gelten.
O Cassius! einem Lamm seid Ihr gesellt,
Das nur so Zorn hegt, wie der Kiesel Feuer,
Der, viel geschlagen, flücht'ge Funken zeigt,
Und gleich drauf wieder kalt ist.

Cassius.   Lebt' ich dazu,
Ein Scherz nur und Gelächter meinem Brutus
Zu sein, wenn Gram und böses Blut mich plagt?

Brutus. Als ich das sprach, hatt' ich auch böses Blut.

Cassius. Gesteht Ihr so viel ein? Gebt mir die Hand.

Brutus. Und auch mein Herz.

Cassius.   O Brutus!

Brutus.   Was verlangt Ihr?

Cassius. Liebt Ihr mich nicht genug, Geduld zu haben,
Wenn jene rasche Laune, von der Mutter
Mir angeerbt, macht, daß ich mich vergesse?

Brutus. Ja, Cassius; künftig, wenn Ihr allzu streng
Mit Eurem Brutus seid, so denket er,
Die Mutter schmäl' aus Euch, und läßt Euch gehn.
                    (Lärm hinter der Scene.)

Poet (hinter der Scene). Laßt mich hinein, ich muß den Feldherrn sehn.
Ein Zauk ist zwischen ihnen: 's ist nicht gut,
Daß sie allein sind.

Lucilius (hinter der Scene). Ihr sollt nicht hinein.

Poet (hinter der Scene). Der Tod nur hält mich ab.
                    Der Poet tritt herein.

Cassius.   Ei nun, was giebt's?

Poet. Schämt ihr euch nicht, ihr Feldherrn? Was beginnt ihr?
Liebt euch, wie sich's für solche Männer schickt:
Fürwahr, ich hab' mehr Jahr' als ihr erblickt.

Cassius. Ha ha! wie toll der Cyniker nicht reimt!

Brutus. Ihr Schlingel, packt Euch! Fort, verwegner Bursch!

Cassius. Ertragt ihn, Brutus! seine Weis' ist so.

Brutus. Kennt er die Zeit, so kenn' ich seine Laune.
Was soll der Krieg mit solchen Schellennarren?
Geh fort, Gesell!

Cassius.   Fort! fort! geh deines Wegs! (Der Poet ab.)
                    Lucilius und Titinius kommen.

Brutus. Lucilius und Titinius, heißt die Obersten
Auf Nachtquartier für ihre Scharen denken.

Cassius. Kommt selber dann und bringt mit euch Messala
Sogleich zu uns herein.
                    (Lucilius und Titinius ab.)

Brutus. Lucius, eine Schale Weins.

Cassius. Ich dachte nicht, daß Ihr so zürnen könntet.

Brutus. O Cassius, ich bin krank an manchem Gram.

Cassius. Ihr wendet die Philosophie nicht an,
Die Ihr bekennt, gebt Ihr zufäll'gen Übeln Raum.

Brutus. Kein Mensch trägt Leiden besser. — Portia starb.

Cassius. Ha! Portia!

Brutus. Sie ist tot.

Cassius. Lag das im Sinn Euch, wie entkam ich lebend?
O bittrer, unerträglicher Verlust!
An welcher Krankheit?

Brutus. Die Trennung nicht erduldend;
Und Gram, daß mit Octavius Mark Anton
So mächtig worden — denn mit ihrem Tod
Kam der Bericht — das brachte sie von Sinnen,
Und wie sie sich allein sah, schlang sie Feuer.

Cassius. Und starb so?

Brutus. Starb so.

Cassius. O ihr ew'gen Götter!

Lucius kommt mit Wein und Kerzen.

Brutus. Sprecht nicht mehr von ihr. — Gebt eine Schale Weins!
Hierin begrab' ich allen Unglimpf, Cassius. (Trinkt.)

Cassius. Mein Herz ist durstig nach dem edlen Pfand.
Füllt, Lucius, bis der Wein den Becher kränzt,
Von Brutus' Liebe trink ich nie zu viel. (Trinkt.)

Titinius und Messala kommen.

Brutus. Herein, Titinius! Seid gegrüßt, Messala!
Nun laßt uns dicht um diese Kerze sitzen,
Und, was uns frommt, in Überlegung ziehn.

Cassius. O Portia, bist du hin.

Brutus. Nicht mehr, ich bitt' Euch.
Messala, seht, ich habe Brief' empfangen,
Daß Mark Anton, mit ihm Octavius,
Heranziehn gegen uns mit starker Macht
Und ihren Heerzug nach Philippi lenken.

Messala. Ich habe Briefe von demselben Inhalt.

Brutus. Mit welchem Zusatz?

Messala. Daß durch Proskription und Ächtserklärung
Octavius, Mark Anton und Lepidus
Auf hundert Senatoren umgebracht.

Brutus. Darüber weichen unsre Briefe ab.
Der meine spricht von siebzig Senatoren,
Die durch die Ächtung fielen; Cicero
Sei einer aus der Zahl.

Cassius.   Auch Cicero?

Messala. Ja, er ist tot, und durch den Achtsbefehl.
Kam Euer Brief von Eurer Gattin, Herr?

Brutus. Nein, Messala.

Messala. Und meldet Euer Brief von ihr Euch nichts?

Brutus. Gar nichts, Messala.

Messala.   Das bedünkt mich seltsam.

Brutus. Warum? wißt Ihr aus Eurem Brief von ihr?

Messala. Nein, Herr.

Brutus. Wenn Ihr ein Römer seid, sagt mir die Wahrheit.

Messala. Tragt denn die Wahrheit, die ich sag', als Römer.
Sie starb und zwar auf wunderbare Weise.

Brutus. Leb wohl denn, Portia! — Wir müssen sterben,
Messala: dadurch, daß ich oft bedacht,
Sie müss' einst sterben, hab' ich die Geduld,
Es jetzt zu tragen.

Messala. So trägt ein großer Mann ein großes Unglück.

Cassius. Durch Kunst hab' ich so viel hiervon als Ihr,
Doch die Natur ertrüg's in mir nicht so.

Brutus. Wohlan, zu unserm lebenden Geschäft!
Was denkt Ihr? ziehn wir nach Philippi gleich?

Cassius. Mir scheint's nicht ratsam.

Brutus.   Euer Grund.

Cassius.   Hier ist er.
Weit besser ist es, wenn der Feind uns sucht,
So wird er, sich zum Schaden, seine Mittel
Erschöpfen, seine Krieger müde machen.
Wir liegen still indes, bewahren uns
In Ruh', wehrhaftem Stand und Munterkeit.

Brutus. Den bessern Gründen müssen gute weichen.
Das Land von hier bis nach Philippi hin
Beweist uns nur aus Zwang Ergebenheit,
Denn murrend hat es Lasten uns gezahlt.
Der Feind, indem er durch dasselbe zieht,
Wird seine Zahl daraus ergänzen können,
Und uns erfrischt, vermehrt, ermutigt nahn.
Von diesem Vorteil schneiden wir ihn ab,
Wenn zu Philippi wir die Stirn ihm bieten,
Dies Volk im Rücken.

Cassius.   Hört mich, lieber Bruder!

Brutus. Erlaubt mir gütig! — Ferner müßt Ihr merken,
Daß wir von Freunden alles aufgeboten,
Daß unsre Legionen übervoll

Und unſre Sache reiſ. — Der Feind nimmt täglich zu,
Wir, auf dem Gipfel, ſtehn ſchon an der Neige.
Der Strom der menſchlichen Geſchäfte wechſelt:
Nimmt man die Flut wahr, führet ſie zum Glück;
Verſäumt man ſie, ſo muß die ganze Reiſe
Des Lebens ſich durch Not und Klippen winden.
Wir ſind nun flott auf ſolcher hohen See,
Und müſſen, wenn der Strom uns hebt, ihn nutzen,
Wo nicht, verlieren wir, was wir gewagt.

Caſſius. So zieht denn, wie Ihr wollt; wir rücken ſelbſt,
Dem Feind entgegen, nach Philippi vor.

Brutus. Die tiefe Nacht hat das Geſpräch beſchlichen,
Und die Natur muß frönen dem Bedürfnis,
Das mit ein wenig Ruh' wir täuſchen wollen.
Iſt mehr zu ſagen noch?

Caſſius.   Nein. Gute Nacht!
Früh ſtehn wir alſo morgen auf und fort.

Brutus. Lucius, mein Schlafgewand! (Lucius ab.)
                           Lebt wohl, Meſſala!
Gute Nacht, Titinius! Edler, edler Caſſius,
Gute Nacht und ſanfte Ruh'!

Caſſius.   O teurer Bruder!
Das war ein ſchlimmer Anfang dieſer Nacht.
Nie trenne ſolcher Zwieſpalt unſre Herzen,
Nie wieder, Brutus.

Brutus.   Alles ſteht ja wohl.

Caſſius. Nun gute Nacht!

Brutus.   Gute Nacht, mein guter Bruder!

Titinius u. Meſſala. Mein Feldherr, gute Nacht!

Brutus.   Lebt alle wohl!

(Caſſius, Titinius und Meſſala ab.)

Lucius kommt zurück mit dem Nachtkleide.

Brutus. Gieb das Gewand, wo haſt du deine Lanie?

Lucius. Im Zelte hier.

Brutus.   Wie? ſchläfrig! Armer Schelm,
Ich table drum dich nicht: du haſt dich überwacht.
Ruf Claudius her und andre meiner Leute,
Sie ſollen hier im Zelt auf Kiſſen ſchlafen.

Lucius. Varro und Claudius!

Varro und Claudius kommen.

Varro.   Ruft mein Gebieter?

Brutus. Ich bitt' euch, liegt in meinem Zelt und ſchlaft:

Bald weck' ich euch vielleicht, um irgend was
Bei meinem Bruder Cassius zu bestellen.

Varro. Wenn's Euch beliebt, wir wollen stehn und warten.
Brutus. Das nicht! Nein, legt euch nieder, meine Freunde. —

(Die beiden Diener legen sich nieder.)

Vielleicht verändert noch sich mein Entschluß. —
Sieh, Lucius, hier das Buch, das ich so suchte:
Ich steckt' es in die Tasche des Gewandes.

Lucius. Ich wußte wohl, daß mein Gebieter mir
Es nicht gegeben.

Brutus.   Hab' Geduld mit mir,
Mein guter Junge, ich bin sehr vergeßlich.
Hältst du noch wohl die müden Augen auf
Und spielst mir ein paar Weisen auf der Laute?

Lucius. Ja, Herr, wenn's Euch beliebt.
Brutus.   Das thut's, mein Junge.
Ich plage dich zu viel, doch du bist willig.

Lucius. Es ist ja meine Pflicht.
Brutus.   Ich sollte dich
Zur Pflicht nicht über dein Vermögen treiben;
Ich weiß, daß junges Blut auf Schlafen hält.

Lucius. Ich habe schon geschlafen, mein Gebieter.
Brutus. Da thatst du recht, und sollst auch wieder schlafen.
Ich will nicht lang dich halten: wenn ich lebe,
Will ich dir Gutes thun. (Musik und ein Lied.)
Die Weis' ist schläfrig. — Mörderischer Schlummer,
Legst du die blei'rne Keul' auf meinen Knaben,
Der dir Musik macht? — Lieber Schelm, schlaf wohl,
Ich thu' dir's nicht zuleid, daß ich dich wecke.
Nickst du, so brichst du deine Laut' entzwei;
Ich nehm' sie weg, und schlaf nun, guter Knabe. —
Laßt sehn! Ist, wo ich aufgehört zu lesen,
Das Blatt nicht eingelegt? Hier, denk' ich, ist's. (Er setzt sich.)

Der Geist Cäsars erscheint.

Wie dunkel brennt die Kerze! — Ha, wer kommt?
Ich glaub', es ist die Schwäche meiner Augen,
Die diese schreckliche Erscheinung schafft.
Sie kommt mir näher. — Bist du irgend was?
Bist du ein Gott, ein Engel oder Teufel,
Der starren macht mein Blut, das Haar mir sträubt?
Gieb Rede, was du bist.

Geist.   Dein böser Engel, Brutus.
Brutus. Weßwegen kommst du?

Geist. Um dir zu sagen, daß du zu Philippi
  Mich sehn sollst.
Brutus.   Gut, ich soll dich wiedersehn.
Geist. Ja, zu Philippi. (Verschwindet.)
Brutus. Nun, zu Philippi will ich denn dich sehn.
  Nun ich ein Herz gefaßt, verschwindest du;
  Gern spräch' ich mehr mit dir noch, böser Geist. —
  Bursch! Lucius! — Varro! Claudius! wacht auf!
  Claudius!
Lucius. Die Saiten sind verstimmt.
Brutus. Er glaubt, er sei bei seiner Laute noch.
  Erwache, Lucius!
Lucius. Herr?
Brutus. Hast du geträumt, daß du so schriest, Lucius?
Lucius. Ich weiß nicht, mein Gebieter, daß ich schrie.
Brutus. Ja doch, das thatst du; sahst du irgend was?
Lucius. Nichts auf der Welt.
Brutus. Schlaf wieder, Lucius. — Heda, Claudius!
  Du, Bursch, wach auf!
Varro. Herr?
Claudius. Herr?
Brutus. Weswegen schrie't ihr so in eurem Schlaf?
Varro u. Claudius. Wir schrieen, Herr?
Brutus.   Ja, saht ihr irgend was?
Varro. Ich habe nichts gesehn.
Claudius. Ich gleichfalls nicht.
Brutus. Geht und empfehlt mich meinem Bruder Cassius:
  Er lasse früh voraufziehn seine Macht,
  Wir wollen folgen.
Varro u. Claudius. Herr, es soll geschehn. (Alle ab.)

Fünfter Aufzug.

1. Scene.

Die Ebene von Philippi.

Octavius, Antonius und ihr Heer.

Octavius. Nun, Mark Anton, wird meine Hoffnung wahr.
  Ihr spracht, der Feind werd' auf den Höhn sich halten
  Und nicht herab in unsre Ebne ziehn.
  Es zeigt sich anders: seine Scharen nahn;

Sie wollen zu Philippi hier uns mahnen,
Und Antwort geben, eh wir sie befragt.

Antonius. Pah, steck' ich doch in ihrem Herzen, weiß,
Warum sie's thun. Sie wären's gern zufrieden,
Nach andern Plätzen hinzuziehn, und kommen
Mit bangem Trotz, im Wahn durch diesen Aufzug
Uns vorzuspiegeln, sie besitzen Mut.
Allein, dem ist nicht so.

Ein Bote tritt auf.

Bote.   Bereitet euch, ihr Feldherrn.
Der Feind rückt an in wohlgeschloßnen Reihn.
Sein blut'ges Schlachtpanier ist ausgehängt,
Und etwas muß im Augenblick geschehn.

Antonius. Octavius, führet langsam Euer Heer
Zur linken Hand der Ebene weiter vor.

Octavius. Zur rechten ich, behaupte du die linke.

Antonius. Was kreuzt Ihr mich, da die Entscheidung drängt?

Octavius. Ich krenz' Euch nicht, doch ich verlang' es so. *(Marsch.)*

*Die Trommel gerührt. Brutus und Cassius kommen mit ihrem Heere;
Lucilius, Titinius, Messala und andere.*

Brutus. Sie halten still und wollen ein Gespräch.

Cassius. Titinius, steh! Wir treten vor und reden.

Octavius. Antonius, geben wir zur Schlacht das Zeichen?

Antonius. Nein, Cäsar, laßt uns ihres Angriffs warten.
Kommt, tretet vor! Die Feldherrn wünschen ja
Ein Wort mit uns.

Octavius.   Bleibt stehn bis zum Signal.

Brutus. Erst Wort, dann Schlag: nicht wahr, ihr Landsgenossen?

Octavius. Nicht daß uns Worte lieber sind wie euch.

Brutus. Gut Wort gilt mehr als böser Streich, Octavius.

Antonius. Ihr, Brutus, gebt bei bösem Streich gut Wort.
Des zeuget Cäsars Herz, durchbohrt von Euch,
Indes Ihr rieft: lang lebe Cäsar, Heil!

Cassius. Die Führung Eurer Streiche, Mark Anton,
Ist uns noch unbekannt: doch Eure Worte
Begehn an Hyblas Bienen Raub und lassen
Sie ohne Honig.

Antonius.   Nicht auch stachellos?

Brutus. O ja! auch tonlos, denn Ihr habt ihr Summen
Gestohlen, Mark Anton, und drohet weislich,
Bevor Ihr stecht.

Antonius. Ihr thatet's nicht, Verräter,
Als Eure schnöden Dolch' einander stachen

In Cäsars Brust. Ihr zeigtet Eure Zähne
Wie Affen, krocht wie Hunde, bücktet tief
Wie Sklaven euch, und küßtet Cäsars Füße;
Derweil von hinten der verfluchte Casca
Mit tück'schem Bisse Cäsars Nacken traf.
O Schmeichler!

Cassius. Schmeichler! — Dankt Euch selbst nun, Brutus,
Denn diese Zunge würde heut nicht freveln,
Wär' Cassius' Rat befolgt.

Octavius. Zur Sache, kommt! Macht Widerspruch uns schwitzen,
So kostet rötre Tropfen der Erweis.
Seht! auf Verschworne zück' ich dieses Schwert:
Wann, denkt ihr, geht es wieder in die Scheide?
Nie, bis des Cäsars dreiundzwanzig Wunden
Gerächt sind, oder bis ein andrer Cäsar
Mit Mord gesättigt der Verräter Schwert.

Brutus. Cäsar, du kannst nicht durch Verräter sterben,
Du bringest denn sie mit.

Octavius.   Das hoff' ich auch:
Von Brutus' Schwert war Tod mir nicht bestimmt.

Brutus. O wärst du deines Stammes Edelster,
Du könntest, junger Mann, nicht schöner sterben.

Cassius. Ein launisch Bübchen, unwert solchen Ruhms,
Gesellt zu einem Wüstling und 'nem Trinker.

Antonius. Der alte Cassius!

Octavius.   Komm, Antonius! fort!
Trotz in die Zähne schleudr' ich euch, Verräter!
Wagt ihr zu fechten heut, so kommt ins Feld,
Wo nicht, wenn's euch gemutet.
          (Octavius und Antonius mit ihrem Heere ab.)

Cassius. Nun tobe, Wind! schwill, Woge! schwimme, Nachen!
Der Strom ist wach und alles auf dem Spiel.

Brutus. Lucilius, hört! Ich muß ein Wort Euch sagen.

Lucilius. Herr?
          (Brutus und Lucilius reden beiseit miteinander.)

Cassius. Messala!

Messala. Was besiehlt mein Feldherr?

Cassius. Messala, dies ist mein Geburtstag; grade
An diesem Tag kam Cassius auf die Welt.
Gieb mir die Hand, Messala, sei mein Zenge,
Daß ich gezwungen, vie Pompejus einst,
An eine Schlacht all unsre Freiheit wage.
Du weißt, ich hielt am Epicurus fest

Und seiner Lehr'; nun ändr' ich meinen Sinn
Und glaub' an Dinge, die das Künft'ge denken.
Auf unserm Zug von Sardes stürzten sich
Zwei große Adler auf das vordre Banner;
Da saßen sie und fraßen gierig schlingend
Aus unsrer Krieger Hand; sie gaben uns
Hierher bis nach Philippi das Geleit'.
Heut morgen sind sie auf und fortgeflohn.
Statt ihrer fliegen Raben, Geier, Kräh'n
Uns überm Haupt und schaun herab auf uns
Als einen siechen Raub; ihr Schatten scheint
Ein Trauerhimmel, unter dem das Heer,
Bereit den Atem auszuhauchen, liegt.

Messala. Nein, glaubt das nicht.

Cassius.   Ich glaub' es auch nur halb,
    Denn ich bin frischen Mutes und entschlossen,
    Zu trotzen standhaft jeglicher Gefahr.

Brutus. Thu das, Lucilius.

Cassius.   Nun, mein edler Brutus,
    Sein uns die Götter heute hold, auf daß wir
    Gesellt, in Frieden unserm Alter nahu!
    Doch weil das Los der Menschen niemals sicher,
    Laßt uns bedacht sein auf den schlimmsten Fall.
    Verlieren wir dies Treffen, so ist dies
    Das allerletzte Mal, daß wir uns sprechen:
    Was habt Ihr dann Euch vorgesetzt zu thun?

Brutus. Ganz nach der Vorschrift der Philosophie,
    Wonach ich Cato um den Tod getadelt,
    Den er sich gab, — ich weiß nicht, wie es kömmt,
    Allein ich find' es feig' und niederträchtig,
    Aus Furcht, was kommen mag, des Lebens Zeit
    So zu verkürzen — will ich mit Geduld
    Mich waffnen, und den Willen hoher Mächte
    Erwarten, die das Irdische regieren.

Cassius. Dann, geht die Schlacht verloren, laßt Ihr's Euch
    Gefallen, daß man dann durch die Straßen Roms
    Euch im Triumphe führt?

Brutus. Nein, Cassius, nein! Glaub mir, du edler Römer,
    Brutus wird nie gebunden gehn nach Rom.
    Er trägt zu hohen Sinn. Doch dieser Tag
    Muß enden, was des Märzen Idus anfing;
    Ob wir uns wieder treffen, weiß ich nicht:
    Drum laßt ein ewig Lebewohl uns nehmen.

Gehab dich wohl, mein Cassius, für und für!
Sehn wir uns wieder, nun so lächeln wir;
Wo nicht, so war dies Scheiden wohlgethan.
Cassius. Gehab dich wohl, mein Brutus, für und für!
Sehn wir uns wieder, lächeln wir gewiß,
Wo nicht, ist wahrlich wohlgethan dies Scheiden.
Brutus. Nun wohl, voran! O wüßte jemand doch
Das Ende dieses Tagwerks, eh es kommt!
Allein es gnüget, euden wird der Tag,
Dann wissen wir sein Ende. — Kommt nur! fort! (Alle ab.)

2. Scene.

Das Schlachtfeld.

Getümmel. Brutus und Messala kommen.

Brutus. Reit! reit, Messala! reit! Bring diese Zettel
Den Legionen auf der andern Seite. (Lautes Getümmel.)
Laß sie auf einmal stürmen, denn ich merke,
Octavius' Flügel hält nur schwachen Stand:
Ein schneller Anfall wirst ihn übern Haufen.
Reit! reit, Messala! Laß herab sie kommen! (Beide ab.)

3. Scene.

Ein anderer Teil des Schlachtfeldes.

Getümmel. Cassius und Titinius kommen.

Cassius. O sieh, Titinius! sieh! Die Schurken fliehn.
Ich selbst ward meiner eignen Leute Feind:
Dies unser Banner wandte sich zur Flucht,
Ich schlug den Feigen und entriß es ihm.
Titinius. O Cassius! Brutus gab das Wort zu früh.
Im Vorteil gegen den Octavius, setzt' er
Zu hitzig nach; sein Heer fing an zu plündern,
Indes uns alle Mark Anton umzingelt.
Pindarus kommt.
Pindarus. Herr, flieht doch weiter! flieht doch weiter weg!
Antonius ist in Euren Zelten, Herr:
Drum, edler Cassius, flieht! Flieht weit hinweg!
Cassius. Der Hügel hier ist weit genug. — Schau, schau,
Titinius! Sind das meine Zelte nicht,
Wo ich das Feuer sehe?
Titinius.   Ja, mein Feldherr.
Cassius. Wenn du mich liebst, Titinius, so besteig

Mein Pferd, setz' ihm die Sporen in die Seite,
Bis es zu jener Mannschaft dich gebracht
Und wieder her; damit ich sicher wisse,
Ob jene Mannschaft Freund ist oder Feind.
Titinius. Wie ein Gedanke bin ich wieder hier. (Ab.)
Cassius. Geh, Pindarus, steig höher auf den Hügel,
Denn mein Gesicht ist kurz; acht auf Titinius
Und sag mir, was du auf dem Feld entdeckst. (Pindarus ab.)
An diesem Tage atmet' ich zuerst;
Die Zeit ist um, und euden soll ich da,
Wo ich begann: mein Leben hat den Kreislauf
Vollbracht. — Du dort, was giebt's?
Pindarus (oben).   O Herr!
Cassius.   Was giebt's?
Pindarus. Titinius ist von Reitern ganz umringt,
Sie jagen auf ihn zu, doch spornt er weiter.
Nun sind sie dicht schon bei ihm — nun Titinius!
Sie steigen ab — er auch — er ist gefangen,
Und horcht! sie jubeln laut. (Freudengeschrei.)
Cassius. Steig nur herunter, sieh nicht weiter zu. —
O Memme, die ich bin, so lang zu leben,
Bis ich den besten Freund vor meinen Augen
Gefangen sehen muß!
Pindarus kommt zurück.
Komm, Bursch, hierher!
Ich macht' in Parthia dich zum Gefangnen,
Das Leben schenkt' ich dir und ließ dich schwören,
Was ich nur immer thun dich hieß', du wollest
Es unternehmen. Komm nun, halt den Schwur!
Sei frei nun, und mit diesem guten Schwert,
Das Cäsars Leib durchbohrt, triff diesen Busen.
Erwidre nichts! Hier fasse du das Heft,
Und ist mein Angesicht verhüllt, wie jetzt,
So führ das Schwert. — Cäsar, du bist gerächt,
Und mit demselben Schwert, das dich getötet. (Er stirbt.)
Pindarus. So bin ich frei, doch wär' ich's lieber nicht,
Hätt' es auf mir beruht. — O Cassius!
Weit weg flieht Pindarus von diesem Lande,
Dahin, wo nie ein Römer ihn bemerkt. (Ab.)
Titinius und Messala kommen.
Messala. Es ist nur Tausch, Titinius; denn Octav
Ward von des edlen Brutus Macht geschlagen,
Wie Cassius' Legionen vom Antonius.

Titinius. Die Zeitung wird den Cassius sehr erquicken.

Messala. Wo ließt Ihr ihn?

Titinius. Ganz trostlos, neben ihm
Sein Sklave Pindarus, auf diesem Hügel.

Messala. Ist er das nicht, der auf dem Boden liegt?

Titinius. Er liegt nicht da wie lebend. — O mein Herz!

Messala. Nicht wahr? er ist es?

Titinius. Nein, er war's, Messala:
Doch Cassius ist nicht mehr. — O Abendsonne!
Wie du in deinen roten Strahlen sinkst,
So ging in Blut der Tag des Cassius unter.
Die Sonne Roms ging unter; unser Tag
Ist hingeflohn: nun kommen Wolken, Tau,
Gefahren; unsre Thaten sind gethan.
Mißtraun in mein Gelingen bracht' ihn um.

Messala. Mißtraun in guten Ausgang bracht' ihn um.
O hassenswerter Wahn! der Schwermut Kind!
Was zeigst du doch dem regen Witz der Menschen
Das, was nicht ist? O Wahn, so bald empfangen!
Zu glücklicher Geburt gelangst du nie
Und bringst die Mutter um, die dich erzeugt.

Titinius. Auf, Pindarus! Wo bist du, Pindarus?

Messala. Such ihn, Titinius; ich indessen will
Zum edlen Brutus und sein Ohr durchbohren
Mit dem Bericht. Wohl nenn' ich es durchbohren,
Denn scharfer Stahl und gift'ge Pfeile würden
Dem Ohr des Brutus so willkommen sein
Als Meldung dieses Anblicks.

Titinius. Eilt, Messala!
Ich suche Pindarus indessen auf. (Messala ab.)
Warum mich ausgesandt, mein wackrer Cassius?
Traf ich nicht deine Freunde? setzten sie
Nicht diesen Siegeskranz auf meine Stirn,
Ihn dir zu bringen? Vernahmst du nicht ihr Jubeln?
Ach, jeden Umstand hast du mißgedeutet!
Doch halt, nimm diesen Kranz um deine Stirn;
Dein Brutus hieß mich dir ihn geben, ich
Vollführe sein Gebot. — Komm schleunig, Brutus,
Und sieh, wie ich den Cajus Cassius ehrte!
Verzeiht, ihr Götter! — Dies ist Römerbrauch:
Komm, Cassius' Schwert! triff den Titinius auch. (Er stirbt.)

Getümmel. Messala kommt zurück mit Brutus, dem jungen Cato, Strato,
Volumnius und Lucilius.

Brutus. Wo? Wo, Messala? sag, wo liegt die Leiche?
Messala. Seht, dort! Titinius trauert neben ihr.
Brutus. Titinius' Antlitz ist emporgewandt.
Cato. Er ist erschlagen.
Brutus. O Julius Cäsar! Du bist mächtig noch.
    Dein Geist geht um: er ist's, der unsre Schwerter
    In unser eignes Eingeweide kehrt. (Lautes Getümmel.)
Cato. Mein wackrer Freund Titinius! Seht doch her,
    Wie er den toten Cassius gekränzt!
Brutus. Und leben noch zwei Römer, diesen gleich?
    Du letzter aller Römer, lebe wohl!
    Unmöglich ist's, daß Rom je deinesgleichen
    Erzeugen sollte. — Diesem Toten, Freunde,
    Bin ich mehr Thränen schuldig, als ihr hier
    Mich werdet zahlen sehen: aber, Cassius,
    Ich finde Zeit dazu, ich finde Zeit.
    Drum kommt und schickt nach Thasos seine Leiche,
    Er soll im Lager nicht bestattet werden;
    Es schlüg' uns nieder. — Komm, Lucilius!
    Komm, junger Cato! Zu der Walstatt hin!
    Ihr, Flavius und Labeo, laßt unsre Scharen rücken!
    Es ist drei Uhr, und, Römer, noch vor Nacht
    Versuchen wir das Glück in einer zweiten Schlacht. (Alle ab.)

4. Scene.

Ein anderer Teil des Schlachtfeldes.

Getümmel. Soldaten von beiden Heeren, fechtend; darauf Brutus, Cato,
Lucilius und andere.

Brutus. Noch, Bürger, o noch haltet hoch die Häupter!
Cato. Ein Bastard, der's nicht thut! Wer will mir folgen?
    Ich rufe meinen Namen durch das Feld:
    Ich bin der Sohn des Marcus Cato, hört!
    Feind der Thrannen, Freund des Vaterlands!
    Ich bin der Sohn des Marcus Cato, hört!
Brutus (dringt auf den Feind ein).
    Und ich bin Brutus, Marcus Brutus, ich;
    Des Vaterlandes Freund: kennt mich als Brutus!
    (Ab, indem er auf den Feind eindringt. Cato wird überwältigt und fällt.)
Lucilius. O junger, edler Cato! bist du hin?
    Ja! tapfer wie Titinius stirbst du nun,
    Man darf dich ehren als des Cato Sohn.
Erster Soldat. Ergieb dich, oder stirb!

Lucilius. Nur um zu sterben
Ergeb' ich mich. Hier ist so viel für dich, (bietet ihm Geld an)
Daß du sogleich mich töten wirst: nun töte
Den Brutus, und es ehre dich sein Tod.

Erster Soldat. Wir müssen's nicht. — Ein edler Gefangner.

Zweiter Soldat. Platz da!
Sagt dem Antonius, daß wir Brutus haben.

Erster Soldat. Ich will es melden. — Sieh, da kömmt der Feldherr.
Antonius tritt auf.
Wir haben Brutus, Herr! wir haben Brutus!

Antonius. Wo ist er?

Lucilius. In Sicherheit; Brutus ist sicher guug.
Verlaß dich drauf, daß nimmermehr ein Feind
Den edlen Brutus lebend fangen wird.
Die Götter schützen ihn vor solcher Schmach!
Wo ihr ihn findet, lebend oder tot,
Er wird wie Brutus, wie er selbst, sich zeigen.

Antonius. Dies ist nicht Brutus, Freund, doch auf mein Wort,
Ein nicht geringrer Fang. Verwahrt ihn wohl,
Erweist nur Gutes ihm: ich habe lieber
Zu Freunden solche Männer als zu Feinden.
Eilt! seht, ob Brutus tot ist oder lebt!
Und bringt Bericht zu des Octavius Zelt,
Wie alles sich begeben (Alle ab.)

5. Scene.

Ein anderer Teil des Schlachtfeldes.

Brutus, Dardanius, Clitus, Strato und Volumnius treten auf.

Brutus. Kommt, armer Überrest von Freunden! ruht
An diesem Felsen.

Clitus. Herr, Statilius zeigte
Das Fackellicht, doch kommt er nicht zurück.
Er ist gefangen oder gar erschlagen.

Brutus. Setz dich zu mir. Erschlagen ist die Losung,
Es ist des Tages Sitte. — Höre, Clitus! (Spricht leise mit ihm.)

Clitus. Wie, gnäd'ger Herr? Ich? Nicht um alle Welt.

Brutus. Still denn! kein Wort!

Clitus. Eh' tötet' ich mich selbst.

Brutus. Dardanius, hör! (Spricht leise mit ihm.)

Dardanius. Ich eine solche That?

Clitus. O Dardanius!

Dardanius. O Clitus!

5*

Clitus. Welch einen schlimmen Antrag that dir Brutus?
Dardanius. Ich sollt' ihn töten, Clitus; sieh, er sinnt.
Clitus. Nun ist das herrliche Gefäß voll Gram,
    So daß es durch die Augen überfließt.
Brutus. Komm zu mir, Freund Volumnius: ein Wort!
Volumnius. Was sagt mein Feldherr?
Brutus.   Dies, Volumnius.
    Der Geist des Cäsar ist zu zweien Malen
    Mir in der Nacht erschienen; erst zu Sardes
    Und vor'ge Nacht hier in Philippis Ebne.
    Ich weiß, daß meine Stunde kommen ist.
Volumnius. Nicht doch, mein Feldherr.
Brutus. O ja, es ist gewiß, Volumnius:
    Du siehst die Welt, mein Guter, wie sie geht:
    Der Feind hat uns zum Abgrund hingetrieben; (Getümmel)
    Es ziemt sich mehr, von selbst hineinzuspringen,
    Als zu erwarten seinen letzten Stoß.
    Volumnius, wir gingen in die Schule
    Zusammen, wie du weißt. Ich bitte dich
    Um jener unsrer alten Liebe willen:
    Halt du mein Schwert, indes ich drein mich stürze.
Volumnius. Das, Brutus, ist kein Dienst für einen Freund.
                    (Fortdauerndes Getümmel.)
Clitus. Flicht, Herr! o flieht! Hier gilt kein Säumen mehr.
Brutus. Lebt wohl denn, Ihr — und Ihr — und Ihr, Volumnius.
    Du, Strato, lagst die ganze Zeit im Schlaf:
    Leb wohl auch du! — Mitbürger, meinem Herzen
    Ist's Wonne, daß ich noch im ganzen Leben
    Nicht einen fand, der nicht getreu mir war.
    Ich habe Ruhm von diesem Unglückstage,
    Mehr als Octavius und Mark Anton
    Durch diesen schnöden Sieg erlangen werden.
    So lebt zusammen wohl! Denn Brutus' Zunge
    Schließt die Geschichte seines Lebens bald.
    Nacht deckt mein Auge, mein Gebein will Ruh',
    Es strebte längst nur dieser Stunde nach.
    (Getümmel. Geschrei hinter der Scene:) „Flicht! flieht! flieht!"
Clitus. Flieht, Herr! o flieht!
Brutus.   Nur fort! Ich will euch folgen.
                (Clitus, Dardanius und Volumnius ab.)
    Ich bitt' dich, Strato, bleib bei deinem Herrn.
    Du bist ein Mensch von achtungswertem Ruf,
    In deinem Leben war ein Funken Ehre.

Halt denn mein Schwert und wende dich hinweg,
Indes ich drein mich stürze. Willst du, Strato?
Strato. Gebt erst die Hand mir, Herr, gehabt Euch wohl!
Brutus. Leb wohl, mein Freund! — Besänft'ge, Cäsar, dich,
Nicht halb so gern bracht' ich dich um als mich.
     (Er stürzt sich auf sein Schwert und stirbt.)
Getümmel. Rückzug. Octavius, Antonius, mit ihrem Heere, Messala
und Lucilius kommen.
Octavius. Wer ist der Mann?
Messala.   Der Diener meines Herrn.
Strato, wo ist dein Herr?
Strato. Frei von den Banden, die Ihr tragt, Messala.
Die Sieger können nur zu Asch' ihn brennen,
Denn Brutus unterlag allein sich selbst,
Und niemand sonst hat Ruhm von seinem Tode.
Lucilius. So mußten wir ihn finden. — Dank dir, Brutus,
Daß du Lucilius' Rede wahr gemacht.
Octavius. Des Brutus Leute nehm' ich all in Dienst.
Willst du in Zukunft bei mir leben, Bursch?
Strato. Ja, wenn Messala mich Euch überläßt.
Octavius. Thut mir's zulieb, Messala.
Messala. Strato, wie starb mein Herr?
Strato. Ich hielt das Schwert, so stürzt' er sich hinein.
Messala. Octavius, nimm ihn denn, daß er dir folge,
Der meinem Herrn den letzten Dienst erwies.
Antonius. Dies war der beste Römer unter allen:
Denn jeder der Verschwornen, bis auf ihn,
That, was er that, aus Mißgunst gegen Cäsar.
Nur er verband aus reinem Biedersinn
Und zum gemeinen Wohl sich mit den andern.
Sanft war sein Leben und so mischten sich
Die Element' in ihm, daß die Natur
Aufstehen durfte und der Welt verkünden:
Dies war ein Mann!
Octavius. Nach seiner Tugend laßt uns ihm begegnen
Mit aller Achtung und Bestattungsfeier.
Er lieg' in meinem Zelte diese Nacht,
Mit Ehren wie ein Krieger angethan.
Nun ruft das Heer zur Ruh', laßt fort uns eilen
Und dieses frohen Tags Trophäen teilen. (Ab.)

Was ihr wollt.

übersetzt von

A. W. Schlegel.

Personen.

Orsino, Herzog von Illyrien.
Sebastian, ein junger Edelmann, Violas Bruder.
Antonio, ein Schiffshauptmann.
Ein Schiffshauptmann.
Valentin, } Kavaliere des Herzogs.
Curio,
Junker Tobias von Rülp, Olivias Oheim.
Junker Christoph von Bleichenwang.
Malvolio, Olivias Haushofmeister.
Fabio, } in Olivias Dienst.
Narr,
Olivia, eine reiche Gräfin.
Viola.
Maria, Olivias Kammermädchen.
Herren vom Hofe, ein Priester, Matrosen, Gerichtsdiener, Musikanten und anderes
Gefolge.

(Die Scene ist eine Stadt in Illyrien und die benachbarte Seeküste.)

Erster Aufzug.

1. Scene.

Ein Zimmer im Palaste des Herzogs.

Der Herzog, Curio, und Herren vom Hofe, Musikanten im Hintergrunde.

Herzog. Wenn die Musik der Liebe Nahrung ist,
Spielt weiter! gebt mir volles Maß! daß so
Die übersatte Lust erkrank' und sterbe. —
Die Weise noch einmal! — sie starb so hin:
O sie beschlich mein Ohr, dem Weste gleich,
Der auf ein Veilchenbette lieblich haucht,
Und Düfte stiehlt und giebt. — Genug! nicht mehr!
Es ist mir nun so süß nicht, wie vorher.

O Geist der Lieb', wie bist du reg' und frisch!
Nimmt schon dein Umfang alles in sich auf.
Gleichwie die See, nichts kommt in ihn hinein,
Wie stark, wie überschwenglich es auch sei,
Das nicht herabgesetzt im Preise siele
In einem Wink! So voll von Phantasien
Ist Liebe, daß nur sie phantastisch ist.

    Curio. Wollt Ihr nicht jagen, gnäd'ger Herr?

    Herzog. Was, Curio?

    Curio. Den Hirsch.

Herzog. Das thu' ich ja, den edelsten, der mein.
O da zuerst mein Aug' Olivien sah,
Schien mir die Luft durch ihren Hauch gereinigt:
Den Augenblick ward ich zu einem Hirsch,
Und die Begierden, wie ergrimmte Hunde,
Verfolgen mich seitdem.

Valentin kommt.

        Nun wohl, was sagt sie?

Valentin. Verzeiht, mein Fürst, ich ward nicht vorgelassen.
Ihr Mädchen gab mir dies zur Antwort nur:
Der Himmel selbst, bis sieben Jahr verglüht,
Soll ihr Gesicht nicht ohne Hülle schaun;
Sie will wie eine Nonn' im Schleier gehn,
Und einmal tags ihr Zimmer rings benetzen
Mit augenschmerzendem gesalznem Naß:
All dies um eines Bruders tote Liebe
Zu balsamieren, die sie frisch und dauernd
In traurigem Gedächtnis halten will.

Herzog. O sie mit diesem zartgebauten Herzen,
Die schon dem Bruder so viel Liebe zahlt.
Wie wird sie lieben, wenn der goldne Pfeil
Die ganze Schar von Neigungen erlegt,
So in ihr lebt! wenn jene hohen Thronen,
Ihr Haupt und Herz, die holden Trefflichkeiten,
Erfüllt sind und bewohnt von einem Herrn!
Eilt mir voran auf zarte Blumenmatten!
Süß träumt die Liebe, wenn sie Lauben schatten. (Alle ab.)

2. Scene.

Eine Straße.

Viola, ein Schiffshauptmann und Matrosen treten auf.

Viola. Welch' Land ist dies, ihr Freunde?

Schiffshauptmann.   Illyrien, Fräulein

Viola. Und was soll ich nun in Illyrien machen?
　Mein Bruder ist ja in Elysium.
　Doch wär' es möglich, daß er nicht ertrank:
　Was denkt Ihr, Schiffer?
Schiffshauptmann. Kaum war es möglich, daß Ihr selbst entkamt.
Viola. Ach, armer Bruder! — Vielleicht entkam er doch.
Schiffshauptmann. Ja, Fräulein; und Euch mit Vielleicht zu trösten,
　Versichr' ich Euch: als Euer Schiff gescheitert,
　Indessen Ihr und dieser arme Haufen,
　Mit Euch gerettet auf dem Boote trieb,
　Sah ich, daß Euer Bruder, wohl bedacht
　In der Gefahr, an einen starken Mast,
　Der auf den Fluten lebte, fest sich band; —
　Ihm lehrte Mut und Hoffnung dieses Mittel —
　Dann, wie Arion auf des Delphins Rücken,
　Sah ich ihn Freundschaft mit den Wellen halten,
　Solang ich sehen konnte.
Viola. 　　　　　　Hier ist Gold
　Für diese Nachricht. Meine eigne Rettung
　Zeigt meiner Hoffnung auch für ihn das Gleiche.
　Und Eure Red' ist des Bestätigung.
　Kennst du dies Land?
Schiffshauptmann. 　　　Ja, Fräulein, sehr genau.
　Drei Stunden ist es kaum von diesem Ort,
　Wo ich geboren und erzogen bin.
Viola. Und wer regiert hier?
Schiffshauptmann. Ein edler Herzog von Gemüt und Namen.
Viola. Was ist sein Name?
Schiffshauptmann. Orsino.
Viola. Orsino! ja, den hört' ich meinen Vater
　Wohl nennen; damals war er unvermählt.
Schiffshauptmann. Das ist er, oder war's vor kurzem noch.
　Denn nur vor einem Monat reist' ich ab,
　Als eben ein Gerücht lief — wie Ihr wißt,
　Was Große thun, beschwatzen gern die Kleinen —
　Er werbe um die reizende Olivia.
Viola. Wer ist sie?
Schiffshauptmann. Ein sittsam Mädchen, eines Grafen Tochter;
　Der starb vor einem Jahr, und ließ sie damals
　In seines Sohnes, ihres Bruders, Schutz,
　Der starb nach kurzem auch; ihn zärtlich liebend
　Schwor sie, so sagt man, Anblick und Gesellschaft
　Der Männer ab.

Viola. O, dient' ich doch dem Fräulein,
Und würde nicht nach meinem Staub der Welt
Verraten, bis ich die Gelegenheit
Selbst hätte reifen laffen!

Schiffshauptmann. Das wird schwer
Zu machen sein: sie will von keiner Art
Gesuche hören, selbst des Herzogs nicht.

Viola. Du hast ein fein Betragen an dir, Hauptmann,
Und wenngleich die Natur mit schöner Decke
Oft Gräber übertüncht, bin ich dir doch
Zu traun geneigt, du habest ein Gemüt,
Das wohl zu diesem seinen Anschein paßt.
Ich bitte dich, und will dir's reichlich lohnen,
Verhehle, wer ich bin, und steh mir bei
Mich zu verkleiden, wie es etwa taugt
Zu meinem Plan. Ich will dem Herzog dienen,
Du sollst als einen Hämling mich empfehlen.
Es lohnt dir wohl die Müh', denn ich kann singen
Und ihn mit allerlei Musik ergötzen.
Bin also sehr geschickt zu seinem Dienst.
Was sonst geschehn mag, wird die Zeit schon zeigen;
Nur richte sich nach meinem Sinn dein Schweigen.

Schiffshauptmann. Seid Ihr sein Hämling, Euer Stummer ich,
Und plaudr' ich aus, so schlage Blindheit mich!

Viola. Nun gut, so führ mich weiter. (Ab.)

3. Scene.

Ein Zimmer in Olivias Hause.

Junker Tobias und Maria.

Junker Tobias. Was zum Henker fällt meiner Nichte ein,
daß sie sich den Tod ihres Bruders so anzieht? Es ist ausgemacht,
der Gram zehrt am Leben.

Maria. Auf mein Wort, Junker Tobias, Ihr müßt abends
früher zu Hause kommen. Eure Nichte, das gnädige Fräulein, hat
viel Einrede gegen Eure unschicklichen Zeiten.

Junker Tobias. So mag sie beizeiten Einrede thun, hernach=
mals aber stillschweigen.

Maria. Ja, es würde Euch aber beffer kleiden, einen ordeni=
lichen Lebenswandel zu führen.

Junker Tobias. Beffer kleiden? Ich brauche mich nicht
beffer zu kleiden, als ich hier bin. Dieser Rock ist gut genug, um

darin zu trinken, diese Stiefeln auch), sonst können sie sich in ihren eigenen Riemen aufhängen lassen. ·

Maria. Das Bechern und Trinken wird Euch zu Grunde richten. Mein Fräulein sprach noch gestern davon, auch von einem albernen Junker, den Ihr einmal abends als einen Freier für sie mitgebracht habt.

Junker Tobias. Wen meint Ihr? Junker Christoph von Bleichenwang?

Maria. Ja, eben den.

Junker Tobias. Das ist ein so tücht'ger Kerl wie einer in ganz Illyrien.

Maria. Was thut das zur Sache?

Junker Tobias. Nun, er bringt es im Jahr auf dreitausend Dukaten.

Maria. Er wird es aber wohl nur auf ein Jahr mit allen seinen Dukaten bringen: er ist ein großer Narr und ein Verschwender.

Junker Tobias. Pfui, daß Ihr so reden könnt! Er spielt auf der Baßgeige, und spricht drei bis vier Sprachen Wort für Wort aus dem Kopfe, und ist mit vielfältigen guten Naturgaben versehn.

Maria. Ja wahrhaftig, auch mit einfältigen. Denn bei seiner Narrheit ist er obendrein noch ein großer Zänker, und hätte er nicht die Gabe der Zaghaftigkeit, um seine Zanklust zu dämpfen, so meinen die Vernünftigen, ihm würde bald das Grab zur Gabe werden.

Junker Tobias. Bei meiner Faust! Schufte und Lügner sind's, die so von ihm reden. Wer sind sie?

Maria. Dieselbigen, die auch behaupten, daß er sich alle Abend mit Euch betrinkt.

Junker Tobias. Freilich, auf meiner Nichte Gesundheit. Ich will so lange darauf trinken, als es mir durch die Kehle läuft und Getränk in Illyrien ist. Ein Hase und ein Lumpenhund, wer nicht meiner Nichte zu Ehren trinkt, bis sich sein Gehirn auf einem Beine herumdreht wie ein Kreisel. Still, Mädel! Castiliano vulgo! denn hier kommt Junker Christoph von Bleichenwang.

Junker Christoph tritt auf.

Junker Christoph. Junker Tobias von Rülp! Wie steht's, Junker Tobias von Rülp?

Junker Tobias. Herzensjunker Christoph!

Junker Christoph. Gott grüß Euch, schöne Dirne!

Maria. Euch ebenfalls, Herr.

Junker Tobias. Hak ein, Junker Christoph, hak ein!

Junker Christoph. Wer ist das?

Junker Tobias. Meiner Nichte Kammermädchen.

Junker Chriſtoph. Gute Jungfer Hakein, ich wünſche näher mit Euch bekannt zu werden.

Maria. Mein Name iſt Maria, Herr.

Junker Chriſtoph. Gute Jungfer Maria Hakein —

Junker Tobias. Ihr verſteht mich falſch; hak ein heißt: unterhalte ſie, wirb um ſie, beſtürme ſie.

Junker Chriſtoph. Auf meine Ehre, ich möchte ſie nicht in dieſer Geſellſchaft vornehmen. Das bedeutet alſo hak ein?

Maria. Ich empfehle mich, meine Herren.

Junker Tobias. Wo du ſie ſo davongehn läßt, Junker Chriſtoph, ſo wollt' ich, du dürfteſt nie wieder den Degen ziehn.

Junker Chriſtoph. Wo Ihr ſo davongeht, ſo wollt' ich, ich dürfte nie wieder den Degen ziehn. Schönes Frauenzimmer, denkt Ihr, Ihr hättet Narren am Seile?

Maria. Nein, ich habe Euch nicht am Seile.

Junker Chriſtoph. Ihr ſollt mich aber am Seile haben: hier iſt meine Hand.

Maria. Nun, Herr, Gedanken ſind zollfrei: aber mich deucht, Ihr könntet ſie immer ein bißchen in den Keller tragen.

Junker Chriſtoph. Wozu, mein Engelchen? Was ſoll die verblümte Redensart?

Maria. Sie iſt warm, Herr.

Junker Chriſtoph. Nun, ein Mädchen wie Ihr kann einem wohl warm machen.

Maria. Nein, Ihr habt ein kaltes Herz, das kann ich an den Fingern abzählen.

Junker Chriſtoph. Das thut doch einmal.

Maria. Ich habe es ſchon an Euern Fingern abgezählt, daß Ihr keine drei zählen könnt. Nun laſſe ich Euch gehen. (Ab.)

Junker Tobias. O Juuker, du haſt ein Fläſchchen Sekt nötig! Hab' ich dich jemals ſchon ſo aus dem Sattel heben ſehen?

Junker Chriſtoph. In Eurem Leben nicht, glaub' ich, außer venn mich der Sekt aus dem Sattel gehoben hat. Mir iſt, als hätt' ich manchmal nicht mehr Witz, als ein Chriſtenſohn oder ein ge= wöhnlicher Menſch hat. Aber ich bin ein großer Rindfleiſcheſſer, und ich glaube, das thut meinem Witz Schaden.

Junker Tobias. Keine Frage.

Junker Chriſtoph. Wo ich das dächte, ſo wollte ich's ver= ſchwören. Ich will morgen nach Haus reiten, Juuker Tobias.

Junker Tobias. Pourquoi, Herzensjunker?

Junker Chriſtoph. Was iſt pourquoi? Thu's oder thu's nicht? Ich wollte, ich hätte die Zeit auf die Sprachen verwandt, die mir das Fechten, Tanzen und Fuchsprellen gekostet hat. Ach, hätte ich mich doch auf die Künste gelegt!

Junker Tobias. Ja, dann hättest du einen stattlichen Locken= kopf gekriegt.

Junker Christoph. Wie so? Wäre mein Haar davon besser geworden?

Junker Tobias. Ohne Zweifel, du siehst ja, es will sich von Natur nicht kräuseln.

Junker Christoph. Es steht mir aber doch recht gut? Nicht wahr?

Junker Tobias. Prächtig! Es hängt wie Flachs auf einem Spinnrocken, und ich hoffe noch zu erleben, daß eine Hausfrau dich zwischen ihre Knie nimmt und es abspinnt.

Junker Christoph. Wahrhaftig, ich will morgen nach Haus, Junker Tobias. Eure Nichte will sich ja nicht sehn lassen; und wenn auch, es ist zehn gegen eins, daß sie mich nicht will: der Graf selbst, hier dicht bei an, wirbt um sie.

Junker Tobias. Sie will den Grafen nicht; sie will keine größere Partie thun als sie selbst ist, weder an Rang, Jahren, noch Verstand. Das habe ich sie eidlich beteuern hören. Lustig! Es ist noch nicht aus damit, Freund.

Junker Christoph. So will ich einen Monat länger bleiben. Ich bin ein Kerl von der wunderlichsten Gemütsart in der Welt; manchmal weiß ich mir gar keinen bessern Spaß als Maskeraden und Fastnachtsspiele.

Junker Tobias. Taugst du zu dergleichen Fratzen, Junker?

Junker Christoph. So gut wie irgend einer in Illyrien, er mag sein was er will, wenn er nicht vornehmer ist als ich.

Junker Tobias. Wie weit hast du es in der Gaillarde ge= bracht?

Junker Christoph. Mein Seel, ich kann eine Kapriole schneiden, und den Katzensprung thu' ich aufs Haar so hoch, als irgend einer in Illyrien.

Junker Tobias. Weswegen verbergen sich diese Künste? Wes= wegen hängt ein Vorhang vor diesen Gaben? Bist du bange, sie möchten staubig werden? Warum gehst du nicht in einer Gaillarde zur Kirche, und kommst in einer Courante nach Hause? Mein be= ständiger Gang sollte ein Pas à rigaudon sein; ich wollte mein Wasser nicht abschlagen, ohne einen Entrechat zu machen. Was kommt dir ein? Ist dies eine Welt danach, Tugenden unter den Scheffel zu stellen? Ich dachte wohl, nach dem vortrefflichen Baue deines Beines, es müßte unter dem Gestirn der Gaillarde gebildet sein.

Junker Christoph. Ja, es ist kräftig, und in einem geflammten Strumpfe nimmt es sich leidlich aus. Wollen wir nicht ein Gelag aufstellen?

Junker Tobias. Was sollten wir sonst thun? Sind wir nicht unter dem Steinbock geboren?

Junker Christoph. Unter dem Steinbock? Das bedeutet Stoßen und Schlagen.

Junker Tobias. Nein, Freund, es bedeutet Springen und Tanzen. Laß mich deine Kapriolen sehn. Hopsa! Höher! Sa! sa! — Prächtig! (Beide ab.)

4. Scene.

Ein Zimmer im Palaste des Herzogs.

Valentin und Viola in Mannskleidern.

Valentin. Wenn der Herzog mit solchen Gunstbezeigungen gegen Euch fortfährt, Cesario, so könnt Ihr es weit bringen: er kennt Euch erst seit drei Tagen, und schon seid Ihr kein Fremder mehr.

Viola. Ihr fürchtet entweder Laune von seiner Seite oder Nachlässigkeit von der meinigen, wenn Ihr die Fortdauer seiner Zuneigung in Zweifel zieht. Ist er unbeständig in seiner Gunst?

Valentin. Nein, in der That nicht.

Der Herzog, Curio und Gefolge treten auf.

Viola. Ich dank' Euch. Hier kommt der Graf.

Herzog. Wer sah Cesario? he?

Viola. Hier, gnäd'ger Herr, zu Eurem Dienst.

Herzog. Steht ihr indes beiseit. — Cesario,
Du weißt nun alles: die geheimsten Blätter
Schlug ich dir auf im Buche meines Herzens.
Drum, guter Jüngling, mach dich zu ihr auf,
Nimm kein Verleugnen an; steh vor der Thür
Und sprich, es solle fest dein Fuß da wurzeln,
Bis du Gehör erlangt.

Viola.   Doch, mein Gebieter,
Ist sie so ganz dem Grame hingegeben,
Wie man erzählt, läßt sie mich nimmer vor.

Herzog. Sei laut, und brich durch alle Sitte lieber,
Eh du den Auftrag unverrichtet läßt.

Viola. Gesetzt nun, Herr, ich spreche sie: was dann?

Herzog. O dann entfalt ihr meiner Liebe Macht,
Rühm überwältigend ihr meine Treu:
Es wird dir wohl stehn, meinen Schmerz zu klagen;
Sie wird geneigter deiner Jugend horchen,
Als einem Boten ernstern Angesichts.

Viola. Das denk' ich nicht, mein Fürst.

Herzog.   Glaub's, lieber Junge!

Denn der verleumdet deine frohen Jahre,
Wer sagt, du seist ein Mann; Dianas Lippen
Sind weicher nicht und purpurner; dein Stimmchen
Ist wie des Mädchens Kehle hell und klar,
Und alles ist an dir nach Weibes Art.
Ich weiß, daß dein Gestirn zu dieser Sendung
Sehr günstig ist. Vier oder fünf von euch,
Begleitet ihn; geht alle, wenn ihr wollt.
Mir ist am wohlsten, wenn am wenigsten
Gesellschaft um mich ist. Vollbring dies glücklich,
Und du sollst frei wie dein Gebieter leben,
Und alles mit ihm teilen.

Viola.   Ich will thun,
Was ich vermag, Eu'r Fräulein zu gewinnen.
(Beiseit.) Doch wo ich immer werbe, Müh' voll Pein!
Ich selber möchte seine Gattin sein. (Alle ab.)

5. Scene.

Ein Zimmer in Olivias Hause.

Maria und der Narr treten auf.

Maria. Nun sage mir, wo du gewesen bist, oder ich will
meinen Mund nicht so weit aufthun, daß ein Strohhalm hineingeht,
um dich zu entschuldigen; mein Fräulein wird dich für dein Aus-
bleiben aufhängen lassen.

Narr. Meinetwegen: wer in dieser Welt tüchtig aufgehängt
ist, braucht der Trommel nicht zu folgen.

Maria. Warum nicht?

Narr. Er kann überhaupt nicht viel spazieren gehn.

Maria. Eine gute hausbackne Antwort. Ich kann dir auch
sagen, wo sich die Redensart herschreibt, der Trommel folgen.

Narr. Woher, liebe Jungfer Maria?

Maria. Aus dem Kriege, und das kannst du in deiner Narrheit nur kecklich nachsagen.

Narr. Gut, Gott verleihe denen Weisheit, die welche haben;
und die, so Narren sind, laßt sie mit ihren Gaben wuchern.

Maria. Ihr werdet doch aufgehängt, weil Ihr so lange aus-
geblieben seid, oder veggejagt: und ist das für Euch nicht ebensogut als hängen?

Narr. Gut gehängt ist besser als schlecht verheiratet, und das
Wegjagen kümmert mich nicht, solange es Sommer ist.

Maria. Ihr seid also kurz angebunden?

Narr. Das just nicht, aber ich halte es mit einer doppelten Schnur.

Maria. Damit, wenn die eine reißt, die andere noch hält: wenn aber beide reißen, so fallen Eure Pumphosen herunter.

Narr. Geschickt, meiner Treu! recht geschickt! Nur, nur zu! Wenn Junker Tobias das Trinken lassen wollte, so wärest du so eine witzige Tochter Evas wie eine in ganz Illyrien.

Maria. Stille, Schelm! Nichts weiter davon! hier kommt mein Fräulein. Ihr thätet wohl, wenn Ihr Euch vernünftig ent= schuldigtet. (Ab.)

Olivia und Malvolio treten auf.

Narr. Witz, so es dein Wille ist, so hilf mir zu einer guten Posse! Die witzigen Leute, die dich zu haben glauben, werden oft zu Narren; und ich, der ich gewiß weiß, daß du mir fehlst, kann für einen weisen Mann gelten. Denn was sagt Quinapalus? Besser ein weiser Thor, als ein thörichter Weiser. Gott grüß Euch, Fräulein!

Olivia. Schafft das Narrengesicht weg!

Narr. Hört Ihr nicht, Leute? Schafft das Fräulein weg!

Olivia. Geht, Ihr seid ein trockner Narr; ich will nichts mehr von Euch wissen. Überdies fangt Ihr an, Euch schlecht auf= zuführen.

Narr. Zwei Fehler, Madonna, denen Getränk und guter Rat abhelfen können. Denn gebt dem trocknen Narren zu trinken, so ist der Narr nicht mehr trocken. Ratet dem schlechten Menschen, sich zu bessern; wenn er sich bessert, so ist er kein schlechter Mensch mehr; kann er nicht, so mag ihn der Schneider flicken. Denn alles, was ausgebessert wird, ist doch nur geflickt; Tugend, die sich vergeht, ist nur mit Sünde geflickt; Sünde, die sich bessert, ist nur mit Tugend geflickt. Reicht dieser einfältige Schluß hin: gut! Wo nicht: was ist zu machen? Wie es keinen wahren Hahnrei giebt, außer das Unglück, so ist die Schönheit eine Blume. — Das Fräulein wollte das Narrengesicht weggeschafft haben, darum sage ich noch einmal: schafft das Fräulein weg!

Olivia. Guter Freund, ich wollte Euch weggeschafft haben.

Narr. Ein ganz gewaltiger Mißgriff! — Fräulein, cucullus non facit monachum; das will so viel sagen: mein Gehirn ist nicht so buntscheckig wie mein Rock. Gute Madonna, erlaubt mir Eure Narrheit zu beweisen.

Olivia. Könnt Ihr's?

Narr. Gar füglich, liebe Madonna.

Olivia. Führt den Beweis.

Narr. Ich muß Euch dazu katechisieren, Madonna: antwortet mir.

Olivia. Ich bin's zufrieden; aus Mangel an anderem Zeitver= treibe will ich Euern Beweis anhören.

Narr. Gute Madonna, warum trauerst du?

Olivia. Guter Narr, um meines Bruders Tod.

Narr. Ich glaube, seine Seele ist in der Hölle, Madonna.

Olivia. Ich weiß, seine Seele ist im Himmel, Narr.

Narr. Desto größer ist Eure Narrheit, darüber zu trauern, daß Eures Bruders Seele im Himmel ist. — Schafft das Narren=gesicht weg, Leute!

Olivia. Was denkt Ihr von diesem Narren, Malvolio? Wird er nicht besser?

Malvolio. Jawohl, und wird damit fortfahren, bis er in den letzten Zügen liegt. Die Schwachheit des Alters, die den vernünftigen Mann herunterbringt, macht den Narren immer besser.

Narr. Gott beschere Euch frühzeitige Schwachheit, damit Eure Narrheit desto besser zunehme! Junker Tobias wird darauf schwören, daß ich kein Fuchs bin, aber er wird nicht einen Dreier darauf ver=wetten, daß Ihr kein Narr seid.

Olivia. Was sagt Ihr dazu, Malvolio?

Malvolio. Ich wundre mich, wie Euer Gnaden an solch einem ungesalzenen Schuft Gefallen finden können. Ich sah ihn neulich von einem gewöhnlichen Narren, der nicht mehr Gehirn hat wie ein Haubenstock, aus dem Sattel gehoben. Seht nur, er ist schon aus seiner Fassung: wenn Ihr nicht lacht, und ihm die Gelegenheiten zuträgt, so ist ihm der Mund zugenäht. Auf meine Ehre, ich halte die vernünftigen Leute, die über diese bestallten Narren so vor Freuden krähen, für nichts besser als für die Hanswurste der Narren.

Olivia. O Ihr krankt an der Eigenliebe, Malvolio, und kostet mit einem verdorbnen Geschmack. Wer edelmütig, schuldlos und von freier Gesinnung ist, nimmt diese Dinge für Vögelbolzen, die Ihr als Kanonenkugeln anseht. Ein privilegierter Narr verleumdet nicht, wenn er auch nichts thut als verspotten; so wie ein Mann, der als ver=ständig bekannt ist, nicht verspottet, wenn er auch nichts thut als tadeln.

Narr. Nun, Merkur verleihe dir die Gabe des Aufschneidens, weil du so gut von den Narren sprichst!

Maria kommt.

Maria. Mein Fräulein, vor der Thür ist ein junger Herr, der sehr mit Euch zu sprechen wünscht.

Olivia. Vom Grafen Orsino, nicht wahr?

Maria. Ich weiß nicht, mein Fräulein; es ist ein hübscher junger Mann mit einer stattlichen Begleitung.

Olivia. Wer von meinen Leuten hält ihn auf?

Maria. Junker Tobias, Euer Vetter.

Olivia. Sucht den doch da wegzubringen, er spricht ja immer wie ein toller Mensch. Pfui doch! (Maria ab.) Geht Ihr, Malvolio.

Wenn es ein Gesuch vom Grafen ist, so bin ich krank oder nicht zu Hause, was Ihr wollt, um es los zu werden. (Malvolio ab.) Ihr seht nun, wie Eure Possen versauern und die Leute sie nicht mehr mögen.

Narr. Du hast für uns geredet, Madonna, als wenn dein ältester Sohn ein Narr werden sollte, dessen Schädel die Götter mit Gehirn vollstopfen mögen, denn hier kommt einer von deiner Sipp=schaft, der eine sehr schwache pia mater hat.

Junker Tobias tritt auf.

Olivia. Auf meine Ehre, halb betrunken. — Wer ist vor der Thür, Vetter?

Junker Tobias. Ein Herr.

Olivia. Ein Herr? Was für ein Herr?

Junker Tobias. 's ist ein Herr da. (Es stößt ihm auf.) Hol der Henker die Heringe! — Was machst du, Pinsel?

Narr. Bester Junker Tobias —

Olivia. Vetter, Vetter! wie kommt Ihr schon so früh in diesen widerlichen Zustand?

Junker Tobias. Liederlichen? Schade was für's Liederliche! — Es ist jemand vor der Thür.

Olivia. Nun gut, wer ist es?

Junker Tobias. Meinetwegen der Teufel, wenn er Lust hat; was kümmert's mich? Ich bin ein guter Christ, sag' ich Euch. — Nun, es kommt alles auf eins heraus. (Ab.)

Olivia. Womit ist ein Betrunkener zu vergleichen?

Narr. Mit einem Ertrunkenen, einem Narren und einem Tollen. Der erste Trunk über den Durst macht ihn zum Narren, der zweite toll, und der dritte ersäuft ihn.

Olivia. Geh, hol den Totenbeschauer, und laß ihn meinen Vetter in Augenschein nehmen, denn er ist im dritten Grade der Trunkenheit; er ist ertrunken. Geh, gieb acht auf ihn.

Narr. Bis jetzt ist er nur noch toll, Madonna; und der Narr wird auf den Tollen acht geben. (Ab.)

Malvolio kommt zurück.

Malvolio. Gnädiges Fräulein, der junge Mensch draußen beteuert, daß er mit Euch sprechen will. Ich sagte ihm, Ihr wäret krank: er behauptet, davon habe er schon gehört, und daher komme er, um mit Euch zu sprechen. Ich sagte ihm, Ihr schliefet: er scheint auch das voraus gewußt zu haben und kommt daher, um mit Euch zu sprechen. Was soll man ihm sagen, gnädiges Fräulein? Er ist gegen jede Ausflucht gewaffnet.

Olivia. Sagt ihm, daß er mich nicht sprechen soll.

Malvolio. Das habe ich ihm schon gesagt, aber er versichert,

er volle wie ein Schilderhaus Tag und Nacht vor Eurer Thür stehen,
bis Ihr ihn vorlaßt.

Olivia. Was für eine Art von Menschen ist es?

Malvolio. Von einer sehr unartigen Art: er will mit Euch
sprechen, Ihr mögt wollen oder nicht.

Olivia. Wie ist sein Äußerliches und seine Jahre?

Malvolio. Noch nicht alt genug für einen Mann, und nicht
jung genug für einen Knaben: er ist weder recht Fisch noch Fleisch;
soeben auf der Grenze zwischen Mann und Knaben. Er hat ein
artiges Gesicht und spricht sehr naseweis; er sieht aus wie ein rechtes
Muttersöhnchen.

Olivia. Laßt ihn herein: doch ruft mein Kammermädchen.

Malvolio. Kammermädchen, das Fräulein ruft. (Ab.)

Maria kommt zurück.

Olivia. Gieb mir den Schleier! komm, wirf mir ihn über.
Ich will noch 'mal Orsinos Botschaft hören.

Viola tritt auf.

Viola. Wer ist die Dame vom Hause?

Olivia. Wendet Euch an mich, ich will für sie antworten.
Was beliebt Euch?

Viola. Allerstrahlendste, auserlesene und unvergleichliche Schön=
heit. — Ich bitte Euch, sagt mir, wer die Dame vom Hause ist,
denn ich sah sie noch nie. Ich möchte nicht gerne meine Rede ver=
kehrt anbringen, denn außerdem, daß sie meisterhaft abgefaßt ist,
habe ich mir viele Mühe gegeben, sie auswendig zu lernen. Meine
Schönen, habt mich nicht zum besten: ich bin erstaunlich empfindlich,
selbst gegen die geringste üble Begegnung.

Olivia. Woher kommt Ihr, mein Herr?

Viola. Ich kann wenig mehr sagen, als ich studiert habe, und
diese Frage steht nicht in meiner Rolle. Gute, holde Seele, gebt mir
eine ordentliche Versicherung, ob Ihr die Dame vom Hause seid, da=
mit ich in meiner Rede fortfahren kann.

Olivia. Seid Ihr ein Schauspieler?

Viola. Nein, mein allerweisestes Herz! Und doch schwöre ich
Euch bei allen Schlingen der Arglist, ich bin nicht, was ich spiele.
Seid Ihr die Dame vom Hause?

Olivia. Wenn ich mir nicht zu viel über mich selbst anmaße,
so bin ich es.

Viola. Gewiß, wenn Ihr es seid, so maßt Ihr Euch zu viel
über Euch selbst an: denn was Euer ist, es zu gewähren, ist nicht
Euer, um es zu verweigern. Doch dies gehört nicht mit zu meinem
Auftrage: ich will in meiner Rede zu Eurem Lobe fortfahren und
Euch dann den Kern meiner Botschaft darreichen.

Olivia. Kommt auf das Wesentliche, ich erlasse Euch das Lob.

Viola. Ach! ich habe mir so viel Mühe gegeben, es auswendig zu lernen, und es ist poetisch.

Olivia. Um so eher mag es erdichtet sein; ich bitte Euch, behaltet es für Euch. Ich hörte, Ihr hättet Euch vor meiner Thür unartig aufgeführt, und erlaubte Euch den Zutritt, mehr um mich über Euch zu verwundern, als um Euch anzuhören. Wenn Ihr nicht unklug seid, so geht; wenn Ihr Vernunft habt, seid kurz; es ist bei mir nicht das Wetter danach, in einem so grillenhaften Gespräch eine Person abzugeben.

Maria. Wollt Ihr unter Segel gehen, Herr? Hier geht Euer Weg hin.

Viola. Nein, guter Schiffsjunge; ich will hier noch ein wenig länger herumkreuzen. — Macht doch Euren Riesen da ein wenig zahm, mein schönes Fräulein.

Olivia. Sagt, was Ihr wollt.

Viola. Ich bin ein Botschafter.

Olivia. Gewiß, Ihr müßt etwas Entsetzliches anzubringen haben, da Ihr so furchtbare Ceremonien dabei macht. Sagt Euern Auftrag.

Viola. Er ist nur für Euer Ohr bestimmt. Ich bringe keine Kriegserklärung; fordre keine Huldigung ein; ich halte den Ölzweig in meiner Hand und rede nichts als Worte des Friedens.

Olivia. Doch begannt Ihr ungestüm. Wer seid Ihr? Was wollt Ihr?

Viola. Den Ungestüm, den ich blicken ließ, lernte ich von meiner Aufnahme. Was ich bin und was ich will, ist so geheim wie jungfräuliche Reize: für Euer Ohr Offenbarung, für jedes andere Entweihung.

Olivia. Laß uns das Feld allein. (Maria ab.) Wir wollen diese Offenbarung vernehmen. Nun, Herr, wie lautet Euer Text?

Viola. Schönstes Fräulein —

Olivia. Eine tröstliche Lehre und läßt sich viel darüber sagen. Wo steht Euer Text?

Viola. In Orsinos Brust.

Olivia. In seiner Brust? In welchem Kapitel seiner Brust?

Viola. Um methodisch zu antworten, im ersten seines Herzens.

Olivia. O ich hab' es gelesen; es ist Ketzerei. Habt Ihr weiter nichts zu sagen?

Viola. Liebes Fräulein, laßt mich Euer Gesicht sehen.

Olivia. Habt Ihr irgend einen Auftrag von Eurem Herrn mit meinem Gesicht zu verhandeln? Jetzt seid Ihr aus dem Text gekommen. Doch will ich den Vorhang wegziehen und Euch das Gemälde weisen. (Sie entschleiert sich.) Seht, Herr, so sah ich in diesem Augenblick aus. Ist die Arbeit nicht gut?

6*

Viola. Vortrefflich, wenn sie Gott allein gemacht hat.

Olivia. Es ist echte Farbe, Herr; es hält Wind und Wetter aus.

Viola. 's ist reine Schönheit, deren Rot und Weiß
Natur mit zarter Künstlerhand verschmelzte.
Fräulein, Ihr seid die Grausamste, die lebt,
Wenn Ihr zum Grabe diese Reize tragt
Und laßt der Welt kein Abbild.

Olivia. O Herr, ich will nicht so hartherzig sein; ich will
Verzeichnisse von meiner Schönheit ausgehen lassen; es wird ein In=
ventarium davon gemacht, und jedes Teilchen und Stückchen meinem
Testamente angehängt: als item, zwei leiblich rote Lippen; item,
zwei blaue Augen nebst Augenlidern dazu; item, ein Hals, ein Kinn
und so weiter. Seid Ihr hierher geschickt, um mich zu taxieren?

Viola. Ich seh' Euch, wie Ihr seid: Ihr seid zu stolz;
Doch wärt Ihr auch der Teufel, Ihr seid schön.
Mein Herr und Meister liebt Euch: solche Liebe
Kann nur vergolten werden, würdet Ihr
Als Schönheit ohnegleichen auch gekrönt.

Olivia. Wie liebt er mich?

Viola. Mit Thränenflut der Anbetung, mit Stöhnen,
Das Liebe donnert und mit Flammenseufzern.

Olivia. Er kennt mich, daß ich ihn nicht lieben kann.
Doch halt' ich ihn für tugendhaft, ich weiß,
Daß er von edlem Stamm, von großen Gütern
In frischer fleckenloser Jugend blüht;
Geehrt vom Ruf, gelehrt, freigebig, tapfer,
Und von Gestalt und Gaben der Natur
Ein feiner Mann; doch kann ich ihn nicht lieben.
Er konnte längst sich den Bescheid erteilen.

Viola. O liebt' ich Euch mit meines Herren Glut,
Mit solcher Pein, so todesgleichem Leben,
Ich fänd' in Eurem Weigern keinen Sinn,
Ich würd' es nicht verstehn.

Olivia. Nun wohl, was thätet Ihr?

Viola. Ich baut' an Eurer Thür ein Weidenhüttchen,
Und riefe meiner Seel' im Hause zu,
Schrieb fromme Lieder der verschmähten Liebe,
Und sänge laut sie durch die stille Nacht,
Ließ Euern Namen an die Hügel hallen,
Daß die vertraute Schwätzerin der Luft
Olivia schriee. O, Ihr solltet mir
Nicht Ruh' genießen zwischen Erd' und Himmel,
Bevor Ihr Euch erbarmt!

Olivia. Wer weiß, wie weit
Ihr's bringen könntet! Wie iſt Eure Herkunſt?
Viola. Obſchon mir's wohl geht über meine Lage:
Ich bin ein Edelmann.
Olivia. Geht nur zu Eurem Herrn:
Ich lieb' ihn nicht, laßt ihn nicht weiter ſchicken,
Wo Ihr nicht etwa vieder zu mir kommt,
Um mir zu melden, vie er's nimmt. Lebt wohl!
Habt Dank für Eure Müh'! Denkt mein hierbei!
Viola. Steckt ein, ich bin kein Bote, der um Lohn geht;
Mein Herr bedarf Vergeltung, nicht ich ſelbſt.
Die Liebe härte deſſen Herz zu Stein,
Den Ihr einſt liebt, und der Verachtung nur
Sei Eure Glut, wie meines Herrn, geweiht!
Gehabt Euch wohl denn, ſchöne Grauſamkeit! (Ab.)
Olivia. Wie iſt Eure Herkunſt?
„Obſchon mir's wohl geht über meine Lage:
Ich bin ein Edelmann." — Ich ſchwöre drauf;
Dein Antlitz, deine Zunge, die Gebärden,
Geſtalt und Mut, ſind dir ein fünffach Wappen.
Doch nicht zu haſtig! nur gemach, gemach!
Der Diener müßte denn der Herr ſein. — Wie?
Weht Anſteckung ſo gar geſchwind uns an?
Mich deucht, ich fühle dieſes Jünglings Gaben
Mit unſichtbarer leiſer Überraſchung
Sich in mein Auge ſchleichen. — Wohl, es ſei!
Heda, Malvolio!

Malvolio kommt.

Malvolio. Hier, Fräulein; zu Befehl.
Olivia. Lanſt dieſem eigenſinn'gen Abgeſandten
Des Grafen nach; er ließ hier dieſen Ring,
Was ich auch that: ſagt ihm, ich woll' ihn nicht.
Nicht ſchmeicheln ſoll er ſeinem Herrn, noch ihn
Mit Hoffnung täuſchen: nimmer werd' ich ſein,
Wenn etwa morgen hier der junge Menſch
Vorſprechen will, ſoll er den Gruud erfahren.
Mach fort, Malvolio!
Malvolio. Das will ich, Fräulein. (Ab.)
Olivia. Ich thu', ich weiß nicht was: woſern nur nicht
Mein Auge mein Gemüt zu ſehr beſticht,
Nun walte, Schickſal! Niemand iſt ſein eigen;
Was ſein ſoll, muß geſchehn: ſo mag ſich's zeigen! (Ab.)

Zweiter Aufzug.

1. Scene.

Die Seeküste.

Antonio und Sebastian treten auf.

Antonio. Wollt Ihr nicht länger bleiben? und wollt auch nicht, daß ich mit Euch gehe?

Sebastian. Mit Eurer Erlaubnis, nein. Meine Gestirne schimmern dunkel auf mich herab; die Mißgunst meines Schicksals könnte vielleicht das Eurige anstecken. Ich muß mir daher Eure Einwilligung ausbitten, meine Leiden allein zu tragen. Es wär' ein schlechter Lohn für Eure Liebe, Euch irgend etwas davon aufzubürden.

Antonio. Laßt mich doch noch wissen, wohin Ihr Euren Weg richtet.

Sebastian. Nein, Herr, verzeiht mir! Die Reise, die ich vorhabe, ist nichts als zielloses Umherschweifen. Doch werde ich an Euch einen vortrefflichen Zug von Bescheidenheit gewahr, daß Ihr mir nicht abnötigen wollt, was ich zu verschweigen wünsche; um so eher verbindet mich gute Sitte, mich Euch zu offenbaren. Ihr müßt also wissen, Antonio, mein Name ist Sebastian, statt dessen ich mich Rodrigo nannte. Mein Vater war der Sebastian von Messaline, von dem Ihr, wie ich weiß, gehört habt. Er hinterließ mich und eine Schwester, beide in einer Stunde geboren: hätt' es dem Himmel gefallen, so wollte ich, wir hätten auch so geendigt! Aber dem kamt Ihr zuvor: denn etwa eine Stunde, ehe Ihr mich aus der Brandung rettetet, war meine Schwester ertrunken.

Antonio. Guter Himmel!

Sebastian. Sie war ein Mädchen, das, ob man gleich sagte, sie sehe mir sehr ähnlich, von vielen für schön gehalten ward; aber kann' ich auch darin nicht mit so übertriebener Bewunderung einstimmen, so darf ich doch kühnlich behaupten, ihr Gemüt war so geartet, daß der Neid es selbst schön nennen mußte. Sie ertrank in der salzigen Flut, ob ich gleich ihr Andenken von neuem damit zu ertränken scheine.

Antonio. Verzeiht mir, Herr, Eure schlechte Bewirtung.

Sebastian. O bester Antonio, vergebt mir Eure Beschwerden.

Antonio. Wenn ihr mich nicht für meine Liebe umbringen wollt, so laßt mich Euern Diener sein.

Sebastian. Wenn Ihr nicht zerstören wollt, was Ihr gethan, nämlich den umbringen, den Ihr gerettet habt, so verlangt es nicht.

Lebt ein für allemal wohl! Mein Herz ist voller Zärtlichkeit, und ich habe noch so viel von der Art meiner Mutter an mir, wenn Ihr mir noch den geringsten Anlaß gebt, werden meine Augen mich verraten. Ich will zum Hofe des Grafen Orsino: lebt wohl! (Ab.)

Antonio. Mög' aller Götter Milde dich geleiten! —
Ich hab' am Hofe Orsinos viele Feinde,
Sonst ging ich nächstens hin, dich dort zu sehn.
Doch mag's drum sein! Du liegst mir so am Herzen;
Ich will zu dir, und mit Gefahren scherzen. (Ab.)

2. Scene.

Eine Straße.

Viola, Malvolio ihr nachgehend.

Malvolio. Wart Ihr nicht eben jetzt bei der Gräfin Olivia?

Viola. Eben jetzt, mein Herr, in einem mäßigen Schritte bin ich seitdem nur bis hierher gekommen.

Malvolio. Sie schickt Euch diesen Ring wieder, Herr; Ihr hättet mir die Mühe sparen können, wenn Ihr ihn selbst mitgenommen hättet. Sie fügt außerdem hinzu, Ihr solltet Euern Herrn aufs bündigste bedeuten, daß sie ihn nicht vill. Noch eins: Ihr möchtet Euch niemals erdreisten in seinen Angelegenheiten wieder zu ihr zu kommen, es wäre denn, um zu berichten, wie Euer Herr dies aufgenommen hat. Versteht mich recht!

Viola. Sie nahm den Ring von mir, ich will ihn nicht.

Malvolio. Hört, Ihr habt ihn ihr ungestüm hingeworfen, und ihr Wille ist, ich soll ihn ebenso zurückgeben. Ist es der Mühe wert, sich danach zu bücken, so liegt er hier vor Euern Augen; wo nicht, so nehm' ihn der erste, der ihn findet. (Ab.)

Viola. Ich ließ ihr keinen Ring: was meint dies Fräulein?
Verhüte, daß mein Schein sie nicht bethört!
Sie faßt' ins Auge mich; fürwahr so sehr,
Als ob das Auge ihr die Zunge raubte;
Sie sprach verwirrt in abgebrochnen Reden.
Sie liebt mich, ja! Die Schlauheit ihrer Neigung
Läd't mich durch diesen mürr'schen Boten ein.
Der Ring von meinem Herrn? — Er schickt' ihr keinen:
Ich bin der Mann. — Wenn dem so ist, so thäte
Die Arme besser, einen Traum zu lieben.
Verkleidung! Du bist eine Schalkheit, seh' ich,
Worin der list'ge Feind gar mächtig ist.
Wie leicht wird's hübschen Gleisnern nicht, ihr Bild
Der Weiber weichen Herzen einzuprägen!

Nicht wir sind schuld, ach! unsre Schwäch' allein;
Wie vir gemacht sind, müssen vir ja sein.
Wie soll das gehn? Orsino liebt sie zärtlich;
Ich armes Ding bin gleich verliebt in ihn,
Und sie, Betrogne, scheint in mich vergafft.
Was soll draus verden? Wenn ich Mann bin, muß
Ich an der Liebe meines Herrn verzweifeln;
Und venn ich Weib bin: lieber Himmel, ach!
Wie fruchtlos wird Olivia seufzen müssen!
O Zeit! du selbst entwirre dies, nicht ich;
Ein zu verschlungner Knoten ist's für mich.   (Ab.)

3. Scene.

Ein Zimmer in Olivias Hause.

Junker Tobias und Junker Christoph.

Junker Tobias. Kommt, Junker Christoph! Nach Mitternacht nicht zu Bette sein, heißt früh auf sein, und diluculo surgere, weißt du —

Junker Christoph. Nein, bei meiner Ehre, ich weiß nicht! aber ich veiß: spät aufbleiben ist spät aufbleiben.

Junker Tobias. Ein falscher Schluß, mir so zuwider wie 'ne leere Kanne. Nach Mitternacht auf sein, und dann zu Bett gehen, ist früh; und also heißt nach Mitternacht zu Bett gehen, früh zu Bett gehen. Besteht unser Leben nicht aus den vier Elementen?

Junker Christoph. Ja wahrhaftig, so sagen sie; aber ich glaube eher, daß es aus Essen und Trinken besteht.

Junker Tobias. Du bist ein Gelehrter; laß uns also essen und trinken. — Heda, Marie! — Ein Stübchen Wein!

Der Narr kommt.

Junker Christoph. Da kommt der Narr, mein Seel.

Narr. Was macht ihr Herzenskinder? Sollen wir im Wirts= haus zu den drei Narren einkehren?

Junker Tobias. Willkommen, du Eselskopf! Laß uns einen Kanon singen.

Junker Christoph. Mein Seel, der Narr hat eine prächtige Stimme. Ich vollte ein halb Dutzend Dukaten drum geben, wenn ich so 'ne Wade hätte, und so 'nen schönen Ton zum Singen, wie der Narr. Wahrhaftig, du brachtest gestern abend scharmante Possen vor, da du von Pigrogromitus erzähltest, von den Vapianern, die die Linie von Queubus passieren. Es war prächtig, meiner Treu'. Ich schickte dir einen Batzen für dein Schätzchen. Hast ihn gekriegt?

Narr. Ich habe dein Präsent in den Sack gesteckt, denn Malvolios

Nase ist kein Peitschenstiel; mein Fräulein hat eine weiße Hand, und die Myrmidonier sind keine Bierhäuser.

Junker Christoph. Herrlich! Bessere Possen kann es, bei Licht besehen, gar nicht geben. Nun sing eins.

Junker Tobias. Mach zu, da hast du einen Batzen; laß uns ein Lied hören.

Junker Christoph. Da hast du auch einen von mir: was dem einen recht ist —

Narr. Wollt ihr ein Liebeslied, oder ein Lied von gutem Lebenswandel?

Junker Tobias. Ein Liebeslied! ein Liebeslied!

Junker Christoph. Ja ja! ich frage nichts nach gutem Lebenswandel.

Narr (singt). O Schatz! auf welchen Wegen irrt Ihr?
    O bleibt und hört! der Liebste girrt hier,
      Singt in hoh= und tiefem Ton.
    Hüpft nicht weiter, zartes Kindlein!
    Liebe findt zuletzt ihr Stündlein,
      Das weiß jeder Muttersohn.

Junker Christoph. Excellent, wahrhaftig!

Junker Tobias. Schön! schön!

Narr (singt). Was ist Lieb'? Sie ist nicht künftig;
    Gleich gelacht ist gleich vernünftig,
      Was noch kommen soll, ist weit.
    Wenn ich zögre, so verscherz' ich;
    Komm denn, Liebchen, küß mich herzig!
      Jugend hält so kurze Zeit.

Junker Christoph. Eine honigsüße Stimme, so wahr ich ein Junker bin!

Junker Tobias. Eine reine Kehle!

Junker Christoph. Recht süß und rein, wahrhaftig!

Junker Tobias. Ja, wenn man sie durch die Nase hört, süß bis zum Übelwerden. Aber sollen wir den Himmel voll Geigen hängen? Sollen wir die Nachteule mit einem Kanon aufstören, die einem Leinweber drei Seelen aus dem Leibe haspeln könnte? Sollen wir?

Junker Christoph. Ja, wenn ihr mich lieb habt, so thut das. Ich bin wie der Teufel auf einen Kanon. Stimmt an:
    „Du Schelm —"

Narr. „Halt 's Maul, du Schelm?" Da würd' ich ja genötigt sein, dich Schelm zu nennen, Junker.

Junker Christoph. Es ist nicht das erste Mal, daß ich jemand nötige, mich Schelm zu nennen. Fang an, Narr! Es fängt an: „Halt 's Maul!"

Narr. Ich kann niemals anfangen, wenn ich das Maul halte.

Junker Christoph. Das ist, mein Seel, gut! Nu fang an.

(Sie singen einen Kanon.)

Maria kommt.

Maria. Was macht ihr hier für ein Katzenkonzert? Wenn das Fräulein nicht ihren Haushofmeister Malvolio gerufen hat, daß er euch aus dem Hause werfen soll, so will ich nicht ehrlich sein.

Junker Tobias. Das Fräulein ist ein Duckmäuser; wir sind Kannengießer; Malvolio ist eine alte Käthe, und singt:
Drei lust'ge Kerle sind allhier.
Bin ich nicht ihr Blutsverwandter? Bin ich nicht aus ihrem Geblüt? lala, Fräulein! (Singt:)
In Babylon da wohnt ein Mann,
Lalalalalala!

Narr. Weiß der Himmel! der Junker giebt prächtige Narren= streiche an.

Junker Christoph. Ja, das kann er so ziemlich, wenn er aufgelegt ist, und ich auch. Ihm steht es besser, aber mir steht es natürlicher.

Junker Tobias (singt). Am zwölften Tag im Wintermond —

Narr. Um des Himmels willen, still!

Malvolio kommt.

Malvolio. Seid ihr toll, ihr Herren? oder was seid ihr? Habt ihr keine Scham noch Schande, daß ihr so spät in der Nacht die Zahnbrecher schreit? Wollt ihr des gnädigen Fräuleins Haus zur Schenke machen, daß ihr eure Schuhflickermelodien mit so un= barmherziger Stimme herausquält? Könnt ihr weder Maß noch Ziel halten?

Junker Tobias. Wir haben bei unserm Singen recht gut Maß gehalten. Geht zum Kuckuck!

Malvolio. Junker Tobias, ich muß rein heraus mit Euch sprechen. Das gnädige Fräulein trug mir auf, Euch zu sagen, ob sie Euch gleich als Verwandten beherbergt, so habe sie doch nichts mit Euren Unordnungen zu schaffen. Wenn Ihr Euch von Eurer üblen Aufführung losmachen könnt, so seid Ihr in ihrem Hause willkommen. Wo nicht, und es beliebt Euch Abschied von ihr zu nehmen, so wird sie Euch sehr gern lebewohl sagen.

Junker Tobias (singt).
Leb wohl, mein Schatz, ich muß von hinnen gehen.

Malvolio. Ich bitt' Euch, Junker Tobias.

Narr (singt). Man sieht's ihm an, bald ist's um ihn geschehen.

Malvolio. Wollt Ihr es durchaus nicht lassen?

Junker Tobias (singt). Ich sterbe nimmermehr.

Narr (fingt). Da, Junker, lügt Ihr sehr.

Malvolio. Es macht Euch wahrhaftig viel Ehre.

Junker Tobias (fingt). Heiß' ich gleich ihn gehn?

Narr (fingt). Was wird daraus entstehn?

Junker Tobias (fingt). Heiß' ich gleich ihn gehn, den Wicht?

Narr (fingt). Nein, nein, nein, Ihr wagt es nicht.

Junker Tobias. Weder Maß noch Ziel, Kerl! gelogen! — Bift du was mehr als Haushofmeister? Vermeinest du, weil du tugendhaft seiest, solle es in der Welt keine Torten und keinen Wein mehr geben?

Narr. Das soll's, bei Sankt Kathrinen! und der Ingwer soll auch noch im Munde brennen.

Junker Tobias. Du haft recht. — Geht, Herr, thut groß gegen das Gesinde. — Ein Stübchen Wein, Maria!

Malvolio. Jungfer Maria, wenn Ihr Euch das geringste aus der Gnade des Fräuleins machtet, so würdet Ihr diesem unfeinen Lebenswandel keinen Vorschub geben. Sie soll es wissen, bei meiner Ehre. (Ab.)

Maria. Geh und brumme nach Herzensluft.

Junker Christoph. Es wäre ebenso ein gutes Werk, als zu trinken, wenn man hungrig ist, wenn ihn einer herausforderte und ihm danu sein Wort nicht hielte und ihn zum Narren hätte.

Junker Tobias. Thu das, Juuker; ich will dir eine Aus= forderung schreiben, oder ich will ihm deine Entrüstung mündlich kund thun.

Maria. Lieber Juuker Tobias, haltet Euch nur diese Nacht still, seit der junge Mann vom Grafen heute bei dem Fräulein war, ift sie sehr unruhig. Mit Musje Malvolio laßt mich nur machen. Wenn ich ihn nicht so soppe, daß er zum Sprichwort und zum allgemeinen Gelächter wird, so glaubt nur, daß ich nicht gescheit genug bin, um gerade im Bette zu liegen. Ich bin meiner Sache gewiß.

Junker Tobias. Laß hören! laß hören! Erzähle uns was von ihm.

Maria. Nun, Herr, er ist manchmal eine Art von Pietiften.

Junker Christoph. O, wenn ich das wüßte, so wollte ich ihn hundemäßig prügeln.

Junker Tobias. Was? Weil er ein Pietist ift? Deine wohl erwogenen Gründe, Herzensjunker?

Junker Christoph. Wohl erwogen sind meine Gründe eben nicht, aber sie sind doch gut genug.

Maria. Den Henker mag er ein Pietist oder sonst etwas an= deres auf die Dauer sein, als einer, der den Mantel nach dem Wind

hängt. Ein gezierter Esel, der vornehme Redensarten auswendig
lernt und sie bei großen Brocken wieder von sich giebt; aufs beste
mit sich selbst zufrieden, wie er meint, so ausgefüttert mit Voll=
kommenheiten, daß es ein Glaubensartikel bei ihm ist, wer ihn an=
sieht, müsse sich in ihn verlieben. Dies Laster an ihm wird meiner
Rache vortrefflich zu statten kommen.

Junker Tobias. Was hast du vor?

Maria. Ich will ihm unverständliche Liebesbriefe in den Weg
werfen, worin er nach der Farbe seines Bartes, dem Schnitt seiner
Waden, der Weise seines Ganges, nach Augen, Stirn und Gesichts=
farbe handgreiflich abgeschildert werden soll. Ich kann genau so
wie das Fräulein, Eure Nichte, schreiben; wenn uns ein Zettel
über eine vergessene Sache vorkommt, so können wir unsere Hände
kaum unterscheiden.

Junker Tobias. Herrlich! ich wittre den Pfiff.

Junker Christoph. Er sticht mir auch in der Nase.

Junker Tobias. Er soll denken, die Briefe, die du ihm in
den Weg fallen lässest, kämen von meiner Nichte, und sie wäre in
ihn verliebt?

Maria. Ja, so sieht der Handel ungefähr aus.

Junker Christoph. O, es wird prächtig sein!

Maria. Ein königlicher Spaß, verlaßt euch drauf: ich weiß,
mein Tränkchen wird bei ihm wirken. Ich will euch beide — der
Narr kann den dritten Mann abgeben — auf die Lauer stellen, wo
er den Brief finden soll. Gebt acht, wie er ihn auslegt. Für heute
nacht zu Bett, und laßt euch von der Kurzweil träumen. Adieu.
(Ab.)

Junker Tobias. Gute Nacht, Amazone.

Junker Christoph. Mein Seel, sie ist 'ne brave Dirne.

Junker Tobias. Sie ist ein artiges Kätzchen, und sie betet
mich an; nun, und wenn sie's thut?

Junker Christoph. Ich wurde auch einmal angebetet.

Junker Tobias. Komm zu Bett, Junker. — Es thäte not,
daß du dir Geld kommen ließest.

Junker Christoph. Wenn ich Eure Nichte nicht habhaft werden
kann, so habe ich mich schlimm gebettet.

Junker Tobias. Laß Geld kommen, Junker; wenn du sie
nicht am Ende noch kriegst, so will ich Matz heißen.

Junker Christoph. Wenn ich's nicht thue, so bin ich kein
ehrlicher Kerl, nehmt's wie Ihr wollt.

Junker Tobias. Komm, komm! Ich will gebrannten Wein
zurechtmachen; es ist jetzt zu spät, zu Bette zu gehen. Komm,
Junker! komm, Junker! (Ab.)

4. Scene.

Ein Zimmer im Palaste des Herzogs.

Der Herzog, Viola, Curio und andere treten auf.

Herzog. Macht mir Musik! — Ei, guten Morgen, Freunde! —
Nun dann, Cesario, jenes Stückchen nur,
Das alte schlichte Lied von gestern abend!
Mich dünkt, es linderte den Gram mir sehr,
Mehr als gesuchte Wort' und lust'ge Weisen
Aus dieser raschen wirbelfüß'gen Zeit.
Kommt! eine Strophe nur!

    Curio. Euer Gnaden verzeihen, der es singen sollte, ist nicht hier.

    Herzog. Wer war es?

    Curio. Fest, der Spaßmacher, gnädiger Herr; ein Narr, an
dem Fräulein Olivias Vater großes Behagen fand. Er wird nicht
weit von hier sein.

Herzog. So sucht ihn auf und spielt die Weis' indes. (Curio ab. Musik.)
Komm näher, Junge. — Wenn du jemals liebst,
Gedenke meiner in den süßen Qualen;
Denn so wie ich sind alle Liebenden,
Unstet und launenhaft in jeder Regung,
Das stete Bild des Wesens ausgenommen,
Das ganz geliebt wird. — Magst du diese Weise?

Viola. Sie giebt ein rechtes Echo jenem Sitz,
    Wo Liebe thront.

Herzog.   Du redest meisterhaft.
Mein Leben wett' ich drauf, jung, wie du bist,
Weilt' auf geliebtem Antlitz schon dein Aug'.
Nicht, Kleiner?

Viola.   Wenn's Euch so beliebt, ein wenig.

Herzog. Was für ein Mädchen ist's?

Viola.   Von Eurer Farbe.

Herzog. So ist sie dein nicht wert. Von welchem Alter?

Viola. Von Eurem etwa, gnäd'ger Herr.

Herzog. Zu alt, beim Himmel! Wähle doch das Weib
Sich einen Ältern stets! So fügt sie sich ihm an,
So herrscht sie ewig gleich in seiner Brust.
Denn, Knabe, wie wir uns auch preisen mögen,
Sind unsre Neigungen doch wankelmüt'ger,
Unsichrer, schwanker, leichter her und hin
Als die der Frau'n.

Viola.   Ich glaub' es, gnäd'ger Herr.

Herzog. So wähl' dir eine jüngere Geliebte,

Sonst hält unmöglich deine Liebe stand.
Denn Mädchen sind die Rosen: kaum entfaltet,
Ist ihre holde Blüte schon veraltet.
Viola. So sind sie auch: ach! muß ihr Los so sein,
Zu sterben, grad' im herrlichsten Gedeihn?
Curio kommt zurück und der Narr.
Herzog. Komm, Bursch! Sing uns das Lied von gestern abend.
Gieb acht, Cesario, es ist alt und schlicht;
Die Spinnerinnen in der freien Luft,
Die jungen Mägde, wenn sie Spitzen weben,
So pflegen sie's zu singen; 's ist einfältig
Und tändelt mit der Unschuld süßer Liebe,
So wie die alte Zeit.
Narr. Seid Ihr bereit, Herr?
Herzog. Ja, sing, ich bitte dich.
Narr (singt).   Komm herbei, komm herbei, Tod!
　　Und versenk' in Cypressen den Leib.
　　Laß mich frei, laß mich frei, Not!
　　Mich erschlägt ein holdseliges Weib.
　　Mit Rosmarin mein Leichenhemd,
　　　O bestellt es!
　　Ob Lieb' ans Herz mir tödlich kömmt,
　　　Treu' hält es.

　　Keine Blum', keine Blum' süß
　　Sei gestreut auf den schwärzlichen Sarg,
　　Keine Seel', keine Seel' grüß'
　　Mein Gebein, wo die Erd' es verbarg.
　　Und Ach und Weh zu wenden ab,
　　　Bergt alleine
　　Mich, wo kein Treuer wall' ans Grab,
　　　Und weine.

Herzog. Da hast du was für deine Mühe.
Narr. Keine Mühe, Herr; ich finde Vergnügen am Singen.
Herzog. So will ich dein Vergnügen bezahlen.
Narr. Gut, Herr; das Vergnügen macht sich über kurz oder
lang immer bezahlt.
Herzog. Erlaube mir, dich zu beurlauben.
Narr. Nun, der schwermütige Gott beschirme dich, und der
Schneider mache dir ein Wams von Schillertaft, denn dein Gemüt
ist ein Opal, der in alle Farben spielt! Leute von solcher Beständig=
keit sollte man auf die See schicken, damit sie alle Dinge treiben und
nach allen Winden steuern müßten, denn wenn man nicht weiß, wo
man hin will, so kommt man am weitesten. — Gehabt Euch wohl. (Ab.)

Herzog. Laßt uns, ihr andern! — (Curio und Gefolge gehen ab.)
                                        Einmal noch, Cesario,
Begieb dich zu der schönen Grausamkeit:
Sag, meine Liebe, höher als die Welt,
Fragt nicht nach weiten Strecken staub'gen Landes;
Die Gaben, die das Glück ihr zugeteilt,
Sag ihr, sie wiegen leicht mir wie das Glück.
Das Kleinod ist's, der Wunderschmuck, worein
Natur sie faßte, was mich an sie zieht.
Viola. Doch, Herr, wenn sie Euch nun nicht lieben kann?
Herzog. Die Antwort nehm' ich nicht.
                                        Ihr müßt ja doch.
Viola.
Denkt Euch ein Mädchen, wie's vielleicht eins giebt,
Fühl' eben solche Herzenspein um Euch
Als um Olivien Ihr; Ihr liebt sie nicht,
Ihr sagt's ihr: muß sie nicht die Antwort nehmen?
Herzog. Nein, keines Weibes Brust
Erträgt der Liebe Andrang, wie sie klopft
In meinem Herzen; keines Weibes Herz
Ist groß genug; sie können sie nicht fassen.
Ach, deren Liebe kann Gelust nur heißen,
(Nicht Regung ihres Herzens, nur des Gaums)
Die Sattheit, Ekel, Überdruß erleiden.
Doch meine ist so hungrig wie die See,
Und kann gleich viel verdau'n: vergleiche nimmer
Die Liebe, so ein Weib zu mir kann hegen,
Mit meiner zu Olivien.
Viola. Ja, doch ich weiß —
Herzog.   Was weißt du? Sag mir an.
Viola. Zu gut nur, was ein Weib für Liebe hegen kann.
Fürwahr, sie sind so treuen Sinns wie wir.
Mein Vater hatt' eine Tochter, welche liebte,
Wie ich vielleicht, wär' ich ein Weib, mein Fürst,
Euch lieben würde.
Herzog. Was war ihr Lebenslauf?
Viola.   Ein leeres Blatt,
Mein Fürst. Sie sagte ihre Liebe nie,
Und ließ Verheimlichung, wie in der Knospe
Den Wurm, an ihrer Purpurwange nagen.
Sich härmend, und in bleicher, welker Schwermut,
Saß sie, wie die Geduld, auf einer Gruft,
Dem Grame lächelnd. Sagt, war das nicht Liebe?
Wir Männer mögen leicht mehr sprechen, schwören,

Doch der Verheißung steht der Wille nach:
Wir sind in Schwüren stark, doch in der Liebe schwach.
Herzog. Starb deine Schwester denn an ihrer Liebe?
Viola. Ich bin, was aus des Vaters Haus von Töchtern
Und auch von Brüdern blieb; und doch, ich weiß nicht —
Soll ich zum Fräulein?
Herzog.   Ja, das ist der Punkt.
Auf! eile! Gieb ihr dieses Kleinod; sage,
Daß ich noch Weigern, noch Verzug ertrage. (Beide ab.)

5. Scene.

Olivias Garten.

Junker Tobias, Junker Christoph und Fabio treten auf.

Junker Tobias. Komm dieses Weges, Signor Fabio.

Fabio. Freilich werd' ich kommen. Wenn ich einen Gran von
diesem Spaß verloren gehen lasse, so will ich in Melancholie zu
Tode gebrüht werden.

Junker Tobias. Würdest du dich nicht freu'n, den knanse=
rigen hundsföttischen Spitzbuben in Schimpf und Schande gebracht
zu sehen?

Fabio. Ja, Freund, ich würde triumphieren; Ihr wißt, er
brachte mich einmal um die Gunst des gnädigen Fräuleins, wegen
einer Fuchsprelle.

Junker Tobias. Ihm zum Ärger soll der Fuchs noch ein=
mal dran; und wir wollen ihn braun und blau prellen. Nicht wahr,
Junker Christoph?

Junker Christoph. So wir das nicht thäten, möchte sich der
Himmel über uns erbarmen.

Maria kommt.

Junker Tobias. Hier kömmt der kleine Schelm. — Nun, wie
sieht's, mein Goldmädchen?

Maria. Stellt euch alle drei hinter die Hecke; Malvolio kommt
diesen Gang herunter. (Er ist seit einer halben Stunde dort in der
Sonne gewesen, und hat seinem eigenen Schatten Künste gelehrt.
Gebt acht auf ihn, bei allem was lustig ist! Denn ich weiß, dieser
Brief wird einen nachdenklichen Pinsel aus ihm machen. Still, so
lieb euch ein Schwank ist! (Die Männer verbergen sich.) Lieg du hier
(sie wirft den Brief hin), denn dort kommt die Forelle, die mit Kitzeln
gefangen werden muß. (Ab.)

Malvolio kommt.

Malvolio. 'S ist nur Glück, alles ist Glück. — Maria sagte
mir einmal, sie hegte eine Neigung zu mir; und ich habe sie selbst

es schon so nahe geben hören, wenn sie sich verlieben sollte, so müßte es jemand von meiner Statur sein. Außerdem begegnet sie mir mit einer ausgezeichneteren Achtung als irgend jemandem in ihrem Dienst. Was soll ich davon denken?

Junker Tobias. Der eingebildete Schuft!

Fabio. O still! Die Betrachtung macht einen stattlichen kalekutischen Hahn aus ihm. Wie er sich unter seinen ausgespreizten Federn bläht!

Junker Christoph. Sakrament! ich könnte den Schuft so prügeln —

Junker Tobias. Still, sag' ich.

Malvolio. Graf Malvolio zu sein —

Junker Tobias. O du Schuft!

Junker Christoph. Schießt ihn tot! Schießt ihn tot!

Junker Tobias. Still! still!

Malvolio. Man hat Beispiele: die Oberhofmeisterin hat einen Kammerdiener geheiratet.

Junker Christoph. Pfui, daß dich!

Fabio. O still! Nun steckt er tief drin; seht, wie ihn die Einbildung aufbläst!

Malvolio. Bin ich alsdann drei Monate mit ihr vermählt gewesen und sitze in meinem Prachtsessel —

Junker Tobias. Eine Windbüchse her, um ihm ins Auge zu schießen!

Malvolio. Rufe meine Beamten um mich her, in meinem geblümten Sammetrock; komme soeben von einem Ruhebett, wo ich Olivien schlafend gelassen. —

Junker Tobias. Hagel und Wetter!

Fabio. O still! still!

Malvolio. Und dann hat man eine vornehme Laune; und nachdem man seine Blicke nachdenklich umhergehen lassen, und ihnen gesagt hat: man kenne seinen Platz, und sie möchten auch den ihrigen kennen, fragt man nach dem Vetter Tobias. —

Junker Tobias. Höll' und Teufel!

Fabio. O still, still, still! · Jetzt, jetzt!

Malvolio. Sieben von meinen Leuten springen mit unterthäniger Eilfertigkeit nach ihm hinaus: ich runzle die Stirn indessen, ziehe vielleicht meine Uhr auf, oder spiele mit einem kostbaren Ringe. Tobias kommt herein, macht mir alsbald seinen Bückling. —

Junker Tobias. Soll man dem Kerl das Leben lassen?

Fabio. Schweigt doch, und wenn man Euch auch die Worte mit Pferden aus dem Munde zöge.

Malvolio. Ich strecke die Hand so nach ihm aus, indem ich

mein vertrauliches Lächeln durch einen strengen Blick des Tadels
dämpfe.

Junker Tobias. Und giebt Euch Tobias dann keinen Schlag
aufs Maul?

Malvolio. Und sage: Vetter Tobias, da mich mein Schick=
sal an Eure Nichte gebracht hat, so habe ich das Recht, Euch folgende
Vorstellungen zu machen.

Junker Tobias. Was? was?

Malvolio. Ihr müßt den Trunk ablegen.

Junker Tobias. Fort mit dir, Lump!

Fabio. Geduldet Euch doch, oder wir brechen unserm Anschlage
den Hals.

Malvolio. Überdies verschwendet Ihr Eure kostbare Zeit mit
einem narrhaften Junker —

Junker Christoph. Das bin ich, verlaßt Euch drauf.

Malvolio. Einem gewissen Junker Christoph —

Junker Christoph. Ich wußte wohl, daß ich's war, denn sie
nennen mich immer einen Narren.

Malvolio. Was giebt's hier zu thun? (Er nimmt den Brief auf.)

Fabio. Nun ist die Schnepfe dicht am Garn.

Junker Tobias. O still! und der Geist der Schwänke gebe
ihm ein, daß er laut lesen mag.

Malvolio. So wahr ich lebe, das ist meines Fräuleins Hand.
Dies sind grade ihre C's, ihre U's und ihre T's, und so macht sie
ihre großen P's. Es ist ohne alle Frage ihre Hand.

Junker Christoph. Ihre C's, ihre U's und ihre T's?
Warum das?

Malvolio. „Dem unbekannten Geliebten dies und meine freund=
lichen Wünsche." — Das ist ganz ihr Stil. — Mit deiner Erlaub=
nis, Siegellack! — Sacht! und das Petschaft ist ihre Lukretia, wo=
mit sie zu siegeln pflegt: es ist das Fräulein! An wen mag es sein?

Fabio. Das fängt ihn mit Leib und Seele.

Malvolio.   „Den Göttern ist's kund,
                  Ich liebe: doch wen?
                  Verschleuß dich, o Mund!
                  Nie darf ich's gestehn."

„Nie darf ich's gestehn." — Was folgt weiter? Das Silbenmaß
verändert! „Nie darf ich's gestehn." Wenn du das wärst, Malvolio?

Junker Tobias. An den Galgen, du Hund!

Malvolio. „Ich kann gebieten, wo ich liebe;
                  Doch Schweigen, wie Lukretias Stahl,
                  Durchbohrt mein Herz voll zarter Triebe.
                  M. O. A. J. ist meine Wahl."

Fabio. Ein unsinniges Rätsel!

Junker Tobias. Eine herrliche Dirne, sag' ich!

Malvolio. „M. O. A. J. ist meine Wahl." Zuerst aber — laß sehen — laß sehen — laß sehen.

Fabio. Was sie ihm für ein Tränkchen gebraut hat!

Junker Tobias. Und wie der Falk darüber herfällt!

Malvolio. „Ich kann gebieten, wo ich liebe." Nun ja, sie kann über mich gebieten; ich diene ihr, sie ist meine Herrschaft. Nun das leuchtet jedem notdürftig gesunden Menschenverstande ein. — Dies macht gar keine Schwierigkeit; und der Schluß? Was mag wohl diese Anordnung von Buchstaben bedeuten? Wenn ich machen könnte, daß dies auf die eine oder andere Art an mir zuträfe. — Sacht! M. O. A. J. —

Junker Tobias. O! Ei! Bring doch das heraus! Er ist jetzt auf der Fährte.

Fabio. Der Hund schlägt an, als ob er einen Fuchs witterte.

Malvolio. M. — Malvolio — M — nun damit fängt mein Name an.

Fabio. Sagt' ich nicht, er würde es ausfindig machen? Er hat eine treffliche Nase.

Malvolio. M. — Aber dann ist keine Übereinstimmung in dem Folgenden; es erträgt die nähere Beleuchtung nicht; A sollte folgen, aber O folgt.

Fabio. Und mit O wird's endigen, hoff' ich.

Junker Tobias. Ja, oder ich will ihn prügeln, bis er O schreit.

Malvolio. Und dann kommt J hinterdrein.

Fabio. J daß dich!

Malvolio. M. O. A. J. — Diese Anspielung ist nicht so klar wie die vorige. Und doch, wenn man es ein wenig handhaben wollte, so würde sich's nach mir bequemen: denn jeder von diesen Buchstaben ist in meinem Namen. Sacht, hier folgt Prosa. — „Wenn dies in deine Hände fällt, erwäge: Mein Gestirn erhebt mich über dich, aber sei nicht bange vor der Hoheit. Einige werden hoch geboren, einige erwerben Hoheit, und einigen wird sie zugeworfen. Dein Schicksal thut dir die Hand auf; ergreife es mit Leib und Seele. Und um dich an das zu gewöhnen, was du Hoffnung hast zu werden, wirf deine demütige Hülle ab und erscheine verwandelt. Sei widerwärtig gegen einen Verwandten, mürrisch mit den Bedienten; laß Staatsgespräche von deinen Lippen schallen; lege dich auf ein Sonderlings-Betragen. Das rät dir die, so für dich seufzt. (Erinnere dich, wer deine gelben Strümpfe lobte und dich beständig mit kreuzweise gebundenen Kniegürteln zu sehen wünschte: ich sage, erinnere dich! Nur zu! Dein Glück ist gemacht, wo du es wünschest. Wo nicht, so bleib nur immer ein Hausverwalter, der Gefährte von Lakaien und nicht vert, Fortunas Hand zu berühren. Leb wohl! Sie, welche die Dienstbarkeit mit dir tauschen möchte.

　　　　　　　　Die glücklich Unglückselige."

Das Sonnenlicht ist nicht klarer! Es ist offenbar, ich vill stolz sein; ich vill politische Bücher lesen; ich will Junker Tobias ablaufen lassen; ich will mich von gemeinen Bekanntschaften säubern; ich will aufs Haar der rechte Mann sein. Ich habe mich jetzt nicht selbst zum besten, daß ich mich etwa von der Einbildung übermannen ließe; denn jede Erwägung ermuntert mich zu dem Glauben, daß das Fräulein mich liebt. Sie lobte neulich meine gelben Strümpfe, sie rühmte meine Kniegürtel; und hier giebt sie sich meiner Liebe kund, und nötigt mich durch eine Art von Befehl zu diesen Trachten nach ihrem Ge= schmack. Ich danke meinen Sternen, ich bin glücklich. Ich vill fremd thun, stolz sein, gelbe Strümpfe tragen und die Kniegürtel kreuzweise binden, so schnell sie sich nur anlegen lassen. Die Götter und meine Sterne seien gepriesen! — Hier ist noch eine Nachschrift. „Du kannst nicht umhin, mich zu erraten. Wenn du meine Liebe begünstigst, so laß es in deinem Lächeln sichtbar verden. Dein Lächeln steht dir vohl, darum lächle stets in meiner Gegenwart, holder Liebling, ich bitte dich." — Götter, ich danke euch! Ich vill lächeln, ich will alles thun, was du verlangst. (Ab.)

Fabio. Ich wollte meinen Anteil an diesem Spaße nicht für den reichsten Jahrgehalt vom großen Mogul hingeben.

Junker Tobias. Ich könnte die Dirne für diesen Anschlag zur Frau nehmen.

Junker Christoph. Das könnte ich auch.

Junker Tobias. Und wollte keine andere Aussteuer von ihr verlangen als noch einen solchen Schwank.

Junker Christoph. Ich auch nicht.

　　　　　　　Maria kommt.

Fabio. Hier kommt unsere herrliche Vogelstellerin.

Junker Tobias. Willst du deinen Fuß auf meinen Nacken setzen?

Junker Christoph. Oder auch auf meinen?

Junker Tobias. Soll ich meine Freiheit beim Damenspiel gegen dich setzen und dein Sklave verden?

Junker Christoph. Ja vahrhaftig, soll ich's auch?

Junker Tobias. Du hast ihn in solch einen Traum gewiegt, daß er toll werden muß, venn ihn die Einbildung vieder verläßt.

Maria. Nein, sagt mir im Ernst, wirkt es auf ihn?

Junker Tobias. Wie Branntewein auf eine alte Frau.

Maria. Wenn ihr denn die Frucht von unserem Spaß sehen wollt, so gebt acht auf seine erste Erscheinung bei dem gnädigen

Fräulein. Er wird in gelben Strümpfen zu ihr kommen, und das ist eine Farbe, die sie haßt; die Kniegürtel kreuzweise gebunden, eine Tracht, die sie nicht ausstehen kann; und er wird sie anlächeln, was mit ihrer Gemütsfassung so schlecht übereinstimmt, da sie sich der Melancholie ergeben hat, daß es ihn ganz bei ihr heruntersetzen muß. Wenn ihr es sehen wollt, so folgt mir.

Junker Tobias. Bis zu den Pforten der Hölle, du unvergleichlicher Witzteufel.

Junker Christoph. Ich bin auch dabei. (Alle ab.)

Dritter Aufzug.

1. Scene.

Olivias Garten.

Viola und der Narr mit einer Trommel.

Viola. Gott grüß dich, Freund, und deine Musik. Stehst du dich gut bei deiner Trommel?

Narr. Nein, Herr, ich stehe mich gut bei der Kirche.

Viola. Bist du ein Kirchenvorsteher?

Narr. Das nicht, Herr, ich stehe mich gut bei der Kirche, denn ich stehe mich gut in meinem Hause, und mein Haus steht bei der Kirche.

Viola. So könntest du auch sagen, der König stände sich gut bei einer Bettlerin, wenn die Bettlerin bei ihm steht, oder die Kirche stände sich gut bei der Trommel, wenn die Trommel bei der Kirche steht.

Narr. Richtig, Herr. — Seht mir doch das Zeitalter! Eine Redensart ist nur ein lederner Handschuh für einen witzigen Kopf: wie geschwind kann man die verkehrte Seite herauswenden!

Viola. Ja, das ist gewiß: wer artig mit Worten tändelt, kann sie geschwind leichtfertig machen.

Narr. Darum wollte ich, man hätte meiner Schwester keinen Namen gegeben.

Viola. Warum, Freund?

Narr. Ei, Herr, Ihr Name ist ein Wort, und das Tändeln mit dem Worte könnte meine Schwester leichtfertig machen. Aber wahrhaftig, Worte sind rechte Hundsfötter, seit Verschreibungen sie zu Schanden gemacht haben.

Viola. Dein Grund?

Narr. Meiner Treu', Herr, ich kann Euch keinen ohne Worte angeben, und Worte sind so falsch geworden, daß ich keine Gründe darauf bauen mag.

Viola. Ich wette, du bist ein lustiger Bursch und kümmerst dich um nichts.

Narr. Nicht doch, Herr, ich kümmere mich um etwas. Aber auf Ehre, ich kümmere mich nicht um Euch; wenn das heißt, sich um nichts kümmern, so wünschte ich, es möchte Euch unsichtbar machen.

Viola. Bist du nicht Fräulein Olivias Narr?

Narr. Keineswegs, Herr. Fräulein Olivia hat keine Narr= heit; sie wird keinen Narren halten, bis sie verheiratet ist; und Narren verhalten sich zu Ehemännern wie Sardellen zu Heringen: der Ehemann ist der größte von beiden. Ich bin eigentlich nicht ihr Narr, sondern ihr Wortverdreher.

Viola. Ich sah dich neulich beim Grafen Orsino.

Narr. Narrheit, Herr, geht rund um die Welt, wie die Sonne; sie scheint allenthalben. Es thäte mir leid, wenn der Narr nicht so oft bei Eurem Herrn als bei meinem Fräulein wäre. Mich deucht, ich sah Eure Weisheit daselbst.

Viola. Wenn du mich zum besten haben willst, so habe ich nichts mehr mit dir zu schaffen. Nimm, da hast du was zu deiner Ergötzlichkeit.

Narr. Nun, möge dir Jupiter das nächste Mal, daß er Haare übrig hat, einen Bart zukommen lassen.

Viola. Wahrhaftig, ich sage dir, ich verschmachte fast nach einem, ob ich gleich nicht wollte, daß er auf meinem Kinne wüchse. Ist dein Fräulein zu Hause?

Narr (auf das Geld zeigend). Sollte ich nicht ein Paar von diesen jungen?

Viola. Ja, wenn man sie zusammenhielte und gehörig wirt= schaften ließe.

Narr. Ich wollte wohl den Herrn Pandarus von Phrygien spielen, um diesem Troilus eine Cressida zuzuführen.

Viola. Ich verstehe Euch: Ihr bettelt gut.

Narr. Ich denke, es ist keine große Sache, da ich nur um eine Bettlerin bettle. Cressida war eine Bettlerin. Mein Fräulein ist zu Haus, Herr. Ich will ihr bedeuten, woher Ihr kommt, wer Ihr seid, und was Ihr wollt; das liegt außer meiner Sphäre; ich könnte sagen: Horizont, aber das Wort ist zu abgenutzt. (Ab.)

Viola. Der Bursch ist klug genug, den Narrn zu spielen,
     Und das geschickt thun, fordert ein'gen Witz.
   Die Laune derer, über die er scherzt,
   Die Zeiten und Personen muß er kennen,
   Und wie der Falk auf jede Feder schießen,
   Die ihm vors Auge kömmt. Dies ist ein Handwerk,
   So voll von Arbeit als des Weisen Kunst.

Denn Thorheit, weislich angebracht, ist Witz;
Doch wozu ist des Weisen Thorheit nütz?

Junker Tobias und Junker Christoph kommen.

Junker Tobias. Gott grüß Euch, Herr.

Viola. Euch gleichfalls, Herr.

Junker Christoph. Dieu vous garde, Monsieur.

Viola. Et vous aussi; votre serviteur.

Junker Christoph. Hoffentlich seid Ihr's, und ich bin der Eurige.

Junker Tobias. Wollt Ihr unser Haus begrüßen? Meine Nichte wünscht, Ihr möchtet hereintreten, wenn Ihr ein Geschäft an sie habt.

Viola. Ich bin Eurer Nichte verbunden; ich will sagen, ich bin verbunden zu ihr zu gehen.

Junker Tobias. So kostet Eure Beine; Herr, setzt sie in Bewegung.

Viola. Meine Beine verstehen mich besser, Herr, als ich ver= stehe, was Ihr damit meint, daß ich meine Beine kosten soll.

Junker Tobias. Ich meine, Ihr sollt gehen, hineintreten.

Viola. Ich will Euch durch Gang und Eintritt antworten: aber man kommt uns zuvor.

Olivia und Maria kommen.

Vortreffliches, unvergleichliches Fräulein, der Himmel regne Düfte auf Euch herab!

Junker Christoph. Der junge Mensch ist ein großer Hof= mann. „Düfte regnen." Schön!

Viola. Mein Auftrag ist stumm, Fräulein, außer für Euer bereitwilliges und herablassendes Ohr.

Junker Christoph. Düfte! Bereitwillig! Herablassend! — Ich will mir alles dreies merken.

Olivia. Macht die Gartenthür zu, und laßt mich ihm Gehör geben.

(Junker Tobias, Junker Christoph und Maria ab.)

Gebt mir die Hand, mein Herr.

Viola. Gebietet über meine Dienste, Fräulein.

Olivia. Wie ist Eu'r Name?

Viola.   Reizende Prinzessin,
Cesario ist der Name Euers Dieners.

Olivia. Mein Diener, Herr? Die Welt war nimmer froh,
Seit niedres Heucheln galt für Artigkeit.
Ihr seid Orsinos Diener, junger Mann.

Viola. Und der ist Eurer; Eures Dieners Diener
Muß ja, mein Fräulein, auch der Eure sein.

Olivia. Sein denk' ich nicht; wär' sein Gedächtnis lieber
Ein leeres Blatt, als angefüllt mit mir.

Viola. Ich komm', um Euer gütiges Gedächtnis
An ihn zu mahnen —

Olivia. O entschuldigt mich!
Ich hieß Euch niemals wieder von ihm reden;
Doch hättet Ihr sonst etwa ein Gesuch?
Ich hörte lieber, wenn Ihr das betriebt,
Als die Musik der Sphären.

Viola. Teures Fräulein —

Olivia. Ich bitt', erlaubt! Nach der Bezauberung,
Die Ihr nur erst hier angestiftet, sandte
Ich einen Ring Euch nach; und täuschte so
Mich, meinen Diener, und ich fürcht' auch Euch.
Nun steh' ich Eurer harten Deutung bloß.
Weil ich Euch aufdrang mit unwürd'ger List,
Was, die Ihr wußtet, doch nicht Euer war.
Was mochtet Ihr wohl deulen? Machtet Ihr
Zu Eurem Ziele meine Ehre nicht,
Und hetztet jeglichen Verdacht auf sie,
Den nur ein grausam Herz ersinnen kann?
Für einen, der behende faßt wie Ihr,
Zeigt ich genug; ein Flor, und nicht ein Busen,
Versteckt mein armes Herz: so sprecht nun auch.

Viola. Ihr dauert mich.

Olivia. Das ist ein Schritt zur Liebe.

Viola. Nein, nicht ein Fuß breit; die Erfahrung zeigt,
Daß man sich oft auch Feinde dauern läßt.

Olivia. So wär's ja wohl zum Lächeln wieder Zeit.
O Welt! wie leicht wird doch der Arme stolz!
Soll man zur Beute werden, wie viel besser
Dem Löwen zuzufallen als dem Wolf! (Die Glocke schlägt).
Die Glocke virft mir Zeitverschwendung vor. —
Seid ruhig, junger Freund! ich will Euch nicht,
Und doch, kommt Witz und Jugend erst zur Reise,
So erntet Euer Weib 'nen feinen Mann.
Dorthin liegt Euer Weg, grad' aus nach Westen.

Viola. Wohlauf, nach Westen!
Geleit' Eu'r Gnaden Heil und froher Mut!
Ihr sagt mir, Fräulein, nichts für meinen Herrn?

Olivia. Bleib!
Ich bitt' dich, sage, was du von mir denkst.

Viola. Nun, daß Ihr denkt, Ihr seid nicht, was Ihr seid.

Olivia. Und denk' ich so, denk' ich von Euch dasselbe.

Viola. Da denkt Ihr recht: ich bin nicht, was ich bin.

Olivia. Ich wollt', Ihr wär't, wie ich Euch haben wollte!

Viola. Wär's etwas Bessers, Fräulein, als ich bin,
So wünsch' ich's auch; jetzt bin ich Euer Narr.

Olivia. O welch ein Maß von Hohn liebreizend steht
Im Zorn und der Verachtung seiner Lippe!
Verschämte Lieb', ach! sie verrät sich schnell
Wie Blutschuld: ihre Nacht ist sonnenhell.
Cesario, bei des Frühlings Rosenjugend!
Bei jungfräulicher Sitt' und Treu' und Tugend!
So lieb' ich dich, trotz deinem stolzen Sinn,
Daß ich des Herzens nicht mehr mächtig bin,
Verhärte nicht dich klügelnd durch den Schluß,
Du könnest schweigen, weil ich werben muß.
Nein, setze lieber Gründe so mit Gründen;
Süß sei es, Lieb' erflehn, doch süßer, Liebe finden.

Viola. Bei meiner Jugend! bei der Unschuld! nein!
Ein Herz', ein Busen, eine Treu' ist mein.
Und die besitzt kein Weib; auch wird je keine
Darüber herrschen, außer ich alleine.
Und Fräulein, so lebt wohl; nie klag' ich Euerm Ohr
Die Seufzer meines Herren wieder vor.

Olivia. O komm zurück! Du magst dies Herz bethören,
Ihn, dessen Lieb' es haßt, noch zu erhören. (Beide ab.)

2. Scene.

Ein Zimmer in Olivias Hause.

Junker Tobias, Junker Christoph und Fabio treten auf.

Junker Christoph. Nein, wahrhaftig, ich bleibe keine Minute länger.

Junker Tobias. Deinen Grund, lieber Ingrimm! sag deinen Grund!

Fabio. Ihr müßt durchaus Euren Grund angeben, Junker Christoph.

Junker Christoph. Ei, ich sah Eure Nichte mit des Grafen Diener freundlicher thun, als sie jemals gegen mich gewesen ist; drunten im Garten sah ich's.

Junker Tobias. Sah sie dich derweil auch, alter Knabe? Sag mir das.

Junker Christoph. So deutlich, wie ich Euch jetzt sehe.

Fabio. Das war ein großer Beweis ihrer Liebe zu Euch.

Junker Christoph. Wetter! wollt Ihr einen Esel aus mir machen?

Fabio. Ich will es in bester Form beweisen, Herr, auf den Eid des Urteils und der Vernunft.

Junker Tobias. Und die sind Obergeschworene gewesen, ehe noch Noah ein Schiffer ward.

Fabio. Sie that mit dem jungen Menschen vor Euern Augen schön, bloß um Euch aufzubringen, um Eure Murmeltiers=Tapferkeit zu erwecken, um Euer Herz mit Feuer und Schwefel zu füllen. Da hättet Ihr Euch herbeimachen sollen; da hättet Ihr den jungen Menschen, mit den vortrefflichsten Späßen, funkelnagelneu von der Münze, stumm ängstigen sollen. Dies wurde von Eurer Seite er= wartet, und dies wurde vereitelt. Ihr habt die doppelte Vergoldung dieser Gelegenheit von der Zeit abwaschen lassen und seid in der Meinung des gnädigen Fräuleins nordwärts gesegelt, wo Ihr nun wie ein Eiszapfen am Bart eines Holländers hängen werdet, wenn Ihr es nicht durch irgend einen preiswürdigen Streich der Tapferkeit oder Politik wieder gut macht.

Junker Christoph. Soll's auf irgend eine Art sein, so muß es durch Tapferkeit geschehen; denn Politik hasse ich: ich wäre eben= sogern ein Pietist als ein Politikus.

Junker Tobias. Wohlan denn! bauen wir dein Glück auf den Grund der Tapferkeit. Fordere mir den Burschen des Grafen auf den Degen heraus; verwunde ihn an elf Stellen; meine Nichte soll's erfahren, und sei versichert, daß kein Liebesmäkler in der Welt einen Mann den Frauen kräftiger empfehlen kann, als der Ruf der Tapferkeit.

Fabio. Es ist kein anderes Mittel übrig, Junker Christoph.

Junker Christoph. Will einer von euch eine Ausforderung zu ihm tragen?

Junker Tobias. Geh, schreib in einer martialischen Hand; sei ingrimmig und kurz. Gleichviel wie witzig, wenn es nur beredt und voll Erfindung ist. Mach ihn mit aller Freiheit der Feder herunter; wenn du ihn ein halbdutzendmal duzest, so kann es nicht schaden; und so viel Lügen, als auf dem Papier liegen können, schreib sie auf! Geh, mach dich dran! Laß Galle genug in deiner Tinte sein, wenn du auch mit einem Gänsekiel schreibst, es thut nichts. Mach dich dran.

Junker Christoph. Wo soll ich euch treffen?

Junker Tobias. Wir wollen dich auf deinen cubiculo ab= rufen. Geh nur.

(Junker Christoph ab.)

Fabio. Das ist Euch ein teures Männchen, Junker.

Junker Tobias. Ich bin ihm auch teuer gewesen, Junge, auf ein paar Tausend, drüber oder drunter.

Fabio. Wir werden einen kostbaren Brief von ihm bekommen, aber Ihr werdet ihn nicht übergeben.

Junker Tobias. Nein, das könnt Ihr glauben. Aber vor allen Dingen treibt den jungen Menschen an, sich zu stellen. Ich denke, man brächte sie nicht aneinander, wenn man auch Ochsen vorspannte. Was den Junker betrifft, wenn der geöffnet würde, und Ihr fändet so viel Blut in seiner Leber, als eine Mücke auf dem Schwanze davontragen kann, so wollt' ich das übrige Gerippe aufzehren.

Fabio. Und sein Gegner, der junge Mensch, verkündigt auch eben nicht viel Grausamkeit mit seinem Gesicht.

Maria kommt.

Junker Tobias. Seht, da kommt unser kleiner Zeisig.

Maria. Wollt ihr Milzweh haben und euch Seitenstechen lachen, so kommt mit mir. Der Pinsel Malvolio ist ein Heide geworden, ein echter Renegat. Denn kein Christ, der durch den wahren Glauben selig zu werden hofft, glaubt jemals einen solchen Haufen abgeschmacktes Zeug. Er geht in gelben Strümpfen.

Junker Tobias. Und die Kniegürtel kreuzweise?

Maria. Ganz abscheulich, wie ein Schulmeister. — Ich bin ihm nachgeschlichen wie ein Dieb; er richtet sich nach jedem Punkte des Briefs, den ich fallen ließ, um ihn zu betrügen. Er lächelt mehr Linien in sein Gesicht hinein, als auf der neuen Weltkarte mit beiden Indien stehen. Ihr könnt euch so was nicht vorstellen; ich kann mich kaum halten, daß ich ihm nicht etwas an den Kopf werfe. Ich veiß, das Fräulein wird ihm Ohrfeigen geben; und wenn sie es thut, so wird er lächeln und es für eine große Gunst halten.

Junker Tobias. Komm, führ' uns hin, führ' uns hin, wo er ist. (Alle ab.)

3. Scene.

Eine Straße.

Antonio und Sebastian treten auf.

Sebastian. Es war mein Wille nicht, Euch zu beschweren,
Doch da Ihr aus der Müh' Euch Freude macht,
Will ich nicht länger schmälen.

Antonio. Ich kount' Euch so nicht lassen: mein Verlangen,
Scharf wie geschliffner Stahl, hat mich gespornt;
Und nicht bloß Trieb zu Euch, (obschon genug,
Um mich auf einen längern Weg zu ziehn),
Auch Kümmerniß, wie Eure Reise ginge,
Da Ihr dies Land nicht kennt, das einem Fremden,
Der führerlos und freundlos, oft sich rauh

Und unwirtbar erzeigt. Bei diesen Gründen
Der Furcht ist meine will'ge Liebe Euch
So eher nachgeeilt.

Sebastian.　　Mein güt'ger Freund,
Ich kann Euch nichts als Dank hierauf erwidern,
Und Dank und immer Dank; oft werden Dienste
Mit so verrufner Münze abgefertigt.
Doch wär' mein Gut gediegen wie mein Sinn,
Ihr fändet bessern Lohn. — Was machen wir?
Sehn wir die Altertümer dieser Stadt?

Antonio. Auf morgen, Herr; seht erst nach einer Wohnung.

Sebastian. Ich bin nicht müd', und es ist lang bis Nacht,
Ich bitt' Euch, laßt uns unsre Augen weiden
Mit den Denkmälern und berühmten Dingen,
So diese Stadt besitzt.

Antonio.　　Entschuldigt mich:
Ich wandre mit Gefahr durch diese Gassen;
Im Seekrieg that ich gegen die Galeeren
Des Herzogs Dienste; ja, in Wahrheit, solche,
Daß, wenn man hier mich fing', ich könnte kaum
Darüber Rede stehn.

Sebastian.　　Ihr habt vielleicht
Ihm eine große Menge Volks erschlagen?

Antonio. Nicht von so blut'ger Art ist meine Schuld,
War Zeit und Zwist schon der Beschaffenheit,
Daß sie uns Stoff zu blut'gen Thaten gaben.
Es hätt' indes geschlichtet werden mögen
Durch Wiederzahlung des genommnen Guts,
Was auch aus unsrer Stadt des Handels wegen
Die meisten thaten; ich allein blieb aus:
Wofür, ertappt man mich an diesem Ort,
Ich teuer büßen werde.

Sebastian. Geht also nicht zu offenbar umher.

Antonio. Es wär' nicht ratsam. Nehmt! hier ist mein Beutel.
Man wohnt am besten in der Südervorstadt
Im Elefanten; ich will unsre Kost
Bestellen, während Ihr die Stunden täuscht,
Und durch Beschauen Eure Kenntnis nährt.
Dort trefft Ihr mich.

Sebastian.　　Weswegen mir den Beutel?

Antonio. Vielleicht fällt Euer Aug' auf einen Tand,
Den Ihr zu kaufen wünscht; und Eure Barschaft
Reicht, denk' ich, nicht zu müß'gem Einkauf hin.

Sebastian. Ich will Eu'r Säckelmeister sein und auf
Ein Stündchen gehn.
Antonio. Im Elefanten —
Sebastian. Wohl! (Beide ab.)

4. Scene.

Olivias Garten.

Olivia und Maria treten auf.

Olivia. Ich hab' ihm nachgeschickt; gesetzt, er kommt;
Wie kann ich ihn bewirten? was ihm schenken?
Denn Jugend wird erkauft, mehr als erbeten. —
Ich sprach zu laut. —
Wo ist Malvolio? — Er ist ernst und höflich,
Und paßt zum Diener sich für meinen Fall.
Wo ist Malvolio?
Maria. Eben kommt er, Fräulein,
Doch wunderlich genug! er ist gewiß besessen.
Olivia. Was giebt's denn? spricht er irr?
Maria. Nein, er thut nichts
Als lächeln; Euer Gnaden thäten wohl,
Wen bei der Hand zu haben, wenn er kommt,
Denn sicher ist der Mann nicht recht bei Sinnen.
Olivia. Geht, ruft ihn her! — So toll wie er bin ich,
Gleicht lust'ge Tollheit und betrübte sich.
Malvolio kommt.
Wie geht's, Malvolio?
Malvolio (lächelt phantastisch). Schönes Fräulein, he, he!
Olivia. Lächelst du?
Ich rief dich her bei einem ernsten Anlaß.
Malvolio. Ernst, Fräulein? Ich könnte wohl ernsthaft sein;
es macht einige Stockung im Blute, dies Binden der Kniegürtel. Aber
was thut's? Wenn es den Augen einer einzigen gefällt, so heißt es
bei mir wie jenes wahrhafte Sonett: Gefall' ich einer, so gefall'
ich allen.
Olivia. Ei, Malvolio, wie steht es mit dir? Was geht mit
dir vor?
Malvolio. Ich bin nicht schwarz von Gemüt, obschon gelb an
den Beinen. Es ist ihm zu Handen gekommen, und Befehle sollen
vollzogen werden. Ich denke, wir kennen die schöne römische Hand.
Olivia. Willst du nicht zu Bett gehen, Malvolio.
Malvolio. Zu Bett? Ja, liebes Herz, und ich will zu dir kommen.
Olivia. Gott helfe dir! Warum lächelst du so und wirfst so
viele Kußhände?

Maria. Wie geht's Euch, Malvolio?

Malvolio. Auf Eure Erkundigung? — Ja, Nachtigallen ant=
worten Krähen.

Maria. Warum erscheint Ihr mit dieser lächerlichen Unverschämt=
heit vor dem Fräulein?

Malvolio. „Sei nicht bange vor der Hoheit." Das war schön
gesagt.

Olivia. Was meinst du damit, Malvolio?

Malvolio. „Einige werden hoch geboren —"

Olivia. Nun?

Malvolio. „Einige erverben Hoheit —"

Olivia. Was sagst du?

Malvolio. „Und einigen wird sie zugeworfen."

Olivia. Der Himmel steh' dir bei!

Malvolio. „Erinnere dich, wer deine gelben Strümpfe lobte."

Olivia. Deine gelben Strümpfe?

Malvolio. „Und dich mit kreuzweise gebundenen Kniegürteln
zu sehen wünschte."

Olivia. Mit kreuzweise gebundenen Kniegürteln?

Malvolio. „Nur zu! Dein Glück ist gemacht, wo du es wünschest."

Olivia. Mein Glück?

Malvolio. „Wo nicht, so bleib nur immer ein Bedienter."

Olivia. Nun, das ist die reine Hundstagstollheit.

Ein Bedienter kommt.

Bedienter. Gnädiges Fräulein, der junge Kavalier vom Grafen
Orsino ist wieder da: ich konnte ihn kaum bewegen, zurückzukommen.
Er erwartet Euer Gnaden Befehle.

Olivia. Ich komme gleich zu ihm. (Bedienter ab.) Liebe Maria,
trag mir für diesen Menschen Sorge. Wo ist mein Vetter Tobias?
Daß ein paar von meinen Leuten recht genau auf ihn achten. Ich
wollte um alles nicht, daß ihm ein Unglück zustieße.

(Olivia und Maria ab.)

Malvolio. Ha, ha! legt ihr mir's nun näher? Kein Geringerer
als Junker Tobias soll Sorge für mich tragen? Dies trifft aufs Haar
mit dem Briefe überein. Sie schickt ihn mit Fleiß, damit ich mich
kurz angebunden gegen ihn betragen kann: denn dazu ermahnt sie
mich ja in dem Briefe. „Wirf deine demütige Hülle ab," sagt sie,
„sei widerwärtig gegen einen Verwandten, mürrisch mit den Bedienten;
laß Staatsgespräche von deinen Lippen schallen; lege dich auf ein
Sonderlingsbetragen;" und hierauf setzt sie die Art und Weise aus=
einander, als da ist: ein ernsthaftes Gesicht, eine stattliche Haltung, eine
langsame Zunge, nach der Manier eines vornehmen Herrn, und so
weiter. Ich habe sie im Netz, freilich durch der Götter Gnade, und

geben die Götter, daß ich dankbar sei! Und als sie eben wegging:
„Tragt mir für diesen Menschen Sorge." Mensch! Nicht Malvolio,
oder nach meinem Titel, sondern Mensch. Ja, alles paßt zu einander,
so daß kein Gran von einem Skrupel, kein Skrupel von einem Skrupel,
kein Hindernis, kein unwahrscheinlicher oder zweideutiger Umstand. —
Was kann man einwenden? Es kann nichts geben, was sich zwischen
mich und die weite Aussicht meiner Hoffnungen stellen könnte. Wohl,
die Götter, nicht ich, haben dies zustandegebracht, und ihnen gebührt
der Dank.

Maria kommt mit Junker Tobias und Fabio zurück.

Junker Tobias. Wo ist er hin, im Namen der Gottseligkeit?
Hätten sich auch alle Teufel der Hölle zusammengedrängt, und besäße
ihn Legion selbst, so will ich ihn doch anreden.

Fabio. Hier ist er, hier ist er. Wie steht's mit Euch, Freund?
Wie steht's mit Euch?

Malvolio. Geht fort! ich entlasse Euch. Laßt mich meine
Einsamkeit genießen! Geht fort!

Maria. Hört doch, wie hohl der Böse aus ihm spricht! Sagt'
ich's Euch nicht? — Junker Tobias, das Fräulein bittet Euch, Sorge
für ihn zu tragen.

Malvolio. He, he! thut sie das!

Junker Tobias. Still! still! Wir müssen sanftmütig mit
ihm umgehen; laßt mich nur machen. Was macht Ihr, Malvolio?
Wie steht's mit Euch? Ei, Freund, leistet dem Teufel Widerstand:
bedenkt, er ist der Erbfeind der Menschenkinder.

Malvolio. Wißt Ihr auch, was Ihr sagt?

Maria. Seht nur, wenn Ihr vom Teufel übel redet, wie er
sich's zu Herzen nimmt. Gebe Gott, daß er nicht behext ist!

Fabio. Die weise Frau muß ihm das Wasser beschauen.

Maria. So wahr ich lebe, es soll morgen früh geschehen. Das
Fräulein möchte ihn um alles in der Welt nicht missen.

Malvolio. Ei so, Jungfer?

Maria. O Jemine.

Junker Tobias. Ich bitte dich, sei ruhig! Dies ist nicht die
rechte Art: seht Ihr nicht, daß Ihr ihn reizt? Laßt mich allein machen.

Fabio. Da hilft nichts wie Sanftmut. Sanftmütig! sanft=
mütig! Der böse Feind ist trotzig und läßt sich nicht trotzig begegnen.

Junker Tobias. Ei, was machst du, mein Täubchen? Wie
geht's, mein Puthühnchen?

Malvolio. Herr!

Junker Tobias. Ei sieh doch! komm, tucktuck! — Nun, Mann!
Es steht der Ehrbarkeit nicht an, mit dem Teufel Knicker zu spielen
— Fort mit dem garstigen Schornsteinfeger!

Maria. Laßt ihn sein Gebet hersagen, lieber Junker Tobias! Bringt ihn zum Beten!

Malvolio. Mein Gebet, Meerkatze?

Maria. Seht, ich sagt' es Euch; er will nichts von Gottesfurcht wissen.

Malvolio. Geht alle zum Henker! Ihr seid alle dumme, alberne Geschöpfe. Ich gehöre nicht in eure Sphäre: ihr sollt weiter von mir hören. (Ab.)

Junker Tobias. Ist's möglich?

Fabio. Wenn man dies auf dem Theater vorstellte, so tadelte ich es wahrscheinlich als eine unwahrscheinliche Erdichtung.

Junker Tobias. Sein Kopf ist bis oben an voll von unserm Einfalle.

Maria. Ja, setzt ihm nur gleich zu, damit der Einfall nicht Luft kriegt und verfliegt.

Fabio. Wir werden ihn gewiß völlig toll machen.

Maria. Desto ruhiger wird's im Hause zugehen.

Junker Tobias. Kommt, er soll in eine dunkle Kammer gesperrt und gebunden werden. Meine Nichte ist schon in dem Glauben, daß er toll ist: wir können's so forttreiben, uns zum Spaß und ihm zur Buße, bis unser Zeitvertreib selbst so müde gejagt ist, daß er uns bewegt, Erbarmen mit ihm zu haben; dann bringen wir den Einfall vor Gericht, und du, Mädchen, sollst bestallter Tollheitsvisitator werden. Aber seht! seht!

Junker Christoph kommt.

Fabio. Hier ist wieder etwas für einen Fastnachtsabend.

Junker Christoph. Da habt Ihr die Ausforderung; lest sie; ich steh' dafür, es ist Salz und Pfeffer darin.

Fabio. Ist sie so scharf?

Junker Christoph. Ei ja doch! ich stehe ihm dafür. Lest nur.

Junker Tobias. Gieb her. „Junger Mensch, was du auch sein magst, du bist doch nur ein Lumpenkerl."

Fabio. Schön und tapfer!

Junker Tobias. „Wundere dich nicht, und erstaune nicht in deinem Sinn, warum ich dich so nenne, denn ich will dir keinen Grund davon angeben."

Fabio. Eine gute Klausel! Das stellt Euch vor dem Verklagen sicher.

Junker Tobias. „Du kommst zu Fräulein Olivia, und sie thut vor meinen Augen schön mit dir: aber du lügst's in den Hals hinein; das ist nicht die Ursache, warum ich dich herausfordere."

Fabio. Ungemein kurz und auserlesen im Sinn — losen.

Junker Tobias. „Ich will dir beim Nachhausegehen aufpassen, und wenn du alsdann das Glück hast mich umzubringen —"

Fabio. Schöu!

Junker Tobias. „So bringst du mich um wie ein Schuft und ein Spitzbube."

Fabio. Ihr haltet Euch immer außerhalb dem Schusse.

Junker Tobias. „Leb wohl, und Gott erbarme sich einer von unseren Seelen! Er kann sich der meinigen erbarmen, aber ich hoffe ein Besseres, und also sieh dich vor. Dein Freund, je nachdem du ihm begegnest, und dein geschworener Feind,

              Christoph von Bleichenwang."

Wenn dieser Brief ihn nicht aufbringt, so ist er gar nicht auf die Beine zu bringen. Ich will ihn ihm geben.

Marie. Ihr könnt leicht Gelegenheit dazu finden: er ist jetzt in einem Gespräch mit dem Fräulein, und wird gleich weggehen.

Junker Tobias. Geh, Junker, lauere ihm an der Gartenecke auf, wie ein Häscher; sobald du ihn nur erblickst, zieh und fluche fürchterlich dabei: denn es geschieht oft, daß ein entsetzlicher Fluch, in einem rechten Bramarbastone herausgewettert, einen mehr in den Ruf der Tapferkeit setzt, als eine wirkliche Probe davon jemals gethan hätte. Fort!

Junker Christoph. Nun, wenn's Fluchen gilt, so laßt mich nur machen. (Ab.)

Junker Tobias. Ich will mich wohl hüten, seinen Brief zu übergeben. Das Betragen des jungen Mannes zeigt, daß er verständig und wohlerzogen ist; sein Geschäft für seinen Herrn bei meiner Nichte bestätigt das auch: also wird dieser Brief wegen seiner außerordentlichen Abgeschmacktheit dem jungen Mann kein Schrecken erregen; er wird merken, daß er von einem Pinsel herkommt. Ich will statt dessen die Ausforderung mündlich bestellen, will ein großes Wesen von Bleichenwangs Tapferkeit machen, und jenem, der jung genug ist, um sich leicht etwas aufbinden zu lassen, eine gewaltige Meinung von seiner Wut, Geschicklichkeit und Hitze beibringen. Dies wird sie beide so in Angst setzen, daß sie einander wie Basilisken mit den Augen umbringen werden.

           Olivia und Viola kommen.

Fabio. Da kommt er mit Eurer Nichte. Macht ihnen Platz, bis er Abschied nimmt, und dann gleich hinter ihm drein.

Junker Tobias. Ich will mich indessen auf recht entsetzliche Ausdrücke für die Ausforderung bedenken.

         (Junker Tobias und Fabio ab.)

Olivia. Zu viel schon sagt' ich für ein Herz von Stein.
Gab unbesonnen meine Ehre bloß.
In mir ist was, das mir den Fehl verweist,

Doch solch ein starrer mächt'ger Fehler ist's,
Er trotzt Verweisen nur.

Viola. Ganz nach der Weise Eurer Leidenschaft,
Geht's mit den Schmerzen meines Herrn.

Olivia. Tragt mir zulieb dies Kleinod, 's ist mein Bildnis;
Schlagt es nicht aus, mit Schwatzen quält's Euch nicht;
Und kommt, ich bitt' Euch, morgen wieder her,
Was könnt Ihr bitten, das ich weigern würde,
Wenn unverletzt es Ehre geben darf?

Viola. Nur dieses: Euer Herz für meinen Herrn.

Olivia. Wie litte meine Ehr', ihm das zu geben,
Was Ihr von mir schon habt?

Viola.   Ich sag' Euch los.

Olivia. Gut, lebe wohl, und sprich mir morgen zu!
Zur Hölle lockte mich ein böser Feind wie du. (Ab.)

Junker Tobias und Fabio kommen.

Junker Tobias. Gott grüß dich, junger Herr!

Viola. Euch gleichfalls, Herr.

Junker Tobias. Was du für Waffen bei dir hast, nimm sie
zur Hand; von welcher Art die Beleidigungen sind, die du ihm zu=
gefügt, weiß ich nicht; aber dein Nachsteller, hoch ergrimmt, blutig
wie der Jäger, erwartet dich an der Gartenecke. Heraus mit der
Klinge! Rüste dich wacker! denn dein Gegner ist rasch, geschickt und
mörderlich.

Viola. Ihr irret Euch, Herr; ich bin gewiß, daß niemand
irgend einen Zank mit mir hat. Mein Gedächtnis ist völlig rein
und frei von Vorstellungen eines Unrechts, das ich jemandem zu=
gefügt haben sollte.

Junker Tobias. Ihr werdet es anders finden, ich versichere
Euch: wenn Ihr also das Geringste aus Eurem Leben macht, so
seid auf Eurer Hut, denn Euer Gegner hat alles für sich, was Jugend,
Stärke, Geschicklichkeit und Mut einem verschaffen kann.

Viola. Um Verzeihung, Herr, wer ist es denn?

Junker Tobias. Er ist ein Ritter, dazu geschlagen mit un=
versehrtem Schwert, auf gewirktem Boden; aber er ist ein rechter
Teufel in Zweikämpfen: der Seelen und Leiber, so er geschieden,
sind drei; und sein Grimm in diesem Augenblick ist so unversöhnlich,
daß er keine andere Genugthuung kennt, als Todesangst und Be=
gräbnis. Drauf und dran! ist sein Wort; mir nichts, dir nichts!

Viola. Ich will wieder in das Haus gehen und mir eine Be=
gleitung von der Dame ausbitten. Ich bin kein Raufer. Ich habe
wohl von einer Art Leute gehört, die mit Fleiß Händel mit andern an=
zetteln, um ihren Ruf zu prüfen; vielleicht ist er einer von diesem Schlage.

Junker Tobias. Nein, Herr; seine Entrüstung rührt von einer sehr wesentlichen Beleidigung her; also vorwärts, und thut ihm seinen Willen. Zurück zum Hause sollt Ihr nicht, wenn Ihr's nicht mit mir aufnehmen wollt, da Ihr Euch doch ebensowohl ihm selbst stellen könntet. Also vorwärts, oder zieht gleich fasernackt vom Leder; denn schlagen müßt Ihr Euch, das ist ausgemacht, oder für immer verschwören, eine Klinge zu tragen.

Viola. Das ist ebenso unhöflich als seltsam. Ich bitte Euch, erzeigt mir die Gefälligkeit, den Ritter zu fragen, worin ich ihn beleidigt habe; es ist gewiß nur aus Unachtsamkeit, nicht aus Vorsatz geschehen.

Junker Tobias. Das will ich thun. Signor Fabio, bleibt Ihr bei diesem Herrn, bis ich zurückkomme. (Ab.)

Viola. Ich bitte Euch, mein Herr, wißt Ihr um diesen Handel?

Fabio. Ich weiß nur, daß der Ritter auf Tod und Leben gegen Euch erbost ist, aber nichts von den näheren Umständen.

Viola. Um Verzeihung, was ist er für eine Art von Mann?

Fabio. Sein Äußeres verrät nichts so Außerordentliches, als Ihr durch die Proben seiner Herzhaftigkeit an ihm werdet kennen lernen. Er ist in der That der behendeste, blutgierigste und verderblichste Gegner, den Ihr in ganz Illyrien hättet finden können. Wollt Ihr ihm entgegengehen? Ich will Euch mit ihm aussöhnen, wenn ich kann.

Viola. Ich würde Euch sehr verbunden sein; ich für mein Teil habe lieber mit dem Lehrstande als dem Wehrstande zu thun; ich frage nicht danach, ob man mir viel Herz zutraut. (Beide ab.)

5. Scene.

Die Straße bei Olivias Garten.
Junker Tobias und Junker Christoph kommen.

Junker Tobias. Ja, Freund, er ist ein Teufelskerl: ich habe niemals solch einen Haudegen gesehen. Ich machte einen Gang mit ihm auf Klinge und Scheide, und er thut seine Ausfälle mit so 'ner höllenmäßigen Geschwindigkeit, daß nichts dagegen zu machen ist; und wenn er pariert hat, bringt er Euch den Stoß so gewiß bei, als Euer Fuß den Boden trifft, wenn Ihr auftretet. Es heißt, er ist Fechtmeister beim großen Mogul gewesen.

Junker Christoph. Hol's der Henker, ich will mich nicht mit ihm schlagen.

Junker Tobias. Ja, er will sich aber nun nicht zufrieden sprechen lassen: Fabio kann ihn da drüben kaum halten.

Junker Christoph. Hol's der Kuckuck! Hätte ich gewußt,

8*

daß er herzhaft und so ein großer Fechter wäre, so hätte ihn der Teufel holen mögen, ehe ich ihn herausgefordert hätte. Macht nur, daß er die Sache beruhen läßt, und ich will ihm meinen Hans, den Apfelschimmel geben.

Junker Tobias. Ich will ihm den Vorschlag thun; bleibt hier stehen, und stellt Euch nur herzhaft an. (Beiseite.) Dies soll ohne Mord und Totschlag abgehen. Mein' Seel, ich will Euer Pferd so gut reiten als Euch selbst.

Fabio und Viola kommen.

Junker Tobias (zu Fabio). Ich habe sein Pferd, um den Streit beizulegen. Ich habe ihn überredet, daß der junge Mensch ein Teufelskerl ist.

Fabio (zu Junker Tobias). Der hat eben solch eine fürchterliche Einbildung von dem andern: er zittert und ist bleich, als ob ihm ein Bär auf der Ferse wäre.

Junker Tobias (zu Viola). Es ist keine Rettung, Herr, er will sich mit Euch schlagen, weil er einmal geschworen hat. Zwar wegen seiner Händel mit Euch hat er sich besser besonnen, er findet sie jetzt kaum der Rede wert; zieht also nur, damit er seinen Schwur nicht brechen darf. Er beteuert, er will Euch kein Leid zufügen.

Viola (beiseite). Gott steh mir bei! Es hängt nur an einem Haar, so sage ich ihnen, wie viel mir zu einem Manne fehlt.

Fabio. Wenn Ihr seht, daß er wütend wird, so zieht Euch zurück.

Junker Tobias. Kommt Junker Christoph, es ist keine Rettung; der Kavalier will nur ehrenhalber einen Gang mit Euch machen; er kann nach den Gesetzen des Duells nicht umhin, aber er hat mir auf sein ritterliches Wort versprochen, er will Euch kein Leid zufügen. Nun, frisch daran!

Junker Christoph. Gott gebe, daß er sein Wort hält. (Er zieht.)

Antonio kommt.

Viola. Glaubt mir, ich thu' es wider meinen Willen. (Sie zieht.)

Antonio. Den Degen weg! — Wenn dieser junge Mann Zu nah Euch that, so nehm' ich es auf mich; Thut Ihr zu nah ihm, fordr' ich Euch statt seiner. (Er zieht.)

Junker Tobias. Ihr, Herr? Wer seid Ihr denn?

Antonio. Ein Mann, der mehr für seine Freunde wagt, Als Ihr ihn gegen Euch habt prahlen hören.

Junker Tobias. Wenn Ihr ein Raufer seid, gut! ich bin da. (Er zieht.)

Zwei Gerichtsdiener kommen.

Fabio. Bester Junker Tobias, haltet ein! Hier kommen die Gerichtsdiener.

Junker Tobias (zu Antonio). Ich werde Euch schon zeigen!

Viola. Ich bitt' Euch, steckt Euern Degen ein, wenn's Euch
gefällig ist.

Junker Christoph. Mein' Seel, Herr, das will ich — und
wegen dessen, was ich Euch versprochen habe, halte ich Euch mein
Wort. Er geht bequem und ist leicht in der Hand.

Erster Gerichtsdiener. Dies ist er: thu' deine Pflicht.

Zweiter Gerichtsdiener. Antonio, ich verhaft' Euch auf Befehl
Von Graf Orsino.

Antonio. Ihr irrt Euch, Herr, in mir.

Erster Gerichtsdiener. Nicht doch, ich kenne Eu'r Gesicht gar wohl,
Ob Ihr schon jetzt kein Schifferkäppchen tragt.
Nur fort mit ihm! Er weiß, ich kenn' ihn wohl.

Antonio. Ich muß gehorchen. — Dies entsteht daraus,
Daß ich Euch suchte; doch da hilft nun nichts,
Ich werd' es büßen. Sagt, was wollt Ihr machen?
Nun bringt die Not mich, meinen Bentel wieder
Von Euch zu fordern; und es schmerzt mich mehr
Um das, was ich nun nicht für Euch vermag,
Als was mich selbst betrifft. Ihr steht erstaunt,
Doch seid getrost.

Zweiter Gerichtsdiener. Kommt, Herr, und fort mit uns.

Antonio. Ich muß um etwas von dem Geld Euch bitten.

Viola. Von velchem Gelde, Herr?
Der Güte wegen, die Ihr mir erwiesen,
Und dann durch Eure jetz'ge Not bewegt,
Will ich aus meinen schmalen, armen Mitteln
Euch etwas borgen; meine Hab' ist klein,
Doch will ich teilen, was ich bei mir trage:
Da! meine halbe Barschaft.

Antonio. Wollt Ihr mich nicht kennen?
Ist's möglich, braucht denn mein Verdienst um Euch
Der Überredung! — Versucht mein Elend nicht,
Es möchte sonst so tief herab mich setzen,
Daß ich Euch die Gefälligkeiten vorhielt,
Die ich für Euch gehabt.

Viola. Ich weiß von keinen,
Und kenn' Euch nicht von Stimme, noch Gesicht.
Ich hasse Undank mehr an einem Menschen,
Als Lügen, Hoffart, laute Trunkenheit,
Als jedes Laster, dessen starkes Gift
Das schwache Blut bewohnt.

Antonio. Gerechter Himmel!

Zweiter Gerichtsdiener. Kommt, Herr! ich bitt' Euch, geht!

Antonio. Hört einen Augenblick: Der Jüngling da,
  Halb riß ich aus des Todes Rachen ihn,
  Pflegt' ihn mit solcher Heiligkeit der Liebe,
  Und seinem Bild, das hocherhabnen Wert
  Glaubt' ich, verhieße, huldigt' ich mit Andacht.

Erster Gerichtsdiener.
  Was soll uns das! Die Zeit vergeht: macht fort!

Antonio. Doch o! wie wird der Gott zum schnöden Götzen!
  Sebastian, du entehrtest edle Züge.
  Gesinnung schändet einzig die Natur,
  Und häßlich heißt mit Recht der Böse nur.
  Tugend ist Schönheit: doch der Reizend=Arge
  Gleicht einem glänzend übertünchten Sarge.

  Erster Gerichtsdiener. Der Mann wird rasend: fort mit
ihm! Kommt! kommt!

  Antonio. So führt mich weg.
    (Antonio mit den Gerichtsdienern ab.)

Viola. Es zeigt der Ungestüm, womit er spricht,
  Er glaubt sich selbst; ich glaube mir noch nicht.
  O möchtest du, Vermutung, dich bewähren,
  Mein Bruder! daß wir zwei verwechselt wären!

  Junker Tobias. Komm her, Junker! komm her, Fabio! Laßt
uns unsre Köpfe zusammenstecken und einen weisen Rat pflegen.

Viola. Er nannte den Sebastian: lebt ja doch
  Des Bruders Bild in meinem Spiegel noch).
  Er glich genau nach allen Zügen mir,
  Und trug sich so in Farbe, Schnitt und Zier,
  Denn ihn nur ahm' ich nach. O, wenn es ist, so sind
  Die Stürme sanft, die Wellen treu gesinnt! (Ab.)

  Junker Tobias. Ein recht ehrloser lumpiger Bube, und so
feig wie ein Hase. Seine Ehrlosigkeit zeigt sich darin, daß er seinen
Freund hier in der Not verläßt und ihn verleugnet, und wegen seiner
Feigheit fragt nur den Fabio.

  Fabio. Eine Memme, eine fromme Memme, recht gewissenhaft
in der Feigheit.

  Junker Christoph. Wetter! ich will ihm nach und ihn prügeln.

  Junker Tobias. Thu's, puff' ihn tüchtig, nur zieh den Degen
nicht.

  Junker Christoph. Wenn ich's nicht thue! (Ab.)

  Fabio. Kommt, laßt uns sehn, wie's abläuft.

  Junker Tobias. Ich will wetten, was Ihr wollt, es wird
doch nichts daraus. (Beide ab.)

Vierter Aufzug.

1. Scene.

Die Straße vor Olivias Hause.

Sebastian und der Narr treten auf.

Narr. Wollt Ihr mir weismachen, ich wäre nicht nach Euch geschickt?

Sebastian. Nun ja doch, ja! Du bist ein toller Bursch,
Erlöse mich von dir.

Narr. Gut durchgeführt, meiner Tren! Nein, ich kenne Euch nicht; das Fräulein hat mich auch nicht nach Euch geschickt, damit Ihr kommen und mit ihr sprechen möchtet; Euer Name ist auch nicht Monsieur Cesario, und dies ist auch nicht meine Nase. Nichts ist so, vie es ist.

Sebastian. Kram' deine Narrheit doch wo anders aus,
Mich kennst du nicht.

Narr. Meine Narrheit auskramen! Er hat das Wort von irgend einem großen Manne gehört, und wendet es nun auf einen Narren an. Meine Narrheit auskramen! Ich fürchte, dieser große Tölpel, die Welt, wird ein Zieräffchen werden. Ich bitte dich nun, entgürte dich deiner Seltsamkeit, und sage mir, was ich meinem gnä= digen Fräulein auskramen soll. Soll ich ihr auskramen, daß du kommst?

Sebastian. Ich bitt' dich, toller Kuppler, laß mich gehn!
Da hast du Geld, doch wenn du länger zögerst,
So giebt es schlechtere Zahlung.

Narr. Auf meine Ehre, du hast eine offne Hand. — Solche weise Leute, die Narren Geld geben, machen sich einen guten Namen, wenn sie sich ein Dutzend Jahre darum bevorben haben.

Junker Tobias, Junker Christoph und Fabio kommen.

Junker Christoph. Nun, Herr, treff' ich Euch endlich wieder? Da habt Ihr was. (Schlägt den Sebastian.)

Sebastian (schlägt Junker Christoph). Da hast du auch was! und da! und da! Sind alle Leute toll geworden?

Junker Tobias. Haltet ein, Herr, sonst soll Euer Degen über das Haus fliegen.

Narr. Dies will ich gleich dem gnädigen Fräulein erzählen Ich wollte nicht für einen Dreier in Eurer Haut stecken. (Ab.)

Junker Tobias. Gleich, Herr, haltet ein! (Er hält den Sebastian.)

Junker Christoph. Nein, laßt ihn nur! ich will schon auf eine andere Art mit ihm fertig werden: ich will eine Klage wegen

Prügelei gegen ihn anstellen, wenn noch Recht und Gerechtigkeit in
Illyrien ist. Hab' ich schon zuerst geschlagen, das macht nichts.

Sebastian. Laß deine Hand los.

Junker Tobias. Ei was, ich will Euch nicht los lassen. Nur
den Degen eingesteckt, mein junger Kriegsheld! Ihr seid recht blut-
dürstig; wird's bald?

Sebastian. Ich will dich los sein. Sag, was willst du nun?
Nimmst du's noch weiter mit mir auf, so zieh! (Er zieht.)

Junker Tobias. Was? was? Nun, so muß ich ein paar
Unzen von deinem naseweisen Blut haben. (Er zieht.)

Olivia kommt.

Olivia. Tobias, halt! bei deinem Leben, halt!

Junker Tobias. Fräulein?

Olivia. Wird's niemals anders sein? Unholder Frevler!
Geschickt für Wüstenein und rauhe Höhlen,
Wo Sitte fremd ist! Fort aus meinen Augen! —
Sei nicht beleidigt, mein Cesario! —
Fort Grobian! (Junker Tobias, Junker Christoph und Fabio ab.)
Ich bitt' dich, lieber Freund,
Gieb deiner Weisheit, nicht dem Zorn Gehör,
Bei diesem wilden, ungerechten Ausfall
Auf deine Ruh. Geh mit mir in mein Haus,
Und höre da, wie viele lose Streiche
Der Lärmer angezettelt, daß du diesen
Alsdann belächeln magst; mitkommen mußt du,
Verweigr' es nicht. Verwünscht sei er von mir,
Eins meiner Herzen kränkt' er ja in dir.

Sebastian. Wo weht dies her? wie dünkt es meinem Gaum?
Bin ich im Wahnsinn, oder ist's ein Traum?
Tauch meinen Sinn in Lethe, Phantasie!
Soll ich so träumen, gern erwach' ich nie.

Olivia. Komm, bitte! Folg' in allem meinem Rat!

Sebastian. Ja, Fräulein, gern.

Olivia. O mach dein Wort zur That!
(Beide ab.)

2. Scene.

Ein Zimmer in Olivias Hause.

Marta und der Narr treten auf.

Maria. Nun, sei so gut, und leg diesen Mantel und Kragen
an; mach ihm weis, du seist Ehrn Matthias der Pfarrer. Mach
geschwind, ich will unterdessen den Junker rufen. (Ab.)

Narr. Ich will ihn anziehen, und mich darin verstellen, und ich wollte, ich wäre der erste, der sich in solch einem Mantel verstellt hätte. Ich bin nicht ansehnlich genug, um mich in der Amtsverrichtung gut auszunehmen, und nicht mager genug, um für einen Studierten zu gelten. Aber ein ehrlicher Mann und guter Haushälter zu heißen, klingt ebensogut als ein bedächtiger Mann und großer Gelahrter. — Da kommen meine Kollegen schon.

Junker Tobias und Maria kommen.

Junker Tobias. Gott segne Euch, Herr Pfarrer!

Narr. Bonos dies, Juuker Tobias! Denn wie der alte Klausner von Prag, der weder lesen noch schreiben konnte, sehr sinnreich zu einer Nichte des Königs Gorboduk sagte, das, was ist, ist: so auch ich, maßen ich der Herr Pfarrer bin, bin ich der Herr Pfarrer. Denn was ist das als das, und ist als ist?

Junker Tobias. Redet ihn an, Ehrn Matthias.

Narr. He, niemand hier? — Friede sei in diesem Gefängnis!

Junker Tobias. Der Schelm macht gut nach; ein braver Schelm!

Malvolio (in einem inneren Zimmer). Wer ruft da?

Narr. Ehrn Matthias der Pfarrer, welcher kommt, um Malvolio den Besessenen zu besuchen.

Malvolio. Herr Pfarrer, Herr Pfarrer! lieber Herr Pfarrer! Geht zu meinem Fräulein —

Narr. Hebe dich weg, du ruhmrediger böser Geist! Wie plagest du diesen Mann? Redest du von nichts denn von Fräulein?

Junker Tobias. Wohl gesprochen, Ehrn Matthias.

Malvolio. Herr Pfarrer, niemals hat man einem ärger mitgespielt; lieber Herr Pfarrer, glaubt nicht, daß ich unklug bin: sie haben mich in schreckliche Finsternis eingesperrt.

Narr. Pfui, du unsauberer Satan! Ich nenne dich bei dem mildesten Namen, denn ich bin eins von den sanften Gemütern, die dem Teufel selbst mit Höflichkeit begegnen. Sagest du, diese Behausung sei finster?

Malvolio. Wie die Hölle, Herr Pfarrer.

Narr. Ei, sie hat ja Luken, die so durchsichtig wie Fensterladen sind, und die großen Scheiben von Südnorden strahlen wie Ebenholz: und dennoch beklagest du dich über Verfinsterung?

Malvolio. Ich bin nicht unklug, Herr Pfarrer; ich sage Euch, diese Behausung ist finster.

Narr. Wahnsinniger, du irrst. Ich sage dir aber, es giebt keine andere Finsternis als Unwissenheit, worin du mehr verstrickt bist, als die Ägypter in ihrem Nebel.

Malvolio. Ich sage, diese Behausung ist finster wie die Un=

wiſſenheit, wäre die Unwiſſenheit auch ſo finſter wie die Hölle; und ich ſage, man hat niemals einem ſo übel mitgeſpielt. Ich bin eben= ſowenig unklug als ihr; ſtellt mich nur auf die Probe mit einem vernünftigen Geſpräch.

Narr. Was iſt des Pythagoras Lehre, wildes Geflügel an= langend?

Malvolio. Daß die Seele unſerer Großmutter vielleicht in einem Vogel wohnen kann.

Narr. Was achteſt du von ſeiner Lehre?

Malvolio. Ich denke würdig von der Seele, und billige ſeine Lehre keineswegs.

Narr. Gehab dich wohl! Verharre du immer in Finſterniß. Ehe ich dir deinen geſunden Verſtand zugeſtehe, ſollſt du die Lehre des Pythagoras bekennen, und dich fürchten, eine Schnepfe umzu= bringen, auf daß du nicht etva die Seele deiner Großmutter ver= jagen mögeſt. Gehab dich wohl!

Malvolio. Herr Pfarrer! Herr Pfarrer!

Junker Tobias. Mein allerliebſter Ehrn Matthias!

Narr. Nicht wahr, mir ſind alle Röcke gerecht?

Maria. Du hätteſt dies ohne Mantel und Kragen verrichten können, er ſieht dich nicht.

Junker Tobias. Nun rede ihn mit deiner eigenen Stimme an, und melde mir, wie du ihn findeſt; ich wollte, wir wären dieſe Schelmerei auf eine gute Art los. Wenn man ihn ſchicklich freilaſſen kann, ſo möchte es nur geſchehen; denn ich ſtehe jetzt ſo übel mit meiner Nichte, daß ich den Spaß nicht mit Sicherheit bis zum Be= ſchluſſe forttreiben kann. Komm dann gleich auf mein Zimmer.
(Junker Tobias und Maria ab.)

Narr (ſingt). Heiſa, Hänschen! liebes Hänschen!
  Sag mir, was dein Mädchen macht.

Malvolio. Narr! —

Narr (ſingt): Ach, ſie iſt mir bitter feind!

Malvolio. Narr! —

Narr (ſingt). Und weswegen denn, mein Freund?

Malvolio. Narr, ſage ich!

Narr (ſingt). Weil ſie einen andern liebt. —
  Wer ruft da? he?

Malvolio. Lieber Narr, wo du dich jemals um mich verdient machen willſt, hilf mir zu einem Lichte, zu Feder, Tinte und Papier. So wahr ich ein ehrlicher Mann bin, ich will dir noch einmal dank= bar dafür ſein.

Narr. Der Herr Malvolio? —

Malvolio. Ja, lieber Narr.

Narr. Ach, Herr, wie seid Ihr doch um Eure fünf Sinne ge=
kommen?

Malvolio. Niemals hat man einem so abscheulich mitgespielt;
ich bin ebensogut bei Sinnen wie du, Narr.

Narr. Nur ebensogut? So seid Ihr wahrhaftig unklug, wenn
Ihr nicht besser bei Sinnen seid als ein Narr.

Malvolio. Sie haben mich hier eingesperrt, halten mich im
Finstern, schicken Geistliche zu mir, Eselsköpfe, und thun alles, was
sie können, um mich aus meinen Sinnen herauszusetzen.

Narr. Bedenkt, was Ihr sagt: der Geistliche ist hier. — „Mal=
volio, Malvolio, deinen Verstand stelle der Himmel wieder her! Bringe
dich zum Schlafen, und laß ab von deinem eitelu Geplapper."

Malvolio. Herr Pfarrer —

Narr. „Führe kein Gespräch mit ihm, mein guter Freund." —
Wer? ich, Herr? Nein; gewiß nicht. Gott geleite Euch, Herr Pfarrer!
— „Amen, sage ich." — Gut, das will ich thun.

Malvolio. Narr, Narr, Narr, sage ich —

Narr. Ach, lieber Herr, seid ruhig! Was sagt Ihr? Ich
werde ausgeschmält, weil ich mit Euch rede.

Malvolio. Lieber Narr, verhilf mir zu einem bißchen Licht
und Papier. Ich sage dir, ich bin so gut bei Verstande als irgend
einer in Illyrien.

Narr. Du meine Zeit! wenn das doch wahr wäre.

Malvolio. Auf mein Wort, ich bin's. Lieber Narr, schaff
mir Tinte, Papier und Licht, und überbringe dem Fräulein, was
ich aufsetzen will; es soll dir auch den besten Briefträgerlohn ein=
bringen.

Narr. Ich will Euch dazu verhelfen, aber sagt mir aufrichtig:
seid Ihr wirklich nicht unklug, oder thut Ihr nur so?

Malvolio. Glaub mir, ich sage dir die Wahrheit.

Narr. Ei, ich will einem unklugen Menschen niemals trauen,
bis ich sein Gehirn sehe. Ich will Euch Licht, Papier und Tinte
holen.

Malvolio. Narr, ich will dich aufs beste dafür belohnen.
Ich bitte dich, geh.

Narr (singt).   Ich bin fort, Herr,
                         Und aufs Wort, Herr,
                     Ich bin gleich wieder da.

                       Daran hegt keinen Zweifel,
                       Denn ich trotze dem Teufel
                     Und seiner Frau Großmama.
                             (Ab.)

3. Scene.

Olivias Garten.

Sebastian tritt auf.

Sebastian. Dies ist die Luft, dies ist die lichte Sonne;
Dies Kleinod gab sie mir, ich fühl', ich seh' es;
Und ob mich Staunen gleich umfangen hält,
Ist's doch kein Wahnsinn. Wo ist wohl Antonio?
Ich konnt' ihn nicht im Elefanten finden.
Doch war er da; man gab mir den Bescheid,
Er streife durch die Stadt, mich aufzusuchen.
Jetzt eben wär' sein Rat mir Goldes wert:
Denn überlegt mein Geist schon mit den Sinnen,
Daß dies ein Irrtum sein kann, doch kein Wahnsinn,
So übersteigt doch diese Flut von Glück
In solchem Grade Beispiel und Begriff,
Ich hätte Lust, den Augen mißzutrauen
Und die Vernunft zu schelten, die ein andres
Mich glauben machen will, als ich sei toll,
Wo nicht, das Fräulein toll: doch wäre dies,
Sie könnte Haus und Diener nicht regieren,
Bestellungen besorgen und empfangen,
Mit solchem stillen weisen, festen Gang,
Wie ich doch merke, daß sie thut. Hier steckt
Ein Trug verborgen. Doch da kommt das Fräulein.

Olivia kommt mit einem Priester.

Olivia. Verzeiht mir diese Eile: meint Ihr's gut,
So geht mit mir und diesem heil'gen Mann
In die Kapelle nebenan, und dort,
Vor ihm und unter dem geweihten Dach,
Verbürget feierlich mir Eure Treu',
Daß mein ungläub'ges, allzubanges Herz
Zur Ruh' gelangen mag. Er soll's verbergen,
Bis Ihr gesonnen seid, es kund zu machen,
Und um die Zeit soll meinem Stand gemäß
Die Feier unsrer Hochzeit sein. — Was sagt Ihr?

Sebastian. Ich geh' mit Euch und diesem guten Alten,
Will Treue schwören und sie ewig halten.

Olivia. So führ uns, Vater! — Mag des Himmels Schein
Zu dieser That uns freundlich Segen leihn! (Alle ab.)

Fünfter Aufzug.

1. Scene.

Vor Olivias Hause.

Der Narr und Fabio.

Fabio. Wenn du mich lieb hast, laß mich seinen Brief sehen.

Narr. Lieber Herr Fabio, thut mir dafür einen andern Gefallen.

Fabio. Was du willst.

Narr. Verlangt nicht diesen Brief zu sehen.

Fabio. Das heißt, du schenkst mir einen Hund, und forderst nachher zur Belohnung den Hund wieder.

Der Herzog, Viola und Gefolge treten auf.

Herzog. Gehört ihr dem Fräulein Olivia an, Freunde?

Narr. Ja, Herr, wir sind ein Teil ihres Hausrates.

Herzog. Ich kenne dich sehr wohl: wie geht's dir, guter Bursch?

Narr. Aufrichtig, Herr, je mehr Feinde, desto besser; je mehr Freunde, desto schlimmer.

Herzog. Gerade umgekehrt: je mehr Freunde, desto besser.

Narr. Nein, Herr, desto schlimmer.

Herzog. Wie ginge das zu?

Narr. Ei, Herr, sie loben mich und machen einen Esel aus mir! meine Feinde hingegen sagen mir gerade heraus, daß ich ein Esel bin! also nehme ich durch meine Feinde in der Selbsterkenntnis zu, und durch meine Freunde werde ich hintergangen. Also Schlüsse wie Küsse betrachtet, venn vier Verneinungen zwei Bejahungen ausmachen: je mehr Freunde, desto schlimmer, und je mehr Feinde, desto besser.

Herzog. Ei, das ist vortrefflich.

Narr. Nein, Herr, wahrhaftig nicht; ob es Euch gleich gefällt, einer von meinen Freunden zu sein.

Herzog. Du sollst aber meinetwegen doch nicht schlimmer dran sein: da hast du Gold.

Narr. Wenn Ihr keiu Doppler dadurch würdet, Herr, so wollte ich, Ihr könntet noch ein Stück daraus machen.

Herzog. O, Ihr gebt mir einen schlechten Rat.

Narr. Steckt Eure Gnade für diesmal noch in die Tasche, und laßt Euer Fleisch und Blut ihr gehorchen.

Herzog. Gut, ich will mich einmal versündigen, und ein Doppler sein: da hast du noch ein Stück.

Narr. Zum ersten, zum zweiten, zum dritten, dann wird erst

zugeschlagen; wie das alte Sprichwort sagt, sind aller guten Dinge
drei; der Dreiachteltakt, Herr, ist ein guter lustiger Takt; die Bet=
glocke kann's Euch zu Gemüte führen, sie sagt immer: eins, zwei, drei.

Herzog. Ihr könnt auf diesen Wurf nicht mehr Geld aus
mir herausnarrieren. Wollt Ihr Euerm Fräulein melden, daß ich
sie zu sprechen wünsche, und machen, daß sie hierherkommt, so möchte
das vielleicht meine Freigebigkeit wieder aufwecken.

Narr. Nun, Herr, eiapopeia Eurer Freigebigkeit, bis ich zurück=
komme! Ich gehe, Herr, aber Ihr müßt ja nicht denken, mein Ver=
langen, zu haben, sei Gewinnsucht. Doch, wie Ihr sagt, laßt Eure
Freigebigkeit nur ein wenig einnicken; ich will sie gleich wieder auf=
wecken. (Ab.)

Antonio und Gerichtsdiener kommen.

Viola. Hier kommt der Mann, der mich gerettet, Herr.
Herzog. Auf dies Gesicht besinn' ich mich gar wohl;
  Doch als ich es zuletzt sah, war es schwarz
  Vom Dampf des Krieges, wie Vulkan, besudelt.
  Er war der Hauptmann eines winz'gen Schiffs,
  Nach Größ' und flachem Bau von keinem Wert,
  Womit er sich so furchtbar handgemein
  Mit unsrer Flotte stärkstem Kiele machte,
  Daß selbst der Neid und des Verlustes Stimme
  Preis über ihn und Ehre rief. — Was giebt's?
Erster Gerichtsdiener. Orsino, dies ist der Antonio,
  Der Euch den Phönix nahm und seine Ladung;
  Dies ist er, der den Tiger enterte,
  Wo Euer junger Neff' ein Bein verlor.
  Hier in den Straßen ward er, frech und tollkühn,
  Auf einer Schlägerei von uns ertappt.
Viola. Er that mir Dienste, Herr, focht mir zum Schutz.
  Doch hielt zuletzt mir wunderliche Reden;
  Ich weiß nicht, was es sonst als Wahnwitz war.
Herzog. Berüchtigter Pirat! Du See=Spitzbube!
  Welch toller Mut gab dich in deren Hand,
  Die mit so blut'gem, teurem Handel du
  Zu Feinden dir gemacht?
Antonio.   Orsino, edler Herr,
  Erlaubt mir, diese Namen abzuschütteln.
  Antonio war noch nie Pirat, noch Dieb,
  Obschon, ich geb' es zu, mit gutem Grund
  Orsinos Feind. Ein Zauber zog mich her;
  Den allerundankbarsten Knaben dort
  Entriß ich dem ergrimmten, schäum'gen Rachen

Der wüsten See; er war des Todes Raub:
Ich gab sein Leben ihm, gab überdies
Ihm meine Liebe, ohne Grenz' und Rückhalt,
Sein, gänzlich hingegeben; seinetwillen
Wagt' ich hierher mich, einzig ihm zuliebe,
In die Gefahren dieser Feindes=Stadt,
Und focht für ihn, da man ihn angefallen.
Als ich dabei verhaftet ward, so lehrte
Ihn seine falsche List — denn die Gefahr
Mit mir zu teilen war er nicht gewillt —
Mir die Bekanntschaft ins Gesicht zu weigern;
Er wurde mir auf zwanzig Jahr entfremdet
In einem Umsehn; leugnete sogar
Mir meinen Beutel ab, den zum Gebrauch
Kaum vor der halben Stund' ich ihm gelassen.

Viola. Wie kann dies sein?

Herzog.   Wann kam er in die Stadt?

Antonio. Erst heute, und drei Monden lang vorher
Sind wir beisammen Tag und Nacht gewesen,
Auch nicht einmal minutenlang getrennt.

               Olivia kommt mit Gefolge.

Herzog. Die Gräfin kommt, der Himmel geht auf Erden. —
Du aber, Mensch, Mensch, deine Red' ist Wahnsinn:
Drei Monden dient mir dieser junge Mann;
Doch mehr hiervon nachher. — Führt ihn beiseit.

Olivia. Was wünscht mein Fürst, bis auf das ihm Versagte,
Worin Olivia kann gefällig sein? —
Cesario, Ihr haltet mir nicht Wort.

Viola. Mein Fräulein —

Herzog.   Reizende Olivia —

Olivia. Cesario, was sagt Ihr? — Gnäd'ger Herr —

Viola. Mein Herr will reden, Ehrfurcht heißt mich schweigen.

Olivia. Wenn's nach der alten Leier ist, mein Fürst,
So ist es meinem Ohr so widerwärtig,
Wie Heulen nach Musik.

Herzog.   Noch immer grausam?

Olivia. Noch immer standhaft, gnäd'ger Herr.

Herzog. In der Verkehrtheit? wie? Unholde Schöne,
An deren nimmer segnenden Altären
Mein Herz die treusten Opfer ausgehaucht,
So je die Andacht darbot! — Was soll ich thun?

Olivia. Ganz nach Gefallen, was Eu'r Gnaden ansteht.

Herzog. Weswegen sollt' ich nicht, litt' es mein Herz,

Wie der ägypt'sche Dieb in Todesnot,
Mein Liebstes töten! wilde Eiferſucht,
Die oft ans Edle grenzt? Doch höret dies:
Weil Ihr denn meine Treue gar nichts achtet,
Und ich ſo ziemlich doch das Werkzeug kenne,
Das meinen Plaß in Eurer Gunſt mir ſperrt,
So lebt nur, marmorbuſige Tyrannin!
Doch dieſen Euern Günſtling, den Ihr liebt,
Den ich, beim Himmel, lieb und teuer halte,
Ihn will ich aus dem ſtolzen Auge reißen,
Wo hoch er thronet, ſeinem Herrn zum Troß. —
Komm, Junge! Mein Entſchluß iſt reif zum Unheil,
Ich will mein zartgeliebtes Lamm entſeelen,
Um einer Taube Rabenherz zu quälen. (Will abgehen.)

Viola. Und ich, bereit, mit frohem, will'gem Sinn,
Gäb', Euch zum Troſt, mich tauſend Toden hin. (Will ihm folgen.)

Olivia. Wo will Ceſario hin?

Viola. Ihm folg' ich nach, dem ich mich ganz ergeben,
Der mehr mir iſt als Augenlicht, als Leben;
Ja mehr, um alles, was man mehr nur nennt,
Als dieſes Herz je für ein Weib entbrennt.
Und red' ich falſch, ihr hohen Himmelsmächte,
An meinem Leben rächt der Liebe Rechte!

Olivia. Weh mir! entſetzlich! wie getäuſcht bin ich?

Viola. Wer täuſcht Euch denn? wer thut Euch einen Hohn?

Olivia. Vergißt du ſelbſt dich? Iſt's ſo lange ſchon? —
Ruft doch den Prieſter her. (Einer von ihren Leuten ab.)

Herzog. Komm! fort mit mir!

Olivia. Wohin? — Gemahl! Ceſario, bleib hier!

Herzog. Gemahl?

Olivia. Ja, mein Gemahl. — Kannſt du es leugnen? Sprich!

Herzog. Du, ihr Gemahl?

Viola. Nein, gnäd'ger Herr, nicht ich.

Olivia. Ach, es iſt nur die Knechtſchaft deiner Furcht.
Was dich dein beßres Ich erlöten heißt.
Ceſario, fürchte nichts, ergreif dein Glück,
Sei, was du veißt, du ſeiſt es, und danu biſt du
So groß als was du fürchteſt. —

Der Bediente kommt mit dem Prieſter zurück.

O willkommen,
Ehrwürd'ger Vater! Ich beſchwöre dich
Bei deinem heil'gen Amt, hier zu bezeugen —
Wiewohl vor kurzem wir die Abſicht hatten,

In Nacht zu hüllen, was der Anlaß nun,
Noch eh es reif, ans Licht zieht — was du weißt,
Daß ich und dieser Jüngling jetzt vollbracht

Priester. Ein Bündnis ewigen Vereins der Liebe,
Bestätigt durch in eins gefügte Hände,
Bezeugt durch eurer Lippen heil'gen Druck,
Bekräftigt durch den Wechsel eurer Ringe;
Und alle Fei'rlichkeiten des Vertrags
Versiegelt durch mein Amt, mit meinem Zeugnis.
Seitdem, sagt mir die Uhr, hab' ich zum Grabe
Zwei Stunden nur gewallet.

Herzog. O heuchlerische Brut! was wirst du sein,
Wann erst die Zeit den Kopf dir grau besät?
Wo nicht so hoch sich deine List erhebt,
Daß sie dir selber eine Falle gräbt.
Leb wohl und nimm sie: aber geh auf Wegen,
Wo wir einander nie begegnen mögen.

Viola. Ich schwöre, gnäd'ger Herr —

Olivia. O keinen Schwur!
Bei so viel Furcht, heg' etwas Treu doch nur!

      Junker Christoph kommt mit einem blutigen Kopfe.

Junker Christoph.
Um Gottes Barmherzigkeit willen, einen Feldscherer!
Und schickt gleich einen zum Junker Tobias!

Olivia. Was giebt's?

Junker Christoph. Er hat mir ein Loch in den Kopf ge=
schlagen, und Junker Tobias hat auch eine blutige Krone weg. Um
Gottes Barmherzigkeit willen, helft! Ich wollte hundert Thaler drum
geben, daß ich zu Hause wäre.

Olivia. Wer hat es gethan, Junker Christoph?

Junker Christoph. Des Grafen Kavalier, Cesario heißt er.
Wir glaubten, er wär 'ne Memme, aber er ist der eingefleischte Teufel
selbst.

Herzog. Mein Kavalier, Cesario?

Junker Christoph. Potz Blitz, da ist er! — Ihr habt mir
um nichts und wieder nichts ein Loch in den Kopf geschlagen, und
was ich gethan habe, dazu hat mich Junker Tobias angestiftet.

Viola. Was wollt Ihr mir? Ich that Euch nichts zuleid,
Ihr zogt ohn' Ursach gegen mich den Degen,
Ich gab Euch gute Wort' und that Euch nichts.

Junker Christoph. Wenn eine blutige Krone was Leides ist,
so habt Ihr mir was zuleide gethan. Ich denke, Ihr macht nicht
viel Wesens von einer blutigen Krone.

Junker Tobias kommt, betrunken und von dem Narren geführt.

Da kommt Junker Tobias angehinkt, Ihr sollt noch mehr zu hören kriegen. Wenn er nicht was im Kopfe gehabt hätte, so sollte er Euch wohl auf 'ne andere Manier haben tanzen lassen.

Herzog. Nun, Junker, wie steht's mit Euch?

Junker Tobias. Es ist all eins: er hat mich verwundet und damit gut. — Schöps, hast du Görgen den Feldscherer gesehen, Schöps?

Narr. O der ist betrunken, Junker Tobias, schon über eine Stunde; seine Augen waren früh um acht schon untergegangen.

Junker Tobias. So ist er ein Schlingel und eine Schlaf=mütze. Nichts abscheulicher als so 'n betrunkener Schlingel.

Olivia. Fort mit ihm! Wer hat sie so übel zugerichtet?

Junker Christoph. Ich will Euch helfen, Junker Tobias, wir wollen uns zusammen verbinden lassen.

Junker Tobias. Wollt Ihr helfen? — Ein Eselskopf, ein Hasenfuß und ein Schuft! ein lederner Schuft! ein Pinsel!

Olivia. Bringt ihn zu Beit und sorgt für seine Wunde.
(Der Narr, Junker Tobias und Junker Christoph ab.)
Sebastian kommt.

Sebastian. Es thut mir leid um Euers Vetters Wunde,
Doch wär's der Bruder meines Bluts gewesen,
Ich konnte nicht mit Sicherheit umhin.
Ihr blicket fremd mich an, mein Fräulein, und
Daran bemerkt' ich, daß es Euch beleidigt.
Verzeiht mir, Holde, jener Schwüre wegen,
Die wir einander eben nur gethan.

Herzog. Gesicht, Ton, Kleidung eins, doch zwei Personen;
Ein wahrer Gaukelschein, der ist und nicht ist.

Sebastian. Antonio! O mein teuerster Antonio!
Wie haben nicht die Stunden mich gefoltert,
Seitdem ich Euch verlor!

Antonio. 　　　　　　Seid Ihr Sebastian?

Sebastian. Wie? zweifelst du daran, Antonio?

Antonio. Wie habt Ihr denn Euch von Euch selbst getrennt?
Ein Ei ist ja dem andern nicht so gleich
Als diese zwei Geschöpfe. Wer von beiden
Ist nun Sebastian.

Olivia. 　　　　　　Höchst wunderbar!

Sebastian. Steh' ich auch dort? Nie hatt' ich einen Bruder,
Noch trag' ich solche Göttlichkeit in mir,
Daß von mir gölte: hier und überall.
Ich hatte eine Schwester, doch sie ist

Von blinden Wellen auf der See verschlungen.
(Zu Viola.) Um Gottes willen, seid Ihr mir verwandt?
Aus welchem Land? Wes Namens? Wes Geschlechts?
Viola. Von Messaline; Sebastian war mein Vater.
  Solch ein Sebastian war mein Bruder auch.
  Den Anzug nahm er in sein feuchtes Grab,
  Und kann ein Geist Gestalt und Tracht erborgen,
  So kommt Ihr, uns zu schrecken.
Sebastian.   Ja, ich bin ein Geist,
  Doch in den Körper fleischlich noch gehüllt,
  Der von der Mutter Schoß mir angehört.
  Wärt Ihr ein Weib, da alles andre zutrifft,
  Ich ließ' auf Eure Wangen Thränen fallen,
  Und spräch': Viola, sei, Ertrunkne, mir willkommen!
Viola. Mein Vater hatt' ein Mal auf seiner Stirn.
Sebastian. Das hatt' auch meiner.
Viola. Und starb den Tag, als dreizehn Jahr Viola
  Seit der Geburt gezählt.
Sebastian. O, die Erinnrung lebt in meiner Seele!
  Ja, er verließ die Sterblichkeit den Tag,
  Der meiner Schwester dreizehn Jahre gab.
Viola. Steht nichts im Weg, uns beide zu beglücken,
  Als diese angenommne Männertracht,
  Umarmt mich dennoch nicht, bis jeder Umstand
  Von Lage, Zeit und Ort sich fügt und trifft,
  Daß ich Viola bin; dies zu bestärken,
  Führ' ich Euch hin zu einem Schiffspatron
  Am Ort hier, wo mein Mädchen=Anzug liegt.
  Durch seine güt'ge Hilf' errettet, kam
  Ich in die Dienste dieses edlen Grafen;
  Und was seitdem sich mit mir zngetragen,
  War zwischen dieser Dam' und diesem Herrn.
Sebastian. So kam es, Fräulein, daß Ihr Euch geirrt,
  Doch die Natur folgt' ihrem Zug hierin.
  Ihr wolltet einer Jungfrau Euch verbinden,
  Und seid darin, beim Himmel! nicht betrogen:
  Jungfräulich ist der Euch vermählte Mann.
Herzog. Seid nicht bestürzt! Er stammt aus edlem Blut.
  Wenn dies so ist, und noch scheint alles wahr,
  So hab' ich teil an diesem frohen Schiffbruch.
  (Zu Viola.) Du hast mir, Junge, tausendmal gesagt,
  Du würd'st ein Weib nie lieben, so vie mich.
Viola. Und all die Worte will ich gern beschwören,

                            9*

Und all die Schwüre treu im Herzen halten,
Wie die gewölbte Feste dort das Licht,
Das Tag und Nächte scheidet.
Herzog.   Gieb mir deine Hand,
Und laß mich dich in Mädchenkleidern sehn.
Viola. Der Schiffspatron, der hier an Land mich brachte,
Bewahrt sie; er ist wegen eines Handels
Jetzt in Verhaft, auf Forderung Malvolios,
Der einen Ehrendienst beim Fräulein hat.
Olivia. Er soll ihn gleich in Freiheit setzen: ruft
Malvolio her. — Ach, nun erinn' ich mich,
Der arme Mann soll ganz von Sinnen sein.
            Der Narr kommt zurück mit einem Briefe.
Ein höchst zerstreu'nder Wahnsinn in mir selbst
Verbannte seinen ganz aus meinem Geist. —
Was macht er, Bursch?
Narr. Wahrhaftig, gnädiges Fräulein, er hält sich den Beelzebub
so gut vom Leibe, als ein Mensch in seinen Umständen nur irgend
kann. Er hat Euch da einen Brief geschrieben, ich hätte ihn schon
heute morgen übergeben sollen; aber Briefe von Tollen sind kein
Evangelium, also kommt nicht viel darauf an, wann sie bestellt werden.
Olivia. Mach ihn auf und lies.
Narr. Nun erbaut Euch recht, wenn der Narr den Tollen
vorträgt. — „Bei Gott, Fräulein!“ —
Olivia. Was ist dir? bist du toll?
Narr. Nein, Fräulein, ich lese nur Tollheit. Wenn Euer
Gnaden beliebt, daß ich es gehörig machen soll, so muß meine Stimme
freien Lauf haben.
Olivia. Sei so gut und lies bei gesundem Verstande.
Narr. Das thu' ich, Madonna; aber um seinen gesunden Ver=
stand zu lesen, muß man so lesen. Also erwägt, meine Prinzessin,
und merkt auf!
Olivia. Lest Ihr es, Fabio.
Fabio (liest). „Bei Gott, Fräulein, Ihr thut mir unrecht, und
die Welt soll es wissen. Habt Ihr mich schon in ein dunkles Loch
gesperrt, und Eurem betrunkenen Vetter Aufsicht über mich gegeben,
so habe ich doch den Gebrauch meiner Sinne ebensogut als Euer
Gnaden. Ich habe Euern eigenen Brief, der mich zu dem ange=
nommenen Betragen bewogen hat, und bin gewiß, daß ich mich da=
mit rechtfertigen und Euch beschämen kann. Denkt von mir, wie
Ihr wollt. Ich stelle meine Ehrerbietung auf einen Augenblick
beiseite, und rede nach der zugefügten Beleidigung.
            Der toll=behandelte   Malvolio.“

Olivia. Hat er das geschrieben?

Narr. Ja, Fräulein.

Herzog. Das schmeckt nicht sehr nach Verrücktheit.

Olivia. Setz' ihn in Freiheit, Fabio, bring ihn her. (Fabio ab.)
Mein Fürst, beliebt's Euch, nach erwogner Sache
Als Schwester mich statt Gattin anzusehn,
So krön' Ein Tag den Bund, wenn's Euch beliebt,
In meinem Hause und auf meine Kosten.

Herzog. Eu'r Antrag, Fräulein, ist mir höchst willkommen.
(Zu Viola.) Eu'r Herr entläßt Euch: für die gethanen Dienste,
Ganz streitend mit der Schüchternheit des Weibes,
Tief unter der gewohnten zarten Pflege,
Und weil Ihr mich so lange Herr genannt,
Nehmt meine Hand hier und von jetzo an
Seid Eures Herrn Herr.

Olivia. Schwester? — Ja, Ihr seid's.

Fabio kommt mit Malvolio zurück.

Herzog. Ist der da der Verrückte?

Olivia. Ja, mein Fürst.
Wie steht's, Malvolio?

Malvolio. Fräulein, Ihr habt mir Unrecht angethan,
Groß Unrecht.

Olivia. Hab' ich das, Malvolio? Nein.

Malvolio. Ihr habt es, Fräulein; lest nur diesen Brief.
Ihr dürft nicht leugnen, dies ist Eure Hand!
Schreibt anders, wenn Ihr könnt, in Stil und Zügen;
Sagt: Siegel und Erfindung sei nicht Euer;
Ihr könnt es nicht: wohlan, gesteht es denn,
Und sagt mir um der Sitt' und Ehre willen,
Was gebt Ihr mir so klare Gunstbeweise,
Empfehlt mir, lächelnd vor Euch zu erscheinen,
Die Gürtel kreuzweis und in gelben Strümpfen,
Und gegen Euern Vetter stolz zu thun,
Und das geringre Volk; und da ich dies
In unterthän'ger Hoffnung ausgeführt:
Weswegen ließt Ihr mich gefangen setzen,
Ins Dunkle sperren, schicktet mir den Priester,
Und machtet mich zum ärgsten Narrn und Gecken,
An dem der Witz sich jemals übte? Sagt!

Olivia. Ach, guter Freund! dies ist nicht meine Hand,
Obschon, ich muß gestehn, die Züg' ihr gleichen;
Doch ohne Zweifel ist's Marias Hand.
Und nun besinn' ich mich, sie sagte mir

Zuerst, du seist verrückt; dann kamst du lächelnd,
Und in dem Anzug, den man in dem Brief
Von dir verlangt. Ich bitte dich, sei ruhig!
Es ist dir ein durchtriebner Streich gespielt,
Doch leunen wir davon die Thäter erst,
So sollst du beides, Kläger sein und Richter
In eigner Sache.

Fabio.   Hört mich, wertes Fräulein,
Und laßt kein Hadern, keinen künft'gen Zank
Den Glanz der gegenwärt'gen Stunde trüben,
Worüber ich erstaunt. In dieser Hoffnung
Bekenn' ich frei, ich und Tobias haben
Dies gegen den Malvolio ausgedacht,
Ob seines groben, ungeschliffnen Wesens,
Das uns von ihm verdroß. Maria schrieb
Den Brief auf starkes Dringen unsers Junkers,
Zum Dank, wofür er sie zur Frau genommen.
Wie wir's mit lust'ger Bosheit durchgesetzt,
Ist mehr des Lachens als der Rache wert,
Erwägt man die Beleidigungen recht,
Die beiderseits geschehn.

Olivia. Ach, armer Schelm, wie hat man dich genckt!

Narr. Ja, „Einige werden hochgeboren, einige erwerben
Hoheit, und einigen wird sie zugeworfen.“ — Ich war auch eine
Person in diesem Possenspiele, mein Herr; ein gewisser Ehrn Matthias,
mein Herr; aber das kommt auf eins heraus. — „Beim Himmel,
Narr, ich bin nicht toll.“ — Aber erinnert Ihr Euch noch? „Gnä=
diges Fräulein, warum lacht Ihr über solch einen ungesalzenen
Schuft? Wenn Ihr nicht lacht, so ist ihm der Mund zugenäht.“
— Und so bringt das Drehercchen der Zeit seine gerechte Vergeltung
herbei.

Malvolio. Ich räche mich an eurer ganzen Rotte.
                    (Ab.)

Olivia. Man hat ihm doch entsetzlich mitgespielt.

Herzog. Geht, holt ihn ein, bewegt ihn zur Versöhnung. —
Er muß uns von dem Schiffspatron noch sagen.
Wenn vir das wissen und die goldne Zeit
Uns einlädt, soll ein feierlicher Bund
Der Seelen sein. — Indessen, teure Schwester,
Verlassen wir Euch nicht. Cesario, kommt!
Das sollt Ihr sein, solang' Ihr Mann noch seid;
Doch venn man Euch in andern Kleidern schaut,
Orsinos Herrin, seiner Liebe Braut. (Alle ab.)

Narr (fingt). Und als ich ein winzig Bübchen war,
       Hop heisa, bei Regen und Wind!
    Da machten zwei nur eben ein Paar;
       Denn der Regen, der regnet jeglichen Tag.

    Und als ich vertreten die Kinderschuh,
       Hop heisa, bei Regen und Wind!
    Da schloß man vor Dieben die Häuser zu;
       Denn der Regen, der regnet jeglichen Tag.

    Und als ich, ach! ein Weib thät frein,
       Hop heisa, bei Regen und Wind!
    Da wollte mir Müßiggehn nicht gedeihn;
       Denn der Regen, der regnet jeglichen Tag.

    Und als der Wein mir steckt' im Kopf,
       Hop heisa, bei Regen und Wind!
    Da war ich ein armer betrunkner Tropf;
       Denn der Regen, der regnet jeglichen Tag.

    Die Welt steht schon eine hübsche Weil',
       Hop heisa, bei Regen und Wind!
    Doch das Stück ist nun aus, und ich wünsch' euch viel Heil;
       Und daß es euch künftig so gefallen mag. (Ab.)

Der Sturm.

Übersetzt von

A. W. Schlegel.

Personen.

Alonso, König von Neapel.
Sebastian, sein Bruder.
Prospero, der rechtmäßige Herzog von Mailand.
Antonio, sein Bruder, der unrechtmäßige Herzog von Mailand.
Ferdinand, Sohn des Königs von Neapel.
Gonzalo, ein ehrlicher alter Rat des Königs.
Adrian, } Herren vom Hofe.
Francisco, }
Caliban, ein wilder und mißgestalteter Sklave.
Trinculo, ein Spaßmacher.
Stephano, ein betrunkener Kellner.
Ein Schiffspatron, Bootsmann und Matrosen.

Miranda, Tochter des Prospero.
Ariel, ein Luftgeist.

Iris,
Ceres,
Juno, } Geister.
Nymphen,
Schnitter,
Andere dem Prospero dienende Geister.

(Die Scene ist anfänglich die See mit einem Schiffe, nachher eine unbewohnte
Insel.)

Erster Aufzug.

1. Scene.

In einem Schiffe auf der See. Ein Ungewitter mit Donner und Blitz.

Ein Schiffspatron und ein Bootsmann.

Schiffspatron. Bootsmann!

Bootsmann. Hier, Patron! Was giebt's?

Schiffspatron. Sprecht mit den Matrosen, guter Freund! Greift frisch an, oder wir treiben auf den Strand. Rührt euch! rührt euch! (Ab.)

Matrosen kommen.

Bootsmann. Heisa, Kinder! Lustig, lustig, Kinder! Frisch daran! Zieht das Bramsegel ein! Paßt auf des Patrons Pfeife! — Ei so blase, daß du bersten möchtest, wenn Platz genug da ist!

Alonso, Sebastian, Antonio, Ferdinand, Gonzalo und andere kommen.

Alonso. Guter Bootsmann, trage Sorge! Wo ist der Patron? Haltet euch brav!

Bootsmann. Ich bitte euch, bleibt unten.

Antonio. Wo ist der Patron, Bootsmann?

Bootsmann. Hört ihr ihn nicht? Ihr seid uns im Wege; bleibt in der Kajüte. Ihr steht dem Sturme bei.

Gonzalo. Freund, seid doch ruhig.

Bootsmann. Wenn's die See ist. Fort! Was fragen diese Brausewinde nach dem Namen König? In die Kajüte! Still! stört uns nicht!

Gonzalo. Guter Freund, bedenke doch, wen du an Bord hast.

Bootsmann. Niemand, den ich lieber habe als mich selbst. Ihr seid Rat: könnt Ihr diesen Elementen Stillschweigen gebieten und auf der Stelle Frieden stiften, so wollen wir kein Tau mehr anrühren: gebraucht nur Euer Ansehen! Wo nicht, so dankt Gott, daß Ihr so lange gelebt habt, und bereitet Euch in der Kajüte auf Euer Stündlein, wenn es schlagen sollte. — Lustig, liebe Kinder! — Aus dem Wege, sag' ich. (Ab.)

Gonzalo. Der Kerl gereicht mir zu großem Trost; mir deucht, er sieht nicht nach dem Ersaufen aus: er hat ein echtes Galgen=

gesicht. Gutes Schicksal, bestehe darauf, ihn zu henken! Mach den
Strick seines Verhängnisses zu unserem Ankertau, denn unseres hilft
nicht viel. Wenn er nicht zum Henken geboren ist, so steht es kläg=
lich mit uns. (Alle ab.)

Der Bootsmann kommt wieder.

Bootsmann. Herunter mit der Bramstange! Frisch! Tiefer!
tiefer! Versucht mit dem Schönfahrsegel zu treiben! (Ein Geschrei
drinnen.) Hol' den Henker das Heulen! Sie überschreien das Un=
gewitter und unsere Verrichtungen. —

Sebastian, Antonio und Gonzalo kommen zurück.

Doch wieder da? Was wollt ihr hier? Sollen wir's aufgeben und
ersaufen? Habt ihr Lust zu sinken?

Sebastian. Die Pest fahr' Euch in den Hals, bellender, gottes=
lästerlicher, unchristlicher Hund, der Ihr seid.

Bootsmann. Arbeitet ihr denn.

Antonio. An den Galgen, du Hund? Du hundsföttischer, un=
verschämter Lärmer, wir fürchten uns weniger zu ersaufen als du.

Gonzalo. Ich stehe ihm fürs Ersaufen, wenn das Schiff auch
so dünn wie eine Nußschale wäre und so leck wie eine lockere Dirne.

Bootsmann. Legt das Schiff hart an den Wind! setzt zwei
Segel auf! wieder in See! legt ein!

Matrosen mit durchnäßten Kleidern kommen.

Matrosen. Wir sind verloren! betet! sind verloren!

Bootsmann. Was? müssen wir ins kalte Bad?

Gonzalo. Der Prinz und König beten: thun wir's auch;
    Wir sind in gleichem Fall.

Sebastian.   Ich bin ganz wütend.

Antonio. So prellen Säufer uns um unser Leben.
    Der weitgemaulte Schurk'! — Lägst du ersaufend,
    Zehn Fluten lang durchweicht!

Gonzalo.   Er wird doch hängen,
    Schwür' jeder Tropfe Wassers auch dawider,
    Und gähnt' ihn zu verschlingen.

(Ein verworrener Lärm im Schiffsraum: „Gott sei uns gnädig! — Wir scheitern!
wir scheitern! — Lebt wohl, Weib und Kinder! — Leb wohl, Bruder! — Wir
scheitern! wir scheitern! wir scheitern!")

Antonio. So laßt uns alle mit dem König sinken. (Ab.)

Sebastian. Laßt uns Abschied von ihm nehmen (Ab.)

Gonzalo. Jetzt gäb' ich tausend Husen See für einen Morgen
dürren Landes: hohe Heide, braune Geniste, was es auch wäre.
Der Wille droben geschehe, aber ich stürbe gern eines trockenen
Todes! (Ab.)

2. Scene.

Die bezauberte Insel vor Prosperos Zelle.

Prospero und Miranda treten auf.

Miranda. Wenn Eure Kunst, mein liebster Vater, so
Die wilden Wasser toben hieß, so stillt sie.
Der Himmel, scheint es, würde Schwefel regnen,
Wenn nicht die See, zur Stirn der Feste steigend,
Das Feuer löschte. O ich litt mit ihnen.
Die ich so leiden sah: ein wackres Schiff,
Das sicher herrliche Geschöpfe trug,
In Stücke ganz zerschmettert! O der Schrei
Ging mir ans Herz! Die Armen! sie versanken.
Wär' ich ein Gott der Macht gewesen, lieber
Hätt' ich die See versenket in den Grund,
Eh' sie das gute Schiff verschlingen dürfen,
Samt allen Seelen drinnen.

Prospero.   Fasse dich!
Nichts mehr von Schreck! Sag deinem weichen Herzen:
Kein Leid geschah.

Miranda.   O Tag des Wehs!

Prospero.   Kein Leid.
Ich that nichts als aus Sorge nur für dich,
Für dich, mein Teuerstes, dich, meine Tochter,
Die unbekannt ist mit sich selbst, nicht wissend,
Woher ich bin, und daß ich viel was Höhers
Als Prospero, Herr einer armen Zelle,
Und dein nicht größrer Vater.

Miranda.   Mehr zu wissen,
Geriet mir niemals in den Sinn.

Prospero.   's ist Zeit,
Dir mehr zu offenbaren. Leih die Hand,
Und nimm den Zaubermantel von mir. (Er legt den Mantel nieder.)
                                      So!
Da lieg nun, meine Kunst! Du, trockne dir
Die Augen, sei getrost. Das granse Schauspiel
Des Schiffbruchs, so des Mitleids ganze Kraft
In dir erregt, hab' ich mit solcher Vorsicht
Durch meine Kunst so sicher angeordnet,
Daß keine Seele — nein, kein Haar gekrümmt
Ist irgend einer Kreatur im Schiff,
Die schrein du hörtest, die du sinken sahst.
Setz dich! Du mußt nun mehr erfahren.

Der Jungfraun löste, welchen Troja heulend
Dem Seeuntier gezahlt. Ich steh' als Opfer,
Die dort von fern sind die Dardan'schen Fraun,
Mit rotgeweinten Augen, ausgegangen,
Der That Erfolg zu sehn. — Geh, Herkules!
Leb du, so leb' ich; mit viel stärkerm Bangen
Seh' ich den Kampf, als du ihn eingegangen.

(Musik, während Bassanio über die Kästchen mit sich zu Rate geht.)

Lied.

Erste Stimme. Sagt, woher stammt Liebeslust?
Aus den Sinnen, aus der Brust?
Ist euch ihr Lebenslauf bewußt?
Gebt Bescheid! Gebt Bescheid!

Zweite Stimme. In den Augen erst gehegt,
Wird Liebeslust durch Schaun gepflegt;
Stirbt das Kindchen, beigelegt
In der Wiege, die es trägt.
Läutet Totenglöckchen ihm;
Ich beginne: Bim! bim! bim!

Chor. Bim! bim! bim!

Bassanio. So ist oft äußrer Schein dem Wesen fremd,
Die Welt wird immerdar durch Zier berückt.
Im Recht, wo ist ein Handel so verderbt,
Der nicht, geschmückt von einer holden Stimme,
Des Bösen Schein verdeckt? Im Gottesdienst,
Wo ist ein Irrwahn, den ein ehrbar Haupt
Nicht heiligte, mit Sprüchen nicht belegte,
Und bürge die Verdammlichkeit durch Schmuck?
Kein Laster ist so blöde, das von Tugend
Im äußern Thun nicht Zeichen an sich nähme.
Wie manche Feige, die Gefahren stehn
Wie Spreu dem Winde, tragen doch am Kinn
Den Bart des Herkules und finstern Mars,
Fließt gleich in ihren Herzen Milch statt Blut?
Und diese leihu des Mutes Auswuchs nur,
Um furchtbar sich zu machen. Blickt auf Schönheit,
Ihr werdet sehn, man kauft sie nach Gewicht,
Das hier ein Wunder der Natur bewirkt,
Und die es tragen, um so lockrer macht.
So diese schlänglicht krausen goldnen Locken,
Die mit den Lüften so mutwillig hüpfen,
Auf ihren Scheinschmuck stolz; man kennt sie oft

Als eines zweiten Kopfes Ausstattung;
Der Schädel, der sie trug, liegt in der Gruft.
So ist denn Zier die trügerische Küste
Von einer schlimmen See, der schöne Schleier,
Der Indiens Schönen birgt; mit einem Wort
Die Schein=Wahrheit, womit die schlaue Zeit
Auch Weise fängt. Darum, du gleißend Gold,
Des Midas harte Kost, dich will ich nicht;
Noch dich, gemeiner, bleicher Botenläufer
Von Mann zu Mann; doch du, du magres Blei,
Das eher droht als irgend was verheißt,
Dein schlichtes Ansehn spricht beredt mich an;
Ich wähle hier, und sei es wohlgethan!

Porzia. Wie jede Regung fort die Lüfte tragen!
Als irre Zweifel, ungestüm Verzagen,
Und bange Schau'r und blasse Schüchternheit.
O Liebe, mäß'ge dich in deiner Seligkeit!
Halt ein, laß deine Freuden sanfter regnen;
Zu stark fühl' ich, du mußt mich minder segnen,
Damit ich nicht vergeh'.

Bassanio (öffnet das bleierne Kästchen). Was find' ich hier?
Der schönen Porzia Bildniß? Welcher Halbgott
Kam so der Schöpfung nah? Regt sich dies Auge?
Wie, oder schwebend auf der meinen Wölbung,
Scheint es bewegt? Hier sind erschloßne Lippen,
Die Nektarodem trennt: so süße Scheidung
Muß zwischen solchen süßen Freunden sein.
Der Maler spielte hier in ihrem Haar
Die Spinne, wob ein Netz, der Männer Herzen
Zu fangen, wie die Mück' in Spinngeweb.
Doch ihre Augen — o wie konnt' er sehn,
Um sie zu malen? Da er eins gemalt,
Dünkt mich, es mußt' ihm seine beiden stehlen,
Und ungepaart sich lassen. Doch seht, so weit
Die Wahrheit meines Lobes diesem Schatten
Zu nahe thut, da es ihn unterschätzt,
So weit läßt diesen Schatten hinter sich
Die Wahrheit selbst zurück. — Hier ist der Zettel,
Der Inbegriff und Auszug meines Glücks.
       „Ihr, der nicht auf Schein gesehn,
       Wählt so recht und trefft so schön!
       Weil Euch dieses Glück geschehn,
       Wollet nicht nach anderm gehn.

Prospero. Um keine Scheid'wand zwischen dieser Rolle
Und dem zu sehn, für welchen er sie spielte,
Nimmt er sich vor, der unumschränkte Mailand
Durchaus zu sein. Mich armen Mann — mein Büchersaal
War Herzogtums genug — für weltlich Regiment
Hält er mich ungeschickt; verbündet sich —
So lechzt' er nach Gewalt — mit Napels König,
Tribut zu zahlen, Huldigung zu thun,
Den Fürstenhut der Krone zu verpflichten,
Sein freies Herzogtum — ach armes Mailand! —
Zu schnödem Dienst zu beugen.

Miranda.					Guter Himmel!

Prospero. Hör, was er sich bedungen, und den Ausgang,
Dann sag mir, ob das wohl ein Bruder war.

Miranda. Ich sündigte, wenn ich von Eurer Mutter
Nicht würdig dächte: mancher edle Schoß
Trug schlechte Söhne schon.

Prospero.					Nun die Bedingung.
Der König Napels, mein geschworner Feind,
Horcht dem Gesuche meines Bruders: nämlich
Er sollte, gegen die versprochnen Punkte
Von Lehnspflicht, und ich weiß nicht wieviel Zins,
Mich und die Meinen gleich vom Herzogtum
Austilgen, und zu Lehn das schöne Mailand
Samt allen Würden meinem Bruder geben.
Drauf, als man ein Verräterheer geworben,
In einer Nacht, erkoren zu der That,
Schloß nun Antonio Mailands Thore auf,
Und in der mitternächt'gen Stille rissen
Die Diener seines Anschlags uns hinweg,
Mich, und dich weinend Kind.

Miranda.					Ach, welch ein Jammer!
Ich, die vergessen, wie ich damals weinte,
Bewein' es jetzt aufs neu'; es ist ein Anlaß,
Der Thränen mir erpreßt.

Prospero.					Hör noch ein wenig,
Dann bring' ich dich auf das Geschäft, das jetzt
Uns vorliegt, ohne welches die Geschichte
Sehr unnütz wär'.

Miranda.					Warum nicht brachten sie
Zur Stnud' uns um?

Prospero.					Ja, Mädchen, gut gefragt!
Das Vor'ge heischt den Zweifel. Kind, sie wagten's nicht —

So treue Liebe trug das Volk zu mir —
Der That solch blutig Siegel aufzudrücken,
Und schminkten schöner den verruchten Zweck.
Sie. rissen uns an eines Schiffleins Bord,
Dann ein paar Meilen seewärts; nahmen dort
Ein faul Geripp von Boot, ganz abgetakelt,
Kein Mast, noch Segel; selbst die Ratzen hatten's
Aus Furcht geräumt: da luden sie uns aus,
Zu weinen ins Gebrüll der See, zu seufzen
Den Winden, deren Mitleid, wieder seufzend,
Nur liebend weh uns that.

Miranda.   Ach, welche Not
Macht ich Euch damals!

Prospero.   O, ein Cherubim
Warst du, der mich erhielt! Du lächeltest,
Beseelt mit Unerschrockenheit vom Himmel,
Wann ich, die See mit salzen Tropfen füllend,
Ächzt' unter meiner Last; und das verlieh
Mir widerstehnde Kraft, um auszuhalten,
Was auch mir widerführ'.

Miranda. Wie kamen wir an Land?

Prospero.   Durch Gottes Lenkung.
Wir hatten etwas Speis' und frisches Wasser,
Das uns ein edler Neapolitaner,
Gonzalo, zum Vollbringer dieses Plans
Ernannt, aus Mitleid gab, nebst reichen Kleidern.
Auch Leinwand, Zeug und allerlei Gerät,
Das viel seitdem genützt: so, aus Leutseligkeit,
Da ihm bekannt, ich liebe meine Bücher,
Gab er mir Bänd' aus meinem Büchersaal,
Mehr wert mir als mein Herzogtum.

Miranda.   O könnt' ich
Den Mann je sehen!

Prospero.   Jetzt erheb' ich mich.
Bleib still, und hör das Ende unsrer Seenot.
Zu diesem Eiland kamen wir, und hier
Hab' ich, dein Meister, weiter dich gebracht,
Als andre Fürstentöchter, bei mehr Muße
Zu eitler Lust und minder treuen Lehrern.

Miranda. Der Himmel lohn' Euch das! Und nun, ich bitt' Euch! —
Denn immer denk' ich noch daran, — warum
Erregtet Ihr den Sturm?

Prospero.   So viel noch wisse.

Durch seltne Schickung hat das güt'ge Glück,
Jetzt meine werte Herrin, meine Feinde,
An diesen Strand gebracht; mir zeigt die Kunde
Der Zukunft an, es hänge mein Zenith
An einem günst'gen Stern: versäum' ich's jetzt
Und buhl' um dessen Einfluß nicht, so richtet
Mein Glück sich nie mehr auf. — Hier laß dein Fragen.
Dich schläfert: diese Müdigkeit ist gut,
Und gieb ihr nach. — Ich weiß, du kannst nicht anders.
                    (Miranda entschläft.)
Herbei, mein Diener! komm! ich bin bereit.
Nah' dich, mein Ariel! komm!
                    Ariel kommt.
Ariel. Heil, großer Meister! Heil dir, weiser Herr!
Ich komme deinen Winken zu begegnen.
Sei's Fliegen, Schwimmen, in das Feuer tauchen,
Aus krausen Wolken fahren: schalte nur
Durch dein gewaltig Wort mit Ariel
Und allen seinen Kräften.
Prospero.   Hast du, Geist,
Genau den Sturm vollbracht, den ich dir auftrug?
Ariel. In jedem Punkt: ich enterte das Schiff
Des Königs; jetzt am Schnabel, jetzt im Bauch,
Auf dem Verdeck, in jeglicher Kajüte
Flammt' ich Entsetzen; bald zerteilt' ich mich
Und brannt' an vielen Stellen; auf dem Mast,
An Stang' und Bugspriet flammt' ich abgesondert,
Floß dann in eins. Zeus' Blitze, die Verkünder
Des schreckbarn Donnerschlags, sind schneller nicht
Und blickentrinnender; das Feu'r, die Stöße
Von schweflichtem Gekrach, sie stürmten, schien's,
Auf den gewaltigen Neptun, und machten
Erbeben seine kühnen Wogen, ja
Den furchtbarn Dreizack wanken.
Prospero.   Mein wackrer Geist! —
Wer war so fest, so standhaft, dem der Aufruhr
Nicht die Vernunft verwirrte?
Ariel.   Keine Seele,
Die nicht ein Fieber gleich den Tollen fühlte,
Und Streiche der Verzweiflung übte. Alle,
Bis auf das Seevolk, sprangen in die schäum'ge Flut,
Und flohn das Schiff, jetzt eine Glut durch mich.
Der Sohn des Königs, Ferdinand, sein Haar

Emporgesträubt wie Binsen, nicht wie Haar,
Sprang vor den andern, schrie: die Höll' ist ledig,
Und alle Teufel hier!

Prospero. Ei, lieber Geist!
Dies war doch nah beim Strand?

Ariel. Ganz dicht, mein Meister.

Prospero. Sie sind doch unversehrt?

Ariel. Kein Haar gekrümmt,
Kein Fleck an den sie tragenden Gewändern,
Die frischer wie zuvor. Wie du mich hießest,
Zerstreut' ich sie in Rotten auf der Insel.
Den Sohn des Königs landet' ich für sich,
Und ließ ihn dort, die Luft mit Seufzern kühlend:
In einem öden Winkel sitzt er, schlingt
Betrübt die Arme so.

Prospero. Was machtest du,
Sag, mit dem Schiff des Königs, den Matrosen,
Der Flotte ganzem Rest?

Ariel. Still liegt im Hafen
Des Königs Schiff in tiefer Bucht, allwo
Du einst um Mitternacht mich aufriefst, Tau
Zu holen von den stürmischen Bermudas;
Das Seevolk sämtlich in den Raum gepackt,
Wo ich durch Zauber, nebst bestandner Müh',
Sie schlafend ließ; der Rest der Flotte endlich,
Den ich zerstreut, hat wieder sich vereint,
Und kehrt nun auf der mittelländ'schen Welle
Voll Trauer heim nach Napel,
Der Meinung, daß sie scheitern sahn das Schiff
Des Königs, und sein hohes Haupt versinken.

Prospero. Dein Auftrag, Ariel, ist genau erfüllt,
Doch giebt's noch mehr zu thun. Was ist's am Tage?

Ariel. Schon über Mittagszeit.

Prospero. Zwei Stundengläser
Aufs wenigste. Die Zeit von hier bis sechs
Bedürfen wir zum kostbarsten Gebrauch.

Ariel. Mehr Arbeit noch? Da du mir Mühe giebst,
So laß mich dich an dein Versprechen mahnen,
Das mir noch nicht erfüllt ist.

Prospero. Seht mir! mürrisch?
Was kannst du denn verlangen?

Ariel. Meine Freiheit.

Prospero. Eh deine Zeit noch um? kein Wort!

Ariel. O bitte!
Bedenk, ich hab' dir braven Dienst gethan;
Ich log dir nie was vor, versah dir nichts,
Und murrt' und schmollte niemals, du versprachst mir
Ein volles Jahr Erlaß.
Prospero. Vergißt du denn,
Von welcher Qual ich dich befreite?
Ariel. Nein.
Prospero. Ja doch, und achtest groß es, zu betreten
Der salzen Tiefe Schlamm;
Zu rennen auf des Nordens scharfem Wind,
Mein Werk zu schaffen in der Erde Adern,
Wenn sie von Froste starrt.
Ariel. Fürwahr nicht, Herr.
Prospero. Du lügst, boshaftes Ding! Vergaßest du
Die Hexe Sycorax, die Tück' und Alter
Gekrümmt in einen Reif? Vergaßt du sie?
Ariel. Nein, Herr.
Prospero. Ja, sag' ich. Sprich, wo war sie her?
Ariel. Aus Algier, Herr.
Prospero. Ha, so? Ich muß dir einmal
In jedem Mond vorhalten, was du bist;
Denn du vergißt es. Die verruchte Hexe,
Die Sycorax, ward für unzähl'ge Frevel
Und Zauberei'n, wovor ein menschlich Ohr
Erschrecken muß, von Algier, wie du weißt,
Verbannt; um Eines willen, das sie that,
Verschonten sie ihr Leben. Ist's nicht wahr?
Ariel. Ja, Herr.
Prospero. Die Unholdin ward schwanger hergebracht.
Hier ließen sie die Schiffer. Du, mein Sklav' —
So sagst du selbst aus — warst ihr Diener damals.
Allein da du, ein allzuzarter Geist,
Ihr schnödes fleischliches Geheiß zu thun,
Dich ihrem großen Wink entzogst, verschloß sie
Mit ihrer stärkern Diener Hilfe dich,
In ihrer höchsten unbezähmbarn Wut,
In einer Fichte Spalt; ein Dutzend Jahre
Hielt diese Kluft dich peinlich eingeklemmt.
Sie starb in dieser Zeit und ließ dich da,
Wo du Gestöhn ausstießest, unablässig,
Wie Mühlenräder klappern. Damals zierte —
Bis auf ein scheckig Wechselbalg, den Sohn,
Den sie hier warf — noch menschliche Gestalt

Dies Eiland nicht.

Ariel. Ja, Caliban, ihr Sohn.

Prospero. So ſag' ich, dummes Ding! Der Caliban,
Der jetzt mir dienſtbar iſt. Du weißt am beſten,
In welcher Marter ich dich fand. Dein Achzen
Durchdrang der nie gezähmten Bären Bruſt,
Und machte Wölfe heulen; eine Marter
War's für Verdammte, welche Sycorax
Nicht wieder löſen konnte: meine Kunſt,
Als ich hierher kam und dich hörte, hieß
Die Fichte gähnen und heraus dich laſſen.

Ariel. Ich dank' dir, Meiſter.

Prospero. Wenn du mehr noch murrſt,
So will ich einen Eichbaum ſpalten und
Dich in ſein knot'ges Eingeweide keilen,
Bis du zwölf Winter durchgeheult.

Ariel. Verzeih!
Ich will mich ja Befehlen fügen, Herr,
Und ferner zierlich ſpüken.

Prospero. Thu das, und in zwei Tagen
Entlaſſ' ich dich.

Ariel. Das ſprach mein edler Meiſter.
Was ſoll ich thun? O ſag, was ſoll ich thun?

Prospero. Geh, werde gleich 'ner Nymphe! Dich erkenne
Nur mein und dein Geſicht: ſei unſichtbar
Für jedes Auge ſonſt. Nimm dieſe Bildung,
Und komm darin zurück. Geh! Fort! mit Eile! (Ariel ab.)
Erwach, mein Herz! erwach! Haſt wohl geſchlafen:
Erwach!

Miranda. Das Wunderbare der Geſchichte
Befing mit Schlaf mich.

Prospero. Schüttl' ihn ab! Komm, laß uns
Zu Caliban, dem Sklaven, gehn, der nie
Uns freundlich Antwort giebt.

Miranda. Er iſt ein Böſewicht,
Den ich nicht anſehn mag.

Prospero. Doch, wie's nun ſteht,
Iſt er uns nötig; denn er macht uns Fener,
Holt unſer Holz, verrichtet mancherlei,
Das Nutzen ſchafft. He, Sklave! Caliban!
Du Erdkloß, ſprich!

Caliban (drinnen). 's iſt Holz genug im Hanſe.

Prospero. Heraus! ſag' ich: es giebt noch andre Arbeit,
Schildkröte, komm! Wann wird's?

10*

Ariel kommt zurück in Gestalt einer Wassernymphe.

Ach, schönes Luftbild! schmucker Ariel,
Hör insgeheim!

Ariel. Mein Fürst, es soll geschehen. (Ab.)

Prospero. Du gift'ger Sklav', gezeugt vom Teufel selbst
Mit deiner bösen Mutter! komm heraus!

Caliban kommt.

Caliban. So böser Tau, als meine Mutter je
Von faulem Moor mit Rabenfedern strich,
Fall' auf euch zwei! Ein Südwest blas' euch an,
Und deck' euch ganz mit Schwären!

Prospero. Dafür, verlaß dich drauf, sollst du zu Nacht
In Krämpfen liegen, Seitenstiche haben,
Die dir den Odem hemmen; Igel sollen
Hervor in tiefer Nacht, all ihre Künste
An dir zu üben; zwicken soll dich's dicht
Wie Honigzellen, jeder Zwick mehr stechen
Als Bienen, die sie bann.

Caliban. Ich muß zu Mittag essen. Dieses Eiland
Ist mein, von meiner Mutter Sycorax,
Das du mir wegnimmst. Wie du erstlich kamst,
Da streicheltest du mich und hieltst auf mich,
Gabst Wasser mir mit Beeren drein, und lehrtest
Das große Licht mich nennen und das kleine,
Die brennen tags und nachts; da liebt' ich dich,
Und wies dir jede Eigenschaft der Insel:
Salzbrunnen, Quellen, fruchtbar Land und dürres.
Fluch, daß ich's that, mir! Alle Zauberei
Der Sycorax, Molch, Schröter, Fledermaus befall' euch!
Denn ich bin, was ihr habt an Unterthanen,
Mein eigner König sonst; und stallt mich hier
In diesen harten Fels, derweil ihr mir
Den Rest des Eilands wehrt.

Prospero. Du lügnerischer Sklav',
Der Schläge fühlt, nicht Güte! Ich verpflegte,
Kot, wie du bist, dich menschlich; nahm dich auf
In meiner Zell, bis du versucht zu schänden
Die Ehre meines Kindes.

Caliban. Ho, ho! Ich wollt', es wär' geschehn. Du kamst
Mir nur zuvor, ich hätte sonst die Insel
Mit Calibans bevölkert.

Prospero. Schnöder Sklav',
In welchem keine Spur des Guten haftet,
Zu allem Bösen fähig! Ich erbarmte

Mich deiner, gab mir Müh', zum Sprechen dich
Zu bringen, lehrte jede Stunde dir
Dies oder jenes. Da du, Wilder, selbst
Nicht wußtest, was du wolltest, sondern nur
Höchst viehisch kollertest, versah ich dich
Mit Worten, deine Meinung kund zu thun.
Doch deiner niedern Art, obwohl du lerntest,
Hing etwas an, das edlere Naturen
Nicht um sich leiden konnten: darum wardst du
Verdienterweis' in diesen Fels gesperrt,
Der du noch mehr verdient als ein Gefängnis.

Caliban. Ihr lehrtet Sprache mir, und mein Gewinn
Ist, daß ich weiß zu fluchen. Hol' die Pest Euch
Fürs Lehren Eurer Sprache!

Prospero.   Fort, Hexenbrut!
Schaff Holz her, und sei hurtig, rat' ich dir,
Um andres noch zu leisten. Zuckst du, Unhold?
Wenn du versäumest, oder ungern thust,
Was ich befehle, foltr' ich dich mit Gichtern.
Füll' dein Gebein mit Schmerzen, mach' dich brüllen,
Daß Bestien zittern vor dem Lärm.

Caliban.   Nein, bitte!
(Beiseite.) Ich muß gehorchen: seine Kunst bezwänge
Wohl meiner Mutter Gott, den Setebos,
Und macht' ihn zum Vasallen.

Prospero.   Fort denn, Sklav'! (Caliban ab.)
    Ariel kommt unsichtbar, spielend und singend. Ferdinand folgt ihm.

Ariels Lied.
            Kommt auf diesen gelben Strand,
                Fügt Hand in Hand!
            Wenn ihr euch geküßt, verneigt —
                Die See nun schweigt —
            Hier und dort behende springt,
            Und den Chor, ihr Geister, singt!
                    Horch! horch!
(Zerstreute Stimmen.) Wau! wau!
            Es bellt der Hund!
(Zerstreute Stimmen.) Wau! wau!
                    Horch! horch!
            Der Hahn thut seine Wache kund,
            Er kräht: Kikiriki!

Ferdinand. Wo ist wohl die Musik? In der Luft? auf Erden? —
Sie spielt nicht mehr — sie dienet einem Gott
Der Insel sicherlich. Ich saß am Strand,

Und weint' aufs neu' den König, meinen Vater,
Da schlich sie zu mir über die Gewässer,
Und lindert' ihre Wut und meinen Schmerz
Mit süßer Melodie; dann folgt' ich ihr,
Sie zog vielmehr mich nach. Nun ist sie fort;
Da hebt sie wieder an.

Ariel (singt). Fünf Faden tief liegt Vater dein,
        Sein Gebein wird zu Korallen,
        Perlen sind die Augen sein,
        Nichts an ihm, das soll verfallen,
        Das nicht wandelt Meereshut
        In ein reich und seltnes Gut.
        Nymphen läuten stündlich ihm,
        Da horch! ihr Glöcklein — Bim! bim! bim!

Chor.   Bim! bim! bim!

Ferdinand. Das Liedlein spricht von meinem toten Vater.
    Dies ist kein sterblich Thun; der Ton gehört
    Der Erde nicht; jetzt hör' ich droben ihn.

Prospero. Zieh deiner Augen Fransenvorhang auf,
    Und sag, was siehst du dort?

Miranda.   Was ist's? ein Geist?
    O Himmel, wie's umherschaut! Glaubt mir, Vater,
    's ist herrlich von Gestalt; doch ist's ein Geist.

Prospero. Nein, Kind, es ißt und trinkt, hat solche Sinne,
    Wie wir, ganz so. Der Knabe, den du siehst,
    War bei dem Schiffbruch, und entstellt' ihn Gram,
    Der Schönheit Wurm, nicht, nenntest du mit Recht
    Ihn wohlgebildet. Er verlor die Freunde
    Und schweift umher nach ihnen.

Miranda.   Nennen möcht' ich
    Ein göttlich Ding ihn; nichts Natürliches
    Sah ich so edel je.

Prospero (beiseite). Ich seh', es geht
    Nach Herzenswunsch. Geist! lieber Geist! dafür
    Wirst in zwei Tagen frei.

Ferdinand.   Gewiß die Göttin,
    Der die Musik dient. — Gönnet meinem Wunsch
    Zu wissen, ob Ihr wohnt auf dieser Insel;
    Wollt Anleitung mir geben, wie ich hier
    Mich muß betragen; meiner Bitten erste,
    Zuletzt gesagt, ist diese: schönes Wunder,
    Seid Ihr ein Mädchen oder nicht?

Miranda.   Kein Wunder,
    Doch sicherlich ein Mädchen.

Ferdinand.   Meine Sprache! Himmel!
Ich bin der Höchſte derer, die ſie reden,
Wär' ich, wo man ſie ſpricht.
Prospero.   Der Höchſte? wie?
Was wärſt du, hörte dich der König Napels?
Ferdinand. Ein Weſen, wie ich jetzo bin, erſtaunt,
Daß du von Napel redeſt. Er vernimmt mich;
Ich weine, daß er's thut; ich ſelbſt bin Napel,
Und ſah mit meinen Augen, ohne Ebbe
Seitdem, den König, meinen Vater, ſinken.
Miranda. O welch ein Jammer!
Ferdinand. Ja, glaubt es mir, ſamt allen ſeinen Edlen
Der Herzog Mailands und ſein guter Sohn
Auch unter dieſer Zahl.
Prospero.   Der Herzog Mailands
Und ſeine beßre Tochter könnten leicht
Dich widerlegen, wär' es an der Zeit. —
(Beiſeite.) Beim erſten Anblick tauſchten ſie die Augen.
Mein zarter Ariel, für dieſen Dienſt
Entlaſſ' ich dich. — Ein Wort, mein Herr! Ich fürchte,
Ihr habt Euch ſelbſt zu nah' gethan: ein Wort!
Miranda. Was ſpricht mein Vater nur ſo rauh! Dies iſt
Der dritte Mann, den ich geſehn; der erſte,
Um den ich ſeufzte. Neig auf meine Seite
Den Vater, Mitleid, doch!
Ferdinand.   O, wenn ein Mädchen,
Und Eure Neigung frei noch, mach' ich Euch
Zur Königin von Neapel.
Prospero.   Sanft, Herr! Noch ein Wort! —
(Beiſeite.) Eins iſt des andern ganz: den ſchnellen Handel
Muß ich erſchweren, daß nicht leichter Sieg
Den Preis verringre. — Noch ein Wort! Ich ſag' dir,
Begleite mich! Du maßeſt einen Namen
Dir an, der dein nicht iſt; und haſt die Inſel
Betreten als Spion, mir, ihrem Herrn,
Sie zu entwenden.
Ferdinand.   Nein, bei meiner Ehre!
Miranda. Nichts Böſes kann in ſolchem Tempel wohnen.
Hat ein ſo ſchönes Haus der böſe Geiſt,
So werden gute Weſen neben ihm
Zu wohnen trachten.
Prospero.   Folge mir! — Du, ſprich
Nicht mehr für ihn, 's iſt ein Verräter. — Komm,
Ich will dir Hals und Fuß zuſammenſchließen;

Seewasser soll dein Trank sein; deine Nahrung
Bachmuscheln, welke Wurzeln, Hülsen, die
Der Eichel Wiege sind. Komm, folge!

Ferdinand. Nein!
Ich widerstehe der Begegnung, bis
Mein Feind mich übermannt. (Er zieht.)

Miranda. O lieber Vater,
Versucht ihn nicht zu rasch! Er ist ja sanft
Und nicht gefährlich.

Prospero. Seht doch! will das Ei
Die Henne meistern? Weg dein Schwert, Verräter!
Du drohst, doch wagst du keinen Streich, weil Schuld
Dir das Gewissen drückt. Steh nicht zur Wehr!
Ich kann dich hier mit diesem Stab entwaffnen,
Daß dir das Schwert entsinkt.

Miranda. Ich bitt' Euch, Vater!

Prospero. Fort! Häng dich nicht an meinen Rock!

Miranda. Habt Mitleid!
Ich sage gut für ihn.

Prospero. Schweig! Noch ein Wort,
Und schelten müßt' ich dich, ja hassen. Was?
Wortführerin für den Betrüger? Still!
Du denkst, sonst gäb' es der Gestalten keine,
Weil du nur ihn und Caliban gesehn.
Du thöricht Mädchen! Mit den meisten Männern
Verglichen, ist er nur ein Caliban,
Sie Engel gegen ihn.

Miranda. So hat in Demut
Mein Herz gewählt; ich hege keinen Ehrgeiz,
Einen schönern Mann zu sehn.

Prospero (zu Ferdinand). Komm mit! gehorch!
Denn deine Sehnen sind im Staub der Kindheit,
Und haben keine Kraft.

Ferdinand. Das sind sie auch
Die Lebensgeister sind mir wie im Traum
Gefesselt. Meines Vaters Tod, die Schwäche,
So ich empfinde, aller meiner Freunde
Verderben, oder dieses Mannes Drohn,
In dessen Hand ich bin, erträg' ich leicht,
Dürft' ich nur einmal tags aus meinem Kerker
Dies Mädchen sehn? Mag Freiheit alle Winkel
Der Erde sonst gebrauchen: Raum genug
Hab' ich in solchem Kerker.

Prospero. Es wirkt. — Komm mit!

(Zu Ariel.) Das hast du gut gemacht, mein Ariel —
(Zu Ferdinand und Miranda.) Folgt mir!
(Zu Ariel.) Vernimm, was sonst zu thun ist. (Spricht heimlich mit ihm.)
Miranda. Seid getrost!
Mein Vater, Herr, ist besserer Natur,
Als seine Red' ihn zeigt; was er jetzt that,
Ist ungewohnt von ihm.
Prospero. Frei sollst du sein
Wie Wind auf Bergen: thu nur Wort für Wort,
Was ich dir aufgetragen.
Ariel. Jede Silbe.
Prospero. Kommt, folgt mir! — Sprich du nicht für ihn. (Alle ab.)

Zweiter Aufzug.

1. Scene.

Eine andere Gegend der Insel.

Alonso, Sebastian, Antonio, Gonzalo, Adrian, Francisco und
andere treten auf.

Gonzalo. Ich bitt' Euch, Herr, seid fröhlich: Ihr habt Grund
Zur Freude, wie wir alle. Unsre Rettung
Ist mehr als der Verlust; denn unser Fug
Zur Klage ist gemein; an jedem Tage
Hat ein Matrosenweib, der Schiffspatron
Von einem Kaufmann und der Kaufmann selbst
Zu gleicher Klage Stoff; allein das Wunder,
Ich meine unsre Rettung, aus Millionen
Geschah's nur uns. Drum, lieber Herr, wägt weislich
Leid gegen Trost.
    Alonso. Ich bitte dich, sei still.
    Sebastian. Der Trost geht ihm ein wie kalte Suppe.
    Antonio. Der Krankenbesucher läßt ihn so noch nicht fahren.
    Sebastian. Seht, jetzt windet er die Uhr seines Witzes auf;
gleich wird sie schlagen.
    Gonzalo. Herr —
    Sebastian. Eins — zählt doch.
Gonzalo. Wenn jeder Gram gepflegt wird, der uns vorkommt,
So wird dafür dem Pfleger —
Sebastian. Die Zehrung.
    Gonzalo. Ganz recht, denn er zehrt sich ab; Ihr habt richtiger
gesprochen als Eure Absicht war.
    Sebastian. Und Ihr habt es gescheiter genommen als ich dachte.

Gonzalo. Also, gnädiger Herr —

Antonio. Pfui doch! welch ein Verschwender ist er mit seiner Zunge!

Alonso. Ich bitte dich, laß.

Gonzalo. Gut, ich bin fertig, aber doch —

Sebastian. Muß er .reden.

Antonio. Was gilt die Wette, ob er oder Adrian zuerst an=
fangen wird zu krähen.

Sebastian. Ich sage, der alte Hahn.

Antonio. . Nein, das Hähnlein.

Sebastian. Gut; was wetten wir?

Antonio. Ein Gelächter.

Sebastian. Topp!

Adrian. Scheint diese Insel gleich wüst —

Sebastian. Ha ha ha! Nun seid Ihr bezahlt.

Adrian. Unbewohnbar, und beinah unzugänglich —

Sebastian. Dennoch —

Adrian. Dennoch —

Antonio. Es konnte nicht fehlen.

Adrian. Muß ihr Himmelsstrich von der sanftesten und an=
genehmsten Milde sein.

Antonio. Milde ist eine angenehme Dirne.

Sebastian. Ja, und sanft obendrein, wie er sehr gelahrt zu
vernehmen gegeben.

Adrian. Die Luft haucht uns hier recht lieblich an.

Sebastian. Als hätte sie 'ne Lunge, und zwar 'ne verfaulte.

Antonio. Oder als wäre sie aus einem Sumpfe gewürzt.

Gonzalo. Hier ist alles zum Leben Dienliche vorhanden.

Antonio. Richtig, ausgenommen Lebensmittel.

Sebastian. Die giebt's hier wenig oder gar nicht.

Gonzalo. Wie frisch und lustig das Gras aussieht! wie grün!

Antonio. Wirklich, der Boden ist fahl.

Sebastian. Mit einer kleinen Schattierung von Grün darin.

Antonio. Er trifft nicht weit vom Ziel.

Sebastian. Nein, er verfehlt das rechte nur ganz und gar.

Gonzalo. Aber die Seltenheit dabei ist — was in der That
beinahe allen Glauben übersteigt —

Sebastian. Wie manche beteuerte Seltenheiten!

Gonzalo. Daß unsere Kleider, so durchweicht in der See, wie
sie waren, dennoch ihre Frische und ihren Glanz behalten haben;
so daß sie eher neu gefärbt, als von Seewasser befleckt sind.

Antonio. Wenn nur eine von seinen Taschen sprechen könnte,
würde sie ihn nicht Lügen strafen?

Sebastian. Ja, oder seine Aussage heuchlerischerweise einstecken.

Gonzalo. Mir deucht, unsere Kleider sind jetzt so frisch, als da wir sie zuerst in Afrika, bei der Heirat der schönen Tochter des Königs, Claribella, mit dem König von Tunis anlegten.

Sebastian. Es war eine schöne Heirat, und wir haben viel Segen bei unserer Rückreise.

Adrian. Tunis war noch nie vorher mit solch einem Ausbunde von einer Königin beglückt.

Gonzalo. Seit den Zeiten der Witwe Dido nicht.

Antonio. Witwe? Hol's der Henker! Was hat die Witwe hier zu thun? Witwe Dido!

Sebastian. Wie, wenn er auch Witwer Aeneas gesagt hätte? Lieber Himmel, wie Ihr gleich auffahrt!

Adrian. Witwe Dido, sagt Ihr? Ihr gebt mir da was zu denken; sie war ja von Karthago, nicht von Tunis.

Gonzalo. Dies Tunis, Herr, war Karthago.

Adrian. Karthago?

Gonzalo. Ich versichere Euch, Karthago.

Antonio. Sein Wort vermag mehr als die wunderthätige Harfe.

Sebastian. Er hat die Mauer aufgebaut und Häuser dazu.

Antonio. Welch eine Unmöglichkeit wird er zunächst zustande bringen.

Sebastian. Ich denke, er trägt die Insel in der Tasche nach Haus, und bringt sie seinem Sohn als einen Apfel mit.

Antonio. Und säet die Kerne davon in die See, um mehr Inseln zu ziehen.

Gonzalo. Wie?

Antonio. Nun, weiter nichts.

Gonzalo. Herr, wir sprachen davon, daß unsere Kleider jetzt noch so frisch aussehen, als da wir in Tunis bei der Vermählung Eurer Tochter waren, die nun Königin ist.

Antonio. Und zwar die herrlichste, die je dahin kam.

Sebastian. Mit Erlaubnis, bis auf Witwe Dido.

Antonio. O, Witwe Dido! Ja, Witwe Dido.

Gonzalo. Ist mein Wams nicht so frisch, Herr, als den ersten Tag, da ich es trug? Ich will sagen: auf gewisse Weise.

Antonio. Die Weise hat er zu rechter Zeit aufgefischt.

Gonzalo. Da ich es bei der Vermählung Eurer Tochter trug?

Alonso. Ihr stopft mir diese Wort' ins Ohr, ganz wider
Die Neigung meines Sinns. Hätt' ich doch nie
Die Tochter dort vermählt! Denn auf der Heimkehr
Verlor ich meinen Sohn; in meinen Augen
Auch sie, die so entfernt ist, daß ich nie
Sie werde wiedersehen. O du, mein Erbe
Von Napel und von Mailand, welcher Meerfisch
Hat dich verschlungen?

Francisco.   Herr, er lebt vielleicht.
Ich sah ihn unter sich die Wellen schlagen,
Auf ihrem Rücken reiten; er beschritt
Das Wasser, dessen Anfall von sich schleudernd,
Und bot die Brust der hochgeschwollnen Woge,
Die ihm entgegen kam; das kühne Haupt
Hielt aus den streitbarn Fluten er empor,
Und ruderte sich selbst mit wackern Armen
In frischem Schlag ans Ufer, das zu ihm
Sich über seinen unterhöhlten Grund
Hinneigt', als wollt' es helfen: ohne Zweifel
Kam er gesund ans Land.
Alonso.   Nein, er ist hin.
Sebastian. Herr, dankt Euch selber nur für den Verlust:
Ihr gönntet nicht Europa Eure Tochter,
Verlort sie an den Afrikaner lieber,
Wo sie verbannt doch lebt von Eurem Auge;
Das diesen Gram zu netzen Ursach hat.
Alonso. O still doch!
Sebastian. Wir alle knieten und bestürmten Euch
Vielfältig, und die holde Seele selbst
Wog zwischen Abscheu und Gehorsam, wo
Die Schale sinken sollte. Euern Sohn
Verloren wir für immer, wie ich fürchte.
Mailand und Napel hat der Witwen mehr,
Die dieser Handel machte, als wir Männer,
Um sie zu trösten, bringen; und die Schuld ist Euer.
Alonso. Auch das Schwerste des Verlustes.
Gonzalo. Mein Prinz Sebastian,
Der Wahrheit, die Ihr sagt, fehlt etwas Milde
Und die gelegne Zeit: Ihr reibt den Schaden,
Statt Pflaster aufzulegen.
Sebastian.   Gut gesagt.
Antonio. Und sehr feldschermäßig.
Gonzalo. Es ist schlecht Wetter bei uns allen, Herr,
Wenn Ihr bewölkt seid.
Sebastian. Schlecht Wetter?
Antonio. Sehr schlecht.
Gonzalo. Hätt' ich, mein Fürst, die Pflanzung dieser Insel --
Antonio. Er säete Nesseln drauf.
Sebastian. Oder Kletten, oder Malven.
Gonzalo. Und wäre König hier, was würd' ich thun?
Sebastian. Dem Trunk entgehn, weil er keinen Wein hätte.
Gonzalo. Ich wirkte im gemeinen Wesen alles

Durchs Gegenteil: denn keine Art von Handel
Erlaubt' ich, keinen Namen eines Amts;
Gelahrtheit sollte man nicht kennen: Reichtum,
Dienst, Armut gäb's nicht; von Vertrag und Erbschaft,
Verzäunung, Landmark, Feld= und Weinbau nichts;
Auch kein Gebrauch von Korn, Wein, Öl, Metall,
Kein Handwerk; alle Männer müßig, alle;
Die Weiber auch, doch völlig rein und schuldlos;
Kein Regiment —

Sebastian. Und doch wollte er König sein.

Antonio. Das Ende seines gemeinen Wesens vergißt den Anfang.

Gonzalo. Gemeinsam allen brächte ihre Frucht
Natur ohn' Müh' und Schweiß; Verrat, Betrug;
Schwert, Speer, Geschütz, Notwendigkeit der Waffen
Gäb's nicht bei mir, es schaffte die Natur
Alles nach seiner Art in Hüll' und Fülle,
Mein schuldlos Volk zu nähren.

Sebastian. Keine Heiraten zwischen seinen Unterthanen?

Antonio. Nichts dergleichen, Freund: alle los und ledig,
Huren und Taugenichtse.

Gonzalo. So ungemein wollt' ich regieren, Herr,
Daß es die goldne Zeit verdunkeln sollte.

Sebastian. Gott erhalte Seine Majestät!

Antonio. Lang' lebe Gonzalo!

Gonzalo. Und, Ihr versteht mich, Herr —

Alonso. Ich bitt' dich, schweig: du sprichst von nichts zu mir.

Gonzalo. Das glaube ich Eurer Hoheit gern; und ich that es, um diesen Herren Gelegenheit zu machen, die so reizbare bevegliche Lungen haben, daß sie immer über nichts zu lachen pflegen.

Antonio. Wir lachten über Euch.

Gonzalo. Der ich in dieser Art von lustigen Possen gegen euch nichts bin; ihr mögt daher fortfahren und ferner über nichts lachen.

Antonio. Was ward da für ein Streich versetzt!

Sebastian. Ja, wenn er nicht flach gefallen wäre.

Gonzalo. Ihr seid Kavaliere von herzhaftem Gemüt: ihr würdet den Mond aus seiner Sphäre heben, venn er fünf Wochen darin bleiben wollte, ohne zu wechseln.

Ariel kommt, unsichtbar, und spielt eine feierliche Melodie.

Sebastian. Ja, da würden wir und dann mit ihm ein Klopf= jagen bei Nacht anstellen.

Antonio. Lieber Herr, seid nicht ungehalten.

Gonzalo. Nein, verlaßt euch drauf, ich werde meine Vernunft nicht so leichtsinnig daran wagen. Wollt ihr mich in Schlaf lachen, denn ich bin sehr müde?

Antonio.   Geht schlafen, und hört uns zu.

Alle schlafen ein, außer Alonso, Sebastian und Antonio.

Alonso.   Wie? All' im Schlaf? O schlössen meine Augen
Mit sich auch die Gedanken zu! Ich fühle,
Sie sind dazu geneigt.

Sebastian.   Beliebt's Euch, Herr,
Versäumet nicht die müde Einladung.
Sie naht dem Kummer selten: wenn sie's thut,
So bringt sie Trost.

Antonio.   Wir beide wollen Euch
Behüten, gnäd'ger Herr, indes Ihr ruht,
Und Wache halten.

Alonso.   Dank euch! Seltsam müde — (*Alonso schläft ein.   Ariel ab.*)

Sebastian.   Welch eine fremde Schläfrigkeit befällt sie?

Antonio.   Es ist die Art des Himmelstrichs.

Sebastian.   Warum
Drückt sie denn unsre Augenlider nicht?
Ich fühl' in mir zum Schlafen keinen Trieb.

Antonio.   Auch ich nicht, meine Sinne sind ganz munter.
Sie fielen alle wie auf einen Wink,
Sie sanken, wie vom Blitz gerührt. Was könnte —
Würd'ger Sebastian? — O was könnte? — Still! —
Und doch ist mir, ich säh' auf deiner Stirn,
Was du verdienst; der Anlaß ruft, und meine
Lebend'ge Einbildung sieht eine Krone
Sich seulen auf dein Haupt.

Sebastian.   Wie? bist du wach?

Antonio.   Hörst du mich denn nicht reden?

Sebastian.   Ja, und wahrlich,
's ist eine Träumersprache, und du sprichst
Aus deinem Schlaf. Was war es, das du sagtest?
Dies ist 'ne wunderbare Ruh', zu schlafen
Mit offnen Augen, stehend, sprechend, gehend,
Und doch so tief im Schlaf.

Antonio.   Edler Sebastian,
Du läßt dein Glück entschlafen, sterben; blinzelst,
Indessen du noch wachst.

Sebastian.   Du schnarchst verständlich;
Dein Schnarchen hat Bedeutung.

Antonio.   Ja, ich bin ernster als ich pflege, Ihr
Müßt's auch sein, wenn Ihr mich begreift; und das
Verdreifacht dich.

Sebastian.   Wohl, ich bin stehndes Wasser.

Antonio.   Ich will Euch fluten lehren.

Sebastian. Thut das doch,
Denn ebben heißt mich angeerbte Trägheit.

Antonio. O wüßtet Ihr, wie Ihr den Anschlag hegt,
Da Ihr ihn höhnt, vie, da Ihr ihn entblößt,
Ihr mehr ihn schmückt! Denn freilich, wer da ebbt,
Muß häusig auf den Grund beinah geraten,
Durch eigne Furcht und Trägheit.

Sebastian. Fahre fort,
Ich bitte dich: dein Blick und deine Züge
Verkünden etwas; die Geburt, fürwahr,
Macht große Wehen dir.

Antonio. So hört! Obschon
Der an Erinnrung schwache Herr da, dieser,
Der auch nicht stärker im Gedächtnis sein wird,
Wenn er beerdigt ist, den König hier
Fast überredet hat — er ist ein Geist
Der Überredung, giebt mit nichts sich ab
Als überreden — daß sein Sohn noch lebe;
's ist so unmöglich, daß er nicht ertrank,
Als daß der schwimme, der hier schläft.

Sebastian. Ich bin
Ganz ohne Hoffnung, daß er nicht ertrank.

Antonio. Aus diesem ohne Hoffnung, o was geht Euch
Für große Hoffnung auf! Hier ohne Hoffnung, ist
Auf andre Art so hohe Hoffnung, daß
Der Blick der Ehrfurcht selbst nicht jenseits dringt,
Und was er dort entdeckt, bezweifeln muß.
Gebt Ihr mir zu, daß Ferdinand ertrunken?

Sebastian. Ja, er ist hin.

Antonio. So sagt mir, wer ist dann
Der nächste Erbe Napels?

Sebastian. Claribella.

Antonio. Sie, Königin von Tunis? Die am Ende
Der Welt wohnt? Die von Napel keine Zeitung
Erhalten kann, wofern die Sonne nicht
Als Bote liefe — denn zu langsam ist
Der Mann im Mond —, bis neugeborne Kinne
Verbartet sind? Von der uns alle kommend
Die See verschlang, doch ein'ge wieder auswarf;
Und dadurch sie erfehn zu einer Handlung,
Wovon, was jetzt geschah, ein Vorspiel ist,
Doch uns das Künft'ge obliegt.

Sebastian. Was für Zeug ist dies?
Was sagt Ihr? — Wahr ist's, meines Bruders Tochter

Ist Königin von Tunis, ebenfalls
Von Napel Erbin, zwischen welchen Ländern
Ein wenig Raum ist.

Antonio.					Ja, ein Raum, wovon
Ein jeder Fußbreit auszurufen scheint:
„Wie soll die Claribella uns zurück
Nach Napel messen?" — Bleibe sie in Tunis,
Sebastian wache! — Setzt, dies wär' der Tod,
Was jetzt sie überfallen; nun, sie wären
Nicht schlimmer dran als jetzt. Es giebt der Leute
Die Napel wohl so gut, als der hier schläft,
Regieren würden; Herrn, die schwatzen können,
So weit ausholend und so unersprießlich
Wie der Gonzalo hier; ich könnte selbst
So elsterhaft wohl plaudern. Hättet Ihr
Doch meinen Sinn! Was für ein Schlaf wär' dies
Für Eure Standserhöhung! Ihr versteht mich?

Sebastian. Mich dünket, ja.

Antonio.					Und wie hegt Euer Beifall
Eu'r eignes gutes Glück?

Sebastian.					Es fällt mir bei,
Ihr stürztet Euern Bruder Prospero.

Antonio.					Wahr!
Und seht, wie wohl mir meine Kleider sitzen,
Weit saubrer wie zuvor. Des Bruders Diener,
Die damals meine Kameraden waren,
Sind meine Leute jetzt.

Sebastian.					Doch Eu'r Gewissen?

Antonio. Ei, Herr, wo sitzt das? Wär's der Frost im Fuß,
Müßt' ich in Socken gehn; allein ich fühle
Die Gottheit nicht im Busen. Zehn Gewissen,
Die zwischen mir und Mailand stehn, sie möchten
Gefroren sein und austaun, eh sie mir
Beschwerlich fielen. Hier liegt Euer Bruder
Nicht besser als die Erd, auf der er liegt,
Wär' er, was jetzt er scheinet: nämlich tot,
Den ich mit diesem will'gen Stahl, drei Zoll davon,
Zu Bett auf immer legen kann; indes Ihr gleichfalls
Die alte Ware da, den Meister Klug,
In Ruhstand setztet, der uns weiter nichts
Vorrücken sollte. All' die andern nähmen
Eingebung an, wie Milch die Katze schleckt;
Sie zählen uns zu jedem Werk die Stunde,
Wozu wir sagen: es ist Zeit.

Sebastian. Mein Freund,
Dein Fall zeigt mir den Weg: wie du zu Mailand,
Komm' ich zu Napel. Zieh dein Schwert; ein Streich,
Löst vom Tribut dich, den du zahlst; und ich,
Der König, will dir hold sein.

Antonio. Zieht mit mir,
Und heb' ich meine Hand, thut Ihr desgleichen,
Und nieder auf Gonzalo!

Sebastian. Halt, noch ein Wort! (Sie unterreden sich leise.)
Musik. Ariel kommt unsichtbar.

Ariel. Mein Herr sieht die Gefahr durch seine Kunst,
Die seinen Freunden droht, und schickt mich aus,
Weil sein Entwurf sonst stirbt, die hier zu retten.
(Er singt in Gonzalos Ohr.) Weil Ihr schnarchet, nimmt zur That
Offnen Auges der Verrat
Die Zeit in acht.
Ist Euch Leben lieb und Blut:
Rüttelt Euch, seid auf der Hut!
Erwacht! erwacht!

Antonio. So laßt uns beide schnell sein.

Gonzalo. Ihr guten Engel, steht dem König bei! (Sie erwachen sämtlich.)

Alonso. Wie? was? He! wacht! Wozu mit bloßem Degen?
Warum die stieren Blicke?

Gonzalo. Nun, was giebt's?

Sebastian. Da wir hier standen, Eure Ruh' bewachend,
Jetzt eben brach ein hohles Brüllen aus,
Als wie von Bullen oder Löwen gar.
Weckt' es Euch nicht? Es traf mein Ohr entsetzlich.

Alonso. Ich hörte nichts.

Antonio. O ein Getös', um Ungeheu'r zu schrecken,
Erdbeben zu erregen! Das Gebrüll
Von ganzen Herden Löwen!

Alonso. Hörtet Ihr's, Gonzalo?

Gonzalo. Auf meine Ehre, Herr, ich hört' ein Summen:
Und zwar ein sonderbares, das mich weckte;
Ich schüttelt' Euch und rief. Als ich die Augen aufthat,
Sah ich die Degen bloß. Ein Lärm war da,
Das ist gewiß: wir sollten auf der Hut sein,
Oder den Platz verlassen. Zieht die Degen!

Alonso. Gehn wir von hier, und laßt uns weiter suchen
Nach meinem armen Sohn.

Gonzalo. Behüt' ihn Gott
Vor diesen wilden Tieren! denn er ist

Gewißlich auf der Insel.

Alonso.   Laßt uns gehn.

Ariel (für sich). Ich will, was ich gethan, dem Meister offenbaren.
Geh, König, such den Sohn, nun sicher vor Gefahren! (Alle ab.)

2. Scene.

Eine andere Gegend der Insel.

Caliban kommt mit einer Tracht Holz. Man hört in der Entfernung donnern.

Caliban. Daß aller Giftqualm, den die Sonn' auffangt
Aus Sumpf, Moor, Pfuhl, auf Prosper fall', und mach' ihn
Siech durch und durch! Mich hören seine Geister,
Und muß doch fluchen. Zwar sie kneifen nicht,
Erschrecken mich als Igel, stecken mich
In Kot, noch führen sie wie Bräu' im Dunkeln
Mich irre, wenn er's nicht geheißen; aber
Für jeden Bettel hetzt er sie auf mich;
Wie Affen bald, die Mäuler ziehn und plärren
Und danu mich beißen; bald wie Stachelschweine,
Die, vo ich barfuß geh', sich wälzen und
Die Borsten sträuben, wenn mein Fuß auftritt;
Manchmal bin ich von Nattern ganz umwunden,
Die mit gespaltnen Zungen toll mich zischen. (Trinculo kommt.)
Steht! jetzt! Hu, hu! Da kommt ein Geist von ihm,
Um mich zu plagen, weil ich 's Holz nicht bringe;
Platt fall' ich hin, so merkt er vohl mich nicht.

Trinculo. Hier ist weder Busch noch Strauch, einen nur ein
bißchen vor dem Wetter zu schützen, und schon munkelt ein neues
Ungewitter. Ich hör's im Winde pfeifen: die schwarze Wolke da,
die große, sieht wie ein alter Schlauch aus, der sein Getränk ver=
schütten will. Wenn es vieder so donnert wie vorher, so weiß ich
nicht, wo ich unterducken soll; die Wolke da muß schlechterdings mit
Mulden gießen. — Was giebt's hier? Ein Mensch oder ein Fisch?
Tot oder lebendig? Ein Fisch: er riecht wie ein Fisch; 's ist ein
recht ranziger und fischichter Geruch; so 'ne Art Laberdan, nicht von
dem frischesten. Ein seltsamer Fisch! Wenn ich nun in England wäre,
wie ich einmal gewesen bin, und hätte den Fisch nur gemalt, jeder
Pfingstnarr gäbe mir dort ein Stück Silber. Da väre ich mit dem
Ungeheuer ein gemachter Mann; jedes fremde Tier macht dort seinen
Mann; wenn sie keinen Deut geben wollen, einem lahmen Bettler
zu helfen, so wenden sie zehn dran, einen toten Indianer zu sehn. —
Beine wie ein Mensch! Seine Floßfedern wie Arme! Warm, mein
Seel'! Ich lasse jetzt meine Meinung fahren, und behaupte sie nicht
länger: es ist kein Fisch, sondern einer von der Insel, den ein
Donnerkeil eben erschlagen hat. (Donner.) O veh! das Ungewitter ist

vieder heraufgekommen: das beste ist, ich krieche unter seinen Mantel,
es giebt hier herum kein anderes Obdach. Die Not bringt einen zu selt=
samen Schlafgesellen; ich will mich hier einwickeln, bis die Grundsuppe des
Gewitters vorüber ist. (Stephano kommt singend, eine Flasche in der Hand.)

Stephano.   Ich geh' nicht mehr zur See, zur See,
                    Hier sterb' ich auf dem Land. —
Das ist eine lausige Melodie, gut bei einer Beerdigung zu singen;
aber hier ist mein Trost. (Trinkt.)

            Der Meister, der Bootsmann, der Konstabel und ich,
                Wir halten's mit artigen Mädchen,
            Mit Lieschen und Gretchen und Hedewig;
                Doch keiner fragt was nach Käthchen.
            Denn sie macht ein beständig Gekeifel;·
            Kommt ein Seemann, da heißt's: Geh zum Teufel!
Den Pech= und den Teergeruch haßt sie aufs Blut;
Doch ein Schneider, der juckt sie, wo's nötig ihr thut.
            Auf die See, Kerls, und hol' sie der Teufel!
Das ist auch eine lausige Melodie; aber hier ist mein Trost. (Trinkt.)

Caliban.   Plage mich nicht! O!

Stephano.   Was heißt das? Giebt's hier Teufel? Habt ihr
uns zum besten mit Wilden und indianischen Männern? Ha! Da=
zu bin ich nicht nahe am Ersaufen gewesen, um mich jetzt vor deinen
vier Beinen zu fürchten; denn es heißt von ihm: so 'n wackrer Kerl,
als jemals auf vier Beinen gegangen ist, kann ihn nicht zum Wei=
chen bringen; und es soll auch serner so heißen, solange Stephano
einen lebendigen Odem in seiner Nase hat.

Caliban.   Der Geist plagt mich — O! —

Stephano.   Dies ist ein Ungeheuer aus der Insel mit vier
Beinen, das meines Bedünkens das Fieber gekriegt hat. Wo Henker
mag er unsere Sprache gelernt haben? Ich will ihm was zur Stär=
kung geben, wär's nur deswegen: kann ich ihn wieder zurechtbringen,
und ihn zahm machen, und nach Napel mit ihm kommen, so ist er
ein Präsent für den besten Kaiser, der je auf Rindsleder getreten ist.

Caliban.   Plag mich nicht, bitte! Ich will mein Holz geschwin=
der zu Haus bringen.

Stephano.   Er hat jetzt seinen Anfall und redet nicht zum geschei=
testen. Er soll aus meiner Flasche kosten; wenn er noch niemals Wein
getrunken hat, so kann es ihm leicht das Fieber vertreiben. Kann ich
ihn wieder zurechtbringen und ihn zahm machen, so will ich nicht zuviel
für ihn nehmen: wer ihn kriegt, soll für ihn bezahlen, und das tüchtig.

Caliban.   Noch thust du mir nicht viel zuleid; du wirst es
bald, ich merk's an deinem Zittern. Jetzt treibt dich Prospero.

Stephano.   Laß das gut sein! Mach das Maul auf! Hier ist was,
das dich zur Vernunft bringen soll. Katze! mach das Maul auf!

Dies wird dein Schütteln schütteln, sag' ich dir, und das tüchtig. Niemand weiß, ver sein Freund ist. Thu die Kinnbacken wieder auf!

Trinculo. Ich sollie die Stimme keunen; das wäre ja wohl — aber er ist ertrunken, und dies sind Teufel. O, behüte mich!

Stephano. Vier Beine und zwei Stimmen: ein allerliebstes Ungeheuer! Seine Vorderstimme wird nun Gutes von seinem Freunde reden; seine Hinterstimme wird böse Reden ausstoßen und verleumden. Reicht der Wein in meiner Flasche hin, ihn zurechtzubringen, so will ich sein Fieber kurieren. Komm! — Amen! Ich will dir was in deinen andern Mund gießen.

Trinculo. Stephano —

Stephano. Ruft mich dein anderer Mund bei Namen? Be= hüte! Behüte! Dies ist der Teufel und kein Ungeheuer. Ich will keine Suppe mit ihm essen, ich habe keinen langen Löffel.

Trinculo. Stephano! — Wenn du Stephano bist, rühr mich an und sprich mit mir, denn ich bin Trinculo — fürchte dich nicht! — dein guter Freund Trinculo.

Stephano. Wenn du Trinculo bist, so komm heraus. Ich will dich bei den dünneren Beinen ziehen: wenn hier welche Trinculos Beine sind, so sind's diese. — Du bist wirklich ganz und gar Trinculo. Wie kamst du dazu, der Abgang dieses Mondkalbes zu sein? Kann er Trinculos von sich geben?

Trinculo. Ich dachte, er väre vom Blitz erschlagen. — Bist du denn nicht ertrunken, Stephano? Ich vill hoffen, du bist nicht ertrunken. Ist das Ungewitter vorüber? Ich steckte mich unter des toten Mondkalbs Mantel, weil ich vor dem Ungewitter bange war. Du bist also am Leben, Stephano? O Stephano, zwei Neapolitaner davongekommen!

Stephano. Ich bitte dich, dreh mich nicht so herum, mein Magen ist nicht recht standfest.

Caliban. Gar schöne Dinger, wo's nicht Geister sind! Das ist ein wackrer Goti, hat Himmelstrank: Will vor ihm knieen.

Stephano. Wie kamst du davon? Wie kamst du hierher? Schwöre bei dieser Flasche, wie du herkamst. Ich habe mich auf einem Fasse Sekt gerettet, das die Matrosen über Bord warfen; bei dieser Flasche, die ich aus Baumrinden mit meinen eigenen Händen gemacht habe, seit ich ans Land getrieben bin!

Caliban. Bei der Flasche vill ich schwören, dein treuer Knecht zu sein, denn das ist kein irdisches Getränk.

Stephano. Hier schwöre nun: wie kamst du davon?

Trinculo. Ans Laud geschwommen, Kerl, wie 'ne Ente; ich kanu schwimmen wie 'ne Eute, das schwör' ich dir.

Stephano. Hier küsse das Buch! Kannst du schon schwimmen vie 'ne Eute, so bist du doch natürlich wie eine Gans:

Trinculo. O Stephano, hast mehr davon?

Stephano. Das ganze Faß, Kerl; mein Keller ist in einem Felsen an der See, da habe ich meinen Wein versteckt. Nun, Mond=kalb, was macht dein Fieber?

Caliban. Bist du nicht vom Himmel gefallen?

Stephano. Ja, aus dem Monde, glaub's mir: ich war zu seiner Zeit der Mann im Monde.

Caliban. Ich habe dich drin gesehen und bete dich an. Meine Gebieterin zeigte dich mir und deinen Hund und deinen Busch.

Stephano. Komm, schwöre hierauf! Küsse das Buch! Ich will es gleich mit neuem Inhalt anfüllen. Schwöre!

Trinculo. Beim Firmament, das ist ein recht einfältiges Ungeheuer. — Ich mich vor ihm fürchten? — Ein recht betrübtes Ungeheuer! Der Mann im Monde? — Ein armes leichtgläubiges Ungeheuer! Gut gesoffen, Ungeheuer, meiner Treu!

Caliban. Ich zeig' dir jeden fruchtbarn Fleck der Insel,
Und will den Fuß dir küssen; bitte, sei mein Gott!

Trinculo. Beim Firmament, ein recht hinterlistiges, betrun=kenes Ungeheuer! Wenn sein Gott schläft, wird es ihm die Flasche stehlen.

Caliban. Ich will den Fuß dir küssen, will mich schwören
Zu deinem Knecht.

Stephano. So komm denn, nieder und schwöre!

Trinculo. Ich lache mich zu Tode über dies mopsköpfige Ungeheuer. Ein lausiges Ungeheuer! Ich könnte über mich gewinnen, es zu prügeln —

Stephano. Komm! küss'!

Trinculo. Wenn das arme Ungeheuer nicht besoffen wäre. —
Ein abscheuliches Ungeheuer!

Caliban. Will dir die Quellen zeigen, Beeren pflücken,
Will fischen und dir Holz genugsam schaffen.
Pest dem Tyrann, dem ich dienen muß!
Ich trag' ihm keine Klötze mehr; ich folge
Dir nach, du Wundermann.

Trinculo. Ein lächerliches Ungeheuer, aus einem armen Trunkenbolde ein Wunder zu machen.

Caliban. Laß mich dir weisen, wo die Holzbirn wächst;
Mit meinen langen Nägeln grab' ich Trüffeln,
Zeig' dir des Hähers Nest; ich lehre dich
Die hurt'ge Meerkatz fangen; bringe dich
Zum vollen Haselbusch, und hol' dir manchmal
Vom Felsen junge Möwen. Willst du mitgehn?

Stephano. Ich bitte dich, geh voran, ohne weiter zu schwatzen. — Trinculo, da der König und unsere ganze Mannschaft ertrunken ist, so wollen wir hier Besitz nehmen. — Hier, trag meine Flasche! — Kamerad Trinculo, wir wollen sie gleich wieder füllen.

Caliban (singt in betrunkenem Mute).
　　　　Leb wohl, mein Meister! leb wohl! leb wohl!
　Trinculo. Ein heulendes Ungeheuer! ein besoffenes Ungeheuer!
Caliban. 　　Will nicht mehr Fischfänger sein,
　　　　　　Noch Feu'rung holen,
　　　　　　Wie's befohlen;
　　　　Noch die Teller scheuern rein,
　　　　Ban, ban, Ca — Caliban,
　　　Hat zum Herrn einen andern Mann,
　　　Schaff einen neuen Diener dir an.
　Freiheit, heisa! heisa, Freiheit! Freiheit, heisa!
　Freiheit!
Stephano. O tapferes Ungeheuer, zeig uns den Weg! (Alle ab.)

Dritter Aufzug.

1. Scene.

Vor Prosperos Zelle.

Ferdinand, ein Scheit Holz tragend.

Ferdinand. Es giebt mühvolle Spiele, und die Arbeit
　　Versüßt die Lust dran; mancher schnöde Dienst
　　Wird rühmlich übernommen, und das Ärmste
　　Führt zu dem reichsten Ziel. Dies niedre Tagewerk
　　Wär' so beschwerlich als verhaßt mir; doch
　　Die Herrin, der ich dien', erweckt das Tote
　　Und macht die Müh'n zu Freuden. O, sie ist
　　Zehnfach so freundlich als ihr Vater rauh,
　　Und er besteht aus Härte. Schleppen muß ich
　　Und schichten ein paar Tausend dieser Klötze,
　　Bei schwerer Strafe. Meine süße Herrin
　　Weint, wenn sie's sieht, und sagt, so knecht'scher Dienst
　　Fand nimmer solchen Thäter. Ich vergesse;
　　Doch diese lieblichen Gedanken laben
　　Die Arbeit selbst; sind am geschäftigsten,
　　Wenn ich sie thue. (Miranda kommt. Prospero in einiger Entfernung.)
Miranda. 　　Ach, ich bitte, plagt
　　Euch nicht so sehr! Ich wollte, daß der Blitz
　　Das Holz verbrannt, das Ihr zu schichten habt.
　　Legt ab und ruht Euch aus! Wenn dies hier brennt,
　　Wird's weinen, daß es Euch beschwert. Mein Vater
　　Steckt tief in Büchern; bitte, ruht Euch aus;
　　Ihr seid vor ihm jetzt auf drei Stunden sicher.

Ferdinand. O teuerste Gebieterin! die Sonne
Wird untergehn, eh ich vollbringen kann,
Was ich doch muß.

Miranda. Wenn Ihr Euch setzen wollt:
Trag' ich indes die Klötze. Gebt mir den!
Ich bring' ihn hin.

Ferdinand. Nein, köstliches Geschöpf!
Eh' sprengt' ich meine Sehnen, bräch' den Rücken,
Als daß Ihr solcher Schmach Euch unterzögt,
Und ich säh' träge zu.

Miranda. Es stände mir
So gut wie Euch, und ich verrichtet' es
Weit leichter, denn mich treibt mein guter Wille,
Und Euerm ist's zuwider.

Prospero. Armer Wurm,
Du bist gefangen! Dein Besuch verrät's.

Miranda. Ihr seht ermüdet aus.

Ferdinand. Nein, edle Herrin,
Bei mir ist's früher Morgen, wenn Ihr mir
Am Abend nah seid. Ich ersuche Euch —
Hauptsächlich um Euch im Gebet zu nennen —
Wie heißet Ihr?

Miranda. Miranda. — O mein Vater!
Ich hab' Euer Wort gebrochen, da ich's sagte.

Ferdinand. Bewunderte Miranda! In der That
Der Gipfel der Bewundrung; was die Welt
Am höchsten achtet, vert! Gar manches Fräulein
Betrachtet' ich mit Fleiß, und manches Mal
Bracht ihrer Zungen Harmonie in Knechtschaft
Mein allzu emsig Ohr: um andre Gaben
Gefielen andre Fraun mir: keine je
So ganz von Herzen, daß ein Fehl in ihr
Nicht haderte mit ihrem schönsten Reiz
Und überwältigt' ihn: doch Ihr, o Ihr,
So ohnegleichen, so vollkommen, seid
Vom Besten jegliches Geschöpfs erschaffen.

Miranda. Vom eigenen Geschlechte kenn' ich niemand,
Erinnre mir kein weibliches Gesicht,
Als meines nur im Spiegel: und ich sah
Nicht mehre, die ich Männer nennen könnte,
Als Euch, mein Guter, und den teuern Vater.
Was für Gesichter anderswo es giebt,
Ist unbewußt mir: doch bei meiner Sittsamkeit,
Dem Kleinod meiner Mitgift! wünsch' ich keinen

Mir zum Gefährten in der Welt als Euch,
Noch kann die Einbildung ein Wesen schaffen,
Das ihr gefiele, außer Euch. Allein
Ich plaudre gar zu wild, und achte darin
Des Vaters Vorschrift nicht.

Ferdinand.   Ich bin nach meinem Stand
Ein Prinz, Miranda, ja ich denk', ein König, —
Wär' ich's doch nicht! — und trüg' so wenig wohl
Hier diese hölzerne Leibeigenschaft,
Als ich von einer Fliege mir den Mund
Beschmeißen ließ'. — Hört meine Seele reden!
Den Augenblick, da ich Euch sahe, flog
Mein Herz in Euern Dienst; da wohnt es nun,
Um mich zum Knecht zu machen: Euretwegen
Bin ich ein so geduld'ger Tagelöhner.

Miranda. Liebt Ihr mich?

Ferdinand. O Erd', o Himmel! zeuget diesem Land,
Und krönt mit günst'gem Glück, was ich beteure,
Red' ich die Wahrheit; red' ich falsch, so kehrt
Die beste Vorbedeutung mir in Unglück!
Weit über alles, was die Welt sonst hat,
Lieb' ich und acht' und ehr' Euch.

Miranda.   Ich bin thöricht,
Zu weinen über etwas, das mich freut.

Prospero. Ein schön Begegnen zwei erwählter Herzen!
Der Himmel regne Huld auf das herab,
Was zwischen ihnen aufkeimt.

Ferdinand.   Warum weint Ihr?

Miranda. Um meinen Unwert, daß ich nicht darf bieten,
Was ich zu geben wünsche; noch viel minder,
Wonach ich tot mich sehnen werde, nehmen.
Doch das heißt Tändeln, und je mehr es sucht
Sich zu verbergen, um so mehr erscheint's
In seiner ganzen Macht. Fort, blöde Schlauheit!
Führ du das Wort mir, schlichte, heil'ge Unschuld!
Ich bin Eu'r Weib, wenn Ihr mich haben wollt,
Sonst sterb' ich Eure Magd; Ihr könnt mir's weigern,
Gefährtin Euch zu sein, doch Dienerin
Will ich Euch sein, Ihr wollet oder nicht.

Ferdinand. Geliebte, Herrin, und auf immer ich
So unterthänig!

Miranda. Mein Gatte denn?

Ferdinand.   Ja, mit so will'gem Herzen,
Als Dienstbarkeit sich je zur Freiheit wandte.

Hier habt Ihr meine Hand.

Miranda.   Und Ihr die meine,
Mit meinem Herzen drin; und nun lebt wohl
Auf eine halbe Stunde.

Ferdinand.   Tausend, tausendmal! (Beide ab.)

Prospero. So froh wie sie kann ich nicht drüber sein,
Die dieses überrascht; doch größte Freude
Gewährt mir nichts. Ich will zu meinem Buch,
Denn vor der Abendmahlzeit hab' ich noch
Viel Nöt'ges zu verrichten.

2. Scene.

Eine andere Gegend der Insel.

Stephano und Trinculo kommen. Caliban folgt mit einer Flasche.

Stephano. Sagt mir da nicht von! Wenn das Faß leer ist,
wollen wir Wasser trinken. Vorher keinen Tropfen! Also haltet
Euch frisch und siecht sie an. Diener=Ungeheuer, thu mir Bescheid.

Trinculo. Diener=Ungeheuer? Ein tolles Stück von Insel!
Sie sagen, es wären nur fünfe auf dieser Insel: wir sind drei davon;
wenn die andern beiden so gehirnt sind wie wir, so wackelt der Staat.

Stephano. Trink, Diener=Ungeheuer, wenn ich dich's heiße.
Die Augen stecken dir fast ganz im Kopfe drinnen.

Trinculo. Wo sollten sie sonst stecken? Er wäre vahrlich ein
prächtiges Ungeheuer, wenn sie ihm im Schweise steckten.

Stephano. Mein Kerl=Ungeheuer hat seine Zunge in Sekt er=
sänft. Was mich betrifft, mich kann das Meer nicht ersäufen. Ich
schwamm, eh ich wieder ans Land kommen konnte, fünfunddreißig
Meilen, ab und zu: beim Element! — Du sollst mein Lieutenant
sein, Ungeheuer, oder mein Fähnrich.

Trinculo. Euer Lieutenant, wenn's Euch beliebt; er kann die
Fahne nicht halten.

Stephano. Wir werden nicht laufen, Musje Ungeheuer.

Trinculo. Gehen auch nicht; ihr werdet liegen wie Hunde und
den Mund nicht aufthun.

Stephano. Mondkalb, sprich einmal in deinem Leben, wenn
du ein gutes Mondkalb bist.

Caliban. Wie geht's deiner Gnaden? Laß mich deine Schuhe
lecken. Ihm will ich nicht dienen, er ist nicht herzhaft.

Trinculo. Du lügst, unwissendes Ungeheuer. Ich bin im
stande, einem Bettelvogt die Spitze zu bieten. Ei, du liederlicher
Fisch du, war jemals einer eine Memme, der so viel Sekt getrunken
hat, wie ich heute? Willst du eine ungeheure Lüge sagen, da du nur
halb ein Fisch und halb ein Ungeheuer bist?

Caliban. Sieh, wie er mich zum besten hat: willst du das zugeben, mein Fürst?

Trinculo. Fürst, sagt er? — Daß ein Ungeheuer solch ein Einfaltspinsel sein kann!

Caliban. Sieh, sieh! schon wieder! Bitte, beiß ihn tot.

Stephano. Trinculo, kein loses Maul! Wenn Ihr aufrührerisch werdet, soll der nächste Baum — Das arme Ungeheuer ist mein Unterthan, und ihm soll nicht unwürdig begegnet werden.

Caliban. Ich danke meinem gnädigen Herrn. Willst du geruhn, nochmals auf mein Gesuch zu hören, das ich dir vorbrachte?

Stephano. Ei freilich will ich: knie und wiederhol' es. Ich will stehen, und das soll Trinculo auch. (Ariel kommt, unsichtbar.)

Caliban. Wie ich dir vorher sagte, ich bin einem Tyrannen unterthan, einem Zauberer, der mich durch seine List um die Insel betrogen hat.

Ariel. Du lügst!

Caliban. Du lügst, du possenhafter Affe, du!
Daß dich mein tapfrer Herr verderben möchte!
Ich lüge nicht.

Stephano. Trinculo, wenn Ihr ihn in seiner Erzählung noch irgend stört, bei dieser Faust! ich schlag' Euch ein paar Zähne ein.

Trinculo. Nun, ich sagte ja nichts.

Stephano. St! also, und nichts weiter! — Fahre fort!

Caliban. Durch Zauberei gewann er diese Insel,
Gewann von mir sie. Wenn nun deine Hoheit
Ihn strafen will — ich weiß, du hast das Herz,
Doch dies Ding hat keins —

Stephano. Das ist gewiß.

Caliban. So sollst du Herr drauf sein, ich will dir dienen.

Stephano. Aber wie kommen wir damit zu stande? Kannst du mich zu dem betreffenden hinbringen?

Caliban. Ja, ja, mein Fürst! Ich liefr' ihn dir im Schlaf,
Wo du ihm seinen Kopf durchnageln kannst.

Ariel. Du lügst, du kannst nicht.

Caliban. Der scheckige Hanswurst! Du lump'ger Narr! —
Ich bitte deine Hoheit, gieb ihm Schläge,
Und nimm ihm seine Flasche; ist die fort,
So mag er Lake trinken, denn ich zeig' ihm
Die frischen Quellen nicht.

Stephano. Trinculo, stürze dich in keine weitere Gefahr. Unterbrich das Ungeheuer noch mit einem Worte, und bei dieser Faust, ich gebe meiner Barmherzigkeit den Abschied, und mache einen Stockfisch aus dir.

Trinculo. Wie? Was hab' ich gethan? Ich habe nichts gethan, ich will weiter weggehen.

Stephano. Sagtest du nicht, er löge?

Ariel. Du lügst!

Stephano. Lüg' ich? da hast du was. (Schlägt ihn.) Wenn du das gern hast, straf mich ein andermal Lügen.

Trinculo. Ich strafte Euch nicht Lügen, — seid Ihr um Euern Verstand gekommen, und ums Gehör auch? Zum Henker Eure Flasche! So weit kann Sekt und Trinken einen bringen. — Daß die Pestilenz Euer Ungeheuer, und hol' der Teufel Eure Finger!

Caliban. Ha ha ha!

Stephano. Nun weiter in der Erzählung. — Ich bitte dich, steh beiseite.

Caliban. Schlag ihn nur tüchtig! Nach 'nem kleinen Weilchen Schlag' ich ihn auch.

Stephano. Weiter weg! — Komm, fahre fort.

Caliban. Nun, wie ich sagte, 's ist bei ihm die Sitte,
Des Nachmittags zu ruhn; da kannst ihn würgen,
Hast du erst seine Bücher; mit 'nem Klotz
Den Schädel ihm zerschlagen, oder ihn
Mit einem Pfahl ausweiden, oder auch
Mit deinem Messer ihm die Kehl' abschneiden.
Denk dran, dich erst der Bücher zu bemeistern,
Denn ohne sie ist er nur so ein Dummkopf,
Wie ich bin, und es steht kein einz'ger Geist
Ihm zu Gebot. Sie hassen alle ihn
So eingefleischt vie ich. Verbrenn ihm nur
Die Bücher! Er hat schön Gerät — so nennt er's —
Sein Haus, venn er eins kriegt, damit zu putzen.
Und was vor allem zu betrachten, ist
Die Schönheit seiner Tochter; nennt er selbst
Sie ohnegleichen doch. Ich sah noch nie ein Weib
Als meine Mutter Sycorax und sie:
Doch sie ist so weit über Sycorax,
Wie 's Größte übers Kleinste.

Stephano. Ist es so 'ne schmucke Dirne?

Caliban. Ja, Herr, sie wird wohl anstehn deinem Bett,
Das schwör' ich dir, und wackre Brut dir bringen.

Stephano. Ungeheuer, ich vill den Mann umbringen; seine Tochter und ich vir vollen König und Königin sein, — es lebe unsere Hoheit! und Trinculo und du, ihr sollt Vizekönige werden. — Gefällt dir der Haudel, Trinculo?

Trinculo. Vortrefflich.

Stephano. Gieb mir deine Hand! Es thut mir leid, daß ich dich schlug; aber hüte dich dein Leben lang vor losen Reden.

Caliban. In einer halben Stnud' ist er im Schlaf:
Willst du ihn danu vertilgen?

Stephano. Ja, auf meine Ehre.

Ariel (beiseite). Dies meld' ich meinem Herrn.

Caliban. Du machst mich lustig, ich bin voller Freude:
So laßt uns jubeln. Wollt Ihr 's Liedlein trällern,
Das Ihr mich erst gelehrt?

Stephano. Auf dein Begehren, Ungeheuer, will ich mich dazu
verstehen, mich zu allem verstehen. Wohlan, Trinculo, laß uns singen!
Neckt sie und zeckt sie, und zeckt sie und neckt sie!
Gedanken sind frei.

Caliban. Das ist die Weise nicht.

(Ariel spielt die Melodie mit Trommel und Pfeife.)

Stephano. Was bedeutet das?

Trinculo. Es ist die Weise unseres Liedes, vom Herrn Nie=
mand aufgespielt.

Stephano. Wo du ein Mensch bist, zeige dich in deiner wahren
Gestalt; bist du ein Teufel, so thu, was du willst.

Trinculo. O vergieb mir meine Sünden!

Stephano. Wer da stirbt, zahlt alle Schulden. Ich trotze
dir. — Gott sei uns gnädig!

Caliban. Bist du in Angst?

Stephano. Nein, Ungeheuer, das nicht.

Caliban. Sei nicht in Angst! Die Insel ist voll Lärm,
Voll Tön' und süßer Lieder, die ergötzen,
Und niemand Schaden thun. Mir klimpern manchmal
Viel tausend helle Instrument' ums Ohr,
Und manchmal Stimmen, die mich, wenn ich auch
Nach langem Schlaf erst eben aufgewacht,
Zum Schlafen wieder bringen; dann im Traume
War mir, als thäten sich die Wolken auf
Und zeigten Schätze, die auf mich herab
Sich schütten wollten, daß ich beim Erwachen
Aufs neu' zu träumen heulte.

Stephano. Dies wird mir ein tüchtiges Königreich werden,
wo ich meine Musik umsonst habe.

Caliban. Wenn Prospero vertilgt ist.

Stephano. Das soll bald geschehen: ich habe die Geschichte noch
im Kopf.

Trinculo. Der Klang ist im Abzuge. Laßt uns ihm folgen,
und dann unser Geschäft verrichten.

Stephano. Geh voran, Ungeheuer, wir wollen folgen. — Ich
wollte, ich könnte diesen Trommelschläger sehn; er hält sich gut.

Trinculo. Willst kommen? Ich folge, Stephano. (Alle ab.)

3. Scene.

Eine andere Gegend der Insel.

Alonso, Sebastian, Antonio, Gonzalo, Adrian, Francisco und andere.

Gonzalo. Bei unsrer Frauen, Herr, ich kann nicht weiter.
Die alten Knochen schmerzen mir; das heiß' ich
Ein Labyrinth durchwandern, grad aus
Und in geschlungnen Wegen! Mit Erlaubnis,
Ich muß notwendig ausruhn.

Alonso. Alter Herr,
Ich kann dich drum nicht tadeln, da ich selbst
Von Müdigkeit ergriffen bin, die ganz
Die Sinne mir betäubt; setz dich und ruh!
Hier thu' ich mich der Hoffnung ab, und halte
Nicht länger sie als meine Schmeichlerin.
Er ist ertrunken, den zu finden so
Wir irre gehn, und des vergebnen Suchens
Zu Lande lacht die See. Wohl, fahr' er hin!

Antonio (beiseite zu Sebastian). Mich freut's, daß er so ohne Hoffnung ist.
Gebt eines Fehlstreichs wegen nicht den Anschlag,
Den Ihr beschlossen, auf.

Sebastian. Den nächsten Vorteil
Laßt ja uns recht ersehn.

Antonio. Es sei zu Nacht.
Denn nun, bedrückt von der Ermüdung, werden
Und können sie sich nicht so wachsam halten,
Als wie bei frischer Kraft.

Sebastian. Zu Nacht, sag' ich: nichts weiter!
Feierliche und seltsame Musik, und Prospero in der Höhe, unsichtbar.

Alonso. Welch eine Harmonie? Horcht, gute Freunde!

Gonzalo. Wundersam liebliche Musik!
(Verschiedene seltsame Gestalten kommen und bringen eine besetzte Tafel. Sie
tanzen mit freundlichen Gebärden der Begrüßung um dieselbe herum, und indem
sie den König und die übrigen einladen zu essen, verschwinden sie.)

Alonso. Verleih uns gute Wirte, Gott! Was war das?

Sebastian. Ein lebend Puppenspiel. Nun will ich glauben,
Daß es Einhörner giebt, daß in Arabien
Ein Baum des Phönix Thron ist, und ein Phönix
Zur Stunde dort regiert.

Antonio. Ich glaube beides;
Und was man sonst bezweifelt, komme her,
Ich schwöre drauf, 's ist wahr. Nie logen Reisende,
Schilt gleich zu Haus der Thor sie.

Gonzalo. Meldet' ich
Dies nun in Napel, würden sie mir's glauben?

Sagt' ich, daß ich Eiländer hier gesehen, —
Denn sicher sind dies Leute von der Insel —
Die, ungeheu'r gestaltet, dennoch, seht,
Von sanftern mildern Sitten sind, als unter
Dem menschlichen Geschlecht ihr viele, ja
Kaum einen finden werdet.

Prospero (beiseite).   Wackrer Mann,
Du hast wohl recht! Denn manche dort von euch
Sind mehr als Teufel.

Alonso.   Ich kann nicht satt mich wundern:
Gestalten solcher Art, Gebärde, Klang,
Die, fehlt gleich der Gebrauch der Zunge, trefflich
Ein stumm Gespräch aufführen.

Prospero (beiseite).   Lobt beim Ausgang!

Francisco. Sie schwanden seltsam.

Sebastian.   Thut nichts, da sie uns
Die Mahlzeit ließen, denn wir haben Mägen. —
Beliebt's zu kosten, was hier steht?

Alonso.   Mir nicht.

Gonzalo. Herr, hegt nur keine Furcht. In unsrer Jugend,
Wer glaubte wohl, es gebe Bergbewohner,
Mit Wammen so wie Stier', an deren Hals
Ein Fleischsack hing'? Es gebe Leute, denen
Der Kopf im Busen säße? als wovon
Jetzt jeder, der sein Schifflein läßt versichern,
Uns gute Kundschaft bringt.

Alonso.   Ich gehe dran und esse,
Wär's auch mein Letztes. Mag es! fühl' ich doch,
Das Beste sei vorüber. — Bruder, Herzog,
Geht dran und thut wie wir.

Donner und Blitz. Ariel kommt in Gestalt einer Harpyie, schlägt mit keinen Flügeln auf die Tafel, und vermittelst einer zierlichen Erfindung verschwindet die Mahlzeit.

Ariel. Ihr seid drei Sündenmänner, die das Schicksal
— Das diese niedre Welt, und was darinnen,
Als Werkzeug braucht — der nimmersatten See
Geboten auszuspein; und an dies Eiland,
Von Menschen unbewohnt, weil unter Menschen
Zu leben ihr nicht taugt. Ich macht' euch toll;
          (Alonso, Sebastian und die übrigen ziehen ihre Degen.)
Und grad in solchem Mut ersäufen, henken
Sich Menschen selbst. Ihr Thoren! ich und meine Brüder
Sind Diener des Geschicks; die Elemente,
Die eure Degen härten, könnten wohl
So gut den lauten Wind verwunden, oder

Die stets sich schließenden Gewässer töten
Mit eitlen Streichen, als am Fittich mir
Ein Fläumchen kränken. Meine Mitgesandten sind
Gleich unverwundbar: könntet ihr auch schaden,
Zu schwer sind jetzt für eure Kraft die Degen
Und lassen sich nicht heben. Doch bedenkt,
— Denn das ist meine Botschaft — daß ihr drei
Den guten Prospero verstießt von Mailand,
Der See ihn preisgab, die es nun vergolten,
Ihn und sein harmlos Kind; für welche Unthat
Die Mächte, zögernd, nicht vergessend, jetzt
Die See, den Strand, ja alle Kreaturen
Empöret gegen euern Frieden. Dich,
Alonso, haben sie des Sohns beraubt,
Verkünden dir durch mich: ein schleichend Unheil,
Viel schlimmer als ein Tod, der einmal trifft,
Soll Schritt vor Schritt auf jedem Weg dir folgen.
Um euch zu schirmen vor derselben Grimm,
Der sonst in diesem gänzlich öden Eiland
Aufs Haupt euch fällt, hilft nichts als Herzensleid,
Und reines Leben künftig.

(Er verschwindet unter Donnern; dann kommen die Gestalten bei einer sanften
Musik wieder, tanzen mit allerlei Fratzengesichtern und tragen die Tafel weg.)

Prospero (beiseite). Gar trefflich hast du der Harpyie Bildung
Vollführt, mein Ariel; ein Anstand war's, verschlingend!
Von meiner Vorschrift hast du nichts versäumt,
Was du zu sagen hattest; und so haben
Mit guter Art und höchst naturgetreu
Auch meine untern Diener, jeglicher
Sein Amt gespielt. Mein hoher Zauber wirkt,
Und diese meine Feinde sind gebunden
In ihrem Wahnsinn; sie sind in meiner Hand.
Ich lass' in diesem Anfall sie, und gehe
Zum jungen Ferdinand, den tot sie glauben,
Und sein und meinem Liebling. (Er verschwindet.)

Gonzalo. In heil'ger Dinge Namen, Herr, was steht Ihr
So seltsam starrend?

Alonso. O, es ist gräßlich! gräßlich!
Mir schien, die Wellen riefen mir es zu,
Die Winde sangen mir es, und der Donner,
Die tiefe grause Orgelpfeife, sprach
Den Namen Prospero, sie rollte meinen Frevel.
Drum liegt mein Sohn im Schlamm gebettet, und
Ich will ihn suchen, wo kein Senkblei forschte,
Und mit verschlämmt da liegen. (Ab.)

Sebastian. Gebt mir nur einen Teufel auf einmal,
So fecht' ich ihre Legionen durch.

Antonio. Ich steh dir bei. (Sebastian und Antonio ab.)

Gonzalo. Sie alle drei verzweifeln; ihre große Schuld,
Wie Gift, das lang nachher erst wirken soll,
Beginnt sie jetzt zu nagen. Ich ersuch' euch,
Die ihr gelenker seid, folgt ihnen nach,
Und hindert sie an dem, wozu der Wahnsinn
Sie etwa treiben könnte.

Adrian.   Folgt, ich bitt' euch. (Alle ab.)

Vierter Aufzug.

1. Scene.

Vor Prosperos Zelle.

Prospero, Ferdinand und Miranda treten auf.

Prospero. Hab' ich zu strenge Buß' Euch auferlegt,
So macht es die Vergeltung gut: ich gab
Euch einen Faden meines eignen Lebens,
Ja, das, wofür ich lebe; noch einmal
Biet' ich sie deiner Hand. All deine Plage
War nur die Prüfung deiner Lieb', und du
Hast deine Probe wunderbar bestanden.
Hier vor des Himmels Angesicht bestät'ge
Ich dies mein reich Geschenk. O Ferdinand!
Lächl' über mich nicht, daß ich mit ihr prahle:
Denn du wirst finden, daß sie allem Lob
Zuvoreilt, und ihr nach es hinken läßt.

Ferdinand. Ich glaub' es auch, selbst gegen ein Orakel.

Prospero. Als Gabe dann und selbsterworbnes Gut,
Würdig erkauft, nimm meine Tochter. Doch
Zerreißt du ihr den jungfräulichen Gürtel,
Bevor der heil'gen Feierlichkeiten jede
Nach hehrem Brauch verwaltet werden kann,
So wird der Himmel keinen Segenstau
Auf dieses Bündnis sprengen: dürrer Haß,
Scheeläugiger Verdruß und Zwist bestreut
Das Bett, das euch vereint, mit ellem Unkraut,
Daß ihr es beide haßt. Drum hütet euch,
So Hymens Kerz' euch leuchten soll.

Ferdinand.   So wahr
Ich stille Tag', ein blühendes Geschlecht
Und langes Leben hoff' in solcher Liebe

Als jetzo; nicht die dämmerigste Höhle,
Nicht der bequemste Platz, die stärkste Lockung,
So unser böser Genius vermag,
Soll meine Ehre je in Wollust schmelzen,
Um abzustumpfen jenes Tages Feier,
Wann Phöbus' Zug gelähmt mir dünken wird,
Die Nacht gefesselt drunten.

Prospero. Wohl gesprochen!
Sitz dann und rede mit ihr, sie ist dein. —
He, Ariel, mein geflißner Diener Ariel! (Ariel kommt.)

Ariel. Was will mein großer Meister? Ich bin da.

Prospero. Vollbracht hast du mit den geringern Brüdern
Den letzten Dienst geziemend; und ich brauch' euch
Aufs neu zu so 'nem Streich. Geh, bring hieher
Den Pöbel, über den ich Macht dir leihe.
Laß sie behend sich regen, denn ich muß
Die Augen dieses jungen Paares weiden
Mit Blendwerk meiner Kunst; ich hab's versprochen,
Und sie erwarten es von mir.

Ariel. Sogleich?

Prospero. Jawohl, in einem Wink.

Ariel. Eh du kannst sagen: komm und geh,
Atem holst und rufst: He he!
Mach' ich, wie ich geh' und steh',
Daß hier jeder auf der Zeh'
Sich mit Hokuspokus dreh'!
Liebst du mich, mein Meister? — Ne.

Prospero. Herzlich, mein guter Ariel! Bleib entfernt,
Bis du mich rufen hörst.

Ariel. Gut, ich verstehe. (Ab.)

Prospero. Sieh zu, daß du dein Wort hältst! Laß dem Tändeln
Den Zügel nicht zu sehr: die stärksten Schwüre
Sind Stroh dem Feu'r im Blut. Enthalt dich mehr,
Sonst: gute Nacht, Gelübd'!

Ferdinand. Herr, seid versichert,
Des jungfräulichen Sinnes kalter Schnee
Auf meiner Brust kühlt meines Blutes Hitze.

Prospero. Gut!
Nun komm, mein Ariel! Bring ein übrigs lieber,
Als daß ein Geist uns fehlt; erschein, und artig! —
Kein Mund! ganz Auge! schweigt! (Sanfte Musik. Iris tritt auf.)

Iris. Ceres, du milde Frau; dein reiches Feld
Voll Weizen, Roggen, Haber, Gerst' und Spelt;

Die Hügel, wo die Schaf' ihr Futter rauben,
Und Wiesen, wo sie ruhn, bedeckt von Schauben;
Die Bäche mit betulptem, buntem Bord,
Vom wäßrigen April verzieret auf dein Wort,
Zu keuscher Nymphen Kränzen; dein Gesträuch,
Wo der verstoßne Jüngling, liebebleich,
Sein Leid klagt; deine pfahlgestützten Reben;
Die Küsten, die sich felsig dürr erheben,
Wo du dich sonnst; des Himmels Königin,
Der Wasserbogen ich und Botin bin,
Heißt dich die alle lassen und, geladen
Auf diesen Rasenplatz, mit ihrer Gnaden
Ein Fest begehn. — Schon fliegt ihr Pfauenpaar:
Komm, reiche Ceres, stelle dich ihr dar! (Ceres tritt auf.)

Ceres. Heil dir, vielfärb'ge Botin, die du sorgst,
Wie du der Gattin Jovis' stets gehorchst;
Die du von Safranschwingen süßen Tau
Herab mir schüttest auf die Blumenau,
Und krönst mit deinem blauen Bogen schön
Die offnen Flächen und bebüschten Höhn,
Ein Gürtel meiner stolzen Erde! sprich:
Warum entbietet deine Herrin mich
Auf diesen kurzbegrasten Plan durch dich?

Iris. Ein Bündnis treuer Liebe hier zu feiern,
Und eine Gabe villig beizusteuern
Zum Heil des Paares.

Ceres.   Sag mir, Himmelsbogen,
Du weißt's ja, kom vi auch Venus hergezogen
Mit ihrem Sohn? Seit ihre List ersann,
Wodurch der düstre Dis mein Kind gewann,
Verschwor ich ihre samt des kleinen Blinden
Verrufene Gesellschaft.

Iris.   Sie zu finden,
Sei sorglos: ihre Gottheit traf ich schon,
Wie sie nach Paphos hin, mit ihrem Sohn,
Die Wolken teilt' in ihrem Taubenwagen;
Sie dachten hier den Sieg davonzutragen
Durch üpp'gen Zauber, über diesen Mann
Und diese Jungfrau, so den Schwur gethan,
Nicht zu vollziehn des Bettes heil'ge Pflichten,
Bis Hymens Fackel brennt. Allein mit nichten!
Mars' heiße Buhle machte sich davon,
Zerbrochen hat die Pfeil' ihr wilder Sohn:
Der Trotzkopf schwört, er will nicht weiter zielen,

Ganz Junge sein und nur mit Spatzen spielen.

Ceres. Da kommt der Juno höchste Majestät:
Ich kenne sie, wie stolz einher sie geht. (Juno tritt auf.)

Juno. Wie geht es, güt'ge Schwester? Kommt herbei,
Dies Paar zu segnen, daß es glücklich sei,
Und Ruhm erleb' an Kindern.

Lied.

Juno. Ehre, Reichtum, Ehbescherung,
Lange Dauer und Vermehrung!
Stündlich werde Lust zu teil euch!
Juno singt ihr hohes Heil euch.

Ceres. Hüll' und Füll', Gedeihen immer,
Scheun' und Boden ledig nimmer;
Reben, hoch voll Trauben rankend;
Pflanzen, von der Bürde wankend;
Frühling werd' euch schon erneuert,
Wann der Herbst kaum eingescheuert!
Dürftigkeit und Mangel meid' euch!
Ceres' Segen so geleit' euch!

Ferdinand. Dies ist ein majestätisch Schauspiel, und
Harmonisch zum Bezaubern. Darf ich diese
Für Geister halten?

Prospero.   Geister, die mein Wissen
Aus ihren Kreisen rief, um vorzustellen,
Was mir gefällt.

Ferdinand.   Hier laßt mich immer leben:
So wunderherrlich Vater und Gemahl,
Macht mir den Ort zum Paradies.
        (Juno und Ceres sprechen leise und senden Iris auf eine Botschaft.)

Prospero.   Still, Lieber!
Juno und Ceres flüstern ernstiglich:
Es giebt noch was zu thun. St! und seid stumm,
Sonst ist der Zauber hin. —

Iris. Ihr Nymphen von den Bächen, die sich schlängeln,
Mit mildem Blick, im Kranz von Binsenstengeln!
Verlaßt die krummen Betten: auf dem Plan
Allhier erscheinet: Juno sagt's euch an,
Auf, keusche Nymphen, helft uns einen Bund
Der treuen Liebe feiern: kommt zur Stund'.
        Verschiedene Nymphen kommen.
Ihr braunen Schnitter, müde vom August!
Kommt aus den Furchen her zu einer Lust:
Macht Feiertag, schirmt euch mit Sommerhüten,
Den frischen Nymphen hier die Hand zu bieten
Zum Erntetanz.

Verschiedene Schnitter kommen, sauber gekleidet, die sich mit den Nymphen zu
einem anmutigen Tanze vereinigen. Gegen das Ende desselben fährt Prospero
plötzlich auf und spricht, worauf sie unter einem seltsamen, dumpfen und ver=
worrenen Getöse langsam verschwinden.

Prospero (beiseite). Vergessen hatt' ich ganz den schnöden Anschlag
  Des Viehes Caliban und seiner Mitverschwornen,
  Mich umzubringen; und der Ausführung
  Minute naht. —
  (Zu den Geistern.) Schon gut! brecht auf! nichts mehr!
Ferdinand. Seltsam! Eu'r Vater ist in Leidenschaft.
  Die stark ihn angreift.
Miranda.   Nie bis an diesen Tag
  Sah ich ihn so von heft'gem Zorn bewegt.
Prospero. Mein Sohn, Ihr blickt ja auf verstörte Weise,
  Als wäret Ihr bestürzt: seid gutes Muts!
  Das Fest ist jetzt zu Ende; unsre Spieler,
  Wie ich Euch sagte, waren Geister, und
  Sind aufgelöst in Luft, in dünne Luft.
  Wie dieses Scheines lockrer Bau, so werden
  Die wolkenhohen Türme, die Paläste,
  Die hehren Tempel, selbst der große Ball,
  Ja, was daran nur teil hat, untergehn;
  Und, wie dies leere Schaugepräng' erblaßt,
  Spurlos verschwinden. Wir sind solcher Zeug
  Wie der zu Träumen, und dies kleine Leben
  Umfaßt ein Schlaf. — Ich bin gereizt, Herr: habt
  Geduld mit mir; mein alter Kopf ist schwindlicht.
  Seid wegen meiner Schwachheit nicht besorgt.
  Wenn's dir gefällt, begieb dich in die Zelle
  Und ruh da; ich will auf und ab hier gehn,
  Um mein Gemüt zu stillen.
Ferdinand u. Miranda.   Findet Frieden. (Beide a..)
Prospero. Komm wie ein Wink! — Ich dank' dir. — Ariel, komm!
                    Ariel kommt.
Ariel. An deinen Winken häng' ich. Was beliebt dir?
Prospero.   Geist,
  Wir müssen gegen Caliban uns rüsten.
Ariel. Ja, mein Gebieter; als ich die Ceres spielte,
  Wollt' ich dir's sagen, doch ich war besorgt,
  Ich möchte dich erzürnen.
Prospero. Sag noch einmal, wo ließest du die Buben?
Ariel. Ich sagt' Euch, Herr, sie glühten ganz vom Trinken,
  Voll Mutes, daß sie hieben in den Wind,
  Weil er sie angehaucht; den Boden schlugen,
  Der ihren Fuß geküßt; doch stets erpicht

Auf ihren Plan. Da rührt' ich meine Trommel:
Wie wilde Füllen spitzten sie das Ohr
Und machten Augen, hoben ihre Nasen,
Als röchen sie Musik. Ihr Ohr bethört' ich so,
Daß sie wie Kälber meinem Brüllen folgten
Durch scharfe Disteln, Stechginst, Strauch und Dorn,
Die ihre Beine ritzten; endlich ließ ich
Im grünen Pfuhl sie, jenseit Eurer Zelle,
Bis an den Hals drin watend, daß die Lache
Die Füße überstank.

Prospero. Gut so, mein Vogel!
Behalt die unsichtbare Bildung noch.
Den Trödelkram in meinem Hause, geh,
Bring ihn hieher, dies Diebsvolk anzukörnen.

Ariel. Ich geh'! ich geh'! (Ab.)

Prospero. Ein Teufel, ein geborner Teufel ist's,
An dessen Art die Pflege nimmer haftet,
An dem die Mühe, die ich menschlich nahm,
Ganz, ganz verloren ist, durchaus verloren;
Und wie sein Leib durchs Alter garst'ger wird,
Verstockt sein Sinn sich. Alle will ich plagen,
Bis zum Gebrüll. (Ariel kommt zurück mit glänzenden Kleidungsstücken.)
Komm, häng's an diese Schnur.

Prospero und Ariel bleiben unsichtbar. Caliban, Stephano und
Trinculo kommen ganz durchnäßt.

Caliban. Ich bitt' euch, tretet sacht! Der blinde Maulwurf
Hör' unsern Fuß nicht fallen; wir sind jetzt
Der Zelle nah.

Stephano. Ungeheuer, dein Elfe, von dem du sagst, er sei ein
harmloser Elfe, hat eben nichts Bessers gethan, als uns zum Narren gehabt.

Trinculo. Ungeheuer, ich rieche ganz nach Pferdeharn, wor=
über meine Nase höchlich entrüstet ist.

Stephano. Meine auch. Hörst du, Ungeheuer? Sollt' ich ein
Mißfallen auf dich werfen, siehst du —

Trinculo. Du wärst ein geliefertes Ungeheuer.

Caliban. Mein bester Fürst, bewahr mir deine Gunst;
Sei ruhig, denn der Preis, den ich dir schaffe,
Verdunkelt diesen Unfall: drum sprich leise,
's ist alles still wie Nacht.

Trinculo. Ja, aber unsre Flaschen in dem Pfuhl zu verlieren!

Stephano. Das ist nicht nur eine Schmach und Beschimpfung,
Ungeheuer, sondern ein unermeßlicher Verlust.

Trinculo. Daran liegt mir mehr als an meinem Naßwerden;
und das ist nun dein harmloser Elfe, Ungeheuer!

Stephano. Ich will meine Flasche herausholen, läm' ich auch für die Mühe bis über die Ohren hinein.

Caliban. Bitt' dich, sei still, mein König! Siehst du hier
Der Zelle Mündung? ohne Lärm hinein,
Und thu den guten Streich, wodurch dies Eiland
Auf immer dein, und ich dein Caliban,
Dein Fußelecker werde.

Stephano. Gieb mir die Hand: ich fange an, blutige Gedanken zu haben.

Trinculo. O König Stephano! O Herr! O würd'ger Stephano! Sieh, welch eine Garderobe hier für dich ist!

Caliban. Laß es doch liegen, Narr; es ist nur Plunder.

Trinculo. Oho, Ungeheuer! Wir wissen, was auf den Trödel gehört. — O König Stephano!

Stephano. Nimm den Mantel ab, Trinculo; bei meiner Faust! ich will den Mantel.

Trinculo. Deine Hoheit soll ihn haben.

Caliban. Die Wassersucht ersäuf' den Narrn! Was denkt Ihr,
Vergafft zu sein in solche Lumpen? Laßt,
Und thut den Mord erst; wacht er auf, er zwickt
Vom Wirbel bis zum Zeh' die Haut uns voll,
Macht seltsam Zeug aus uns.

Stephano. Halt dich ruhig, Ungeheuer. Madame Linie, ist nicht dies mein Wams? Nun ist das Wams unter der Linie; nun, Wams, wird dir wohl das Haar ausgehn, und du virst ein kahles Wams werden.

Trinculo. Nur zu! nur zu! Wir stehlen recht nach der Schnur, mit Eurer Hoheit Erlaubnis.

Stephano. Ich danke dir für den Spaß, da hast einen Rock dafür. Witz soll nicht unbelohnt bleiben, solang ich König in diesem Lande bin. „Nach der Schnur stehlen", ist ein kapitaler Einfall. Da hast du noch einen Rock dafür.

Trinculo. Komm, Ungeheuer, schmiere deine Finger, und fort mit dem übrigen!

Caliban. Ich will's nicht: wir verlieren unsre Zeit,
Und werden all' in Baumgäns' oder Affen
Mit schändlich kleiner Stirn verwandelt werden.

Stephano. Ungeheuer, tüchtig angepackt! Hilf mir dies hintragen, wo mein Oxhoft Wein ist, oder ich jage dich zu meinem Königreich hinaus. Frisch! trage dies.

Trinculo. Dies auch.

Stephano. Ja, und dies auch.

(Ein Getöse von Jägern wird gehört. Es kommen mehr Geister in Gestalt von Hunden, und jagen sie umher. Prospero und Ariel hetzen diese an.)

Prospero. Sasa, Waldmann, sasa!

Ariel. Tiger! da läuft's, Tiger!

Prospero. Pack an! Pack an! Da, Sultan, da! Faß! faß!
(Caliban, Stephano und Trinculo werden hinausgetrieben.)
Geh, heiß' die Kobold' ihr Gebein zermalmen
Mit starren Zuckungen, die Sehnen straff
Zusammenkrampfen und sie fleck'ger zwicken
Als wilde Katz' und Panther.
Ariel. Horch, sie brüllen.
Prospero. Laß brav herum sie hetzen. Diese Stunde
Giebt alle meine Feind' in meine Hand;
In kurzem enden meine Müh'n, und du
Sollst frei die Luft genießen; auf ein Weilchen
Folg noch und thu mir Dienst. (Ab.)

Fünfter Aufzug.

1. Scene.

Vor Prosperos Zelle.

Prospero in seiner Zaubertracht und Ariel treten auf.

Prospero. Jetzt naht sich der Vollendung mein Entwurf,
Mein Zauber reißt nicht, meine Geister folgen,
Die Zeit geht aufrecht unter ihrer Last.
Was ist's am Tag?
Ariel. Die sechste Stunde, Herr,
Um welche Zeit Ihr sagtet, daß das Werk
Ein Ende nehmen solle.
Prospero. Ja, ich sagt' es,
Als ich den Sturm erregte. Sag, mein Geist,
Was macht der König jetzt und sein Gefolg?
Ariel. Gebannt zusammen auf dieselbe Weise,
Wie Ihr mir auftrugt; ganz wie Ihr sie ließt;
Gefangen alle, Herr, im Lindenwäldchen,
Das Eure Zelle schirmt; sie können sich
Nicht rippeln, bis Ihr sie erlöst. Der König,
Sein Bruder, Eurer, alle drei im Wahnsinn;
Die andern trauern um sie, übervoll
Von Gram und Schreck; vor allen er, den Ihr
„Den guten alten Herrn Gonzalo" nanntet.
Die Thränen rinnen ihm am Bart hinab,
Wie Wintertropfen an der Trauf' aus Rohr.
Eu'r Zauber greift sie so gewaltig an,
Daß, wenn Ihr jetzt sie sähet, Eu'r Gemüt
Erweichte sich.
Prospero. Glaubst du das wirklich, Geist?

Ariel. Meins würd' es, wär' ich Mensch.

Prospero.   Auch meines soll's.

Hast du, der Luft nur ist, Gefühl und Regung
Von ihrer Not, und sollte nicht ich selbst,
Ein Wesen ihrer Art, gleich scharf empfindend,
Leidend wie sie, mich milder rühren lassen?
Obschon ihr Frevel tief ins Herz mir drang,
Doch nehm' ich gegen meine Wut Partei
Mit meinem edlern Sinn: der Tugend Übung
Ist höher als der Rache; da sie reuig sind,
Erstreckt sich meines Anschlags einz'ger Zweck
Kein Stirnerunzeln weiter. Geh, befrei sie.
Ich will den Zauber brechen, ihre Sinne
Herstellen, und sie sollen nun sie selbst sein.

Ariel. Ich will sie holen, Herr. (Ab.)

Prospero. Ihr Elfen von den Hügeln, Bächen, Hainen;
Und ihr, die ihr am Strand, spurlosen Fußes,
Den ebbenden Neptunus jagt, und flieht,
Wann er zurückkehrt; halbe Zwerge, die ihr
Bei Mondschein grüne saure Ringlein macht,
Wovon das Schaf nicht frißt; die ihr zur Kurzweil
Die nächt'gen Pilze macht; die ihr am Klang
Der Abendglock' euch freut; mit deren Hilfe —
Seid ihr gleich schwache Fäntchen — ich am Mittag
Die Sonn' umhüllt, aufrühr'sche Wind' entboten,
Die grüne See mit der azurnen Wölbung
In lauten Kampf gesetzt, den furchtbarn Donner
Mit Feu'r bevehrt, und Jovis' Baum gespalten
Mit seinem eignen Keil, des Vorgebirgs
Grundfest' erschüttert, ausgerauft am Knorren
Die Ficht' und Zeder; Grüft', auf mein Geheiß,
Erweckten ihre Toten, sprangen auf
Und ließen sie heraus, durch meiner Kunst
Gewalt'gen Zwang: doch dieses grause Zaubern
Schwör' ich hier ab; und hab' ich erst, wie jetzt
Ich's thue, himmlische Musik gefordert,
Zu wandeln ihre Sinne, wie die lust'ge
Magie vermag: so brech' ich meinen Stab,
Begrab' ihn manche Klafter in die Erde,
Und tiefer, als ein Senkblei je geforscht,
Will ich mein Buch ertränken. (Feierliche Musik.)

Ariel kommt zurück. Alonso folgt ihm mit rasender Gebärde, begleitet von
Gonzalo; Sebastian und Antonio ebenso, von Adrian und Francisco
begleitet; sie treten alle in den Kreis, den Prospero gezogen hat, und stehen
bezaubert da. Prospero bemerkt es und spricht:

Ein feierliches Lied, der beste Tröster
Des irren Sinnes, heile dein Gehirn,
Das nutzlos jetzt im Schädel kocht! Da steht,
Denn ihr seid festgebannt! —
Frommer Gonzalo! ehrenwerter Mann!
Mein Auge läßt, befreundet mit dem Thun
Des deinen, brüderliche Tropfen fallen.
Es löst sich die Bezaubrung unverweilt,
Und wie die Nacht der Morgen überschleicht,
Das Dunkel schmelzend, fangen ihre Sinnen
Erwachend an, den blöden Dunst zu scheuchen,
Der noch die hellere Vernunft umhüllt:
O wackerer Gonzalo! mein Erretter,
Und redlicher Vasall dem, so du folgst!
Ich will dein Wohlthun reichlich lohnen, beides
Mit Wort und That. — Höchst grausam gingst du um
Mit mir, Alonso, und mit meiner Tochter;
Dein Bruder war ein Förderer der That —
Das nagt dich nun, Sebastian! — Fleisch und Blut,
Mein Bruder du, der Ehrgeiz hegte, austrieb
Gewissen und Natur; der mit Sebastian —
Des inure Pein deshalb die stärkste — hier
Den König wollte morden! Ich verzeih' dir,
Bist du schon unnatürlich. — Ihr Verstand
Beginnt zu schwellen, und die nahnde Flut
Wird der Vernunft Gestad in kurzem füllen,
Das daliegt, schwarz und schlammig. — Nicht einer drunter,
Der schon mich ansäh' oder kenute. — Ariel,
Hol mir den Hut und Degen aus der Zelle, (Ariel ab)
Auf daß ich mich entlarv' und stelle dar
Als Mailand, so wie vormals. — Hurtig, Geist,
Du wirst nun ehstens frei.

Ariel kommt singend zurück und hilft den Prospero ankleiden.

Ariel.　　Wo die Bien', saug' ich mich ein,
　　　　　　Bette mich in Maiglöcklein,
　　　　　　Lausche da, wenn Eulen schrein,
　　　　　　Fliege mit der Schwalben Reihn
　　　　　　Lustig hinterm Sommer drein.
　　　　　　　　Lustiglich, lustiglich leb' ich nun gleich
　　　　　　　　Unter den Blüten, die hängen am Zweig.

Prospero.　Mein Liebling Ariel! ja, du wirst mir fehlen,
Doch sollst du Freiheit haben. So, so, so!
Unsichtbar, wie du bist, zum Schiff des Königs,
Wo du das Seevolk schlafend finden wirst

Im Raum des Schiffs: den Schiffspatron und Bootsmann
Sobald sie wach sind, nöt'ge sie hieher:
Und gleich, ich bitte dich.

Ariel. Ich trink' im Flug die Luft, und bin zurück,
Eh zweimal Euer Puls schlägt. (Ab.)

Gonzalo. Nur Qual, Verwirrung, Wunder und Entsetzen
Wohnt hier: führ' eine himmlische Gewalt uns
Aus diesem furchtbarn Lande!

Prospero.   Seht, Herr König,
Mailands gekränkten Herzog, Prospero.
Und zum Beweis, daß ein lebend'ger Fürst
Jetzt mit dir spricht, umarm' ich deinen Körper,
Und heiße dich und dein Gefolge herzlich
Willkommen hier.

Alonso.   Ob du es bist, ob nicht,
Ob ein bezaubert Spielwerk, mich zu täuschen,
Wie ich noch eben, weiß ich nicht: dein Puls
Schlägt wie von Fleisch und Blut; seit ich dich sah,
Genas die Seelenangst, womit ein Wahnsinn
Mich drückte, wie ich fürchte. Dies erfordert,
Wenn's wirklich ist, die seltsamste Geschichte.
Dein Herzogtum geb' ich zurück, und bitte,
Vergieb mein Unrecht mir. — Doch wie kann Prospero
Am Leben sein und hier?

Prospero.   Erst, edler Freund,
Laß mich dein Alter herzen, dessen Ehre
Nicht Maß noch Grenze kennt.

Gonzalo.   Ob dies so ist,
Ob nicht, will ich nicht schwören.

Prospero.   Ihr erprobt
Kunststücke dieser Insel noch, die euch
An das, was wirklich ist, nicht glauben lassen.
Willkommen, meine Freunde!
(Beiseite zu Antonio und Sebastian.) Aber ihr,
Mein Paar von Herren, wär' ich so gesinnt,
Ich könnte seiner Hoheit Zorn euch zuziehn,
Und des Verrats euch zeihen; doch ich will
Nicht plaudern jetzt.

Sebastian (beiseite).   Der Teufel spricht aus ihm.

Prospero. Nein. —
Euch, schlechter Herr, den Bruder nur zu nennen
Schon meinen Mund beflecken würd', erlaß' ich
Den ärgsten Fehltritt — alle; und verlange
Mein Herzogtum von dir, das du, ich weiß,

Durchaus mußt wiedergeben.

Alonso.　　　　　　　　Bist du Prospero,
Meld' uns das Nähere von deiner Rettung;
Wie du uns trafst, die vor drei Stunden hier
Am Strand gescheitert, wo für mich verloren —
Wie scharf der Stachel der Erinnrung ist! —
Mein Sohn, mein Ferdinand!

Prospero.　　　　　　　Herr, ich beklag's.

Alonso. Unheilbar ist der Schad', und die Geduld
Sagt, sie vermag hier nichts.

Prospero.　　　　　Ich deuke eher,
Ihr suchtet ihre Hilfe nicht, durch deren
Sanftmüt'ge Huld bei ähnlichem Verlust
Ich ihres hohen Beistands teilhaft ward,
Und mich zufrieden gab.

Alonso.　　　　　Ihr, ähnlichen Verlust?

Prospero. Gleich groß für mich, gleich neu; und ihn erträglich
Zu finden, hab' ich doch weit schwächre Mittel,
Als Ihr zum Trost herbei könnt rufen: ich
Verlor ja meine Tochter.

Alonso.　　　　　Eine Tochter?
O Himmel! wären sie doch beid' in Napel
Am Leben, König dort und Königin!
Wenn sie's nur wären, wünscht' ich selbst versenkt
In jenes schlamm'ge Bett zu sein, wo jetzt
Mein Sohn liegt. Wann verlort Ihr Eure Tochter?

Prospero. Im letzten Sturm. Ich merke, diese Herrn
Sind ob dem Vorfall so verwundert, daß
Sie ihren Witz verschlingen, und kaum denken,
Ihr Aug' bediene recht sie, ihre Worte
Sei'u wahrer Odem; doch, wie sehr man euch
Gedrängt aus euren Sinnen, wißt gewiß,
Daß Prospero ich bin, derselbe Herzog,
Von Mailand einst verstoßen; der höchst seltsam
An diesem Strand, wo ihr gescheitert, ankam,
Hier Herr zu sein. 'Nichts weiter noch hievon!
Denn eine Chronik ist's von Tag zu Tag,
Nicht ein Bericht bei einem Frühstück, noch
Dem ersten Wiedersehen angemessen.
Willkommen, Herr! Die Zell' da ist mein Hof,
Hier hab' ich nur ein klein Gefolg, und auswärts
Nicht einen Unterthan: seht doch hinein!
Weil Ihr mein Herzogtum mir wiedergebt,
Will ich's mit ebenso was Gutem lohnen,

Ein Wunder mindstens aufthun, das Euch freue,
So sehr als mich mein Herzogtum.

*Der Eingang der Zelle öffnet sich, und man sieht Ferdinand und Miranda,
die Schach zusammen spielen.*

Miranda. Mein Prinz, Ihr spielt mir falsch.

Ferdinand.   Nein, teures Leben,
Das thät' ich um die Welt nicht.

Miranda. Ja, um ein Dutzend Königreiche würdet
Ihr hadern, und ich nennt' es ehrlich Spiel.

Alonso. Wenn dies nichts weiter ist, als ein Gesicht
Der Insel, werd' ich einen teuern Sohn
Zweimal verlieren.

Sebastian.   Ein erstaunlich Wunder!

Ferdinand. Droht gleich die See, ist sie doch mild: ich habe
Sie ohne Grund verflucht. *(Er kniet vor Alonso.)*

Alonso.   Nun, aller Segen
Des frohen Vaters fasse rings dich ein!
Steh auf und sag, wie kamst du her?

Miranda.   O Wunder!
Was giebt's für herrliche Geschöpfe hier!
Wie schön der Mensch ist! Wackre neue Welt,
Die solche Bürger trägt!

Prospero.   Dir ist sie neu.

Alonso. Wer ist dies Mädchen da, mit dem du spieltest?
Drei Stunden kaum kann die Bekanntschaft alt sein.
Ist sie die Göttin, die uns erst getrennt,
Und so zusammenbringt?

Ferdinand.   Herr, sie ist sterblich,
Doch durch unsterbliches Verhängnis mein.
Ich wählte sie, als ich zu Rat den Vater
Nicht konnte ziehn, noch glaubt', ich habe einen.
Sie ist die Tochter dieses großen Herzogs
Von Mailand, dessen Ruhm ich oft gehört,
Doch nie zuvor ihn sah; von ihm empfing ich
Ein zweites Leben, und zum zweiten Vater
Macht ihn dies Fräulein mir.

Alonso.   Ich bin der ihre;
Doch o, wie seltsam klingt's, daß ich mein Kind
Muß um Verzeihung bitten!

Prospero.   Haltet, Herr,
Laßt die Erinnerung uns nicht belasten
Mit dem Verdrusse, der vorüber ist.

Gonzalo. Ich habe innerlich geweint, sonst hätt' ich
Schon längst gesprochen. Schaut herab, ihr Götter,
Senkt eine Segenskron' auf dieses Paar!

Denn ihr seid's, die den Weg uns vorgezeichnet,
Der uns hieher gebracht.
Alonso.   Ich sage Amen!
Gonzalo. Ward Mailand darum weggebannt von Mailand,
Daß sein Geschlecht gelangt' auf Napels Thron?
O freut mit seltner Freud' euch; grabt's mit Gold
In ew'ge Pfeiler ein: auf einer Reise
Fand Claribella den Gemahl in Tunis,
Und Ferdinand, ihr Bruder, fand ein Weib,
Wo man ihn selbst verloren; Prospero
Sein Herzogtum auf einer armen Insel;
Wir all' uns selbst, da niemand sein war.
Alonso (zu Ferdinand und Miranda).   Gebt
Die Hände mir! Umfasse Gram und Leid
Stets dessen Herz, der euch nicht Freude wünscht!
Gonzalo. So sei es, Amen!
Ariel kommt mit dem Schiffspatron und Bootsmann, die ihm betäubt
folgen.
O seht, Herr! seht, Herr! hier sind unser mehr.
Ich prophezeite, gäb's am Lande Galgen,
So könnte der Geselle nicht ersaufen.
Nun, Lästerung, der du die Gottesfurcht
Vom Bord fluchst, keinen Schwur hier auf dem Trocknen?
Hast keinen Mund zu Land? Was giebt es Neues?
Bootsmann. Das beste Neue ist, daß wir den König
Und die Gesellschaft wohlbehalten sehn;
Das nächste: unser Schiff, das vor drei Stunden
Wir für gescheitert ansahn, ist so dicht,
So fest und brav getakelt, als da erst
In See wir stachen.
Ariel (beiseite).   Herr, dies alles hab' ich
Besorgt, seitdem ich ging.
Prospero (beiseite).   Mein flinker Geist!
Alonso. All dies geht nicht natürlich zu; von Wundern
Zu Wundern steigt es. — Sagt, wie kamt ihr her?
Bootsmann. Herr, wenn ich dächte, ich wär' völlig wach,
Versucht' ich Euch es kund zu thun. Wir lagen
In Totenschlaf, und — wie, das weiß ich nicht —
All' in den Raum gepackt; da wurden wir
Durch wunderbar und mancherlei Getöse
Von Brüllen, Kreischen, Heulen, Kettenklirren
Und mehr Verschiedenheit von Lauten, alle gräßlich,
Jetzt eben aufgeweckt; alsbald in Freiheit;
Wo wir in voller Pracht, gesund und frisch,
Sahn unser königliches wackres Schiff.

Und der Patron sprang gaffend drum herum:
Als wir im Nu, mit Eurer Gunst, wie träumend
Von ihnen weggerissen, und verdutzt
Hier wurden hergebracht.

Ariel (beiseite).   Macht' ich es gut?

Prospero. Recht schön, mein kleiner Fleiß! Du wirst auch frei.

Alonso. Dies ist das wunderbarste Labyrinth,
Das je ein Mensch betrat; in diesem Handel
Ist mehr als unter Leitung der Natur
Je vorging: ein Orakel muß darein
Uns Einsicht öffnen.

Prospero.   Herr, mein Lehenshaupt,
Verstört nicht Eu'r Gemüt durch Grübeln über
Der Seltsamkeit des Handels; wenn wir Muße
Gesammelt, was in kurzem wird geschehn,
Will ich Euch Stück für Stück Erklärung geben,
Die Euch gegründet dünken soll, von jedem
Ereignis, das geschehen: so lang seid fröhlich
Und denket gut von allem. — (Beiseite.) Geist, komm her!
Mach Caliban und die Gesellen frei,
Lös' ihren Bann. — (Ariel ab.) Was macht mein gnäd'ger Herr?
Es fehlen vom Gefolg' Euch noch ein paar
Spaßhafte Bursche, die Ihr ganz vergeßt.

Ariel kommt zurück und treibt Caliban, Stephano und Trinculo in ihren
gestohlenen Kleidern vor sich her.

Stephano. Jeder mache sich nur für alle übrigen zu schaffen,
und keiner sorge für sich selbst, denn alles ist nur Glück. — Courage,
Blitzungeheuer, Courage!

Trinculo. Wenn dies wahrhafte Kundschafter sind, die ich im
Kopfe trage, so giebt es hier was Herrliches zu sehn.

Caliban. O Setebos, das sind mir wackre Geister!
Wie schön mein Meister ist! Ich fürchte mich,
Daß er mich zücht'gen wird.

Sebastian. Ha ha!
Was sind das da für Dinger, Prinz Antonio?
Sind sie für Geld zu Kauf?

Antonio.   Doch wohl! Der eine
Ist völlig Fisch, und ohne Zweifel marktbar.

Prospero. Bemerkt nur dieser Leute Tracht, ihr Herrn,
Und sagt mir danu, ob sie wohl ehrlich sind.
Der mißgeschaffne Schurke — seine Mutter
War eine Hex', und zwar so stark, daß sie
Den Mond in Zwang hielt, Flut und Ebbe machte,
Und ohn' Ermächt'gung für ihn schaltete.

Die drei beraubten mich; und der Halbteufel —
Denn so ein Bastard ist er — war mit ihnen
Verschworen, mich zu morden. Ihr müßt zwei.
Von diesen Kerlen kennen, als die Euern;
Und dies Geschöpf der Finsternis erkenn' ich
Für meines an.

Caliban. Ich werde totgezwickt.

Alonso. Ist dies nicht Stephano, mein trunkner Kellner?

Sebastian. Er ist jetzt betrunken: wo hat er Wein gekriegt?

Alonso. Und Trinculo ist auch zum Torkeln voll;
Wo fanden sie nur diesen Wundertrank,
Der sie verklärt? Wie kamst du in die Brühe?

Trinculo. Ich bin so eingepökelt worden, seit ich Euch zuletzt sah, daß ich fürchte, es wird nie wieder aus meinen Knochen herausgehen. Vor den Schmeißfliegen werde ich sicher sein.

Sebastian. Nun, Stephano, wie geht's?

Stephano. O rührt mich nicht an! Ich bin nicht Stephano, sondern ein Krampf.

Prospero. Ihr wolltet hier auf der Insel König sein, Schurke?

Stephano. Da wär' ich ein geschlagner König gewesen.

Alonso (auf Caliban zeigend). Nie sah ich ein so seltsam Ding als dies.

Prospero. Er ist so ungeschlacht in seinen Sitten
Als von Gestalt. — Geh, Schurk, in meine Zelle,
Nimm deine Spießgesellen mit: wo du
Vergebung wünschest, putze nett sie auf.

Caliban. Das will ich, ja; will künftig klüger sein,
Und Gnade suchen: welch dreifacher Esel
War ich, den Säufer für 'nen Gott zu halten,
Und anzubeten diesen dummen Narrn.

Prospero. Mach zu! hinweg!

Alonso. Fort! legt den Trödel ab, wo ihr ihn fandet.

Sebastian. Vielmehr, wo sie ihn stahlen,
(Caliban, Stephano und Trinculo ab.)

Prospero. Ich lade Eure Hoheit nebst Gefolge
In meine arme Zell', um da zu ruhn
Für diese eine Nacht; die ich zum Teil
Mit solchen Reden hinzubringen denke,
Worunter sie, wie ich nicht zweifle, schnell
Wird hingehn: die Geschichte meines Lebens
Und die besondern Fälle, so geschehn,
Seit ich hieherkam; und am Morgen früh
Führ' ich Euch hin zum Schiff und so nach Napel.
Dort hab' ich Hoffnung, die Vermählungsfeier
Von diesen Herzgeliebten anzusehn.

Dann zieh' ich in mein Mailand, wo mein dritter
Gedanke soll das Grab sein.

Alonso.   Mich verlangt
Zu hören die Geschichte Eures Lebens,
Die wunderbar das Ohr bestricken muß.

Prospero. Ich will es alles kundthun, und verspreche
Euch stille See, gewognen Wind, und Segel
So rasch, daß Ihr die königliche Flotte
Weit weg erreichen sollt. — (Beiseite.) Mein Herzens-Ariel,
Dies liegt dir ob; dann in die Elemente!
Sei frei und leb du wohl! — Beliebt's Euch, kommt!

Epilog
von Prospero gesprochen.

Hin sind meine Zaubereien,
Was von Kraft mir bleibt, ist mein,
Und das ist wenig: nun ist's wahr,
Ich muß hier bleiben immerdar,
Wenn ihr mich nicht nach Napel schickt,
Da ich mein Herzogtum entrückt
Aus des Betrügers Hand, dem ich
Verziehen, so verdammet mich
Nicht durch einen harten Spruch
Zu dieses öden Eilands Fluch.
Macht mich aus des Bannes Schoß
Durch eure will'gen Hände los.
Füllt milder Hauch aus euerm Mund
Mein Segel nicht, so geht zu Grund
Mein Plan; er ging auf eure Gunst.
Zum Zaubern fehlt mir jetzt die Kunst:
Kein Geist, der mein Gebot erkennt;
Verzweiflung ist mein Lebensend',
Wenn nicht Gebet mir Hilfe bringt,
Welches so zum Himmel dringt,
Daß es Gewalt der Gnade thut,
Und macht jedweden Fehltritt gut.
Wo ihr begnadigt wünscht zu sein,
Laßt eure Nachsicht mich befrein.

Druck von Hesse & Becker in Leipzig.

Shakespeares

sämtliche

dramatische Werke.

Übersetzt von
Schlegel und Tieck.

———

Mit einer biographischen Einleitung von **Rob. Prölß**.

———

Sechster Band.

Leipzig.
Gustav Fock Verlag.

Hamlet, Prinz von Dänemark.

Übersetzt von
A. W. Schlegel.

Personen.

Claudius, König von Dänemark.
Hamlet, Sohn des vorigen und Neffe des gegenwärtigen Königs.
Polonius, Oberkämmerer.
Horatio, Hamlets Freund.
Laertes, Sohn des Polonius.
Voltimand,
Cornelius,
Rosenkranz, } Hofleute.
Güldenstern,
Osrick, ein Hofmann.
Ein anderer Hofmann.
Ein Priester.
Marcellus, } Offiziere.
Bernardo,
Francisco, ein Soldat.
Reinhold, Diener des Polonius.
Ein Hauptmann.
Ein Gesandter.
Der Geist von Hamlets Vater.
Fortinbras, Prinz von Norwegen.
Gertrude, Königin von Dänemark und Hamlets Mutter.
Ophelia, Tochter des Polonius.

(Herren und Frauen vom Hofe, Offiziere, Soldaten, Schauspieler, Totengräber, Matrosen, Boten und anderes Gefolge.)

(Die Scene ist in Helsingör.)

Erster Aufzug.

1. Scene.

Helsingör. Eine Terrasse vor dem Schlosse.

Francisco auf dem Posten, Bernardo tritt auf.

Bernardo. Wer da?

Francisco. Nein, mir antwortet: steht und gebt Euch kund.

Bernardo. Lang' lebe der König!

Francisco. Bernardo.

Bernardo. Er selbst.

Francisco. Ihr kommt gewissenhaft auf Eure Stunde.

Bernardo. Es schlug schon zwölf; mach dich zu Bett, Francisco.

Francisco. Dank für die Ablösung! 's ist bitter kalt,
Und mir ist schlimm zu Mut.

Bernardo. War Eure Wache ruhig?

Francisco. Alles mausestill.

Bernardo. Nun, gute Nacht!
Wenn Ihr auf meine Wachtgefährten stoßt,
Horatio und Marcellus, heißt sie eilen.

Horatio und Marcellus treten auf.

Francisco. Ich denk', ich höre sie. — He! halt! wer da?

Horatio. Freund dieses Bodens.

Marcellus. Und Vasall des Dänen.

Francisco. Habt gute Nacht.

Marcellus. O, grüß' dich, wackrer Krieger.
Wer hat dich abgelöst?

Francisco. Bernardo hat den Posten.
Habt gute Nacht. (Ab.)

Marcellus. Holla, Bernardo!

Bernardo. Sprecht!
He, ist Horatio da?

Horatio. Ein Stück von ihm.

Bernardo. Willkommen Euch! willkommen, Freund Marcellus!

Horatio. Nun, ist das Ding heut wiederum erschienen?

Bernardo. Ich habe nichts gesehn.

Marcellus. Horatio sagt, es sei nur Einbildung.
Und will dem Glauben keinen Raum gestatten
An dieses Schreckbild, das wir zweimal sahn·
Deswegen hab' ich ihn hierher geladen,

Mit uns die Stunden dieser Nacht zu wachen,
Damit, wenn wieder die Erscheinung kommt,
Er unsern Augen zeug' und mit ihr spreche.
Horatio. Pah, pah! Sie wird nicht kommen.
Bernardo. Setzt Euch denn
Und laßt uns nochmals Euer Ohr bestürmen,
Das so verschanzt ist gegen den Bericht,
Was wir zwei Nächte sahn.
Horatio. Gut, sitzen wir,
Und laßt Bernardo uns hiervon erzählen.
Bernardo. Die allerletzte Nacht,
Als eben jener Stern, vom Pol gen Westen,
In seinem Lauf den Teil des Himmels hellte,
Wo jetzt er glüht: da sahn Marcell und ich,
Indem die Glocke eins schlug —
Marcellus. O still! halt ein! Sieh, wie's da wieder kommt!
Der Geist kommt.
Bernardo. Ganz die Gestalt wie der verstorbne König.
Marcellus. Du bist gelehrt, sprich du mit ihm, Horatio.
Bernardo. Sieht's nicht dem König gleich? Schau's an, Horatio.
Horatio. Ganz gleich; es macht mich starr vor Furcht und Staunen.
Bernardo. Es möchte angeredet sein.
Marcellus. Horatio, sprich mit ihm.
Horatio. Wer bist du, der sich dieser Nachtzeit anmaßt,
Und dieser edlen kriegrischen Gestalt,
Worin die Hoheit des begrabnen Dänmark
Weiland einherging? Ich beschwöre dich
Beim Himmel, sprich.
Marcellus. Es ist beleidigt.
Bernardo. Seht, es schreitet weg.
Horatio. Bleib, sprich! Sprich, ich beschwör' dich, sprich! (Geist ab.)
Marcellus. Fort ist's und will nicht reden.
Bernardo. Wie nun, Horatio? Ihr zittert und seht bleich:
Ist dies nicht etwas mehr als Einbildung?
Was haltet Ihr davon?
Horatio. Bei meinem Gott, ich dürfte dies nicht glauben,
Hätt' ich die sichre fühlbare Gewähr
Der eignen Augen nicht.
Marcellus. Sieht's nicht dem König gleich?
Horatio. Wie du dir selbst.
Genau so war die Rüstung, die er trug,
Als er sich mit dem stolzen Norweg maß;
So dräut' er einst, als er in hartem Zweisprach

Aufs Eis warf den beschlitteten Polacken.
's ist seltsam.

Marcellus. So schritt er, grad um diese dumpfe Stunde,
Schon zweimal kriegrisch unsre Wacht vorbei.

Horatio. Wie dies bestimmt zu denken, weiß ich nicht;.
Allein so viel ich insgesamt erachte,
Verkündet's unserm Staat besondre Gärung.

Marcellus. Nun setzt euch, Freunde, sagt mir, wer es weiß,
Warum dies aufmerksame strenge Wachen
Den Unterthan des Landes nächtlich plagt?
Warum wird Tag für Tag Geschütz gegossen,
Und in der Fremde Kriegsgerät gekauft?
Warum gepreßt für Werfte, wo das Volk
Den Sonntag nicht vom sauren Werktag trennt?
Was giebt's, daß diese schweißbetriefte Eil'
Die Nacht dem Tage zur Gehilfin macht?
Kann jemand mich belehren?

Horatio.   Ja, ich kann's;
Zum mindsten heißt es so. Der letzte König,
Des Bild uns eben jetzt erschienen ist,
Ward, wie ihr wißt, durch Fortinbras von Norweg,
Den eifersücht'ger Stolz dazu gespornt,
Zum Kampf gefordert; unser tapfrer Hamlet —
Denn diese Seite der bekannten Welt
Hielt ihn dafür — schlug diesen Fortinbras,
Der laut dem untersiegelten Vertrag,
Bekräftiget durch Recht und Rittersitte,
Mit seinem Leben alle Länderein,
So er besaß, verwirkte an den Sieger;
Wogegen auch ein angemeßnes Teil
Von unserm König ward zum Pfand gesetzt,
Das Fortinbras anheimgefallen wäre,
Hätt' er gesiegt; wie durch denselben Handel
Und Inhalt der besprochnen Punkte seins
An Hamlet fiel. Der junge Fortinbras
Hat nun, von wildem Feuer heiß und voll,
An Norwegs Ecken hier und da ein Heer
Landloser Abenteurer aufgerafft,
Für Brot und Kost, zu einem Unternehmen,
Das Herz hat; welches denn kein andres ist —
Wie unser Staat das auch gar wohl erkennt —
Als durch die starke Hand und Zwang der Waffen
Die vorbesagten Länd' uns abzunehmen,

Die so sein Vater eingebüßt: und dies
Scheint mir der Antrieb unsrer Zurüstungen.
Die Quelle unsrer Wachen, und der Grund
Von diesem Treiben und Gewühl im Lande.

Bernardo. Nichts anders, denk' ich, ist's, als eben dies.
Wohl trifft es zu, daß diese Schreckgestalt
In Waffen unsre Wacht besucht, so ähnlich
Dem König, der der Anlaß dieses Kriegs.

Horatio. Ein Stäubchen ist's, des Geistes Aug' zu trüben,
Im höchsten palmenreichsten Staube Roms,
Kurz vor dem Fall des großen Julius, standen
Die Gräber leer, verhüllte Tote schrien
Und wimmerten die röm'schen Gassen durch.
Dann feu'rgeschweifte Sterne, blut'ger Tau,
Die Sonne fleckig; und der feuchte Stern,
Des Einfluß waltet in Neptunus' Reich
Krankt' an Verfinstrung wie zum jüngsten Tag.
Und ebensolche Zeichen grauser Dinge —
Als Boten, die dem Schicksal stets vorangehn,
Und Vorspiel der Entscheidung, die sich naht —
Hat Erd' und Himmel insgemein gesandt
An unsern Himmelsstrich und Landsgenossen.

Der Geist kommt wieder.

Doch still! Schaut, wie's da wieder kommt. Ich kreuz' es,
Und sollt' es mich verderben. — Steh, Phantom!
Hast du Gebrauch der Stimm' und einen Laut:
Sprich zu mir!
Ist irgend eine gute That zu thun,
Die Ruh dir bringen kann und Ehre mir:
Sprich zu mir!
Bist du vertraut mit deines Landes Schicksal,
Das etwa noch Voraussicht wenden kann:
O sprich!
Und hast du aufgehäuft in deinem Leben
Erpreßte Schätze in der Erde Schoß,
Wofür ihr Geister, sagt man, oft im Tode
Umhergeht: sprich davon! verweil und sprich! (Der Hahn kräht.)
Halt es doch auf, Marcellus!

Marcellus. Soll ich nach ihm mit der Hellbarde schlagen?

Horatio. Thu's, wenn's nicht stehen will.

Bernardo. 's ist hier.

Horatio. 's ist hier.

Marcellus. 's ist fort. (Geist ab.)

Wir thun ihm Schmach, da es so majestätisch,
Wenn wir den Anschein der Gewalt ihm bieten.
Denn es ist unverwundbar wie die Luft,
Und unsre Streiche nur boshafter Hohn.

Bernardo. Es war am Reden, als der Hahn just krähte.

Horatio. Und da fuhr's auf, gleich einem sünd'gen Wesen
Auf einen Schreckensruf. Ich hab' gehört,
Der Hahn, der als Trompete dient dem Morgen,
Erweckt mit schmetternder und heller Kehle
Den Gott des Tages, und auf seine Mahnung,
Sei's in der See, im Feu'r, Erd' oder Luft,
Eilt jeder schweifende und irre Geist
In sein Revier; und von der Wahrheit dessen
Gab dieser Gegenstand uns den Beweis.

Marcellus. Es schwand erblassend mit des Hahnen Krähn.
Sie sagen, immer wann die Jahrszeit naht,
Wo man des Heilands Ankunft feiert, singe
Die ganze Nacht durch dieser frühe Vogel;
Dann darf kein Geist umhergehn, sagen sie,
Die Nächte sind gesund, dann trifft kein Stern,
Kein Elfe sahi, noch mögen Hexen zaubern:
So gnadenvoll und heilig ist die Zeit.

Horatio. So hört' auch ich und glaube dran zum Teil.
Doch seht, der Morgen, angethan mit Purpur,
Betritt den Tau des hohen Hügels dort,
Laßt uns die Wache aufbrechen, und ich rate,
Vertraun wir, was wir diese Nacht gesehn,
Dem jungen Hamlet; denn bei meinem Leben
Der Geist, so stumm für uns, ihm wird er reden.
Ihr willigt drein, daß wir ihm dieses melden,
Wie Lieb' uns nötigt und der Pflicht geziemt?

Marcellus. Ich bitt' euch, thun wir das; ich weiß, wo wir
Ihn am bequemsten heute finden werden. (Ab.)

2. Scene.

Ein Staatszimmer im Schlosse.

Der König, die Königin, Hamlet, Polonius, Laertes, Voltimand,
Cornelius, Herren vom Hofe und Gefolge.

König. Wiewohl von Hamlets Tod, des werten Bruders,
Noch das Gedächtnis frisch; und ob es unserm Herzen
Zu trauern ziemte, und dem ganzen Reich,
In Eine Stirn des Grames sich zu falten:

So weit hat Urteil die Natur bekämpft,
Daß wir mit weisem Kummer sein gedenken,
Zugleich mit der Erinnrung an uns selbst.
Wir haben also unsre weiland Schwester,
Jetzt unsre Königin, die hohe Witwe
Und Erbin dieses kriegerischen Staats,
Mit unterdrückter Freude, sozusagen,
Mit einem heitern, einem nassen Aug',
Mit Leichenjubel und mit Hochzeitsklage,
In gleichen Schalen wägend Leid und Lust,
Zur Eh' genommen; haben auch hierin
Nicht eurer bessern Weisheit widerstrebt,
Die frei uns beigestimmt. — Für alles Dank!
    Nun wißt ihr, hat der junge Fortinbras
Aus Minderschätzung unsers Werts, und denkend,
Durch unsers teuren sel'gen Bruders Tod
Sei unser Staat verrenkt und aus den Fugen:
Gestützt auf diesen Traum von seinem Vorteil,
Mit Botschaft uns zu plagen nicht ermangelt
Um Wiedergabe jener Länderein,
Rechtskräftig eingebüßt von seinem Vater
An unsern tapfern Bruder. — So viel von ihm:
Nun von uns selbst und eurer Herberufung.
So lautet das Geschäft: wir schreiben hier
An Norweg, Ohm des jungen Fortinbras,
Der schwach, bettlägrig, kaum von diesem Anschlag
Des Neffen hört, desselben fernen Gang
Hierin zu hemmen; sintemal die Werbung,
Bestand und Zahl der Truppen, alles doch
Aus seinem Volk geschieht; und senden nun,
Euch, wackrer Voltimand, und Euch, Cornelius,
Mit diesem Gruß zum alten Norweg hin;
Euch keine weitre Vollmacht übergebend,
Zu handeln mit dem König, als das Maß
Der hier erörterten Artikel zuläßt.
Lebt wohl, und Eil' empfehle euren Eifer.
Cornelius und Voltimand.
    Hier, wie in allem, wollen wir ihn zeigen.
König. Wir zweifeln nicht daran. Lebt herzlich wohl!
                    (Voltimand und Cornelius ab.)
Und nun, Laertes, sagt, was bringt Ihr uns?
Ihr nanntet ein Gesuch: was ist's, Laertes?
Ihr könnt nicht von Vernunft dem Dänen reden,

Und Euer Wort verlieren. Kannst du bitten,
Was ich nicht gern gewähr', eh du's verlangt!
Der Kopf ist nicht dem Herzen mehr verwandt,
Die Hand dem Munde dienstgefäll'ger nicht,
Als Dänmarks Thron es deinem Vater ist.
Was wünschest du, Laertes?

Laertes.   Hoher Herr,
Vergünstigung, nach Frankreich rückzukehren,
Woher ich zwar nach Dänmark willig kam,
Bei Eurer Krönung Euch zu huldigen;
Doch nun gesteh' ich, da die Pflicht erfüllt,
Strebt mein Gedank' und Wunsch nach Frankreich hin,
Und neigt sich Eurer gnädigen Erlaubnis.

König. Erlaubt's der Vater Euch? Was sagt Polonius?

Polonius. Er hat, mein Fürst, die zögernde Erlaubnis
Mir durch beharrlich Bitten abgedrungen,
Daß ich zuletzt auf seinen Wunsch das Siegel
Der schwierigen Bewilligung gedrückt.
Ich bitt' Euch, gebt Erlaubnis ihm zu gehn.

König. Nimm deine günst'ge Stunde: Zeit sei dein,
Laß deine Gaben nutzen sie nach Lust. —
Doch nun, mein Vetter Hamlet und mein Sohn —

Hamlet (beiseite). Mehr als befreundet, weniger als Freund.

König. Wie hängen stets noch Wolken über Euch?

Hamlet. Nicht doch, mein Fürst, ich habe zu viel Sonne.

Königin. Wirf, guter Hamlet, ab die nächt'ge Farbe,
Und laß dein Aug' als Freund auf Dänmark sehn.
Such' nicht beständig mit gesenkten Wimpern
Nach deinem edlen Vater in dem Staub.
Du weißt, es ist gemein: was lebt, muß sterben
Und Ew'ges nach der Zeitlichkeit erwerben.

Hamlet. Ja, gnäd'ge Frau, es ist gemein.

Königin.   Nun wohl,
Weswegen scheint es so besonders dir?

Hamlet. Scheint, gnäd'ge Frau? Nein, ist; mir gilt kein scheint.
Nicht bloß mein düstrer Mantel, gute Mutter,
Noch die gewohnte Tracht von ernstem Schwarz,
Noch stürmisches Geseufz beklemmten Odems,
Noch auch im Auge der ergieb'ge Strom,
Noch die gebeugte Haltung des Gesichts,
Samt aller Sitte, Art, Gestalt des Grames
Ist das, was wahr mich kund giebt; dies scheint wirklich:
Es sind Gebärden, die man spielen könnte.

Was über allen Schein, trag' ich in mir;
All dies ist nur des Kummers Kleid und Zier.

König. Es ist gar lieb und Eurem Herzen rühmlich, Hamlet,
Dem Vater diese Trauerpflicht zu leisten.
Doch wißt, auch Eurem Vater starb ein Vater;
Dem seiner, und der Nachgelaßne soll,
Nach kindlicher Verpflichtung, ein'ge Zeit
Die Leichentrauer halten.   Doch zu beharren
In eigenwill'gen Klagen, ist das Thun
Gottlosen Starrsinns; ist unmännlich Leid;
Zeigt einen Willen, der dem Himmel trotzt,
Ein unverschanztes Herz und wild Gemüt;
Zeigt blöden ungelehrigen Verstand.
Wovon man weiß, es muß sein; was gewöhnlich
Wie das Gemeinste, das die Sinne rührt:
Weswegen das in knabenhaftem Trotz
Zu Herzen nehmen? Pfui! es ist Vergehn
Am Himmel; ist Vergehen an dem Toten,
Vergehn an der Natur; vor der Vernunft
Höchst thöricht, deren allgemeine Predigt,
Der Väter Tod ist, und die immer rief-
Vom ersten Leichnam bis zum heut verstorbnen:
„Dies muß so sein." Wir bitten, werft zu Boden
Dies unfruchtbare Leid, und denkt von uns
Als einem Vater; denn wissen soll die Welt,
Daß Ihr an unserm Thron der nächste seid,
Und mit nicht minder Überschwang der Liebe,
Als seinem Sohn der liebste Vater widmet,
Bin ich Euch zugethan. Was Eure Rückkehr
Zur hohen Schul' in Wittenberg betrifft,
So widerspricht sie höchlich unserm Wunsch,
Und wir ersuchen Euch, beliebt zu bleiben,
Hier in dem milden Scheine unsers Augs,
Als unser erster Hofmann, Vetter, Sohn.

Königin. Laß deine Mutter fehl nicht bitten, Hamlet:
Ich bitte, bleib bei uns, geh nicht nach Wittenberg.

Hamlet. Ich will Euch gern gehorchen, gnäd'ge Frau.

König. Wohl, das ist eine liebe, schöne Antwort.
Seid wie wir selbst in Dänmark. — Kommt, Gemahlin!
Dies will'ge, freundliche Nachgeben Hamlets
Sitzt lächelnd um mein Herz; und dem zu Ehren
Soll das Geschütz heut jeden frohen Trunk,
Den Dänmark ausbringt, an die Wolken tragen,

Und wenn der König anklingt, soll der Himmel
Nachdröhnen ird'schem Donner. — Kommt mit mir.
    (König, Königin, Laertes und Gefolge ab.)

Hamlet. O schmölze doch dies allzufeste Fleisch,
Zerging', und löst' in einen Tau sich auf!
Oder hätte nicht der Ew'ge sein Gebot
Gerichtet gegen Selbstmord! O Gott! o Gott!
Wie ekel, schal und flach und unersprießlich
Scheint mir das ganze Treiben dieser Welt!
Pfui! pfui darüber! 's ist ein wüster Garten,
Der auf in Samen schießt; verworfnes Unkraut
Erfüllt ihn gänzlich. Dazu mußt' es kommen!
Zwei Mond' erst tot! — nein, nicht so viel, nicht zwei;
Solch trefflicher Monarch! der neben diesem
Apoll bei einem Satyr; so meine Mutter liebend,
Daß er des Himmels Winde nicht zu rauh
Ihr Antlitz ließ berühren. Himmel und Erde!
Muß ich gedenken? Hing sie doch an ihm,
Als stieg das Wachstum ihrer Lust mit dem,
Was ihre Kost war. Und doch in einem Mond —
Laßt mich's nicht denken! — Schwachheit, dein Nam' ist Weib! —
Ein kurzer Mond; bevor die Schuh verbraucht,
Womit sie meines Vaters Leiche folgte,
Wie Niobe, ganz Thränen — sie, ja sie;
O Himmel! würd' ein Tier, das nicht Vernunft hat,
Doch länger trauern. — Meinem Ohm vermählt,
Dem Bruder meines Vaters, doch ihm ähnlich
Wie ich dem Herkules: in einem Mond,
Bevor das Salz höchst frevelhafter Thränen
Der wunden Augen Röte noch verletz,
War sie vermählt! — O schnöde Hast, so rasch
In ein blutschänderisches Bett zu stürzen!
Es ist nicht, und es wird auch nimmer gut.
Doch brich, mein Herz! denn schweigen muß mein Mund.
    Horatio, Bernardo und Marcellus treten auf.

Horatio. Heil Eurer Hoheit!
Hamlet. Ich bin erfreut, Euch wohl zu sehn.
Horatio — wenn ich nicht mich selbst vergesse?
Horatio. Ja, Prinz, und Euer armer Diener stets.
Hamlet. Mein guter Freund; vertauscht mir jenen Namen.
Was macht Ihr hier von Wittenberg, Horatio?
Marcellus?
Marcellus. Gnäd'ger Herr —

Hamlet. Es freut mich, Euch zu sehn. Habt guten Abend.
Im Ernst, was führt Euch weg von Wittenberg?
Horatio. Ein müßiggängerischer Hang, mein Prinz.
Hamlet. Das möcht' ich Euren Feind nicht sagen hören.
Noch sollt Ihr meinem Ohr den Zwang anthun,
Daß Euer eignes Zeugnis gegen Euch
Ihm gültig wär'. Ich weiß, Ihr geht nicht müßig.
Doch was ist Eu'r Geschäft in Helsingör?
Ihr sollt noch trinken lernen, eh Ihr reist.
Horatio. Ich kam zu Eures Vaters Leichenfeier.
Hamlet. Ich bitte, spotte meiner nicht, mein Schulfreund,
Du kamst gewiß zu meiner Mutter Hochzeit.
Horatio. Fürwahr, mein Prinz, sie folgte schnell darauf.
Hamlet. Wirtschaft, Horatio! Wirtschaft! Das Gebackne
Vom Leichenschmaus gab kalte Hochzeitschüsseln,
Hätt ich den ärgsten Feind im Himmel lieber
Getroffen, als den Tag erlebt, Horatio!
Mein Vater — mich dünkt, ich sehe meinen Vater.
Horatio. Wo, mein Prinz?
Hamlet. In meines Geistes Aug', Horatio.
Horatio. Ich sah ihn einst, er war ein wackrer König.
Hamlet. Er war ein Mann, nehmt alles nur in allem.
Ich werde nimmer seinesgleichen sehn.
Horatio. Mein Prinz, ich denk', ich sah ihn vor'ge Nacht.
Hamlet. Sah? wen?
Horatio. Mein Prinz, den König, Euren Vater.
Hamlet. Den König, meinen Vater?
Horatio. Beruhigt das Erstaunen eine Weil'
Durch ein aufmerksam Ohr; bis ich dies Wunder,
Auf die Bekräftigung der Männer hier,
Euch kann berichten.
Hamlet. Um Gottes willen, laßt mich hören.
Horatio. Zwei Nächte nacheinander war's den beiden,
Marcellus und Bernardo, auf der Wache
In toter Stille tiefer Mitternacht
So widerfahren. Ein Schatte wie Eu'r Vater,
Geharnischt, ganz in Wehr, von Kopf zu Fuß,
Erscheint vor ihnen, geht mit ernstem Tritt
Langsam vorbei und stattlich; schreitet dreimal
Vor ihren starren, furchtergriffnen Augen,
So daß sein Stab sie abreicht; während sie,
Geronnen fast zu Gallert durch die Furcht,
Stumm stehn, und reden es nicht an. Dies nun

In banger Heimlichkeit vertraun sie mir.
Ich hielt die dritte Nacht mit ihnen Wache;
Und da, wie sie berichtet, nach der Zeit,
Gestalt des Dings, buchstäblich alles wahr,
Kommt das Gespenst. Ich kanute Euren Vater:
Hier diese Hände gleichen sich nicht mehr.

Hamlet. Wo ging dies aber vor?
Marcellus. Auf der Terrasse, wo wir Wache hielten.
Hamlet. Ihr sprachet es nicht an?
Horatio.　　　　　　　　　Ich that's, mein Prinz,
Doch Antwort gab es nicht; nur einmal schien's,
Es höb' sein Haupt empor, und schickte sich
Zu der Bewegung an, als wollt' es sprechen.
Da krähte eben laut der Morgenhahn,
Und bei dem Tone schlüpft' es eilig weg
Und schwand aus unserm Blick.
Hamlet.　　　　　　　　　　Sehr sonderbar.
Horatio. Bei meinem Leben, edler Prinz, 's ist wahr;
Wir hielten's durch die Pflicht uns vorgeschrieben,
Die Sach' Euch kund zu thun.
Hamlet. Im Ernst, im Ernst, ihr Herrn, die ängstigt mich.
Habt ihr die Wache heute?
Alle.　　　　　　　　Ja, gnäd'ger Herr.
Hamlet. Geharnischt, sagt ihr?
Alle. Geharnischt, gnäd'ger Herr.
Hamlet. Vom Wirbel bis zur Zeh?
Alle.　　　　　　　　Von Kopf zu Fuß.
Hamlet. So saht ihr sein Gesicht nicht.
Horatio. O ja doch, sein Visier war aufgezogen.
Hamlet. Nun, blickt' er finster?
Horatio.　　　　　　　　Eine Miene, mehr
Des Leidens als des Zorns.
Hamlet.　　　　　　　Blaß oder rot?
Horatio. Nein, äußerst blaß.
Hamlet.　　　　　　Sein Aug' auf euch geheftet?
Horatio. Ganz fest.
Hamlet.　　　　　Ich wollt', ich wär' dabei gewesen.
Horatio. Ihr hättet Euch gewiß entsetzt.
Hamlet.　　　　　　　　　　Sehr glaublich,
Sehr glaublich. Blieb es lang?
Horatio.　　　　　　　Derweil mit mäß'ger Eil'
Man hundert zählen konnte.
Marcellus u. Bernardo.　　Länger, länger.

Horatio. Nicht da ich's sah.

Hamlet. Sein Bart war greis, nicht wahr?

Horatio. Wie ich's an ihm bei seinem Leben sah,
Ein schwärzlich Silbergrau.

Hamlet. Ich will heut wachen.
Vielleicht wird's wieder kommen.

Horatio. Zuverlässig.

Hamlet. Erscheint's in meines edlen Vaters Bildung,
So red' ich's an, gähnt' auch die Hölle selbst,
Und hieß' mich ruhig sein. Ich bitt' euch alle:
Habt ihr bis jetzt verheimlicht dies Gesicht,
So haltet's ferner fest in eurem Schweigen:
Und was sich sonst zu Nacht ereignen mag,
Gebt allem einen Sinn, doch keine Zunge.
Ich will die Lieb' euch lohnen; lebt denn wohl!
Auf der Terrasse zwischen elf und zwölf
Besuch' ich euch.

Alle. Eu'r Gnaden unsre Dienste.

Hamlet. Nein, eure Liebe, so wie meine euch.
Lebt wohl nun.

(Horatio, Marcellus und Bernardo ab.)

Hamlet. Meines Vaters Geist in Waffen!
Es taugt nicht alles; ich vermute was
Von argen Ränken. Wär' die Nacht erst da!
Bis dahin ruhig, Seele! Schnöde Thaten,
Birgt sie die Erd' auch, müssen sich verraten. (Ab.)

3. Scene.

Ein Zimmer in Polonius' Hause.

Laertes und Ophelia treten auf.

Laertes. Mein Reisegut ist eingeschifft. Leb wohl,
Und, Schwester, wenn die Winde günstig sind
Und Schiffsgeleit sich findet, schlaf nicht, laß
Von dir mich hören.

Ophelia. Zweifelst du daran?

Laertes. Was Hamlet angeht, und sein Liebesgetändel,
So nimm's als Modesache, Spiel des Bluts;
Ein Veilchen in der Jugend der Natur,
Frühzeitig, nicht beständig — süß, nicht dauernd,
Nur Duft und Labsal eines Augenblicks:
Nichts weiter.

Ophelia.   Weiter nichts.

Laertes.   Nur dafür halt es.
Denn die Natur, aufstrebend, nimmt nicht bloß
An Größ' und Sehnen zu; wie dieser Tempel wächst,
So wird der inure Dienst von Seel' und Geist
Auch veit mit ihm. Er liebt Euch jetzt vielleicht;
Kein Arg und kein Betrug befleckt bis jetzt
Die Tugend seines Willens: doch befürchte,
Bei seinem Rang gehört sein Will ihm nicht.
Er selbst ist der Geburt ja unterthan.
Er kann nicht, wie geringe Leute thun,
Für sich auslesen; denn an seiner Wahl
Häugt Sicherheit und Heil des ganzen Staats,
Deshalb muß seine Wahl beschränket sein
Vom Beifall und der Stimme jenes Körpers,
Von welchem er das Haupt. Wenn er nun sagt, er liebt dich,
Geziemt es deiner Klugheit, ihm zu glauben,
So weit er nach besonderm Recht und Staud,
That geben kanu dem Wort; das heißt, nicht weiter
Als Dänemarks gesamte Stimme geht.
Bedenk, was deine Ehre leiden kann,
Wenn du zu gläubig seinem Liebe lauschest,
Dein Herz verlierst, und deinen keuschen Schatz
Vor seinem ungestümen Dringen öffnest.
Fürcht' es, Ophelia! fürcht' es, liebe Schwester,
Und halte dich im Hintergrund der Neigung,
Fern von dem Schuß und Anfall der Begier.
Das scheuste Mädchen ist verschwendrisch noch,
Wenn sie dem Monte ihren Reiz enthüllt.
Selbst Tugend nicht entgeht Verleumdertücken,
Es nagt der Wurm des Frühlings Kinder an,
Zu oft noch eh die Knospe sich erschleßt,
Und in der Früh und frischem Tan der Jugend
Ist gift'ger Anhauch am gefährlichsten.
Sei denn behutsam! Furcht giebt Sicherheit,
Auch ohne Feind hat Jugend innern Streit.

Ophelia. Ich will den Sinn so guter Lehr' bewahren,
Als Wächter meiner Brust; doch, lieber Bruder,
Zeigt nicht, wie hellvergessne Pred'ger thun,
Den steilen Dornenweg zum Himmel anderu,
Derweil als frecher, lockrer Wollüstling
Er selbst den Blumenpfad der Lust betritt
Und spottet seines Rats.

Laertes.   O fürchte nichts!
Zu lange weil' ich — doch da kommt mein Vater.

Polonius kommt.

Zwiefacher Segen ist ein zwiefach Heil:
Der Zufall lächelt einem zweiten Abschied.

Polonius. Noch hier, Laertes? Ei, ei! an Bord, an Bord!
Der Wind sitzt in dem Nacken Eures Segels,
Und man verlangt Euch. Hier mein Segen mit dir —

(Indem er dem Laertes die Hand aufs Herz legt.)

Und diese Regeln präg' in dein Gedächtnis.
Gieb den Gedanken, die du hegst, nicht Zunge,
Noch einem ungebührlichen die That.
Leutselig sei, doch keineswegs gemein.
Dem Freund, der dein, und dessen Wahl erprobt,
Mit ehrnen Reifen klammr' ihn an dein Herz,
Doch härte deine Hand nicht durch Begrüßung
Von jedem neugeheckten Bruder. Hüte dich,
In Händel zu geraten: bist du drin,
Führ sie, daß sich dein Feind vor dir mag hüten.
Dein Ohr leih jedem, wen'gen deine Stimme;
Nimm Rat von allen, aber spar dein Urteil.
Die Kleidung kostbar, wie's dein Beutel kann,
Doch nicht ins Grillenhafte; reich, nicht bunt:
Denn es verkündigt oft die Tracht den Mann,
Und die vom ersten Rang und Staud in Frankreich
Sind darin ausgesucht und edler Sitte.
Kein Borger sei und auch Verleiher nicht;
Sich und den Freund verliert das Darlehn oft,
Und Borgen stumpft der Wirtschaft Spitze.
Dies über alles: sei dir selber treu,
Und daraus folgt, so wie die Nacht dem Tage,
Du kannst nicht falsch sein gegen irgend wen.
Leb wohl! mein Segen fördre dies an dir!

Laertes. In Ehrerbietung nehm' ich Abschied, Herr.

Polonius. Euch ruft die Zeit; geht, Eure Diener warten.

Laertes. Leb wohl, Ophelia, und gedenk an das,
Was ich dir sagte.

Ophelia. Es ist in mein Gedächtnis fest verschlossen,
Und Ihr sollt selbst dazu den Schlüssel führen.

Laertes. Lebt wohl. (Ab.)

Polonius. Was ist's, Ophelia, das er Euch gesagt?

Ophelia. Wenn Ihr erlaubt, vom Prinzen Hamlet war's.

Polonius. Ha, wohl bedacht!

Ich höre, daß er Euch seit kurzem oft
Vertraute Zeit geschenkt; und daß Ihr selbst
Mit Eurem Zutritt sehr bereit und frei wart.
Wenn dem so ist — und so erzählt man mir's,
Und das als Warnung zwar — muß ich Euch sagen,
Daß Ihr Euch selber nicht so klar versteht,
Als meiner Tochter ziemt und Eurer Ehre.
Was giebt es zwischen Euch? sagt mir die Wahrheit.

Ophelia. Er hat seither Anträge mir gethan
Von seiner Zuneigung.

Polonius. Pah, Zuneigung! Ihr sprecht wie junges Blut,
In solchen Fährlichkeiten unbewandert.
Und glaubt Ihr den Anträgen, wie Ihr's nennt?

Ophelia. Ich weiß nicht, Vater, was ich denken soll.

Polonius. So hört's denn: denkt, Ihr seid ein dummes Ding,
Daß Ihr für bar Anträge habt genommen,
Die ohn' Ertrag sind. Nein, betragt Euch klüger,
Sonst — um das arme Wort nicht tot zu hetzen —
Trägt Eure Narrheit noch Euch Schaden ein.

Ophelia. Er hat mit seiner Lieb' in mich gedrungen,
In aller Ehr' und Sitte.

Polonius. Ja, Sitte mögt Ihr's nennen; geht mir, geht!

Ophelia. Und hat sein Wort beglaubigt, lieber Herr,
Beinah durch jeden heil'gen Schwur des Himmels.

Polonius. Ja, Sprenkel für die Drosseln. Weiß ich doch,
Wenn das Blut kocht, wie das Gemüt der Zunge
Freigebig Schwüre leiht. Dies Lodern, Tochter,
Mehr leuchtend als erwärmend, und erloschen
Selbst im Versprechen, während es geschieht,
Nehmt keineswegs für Feuer. Kargt von nun an
Mit Eurer jungfräulichen Gegenwart
Ein wenig mehr; schätzt Eure Unterhaltung
Zu hoch, um auf Befehl bereit zu sein.
Und was Prinz Hamlet angeht, traut ihm so:
Er sei noch jung, und habe freiern Spielraum,
Als Euch vergönnt mag werden. Kurz, Ophelia,
Traut seinen Schwüren nicht: 's sind Zwischengänger,
Nicht von der Farbe ihrer äußern Tracht,
Fürsprecher sündlicher Gesuche bloß,
Gleich frommen, heilig thu'nden Kupplern redend,
Um besser zu berücken. Eins für alles:
Ihr sollt mir, grad' heraus, von heute an
Die Muße keines Augenblicks so schmähn,

Daß Ihr Gespräche mit Prinz Hamlet pfleget.
Seht zu, ich leg' es Euch ans Herze; kommt.
Ophelia. Ich will gehorchen, Herr. (Ab.)

4. Scene.

Die Terrasse.

Hamlet, Horatio und Marcellus treten auf.

Hamlet. Die Luft geht scharf, es ist entsetzlich kalt.
Horatio. 's ist eine schneidende und strenge Luft.
Hamlet. Was ist die Uhr?
Horatio. Ich denke, nah an zwölf.
Marcellus. Nicht doch, es hat geschlagen.
Horatio. Wirklich schon?
Ich hört' es nicht; so rückt heran die Stunde,
Worin der Geist gewohnt ist umzugehn.
(Trompetenstoß und Geschütz abgefeuert hinter der Scene.)
Was stellt das vor, mein Prinz?
Hamlet. Der König wacht die Nacht durch, zecht vollauf,
Hält Schmaus und taumelt den geräusch'gen Walzer;
Und wie er Züge Rheinweins niedergießt,
Verkünden schmetternd Pauken und Trompeten
Den ausgebrachten Trunk.
Horatio. Ist das Gebrauch?
Hamlet. Nun freilich wohl:
Doch meines Dünkens — bin ich eingeboren
Und drin erzogen schon — ist's ein Gebrauch,
Wovon der Bruch mehr ehrt als die Befolgung.
Dies schwindelköpf'ge Zechen macht verrufen
Bei andern Völkern uns in Ost und West;
Man heißt uns Säufer, hängt an unsern Namen
Ein schmutzig Beiwort; und fürwahr, es nimmt
Von unsern Thaten, noch so groß verrichtet,
Den Kern und Ausbund unsers Wertes weg.
So geht es oft mit einzlen Menschen auch,
Daß sie durch ein Naturmal, das sie schändet,
Als etwa von Geburt — worin sie schuldlos,
Weil die Natur nicht ihren Ursprung wählt —
Durch einen Trieb, der, übermächtig wachsend,
Die Dämm' und Schanzen der Vernunft oft einbricht,
Auch wohl durch Angewöhnung, die zu sehr
Den Schein gefäll'ger Sitten überrostet —
Daß diese Menschen, sag' ich, welche so

2*

Von einem Fehler das Gepräge tragen —
Sei's Farbe der Natur, sei's Fleck des Zufalls, —
Und wären ihre Tugenden so rein
Wie Gnade sonst, so zahllos wie ein Mensch)
Sie tragen mag: in dem gemeinen Urteil
Steckt der besondre Fehl sie doch mit an;
Der Gram von Schlechtem zieht des edlen Wertes
Gehalt herab in seine eigne Schmach.

Der Geist kommt.

Horatio. O seht, mein Prinz, es kommt!

Hamlet. Engel und Boten Gottes steht uns bei!
Sei du ein Geist des Segens, sei ein Kobold,
Bring Himmelslüfte oder Dampf der Hölle,
Sei dein Beginnen boshaft oder liebreich,
Du kommst in so fragwürdiger Gestalt,
Ich rede doch mit dir; ich nenn' dich, Hamlet,
Fürst, Vater, Dänenkönig: o gieb Antwort!
Laß mich in Blindheit nicht vergehn! Nein, sag:
Warum dein fromm Gebein, verwahrt im Tode,
Die Leinen hat gesprengt? warum die Gruft,
Worin wir ruhig eingeurnt dich sahn,
Geöffnet ihre schweren Marmorkiefern,
Dich wieder auszuwerfen? Was bedeutet's,
Daß, toter Leichnam, du, in vollem Stahl
Aufs neu des Mondes Dämmerschein besuchst,
Die Nacht entstellend; daß wir Narren der Natur
So furchtbarlich uns schütteln mit Gedanken,
Die unsre Seele nicht erreichen kann?
Was ist dies? sag! Warum? was sollen wir?

Horatio. Es winket Euch, mit ihm hinwegzugehn,
Als ob es eine Mitteilung verlangte
Mit Euch allein.

Marcellus. Seht, wie es Euch mit freundlicher Gebärde
Hinweist an einen mehr entlegnen Ort;
Geht aber nicht mit ihm.

Horatio. 　　　　　Nein, keineswegs.

Hamlet. Es will mich sprechen: wohl, so folg' ich ihm.

Horatio. Thut's nicht, mein Prinz.

Hamlet. 　　　　　Was wäre da zu fürchten?
Mein Leben acht' ich keine Nadel wert,
Und meine Seele, kann es der was thun,
Die ein unsterblich Ding ist, wie es selbst?
Es winkt mir wieder fort, ich folg' ihm nach.

Horatio. Wie, wenn es hin zur Flut Euch lockt, mein Prinz,
Vielleicht zum grausen Gipfel jenes Felsen,
Der in die See nickt über seinen Fuß?
Und dort in andre Schreckgestalt sich kleidet,
Die der Vernunft die Herrschaft rauben könnte,
Und Euch zum Wahnsinn treiben? O bedenkt!
Der Ort an sich bringt Grillen der Verzweiflung
Auch ohne weitern Grund in jedes Hirn,
Das so viel Klafter niederschaut zur See,
Und hört sie unten brüllen.
Hamlet. Immer winkt es:
Geh nur! ich folge dir.
Marcellus. Ihr dürft nicht gehn, mein Prinz.
Hamlet. Die Hände weg!
Horatio. Hört uns, Ihr dürft nicht gehn.
Hamlet. Mein Schicksal ruft,
Und macht die kleinste Ader dieses Leibes
So fest als Sehnen des Nemeer Löwen. (Der Geist winkt.)
Es winkt mir immerfort: laßt los! Beim Himmel! (Reißt sich los.)
Den mach' ich zum Gespenst, der mich zurückhält! —
Ich sage, fort! — Voran! ich folge dir. (Der Geist und Hamlet ab.)
Horatio. Er kommt ganz außer sich vor Einbildung.
Marcellus. Ihm nach! Wir dürfen ihm nicht so gehorchen.
Horatio. Kommt, folgen wir! Welch Ende wird dies nehmen?
Marcellus. Etwas ist faul im Staate Dänemarks.
Horatio. Der Himmel wird es leuken.
Marcellus. Laßt uns folgen.

5. Scene.

Ein abgelegener Teil der Terrasse.

Der Geist und Hamlet kommen

Hamlet. Wo führst du hin mich? Red, ich geh' nicht weiter.
Geist. Hör an!
Hamlet. Ich will's.
Geist. Schon naht sich meine Stunde,
Wo ich den schweflichten, qualvollen Flammen
Mich übergeben muß.
Hamlet. Ach, armer Geist!
Geist. Beklag mich nicht, doch leih dein ernst Gehör
Dem, was ich kund will thun.
Hamlet. Sprich! mir ist's Pflicht, zu hören.
Geist. Zu rächen auch, sobald du hören wirst.

Hamlet. Was?
Geist.   Ich bin deines Vaters Geist:
Verdammt auf eine Zeitlang, nachts zu wandern
Und tags gebannt, zu fasten in der Glut,
Bis die Verbrechen meiner Zeitlichkeit
Hinweggeläutert sind. Wär' mir's nicht untersagt,
Das Innre meines Kerkers zu enthüllen,
So höb' ich eine Kunde an, von der
Das kleinste Wort die Seele dir zermalmte,
Dein junges Blut erstarrte, deine Augen
Wie Stern' aus ihren Kreisen schießen machte,
Dir die verworrnen krausen Locken trennte,
Und sträubte jedes einzle Haar empor,
Wie Nadeln an dem zorn'gen Stacheltier:
Doch diese ew'ge Offenbarung faßt
Kein Ohr von Fleisch und Blut. — Horch, Hamlet! horch!
Wenn du je deinen teuren Vater liebtest —
Hamlet. O Himmel!
Geist. Räch seinen schnöden unerhörten Mord.
Hamlet. Mord?
Geist. Ja, schnöder Mord, wie er aufs beste ist,
Doch dieser unerhört und unnatürlich.
Hamlet. Eil' ihn zu melden; daß ich auf Schwingen, rasch
Wie Andacht und des Liebenden Gedanken,
Zur Rache stürmen mag.
Geist.   Du scheinst mir willig:
Auch wärst du träger, als das feiste Kraut,
Das ruhig Wurzel treibt an Lethes Bord,
Erwachtest du nicht hier. Nun, Hamlet, höre:
Es heißt, daß, weil ich schlief in meinem Garten,
Mich eine Schlange stach; so ward das Ohr des Reichs
Durch den erlognen Hergang meines Todes
Schmählich getäuscht; doch wisse, edler Jüngling,
Die Schlang', die deines Vaters Leben stach,
Trägt seine Krone jetzt.
Hamlet. O mein prophetisches Gemüt! Mein Oheim?
Geist. Ja, der blutschänderische Ehebrecher,
Durch Witzes Zauber, durch Verrätergaben —
O arger Witz und Gaben, die im stand,
So zu verführen, sind! — gewann den Willen
Der scheinbar tugendsamen Königin
Zu schnöder Lust. O Hamlet, welch ein Abfall!
Von mir, des Liebe von der Echtheit war,

Daß Hand in Hand sie mit dem Schwure ging,
Den ich bei der Vermählung that; erniedert
Zu einem Sünder, von Natur durchaus
Armselig gegen mich!
Allein wie Jugend nie sich reizen läßt,
Buhlt Unzucht auch um sie in Himmelsbildung;
So Lust, gepaart mit einem lichten Engel,
Wird dennoch eines Götterbettes satt
Und hascht nach Wegwurf. —
Doch still! mich dünkt, ich wittre Morgenluft:
Kurz laß mich sein. — Da ich im Garten schlief,
Wie immer meine Sitte nachmittags,
Beschlich dein Oheim meine sichre Stunde
Mit Saft verfluchten Bilsenkrauts im Fläschchen,
Und träufelt' in den Eingang meines Ohrs
Das schwärende Getränk; wovon die Wirkung
So mit des Menschen Blut in Feindschaft steht,
Daß es durch die natürlichen Kanäle
Des Körpers hurtig, wie Quecksilber, läuft;
Und wie ein saures Lab, in Milch getropft,
Mit plötzlicher Gewalt gerinnen macht
Das leichte, reine Blut. So that es meinem;
Und Aussatz schuppte sich mir augenblicklich,
Wie einem Lazarus, mit ekler Rinde
Ganz um den glatten Leib.
So ward ich schlafend und durch Bruderhand
Um Leben, Krone, Weib mit eins gebracht,
In meiner Sünden Blüte hingerafft,
Ohne Nachtmahl, ungebeichtet, ohne Ölung;
Die Rechnung nicht geschlossen, ins Gericht
Mit aller Schuld auf meinem Haupt gesandt.
O schaudervoll! o schaudervoll! höchst schaudervoll!
Hast du Natur in dir, so leid' es nicht;
Laß Dänmarks königliches Bett kein Lager
Für Blutschand' und verruchte Wollust sein.
Doch, wie du immer diese That betreibst,
Befleck dein Herz nicht; dein Gemüt ersinne
Nichts gegen deine Mutter; überlaß sie
Dem Himmel und den Dornen, die im Busen
Ihr stechend wohnen. Lebe wohl mit eins:
Der Glühwurm zeigt, daß sich die Frühe naht,
Und sein unwirksam Feu'r beginnt zu blassen.
Ade! Ade! Hamlet! gedenke mein. (Ab.)

Hamlet. O Herr des Himmels! Erde! — Was noch sonst?
  Nenn' ich die Hölle mit? — O pfui! Halt, halt, mein Herz!
  Ihr, meine Sehnen, altert nicht sogleich,
  Tragt fest mich aufrecht! — Dein gedenken? Ja,
  Du armer Geist, solang Gedächtnis hauft
  In dem zerstörten Ball hier. Dein gedenken?
  Ja, von der Tafel der Erinnrung will ich
  Weglöschen alle thörichten Geschichten,
  Aus Büchern alle Sprüche, alle Bilder,
  Die Spuren des Vergangnen, welche da
  Die Jugend einschrieb und Beobachtung;
  Und dein Gebot soll leben ganz allein
  Im Buche meines Hirnes, unvermischt
  Mit minder würd'gen Dingen. — Ja, beim Himmel.
  O höchst verderblich Weib!
  O Schurke! lächelnder, verdammter Schurke!
  Schreibtafel her! Ich muß mir's niederschreiben,
  Daß einer lächeln kann, und immer lächeln,
  Und doch ein Schurke sein; zum wenigsten
  Weiß ich gewiß, in Dänmark kann's so sein.
  Da sicht Ihr, Oheim. Jetzt zu meiner Losung!
  Sie heißt: „Ade, ade! gedenke mein."
  Ich hab's geschworen.

Horatio (hinter der Scene). Mein Prinz! Mein Prinz!

Marcellus (hinter der Scene). Prinz Hamlet.

Horatio (hinter der Scene).   Gott beschütz' ihn!

Hamlet. So sei es!

Marcellus (hinter der Scene). Heda! ho! mein Prinz!

Hamlet. Ha! heisa, Junge! Komm, Vögelchen, komm!

Horatio und Marcellus kommen.

Marcellus. Wie steht's, mein gnäd'ger Herr?

Horatio.   Was giebt's, mein Prinz?

Hamlet. O wunderbar!

Horatio. Sagt, bester, gnäd'ger Herr.

Hamlet.   Nein, Ihr verratet's.

Horatio. Ich nicht, beim Himmel, Prinz.

Marcellus.   Ich gleichfalls nicht.

Hamlet. Was sagt ihr? Sollt's 'ne Menschenseele denken? —
  Doch ihr wollt schweigen? —

Horatio u. Marcellus.   Ja, beim Himmel, Prinz.

Hamlet. Es lebt kein Schurk' im ganzen Dänemark,
  Der nicht ein ausgemachter Bube wär'.

Horatio. Es braucht kein Geist vom Grabe herzukommen,
Und das zu sagen.
Hamlet.   Richtig; Ihr habt recht,
Und so, ohn' alle weitere Förmlichkeit,
Denk' ich, wir schütteln uns die Händ' und scheiden;
Ihr thut, was euch Beruf und Neigung heißt —
Denn jeder Mensch hat Neigung und Beruf,
Wie sie denn sind — ich, für mein armes Teil,
Seht ihr, will beten gehn.
Horatio. Dies sind nur wirblichte und irre Worte, Herr.
Hamlet. Es thut mir leid, daß sie Euch ärgern, herzlich;
Ja, mein Treu, herzlich.
Horatio. Kein Ärgerniß, mein Prinz.
Hamlet. Doch, bei Sankt Patrik, giebt es eins, Horatio,
Groß Ärgerniß. Was die Erscheinung angeht,
Ich sag' euch, 's ist ein ehrliches Gespenst.
Die Neugier, was es zwischen uns doch giebt,
Bemeistert, wie ihr könnt. Und nun, ihr Lieben,
Wofern ihr Freunde seid, Mitschüler, Krieger,
Gewährt ein Kleines mir.
Horatio.   Was ist's? wir sind bereit.
Hamlet. Macht nie bekannt, was ihr die Nacht gesehn.
Horatio u. Marcellus. Wir wollen's nicht, mein Prinz.
Hamlet.   Gut, aber schwört.
Horatio. Auf Ehre, Prinz, ich nicht.
Marcellus. Ich gleichfalls nicht, auf Ehre.
Hamlet.   Auf mein Schwert.
Marcellus. Wir haben schon geschworen, gnäd'ger Herr.
Hamlet. Im Ernste, auf mein Schwert, im Ernste.
Geist (unter der Erde). Schwört.
Hamlet. Ha, ha, Bursch! sagst du das? Bist du da, grundehrlich?
Wohlan — ihr hört im Keller den Gesellen —
Bequemet euch zu schwören.
Horatio.   Sagt den Eid.
Hamlet. Niemals von dem, was ihr gesehn, zu sprechen.
Schwört auf mein Schwert.
Geist (unter der Erde). Schwört.
Hamlet. Hic et ubique? Wechseln wir die Stelle. —
Hierher, ihr Herren, kommt.
Und legt die Hände wieder auf mein Schwert;
Schwört auf mein Schwert,
Niemals von dem, was ihr gehört, zu sprechen.
Geist (unter der Erde). Schwört auf sein Schwert.

Hamlet. Brav, alter Maulwurf! Wühlst so hurtig fort?
  O trefflicher Minierer! — Nochmals weiter, Freunde.
Horatio. Beim Sonnenlicht, dies ist erstaunlich fremd.
Hamlet. So heiß' als einen Fremden es willkommen.
  Es giebt mehr Ding' im Himmel und auf Erden,
  Als eure Schulweisheit sich träumt, Horatio.
  Doch kommt!
  Hier, wie vorhin, schwört mir, so Gott euch helfe,
  Wie fremd und seltsam ich mich nehmen mag,
  Da mir's vielleicht in Zukunft dienlich scheint,
  Ein wunderliches Wesen anzulegen:
  Ihr wollet nie, wenn ihr alsdann mich seht,
  Die Arme so verschlingend, noch die Köpfe
  So schüttelnd, noch durch zweifelhafte Reden,
Als: „Nun, nun, wir wissen" — oder: „Wir könnten, wenn wir
wollten" — oder: „Ja, wenn wir reden möchten"; — oder: „Es
giebt ihrer, wenn sie nur dürften" —
  Und solch verstohlnes Deuten mehr, verraten,
  Daß ihr von mir was wisset: dieses schwört,
  So Gott in Nöten und sein Heil euch helfe!
Geist (unter der Erde). Schwört.
Hamlet. Ruh, ruh, verstörter Geist! — Nun, liebe Herrn,
  Empfehl' ich euch mit aller Liebe mich,
  Und was ein armer Manu, wie Hamlet ist,
  Vermag, euch Lieb' und Freundschaft zu bezeigen,
  So Gott will, soll nicht fehlen. Laßt uns gehn.
  Und bitt' ich, stets die Finger auf den Mund.
  Die Zeit ist aus den Fugen: Schmach und Gram,
  Daß ich zur Welt, sie einzurichten, kam!
  Nun kommt, laßt uns zusammen gehn. (Alle ab.)

Zweiter Aufzug.

1. Scene.

Ein Zimmer im Hause des Polonius.

Polonius und Reinhold treten auf.

Polonius. Gieb ihm dies Geld und die Papiere, Reinhold.
Reinhold. Ja, gnäd'ger Herr.
Polonius. Ihr werdet mächtig klug thun, guter Reinhold,

Euch zu erkund'gen, eh Ihr ihn besucht,
Wie sein Betragen ist.
Reinhold.   Das dacht' ich auch zu thun.
Polonius. Ei, recht so, Herr, sehr recht so! Seht Ihr wohl,
Erst fragt mir, was für Dänen in Paris sind,
Und wie, wer, auf was Art, und wie sie leben,
Mit wem, was sie verzehren; wenn Ihr dann
Durch diesen Umschweif Eurer Fragen merkt,
Sie kennen meinen Sohn, so kommt Ihr näher;
Berührt alsdann es mit besondern Fragen,
Thut gleichsam wie von fern bekannt; zum Beispiel:
„Ich kenne seinen Vater, seine Freunde,
Und auch zum Teil ihn selbst." — Versteht Ihr, Reinhold?
Reinhold. Vollkommen, gnäb'ger Herr.
Polonius. „Zum Teil auch ihn; doch," mögt Ihr sagen, „wenig,
Und wenn's der Rechte ist, der ist gar wild,
Treibt dies und das" — dann gebt ihm nach Belieben
Erlogne Dinge schuld; nun, nichts so Arges,
Das Schand' ihm brächte; davor hütet Euch.
Nein, solche wilde, ausgelaßne Streiche,
Als hergebrachtermaßen die Gefährten
Der Jugend und der Freiheit sind.
Reinhold.   Als spielen.
Polonius. Ja, oder trinken, raufen, fluchen, zanken,
Huren — so weit könnt Ihr gehn.
Reinhold. Das würd' ihm Schande bringen, gnäb'ger Herr.
Polonius. Mein Tren nicht, wenn Ihr's nur zu wenden wißt
Ihr müßt ihn nicht in andren Leumund bringen,
Als übermannt' ihn Unenthaltsamkeit,
Das ist die Meinung nicht; bringt seine Fehler zierlich
Ans Licht, daß sie der Freiheit Flocken scheinen,
Der Ausbruch eines feurigen Gemüts,
Und eine Wildheit ungezähmten Bluts,
Die jeden anficht.
Reinhold.   Aber, bester Herr —
Polonius. Weswegen Ihr dies thun sollt?
Reinhold.   Ja, das wünscht' ich
Zu wissen, Herr.
Polonius.   Ei nun, mein Plan ist der,
Und wie ich denke, ist's ein Pfiff, der anschlägt;
Werft Ihr auf meinen Sohn so kleine Makeln,
Als wär' er in der Arbeit was beschmutzt —
Merkt wohl!

Wenn der Mitunterredner, den Ihr aushorcht,
In vorbenannten Lastern jemals schuldig
Den jungen Mann gesehn, so seid gewiß,
Daß selb'ger folgender Gestalt Euch beitritt:
„Lieber Herr", oder so; oder „Freund", oder „mein Wertester",
Wie nun die Redensart und die Betitlung
Bei Land und Leuten üblich ist.

Reinhold.   Sehr wohl.

Polonius. Und hierauf thut er dies: — Er thut — ja, was
wollte ich doch sagen? Beim Sakrament, ich habe was sagen wollen.
Wo brach ich ab?

Reinhold. Bei folgender Gestalt Euch beitritt.

Polonius. Bei folgender Gestalt Euch beitritt. — Ja,
Er tritt Euch also bei: „Ich kenn' ihn wohl, den Herrn,
Ich sah ihn gestern oder neulich 'mal,
Oder wann es war; mit dem und dem; und wie Ihr sagt,
Da spielt' er hoch, da traf man ihn im Rausch,
Da rauft' er sich beim Ballspiel;" oder auch:
„Ich sah ihn gehn in solch ein saubres Haus." —
Will sagen: ein Bordell — und mehr dergleichen. — Seht nur,
Eu'r Lügenköder fängt den Wahrheitskarpfen;
So wissen wir, gewitzigt, helles Volk,
Mit Krümmungen und mit verstecktem Angriff
Durch einen Umweg auf den Weg zu kommen;
Und so könnt Ihr, wie ich Euch Anweisung
Und Rat erteilet, meinen Sohn erforschen.
Ihr habt's gefaßt, nicht wahr?

Reinhold.   Ja, gnäd'ger Herr.

Polonius. Nun, Gott mit Euch! lebt wohl!

Reinhold.   Mein bester Herr —

Polonius. Von Eurer eignen schließt auf seine Neigung.

Reinhold. Das will ich thun.

Polonius. Und daß er die Musik mir fleißig treibt.

Reinhold. Gut, gnäd'ger Herr. (Ab.)

Ophelia kommt.

Polonius. Lebt wohl! — Wie nun, Ophelia, was giebt's?

Ophelia. O lieber Herr, ich bin so sehr erschreckt!

Polonius. Wodurch, ins Himmels Namen?

Ophelia. Als ich in meinem Zimmer näht', auf einmal!
Prinz Hamlet — mit ganz aufgerißnem Wams,
Kein' Hut auf seinem Kopf, die Strümpfe schmutzig
Und losgebunden auf den Knöcheln hängend;
Bleich wie sein Hemde, schlotternd mit den Knien;

Mit einem Blick, von Jammer so erfüllt,
Als wär' er aus der Hölle losgelassen,
Um Greuel kund zu thun — so tritt er vor mich.
Polonius. Verrückt aus Liebe?
Ophelia.   Herr, ich weiß es nicht,
Allein ich fürcht' es wahrlich.
Polonius.   Und was sagt' er?
Ophelia. Er griff mich bei der Hand und hielt mich fest,
Dann lehnt' er sich zurück, so lang sein Arm;
Und mit der andern Hand so überm Auge,
Betrachtet' er so prüfend mein Gesicht,
Als wollt' er's zeichnen. Lange stand er so;
Zuletzt ein wenig schüttelnd meine Hand,
Und dreimal hin und her den Kopf so wägend,
Holt' er solch einen bangen tiefen Seufzer,
Als sollt' er seinen ganzen Bau zertrümmern,
Und endigen sein Dasein. Dies gethan,
Läßt er mich gehn: und über seine Schultern
Den Kopf zurückgedreht, schien er den Weg
Zu finden ohne seine Augen; denn
Er ging zur Thür hinaus ohn' ihre Hilfe,
Und wandte bis zuletzt ihr Licht auf mich.
Polonius. Geht mit mir, kommt, ich will den König suchen
Dies ist die wahre Schwärmerei der Liebe,
Die, ungestüm von Art, sich selbst zerstört,
Und leitet zu verzweifelten Entschlüssen
So oft als irgend eine Leidenschaft,
Die unterm Mond uns quält. Es thut mir leid —
Sagt, gabt Ihr ihm seit kurzem harte Worte?
Ophelia. Nein, bester Herr, nur wie Ihr mir befahlt,
Wies ich die Briefe ab, und weigert' ihm
Den Zutritt.
Polonius.   Das hat ihn verrückt gemacht.
Es thut mir leid, daß ich mit besserm Urteil
Ihn nicht beachtet. Ich sorgt', er tändle nur
Und wollte dich verderben: doch verdammt mein Argwohn!
Uns Alten ist's so eigen, wie es scheint,
Mit unsrer Meinung übers Ziel zu gehn,
Als häufig bei dem jungen Volk der Mangel
An Vorsicht ist. Gehn wir zum König, komm.
Er muß dies wissen, denn es zu verstecken,
Brächt' uns mehr Gram, als Haß, die Lieb' entdecken.
Komm. (Ab.)

2. Scene.

Ein Zimmer im Schlosse.

Der König, die Königin, Rosenkranz, Güldenstern und Gefolge.

König. Willkommen, Rosenkranz und Güldenstern!
Wir wünschten nicht nur sehnlich, euch zu sehn,
Auch das Bedürfnis eurer Dienste trieb
Uns zu der eil'gen Sendung an. Ihr hörtet
Von der Verwandlung Hamlets schon: so nenn' ich's,
Weil noch der äußre, noch der innre Mensch
Dem gleichet, was er war. Was es nur ist,
Als seines Vaters Tod, das ihn so weit
Von dem Verständnis seiner selbst gebracht,
Kann ich nicht raten. Ich ersuch' euch beide —
Da ihr von Kindheit auf mit ihm erzogen,
Und seiner Laun' und Jugend nahe bliebt —
Ihr wollet hier an unserm Hof verweilen
Auf ein'ge Zeit, um ihn durch euren Umgang
In Lustbarkeit zu ziehn, und zu erspähn,
So weit der Anlaß auf die Spur euch bringt,
Ob irgend was, uns unbekannt, ihn drückt,
Das, offenbart, zu heilen wir vermöchten.

Königin. Ihr lieben Herrn, er hat euch oft genannt.
Ich weiß gewiß, es giebt nicht andre zwei,
An denen er so hängt. Wenn's euch beliebt,
Uns so viel guten Willen zu erweisen;
Daß ihr bei uns hier eine Weile zubringt,
Zu unsrer Hoffnung Vorschub und Gewinn,
So wollen wir euch den Besuch belohnen,
Wie es sich ziemt für eines Königs Dank.

Rosenkranz. Es stünde euren Majestäten zu,
Nach herrschaftlichen Rechten über uns,
Mehr zu gebieten nach gestrengem Willen,
Als zu ersuchen.

Güldenstern.   Wir gehorchen beide,
Und bieten uns hier an, nach besten Kräften,
Zu euren Füßen unsern Dienst zu legen,
Um frei damit zu schalten.

König. Dank, Rosenkranz und lieber Güldenstern!

Königin. Dank, Güldenstern und lieber Rosenkranz!
Besucht doch unverzüglich meinen Sohn,
Der nur zu sehr verwandelt. Geh' wer mit
Und bring' die Herren hin, wo Hamlet ist.

Güldenstern. Der Himmel mach' ihm unsre Gegenwart
Und unser Thun gefällig und ersprießlich!
Königin. So sei es, Amen!
(Rosenkranz, Güldenstern und einige aus dem Gefolge ab.)
Polonius kommt.
Polonius. Mein König, die Gesandten sind von Norweg
Froh wieder heimgekehrt.
König. Du warest stets der Vater guter Zeitung.
Polonius. Nicht wahr? Ja, seid versichert, bester Herr,
Ich halt' auf meine Pflicht wie meine Seele,
Erst meinem Gott, dann meinem gnäd'gen König.
Und jetzo denk' ich — oder dies Gehirn
Jagt auf der Klugheit Fährte nicht so sicher,
Als es wohl pflegte — daß ich ausgefunden,
Was eigentlich an Hamlets Wahnwitz schuld.
König. O davon sprecht: das wünsch' ich sehr zu hören.
Polonius. Vernehmt erst die Gesandten; meine Zeitung
Soll bei dem großen Schmaus der Nachtisch sein.
König. Thut ihnen selber Ehr' und führt sie vor. (Polonius ab.)
Er sagt mir, liebe Gertrud, daß er jetzt
Den Quell vom Übel Eures Sohns gefunden.
Königin. Ich fürcht', es ist nichts anders als das Eine,
Des Vaters Tod und unsre hast'ge Heirat.
König. Gut, wir erforschen ihn.
Polonius kommt mit Voltimand und Cornelius zurück.
Willkommen, liebe Freunde! Voltimand,
Sagt, was Ihr bringt von unserm Bruder Norweg.
Voltimand. Erwiderung der schönsten Grüß' und Wünsche
Auf unser erstes sandt' er aus, und hemmte
Die Werbungen des Neffen, die er hielt
Für Zurüstungen gegen die Polacken,
Doch näher untersucht, fand er, sie gingen
Auf Eure Hoheit wirklich. Drob gekränkt,
Daß seine Krankheit, seines Alters Schwäche
So hintergangen sei, legt' er Verhaft
Auf Fortinbras, worauf sich jeder stellt,
Verweis' empfängt von Norweg, und zuletzt
Vor seinem Oheim schwört, nie mehr die Waffen
Zu führen gegen Eure Majestät.
Der alte Norweg, hoch erfreut hierüber,
Giebt ihm dreitausend Kronen Jahrgehalt,
Und seine Vollmacht, gegen den Polacken
Die so geworbnen Truppen zu gebrauchen;
Nebst dem Gesuch, des weitern hier erklärt, (überreicht ein Schriftstück)

Ihr wollt geruhn, für dieses Unternehmen
Durch Eu'r Gebiet den Durchzug zu gestatten,
Mit solcherlei Gewähr und Einräumung,
Als abgefaßt hier steht.

König.   Es dünkt uns gut,
Wir wollen bei gelegner Zeit es lesen,
Antworten und bedenken dies Geschäft.
Zugleich habt Dank für wohlgenommne Müh';
Geht auszuruhn, wir schmausen heut zusammen.
Willkommen mir zu Haus.
      (Voltimand und Cornelius ab.)

Polonius. So wäre dies Geschäft nun wohl vollbracht.
Mein Fürst, und gnäd'ge Frau, hier zu erörtern,
Was Majestät ist, was Ergebenheit,
Warum Tag Tag, Nacht Nacht, die Zeit die Zeit:
Das hieße, Nacht und Tag und Zeit verschwenden.
Weil Kürze denn des Witzes Seele ist,
Weitschweifigkeit der Leib und äußre Zierart,
Faß' ich mich kurz. Eu'r edler Sohn ist toll,
Toll nenn' ich's: denn worin besteht die Tollheit,
Als daß man gar nichts anders ist als toll?
Doch das mag sein.

Königin.   Mehr Inhalt, wen'ger Kunst.

Polonius. Auf Ehr', ich brauche nicht die mindste Kunst.
Toll ist er, das ist wahr; wahr ist's, 's ist schade;
Und schade, daß es wahr ist. Doch dies ist
'ne thörichte Figur: sie fahre wohl,
Denn ich will ohne Kunst zu Werke gehn.
Toll nehmen wir ihn also; nun ist übrig,
Daß wir den Grund erspähn von dem Effekt,
Nein, richtiger, den Grund von dem Defekt;
Denn dieser Defektiv=Effekt hat Grund.
So steht's nun, und der Sache Stand ist dies,
Erwägt!
Ich hab' 'ne Tochter; hab' sie, weil sie mein;
Die mir aus schuldigem Gehorsam, seht,
Dies hier gegeben: schließt und ratet nun.
    „An die himmlische und den Abgott meiner Seele, die liebreizende
Ophelia." —
    Das ist eine schlechte Redensart, eine gemeine Redensart; lieb=
reizend ist eine gemeine Redensart.
    Aber hört nur veiter:
    „An ihren trefflichen zarten Busen diese Zeilen" u. s. w.

Königin. Hat Hamlet dies an sie geschickt?
Polonius. Geduld nur, gnäd'ge Frau, ich meld' Euch alles.
    „Zweifle an der Sonne Klarheit,
       Zweifle an der Sterne Licht,
       Zweifl', ob lügen kann die Wahrheit,
       Nur an meiner Liebe nicht.
    „O liebe Ophelia, es gelingt mir schlecht mit dem Silbenmaße;
ich besitze die Kunst nicht, meine Seufzer zu messen, aber daß ich
dich bestens liebe, o Allerbeste, das glaube mir. Leb wohl.
          Der Deinige auf ewig, teuerstes
          Fräulein, solange diese Maschine
          ihm zugehört.   Hamlet.“
Dies hat mir meine Tochter schuldigermaßen
Gezeigt, und überdies sein dringend Werben,
Wie sich's nach Zeit und Weis' und Ort begab,
Mir vor das Ohr gebracht.
König.   Allein, wie nahm
Sie seine Liebe auf?
Polonius.   Was denket Ihr von mir?
König. Daß Ihr ein Mann von Treu und Ehre seid.
Polonius. Gern möcht' ich's zeigen. Doch was dächtet Ihr,
Hätt' ich gesehn, wie diese heiße Liebe
Sich anspann — und ich merkt' es, müßt Ihr wissen,
Eh meine Tochter mir's gesagt — was dächtet
Ihr oder meine teure Majestät,
Eu'r königlich Gemahl, hätt' ich dabei
Brieftasche oder Schreibepult gespielt,
Des Herzens Aug' geschlossen, still und stumm,
Und müßig dieser Liebe zugeschaut?
Was dächtet Ihr? Nein, ich ging rund heraus,
Und red'te so zu meinem jungen Fräulein:
„Prinz Hamlet ist ein Fürst; zu hoch für dich;
Dies darf nicht sein;“ und dann schrieb ich ihr vor,
Daß sie vor seinem Umgang sich verschlösse,
Nicht Boten zuließ', Pfänder nicht empfinge.
Drauf machte sie sich meinen Rat zu nutz,
Und er, verstoßen, — um es kurz zu machen —
Fiel in 'ne Traurigkeit; dann in ein Fasten;
Drauf in ein Wachen; dann in eine Schwäche;
Dann in Zerstreuung, und durch solche Stufen
In die Verrücktheit, die ihn jetzt verwirrt,
Und sämtlich uns betrübt.
König.   Denkt Ihr, dies sei's?

Königin. Es kann wohl sein, sehr möglich.

Polonius. Habt Ihr's schon je erlebt, das möcht' ich wissen,
Daß ich mit Zuversicht gesagt: „So ist's“,
Wenn es sich anders fand?

König.   Nicht, daß ich weiß.

Polonius (indem er auf seinen Kopf und Schulter zeigt).
Trennt dies von dem, wenn's anders sich verhält.
Wenn eine Spur mich leitet, will ich finden,
Wo Wahrheit steckt, und steckte sie auch recht
Im Mittelpunkt.

König.   Wie läßt sich's näher prüfen?

Polonius. Ihr wißt, er geht wohl Stunden auf und ab,
Hier in der Galerie.

Königin.   Das thut er wirklich.

Polonius. Da will ich meine Tochter zu ihm lassen.
Steht Ihr mit mir dann hinter einem Teppich,
Bemerkt den Hergang: wenn er sie nicht liebt,
Und dadurch nicht um die Vernunft gekommen,
So laßt mich nicht mehr Staatsbeamten sein,
Laßt mich den Acker baun und Pferde halten.

König. Wir wollen sehn.

Hamlet kommt lesend.

Königin. Seht, wie der Arme traurig kommt und liest.

Polonius. Fort, ich ersuch' euch, beide fort von hier!
Ich mache gleich mich an ihn. O erlaubt!

(König, Königin und Gefolge ab.)

Wie geht es meinem besten Prinzen Hamlet?

Hamlet. Gut, dem Himmel sei Dank.

Polonius. Kennt Ihr mich, gnäd'ger Herr?

Hamlet. Vollkommen. Ihr seid ein Fischhändler.

Polonius. Das nicht, mein Prinz.

Hamlet. So wollt' ich, daß Ihr ein so ehrlicher Mann wär't.

Polonius. Ehrlich, mein Prinz?

Hamlet. Ja, Herr, ehrlich sein, heißt, wie es in dieser Welt
hergeht, ein Auserwählter unter Zehntausenden sein.

Polonius. Sehr wahr, mein Prinz.

Hamlet. Denn wenn die Sonne Maden in einem toten Hunde
ausbrütet; eine Gottheit, die Aas küßt — habt Ihr eine Tochter?

Polonius. Ja, mein Prinz.

Hamlet. Laßt sie nicht in der Sonne gehen. Gaben sind ein
Segen! aber da Eure Tochter empfangen könnte — seht Euch vor,
Freund.

Polonius. Wie meint Ihr das? (Beiseite.) Immer auf meine

Tochter angespielt. Und doch kannte er mich zuerst nicht; er sagte, ich wäre ein Fischhändler. Es ist weit mit ihm gekommen, sehr weit! und wahrlich, in meiner Jugend brachte mich die Liebe auch in große Drangsale, fast so schlimm wie ihn. Ich will ihn wieder anreden. — Was leset Ihr, mein Prinz?

Hamlet. Worte, Worte, Worte.

Polonius. Aber wovon handelt es?

Hamlet. Wer handelt?

Polonius. Ich meine, was in dem Buche steht, mein Prinz.

Hamlet. Verleumdungen, Herr: denn der satirische Schuft da sagt, daß alte Männer graue Bärte haben; daß ihre Gesichter runz= licht sind; daß ihnen zäher Ambra und Harz aus den Augen trieft; daß sie einen überflüssigen Mangel an Witz und daneben sehr kraft= lose Lenden haben. Ob ich nun gleich von allem diesem inniglich und festiglich überzeugt bin, so halte ich es doch nicht für billig, es so zu Papier zu bringen; denn Ihr selbst, Herr, würdet so alt werden wie ich, wenn Ihr wie ein Krebs rückwärts gehen könntet.

Polonius (beiseite). Ist dies schon Tollheit, hat es doch Methode. Wollt Ihr nicht aus der Luft gehn, Prinz?

Hamlet. In mein Grab?

Polonius. Ja, das wäre wirklich aus der Luft. (Beiseite.) Wie treffend manchmal seine Antworten sind! Dies ist ein Glück, daß die Tollheit oft hat, womit es der Vernunft und dem gesunden Sinne nicht so gut gelingen könnte. Ich will ihn verlassen, und sogleich darauf denken, eine Zusammenkunft zwischen ihm und meiner Tochter zu veranstalten. — Mein gnädigster Herr, ich will ehr= erbietigst meinen Abschied von Euch nehmen.

Hamlet. Ihr könnt nichts von mir nehmen, Herr, das ich lieber fahren ließe — bis auf mein Leben, bis auf mein Leben.

Polonius. Lebt wohl, mein Prinz.

Hamlet. Die langweiligen alten Narren!

Rosenkranz und Güldenstern kommen.

Polonius. Ihr sucht den Prinzen Hamlet auf; dort ist er.

Rosenkranz. Gott grüß' Euch, Herr. (Polonius ab.)

Güldenstern. Verehrter Prinz —

Rosenkranz. Mein teurer Prinz —

Hamlet. Meine trefflichen guten Freunde! Was machst du, Güldenstern? Ah, Rosenkranz! Guter Bursche, wie geht's euch?

Rosenkranz. Wie mittelmäß'gen Söhnen dieser Erde.

Güldenstern. Glücklich, weil wir nicht überglücklich sind. Wir sind der Knopf nicht auf Fortunas Mütze.

Hamlet. Noch die Sohlen ihrer Schuhe?

Rosenkranz. Auch das nicht, gnäd'ger Herr.

3*

Hamlet. Ihr wohnt also in der Gegend ihres Gürtels, oder im Mittelpunkte ihrer Gunst?

Güldenstern. Ja wirklich, wir sind mit ihr vertraut.

Hamlet. Im Schoße des Glücks? O sehr wahr! sie ist eine Metze. Was giebt es Neues?

Rosenkranz. Nichts, mein Prinz, außer daß die Welt ehrlich geworden ist.

Hamlet. So steht der jüngste Tag bevor; aber eure Neuigkeit ist nicht wahr. Laßt mich euch näher befragen: worin habt ihr, meine guten Freunde, es bei Fortunen versehen, daß sie euch hierher ins Gefängnis schickt?

Güldenstern. Ins Gefängnis, mein Prinz?

Hamlet. Dänemark ist ein Gefängnis.

Rosenkranz. So ist die Welt auch eins.

Hamlet. Ein stattliches, worin es viele Verschläge, Löcher und Kerker giebt. Dänemark ist einer der schlimmsten.

Rosenkranz. Wir denken nicht so davon, mein Prinz.

Hamlet. Nun, so ist es keiner für euch, denn an sich ist nichts weder gut noch böse; das Denken macht es erst dazu. Für mich ist es ein Gefängnis.

Rosenkranz. Nun, so macht es Euer Ehrgeiz dazu; es ist zu eng für Euren Geist.

Hamlet. O Gott, ich könnte in eine Nußschale eingesperrt sein, und mich für einen König von unermeßlichem Gebiete halten, wenn nur meine bösen Träume nicht wären.

Güldenstern. Diese Träume sind in der That Ehrgeiz; denn das eigentliche Wesen des Ehrgeizes ist nur der Schatten eines Traumes.

Hamlet. Ein Traum ist selbst nur ein Schatten.

Rosenkranz. Freilich, und mir scheint der Ehrgeiz von so luftiger und loser Beschaffenheit, daß er nur der Schatten eines Schattens ist.

Hamlet. So sind also unsere Bettler Körper und unsere Monarchen und gespreizten Helden der Bettler Schatten. Sollen wir an den Hof? Denn mein Seel', ich weiß nicht zu räsonnieren.

Beide. Wir sind beide zu Euren Diensten.

Hamlet. Nichts dergleichen, ich will euch nicht zu meinen übrigen Dienern rechnen, denn, um wie ein ehrlicher Mann mit euch zu reden: mein Gefolge ist abscheulich. Aber um auf der ebenen Heerstraße der Freundschaft zu bleiben, was macht ihr in Helsingör?

Rosenkranz. Wir wollten Euch besuchen, nichts anders.

Hamlet. Ich Bettler, der ich bin, sogar an Dank bin ich arm. Aber ich danke euch, und gewiß, liebe Freunde, mein Dank ist um einen Heller zu teuer. Hat man nicht nach euch geschickt? Ist es eure eigene Neigung? Ein freiwilliger Besuch? Kommt, kommt, geht ehrlich mit mir um! wohlan! Nun, sagt doch!

Güldenstern. Was sollen wir sagen, gnädiger Herr?

Hamlet. Was ihr wollt — außer das Rechte. Man hat nach euch geschickt, und es liegt eine Art von Geständnis in euren Blicken, welche zu verstellen eure Bescheidenheit nicht schlau genug ist. Ich weiß, der gute König und die Königin haben nach euch geschickt.

Rosenkranz. Zu was Ende, mein Prinz?

Hamlet. Das muß ich von euch erfahren. Aber ich beschwöre euch bei den Rechten unserer Schulfreundschaft, bei der Eintracht unserer Jugend, bei der Verbindlichkeit unserer stets bewahrten Liebe, und bei allem noch Teureren, was euch ein besserer Redner ans Herz legen könnte: geht gerade heraus gegen mich, ob man nach euch geschickt hat oder nicht.

Rosenkranz (zu Güldenstern). Was sagt Ihr?

Hamlet. So, nun habe ich euch schon weg. Wenn ihr mich liebt, haltet nicht zurück.

Güldenstern. Gnädiger Herr, man hat nach uns geschickt.

Hamlet. Ich will euch sagen, warum; so wird mein Erraten eurer Entdeckung zuvorkommen, und eure Verschwiegenheit gegen den König und die Königin braucht keinen Zoll breit zu wanken. Ich habe seit kurzem — ich weiß nicht wodurch — alle meine Munterkeit eingebüßt, meine gewohnten Übungen aufgegeben; und es sieht in der That so übel um meine Gemütslage, daß die Erde, dieser treffliche Bau, mir nur ein kahles Vorgebirge scheint; seht ihr, dieser herrliche Baldachin, die Luft; dies wackere umwölbende Firmament, dies majestätische Dach mit goldenem Feuer ausgelegt: kommt es mir doch nicht anders vor, als ein fauler verpesteter Hanse von Dünsten. Welch ein Meisterwerk ist der Mensch! wie edel durch Vernunft! wie unbegrenzt an Fähigkeiten! in Gestalt und Bewegung wie bedeutend und wunderwürdig, im Handeln wie ähnlich einem Engel! im Begreifen wie ähnlich einem Gott! die Zierde der Welt! das Vorbild der Lebendigen! Und doch, was ist mir diese Quintessenz von Staube? Ich habe keine Lust am Manne — und am Weibe auch nicht, wiewohl ihr das durch euer Lächeln zu sagen scheint.

Rosenkranz. Mein Prinz, ich hatte nichts dergleichen im Sinne.

Hamlet. Weswegen lachtet Ihr denn, als ich sagte: ich habe keine Lust am Manne?

Rosenkranz. Ich dachte, wenn dem so ist, welche Fastenbewirtung die Schauspieler bei Euch finden werden. Wir holten sie unterwegs ein, sie kommen her, um Euch ihre Dienste anzubieten.

Hamlet. Der den König spielt, soll willkommen sein, seine

Majestät soll Tribut von mir empfangen; der kühne Ritter soll seine
Klinge und seine Tartsche brauchen; der Liebhaber soll nicht unent=
geltlich seufzen; der Launige soll seine Rolle in Frieden endigen;
der Narr soll den zu lachen machen, der ein kitzliches Zwerchfell hat;
und das Fräulein soll ihre Gesinnung frei heraussagen, oder die
Verse sollen dafür hinken. — Was für eine Gesellschaft ist es?

Rosenkranz. Dieselbe, an der Ihr so viel Vergnügen zu sin=
den pflegtet, die Schauspieler aus der Stadt.

Hamlet. Wie kommt es, daß sie umherstreichen? Ein fester
Aufenthalt war vorteilhafter sowohl für ihren Ruf als ihre Einnahme.

Rosenkranz. Ich glaube, diese Unterbrechung rührt von der
kürzlich aufgekommenen Neuerung her.

Hamlet. Genießen sie noch dieselbe Achtung wie damals, da
ich in der Stadt war? Besucht man sie ebensosehr?

Rosenkranz. Nein, freilich nicht.

Hamlet. Wie kommt das? werden sie rostig?

Rosenkranz. Nein, ihre Bemühungen halten den gewohnten
Schritt; aber es hat sich da eine Brut von Kindern angefunden,
kleine Nestlinge, die immer über das Gespräch hinausschrein, und
höchst grausamlich dafür beklatscht werden. Diese sind jetzt Mode,
und beschnattern die gemeinen Theater — so nennen sie die andern
— dergestalt, daß viele, die Degen tragen, sich vor Gänsekielen fürchten,
und kaum wagen hinzugehen.

Hamlet. Wie, sind es Kinder? Wer unterhält sie? Wie werden
sie besoldet? Wollen sie nicht länger bei der Kunst bleiben, als sie
den Diskant singen können? Werden sie nicht nachher sagen, wenn
sie zu gemeinen Schauspielern heranwachsen, — wie sehr zu vermuten
ist, wenn sie sich auf nichts Besseres stützen — daß ihre Komödien=
schreiber unrecht thun, sie gegen ihre eigene Zukunft deklamieren zu
lassen?

Rosenkranz. Wahrhaftig, es hat auf beiden Seiten viel Lär=
mens gegeben, und das Volk macht sich kein Gewissen daraus, sie
zum Streit aufzuhetzen. Eine Zeitlang war kein Geld mit einem
Stück zu gewinnen, wenn Dichter und Schauspieler sich nicht darin
mit ihren Gegnern herumzausten.

Hamlet. Ist es möglich?

Güldenstern. O sie haben sich gewaltig die Köpfe zerbrochen.

Hamlet. Tragen die Kinder den Sieg davon?

Rosenkranz. Allerdings, gnädiger Herr, den Herkules und
seine Last obendrein.

Hamlet. Es ist nicht sehr zu verwundern: denn mein Oheim
ist König von Dänemark, und eben die, welche ihm Gesichter zogen,
solange mein Vater lebte, geben zwanzig, vierzig, fünfzig, bis hundert

Dukaten für sein Porträt in Miniatur. Weiter, es liegt hierin etwas Übernatürliches, wenn die Philosophie es nur ausfindig machen könnte.

(Trompetenstoß hinter der Scene.)

Güldenstern. Da sind die Schauspieler.

Hamlet. Liebe Herren, ihr seid willkommen zu Helsingör. Gebt mir eure Hände. Wohlan! Manieren und Komplimente sind das Zubehör der Bewillkommnung. Laßt mich euch auf diese Weise begrüßen, damit nicht mein Benehmen gegen die Schauspieler — das, sag' ich euch, sich äußerlich gut ausnehmen muß — einem Empfang ähnlicher sehe, als der eurige. Ihr seid willkommen, aber mein Oheim-Vater und meine Tante-Mutter irren sich.

Güldenstern. Worin, mein teurer Prinz?

Hamlet. Ich bin nur toll bei Nordnordwest; wenn der Wind südlich ist, kann ich einen Kirchturm von einem Leuchtenpfahl unterscheiden.

Polonius kommt.

Polonius. Es gehe euch wohl, meine Herren.

Hamlet. Hört, Güldenstern! — und ihr auch — an jedem Ohr ein Hörer: der große Säugling, den ihr da seht, ist noch nicht aus den Kinderwindeln.

Rosenkranz. Vielleicht ist er zum zweitenmal hineingekommen, denn man sagt, alte Leute werden wieder Kinder.

Hamlet. Ich prophezeie, daß er kommt, um mir von den Schauspielern zu sagen. Gebt acht! — Ganz richtig, Herr, am Montag morgen, da war es eben.

Polonius. Gnädiger Herr, ich habe Euch Neuigkeiten zu melden.

Hamlet. Gnädiger Herr, ich habe Euch Neuigkeiten zu melden. — Als Roscius ein Schauspieler zu Rom war —

Polonius. Die Schauspieler sind hergekommen, gnädiger Herr.

Hamlet. Lirum, larum.

Polonius. Auf meine Ehre —

Hamlet. „Auf seinem Eselein jeder kam" —

Polonius. Die besten Schauspieler in der Welt, sei es für Tragödie, Komödie, Historie, Pastorale, Pastoral-Komödie, Historiko-Pastorale, Tragiko-Historie, Tragiko-Komiko-Historiko-Pastorale, für unteilbare Handlung oder fortgehendes Gedicht. Seneca kann für sie nicht zu traurig, noch Plautus zu lustig sein. Für das Aufgeschriebene und für den Stegereif haben sie ihresgleichen nicht.

Hamlet. „O Jephtha, Richter Israels" —
Welchen Schatz hattest du!

Polonius. Welchen Schatz hatte er, gnädiger Herr?

Hamlet. Nun:

>   „Hätt' ein schön Töchterlein, nicht mehr,
>   Die liebt' er aus der Maßen sehr."

Polonius (beiseite). Immer meine Tochter.

Hamlet. Habe ich nicht recht, alter Jephtha?

Polonius. Wenn Ihr mich Jephtha nennt, gnädiger Herr, so habe ich eine Tochter, die ich aus der Maßen sehr liebe.

Hamlet. Nein, das folgt nicht.

Polonius. Was folgt dann, gnädiger Herr?

Hamlet. Ei,

>   „Wie das Los fiel,
>   Nach Gottes Will'."

Und dann wißt Ihr:

>   „Hierauf geschah's,
>   Wie zu vermuten was" — •

Aber Ihr könnt das im ersten Abschnitt des frommen Liedes weiter nachsehen; denn seht, da kommen die Abkürzer meines Gesprächs.

Vier oder fünf Schauspieler kommen.

Seid willkommen, ihr Herren, willkommen alle! — Ich freue mich, dich wohl zu sehen. — Willkommen, meine guten Freunde! — Ach, alter Freund, wie ist dein Gesicht betroddelt, seit ich dich zuletzt sah; du wirst doch hoffentlich nicht in den Bart murmeln? — Ei, meine schöne junge Dame! Bei unserer Frauen, Fräulein, Ihr seid dem Himmel um die Höhe eines Absatzes näher gerückt, seit ich Euch zuletzt sah. Gebe Gott, daß Eure Stimme nicht wie ein abgenutztes Goldstück den hellen Klang verloren haben mag. — Willkommen alle, ihr Herren! Wir wollen frisch daran, wie französische Falkoniere auf alles losfliegen, was uns vorkömmt. Gleich etwas vorgestellt! Laßt uns eine Probe eurer Kunst sehen. Wohlan! eine pathetische Rede.

Erster Schauspieler. Welche Rede, mein wertester Prinz?

Hamlet. Ich hörte dich einmal eine Rede vortragen — aber sie ist niemals aufgeführt, oder wenn es geschah, nicht mehr als einmal; denn ich erinnere mich, das Stück gefiel dem großen Haufen nicht, es war Kaviar für das Volk. Aber es war, wie ich es nahm, und andere, deren Urteil in solchen Dingen den Rang über dem meinigen behauptete, ein vortreffliches Stück: in seinen Scenen wohlgeordnet, und mit ebensoviel weisem Maß als Verstand abgefaßt. Ich erinnere mich, daß jemand sagte, es sei kein Salz und Pfeffer in den Zeilen, um den Sinn zu würzen, und kein Sinn in dem Ausdrucke, der an dem Verfasser Ziererei verraten könnte, sondern er nannte es eine schlichte Manier, so gesund als angenehm, und ungleich mehr schön als geschmückt. Eine Rede darin liebte ich vorzüglich: es war des Aneas Erzählung an Dido; besonders da herum,

wo er von der Ermordung Priams spricht. Wenn Ihr sie im Ge=
dächtnisse habt, so fangt bei dieser Zeile an. — Laß sehen, laßt sehen —
„Der rauhe Pyrrhus, gleich Hyrkaniens Leu'n" —
nein, ich irre mich; aber es fängt mit Pyrrhus an.

„Der rauhe Pyrrhus, er, des düstre Waffen,
Schwarz wie sein Vorsatz, glichen jener Nacht,
Wo er sich barg im unglückschwangern Roß,
Hat jetzt die furchtbare Gestalt beschmiert
Mit grausamrer Heraldik: rote Farbe
Ist er von Haupt zu Fuß; scheußlich geschmückt
Mit Blut der Väter, Mütter, Töchter, Söhne,
Gedörrt und klebend durch der Straßen Glut,
Die grausames, verfluchtes Licht verleihn
Zu ihres Herrn Mord. Heiß von Zorn und Feuer
Bestrichen mit verdicktem Blut, mit Augen,
Karfunkeln gleichend, sucht der höllische Pyrrhus
Altvater Priamus" —
Fahrt nun so fort.

Polonius. Bei Gott, mein Prinz, wohl vorgetragen: mit
gutem Ton und gutem Anstande.

Erster Schauspieler. „Er find't alsbald ihn,
Wie er den Feind verfehlt: sein altes Schwert
Gehorcht nicht seinem Arm; liegt, wo es fällt,
Unachtsam des Befehls. Ungleich gepaart
Stürzt Pyrrhus auf den Priam, holt weit aus:
Doch bloß vom Sausen seines grimmen Schwertes
Fällt der entnervte Vater. Ilium
Schien, leblos, dennoch diesen Streich zu fühlen;
Es bückt sein Flammengipfel sich hinab,
Bis auf den Grund, und nimmt mit furchtbarm Krachen
Gefangen Pyrrhus' Ohr: denn icht, sein Schwert,
Das schon sich senkt auf des ehrwürd'gen Priam
Milchweißes Haupt, schien in der Luft gehemmt;
So stand er, ein gemalter Wütrich, da,
Und, wie gleichgültig gegen Zweck und Willen,
That nichts.
Doch wie wir oftmals sehn vor einem Sturm,
Ein Schweigen in den Himmeln, still die Wolken,
Die Winde sprachlos, und der Erdball drunten
Dumpf wie der Tod — mit eins zerreißt die Luft
Der grause Donner; so nach Pyrrhus' Säumnis
Treibt ihn erweckte Rach' aufs neu zum Werk;
Und niemals trafen der Cyklopen Hämmer

Die Rüstung Mars, gestählt für ew'ge Dauer,
Fühlloser als des Pyrrhus blut'ges Schwert
Jetzt fällt auf Priamus. —
Pfui, Metze du, Fortuna! All ihr Götter
Im großen Rat, nehmt ihre Macht hinweg;
Brecht alle Speichen, Felgen ihres Rades.
Die runde Nabe rollt vom Himmelsberg
Hinunter bis zur Hölle."

Polonius. Das ist zu lang.

Hamlet. Es soll mit Eurem Barte zum Balbier. — Ich bitte
dich, weiter! Er mag gern eine Posse oder eine Zotengeschichte, sonst
schläft er. Sprich weiter, komm zu Hekuba.

Erster Schauspieler.   „Doch wer, o Jammer!
Die schlotterichte Königin gesehn" —

Hamlet. Die schlotterichte Königin?

Polonius. Das ist gut; schlotterichte Königin ist gut.

Erster Schauspieler. „Wie barfuß sie umherlief, und den Flammen
Mit Thränengüssen drohte; einen Lappen
Auf diesem Haupte, wo das Diadem
Vor kurzem stand; und an Gewandes Statt
Um die von Weh'n erschöpften magern Weichen
Ein Laken, in des Schreckens Hast ergriffen:
Wer das gesehn, mit gift'gem Schelten hätte
Der an Fortunen Hochverrat verübt.
Doch wenn die Götter selbst sie da gesehn,
Als sie den Pyrrhus argen Hohn sah treiben,
Zersetzend mit dem Schwert des Gatten Leib:
Der erste Ausbruch ihres Schreies hätte —
Ist ihnen Sterbliches nicht gänzlich fremd —
Des Himmels glüh'nde Augen tanu gemacht,
Und Götter Mitleid fühlen."

Polonius. Seht doch, hat er nicht die Farbe verändert, und
Thränen in den Augen. — Bitte, halt inne!

Hamlet. Es ist gut, du sollst mir das übrige nächstens her=
sagen. — Lieber Herr, wollt Ihr für die Bewirtung der Schauspieler
sorgen? Hört Ihr, laßt sie gut behandeln, denn sie sind der Spiegel
und die abgekürzte Chronik des Zeitalters. Es wäre Euch besser,
nach dem Tode eine schlechte Grabschrift zu haben, als üble Nachrede
von ihnen, solange Ihr lebt.

Polonius. Gnädiger Herr, ich will sie nach ihrem Verdienst
behandeln.

Hamlet. Potz Wetter, Mann, viel besser. Behandelt jeden
Menschen nach seinem Verdienst, und wer ist vor Schlägen sicher?

Behandelt sie nach Eurer eigenen Ehre und Würdigkeit: je weniger
sie verdienen, desto mehr Verdienst hat Eure Güte. Nehmt sie mit.

Polonius. Kommt, ihr Herren.

Hamlet. Folgt ihm, meine Freunde; morgen soll ein Stück
aufgeführt werden. — Höre, alter Freund, könnt ihr die Ermordung
Gonzagos spielen?

Erster Schauspieler. Ja, gnäd'ger Herr.

Hamlet. Gebt uns das morgen abend. Ihr könntet im Notfalle
eine Rede von ein Dutzend Zeilen auswendig lernen, die ich abfassen
und einrücken möchte? Nicht wahr?

Erster Schauspieler. Ja, gnädiger Herr.

Hamlet. Sehr wohl. — Folgt dem Herrn, und daß ihr euch
nicht über ihn lustig macht.

(Polonius und die Schauspieler ab.)

Meine guten Freunde, ich beurlaube mich von euch bis abends: ihr
seid willkommen zu Helsingör.

Rosenkranz. Gnädiger Herr.

(Rosenkranz und Güldenstern ab.)

Hamlet. Nun, Gott geleit' euch. — Jetzt bin ich allein.
O welch ein Schurk' und niedrer Sklav bin ich!
Ist's nicht erstaunlich, daß der Spieler hier
Bei einer bloßen Dichtung, einem Traum
Der Leidenschaft, vermochte seine Seele
Nach eignen Vorstellungen so zu zwingen,
Daß sein Gesicht von ihrer Regung blaßte,
Sein Auge naß, Bestürzung in den Mienen,
Gebrochne Stimm' und seine ganze Haltung
Gefügt nach seinem Sinn. Und alles das um nichts!
Um Hekuba!
Was ist ihm Hekuba, was ist er ihr,
Daß er um sie soll weinen? Hätte er
Das Merkwort und den Ruf zur Leidenschaft
Wie ich: was würd' er thun? Die Bühn' in Thränen
Ertränken, und das allgemeine Ohr
Mit grauser Red' erschüttern; bis zum Wahnwitz
Den Schuld'gen treiben, und den Freien schrecken,
Unwissende verwirren, ja betäuben
Die Fassungskraft des Auges und des Ohrs.
Und ich,
Ein blöder schwachgemuter Schurke, schleiche
Wie Hans der Träumer, meiner Sache fremd,
Und kann nichts sagen, nicht für einen König,
An dessen Eigentum und teurem Leben

Verdammter Raub geschah. Bin ich 'ne Memme?
Wer nennt mich Schelm? Bricht mir den Kopf entzwei?
Rauft mir den Bart und wirft ihn mir ins Antlitz?
Zwickt an der Nase mich? und straft mich Lügen
Tief in den Hals hinein? Wer thut mir dies?
Ha! nähm' ich's eben doch. — Es ist nicht anders;
Ich hege Taubenmut, mir fehlt's an Galle,
Die bitter macht den Druck, sonst hätt' ich längst
Des Himmels Gei'r gemästet mit dem Aas
Des Sklaven. Blut'ger, kupplerischer Bube!
Fühlloser, falscher, geiler, schnöder Bube! —
Ha, welch ein Esel bin ich! Trefflich brav,
Daß ich, der Sohn von einem teuren Vater,
Der mir ermordet ward, von Höll' und Himmel
Zur Rache angespornt, mit Worten nur,
Wie eine Hure, muß mein Herz entladen,
Und mich aufs Finchen legen, wie ein Weibsbild,
Wie eine Küchenmagd!
Pfui drüber! Frisch ans Werk, mein Kopf! Hum, hum!
Ich hab' gehört, daß schuld'ge Geschöpfe,
Bei einem Schauspiel sitzend, durch die Kunst
Der Bühne so getroffen worden sind
Im innersten Gemüt, daß sie sogleich
Zu ihren Missethaten sich bekannt:
Denn Mord, hat er schon keine Zunge, spricht
Mit wundervollen Stimmen. Sie sollen was
Wie die Ermordung meines Vaters spielen
Vor meinem Oheim: ich will seine Blicke
Beachten, will ihn bis ins Leben prüfen:
Stutzt er, so weiß ich meinen Weg. Der Geist,
Den ich gesehen, kann ein Teufel sein;
Der Teufel hat Gewalt, sich zu verkleiden
In lockende Gestalt; ja und vielleicht,
Bei meiner Schwachheit und Melancholie, —
Da er sehr mächtig ist bei solchen Geistern —
Täuscht er mich zum Verderben: ich will Grund,
Der sichrer ist. Das Schauspiel sei die Schlinge,
In die den König sein Gewissen bringe. (Ab.)

Dritter Aufzug.

1. Scene.

Ein Zimmer in dem Schlosse.

Der König, die Königin, Polonius, Ophelia, Rosenkranz und
Güldenstern.

König. Und lockt ihm keine Wendung des Gesprächs
Heraus, warum er die Verwirrung anlegt,
Die seiner Tage Ruh' so wild zerreißt
Mit stürmischer, gefährlicher Verrücktheit?

Rosenkranz. Er giebt es zu, er fühle sich verstört:
Allein wodurch, will er durchaus nicht sagen.

Güldenstern. Noch bot er sich der Prüfung willig dar,
Hielt sich vielmehr mit schlauem Wahnwitz fern,
Wenn wir ihn zum Geständnis bringen wollten
Von seinem wahren Zustand.

Königin. Und wie empfing er euch?

Rosenkranz. Ganz wie ein Weltmann.

Güldenstern. Doch that er seiner Fassung viel Gewalt.

Rosenkranz. Mit Fragen karg, allein auf unsre Fragen
Freigebig mit der Antwort.

Königin. Ludet ihr
Zu irgend einem Zeitvertreib ihn ein?

Rosenkranz. Es traf sich grade, gnäd'ge Frau, daß wir
Schauspieler unterweges eingeholt.
Wir sagten ihm von diesen, und es schien,
Er hörte das mit einer Art von Freude.
Sie halten hier am Hof herum sich auf,
Und haben, wie ich glaube, schon Befehl,
Zu Nacht vor ihm zu spielen.

Polonius. Ja, so ist's,
Und mich ersucht' er, Eure Majestäten
Zum Hören und zum Sehn des Dings zu laden.

König. Von ganzem Herzen, und es freut mich sehr,
Daß er sich dahin neigt.
Ihr lieben Herrn, schärft seine Lust noch ferner,
Und treibt ihn zu Ergötzlichkeiten an.

Rosenkranz. Wir wollen's, gnäd'ger Herr.

(Rosenkranz und Güldenstern ab.)

König. Verlaß uns, liebe Gertrud, ebenfalls.
Wir haben Hamlet heimlich herbestellt,
Damit er hier Ophelien wie durch Zufall

Begegnen mag. Ihr Vater und ich selbst,
Wir wollen so uns stellen, daß wir sehend,
Doch ungesehn, von der Zusammenkunft
Gewiß urteilen und erraten können,
Ob's seiner Liebe Kummer ist, ob nicht,
Was so ihn quält.

Königin.   Ich werde Euch gehorchen.
Was Euch betrifft, Ophelia, wünsch' ich nur,
Daß Eure Schönheit der beglückte Grund
Von Hamlets Wildheit sei: dann darf ich hoffen,
Daß Eure Tugenden zurück ihn bringen
Auf den gewohnten Weg, zu beider Ehre.

Ophelia. Ich wünsch' es, gnäd'ge Frau. (Königin ab.)

Polonius. Geht hier umher, Ophelia. — Gnädigster,
Laßt uns verbergen. — (Zu Ophelia.) Lest in diesem Buch,
Daß solcher Übung Schein die Einsamkeit
Bemäntle. — Wir sind oft hierin zu tadeln —
Gar viel erlebt man's — mit der Andacht Mienen
Und frommem Wesen überzuckern wir
Den Teufel selbst.

König (beiseite).   O allzuwahr! wie trifft
Dies Wort mit scharfer Geißel mein Gewissen!
Der Metze Wange, schön durch falsche Kunst,
Sticht ärger nicht von dem ab, was ihr hilft,
Als meine That von meinem glattsten Wort.
O schwere Last!

Polonius. Ich hör' ihn kommen: ziehn wir uns zurück.
(König und Polonius ab.)
Hamlet tritt auf.

Hamlet. Sein oder Nichtsein, das ist hier die Frage:
Ob's edler im Gemüt, die Pfeil und Schleudern
Des wütenden Geschicks erdulden, oder
Sich waffnend gegen eine See von Plagen,
Durch Widerstand sie enden. Sterben — schlafen —
Nichts weiter! — und zu wissen, daß ein Schlaf
Das Herzweh und die tausend Stöße endet,
Die unsers Fleisches Erbteil — 's ist ein Ziel
Aufs innigste zu wünschen. Sterben — schlafen —
Schlafen! Vielleicht auch träumen! — Ja, da liegt's:
Was in dem Schlaf für Träume kommen mögen,
Wenn wir den Drang des Irb'schen abgeschüttelt,
Das zwingt uns still zu stehn. Das ist die Rücksicht,
Die Elend läßt zu hohen Jahren kommen.

Denn wer ertrüg' der Zeiten Spott und Geißel,
Des Mächt'gen Druck, des Stolzen Mißhandlungen,
Verschmähter Liebe Pein, des Rechtes Aufschub,
Den Übermut der Ämter, und die Schmach,
Die Unwert schweigendem Verdienst erweist,
Wenn er sich selbst in Ruhstand setzen könnte
Mit einer Nadel bloß? Wer trüge diese Lasten,
Und stöhnt' und schwitzte unter Lebensmüh'?
Nur daß die Furcht vor etwas nach dem Tod —
Das unentdeckte Land, von des Bezirk
Kein Wandrer wiederkehrt — den Willen irrt,
Daß wir die Übel, die wir haben, lieber
Ertragen als zu unbekannten fliehn.
So macht Gewissen Feige aus uns allen;
Der angebornen Farbe der Entschließung
Wird des Gedankens Blässe angekränkelt;
Und Unternehmungen voll Mark und Nachdruck,
Durch diese Rücksicht aus der Bahn gelenkt,
Verlieren so der Handlung Namen. — Still!
Die reizende Ophelia. — Schöne, schließ
In dein Gebet all meine Sünden ein.

Ophelia. Mein Prinz, wie geht es Euch seit so viel Tagen?
Hamlet. Ich dank' Euch unterthänig; wohl.
Ophelia. Mein Prinz, ich hab' von Euch noch Angedenken,
Die ich schon längst begehrt zurückzugeben.
Ich bitt' Euch, nehmt sie jetzo.
Hamlet.   Nein, ich nicht;
Ich gab Euch niemals was.
Ophelia. Mein teurer Prinz, Ihr wißt gar wohl, Ihr thatet's,
Und Worte süßen Hauchs dabei, die reicher
Die Dinge machten. Da ihr Duft dahin,
Nehmt dies zurück: dem edleren Gemüte
Verarmt die Gabe mit des Gebers Güte.
Hier, gnäd'ger Herr.
  Hamlet. Ha ha! Seid Ihr tugendhaft?
  Ophelia. Gnädiger Herr?
  Hamlet. Seid Ihr schön?
  Ophelia. Was meint Eure Hoheit?
  Hamlet. Daß, wenn Ihr tugendhaft und schön seid,-Eure Tugend
keinen Verkehr mit Eurer Schönheit pflegen muß.
  Ophelia. Könnte Schönheit wohl besseren Umgang haben als
mit der Tugend?
  Hamlet. Ja freilich: denn die Macht der Schönheit wird eher

die Tugend in eine Kupplerin verwandeln, als die Kraft der Tugend die Schönheit sich ähnlich machen kann. Dies war ehedem paradox, aber nun bestätigt es die Zeit. Ich liebte Euch einst.

Ophelia. In der That, mein Prinz, Ihr machtet mich's glauben.

Hamlet. Ihr hättet mir nicht glauben sollen: denn Tugend kann sich unserem alten Stamm nicht so einimpfen, daß wir nicht einen Geschmack von ihm behalten sollten. Ich liebte Euch nicht.

Ophelia. Um so mehr wurde ich betrogen.

Hamlet. Geh in ein Kloster. Warum wolltest du Sünder zur Welt bringen? Ich bin selbst leidlich tugendhaft; dennoch könnt' ich mich selber solcher Dinge anklagen, daß es besser wäre, meine Mutter hätte mich nicht geboren. Ich bin sehr stolz, rachsüchtig, ehrgeizig; mir stehen mehr Vergehungen zu Dienst, als ich Gedanken habe, sie zu hegen, Einbildungskraft, ihnen Gestalt zu geben, oder Zeit, sie auszuführen. Wozu sollen solche Gesellen wie ich zwischen Himmel und Erde herumkriechen? Wir sind ausgemachte Schurken, alle: trau keinem von uns! Geh in ein Kloster! Wo ist Euer Vater?

Ophelia. Zu Hause, gnädiger Herr.

Hamlet. Laßt die Thür hinter ihm abschließen, damit er den Narren anders nirgends spielt als in seinem eigenen Hause. Leb wohl.

Ophelia. O hilf ihm, güt'ger Himmel!

Hamlet. Wenn du heiratest, so gebe ich dir diesen Fluch zur Aussteuer: sei so keusch wie Eis, so rein wie Schnee, du wirst der Verleumdung nicht entgehen. Geh in ein Kloster! leb wohl! Oder willst du durchaus heiraten, nimm einen Narren; denn gescheite Männer wissen allzugut, was ihr für Ungeheuer aus ihnen macht. In ein Kloster! geh! und das schleunig. Leb wohl.

Ophelia. Himmlische Mächte, stellt ihn wieder her!

Hamlet. Ich weiß auch von euren Malerei'n Bescheid, recht gut. Gott hat euch ein Gesicht gegeben, und ihr macht euch ein anderes; ihr schleift, ihr trippelt und ihr lispelt, und gebt Gottes Kreaturen verhunzte Namen, und stellt euch aus Leichtfertigkeit un= wissend. Geht mir! nichts weiter davon! es hat mich toll gemacht. Ich sage, wir wollen nichts mehr von Heiraten wissen: wer schon verheiratet ist, alle außer einen, soll das Leben behalten; die übrigen sollen bleiben, wie sie sind. In ein Kloster! geh! (Hamlet ab.)

Ophelia. O welch ein edler Geist ist hier zerstört!
Des Hofmanns Auge, des Gelehrten Zunge,
Des Kriegers Arm, des Staates Blum' und Hoffnung,
Der Sitte Spiegel und der Bildung Muster,
Das Merkziel der Betrachter: ganz, ganz hin!
Und ich der Frau'n elendeste und ärmste,
Die seiner Schwüre Honig sog, ich sehe

Die edle hochgebietende Vernunft
Mißtönend wie verstimmte Glocken jetzt;
Dies hohe Bild, die Züge blühnder Jugend,
Durch Schwärmerei zerrüttet: weh mir, wehe!
Daß ich sah, was ich sah, und sehe, was ich sehe.

Der König und Polonius treten wieder vor.

König. Aus Liebe? Nein, sein Hang geht dahin nicht,
Und was er sprach, obwohl ein wenig wüst,
War nicht wie Wahnsinn. Ihm ist was im Gemüt,
Worüber seine Schwermut brütend sitzt;
Und wie ich sorge, wird die Ausgeburt
Gefährlich sein. Um dem zuvorzukommen,
Hab' ich's mit schleuniger Entschließung so
Mir abgefaßt. Er soll in Eil' nach England,
Den Rückstand des Tributes einzufordern.
Vielleicht vertreibt die See, die neuen Länder,
Samt wandelbaren Gegenständen ihm
Dies Etwas, das in seinem Herzen steckt,
Worauf sein Kopf beständig hinarbeitend,
Ihn so sich selbst entzieht. Was dünket Euch?

Polonius. Es wird ihm wohl thun; aber dennoch glaub' ich,
Der Ursprung und Beginn von seinem Gram
Sei unerhörte Liebe. — Nun, Ophelia?
Ihr braucht uns nicht zu melden, was der Prinz
Gesagt: wir hörten alles. — Gnäd'ger Herr,
Thut nach Gefallen; aber dünkt's Euch gut,
So laßt doch seine königliche Mutter
Ihn nach dem Schauspiel ganz allein ersuchen,
Sein Leid ihr kund zu thun; sie gehe rund
Mit ihm heraus: ich will, wenn's Euch beliebt,
Mich ins Gehör der Unterredung stellen.
Wenn sie es nicht herausbringt, schickt ihn dann
Nach England, oder schließt ihn irgendwo
Nach Eurer Weisheit ein.

König.   Es soll geschehn:
Wahnsinn bei Großen darf nicht ohne Wache gehn. (Alle ab.)

2. Scene.

Ein Saal im Schlosse.

Hamlet und einige Schauspieler treten auf.

Hamlet. Seid so gut und haltet die Rede, wie ich sie euch
vorsagte, leicht von der Zunge weg; aber wenn ihr den Mund so

voll nehmt, wie viele unserer Schauspieler, so möchte ich meine Verse ebensogern von dem Ausrufer hören. Sägt auch nicht zu viel mit den Händen durch die Luft, so — sondern behandelt alles gelinde. Denn mitten in dem Strom, Sturm und, wie ich sagen mag, Wirbel= wind eurer Leidenschaft müßt ihr euch eine Mäßigung zu eigen machen, die ihr Geschmeidigkeit giebt. O es ärgert mich in der Seele, wenn solch ein handfester haarbuschiger Geselle eine Leidenschaft in Fetzen, in rechte Lumpen zerreißt, um den Gründlingen im Parterre in die Ohren zu donnern, die meistens von nichts wissen, als ver= worrenen stummen Pantomimen und Lärm. Ich möchte solch einen Kerl für sein Bramarbasieren prügeln lassen: es übertyrannt den Tyrannen. Ich bitte euch, vermeidet das.

Erster Schauspieler. Eure Hoheit kann sich darauf verlassen.

Hamlet. Seid auch nicht allzu zahm, sondern laßt euer eigenes Urteil euren Meister sein, paßt die Gebärde dem Wort, das Wort der Gebärde an; wobei ihr sonderlich darauf achten müßt, niemals das Maß der Natur zu überschreiten. Denn alles, was so über= trieben wird, ist dem Vorhaben des Schauspieles entgegen, dessen Zweck sowohl anfangs als jetzt war und ist, der Natur gleichsam den Spiegel vorzuhalten: der Tugend ihre eigenen Züge, der Hoffart ihr eigenes Bild, und dem Jahrhundert und Körper der Zeit den Abdruck seiner Gestalt zu zeigen. Wird dies nun übertrieben oder zu schwach vorgestellt, so kann es zwar den Unwissenden zum Lachen bringen, aber den Einsichtsvollen muß es verdrießen; und der Tadel von einem solchen muß in eurer Schätzung ein ganzes Schauspiel= haus voll von andern überwiegen. O es giebt Schauspieler, die ich habe spielen sehen und von andern preisen hören, und das höchlich, die, gelinde zu sprechen, weder den Ton noch den Gang von Christen, Heiden oder Menschen hatten, und so stolzierten und blökten, daß ich glaubte, irgend ein Handlanger der Natur hätte Menschen ge= macht, und sie wären ihm nicht geraten; so abscheulich ahmten sie die Menschheit nach.

Erster Schauspieler. Ich hoffe, wir haben das bei uns so ziemlich abgestellt.

Hamlet. O stellt es ganz und gar ab! Und die bei euch die Narren spielen, laßt sie nicht mehr sagen, als in ihrer Rolle steht: denn es giebt ihrer, die selbst lachen, um einen Haufen alberne Zu= schauer zum Lachen zu bringen, wenn auch zu derselben Zeit irgend ein notwendiger Punkt des Stückes zu erwägen ist. Das ist schänd= lich, und beweist einen jämmerlichen Ehrgeiz an dem Narren, der es thut. Geht, macht euch fertig. (Schauspieler ab.)

Polonius, Rosenkranz und Güldenstern kommen.

Nun, Herr, will der König dies Stück Arbeit anhören?

Polonius. Ja, die Königin auch, und das sogleich.

Hamlet. Heißt die Schauspieler sich eilen. (Polonius ab.)
Wollt ihr beide sie treiben helfen?

Rosenkranz u. Güldenstern. Ja, gnädiger Herr.

(Beide ab.)

Hamlet. He, Horatio!

Horatio kommt.

Horatio. Hier, lieber Prinz, zu Eurem Dienst.

Hamlet. Du bist grad ein so wackrer Mann, Horatio,
Als je mein Umgang einem mich verbrüdert.

Horatio. Mein bester Prinz —

Hamlet.   Nein, glaub nicht, daß ich schmeichle.
Was für Beförd'rung hofft' ich wohl von dir,
Der keine Rent' als seinen muntern Geist,
Um sich zu nähren und zu kleiden hat?
Weswegen doch dem Armen schmeicheln? Nein,
Die Honigzunge lecke dumme Pracht,
Es beuge sich des Knies gelenke Angel,
Wo Kriecherei Gewinn bringt. Hör mich an.
Seit meine liebe Seele Herrin war
Von ihrer Wahl, und Menschen unterschied,
Hat sie dich auserkoren. Denn du warst,
Als littst du nichts, indem du alles littest;
Ein Mann, der Stöß' und Gaben vom Geschick
Mit gleichem Dank genommen; und gesegnet,
Wes Blut und Urteil sich so gut vermischt,
Daß er zur Pfeife nicht Fortunen dient,
Den Ton zu spielen, den ihr Finger greift.
Gebt mir den Mann, den seine Leidenschaft
Nicht macht zum Sklaven, und ich will ihn hegen
Im Herzensgrund, ja in des Herzens Herzen,
Wie ich dich hege. — Schon zu viel hiervon.
Es giebt zu Nacht ein Schauspiel vor dem König;
Ein Auftritt kommt darin dem Umstand nah,
Den ich von meines Vaters Tod dir sagte.
Ich bitt' dich, wenn du das im Gange siehst,
So achte mit der ganzen Kraft der Seele
Auf meinen Oheim: wenn die verborgne Schuld
Bei einer Rede nicht zum Vorschein kommt,
So ist's ein höll'scher Geist, den wir gesehn,
Und meine Einbildungen sind so schwarz
Wie Schmiedezeug Vulkans. Bemerk ihn recht,
Ich will an sein Gesicht mein Auge klammern,

4*

Und wir vereinen unser Urteil dann
Zur Prüfung seines Aussehns.

Horatio.   Gut, mein Prinz:
Wenn er was stiehlt, indes das Stück gespielt wird,
Und schlüpfet durch, so zahl' ich für den Diebstahl.

Hamlet. Man kommt zum Schauspiel, ich muß müßig sein.
Wählt einen Platz.

Ein dänischer Marsch. Trompetenstoß. Der König, die Königin, Polonius,
Ophelia, Rosenkranz, Güldenstern und andere.

König. Wie lebt unser Vetter Hamlet?

Hamlet. Vortrefflich, mein Treu: von dem Chamäleonsgericht.
Ich esse Luft, ich werde mit Versprechungen gestopft; man kann
Kapaunen nicht besser mästen.

König. Ich habe nichts mit dieser Antwort zu schaffen, Hamlet;
dies sind meine Worte nicht.

Hamlet. Meine auch nicht mehr. (zu Polonius.) Ihr spieltet
einmal auf der Universität, Herr? Sagtet Ihr nicht so?

Polonius. Das that ich, gnädiger Herr, und wurde für einen
guten Schauspieler gehalten.

Hamlet. Und was stelltet Ihr vor?

Polonius. Ich stellte den Julius Cäsar vor: ich ward auf
dem Kapitol umgebracht; Brutus brachte mich um.

Hamlet. Es war brutal von ihm, ein so kapitales Kalb umzubringen. — Sind die Schauspieler fertig?

Rosenkranz. Ja, gnädiger Herr, sie erwarten Euren Befehl.

Königin. Komm hierher, lieber Hamlet, setz dich zu mir.

Hamlet. Nein, gute Mutter, hier ist ein stärkerer Magnet.

Polonius (zum Könige). O ho, hört Ihr das wohl?

Hamlet. Fräulein, soll ich in Eurem Schoße liegen?
        (Setzt sich zu Opheliens Füßen.)

Ophelia. Nein, mein Prinz.

Hamlet. Ich meine den Kopf auf Euren Schoß gelehnt.

Ophelia. Ja, mein Prinz.

Hamlet. Denkt Ihr, ich hätte erbauliche Dinge im Sinne?

Ophelia. Ich denke nichts.

Hamlet. Ein schöner Gedanke, zwischen den Beinen eines
Mädchens zu liegen.

Ophelia. Was ist, mein Prinz?

Hamlet. Nichts.

Ophelia. Ihr seid aufgeräumt.

Hamlet. Wer? ich?

Ophelia. Ja, mein Prinz.

Hamlet. O, ich reiße Possen wie kein anderer. Was kann ein

Menſch Beſſeres thun als luſtig ſein? Denn ſeht nur, wie fröhlich meine Mutter ausſieht, und doch ſtarb mein Vater vor noch nicht zwei Stunden.

Ophelia. Nein, vor zweimal zwei Monaten, mein Prinz.

Hamlet. So lange ſchon? Ei ſo mag der Teufel ſchwarz gehn; ich will einen Zobelpelz tragen. O Himmel! Vor zwei Monaten geſtorben und noch nicht vergeſſen! So iſt Hoffnung da, daß das Andenken eines großen Mannes ſein Leben ein halbes Jahr überleben kann. Aber, bei unſerer lieben Frauen! Kirchen muß er ſtiften, ſonſt denkt man nicht an ihn, es geht ihm wie dem Steckenpferde, deſſen Grabſchrift iſt:

> „Denn o! denn o!
> Vergeſſen iſt das Steckenpferd.“

(Trompeten, hierauf die Pantomime.)

(Ein König und eine Königin treten auf, ſehr zärtlich; die Königin umarmt ihn, und er ſie. Sie kniet und macht gegen ihn die Gebärden der Beteurung. Er hebt ſie auf und lehnt den Kopf an ihre Bruſt; er legt ſich auf ein Blumenbette nieder, ſie verläßt ihn, da ſie ihn eingeſchlafen ſieht. Gleich darauf kommt ein Kerl herein, nimmt ihm die Krone ab, küßt ſie, gießt Gift in die Ohren des Königs und geht ab. Die Königin kommt zurück, findet den König tot, und macht leidenſchaftliche Gebärden. Der Vergifter kommt mit zwei oder drei Stummen zurück, und ſcheint mit ihr zu wehklagen. Die Leiche wird weggebracht. Der Vergifter wirbt mit Geſchenken um die Königin: ſie ſcheint anfangs unwillig und abgeneigt, nimmt aber ſeine Liebe an.)

(Sie gehen ab.)

Ophelia. Was bedeutet dies, mein Prinz?

Hamlet. Ei, es iſt ſpitzbübiſche Munkelei; es bedeutet Unheil.

Ophelia. Vielleicht, daß dieſe Vorſtellung den Inhalt des Stücks anzeigt.

Der Prolog tritt auf.

Hamlet. Wir werden es von dieſem Geſellen erfahren: Die Schauſpieler können nichts geheimhalten, ſie werden alles ausplaudern.

Ophelia. Wird er uns ſagen, was dieſe Vorſtellung bedeutet?

Hamlet. Ja, oder irgend eine Vorſtellung, die Ihr ihm vorſtellen wollt. Schämt Euch nur nicht, ihm vorzuſtellen, ſo wird er ſich nicht ſchämen, Euch zu ſagen, was es bedeutet.

Ophelia. Ihr ſeid ſchlimm, Ihr ſeid ſchlimm; ich will das Stück anhören.

Prolog. Für uns und unſre Vorſtellung
Mit unterthän'ger Huldigung
Erſuchen wir Genehmigung.

Hamlet. Iſt dies ein Prolog, oder ein Denkſpruch auf einem Ringe?

Ophelia. Es iſt kurz, mein Prinz.

Hamlet. Wie Frauenliebe.

Ein König und eine Königin treten auf.

König (im Schauspiel). Schon dreißigmal hat den Apoll sein Wagen
Um Nereus' Flut und Tellus' Rund getragen,
Und zwölfmal dreißig Mond' in fremdem Glanz
Vollbrachten um den Erdball ihren Tanz,
Seit unsre Herzen Liebe treu durchdrungen,
Und Hymens Bande Hand in Hand geschlungen.

Königin (im Schauspiel). Mag Sonn' und Mond so manche Reise doch,
Eh Liebe stirbt, uns zählen lassen noch.
Doch leider seid Ihr jetzt so matt von Herzen,
So fern von vor'ger Munterkeit und Scherzen,
Daß Ihr mich ängstet: aber zag' ich gleich,
Doch, mein Gemahl, nicht ängsten darf es Euch.
Denn Weiberfurcht hält Maß mit ihrem Lieben;
In beiden gar nichts, oder übertrieben.
Wie meine Lieb' ist, hab' ich Euch gezeigt:
Ihr seht, daß meine Furcht der Liebe gleicht.
Das Kleinste schon muß große Lieb' erschrecken,
Und ihre Größ' in kleiner Sorg' entdecken.

König (im Schauspiel). Ja, Lieb', ich muß dich lassen, und das bald;
Mich drückt des Alters schwächende Gewalt.
Du wirst in dieser schönen Welt noch leben,
Geehrt, geliebt; vielleicht wird, gleich ergeben,
Ein zweiter Gatte —

Königin (im Schauspiel). O halt ein! halt ein!
Verrat nur könnte solche Liebe sein.
Beim zweiten Gatten würd' ich selbst mir fluchen;
Die einen totschlug, mag den zweiten suchen.

Hamlet. Das ist Wermut.

Königin (im Schauspiel). Das, was die Bande zweiter Ehe flicht,
Ist schnöde Sucht nach Vorteil, Liebe nicht.
Es tötet noch einmal den toten Gatten,
Dem zweiten die Umarmung zu gestatten.

König (im Schauspiel). Ich glaub', Ihr denket jetzt, was Ihr gesprochen,
Doch ein Entschluß wird oft von uns gebrochen,
Der Vorsatz ist ja der Erinnrung Knecht,
Stark von Geburt, doch bald durch Zeit geschwächt.
Wie herbe Früchte fest am Baume hangen,
Doch leicht sich lösen, wenn sie Reif' erlangen.
Notwendig ist's, daß jeder leicht vergißt
Zu zahlen, was er selbst sich schuldig ist.
Wo Leidenschaft den Vorsatz hingewendet,
Entgeht das Ziel uns, wann sie selber endet.

Der Ungeſtüm ſowohl von Freud' als Leid,
Zerſtört mit ſich die eigne Wirkſamkeit.
Laut klagt das Leid, wo laut die Freude ſchwärmet,
Leid freut ſich leicht, wenn Freude leicht ſich härmet.
Die Welt vergeht: es iſt nicht wunderbar,
Daß mit dem Glück ſelbſt Liebe wandelbar.
Denn eine Frag' iſt's, die zu löſen bliebe,
Ob Lieb' das Glück führt, oder Glück die Liebe.
Der Große ſtürzt: ſeht ſeinen Günſtling fliehn;
Der Arme ſteigt und Feinde lieben ihn.
So weit ſcheint Liebe nach dem Glück zu wählen:
Wer ihn nicht braucht, dem wird ein Freund nicht fehlen,
Und wer in Not verſucht den falſchen Freund,
Verwandelt ihn ſogleich in einen Feind.
Doch, um zu enden, wo ich ausgegangen,
Will' und Geſchick ſind ſtets in Streit befangen.
Was wir erſinnen, iſt des Zufalls Spiel,
Nur der Gedank' iſt unſer, nicht ſein Ziel.
So denk, dich ſoll keiu zweiter Gatt' erwerben,
Doch mag dies Denken mit dem erſten ſterben.

Königin (im Schauſpiel). Verſag mir Nahrung, Erde! Himmel, Licht!
Gönnt, Tag und Nacht, mir Luſt und Ruhe nicht!
Verzweiflung werd' aus meinem Troſt und Hoffen,
Nur Klausner-Buß' im Kerker ſteh mir offen!
Mag alles, was der Freude Antlitz trübt,
Zerſtören, was mein Wunſch am meiſten liebt,
Und hier und dort verfolge mich Beſchwerde,
Wenn, einmal Witwe, jemals Weib ich werde!

Hamlet (zu Ophelia). Wenn ſie es nun brechen ſollte —

König (im Schauſpiel). 's iſt feſt geſchworen. Laß mich, Liebe, nun;
Ich werde müd', und möcht' ein wenig ruhn,
Die Zeit zu täuſchen.

Königin (im Schauſpiel). Wiege dich der Schlummer,
Und nimmer komme zwiſchen uns ein Kummer! (Ab.)

Hamlet. Gnädige Frau, wie gefällt Euch das Stück?

Königin. Die Dame, wie mich dünkt, gelobt zu viel.

Hamlet. O, aber ſie wird ihr Wort halten!

König. Habt Ihr den Inhalt gehört? Wird es kein Ärgernis geben?

Hamlet. Nein, nein; ſie ſpaßen nur, vergiften im Spaß, kein Ärgernis in der Welt.

König. Wie nennt Ihr das Stück?

Hamlet. Die Mauſefalle. Und wie das? Metaphoriſch. Das

Stück ist die Vorstellung eines in Vicuna geschehenen Mordes. Gonzago ist der Name des Herzogs, seiner Gemahlin Baptista; Ihr werdet gleich sehen, es ist ein spitzbübischer Handel. Aber was thut's? Eure Majestät und uns, die wir ein freies Gewissen haben, trifft es nicht. Der Aussätzige mag sich jucken, unsere Haut ist gesund.

Lucianus tritt auf.

Dies ist ein gewisser Lucianus, ein Neffe des Königs.

Ophelia. Ihr übernehmt das Amt des Chorus, gnädiger Herr.

Hamlet. O ich wollte zwischen Euch und Eurem Liebsten Dolmetscher sein, wenn ich die Marionetten nur tanzen sähe.

Ophelia. Ihr seid spitz, gnädiger Herr, Ihr seid spitz.

Hamlet. Ihr würdet zu stöhnen haben, ehe Ihr meine Spitze abstumpftet.

Ophelia. Immer noch besser und schlimmer.

Hamlet. So müßt ihr eure Männer nehmen. — Fang an, Mörder! laß deine vermaledeiten Gesichter, und fang an! Wohlauf:
Es brüllt um Rache das Gekrächz des Raben —

Lucianus. Gedanken schwarz, Gift wirksam, Hände fertig,
Gelegne Zeit, kein Wesen gegenwärtig.
Du schnöder Trank aus mitternächt'gem Kraut,
Dreimal vom Finche Hekates betaut!
Daß sich dein Zauber, deine grause Schärfe
Sogleich auf dies gesunde Leben werfe!

(Gießt das Gift in das Ohr des Schlafenden.)

Hamlet. Er vergiftet ihn im Garten um sein Reich. Sein Name ist Gonzago: die Geschichte ist vorhanden, und in auserlesenem Italienisch geschrieben. Ihr werdet gleich sehen, wie der Mörder die Liebe von Gonzagos Gemahlin gewinnt.

Ophelia. Der König steht auf.

Hamlet. Wie? durch falschen Feuerlärm geschreckt?

Königin. Wie geht es meinem Gemahl?

Polonius. Macht dem Schauspiel ein Ende.

König. Leuchtet mir! fort!

Polonius. Licht! Licht! Licht!

Alle ab, außer Hamlet und Horatio.

Hamlet.   Ei, der Gesunde hüpft und lacht,
Dem Wunden ist's vergällt;
Der eine schläft, der andre wacht,
Das ist der Lauf der Welt.

Sollte nicht dies, und ein Wald von Federbüschen — wenn meine sonstige Anwartschaft in die Pilze geht — nebst ein paar gepufften Rosen auf meinen gekerbten Schuhen, mir zu einem Platz in einer Schauspielergesellschaft verhelfen?

Horatio. O ja, einen halben Anteil an der Einnahme.

Hamlet. Nein, einen ganzen.

Denn dir, mein Damon, ist bekannt,
Dem Reiche ging zu Grund
Ein Jupiter: und herrschet hier
Ein rechter, rechter — Affe.

Horatio. Ihr hättet reimen können.

Hamlet. O lieber Horatio, ich wette Tausende auf das Wort des Geistes. Merktest du?

Horatio. Sehr gut, mein Prinz.

Hamlet. Bei der Rede vom Vergiften?

Horatio. Ich habe ihn genau betrachtet.

Hamlet. Ha ha! — Kommt, Musik! kommt, die Flöten! — Denn wenn der König von dem Stück nichts hält,
Ei nun! vielleicht — daß es ihm nicht gefällt.

Rosenkranz und Güldenstern kommen.
Kommt, Musik!

Güldenstern. Bester gnädiger Herr, vergönnt mir ein Wort mit Euch.

Hamlet. Eine ganze Geschichte, Herr.

Güldenstern. Der König —

Hamlet. Nun, was giebt's mit ihm?

Güldenstern. Er hat sich auf sein Zimmer begeben, und ist sehr übel.

Hamlet. Vom Trinken, Herr?

Güldenstern. Nein, von Galle.

Hamlet. Ihr solltet doch mehr gesunden Verstand beweisen, und dies dem Ärzte melden, denn wenn ich ihm eine Reinigung zumutete, das würde ihm vielleicht noch mehr Galle machen.

Güldenstern. Bester Herr, bringt einige Ordnung in Eure Reden, und springt nicht so wild von meinem Auftrage ab.

Hamlet. Ich bin zahm, Herr, sprecht

Güldenstern. Die Königin, Eure Mutter, hat mich in der tiefsten Bekümmernis ihres Herzens zu Euch geschickt.

Hamlet. Ihr seid willkommen.

Güldenstern. Nein, bester Herr, diese Höflichkeit ist nicht von der rechten Art. Beliebt es Euch, mir eine gesunde Antwort zu geben, so will ich den Befehl Eurer Mutter ausrichten; wo nicht, so verzeiht, ich gehe wieder und damit ist mein Geschäft zu Ende.

Hamlet. Herr, ich kann nicht.

Güldenstern. Was, gnädiger Herr?

Hamlet. Euch eine gesunde Antwort geben. Mein Verstand ist krank. Aber, Herr, solche Antwort, als ich geben kann, ist zu

Eurem Befehl; oder vielmehr, wie Ihr sagt, zu meiner Mutter Befehl; drum nichts weiter, sondern zur Sache. Meine Mutter, sagt Ihr —

Rosenkranz. Sie sagt also folgendes: Euer Betragen hat sie in Staunen und Verwunderung gesetzt.

Hamlet. O wundervoller Sohn, über den seine Mutter so erstannen kann! Kommt kein Nachsatz, der dieser mütterlichen Verwunderung auf dem Fuße folgt? Laßt hören.

Rosenkranz. Sie wünscht mit Euch in ihrem Zimmer zu reden, ehe Ihr zu Bett geht.

Hamlet. Wir wollen gehorchen, und wäre sie zehnmal unsere Mutter. Habt Ihr noch sonst was mit mir zu schaffen?

Rosenkranz. Gnädiger Herr, Ihr liebtet mich einst —

Hamlet. Das thu' ich noch, bei diesen beiden Diebeszangen hier!

Rosenkranz. Bester Herr, was ist die Ursache Eures Übels? Gewiß, Ihr tretet Eurer eigenen Freiheit in den Weg, wenn Ihr Eurem Freunde Euren Kummer verheimlicht.

Hamlet. Herr, es fehlt mir an Beförderung.

Rosenkranz. Wie kann das sein, da Ihr die Stimme des Königs selbst zur Nachfolge im Dänischen Reiche habt?

Hamlet. Ja, Herr, aber „derweil das Gras wächst" — das Sprichwort ist ein wenig rostig.

Schauspieler kommen mit Flöten.

O die Flöten! Laßt mich eine sehen. — Um Euch insbesondere zu sprechen: (nimmt Güldenstern beiseite) Weswegen geht Ihr um mich herum, um meine Witterung zu bekommen, als wolltet Ihr mich in ein Netz treiben?

Güldenstern. O gnädiger Herr, wenn meine Ergebenheit allzu kühn ist, so ist meine Liebe ungesittet.

Hamlet. Das versteh' ich nicht recht. Wollt Ihr auf dieser Flöte spielen?

Güldenstern. Gnädiger Herr, ich kann nicht.

Hamlet. Ich bitte Euch.

Güldenstern. Glaubt mir, ich kann nicht.

Hamlet. Ich ersuche Euch darum.

Güldenstern. Ich weiß keinen einzigen Griff, gnädiger Herr.

Hamlet. Es ist so leicht wie Lügen. Regiert diese Windlöcher mit Euren Fingern und der Klappe, gebt der Flöte mit Eurem Munde Odem, und sie wird die beredteste Musik sprechen. Seht Ihr, dies sind die Griffe.

Güldenstern. Aber die habe ich eben nicht in meiner Gewalt, um irgend eine Harmonie hervorzubringen; ich besitze die Kunst nicht.

Hamlet. Nun, seht Ihr, welch ein nichtswürdiges Ding Ihr aus mir macht? Ihr wollt auf mir spielen; Ihr wollt thun, als

kenntet Ihr meine Griffe; Ihr wollt in das Herz meines Geheim=
nisses dringen, Ihr wollt mich von meiner tiefsten Note bis zum
Gipfel meiner Stimme hinauf prüfen: und in dem kleinen Instru=
ment hier ist viel Musik, eine vortreffliche Stimme, dennoch könnt
Ihr es nicht zum Sprechen bringen. Wetter! denkt Ihr, daß ich
leichter zu spielen bin als eine Flöte? Nennt mich was für ein In=
strument Ihr wollt, Ihr könnt mich zwar verstimmen, aber nicht
auf mir spielen.

Polonius kommt.

Gott grüß' Euch, Herr.

Polonius. Gnädiger Herr, die Königin wünscht Euch zu sprechen,
und das sogleich.

Hamlet. Seht Ihr die Wolke dort, beinah in Gestalt eines
Kamels?

Polonius. Beim Himmel, sie sieht auch wirklich aus wie ein Kamel.

Hamlet. Mich dünkt, sie sieht aus wie ein Wiesel.

Polonius. Sie hat einen Rücken wie ein Wiesel.

Hamlet. Oder wie ein Walfisch?

Polonius. Ganz wie ein Walfisch.

Hamlet. Nun, so will ich zu meiner Mutter kommen, im
Augenblick. — Sie närren mich, daß mir die Geduld beinah reißt.
— Ich komme im Augenblick.

Polonius. Das will ich ihr sagen. (Ab.)

Hamlet. Im Augenblick ist leicht gesagt. Laßt mich, Freunde.
(Rosenkranz, Güldenstern, Horatio und die andern ab.)
Nun ist die wahre Spukezeit der Nacht,
Wo Grüfte gähnen, und die Hölle selbst
Pest haucht in diese Welt. Nun tränk' ich wohl heiß Blut,
Und thäte bittre Dinge, die der Tag
Mit Schaudern säh'. Still! jetzt zu meiner Mutter.
O Herz, vergiß nicht die Natur! Nie dränge
Sich Neros Seel' in diesen festen Busen!
Grausam, nicht unnatürlich laß mich sein;
Nur reden will ich Dolche, keine brauchen.
Hierin seid Heuchler, Zung', und du, Gemüt:
Wie hart mit ihr auch meine Rede schmäle,
Nie will'ge drein, sie zu versiegeln, Seele! (Ab.)

3. Scene.

Ein Zimmer im Schlosse.

Der König, Rosenkranz und Güldenstern treten auf.

König. Ich mag ihn nicht, auch steht's um uns nicht sicher,
Wenn frei sein Wahnsinn schwärmt. Drum macht euch fertig:

Ich stelle schleunig eure Vollmacht aus,
Und er soll dann mit euch nach England hin.
Die Pflichten unsrer Würde dulden nicht
Gefahr so nah, als stündlich uns erwächst
Aus seinen Grillen.

Güldenstern.   Wir wollen uns bereiten.
Es ist gewissenhafte heil'ge Furcht,
Die vielen, vielen Seelen zu erhalten,
Die Eure Majestät belebt und nährt.

Rosenkranz. Schon das besondre, einzle Leben muß
Mit aller Kraft und Rüstung des Gemüts
Vor Schaden sich bewahren; doch viel mehr
Der Geist, an dessen Heil das Leben vieler
Beruht und hängt. Der Majestät Verscheiden
Stirbt nicht allein; es zieht gleich einem Strudel
Das Nahe mit. Sie ist ein mächtig Rad,
Befestigt auf des höchsten Berges Gipfel,
An dessen Riesenspeichen tausend Dinge
Gekittet und gefugt sind: wenn es fällt,
So teilt die kleinste Zuthat und Umgebung
Den ungeheuren Sturz. Kein König seufzte je
Allein und ohn' ein allgemeines Weh.

König. Ich bitte, rüstet euch zur schnellen Reise:
Wir müssen diese Furcht in Fesseln legen,
Die auf zu freien Füßen jetzo geht.

Rosenkranz u. **Güldenstern.** Wir wollen eilen. (Beide ab.)
                    Polonius kommt.

Polonius. Mein Fürst, er geht in seiner Mutter Zimmer.
Ich will mich hinter die Tapete stellen,
Den Hergang anzuhören; seid gewiß,
Sie schilt ihn tüchtig aus, und wie Ihr sagtet,
Und weislich war's gesagt, es schickt sich wohl,
Daß noch ein andrer Zeug' als eine Mutter,
Die von Natur parteiisch ihr Gespräch
Im stillen anhört. Lebet wohl, mein Fürst,
Eh Ihr zu Bett geht, sprech' ich vor bei Euch,
Und meld' Euch, was ich weiß.

König.   Dank, lieber Herr. (Polonius ab.)
O meine That ist faul, sie stinkt zum Himmel,
Sie trägt den ersten, ältesten der Flüche,
Mord eines Bruders! — Beten kann ich nicht,
Ist gleich die Neigung dringend wie der Wille;
Die stärkre Schuld besiegt den starken Vorsatz,

Und wie ein Mann, dem zwei Geschäft' obliegen,
Steh' ich in Zweifel, was ich erst soll thun
Und lasse beides. Wie? wär' diese Hand.
Auch um und um in Bruderblut getaucht:
Giebt es nicht Regen gung im milden Himmel,
Sie weiß wie Schnee zu waschen? Wozu dient
Die Gnad', als vor der Sünde Stirn zu treten?
Und hat Gebet nicht die zwiefache Kraft,
Dem Falle vorzubeugen, und Verzeihung
Gefallnen auszuwirken? Gut, ich will
Emporschaun: mein Verbrechen ist geschehn.
Doch o, welch eine Wendung des Gebets
Ziemt meinem Fall? Vergieb mir meinen schnöden Mord?
Dies kann nicht sein; mir bleibt ja stets noch alles,
Was mich zum Mord getrieben: meine Krone,
Mein eigner Ehrgeiz, meine Königin,
Wird da verziehn, wo Missethat besteht?
In den verderbten Strömen dieser Welt
Kann die vergold'te Hand der Missethat
Das Recht wegstoßen, und der Sünde Lohn
Erkauft oft das Gesetz. Nicht so dort oben!
Da gilt kein Kunstgriff, da erscheint die Handlung
In ihrer wahren Art, und wir sind selbst
Genötigt, unsern Fehlern in die Zähne,
Ein Zeugnis abzulegen. Nun? was bleibt?
Sehn, was die Rene kann. Was kann sie nicht?
Doch wenn man nicht bereuen kann, was kann sie?
O Jammerstand! O Busen, schwarz wie Tod!
O Seele, die, sich frei zu machen ringend,
Noch mehr verstrickt wird! — Engel, helft! versucht!
Beugt euch, ihr starren Knie! gestähltes Herz,
Sei weich wie Sehnen neugeborner Kinder!
Vielleicht wird alles gut. (Entfernt sich und kniet nieder.)

Hamlet kommt.

Hamlet. Jetzt könnt' ich's thun, bequem; er ist im Beten,
Jetzt will ich's thun — und so geht er gen Himmel,
Und so bin ich gerächt? Das hieß': ein Bube
Ermordet meinen Vater, und dafür
Send' ich, sein einz'ger Sohn, denselben Buben
Gen Himmel.
Ei, das wär' Sold und Löhnung, Rache nicht.
Er überfiel in Wüstheit meinen Vater,
Voll Speis', in seiner Sünden Maienblüte.

Wie seine Rechnung steht, weiß nur der Himmel,
Allein nach unsrer Denkart und Vermutung
Ergeht's ihm schlimm: und bin ich dann gerächt,
Wenn ich in seiner Heiligung ihn fasse, ·
Bereitet und geschickt zum Übergang?
Nein.
Hinein, du Schwert! sei schrecklicher gezückt!
Wann er berauscht ist, schlafend, in der Wut,
In seines Betts blutschänderischen Freuden,
Beim Doppeln, Finchen oder anderm Thun,
Das keine Spur des Heiles an sich hat:
Dann stoß ihn nieder, daß gen Himmel er
Die Fersen bäumen mag, und seine Seele
So schwarz und so verdammt sei wie die Hölle,
Wohin er fährt. Die Mutter wartet mein:
Dies soll nur Frist den siechen Tagen sein.   (Ab.)

Der König steht auf und tritt vor.

König. Die Worte fliegen auf, der Sinn hat keine Schwingen:
Wort' ohne Sinn kann nie zum Himmel dringen.   (Ab.)

4. Scene.

Zimmer der Königin.

Die Königin und Polonius treten auf.

Polonius. Er kommt sogleich: setzt ihm mit Nachdruck zu,
Sagt ihm, daß er zu wilde Streiche macht,
Um sie zu dulden, und daß Eure Hoheit
Geschirmt, und zwischen großer Hitz' und ihm
Gestanden hat. Ich will hier still mich bergen
Ich bitt' Euch, schont ihn nicht.

Hamlet (hinter der Scene). Mutter, Mutter, Mutter!

Königin.   Verlaßt Euch drauf.
Sorgt meinetwegen nicht. Zieht Euch zurück,
Ich hör' ihn kommen. (Polonius verbirgt sich.)

Hamlet kommt.

Hamlet. Nun, Mutter, sagt: was giebt's?

Königin. Hamlet, dein Vater ist von dir beleidigt.

Hamlet. Mutter, mein Vater ist von Euch beleidigt.

Königin. Kommt, kommt! Ihr sprecht mit einer losen Zunge.

Hamlet. Geht, geht! Ihr fragt mit einer bösen Zunge.

Königin. Was soll das, Hamlet?

Hamlet.   Nun, was giebt es hier?

Königin. Habt Ihr mich ganz vergessen?

Hamlet. Nein, beim Kreuz!
Ihr seid die Königin, Weib Eures Mannes Bruders,
Und — wär' es doch nicht so! — seid meine Mutter.

Königin. Gut, andre sollen zur Vernunft Euch bringen.

Hamlet. Kommt, setzt Euch nieder; Ihr sollt nicht vom Platz,
Nicht gehn, bis ich Euch einen Spiegel zeige,
Worin Ihr Euer Innerstes erblickt.

Königin. Was willst du thun? Du willst mich doch nicht morden?
He, Hilfe! Hilfe!

Polonius (hinter der Tapete). Hilfe! he, herbei!

Hamlet.
Wie? was? eine Ratte? (Er zieht.) Tot! ich wett' 'nen Dukaten, tot!
(Thut einen Stoß durch die Tapete.)

Polonius (hinter der Tapete). O ich bin umgebracht! (Fällt und stirbt.(

Königin. Weh mir! was thatest du?

Hamlet. Fürwahr, ich weiß es nicht: ist es der König?
(Zieht den Polonius hinter der Tapete hervor.)

Königin. O, welche rasche blut'ge That ist dies!

Hamlet. Ja, gute Mutter, eine blut'ge That,
So schlimm beinah, als einen König töten,
Und in die Eh' mit seinem Bruder treten.

Königin. Als einen König töten!

Hamlet. Ja, so sagt' ich.
(Zu Polonius.) Du kläglicher vorwitz'ger Narr, fahr wohl!
Ich nahm dich für 'nen Höhern: nimm dein Los.
Du siehst, zu viel Geschäftigkeit ist mißlich. —
Ringt nicht die Hände so! still setzt Euch nieder,
Laßt Euer Herz mich ringen, denn das will ich,
Wenn es durchdringlich ist, wenn nicht so ganz
Verdammte Angewöhnung es gestählt,
Daß es verschanzt ist gegen die Vernunft.

Königin. Was that ich, daß du gegen mich die Zunge
So toben lassen darfst?

Hamlet. Solch eine That,
Die alle Huld der Sittsamkeit entstellt,
Die Tugend Heuchler schilt, die Rose wegnimmt
Von unschuldvoller Liebe schöner Stirn
Und Beulen hinsetzt; Ehgelübde falsch
Wie Spielereide macht; o eine That,
Die aus dem Körper des Vertrages ganz
Die innere Seele reißet, und die süße
Religion zum Wortgepränge macht.
Des Himmels Antlitz glüht, ja diese Feste,

Dies Weltgebäu, mit trauerndem Gesicht,
Als nahte sich der jüngste Tag, gedeult
Trübsinnig dieser That.

Königin.   Weh! welche That
Brüllt denn so laut, und donnert im Verkünden?

Hamlet. Seht hier, auf dies Gemälde und auf dies,
Das nachgeahmte Gleichnis zweier Brüder.
Seht, welche Anmut wohnt' auf diesen Brau'n,
Apollos Locken, Jovis' hohe Stirn,
Ein Aug' wie Mars, zum Drohn und zum Gebieten,
Des Götterherolds Stellung, wann er eben
Sich niederschwingt auf himmelnahe Höhn;
In Wahrheit, ein Verein und eine Bildung,
Auf die sein Spiegel jeder Gott gedrückt,
Der Welt Gewähr für einen Mann zu leisten:
Dies war Eu'r Gatte. — Seht nun her, was folgt:
Hier ist Eu'r Gatte, gleich dem brand'gen Halm,
Verderblich seinem Bruder. Habt Ihr Augen?
Die Weide dieses schönen Bergs verlaßt Ihr,
Und mästet Euch im Sumpf? Ha, habt Ihr Augen?
Nennt es nicht Liebe! Denn in Eurem Alter
Ist der Tumult im Blute zahm; es schleicht
Und wartet auf das Urteil: und welch Urteil
Ging' wohl von dem zu dem? Sinn habt Ihr sicher;
Sonst könnte keine Regung in Euch sein:
Doch sicher ist der Sinn vom Schlag gelähmt,
Denn Wahnwitz würde hier nicht irren; nie
Hat so den Sinn Verrücktheit unterjocht,
Daß nicht ein wenig Wahl ihm blieb, genug
Für solchen Unterschied. Was für ein Teufel
Hat bei der Blindekuh Euch so bethört?
Sehn, ohne Fühlen, Fühlen ohne Sehn,
Ohr ohne Hand und Aug', Geruch ohn' alles,
Ja nur ein Teilchen eines echten Sinns
Tappt nimmermehr so zu.
Scham, wo ist dein Erröten? wilde Hölle,
Empörst du dich in der Matrone Gliedern,
So sei die Keuschheit der entflammten Jugend
Wie Wachs, und schmelz' in ihrem Feuer hin;
Ruf keine Schaude aus, wenn heißes Blut
Zum Angriff stürmt: da der Frost ja selbst
Nicht minder kräftig brennt, und die Vernunft
Dem Willen kuppelt.

Königin.   O Hamlet, sprich nicht mehr!
Du kehrst die Augen recht ins Junre mir,
Da seh' ich Flecke, tief und schwarz gefärbt,
Die nicht von Farbe lassen.

Hamlet.   Nein, zu leben
Im Schweiß und Brodem eines ellen Betts,
Gebrüht in Fäulniß; buhlend und sich paarend
Über dem garst'gen Nest —

Königin.   O sprich nicht mehr!
Mir bringen diese Wort' ins Ohr wie Dolche,
Nicht weiter, lieber Hamlet!

Hamlet. Ein Mörder und ein Schalk; ein Knecht, nicht wert
Das Zehntel eines Zwanzigteils von ihm,
Der Eu'r Gemahl war; ein Hanswurst von König,
Ein Beutelschneider von Gewalt und Reich,
Der weg vom Sims die reiche Krone stahl,
Und in die Tasche steckte.

Königin. Halt inne!

Der Geist kommt.

Hamlet.   Ein geflickter Lumpenkönig! —
Schirmt mich und schwingt die Flügel über mir,
Ihr Himmelsscharen! — Was will dein würdig Bild?

Königin. Weh mir! er ist verrückt.

Hamlet. Kommt Ihr nicht, Euren trägen Sohn zu schelten,
Der Zeit und Leidenschaft versäumt, zur großen
Vollführung Eures furchtbaren Gebots?
O sagt!

Geist. Vergiß nicht! Diese Heimsuchung
Soll nur den abgestumpften Vorsatz schärfen.
Doch schau! Entsetzen liegt auf deiner Mutter;
Tritt zwischen sie und ihre Seel' im Kampf,
In Schwachen wirkt die Einbildung am stärksten!
Sprich mit ihr, Hamlet!

Hamlet. Wie ist Euch, Mutter?

Königin.   Ach, wie ist denn Euch,
Daß Ihr die Augen heftet auf das Leere,
Und redet mit der körperlosen Luft?
Wild blitzen Eure Geister aus den Augen,
Und wie ein schlafend Heer beim Waffenlärm,
Sträubt Euer liegend Haar sich als lebendig
Empor, und steht zu Berg. O lieber Sohn,
Spreng auf die Hitz' und Flamme deines Übels
Abkühlende Geduld! Wo schaust du hin?

Hamlet. Auf ihn! Auf ihn! Seht Ihr, wie blaß er starrt?
  Sein Anblick, seine Sache, würde Steinen
  Vernunft einpredigen. — Sieh nicht auf mich;
  Damit nicht deine klägliche Gebärde
  Mein strenges Thun erweicht: sonst fehlt ihm dann
  Die echte Art: vielleicht statt Blutes Thränen.
Königin. Mit wem besprecht Ihr Euch?
Hamlet.   Seht Ihr dort nichts?
Königin. Gar nichts; doch seh' ich alles, was dort ist.
Hamlet. Und hörtet Ihr auch nichts?
Königin.   Nein, nichts als uns.
Hamlet. Ha, seht nur hin! Seht, wie es weg sich stiehlt!
  Mein Vater in leibhaftiger Gestalt.
  Seht, wie er eben zu der Thür hinausgeht! (Geist ab.)
Königin. Dies ist bloß Eures Hirnes Ausgeburt;
  In dieser wesenlosen Schöpfung ist
  Verzückung sehr geübt.
Hamlet. Verzückung?
  Mein Puls hält ordentlich wie Eurer Takt,
  Spielt ebenso gesunde Melodien;
  Es ist kein Wahnwitz, was ich vorgebracht.
  Bringt mich zur Prüfung, und ich wiederhole
  Die Sach' Euch Wort für Wort, wovon der Wahnwitz
  Abspringen würde. Mutter, um Eu'r Heil!
  Legt nicht die Schmeichelsalb' auf Eure Seele.
  Daß nur mein Wahnwitz spricht, nicht Eu'r Vergehn;
  Sie wird den bösen Fleck nur leicht verharschen,
  Indes Verderbnis, heimlich untergrabend,
  Von innen angreift. Beichtet vor dem Himmel,
  Bereuet was geschehn, und meidet künft'ges,
  Düngt nicht das Unkraut, daß es mehr noch wuchre.
  Vergebt mir diese meine Tugend; denn
  In dieser feisten, engebrüst'gen Zeit
  Muß Tugend selbst Verzeihung flehn vom Laster,
  Ja kriechen, daß sie nur ihm wohlthun dürfe.
Königin. O Hamlet! du zerspaltest mir das Herz.
Hamlet. O werst den schlechtern Teil davon hinweg,
  Und lebt so reiner mit der andern Hälfte.
  Gute Nacht! Doch meidet Oheims Bett,
  Nehmt eine Tugend an, die Ihr nicht habt.
  Der Teufel Angewöhnung, der des Bösen
  Gefühl verschlingt, ist hierin Engel doch:
  Er giebt der Übung schöner, guter Thaten

Nicht minder eine Kleidung oder Tracht,
Die gut sich anlegt. Seid zur Nacht enthaltsam,
Und das wird eine Art von Leichtigkeit
Der folgenden Enthaltung leihn; die nächste
Wird dann noch leichter: denn die Übung kann
Fast das Gepräge der Natur verändern;
Sie zähmt den Teufel oder stößt ihn aus
Mit wunderbarer Macht. Nochmals, schlaft wohl!
Um Euren Segen bitt' ich, wann Ihr selbst
Nach Segen erst verlangt. — Für diesen Herrn
Thut es mir leid: der Himmel hat gewollt,
Und mich durch dies, und dies durch mich zu strafen,
Daß ich ihm Diener muß und Geißel sein.
Ich will ihn schon besorgen, und den Tod,
Den ich ihm gab, vertreten. Schlaft denn wohl!
Zur Grausamkeit zwingt bloße Liebe mich;
Schlimm fängt es an, und Schlimmres nahet sich.
Ein Wort noch, gute Mutter!

Königin. Was soll ich thun?

Hamlet. Durchaus nicht das, was ich Euch heiße thun.
Laßt den gedunß'nen König Euch ins Bett
Von neuem locken, in die Wangen Euch
Mutwillig kneipen; Euch sein Mäuschen nennen,
Und für ein paar verbuhlte Küß', ein Spielen
In Eurem Nacken mit verdammten Fingern,
Bringt diesen ganzen Handel an den Tag,
Daß ich in keiner wahren Tollheit bin,
Nur toll aus List. Gut wär's, Ihr ließt's ihn wissen.
Denn welche Königin, schön, keusch und klug,
Verhehlte einem Kanker, einem Molch
So teure Dinge wohl? wer thäte das?
Nein, trotz Erkenntnis und Verschwiegenheit,
Löst auf dem Dach des Korbes Deckel, laßt
Die Vögel fliegen, und wie jener Affe,
Kriecht in den Korb, um Proben anzustellen,
Und brecht Euch selbst den Hals.

Königin. Sei du gewiß, wenn Worte Atem sind,
Und Atem Leben ist, hab' ich kein Leben,
Das auszuatmen, was du mir gesagt.

Hamlet. Ich muß nach England; wißt Ihr's?

Königin. Ach, ich vergaß; es ist so ausgemacht.

Hamlet. Man siegelt Briefe; meine Schulgesellen,
Die beiden, denen ich wie Nattern traue,

Sie bringen die Bestellung hin; sie müssen
Den Weg mir bahnen, und zur Schurkerei
Herolden gleich mich führen. Sei es drum!
Der Spaß ist, wenn mit seinem eignen Pulver
Der Feuerwerker auffliegt; und mich trügt
Die Rechnung, wenn ich nicht ein Klafter tiefer
Als ihre Minen grab', und sprenge sie
Bis an den Mond. O es ist gar zu schön,
Wenn so zwei Listen sich entgegengehn! —
Der Mann packt meine Last auf;
Ich will den Wanst ins nächste Zimmer schleppen.
Nun, Mutter, gute Nacht! — Der Ratsherr da
Ist jetzt sehr still, geheim und ernst fürwahr,
Der sonst ein schelm'scher alter Schwätzer war.
Kommt, Herr, ich muß mit Euch ein Ende machen. —
Gute Nacht, Mutter!

(Sie gehen von verschiedenen Seiten ab. Hamlet schleift den Polonius heraus.)

Vierter Aufzug.

1. Scene.

Ein Zimmer im Schlosse.

Der König, die Königin, Rosenkranz und Güldenstern.

König. In diesen tiefen Seufzern ist ein Sinn;
Legt sie uns aus, wir müssen sie verstehn,
Wo ist Eu'r Sohn?

Königin (zu Rosenkranz und Güldenstern).
Räumt diesen Platz uns auf ein Weilchen ein. (Beide ab.)
Ah, mein Gemahl! was sah ich diese Nacht!

König. Wie, Gertrud? was macht Hamlet?

Königin. Er rast wie See und Wind, wenn beide kämpfen,
Wer mächt'ger ist: in seiner wilden Wut,
Da er was hinterm Teppich rauschen hört,
Reißt er die Kling' heraus, schreit: eine Ratte!
Und tötet so in seines Wahnes Hitze
Den ungesehnen guten alten Mann.

König. O schwere That! so wär' es uns geschehen,
Wenn wir daselbst gestanden. Seine Freiheit
Droht aller Welt, Euch selbst, uns, jedem andern.
Ach! wer steht ein für diese blut'ge That?

Uns wird zur Last sie fallen, deren Vorsicht
Den tollen jungen Mann eng eingesperrt
Und fern von Menschen hätte halten sollen.
Doch unsre Liebe war so groß, daß wir
Nicht einsehn wollten, was das Beste war.
Und wie der Eigner eines bösen Schadens,
Den er geheim hält, ließen wir   zehren
Recht an des Lebens Mark. Wohin ist er hin?

Königin. Er schafft den Leichnam des Erschlagnen weg,
Wobei sein Wahnsinn, wie ein Körnchen Gold
In einem Erz von schlechteren Metallen,
Sich rein beweist; er weint um das Geschehne.

König. O Gertrud, laßt uns gehn!
Sobald die Sonne an die Berge tritt,
Schifft man ihn ein; und diese sch..öde That
Muß unsre ganze Majestät und Kunst
Vertreten und entschuldigen. — He, Güldenstern!

Rosenkranz und Güldenstern kommen.

Geht, beide Freunde, nehmt Euch wen zu Hilfe.
Hamlet hat den Polonius umgebracht
In seinem tollen Mut, und ihn darauf
Aus seiner Mutter Zimmer weggeschleppt.
Geht, sucht ihn, sprecht ihm zu, und bringt den Leichnam
In die Kapell'. Ich bitt' euch, eilt hierbei.

(Rosenkranz und Güldenstern ab.)

Kommt, Gertrud, rufen wir von unsern Freunden
Die klügsten auf, und machen ihnen kund,
Was wir zu thun gedenken, und was leider
Geschehn: so kann der schlangenart'ge Leumund,
Des Zischeln von dem einen Pol zum andern,
So sicher wie zum Ziele die Kanone
Den gift'gen Schuß trägt, unsern Namen noch
Verfehlen, und die Luft unschädlich treffen.
O komm hinweg mit mir! Entsetzen ist
In meiner Seel' und innerlicher Zwist.   (Beide ab.)

2. Scene.

Ein anderes Zimmer im Schlosse.

Hamlet kommt.

Hamlet. — Sicher beigepackt. —

Rosenkranz u. **Güldenstern** (hinter der Scene). Hamlet! Prinz Hamlet!

Hamlet. Aber still — was für ein Lärm? Wer ruft den Hamlet?
O, da kommen sie.

Rosenkranz. Was habt Ihr mit dem Leichnam, Prinz, gemacht?

Hamlet. Ihn mit dem Staub gepaart, dem er verwandt.

Rosenkranz. Sagt uns den Ort, daß wir ihn weg von da
In die Kapelle tragen.

Hamlet.   Glaubt es nicht.

Rosenkranz. Was nicht glauben?

Hamlet. Daß ich Euer Geheimnis bewahren kann, und meines
nicht. Überdies, sich von einem Schwamme fragen zu lassen! Was
für eine Antwort soll der Sohn eines Königs darauf geben?

Rosenkranz. Nehmt Ihr mich für einen Schwamm, gnädiger
Herr?

Hamlet. Ja, Herr, der des Königs Huld, seine Gunstbezei=
gungen und Befehle einsaugt. Aber solche Beamte thun dem Könige
den besten Dienst am Ende. Er hält sie wie ein Affe den Bissen im
Winkel seines Kinnbackens; zuerst in den Mund gesteckt, um zuletzt
verschlungen zu werden. Wenn er braucht, was Ihr aufgesammelt habt,
so darf er Euch nur drücken, so seid Ihr, Schwamm, wieder trocken.

Rosenkranz. Ich verstehe euch nicht, gnädiger Herr.

Hamlet. Es ist mir lieb: eine lose Rede schläft in dummen
Ohren.

Rosenkranz. Gnädiger Herr, Ihr müßt uns sagen, wo die
Leiche ist, und mit uns zum Könige gehen.

Hamlet. Die Leiche ist beim König, aber der König ist nicht
bei der Leiche. Der König ist ein Ding —

Güldenstern. Ein Ding, gnädiger Herr?

Hamlet. Das nichts ist: Bringt mich zu ihm. Versteck dich,
Fuchs, und alle hintendrein. (Alle ab.)

3. Scene.

Ein anderes Zimmer im Schlosse.

Der König tritt auf mit Gefolge.

König. Ich laß' ihn holen, und den Leichnam suchen.
O wie gefährlich ist's, daß dieser Mensch
So frank umhergeht! Dennoch dürfen wir
Nicht nach dem strengen Recht mit ihm verfahren,
Er ist beliebt bei der verworrnen Menge,
Die mit dem Aug', nicht mit dem Urteil wählt,
Und wo das ist, wägt man des Schuld'gen Plage,
Doch nie die Schuld. Um alles auszugleichen,
Muß diese schnelle Wegsendung ein Schritt
Der Überlegung scheinen: wenn die Krankheit

Verzweifelt ist, kann ein verzweifelt Mittel
Nur helfen, oder keins.

Rosenkranz kommt.
Was ist geschehn?

Rosenkranz. Wo er die Leiche hingeschafft, mein Fürst,
Vermögen wir von ihm nicht zu erfahren.

König. Wo ist er selber?

Rosenkranz. Draußen, gnäd'ger Herr;
Bewacht, um Eu'r Belieben abzuwarten.

König. So bringt ihn vor uns.

Rosenkranz. He, Güldenstern! bringt den gnädigen Herrn herein.

Hamlet und Güldenstern kommen.

König. Nnn, Hamlet, wo ist Polonius?

Hamlet. Beim Nachtmahl.

König. Beim Nachtmahl?

Hamlet. Nicht wo er speist, sondern wo er gespeist wird. Eine gewisse Reichsversammlung von politischen Würmern hat sich eben an ihn gemacht. So 'n Wurm ist Euch der einzige Kaiser, was die Tafel betrifft. Wir mästen alle andere Kreaturen, um uns zu mästen; und uns selbst mästen wir für Maden. Der fette König und der magere Bettler sind nur verschiedene Gerichte; zwei Schüsseln, aber für eine Tafel: das ist das Ende vom Liede.

König. Ach Gott! ach Gott!

Hamlet. Jemand könnte mit dem Wurm fischen, der von einem König gegessen hat, und von dem Fisch essen, der den Wurm verzehrte.

König. Was meinst du damit?

Hamlet. Nichts, als Euch zu zeigen, wie ein König seinen Weg durch die Gedärme eines Bettlers nehmen kann.

König. Wo ist Polonius?

Hamlet. Im Himmel. Schickt hin, um zuzusehen. Wenn Euer Bote ihn da nicht findet, so sucht ihn selbst an dem andern Orte. Aber wahrhaftig, wo Ihr ihn nicht binnen dieses Monats findet, so werdet Ihr ihn wittern, wenn Ihr die Treppe zur Galerie hinaufgeht.

König (zu einigen aus dem Gefolge). Geht, sucht ihn dort.

(Einige aus dem Gefolge ab.)

Hamlet. Er wird warten, bis Ihr kommt.

König. Hamlet, für deine eigne Sicherheit,
Die uns so wert ist, wie uns innig kränkt,
Was du begangen hast, muß diese That
In feur'ger Eile dich von hinnen senden.
Drum rüste dich: das Schiff liegt schon bereit,
Der Wind ist günstig, die Gefährten warten,
Und alles treibt nach England auf und fort.

Hamlet. Nach England?

König. Ja, Hamlet.

Hamlet. Gut.

König. So ist es, wenn du unsere Absicht wüßtest.

Hamlet. Ich sehe einen Cherub, der sie sieht. — Aber kommt! nach England! — Lebt wohl, liebe Mutter.

König. Dein liebevoller Vater, Hamlet.

Hamlet. Meine Mutter. Vater und Mutter sind Mann und Weib; Mann und Weib sind ein Fleisch: also meine Mutter. Kommt, nach England!

König. Folgt auf dem Fuß ihm, lockt ihn schnell an Bord;
Verzögert nicht: er muß zu Nacht von hinnen.
Fort, alles ist versiegelt und geschehn,
Was sonst die Sache heischt. Ich bitt' euch, eilt.
(Rosenkranz und Güldenstern ab.)
Und, England! gilt dir meine Liebe was,
(Wie meine Macht sie dich kann schätzen lehren,
Denn noch ist deine Narbe wund und rot
Vom Dänenschwert, und deine Ehrfurcht leistet
Uns völlig Lehnspflicht) so darfst du nicht
Das oberherrliche Geheiß versäumen,
Das durch ein Schreiben solchen Inhalts dringt
Auf Hamlets schnellen Tod. O thu es, England!
Denn wie die Hektik rast er mir im Blut:
Du mußt mich heilen. Mag mir alles glücken,
Bis dies geschehn ist, kann mich nichts erquicken. (Ab.)

4. Scene.

Eine Ebene in Dänemark.

Fortinbras und Truppen, im Marsch begriffen.

Fortinbras. Geht, Hauptmann, grüßt von mir den Dänenkönig;
Sagt ihm, daß Fortinbras auf sein Gestatten
Für den versprochnen Zug durch sein Gebiet
Geleit begehrt. Ihr wißt, wo wir uns treffen.
Wenn Seine Majestät uns sprechen will,
So wollen wir pflichtmäßig ihn begrüßen;
Das meldet ihm.

Hauptmann. Ich will es thun, mein Prinz.

Fortinbras. Rückt langsam vor.
(Fortinbras und Truppen ab.)
Hamlet, Rosenkranz, Güldenstern und andere kommen.

Hamlet. Wes sind die Truppen, lieber Herr?

Hauptmann. Sie sind von Norweg, Herr.

Hamlet. Wozu bestimmt, ich bitt' Euch?

Hauptmann. Sie rücken gegen Polen.

Hamlet. Wer führt sie an?

Hauptmann. Des alten Norwegs Neffe, Fortinbras.

Hamlet. Und geht es auf das ganze Polen, oder
Auf einen Grenzort nur?

Hauptmann. Um wahr zu reden und mit keinem Zusatz,
Wir gehn, ein kleines Fleckchen zu gewinnen,
Das keinen Vorteil als den Namen bringt.
Für fünf Dukaten, fünf, möcht' ich's nicht pachten.
Auch bringt's dem Norweg oder Polen sicher
Nicht mehr, wenn man auf Erbzins es verkauft.

Hamlet. So wird es der Polack nicht halten wollen.

Hauptmann. Doch; es ist schon besetzt.

Hamlet. Zweitausend Seelen, zwanzigtausend Goldstück
Entscheiden diesen Lumpenzwist noch nicht.
Dies ist des Wohlstands und der Ruh' Geschwür,
Das innen ausbricht, während sich von außen
Kein Grund des Todes zeigt. — Ich dank' Euch, Herr.

Hauptmann. Geleit Euch Gott! (Ab.)

Rosenkranz. Beliebt es Euch zu gehn?

Hamlet. Ich komme gleich euch nach. Geht nur voran.
(Rosenkranz und die übrigen ab.)

Wie jeder Anlaß mich verklagt, und spornt
Die träge Rache an! Was ist der Mensch,
Wenn seiner Zeit Gewinn, sein höchstes Gut
Nur Schlaf und Essen ist? Ein Vieh, nichts weiter.
Gewiß, der uns mit solcher Denkkraft schuf,
Voraus zu schaun und rückwärts, gab uns nicht
Die Fähigkeit und göttliche Vernunft,
Um ungebraucht in uns zu schimmeln. Nun,
Sei's viehisches Vergessen, oder sei's
Ein banger Zweifel, welcher zu genau
Bedenkt den Ausgang — ein Gedanke, der,
Zerlegt man ihn, ein Viertel Weisheit nur
Und stets drei Viertel Feigheit hat — ich weiß nicht,
Weswegen ich noch lebe, um zu sagen:
„Dies muß geschehn"; da ich doch Grund und Willen
Und Kraft und Mittel hab', um es zu thun.
Beispiele, die zu greifen, mahnen mich.
So dieses Heer von solcher Zahl und Stärke,
Von einem zarten Prinzen angeführt,
Des Mut von hoher Ehrbegier geschwellt,

Die Stirn dem unsichtbaren Ausgang beut,
Und giebt sein sterblich und verletzbar Teil
Dem Glück, dem Tode, den Gefahren preis,
Für eine Nußschal'. Wahrhaft groß sein heißt
Nicht ohne großen Gegenstand sich regen;
Doch einen Strohhalm selber groß verfechten,
Wenn Ehre auf dem Spiel. Wie sich' denn ich,
Den seines Vaters Mord, der Mutter Schaude,
Antriebe der Vernunft und des Geblüts,
Den nichts erweckt? Ich seh' indes beschämt
Den nahen Tod von zwanzigtausend Mann,
Die für 'ne Grille, ein Phantom des Ruhms,
Zum Grab gehn wie ins Bett: es gilt ein Fleckchen,
Worauf die Zahl den Streit nicht führen kann:
Nicht Gruft genug und Raum, um die Erschlagnen
Nur zu verbergen. O von Stund' an trachtet
Nach Blut, Gedanken, oder seid verachtet! (Ab.)

5. Scene.

Helfingör. Ein Zimmer im Schlosse.

Die Königin und Horatio treten auf.

Königin. — Ich will nicht mit ihr sprechen.

Horatio. Sie ist sehr dringend; wirklich, außer sich;
  Ihr Zustand ist erbarmenswert.

Königin.   Was will sie?

Horatio. Sie spricht von ihrem Vater; sagt, sie höre,
  Die Welt sei schlimm, und ächzt und schlägt die Brust:
  Ein Strohhalm ärgert sie: sie spricht verworren
  Mit halbem Sinn nur: ihre Red' ist nichts,
  Doch leitet ihre ungestalte Art
  Die Hörenden auf Schlüsse: man errät,
  Man stückt zusammen ihrer Worte Sinn,
  Die sie mit Niden giebt, mit Winken, Mienen,
  So daß man wahrlich denken muß, man könnte
  Zwar nichts gewiß, jedoch viel Arges denken.
  Man muß doch mit ihr sprechen: sie kann Argwohn
  In Unheil brütende Gemüter streun.

Königin. Laßt sie nur vor. (Horatio ab.)
  Der kranken Seele, nach der Art der Sünden,
  Scheint jeder Tand ein Unglück zu verkünden,
  Von so bethörter Furcht ist Schuld erfüllt,
  Daß, sich verbergend, sie sich selbst enthüllt.

Horatio kommt mit Ophelia.

Ophelia. Wo ist die schöne Majestät von Dänemark?

Königin. Wie geht's, Ophelia?

Ophelia (singt). Wie erkenn' ich dein Treulieb
  Vor den andern nun?
  An dem Muschelhut und Stab,
  Und den Sandelschuhn.

Königin. Ach, süßes Fräulein, wozu soll dies Lied?

Ophelia. Was beliebt? Nein, bitte, hört. (Singt.)
  Er ist lange tot und hin,
  Tot und hin, Fräulein!
  Ihm zu Häupten ein Rasen grün,
  Ihm zu Fuß ein Stein.
  O!

Königin. Aber sagt, Ophelia —

Ophelia. Bitt' Euch, hört. (Singt.)
  Sein Leichenhemd weiß wie Schnee zu sehn —
   Der König tritt auf.

Königin. Ach, mein Gemahl, seht hier!

Ophelia (singt). Geziert mit Blumensegen,
  Das unbethränt zum Grab mußt' gehn
  Von Liebesregen.

König. Wie geht's Euch, holdes Fräulein?

Ophelia. Gottes Lohn! recht gut. Sie sagen, die Eule war eines Bäckers Tochter, ach Herr! wir wissen wohl, was wir sind, aber nicht, was wir werden können. Gott segne Euch die Mahlzeit!

König. Anspielung auf ihren Vater.

Ophelia. Bitte, laßt uns darüber nicht sprechen; aber wenn sie Euch fragen, was es bedeutet, so sagt nur

(Singt.) Auf morgen ist Sankt Valentins Tag,
  Wohl an der Zeit noch früh,
  Und ich, 'ne Maid, am Fensterschlag
  Will sein Eu'r Valentin.
  Er war bereit, thät an sein Kleid,
  Thät auf die Kammerthür,
  Ließ ein die Maid, die als 'ne Maid
  Ging nimmermehr herfür.

König. Holde Ophelia!

Ophelia. Fürwahr, ohne Schwur, ich will ein Ende machen.

(Singt.) Bei unsrer Frau und Sankt Kathrin!
  O pfui! was soll das sein?
  Ein junger Mann thut's, wenn er kann,
  Beim Himmel, 's ist nicht fein,

          Sie sprach: eh Ihr gescherzt mit mir,
               Gelobtet Ihr mich zu frein.
          Ich bräch's auch nicht, beim Sonnenlicht!
               Wärst du nicht kommen herein.

König. Wie lang' ist sie schon so?

Ophelia. Ich hoffe, alles wird gut gehn. Wir müssen geduldig sein: aber ich kann nicht umhin zu weinen, wenn ich denke, daß sie ihn in den kalten Boden gelegt haben. Mein Bruder soll davon wissen, und so dank' ich euch für euren guten Rat. Kommt, meine Kutsche! Gute Nacht, Damen! gute Nacht, süße Damen! gute Nacht! gute Nacht! (Ab.)

König. Folgt auf dem Fuß ihr doch: bewacht sie recht! (Horatio ab.)
          O dies ist Gift des tiefen Grams: es quillt
          Aus ihres Vaters Tod. Und seht nun an,
          O Gertrud! Gertrud! wenn die Leiden kommen,
          So kommen sie wie einzle Späher nicht,
          Nein, in Geschwadern. Ihr Vater umgebracht;
          Fort Euer Sohn, er selbst der wüste Stifter
          Gerechten eignen Banns; das Volk verschlämmt,
          Schädlich und trüb' im Wähnen und Vermuten
          Vom Tod des redlichen Polonius;
          Und thöricht war's von uns, so unterm Husch
          Ihn zu bestatten; dann dies arme Kind
          Getrennt von sich und ihrem edlen Urteil,
          Ohn' welches wir nur Bilder sind, nur Tiere,
          Zuletzt, was mehr als alles in sich schließt:
          Ihr Bruder ist von Frankreich insgeheim
          Zurückgekehrt, nährt sich von seinem Staunen,
          Hält sich in Wolken, und ermangelt nicht
          Der Ohrenbläser, um ihn anzustecken
          Mit gift'gen Reden von des Vaters Tod;
          Wobei Verlegenheit, an Vorwand arm,
          Sich nicht entblöden wird, uns zu verklagen
          Von Ohr zu Ohr. O liebste Gertrud, dies
          Giebt wie ein Traubenschuß an vielen Stellen
          Mir überflüssigen Tod. (Lärm hinter der Scene.)

Königin.   O weh! was für ein Lärm?
                    Ein Edelmann kommt.

König. Herbei! Wo sind die Schweizer? Laßt die Thür bewachen.
          Was giebt es draußen?

Edelmann.   Rettet Euch, mein Fürst,
          Der Ozean, entwachsend seinem Saum,
          Verschlingt die Niedrung ungestümer nicht,

Als an der Spitze eines Meuterhaufens
Laertes Eure Diener übermannt.
Der Pöbel nennt ihn Herru, und gleich als finge
Die Welt erst an, als wär' das Altertum
Vergessen und Gewohnheit nicht bekannt,
Die Stützen und Bekräft'ger jedes Worts,
Schrein sie: Erwählen wir: Laertes werde König!
Und Mützen, Hände, Zungen tragen's jubelnd
Bis an die Wolken: König sei Laertes!
Laertes König!

Königin. Sie schlagen lustig an auf falscher Fährte.
Verkehrt gespürt, ihr falschen Dänenhunde! (Lärm hinter der Scene.)

König. Die Thüren sind gesprengt.

Laertes kommt bewaffnet. Dänen hinter ihm.

Laertes. Wo ist denn dieser König? — Herru, bleibt draußen.

Dänen. Nein, laßt uns mit herein.

Laertes. Ich bitt', erlaubt mir.

Dänen. Gut, wie Ihr wollt.

(Sie ziehen sich hinter die Thür zurück.)

Laertes. Dank euch! besetzt die Thür. —
Du schnöder König, gieb mir meinen Vater.

Königin. Guter Laertes, ruhig!

Laertes. Der Tropfe Bluts, der ruhig ist, erklärt
Für Bastard mich; schilt Hahurei meinen Vater,
Brandmarkt mit Metze meine treue Mutter,
Hier zwischen ihre reinen keuschen Brau'n.

König. Was ist der Grund, Laertes, daß dein Aufstand
So riesenmäßig aussieht? — Laßt ihn, Gertrud,
Befürchtet nichts für unsre Person.
Denn solche Göttlichkeit schirmt einen König:
Verrat, der nur erblickt, was er gewollt,
Steht ab von seinem Willen. — Sag, Laertes,
Was bist du so entrüstet? — Gertrud, laßt ihn! —
Sprich, junger Mann.

Laertes. Wo ist mein Vater?

König. Tot.

Königin. Doch nicht durch ihn.

König. Laßt ihn nur satt sich fragen.

Laertes. Wie kam er um? Ich lasse mich nicht äffen.
Zur Hölle, Treu'! Zum ärgsten Teufel, Eide!
Gewissen, Frömmigkeit, zum tiefsten Schlund!
Ich trotze der Verdammnis; so weit kam's:
Ich schlage beide Welten in die Schanze,

Mag kommen, was da kommt! Nur Rache will ich
Vollauf für meinen Vater.

König. Wer wird Euch hindern?

Laertes. Mein Wille, nicht der ganzen Welt Gebot,
Und meine Mittel will ich so verwalten,
Daß wenig weit soll reichen.

König.   Hört, Laertes,
Wenn Ihr von Eures teuren Vaters Tod
Das Sichre wissen wollt: ist's Eurer Rache Schluß,
Als Sieger in dem Spiel, so Freund als Feind,
Gewinner und Verlierer fortzureißen?

Laertes. Nur seine Feinde.

König.   Wollt Ihr sie denn kennen?

Laertes. Den Freunden will ich weit die Arme öffnen,
Und wie der Lebensopfrer Pelikan
Mit meinem Blut sie tränken.

König.   So! nun sprecht Ihr
Als guter Sohn, und echter Edelmann.
Daß ich an Eures Vaters Tode schuldlos,
Und am empfindlichsten dadurch gekränkt,
Soll Eurem Urteil offen bar sich legen,
Wie Tageslicht dem Aug'.

Dänen (hinter der Scene).   Laßt sie hinein!

Laertes. Was giebt's? was für ein Lärm?

     Ophelia kommt, phantastisch mit Kräutern und Blumen geschmückt.

                         O Hitze, trockne
Mein Hirn auf! Thränen, siebenfach gesalzen,
Brennt meiner Augen Kraft und Tugend aus! —
Bei Gott! dein Wahnsinn soll bezahlt uns werden
Nach dem Gewicht, bis unsre Wagschal' sinkt.
O Maienrose! süßes Kind! Ophelia!
Geliebte Schwester! — Himmel, kann es sein,
Daß eines jungen Mädchens Witz so sterblich
Als eines alten Mannes Leben ist?
Natur ist fein im Lieben: wo sie fein ist,
Da sendet sie ein kostbar Pfand von sich
Dem, was sie liebet, nach.

Ophelia (singt).   Sie trugen ihn auf der Bahre bloß,
           Leider, ach leider!
       Und manche Thrän' fiel in Grabes Schoß —
Fahr wohl, meine Taube!

Laertes. Hättst du Vernunft, und mahntest uns zur Rache,
Es könnte so nicht rühren.

Ophelia. Ihr müßt singen: „'nunter, hinunter! und ruft ihr ihn 'nunter." O wie das Rad dazu klingt! Es ist der falsche Verwalter, der seines Herrn Tochter stahl.

Laertes. Dies Nichts ist mehr als etwas.

Ophelia. Da ist Vergißmeinnicht, das ist zum Andenken: ich bitte Euch, liebes Herz, gedenkt meiner! und da ist Rosmarin, das ist für die Treue.

Laertes. Ein Sinnspruch im Wahnsinn: Treue und Andenken passend zusammengestellt.

Ophelia. Da ist Fenchel für Euch und Aglei — da ist Raute für Euch, und hier ist welche für mich — Ihr könnt Eure Raute mit einem Abzeichen tragen. — Da ist Maßlieb — ich wollte Euch ein paar Veilchen geben, aber sie welkten alle, da mein Vater starb. — Sie sagen, er nahm ein gutes Ende. — (Singt.)
Denn traut lieb Fränzel ist all meine Lust —

Laertes. Schwermut und Trauer, Leid, die Hölle selbst,
Macht sie zur Anmut und zur Artigkeit.

Ophelia (singt). Und kommt er nicht mehr zurück?
Und kommt er nicht mehr zurück?
Er ist tot, o weh!
In dein Todesbett geh,
Er kommt ja nimmer zurück.
Sein Bart war so weiß wie Schnee,
Sein Haupt dem Flachse gleich:
Er ist hin, er ist hin,
Und kein Leid bringt Gewinn;
Gott helf' ihm ins Himmelreich!

Und allen Christenseelen! Darum bet' ich. Gott sei mit euch! (Ab.)

Laertes. Seht Ihr das? o Gott!

König. Laertes, ich muß Euern Gram besprechen;
Versagt mir nicht mein Recht. Entfernt Euch nur,
Wählt die Verständigsten von Euren Freunden,
Und laßt sie richten zwischen Euch und mir.
Wenn sie zunächst uns, oder mittelbar,
Dabei betroffen finden, wollen wir
Reich, Krone, Leben, was nur unser heißt,
Euch zur Vergütung geben; doch wo nicht,
So seid zufrieden, uns Geduld zu leihu;
Wir wollen dann, vereint mit Eurer Seele,
Sie zu befried'gen trachten.

Laertes. Ja, so sei's.
Die Todesart, die heimliche Bestattung —
Kein Schwert, noch Wappen über seiner Gruft,

Kein hoher Brauch, noch förmliches Gepräng —
Sie rufen laut vom Himmel bis zur Erde,
Daß ich's zur Frage ziehen muß.

König.   . Gut, das sollt Ihr,
Und wo die Schuld ist, mag das Strafbeil fallen,
Ich bitt' Euch, folget mir. (Alle ab.)

6. Scene.

Ein anderes Zimmer im Schlosse.

Horatio und ein Diener treten auf.

Horatio. Was sind's für Leute, die mich sprechen wollen?
Diener. Matrosen, Herr; sie haben, wie sie sagen,
Euch Briefe zu bestellen.
Horatio.   Laßt sie vor. (Diener ab.)
Ich wüßte nicht, von welchem Teil der Welt
Ein Gruß mir käme, als vom Prinzen Hamlet.

Matrosen kommen.

Erster Matrose. Gott segn' Euch, Herr!
Horatio.   Dich segn' er ebenfalls.
Erster Matrose. Das wird er, Herr, so es ihm gefällt. Hier
ist ein Brief für Euch, Herr; er kommt von dem Gesandten, der nach
England reisen sollte, wenn Euer Name anders Horatio ist, wie man
mich versichert.

Horatio (liest). „Horatio, wenn du dies durchgesehen haben
wirst, verschaffe diesen Leuten Zutritt beim Könige, sie haben Briefe
für ihn. Wir waren noch nicht zwei Tage auf der See gewesen, als
ein stark gerüsteter Korsar Jagd auf uns machte: da wir uns im
Segeln zu langsam fanden, legten wir eine notgedrungene Tapferkeit
an, und während des Handgemenges enterte ich; in dem Augenblicke
machten sie sich von unserem Schiffe los, und so ward ich allein ihr
Gefangener. Sie haben mich wie barmherzige Diebe behandelt, aber
sie wußten wohl, was sie thaten; ich muß einen guten Streich für
sie thun. Sorge, daß der König die Briefe bekömmt, die ich sende,
und begieb dich zu mir in solcher Eile, als du den Tod fliehen würdest.
Ich habe dir Worte ins Ohr zu sagen, die dich stumm machen werden,
doch sind sie viel zu leicht für das Gewicht der Sache. Diese guten
Leute werden dich hinbringen, wo ich bin. Rosenkranz und Güiden-
stern setzen ihre Reise nach England fort: über sie hab' ich dir viel
zu sagen. Lebe wohl.

Ewig der Deinige

Hamlet."

Kommt, ich will diese eure Briefe fördern,
Und um so schneller, daß ihr hin mich führt
Zu ihm, der sie euch mitgab. (Alle ab.)

7. Scene.

Ein anderes Zimmer im Schlosse.

Der König und Laertes treten auf.

König. Nun muß doch Eu'r Gewissen meine Unschuld
Versiegeln, und Ihr müßt in Euer Herz
Als Freund mich schließen, weil Ihr habt gehört,
Und zwar mit kund'gem Ohr, daß eben der,
Der Euren edlen Vater umgebracht,
Mir nach dem Leben stand.

Laertes.   Ja, es ist klar. Doch sagt mir,
Warum belangtet Ihr nicht diese Thaten,
So strafbar und so peinlicher Natur,
Wie Eure Größe, Weisheit, Sicherheit,
Wie alles sonst Euch drang?

König.   Aus zwei besondern Gründen,
Die Euch vielleicht sehr marklos dünken mögen,
Allein für mich doch stark sind. Seine Mutter,
Die Königin, lebt fast von seinem Blick;
Und was mich selbst betrifft — sei's, was es sei,
Entweder meine Tugend oder Qual —
Sie ist mir so vereint in Seel' und Leben,
Wie sich der Stern in seinem Kreis nur regt,
Könnt' ich's nicht ohne sie. Der andre Grund,
Warum ich's nicht zur Sprache bringen durfte,
Ist, daß der große Hauf' an ihm so hängt:
Sie tauchen seine Fehl' in ihre Liebe,
Die, wie die Quell, der Holz in Stein verwandelt,
Aus Tadel Lob macht, so daß meine Pfeile
Zu leicht gezimmert für so scharfen Wind,
Zurückgekehrt zu meinem Boden wären
Und nicht zum Ziel gelangt.

Laertes. Und so verlor ich einen edlen Vater,
So ward mir eine Schwester hoffnungslos
Zerrüttet, deren Wert — wofern das Lob
Zurückgehn darf — auf unsrer Zeiten Höhe
Auffordernd stand zu gleicher Trefflichkeit.
Doch kommen soll die Rache.

König. Schlaft deshalb ruhig nur. Ihr müßt nicht denken,

Wir wären aus so trägem Stoff gemacht,
Daß wir Gefahr am Bart uns raufen ließen
Und hielten es für Kurzweil. Ihr vernehmt
Mit nächstem mehr: ich liebte Euren Vater,
Auch lieben wir uns selbst; das, hoff' ich, wird
Euch einsehn lehren —

Ein Bote kommt.

              Nun? was giebt es Neues?
Bote. Herr, Briefe sind's von Hamlet; dieser da
  Für Eure Majestät, der für die Königin.
König. Von Hamlet? und wer brachte sie?
Bote. Matrosen, heißt es, Herr; ich sah sie nicht.
  Mir gab sie Claudio, der vom Überbringer
  Sie selbst empfing.
König.   Laertes, Ihr sollt hören, —
  Laßt uns. (Bote ab.)
(Liest.) „Großmächtigster! wisset, daß ich nackt an Euer Reich aus=
gesetzt bin. Morgen werde ich um Erlaubnis bitten, vor Euer
königliches Auge zu treten, und dann werde ich, wenn ich Euch erst
um Vergünstigung dazu ersucht, die Veranlassung meiner plötzlichen
und noch wunderbareren Rückkehr berichten.

                              Hamlet."

  Wie heißt dies? Sind sie alle wieder da?
  Was? oder ist's Betrug und nichts daran?
Laertes. Kennt Ihr die Hand?
König.   Es sind Hamlets Züge. „Nackt",
  Und in der Nachschrift hier sagt er: „Allein" —
  Könnt Ihr mir raten?
Laertes. Ich bin ganz irr', mein Fürst. Allein er komme.
  Erfrischt es doch mein Herzensübel recht,
  Daß ich's ihm in die Zähne rücken kann:
  „Das thatest du."
König.   Wenn es so ist, Laertes —
  Wie kann es nur so sein? wie anders? — wollt Ihr
  Euch von mir stimmen lassen?
Laertes.   Ja, mein Fürst,
  Wenn Ihr mich nicht zum Frieden überstimmt.
König. Zu deinem Frieden. Ist er heimgekehrt,
  Als stutzig vor der Reis' und denkt nicht mehr
  Sie vorzunehmen, so beweg' ich ihn
  Zu einem Probstück, reif in meinem Sinn,
  Wobei sein Fall gewiß ist; und es soll
  Um seinen Tod kein Lüftchen Tadel wehn.

Selbst seine Mutter spreche los die List,
Und nenne Zufall sie.

Laertes. Ich will Euch folgen, Herr,
Und um so mehr, wenn Ihr's zu machen wüßtet,
Daß ich das Werkzeug wär'.

König. So trifft sich's eben.
Man hat seit Eurer Reis' Euch viel gerühmt,
Und das vor Hamlets Ohr, um eine Eigenschaft,
Worin Ihr, sagt man, glänzt; all Eure Gaben
Entlockten ihm gesamt nicht so viel Neid,
Als diese eine, die nach meiner Schätzung
Vom letzten Rang ist.

Laertes. Und welche Gabe wär' das, gnäd'ger Herr?

König. Ein bloßes Band nur an dem Hut der Jugend,
Doch nötig auch, denn leichte lose Tracht
Ziemt minder nicht der Jugend, die sie trägt,
Als Pelz und Mantel des gesetzten Alters
Wohlsein verrät und Ansehn. — Vor zwei Monden
War hier ein Ritter aus der Normandie.
Ich kenne selbst die Franken aus dem Krieg,
Und sie sind gut zu Pferd; doch dieser Brave
That Zauberdinge: er wuchs am Sitze fest,
Und lenkt' sein Pferd zu solchen Wunderkünsten,
Als wär' er einverleibt und halbgeartet
Mit diesem wackern Tier; es überstieg
So weit die Vorstellung, daß mein Erfinden
Von Wendungen und Sprüngen hinter dem
Zurückbleibt, was er that.

Laertes. Ein Normann war's?

König. Ein Normann.

Laertes. Lamord, bei meinem Leben.

König. Ja, derselbe.

Laertes. Ich kenn' ihn wohl, er ist auch in der That
Das Kleinod und Juwel von seinem Volk.

König. Er ließ bei uns sich über Euch vernehmen,
Und gab Euch solch ein meisterliches Lob,
Für Eure Kunst und Übung in den Waffen,
Insonderheit die Führung des Rapiers:
Es gäb' ein rechtes Schauspiel, rief er aus,
Wenn wer darin sich mit Euch messen könnte,
Er schwur, die Fechter seines Landes hätten
Noch Auslage, noch sichre Hut, noch Auge,
Wenn Ihr sie angrifft: dieser sein Bericht

Vergiftete den Hamlet so mit Neid,
Daß er nichts that als wünschen, daß Ihr schleunig
Zurückkämt, um mit Euch sich zu versuchen.
Nun, hieraus —

Laertes.   Was denn hieraus, gnäb'ger Herr?

König. Laertes, war Euch Euer Vater wert?
Wie, oder seid Ihr gleich dem Gram im Bilde,
Ein Antlitz ohne Herz?

Laertes. Wozu die Frage?

König.   Nicht als ob ich dächte,
Ihr hättet Euren Vater nicht geliebt.
Doch weiß ich, durch die Zeit beginnt die Liebe,
Und seh' an Proben der Erfahrung auch,
Daß Zeit derselben Glut und Funken mäßigt.
Im Innersten der Liebesflamme lebt
Eine Art von Docht und Schnuppe, die sie dämpft,
Und nichts beharrt in gleicher Güte stets:
Denn Güte, die vollblütig wird, erstirbt
Im eignen Allzuviel. Was man will thun,
Das soll man, wenn man will; denn dies Will ändert sich
Und hat so mancherlei Verzug und Schwächung,
Als es nur Zungen, Hände, Fälle giebt;
Dann ist dies Soll ein prasserischer Seufzer,
Der lindernd schadet. Doch zum Kern der Sache!
Hamlet kommt her: was wollt Ihr unternehmen,
Um Euch zu zeigen Eures Vaters Sohn
In Thaten mehr als Worten?

Laertes. Ihn in der Kirch' erwürgen.

König. Mord sollte freilich nirgends Freistatt finden,
Und Rache keine Grenzen. Doch, Laertes,
Wollt Ihr dies thun, so haltet Euch zu Haus.
Wenn Hamlet kommt, erfährt er Eure Ankunft,
Wir lassen Eure Trefflichkeit ihm preisen,
Und doppelt überfirnissen den Ruhm,
Den Euch der Franke gab; kurz, bringen euch zusammen,
Und stellen Wetten an auf eure Köpfe.
Er, achtlos, edel, frei von allem Arg,
Wird die Rapiere nicht genau besehn;
So könnt Ihr leicht mit ein paar kleinen Griffen
Euch eine nicht gestumpfte Klinge wählen,
Und ihn mit einem wohlbewährten Stoß
Für Euren Vater lohnen.

Laertes.   Ich will's thun,

Und zu dem Endzweck meinen Degen salben.
Ein Charlatan verkaufte mir ein Mittel,
So tödlich, taucht man nur ein Messer drein,
Wo's Blut zieht, kann kein noch so köstlich Pflaster
Von allen Kräutern unterm Mond, mit Kraft
Gesegnet, das Geschöpf vom Tode retten,
Das nur damit geritzt ist; mit dem Gift
Will ich die Spitze meines Degens netzen,
So daß es, streif' ich ihn nur obenhin,
Den Tod ihm bringt.

König. Bedenken wir dies ferner,
Was für Begünstigung von Zeit und Mitteln
Zu unserm Ziel kann führen. Schlägt dies fehl,
Und blickt durch unsre schlechte Ausführung
Die Absicht, so wär's besser nicht versucht.
Drum muß der Plan noch einen Rückhalt haben,
Der Stich hält, wenn er in der Probe birst.
Still, laßt mich sehn! — Wir gehen feierlich
Auf euer beider Stärke Wetten ein —
Ich hab's:
Wenn ihr vom Fechten heiß und durstig seid, —
Ihr müßt deshalb die Gänge heft'ger machen —
Und er zu trinken fordert, soll ein Kelch
Bereit stehn, der, wenn er davon nur nippt,
Entging' er etwa Eurem gift'gen Stich,
Noch unsern Anschlag sichert. Aber still!
Was für ein Lärm?

Die Königin kommt.

Nun, werte Königin?

Königin. Ein Leiden trifft dem andern auf die Fersen,
So schleunig folgen sie:
Laertes, Eure Schwester ist ertrunken.

Laertes. Ertrunken, sagt Ihr? Wo?

Königin. Es neigt ein Weidenbaum sich übern Bach,
Und zeigt im klaren Strom sein graues Laub,
Mit welchem sie phantastisch Kränze wand
Von Hahnfuß, Nesseln, Maßlieb, Purpurblumen,
Die dreiste Schäfer gröblicher benennen,
Doch unsre zücht'gen Mädchen Totenfinger.
Dort, als sie aufklomm, um ihr Laubgewinde
An den gesenkten Ästen aufzuhängen,
Zerbrach ein falscher Zweig, und nieder fielen
Die rankenden Trophäen und sie selbst

Ins weinende Gewässer. Ihre Kleider
Verbreiteten sich weit, und trugen sie
Sirenengleich ein Weilchen noch empor,
Indes sie Stellen alter Weisen sang,
Als ob sie nicht die eigne Not begriffe,
Wie ein Geschöpf, geboren und begabt
Für dieses Element. Doch lange währt' es nicht,
Bis ihre Kleider, die sich schwer getrunken,
Das arme Kind von ihren Melodien
Hinunterzogen in den schlamm'gen Tod.

Laertes. Ach, ist sie denn ertrunken?

Königin. Ertrunken, ertrunken.

Laertes. Zu viel des Wassers hast du, arme Schwester!
Drum halt' ich meine Thränen auf. Und doch
Ist's unsre Art; Natur hält ihre Sitte,
Was Scham auch sagen mag: sind die erst fort,
So ist das Weib heraus. — Lebt wohl, mein Fürst.
Ich habe Flammenworte, welche gern
Auflodern möchten, wenn nur diese Thorheit
Sie nicht ertränkte. (Ab.)

König.   Laßt uns folgen, Gertrud.
Wie hatt' ich Mühe, seine Wut zu stillen!
Nun fürcht' ich, bricht dies wieder ihre Schranken:
Drum laßt uns folgen. (Ab.)

Fünfter Aufzug.

1. Scene.

Ein Kirchhof.

Zwei Totengräber kommen mit Spaten u. s. w.

Erster Totengräber. Soll die ein christlich Begräbnis erhalten
die vorsätzlich ihre eigene Seligkeit suchi.

Zweiter Totengräber. Ich sage dir, sie soll's, mach also
flugs ihr Grab. Der Totenbeschauer hat über sie gesessen, und
christlich Begräbnis erkannt.

Erster Totengräber. Wie kann das sein, wenn sie sich nicht
defensionsweise ertränkt hat?

Zweiter Totengräber. Nun, es ist so befunden.

Erster Totengräber. Es muß aber so offendendo geschehen,
es kann nicht anders sein. Denn dies ist der Punkt: wenn ich mich

wissentlich ertränke, so beweist es eine Handlung, und eine Handlung hat drei Stücke: sie besteht in Handeln, Thun und Verrichten: Ergel hat sie sich wissentlich ertränkt.

Zweiter Totengräber. Ei, hört doch, Gevatter Schaufler.

Erster Totengräber. Erlaubt mir. Hier steht das Wasser: gut! hier steht der Mensch: gut! — Wenn der Mensch zu diesem Wasser geht und sich selbst ertränkt, so bleibt's dabei, er mag wollen oder nicht, daß er hingeht. Merkt Euch das! Aber wenn das Wasser zu ihm kommt, und ihn ertränkt, so ertränkt er sich nicht selbst. Ergel, wer an seinem eigenen Tode nicht schuld ist, verkürzt sein eigenes Leben nicht.

Zweiter Totengräber. Ist das Rechtens?

Erster Totengräber. Ei freilich, nach dem Totenbeschauerrecht.

Zweiter Totengräber. Wollt Ihr die Wahrheit wissen? Wenn's kein Fräulein gewesen wäre, so wäre sie auch nicht auf geweihtem Boden begraben.

Erster Totengräber. Ja, da haben wir's. Und es ist doch ein Jammer, daß die großen Leute in dieser Welt mehr Aufmunterung haben, sich zu hängen, und zu ersäufen als ihre Christenbrüder. Komm, den Spaten her! Es giebt keine so alten Edelleute als Gärtner, Grabenmacher und Totengräber: sie pflanzen Adams Profession fort.

Zweiter Totengräber. War der ein Edelmann?

Erster Totengräber. Er war der erste, der je armiert war.

Zweiter Totengräber. Ei, was wollt' er!

Erster Totengräber. Was? bist ein Heide? Wie legst du die Schrift aus? Die Schrift sagt: Adam grub. Konnte er ohne Arme graben? Ich will dir noch eine andere Frage vorlegen: wenn du mir nicht gehörig antwortest, so bekenne —

Zweiter Totengräber. Nur zu!

Erster Totengräber. Wer baut fester als der Maurer, der Schiffsbaumeister oder der Zimmermann?

Zweiter Totengräber. Der Galgenmacher, denn sein Gebäude überlebt an die tausend Bewohner.

Erster Totengräber. Dein Witz gefällt mir, meiner Treu. Der Galgen thut gut: aber wie thut er gut? Er thut gut an denen, die übel thun. Nun thust du übel zu sagen, daß der Galgen stärker gebaut ist, als die Kirche, also würde der Galgen an dir gut thun. Noch 'mal dran! frisch!

Zweiter Totengräber. Wer stärker baut als ein Maurer, ein Schiffsbaumeister oder ein Zimmermann?

Erster Totengräber. Ja, sag mir das, und du sollst Feierabend haben.

Zweiter Totengräber. Mein Seel', nun lauu ich's sagen.

Erster Totengräber. Frisch!

Zweiter Totengräber. Sapperment, ich kann's doch nicht sagen.

Hamlet und Horatio treten in einiger Entfernung auf.

Erster Totengräber. Zerbrich dir den Kopf nicht weiter darum, der dumme Esel geht doch nicht schneller, wie du ihn auch prügeln magst; und wenn dir jemand das nächste Mal die Frage thut, antvorte: der Totengräber. Die Häuser, die er baut, währen bis zum jüngsten Tage. Geh, mach dich ins Wirtshaus, und hole mir einen Schoppen Branntwein.

(Zweiter Totengräber ab.)

(Er gräbt und fingt.)

In jungen Tagen ich lieben thät,
Das dünkte mir so süß.
Die Zeit zu verbringen, ach früh und spät,
Behagte mir nichts wie dies.

Hamlet. Hat dieser Kerl kein Gefühl von seinem Geschäft? Er gräbt ein Grab und singt dazu.

Horatio. Die Gewohnheit hat es ihm zu einer leichten Sache gemacht.

Hamlet. So pflegt es zu sein; je weniger eine Hand verrichtet, desto zarter ist ihr Gefühl.

Erster Totengräber (fingt). Doch Alter mit dem schleichenden Tritt
Hat mich gepackt mit der Faust,
Und hat mich weg aus dem Lande geschifft,
Als hätt' ich da nimmer gehaust.

(Wirft einen Schädel auf).

Hamlet. Der Schädel hatte einmal eine Zunge und konnte singen: wie ihn der Schuft auf den Boden schleudert, als wär' es der Kinnbacken Kains, der den ersten Mord beging! Dies mochte der Kopf eines Politikers sein, den dieser Esel nun überlistet; eines, der Gott den Herrn hintergehen wollte: nicht wahr?

Horatio. Es ist möglich.

Hamlet. Oder eines Hofmannes, der sagen konnte: „Guten Morgen, geliebtester Prinz! wie geht's, geliebtester Prinz?" Dies mochte der gnädige Herr der und der sein, der des gnädigen Herrn des und des Pferd lobte, wenn er es gern zum Geschenk gehabt hätte: nicht wahr?

Horatio. Ja, mein Prinz.

Hamlet. Ja ja, und nun Junker Wurm; eingefallen und mit einem Totengräberspaten um die Kinnbacken geschlagen. Das ist mir eine schöne Verwandlung, wenn wir nur die Kunst besäßen, sie zu sehen. Haben diese Knochen nicht mehr zu unterhalten gekostet, als daß man Kegel mit ihnen spielt? Meine thun mir weh, wenn ich daran denke.

Erster Totengräber (fingt). Ein Grabscheit und ein Spaten wohl,
Samt einem Kittel aus Lein,
Und o, eine Grube, gar tief und hohl,
Für solchen Gast muß sein.
(Wirft einen Schädel auf.)

Hamlet. Da ist wieder einer: warum könnte das nicht der Schädel eines Rechtsgelehrten sein? Wo sind nun seine Klauseln, seine Praktiken, seine Fälle und seine Kniffe? Warum leidet er nun, daß dieser grobe Flegel ihn mit einer schmutzigen Schaufel um den Hirnkasten schlägt, und droht nicht, ihn wegen Thätlichkeiten zu belangen? Hum! Dieser Geselle war vielleicht zu seiner Zeit ein großer Käufer von Ländereien. Mit seinen Hypotheken, seinen Grund=zinsen, seinen Kaufbriefen, seinen Gewährsmännern, seinen gericht=lichen Auflassungen werden ihm seine Gewährsmänner nichts mehr von seinen erkauften Gütern gewähren, als die Länge und Breite von ein paar Kontrakten? Sogar die Übertragungsurkunden seiner Ländereien könnten kaum in diesem Kasten liegen: und soll der Eigen=tümer selbst nicht mehr Raum haben? He?

Horatio. Nicht ein Tütteichen mehr, mein Prinz.

Hamlet. Wird nicht Pergament aus Schafsfellen gemacht?

Horatio. Ja, mein Prinz, und aus Kalbsfellen auch.

Hamlet. Schafe und Kälber sind es, die darin ihre Sicherheit suchen. Ich will diesen Burschen anreden. — Wessen Grab ist das, heda?

Erster Totengräber. Meines, Herr.

(Singt.) Und o, eine Grube, gar tief und hohl,
Für solchen Gast muß sein.

Hamlet. Ich glaube wahrhaftig, daß es deines ist, denn du liegst darin.

Erster Totengräber. Ihr liegt draußen, Herr, und also ist's nicht Eures; ich liege nicht darin, und doch ist es meines.

Hamlet. Du lügst darin, weil du darin bist, und sagst, daß es deines ist. Es ist aber für die Toten, nicht für die Lebendigen: also lügst du.

Erster Totengräber. 's ist eine lebendige Lüge, Herr, sie will von mir weg, zu Euch zurück.

Hamlet. Für was für einen Mann gräbst du es?

Erster Totengräber. Für keinen Mann.

Hamlet. Für was für eine Frau denn?

Erster Totengräber. Auch für keine.

Hamlet. Wer soll denn darin begraben werden?

Erster Totengräber. Eine gewesene Frau, Herr; aber, Gott hab' sie selig! sie ist tot.

Hamlet. Wie keck der Bursch ist! Wir müssen nach der Schnur sprechen, oder er sticht uns mit Silben zu Tode. Wahrhaftig, Horatio, ich habe seit diesen drei Jahren darauf geachtet: das Zeitalter wird so spitzfindig, daß der Bauer dem Hofmann auf die Fersen tritt. — Wie lange bist du schon Totengräber?

Erster Totengräber. Von allen Tagen im Jahre kam ich just den Tag dazu, da unser voriger König Hamlet den Fortinbras überwand.

Hamlet. Wie lange ist das her?

Erster Totengräber. Wißt Ihr das nicht? Das weiß jeder Narr. Es war denselben Tag, wo der junge Hamlet geboren ward, der nun toll geworden und nach England geschickt ist.

Hamlet. Ei so! Warum haben sie ihn nach England geschickt?

Erster Totengräber. Nu, weil er toll war. Er soll seinen Verstand da wieder kriegen; und wenn er ihn nicht wiederkriegt, so thut's da nicht viel.

Hamlet. Warum?

Erster Totengräber. Man wird's ihm da nicht viel anmerken: die Leute sind da ebenso toll, wie er.

Hamlet. Wie wurde er toll?

Erster Totengräber. Seltsam genug, sagen sie.

Hamlet. Wie seltsam?

Erster Totengräber. Mein Seel', just dadurch, daß er den Verstand verlor.

Hamlet. Kennt Ihr den Grund?

Erster Totengräber. Freilich, dänischer Grund und Boden. Ich bin hier seit dreißig Jahren Totengräber gewesen, in jungen und alten Tagen.

Hamlet. Wie lange liegt wohl einer in der Erde, eh er verfault?

Erster Totengräber. Mein Tren, wenn er nicht schon vor dem Tode verfault ist (wie wir denn heutzutage viele lustsieche Leichen haben, die kaum bis zum Hineinlegen halten), so dauert er Euch ein acht bis neun Jahr aus; ein Lohgerber neun Jahre.

Hamlet. Warum der länger als ein anderer?

Erster Totengräber. Ei, Herr, sein Gewerbe gerbt ihm das Fell so, daß es eine lange Zeit das Wasser abhält, und das Wasser richtet so 'ne Blitzleiche verteufelt zu Grunde. Hier ist ein Schädel, der Euch dreiundzwanzig Jahre in der Erde gelegen hat.

Hamlet. Wem gehört er?

Erster Totengräber. Einem unklugen Blitzkerl. Wer denkt Ihr, daß es war?

Hamlet. Ja, ich weiß nicht.

Erster Totengräber. Das Wetter über den unklugen Schalk!

Er goß mir einmal eine Flasche Rheinwein über den Kopf. Dieser Schädel da war Yoricks Schädel, des Königs Spaßmacher.

Hamlet Dieser? (Nimmt den Schädel.)

Erster Totengräber. Ja ja, eben der.

Hamlet. Laßt sehen, ach armer Yorick! — Ich kannte ihn, Horatio, ein Bursch von unendlichem Humor, voll von den herrlichsten Einfällen. Er hat mich tausendmal auf dem Rücken getragen, und jetzt, wie schaudert meiner Einbildungskraft davor! mir wird ganz übel. Hier hingen diese Lippen, die ich geküßt habe, ich weiß nicht wie oft. Wo sind nun deine Schwänke? deine Sprünge? deine Lieder, deine Blitze von Lustigkeit, wobei die ganze Tafel in Lachen ausbrach? Ist jetzt keiner da, der sich über dein eigenes Grinsen aufhielte? Alles weggeschrumpft? Nun begieb dich in die Kammer der gnädigen Frau, und sage ihr, wenn sie auch einen Finger dick auflegt: so 'n Gesicht muß sie endlich bekommen; mach sie damit zu lachen! — Sei so gut, Horatio, sage mir dies Eine.

Horatio. Und was, mein Prinz?

Hamlet. Glaubst du, daß Alexander in der Erde solchergestalt aussah?

Horatio. Gerade so.

Hamlet. Und so roch? pah! (Wirft den Schädel hin.)

Horatio. Gerade so, mein Prinz.

Hamlet. Zu was für schnöden Bestimmungen wir kommen, Horatio! Warum sollte die Einbildungskraft nicht den edlen Staub Alexanders verfolgen können, bis sie ihn findet, wo er ein Spund=loch verstopft?

Horatio. Die Dinge so betrachten, hieße sie allzugenau betrachten.

Hamlet. Nein, wahrhaftig, im geringsten nicht. Man könnte ihm bescheiden genug dahin folgen, und sich immer von der Wahrscheinlichkeit führen lassen. Zum Beispiel so: Alexander starb, Alexander ward begraben, Alexander verwandelte sich in Staub; der Staub ist Erde; aus Erde machen wir Lehm: und warum sollte man nicht mit dem Lehm, worein er verwandelt ward, ein Bierfaß stopfen können?

Der große Cäsar, tot und Lehm geworden,
  Verstopft ein Loch wohl vor dem rauhen Norden.
O daß die Erde, der die Welt gebebt,
  Vor Wind und Wetter eine Wand verklebt!

Doch still! doch still! Beiseit! hier kommt der König!

Priester u. s. w. kommen in Prozession; die Leiche der Ophelia; Laertes und Leidtragende folgen ihr; der König, die Königin, ihr Gefolge u. s. w.

Die Königin, der Hof: wem folgen sie?
Und mit so unvollständ'gen Feirlichkeiten?

Ein Zeichen, daß die Leiche, der sie folgen,
Verzweiflungsvolle Hand an sich gelegt,
Sie war von Stande: lauern wir ein Weilchen,
Und geben acht. (Zieht sich mit Horatio zurück.)
Laertes. Was für Gebräuche sonst?
Hamlet.   Das ist Laertes,
Ein edler junger Mann. Gebt acht!
Laertes. Was für Gebräuche sonst?
Priester. Wir dehnten ihr Begräbnis aus, so weit
Die Vollmacht reicht: ihr Tod war zweifelhaft,
Und wenn kein Machtgebot die Ordnung hemmte,
So hätte sie in ungeweihtem Grund
Bis zur Gerichtsdrommete wohnen müssen,
Statt christlicher Gebete sollen Scherben
Und Kieselstein' auf sie geworfen werden.
Hier gönnt man ihr doch ihren Mädchenkranz
Und das Bestreun mit jungfräulichen Blumen,
Geläut und Grabstätte.
Laertes. So darf nichts mehr geschehn?
Priester.   Nichts mehr geschehn.
Wir würden ja der Toten Dienst entweihn,
Wenn wir ein Requiem und Ruh' ihr sängen,
Wie fromm verschiednen Seelen.
Laertes.   Legt sie in den Grund,
Und ihrer schönen unbefleckten Hülle
Entsprießen Veilchen! — Ich sag' dir, harter Priester,
Ein Engel am Thron wird meine Schwester sein,
Derweil du heulend liegst.
Hamlet.   Was? die schöne Ophelia?
Königin (Blumen streuend).
Der Süßen Süßes: Lebe wohl! — Ich hoffte,
Du solltest meines Hamlets Gattin sein.
Dein Brautbett, dacht' ich, süßes Kind, zu schmücken,
Nicht zu bestreun dein Grab.
Laertes.   O dreifach Wehe
Treff' zehnmal dreifach das verfluchte Haupt,
Des Unthat deiner sinnigen Vernunft
Dich hat beraubt! — Laßt noch die Erde weg,
Bis ich sie nochmals in die Arme fasse. (Springt in das Grab.)
Nun häuft den Staub auf Lebende und Tote,
Bis ihr die Fläche habt zum Berg gemacht,
Hoch über Pelion und das blaue Haupt
Des volligen Olympus.

Hamlet (vortretend).   Wer ist der, des Gram
So voll Emphase tönt? Des Spruch des Wehes
Der Sterne Lauf beschwört, und macht sie stillstehn
Wie schreckbefangne Hörer? — Dies bin ich,
Hamlet der Däne. (Springt in das Grab.)

Laertes. Dem Teufel deine Seele! (Ringt mit ihm.)

Hamlet. Du betest schlecht.
Ich bitt' dich, laß die Hand von meiner Gurgel:
Denn ob ich schon nicht jäh und heftig bin,
So ist doch was Gefährliches in mir,
Das ich zu scheun dir rate. Weg die Hand!

König. Reißt sie doch von einander.

Königin.   Hamlet! Hamlet!

Alle. Ihr Herren —

Horatio.   Bester Herr, seid ruhig!
(Einige vom Gefolge bringen sie auseinander, und sie kommen aus dem Grabe
heraus.)

Hamlet. Ja, diese Sache fecht' ich aus mit ihm,
Solang, bis meine Augenlider sinken.

Königin. O mein Sohn! welche Sache?

Hamlet. Ich liebt' Ophelien, vierzigtausend Brüder
Mit ihrem ganzen Maß von Liebe hätten
Nicht meine Summ' erreicht. — Was willst du für sie thun?

König. Er ist verrückt, Laertes.

Königin. Um Gottes willen, laßt ihn!

Hamlet. Beim Element, sag, was du thun willst:
Willst veinen? fechten? fasten? dich zerreißen?
Den Nil austrinken? Krokodile essen?
Ich thu's. — Kommst du zu winseln her?
Springst, um mir Trotz zu bieten, in ihr Grab?
Laß dich mit ihr begraben, ich will's auch;
Und schwatzest du von Bergen, laß auf uns
Millionen Hufen werfen, bis der Boden,
Die Scheitel an der glühnden Zone sengend,
Den Ossa macht zur Warze. — Prahlst du groß,
Ich kann's so gut wie du.

Königin.   Dies ist bloß Wahnsinn;
So tobt der Anfall eine Weil' in ihm,
Doch gleich, geduldig wie das Taubenweibchen,
Wenn sie ihr goldnes Paar hat ausgebrütet,
Senkt seine Ruh' die Flügel.

Hamlet.   Hört doch, Herr!
Was ist der Grund, daß Ihr mir so begegnet?

Ich lieb' Euch immer: doch es macht nichts aus;
Laßt Herkuln selber nach Vermögen thun,
Die Katze maut, der Hund will doch nicht ruhn.   (Ab.)
König. Ich bitte dich, Horatio, geh ihm nach.   (Horatio ab.)
Laertes, unser gestriges Gespräch
Muß die Geduld Euch stärken. — Laß ans Werk
Uns unverzüglich gehen. — Gute Gertrud,
Setzt eine Wache über Euren Sohn.
Dies Grab soll ein lebendig Denkmal haben.
Bald werden wir der Ruhe Stunde sehn,
So lang muß alles mit Geduld geschehn.   (Alle ab.)

2. Scene.

Ein Saal im Schlosse.

Hamlet und Horatio treten auf.

Hamlet. Hiervon genug; nun komm' ich auf das andre.
Erinnert Ihr Euch jedes Umstands noch?
Horatio. Sehr wohl, mein gnäd'ger Herr.
Hamlet. In meiner Brust war eine Art von Kampf,
Der mich nicht schlafen ließ; mich dünkt', ich läge
Noch schlimmer als im Stock die Meuter. Rasch —
Und Dank dem raschen Mute! — Laßt uns einsehn,
Daß Unbesonnenheit uns manchmal dient,
Wenn tiefe Pläne scheitern; und das lehr' uns,
Daß eine Gottheit unsre Zwecke formt,
Wie wir sie auch entwerfen —
Horatio.   Sehr gewiß.
Hamlet. Aus meinem Schlafgemach,
Den Schiffermantel um mich hergeworfen,
Tappt' ich herum nach ihnen, fand sie glücklich,
Griff ihr Paket, und zog mich schließlich wieder
Zurück in die Kajüte; meine Furcht
Vergaß die Höflichkeit, und dreist erbrach
Ich ihren höchsten Auftrag. Hier, Horatio,
Fand ich ein königliches Bubenstück:
Ein streng Geheiß, gespickt mit vielen Gründen,
Betreffend Dänmarks Heil, und Englands auch —
Und, heida! solch ein Spuk, wenn ich entkäme —
Daß gleich auf Sicht, ohn' alle Zögerung,
Auch nicht so lang, um nur das Beil zu schärfen,
Das Haupt mir abgeschlagen werden sollte.
Horatio. Ist's möglich?

Hamlet. Hier ist der Auftrag: lies ihn nur bei Muße.
Doch willst du hören, vie ich nun verfuhr?
Horatio. Ja, ich ersuch' Euch drum.
Hamlet. So rings umstrickt mit Bübereien, fing,
Eh ich noch den Prolog dazu gehalten,
Mein Kopf das Spiel schon an. Ich setzte mich,
Sann einen Auftrag aus, schrieb ihn ins Reine.
Ich hielt es einst, wie unsre großen Herrn,
Für niedrig, schön zu schreiben, und bemühte
Mich sehr, es zu verlernen; aber jetzt
That es mir Ritterdienste. Willst du wissen,
Was meine Schrift enthielt?
Horatio. Ja, bester Herr.
Hamlet. Die ernstlichste Beschwörung von dem König,
Wofern ihm England treu die Lehnspflicht hielte,
Wofern ihr Bund blühn sollte wie die Palme,
Wofern der Fried' in seinem Ährenkranz
Stets beider Freundschaft bindend sollte stehn,
Und manchem wichtigen Wofern der Art —
Wann er den Inhalt dieser Schrift ersehn,
Möcht' er ohn' alles fernere Bedenken
Die Überbringer schnell zum Tode fördern,
Selbst ohne Frist zum Beichten.
Horatio. Wie wurde dies versiegelt?
Hamlet. Auch darin war des Himmels Vorsicht vach.
Ich hatt' im Beutel meines Vaters Petschaft,
Das dieses dän'schen Siegels Bild im kleinen,
Ich faltete den Brief dem andern gleich.
Dann unterschrieb ich, drückte drauf das Siegel,
Legt' ihn an seinen Ort; der Wechselbalg
Ward nicht erkannt. Am nächsten Tage nun
War unser Seegesecht, und was·dem folgte,
Das weißt du schon.
Horatio. Und Güldenstern und Rosenkranz gehn drauf.
Hamlet. Ei, Freund, sie buhlten ja um dies Geschäft,
Sie rühren mein Gewissen nicht: ihr Fall
Entspringt aus ihrer eignen Einmischung.
's ist mißlich, wenn die schlechtere Natur
Sich zwischen die entbrannten Degenspitzen
Von mächt'gen Gegnern stellt.
Horatio. Was für ein König?
Hamlet. Was dünkt dir, liegt's mir jetzo nah genug?
Der meinen König totschlug, meine Mutter

Zur Hure machte; zwischen die Erwählung
Und meine Hoffnungen sich eingedrängt;
Die Angel warf nach meinem eignen Leben,
Mit solcher Hinterlist: ist's nicht vollkommen billig,
Mit diesem Arme dem den Lohn zu geben?
Und ist es nicht Verdammnis, diesen Krebs
An unserm Fleisch noch länger nagen lassen?

Horatio. Ihm muß von England bald gemeldet werden,
Wie dort der Ausgang des Geschäftes ist.

Hamlet. Bald wird's geschehn: die Zwischenzeit ist mein;
Ein Menschenleben ist als zählt man eins.
Doch ich bin sehr bekümmert, Freund Horatio,
Daß mit Laertes ich mich selbst vergaß:
Denn in dem Bilde seiner Sache seh' ich
Der meinen Gegenstück. Ich schätz' ihn gern,
Doch wirklich, seines Schmerzes Prahlerei
Empörte mich zu wilder Leidenschaft.

Horatio. Still doch! wer kommt?

Ofrick kommt.

Ofrick. Willkommen Eurer Hoheit heim in Dänemark.

Hamlet. Ich dank' Euch ergebenst, Herr. — Kennst du diese
Mücke?

Horatio. Nein, bester Herr.

Hamlet. Um so besser ist für dein Heil gesorgt, denn es ist
ein Laster, ihn zu kennen. Er besitzt viel und fruchtbares Land:
wenn ein Tier Fürst der Tiere ist, so wird seine Krippe neben
des Königs Gedeck stehen. Er ist eine Elster, aber wie ich dir sagte,
mit weitläuftigen Besitzungen von Kot gesegnet.

Ofrick. Geliebtester Prinz, wenn Eure Hoheit Muße hätte,
so wünschte ich Euch etwas von seiner Majestät mitzuteilen.

Hamlet. Ich will es mit aller Aufmerksamkeit empfangen,
Herr. Eure Mütze an ihre Stelle: sie ist für den Kopf.

Ofrick. Ich danke Eurer Hoheit, es ist sehr heiß.

Hamlet. Nein, auf mein Wort, es ist sehr kalt; der Wind ist
nördlich.

Ofrick. Es ist ziemlich kalt, in der That, mein Prinz.

Hamlet. Aber doch dünkt mich, es ist ungemein schwül und
heiß, oder mein Temperament —

Ofrick. Außerordentlich, gnädiger Herr, es ist sehr schwül —
auf gewisse Weise — ich kann nicht sagen wie. Gnädiger Herr, seine
Majestät befahl mir, Euch wissen zu lassen, daß er eine große Wette
auf Euren Kopf angestellt hat. Die Sache ist folgende, Herr!

Hamlet. Ich bitte Euch, vergeßt nicht!

(Hamlet nötigt ihn, den Hut aufzusetzen.)

Osrid. Erlaubt mir, wertester Prinz, zu meiner eigenen Bequemlichkeit. Vor kurzem, Herr, ist Laertes hier an den Hof gekommen: auf meine Ehre, ein vollkommner Kavalier, von den vortrefflichsten Auszeichnungen, von einer sehr gefälligen Unterhaltung und glänzendem Äußern. In der That, um mit Sinn von ihm zu sprechen, er ist die Musterkarte der feinen Lebensart, denn Ihr werdet in ihm den Inbegriff aller Gaben finden, die ein Kavalier nur wünschen kann zu sehen.

Hamlet. Seine Erörterung, Herr, leidet keinen Verlust in Eurem Munde, ob ich gleich weiß, daß es die Rechenkunst des Gedächtnisses irre machen würde, ein vollständiges Verzeichniß seiner Eigenschaften aufzustellen. Und doch würde es nur aus dem Groben sein, in Rücksicht seines behenden Fluges. Aber im heiligsten Ernste der Lobpreisung, ich halte ihn für einen Geist von großem Umfange, und seine innere Begabung so köstlich und selten, daß, um uns wahrhaft über ihn auszudrücken, nur sein Spiegel seinesgleichen ist, und wer sonst seiner Spur nachgehen will, sein Schatten, nichts weiter.

Osrid. Eure Hoheit spricht ganz untrüglich von ihm.

Hamlet. Der Betreff, Herr? Warum lassen wir den rauhen Atem unserer Rede über diesen Kavalier gehen?

Osrid. Prinz?

Horatio. Ist es denn nicht möglich, sich in einer andern Sprache verständlich zu machen? Ihr werdet es schon können, Herr.

Hamlet. Was bedeutet die Nennung dieses Kavaliers?

Osrid. Des Laertes?

Horatio. Sein Beutel ist schon leer: alle seine goldenen Worte sind ausgegeben.

Hamlet. Ja, des nämlichen.

Osrid. Ich weiß, Ihr seid nicht ununterrichtet —

Hamlet. Ich wollte, Ihr wüßtet es, Herr, ob es mich gleich, bei meiner Ehre! noch nicht sehr empfehlen würde. — Nun wohl, Herr!

Osrid. Ihr seid nicht ununterrichtet, welche Vollkommenheit Laertes besitzt —

Hamlet. Ich darf mich dessen nicht rühmen, um mich nicht mit ihm an Vollkommenheit zu vergleichen; einen andern Mann aus dem Grunde kennen, hieße sich selbst kennen.

Osrid. Ich meine, Herr, was die Führung der Waffen betrifft; nach der Beimessung, die man ihm erteilt, ist er darin ohnegleichen.

Hamlet. Was ist seine Waffe?

Osrid. Degen und Stoßklinge.

Hamlet. Das wären denn zweierlei Waffen; doch weiter.

Osrid. Der König, Herr, hat mit ihm sechs Berberhengste ge=

wettet; vogegen er, wie ich höre, sechs französische Degen samt Zu=
behör, als Gürtel, Gehenke und so weiter, verpfändet hat. Drei von
den Gestellen sind in der That dem Auge sehr gefällig, den Gefäßen
sehr angemessen, unendlich zierliche Gestelle, und von sehr geschmack=
voller Erfindung.

Hamlet. Was nennt Ihr die Gestelle?

Horatio. Ich wußte, Ihr würdet Euch noch an seinen Rand=
glossen erbauen müssen, ehe das Gespräch zu Ende wäre.

Osrick. Die Gestelle sind die Gehenke.

Hamlet. Der Ausdruck würde schicklicher für die Sache sein,
wenn wir eine Kanone an der Seite führen könnten; bis dahin laßt
es immer Gehenke bleiben. Aber weiter: sechs Berberhengste gegen
sechs französische Degen, ihr Zubehör, und drei geschmackvoll erfundene
Gestelle: das ist eine französische Wette gegen eine dänische. Wes=
wegen haben sie dies verpfändet, wie Ihr's nennt?

Osrick. Der König, Herr, hat gewettet, daß Laertes in zwölf
Gängen von beiden Seiten nicht über drei vor Euch voraushaben
soll; er hat auf zwölf gegen neun gewettet; und es würde sogleich zum
Versuch kommen, wenn Eure Hoheit zu der Erwiderung geneigt wäre.

Hamlet. Wenn ich nun erwidere: nein?

Osrick. Ich meine, gnädiger Herr, die Stellung Eurer Person
zu dem Versuche.

Hamlet. Ich will hier im Saale auf und ab gehen; wenn es
seiner Majestät gefällt, es ist jetzt bei mir die Stunde, frische Luft
zu schöpfen. Laßt die Rapiere bringen; hat Laertes Lust, und bleibt
der König bei seinem Vorsatze, so will ich für ihn gewinnen, wenn
ich kann; wo nicht, so werde ich nichts als die Schande und die über=
zähligen Stöße davontragen.

Osrick. Soll ich Eure Meinung so erklären?

Hamlet. In diesem Sinne, Herr, mit Ausschmückungen nach
Eurem Geschmack.

Osrick. Ich empfehle Eurer Hoheit meine Ergebenheit. (Ab.)

Hamlet. Der Eurige. Er thut wohl daran, sie selbst zu em=
pfehlen; es möchte ihm sonst kein Mund zu Gebote stehen.

Horatio. Dieser Kiebitz ist mit der halben Eierschale auf dem
Kopfe aus dem Nest gelaufen.

Hamlet. Er machte Umstände mit seiner Mutter Brust, eh
er daran sog. Auf diese Art hat er, und viele andere von dem=
selben Schlage, in die das schale Zeitalter verliebt ist, nur den Ton
der Mode und den äußerlichen Schein der Unterhaltung erhascht: eine
Art von aufbrausender Mischung, die sie durch die blödesten und ge=
sichtetsten Urteile mitten hindurchführt; aber man versuche es nur,
und hauche sie an und die Blasen platzen.

Ein Edelmann kommt.

Edelmann. Gnädiger Herr, seine Majestät hat sich Euch durch den jungen Osrick empfehlen lassen, der ihm meldet, daß Ihr ihn im Saale erwarten wollt. Er schickt mich, um zu fragen: ob Eure Lust, mit Laertes zu fechten, fortdauert, oder ob Ihr längeren Aufschub dazu verlangt.

Hamlet. Ich bleibe meinen Vorsätzen treu, sie richten sich nach des Königs Wunsche. Wenn es ihm gelegen ist, bin ich bereit, jetzt oder zu jeder andern Zeit; vorausgesetzt, daß ich so gut im stande bin, wie jetzt.

Edelmann. Der König, die Königin und alle sind auf dem Wege hierher.

Hamlet. Zur guten Stunde.

Edelmann. Die Königin wünscht, Ihr möchtet den Laertes freundschaftlich anreden, ehe Ihr anfangt zu fechten.

Hamlet. Ihr Rat ist gut. (Der Edelmann ab.)

Horatio. Ihr werdet diese Wette verlieren, mein Prinz.

Hamlet. Ich denke nicht: seit er nach Frankreich ging, bin ich in beständiger Übung geblieben; ich werde bei der ungleichen Wette gewinnen. Aber du kannst dir nicht vorstellen, wie übel es mir hier ums Herz ist. Doch es thut nichts.

Horatio. Nein, bester Herr —

Hamlet. Es ist nur Thorheit; aber es ist eine Art von schlimmer Ahnung, die vielleicht ein Weib ängstigen würde.

Horatio. Wenn Eurem Gemüt irgend etwas widersteht, so gehorcht ihm: ich will ihrer Hierherkunft zuvorkommen und sagen, daß Ihr nicht aufgelegt seid.

Hamlet. Nicht im geringsten. Ich trotze allen Vorbedeutungen: es waltet eine besondere Vorsehung über den Fall eines Sperlings. Geschieht es jetzt, so geschieht es nicht in Zukunft; geschieht es nicht in Zukunft, so geschieht es jetzt; geschieht es jetzt nicht, so geschieht es doch einmal in Zukunft. In Bereitschaft sein, ist alles. Da kein Mensch weiß, was er verläßt, was kommt darauf an, frühzeitig zu verlassen? Mag's sein!

Der König, die Königin, Laertes, Herren vom Hofe, Osrick und anderes Gefolge mit Rapieren u. s. w.

König. Kommt, Hamlet, kommt! nehmt diese Hand von mir.

(Der König legt die Hand des Laertes in die des Hamlet.)

Hamlet. Gewährt Verzeihung, Herr, ich that Euch Unrecht,
Allein verzeiht um Eurer Ehre willen.
Der Kreis hier weiß, Ihr hörtet's auch gewiß,
Wie ich mit schwerem Trübsinn bin geplagt.
Was ich gethan,
Das die Natur in Euch, die Ehr' und Sitte

7*

Hart aufgeregt, erklär' ich hier für Wahnsinn.
War's Hamlet, der Laertes kränkte? Nein!
Wenn Hamlet von sich selbst geschieden ist,
Und weil er nicht er selbst Laertes kränkt,
Dann thut es Hamlet nicht, Hamlet verleugnet's.
Wer thut es denn? Sein Wahnsinn. Ist es so,
So ist er ja auf der gekränkten Seite:
Sein Wahnsinn ist des armen Hamlets Feind.
Vor diesen Zeugen, Herr,
Laßt mein Verleugnen aller schlimmen Absicht
So weit vor Eurer Großmut frei mich sprechen,
Als ich den Pfeil nur sandte übers Haus,
Und meinen Bruder traf.

Laertes. Mir ist genug geschehn für die Natur,
Die mich in diesem Fall am stärksten sollte
Zur Rache treiben. Doch nach Ehrenrechten
Halt' ich mich fern und weiß nichts von Versöhnung,
Bis ältre Meister von geprüfter Ehre
Zum Frieden ihren Rat und Spruch verleihn,
Für meines Namens Rettung: bis dahin
Empfang' ich Eure dargebotne Liebe
Als Lieb', und will ihr nicht zu nahe thun.

Hamlet. Gern tret' ich bei, und will mit Zuversicht
Um diese brüderliche Wette fechten.
Gebt uns Rapiere, kommt!

Laertes.   Kommt, einen mir.

König. Gebt ihnen die Rapiere, junger Osrick.
Ihr wißt doch, Vetter Hamlet, unsre Wette?

Hamlet. Vollkommen: Eure Hoheit hat den Ausschlag
Des Preises auf die schwächre Hand gelegt.

König. Ich fürcht' es nicht, ich sah euch beide sonst;
Er lernte zu, drum giebt man uns voraus.

Laertes. Der ist zu schwer, laßt einen andern sehn.

Hamlet. Der steht mir an: sind alle gleicher Länge?
                    (Sie bereiten sich zum Fechten.)

Osrick. Ja, bester Herr.

König. Setzt mir die Flaschen Wein auf diesen Tisch:
Wenn Hamlet trifft zum ersten oder zweiten,
Wenn er beim dritten Tausch den Stoß erwidert,
Laßt das Geschütz von allen Zinnen feuern,
Der König trinkt auf Hamlets Wohlsein dann,
Und eine Perle wirft er in den Kelch,
Mehr wert, als die vier Könige nach einander

In Dänemarks Krone trugen. Gebt die Kelche!
Laßt die Trompete zu der Pauke sprechen,
Die Pauke zu dem Kanonier hinaus,
Zum Himmel das Geschütz, den Himmel zur Erde:
Jetzt trinkt der König Hamlet zu! — Fangt an,
Und ihr, die Richter, habt ein wachsam Aug'.
Hamlet. Kommt, Herr!
Laertes. Wohlan, mein Prinz. (Sie fechten.)
Hamlet. Eins.
Laertes. Nein.
Hamlet. Richterspruch.
Osrick. Getroffen, offenbar getroffen!
Laertes. Gut, noch einmal.
König. Halt! Wein her! — Hamlet, diese Perl' ist dein,
Hier auf dein Wohl. Gebt ihm den Kelch!
(Trompetenstoß und Kanonenschüsse hinter der Scene.)
Hamlet. Ich fecht' erst diesen Gang, setzt ihn beiseit'.
Kommt! (Sie fechten.)
Wiederum getroffen; was sagt Ihr?
Laertes. Berührt! berührt! Ich geb' es zu.
König. Unser Sohn gewinnt.
Königin. Er ist fett und kurz von Atem.
Hier, Hamlet, nimm mein Tuch, reib dir die Stirn;
Die Königin trinkt auf dein Glück, mein Hamlet.
Hamlet. Gnädige Mutter —
König. Gertrud, trink nicht!
Königin. Ich will es, mein Gemahl; ich bitt', erlaubt mir.
König (beiseite). Es ist der gift'ge Kelch; es ist zu spät.
Hamlet. Ich darf jetzt noch nicht trinken, gnäd'ge Frau;
Sogleich.
Königin. Komm, laß mich dein Gesicht abtrocknen!
Laertes. Mein Fürst, jetzt treff' ich ihn.
König. Ich glaub' es nicht.
Laertes (beiseite). Und doch, beinah ist's gegen mein Gewissen.
Hamlet. Laertes, kommt zum dritten nun: Ihr tändelt;
Ich bitt' Euch, stoßt mit Eurer ganzen Kraft;
Ich fürcht', Ihr seht in mir nur einen Schwächling.
Laertes. Meint Ihr? Wohlan! (Sie fechten.)
Osrick. Auf beiden Seiten nichts.
Laertes. Jetzt seht Euch vor.
(Laertes verwundet den Hamlet; drauf wechseln sie in der Hitze des Gefechts die
Rapiere, und Hamlet verwundet den Laertes.)
König. Trennt sie, sie sind erhitzt.
Hamlet. Nein, noch einmal! (Die Königin sinkt um.)

Osrick. Seht nach der Königin!

Horatio. Sie bluten beiderseits. — Wie steht's, mein Prinz?

Osrick. Wie steht's, Laertes?

Laertes. Gefangen in der eignen Schlinge, Osrick!
Mich fällt gerechterweise mein Verrat.

Hamlet. Was ist der Königin?

König. Sie fällt in Ohnmacht, weil sie bluten sieht.

Königin. Nein, nein! der Trank, der Trank! — O lieber Hamlet!
Der Trank, der Trank! — Ich bin vergiftet.
(Sie stirbt.)

Hamlet. O Büberei! — Ha! laßt die Thüren schließen.
Verrat! sucht, wo er steckt. (Laertes fällt.)

Laertes. Hier, Hamlet: Hamlet, du bist umgebracht,
Kein Mittel in der Welt errettet dich,
In dir ist keine halbe Stunde Leben.
Des Frevels Werkzeug ist in deiner Hand,
Unabgestumpft, vergiftet; meine Arglist
Hat sich auf mich gewendet: sieh! hier lieg' ich,
Nie wieder aufzustehn — vergiftet deine Mutter —
Ich kann nicht mehr — des Königs Schuld, des Königs!

Hamlet. Die Spitze! und vergiftet?
So thu denn, Gift, dein Werk! (Er ersticht den König.)

Osrick (und Herren vom Hofe). Verrat! Verrat!

König. Noch helft mir, Freunde! Ich bin nur verwundet.

Hamlet. Hier, mördrischer, blutschändrischer, verruchter Däne!
Trink diesen Trank aus! — Ist die Perle hier?
Folg meiner Mutter! (Der König stirbt.)

Laertes. Ihm geschieht sein Recht:
Es ist ein Gift, von seiner Hand gemischt.
Laß uns Vergebung wechseln, edler Hamlet!
Mein Tod und meines Vaters komm nicht über dich,
Noch deiner über mich! (Er stirbt.)

Hamlet. Der Himmel mache
Dich frei davon! Ich folge dir. — Horatio,
Ich sterbe. — Arme Königin, fahr wohl!
Ihr, die erblaßt und bebt bei diesem Fall,
Und seid nur stumme Hörer dieser Handlung.
Hätt' ich nur Zeit — der grause Scherge Tod
Verhaftet schleunig — o ich könnt' euch sagen!
Doch sei es drum. — Horatio, ich bin hin;
Du lebst: erkläre mich und meine Sache
Den Unbefriedigten.

Horatio. Nein, glaub das nicht!

Ich bin ein alter Römer, nicht ein Däne:
Hier ist noch Trank zurück.

Hamlet. Wo du ein Mann bist,
Gieb mir den Kelch! Beim Himmel, laß! ich will ihn!
O Gott! — Welch ein verletzter Name, Freund,
Bleibt alles so verhüllt, wird nach mir leben.
Wenn du mich je in deinem Herzen trugst,
Verbanne noch dich von der Seligkeit,
Und atm' in dieser herben Welt mit Müh',
Um mein Geschick zu melden. —
(Marsch in der Ferne, Schüsse hinter der Scene.)
Welch kriegerischer Lärm?

Osrick. Der junge Fortinbras, der siegreich eben
Zurück aus Polen lehrt, giebt den Gesandten
Von England diesen kriegerischen Gruß.

Hamlet. O ich sterbe, Horatio!
Das starke Gift bewältigt meinen Geist;
Ich kann von England nicht die Zeitung hören,
Doch prophezei' ich, die Erwählung fällt
Auf Fortinbras: er hat mein sterbend Wort;
Das sagt ihm, samt den Fügungen des Zufalls,
Die es dahin gebracht. — Der Rest ist Schweigen. (Er stirbt.)

Horatio. Da bricht ein edles Herz. — Gute Nacht, mein Fürst!
Und Engelscharen singen dich zur Ruh'! —
Weswegen naht die Trommel? (Marsch hinter der Scene.)
Fortinbras, die englischen Gesandten und andere kommen.

Fortinbras. Wo ist dies Schauspiel?

Horatio. Was ist's, das Ihr zu sehen begehrt? Wenn irgend
Weh oder Wunder, laßt vom Suchen ab.

Fortinbras. Die Niederlage hier schreit Mord. — O stolzer Tod,
Welch Fest geht vor in deiner ew'gen Zelle,
Daß du auf e i n e n Schlag so viele Fürsten
So blutig trafst?

Erster Gesandter. Der Anblick ist entsetzlich,
Und das Geschäft von England kommt zu spät.
Taub sind die Ohren, die Gehör uns sollten
Verleihen, sein Befehl sei ausgeführt,
Und Rosenkranz und Güldenstern sei'n tot.
Wo wird uns Dank zu teil?

Horatio. Aus seinem Munde nicht,
Hätt' er dazu die Lebensregung auch.
Er gab zu ihrem Tode nie Befehl.
Doch weil so schnell nach diesem blut'gen Schlage,

Ihr von dem Zug nach Polen, ihr aus England,
Hierhergekommen seid, so ordnet an,
Daß diese Leichen hoch auf einer Bühne
Vor aller Augen werden ausgestellt,
Und laßt der Welt, die noch nicht weiß, mich sagen,
Wie alles dies geschah; so sollt ihr hören
Von Thaten, fleischlich, blutig, unnatürlich,
Zufälligen Gerichten, blindem Mord;
Von Tod, durch List und Drang der Not bewirkt,
Und Plänen, die verfehlt zurückgefallen
Auf der Erfinder Haupt: dies alles kann ich
Mit Wahrheit melden.

Fortinbras.   Eilen wir zu hören,
Und ruft die Edelsten zu der Versammlung.
Was mich betrifft, mein Glück umfang' ich trauernd;
Ich habe alte Recht' an dieses Reich,
Die anzusprechen mich mein Vorteil heißt.

Horatio.   Auch hiervon werd' ich Grund zu reden haben,
Und zwar aus dessen Mund, des Stimme mehre
Wird nach sich ziehen; aber laßt uns dies
Sogleich verrichten, weil die Gemüter
Der Menschen wild sind, daß kein Unheil mehr
Aus Ränken und Verwirrung mög' entstehn.

Fortinbras.   Laßt vier Hauptleute Hamlet auf die Bühne
Gleich einem Krieger tragen: denn er hätte,
Wär' er hinaufgelangt, unfehlbar sich
Höchst königlich bewährt! Und bei dem Zug
Laßt Feldmusik und alle Kriegsgebräuche
Laut für ihn sprechen.
Nehmt auf die Leichen! Ein Anblick solcher Art
Ziemt wohl dem Feld, doch hier entstellt er sehr.
Geht, heißt die Truppen feuern!

(Ein Totenmarsch. Sie gehen ab, indem sie die Leichen wegtragen; hierauf wird
eine Artillerie-Salve abgefeuert.)

Der Kaufmann von Venedig.

übersetzt von

A. W. Schlegel.

————

Personen.

Der Doge von Venedig.
Prinz von Marocco, } Freier der Porzia.
Prinz von Arragon,
Antonio, der Kaufmann von Venedig.
Bassanio, sein Freund.
Solanio,
Salarino, } Freunde des Antonio.
Graziano,
Lorenzo, Liebhaber der Jessica,
Shylock, ein Jude.
Tubal, ein Jude, sein Freund.
Lanzelot Gobbo, Shylocks Diener.
Der alte Gobbo, Lanzelots Vater.
Leonardo, Bassanios Diener.
Balthasar, } Porzias Diener.
Stephano,
Porzia, eine reiche Erbin.
Nerissa, ihre Begleiterin.
Jessica, Shylocks Tochter.

Senatoren von Venedig, Beamte des Gerichtshofes, Gefangenwärter, Bediente und anderes Gefolge.

Die Scene ist teils zu Venedig, teils zu Belmont, Porzias Landsitz.

Erster Aufzug.

1. Scene.

Venedig, eine Straße.

Antonio, Salarino und Solanio treten auf.

Antonio. Fürwahr, ich weiß nicht, was mich traurig macht.
Ich bin es satt; ihr sagt, das seid ihr auch.
Doch wie ich dran kam, wie mir's angeweht;
Von was für Stoff es ist, woraus erzeugt,
Das soll ich erst erfahren.
Und solchen Dummkopf macht aus mir die Schwermut,
Ich kenne mit genauer Not mich selbst.

Salarino. Eu'r Sinn treibt auf dem Ozean umher,
Wo Eure Galeonen, stolz besegelt,
Wie Herrn und reiche Bürger auf der Flut,
Als wären sie das Schaugepräng der See,
Hinwegsehn über kleines Handelsvolk,
Das sie begrüßet, sich vor ihnen neigt,
Wie sie vorbeiziehn mit gewebten Schwingen.

Solanio. Herr, glaubt mir, hätt' ich so viel auf dem Spiel,
Das beste Teil von meinem Herzen wäre
Bei meiner Hoffnung auswärts. Immer würd' ich
Gras pflücken, um den Zug des Winds zu sehn;
Nach Häfen, Reed' und Damm in Karten gucken,
Und alles, was mich Unglück fürchten ließ
Für meine Ladungen, würd' ohne Zweifel
Mich traurig machen.

Salarino. Der Hauch, der meine Suppe kühlte, würde
Mir Fieberschauer anwehn, dächt' ich dran,
Wie viel zur See ein starker Wind kann schaden.
Ich könnte nicht die Sanduhr rinnen sehn,
So dächt' ich gleich an Seichten und an Bänke,
Säh' meinen reichen Hans im Sande fest,
Das Haupt bis unter seine Rippen neigend,
Sein Grab zu küssen. Ging' ich in die Kirche,
Und säh' das heilige Gebäu von Stein,
Sollt' ich nicht gleich an schlimme Feisen denken,
Die an das zarte Schiff nur rühren dürfen,
So sirent es auf den Strom all sein Gewürz,
Und hüllt die wilde Flut in meine Seiden.
Und kurz, jetzt eben dies Vermögen noch,
Nun gar keins mehr? Soll ich, daran zu denken,

Gedanken haben, und mir doch nicht denken,
Daß solch ein Fall mich traurig machen würde?
Doch sagt mir nichts; ich weiß, Antonio
Ist traurig, weil er seines Handels denkt.

Antonio. Glaubt mir, das nicht; ich dank' es meinem Glück,
Mein Gut ist einem Schiff nicht anvertraut,
Noch einem Ort; noch hängt mein ganz Vermögen
Am Glücke dieses gegenwärt'gen Jahrs:
Deswegen macht mein Handel mich nicht traurig.

Solanio. So seid Ihr denn verliebt?

Antonio. Pfui, pfui!

Solanio. Auch nicht verliebt? Gut denn, so seid Ihr traurig,
Weil Ihr nicht lustig seid; Ihr könntet eben
Auch lachen, springen, sagen: Ihr seid lustig,
Weil Ihr nicht traurig seid. Nun, beim zweiköpf'gen Janus!
Natur bringt wunderliche Känz' ans Licht.
Der drückt die Augen immer ein, und lacht
Wie'n Starmatz über einen Dudelsack:
Ein andrer von so saurem Angesicht,
Daß er die Zähne nicht zum Lachen wiese,
Schwür' Nestor auch, der Spaß sei lachenswert.

Baſſanio, Lorenzo und Graziano kommen.

Hier kommt Baſſanio, Euer edler Vetter,
Graziano und Lorenzo: lebt nun wohl,
Wir lassen Euch in besserer Gesellschaft.

Salarino. Ich wär' geblieben, bis ich Euch erheitert;
Nun kommen wert're Freunde mir zuvor.

Antonio. Sehr hoch steht Euer Wert in meiner Achtung,
Ich nehm' es so, daß Euch Geschäfte rufen,
Und Ihr den Anlaß wahrnehmt, wegzugehn.

Salarino. Guten Morgen, liebe Herren!

Baſſanio. Ihr lieben Herrn, wann lachen wir einmal?
Ihr macht euch gar zu selten; muß das sein?

Salarino. Wir hoffen euch bei Muße aufzuwarten.
(Salarino und Solanio ab.)

Lorenzo. Da Ihr Antonio gefunden habt,
Baſſanio, wollen wir Euch nun verlassen.
Doch bitt' ich, denkt zur Mittagszeit daran,
Wo wir uns treffen sollen.

Baſſanio.   Rechnet drauf.

Graziano. Ihr seht nicht wohl, Signor Antonio;
Ihr macht Euch mit der Welt zu viel zu schaffen:
Der kommt darum, der mühsam sie erkauft.
Glaubt mir, Ihr habt Euch wunderbar verändert.

Antonio. Mir gilt die Welt nur wie die Welt, Graziano:
Ein Schauplatz, wo man eine Rolle spielt,
Und mein' ist traurig.
Graziano.   Laßt den Narrn mich spielen,
Mit Lust und Lachen laßt die Runzeln kommen,
Und lieber mir von Wein die Leber glühn,
Als härmendes Gestöhn das Herz mir kühlen.
Weswegen sollt' ein Mann mit warmem Blut
Da sitzen wie sein Großpapa, gehaun
In Alabaster? Schlafen, wenn er wacht?
Und eine Gelbsucht an den Leib sich ärgern?
Antonio, ich will dir etwas sagen;
Ich liebe dich, und Liebe spricht aus mir:
Es giebt so Leute, deren Angesicht
Sich überzieht gleich einem steh'nden Sumpf,
Und die ein eigensinnig Schweigen halten,
Aus Absicht sich in einen Schein zu kleiden
Von Weisheit, Würdigkeit und tiefem Sinn;
Als wenn sie sprächen: Ich bin Herr Orakel,
Thu' ich den Mund auf, rühr' sich keine Maus.
O mein Antonio, ich kenne deren,
Die man deswegen bloß für Weise hält,
Weil sie nichts sagen: sprächen sie, sie brächten
Die Ohren, die sie hörten, in Verdammnis,
Weil sie die Brüder Narren schelten würden.
Ein andermal sag' ich dir mehr hiervon.
Doch fische nicht mit so trübsel'gem Köder
Nach diesem Narrengründling, diesem Schein,
Komm, Freund Lorenzo! — Lebt so lange wohl,
Ich schließe meine Predigt nach der Mahlzeit.
Lorenzo. Gut, wir verlassen Euch bis Mittagszeit.
Ich muß von diesen stummen Weisen sein,
Denn Graziano läßt mich nie zum Wort.
Graziano. Gut, leiste mir zwei Jahre noch Gesellschaft,
So kennst du deiner Zunge Laut nicht mehr.
Antonio. Lebt wohl! Ich werd' ein Schwätzer Euch zu lieb.
Graziano. Dank, fürwahr! denn Schweigen ist bloß zu empfehlen
An geräucherten Zungen und jungfräulichen Seelen.
                    (Graziano und Lorenzo ab.)
Antonio. Ist das nun irgend was?
        Bassanio. Graziano spricht unendlich viel Nichts, mehr als
irgend ein Mensch in ganz Venedig. Seine vernünftigen Gedanken sind
wie zwei Weizenkörner in zwei Scheffeln Spreu versteckt; Ihr sucht

den ganzen Tag, bis Ihr sie findet, und wenn Ihr sie habt, so ver=
lohnen sie das Suchen nicht.

Antonio. Gut, sagt mir jetzt, was für ein Fräulein ist's,
Zu der geheime Wallfahrt Ihr gelobt,
Wovon Ihr heut zu sagen mir verspracht?

Bassanio. Euch ist nicht unbekannt, Antonio,
Wie sehr ich meinen Glücksstand hab' erschöpft,
Indem ich glänzender mich eingerichtet,
Als meine schwachen Mittel tragen konnten.
Auch jammr' ich jetzt nicht, daß die große Art
Mir untersagt ist; meine Sorg' ist bloß,
Mit Ehren von den Schulden los zu kommen,
Drin jede Zeit mich, da ich den Verschwender
Spielte, verstrickt. Bei Euch, Antonio,
Steht meine größte Schuld, an Geld und Liebe,
Und Eure Liebe leistet mir Gewähr,
Daß ich Euch meine Plan' eröffnen darf,
Wie ich mich löse von der ganzen Schuld.

Antonio. Ich bitt' Euch, mein Bassanio, laßt mich's wissen;
Und steht es, wie Ihr selber immer thut,
Im Angesicht der Ehre, seid gewiß:
Ich selbst, mein Bentel, was ich nur vermag,
Liegt alles offen da zu Enerm Dienst.

Bassanio. In meiner Schulzeit, wenn ich einen Bolzen
Verloren hatte, schoß ich seinen Bruder
Von gleichem Flug, den gleichen Weg; ich gab
Nur besser acht, um jenen auszufinden,
Und, beide wagend, fand ich beide oft.
Ich führ' Euch dieses Kinderbeispiel an,
Weil das, was folgt, die lautre Unschuld ist.
Ihr lieht mir viel, und wie ein wilder Junge
Verlor ich, was Ihr lieht; allein, beliebt's Euch,
Noch einen Pfeil desselben Wegs zu schießen,
Wohin der erste flog, so zweifl' ich nicht,
Ich will so lauschen, daß ich beide finde.
Wo nicht, bring' ich den letzten Satz zurück,
Und bleib' Eu'r Schuldner dankbar für den ersten.

Antonio. Ihr kennt mich und verschwendet nur die Zeit,
Da Ihr Umschweife macht mit meiner Liebe.
Unstreitig thut Ihr jetzt mir mehr zu nah,
Da Ihr mein Äußerstes in Zweifel zieht,
Als hättet Ihr mir alles durchgebracht.
So sagt mir also nur, was ich soll thun,

Wovon Ihr wißt, es kann durch mich geschehn,
Und ich bin gleich bereit: deswegen sprecht!
Bassanio. In Belmont ist ein Fräulein, reich an Erbe,
Und sie ist schön und, schöner als dies Wort,
Von hohen Tugenden; von ihren Augen
Empfing ich holde stumme Botschaft einst.
Ihr Nam' ist Porzia; minder nicht an Wert
Als Catos Tochter, Brutus' Porzia,
Auch ist die weite Welt des nicht unkundig,
Denn die vier Winde wehn von allen Küsten
Berühmte Freier her; ihr sonnig Haar
Wallt um die Schläf' ihr, wie ein goldnes Vlies:
Zu Kolchos' Strande macht es Belmonts Sitz,
Und mancher Jason kommt, bemüht um sie.
O mein Antonio! hätt' ich nur die Mittel,
Den Rang mit ihrer einem zu behaupten,
So weissagt mein Gemüt so günstig mir,
Ich werde sonder Zweifel glücklich sein.
Antonio. Du weißt, mein sämtlich Gut ist auf der See;
Mir fehlt's an Geld und Waren, eine Summe
Gleich bar zu heben; also geh, sieh zu,
Was in Venedig mein Kredit vermag:
Den spann' ich an, bis auf das Äußerste,
Nach Belmont dich für Porzia auszustatten.
Geh, frage gleich herum, ich will es auch,
Wo Geld zu haben; ich bin nicht besorgt,
Daß man uns nicht auf meine Bürgschaft borgt.   (Beide ab.)

2. Scene.

Belmont.   Ein Zimmer in Porzias Hause.

Porzia und Nerissa kommen.

Porzia. Auf mein Wort, Nerissa, meine kleine Person ist dieser
großen Welt überdrüssig.

Nerissa. Ihr würdet es sein, bestes Fräulein, wenn Euer
Ungemach in ebenso reichem Maße wäre, als Euer gutes Glück ist.
Und doch, nach allem, was ich sehe, sind die ebenso krank, die sich
mit allzuviel überladen, als die bei denen nichts darben. Es ist also kein
mittelmäßiges Los, im Mittelstande zu sein. Überfluß kommt eher
zu grauen Haaren, aber Auskommen lebt länger.

Porzia. Gute Sprüche, und gut vorgetragen!

Nerissa. Gut befolgt, wären sie besser.

Porzia. Wäre Thun so leicht, als wissen, was gut zu thun

ist, so wären Kapellen Kirchen geworden, und armer Leute Hütten
Fürstenpaläste. Der ist ein guter Prediger, der seine eigenen Er=
mahnungen befolgt: — ich kann leichter zwanzig lehren, was gut
zu thun ist, als einer von den zwanzigen sein, und meine eigenen
Lehren befolgen. Das Gehirn kann Gesetze für das Blut aussinnen;
aber eine hitzige Natur springt über eine kalte Vorschrift hinaus.
Solch ein Hase ist Tollheit, der junge Mensch, daß er weghüpft über
das Netz des Krüppels, guter Rat. Aber dies Vernünfteln hilft mir
nicht dazu, einen Gemahl zu wählen. — O, über das Wort
wählen! Ich kann weder wählen, wen ich will, noch ausschlagen,
wen ich nicht mag: so wird der Wille einer lebenden Tochter durch
den letzten Willen eines toten Vaters gefesselt. Ist es nicht hart,
Nerissa, daß ich nicht einen wählen und auch keinen ausschlagen darf?

Nerissa. Euer Vater war allzeit tugendhaft, und fromme
Männer haben im Tode gute Eingebungen: also wird die Lotterie,
die er mit diesen drei Kästchen von Gold, Silber und Blei ausgesonnen
hat, daß der, welcher seine Meinung trifft, Euch erhält, ohne Zweifel
von niemand recht getroffen werden, als von einem, der Euch recht
liebt. Aber welchen Grad von Zuneigung fühlt Ihr gegen irgend
einen der fürstlichen Freier, die schon gekommen sind?

Porzia. Ich bitte dich, nenne sie her: wie du sie nennst, will
ich sie beschreiben, und von meiner Beschreibung schließe auf meine
Zuneigung.

Nerissa. Zuerst ist da der neapolitanische Prinz.

Porzia. Das ist ein wildes Füllen, in der That. Er spricht
von nichts als seinem Pferde und bildet sich neben seinen angeborenen
Gaben nicht wenig auf seine Fertigkeit ein, daß er es selbst beschlagen
kann. Ich fürchte sehr, seine gnädige Frau Mama hat es mit einem
Schmied gehalten.

Nerissa. Ferner ist da der Pfalzgraf.

Porzia. Er thut nichts wie stirnrunzeln, als wollt' er sagen:
Wenn Ihr mich nicht haben wollt, so laßt's! Er hört lustige Ge=
schichten an, und lächelt nicht. Ich fürchte, es wird der weinende
Philosoph aus ihm, wenn er alt wird, da er in seiner Jugend so
unhöflich finster sieht. Ich möchte lieber an einen Totenkopf mit den
Knochen im Munde verheiratet sein, als an einen von diesen. Gott
beschütze mich vor beiden!

Nerissa. Was sagt Ihr denn zu dem französischen Herrn Mon=
sieur le Bon?

Porzia. Gott schuf ihn, also laßt ihn für einen Menschen
gelten. Im Ernst, ich weiß, daß es sündlich ist, ein Spötter zu
sein; aber er! Ja doch, er hat ein besseres Pferd als der Neapoli=
taner; eine bessere schlechte Gewohnheit, die Stirn zu runzeln, als

der Pfalzgraf; er ist jedermann und niemand. Wenn eine Drossel
singt, so macht er gleich Luftsprünge; er ficht mit seinem eigenen
Schatten. Wenn ich ihn nähme, so nähme ich zwanzig Männer;
wenn er mich verachtete, so vergäbe ich es ihm: denn er möchte mich
bis zur Tollheit lieben, ich werde es niemals erwidern.

Nerissa. Was sagt Ihr denn zu Faulconbridge, dem jungen
Baron aus England?

Porzia. Ihr wißt, ich sage nichts zu ihm, denn er versteht
mich nicht, noch ich ihn. Er kann weder Lateinisch, Französisch, noch
Italienisch; und Ihr dürft wohl einen körperlichen Eid ablegen, daß
ich nicht für einen Heller Englisch verstehe. Er ist eines seinen
Mannes Bild — aber ach! wer kann sich mit einer stummen Figur
unterhalten? Wie seltsam er gekleidet ist! Ich glaube, er kaufte sein
Wams in Italien, seine weiten Beinkleider in Frankreich, seine Mütze
in Deutschland, und sein Betragen allenthalben.

Nerissa. Was haltet Ihr von dem schottischen Herrn, seinem
Nachbar?

Porzia. Daß er eine christliche Nachbarliebe an sich hat, denn
er borgte eine Ohrfeige von dem Engländer und schwor, sie wieder
zu bezahlen, wenn er im stande wäre; ich glaube, der Franzose ward
sein Bürge und unterzeichnete für den andern.

Nerissa. Wie gefällt Euch der junge Deutsche, des Herzogs
von Sachsen Neffe?

Porzia. Sehr abscheulich des Morgens, wenn er nüchtern ist;
und höchst abscheulich des Nachmittags, wenn er betrunken ist. Wenn
er am besten ist, so ist er ein wenig schlechter als ein Mensch, und
wenn er am schlechtesten ist, wenig besser als ein Vieh. Komme das
Schlimmste, was da will, ich hoffe, es soll mir doch glücken, ihn los
zu werden.

Nerissa. Wenn er sich erböte zu wählen und wählte das rechte
Kästchen, so schlügt Ihr ab, Eures Vaters Willen zu thun, wenn
Ihr abschlügt, ihn zu nehmen.

Porzia. Aus Furcht vor dem Schlimmsten bitte ich dich also,
setze einen Römer voll Rheinwein auf das falsche Kästchen: denn
wenn der Teufel darin steckt, und diese Versuchung ist von außen
daran, so weiß ich, er wird es wählen. Alles lieber, Nerissa, als
einen Schwamm heiraten.

Nerissa. Ihr braucht nicht zu fürchten, Fräulein, daß Ihr
einen von diesen Herren bekommt; sie haben mir ihren Entschluß
eröffnet, welcher in nichts anderem besteht, als sich nach Hause zu
begeben, und Euch nicht mehr mit Bewerbungen lästig zu fallen, Ihr
müßtet denn auf eine andere Weise zu gewinnen sein, als nach Eures
Vaters Vorschrift in Ansehung der Kästchen.

Porzia. Sollte ich so alt werden wie Sibylla, will ich doch so keusch sterben wie Diana, wenn ich nicht dem letzten Willen meines Vaters gemäß erworben werde. Ich bin froh, daß diese Partei Freier so vernünftig ist; denn es ist nicht einer darunter, nach dessen Abwesenheit mich nicht sehnlichst verlangt, und ich bitte Gott, ihnen eine glückliche Reise zu verleihen.

Nerissa. Erinnert Ihr Euch nicht, Fräulein, von Eures Vaters Lebzeiten eines Venetianers, eines Studierten und Kavaliers, der in Gesellschaft des Marquis von Montferrat hierher kam?

Porzia. Ja, ja, es war Bassanio; so, denke ich, nannte er sich.

Nerissa. Ganz recht, Fräulein. Von allen Männern, die meine thörichten Augen jemals erblickt haben, war er eine schöne Frau am meisten wert.

Porzia. Ich erinnere mich seiner wohl, und erinnere mich, daß er dein Lob verdient. (Ein Diener kommt.) Nun, was giebt es Neues?

Bedienter. Die vier Fremden suchen Euch, Fräulein, um Abschied zu nehmen; und es ist ein Vorläufer von einem fünften da, vom Prinzen von Marocco, der Nachricht bringt, daß sein Herr, der Prinz, zu Nacht hier sein wird.

Porzia. Könnte ich den fünften mit so gutem Herzen willkommen heißen, als ich den vier andern lebewohl sage, so wollte ich mich seiner Ankunft freuen. Hat er das Gemüt eines Heiligen und das Geblüt eines Teufels, so wollte ich lieber, er weihte mich, als er freite mich.

Nerissa, komm. Bursche, geh du voran. –

Kaum schließt man dem einen Freier das Thor, klopft schon der
andere an. (Alle ab.)

3. Scene.

Venedig. Ein öffentlicher Platz.

Bassanio und Shylock treten auf.

Shylock. Dreitausend Dukaten — gut.

Bassanio. Ja, Herr, auf drei Monate.

Shylock. Auf drei Monate — gut.

Bassanio. Wofür, wie ich Euch sagte, Antonio Bürge sein soll.

Shylock. Antonio Bürge sein soll — gut.

Bassanio. Könnt Ihr mir helfen? Wollt Ihr mir gefällig sein? Soll ich Eure Antwort wissen?

Shylock. Dreitausend Dukaten, auf drei Monate, und Antonio Bürge.

Bassanio. Eure Antwort darauf?

Shylock. Antonio ist ein guter Mann.

Bassanio. Habt Ihr irgend eine Beschuldigung des Gegenteils wider ihn gehört?

Shylock. Ei nein, nein, nein! — Wenn ich sage, er ist ein guter Mann, so meine ich damit, versteht mich, daß er vermögend ist. Aber seine Mittel stehen auf Hoffnung; er hat eine Galeone, die auf Tripolis geht, eine andere nach Indien. Ich höre ferner auf dem Rialto, daß er eine dritte zu Mexiko hat, eine vierte nach England — und so hat er noch anderes schwimmendes Gut in der Fremde verstreut. Aber Schiffe sind nur Bretter, Matrosen sind nur Menschen; es giebt Landratten und Wasserratten, Wasserdiebe und Landdiebe — ich will sagen, Korsaren, und dann haben wir die Gefahr von Wind, Wellen und Klippen. — Der Mann ist bei alledem vermögend — dreitausend Dukaten, ich denke, ich kann seine Bürgschaft annehmen.

Bassanio. Seid versichert, Ihr könnt es.

Shylock. Ich will versichert sein, daß ich es kann; und damit ich versichert sein kann, will ich mich bedenken. Kann ich Antonio sprechen?

Bassanio. Wenn es Euch beliebt, mit uns zu speisen.

Shylock. Ja, um Schinken zu riechen, von der Behausung zu essen, wo euer Prophet, der Nazarener, den Teufel hineinbeschwor. Ich will mit euch handeln und wandeln, mit euch stehen und gehen, und was dergleichen mehr ist; aber ich will nicht mit euch essen, mit euch trinken, noch mit euch beten. Was giebt es Neues auf dem Rialto? — Wer kommt da?

Antonio kommt.

Bassanio. Das ist Signor Antonio.

Shylock (für sich). Wie sieht er einem falschen Zöllner gleich!
Ich haß' ihn, weil er von den Christen ist,
Doch mehr noch, weil er aus gemeiner Einfalt
Umsonst Geld ausleiht, und hier in Venedig
Den Preis der Zinsen uns herunterbringt.
Wenn ich ihm 'mal die Hüfte rühren kann,
So thu' ich meinem alten Grolle gütlich.
Er haßt mein heilig Volk, und schilt selbst da,
Wo alle Kaufmannschaft zusammen kommt,
Mich, mein Geschäft und rechtlichen Gewinn,
Den er nur Wucher nennt. — Verflucht mein Stamm,
Wenn ich ihm je vergebe!

Bassanio.   Shylock, hört Ihr?

Shylock. Ich überlege meinen baren Vorrat;
Doch, wie ich's ungefähr im Kopfe habe,
Kann ich die volle Summe von dreitausend
Dukaten nicht gleich schaffen. — Nun, was thut's?

Inbal, ein wohlbegüterter Hebräer,
Hilft mir schon aus. — Doch still! auf wieviel Monat
Begehrt Ihr? (Zu Antonio.) Geh's Euch wohl, mein werter Herr!
Von Euer Edlen war die Rede eben.

Antonio. Shylock, wiewohl ich weder leih' noch borge,
Um Überschuß zu nehmen oder geben,
Doch will ich, weil mein Freund es dringend braucht,
Die Sitte brechen. — Ist er unterrichtet,
Wieviel Ihr wünscht?

Shylock. Ja, ja, dreitausend Dukaten.

Antonio. Und auf drei Monat.

Shylock. Ja, das vergaß ich — auf drei Monat also.
Nun gut denn, Eure Bürgschaft! laßt mich sehn —
Doch hört mich an: Ihr sagtet, wie mich dünkt,
Daß Ihr auf Vorteil weder leiht noch borgt.

Antonio. Ich pfleg' es nie.

Shylock. Als Jakob Labans Schafe hütete —
Er war nach unserm heil'gen Abraham,
Weil seine Mutter weislich für ihn schaffte,
Der dritte Erbe — ja, ganz recht, der dritte.

Antonio. Was thut das hier zur Sache? nahm er Zinsen?

Shylock. Nein, keine Zinsen; was man Zinsen nennt,
Das grade nicht: gebt acht, was Jakob that;
Als er mit Laban sich verglichen hatte,
Was von den Lämmern bunt und sprenklicht fiele,
Das sollte Jakobs Lohn sein, kehrten sich
Im Herbst die brünst'gen Mütter zu den Widdern.
Und wenn nun zwischen dieser woll'gen Zucht
Das Werk der Zeugung vor sich ging, so schälte
Der kluge Schäfer Euch gewisse Stäbe,
Und weil sie das Geschäft der Paarung trieben,
Steckt' er sie vor den geilen Müttern auf,
Die so empfingen; und zur Lämmerzeit
Fiel alles buntgesprengt und wurde Jakobs.
So kam er zum Gewinn und ward gesegnet:
Gewinn ist Segen, wenn man ihn nicht stiehlt.

Antonio. Dies war ein Glücksfall, worauf Jakob diente,
In seiner Macht stand's nicht, es zu bewirken,
Des Himmels Hand regiert' und lenkt' es so.
Steht dies, um Zinsen gut zu heißen, da?
Und ist Eu'r Gold und Silber Schaf' und Widder?

Shylock. Weiß nicht; ich laß' es eben schnell sich mehren.
Doch hört mich an, Signor!

8*

Antonio.   Siehst du, Bassanio,
Der Teufel kann sich auf die Schrift berufen.
Ein arg Gemüt, das heil'ges Zeugnis vorbringt,
Ist wie ein Schalk mit Lächeln auf der Wange,
Ein schöner Apfel, in dem Herzen faul.
O wie der Falschheit Außenseite glänzt!
Shylock. Dreitausend Dukaten — 's ist 'ne runde Summe.
Drei Mond' auf zwölf — laßt sehen, was das bringt —.
Antonio. Nun, Shylock, soll man Euch verpflichtet sein?
Shylock. Signor Antonio, viel und oftermals
Habt Ihr auf dem Rialto mich geschmäht
Um meine Gelder und um meine Zinsen;
Stets trug ich's mit geduld'gem Achselzucken,
Denn Dulden ist das Erbteil unsers Stamms.
Ihr scheltet mich ungläubig, einen Bluthund,
Und speit auf meinen jüd'schen Rockelor,
Bloß weil ich nutze, was mein eigen ist.
Gut denn, nun zeigt es sich, daß Ihr mich braucht.
Da habt Ihr's; Ihr kommt zu mir und Ihr sprecht:
„Shylock, wir wünschten Gelder." So sprecht Ihr,
Der mir den Auswurf auf den Bart geleert,
Und mich getreten, wie Ihr von der Schwelle
Den fremden Hund stoßt; Geld ist Eu'r Begehren.
Wie sollt' ich sprechen nun? Sollt' ich nicht sprechen:
„Hat ein Hund Geld? Ist's möglich, daß ein Spitz
Dreitausend Dukaten leihen kann?" oder soll ich
Mich bücken und in eines Sklaven Ton,
Demütig wispernd, mit verhaltnem Odem
So sprechen: „Schöner Herr, am letzten Mittwoch
Spiet Ihr mich an; Ihr tratet mich den Tag;
Ein andermal hießt Ihr mich einen Hund:
Für diese Höflichkeiten will ich Euch
Die und die Gelder leihn."
Antonio. Ich könnte leichtlich wieder so dich nennen,
Dich wieder anspein, ja mit Füßen treten.
Willst du dies Geld uns leihen, leih es nicht
Als deinen Freunden — denn wann nahm die Freundschaft
Vom Freund Ertrag für unfruchtbar Metall? —
Nein, leih es lieber deinem Feind: du kannst,
Kommt er zu Fall, mit beßrer Stirn eintreiben,
Was dir verfallen ist.
Shylock.   Nun seht mir, wie Ihr stürmt!
Ich wollt' Euch Liebes thun, Freund mit Euch sein,

Die Schmach vergessen, die Ihr mir gethan,
Das Nöt'ge schaffen, und keinen Heller Zins
Für meine Gelder nehmen; und Ihr hört nicht.
Mein Antrag ist doch liebreich.

Antonio. Ja, das ist er.

Shylock. Und diese Liebe will ich Euch erweisen.
Geht mit mir zum Notarius, da zeichnet
Mir Eure Schuldverschreibung; und zum Spaß,
Wenn Ihr mir nicht auf den bestimmten Tag,
An dem bestimmten Ort, die und die Summe,
Wie der Vertrag nun lautet, wieder zahlt:
Laßt uns ein volles Pfund von Eurem Fleisch
Zur Buße setzen, das ich schneiden dürfe,
Aus welchem Teil von Eurem Leib' ich will.

Antonio. Es sei, aufs Wort! Ich will den Schein so zeichnen,
Und sagen, daß ein Jude liebreich ist.

Bassanio. Ihr sollt für mich dergleichen Schein nicht zeichnen:
Ich bleibe dafür lieber in der Not.

Antonio. Ei, fürchte nichts! Ich werde nicht verfallen.
Schon in zwei Monden, einen Monat früher
Als die Verschreibung fällig, kommt gewiß
Zehnfältig der Betrag davon mir ein.

Shylock. O Vater Abraham! über diese Christen,
Die eigne Härte anderer Gedanken
Argwöhnen lehrt. Ich bitt' euch, sagt mir doch:
Versäumt er seinen Tag, was hätt' ich dran,
Die mir verfallne Buße einzutreiben?
Ein Pfund von Menschenfleisch, von einem Menschen
Genommen, ist so schätzbar, auch so nutzbar nicht,
Als Fleisch von Schöpsen, Ochsen, Ziegen. Seht,
Ihm zu Gefallen biet' ich diesen Dienst:
Wenn er ihn annimmt, gut; wo nicht, lebt wohl,
Und, bitt' euch, kränkt mich nicht für meine Liebe.

Antonio. Ja, Shylock, ich will diesen Schein dir zeichnen.

Shylock. So trefft mich gleich im Hause des Notars,
Gebt zu dem lust'gen Schein ihm Anweisung;
Ich gehe, die Dukaten einzusacken,
Nach meinem Haus zu sehn, das in der Hut
Von einem lockern Buben hinterblieb,
Und will im Augenblicke bei euch sein.

Antonio. So eil dich, wackrer Jude. (Shylock ab.)
Der Hebräer
Wird noch ein Christ: er wendet sich zur Güte.

Bassanio. Ich mag nicht Freundlichkeit bei tückischem Gemüte.
Antonio. Kommt nur! Hierbei kann kein Bedenken sein,
  Längst vor der Zeit sind meine Schiff' herein. (Ab.)

Zweiter Aufzug.

1. Scene.

Belmont.   Ein Zimmer in Porzias Hause.

Trompetenstoß. Der Prinz von Marocco und sein Zug; Porzia, Nerissa
und andere von ihrem Gefolge treten auf.

Marocco. Verschmähet mich um meine Farbe nicht,
  Die schattige Livrei der lichten Sonne,
  Die mich als nahen Nachbar hat gepflegt.
  Bringt mir den schönsten Mann, erzeugt im Norden,
  Wo Phöbus' Glut die Zacken Eis kaum schmelzt,
  Und ritzen wir uns Euch zulieb die Haut,
  Wes Blut am rötsten ist, meins oder seins.
  Ich sag' Euch, Fräulein, dieses mein Gesicht
  Hat Tapfre schon geschreckt; bei meiner Liebe schwör' ich,
  Die edlen Jungfraun meines Landes haben
  Es auch geliebt: ich wollte diese Farbe
  Nicht anders tauschen, als um Euren Sinn
  Zu stehlen, meine holde Königin.
Porzia. Bei meiner Wahl lenkt mich ja nicht allein
  Die zarte Forderung eines Mädchenauges.
  Auch schließt das Los, woran mein Schicksal hängt,
  Mich von dem Recht des freien Wählens aus.
  Doch, hätte mich mein Vater nicht beengt,
  Mir aufgelegt durch seine Weisheit, dem
  Zur Gattin mich zu geben, welcher mich
  Auf solche Art gewinnt, wie ich Euch sagte:
  Ihr hättet gleichen Anspruch, großer Prinz,
  Mit jedem Freier, den ich sah bis jetzt,
  Auf meine Neigung.
Marocco.   Habt auch dafür Dank.
  Drum führt mich zu den Kästchen, daß ich gleich
  Mein Glück versuche. Bei diesem Säbel, der
  Den Sophi schlug und einen Perserprinz,
  Der dreimal Sultan Soliman besiegt.
  Die wild'sten Augen wollt' ich überblitzen,
  Das kühnste Herz auf Erden übertrotzen,

Die Jungen reißen von der Bärin weg,
Ja, wenn er brüllt nach Raub, den Löwen höhnen,
Dich zu gewinnen, Fräulein! aber ach!
Wenn Herkules und Lichas Würfel spielen,
Wer tapfrer ist: so kann der bess're Wurf
Durch Zufall kommen aus der schwächern Hand;
So unterliegt Alcides seinem Knaben,
Und so kann ich, wenn blindes Glück mich führt,
Verfehlen, was dem minder Würd'gen wird,
Und Grames sterben.

Porzia.   Ihr müßt Eu'r Schicksal nehmen,
Es überhaupt nicht wagen, oder schwören,
Bevor Ihr wählet, wenn Ihr irrig wählt,
In Zukunft nie mit irgend einer Frau
Von Eh' zu sprechen; also seht Euch vor.

Marocco. Ich will's auch nicht; kommt, bringt mich zur Entscheidung.

Porzia. Vorher zum Tempel; nach der Mahlzeit mögt Ihr
Das Los versuchen.

Marocco.   Gutes Glück also!
Bald über alles elend oder froh.   (Alle ab.)

2. Scene.

Venedig. Eine Straße.

Lanzelot Gobbo kommt.

Lanzelot. Sicherlich, mein Gewissen läßt mir's zu, von diesem Juden, meinem Herrn, wegzulaufen. Der böse Feind steht hinter mir, und versucht mich und sagt zu mir: „Gobbo, Lanzelot Gobbo, guter Lanzelot", oder „guter Gobbo", oder „guter Lanzelot Gobbo, reiß aus, lauf davon!" Mein Gewissen sagt: „Nein, hüte dich, ehrlicher Lanzelot; hüte dich, ehrlicher Gobbo;" oder, wie obgemeldt, „ehrlicher Lanzelot Gobbo; lauf nicht, laß das Ausreißen bleiben!" Gut, der überaus herzhafte Feind heißt mich aufpacken; „Marsch!" sagt der Feind; „fort!" sagt der Feind, „um des Himmels willen! faß dir ein wackeres Herz," sagt der Feind, „und lauf!" Gut, mein Gewissen hängt sich meinem Herzen um den Hals und sagt sehr weislich zu mir: „Mein ehrlicher Freund Lanzelot; da du eines ehrlichen Mannes Sohn bist" oder vielmehr eines ehrlichen Weibes Sohn; denn die Wahrheit zu sagen, mein Vater hatte einen kleinen Beigeschmack, er war etwas ansäuerlich. — Gut, mein Gewissen sagt: „Lanzelot, weich und wanke nicht!" „Weiche," sagt der Feind; „wanke nicht," sagt mein Gewissen. „Gewissen," sage ich, „dein Rat ist gut;

Feind," sage ich, „dein Rat ist gut;" lasse ich mich durch mein Ge=
wissen regieren, so bleibe ich bei dem Juden, meinem Herrn, der,
Gott sei mir gnädig! eine Art von Teufel ist. Laufe ich von dem
Juden weg, so lasse ich mich durch den bösen Feind regieren, der, mit
Respekt zu sagen, der Teufel selber ist. Gewiß, der Jude ist der
wahre, eingefleischte Teufel, und auf mein Gewissen, mein Gewissen
ist gewissermaßen ein hartherziges Gewissen, daß es mir raten will,
bei dem Juden zu bleiben. Der Feind giebt mir einen freundschaft=
licheren Rat: Ich will laufen, Feind! meine Fersen stehen dir zu
Gebote, ich will laufen.

Der alte Gobbo kommt mit einem Korbe.

Gobbo. Musje, junger Herr, Er da, sei Er doch so gut; wo
gehe ich wohl zu des Herrn Juden seinem Hause hin?

Lanzelot (beiseite). O Himmel! mein eheleiblicher Vater, der
zwar nicht pfahlblind, aber doch so ziemlich stockblind ist, und mich
nicht kennt. Ich will mir einen Spaß mit ihm machen.

Gobbo. Musje, junger Herr, sei Er so gut, wo gehe ich zu
des Herrn Juden seinem Hause hin?

Lanzelot. Schlagt Euch rechter Hand an der nächsten Ecke,
aber bei der allernächsten Ecke linker Hand; versteht, bei der ersten
nächsten Ecke schlagt Euch weder rechts noch links, sondern dreht
Euch schnurgerade aus nach des Juden seinem Hause herum.

Gobbo. Potz Wetterchen, das wird ein schlimmer Weg zu finden
sein. Könnt Ihr mir nicht sagen, ob ein gewisser Lanzelot, der sich
bei ihm aufhält, sich bei ihm aufhält oder nicht?

Lanzelot. Sprecht Ihr vom jungen Monsieur Lanzelot?
(Beiseite.) Nun gebt Achtung, nun will ich loslegen. — Sprecht Ihr
vom jungen Monsieur Lanzelot?

Gobbo. Kein Monsieur, Herr, sondern eines armen Mannes
Sohn? sein Vater, ob ich es schon sage, ist ein ehrlicher, herzlich
armer Mann, und, Gott sei Dank, recht gut dran.

Lanzelot. Gut, sein Vater mag sein, was er will; hier ist
die Rede vom jungen Monsieur Lanzelot.

Gobbo. Eurem gehorsamen Diener und Lanzelot, Herr.

Lanzelot. Ich bitte Euch demnach, alter Mann, demnach er=
suche ich Euch: sprecht Ihr vom jungen Monsieur Lanzelot?

Gobbo. Von Lanzelot, wenn's Eu'r Gnaden beliebt.

Lanzelot. Demnach Monsieur Lanzelot. Sprecht nicht von
Monsieur Lanzelot, Vater; denn der junge Herr ist — vermöge der
Schickungen und Verhängnisse und solcher wunderlichen Redensarten,
der drei Schwestern und dergleichen Fächern der Gelahrtheit — in
Wahrheit Todes verblichen, oder, um es rund heraus zu sagen, in
die Ewigkeit gegangen.

Gobbo. Je, da sei Gott vor! Der Junge war so recht der Stab meines Alters, meine beste Stütze.

Lanzelot. Seh' ich wohl aus wie ein Knüttel oder wie ein Zaunpfahl, wie ein Stab oder eine Stütze? — Kennt Ihr mich, Vater?

Gobbo. Ach, du liebe Zeit, ich kenne Euch nicht, junger Herr; aber ich bitte Euch, sagt mir, ist mein Junge — Gott hab' ihn selig! — lebendig oder tot?

Lanzelot. Kennt Ihr mich nicht, Vater?

Gobbo. Lieber Himmel, ich bin ein alter blinder Mann, ich kenne Euch nicht.

Lanzelot. Nun vahrhaftig, wenn Ihr auch Eure Augen hättet, so könntet Ihr mich doch wohl nicht kennen; das ist ein weiser Vater, der sein eigenes Kind kennt. Gut, alter Mann, ich will Euch Nachricht von Eurem Sohne geben. (Kniet nieder.) Gebt mir Euren Segen! Wahrheit muß ans Licht kommen. Ein Mord kann nicht lange verborgen bleiben, eines Menschen Sohn kann's; aber zuletzt muß die Wahrheit heraus.

Gobbo. Ich bitte Euch, Herr, steht auf; ich bin gewiß, Ihr seid mein Junge Lanzelot nicht.

Lanzelot. Ich bitte Euch, laßt uns weiter keine Possen damit treiben, sondern gebt mir Euern Segen. Ich bin Lanzelot, Euer Junge, der da war, Euer Sohn, der ist, Euer Kind, das da sein wird.

Gobbo. Ich kann mir nicht denken, daß Ihr mein Sohn seid.

Lanzelot. Ich weiß nicht, was ich davon denken soll, aber ich bin Lanzelot, des Juden Diener; und ich bin gewiß, Margrete, Eure Frau, ist meine Mutter.

Gobbo. Ganz recht, ihr Name ist Magrete; ich will einen Eid thun, wenn du Lanzelot bist, so bist du mein eigen Fleisch und Blut. Gott im Himmelsthrone! was hast du für einen Bart gekriegt! Du hast mehr Haar am Kinne, als mein Karrengaul Fritz am Schwanze hat.

Lanzelot. Je, so läßt's ja, als ob Fritz sein Schwanz rückwärts wüchse; ich weiß doch, er hatte mehr Haar im Schwanze als ich im Gesicht, da ich ihn das letzte Mal sah.

Gobbo. Herrje, wie du dich verändert hast! Wie verträgst du dich mit deinem Herrn? Ich bringe ihm ein Präsent; nun, wie vertragt ihr euch?

Lanzelot. Gut, gut; aber für meine Person, da ich mich darauf gesetzt habe, davon zu laufen, so will ich mich nicht eher niedersetzen, als bis ich ein Stück Weges gelaufen bin. Mein Herr ist ein rechter Jude; ihm ein Präsent geben! Einen Strick gebt ihm. Ich bin ausgehungert in seinem Dienst; Ihr könnt jeden Finger, den ich habe, mit meinen Rippen zählen. Vater, ich bin froh, daß Ihr gekommen

seid. Gebt doch Euer Präsent einem gewissen Herru Bassanio, der
vahrhaftig prächtige neue Livreien giebt. Komme ich nicht bei ihm
in Dienst, so will ich laufen, soweit Gottes Erdboden reicht. — Welch
ein Glück! da kommt er selbst. Macht Euch an ihn, Vater, denn
ich will ein Jude sein, wenn ich bei dem Juden länger diene.

Bassanio kommt mit Leonardo und andern Begleitern.

Bassanio. Das könnt Ihr thun — aber seid so bei der Hand,
daß das Abendessen spätestens um fünf Uhr fertig ist. Besorgt diese
Briefe, gebt diese Livreien in Arbeit, und bittet Graziano, sogleich in
meine Wohnung zu kommen. (Ein Bedienter ab.)

Lanzelot. Macht Euch an ihn, Vater!

Gobbo. Gott segne Euer Gnaden!

Bassanio. Großen Dauk! Willst du was von mir?

Gobbo. Da ist mein Sohn, Herr, ein armer Junge —

Lanzelot. Kein armer Junge, Herr, sondern des reichen Juden
Diener, der gerne möchte, wie mein Vater spezifizieren wird —

Gobbo. Er hat, wie man zu sagen pflegt, ein große Dekli=
nation zu dienen —

Lanzelot. Wirklich, das Knrze und das Lange von der Sache
ist, ich diene dem Juden und trage Verlangen, wie mein Vater
spezifizieren wird —

Gobbo. Sein Herr und er — mit Respekt vor Euer Gnaden
zu sagen — vertragen sich wie Katzen und Hunde —

Lanzelot. Mit einem Worte, die reine Wahrheit ist, daß der
Jude, da er mir unrecht gethan, mich nötigt, wie mein Vater, welcher,
so Gott will, ein alter Mann ist, notifizieren wird —

Gobbo. Ich habe hier ein Gericht Tauben, die ich bei Euer
Gnaden anbringen möchte, und mein Gesuch ist —

Lanzelot. In aller Kürze, das Gesuch intercediert mich selbst,
wie Euer Gnaden von diesem ehrlichen alten Mann hören werden,
der, obschon ich es sage, obschon ein alter Mann, doch ein armer
Mann und mein Vater ist.

Bassanio. Einer spreche für beide. Was wollt ihr?

Lanzelot. Euch dienen, Herr!

Gobbo. Ja, das wollten wir Euch gehorsamst opponieren.

Bassanio. Ich kenne dich, die Bitt' ist dir gewährt:
Shylock, dein Herr, hat heut mit mir gesprochen
Und dich befördert; wenn's Befördrung ist,
Aus eines reichen Juden Dienst zu gehn,
Um einem armen Edelmann zu folgen.

Lanzelot. Das alte Sprichvort ist recht schön verteilt zwischen
meinem Herru Shylock und Euch, Herr: Ihr habt die Gnade Gottes
und er hat genug.

Bassanio. Du triffst es; Vater, geh mit deinem Sohn.
Nimm Abschied erst von deinem alten Herrn,
Und frage dich nach meiner Wohnung hin.
(Zu seinen Begleitern.) Ihr, gebt ihm eine nettere Livrei
Als seinen Kameraden; sorgt dafür!

Lanzelot. Kommt her, Vater. — Ich kann keinen Dienst kriegen;
nein! ich habe gar kein Mundwerk am Kopfe. — Gut (er besieht seine
flache Hand), wenn einer in ganz Italien eine schönere Tafel hat,
damit auf die Schrift zu schwören. — Ich werde gut Glück haben:
ohne Umstände, hier ist eine ganz schlechte Lebenslinie; hier ist 'ne
Kleinigkeit an Frauen. Ach, fünfzehn Weiber sind nichts! elf Wittwen
und neun Mädchen ist ein knappes Auskommen für einen Mann.
Und dann, dreimal, ums Haar zu ersaufen, und mich an der Ecke
eines Federbettes beinahe tot zu stoßen — das heiße ich gut davon
kommen! Gut, wenn das Glück ein Weib ist, so meint sie es doch
in diesem Stücke gut. — Kommt, Vater, ich nehme in einem Um=
sehn von dem Juden Abschied. (Lanzelot und der alte Gobbo ab.)

Bassanio. Thu das, ich bitt' dich, guter Leonardo;
Ist dies gekauft und ordentlich besorgt,
Komm schleunig wieder; denn zu Nacht bewirt' ich
Die besten meiner Freunde; eil dich, geh!

Leonardo. Verlaßt Euch auf mein eifrigstes Bemühn.

Graziano kommt.

Graziano. Wo ist dein Herr?

Leonardo. Er geht da drüben, Herr. (Leonardo ab.)

Graziano. Signor Bassanio!

Bassanio. Graziano!

Graziano. Ich habe ein Gesuch an Euch.

Bassanio. Ihr habt es schon erlangt.

Graziano. Ihr müßt mir's nicht weigern, ich muß mit Euch
nach Belmont gehen.

Bassanio. Nun ja, so müßt Ihr — aber hör, Graziano,
Du bist zu wild, zu rauh, zu keck im Ton;
Ein Wesen, welches gut genug dir steht,
Und Augen, wie die unsern, nicht mißfällt.
Doch wo man dich nicht kennt, ja, da erscheint
Es allzufrei; drum nimm dir Müh', und dämpfe
Mit ein paar kühlen Tropfen Sittsamkeit
Den flücht'gen Geist, daß ich durch deine Wildheit
Dort nicht mißdeutet werd', und meine Hoffnung
Zu Grunde geht.

Graziano. Signor Bassanio, hört mich:
Wenn ich mich nicht zu seinem Wandel füge,

Mit Anstand red' und dann und wann nur fluche,
Gebetbuch in der Tasche, Kopf geneigt;
Ja, selbst beim Tischgebet so vors Gesicht
Den Hut mir halt', und seufz' und Amen sage;
Nicht alten Brauch der Höflichkeit erfülle,
Wie einer, der, der Großmama zulieb,
Gesetzt erscheint, so traut mir niemals mehr.
Bassanio. Nun gut, wir werden sehen, wie Ihr Euch nehmt.
Graziano. Nur heute nehm' ich aus, das gilt nicht mit,
Was ich heut abend thue.
Bassanio.   Nein, das wär' schade;
Ich bitt' Euch lieber in den keckſten Farben
Der Luſt zu kommen, denn wir haben Freunde,
Die luſtig wollen ſein. Lebt wohl indes,
Ich habe ein Geſchäft.
Graziano. Und ich muß zu Lorenzo und den andern,
Doch auf den Abend kommen wir zu Euch. (Alle ab.)

3. Scene.

Ebendaſelbſt. Ein Zimmer in Shylocks Hauſe.

Jeſſica und Lanzelot kommen.

Jeſſica. Es thut mir leid, daß du uns ſo verläßt;
Dies Haus ist Hölle, und du, ein luſt'ger Teufel,
Nahmſt ihm ein Teil von seiner Widrigkeit.
Doch, lebe wohl, da haſt du 'nen Dukaten.
Und, Lanzelot, du virſt beim Abendeſſen
Lorenzo ſehn, als Gaſt von deinem Herrn.
Dann gieb ihm diesen Brief, thu es geheim;
Und so leb wohl, daß nicht etwa mein Vater
Mich mit dir reden ſieht.
        Lanzelot. Adieu! — Thränen müſſen meine Zunge vertreten,
allerſchönſte Heidiu! allerliebſte Jüdiu! Wenn ein Chriſt nicht zum
Schelm an dir wird, und dich bekommt, ſo trügt mich alles. Aber
adieu! Diese thörichten Tropfen erweichen meinen männlichen Mut
allzuſehr. (Ab.)
Jeſſica. Leb wohl, du Guter!
Ach, wie gehäſſig iſt es nicht von mir,
Daß ich des Vaters Kind zu ſein mich ſchäme,
Doch, bin ich ſeines Blutes Tochter ſchon,
Bin ich's nicht ſeines Herzens. O Lorenzo,
Hilf mir dies löſen! treu dem Worte bleib!
So werd' ich Chriſtin und dein liebend Weib. (Ab.)

4. Scene.

Ebendaselbst. Eine Straße.

Graziano, Lorenzo, Salarino und Solanio treten auf.

Lorenzo. Nun gut, wir schleichen weg vom Abendessen,
Verkleiden uns in meinem Haus, und sind
In einer Stunde alle wieder da.

Graziano. Wir haben uns nicht recht darauf gerüstet.

Salarino. Auch keine Fackelträger noch bestellt.

Solanio. Wenn es nicht zierlich anzuordnen steht,
So ist es nichts, und unterbliebe besser.

Lorenzo. 's ist eben vier; wir haben noch zwei Stunden
Zur Vorbereitung.

Lanzelot kommt mit einem Briefe.

Freund Lanzelot, was bringst du?

Lanzelot. Wenn's Euch beliebt dies aufzubrechen, so wird es
gleichsam andeuten. (übergiebt einen Brief).

Lorenzo. Ich kenne wohl die Hand, ja, sie ist schön,
Und weißer als das Blatt, worauf sie schrieb,
Ist diese schöne Hand.

Graziano. Auf meine Ehre, eine Liebesbotschaft.

Lanzelot. Mit Eurer Erlaubnis, Herr.

Lorenzo. Wo willst du hin?

Lanzelot. Nun, Herr, ich soll meinen alten Herrn, den Juden,
zu meinem neuen Herrn, dem Christen, auf heute zum Abendessen
laden.

Lorenzo. Da nimm dies; sag der schönen Jessica,
Daß ich sie treffen will. — Sag's heimlich! geh! (Lanzelot ab.)
Ihr Herrn,
Wollt ihr euch zu dem Maskenzug bereiten?
Ich bin versehn mit einem Fackelträger.

Salarino. Ja, auf mein Wort, ich gehe gleich danach.

Solanio. Das will ich auch.

Lorenzo. Trefft mich und Graziano
In einer Stund' in Grazianos Haus.

Salarino. Gut das, es soll geschehn.
(Salarino und Solanio ab.)

Graziano. Der Brief kam von der schönen Jessica?

Lorenzo. Ich muß dir's nur vertraun; sie giebt mir an,
Wie ich sie aus des Vaters Haus entführe;
Sie sei versehn mit Gold und mit Juwelen,
Ein Pagenanzug liege schon bereit,
Kommt je der Jud', ihr Vater, in den Himmel,

So ist's um seiner holden Tochter willen;
Und nie darf Unglück in den Weg ihr treten,
Es müßte dann mit diesem Vorwand sein,
Daß sie von einem falschen Juden stammt.
Komm, geh mit mir, und lies im Gehn dies durch;
Mir trägt die schöne Jessica die Fackel. (Beide ab.)

5. Scene.

Ebendaselbst. Vor Shylocks Hause.

Shylock und Lanzelot kommen.

Shylock. Gut, du wirst sehn, mit deinen eignen Augen,
Des alten Shylocks Abstand von Bassanio,
He, Jessica! — Du wirst nicht voll dich stopfen,
Wie du bei mir gethan. — He, Jessica!
Und liegen, schnarchen, Kleider nur zerreißen —
He, sag' ich, Jessica!

Lanzelot.   He, Jessica!

Shylock. Wer heißt dich schrein? Ich hab's dir nicht geheißen.

Lanzelot. Euer Edlen pflegten immer zu sagen, ich könnte nichts ungeheißen thun.

Jessica kommt.

Jessica. Ruft Ihr? Was ist Euch zu Befehl?

Shylock. Ich bin zum Abendessen ausgebeten,
Da hast du meine Schlüssel, Jessica.
Zwar weiß ich nicht, warum ich geh': sie bitten
Mich nicht aus Liebe, nein, sie schmeicheln mir;
Doch will ich gehn, aus Haß auf den Verschwender
Von Christen zehren. — Jessica, mein Kind,
Acht auf mein Haus! — Ich geh' recht wider Willen,
Es braut ein Unglück gegen meine Ruh',
Denn diese Nacht träumt' ich von Säcken Geldes.

Lanzelot. Ich bitte Euch, Herr, geht; mein junger Herr erwartet Eure Zukunft.

Shylock. Ich seine auch.

Lanzelot. Und sie haben sich verschworen. — Ich sage nicht, daß Ihr eine Maskerade sehen sollt; aber wenn Ihr eine seht, so war es nicht umsonst, daß meine Nase an zu bluten fing, auf den letzten Ostermontag des Morgens um sechs Uhr, der das Jahr auf den Tag fiel, wo vier Jahre vorher nachmittags Aschermittwoch war.

Shylock. Was? giebt es Masken? Jessica, hör an:
Verschließ die Thür, und wenn du Trommeln hörst,
Und das Gequäk der quergehalsten Pfeife,

So klettre mir nicht an den Fenstern auf,
Steck nicht den Kopf hinaus in offne Straße,
Nach Christennarren mit bemaltem Antlitz
Zu gaffen, stopfe meines Hauses Ohren,
Die Fenster, mein' ich, zu und laß den Schall
Der albern Geckerei nicht dringen in
Mein ehrbar Haus. — Bei Jakobs Stab, ich habe
Nicht Lust heut abend außerm Haus zu schmausen,
Doch will ich gehn. — Du, Bursch, geh mir voran,
Sag, daß ich komme.

Lanzelot.   Herr, ich will vorangehn.
Guckt nur am Fenster, Fräulein, trotz dem allen:
              Denn vorbeigehn wird ein Christ,
              Wert, daß ihn 'ne Jüdin küßt. (Ab.)

Shylock. Was sagt der Narr von Hagars Stamme? he?
Jessica. Sein Wort war: Fräulein, lebet wohl; sonst nichts.
Shylock. Der Laff' ist gut genug, jedoch ein Fresser,
'ne Schnecke zum Gewinn, und schläft bei Tag
Mehr als das Murmeltier; in meinem Stock
Wann keine Hummeln: drum laß' ich ihn gehn,
Und laß' ihn gehn zu einem, dem er möge
Den aufgeborgten Beutel leeren helfen.
Gut, Jessica, geh nun ins Haus hinein,
Vielleicht komm' ich im Augenblicke wieder.
Thu, was ich dir gesagt, schließ hinter dir
Die Thüren: fest gebunden, fest gefunden,
Das denkt ein guter Wirt zu allen Stunden. (Ab.)
Jessica. Lebt wohl, und denkt das Glück nach meinem Sinn,
Ist mir ein Vater, Euch ein Kind dahin. (Ab.)

6. Scene.

Ebendaselbst.

Graziano und Salarino kommen maskiert.

Graziano. Dies ist das Vordach, unter dem Lorenzo
Uns Halt zu machen bat.
Salarino.   Die Stund' ist fast vorbei.
Graziano. Und Wunder ist es, daß er sie versäumt:
Verliebte laufen stets der Uhr voraus.
Salarino. O, zehnmal schneller fliegen Venus' Tauben,
Den neuen Bund der Liebe zu versiegeln,
Als sie gewohnt sind, unverbrüchlich auch
Gegebne Treu' zu halten.

Graziano. So geht's in allem; wer steht auf vom Mahl
Mit gleicher Eßluft, als er niedersaß?
Wo ist das Pferd, das seine lange Bahn
Zurückmißt mit dem ungedämpften Feuer,
Womit es sie betreten? Jedes Ding
Wird mit mehr Trieb erjaget als genossen.
Wie ähnlich dem leichtblüt'gen Jüngstgebornen
Eilt das beflaggte Schiff aus heim'scher Bucht,
Geliebkost und gekerzt vom Buhlerwind!
Wie kehrt es heim gleich dem verlornen Sohn,
Zerlumpt die Segel, Rippen abgewittert,
Kahl, nackt, geplündert von dem Buhlerwind!

Lorenzo tritt auf.

Salarino. Da kommt Lorenzo; mehr hiervon nachher.

Lorenzo. Entschuldigt, Herzensfreunde, den Verzug.
Nicht ich, nur mein Geschäft hat warten lassen.
Wenn ihr den Dieb um Weiber spielen wollt,
Dann wart' ich auch so lang' auf euch. — Kommt näher!
Hier wohnt mein Vater Jude. — He! wer da?

Jessica oben am Fenster in Knabentracht.

Jessica. Wer seid Ihr? sagt's zu meiner Sicherheit,
Wiewohl ich schwör', ich kenne Eure Stimme.

Lorenzo. Lorenzo, und dein Liebster.

Jessica. Lorenzo sicher, und mein Liebster, ja;
Denn wen lieb' ich so sehr? Und nun, wer weiß,
Als Ihr, Lorenzo, ob ich Eure bin?

Lorenzo. Der Himmel und dein Sinn bezeugen dir's.

Jessica. Hier, fang' dies Kästchen auf, es lohnt die Müh'.
Gut, daß es Nacht ist, daß Ihr mich nicht seht,
Denn ich bin sehr beschämt von meinem Tausch.
Doch Lieb' ist blind, Verliebte sehen nicht
Die art'gen Kinderein, die sie begehn;
Sonst würde ja Cupido selbst erröten,
Als Knaben so verwandelt mich zu sehn.

Lorenzo. Kommt, denn Ihr müßt mein Fackelträger sein.

Jessica. Was? muß ich selbst noch leuchten meiner Schmach?
Sie liegt fürwahr schon allzusehr am Tage.
Ei, Lieber, 's ist ein Amt zum kundbar machen,
Ich muß verheimlicht sein.

Lorenzo.   Das bist du, Liebe,
Im hübschen Anzug eines Knaben schon.
Doch komm sogleich,
Die finstre Nacht stiehlt wie ein Schelm sich fort,
Wir werden bei Bassanios Fest erwartet.

Jessica. Ich mach' die Thüren fest, vergülde mich
Mit mehr Dukaten noch, und bin gleich bei Euch. (Tritt zurück.)
Graziano. Nun, auf mein Wort! 'ne Göttin, keine Jüdin.
Lorenzo. Gott straf' mich, wenn ich sie nicht herzlich liebe.
Denn sie ist klug, wenn ich mich drauf verstehe,
Und schön ist sie, wenn nicht mein Auge trügt,
Und treu ist sie, so hat sie sich bewährt.
Drum sei sie, wie sie ist, klug, schön und treu,
Mir in beständigem Gemüt verwahrt!
Jessica kommt heraus.
Nun, bist du da? — Ihr Herren, auf und fort!
Der Maskenzug erwartet schon uns dort.
(Ab mit Jessica und Salarino.)
Antonio tritt auf.
Antonio. Wer da?
Graziano. Signor Antonio.
Antonio. Ei, ei, Graziano, wo sind all' die andern?
Es ist neun Uhr, die Freund' erwarten Euch.
Kein Tanz zur Nacht, der Wind hat sich gedreht,
Bassanio will im Augenblick an Bord;
Wohl zwanzig Boten schickt' ich aus nach Euch.
Graziano. Mir ist es lieb, nichts kann mich mehr erfreun,
Als unter Segel gleich die Nacht zu sein. (Beide ab.)

7. Scene.

Belmont. Ein Zimmer in Porzias Hause.
Trompetenstoß. Porzia und der Prinz von Marocco treten auf, beide mit
Gefolge.

Porzia. Geht, zieht beiseit' den Vorhang, und entdeckt
Die Kästchen sämtlich diesem edlen Prinzen. —
Trefft Eure Wahl nunmehr.
Marocco. Von Gold das erste, das die Inschrift hat:
„Wer mich erwählt, gewinnt was mancher Mann begehrt."
Das zweite, silbern, führet dies Versprechen:
„Wer mich erwählt, bekommt so viel als er verdient."
Das dritte, schweres Blei mit plumper Warnung:
„Wer mich erwählt, der giebt und wagt sein Alles dran."
Woran erkenn' ich, ob ich recht gewählt?
Porzia. Das eine faßt mein Bildnis in sich, Prinz:
Wenn Ihr das wählt, bin ich zugleich die Eure.
Marocco. So leit' ein Gott mein Urteil! Laßt mich sehn,
Ich muß die Sprüche nochmals überlesen.
Was sagt dies bleirne Kästchen?

„Wer mich erwählt, der giebt und wagt sein Alles dran.“
Der giebt — wofür? für Blei? und wagt für Blei?
Dies Kästchen droht: Wenn Menschen alles wagen,
Thun sie's in Hoffnung köstlichen Gewinns.
Ein goldner Mut fragt nichts nach niedern Schlacken,
Ich geb' also und wage nichts für Blei.
Was sagt das Silber mit der Mädchenfarbe?
„Wer mich erwählt, bekommt so viel als er verdient.“
So viel als er verdient? — Hali ein, Marocco,
Und wäge deinen Wert mit steter Hand.
Wenn du geachtet wirst nach deiner Schätzung,
Verdienest du genug, doch kann genug
Wohl nicht so weit bis zu dem Fräulein reichen.
Und doch, mich ängsten über mein Verdienst,
Das wäre schwaches Mißtraun in mich selbst,
So viel als ich verdiene? Das ist sie.
Durch Glück verdien' ich sie und durch Geburt,
Durch angeborne Gaben und Erziehung;
Doch mehr verdien' ich sie durch Liebe. Wie,
Wenn ich nicht weiter schweift' und wählte hier?
Laßt nochmals sehn den Spruch in Gold gegraben:
„Wer mich erwählt, gewinnt was mancher Mann begehrt.“
Das ist das Fräulein, alle Welt begehrt sie,
Aus jedem Weltteil kommen sie herbei,
Dies sterblich atmend Heil'genbild zu küssen.
Hyrkaniens Wüsten und die wilden Oden
Arabiens sind gebahnte Straßen nun
Für Prinzen, die zur schönen Porzia reisen.
Das Reich der Wasser, dessen stolzes Haupt
Speit in des Himmels Antlitz, ist kein Damm
Für diese fremden Geister; nein, sie kommen,
Wie über einen Bach, zu Porzias Anblick.
Eins von den drei'n enthält ihr himmlisch Bild.
Soll Blei es in sich fassen? Lästrung wär's,
Zu denken solche Schmach, es wär' zu schlecht
Im düstern Grab ihr Leichentuch zu panzern.
Und soll ich glauben, daß sie Silber einschließt,
Von zehnmal minderm Wert als reines Gold?
O sündlicher Gedanke! Solch ein Kleinod
Ward nie geringer als in Gold gefaßt.
In England giebt's 'ne Münze, die das Bild
Von einem Engel führt, in Gold geprägt.
Doch der ist drauf gedruckt: hier liegt ein Engel

Ganz drin im goldnen Bett. — Gebt mir den Schlüssel,
Hier wähl' ich, und geling' es wie es kann.
Porzia. Da nehmt ihn, Prinz, und liegt mein Bildnis da,
So bin ich Euer.
(Er schließt das goldene Kästchen auf.)
Marocco. O Hölle, was ist hier?
Ein Beingeripp, dem ein beschriebner Zettel
Im hohlen Auge liegt? Ich will ihn lesen.
    „Alles ist nicht Gold, was gleißt,
    Wie man oft Euch unterweist.
    Manchen in Gefahr es reißt,
    Was mein äußrer Schein verheißt;
    Goldnes Grab hegt Würmer meist,
    Wäret Ihr so weis' als dreist,
    Jung an Gliedern, alt an Geist,
    So würdet Ihr nicht abgespeist
    Mit der Antwort: geht und reist."
    Ja fürwahr, mit bittrer Kost!
    Leb wohl denn, Glut! Willkommen, Frost!
Lebt, Porzia, wohl! Zu langem Abschied fühlt
Mein Herz zu tief: so scheidet, wer verspielt. (Ab.)
Porzia. Erwünschtes Ende! Geht, den Vorhang zieht,
So wähle jeder, der ihm ähnlich sieht. (Alle ab.)

8. Scene.

Venedig. Eine Straße.

Salarino und Solanio treten auf.

Salarino. Ja, Freund, ich bracht' Bassanio an Bord,
Mit ihm ist Graziano abgereist,
Und auf dem Schiff ist sicher nicht Lorenzo.
Solanio. Der Schelm von Juden schrie den Dogen auf,
Der mit ihm ging, das Schiff zu untersuchen.
Salarino. Er kam zu spät, das Schiff war unter Segel;
Doch da empfing der Doge den Bericht,
In einer Gondel habe man Lorenzo
Mit seiner Liebsten Jessica gesehn.
Auch gab Antonio ihm die Versich'rung,
Sie sei'n nicht mit Bassanio auf dem Schiff.
Solanio. Nie hört' ich so verwirrte Leidenschaft,
So seltsam wild und durcheinander, als
Der Hund von Juden in den Straßen auslief:
„Mein' Tochter — mein' Dukaten — o mein' Tochter!

9*

Fort mit 'nem Christen — o mein' christliche Dukaten!
Recht und Gericht! mein' Tochter! mein' Dukaten!
Ein Sack, zwei Säcke, beide zugesiegelt,
Voll von Dukaten, doppelten Dukaten!
Gestohl'n von meiner Tochter; und Juwelen,
Zwei Stein' — zwei reich' und köstliche Gestein,
Gestohl'n von meiner Tochter! O Gerichte,
Findt mir das Mädchen! — Sie hat die Steine bei sich
Und die Dukaten."

Salarino. Ja, alle Gassenbuben folgen ihm,
Und schrein: Die Stein', die Tochter, die Dukaten!

Solanio. Daß nur Antonio nicht den Tag versäumt,
Sonst wird er hierfür zahlen.

Salarino.   Gut bedacht!
Mir sagte gestern ein Franzose noch,
Mit dem ich schwatzte, in der engen See,
Die Frankreich trennt und England, sei ein Schiff
Von unserm Land verunglückt, reich geladen;
Ich dachte des Antonio, da er's sagte,
Und wünscht' im stillen, daß es seins nicht wär'.

Solanio. Ihr solltet ihm doch melden, was Ihr hört;
Doch thut's nicht plötzlich, denn es könnt' ihn kränken.

Salarino. Ein beßres Herz lebt auf der Erde nicht.
Ich sah Bassanio und Antonio scheiden!
Bassanio sagt' ihm, daß er eilen wolle
Mit seiner Rückkehr; „nein," erwidert' er,
„Schlag dein Geschäft nicht von der Hand, Bassanio,
Um meinetwillen, laß die Zeit es reifen.
Und die Verschreibung, die der Jude hat,
Denk nicht an sie, denk nur an deine Liebe.
Sei fröhlich, wende die Gedanken ganz
Auf Gunstbewerbung, und Bezeugungen
Der Liebe, wie sie dort dir ziemen mögen."
Und hier, die Augen voller Thränen, wandt' er
Sich abwärts, reichte seine Hand zurück,
Und, als ergriff' ihn wunderbare Rührung,
Drückt' er Bassanios Hand, so schieden sie.

Solanio. Ich glaub', er liebt die Welt nur seinetwegen.
Ich bitt' Euch, laßt uns gehn ihn aufzusuchen,
Um seine Schwermut etwas zu zerstreun
Auf ein' und andre Art.

Salarino.   Ja, thun wir das.
                  (Beide ab.)

9. Scene.

Belmont. Ein Zimmer in Porzias Hause.

Nerissa kommt mit einem Bedienten.

Nerissa. Komm hurtig, hurtig, zieh den Vorhang auf!
Der Prinz von Arragon hat seinen Eid
Gethan, und kommt sogleich zu seiner Wahl.

Trompetenstoß. Der Prinz von Arragon, Porzia und beider Gefolge.

Porzia. Schaut hin, da stehn die Kästchen, edler Prinz!
Wenn Ihr das wählet, das mich in sich faßt,
Soll die Vermählung gleich gefeiert werden.
Doch fehlt Ihr, Prinz, so müßt Ihr, ohne weiters,
Im Augenblick von hier Euch wegbegeben.

Arragon. Drei Dinge giebt der Eid mir auf zu halten:
Zum ersten, niemals jemand kund zu thun,
Welch Kästchen ich gewählt; sodann, verfehl' ich
Das rechte Kästchen, nie in meinem Leben
Um eines Mädchens Hand zu werben; endlich,
Wenn sich das Glück zu meiner Wahl nicht neigt,
Sogleich Euch zu verlassen und zu gehn.

Porzia. Auf diese Pflichten schwört ein jeder, der
Zu wagen kommt um mein geringes Selbst.

Arragon. Und so bin ich gerüstet. Glück, wohlauf
Nach Herzens Wunsch! — Gold, Silber, schlechtes Blei.
„Wer mich erwählt, der giebt und wagt sein Alles dran."
Du müßtest schöner aussehn, eh' ich's thäte.
Was sagt das goldne Kästchen? Ha, laßt sehn!
„Wer mich erwählt, gewinnt was mancher Mann begehrt."
Was mancher Mann begehrt? — Dies mancher meint vielleicht
Die Thorenmenge, die nach Scheine wählt,
Nur lernend, was ein blödes Auge lehrt;
Die nicht ins Innre dringt, und wie die Schwalbe
Im Wetter bauet an der Außenwand,
Recht in der Kraft und Bahn des Ungefährs.
Ich wähle nicht, was mancher Mann begehrt,
Weil ich nicht bei gemeinen Geistern hausen,
Noch mich zu rohen Haufen stellen will.
Nun danu zu dir, du silbern Schatzgemach!
Sag mir noch 'mal die Inschrift, die du führst:
„Wer mich erwählt, bekommt so viel als er verdient."
Ja, gut gesagt; denn wer darf darauf ausgehn,
Das Glück zu täuschen und geehrt zu sein,
Den das Verdienst nicht stempelt? Maße keiner

Sich einer unverdienten Würde an.
O, würden Güter, Rang und Ämter nicht
Verderbterweis' erlangt, und würde Ehre
Durch das Verdienst des Eigners rein erkauft;
Wie mancher deckte dann sein bloßes Haupt!
Wie mancher, der befiehlt, gehorchte dann!
Wie viel des Pöbels würde ausgesondert
Aus reiner Ehre Saat! und wie viel Ehre
Gelesen aus der Spreu, dem Raub der Zeit,
Um neu zu glänzen! — Wohl, zu meiner Wahl!
„Wer mich erwählt, bekommt so viel als er verdient.“
Ich halt' es mit Verdienst; gebt mir dazu den Schlüssel,
Und unverzüglich schließt mein Glück hier auf.

(Öffnet das silberne Kästchen.)

Porzia. Zu lang geweilt für das, was Ihr da findet.
Arragon. Was giebt's hier? Eines Gecken Bild, der blinzt,
Und mir 'nen Zettel reicht? Ich will ihn lesen.
O, wie so gar nicht gleichst du Porzien!
Wie gar nicht meinem Hoffen und Verdienst!
„Wer mich erwählt, bekommt so viel als er verdient.“
Verdient' ich nichts als einen Narrenkopf?
Ist das mein Preis? Ist mein Verdienst nicht höher?
Porzia. Fehlen und Richten sind getrennte Ämter,
Und die sich widersprechen.
Arragon.   Was ist hier?
            „Siebenmal im Feur geklärt
            Ward dies Silber: so bewährt
            Ist ein Sinn, den nichts bethört.
            Mancher achtet Schatten wert,
            Dem ist Schattenheil beschert.
            Mancher Narr in Silber fährt,
            So auch dieser, der Euch lehrt:
            Welches Weib Ihr immer wählt,
            Ich bleib' ewig Euch gesellt.
            Fort von hier; Ihr habt's verfehlt.“
            Mehr und mehr zum Narrn mich macht
            Jede Stunde, hier verbracht.
            Mit einem Narrenkopf zum Frein
            Kam ich her, und geh' mit zwein.
            Herz, leb wohl! was ich versprach,
            Halt' ich, trage still die Schmach.

(Arragon mit Gefolge ab.)

Porzia. So ging dem Licht die Motte nach!
O diese weisen Narren! wenn sie wählen,
Sind sie so klug, durch Witz es zu verfehlen.
Nerissa. Die alte Sag' ist keine Ketzerei,
Daß Frein und Häugen eine Schickung sei.
Porzia. Komm, zieh den Vorhang zu, Nerissa.

Ein Bedienter kommt.

Bedienter. Wo ist mein Fräulein?
Porzia. Hier; was will mein Herr?
Bedienter. An Eurem Thor ist eben abgestiegen
Ein junger Venetianer, welcher kommt,
Die nahe Ankunft seines Herrn zu melden,
Von dem er stattliche Begrüßung bringt;
Das heißt, nebst vielen art'gen Worten, Gaben
Von reichem Wert; ich sahe niemals noch
Solch einen holden Liebesabgesandten.
Nie kam noch im April ein Tag so süß,
Zu zeigen, wie der Sommer prangend nahe,
Als dieser Bote seinem Herrn voran.
Porzia. Nichts mehr, ich bitt' dich; ich besorge fast,
Daß du gleich sagen wirst, er sei dein Vetter;
Du wendest solchen Festtagswitz an ihn.
Komm, komm, Nerissa; denn er soll mich freun,
Cupidos Herold, so geschickt und fein.
Nerissa. Bassanio, Herr der Herzen! laß es sein. (Alle ab.)

Dritter Aufzug.

1. Scene.

Venedig. Eine Straße.

Solanio und Salarino treten auf.

Solanio. Nun, was giebt's Neues auf dem Rialto?
Salarino. Ja, noch wird es nicht widersprochen, daß dem Antonio ein Schiff von reicher Ladung in der Meerenge gestrandet ist. Die Goodwins, denke ich, nennen sie die Stelle; eine sehr gefährliche Sandbank, wo die Gerippe von manchem stattlichen Schiff begraben liegen, wenn Gevatterin Fama eine Frau von Wort ist.
Solanio. Ich wollte, sie wäre darin so 'ne lügenhafte Gevatterin, als jemals eine Ingwer kaute, oder ihren Nachbarn weismachte, sie weine um den Tod ihres dritten Mannes. Aber es ist wahr — ohne alle Umschweife, und ohne die gerade ebene Bahn des

Gespräches zu kreuzen — daß der gute Antonio, der redliche Antonio
— o, daß ich eine Benennung wüßte, die gut genug wäre, seinem
Namen Gesellschaft zu leisten! —

Salarino. Wohlan, zum Schluß!

Solanio. He, was sagst du? — Ja, das Ende ist, er hat
ein Schiff eingebüßt.

Salarino. Ich wünsche, es mag das Ende seiner Einbußen sein.

Solanio. Laßt mich beizeiten Amen sagen, ehe mir der Teufel
einen Querstrich durch mein Gebet macht; denn hier kommt er in
Gestalt eines Juden. (Shylock kommt.) Wie steht's, Shylock? Was
giebt es Neues unter den Kaufleuten?

Shylock. Ihr wußtet, niemand besser, niemand besser als Ihr,
um meiner Tochter Flucht.

Salarino. Das ist richtig; ich meinerseits kannte den Schnei=
der, der ihr die Flügel zum Wegfliegen gemacht hat.

Solanio. Und Shylock seinerseits wußte, daß der Vogel flügge
war; und dann haben sie es alle in der Art, das Nest zu verlassen.

Shylock. Sie ist verdammt dafür.

Salarino. Das ist sicher, wenn der Teufel ihr Richter sein soll.

Shylock. Daß mein eigen Fleisch und Blut sich so empört!

Solanio. Pfui dich an, altes Fell! bei dem Alter empört es sich?

Shylock. Ich sage, meine Tochter ist mein Fleisch und Blut.

Salarino. Zwischen deinem Fleisch und ihrem ist mehr Unter=
schied als zwischen Ebenholz und Elfenbein, mehr zwischen eurem
Blute als zwischen rotem Wein und Rheinwein. — Aber sagt uns,
was hört Ihr? hat Antonio einen Verlust zur See gehabt oder nicht?

Shylock. Da hab' ich einen andern schlimmen Handel: ein
Bankrottierer, ein Verschwender, der sich kaum auf dem Rialto darf
blicken lassen, ein Bettler, der so schmuck auf den Markt zu kommen
pflegte. Er sehe sich vor mit seinem Schein! er nannte mich immer
Wucherer. — Er sehe sich vor mit seinem Schein! — er verlieh
immer Geld aus christlicher Liebe — er sehe sich vor mit seinem
Schein!

Salarino. Nun, ich bin sicher, wenn er verfällt, so wirst du
sein Fleisch nicht nehmen; wozu wär' es gut?

Shylock. Fisch' mit zu ködern. Sättigt es sonst niemanden,
so sättigt es doch meine Rache. Er hat mich beschimpft, mir 'ne
halbe Million gehindert, meinen Verlust belacht, meinen Gewinn
bespottet, mein Volk geschmäht, meinen Handel gekreuzt, meine
Freunde verleitet, meine Feinde gehetzt. Und was hat er für
Grund? Ich bin ein Jude. Hat nicht ein Jude Augen? Hat nicht
ein Jude Hände, Gliedmaßen, Werkzeuge, Sinne, Neigungen, Leiden=
schaften? Mit derselben Speise genährt, mit denselben Waffen ver=

tezt, denselben Krankheiten unterworfen, mit denselben Mitteln ge= heilt, gewärmt und gekältet von eben dem Winter und Sommer, als ein Christ? Wenn ihr uns stecht, bluten wir nicht? Wenn ihr uns kitzelt, lachen wir nicht? Wenn ihr uns vergiftet, sterben wir nicht? Und wenn ihr uns beleidigt, sollen wir uns nicht rächen? Sind wir euch in allen Dingen ähnlich, so wollen wir's euch auch darin gleich thun. Wenn ein Jude einen Christen beleidigt, was ist seine Sanftmut? Rache. Wenn ein Christ einen Juden beleidigt, was muß seine Geduld sein nach christlichem Vorbild? Nu, Rache. Die Bosheit, die ihr mich lehrt, die will ich ausüben, und es muß schlimm hergehen, oder ich will es meinen Meistern zuvorthun.

Ein Bedienter kommt.

Bedienter. Edle Herren, Antonio, mein Herr, ist zu Hause und wünscht euch zu sprechen.

Salarino. Wir haben ihn allenthalben gesucht.

Tubal kommt.

Solanio. Hier kommt ein anderer von seinem Stamm; der dritte Mann ist nicht aufzutreiben, der Teufel selbst müßte denn Jude werden. (Solanio, Salarino und Bedienter ab.)

Shylock. Nnn, Tubal, was bringst du Neues von Genua? Hast du meine Tochter gefunden?

Tubal. Ich bin oft an Örter gekommen, wo ich von ihr hörte, aber ich kann sie nicht finden.

Shylock. Ei so, so, so, so! Ein Diamant fort, kostet mich zwei= tausend Dukaten zu Frankfurt! Der Fluch ist erst jetzt auf unser Volk gefallen, ich hab' ihn niemals gefühlt bis jetzt. Zweitausend Dukaten dafür! und noch mehr kostbare, kostbare Juwelen! Ich wollte, meine Tochter läge tot zu meinen Füßen, und hätte die Ju= welen in den Ohren! Wollte, sie läge eingesargt zu meinen Füßen, und die Dukaten im Sarge! Keine Nachricht von ihnen? Ei, daß dich! — und ich weiß noch nicht, was beim Nachsetzen draufgeht. Ei, du Verlust über Verlust! Der Dieb mit so viel davongegangen, und so viel, um den Dieb zu finden; und keine Genugthuung, keine Rache! Kein Unglück thut sich auf, als was mir auf den Hals fällt; keine Seufzer, als die ich ausstoße, keine Thränen, als die ich vergieße.

Tubal. Ja, andere Menschen haben auch Unglück. Antonio, so hört' ich in Genua —

Shylock. Was, was, was? Ein Unglück? ein Unglück?

Tubal. Hat eine Galeone verloren, die von Tripolis kam.

Shylock. Gott sei gedankt! Gott sei gedankt! Ist es wahr? ist es wahr?

Tubal. Ich sprach mit ein paar von den Matrosen, die sich aus dem Schiffbruch gerettet.

Shylock. Ich danke dir, guter Tubal! Gute Zeitung, gute Zeitung! — Wo? in Genua?

Tubal. Eure Tochter verthat in Genua, wie ich hörte, in einem Abend achtzig Dukaten!

Shylock. Du giebst mir einen Dolchstich — ich kriege mein Gold nicht wieder zu sehen — achtzig Dukaten in einem Strich! achtzig Dukaten!

Tubal. Verschiedene von Antonios Gläubigern reisten mit mir zugleich nach Venedig; die beteuerten, er müsse notwendig fallieren.

Shylock. Das freut mich sehr! Ich will ihn peinigen, ich will ihn martern; das freut mich!

Tubal. Einer zeigte mir einen Ring, den ihm Eure Tochter für einen Affen gab.

Shylock. Daß sie die Pest! Du marterst mich, Tubal; es war mein Türkis, ich bekam ihn von Lea, als ich noch Junggeselle war; ich hätte ihn nicht für einen Wald voll Affen weggegeben.

Tubal. Aber Antonio ist gewiß ruiniert.

Shylock. Ja, das ist wahr! das ist wahr! Geh, Tubal, miete mir einen Amtsdiener, bestell ihn vierzehn Tage vorher. Ich will sein Herz haben, wenn er verfällt; denn wenn er aus Venedig weg ist, so kann ich Handel treiben wie ich will. Geh, geh, Tubal, und triff mich bei unserer Synagoge! geh, guter Tubal! bei unserer Synagoge, Tubal! (Ab.)

2. Scene.

Belmont. Ein Zimmer in Porzias Hause.

Bassanio, Porzia, Graziano, Nerissa und Gefolge treten auf.
Die Kästchen sind ausgestellt.

Porzia. Ich bitt' Euch, wartet ein, zwei Tage noch,
Bevor Ihr wagt: denn wählt Ihr falsch, so büße
Ich Euren Umgang ein; darum verzieht.
Ein Etwas sagt mir — doch es ist nicht Liebe —
Ich möcht' Euch nicht verlieren; und Ihr wißt,
Es rät der Haß in diesem Sinne nicht,
Allein damit Ihr recht mich denken möchtet —
Und doch, ein Mädchen spricht nur mit Gedanken —
Behielt' ich gern Euch ein paar Tage hier,
Eh' Ihr für mich Euch wagt. Ich könnt' Euch leiten
Zur rechten Wahl, dann bräch' ich meinen Eid;
Das will ich nicht; so könnt Ihr mich verfehlen.
Doch wenn Ihr's thut, macht Ihr mich sündlich wünschen,
Ich hätt' ihn nur gebrochen. O, der Augen,

Sie haben mich bezaubert, mich geteilt!
Halb' bin ich Eu'r, die andre Hälfte Euer —
Mein, wollt' ich sagen; doch wenn mein, dann Euer,
Und so ganz Euer. O, die böse Zeit,
Die Eignern ihre Rechte vorenthält!
Und so, ob Euer schon, nicht Euer. — Trifft es,
So sei das Glück dafür verdammt, nicht ich.
Zu lange red' ich, doch nur um die Zeit
Zu dehnen, in die Länge sie zu ziehn,
Die Wahl noch zu verzögern.

Baſſanio.   Laß mich wählen,
Denn wie ich jetzt bin, leb' ich auf der Folter.

Porzia. Baſſanio, auf der Folter? So bekennt,
Was für Verrat in Eurer Liebe steckt.

Baſſanio. Allein der häßliche Verrat des Mißtrauns,
Der mich am Glück der Liebe zweifeln läßt.
So gut verbände Schnee und Feuer sich
Zum Leben, als Verrat und meine Liebe.

Porzia. Ja, doch ich sorg', Ihr redet auf der Folter,
Wo sie, gezwungen, sagen was man will.

Baſſanio. Verheißt mir Leben, so bekenn' ich Wahrheit.

Porzia. Nun wohl, bekennt und lebt!

Baſſanio.   Bekennt und liebt!
Mein ganz Bekenntnis wäre dies gewesen.
O sel'ge Folter, wenn der Folterer
Mich Antwort lehrt zu meiner Lossprechung!
Doch laßt mein Heil mich bei den Kästchen suchen.

Porzia. Hinzu denn! Eins darunter schließt mich ein,
Wenn Ihr mich liebt, so findet Ihr es aus.
Nerissa und ihr andern, steht beiseit. —
Laßt nun Musik ertönen, weil er wählt!
So, wenn er fehltrifft, end' er Schwanen=gleich
Hinsterbend in Musik; daß die Vergleichung
Noch näher passe, sei mein Aug' der Strom,
Sein wässrig Totenbett. Er kann gewinnen,
Und was ist dann Musik? Dann ist Musik
Wie Paukenklang, wenn sich ein treues Voll
Dem neugekrönten Fürsten neigt; ganz so
Wie jene süßen Tön' in erster Frühe,
Die in des Bräut'gams schlummernd Ohr sich schleichen,
Und ihn zur Hochzeit laden. Jetzo geht er
Mit minder Anstand nicht, mit weit mehr Liebe,
Als einst Alcides, da er den Tribut

Der Jungfraun löste, welchen Troja heulend
Dem Seeuntier gezahlt. Ich steh' als Opfer,
Die dort von fern sind die Dardan'schen Fraun,
Mit rotgeweinten Augen, ausgegangen,
Der That Erfolg zu sehn. — Geh, Herkules!
Leb du, so leb' ich; mit viel stärkerm Bangen
Seh' ich den Kampf, als du ihn eingegangen.

      (Musik, während Bassanio über die Kästchen mit sich zu Rate geht.)

                Lied.

Erste Stimme.   Sagt, woher stammt Liebeslust?
                Aus den Sinnen, aus der Brust?
                Ist euch ihr Lebenslauf bewußt?
                Gebt Bescheid! Gebt Bescheid!
Zweite Stimme. In den Augen erst gehegt,
                Wird Liebeslust durch Schaun gepflegt;
                Stirbt das Kindchen, beigelegt
                In der Wiege, die es trägt.
                Läutet Totenglöckchen ihm;
                Ich beginne: Bim! bim! bim!
Chor.   Bim! bim! bim!
Bassanio. So ist oft äußrer Schein dem Wesen fremd,
      Die Welt wird immerdar durch Zier berückt.
Im Recht, wo ist ein Handel so verderbt,
Der nicht, geschmückt von einer holden Stimme,
Des Bösen Schein verdeckt? Im Gottesdienst,
Wo ist ein Irrwahn, den ein ehrbar Haupt
Nicht heiligte, mit Sprüchen nicht belegte,
Und bürge die Verdammlichkeit durch Schmuck?
Kein Laster ist so blöde, das von Tugend
Im äußern Thun nicht Zeichen an sich nähme.
Wie manche Feige, die Gefahren sichu
Wie Spreu dem Winde, tragen doch am Kinn
Den Bart des Herkules und finstern Mars,
Fließt gleich in ihren Herzen Milch statt Blut?
Und diese leihu des Mutes Auswuchs nur,
Um furchtbar sich zu machen. Blickt auf Schönheit,
Ihr werdet sehn, man kauft sie nach Gewicht,
Das hier ein Wunder der Natur bewirkt,
Und die es tragen, um so lockrer macht.
So diese schlänglicht krausen goldnen Locken,
Die mit den Lüften so mutwillig hüpsen,
Auf ihren Scheinschmuck stolz; man kennt sie oft

Als eines zweiten Kopfes Ausstattung;
Der Schädel, der sie trug, liegt in der Gruft.
So ist denn Zier die trügerische Küste
Von einer schlimmen See, der schöne Schleier,
Der Indiens Schönen birgt; mit einem Wort
Die Schein=Wahrheit, womit die schlaue Zeit
Auch Weise fängt. Darum, du gleißend Gold,
Des Midas harte Kost, dich will ich nicht;
Noch dich, gemeiner, bleicher Botenläufer
Von Mann zu Mann; doch du, du magres Blei,
Das eher droht als irgend was verheißt,
Dein schlichtes Ansehn spricht beredt mich an;
Ich wähle hier, und sei es wohlgethan!

Porzia. Wie jede Regung fort die Lüfte tragen!
Als irre Zweifel, ungestüm Verzagen,
Und bange Schau'r und blasse Schüchternheit.
O Liebe, mäß'ge dich in deiner Seligkeit!
Halt ein, laß deine Freuden sanfter regnen;
Zu stark fühl' ich, du mußt mich minder segnen,
Damit ich nicht vergeh'.

Bassanio (öffnet das bleierne Kästchen). Was find' ich hier?
Der schönen Porzia Bildnis? Welcher Halbgott
Kam so der Schöpfung nah? Regt sich dies Auge?
Wie, oder schwebend auf der meinen Wölbung,
Scheint es bewegt? Hier sind erschloßne Lippen,
Die Nektarodem trennt: so süße Scheidung
Muß zwischen solchen süßen Freunden sein.
Der Maler spielte hier in ihrem Haar
Die Spinne, wob ein Netz, der Männer Herzen
Zu fangen, wie die Mück' in Spinngeweb.
Doch ihre Augen — o wie konnt' er sehn,
Um sie zu malen? Da er eins gemalt,
Dünkt mich, es mußt' ihm seine beiden stehlen,
Und ungepaart sich lassen. Doch seht, so weit
Die Wahrheit meines Lobes diesem Schatten
Zu nahe thut, da es ihn unterschätzt,
So weit läßt diesen Schatten hinter sich
Die Wahrheit selbst zurück. — Hier ist der Zettel,
Der Inbegriff und Auszug meines Glücks.
            „Ihr, der nicht auf Schein gesehn,
            Wählt so recht und trefft so schön!
            Weil Euch dieses Glück geschehn,
            Wollet nicht nach anderm gehn.

Ist Euch dies nach Wunsch gethan,
Und find't ihr Heil auf dieser Bahn,
Müßt Ihr Eurer Liebsten nahn,
Und sprecht mit holdem Kuß sie an."
Ein freundlich Blatt — erlaubt, mein holdes Leben, (er küßt sie)
Ich komm', auf Schein zu nehmen und zu geben.
Wie, wer um einen Preis mit andern ringt,
Und glaubt, daß vor dem Voll sein Thun gelingt;
Er hört den Beifall, Jubel schallt zum Himmel,
Im Geist benebelt, staunt er — „dies Getümmel
Des Preises," fragt er sich, „gilt es denn mir?"
So, dreimal holdes Fräulein, steh' ich hier,
Noch zweifelnd, ob kein Trug mein Auge blend't,
Bis Ihr bestätigt, zeichnet, anerkennt.

Porzia. Ihr seht mich, Don Bassanio, wo ich stehe,
So wie ich bin; obschon, für mich allein,
Ich nicht ehrgeizig wär' in meinem Wunsch,
Viel besser mich zu wünschen; doch, für Euch,
Wollt' ich verdreifacht zwanzigmal ich selbst sein,
Noch tausendmal so schön, zehntausendmal
So reich. —
Nur um in Eurer Schätzung hoch zu stehn,
Möcht' ich an Gaben, Reizen, Gütern, Freunden
Unschätzbar sein; doch meine volle Summa
Macht gar nichts aus: das ist, in Bausch und Bogen,
Ein unerzognes, ungelehrtes Mädchen,
Darin beglückt, daß sie noch nicht zu alt
Zum Lernen ist; noch glücklicher, daß sie
Zum Lernen nicht zu blöde ward geboren.
Am glücklichsten, weil sie ihr welch Gemüt
Dem Euren überläßt, daß Ihr sie lenkt,
Als ihr Gemahl, ihr Führer und ihr König.
Ich selbst und was nur mein, ist Euch und Eurem
Nun zugewandt; noch eben war ich Eigner
Des schönen Guts hier, Herrin meiner Leute,
Monarchin meiner selbst; und eben jetzt
Sind Haus und Leut', und eben dies Ich selbst
Eu'r eigen, Herr: nehmt sie mit diesem Ring.
Doch trennt Ihr Euch von ihm, verliert, verschenkt ihn,
So prophezei' es Eurer Liebe Fall,
Und sei mein Anspruch gegen Euch zu klagen.

Bassanio. Fräulein, Ihr habt der Worte mich beraubt,
Mein Blut nur in den Adern spricht zu Euch;

Verwirrung ist in meinen Lebensgeistern,
Wie sie nach einer wohlgesprochnen Rede
Von einem teuren Prinzen wohl im Kreis
Der murmelnden zufriednen Meng' erscheint,
Wo jedes Etwas, ineinander fließend,
Zu einem Chaos wird von nichts als Freude,
Laut oder sprachlos. — Doch weicht dieser Ring
Von diesem Finger, dann weicht hier das Leben.
O dann sagt kühn, Bassanio sei tot!

Nerissa. Mein Herr und Fräulein, jetzt ist unsre Zeit,
Die wir dabei gestanden und die Wünsche
Gelingen sehn, zu rufen: Freud' und Heil!
Habt Freud' und Heil, mein Fräulein und mein Herr!

Graziano.
Mein Freund Bassanio und mein wertes Fräulein,
Ich wünsch' euch, was für Freud' ihr wünschen könnt,
Denn sicher wünscht ihr keine von mir weg.
Und wenn ihr beiderseits zu feiern denkt
Den Austausch eurer Trene, bitt' ich euch,
Daß ich zugleich mich auch verbinden dürfe.

Bassanio. Von Herzen gern, kannst du ein Weib dir schaffen.

Graziano. Ich dank' Euch, Herr; Ihr schaffet mir ein Weib.
Mein Auge kann so hurtig schaun als Eures;
Ihr saht das Fräulein, ich die Dienerin;
Ihr liebtet und ich liebte; denn Verzug
Steht mir nicht besser an als Euch, Bassanio.
Eu'r eignes Glück hing an den Kästchen dort,
Und so auch meines, wie es sich gefügt.
Denn werbend hier, bis ich in Schweiß geriet,
Und schwörend, bis mein Gaum von Liebesschwüren
Ganz trocken war, ward ich zuletzt — gesetzt
Durch ein Versprechen dieser Schönen hier,
Mir Liebe zu erwidern, wenn Eu'r Glück
Ihr Fräulein erst gewönne.

Porzia.   Ist's wahr, Nerissa?

Nerissa. Ja, Fräulein, wenn Ihr Euren Beifall gebt.

Bassanio. Und meint Ihr's, Graziano, recht im Ernst?

Graziano. Ja, auf mein Wort.

Bassanio. Ihr ehrt durch Eure Heirat unser Fest.

Graziano. Wir wollen mit ihnen auf den ersten Jungen wetten.
                              um tausend Dukaten.
Doch wer kommt hier; Lorenzo und sein Heidenkind?
Wie? und mein alter Landsmann, Freund Solanio?

Lorenzo, Jessica und Solanio treten auf.

Bassanio. Lorenzo und Solanio willkommen,
Wofern die Jugend meines Ansehns hier
Willkommen heißen darf. Erlaubet mir,
Ich heiße meine Freund' und Landesleute
Willkommen, holde Porzia.

Porzia.   Ich mit Euch;
Sie sind mir sehr willkommen.

Lorenzo. Dank, Euer Gnaden! — Was mich angeht, Herr,
Mein Vorsatz war es nicht, Euch hier zu sehn,
Doch da ich unterwegs Solanio traf,
So bat er mich, daß ich's nicht weigern konnte,
Hieher ihn zu begleiten.

Solanio.   Ja, ich that's,
Und habe Grund dazu. Signor Antonio
Empfiehlt sich Euch. (Giebt dem Bassanio einen Brief.)

Bassanio.   Eh' ich den Brief erbreche,
Sagt, wie befindet sich mein wackrer Freund?

Solanio. Nicht krank, Herr, wenn er's im Gemüt nicht ist,
Noch wohl, als im Gemüt; der Brief da wird
Euch seinen Zustand melden. (Bassanio liest den Brief.)

Graziano. Nerissa, muntert dort die Fremde auf,
Heißt sie willkommen. Eure Hand, Solanio!
Was bringt Ihr von Venedig mit? wie geht's
Dem königlichen Kaufmann, dem Antonio?
Ich weiß, er wird sich unsers Glückes freun,
Wir sind die Jasons, die das Vlies gewonnen.

Solanio. O hättet ihr das Vlies, das er verlor!

Porzia. In dem Papier ist ein feindsel'ger Inhalt,
Es stiehlt die Farbe von Bassanios Wangen.
Ein teurer Freund tot; nichts auf Erden sonst,
Was eines festgesinnten Mannes Fassung
So ganz verwandeln kann. Wie? schlimm und schlimmer?
Erlaubt, Bassanio, ich bin halb Ihr selbst,
Und mir gebührt die Hälfte auch von allem,
Was dies Papier Euch bringt.

Bassanio.   O werte Porzia!
Hier sind ein paar so widerwärt'ge Worte,
Als je Papier befleckten. Holdes Fräulein,
Als ich zuerst Euch meine Liebe bot,
Sagt' ich Euch frei, mein ganzer Reichtum rinne
In meinen Adern, ich sei Edelmann;
Und dann sagt' ich Euch wahr. Doch, teures Fräulein,

Da ich auf nichts mich schätzte, sollt Ihr sehn,
Wie sehr ich Prahler war. Da ich Euch sagte,
Mein Gut sei nichts, hätt' ich Euch sagen sollen,
Es sei noch unter nichts; denn, in der That,
Mich selbst verband ich einem teuren Freunde,
Den Freund verband ich seinem ärgsten Feind,
Um mir zu helfen. Hier, Fräulein, ist ein Brief,
Das Blatt Papier wie meines Freundes Leib,
Und jedes Wort drauf eine offne Wunde,
Der Lebensblut entströmt. — Doch ist es wahr,
Solanio? Sind denn alle Unternehmen
Ihm fehlgeschlagen? Wie, nicht eins gelang?
Von Tripolis, von Mexiko, von England,
Von Indien, Lissabon, der Barbarei?
Und nicht ein Schiff entging dem furchtbaren Anstoß
Von Armut droh'nden Klippen?

Solanio.   Nein, nicht eins.
Und außerdem, so scheint es, hätt' er selbst
Das bare Geld, den Juden zu bezahlen,
Er nähm' es nicht. Nie kannt' ich ein Geschöpf,
Das die Gestalt von einem Menschen trug,
So gierig einen Menschen zu vernichten.
Er liegt dem Doge früh und spät im Ohr,
Und klagt des Staats verletzte Freiheit an,
Wenn man sein Recht ihm weigert; zwanzig Handelsleute,
Der Doge selber, und die Senatoren
Vom größten Ansehn reden all' ihm zu;
Doch niemand kann aus der Schikan' ihn treiben
Von Recht, verfallner Buß' und seinem Schein.

Jessica. Als ich noch bei ihm war, hört' ich ihn schwören
Vor seinen Landesleuten Chus und Tubal,
Er wollte lieber des Antonio Fleisch
Als den Betrag der Summe zwanzigmal,
Die er ihm schuldig sei. Und, Herr, ich weiß,
Wenn ihm nicht Recht, Gewalt und Ansehn wehrt,
Wird es dem armen Manne schlimm ergehn.

Porzia. Ist's Euch ein teurer Freund, der so in Not ist?

Bassanio. Der teu'rste Freund, der liebevollste Mann,
Das unermüdet willigste Gemüt
Zu Dienstleistungen, und ein Mann, an dem
Die alte Römerehre mehr erscheint,
Als sonst an wem, der in Italien lebt.

Porzia. Welch eine Summ' ist er dem Juden schuldig?

Baffanio. Für mich, dreitaufend Dukaten.
Porzia.   Wie? nicht mehr?
Zahlt ihm fechstaufend aus und tilgt den Schein,
Doppelt fechstaufend, dann verdreifacht das,
Eh' einem Freunde diefer Art ein Haar
Gekränkt foll werden durch Baffanios Schuld.
Erft geht mit mir zur Kirch' und nennt mich Weib,
Dann nach Venedig fort zu Eurem Freund,
Denn nie follt Ihr an Porzias Seite liegen
Mit Unruh in der Bruft. Gold geb' ich Euch
Um zwanzigmal die kleine Schuld zu zahlen:
Zahlt fie und bringt den echten Freund mit Euch.
Neriffa und ich felbft indeffen leben
Wie Mädchen und wie Witwen. Kommt mit mir,
Ihr follt auf Euren Hochzeittag von hier.
Begrüßt die Freunde, laßt den Mut nichts trüben;
So teu'r gekauft, will ich Euch teuer lieben. —
Doch laßt mich hören Eures Freundes Brief.
    Baffanio (lieft). „Liebfter Baffanio, meine Schiffe find alle
verunglückt, meine Gläubiger werden graufam, mein Glücksftand ift
ganz zerrüttet, meine Verfchreibung an den Juden ift verfallen, und
da es unmöglich ift, daß ich lebe, wenn ich fie zahle, fo find alle
Schulden zwifchen mir und Euch berichtigt. Wenn ich Euch nur bei
meinem Tode fehen könnte! Jedoch handelt nach Belieben; wenn
Eure Liebe Euch nicht überredet zu kommen, fo muß es mein Brief
nicht."
Porzia. O Liebfter, geht, laßt alles andre liegen!
Baffanio. Ja, eilen will ich, da mir Eure Huld
    Zu gehn erlaubt; doch bis ich hier zurück,
    Sei nie ein Bett an meinem Zögern fchuld,
    Noch trete Ruhe zwifchen unfer Glück! (Alle ab.)

3. Scene.

Venedig.   Eine Straße.

Shylock, Salarino, Antonio und Gefangenwärter treten auf.

Shylock. Acht auf ihn, Schließer! — Sagt mir nicht von Gnade,
    Dies ift der Narr, der Geld umfonft auslieh.
    Acht auf ihn, Schließer!
Antonio.   Hört mich, guter Shylock.
Shylock. Ich will den Schein, nichts gegen meinen Schein!
    Ich that 'nen Eid, auf meinen Schein zu bringen.
    Du nannteft Hund mich, eh du Grund gehabt:

Bin ich ein Hund, so meide meine Zähne.
Der Doge soll mein Recht mir thun. — Mich wundert's,
Daß du so thöricht bist, du loser Schließer,
Auf sein Verlangen mit ihm auszugehn.

Antonio. Ich bitte, hör mich reden.

Shylock. Ich will den Schein, ich will nicht reden hören,
Ich will den Schein, und also sprich nicht mehr.
Ihr macht mich nicht zum schwachen, blinden Narrn,
Der seinen Kopf wiegt, seufzt, bedauert, nachgiebt
Den christlichen Vermittlern. Folg mir nicht,
Ich will kein Reden, meinen Schein will ich. (Shylock ab.)

Salarino. Das ist ein unbarmherz'ger Hund, wie's keinen
Je unter Menschen gab.

Antonio. Laßt ihn nur gehn,
Ich geh' ihm nicht mehr nach mit eitlen Bitten,
Er sucht mein Leben, und ich weiß warum:
Oft hab' ich Schuldner, die mir vorgeklagt,
Davon erlöst, in Buß' ihm zu verfallen;
Deswegen haßt er mich.

Salarino. Gewiß, der Doge
Giebt nimmer zu, daß diese Buße gilt.

Antonio. Der Doge kann des Rechtes Lauf nicht hemmen;
Denn die Bequemlichkeit, die Fremde finden
Hier in Venedig, wenn man sie versagt,
Setzt die Gerechtigkeit des Staats herab,
Weil der Gewinn und Handel dieser Stadt
Beruht auf allen Völkern. Gehn wir denn!
Der Gram und der Verlust zehrt so an mir,
Kaum werd' ich ein Pfund Fleisch noch übrig haben
Auf morgen für den blut'gen Gläubiger.
Komm, Schließer! — Gebe Gott, daß nur Bassanio
Mich für ihn zahlen sieht, so gilt mir's gleich. (Ab.)

4. Scene.

Belmont. Ein Zimmer in Porzias Hause.

Porzia, Nerissa, Lorenzo, Jessica und Balthasar kommen.

Lorenzo. Mein Fräulein, sag' ich's schon in Eurem Beisein,
Ihr habt ein edles und ein echt Gefühl
Von göttergleicher Freundschaft; das beweist Ihr,
Da Ihr die Trennung vom Gemahl so tragt.
Doch wüßtet Ihr, wem Ihr die Ehr' erzeigt,
Welch einem biedern Mann Ihr Hilfe sendet,

Welch einem lieben Freunde Eures Gatten,
Ich weiß, Ihr wäret stolzer auf das Werk,
Als Euch gewohnte Güte bringen kann.

Porzia. Noch nie bereut' ich, daß ich Gutes that,
Und werd' es jetzt auch nicht: denn bei Genossen,
Die miteinander ihre Zeit verleben,
Und deren Herz ein Joch der Liebe trägt,
Da muß unfehlbar auch ein Ebenmaß
Von Zügen sein, von Sitten und Gemüt.
Dies macht mich glauben, der Antonio,
Als Busenfreund von meinem Gatten, müsse
Durchaus ihm ähnlich sein. Wenn es so ist,
Wie wenig ist es, was ich aufgewandt,
Um meiner Seele Ebenbild zu lösen
Aus einem Zustand höll'scher Grausamkeit?
Doch dies kommt einem Selbstlob allzunah:
Darum nichts mehr davon; hört andre Dinge.
Lorenzo, ich vertrau' in Eure Hand
Die Wirtschaft und die Führung meines Hauses
Bis zu Bassanios Rückkehr; für mein Teil
Ich sandt' ein heimliches Gelübd zum Himmel,
Zu leben in Beschauung und Gebet,
Allein begleitet von Nerissa hier,
Bis zu der Rückkunft unser beider Gatten.
Ein Kloster liegt zwei Meilen weit von hier,
Da wollen wir verweilen. Ich ersuch' Euch,
Lehnt nicht den Auftrag ab, den meine Liebe
Und eine Nötigung des Zufalls jetzt
Euch auferlegt.

Lorenzo.   Von ganzem Herzen, Fräulein,
In allem ist mir Euer Wink Befehl.

Porzia. Schon wissen meine Leute meinen Willen,
Und werden Euch und Jessica erkennen
An meiner eignen und Bassanios Statt.
So lebt denn wohl, bis wir uns wiedersehn.

Lorenzo. Sei froher Mut mit Euch und heitre Stunden!

Jessica. Ich wünsch' Eu'r Gnaden alle Herzensfreude.

Porzia. Ich dank' Euch für den Wunsch und bin geneigt
Ihn Euch zurückzuwünschen. — Jessica, lebt wohl.

(Jessica und Lorenzo ab.)

Nun, Balthasar,
Wie ich dich immer treu und redlich fand,
Laß mich auch jetzt dich finden: nimm den Brief

Und eile, was in Menschenkräften steht,
Nach Padua; gieb ihn zu eignen Händen
An meinen Vetter ab, Doktor Bellario.
Sieh zu, was er dir für Papiere giebt
Und Kleider; bring' sie mit Gedankeneil'
Zur überfahrt an die gemeine Fähre,
Die nach Venedig schifft. Verlier die Zeit
Mit Worten nicht: geh, ich bin vor dir da.

Balthasar. Fräulein, ich geh' mit aller schuld'gen Eil.
(Balthasar ab.)

Porzia. Nerissa, komm, ich hab' ein Werk zur Hand,
Wovon du noch nicht weißt; wir wollen unsre Männer,
Eh sie es denken, sehn.

Nerissa. Und werden sie uns sehn?

Porzia. Ja wohl, Nerissa, doch in solcher Tracht,
Daß sie mit dem versehn uns denken sollen,
Was uns gebricht. Ich wette, was du willst,
Sind wir wie junge Männer aufgestutzt,
Will ich der feinste Bursch von beiden sein,
Und meinen Degen mit mehr Anstand tragen,
Und sprechen wie im Übergang vom Knaben
Zum Mann in einem heiseren Diskant.
Ich will zwei jüngferliche Tritte dehnen
In einen Männerschritt, vom Raufen sprechen
Wie kecke junge Herrn; und artig lügen,
Wie edle Frauen meine Liebe suchten,
Und, da ich sie versagt, sich tot gehärmt —
Es war nicht meine Schuld; ich konnt's nicht helfen.
Und dann beren' ich es, und wünsch', ich hätte
Bei alledem sie doch nicht umgebracht.
Und zwanzig solcher kleinen Lügen sag' ich,
So daß man schwören soll, daß ich die Schule
Schon seit dem Jahr verließ. — Ich hab' im Sinn
Wohl tausend Streiche solcher dreisten Gecken,
Die ich verüben will.

Nerissa. So sollen wir in Männer uns verwandeln?

Porzia. Ja, komm, ich sag' dir meinen ganzen Anschlag,
Wenn wir im Wagen sind, der uns am Thor
Des Parks erwartet; darum laß uns eilen,
Denn wir durchmessen heut noch zwanzig Meilen. (Ab.)

5. Scene.

Belmont. Ein Garten.

Lanzelot und Jessica kommen.

Lanzelot. Ja, wahrhaftig! Denn seht Ihr, die Sünden der Väter sollen an den Kindern heimgesucht werden; darum glaubt mir, ich bin besorgt für Euch. Ich ging immer gerade gegen Euch heraus, und so sage ich Euch auch jetzt meine Deliberation über die Sache. Also seid gutes Mutes, denn wahrhaftig, ich denke, Ihr seid verdammt. Es ist nur eine Hoffnung dabei, die Euch zu statten kommen kann, und das ist auch nur so 'ne Art von Bastardhoffnung.

Jessica. Und welche Hoffnung ist das?

Lanzelot. Ei, Ihr könnt gewissermaßen hoffen, daß Euer Vater Euch nicht erzeugt hat, daß Ihr nicht des Juden Tochter seid.

Jessica. Das wäre in der That eine Art von Bastardhoffnung; dann würden die Sünden meiner Mutter an mir heimgesucht werden.

Lanzelot. Wahrhaftig, dann fürchte ich, Ihr seid von Vater und Mutter wegen verdammt. Wenn ich die Scylla, Euren Vater, vermeide, so falle ich in die Charybdis, Eure Mutter: gut, Ihr seid auf eine und die andere Art verloren.

Jessica. Ich werde durch meinen Mann selig werden, er hat mich zu einer Christin gemacht.

Lanzelot. Wahrhaftig, da ist er sehr zu tadeln. Es gab unser vorher schon Christen genug, gerade so viele, als nebeneinander gut bestehen konnten. Dies Christenmachen wird den Preis der Schweine steigern; denn wir alle Schweinefleischesser werden, so ist in kurzem kein Schnittchen Speck in der Pfanne für Geld mehr zu haben.

Lorenzo kommt.

Jessica. Ich will meinem Manne erzählen, was Ihr sagt, Lanzelot; hier kommt er.

Lorenzo. Bald werde ich eifersüchtig auf Euch, Lanzelot, wenn Ihr meine Frau so in die Ecken zieht.

Jessica. Ihr habt nichts zu befürchten, Lorenzo; Lanzelot und ich, wir sind ganz entzweit. Er sagt mir gerade heraus, im Himmel sei keine Gnade für mich, weil ich eines Juden Tochter bin; und er behauptet, daß Ihr kein gutes Mitglied des gemeinen Wesens seid, weil Ihr Juden zum Christentum bekehrt und dadurch den Preis des Schweinefleisches steigert.

Lorenzo. Das kann ich besser beim gemeinen Wesen verantworten als ihr Eure Streiche mit der Mohrin. Da Ihr ein Weißer seid, Lanzelot, hättet Ihr die Schwarze nicht so aufgeblasen machen sollen.

Lanzelot. Es thut mir leid, wenn ich ihr etwas weisgemacht habe; aber da das Kind einen weisen Vater hat, wird es doch keine Waise sein.

Lorenzo. Wie jeder Narr mit den Worten spielen kann! Bald, denke ich, wird sich der Witz am besten durch Stillschweigen bewähren, und Gesprächigkeit bloß noch an Papageien gelobt werden. — Geht ins Haus, Bursch, sagt, daß sie zur Mahlzeit znrichten.

Lanzelot. Das ist geschehen, Herr, sie haben alle Mägen.

Lorenzo. Lieber Himmel, welch ein Witzschnapper Ihr seid! Sagt also, daß sie die Mahlzeit anrichten.

Lanzelot. Das ist auch geschehen, es fehlt nur am Decken.

Lorenzo. Wollt Ihr also decken?

Lanzelot. Mich nicht, Herr. Ich weiß besser, was sich schickt.

Lorenzo. Wieder Silben gestochen! Willst du deinen ganzen Reichtum an Witz auf einmal zum besten geben? Ich bitte dich, verstehe einen schlichten Mann nach seiner schlichten Meinung. Geh zu deinen Kameraden, heiß sie den Tisch decken, das Essen auftragen, und wir wollen zur Mahlzeit hereinkommen.

Lanzelot. Der Tisch, Herr, soll aufgetragen werden, das Essen soll gedeckt werden; und was Euer Hereinkommen zur Mahlzeit betrifft, dabei laßt Lust und Laune walten. (Ab.)

Lorenzo. O heilige Vernunft, was eitle Worte!
Der Narr hat ins Gedächtnis sich ein Heer
Wortspiele eingeprägt. Und kenn' ich doch
Gar manchen Narrn an einer bessern Stelle,
So aufgestutzt, der um ein spitzes Wort
Die Sache preisgiebt. Wie geht's dir, Jessica?
Und nun sag deine Meinung, liebes Herz,
Wie Don Bassanios Gattin dir gefällt.

Jessica. Mehr als ich sagen kann. Es schickt sich wohl,
Daß Don Bassanio fromm sein Leben führe;
Denn da sein Weib ihm solch ein Segen ist,
Find't er des Himmels Lust auf Erden schon.
Und will er das auf Erden nicht, so wär's
Ihm recht, er käme niemals in den Himmel.
Ja, wenn zwei Götter irgend eine Wette
Des Himmels um zwei ird'sche Weiber spielten,
Und Porzia wär' die eine, thät' es not,
Noch sonst was mit der andern auf das Spiel
Zu setzen, denn die arme rohe Welt
Hat ihresgleichen nicht.

Lorenzo.   Und solchen Mann
Hast du an mir, als er an ihr ein Weib.

Jessica. Ei, fragt doch darum meine Meinung auch.

Lorenzo. Sogleich, doch laß uns erst zur Mahlzeit gehn.

Jessica. Nein, laßt mich vor der Sättigung Euch loben.

Lorenzo. Nein, bitte, spare das zum Tischgespräch;
　Wie du dann sprechen magst, so mit dem andern
　Werd' ich's verdau'n.

Jessica. Nun gut, ich werd' Euch anzupreisen wissen. (Ab.)

Vierter Aufzug.

1. Scene.

Venedig. Ein Gerichtssaal.

Der Doge, die Senatoren, Antonio, Bassanio, Graziano, Salarino,
Solanio und andere.

Doge. Nun, ist Antonio da?

Antonio. Eu'r Hoheit zu Befehl.

Doge. Es thut mir leid um dich; du hast zu thun
　Mit einem felsenharten Widersacher;
　Es ist ein Unmensch, keines Mitleids fähig,
　Kein Funk' Erbarmen wohnt in ihm.

Antonio. 　　　　　　　　　Ich hörte,
　Daß sich Eu'r Hoheit sehr verwandt, zu mildern
　Sein streng Verfahren; doch weil er sich verstockt,
　Und kein gesetzlich Mittel seinem Haß
　Mich kann entziehn, so stell' ich denn Geduld
　Entgegen seiner Wut, und bin gewaffnet
　Mit Ruhe des Gemütes, auszustehn
　Was nur sein schonungsloser Grimm ersinnt.

Doge. Geh' wer und ruf' den Juden in den Saal.

Solanio. Er wartet an der Thür; er kommt schon, Herr.

Shylock kommt.

Doge. Macht Platz, laßt ihn uns gegenüberstehn. —
　Shylock, die Welt denkt, und ich denk' es auch,
　Du treibest diesen Anschein deiner Bosheit
　Nur bis zum Augenblick der That; und dann,
　So glaubt man, wirst du dein Erbarmen zeigen
　Und deine Milde, wunderbarer noch
　Als deine angenommne Grausamkeit.
　Statt daß du jetzt das dir Verfallne eintreibst,
　Ein Pfund von dieses armen Kaufmanns Fleisch,
　Wirst du nicht nur die Buße fahren lassen,
　Nein, auch gerührt von Lieb' und Menschlichkeit,

Die Hälfte schenken von der Summe selbst,
Ein Aug' des Mitleids auf die Schäden werfend,
Die kürzlich seine Schultern so bestürmt:
Geung, um einen königlichen Kaufmann
Ganz zu erdrücken, und an seinem Fall
Teilnahme zu erzwingen, selbst von Herzen,
So hart wie Kieselstein, von ehrnen Busen,
Von Türken und Tataren, nie gewöhnt
An Dienste liebevoller Menschlichkeit.
Wir all' erwarten milde Antwort, Jude.

Shylock. Ich legt' Eu'r Hoheit meine Absicht vor:
Bei unserm heil'gen Sabbat schwor ich es,
Zu fordern, was nach meinem Schein mir zusteht.
Wenn Ihr es weigert, thut's auf die Gefahr
Der Freiheit und Gerechtsam' Eurer Stadt.
Ihr fragt, warum ich lieber ein Gewicht
Von schnödem Fleisch will haben, als dreitausend
Dukaten zu empfangen. Darauf will ich
Nicht Antwort geben; aber setzet nun,
Daß mir's so ansteht: ist das Antwort g'nug?
Wie? wenn mich eine Ratt' im Hause plagt,
Und ich, sie zu vergiften, nun dreitausend
Dukaten geben will? Ist's noch nicht Antwort g'nug?
Es giebt der Leute, die kein schmatzend Ferkel
Ausstehen können; manche werden toll,
Wenn sie 'ne Katze sehn; noch andre können,
Wenn die Sackpfeife durch die Nase singt,
Nicht halten den Urin. Denn der Affekt,
Der unsre Stimmungen beherrscht, lenkt sie
Nach Lust und Abneigung. Nun, Euch zur Antwort:
Wie sich kein rechter Grund angeben läßt,
Daß der kein schmatzend Ferkel leiden kann,
Der keine Katz', ein harmlos nützlich Tier,
Der keinen Dudelsack, und muß durchaus
Sich solcher unfreiwill'gen Schmach ergeben,
Daß er, belästigt, selbst beläst'gen muß,
So weiß ich keinen Grund, will keinen sagen,
Als eingewohnten Haß und Widerwillen,
Den mir Antonio einflößt, daß ich so
Ein mir nachteilig Recht an ihm verfolge.
Habt Ihr nun eine Antwort?

Bassanio. Nein, es ist keine, du fühlloser Mann,
Die deine Grausamkeit entschuld'gen könnte.

Shylock. Muß ich nach deinem Sinn dir Antwort geben?

Bassanio. Bringt jedermann das um, was er nicht liebt?

Shylock. Wer haßt ein Ding und bräch' es nicht gern um?

Bassanio. Belästigung ist nicht sofort auch Haß.

Shylock. Was? läßt du dich die Schlange zweimal stechen?

Antonio. Ich bitt' Euch, denkt, Ihr rechtet mit dem Juden.
Ihr mögt so gut hintreten auf den Strand,
Die Flut von ihrer Höh' sich senken heißen;
Ihr mögt so gut den Wolf zur Rede stellen,
Warum er nach dem Lamm das Schaf läßt blöken;
Ihr mögt so gut den Bergestannen wehren,
Ihr hohes Haupt zu schütteln und zu sausen,
Wenn sie des Himmels Sturm in Aufruhr setzt;
Ihr mögt so gut das Härteste bestehn,
Als zu erweichen suchen — was wär' härter? —
Sein jüdisch Herz. — Ich bitt' Euch also, bietet
Ihm weiter nichts, bemüht Euch ferner nicht,
Und gebt in aller Kürz' und gradezu
Mir meinen Spruch, dem Juden seinen Willen.

Bassanio. Statt der dreitausend Dukaten sind hier sechs.

Shylock. Wär' jedes Stück von den sechstausend Dukaten
Sechsfach geteilt, und jeder Teil 'n Dukat,
Ich nähm' sie nicht, ich wollte meinen Schein.

Doge. Wie hoffst du Gnade, da du keine übst.

Shylock. Welch Urteil soll ich scheun, thu' ich kein Unrecht?
Ihr habt viel feiler Sklaven unter euch,
Die ihr, wie eure Esel, Hund' und Maultier'
In sklavischem, verworfnem Dienst gebraucht,
Weil ihr sie kauftet. Sag' ich nun zu euch:
Laßt sie doch frei, vermählt sie euren Erben;
Was plagt ihr sie mit Lasten? laßt ihr Bett
So weich als eures sein, labt ihren Gaum
Mit eben solchen Speisen. Ihr antwortet:
Die Sklaven sind ja unser; und so geb' ich
Zur Antwort: das Pfund Fleisch, das ich verlange,
Ist teu'r gekauft, ist mein, und ich will's haben.
Wenn ihr versagt, pfui über eu'r Gesetz!
So hat das Recht Venedigs keine Kraft.
Ich wart' auf Spruch; antwortet: soll ich's haben?

Doge. Ich bin befugt, die Sitzung zu entlassen,
Wo nicht Bellario, ein gelehrter Doktor,
Zu dem ich um Entscheidung ausgeschickt,
Hier heut erscheint.

Salarino.　　　　　　Eu'r Hoheit, draußen steht
Ein Bote hier mit Briefen von dem Doktor,
Er kommt soeben an von Padua.

Doge. Bringt uns die Briefe, ruft den Boten vor.

Bassanio. Wohlauf, Antonio! Freund, sei gutes Muts!
Der Jude soll mein Fleisch, Blut, alles haben,
Eh' dir ein Tropfe Bluts für mich entgeht.

Antonio. Ich bin ein angestecktes Schaf der Herde,
Zum Tod am tauglichsten; die schwächste Frucht
Fällt vor den andern, und so laßt auch mich.
Ihr könnt nicht bessern Dienst mir thun, Bassanio,
Als wenn Ihr lebt und mir die Grabschrift setzt.

　　　Nerissa tritt auf, als Schreiber eines Advokaten gekleidet.

Doge. Kommt Ihr von Padua, von Bellario?

Nerissa. Von beiden, Herr; Bellario grüßt Eu'r Hoheit.
　　　　(Sie überreicht einen Brief.)

Bassanio. Was wetzest du so eifrig da dein Messer?

Shylock. Die Buß' dem Bankrottierer auszuschneiden.

Graziano. An deiner Seel', an deiner Sohle nicht,
Machst du dein Messer scharf, fühlloser Jude!
Doch kein Metall, selbst nicht des Henkers Beil,
Hat halb die Schärfe deines scharfen Grolls.
So können keine Bitten dich durchdringen?

Shylock. Nein, keine, die du Witz zu machen hast.

Graziano. O sei verdammt, du unbarmherz'ger Hund!
Und um dein Leben sei Gerechtigkeit verklagt.
Du machst mich irre fast in meinem Glauben,
Daß ich es halte mit Pythagoras,
Wie Tieresseelen in die Leiber sich
Von Menschen stecken; einen Wolf regierte
Dein hünd'scher Geist, der, aufgehängt für Mord,
Die grimme Seele weg vom Galgen riß,
Und, weil du lagst in deiner schnöden Mutter,
In dich hineinfuhr: denn dein ganz Begehren
Ist wölfisch, blutig, räuberisch und hungrig.

Shylock. Bis du von meinem Schein das Siegel wegschiltst,
Thust du mit Schrein nur deiner Lunge weh.
Stell deinen Witz her, guter junger Mensch.
Sonst fällt er rettungslos in Trümmern dir.
Ich stehe hier um Recht.

Doge. Der Brief da von Bellarios Hand empfiehlt
Uns einen jungen und gelehrten Doktor.
Wo ist er denn?

Nerissa.   Er wartet dicht bei an
Auf Antwort, ob Ihr Zutritt ihm vergönnt.
Doge. Von ganzem Herzen, geh' ein Paar von euch
Und gebt ihm höfliches Geleit hierher:
Hör' das Gericht indes Bellarios Brief.

                  Ein Schreiber liest:

„Eu'r Hoheit dient zur Nachricht, daß ich beim Empfange Eures
Briefes sehr krank war. Aber in dem Augenblick, da Euer Bote
ankam, war bei mir auf einen freundschaftlichen Besuch ein junger
Doktor von Rom, Namens Balthasar. Ich machte ihn mit dem strei=
tigen Handel zwischen dem Juden und dem Kaufmann Antonio be=
kannt: wir schlugen viele Bücher nach; er ist von meiner Meinung
unterrichtet, die er, berichtigt durch seine eigene Gelehrsamkeit, —
deren Größe ich nicht genug empfehlen kann — auf mein Andringen
mitgenommen hat, um Eurer Hoheit Verlangen an meiner Statt
Genüge zu leisten. Ich ersuche Euch, laßt seinen Mangel an Jahren
keinen Grund sein, ihm eine anständige Achtung zu versagen: denn
ich kannte noch niemals einen so jungen Körper mit einem so alten
Kopf. Ich überlasse ihn dem gnädigen Empfange Eurer Hoheit, deren
Prüfung ihn am besten empfehlen wird."
Doge. Ihr hört, was der gelehrte Mann uns schreibt,
Und hier, so glaub' ich, kommt der Doktor schon.

            Porzia tritt auf, wie ein Rechtsgelehrter gekleidet.
Gebt mir die Hand; Ihr kommt von unserm alten
Bellario?
Porzia.   Zu dienen, gnäd'ger Herr.
Doge. Ihr seid willkommen, nehmet Euren Platz.
Seid Ihr schon mit der Zwistigkeit bekannt,
Die hier vor dem Gericht verhandelt wird?
Porzia. Ich bin ganz unterrichtet von der Sache.
Wer ist der Kaufmann hier, und wer der Jude?
Doge. Antonio, alter Shylock, tretet vor!
Porzia. Eu'r Nam' ist Shylock?
Shylock.   Shylock ist mein Name.
Porzia. Von wunderlicher Art ist Euer Handel,
Doch in der Form, daß das Gesetz Venedigs
Euch nicht anfechten kann, wie Ihr verfahrt.
  (Zu **Antonio**.) Ihr seid von ihm gefährdet, seid Ihr nicht?
Antonio. Ja, wie er sagt.
Porzia.   Den Schein erkennt Ihr an?
Antonio. Ja.
Porzia. So muß der Jude Gnad' ergehen lassen.
Shylock. Wodurch genötigt, muß ich? Sagt mir das.

Porzia. Die Art der Gnade weiß von keinem Zwang.
Sie träufelt, wie des Himmels milder Regen,
Zur Erde unter ihr, zwiefach gesegnet:
Sie segnet den, der giebt, und den, der nimmt;
Am mächtigsten in Mächt'gen, zieret sie
Den Fürsten auf dem Thron mehr als die Krone;
Das Zepter zeigt die weltliche Gewalt,
Das Attribut der Würd'. und Majestät,
Worin die Furcht und Scheu der Kön'ge sitzt.
Doch Gnad' ist über dieser Zeptermacht,
Sie thronet in dem Herzen der Monarchen,
Sie ist ein Attribut der Gottheit selbst,
Und ird'sche Macht kömmt göttlicher am nächsten,
Wenn Gnade bei dem Recht steht; darum, Jude,
Suchst du um Recht schon an, erwäge dies:
Daß nach dem Lauf des Rechtes unser keiner
Zum Heile käm'; wir beten all' um Gnade,
Und dies Gebet muß uns der Gnade Thaten
Auch üben lehren. Dies hab' ich gesagt,
Um deine Forderung des Rechts zu mildern;
Wenn du darauf bestehst, so muß Venedigs
Gestrenger Hof durchaus dem Kaufmann dort
Zum Nachteil einen Spruch thun.

Shylock.   Meine Thaten
Auf meinen Kopf! Ich fordre das Gesetz,
Die Buße und Verpfändung meines Scheins.

Porzia. Ist er das Geld zu zahlen nicht im stand?

Bassanio. O ja, hier biet' ich's ihm vor dem Gericht,
Ja, doppelt selbst; wenn das noch nicht genügt,
Verpflicht' ich mich, es zehnfach zu bezahlen,
Und setze Hände, Kopf und Herz zum Pfand.
Wenn dies noch nicht genügt, so zeigt sich's klar,
Die Bosheit drückt die Redlichkeit. Ich bitt' Euch,
Beugt einmal das Gesetz nach Eurem Ansehn;
Thut kleines Unrecht um ein großes Recht,
Und wehrt dem argen Teufel seinen Willen.

Porzia. Es darf nicht sein. Kein Ansehn in Venedig
Vermag ein gültiges Gesetz zu ändern.
Es würde als ein Vorgang angeführt,
Und mehr als ein Verstoß nach diesem Beispiel
Griff' um sich in dem Staat; es kann nicht sein.

Shylock. Ein Daniel kommt zu richten, ja ein Daniel!
Wie ich dich ehr', o weiser junger Richter!

Porzia. Ich bitte, gebt zum Ansehn mir den Schein.

Shylock. Hier ist er, mein ehrwürd'ger Doktor, hier.

Porzia. Shylock, man bietet dreifach dir dein Geld.

Shylock. Ein Eid! ein Eid! ich hab 'nen Eid im Himmel.
Soll ich auf meine Seele Meineid laden?
Nicht um Venedig.

Porzia.   Gut, er ist verfallen,
Und nach den Rechten kann der Jud' hierauf
Verlangen ein Pfund Fleisch, zunächst am Herzen
Des Kaufmanns auszuschneiden. — Sei barmherzig!
Nimm dreifach Geld, laß mich den Schein zerreißen.

Shylock. Wenn er bezahlt ist, wie sein Inhalt lautet. —
Es zeigt sich klar, Ihr seid ein würd'ger Richter;
Ihr kennt die Rechte, Euer Vortrag war
Der bündigste; ich fordr' Euch auf beim Recht,
Wovon Ihr ein verdienter Pfeiler seid,
Kommt nun zum Spruch; bei meiner Seele schwör' ich,
Daß keines Menschen Zunge über mich
Gewalt hat; ich steh' hier auf meinen Schein.

Antonio. Von ganzem Herzen bitt' ich das Gericht,
Den Spruch zu thun.

Porzia.   Nun wohl, so steht es denn:
Bereitet Euren Busen für sein Messer.

Shylock. O weiser Richter! wackrer junger Mann!

Porzia. Denn des Gesetzes, Inhalt und Bescheid
Hat volle Übereinkunft mit der Buße,
Die hier im Schein als schuldig wird erkannt.

Shylock. Sehr wahr, o weiser und gerechter Richter!
Um wie viel älter bist du, als du aussiehst!

Porzia. Deshalb entblößt den Busen.

Shylock.   Ja, die Brust,
So sagt der Schein — nicht wahr, mein edler Richter?
Zunächst dem Herzen, sind die eignen Worte.

Porzia. So ist's. Ist eine Wage da, das Fleisch
Zu wägen?

Shylock.   Ja, ich hab' sie bei der Hand.

Porzia. Nehmt einen Feldscheer, Shylock, für Eu'r Geld,
Ihn zu verbinden, daß er nicht verblutet.

Shylock. Ist das so angegeben in dem Schein?

Porzia. Es steht nicht da; allein was thut's? Es wär'
Doch gut, Ihr thätet das aus Menschenliebe.

Shylock. Ich kann's nicht finden, 's ist nicht in dem Schein.

Porzia. Kommt, Kaufmann, habt Ihr irgend was zu sagen?

Antonio. Nur wenig, ich bin fertig und gerüstet.
    Gebt mir die Hand, Bassanio, lebet wohl!
    Es kränk' Euch nicht, daß dies für Euch mich trifft,
    Denn hierin zeigt das Glück sich gütiger
    Als seine Weis' ist; immer läßt es sonst
    Elende ihren Reichtum überleben,
    Mit hohlem Aug' und falt'ger Stirn ein Alter
    Der Armut anzusehn; von solchem Jammer
    Langwier'ger Buße nimmt es mich hinweg.
    Empfehlt mich Eurem edlen Weib, erzählt ihr
    Den Hergang von Antonios Ende, sagt,
    Wie ich Euch liebte, rühmt im Tode mich;
    Und wenn Ihr's auserzählt, heißt sie entscheiden,
    Ob nicht Bassanio einst geliebt ist worden.
    Bereut nicht, daß Ihr einen Freund verliert,
    Und er bereut nicht, daß er für Euch zahlt;
    Denn schneidet nur der Jude tief genug,
    So zahl' ich gleich die Schuld von ganzem Herzeu.

Bassanio. Antonio, ich hab' ein Weib zur Ehe,
    Die mir so lieb ist als mein Leben selbst;
    Doch Leben selbst, mein Weib und alle Welt,
    Gilt höher als dein Leben nicht bei mir.
    Ich gäbe alles hin, ja opfert' alles
    Dem Teufel da, um dich nur zu befrein.

Porzia. Das wüßt' Eu'r Weib gewiß Euch wenig Dauk,
    Wär' sie dabei, und hört' Eu'r Anerbieten.

Graziano. Ich hab' ein Weib, die ich, auf Ehre, liebe;
    Doch wünscht' ich sie im Himmel, könnte sie
    Dort eine Macht erflehn, des hünd'schen Juden
    Gemüt zu ändern.

Nerissa. Gut, daß Ihr's hinter ihrem Rücken thut,
    Sonst störte wohl der Wunsch des Hauses Frieden.

Shylock (beiseite). So sind die Christenmänner; ich hab' 'ne Tochter,
    Wär' irgend wer vom Stamm des Barrabas
    Ihr Mann geworden, lieber als ein Christ! —
    Die Zeit geht hin; ich bitt' Euch, kommt zum Spruch!

Porzia. Ein Pfund von dieses Kaufmanns Fleisch ist dein,
    Der Hof erkennt es, und das Recht erteilt es.

Shylock. O höchst gerechter Richter!

Porzia. Ihr müßt das Fleisch ihm schneiden aus der Brust,
    Das Recht bewilligt's, und der Hof erkennt es.

Shylock. O höchst gelehrter Richter! — Na, ein Spruch!
    Kommt, macht Euch fertig.

Porzia. Wart noch ein wenig: eins ist noch zu merken,
Der Schein hier giebt dir nicht ein Tröpfchen Blut,
Die Worte sind ausdrücklich, ein Pfund Fleisch.
Nimm denn den Schein, und nimm du dein Pfund Fleisch;
Allein vergießest du, indem du's abschneidst,
Nur einen Tropfen Christenblut, so fällt
Dein Hab' und Gut, nach dem Gesetz Venedigs,
Dem Staat Venedig heim.

Graziano.
Gerechter Richter! — merk, Jud'! — o weiser Richter!

Shylock. Ist das Gesetz?

Porzia.   Du sollst die Akte sehn.
Denn, weil du dringst auf Recht, so sei gewiß:
Recht soll dir werden, mehr als du begehrst.

Graziano. O weiser Richter! — merk, Jud'! ein weiser Richter.

Shylock. Ich nehme das Erbieten denn; zahlt dreifach
Mir meinen Schein, und laßt den Christen gehn.

Bassanio. Hier ist das Geld.

Porzia. Halt!
Dem Juden alles Recht, — still! keine Eil'!
Er soll die Buße haben, weiter nichts.

Graziano. O Jud'! ein weiser, ein gerechter Richter!

Porzia. Darum bereite dich, das Fleisch zu schneiden.
Vergieß kein Blut, schneid' auch nicht mehr noch minder
Als grad ein Pfund; ist's minder oder mehr
Als ein genaues Pfund, sei's nur so viel,
Es leichter oder schwerer an Gewicht
Zu machen um ein armes Zwanzigstteil
Von einem Skrupel, ja wenn sich die Wagschal'
Nur um die Breite eines Haares neigt,
So stirbst du, und dein Gut verfällt dem Staat.

Graziano. Ein zweiter Daniel, ein Daniel, Jude!
Ungläubiger, ich hab' dich bei der Hüfte.

Porzia. Was hält den Juden auf? Nimm deine Buße.

Shylock. Gebt mir mein Kapital, und laßt mich gehn.

Bassanio. Ich hab' es schon für dich bereit, hier ist's.

Porzia. Er hat's vor offenem Gericht geweigert,
Sein Recht nur soll er haben, und den Schein.

Graziano. Ich sag', ein Daniel, ein zweiter Daniel!
Dank, Jude, daß du mich das Wort gelehrt.

Shylock. Soll ich nicht haben bloß mein Kapital?

Porzia. Du sollst nichts haben als die Buße, Jude,
Die du auf eigne Gefahr magst nehmen.

Shylock. So laſſ' es ihm der Teufel wohl bekommen!
Ich will nicht länger Rede ſtehn.
Porzia. Wart, Jude!
Das Recht hat andern Anſpruch noch an dich.
Es wird verfügt in dem Geſetz Venedigs,
Wenn man es einem Fremdling dargethan,
Daß er durch Umweg, oder gradezu
Dem Leben eines Bürgers nachgeſtellt,
Soll die Partei, auf die ſein Anſchlag geht,
Die Hälfte ſeiner Güter an ſich ziehn,
Die andre Hälfte fällt dem Schatz anheim,
Und an des Dogen Gnade hängt das Leben
Des Schuld'gen einzig, gegen alle Stimmen.
Ein ſolcher Fall, ſag' ich, iſt nun der deine,
Denn es erhellt aus offenbarem Hergang,
Daß du durch Umweg' und auch gradezu
Recht eigentlich geſtanden dem Beklagten
Nach Leib und Leben; und ſo trifft dich denn
Die Androhung, die ich zuvor erwähnt.
Drum nieder, bitt um Gnade bei dem Dogen!
Graziano. Bitt um Erlaubnis, ſelber dich zu hängen;
Und doch, da all dein Gut dem Staat verfällt,
Behältſt du nicht den Wert von einem Strick;
Man muß dich hängen auf des Staates Koſten.
Doge. Damit du ſiehſt, welch andrer Geiſt uns lenkt.
So ſchenk' ich dir dein Leben, eh' du bitteſt.
Dein halbes Gut gehört Antonio,
Die andre Hälfte fällt dem Staat anheim,
Was Demut mildern kann zu einer Buße.
Porzia. Ja, für den Staat, nicht für Antonio.
Shylock. Nein, nehmt mein Leben auch, ſchenkt mir das nicht!
Ihr nehmt mein Haus, wenn ihr die Stütze nehmt,
Worauf mein Haus beruht; ihr nehmt mein Leben,
Wenn ihr die Mittel nehmt, wodurch ich lebe.
Porzia. Was könnt Ihr für ihn thuu, Antonio?
Graziano. Ein Strick umſonſt! nichts mehr, um Gottes willen!
Antonio. Beliebt mein gnäd'ger Herr und das Gericht,
Die Buße ſeines halben Guts zu ſchenken,
So bin ich es zufrieden, wenn er mir
Die andre Hälfte zum Gebrauche läßt,
Nach ſeinem Tod dem Mann ſie zu erſtatten,
Der kürzlich ſeine Tochter ſtahl.
Noch zweierlei beding' ich: daß er gleich

Für diese Gunst das Chriſtentum bekenne,
Zum andern, ſtell' er eine Schenkung aus,
Hier vor Gerichi, von allem, was er nachläßt,
An ſeinen Schwiegerſohn und ſeine Tochter.

Doge. Das ſoll er thun; ich widerrufe ſonſt
Die Gnade, die ich eben hier erteilt.

Porzia. Biſt du's zufrieden, Jude? Nun, was ſagſt du?

Shylock. Ich bin's zufrieden.

Porzia. Ihr, Schreiber, ſetzt die Schenkungsakte auf.

Shylock. Ich bitt', erlaubt mir, weg von hier zu gehn;
Ich bin nicht wohl, ſchickt mir die Akte nach,
Und ich will zeichnen.

Doge.   Geh denn, aber thu's.

Graziano. Du wirſt zwei Paten bei der Taufe haben;
Wär' ich dein Richter, kriegteſt du zehn mehr,
Zum Galgen, nicht zum Taufſtein, dich zu bringen.   (Shylock ab.)

Doge. Ich lad' Euch, Herr, zur Mahlzeit bei mir ein.

Porzia. Ich bitt' Eu'r Hoheit um Entſchuldigung.
Ich muß vor Abend fort nach Padua,
Ich bin genötigt, gleich mich aufzumachen.

Doge. Es thut mir leid, daß Ihr Verhindrung habt.
Antonio, zeigt Euch dankbar dieſem Mann;
Ihr ſeid ihm ſehr verpflichtet, wie mich dünkt.
                    (Doge, Senatoren und Gefolge ab.)

Bassanio. Mein würd'ger Herr, ich und mein Freund, wir ſind
Durch Eure Weisheit heute losgeſprochen
Von ſchweren Bußen; für den Dienſt erwidern
Wir mit der Schuld des Juden, den dreitauſend
Dukaten, willig die gewogne Müh'.

Antonio. Und bleiben Eure Schuldner überdies
An Liebe und an Dienſten immerfort.

Porzia. Wer wohl zufrieden iſt, iſt wohl bezahlt;
Ich bin befriedigt, da ich Euch befreit,
Und halte dadurch mich für wohl bezahlt;
Lohnſüchtiger war niemals mein Gemüt.
Ich bitt' Euch, kennt mich, wenn wir 'mal uns treffen;
Ich wünſch' Euch Gutes, und ſo nehm' ich Abſchied.

Bassanio. Ich muß noch in Euch dringen, beſter Herr.
Nehmt doch ein Angedenken, nicht als Lohn,
Nur als Tribut; gewährt mir zweierlei,
Mir's nicht zu weigern, und mir zu verzeihn.

Porzia. Ihr dringt ſehr in mich; gut, ich gebe nach.
Gebt Eure Handſchuh mir, ich will ſie tragen,

Und, Euch znlieb, nehm' ich den Ring von Euch.
Zieht nicht die Hand zurück, ich will nichts weiter,
Und weigern dürft Ihr's nicht, wenn Ihr mich liebt.

Bassanio. Der Ring — ach, Herr! ist eine Kleinigkeit,
Ihn Euch zu geben, müßt' ich mich ja schämen.

Porzia. Ich will nichts weiter haben als den Ring,
Und, wie mich dünkt, hab' ich nun Lust dazu.

Bassanio. Es hängt an diesem Ring mehr als sein Wert;
Den teu'rsten in Venedig geb' ich Euch,
Und find' ihn aus durch öffentlichen Ausruf.
Für diesen, bitt' ich nur, entschuldigt mich.

Porzia. Ich seh', Ihr seid freigebig im Erbieten;
Ihr lehrtet erst mich bitten, und nun scheint es,
Ihr lehrt mich, vie man Bettlern Antwort giebt.

Bassanio. Den Ring gab meine Frau mir, bester Herr,
Sie steckte mir ihn an, und hieß mich schwören,
Ich woll' ihn nie verlieren noch vergeben.

Porzia. Mit solchen Worten spart man seine Gaben.
Ist Eure Frau nicht gar ein thöricht Weib,
Und weiß, wie gut ich diesen Ring verdient,
So wird sie nicht auf immer Feindschaft halten,
Weil Ihr ihn weggabt. Gut, gehabt Euch wohl!
(Porzia und Nerissa ab.)

Antonio. Laßt ihn den Ring doch haben, Don Bassanio;
Laßt sein Verdienst zugleich mit meiner Liebe
Euch gelten gegen Eurer Frau Gebot.

Bassanio. Geh, Graziano, lauf und hol ihn ein,
Gieb ihm den Ring, und bring' ihn, wenn du kannst,
Zu des Antonios Haus. Fort! eile dich! *(Graziano ab.)*
Kommt, Ihr und ich, wir wollen gleich dahin,
Und früh am Morgen wollen wir danu beide
Nach Belmont fliegen. Kommt, Antonio! *(Ab.)*

2. Scene.

Ebendaselbst. Eine Straße.

Porzia und Nerissa kommen.

Porzia. Erfrag des Juden Haus, gieb ihm die Akte,
Und laß ihn zeichnen. Wir wollen fort zu Nacht,
Und einen Tag vor unsern Männern noch
Zu Hause sein. Die Akte wird Lorenzo'n
Gar sehr willkommen sein.

11*

Graziano kommt.

Graziano. Schön, daß ich Euch noch treffe, werter Herr.
  Hier schickt Euch Don Bassanio, da er besser
  Es überlegt, den Ring, und bittet Euch
  Mittags bei ihm zu speisen.
Porzia.   Das kann nicht sein;
  Den Ring nehm' ich mit allem Danke an,
  Und bitt' Euch, sagt ihm das; seid auch so gut,
  Den jungen Mann nach Shylocks Haus zu weisen.
Graziano. Das will ich thun.
Nerissa (zur Porzia).   Herr, noch ein Wort mit Euch.
  (Heimlich.) Ich will doch sehn, von meinem Mann den Ring
  Zu kriegen, den ich, immer zu bewahren,
  Ihn schwören ließ.
Porzia.   Ich steh' dafür, du kannst es.
  Da wird's an hoch und teuer Schwören gehn,
  Daß sie die Ring' an Männer weggegeben;
  Wir leugnen's keck und überschwören sie.
  Fort! eile dich! du weißt ja, wo ich warte.
Nerissa. Kommt, lieber Herr! wollt Ihr sein Haus mir zeigen? (Ab.)

Fünfter Aufzug.

I. Scene.

Belmont. Freier Platz vor Porzias Hause.

Lorenzo und Jessica treten auf.

Lorenzo. Der Mond scheint hell; in solcher Nacht wie diese,
  Da linde Luft die Bäume schmeichelnd küßte
  Und sie nicht rauschen ließ, in solcher Nacht
  Erstieg wohl Troilus die Mauern Trojas,
  Und seufzte seine Seele zu den Zelten
  Der Griechen hin, wo seine Kressida
  Die Nacht im Schlummer lag.
Jessica.   In solcher Nacht
  Schlüpft' überm Taue Thisbe furchtsam hin,
  Und sah des Löwen Schatten eh als ihn,
  Und lief erschrocken weg.
Lorenzo.   In solcher Nacht
  Stand Dido, eine Weid' in ihrer Hand,
  Am wilden Strand und winkte ihrem Liebsten
  Zur Rückkehr nach Karthago.

Jessica.　　　　　　　In solcher Nacht
Las einst Medea jene Zauberkräuter,
Den Aeson zu verjüngen.

Lorenzo.　　　　　　　In solcher Nacht
Stahl Jessica sich von dem reichen Juden,
Und lief mit einem Thunichtgut von Liebsten
Bis Belmont von Venedig.

Jessica.　　　　　　　In solcher Nacht
Schwur ihr Lorenzo, jung und zärtlich, Liebe,
Und stahl ihr Herz mit manchem Treugelübd',
Wovon nicht eines echt war.

Lorenzo.　　　　　　　In solcher Nacht
Verleumdete die art'ge Jessica,
Wie eine kleine Schelmin, ihren Liebsten,
Und er vergab es ihr.

Jessica. Ich wollt' Euch übernachten, käme niemand;
Doch horcht, ich hör' den Fußtritt eines Manns.

Stephano kommt.

Lorenzo. Wer kommt so eilig in der stillen Nacht?

Bedienter. Ein Freund.

Lorenzo. Ein Freund? was für ein Freund? Eu'r Name, Freund.

Bedienter. Mein Nam' ist Stephano, und ich soll melden,
Daß meine gnäd'ge Frau vor Tages Anbruch
Wird hier in Belmont sein; sie streift umher
Bei heil'gen Kreuzen, wo sie kniet und betet
Um frohen Ehestand.

Lorenzo.　　　　　　　Wer kommt mit ihr?

Bedienter. Ein heil'ger Klausner und ihr Mädchen bloß.
Doch sagt mir, ist mein Herr noch nicht zurück?

Lorenzo. Nein, und wir haben nichts von ihm gehört.
Doch, liebe Jessica, gehn wir hinein,
Laßt uns auf einen feierlichen Willkomm
Für die Gebieterin des Hauses denken.

Lanzelot kommt.

Lanzelot. Holla, holla! he! heda! holla! holla!

Lorenzo. Wer ruft?

Lanzelot. Holla! habt Ihr Herrn Lorenzo und Frau Lorenzo
gesehen? Holla! holla!

Lorenzo. Laß dein Holla-rufen, Kerl! Hier!

Lanzelot. Holla! wo? wo?

Lorenzo. Hier!

Lanzelot. Sagt ihm, daß ein Postillon von meinem Herrn

gekommen ist, der sein Horn voll guter Neuigkeiten hat; mein Herr
wird vor morgens hier sein. (Lanzelot ab.)

Lorenzo. Komm, süßes Herz, erwarten wir sie drinnen.
　　Und doch, es macht nichts aus; wozu hineingehn?
　　Freund Stephano, ich bitt' Euch, meldet gleich
　　Im Haus die Ankunft Eurer gnäd'gen Frau,
　　Und bringt die Musikanten her ins Freie. (Stephano ab.)
　　Wie süß das Mondlicht auf dem Hügel schläft!
　　Hier sitzen wir, und lassen die Musik
　　Zum Ohre schlüpfen; sanfte Still' und Nacht
　　Ist hold den Lauten süßer Harmonie.
　　Komm, Jessica! Sieh, wie die Himmelsflur
　　Ist eingelegt mit Scheiben lichten Goldes!
　　Auch nicht der kleinste Kreis, den du da siehst,
　　Der nicht im Schwunge wie ein Engel singt,
　　Zum Chor der hellgeaugten Cherubim.
　　So voller Harmonie sind ew'ge Geister,
　　Nur wir, weil dies hinfäll'ge Kleid von Staub
　　Ihn grob umhüllt, wir können sie nicht hören.

　　　　　　　　Musikanten kommen.

　　He! kommt und weckt Dianen auf mit Hymnen,
　　Rührt eurer Herrin Ohr mit zartem Spiel, (Musik)
　　Zieht mit Musik sie heim.

Jessica. Nie macht die liebliche Musik mich lustig.

Lorenzo. Der Grund ist, Eure Geister sind gespannt.
　　Bemerkt nur eine wilde flücht'ge Herde,
　　Der ungezähmten jungen Füllen Schar,
　　Sie machen Sprünge, blöken, wiehern laut,
　　Wie ihres Blutes heiße Art sie treibt;
　　Doch schallt nur die Trompete, oder trifft
　　Sonst eine Weise der Musik ihr Ohr,
　　So seht Ihr, wie sie miteinander stehn,
　　Ihr wildes Auge schaut mit Sittsamkeit,
　　Durch süße Macht der Töne. Drum lehrt der Dichter,
　　Gelenkt hab' Orpheus Bäume, Felsen, Fluten,
　　Weil nichts so stöckisch, hart und voll von Wut,
　　Das nicht Musik auf eine Zeit verwandelt.
　　Der Mann, der nicht Musik hat in ihm selbst,
　　Den nicht die Eintracht süßer Töne rührt,
　　Taugt zu Verrat, zu Unthaten und Tücken;
　　Die Regung seines Sinns ist dumpf wie Nacht,
　　Sein Trachten düster wie der Erebus.
　　Trau keinem solchen! — Horch auf die Musik!

Porzia und Nerissa in der Entfernung.

Porzia. Das Licht, das wir da sehen, brennt im Saal,
Wie weit die kleine Kerze Schimmer wirft!
So scheint die gute That in arger Welt.

Nerissa. Da der Mond schien, sahn wir die Kerze nicht.

Porzia. So löscht der größre Glanz den kleinern aus.
Ein Stellvertreter strahlet wie ein König,
Bis ihm ein König naht; und dann ergießt
Sein Prunk sich, wie vom innern Land ein Bach
Ins große Bett der Wasser. Horch, Musik!

Nerissa. Es sind die Musikanten Eures Hauses.

Porzia. Ich sehe, nichts ist ohne Rücksicht gut;
Mich dünkt, sie klingt viel schöner als bei Tag.

Nerissa. Die Stille giebt den Reiz ihr, gnäd'ge Frau.

Porzia. Die Krähe singt so lieblich wie die Lerche,
Wenn man auf keine lauschet; und mir deucht,
Die Nachtigall, wenn sie bei Tage sänge,
Wo alle Gänse schnattern, hielt' man sie
Für keinen bessern Spielmann als den Spatz.
Wie manches wird durch seine Zeit gezeitigt
Zu echtem Preis und zur Vollkommenheit! —
Still! Luna schläft ja beim Endymion,
Und will nicht aufgeweckt sein. (Die Musik hört auf.)

Lorenzo.   Wenn nicht alles
Mich trügt, ist das die Stimme Porzias.

Porzia. Er kennt mich, wie der blinde Manu den Kuckuck,
An meiner schlechten Stimme.

Lorenzo.   Gnäd'ge Frau, willkommen!

Porzia. Wir beteten für unsrer Männer Wohlfahrt,
Und hoffen, unsre Worte fördern sie.
Sind sie zurück?

Lorenzo.   Bis jetzt nicht, gnäd'ge Frau;
Allein ein Bote ist vorausgekommen,
Sie anzumelden.

Porzia.   Geh hinein, Nerissa,
Sag meinen Leuten, daß sie gar nicht thun,
Als wären wir vom Haus' entfernt gewesen;
Auch ihr, Lorenzo; Jessica, auch Ihr. (Trompetenstoß.)

Lorenzo. Da kommt schon Eu'r Gemahl, ich höre blasen.
Wir sind nicht Plaudertaschen, fürchtet nichts.

Porzia. Mich dünkt, die Nacht ist nur ein krankes Tagslicht,
Sie sieht ein wenig bleicher; 's ist ein Tag,
Wie's Tag ist, wenn die Sonne sich verbirgt.

Bassanio, Antonio, Graziano treten auf mit ihrem Gefolge.

Bassanio. Wir hielten mit den Antipoden Tag,
Erschient Ihr, während sich die Sonn' entfernt.
Porzia. Gern möcht' ich leuchten, doch nicht leicht erscheinen;
Wenn mein Betragen nur das Licht nicht scheut,
So mag mein Fußtritt wohl im Dunkeln wandeln,
Ihr seid zu Haus willkommen, mein Gemahl.
Bassanio. Ich dank' Euch; heißt willkommen meinen Freund.
Dies ist der Mann, dies ist Antonio,
Dem ich so grenzenlos verpflichtet bin.
Porzia. Ihr müßt in allem ihm verpflichtet sein,
Ich hör', er hat sich sehr für Euch verpflichtet.
Antonio. Zu mehr nicht, als ich glücklich bin gelöst.
Porzia. Herr, Ihr seid unserm Hause sehr willkommen.
Es muß sich anders zeigen als in Reden,
Drum kürz' ich diese Wortbegrüßung ab.
(Graziano und Nerissa haben sich unterdessen besonders unterredet.)
Graziano. Ich schwör's bei jenem Mond, Ihr thut mir unrecht
Fürwahr, ich gab ihn an des Richters Schreiber.
Wär' er verschnitten, dem ich ihn geschenkt,
Weil Ihr Euch, Liebste, so darüber kränkt.
Porzia. Wie? schon ein Zank? worüber kam es her?
Graziano. Um einen Goldreif, einen dürft'gen Ring,
Den sie mir gab; der Denkspruch war daran,
Um alle Welt, wie Vers' auf einer Klinge
Vom Messerschmied: „Liebt mich und laßt mich nicht."
Nerissa. Was redet Ihr vom Denkspruch und dem Wert?
Ihr schwurt mir, da ich ihn Euch gab, Ihr wolltet
Ihn tragen bis zu Eurer Todesstunde,
Er sollte selbst im Sarge mit Euch ruhn.
Ihr mußtet ihn, um Eurer Eide willen,
Wo nicht um mich, verehren und bewahren.
Des Richters Schreiber! — O, ich weiß, der Schreiber,
Der ihn bekam, trägt niemals Haar' am Kinn.
Graziano. Doch, wenn er lebt, bis er zum Mann erwächst.
Nerissa. Ja, wenn ein Weib zum Manne je erwächst.
Graziano. Auf Ehr', ich gab ihn einem jungen Menschen,
'ner Art von Buben, einem kleinen Knirps,
Nicht höher als du selbst, des Richters Schreiber.
Der Plauderbub' erbat den Ring zum Lohn,
Ich konnt' ihm das um alles nicht versagen.
Porzia. Ihr wart zu tadeln, offen sag' ich's Euch,
Euch von der ersten Gabe Eurer Frau

So unbedacht zu trennen; einer Sache,
Mit Eiden angesteckt an Euren Finger,
Und so mit Treu' an Euren Leib geschmiedet.
Ich schenkte meinem Liebsten einen Ring,
Und hieß ihn schwören, nie ihn wegzugeben,
Hier steht er, und ich darf für ihn beteuern;
Er ließ ihn nicht, er riß ihn nicht vom Finger
Für alle Schätze, so die Welt besitzt.
Ihr gebt fürwahr, Graziano, Eurer Frau
Zu lieblos eine Ursach' zum Verdruß;
Geschäh' es mir, es machte mich verrückt.

Bassanio (beiseite).　Ich möchte mir die linke Hand nur abhann,
Und schwören, ich verlor den Ring im Kampf.

Graziano.　Bassanio schenkte seinen Ring dem Richter,
Der darum bat, und in der That ihn auch
Verdiente; dann erbat der Bursch, sein Schreiber,
Der Müh' vom Schreiben hatte, meinen sich,
Und weder Herr noch Diener wollten was
Als die zwei Ringe nehmen.

Porzia.　Welch einen Ring gabt Ihr ihm, mein Gemahl?
Nicht den, hoff' ich, den Ihr von mir empfingt.

Bassanio.　Könnt' ich zum Fehltritt noch die Lüge fügen,
So würd' ich's leugnen; doch Ihr seht, mein Finger
Hat nicht den Ring mehr an sich, er ist fort.

Porzia.　Gleich leer an Treu' ist Euer falsches Herz.
Beim Himmel, nie komm' ich in Euer Bett,
Bis ich den Ring gesehn.

Nerissa.　　　　　　Noch ich in Eures,
Bis ich erst meinen sehe.

Bassanio.　　　　　　Holde Porzia!
Wär' Euch bewußt, wem ich ihn gab, den Ring,
Wär' Euch bewußt, für wen ich gab den Ring,
Und säht Ihr ein, wofür ich gab den Ring,
Und wie unwillig ich mich schied vom Ring,
Da nichts genommen wurde als der Ring,
Ihr würdet Eures Unmuts Härte mildern.

Porzia.　Und hättet Ihr gekannt die Kraft des Rings,
Halb deren Wert nur, die Euch gab den Ring,
Und Eure Ehre, hängend an dem Ring,
Ihr hättet so nicht weggeschenkt den Ring.
Wo wär' ein Mann so unvernünftig wohl,
Hätt' es Euch nur beliebt, mit ein'ger Wärme
Ihn zu verteid'gen, daß er ohne Scheu

Ein Ding begehrte, das man heilig hält?
Nerissa lehrt mir, was ich glauben soll:
Ich sterbe drauf, ein Weib bekam den Ring.
Bassanio. Bei meiner Ehre, nein! bei meiner Seele,
  Kein Weib bekam ihn; einem art'gen Doktor
  Gab ich ihn zum Geschenk, der mir dreitausend
  Dukaten ausschlug und den Ring erbat;
  Ich weigert's ihm, ließ ihn verdrießlich gehn,
  Den Mann, der meines teuren Freundes Leben
  Aufrecht erhielt. Was soll ich sagen, Holde?
  Ich war genötigt, ihn ihm nachzuschicken,
  Ich schämt' mich meiner Ungefälligkeit;
  Und meine Ehre litt nicht, daß sie Undank
  So sehr befleckte. Drum verzeiht mir, Beste,
  Denn, glaubt mir, bei den heil'gen Lichtern dort,
  Ihr hättet, wärt Ihr da gewesen, selbst
  Den Ring erbeten für den würd'gen Doktor.
Porzia. Daß nur der Doktor nie mein Haus betritt.
  Denn weil er das Juwel hat, das ich liebte,
  Das Ihr meintwillen zu bewahren schwurt,
  So will ich auch freigebig sein wie Ihr;
  Ich will ihm nichts versagen, was ich habe,
  Nicht meinen Leib, noch meines Gatten Bett;
  Denn kennen will ich ihn, das weiß ich sicher.
  Schlaft keine Nacht vom Haus! wacht wie ein Argus!
  Wenn Ihr's nicht thut, wenn Ihr allein mich laßt,
  Bei meiner Ehre, die mein eigen noch!
  Den Doktor nehm' ich mir zum Bettgenossen.
Nerissa. Und ich den Schreiber, darum seht Euch vor,
  Wie Ihr mich laßt in meiner eignen Hut.
Graziano. Gut! thut das nur, doch laßt ihn nicht ertappen,
  Ich möchte sonst des Schreibers Feder kappen.
Antonio. Ich bin der Unglücksgrund von diesem Zwist.
Porzia. Es kränk' Euch nicht; willkommen seid Ihr dennoch.
Bassanio. Vergebt mir, Porzia, mein gezwungnes Unrecht,
  Und vor den Ohren aller dieser Freunde,
  Schwör' ich dir, ja, bei deinen holden Augen,
  Worin ich selbst mich sehe —
Porzia.   Gebt doch acht!
  In meinen Augen sieht er selbst sich doppelt,
  In jedem Aug' einmal — beruft Euch nur
  Auf Euer doppelt Selbst, das ist ein Eid,
  Der Glauben einflößt.

Bassanio.   Hört mich doch nur an!
Verzeiht dies, und bei meiner Seele schwör' ich,
Ich breche nie dir wieder einen Eid.
Antonio. Ich lieh einst meinen Leib hin für sein Gut;
Ohn' ihn, der Eures Gatten Ring bekam,
War er dahin; ich darf mich noch verpflichten,
Zum Pfande meine Seele, Eu'r Gemahl
Wird nie mit Vorsatz mehr die Treue brechen.
Porzia. So seid denn Ihr sein Bürge, gebt ihm den,
Und heißt ihn besser hüten als den andern.
Antonio. Hier, Don Bassanio, schwört den Ring zu hüten.
Bassanio. Beim Himmel! eben den gab ich dem Doktor.
Porzia. Ich hab' ihn auch von ihm; verzeiht, Bassanio,
Für diesen Ring gewann der Doktor mich.
Nerissa. Und Ihr, verzeiht, mein art'ger Graziano,
Denn jener kleine Bursch, des Doktors Schreiber,
War, um den Preis hier, letzte Nacht bei mir.
Graziano. Nun, das sieht aus wie Wegebesserung
Im Sommer, wenn die Straßen gut genug.
Was? sind wir Hahurei', eh' wir's noch verdient?
Porzia. Sprecht nicht so gröblich. — Ihr seid all' erstaunt;
Hier ist ein Brief, lest ihn bei Muße durch,
Er kommt von Padua, vom Bellario:
Da könnt ihr finden, Porzia war der Doktor,
Nerissa dort ihr Schreiber; hier Lorenzo
Kann zeugen, daß ich gleich nach euch gereist,
Und eben erst zurück bin; ich betrat
Mein Haus noch nicht. — Antonio, seid willkommen,
Ich habe beßre Zeitung noch im Vorrat
Als Ihr erwartet. Diesen Brief erbrecht,
Ihr werdet sehn, drei Eurer Galeonen
Sind reich beladen plötzlich eingelaufen;
Ich sag' Euch nicht, was für ein eigner Zufall
Den Brief mir zugespielt hat.
Antonio.   Ich verstumme.
Bassanio.
Wart Ihr der Doktor, und ich kannt' Euch nicht?
Graziano. Wart Ihr der Schreiber, der mich krönen soll?
Nerissa. Ja, doch der Schreiber, der es niemals thun will,
Wenn er nicht lebt, bis er zum Mann erwächst.
Bassanio. Ihr müßt mein Bettgenoß sein, schönster Doktor,
Wenn ich nicht da bin, liegt bei meiner Frau.
Antonio. Ihr gabt mir Leben, Teure, und zu leben:

Hier les' ich für gewiß, daß meine Schiffe
Im Hafen sicher sind.

Porzia.   Wie steht's, Lorenzo?
Mein Schreiber hat auch guten Trost für Euch.

Nerissa.   Ja, und er soll ihn ohne Sporteln haben.
Hier übergeb' ich Euch und Jessica
Vom reichen Juden eine Schenkungsakte
Auf seinen Tod, von allem, was er nachläßt.

Lorenzo.   Ihr schönen Frau'n sirent Manna Hungrigen
In ihren Weg.

Porzia.   Es ist beinahe Morgen,
Und doch, ich weiß gewiß, seht ihr noch nicht
Den Hergang völlig ein. — Laßt uns hineingehn,
Und da vernehmt auf Frag=Artikel uns,
Wir wollen euch auf alles wahrhaft dienen.

Graziano.   Ja, thun wir das; der erste Frag=Artikel,
Worauf Nerissa schwören muß, ist der:
Ob sie bis morgen lieber warten mag,
Ob schlafen gehn, zwei Stunden nur vor Tag?
Doch käm' der Tag, ich wünscht' ihn seiner Wege,
Da vit ich bei des Doktors Schreiber läge.
Gut! lebenslang hüt' ich kein ander Ding
Mit solchen Ängsten, als Nerissas Ring.   (Alle ab.)

Wie es euch gefällt.

Übersetzt von

A. W. Schlegel.

———

Personen.

Der Herzog, in der Verbannung.
Friedrich, Bruder des Herzogs und Usurpator seines Gebiets.
Amiens,
Jaques, } Edelleute, die den Herzog in der Verbannung begleiten.
Le Beau, ein Hofmann in Friedrichs Diensten.
Charles, Friedrichs Ringer.
Oliver,
Jakob, } Söhne des Freiherrn Roland de Boys.
Orlando,
Adam,
Dennis, } Bediente Olivers.
Probstein, der Narr.
Ehrn Olivarius Textdreher, ein Pfarrer.
Corinnus,
Silvius, } Schäfer.
Wilhelm, ein Bauernbursche, in Käthchen verliebt.
Eine Person, die den Hymen vorstellt.

Rosalinde, Tochter des vertriebenen Herzogs.
Celia, Friedrichs Tochter.
Phöbe, eine Schäferin.
Käthchen, ein Bauernmädchen.

Edelleute der beiden Herzoge, Pagen, Jäger und anderes Gefolge.

(Die Scene ist anfänglich bei Olivers Hause; nachher teils am Hofe des Usurpators, teils im Ardenner Walde.)

Erster Aufzug.

1. Scene.

Olivers Garten.

Orlando und Adam treten auf.

Orlando. Soviel ich mich erinnere, Adam, war es folgender= gestalt. Er vermachte mir im Testament nur ein armes Tausend Kronen; und wie du sagst, schärfte meinem Bruder bei seinem Segen ein, mich gut zu erziehen, und da hebt mein Kummer an. Meinen Bruder Jakob unterhält er auf der Schule, und das Gerücht sagt goldene Dinge von ihm. Was mich betrifft, mich zieht er bäuerisch zu Hause auf, oder eigentlicher zu sagen, behält mich unerzogen hier zu Hause. Denn nennt Ihr das Erziehung für einen Edelmann von meiner Geburt, was vor der Stallung eines Ochsen nichts voraus hat? Seine Pferde werden besser besorgt: denn außer dem guten Futter lernen sie auch ihre Schule, und zu dem Ende werden Be= reiter teuer bezahlt; aber ich, sein Bruder, gewinne nichts bei ihm, als Wachstum, wofür seine Tiere auf dem Mist ihm ebenso ver= pflichtet sind, wie ich. Außer diesem Nichts, das er mir im Überfluß zugesteht, scheint sein Betragen das Etwas, welches die Natur mir gab, von mir zu nehmen: er läßt mich mit seinen Knechten essen, versperrt mir den brüderlichen Platz, und, soviel an ihm liegt, unter= gräbt er meinen angeborenen Adel durch meine Erziehung. Das ist's, Adam, was mich betrübt, und der Geist meines Vaters, der, denke ich, auf mir ruht, fängt an sich gegen diese Knechtschaft aufzulehnen. Ich will sie nicht länger ertragen, viewohl ich noch kein kluges Mittel weiß, ihr zu entgehen.

Adam. Dort kommt mein Herr, Euer Bruder.

Oliver tritt auf.

Orlando. Geh beiseit, Adam, und du sollst hören, wie er mich anfährt.

Oliver. Nun, Junker, was macht Ihr hier?

Orlando. Nichts. Man hat mich nicht gelehrt, irgend etwas zu machen.

Oliver. Was richtet Ihr denn zu Grunde?

Orlando. Ei, Herr, ich helfe Euch zu Grunde richten, was Gott gemacht hat, Euern armen unwerten Bruder, mit Nichtsthun.

Oliver. Beschäftigt Euch besser, Ihr Nichtsnutz; sonst geht zum Kuckuck.

Orlando. Soll ich Eure Schweine hüten, und Treber mit ihnen essen? Welches verlorenen Sohns Erbteil habe ich durchgebracht, daß ich in solch Elend geraten mußte?

Oliver. Wißt Ihr, wo Ihr ſeid, Herr?

Orlando. O Herr, ſehr gut! hier in Eurem Baumgarten.

Oliver. Wißt Ihr, vor wem Ihr ſteht?

Orlando. Ja, beſſer als der mich kennt, vor dem ich ſtehe. Ich kenne Euch als meinen älteſten Bruder, und nach den ſanften Banden des Bluts ſolltet Ihr mich ebenſo kennen. Die Begünſtigung der Nationen geſteht Euch Vorrechte vor mir zu, weil Ihr der Erſt= geborene ſeid, aber derſelbe Gebrauch beraubt mich meines Blutes nicht, wären auch zwanzig Brüder zwiſchen uns. Ich habe ſo viel vom Vater in mir, als Ihr, obwohl Ihr der Verehrung, die ihm gebührt, näher ſeid, weil Ihr früher kamt.

Oliver. Was, Knabe?

Orlando. Gemach, gemach, älteſter Bruder! Dazu ſeid Ihr zu jung.

Oliver. Willſt du Hand an mich legen, Schurke?

Orlando. Ich bin kein Schurke. Ich bin der jüngſte Sohn des Freiherrn Roland de Boys. Er war mein Vater, und der iſt dreifach ein Schurke, der da ſagt, ſolch ein Vater konnte Schurken zeugen. Wärſt du nicht mein Bruder, ſo ließe meine Hand deine Kehle nicht los, bis dieſe andre dir die Zunge für dies Wort aus= geriſſen hätte. Du haſt dich ſelbſt geläſtert.

Adam. Liebe Herren, ſeid ruhig! um des Andenkens eures Vaters willen, ſeid einträchtig!

Oliver. Laß mich los, ſag' ich.

Orlando. Nicht eher, bis mir's gefällt: Ihr ſollt mich anhören. Mein Vater legt Euch in ſeinem Teſtament auf, mir eine gute Er= ziehung zu geben. Ihr habt mich wie einen Bauern groß gezogen, habt alle Eigenſchaften, die einem Edelmann zukommen, vor mir ver= borgen und verſchloſſen gehalten. Der Geiſt meines Vaters wird mächtig in mir, und ich will es nicht länger erdulden; darum geſteht mir ſolche Übungen zu, wie ſie dem Edelmann geziemen, oder gebt mir das geringe Teil, das mir mein Vater im Teſtament hinterließ, ſo will ich mein Glück damit verſuchen.

Oliver. Und was willſt du anfangen? Betteln, wenn das durchgebracht iſt? Gut, geht nur hinein, ich will mich nicht lange mit Euch quälen, Ihr ſollt zum Teil Euren Willen haben: ich bitt' Euch, laßt mich nur.

Orlando. Ich will Euch nicht weiter beläſtigen, als mir für mein Beſtes notwendig iſt.

Oliver. Packt Euch mit ihm, alter Hund.

Adam. Iſt „alter Hund" mein Lohn? Doch es iſt wahr, die Zähne ſind mir in Eurem Dienſt ausgefallen. — Gott ſegne meinen alten Herrn, er hätte ſolch ein Wort nicht geſprochen. (Orlando und Adam ab.)

Oliver. Steht es so? Fängst du an, mir über den Kopf zu wachsen? Ich will dir den Kitzel vertreiben, und die tausend Kronen doch nicht geben. He, Dennis!

Dennis kommt.

Dennis. Rufen Euer Gnaden?

Oliver. Wollte nicht Charles, des Herzogs Ringer, mit mir sprechen?

Dennis. Wenn es Euch beliebt, er ist hier an der Thür und bittet sehr um Zutritt zu Euch.

Oliver. Ruft ihn herein. (Dennis ab.) Das wird eine gute Auskunft sein, und morgen ist der Wettkampf schon.

Charles kommt.

Charles. Euer Gnaden, guten Morgen.

Oliver. Guter Monsieur Charles! — Was sind die neuesten Neuigkeiten am neuen Hof?

Charles. Keine Neuigkeiten am Hof als die alten, nämlich daß der alte Herzog von seinem jüngeren Bruder, dem neuen Herzog, vertrieben ist, und drei oder vier getreue Herren haben sich in frei= willige Verbannung mit ihm begeben; ihre Ländereien und Einkünfte bereichern den neuen Herzog, darum giebt er ihnen gern Erlaubnis zu wandern.

Oliver. Könnt Ihr mir sagen, ob Rosalinde, des Herzogs Tochter, mit ihrem Vater verbannt ist?

Charles. O nein, denn des Herzogs Tochter, ihre Muhme, liebt sie so, daß sie von der Wiege an zusammen aufgewachsen sind; sie wäre ihr in die Verbannung gefolgt, oder gestorben, wenn sie hätte zurückbleiben müssen. Sie ist am Hofe, und der Oheim liebt sie nicht weniger als seine eigene Tochter. Niemals haben sich zwei Frauen mehr geliebt als sie.

Oliver. Wo wird sich der alte Herzog aufhalten?

Charles. Sie sagen, er ist bereits im Ardenner Wald, und viel lustige Leute mit ihm, und da leben sie wie Zigeunervolk. Es heißt, viele junge Leute strömen ihm täglich zu, und verkaufen sorg= los die Zeit wie im goldenen Alter.

Oliver. Sagt, werdet Ihr morgen vor dem Herzog ringen?

Charles. Ganz gewiß, Herr, und ich komme, Euch etwas zu eröffnen. Man hat mich unter der Hand benachrichtigt, daß Euer jüngster Bruder Orlando gewillt ist, gegen mich verkleidet einen Gang zu wagen. Morgen, Herr, ringe ich für meinen Ruhm, und wer ohne zerbrochene Gliedmaßen davonkömmt, wird von Glück zu sagen haben. Euer Bruder ist jung und zart, und um Euretwillen sollte es mir leid thun, ihn so zuzurichten, wie ich doch meiner eigenen Ehre wegen müßte, wenn er sich stellt. Darum kam ich aus Liebe zu Euch her, Euch Nachricht davon zu geben, damit Ihr ihn entweder von seinem Vorhaben zurückhaltet, oder nicht übelnehmt, was über ihn ergeht, weil er sich's doch selber zugezogen hat, und es ganz gegen meinen Willen geschieht.

Oliver. Charles, ich danke dir für deine Liebe zu mir, die ich freundlichst vergelten will, wie du sehen sollst. Ich habe selbst einen Wink von meines Bruders Absicht hierauf bekommen, und unter der Hand gearbeitet, ihn davon abzubringen, aber er ist entschlossen. Ich muß dir sagen, Charles, — er ist der hartnäckigste junge Bursch in Frankreich, voll Ehrgeiz, ein neidischer Nebenbuhler von jedermanns Gaben, ein heimlicher und niederträchtiger Ränkemacher gegen mich, seinen leiblichen Bruder. Darum thu nach Gefallen: mir wär's so lieb, du brächest ihm den Hals als die Finger; und du magst dich nur vorsehen, denn wenn du ihm nur eine geringe Schmach zufügst, oder wenn er keine große Ehre an dir einlegen kann, so wird er dir mit Gift nachstellen, dich durch irgend eine Verräterei fangen, und nicht von dir lassen, bis er dich auf diese oder jene hinterlistige Weise ums Leben gebracht hat: denn ich versichere dir, und fast mit Thränen sage ich es, es lebt kein Mensch auf Erden, der so jung und so verrucht wäre. Ich spreche noch brüderlich von ihm; sollte ich ihn dir zergliedern, so wie er ist, so müßte ich erröten und weinen, und du müßtest blaß werden und erstaunen.

Charles. Ich bin herzlich erfreut, daß ich zu Euch kam. Stellt er sich morgen ein, so will ich ihm seinen Lohn geben. Wenn er je wieder auf die Beine kommt, so will ich mein Lebtag nicht wieder um den Preis ringen. Gott behüte Euer Gnaden! (Ab.)

Oliver. Lebt wohl, guter Charles. — Nun will ich den Abenteurer anspornen. Ich hoffe, ich habe ihn zum letztenmal gesehen, denn meine Seele, ich weiß nicht warum, hasset nichts so sehr als ihn. Doch ist er von sanftem Gemüt, nicht belehrt und dennoch unterrichtet, voll edlen Trachtens, von jedermann bis zur Verblendung geliebt; und in der That so fest im Herzen der Leute, besonders meiner eigenen, die ihn am besten kennen, daß ich darüber ganz gering geschätzt werde. Aber so soll es nicht lange sein, — dieser Ringer soll alles ins reine bringen. Es bleibt nichts zu thun übrig, als daß ich den Knaben dorthin hetze, was ich gleich ins Werk richten will. (Ab.)

2. Scene.

Eine Esplanade vor des Herzogs Palast.
Rosalinde und Celia treten auf.

Celia. Ich bitte dich, Rosalinde, liebes Mühmchen, sei lustig.
Rosalinde. Liebe Celia, ich zeige mehr Fröhlichkeit, als ich in

meiner Gewalt habe, und du wolltest dennoch, daß ich noch luſtiger
wäre? Kannſt du mich nicht lehren, einen verbannten Vater zu ver=
geſſen, ſo mußt du nicht verlangen, daß mir eine ungewöhnliche Luſt
in den Sinn kommen ſoll.

Celia. Daran ſehe ich, daß du mich nicht in ſo vollem Maße
liebſt, wie ich dich liebe. Wenn mein Oheim, dein verbannter Vater,
deinen Oheim, den Herzog, meinen Vater, verbannt hätte, und du
wärſt immer bei mir geblieben, ſo hätte ich meine Liebe gewöhnen
können, deinen Vater als den meinigen anzuſehen. Das würdeſt du
auch thun, wenn deine Liebe zu mir von ſo echter Beſchaffenheit
wäre, als die meinige zu dir.

Roſalinde. Gut, ich will meinen Glücksſtand vergeſſen, um
mich an deinem zu erfreuen.

Celia. Du weißt, mein Vater hat kein Kind außer mir, und
auch keine Ausſicht, eins zu bekommen; und wahrlich, wenn er ſtirbt,
ſollſt du ſeine Erbin ſein; denn was er deinem Vater mit Gewalt
genommen, will ich dir in Liebe wieder geben. Bei meiner Ehre,
das will ich, und wenn ich meinen Eid breche, mag ich zum Un=
geheuer werden! Darum, meine ſüße Roſe, meine liebe Roſe, ſei luſtig.

Roſalinde. Das will ich von nun an, Mühmchen, und auf
Späße deulen. Laß ſehen, was hältſt du vom Verlieben?

Celia. Ei ja, thu's, um Spaß damit zu treiben. Aber liebe
keinen Mann in wahrem Ernſt, auch zum Spaß nicht weiter, als
daß du mit einem unſchuldigen Erröten in Ehren wieder davon=
kommen kannſt.

Roſalinde. Was wollen wir denn für Spaß haben?

Celia. Laß uns ſitzen und die ehrliche Hausmutter Fortuna
von ihrem Rade wegläſtern, davit ihre Gaben künftig gleicher aus=
geteilt werden mögen.

Roſalinde. Ich wollte, wir könnten das: denn ihre Wohl=
thaten ſind oft gewaltig übel angebracht, und am meiſten verſieht
ſich die freigebige blinde Frau mit ihren Geſchenken an Frauen.

Celia. Das iſt wahr; denn die, welche ſie ſchön macht, macht
ſie ſelten ehrbar, und die, welche ſie ehrbar macht, macht ſie ſehr
häßlich.

Roſalinde. Nein, da gehſt du über von Fortunens Amt zu
dem der Natur: Fortuna herrſcht in den weltlichen Gaben, nicht in
den Zügen der Natur.

Probſtein kommt.

Celia. Nicht? wenn die Natur ein ſchönes Geſchöpfe gemacht
hat, kann es Fortuna nicht ins Feuer fallen laſſen? — Wiewohl
uns die Natur Witz g g verliehen hat, um des Glückes zu ſpotten;
ſchickt es nicht dieſen Narren herein, dem Geſpräch ein Ende zu machen?

Rosalinde. In der That, da ist das Glück der Natur zu mächtig, wenn es durch einen natürlichen Einfaltspinsel dem natür= lichen Witz ein Ende macht.

Celia. Wer weiß, auch dies ist nicht das Werk des Glückes, sondern der Natur, die unseren natürlichen Witz zu albern findet, um über solche Göttinnen zu klügeln, und uns diesen Einfältigen zum Schleifstein geschickt hat: denn immer ist die Albernheit des Narren der Schleifstein des Witzigen. — Nun, Witz? wohin wan= derst du?

Probstein. Fräulein, Ihr müßt zu Eurem Vater kommen.

Celia. Seid Ihr als Bote abgeschickt?

Probstein. Nein, auf meine Ehre, man hieß mich nur nach Euch gehen.

Rosalinde. Wo hast du den Schwur gelernt, Narr?

Probstein. Von einem gewissen Ritter, der bei seiner Ehre schwur, die Pfannkuchen wären gut, und bei seiner Ehre schwur, der Senf wäre nichts nutz. Nun behaupte ich, die Pfannkuchen waren nichts nutz und der Senf gut, und doch hatte der Ritter nicht falsch geschworen.

Celia. Wie beweiset Ihr das in der Hülle und Fülle Eurer Gelahrtheit?

Rosalinde. Ei ja, nun nehmt Eurer Weisheit den Maulkorb ab.

Probstein. Tretet beide vor, streicht euer Kinn, und schwört bei euren Bärten, daß ich ein Schelm bin.

Celia. Bei unseren Bärten, wenn wir welche hätten, du bist einer.

Probstein. Bei meiner Schelmerei, wenn ich sie hätte, dann wär ich einer. Aber wenn ihr bei dem schwört, was nicht ist, so habt ihr nicht falsch geschworen; ebensowenig der Ritter, der auf seine Ehre schwur, denn er hatte niemals welche, oder wenn auch, so hatte er sie längst weggeschworen, ehe ihm diese Pfannkuchen und der Senf zu Gesicht kamen.

Celia. Ich bitte dich, wen meinst du?

Probstein. Einen, den der alte Friedrich, Euer Vater, liebt.

Celia. Meines Vaters Liebe reicht hin, ihn hinreichend zu ehren. Sprecht nicht mehr von ihm; Ihr werdet gewiß nächstens einmal für Euren bösen Leumund gestäupt.

Probstein. Desto schlimmer, daß Narren nicht mehr weislich sagen dürfen, was weise Leute närrisch thun.

Celia. Meiner Treu, du sagst die Wahrheit: denn seit das bißchen Witz, was die Narren haben, zum Schweigen gebracht worden ist, so macht das bißchen Narrheit, was weise Leute besitzen, große Parade. Da kommt Monsieur Le Beau.

12*

Le Beau tritt auf.

Rosalinde. Den Mund voll von Neuigkeiten.

Celia. Die er uns zukommen lassen wird, wie Tauben ihre Jungen füttern.

Rosalinde. Da werden wir also mit Neuigkeiten gemästet.

Celia. Desto besser, so stehen wir ansehnlicher zu Markt. Bon jour, Monsieur Le Beau! was giebt es Neues?

Le Beau. Bon jour, schöne Prinzessin, Euch ist ein guter Spaß entgangen.

Celia. Elu Spaß? wohin?

Le Beau. Wohin, Madame? wie soll ich das beantworten?

Rosalinde. Wie es Witz und Glück verleihen.

Probstein. Oder wie das Verhängnis beschließt.

Celia. Gut gesagt! Das war wie mit der Kelle angeworfen.

Probstein. Ja, wenn ich meinen Geschmack nicht behaupte —

Rosalinde. So verlierst du deinen alten Beischmack.

Le Beau. Ihr bringt mich aus der Fassung, meine Damen. Ich wollte euch von einem wackeren Ringen erzählen, das ihr versäumt habt mit anzusehen.

Rosalinde. Sagt uns doch, wie es dabei herging.

Le Beau. Ich will euch den Anfang erzählen, und wenn es euer Gnaden gefällt, könnt ihr das Ende ansehen; denn das Beste muß noch geschehen, und sie kommen hierher, wo ihr seid, um es auszuführen.

Celia. Gut, den Anfang, der tot und begraben ist.

Le Beau. Es kam ein alter Mann mit seinen drei Söhnen, —

Celia. Ich weiß ein altes Märchen, das so anfängt.

Le Beau. Drei stattliche junge Leute, vortrefflich gewachsen und männlich, —

Rosalinde. Mit Zetteln am Halse: „Kund und zu wissen sei männiglich —"

Le Beau. Der älteste unter den dreien rang mit Charles, des Herzogs Ringer. Charles warf ihn in einem Augenblick nieder, und brach ihm drei Rippen entzwei, so daß fast keine Hoffnung für sein Leben ist; ebenso richtete er den zweiten und den dritten zu. Dort liegen sie, und der arme alte Mann, ihr Vater, erhebt eine so jämmerliche Wehtlage über sie, daß alle Zuschauer ihm mit Weinen beistehen.

Rosalinde. Ach!

Probstein. Aber welches ist der Spaß, Herr, der den Damen entgangen ist?

Le Beau. Nun, der, wovon ich spreche.

Probstein. So wird man alle Tage klüger! Das ist das erste, was ich höre, daß Rippen-Entzweibrechen ein Spaß für Damen ist.

Celia. Ich auch, das versichere ich dir.

Rosalinde. Aber ist denn noch jemand da, den danach lüstet, sich mit dieser Musik die Seiten sprengen zu lassen? Ist noch sonst wer auf zerbrochene Rippen erpicht? — Sollen wir das Ringen mit ansehen, Muhme?

Le Beau. Ihr müßt, wenn ihr hier bleibt, denn sie haben diesen Platz zum Kampfe gewählt: er wird gleich vor sich gehen.

Celia. Wirklich, dort kommen sie. Laß uns nun bleiben und zusehen.

Trompetenstoß. Herzog Friedrich, Herren vom Hofe, Orlando, Charles und Gefolge.

Herzog Friedrich. Wohlan! Da der junge Mensch nicht hören will, so mag er auf seine eigene Gefahr vorwitzig sein.

Rosalinde. Ist der dort der Mann?

Le Beau. Das ist er, mein Fräulein.

Celia. Ach, er ist zu jung, doch hat er ein siegreiches Ansehen.

Herzog Friedrich. Ei, Tochter und Nichte? Seid ihr hierher geschlichen, um das Ringen zu sehen?

Rosalinde. Ja, mein Fürst, wenn Ihr uns gütigst erlaubt.

Herzog Friedrich. Ihr werdet wenig Vergnügen daran finden, das kann ich euch sagen: das Paar ist zu ungleich. Aus Mitleid mit des Ausforderers Jugend möchte ich ihn gern davon abbringen, allein er läßt sich nicht raten; sprecht mit ihm, Fräuleins, seht, ob ihr ihn bewegen könnt.

Celia. Ruft ihn hierher, guter Monsieur Le Beau.

Herzog Friedrich. Thut das, ich will nicht dabei sein.

(Der Herzog entfernt sich.)

Le Beau. Herr Ausforderer, die Prinzessinnen verlangen Euch zu sprechen.

Orlando. Ich bin ehrerbietigst zu ihrem Befehl.

Rosalinde. Junger Mann, habt Ihr Charles den Ringer herausgefordert?

Orlando. Nein, schöne Prinzessin; er ist der allgemeine Ausforderer, ich komme bloß wie andere auch, die Kräfte meiner Jugend gegen ihn zu versuchen.

Celia. Junger Mann, Euer Mut ist zu kühn für Eure Jahre. Ihr habt einen grausamen Beweis von der Stärke dieses Menschen gesehen; wenn Ihr Euch selbst mit Euren Augen sähet, oder mit Eurem Urteil erkenntet, so würde Euch die Furcht vor dem Ausgange ein gleicheres Wagstück anraten. Wir bitten Euch um Eurer selbst willen, an Eure Sicherheit zu denken und das Unternehmen aufzugeben.

Rosalinde. Thut das, junger Mann; Euer Ruf soll deswegen nicht herabgesetzt werden. Es soll unser Gesuch beim Herzoge sein, daß das Ringen nicht vor sich gehe.

Orlando. Ich beschwöre euch, straft mich nicht mit euren nach=
teiligen Gedanken, ich erkenne mich selbst für schuldig, daß ich so
schönen und vortrefflichen Fräulein irgend etwas verweigere. Laßt
nur eure schönen Augen und freundlichen Wünsche mich zu meinem
Zweikampf geleiten. Wenn ich zu Boden geworfen werde, so kommt
nur Schmach über jemand, der noch niemals in Ehren war; wenn
umgebracht, so ist nur jemand tot, der sich nichts anderes wünscht.
Ich werde meinen Freunden kein Leid zufügen, denn ich habe keine,
mich zu beweinen; und der Welt keinen Nachteil, denn ich besitze
nichts in ihr; ich fülle in der Welt nur einen Platz aus, der besser
besetzt werden kann, wenn ich ihn räume.

Rosalinde. Ich wollte, das bißchen Stärke, das ich habe, wäre
mit Euch.

Celia. Meine auch, um ihre zu ergänzen,

Rosalinde. Fahrt wohl! Gebe der Himmel, daß ich mich in
Euch betrüge.

Celia. Eures Herzens Wunsch werde Euch zu teil.

Charles. Wohlan, wo ist der junge Held, dem so danach ge=
lüstet, bei seiner Mutter Erde zu liegen?

Orlando. Hier ist er, Herr, aber sein Wille hegt eine an=
ständigere Absicht.

Herzog Friedrich. Ihr sollt nur Einen Gang machen.

Charles. Ich stehe Euer Hoheit dafür, Ihr werdet ihn nicht
zu einem zweiten bereden, nachdem Ihr ihn so dringend vom ersten
abgemahnt habt.

Orlando. Ihr denkt nachher über mich zu spotten, so braucht
Ihr's nicht vorher zu thun. Doch kommt zur Sache.

Rosalinde. Nun, Herkules steh dir bei, junger Mann!

Celia. Ich wollte, ich wäre unsichtbar, um dem starken Manne
das Bein unterweg ziehen zu können.

(Charles und Orlando ringen.)

Rosalinde. O vortrefflicher junger Mann!

Celia. Hätte ich einen Donnerkeil in meinen Augen, so weiß
ich, wer zu Boden sollte.

(Charles wird zu Boden geworfen. Jubelgeschrei.)

Herzog Friedrich. Nicht weiter! nicht weiter!

Orlando. Ja, wenn es Euer Hoheit beliebt; ich bin noch nicht
recht warm geworden.

Herzog Friedrich. Wie steht's mit dir, Charles?

Le Beau. Er kann nicht sprechen, mein Fürst.

Herzog Friedrich. Tragt ihn weg. Wie ist dein Name,
junger Mensch?

Orlando. Orlando, mein Fürst, der jüngste Sohn des Frei=
herrn Roland de Boys.

Herzog Friedrich. Ich wollt', du wärst sonst jemands Sohn gewesen.
Die Welt hielt deinen Vater ehrenwert,
Doch ich erfand ihn stets als meinen Feind.
Du würd'st mir mehr mit dieser That gefallen,
Wenn du aus einem andern Hause stammtest.
Doch fahre wohl; du bist ein wackrer Jüngling,
Hättst du 'nen andern Vater nur genannt.
(Herzog Friedrich mit Gefolge und Le Beau ab.)

Celia. Wär ich mein Vater, Mühmchen, thät' ich dies?

Orlando. Ich bin weit stolzer, Rolands Sohn zu sein,
Sein jüngster Sohn, — und tauschte nicht den Namen,
Würd' ich auch Friedrichs angenommner Erbe.

Rosalinde. Mein Vater liebte Roland wie sein Leben,
Und alle Welt war so wie er gesinnt.
Hätt' ich zuvor den jungen Mann gekannt,
Den Bitten hätt' ich Thränen zugesellt,
Eh er sich so gewagt.

Celia. Komm, liebe Muhme,
Laß uns ihm danken und ihm Mut einsprechen:
Denn meines Vaters rauhe schlimme Art
Geht mir ans Herz. — Herr, Ihr habt Lob verdient;
Wenn Ihr im Lieben Eu'r Versprechen haltet,
Wie Ihr verdunkelt, was man sich versprach,
Ist Eure Liebste glücklich.

Rosalinde (giebt ihm eine Kette von ihrem Halse). Junger Mann,
Tragt dies von mir, von einer Glückverstoßnen,
Die mehr wohl gäbe, fehlt' es nicht an Mitteln.
Nun, gehn wir, Muhme?

Celia. Ja. — Lebt wohl denn, edler Junker.

Orlando. Kann ich nicht sagen: Dank? Mein beßres Teil
Liegt ganz danieder; was noch aufrecht steht,
Ist nur ein Wurfziel, bloß ein lebos Holz.

Rosalinde. Er ruft uns nach: mein Stolz faul mit dem Glück,
Ich frag' ihn, was er will. — Rieft Ihr uns, Herr? —
Herr, Ihr habt brav gekämpft, und mehre noch
Besiegt als Eure Feinde.

Celia. Komm doch, Mühmchen.

Rosalinde. Ich komme schon. Lebt wohl. (Rosalinde und Celia ab.)

Orlando. Welch ein Gefühl belastet meine Zunge?
Ich kann nicht reden, lud sie gleich mich ein.
Le Beau kommt.
Armer Orlando: du bist überwältigt,
Charles oder etwas Schwächres siegt dir ob.

Le Beau. Mein guter Herr, ich rat' aus Freundschaft Euch,
Verlaßt den Ort, viewohl Ihr hohen Preis
Euch habt erworben, Lieb' und echten Beifall,
So steht doch so des Herzogs Stimmung jetzt,
Daß er mißdeutet, was Ihr nun gethan.
Der Fürst ist launisch; was er ist, in Wahrheit,
Ziemt besser Euch zu sehn, als mir zu sagen.

Orlando. Ich dank' Euch, Herr, und bitt' Euch, sagt mir dies:
Wer war des Herzogs Tochter, von den beiden,
Die hier beim Ringen waren?

Le Beau. Von beiden keine, wenn's nach Sitten gilt,
Doch wirklich ist die kleinste seine Tochter,
Die andre Tochter des verbannten Herzogs,
Von ihrem Oheim hier zurückbehalten
Zu seiner Tochter Umgang: ihre Liebe
Ist zärtlicher als schwesterliche Bande.
Doch sag' ich Euch, seit kurzem hegt der Herzog
Unwillen gegen seine holde Nichte,
Der auf die Ursach bloß gegründet ist,
Daß sie die Welt um ihre Gaben preist,
Und sie beklagt um ihres Vaters willen;
Und auf mein Wort, sein Ingrimm auf das Fräulein
Bricht einmal plötzlich los. — Lebt wohl, mein Herr,
Dereinst in einer bessern Welt als diese,
Wünsch' ich mir mehr von Eurer Lieb' und Umgang.

Orlando. Ich bleib' Euch sehr verbunden; lebt wohl!
(Le Beau ab.)
So muß ich aus dem Dampf in die Erstickung,
Von Herzogs Druck in Bruders Unterdrückung.
Doch Engel Rosalinde! (Ab.)

3. Scene.

Ein Zimmer im Palast.

Cella und Rosalinde treten auf.

Cella. Ei, Mühmchen! ei, Rosalinde! — Cupido sei uns gnädig, nicht ein Wort?

Rosalinde. Nicht eins, das man einem Hunde vorwerfen könnte.

Cella. Nein, deine Worte sind zu kostbar, um sie den Hunden vorzuwerfen: wirf mir einige zu. Komm, lähme mich mit Vernunft=gründen.

Rosalinde. Da wäre es um zwei Muhmen geschehen, wenn

die eine mit Gründen gelähmt würde, und die andere unklug ohne Grund.

Celia. Aber ist das alles um deinen Vater?

Rosalinde. Nein, etwas davon ist um meines Kindes Vater. O wie voll Disteln ist diese Werktagswelt!

Celia. Es sind nur Kletten, Liebe, die dir bei einem Festtags= Spaß angeworfen werden. Wenn wir nicht in gebahnten Wegen gehen, so haschen unsere eigenen Röcke sie auf.

Rosalinde. Vom Rocke könnt' ich sie abschütteln; diese Kletten stecken mir im Herzen.

Celia. Huste sie weg.

Rosalinde. Das wollte ich wohl thun, wenn ich ihn herbei husten könnte.

Celia. Ei was, ringe mit deinen Neigungen.

Rosalinde. Ach, sie nehmen die Partei eines besseren Ringers als ich bin.

Celia. Helfe dir der Himmel! Du wirst dich zu seiner Zeit mit ihm messen, gilt es auch eine Niederlage. — Doch laß uns diese Scherze abdanken, und in vollem Ernste sprechen. Ist es möglich, daß du mit einemmal in eine so gewaltige Zuneigung zu des alten Herrn Roland jüngstem Sohn verfallen konntest?

Rosalinde. Der Herzog mein Vater liebte seinen Vater über alles.

Celia. Folgt daraus, daß du seinen Sohn über alles lieben mußt? Nach dieser Folgerung müßte ich ihn hassen, denn mein Vater haßt seinen Vater über alles, und doch hasse ich den Or= lando nicht.

Rosalinde. Nein, gewiß, hasse ihn nicht, um meinetwillen!

Celia. Warum sollte ich? verdient er nicht alles Gute?

Herzog Friedrich kommt mit Herren vom Hofe.

Rosalinde. Um deswillen laß mich ihn lieben, und liebe du ihn, weil ich es thue. — Sieh, da kommt der Herzog.

Celia. Die Augen voller Zorn.

Herzog Friedrich. Fräulein, in schnellster Eile schickt Euch an,
Und weicht von unserm Hof.

Rosalinde. Ich, Oheim?

Herzog Friedrich. Ja, Ihr, Nichte.
Wenn in zehn Tagen du gefunden wirst
Von unserm Hofe binnen zwanzig Meilen,
Bist du des Todes.

Rosalinde. Ich ersuch' Eu'r Gnaden,
Gebt mir die Kenntnis meines Fehltritts mit.
Wenn ich Verständnis halte mit mir selbst,
Ja irgend meine eignen Wünsche keune,

Wenn ich nicht träum' und nicht von Sinnen bin,
Wie ich nicht hoffe: nie, mein werter Oheim,
Selbst nicht mit ungeborenen Gedanken,
Beleidigt' ich Eu'r Hoheit.

Herzog Friedrich.   So sprechen stets Verräter:
Beständ' in Worten ihre Reinigung,
So sind sie schuldlos wie die Heiligkeit.
Laß dir's genügen, daß ich dir nicht traue.

Rosalinde. Doch macht Eu'r Mißtraun nicht mich zum Verräter;
Sagt mir, worauf der Anschein denn beruht.

Herzog Friedrich. Genug, du bist die Tochter deines Vaters.

Rosalinde. Das war ich, als Eu'r Hoheit ihm sein Land nahm,
Das war ich, als Eu'r Hoheit ihn verbannte.
Verräterei wird nicht ererbt, mein Fürst;
Und, überkämen wir sie von den Unsern,
Was geht's mich an? Mein Vater übte keine.
Drum, bester Herr, verkennt mich nicht so sehr,
Zu glauben, meine Armut sei verrätrisch.

Celia. Mein teuerster Gebieter, hört mich an!

Herzog Friedrich. Ja, Celia, dir zulieb ließ ich sie bleiben,
Sonst irrte sie umher mit ihrem Vater.

Celia. Ich bat nicht damals, daß sie bleiben möchte,
Ihr wolltet es, Ihr waret selbst erweicht.
Ich war zu jung um die Zeit, sie zu schätzen;
Jetzt kenn' ich sie: wenn sie verrätrisch ist,
So bin ich's auch; wir schliefen stets beisammen,
Erwachten, lernten, spielten miteinander,
Und wo wir gingen, wie der Juno Schwäne,
Da gingen wir gepaart und unzertrennlich.

Herzog Friedrich. Sie ist zu fein für dich, und ihre Sanftmut,
Ihr Schweigen selbst und ihre Duldsamkeit,
Spricht zu dem Volk, und es bedauert sie.
Du Thörin du! Sie stiehlt dir deinen Namen,
Und du scheinst glänzender und tugendreicher,
Ist sie erst fort; drum öffne nicht den Mund,
Fest und unwiderruflich ist mein Spruch,
Der über sie erging: sie ist verbannt.

Celia. Sprecht denn dies Urteil über mich, mein Fürst;
Ich kann nicht leben außer ihrer Nähe.

Herzog Friedrich. Du bist 'ne Thörin. — Nichte, seht Euch vor!
Wenn Ihr die Zeit versäumt: auf meine Ehre,
Und kraft der Würde meines Worts, Ihr sterbt.

(Herzog und Gefolge ab.)

Celia. O arme Rosalinde, wohin willst du?
   Willst du die Väter tauschen? So nimm meinen,
   Ich bitt' dich, sei nicht trauriger als ich!
Rosalinde. Ich habe ja mehr Ursach.
Celia.   Nicht doch, Muhme.
   Sei nur getrost! Weißt du nicht, daß mein Vater
   Mich, seine Tochter, hat verbanut?
Rosalinde.   Das nicht.
Celia. Das nicht? So fehlt die Liebe Rosalinden,
   Die dich belehrt, daß du und ich nur eins?
   Soll man uns trennen? Soll'n wir scheiden, Süße?
   Nein, mag mein Vater andre Erben suchen.
   Ersinne nur mit mir, wie wir entfliehn,
   Wohin wir gehn, und was wir mit uns nehmen;
   Und suche nicht die Last auf dich zu ziehn,
   Dein Leid zu tragen und mich auszuschließen;
   Bei diesem Himmel, bleich von unserm Gram,
   Sag, was du willst, ich gehe doch mit dir.
Rosalinde. Wohl, wohin gehn wir?
Celia. Zu meinem Oheim im Ardenner Wald.
Rosalinde. Doch ach, was für Gefahr wird es uns bringen,
   So weit zu reisen, Mädchen, wie wir sind?
   Schönheit lockt Diebe schneller noch als Gold.
Celia. Ich stecke mich in arme, niedre Kleidung
   Und streiche mein Gesicht mit Ocker an.
   Thu eben das, so ziehn wir unsern Weg
   Und reizen keine Räuber.
Rosalinde.   Wär's nicht besser,
   Weil ich von mehr doch als gemeinem Wuchs,
   Daß ich mich trüge völlig wie ein Mann?
   Den schmucken kurzen Säbel an der Hüfte,
   Den Jagdspieß in der Hand, und — läg' im Herzen
   Auch noch so viele Weiberfurcht versteckt —
   Wir sähen kriegerisch und prahlend drein,
   Wie manche andre Männermemmen auch,
   Die mit dem Ansehn es zu zwingen wissen.
Celia. Wie willst du heißen, wenn du nun ein Mann bist?
Rosalinde. Nicht schlechter als der Page Jupiters,
   Denk also dran, mich Ganymed zu nennen.
   Doch wie willst du genannt sein?
Celia. Nach etwas, das auf meinen Zustand paßt,
   Nicht länger Celia, sondern Aliena.
Rosalinde. Wie, Muhme, wenn von Eures Vaters Hof

Wir nun den Schalksnarrn wegzustehlen suchten,
Wär' er uns nicht ein Trost auf unsrer Reise?
Celia. O, der geht mit mir in die weite Welt,
Um den laß mich nur werben. Laß uns gehn,
Und unsern Schmuck und Kostbarkeiten sammeln,
Die beste Zeit und sichern Weg bedenken
Vor der Verfolgung, die nach meiner Flucht
Wird angestellt. So ziehn wir denn in Frieden,
Denn Freiheit ist uns, nicht der Bann beschieden. (Ab.)

Zweiter Aufzug.

1. Scene.

Der Ardenner Wald.

Der Herzog, Amiens und andere Edelleute in Jägerkleidung.

Herzog. Nun, meine Brüder und des Banns Genossen,
Macht nicht Gewohnheit süßer dieses Leben,
Als das gemalten Pomps? Sind diese Wälder
Nicht sorgenfreier als der falsche Hof?
Wir fühlen hier die Buße Adams nur,
Der Jahrszeit Wechsel; so den eis'gen Zahn
Und böses Schelten von des Winters Sturm.
Doch wenn er beißt und auf den Leib mir bläst,
Bis ich vor Kälte schaudre, sag' ich lächelnd:
Dies ist nicht Schmeichelei; Ratgeber sind's,
Die fühlbar mir bezeugen, wer ich bin.
Süß ist die Frucht der Widerwärtigkeit,
Die, gleich der Kröte, häßlich und voll Gift,
Ein köstliches Juwel im Haupte trägt.
Dies unser Leben, vom Getümmel frei,
Giebt Bäumen Zungen, findet Schrift im Bach,
In Steinen Lehre, Gutes überall.
Amiens. Ich tauscht' es selbst nicht; glücklich ist Eu'r Hoheit,
Die auszulegen weiß des Schicksals Härte,
In solchem ruhigen und milden Sinn.
Herzog. Kommt, soll'n wir gehen und uns Wildbret töten?
Doch jammert's mich, daß wir den fleck'gen Narrn,
Die Bürger sind in dieser öden Stadt,
Auf eignem Grund mit hal'gen Spitzen blutig
Die runden Hüften reißen.

Erster Edelmann. Ja, mein Fürst,
Den melanchol'schen Jaques kränkt dieses sehr,
Er schwört, daß Ihr auf diesem Weg mehr Unrecht
Als Euer Bruder übt, der Euch verbannt.
Heut schlüpften ich und Amiens hinter ihn,
Als er sich hingestreckt an einer Eiche,
Wovon die alte Wurzel in den Bach
Hineinragt, der da braust den Wald entlang.
Es kam dahin ein arm verschüchtert Wild,
Das von des Jägers Pfeil beschädigt war,
Um auszuschmachten; und gewiß, mein Fürst,
Das arme Tier stieß solche Seufzer aus,
Das jedesmal sein ledern Kleid sich dehnte
Zum Bersten fast: und dicke runde Thränen
Längs der unschuld'gen Nase liefen kläglich
Einander nach; und der behaarte Narr,
Genau bemerkt vom melanchol'schen Jaques,
Stand so am letzten Rand des schnellen Bachs,
Mit Thränen ihn vermehrend.
Herzog. Nun, und Jaques?
Macht er dies Schauspiel nicht zur Sittenpredigt?
Erster Edelmann. O ja, in tausend Gleichnissen. Zuerst
Das Weinen in den unbedürft'gen Strom:
„Ach, armer Hirsch!" so sagt er, „wie der Weltling
Machst du dein Testament, giebst dem den Zuschuß,
Der schon zu viel hat." — Dann, veil er allein
Und von den samtnen Freunden war verlassen:
„Recht!" sagt' er, „so verteilt das Elend stets
Des Umgangs Flut." — Alsbald ein Rudel Hirsche,
Der Weide voll, sprang sorglos an ihm hin,
Und keiner stand zum Gruße. „Ja," rief Jaques,
„Streift hin, ihr fetten wohlgenährten Städter!
So ist die Sitte eben: warum schaut ihr
Nach dem bankrotten armen Schelme da?"
Auf diese Art durchbohrt er schmähungsvoll
Den Kern von Lande, Stadt und Hof, ja selbst
Von diesem unsern Leben; schwört, daß wir
Nichts als Tyrannen, Räuber, Schlimmres noch,
Weil wir die Tiere schrecken, ja sie töten,
In ihrem eignen heimatlichen Sitz.
Herzog. Und ließet ihr in der Betrachtung ihn?
Erster Edelmann. Ja, gnäd'ger Herr, beweinend und besprechend
Das schluchzende Geschöpf.

Herzog.   Zeigt mir den Ort,
Ich lasse gern in diesen düstern Launen
Mich mit ihm ein: er ist dann voller Sinn.
Erster Edelmann. Ich will Euch zu ihm bringen. (Ab.)

2. Scene.

Ein Zimmer im Palaste.

Herzog Friedrich, Herren vom Hofe und Gefolge treten auf.

Herzog Friedrich. Ist es denn möglich, daß sie niemand sah?
Es kann nicht sein; nein, Schurken hier am Hof
Sind im Verständnis mit, und gaben's zu.
Erster Edelmann. Ich kann von niemand hören, der sie sah.
Die Frau'n im Dienste ihrer Kammer brachten
Sie in ihr Bett, und fanden morgens früh
Das Bett von ihrem Fräulein ausgeleert.
Zweiter Edelmann. Mein Herzog, der Hanswurst, den Eu'r Hoheit
Oft zu belachen pflegt, wird auch vermißt,
Hesperia, der Prinzessin Kammerfräulein,
Bekennt, sie habe insgeheim belauscht,
Wie Eure Nicht' und Tochter überaus
Geschick und Anstand jenes Ringers lobten,
Der jüngst den nerv'gen Charles niederwarf;
Sie glaubt, wohin sie auch gegangen sind,
Der Jüngling sei gewißlich ihr Begleiter.
Herzog Friedrich. Schickt hin zum Bruder, holt den jungen Fant;
Ist er nicht da, so bringt mir seinen Bruder,
Der soll ihn mir schon finden. Thut dies schnell,
Laßt Nachsuchung und Forschen nicht ermatten,
Die thörichten Verlaufnen heim zu bringen. (Ab.)

3. Scene.

Vor Olivers Hause.

Orlando und Adam begegnen sich.

Orlando. Wer ist da?
Adam. Was, Ihr, mein junger Herr? — O edler Herr!
O mein geliebter Herr! O Ihr, Gedächtnis
Des alten Roland! Sagt, was macht Ihr hier?
Weswegen übt Ihr Tugend? schafft Euch Liebe?
Und warum seid Ihr edel, stark und tapfer?
Was wart Ihr so erpicht, den stämm'gen Kämpfer
Des launenhaften Herzogs zu bezwingen?

Eu'r Ruhm kam allzuschnell vor Euch nach Haus.
Wißt Ihr nicht, Junker, daß gewissen Leuten
All ihre Gaben nur als Feinde dienen?
So, bester Herr, sind Eure Tugenden
An Euch geweihte heilige Verräter.
O welche Welt ist dies, wenn das, was herrlich,
Den, der es hat, vergiftet!

Orlando. Nun denn, was giebt's?

Adam. O unglücksel'ger Jüngling!
Geht durch dies Thor nicht; unter diesem Dach
Lebt aller Eurer Trefflichkeiten Feind.
Eu'r Bruder — nein, kein Bruder, doch der Sohn —
Nein, nicht der Sohn; ich will nicht Sohn ihn nennen
Des, den ich seinen Vater heißen wollte, —
Hat Euer Lob gehört, und deult zu Nacht
Die Wohnung zu verbrennen, wo Ihr liegt,
Und Euch darinnen. Schlägt ihm dieses fehl,
So sucht er andre Weg', Euch umzubringen:
Ich habe ihn belauscht und seinen Anschlag.
Kein Wohnort ist dies Haus, 'ne Mördergrube;
Verabscheut, fürchtet es, geht nicht hinein.

Orlando. Sag, wohin willst du, Adam, daß ich gehe?

Adam. Gleichviel, wohin, ist es nur hieher nicht.

Orlando. Was? willst du, daß ich mir mein Brot soll betteln?
Wohl gar mit schnödem, tollem Schwert erzwingen
Auf offner Straße dieb'schen Unterhalt?
Das muß ich thun, sonst weiß ich nichts zu thun,
Doch will ich dies nicht, komme was da will.
Ich setze mich der Bosheit lieber aus
Des abgefallnen Bluts und blut'gen Bruders.

Adam. Nein, thut das nicht: ich hab' fünfhundert Kronen,
Vorsorglich mir erspart bei Eurem Vater;
Ich legt' sie bei, mir Pfleger danu zu sein,
Wann mir der Dienst erlahmt in schwachen Gliedern,
Und man als Alter in die Ecke wirft.
Nehmt das, und der die jungen Raben füttert,
Ja, sorgsam für den Sperling Vorrat häuft,
Sei meines Alters Trost! Hier ist das Gold,
Nehmt alles, laßt mich Euren Diener sein,
Seh' ich gleich alt, bin ich doch stark und rüstig,
Denn nie in meiner Jugend mischt' ich mir
Heiß und aufrührerisch Getränk ins Blut,
Noch ging ich je mit unverschämter Stirn

Den Mitteln nach zu Schwäch' und Unvermögen.
Drum ist mein Alter wie ein frischer Winter,
Kalt, doch erquicklich: laßt mich mit Euch gehn!
Ich thu' den Dienst von einem jüngern Mann,
In aller Eurer Notdurft und Geschäften.

Orlando. O guter Alter, wie so wohl erscheint
In dir der treue Dienst der alten Welt,
Da Dienst um Pflicht sich mühte, nicht um Lohn!
Du bist nicht nach der Sitte dieser Zeiten,
Wo niemand mühn sich will als um Beförderung,
Und kaum, daß er sie hat, erlischt sein Dienst
Gleich im Besitz. So ist es nicht mit dir.
Doch, armer Greis, du pflegst den dürren Stamm,
Der keine Blüte mehr vermag zu treiben,
Für alle deine Sorgsamkeit und Müh.
Doch komm, wir brechen miteinander auf,
Und eh vir deinen Jugendlohn verzehrt,
Ist uns ein friedlich kleines Los beschert.

Adam. Auf, Herr! und bis zum letzten Atemzug
Folg' ich Euch nach, ergeben ohne Trug.
Von siebzehn Jahren bis zu achtzig schier
Wohnt' ich, nun wohn' ich ferner nicht mehr hier.
Um siebzehn ziemt's, daß mit dem Glück man buhle,
Doch achtzig ist zu alt für diese Schule.
Könnt' ich vom Glück nur diesen Lohn erwerben,
Nicht Schuldner meines Herrn und sanft zu sterben. (Ab.)

4. Scene.
Der Wald.
Rosalinde als Knabe, Celia wie eine Schäferin gekleidet und Probstein treten auf.

Rosalinde. O Jupiter! wie matt sind meine Lebensgeister!

Probstein. Ich frage nicht nach meinen Lebensgeistern, wenn nur meine Beine nicht matt wären.

Rosalinde. Ich väre im stande, meinen Mannskleidern eine Schande anzuthun, und vie ein Weib zu weinen. Aber ich muß das schwächere Gefäß unterstützen, denn Wams und Hosen müssen sich gegen den Unterrock herzhaft beweisen. Also Herz gefaßt, liebe Aliena!

Celia. Ich bitte dich, ertrage mich, ich kann nicht weiter.

Probstein. Ich für mein Teil wollte Euch lieber ertragen als tragen. Und doch trüge ich kein Kreuz, wenn ich Euch trüge: denn ich bilde mir ein, Ihr habt keinen Kreuzer in Eurem Beutel.

Rosalinde. Gut, dies ist der Ardenner Wald.

Probstein. Ja, nun bin ich in den Ardennen, ich Narr; da ich zu Hause war, war ich an einem besseren Ort, aber Reisende müssen sich schon begnügen.

Rosalinde. Ja, thut das, guter Probstein. — Seht, ver kommt da? Ein junger Mann und ein alter in tiefem Gespräch.

Corinnus und Silvius treten auf.

Corinnus. Dies ist der Weg, daß sie dich stets verschmäht.

Silvius. O wüßtest du, Corinnus, wie ich liebe!

Corinnus. Zum Teil errat' ich's, denn einst liebt' ich auch.

Silvius. Nein, Freund, alt wie du bist, errätst du's nicht,
Warst du auch jung ein so getreuer Schäfer,
Als je ans mitternächt'ge Kissen seufzte.
Allein, wenn deine Liebe meiner gleich, —
Zwar glaub' ich, keiner liebte jemals so, —
Zu wie viel höchlich ungereimten Dingen
Hat deine Leidenschaft dich hingerissen?

Corinnus. Zu tausenden, die ich vergessen habe.

Silvius. O dann hast du so herzlich nie geliebt!
Entsinnst du dich der kleinsten Thorheit nicht,
In welche dich die Liebe je gestürzt,
So hast du nicht geliebt;
Und hast du nicht gesessen, wie ich jetzt,
Den Hörer mit der Liebsten Preis ermüdend,
So hast du nicht geliebt;
Und brachst du nicht von der Gesellschaft los,
Mit eins, wie jetzt die Leidenschaft mich heißt,
So hast du nicht geliebt. — O Phöbe! Phöbe! Phöbe! (Ab.)

Rosalinde. Ach, armer Schäfer! deine Wunde suchend,
Hab' ich durch schlimmes Glück die meine funden.

Probstein. Und ich meine. Ich erinnere mich, da ich verliebt war, daß ich meinen Degen an einem Stein zerstieß, und hieß ihn das dafür hinnehmen, daß er sich unterstände, nachts zu Hannchen Freundlich zu kommen; und ich erinnere mich, wie ich ihr Waschholz küßte, und die Euter der Kuh, die ihre artigen schwieligen Händchen gemolken hatten. Ich erinnere mich, wie ich mit einer Erbsenschote schön that, als wenn ich es wäre, und ich nahm zwei Erbsen, gab sie ihr wieder und sagte mit weinenden Thränen: Trage sie um meinetvillen. Wir treuen Liebenden kommen oft auf seltsame Sprünge: wie alles von Natur sterblich ist, so sind alle sterblich Verliebten von Natur Narren.

Rosalinde. Du sprichst klüger, als du selber gevahr wirst.

Probstein. Nein, ich werde meinen eigenen Witz nicht eher gevahr werden, als bis ich mir die Schienbeine daran zerstoße.

Rosalinde.   O Jupiter! o Jupiter!
              Dieses Schäfers Leidenschaft
              Ist ganz nach meiner Eigenschaft.

   Probstein. Nach meiner auch, aber sie versauert ein wenig
bei mir.

Celia. Ich bitte euch, frag' einer jenen Mann,
   Ob er für Gold uns etwas Speise giebt.
   Ich schmachte fast zu Tode.

Probstein.   Heda, Tölpel!

Rosalinde. Still, Narr! Er ist dein Vetter nicht.

Corinnus.   Wer ruft?

Probstein. Vornehmere als ihr.

Corinnus. Sonst wären sie auch wahrlich sehr gering.

Rosalinde. Still, sag' ich Euch! — Habt guten Abend, Freund

Corinnus. Ihr gleichfalls, seiner Herr, und allesamt.

Rosalinde. Hör, Schäfer, können Geld und gute Worte
   In dieser Wildnis uns Bewirtung schaffen,
   So zeigt uns, wo wir ruhn und essen können.
   Dies junge Mädchen ist von Reisen matt.
   Und schmachtet nach Erquickung.

Corinnus.   Lieber Herr,
   Sie thut mir leid, und ihretwillen mehr
   Als meinetwillen wünsch' ich, daß mein Glück
   In stand mich besser jetzt', ihr beizustehn.
   Doch ich bin Schäfer eines andern Manns
   Und schere nicht die Wolle, die ich weide.
   Von filziger Gemütsart ist mein Herr,
   Und fragt nicht viel danach, den Weg zum Himmel
   Durch Werke der Gastfreundlichkeit zu finden.
   Auch stehn ihm Hütt' und Herd, und seine Weiden
   Jetzt zum Verkauf; und auf der Schäferei
   Ist, weil er nicht zu Haus, kein Vorrat da,
   Wovon ihr speisen könnt: doch kommt und seht!
   Von mir euch alles gern zu Dienste steht.

Rosalinde. Wer ist's, der seine Herd' und Wiesen kauft?

Corinnus. Der junge Schäfer, den Ihr erst gesehn,
   Den es nicht kümmert, irgend was zu kaufen.

Rosalinde. Ich bitte dich, besteht's mit Redlichkeit,
   Kauf du die Meierei, die Herd' und Weiden:
   Wir geben dir das Geld, es zu bezahlen.

Celia. Und höhern Lohn; ich liebe diesen Ort,
   Und brächte gern hier meine Tage zu.

Corinnus. So viel ist sicher, dies ist zu Verkauf.

Geh mit! Gefällt Euch auf Erkundigung
Der Boden, der Ertrag, und dieses Leben,
So will ich Euer treuer Pfleger sein
Und kauf' es gleich mit Eurem Golde ein. (Alle ab.)

5. Scene.

Ein anderer Teil des Waldes.

Amiens, Jaques und andere.

Lied.

Amiens. Unter des Laubdachs Hut
Wer gerne mit mir ruht,
Und stimmt der Kehle Klang
Zu lust'ger Vögel Sang:
Komm geschwinde! geschwinde! geschwinde!
Hier nagt und sticht
Kein Feind ihn nicht,
Als Wetter, Regen und Winde.

Jaques. Mehr, mehr, ich bitte dich, mehr!

Amiens. Es würde Euch melancholisch machen, Monsieur Jaques.

Jaques. Das dank' ich ihm. Mehr, ich bitte dich, mehr! Ich kann Melancholie aus einem Liede sangen, wie ein Wiesel Eier saugt. Mehr! mehr! ich bitte dich.

Amiens. Meine Stimme ist rauh; ich weiß, ich kann Euch nicht damit gefallen.

Jaques. Ich verlange nicht, daß Ihr mir gefallen sollt; ich verlange, daß Ihr singt. Kommt, noch eine Strophe! Nennt Ihr's nicht Strophen?

Amiens. Wie es Euch beliebt, Monsieur Jaques.

Jaques. Ich kümmere mich nicht um ihren Namen: Sie sind mir nichts schuldig. Wollt Ihr singen?

Amiens. Mehr auf Euer Verlangen, als mir zu Gefallen.

Jaques. Gut, wenn ich mich jemals bei einem Menschen bedanke, so will ich's bei Euch; aber was sie Komplimente nennen, ist als wenn sich zwei Affen begegnen. Und wenn sich jemand herzlich bei mir bedankt, so ist mir, als hätte ich ihm einen Pfennig gegeben, und er sagte Gotteslohn dafür. Kommt, singt, und wer nicht mag, halte sein Maul!

Amiens. Gut, ich will das Lied zu Ende bringen. — Ihr Herren, deckt indes die Tafel: der Herzog will unter diesem Baum trinken, — er ist den ganzen Tag nach euch aus gewesen.

13*

Jaques. Und ich bin ihm den ganzen Tag aus dem Wege gegangen. Er ist ein zu großer Disputierer für mich. Es gehen mir so viele Gedanken durch den Kopf als ihm, aber ich danke dem Himmel, und mache kein Wesens davon. Kommt, trillert elus her.

Lied.

Alle zusammen: Wer Ehrgeiz sich hält fern,
Lebt in der Sonne gern,
Selbst sucht, was ihn ernährt,
Und es vergnügt verzehrt:
Komm geschwinde! geschwinde! geschwinde!
Hier nagt und sticht
Kein Feind ihn nicht,
Als Wetter, Regen und Winde.

Jaques. Ich will Euch einen Vers zu dieser Weise sagen, den ich gestern meiner Dichtungsgabe zum Trotz gemacht habe.

Amiens. Und ich will ihn singen.

Jaques. So lautet er:
Besteht ein dummer Tropf
Auf seinem Eselskopf,
Läßt seine Füll' und Ruh,
Und läuft der Wildnis zu:
Duc ad me! duc ad me! duc ad me!
Hier sicht er mehr
So Narrn wie er,
Wenn er zu mir will kommen her.

Amiens. Was heißt das: duc ad me!

Jaques. Es ist eine griechische Beschwörung, um Narren in einen Kreis zu bannen. Ich will gehen und schlafen, wenn ich kann: kann ich nicht, so will ich auf alle Erstgeburt in Ägypten lästern.

Amiens. Und ich will den Herzog aufsuchen, sein Mahl ist bereitet. (Von verschiedenen Seiten ab.)

6. Scene.

Ein anderer Teil des Waldes.

Orlando und Adam treten auf.

Adam. Liebster Herr, ich kann nicht weiter gehen; ach, ich sterbe vor Hunger! Hier werfe ich mich hin, und messe mir mein Grab. Lebt wohl, bester Herr.

Orlando. Ei was, Adam! hast du nicht mehr Herz? Lebe noch ein wenig, stärke dich ein wenig, ermuntere dich ein wenig. Wenn dieser rauhe Wald irgend ein Gewild hegt, so will ich ihm

entweder zur Speise dienen, oder es dir zur Speise bringen. Deine
Einbildung ist dem Tode näher als deine Kräfte. Mir zuliebe sei
getrost! halte dir den Tod noch eine Weile vom Leibe., Ich will
gleich wieder bei dir sein, und wenn ich dir nicht etwas zu essen
bringe, so erlaube ich dir zu sterben; aber wenn du stirbst, ehe ich
komme, so hast du mich mit meiner Mühe zum besten. — So ist es
recht! du siehst munter aus, und ich bin gleich wieder bei dir. Aber
du liegst in der scharfen Luft: komm, ich will dich hintragen, wo
überwind ist, und du sollst nicht aus Mangel an einer Mahlzeit
sterben, wenn es irgend was Lebendiges in dieser Einöde giebt. Mut
gefaßt, guter Adam! (Beide ab.)

7. Scene.

Ein anderer Teil des Waldes.

Ein gedeckter Tisch. Der Herzog, Amiens, Edelleute und Gefolge treten auf.

Herzog. Ich glaub', er ist verwandelt in ein Tier,
    Denn nirgends find' ich ihn in Mannsgestalt.
Erster Edelmann. Mein Fürst, er ging soeben von hier weg,
    Und war vergnügt, weil wir ein Lied ihm sangen.
Herzog. Wenn er, ganz Mißlaut, musikalisch wird,
    So giebt's bald Dissonanzen in den Sphären. —
    Geht, sucht ihn, sagt, daß ich ihn sprechen will.

Jaques tritt auf.

Erster Edelmann. Er spart die Mühe mir durch seine Ankunft.
Herzog. Wie nun, mein Herr? was ist denn das für Art,
    Daß Eure Freunde um Euch werben müssen?
    Ei, Ihr seht lustig aus!
Jaques. Ein Narr! ein Narr! — Ich traf 'nen Narrn im Walde,
    'nen scheck'gen Narrn, — o jämmerliche Welt! —
    So wahr mich Speise nähri, ich traf 'nen Narrn,
    Der streckte sich dahin und sonnte sich,
    Und schimpfte Frau Fortuna ganz beredt
    Und ordentlich, — und doch ein scheck'ger Narr!
    „Guten Morgen, Narr!" sagt' ich. „Nein, Herr," sagt' er,
    „Nennt mich nicht Narr, bis mich das Glück gesegnet."
    Dann zog er eine Sonnenuhr hervor,
    Und wie er sie besah mit blödem Auge,
    Sagt' er sehr weislich: „Zehn ist's an der Uhr.
    Da sehn wir nun," sagt' er, „wie die Welt läuft!
    's ist nur 'ne Stunde her, da war es Neun,
    Und, nach 'ner Stunde noch, wird's Elfe sein;
    Und so von Stund zu Stunde reisen wir,

Und so von Stund zu Stunde faulen wir,
Und daran hängt ein Märlein." Da ich hörte
So pred'gen von der Zeit den scheck'gen Narrn,
Fing meine Lung' an wie ein Hahn zu krähn,
Daß Narrn so tiefbedächtig sollten sein;
Und eine Stunde lacht' ich ohne Rast
Nach seiner Sonnenuhr. — O wackrer Narr!
Ein würd'ger Narr! die Jacke lob' ich mir.

Herzog. Was ist das für ein Narr?

Jaques. Ein würd'ger Narr! Er war ein Hofmann sonst,
Und sagt, wenn Frauen jung und schön nur sind,
So haben sie die Gabe, es zu wissen.
In seinem Hirne, das so trocken ist
Wie Überrest von Zwieback nach der Reise,
Hat er seltsame Stellen, vollgestopft
Mit Lebensweisheit, die er brockenweise
Nun von sich giebt. — O wär ich doch ein Narr!
Mein Ehrgeiz geht auf eine bunte Jacke.

Herzog. Du sollst sie haben.

Jaques. 's ist mein einz'ger Wunsch;
Vorausgesetzt, daß Ihr Eu'r beßres Urteil
Von aller Meinung reinigt, die da wuchert,
Als wär ich weise. — Dann muß ich Freiheit haben,
So ausgedehnte Vollmacht wie der Wind, —
So ziemt es Narrn, — auf wen ich will, zu blasen,
Und ven am ärgsten meine Thorheit geißelt,
Der muß am meisten lachen. Und warum?
Das fällt ins Auge wie der Weg zur Kirche:
Der, den ein Narr sehr weislich hat getroffen,
Wär vohl sehr thöricht, schmerzt' es noch so sehr,
Nicht fühllos bei dem Schlag zu thun. Wo nicht,
So wird des Weisen Narrheit aufgedeckt,
Selbst durch des Narren ungefähres Zielen.
Steckt mich in meine Jacke, gebt mir frei
Zu reden, wie mir's dünkt: und durch und durch
Will ich die angesteckte Welt schon säubern,
Wenn sie geduldig nur mein Mittel nehmen.

Herzog. O pfui! Ich weiß wohl, was du würdest thun.

Jaques. Und was, zum Kuckuck, würd' ich thun, als Gutes?

Herzog. Höchst arge Sünd', indem du Sünde schöltest;
Denn du bist selbst ein wüster Mensch gewesen,
So sinnlich vie nur je des Tieres Trieb;
Und alle Schwären, alle bösen Beulen,

Die du auf freien Füßen dir erzeugt,
Die würdst du schütten in die weite Welt.

Jaques. Wie! wer schreit gegen Stolz,
Und klagt damit den einzelnen nur an?
Schwillt seine Flut nicht mächtig wie die See,
Bis daß die letzten, letzten Mittel ebben?
Welch eine Bürgerfrau nenn' ich mit Namen,
Wenn ich behaupt', es tragen Bürgerfrau'n
Der Fürsten Aufwand auf unwürd'gen Schultern?
Darf eine sagen, daß ich sie gemeint,
Wenn so wie sie die Nachbarin auch ist?
Und wo ist der vom niedrigsten Beruf,
Der spricht: sein Großthun koste mir ja nichts, —
Im Wahn, er sei gemeint, — und seine Thorheit
Nicht stimmt dadurch zu meiner Rede Ton?
Ei ja doch! wie denn? was denn? Laßt doch sehn,
Worin ihm meine Zunge unrecht that.
Thut sie sein Recht ihm, that er selbst sich unrecht;
Und ist er rein: nun, wohl, so fliegt mein Tadel
Die Kreuz und Quer, wie eine wilde Gans,
Die niemand angehört. — Wer kömmt da? seht!

Orlando kommt mit gezogenem Degen.

Orlando. Halt! eßt nicht mehr!
Jaques.   Ich hab' noch nicht gegessen.
Orlando. Und sollst nicht, bis die Notdurft erst bedient.
Jaques. Von welcher Art mag dieser Vogel sein?
Herzog. Hat deine Not dich, Mensch, so kühn gemacht,
Wie? oder ist's Verachtung guter Sitten,
Daß du so leer von Höflichkeit erscheinst?
Orlando. Ihr traft den Puls zuerst: der dorn'ge Stachel
Der harten Not nahm von mir weg den Schein
Der Höflichkeit; im innern Land geboren,
Kenn' ich wohl Sitte, aber haltet! sag' ich;
Der stirbt, wer etwas von der Frucht berührt,
Eh ich und meine Sorgen sind befriedigt.
Jaques. Könnt Ihr nicht durch Vernunft befriedigt werden,
So muß ich sterben.
Herzog. Was wollt Ihr haben? Eure Freundlichkeit
Wird mehr als Zwang zur Freundlichkeit uns zwingen,
Orlando. Ich sterbe fast vor Hunger, gebt mir Speise.
Herzog. Sitzt nieder! eßt! willkommen unserm Tisch!
Orlando. Sprecht Ihr so liebreich? O vergebt, ich bitte!
Ich dachte, alles müßte wild hier sein,

Und darum setzt' ich in die Fassung mich
Des trotzigen Befehls. Wer Ihr auch seid,
Die Ihr in dieser unzugangbarn Wildnis,
Unter dem Schatten melanchol'scher Wipfel,
Säumt und vergeßt die Stunden träger Zeit:
Wenn je Ihr beßre Tage habt gesehn,
Wenn je zur Kirche Glocken Euch geläutet,
Wenn je Ihr saßt bei guter Menschen Mahl,
Wenn je vom Auge Thränen Ihr getrocknet,
Und wißt, was Mitleid ist, und Mitleid finden,
So laßt die Sanftmut mir statt Zwanges dienen;
Ich hoff's, erröt', und berge hier mein Schwert.

Herzog. Wahr ist es, daß wir beßre Tage sahn,
Daß heil'ge Glocken uns zur Kirch' geläutet,
Daß wir bei guter Menschen Mahl gesessen,
Und Tropfen unsern Augen abgetrocknet,
Die ein geheiligt Mitleid hat erzeugt:
Und darum setzt in Freundlichkeit Euch hin,
Und nehmt nach Wunsch, was wir an Hilfe haben,
Das Eurem Mangel irgend dienen kann.

Orlando. Nur kurze Zeit laßt unberührt die Speisen,
Indessen, wie die Hindin, ich mein Junges
Will futtern gehn. Dort ist ein armer Alter,
Der manchen sauren Schritt aus bloßer Liebe
Mir nachgehinkt; bis er befriedigt ist,
Den doppelt Leid, das Alter schwächt und Hunger,
Berühr' ich keinen Bissen.

Herzog.   Geht, holt ihn her!
Wir wollen nichts verzehren, bis ihr kommt.

Orlando. Ich dank' Euch; seid für Euren Trost gesegnet!
                    (Orlando ab.)

Herzog. Du siehst, unglücklich sind nicht wir allein,
Und dieser weite, allgemeine Schauplatz
Beut mehr betrübte Scenen dar, als unsre,
Worin du spielst.

Jaques.   Die ganze Welt ist Bühne,
Und alle Frau'n und Männer bloße Spieler.
Sie treten auf und gehen wieder ab,
Sein Leben lang spielt einer manche Rollen,
Durch sieben Alte hin. Zuerst das Kind,
Das in der Wärtrin Armen greint und sprudelt;
Der weinerliche Bube, der mit Bündel
Und glattem Morgenantlitz, wie die Schnecke

Ungern zur Schule kriecht; dann der Verliebte,
Der wie ein Ofen seufzt, mit Jammerlied
Auf seiner Liebsten Brau'n; dann der Soldat,
Voll toller Flüch' und wie ein Pardel bärtig,
Auf Ehre eifersüchtig, schnell zu Händeln,
Bis in die Mündung der Kanone suchend
Die Seifenblase Ruhm. Und dann der Richter,
In rundem Bauche mit Kapaun gestopft,
Mit strengem Blick und regelrechtem Bart,
Voll weiser Sprüch' und Alltagsredensarten
Spielt seine Rolle so. Das sechste Alter
Macht den besockten hagern Pantalon,
Brill' auf der Nase, Beutel an der Seite;
Die jugendliche Hose, wohl geschont,
'ne Welt zu weit für die verschrumpften Lenden:
Die tiefe Männerstimme, umgewandelt
Zum kindischen Diskante, pfeift und quäkt
In seinem Ton. Der letzte Akt, mit dem
Die seltsam wechselnde Geschichte schließt,
Ist zweite Kindheit, gänzliches Vergessen
Ohn' Augen, ohne Zahn, Geschmack und alles.

Orlando kommt zurück mit Adam.

Herzog. Nun, Freund, setzt nieder Eure würd'ge Last,
Und laßt ihn essen.

Orlando. Ich dank' Euch sehr für ihn.

Adam.   Das thut auch not,
Kaum kann ich sprechen, selbst für mich zu danken.

Herzog. Willkommen denn! greift zu! Ich stör' Euch nicht,
Vorerst mit Fragen über Eure Lage. —
Gebt uns Musik, und singt eins, guter Vetter!

Lied.

Amiens.   Stürm, stürm, du Winterwind!
            Du bist nicht falsch gesinnt,
                Wie Menschen=Undank ist.
            Dein Zahn nagt nicht so sehr,
            Weil man nicht weiß, woher,
                Wiewohl du heftig bist.
Heisa! singt heisa! den grünenden Bäumen!
Die Freundschaft ist falsch, und die Liebe nur Träumen.
            Drum heisa, den Bäumen!
            Den lustigen Räumen!
            Frier, frier, du Himmelsgrimm!
            Du beißest nicht so schlimm

Als Wohlthat, nicht erkannt;
Erstarrst du gleich die Flut,
Viel schärfer sticht das Blut
Ein Freund, von uns gewandt.
Heisa! singt heisa! den grünenden Bäumen!
Die Freundschaft ist falsch, und die Liebe nur Tränmen.
Drum heisa, den Bäumen!
Den lustigen Räumen!

Herzog. Wenn Ihr der Sohn des guten Roland seid,
Wie Ihr mir eben redlich zugeflüstert
Und meinem Aug' sein Ebenbild bezeugt,
Das konterfeit in Eurem Antlitz lebt:
Seid herzlich hier begrüßt! Ich bin der Herzog,
Der Euren Vater liebte: Eu'r ferners Schicksal,
Komm und erzählt's in meiner Höhle mir. —
Willkommen, guter Alter, wie dein Herr!
Führt ihn am Arme. — Gebt mir Eure Hand,
Und macht mir Euer ganz Geschick bekannt. (Alle ab.)

Dritter Aufzug.

1. Scene.

Ein Zimmer im Palast.

Herzog Friedrich, Oliver, Herren vom Hofe und Gefolge.

Herzog Friedrich. Ihn nicht gesehn seitdem? Herr! Herr! das
kann nicht sein.
Bestünd' aus Milde nicht mein größter Teil,
So sucht' ich kein entferntes Ziel der Rache,
Da du zur Stelle bist. — Doch sieh dich vor,
Schaff deinen Bruder, sei er wo er will,
Such ihn mit Kerzen, bring' in Jahresfrist
Ihn lebend oder tot: sonst komm nie wieder,
Auf unserm Boden Unterhalt zu suchen.
Was du nur dein nennst, Land und andres Gut,
Des Einziehns wert, fällt unsrer Hand anheim,
Bis du durch deines Bruders Mund dich lösest
Von allem, was wir gegen dich gedacht.

Oliver. O kennt' Eu'r Hoheit hierin nur mein Herz!
Ich liebt' im Leben meinen Bruder nicht.

Herzog Friedrich. Schurk um so mehr! —Stoßt ihn zur Thür hinaus.
Laßt die Beamten dieser Art Beschlag

Ihut legen auf sein Haus und Länderein;
Thut in der Schnelle dies und schafft ihn fort! (Alle ab)

2. Scene.

Der Wald.

Orlando kommt mit einem Blatt Papier.

Orlando. Da hängt', mein Vers, der Liebe zum Beweis!
Und du, o Königin der Nacht dort oben!
Sieh keuschen Blicks aus deinem blassen Kreis,
Den Namen deiner Jägrin hier erhoben.
O Rosalinde! sei der Wald mir Schrift,
Ich grabe mein Gemüt in alle Rinden,
Daß jedes Aug, das diese Bäume trifft,
Ringsum bezeugt mag deine Tugend finden.
Auf, auf, Orlando! rühme spät und früh
Die schöne, keusche, unnennbare Sie. (Ab.)

Corinnus und Probstein treten auf.

Corinnus. Und wie gefällt Euch dies Schäferleben, Meister
Probstein?

Probstein. Wahrhaftig, Schäfer, an und für sich betrachtet,
ist es ein gutes Leben; aber in Betracht, daß es ein Schäferleben
ist, taugt es nichts. In Betracht, daß es einsam ist, mag ich es
wohl leiden, aber in Betracht, daß es stille ist, ist es ein sehr er=
bärmliches Leben. Ferner in Betracht, daß es auf dem Lande ist,
steht es mir an; aber in Betracht, daß es nicht am Hofe ist, wird es
langweilig. Insofern es ein mäßiges Leben ist, seht Ihr, ist es nach
meinem Sinn; aber insofern es nicht reichlicher dabei zugeht, streitet
es sehr gegen meine Neigung. Verstehst Philosophie, Schäfer?

Corinnus. Mehr nicht, als daß ich weiß, daß einer sich desto
schlimmer befindet, je kränker er ist, und vem's an Geld, Gut und
Genügen gebricht, daß dem drei gute Freunde fehlen; daß des Regens
Eigenschaft ist zu nässen, und des Feuers zu brennen; daß gute
Weide fette Schafe macht, und die Nacht hauptsächlich vom Mangel
an Sonne kommt; daß einer, der weder durch Natur noch Kunst zu
Verstand gekommen wäre, sich über die Erziehung zu beklagen hätte,
oder aus einer sehr dummen Sippschaft sein müßte.

Probstein. So einer ist ein natürlicher Philosoph. Warst je
am Hofe, Schäfer?

Corinnus. Nein, wahrhaftig nicht.

Probstein. So wirst du in der Hölle gebraten.

Corinnus. Ei, ich hoffe —

Probstein. Wahrhaftig, du wirst gebraten, wie ein schlecht
geröstet Ei, nur an Einer Seite.

Corinnus. Weil ich nicht am Hofe gewesen bin? Euren Grund!

Probstein. Nun, wenn du nicht am Hofe gewesen bist, so hast du niemals gute Sitten gesehen. Wenn du niemals gute Sitten gesehen hast, so müssen deine Sitten schlecht sein, und alles Schlechte ist Sünde, und Sünde führt in die Hölle. Du bist in einem verfänglichen Zustande, Schäfer.

Corinnus. Ganz und gar nicht, Probstein. Was bei Hofe gute Sitten sind, die sind so lächerlich auf dem Lande, als ländliche Weise bei Hofe zum Spott dient. Ihr sagtet mir, bei Hofe verbeugt Ihr Euch nicht, sondern küßt Eure Hand. Das wäre eine sehr unreinliche Höflichkeit, wenn Hofleute Schäfer wären.

Probstein. Den Beweis, kürzlich, den Beweis!

Corinnus. Nun, wir müssen unsere Schafe immer angreifen, und ihre Felle sind fettig, wie Ihr wißt.

Probstein. Schwitzen die Hände unserer Hofleute etwa nicht, und ist das Fett von einem Schafe nicht so gesund, wie der Schweiß von einem Menschen? Einfältig! einfältig! Einen besseren Beweis! her damit!

Corinnus. Auch sind unsere Hände hart.

Probstein. Eure Lippen werden sie desto eher fühlen. Wiederum einfältig! Einen tüchtigeren Beweis!

Corinnus. Und sind oft ganz beteert vom Bepflastern unserer Schafe. Wollt Ihr, daß wir Teer küssen sollen? Die Hände der Hofleute riechen nach Bisam.

Probstein. Höchst einfältiger Mensch! Du wahre Würmerspeise gegen ein gutes Stück Fleisch! Lerne von den Weisen und erwäge! Bisam ist von schlechterer Abkunft als Teer, der unsaubere Abgang einer Katze. Einen besseren Beweis, Schäfer!

Corinnus. Ihr habt einen zu höfischen Witz für mich; ich lasse es dabei bewenden.

Probstein. Was? bei der Hölle? Gott helfe dir, einfältiger Mensch! Gott eröffne dir das Verständnis! Du bist ein Strohkopf.

Corinnus. Herr, ich bin ein ehrlicher Tagelöhner; ich verdiene, was ich esse, erwerbe, was ich trage, hasse keinen Menschen, beneide niemandes Glück, freue mich über anderer Leute Wohlergehen, bin zufrieden mit meinem Ungemach, und mein größter Stolz ist, meine Schafe weiden und meine Lämmer saugen zu sehen.

Probstein. Das ist wieder eine einfältige Sünde von Euch, daß Ihr die Schafe und Böcke zusammen bringt, und Euch nicht schämt, von der Begattung Eures Viehes Euren Unterhalt zu ziehen; daß Ihr den Kuppler für einen Leithammel macht, und so ein jähriges Lamm einem schiefbeinigen alten Hahnrei von Widder überantwortet, gegen alle Regeln des Ehestandes. Wenn du dafür nicht in die Hölle kommst, so will der Teufel selbst keine Schäfer: sonst sehe ich nicht, wie du entwischen könntest.

Corinnus. Hier kommt der junge Herr Ganymed, meiner neuen Herrschaft Bruder.

Rosalinde kommt mit einem Blatt Papier.

Rosalinde (liest). „Von dem Ost bis zu den Juden,
Ist kein Juwel gleich Rosalinden.
Ihr Wert, beflügelt von den Winden,
Trägt durch die Welt hin Rosalinden.
Alle Schilderein erblinden
Bei dem Glanz von Rosalinden.
Keinen Reiz soll man verkünden
Als den Reiz von Rosalinden."

Probstein. So will ich Euch acht Jahre hintereinander reimen, Essens- und Schlafenszeit ausgenommen; es ist der wahre Butterfrauentrab, wenn sie zu Markte gehen.

Rosalinde. Fort mit dir, Narr!

Probstein. Zur Probe:
Sehnt der Hirsch sich nach den Hinden:
Laßt ihn suchen Rosalinden.
Will die Katze sich verbinden:
Glaubt, sie macht's gleich Rosalinden.
Reben müssen Bäum' umwinden:
So thut's nötig Rosalinden.
Wer da mäht, muß Garben binden:
Auf den Karrn mit Rosalinden.
Süße Nuß hat saure Rinden;
Solche Nuß gleicht Rosalinden.
Wer süße Rosen sucht, muß finden
Der Liebe Dorn und Rosalinden.
Das ist der eigentliche falsche Vers-Galopp. Warum behängt Ihr Euch mit ihnen.

Rosalinde. Still, dummer Narr! Ich fand sie an einem Baum!

Probstein. Wahrhaftig, der Baum trägt schlechte Früchte.

Rosalinde. Ich will Euch auf ihn impfen, und dann wird er Mispeln tragen: denn Eure Einfälle verfaulen, ehe sie halb reif sind, und das ist eben die rechte Tugend einer Mispel.

Probstein. Ihr habt gesprochen, aber ob gescheit oder nicht, das mag der Wald richten.

Celia kommt mit einem Blatt Papier.

Rosalinde. Still! hier kommt meine Schwester und liest: gehen wir beiseit.

Celia.   „Sollten schweigen diese Räume,
            Weil sie unbevölkert? Nein.
            Zungen häng' ich an die Bäume,
            Daß sie reden Sprüche sein.
            Bald, wie rasch das Menschenleben
            Seine Pilgerfahrt durchläuft;
            Wie die Zeit, ihm zugegeben,
            Eine Spanne ganz begreift.
            Bald vie Schwüre falsch sich zeigen,
            Wie sich Freund vom Freunde trennt.
            Aber an den schönsten Zweigen,
            Und an jedes Spruches End,
            Soll man Rosalinde lesen,
            Und verbreiten soll der Ruf,
            Daß der Himmel aller Wesen
            Höchsten Ausbund in ihr schuf.
            Drum hieß der Natur sein Wille
            Eine menschliche Gestalt
            Zieren mit der Gaben Fülle.
            Die Natur mischt' alsobald
            Helenens Wange, nicht ihr Herz;
            Kleopatrens Herrlichkeit;
            Atalantens leichten Scherz,
            Und Lucretiens Sittsamkeit.
            So ward durch einen Himmelsbund
            Aus vielen Rosalind' ersonnen,
            Aus manchem Herzen, Aug' und Mund,
            Auf daß sie jeden Reiz gewonnen;
            Der Himmel gab ihr dieses Recht,
            Und tot und lebend mich zum Knecht."

Rosalinde. O gütiger Jupiter! — Mit welcher langweiligen Liebespredigt habt Ihr da Eure Gemeinde müde gemacht, und nicht einmal gerufen: Geduld, gute Leute!

Celia. Seht doch, Freunde hinterm Rücken? — Schäfer, geh ein wenig abseits. — Geh mit ihm, Bursch.

Probstein. Kommt, Schäfer, laßt uns einen ehrenvollen Rückzug machen, wenn gleich nicht mit Sang und Klang, doch mit Sack und Pack. (Corinnus und Probstein ab.)

Celia. Hast du diese Verse gehört?

Rosalinde. O ja, ich hörte sie alle und noch was drüber: denn einige hatten mehr Füße, als die Verse tragen konnten.

Celia. Das thut nichts, die Füße konnten die Verse tragen.

Rosalinde. Ja, aber die Füße waren lahm und konnten sich nicht außerhalb des Verses bewegen, und darum standen sie so lahm im Verse.

Celia. Aber hast du gehört, ohne dich zu wundern, daß dein Name an den Bäumen hängt und eingeschnitten ist?

Rosalinde. Ich war schon sieben Tage in der Woche über alles Wundern hinaus, ehe du kamst: denn sieh nur, was ich an einem Palmbaum fand. Ich bin nicht so bereimt worden seit Pythagoras' Zeiten, wo ich eine Ratte war, die sie mit schlechten Versen vergifteten, wessen ich mich kaum noch erinnern kann.

Celia. Rätst du, wer es gethan hat?

Rosalinde. Ist es ein Mann?

Celia. Mit einer Kette um den Hals, die du sonst getragen hast. Veränderst du die Farbe?

Rosalinde. Ich bitte dich, wer?

Celia. O Himmel! Himmel! Es ist ein schweres Ding für Freunde, sich wieder anzutreffen, aber Berg und Thal kommen im Erdbeben zusammen.

Rosalinde. Nein, sag, wer ist's?

Celia. Ist es möglich?

Rosalinde. Ich bitte dich jetzt mit der allerdringendsten Inständigkeit, sag mir, wer es ist.

Celia. O wunderbar, wunderbar, und höchst wunderbarlich wunderbar, und nochmals wunderbar, und über alle Wunder weg.

Rosalinde. O du liebe Ungeduld! Denkst du, weil ich wie ein Mann ausstaffiert bin; daß auch meine Gemütsart in Wams und Hosen ist? Ein Zollbreit mehr Aufschub ist eine Südsee weit von der Entdeckung. Ich bitte dich, sag mir, wer ist es? Geschwind, und sprich hurtig! Ich wollte, du könntest stottern, daß dir dieser verborgene Mann aus dem Munde käme, wie Wein aus einer enghalsigen Flasche, entweder zu viel auf einmal oder gar nichts. Ich bitte dich, nimm den Kork aus deinem Munde, damit ich deine Zeitungen trinken kann.

Celia. Da könntest du einen Mann mit in den Leib bekommen.

Rosalinde. Ist er von Gottes Machwerk? Was für eine Art von Mann? Ist sein Kopf einen Hut wert oder sein Kinn einen Bart?

Celia. Nein, er hat nur wenig Bart.

Rosalinde. Nun, Gott wird mehr bescheren, wenn der Mensch recht dankbar ist: ich will den Wuchs von seinem Bart schon abwarten, wenn du mir nur die Kenntnis von seinem Kinn nicht länger vorenthältst.

Celia. Es ist der junge Orlando, der den Ringer und dein Herz in Einem Augenblicke zu Falle brachte.

Rosalinde. Nein, der Teufel hole das Spaßen! Sag auf dein ehrlich Gesicht und Mädchentreue.

Celia. Auf mein Wort, Muhme, er ist es.

Rosalinde. Orlando?

Celia. Orlando.

Rosalinde. Ach liebe Zeit! was fange ich nun mit meinem Wams und Hosen an? — Was that er, wie du ihn sahst? Was sagte er? Wie sah er aus? Wie trug er sich? Was macht er hier? Frug er nach mir? Wo bleibt er? Wie schied er von dir, und wann wirst du ihn wiedersehen? Antworte mir mit Einem Wort.

Celia. Da mußt du mir erst Gargantuas Mund leihen: es wäre ein zu großes Wort für irgend einen Mund, wie sie heutzutage sind. Ja und nein auf diese Artikel zu sagen, ist mehr, als in einer Kinderlehre antworten.

Rosalinde. Aber weiß er, daß ich in diesem Lande bin, und in Mannskleidern? Sieht er so munter aus, wie an dem Tage, wo wir ihn ringen sahen?

Celia. Es ist ebenso leicht, Sonnenstäubchen zu zählen, als die Aufgaben eines Verliebten zu lösen. Doch nimm ein Pröbchen von meiner Entdeckung, und koste es recht aufmerksam. — Ich fand ihn unter einem Baum, wie eine abgefallene Eichel

Rosalinde. Der mag wohl Jupiters Baum heißen, wenn er solche Früchte fallen läßt.

Celia. Verleiht mir Gehör, wertes Fräulein.

Rosalinde. Fahret fort.

Celia. Da lag er, hingestreckt wie ein verwundeter Ritter.

Rosalinde. Wenn es gleich ein Jammer ist, solch einen An= blick zu sehen, so muß er sich doch gut ausgenommen haben.

Celia. Ruf deiner Zunge holla zu, ich bitte dich: sie macht zur Unzeit Sprünge. Er war wie ein Jäger gekleidet.

Rosalinde. O Vorbedeutung! Er kommt, mein Herz zu erlegen.

Celia. Ich möchte mein Lied ohne Chor singen, du bringst mich aus der Weise.

Rosalinde. Wißt Ihr nicht, daß ich ein Weib bin? Wenn ich denke, muß ich sprechen. Liebe, sag weiter.

Orlando und Jaques treten auf.

Celia. Du bringst mich heraus. — Still! kommt er da nicht?

Rosalinde. Er ist's! Schlüpft zur Seite, und laßt uns ihn aufs Korn nehmen. (Celia und Rosalinde verbergen sich.)

Jaques. Ich danke Euch für geleistete Gesellschaft, aber meiner Treu, ich wäre ebenso gern allein gewesen.

Orlando. Ich auch, aber um der Sitte willen danke ich Euch gleichfalls für Eure Gesellschaft.

Jaques. Der Himmel behüt' Euch! Laßt uns so wenig zu=sammenkommen wie möglich.

Orlando. Ich wünsche mir Eure entferntere Bekanntschaft.

Jaques. Ich ersuche Euch, verderbt keine Bäume weiter damit, Liebeslieder in die Rinden zu schneiden.

Orlando. Ich ersuche Euch, verderbt meine Verse nicht weiter damit, sie erbärmlich abzulesen.

Jaques. Rosalinde ist Eurer Liebsten Name?

Orlando. Wie Ihr sagt.

Jaques. Ihr Name gefällt mir nicht.

Orlando. Es war nicht die Rede davon, Euch zu gefallen, wie sie getauft wurde.

Jaques. Von welcher Statur ist sie?

Orlando. Gerade so hoch wie mein Herz.

Jaques. Ihr seid voll artiger Antworten. Habt Ihr Euch etwa mit Goldschmiedweibern abgegeben, und solche Sprüchlein von Ringen zusammengelesen?

Orlando. Das nicht; aber ich antworte Euch wie die Tapeten=figuren, aus deren Munde Ihr Eure Fragen studiert habt.

Jaques. Ihr habt einen behenden Witz, ich glaube, er ist aus Atalantens Fersen gemacht. Wollt Ihr Euch mit mir setzen, so wollen wir zusammen über unsere Gebieterin, die Welt, und unser ganzes Elend schmähen.

Orlando. Ich will kein lebendig Wesen in der Welt schelten als mich selber, an dem ich die meisten Fehler kenne.

Jaques. Der ärgste Fehler, den Ihr habt, ist verliebt zu sein.

Orlando. Das ist ein Fehler, den ich nicht mit Eurer besten Tugend vertauschte. — Ich bin Euer müde.

Jaques. Meiner Treu, ich suchte eben einen Narren, da ich Euch fand.

Orlando. Er ist in den Bach gefallen: guckt nur hinein, so werdet Ihr ihn sehen.

Jaques. Da werde ich meine eigene Person sehen.

Orlando. Die ich entweder für einen Narren oder eine Null halte.

Jaques. Ich will nicht länger bei Euch verweilen. Lebt wohl, guter Signor Amoroso.

Orlando. Ich freue mich über Euren Abschied. Gott befohlen, guter Monsieur Melancholie. (Jaques ab.)

Celia und Rosalinde treten hervor.

Rosalinde. Ich will wie ein naseweiser Lakai mit ihm sprechen, und ihn unter der Gestalt zum besten haben. — Hört Ihr, Jäger?

Orlando. Recht gut: was wollt Ihr?

Rosalinde. Sagt mir doch, was ist die Glocke?

Orlando. Ihr solltet mich fragen, was ist's an der Zeit; es giebt keine Glocke im Walde.

Rosalinde. So giebt's auch keinen rechten Liebhaber im Walde, sonst würde jede Minute ein Seufzen, und jede Stunde ein Ächzen den trägen Fuß der Zeit so gut anzeigen wie eine Glocke.

Orlando. Und warum nicht den schnellen Fuß der Zeit? Wäre das nicht ebenso passend gewesen?

Rosalinde. Mit nichten, mein Herr. Die Zeit reiset in ver= schiedenem Schritt mit verschiedenen Personen. Ich will Euch sagen, mit wem die Zeit den Paß geht, mit wem sie trabt, mit wem sie galoppiert, und mit wem sie stillsteht.

Orlando. Ich bitte dich, mit wem trabt sie?

Rosalinde. Ei, sie trabt hart mit einem jungen Mädchen zwischen der Verlobung und dem Hochzeittage. Wenn auch nur acht Tage dazwischen hingehen, so ist der Trab der Zeit so hart, daß es ihr wie acht Jahre vorkommt.

Orlando. Mit wem geht die Zeit den Paß?

Rosalinde. Mit einem Priester, dem es am Latein gebricht, und einem reichen Manne, der das Podagra nicht hat. Denn der eine schläft ruhig, weil er nicht studieren kann, und der andere lebt lustig, weil er keinen Schmerz fühlt; den einen drückt nicht die Last dürrer und auszehrender Gelehrsamkeit, der andere kennt die Last schweren mühseligen Mangels nicht. Mit diesen geht die Zeit den Paß.

Orlando. Mit wem galoppiert sie?

Rosalinde. Mit dem Diebe zum Galgen; denn ginge er auch noch so sehr Schritt vor Schritt, so denkt er doch, daß er zu früh kommt.

Orlando. Mit wem steht sie still?

Rosalinde. Mit Advokaten in den Gerichtsferien! denn sie schlafen von Session zu Session, und werden also nicht gewahr, wie die Zeit fortgeht.

Orlando. Wo wohnt Ihr, artiger junger Mensch?

Rosalinde. Bei dieser Schäferin, meiner Schwester; hier am Saum des Waldes, wie Franfen an einem Rock.

Orlando. Seid Ihr hier einheimisch?

Rosalinde. Wie das Kaninchen, das zu wohnen pflegt, wo es zur Welt gekommen ist.

Orlando. Eure Aussprache ist etwas feiner, als Ihr sie an einem so abgelegenen Ort Euch hättet erwerben können.

Rosalinde. Das haben mir schon viele gesagt; aber in der That, ein alter geistlicher Onkel von mir lehrte mich reden: er war in seiner Jugend ein Städter, und gar zu gut mit dem Hofmachen bekannt, denn er verliebte sich dabei. Ich habe ihn manche Predigt dagegen halten hören, und danke Gott, daß ich kein Weib bin, und keinen Teil an allen den Verkehrtheiten habe, die er ihrem ganzen Geschlecht zur Last legte.

Orlando. Könnt Ihr Euch nicht einiger von den vornehmsten Untugenden erinnern, die er den Weibern aufbürdete?

Rosalinde. Es gab keine vornehmsten darunter: sie sahen sich alle gleich, wie Pfennige; jeder einzelne Fehler schien ungeheuer, bis sein Mitfehler sich neben ihn stellte.

Orlando. Bitte, sagt mir einige davon.

Rosalinde. Nein, ich will meine Arznei nicht wegwerfen, außer an Kranke. Es spukt hier ein junger Mann im Walde herum, der unsere junge Baumzucht mißbraucht, den Namen Rosalinde in die Rinden zu graben, der Oden an Weißdornen hängt, und Elegien an Brombeersträuche, alle — denkt doch! — um Rosalindens Namen zu vergöttern. Könnte ich diesen Herzenskrämer antreffen, so gäbe ich ihm einen guten Rat, denn er scheint mit dem täglichen Liebes= fieber behaftet.

Orlando. Ich bin's, den die Liebe so schüttelt: ich bitte Euch, sagt mir Euer Mittel.

Rosalinde. Es ist keins von meines Onkels Merkmalen an Euch zu finden. Er lehrte mich einen Verliebten erkennen; ich weiß gewiß, Ihr seid kein Gefangener in diesem Käfig.

Orlando. Was waren seine Merkmale?

Rosalinde. Eingefallene Wangen, die Ihr nicht habt; Augen mit blauen Rändern, die Ihr nicht habt; ein mürrischer Sinn, den Ihr nicht habt; ein verwilderter Bart, den Ihr nicht habt; — doch den erlasse ich Euch, denn, aufrichtig, was Ihr an Bart besitzet, ist eines jüngeren Bruders Einkommen. — Dann sollten Eure Kniegürtel lose hängen, Eure Mütze nicht gebunden sein, Eure Ärmel aufgeknöpft, Eure Schuhe nicht zugeschnürt, und alles und jedes an Euch müßte eine nachlässige Trostlosigkeit verraten. Aber solch ein Mensch seid Ihr nicht. Ihr seid vielmehr geschniegelt in Eurem Anzuge, mehr wie einer, der in sich selbst verliebt, als sonst jemands Liebhaber ist.

Orlando. Schöner Junge, ich wollte, ich könnte dich glauben machen, daß ich liebe.

Rosalinde. Mich das glauben machen? Ihr könntet es eben= sogut Eure Liebste glauben machen, was sie zu thun williger ist, da= für sieh' ich Euch, als zu gestehn, daß sie es thut: das ist einer von den Punkten, worin die Weiber immer ihr Gewissen Lügen strafen. Aber in ganzem Ernst, seid Ihr es, der die Verse an die Bäume hängt, in denen Rosalinde so bewundert wird?

Orlando. Ich schwöre dir, junger Mensch, bei Rosalindens weißer Hand: ich bin es, ich bin der Unglückliche.

Rosalinde. Aber seid Ihr so verliebt, als Eure Reime bezeugen?

Orlando. Weder Gereimtes noch Ungereimtes kann ausdrücken, wie sehr.

Rosalinde. Liebe ist eine bloße Tollheit, und ich sage Euch,

14*

verdient ebenſogut eine dunkle Zelle und Peitſche, als andere Tolle;
und die Urſache, warum ſie nicht ſo gezüchtigt und geheilt wird, iſt,
weil ſich dieſe Mondſucht ſo gemein gemacht hat, daß die Zuchtmeiſter
ſelbſt verliebt ſind. Doch kann ich ſie mit gutem Rat heilen.

Orlando. Habt Ihr irgend wen ſo geheilt?

Roſalinde. Ja, einen, und zwar auf folgende Weiſe. Er mußte
ſich einbilden, daß ich ſeine Liebſte, ſeine Gebieterin wäre, und alle
Tage hielt ich ihn an, um mich zu werben. Ich, der ich nur ein
launenhafter Junge bin, grämte mich dann, war weibiſch, veränder=
lich, wußte nicht, was ich wollte, ſtolz, phantaſtiſch, grillenhaft, läp=
piſch, unbeſtändig, bald in Thränen, bald voll Lächeln, von jeder
Leidenſchaft etwas, und von keiner etwas Rechtes, wie Kinder und
Weiber meiſtenteils in dieſe Farben ſchlagen. Bald mochte ich ihn
leiden, bald konnte ich ihn nicht ausſtehen, dann machte ich mir mit
ihm zu ſchaffen, dann ſagte ich mich von ihm los; jetzt weinte ich
um ihn, jetzt ſpie ich vor ihm aus: ſo daß ich meinen Bewerber aus
einem tollen Anfall von Liebe in einen leibhaften Anfall von Toll=
heit verſetzte, welche darin beſtand, das Getümmel der Welt zu ver=
ſchwören, und in einem mönchiſchen Winkel zu leben. Und ſo heilte
ich ihn, und auf dieſe Art nehme ich es über mich, Euer Herz ſo
rein zu waſchen, wie ein geſundes Schafherz, daß nicht ein Fleckchen
Liebe mehr daran ſein ſoll.

Orlando. Ihr würdet mich nicht heilen, junger Menſch.

Roſalinde. Ich würde Euch heilen, wolltet Ihr mich nur Roſalinde
nennen, und alle Tage in meine Hütte kommen und um mich werben.

Orlando. Nun, bei meiner Treue im Lieben, ich will es: ſagt
mir, wo ſie iſt.

Roſalinde. Geht mit mir, ſo will ich ſie Euch zeigen, und
unterwegs ſollt Ihr mir ſagen, wo Ihr hier im Walde wohnt. Wollt
Ihr kommen?

Orlando. Von ganzem Herzen, guter Junge.

Roſalinde. Nein, Ihr müßt mich Roſalinde nennen. — Komm,
Schweſter, laß uns gehen. (Alle ab.)

3. Scene.
Der Wald.
Probſtein und Käthchen kommen. Jaques in der Ferne, belauſcht ſie.

Probſtein. Komm hurtig, gutes Käthchen; ich will deine Ziegen
zuſammenholen, Käthchen. Und ſag, Käthchen: bin ich der Mann noch,
der dir anſteht? Biſt du mit meinen ſchlichten Zügen zufrieden?

Käthchen. Eure Züge? Gott behüte! Was ſind das für Streiche?

Probſtein. Ich bin hier bei Käthchen und ihren Ziegen, wie
der Dichter, der die ärgſten Bockſprünge machte, der ehrliche Ovid,
unter den Geten.

Jaques. O schlecht logierte Gelehrsamkeit! schlechter als Jupiter unter einem Strohdach!

Probstein. Wenn eines Menschen Verse nicht verstanden werden, und eines Menschen Witz von dem geschickten Kinde Verstand nicht unterstützt wird, das schlägt einen Menschen härter nieder, als eine große Rechnung in einem kleinen Zimmer. Wahrhaftig, ich wollte, die Götter hätten dich poetisch gemacht.

Käthchen. Ich weiß nicht, was poetisch ist. Ist es ehrlich in Worten und Werken? Besteht es mit der Wahrheit?

Probstein. Nein, wahrhaftig nicht: denn die wahrste Poesie erdichtet am meisten, und Liebhaber sind der Poesie ergeben, und was sie in Poesie schwören, davon kann man sagen, sie erdichten es als Liebhaber.

Käthchen. Könnt Ihr denn wünschen, daß mich die Götter poetisch gemacht hätten?

Probstein. Ich thu' es wahrlich, denn du schwörst mir zu, daß du ehrbar bist. Wenn du nun ein Poet wärest, so hätte ich einige Hoffnung, daß du erdichtetest.

Käthchen. Wolltet Ihr denn nicht, daß ich ehrbar wäre?

Probstein. Nein, wahrhaftig nicht, du müßtest denn sehr häßlich sein: denn Ehrbarkeit mit Schönheit gepaart ist wie eine Honigbrühe über Zucker.

Jaques. Ein sinnreicher Narr!

Käthchen. Gut, ich bin nicht schön, und darum bitte ich die Götter, daß sie mich ehrbar machen.

Probstein. Wahrhaftig, Ehrbarkeit an eine garstige Schmutz= dirne wegzuwerfen, hieße gut Essen auf eine unreinliche Schüssel legen.

Käthchen. Ich bin keine Schmutzdirne, ob ich schon den Göttern danke, daß ich garstig bin.

Probstein. Gut, die Götter seien für deine Garstigkeit gepriesen, die Schmutzigkeit kann noch kommen. Aber sei es, wie es vill, ich heirate dich, und zu dem Ende bin ich bei Ehrn Olivarius Textdreher gewesen; dem Pfarrer im nächsten Dorf, der mir versprochen hat, mich an diesem Platz im Walde zu treffen, und uns zusammenzugeben.

Jaques (beiseite). Die Zusammenkunft möchte ich mit ansehen.

Käthchen. Nun, die Götter lassen es wohl gelingen!

Probstein. Amen! Wer ein zaghaft Herz hätte, möchte wohl bei diesem Unternehmen stutzen: denn wir haben hier keinen Tempel als den Wald, keine Gemeinde als Hornvieh. Aber was thut's? Mutig! Hörner sind verhaßt, aber unvermeidlich. Es heißt, mancher Mensch weiß des Guten kein Ende; recht: mancher Mensch hat gute Hörner und weiß ihrer kein Ende. Wohl! es ist das Zugebrachte von seinem Weibe, er hat es nicht selbst erworben. — Hörner? Nun ja! Arme Leute allein? — Nein, nein, der edelste Hirsch hat sie so

hoch vie das erbärmlichste Wild. Ist der ledige Mann darum ge=
jegnet? Nein. Wie eine Stadt mit Mauern vornehmer ist als ein
Dorf, so ist die Stirn eines verheirateten Mannes ehrenvoller als
die nackte Schläfe eines Junggesellen; und um so viel besser Schutz=
vehr ist als Unvermögen, um so viel kostbarer ist ein Horn als kein.

Ehrn Olivarius Textdreher kommt.

Hier kommt Ehrn Olivarius. — Ehrn Olivarius Textdreher, gut,
daß wir Euch treffen. Wollt Ihr uns hier unter diesem Baum ab=
fertigen, oder sollen wir mit Euch in Eure Kapelle gehen?

Ehrn Olivarius. Ist niemand da, um die Braut zu geben?

Probstein. Ich nehme sie nicht als Gabe von irgend einem Mann.

Ehrn Olivarius. Sie muß gegeben werden, oder die Heirat
ist nicht gültig.

Jaques (tritt vor). Nur zu! nur zu! ich will sie geben.

Probstein. Guten Abend, lieber Herr, „wie heißt Ihr doch",
wie geht's Euch? Schön, daß ich Euch treffe. Gotteslohn für Eure
neuliche Gesellschaft! Ich freue mich sehr, Euch zu sehen. — Ich habe
da eben eine Kleinigkeit vor, seht Ihr. Aber ich bitte, bedeckt Euch.

Jaques. Wollt Ihr Euch verheiraten, Hanswurst?

Probstein. Wie der Ochse sein Joch hat, Herr, das Pferd
seine Kinnkette, und der Falke seine Schellen, so hat der Mensch seine
Wünsche; und wie sich Tauben schnäbeln, so möchte der Ehestand naschen.

Jaques. Und wollt Ihr, ein Mann von Eurer Erziehung,
Euch im Busch verheiraten, wie ein Bettler? In die Kirche geht
und nehmt einen tüchtigen Priester, der Euch bedeuten kann, was
Heiraten ist. Dieser Geselle wird euch nur so zusammenfügen, wie
sie's beim Täfelwerk machen; dann wird eins von euch eintrocknen
und sich versen vie frisches Holz: knack, knack.

Probstein (beiseite). Ich denke nicht anders, als mir wäre besser,
von ihm getraut zu werden, wie von einem andern; denn er sieht
mir aus, als wenn er mich nicht recht trauen würde, und wenn er
mich nicht recht traut, so ist das nachher ein guter Vorwand, mein
Weib im Stiche zu lassen. .

Jaques. Geh mit mir, Freund, und höre meinen Rat.

Probstein. Komm, lieb' Käthchen!
Du wirst noch meine Frau, oder du bleibst mein Mädchen.
Lebt wohl, Ehrn Olivarius.

Nicht: „O holder Oliver!
              O wackrer Oliver!
                Laß mich nicht hinter dir."

Nein: „Pack dich fort!
              Geh! auf mein Wort,
                Ich will nicht zur Trauung mit dir."

(Jaques, Probstein und Käthchen ab.)

Ehrn Olivarius. Es thut nichts. Keiner von allen diesen phantastischen Schelmen zusammen soll mich aus meinem Beruf herausnecken. (Ab.)

4. Scene.

Der Wald. Vor einer Hütte.

Rosalinde und Celia treten auf.

Rosalinde. Sage mir nichts weiter, ich will weinen.

Celia. Thu es nur, aber sei doch so weise, zu bedenken, daß Thränen einem Mann nicht anstehen.

Rosalinde. Aber habe ich nicht Ursache zu weinen?

Celia. So gute Ursache sich einer nur wünschen mag. Also weine!

Rosalinde. Selbst sein Haar ist von einer falschen Farbe.

Celia. Nur etwas brauner als des Judas seins. Ja, seine Küsse sind rechte Judaskinder.

Rosalinde. Sein Haar ist bei alledem von einer hübschen Farbe.

Celia. Eine herrliche Farbe; es geht nichts über nußbraun.

Rosalinde. Und seine Küsse sind so voll Heiligkeit, wie die Berührung des geweihten Brotes.

Celia. Er hat ein Paar abgelegter Lippen der Diana gekauft; eine Nonne von des Winters Schwesterschaft küßt nicht geistlicher; das wahre Eis der Keuschheit ist in ihnen.

Rosalinde. Aber warum versprach er mir diesen Morgen zu kommen, und kommt nicht?

Celia. Nein gewißlich, es ist keine Treu' und Glauben in ihm.

Rosalinde. Denkst du das?

Celia. Nun, ich glaube, er ist weder ein Beutelschneider noch ein Pferdedieb; aber was seine Wahrhaftigkeit in der Liebe betrifft, so halte ich ihn für so hohl als einen umgekehrten Becher oder eine wurmstichige Nuß.

Rosalinde. Nicht wahrhaft in der Liebe?

Celia. Ja, wenn er verliebt ist, aber mich dünkt, das ist er nicht.

Rosalinde. Du hörtest ihn doch hoch und teuer beschwören, daß er es war.

Celia. War ist nicht ist. Auch ist der Schwur eines Lieb= habers nicht zuverlässiger als das Wort eines Bierschenken: sie be= kräftigen beide falsche Rechnungen. Er begleitete hier im Walde den Herzog, Euren Vater.

Rosalinde. Ich begegnete dem Herzoge gestern, und mußte ihm viel Rede stehen. Er fragte mich, von welcher Herkunft ich wäre; ich sagte ihm, von einer ebenso guten als er: er lachte und ließ mich gehen. Aber was sprechen wir von Vätern, solange ein Mann wie Orlando in der Welt ist?

Celia. O das ist ein wackerer Mann! Er macht wackere Verse,

spricht wackere Worte, schwört wackere Eide, und bricht sie wacker der
Quere, gerade vor seiner Liebsten Herz wie ein jämmerlicher Turnierer,
der sein Pferd nach einer Seite spornt, seine Lanze zerbricht. Aber
alles ist tapfer, vo Jugend oben aufsitzt und Thorheit die Zügel
lenkt. Wer kommt da?

Corinnus kommt.

Corinnus. Mein Herr und Fräulein, ihr befragtet oft
> Mich um den Schäfer, velcher Liebe klagte,
> Den ihr bei mir sahi sitzen auf dem Rasen,
> Wie er die übermüt'ge Schäfrin pries,
> Die seine Liebste war.

Celia.   Was ist mit ihm?

Corinnus. Wollt Ihr ein Schauspiel sehn, wahrhaft gespielt
> Von treuer Liebe blassem Angesicht,
> Und roter Glut des Hohns und stolzen Hochmuts:
> Geht nur ein Eckchen mit, ich führ' Euch hin,
> Wenn Ihr's beachten wollt.

Rosalinde.   O kommt! gehn wir dahin:
> Verliebte sehen, nähri Verliebter Sinn.
> Bringt uns zur Stell', und giebt es so das Glück,
> So spiel' ich eine Roll' in ihrem Stück. (Alle ab.)

5. Scene.

Ein anderer Teil des Waldes.

Silvius und Phöbe treten auf.

Silvius. Höhnt mich nicht, liebe Phöbe! Thut's nicht, Phöbe!
> Sagt, daß Ihr mich nicht liebt, doch sagt es nicht
> Mit Bitterkeit: der Henker, dessen Herz
> Des Tods gewohnter Anblick doch verhärtet,
> Fällt nicht das Beil auf den gebeugten Nacken,
> Bis er sich erst entschuldigt. Seid Ihr strenger,
> Als der von Tropfen Bluts sich nährt und lebt?

Rosalinde, Celia und Corinnus kommen in der Entfernung.

Phöbe. Ich möchte keineswegs dein Henker sein,
> Ich fliehe dich, um dir kein Leid zu thun.
> Du sagst mir, daß ich Mord im Auge trage;
> 's ist artig in der That, und steht zu glauben,
> Daß Augen, diese schwächsten, zartsten Dinger,
> Die feig ihr Thor vor Sonnenstäubchen schließen,
> Tyrannen, Schlächter, Mörder sollen sein.
> Ich seh' dich finster an von ganzem Herzen:
> Verwundet nun mein Aug', so laß dich's töten.
> Thu doch, als sänkst du um! so fall doch nieder!

Und kannst du nicht: pfui! schäm dich, so zu lügen,
Und sag nicht, meine Augen seien Mörder.
Zeig doch die Wunde, die mein Aug' dir machte.
Ritz dich mit einer Nadel nur, so bleibt
Die Schramme dir; lehn dich auf Binsen nur,
Und es behält den Eindruck deine Hand
Auf einen Augenblick: allein die Augen,
Womit ich auf dich blitzte, thun dir nichts,
Und sicher ist auch keine Kraft in Augen,
Die Schaden thun kann.

Silvius.   O geliebte Phöbe!
Begegnet je — wer weiß, wie bald dies je! —
Auf frischen Wangen dir der Liebe Macht:
Dann wirst du die geheimen Wunden kennen
Vom scharfen Pfeil der Liebe.

Phöbe.   Doch, bis dahin
Komm mir nicht nah, und wenn die Zeit gekommen,
Kränk mich mit deinem Spott; sei ohne Mitleid,
Wie ich bis dahin ohne Mitleid bin.

Rosalinde (tritt vor).
Warum? Ich bitt' Euch — wer war Eure Mutter,
Daß Ihr den Unglücksel'gen kränkt und höhnt,
Und was nicht alles? Habt Ihr auch nicht Schönheit —
Wie ich doch wahrlich mehr an Euch nicht sehe,
Als ohne Licht — im Finstern mag zu Bett gehn —
Müßt Ihr deswegen stolz und fühllos sein?
Was heißt das? Warum blickt Ihr so mich an?
Ich seh' nicht mehr an Euch, als die Natur
Auf Kauf zu machen pflegt. So wahr ich lebe!
Sie will auch meine Augen wohl bethören?
Nein, wirklich, stolze Dame! hofft das nicht.
Nicht Euer Rabenhaar, kohlschwarze Brauen,
Glaskugel=Augen, noch die Milchrahm=Wange,
Macht meinen Sinn zum Sklaven, Euch zu huld'gen. —
O blöder Schäfer, warum folgt Ihr ihr,
Wie feuchter Süd, von Wind und Regen schwellend?
Ihr seid ja tausendfach ein hübscher Mann
Als sie ein Weib. Dergleichen Thoren füllen
Die Welt mit mißgeschaffnen Kindern an.
Der Spiegel nicht, Ihr seid es, der ihr schmeichelt;
Sie sieht in Euch sich hübscher abgespiegelt,
Als ihre Züge sie erscheinen lassen. —
Doch, Fräulein, kennt Euch selbst, fallt auf die Knie,
Dankt Gott mit Fasten für 'nen guten Mann;

Denn als ein Freund muß ich ins Ohr Euch sagen:
Verkauft Euch bald, Ihr seid nicht jedes Kauf.
Liebt diesen Mann! steht ihm als Eurem Retter!
Am häßlichsten ist Häßlichkeit am Spötter, —
So nimm sie zu dir, Schäfer. Lebt denn wohl!

Phöbe. O holder Jüngling, schilt ein Jahr lang so!
Dich hör' ich lieber schelten, als ihn werben.

Rosalinde. Er hat sich in ihre Häßlichkeit verliebt, und sie
wird sich in meinen Zorn verlieben. Wenn das ist, so will ich sie
mit bittern Worten pfeffern, so schnell sie dir mit Stirnrunzeln ant=
wortet. — Warum seht Ihr mich so an?

Phöbe. Aus üblem Willen nicht.

Rosalinde. Ich bitt' Euch sehr, verliebt Euch nicht in mich,
Denn ich bin falscher als Gelübd' im Trunk.
Zudem, ich mag Euch nicht. Sucht Ihr etwa mein Haus:
's ist hinter den Oliven, dicht bei an.
Wollt Ihr gehn, Schwester? — Schäfer, setz ihr zu. —
Komm, Schwester! — Seid ihm günst'ger, Schäferin,
Und seid nicht stolz! könnt' alle Welt Euch sehn,
So blind wird keiner mehr von hinnen gehn.
Zu unsrer Herde, kommt!

(Rosalinde und Celia ab.)

Phöbe. O Schäfer! nun kommt mir dein Spruch zurück:
„Wer liebte je, und nicht beim ersten Blick?"

Silvius. Geliebte Phöbe, —

Phöbe.   Ha, was sagst du, Silvius?

Silvius. Beklagt mich, liebe Phöbe.

Phöbe. Ich bin um dich bekümmert, guter Silvius.

Silvius. Wo die Bekümmernis, wird Hilfe sein.
Seid Ihr um meinen Liebesgram bekümmert:
Gebt Liebe mir; mein Gram und Euer Kummer
Sind beide dann vertilgt.

Phöbe. Du hast ja meine Lieb': ist das nicht nachbarlich

Silvius. Dich möcht' ich haben.

Phöbe.   Ei, das wäre Habsucht.
Die Zeit war, Silvius, da ich dich gehaßt:
Es ist auch jetzt nicht so, daß ich dich liebte;
Doch weil du kannst so gut von Liebe sprechen,
So duld' ich deinen Umgang, der mir sonst
Verdrießlich war, und bitt' um Dienste dich.
Allein erwarte keinen andern Lohn,
Als deine eigne Freude, mir zu dienen.

Silvius. So heilig und so groß ist meine Liebe,
Und ich in solcher Dürftigkeit an Gunst,

Daß ich es für ein reiches Teil muß halten,
Die Ähren nur dem Manne nachzulesen,
Dem volle Ernte wird. Verliert nur dann und wann
Ein flüchtig Lächeln: davon will ich leben.

Phöbe. Kennst du den jungen Mann, der mit mir sprach?

Silvius. Nicht sehr genau, doch traf ich oft ihn an.
Er hat die Weid' und Schäferei gekauft,
Die sonst dem alten Carlot zugehört.

Phöbe. Denk nicht, ich lieb' ihn, weil ich nach ihm frage,
's ist nur ein laun'scher Bursch, doch spricht er gut;
Frag' ich nach Worten? — doch thun Worte gut,
Wenn, der sie spricht, dem, der sie hört, gefällt.
Es ist ein hübscher Junge, — nicht gar hübsch;
Doch wahrlich, er ist stolz, — zwar steht sein Stolz ihm:
Er wird einmal ein feiner Mann. Das Beste
Ist sein Gesicht, und schneller als die Zunge
Verwundete, heilt' es sein Auge wieder.
Er ist nicht eben groß, doch für sein Alter groß;
Sein Bein ist nur so so, doch macht sich's gut;
Es war ein lieblich Rot auf seinen Lippen,
Ein etwas reiferes und stärkres Rot
Als auf den Wangen: just der Unterschied,
Wie zwischen dunkeln und gesprengten Rosen.
Es giebt der Weiber, Silvius, hätten sie
Ihn Stück für Stück betrachtet, so wie ich,
Sie hätten sich verliebt; ich, für mein Teil,
Ich lieb' ihn nicht, noch hass' ich ihn, und doch
Hätt' ich mehr Grund zu hassen als zu lieben.
Denn was hatt' er für Recht, mich auszuschelten?
Er sprach, mein Haar sei schwarz, mein Auge schwarz,
Und wie ich mich entsinne, höhnte mich.
Mich wundert's, daß ich ihm nicht Antwort gab,
Schon gut! Verschoben ist nicht aufgehoben;
Ich will ihm einen Brief voll Spottes schreiben,
Du sollst ihn zu ihm tragen: willst du, Silvius?

Silvius. Phöbe, von Herzen gern.

Phöbe.   Ich schreib' ihn gleich.
Der Inhalt liegt im Kopf mir und im Herzen,
Ich werde bitter sein, und mehr als kurz.
Komm mit mir, Silvius! (Ab.)

Vierter Aufzug.

1. Scene.

Der Wald.

Rosalinde, Celia und Jaques treten auf.

Jaques. Ich bitte dich, artiger junger Mensch, laß uns besser miteinander bekannt werden.

Rosalinde. Sie sagen, Ihr wärt ein melancholischer Gesell.

Jaques. Das bin ich: ich mag es lieber sein, als lachen.

Rosalinde. Die eins von beiden aufs Äußerste treiben, sind abscheuliche Bursche, und geben sich jedem ersten besten Tadel preis, ärger als Trunkenbolde.

Jaques. Ei, es ist doch hübsch, traurig zu sein, und nichts zu sagen.

Rosalinde. Ei, so ist es auch hübsch, ein Thürpfosten zu sein.

Jaques. Ich habe weder des Gelehrten Melancholie, die Nacheiferung ist; noch des Musikers, die phantastisch ist; noch des Hofmanns, die hoffärtig ist; noch des Soldaten, die ehrgeizig ist; noch des Juristen, die politisch ist; noch der Frauen, die ekel ist; noch des Liebhabers, die das alles zusammen ist: sondern es ist eine Melancholie nach meiner Weise, aus mancherlei Ingredienzien bereitet, von mancherlei Gegenständen abgezogen, und wirklich die gesamte Betrachtung meiner Reisen, deren öftere Überlegung mich in eine höchst launische Betrübnis einhüllt.

Rosalinde. Ein Reisender? Meiner Treu', Ihr habt große Ursache, betrübt zu sein: ich fürchte, Ihr habt Eure eigenen Länder verkauft, um anderer Leute ihre zu sehen. Viel gesehen haben und nichts besitzen, das kommt auf reiche Augen und arme Hände hinaus.

Jaques. Nun, ich habe Erfahrung gewonnen.

Orlando tritt auf.

Rosalinde. Und Eure Erfahrung macht Euch traurig. Ich möchte lieber einen Narren halten, der mich lustig machte, als Erfahrung, die mich traurig machte. Und noch obendrein darum zu reisen!

Orlando. Habt Gruß und Heil, geliebte Rosalinde.

Jaques. Nein, dann Gott befohlen, wenn Ihr gar in Versen sprecht. (Ab.)

Rosalinde. Fahrt wohl, mein Herr Reisender! Seht zu, daß Ihr lispelt und fremdländische Kleidung tragt, macht alles Ersprießliche in Eurem eigenen Lande herunter, entzweit Euch mit Euren Sternen, und scheltet schier den lieben Gott, daß er Euch kein anderes Gesicht gab: sonst glaub' ich's Euch kaum, daß Ihr je in einer Gondel gefahren seid. — Nun, Orlando, wo seid Ihr die ganze Zeit her gewesen? Ihr ein Liebhaber? — Spielt Ihr mir noch einmal so einen Streich, so kommt mir nicht wieder vors Gesicht.

Orlando. Meine schöne Rosalinde, es ist noch keine Stunde später, als ich versprach.

Rosalinde. Ein Versprechen in der Liebe um eine Stunde brechen? — Wer tausend Teile aus einer Minute macht, und nur ein Teilchen von dem tausendsten Teil einer Minute in Liebessachen versäumt, von dem mag man wohl sagen, Kupido hat ihm auf die Schulter geklopft; aber ich stehe dafür, sein Herz ist unversehrt.

Orlando. Verzeiht mir, liebe Rosalinde.

Rosalinde. Nein, wenn Ihr so saumselig seid, so kommt mir nicht mehr vors Gesicht: ich hätte es ebenso gern, daß eine Schnecke um mich freite.

Orlando. Eine Schnecke?

Rosalinde. Ja, eine Schnecke! Denn kommt solch ein Liebhaber gleich langsam, so trägt er doch sein Haus auf dem Kopfe; ein besseres Leibgedinge, deuk' ich, als Ihr einer Frau geben könnt. Außerdem bringt er sein Schicksal mit sich.

Orlando. Was ist das?

Rosalinde. Ei, Hörner! wofür solche wie Ihr vohl oder übel ihren Weibern verpflichtet sein müssen. Aber er kommt mit seinem Lose ausgerüstet, und verhütet den üblen Ruf seiner Frau.

Orlando. Tugend dreht keine Hörner, und meine Rosalinde ist tugendhaft.

Rosalinde. Und ich bin Eure Rosalinde.

Celia. Es beliebt ihm, Euch so zu nennen: aber er hat eine Rosalinde von zarterer Farbe als Ihr.

Rosalinde. Kommt, freit um mich, freit um mich, denn ich bin jetzt in einer Festtagslaune, und könnte wohl einwilligen. — Was würdet Ihr zu mir sagen, wenn ich Eure rechte, rechte Rosalinde väre?

Orlando. Ich würde küssen, ehe ich spräche.

Rosalinde. Nein, Ihr thätet besser, erst zu sprechen, und venn ihr dann stocktet, weil Ihr nichts mehr wüßtet, nähmt Ihr Gelegenheit zu küssen. Gute Redner räuspern sich, wenn sie aus dem Text kommen, und wenn Liebhabern — was Gott verhüte! — der Stoff ausgeht, so ist der schicklichste Behelf zu küssen.

Orlando. Wenn nun der Kuß verweigert wird?

Rosalinde. So nötigt sie Euch zum Bitten, und das giebt neuen Stoff.

Orlando. Wer könnte wohl stocken, wenn er vor seiner Liebsten steht?

Rosalinde. Wahrlich, das solltet Ihr, wenn ich Eure Liebste wäre, sonst müßte ich meine Tugend für stärker halten, als meinen Witz. Bin ich nicht Eure Rosalinde?

Orlando. Es macht mir Freude, Euch so zu nennen, weil ich gern von ihr sprechen mag.

Rosalinde. Gut, und in ihrer Person sage ich: ich will Euch nicht.

Orlando. So sterbe ich in meiner eigenen Person.

Rosalinde. Mit nichten, verrichtet es durch einen Stellvertreter. Die arme Welt ist fast sechstausend Jahr alt und die ganze Zeit über ist noch kein Mensch in eigener Person gestorben, nämlich in Liebessachen. Dem Troilus wurde das Gehirn von einer griechischen Keule zerschmettert; doch that er, was er konnte, um vorher noch zu sterben, und er ist eins von den Mustern der Liebe. Leander, der hätte noch manches schöne Jahr gelebt, war Hero gleich Nonne geworden, wenn eine heiße Sommernacht es nicht gethan hätte: denn der arme Junge, er ging nur hin, um sich im Hellespont zu baden, bekam den Krampf und ertrank, und die albernen Chronikenschreiber seiner Zeit befanden, es sei Hero von Sestos. Doch das sind lauter Lügen: die Menschen sind von Zeit zu Zeit gestorben, und die Würmer haben sie verzehrt, aber nicht aus Liebe.

Orlando. Ich möchte meine rechte Rosalinde nicht so gesinnt wissen, denn ich beteure, ihr Stirnrunzeln könnte mich töten.

Rosalinde. Bei dieser Hand! es tötet keine Fliege. Aber kommt, nun will ich Eure Rosalinde in einer gutwilligeren Stimmung sein, und bittet von mir, was Ihr wollt, ich will es zugestehen.

Orlando. So liebe mich, Rosalinde.

Rosalinde. Ja, das will ich, Freitags, Sonnabends, und so weiter.

Orlando. Und willst du mich haben?

Rosalinde. Ja, und zwanzig solcher.

Orlando. Was sagst du?

Rosalinde. Seid Ihr nicht gut?

Orlando. Ich hoff' es.

Rosalinde. Nun denn, kann man des Guten zu viel haben? — Kommt, Schwester, Ihr sollt der Priester sein, um uns zu trauen. — Gebt mir Eure Hand, Orlando. — Was sagt Ihr, Schwester?

Orlando. Bitte, trau uns.

Celia. Ich weiß die Worte nicht.

Rosalinde. Ihr müßt anfangen: „Wollt Ihr, Orlando —"

Celia. Schon gut. — Wollt Ihr, Orlando, gegenwärtige Rosalinde zum Weibe haben?

Orlando. Ja.

Rosalinde. Gut, aber wann?

Orlando. Nun, gleich; so schnell sie uns trauen kann.

Rosalinde. So müßt Ihr sagen: „Ich nehme dich, Rosalinde, zum Weibe."

Orlando. Ich nehme dich, Rosalinde, zum Weibe.

Rosalinde. Ich könnte nach Eurem Erlaubnißschein fragen, doch, — ich nehme dich, Orlando, zu meinem Manne. Da kommt ein Mädchen dem Priester zuvor, und, wirklich, Weibergedanken eilen immer ihren Handlungen voraus.

Orlando. Das thun alle Gedanken, sie sind beflügelt.

Rosalinde. Nun sagt mir, wie lange wollt Ihr sie haben, nachdem Ihr ihren Besitz erlangt?

Orlando. Immerdar und einen Tag.

Rosalinde. Sagt, einen Tag, und laßt immerdar weg. Nein, nein, Orlando! Männer sind Mai, wenn sie freien, und Dezember in der Ehe. Mädchen sind Frühling, solange sie Mädchen sind, aber der Himmel verändert sich, wenn sie Frauen werden. Ich will eifersüchtiger auf dich sein, als ein Turteltauber auf sein Weibchen, schreiichter als ein Papagei, wenn es regnen will, modesüchtiger als ein Affe, und unbeständiger in Gelüsten als eine Meerkatze. Ich will um nichts weinen, wie Diana am Springbrunnen, und das will ich thun, wenn du zur Lustigkeit gestimmt bist; ich will lachen wie eine Hyäne, und zwar, wenn du zu schlafen wünschest.

Orlando. Aber wird meine Rosalinde das thun?

Rosalinde. Bei meinem Leben, sie wird es machen wie ich.

Orlando. O, sie ist aber klug.

Rosalinde. Sonst hätte sie nicht den Witz dazu. Je klüger, desto verkehrter. Versperrt dem Witz eines Weibes die Thüren, so muß er zum Fenster hinaus; macht das zu, so fährt er aus dem Schlüsselloch; verstopft das, so fliegt er mit dem Rauch aus dem Schornstein.

Orlando. Ein Mann, der eine Frau mit so viel Witz hätte, könnte fragen: „Witz, wo willst du mit der Frau hin?"

Rosalinde. Nein, das könntet Ihr versparen, bis Ihr den Witz Eurer Frau auf dem Wege zu Eures Nachbars Bett anträft.

Orlando. Welcher Witz hätte Witz genug, das zu entschuldigen?

Rosalinde. Nun, etwa: — sie ginge hin, Euch dort zu suchen. Ihr werdet sie nie ohne Antwort ertappen, Ihr müßtet sie denn ohne Zunge antreffen. O, die Frau, die ihren Fehltritt nicht ihrem Manne in die Schuhe zu schieben weiß, die laßt nie ihr Kind säugen; sie würde es albern groß ziehen.

Orlando. Auf die nächsten zwei Stunden, Rosalinde, verlasse ich dich.

Rosalinde. Ach, geliebter Freund, ich kann dich nicht zwei Stunden entbehren.

Orlando. Ich muß dem Herzoge beim Mittagsessen aufwarten. Um zwei Uhr bin ich wieder bei dir.

Rosalinde. Ja, geht nur! geht nur! Das sah ich wohl von Euch voraus, meine Freunde sagten mir's, und ich dacht' es eben= falls, — Eure Schmeichelzunge gewann mich, — es ist nur eine

Unglückliche mehr, — und also: komm, Tod! — Zwei Uhr ist Eure Stunde?

Orlando. Ja, süße Rosalinde.

Rosalinde. Bei Treu' und Glauben, und in vollem Ernst und so mich der Himmel schirme, und bei allen artigen Schwüren, die keine Gefahr haben; brecht Ihr ein Pünktchen Eures Versprechens, oder kommt nur eine Minute nach der Zeit, so will ich Euch für den feierlichsten Wortbrecher halten, und für den falschesten Liebhaber, und den allerunwürdigsten deren, die Ihr Rosalinde nennt, welcher nur aus dem großen Haufen der Ungetreuen ausgesucht werden konnte. Darum hütet Euch vor meinem Urteil, und haltet Euer Versprechen.

Orlando. So heilig, als wenn du wirklich meine Rosalinde wärst. Leb denn wohl!

Rosalinde. Gut, die Zeit ist der alte Richter, der solche Verbrecher vor Gericht zieht, und die Zeit muß es ausweisen. Lebt wohl! (Orlando ab.)

Celia. Du hast unserem Geschlecht in deinem Liebesgeschwätz geradezu übel mitgespielt. Wir müssen dir Hosen und Wams über den Kopf ziehen, damit die Welt sieht, was der Vogel gegen sein eigenes Nest gethan hat.

Rosalinde. O Mühmchen! Mühmchen! Mühmchen! mein artiges kleines Mühmchen! wüßtest du, wie viel Klafter tief ich in Liebe versenkt bin! Aber es kann nicht ergründet werden: meine Zuneigung ist grundlos wie die Bucht von Portugal.

Celia. Sag lieber, bodenlos: so viel Liebe du hineinthust, sie läuft alle wieder heraus.

Rosalinde. Nein, der boshafte Bastard der Venus, der von Schwermut erzeugt, von der Grille empfangen und von der Tollheit geboren wurde, der blinde schelmische Bube, der jedermanns Augen bethört, weil er selbst keine mehr hat, der mag richten, wie tief ich in der Liebe stecke. — Ich sage dir, Aliena, ich kann nicht ohne Orlandos Anblick sein; ich will Schatten suchen, und seufzen, bis er kommt.

Celia. Und ich will schlafen. (Beide ab.)

2. Scene.

Ein anderer Teil des Waldes.

Jaques und Edelleute des Herzogs in Jägerkleidung treten auf.

Jaques. Wer ist's, der den Hirsch erlegt?

Erster Edelmann. Ich that es, Herr.

Jaques. Laßt uns ihn dem Herzog vorstellen, wie einen römischen Eroberer, und es schickte sich wohl, ihm das Hirschgeweih wie einen Siegeskranz aufzusetzen. Habt Ihr kein Lied, Jäger, auf diese Gelegenheit?

Zweiter Edelmann. O ja, Herr.

Jaques. Singt es; es ist gleichviel, ob ihr Ton haltet, wenn es nur Lärm genug macht.

Lied.

Erste Stimme.	Was kriegt er, der den Hirsch erlegt?
Zweite Stimme.	Sein ledern Kleid und Horn er trägt.
Erste Stimme.	Drum singt ihn heim:
	Ohn' allen Zorn trag du das Horn,
	Ein Helmschmuck war's, eh du gebor'n.

(Dieser Zuruf wird im Chor von den übrigen wiederholt.)

Erste Stimme.	Dein's Vaters Vater führt' es.
Zweite Stimme.	Und deinen Vater ziert' es.
Alle.	Das Horn, das Horn, das wackre Horn
	Ist nicht ein Ding zu Spott und Zorn. (Ab.)

3. Scene.

Ein anderer Teil des Waldes.

Rosalinde und Celia treten auf.

Rosalinde. Was sagt Ihr nun? Ist nicht zwei Uhr vorbei? Und kein Orlando zu sehen!

Celia. Ich stehe dir dafür, mit reiner Liebe und verwirrtem Gehirn hat er seinen Bogen und Pfeile genommen, und ist ausgegangen — zu schlafen. Seht, wer kommt da?

Silvius tritt auf.

Silvius. An Euch geht meine Botschaft, schöner Jüngling. —
Dies hieß mich meine Phöbe übergeben;
Ich weiß den Inhalt nicht; doch, wie ich riet
Aus finstrer Stirn und zorniger Gebärde,
Die sie gemacht hat, während sie es schrieb,
So muß es zornig lauten; mir verzeiht,
Denn ich bin schuldlos, Bote nur dabei.

Rosalinde. Bei diesem Briefe müßte die Geduld
Selbst sich empören und den Lärmer spielen;
Wer das hier hinnimmt, der nimmt alles hin.
Sie sagt, ich sei nicht schön, sei ungezogen,
Sie nennt mich stolz, und könne mich nicht lieben,
Wenn Männer selten wie der Phönix wären.
Ihr Herz ist nicht der Hase, den ich jage:
Potz alle Welt! was schreibt sie so an mich?
Hört, Schäfer, diesen Brief habt Ihr erdacht.

Silvius. Nein, ich beteu'r, ich weiß vom Inhalt nicht.
Sie schrieb ihn selbst.

Rosalinde.　　　　　Geht, geht! Ihr seid ein Narr,
Den Liebe bis ans' äußerste gebracht.
Ich sah wohl ihre Hand: sie ist wie Leder,
'ne sandsteinfarbne Hand; ich glaubte in der That,
Sie hätte ihre alten Handschuh' an,
Doch waren's ihre Hände, — sie hat Hände
Wie eine Bäurin, — doch das macht nichts aus,
Ich sage, nie erfand sie diesen Brief:
Hand und Erfindung ist von einem Mann.

Silvius. Gewiß, er ist von ihr.

Rosalinde. Es ist ein tobender und wilder Stil,
Ein Stil für Raufer; wie ein Türk dem Christen,
So trotzt sie mir: ein weibliches Gehirn
Kann nicht so riesenhafte Dinge zeugen,
So äthiopsche Worte, schwärzern Sinns,
Als wie sie aussehn. — Wollt Ihr selber hören?

Silvius. Wenn's Euch beliebt; noch hört' ich nicht den Brief,
Doch schon zu viel von Phöbes Grausamkeit.

Rosalinde. Sie Phöbet mich; hör an, wie die Tyrannin schreibt:
(liest:) „Bist du Gott im Hirtenstand,
　　　Der ein Mädchenherz entbrannt?"
Kann ein Weib so höhnen?

Silvius. Nennt Ihr das höhnen?

Rosalinde. „Des verborgne Götterschaft
　　　Qual in Weiberherzen schafft?"
Hörtet Ihr je solches Höhnen?
　　　„Männer mochten um mich werben,
　　　Nimmer bracht' es mir Verderben."
Als wenn ich ein Tier wäre.
　　　„Wenn deiner lichten Augen Hohn
　　　Erregte solche Liebe schon:
　　　Ach, vie müßt' ihr milder Schein
　　　Wunderwirkend in mir sein!
　　　Da du schaltest, liebt' ich dich:
　　　Bätest du, was thäte ich?
　　　Der mein Lieben bringt zu dir,
　　　Kennt dies Lieben nicht in mir.
　　　Gieb ihm denn versiegelt hin,
　　　Ob dein jugendlicher Sinn
　　　Nimmt das treue Opfer an,
　　　Von mir und allem, was ich kann.
　　　Sonst schlag durch ihn mein Bitten ab
　　　Und dann begehr' ich nur ein Grab."

Silvius. Nennt Ihr das schelten?

Celia. Ach, armer Schäfer!

Rosalinde. Habt Ihr Mitleid mit ihm? Nein, er verdient kein Mitleid. — Willst du solch ein Weib lieben? — Was? dich zum Instrument zu machen, worauf man falsche Töne spielt? Nicht auszustehen! — Gut, geht Eures Weges zu ihr — denn ich sehe, die Liebe hat einen zahmen Wurm aus dir gemacht —, und sagt ihr dies: Wenn sie mich liebt, befehle ich ihr an, dich zu lieben; wenn sie nicht will, so habe ich nichts mit ihr zu thun, es sei denn, daß du für sie bittest. — Wenn Ihr wahrhaft liebt, fort, und keine Silbe mehr, denn hier kommt jemand. (Silvius ab.)

Oliver tritt auf.

Oliver. Guten Morgen, schöne Kinder! Wißt ihr nicht,
Wo hier im Wald herum 'ne Schäferei
Beschattet von Olivenbäumen steht?

Celia. Westwärts von hier, den nahen Grund hinunter,
Bringt Euch die Reih' von Weiden längs dem Bach,
Laßt Ihr sie rechter Hand, zum Orte hin.
Allein um diese Stunde hütet sich
Die Wohnung selber, es ist niemand drin.

Oliver. Wenn eine Zung' ein Auge kann belehren,
Müßt' ich Euch kennen, der Beschreibung nach:
Die Tracht, die Jahre so. „Der Knab' ist blond,
Von Ansehn weiblich, und er nimmt sich aus
Wie eine reife Schwester; doch das Mädchen
Ist klein und brauner als ihr Bruder." Seid Ihr
Des Hauses Eigner nicht, das ich erfragt?

Celia. Weil Ihr uns fragt: ja, ohne Prahlerei.

Oliver. Orlando grüßt euch beide, und er schickt
Dem Jüngling, den er seine Rosalinde
Zu nennen pflegt, dies blut'ge Tuch. Seid Ihr's?

Rosalinde. Ich bin's. Was will er uns damit bedeuten?

Oliver. Zu meiner Schand' etwas, erfahrt ihr erst,
Was für ein Mensch ich bin, und wo und wie
Dies Tuch befleckt ward.

Celia. Sagt's, ich bitt' Euch drum.

Oliver. Da jüngst Orlando sich von euch getrennt,
Gab er sein Wort, in einer Stunde wieder
Zurück zu sein; und schreitend durch den Wald
Käut' er die Kost der süß' und bittern Liebe. —
Seht, was geschah! Er warf sein Auge seitwärts,
Und denkt, was für ein Gegenstand sich zeigt!
Am alten Eichbaum mit bemoosten Zweigen,
Den hohen Gipfel kahl von dürrem Alter,
Lag ein zerlumpter Mann, ganz überhaart,

Auf seinem Rücken schlafend; um den Hals
Wand eine grün= und goldne Schlange sich,
Die mit dem Kopf zu Drohungen behend,
Dem offnen Munde nahte: aber schnell,
Orlando sehend, wickelt sie sich los,
Und schlüpft im Zickzack gleitend in den Busch.
In dessen Schatten hatte eine Löwin,
Die Euter ausgesogen, sich gelagert,
Den Kopf am Boden, katzenartig lauernd,
Bis sich der Schläfer rührte; denn es ist
Die königliche Weise dieses Tiers,
Auf nichts zu fallen, was als tot erscheint.
Dies sehend, naht' Orlando sich dem Mann
Und fand, sein Bruder war's, sein ältster Bruder.

Celia. O, von dem Bruder hört' ich wohl ihn sprechen,
Und als den Unnatürlichsten, der lebte,
Stellt' er ihn vor.

Oliver.   Und kount' es auch mit Recht.
Denn gar wohl weiß ich, er war unnatürlich.

Rosalinde. Orlando aber? — Ließ er ihn zum Raub
Der hungrigen und ausgesognen Löwin?

Oliver. Zweimal wandt' er den Rücken, und gedacht' es.
Doch Milde, edler als die Rache stets,
Und die Natur, der Lockung überlegen,
Vermochten ihn, die Löwin zu bekämpfen,
Die baldigst vor ihm fiel. Bei diesem Strauß
Erwacht' ich von dem unglücksel'gen Schlummer.

Celia. Seid Ihr sein Bruder?

Rosalinde.   Hat er Euch gerettet?

Celia. Ihr wart es, der so oft ihn töten wollte?

Oliver. Ich war's, doch bin ich's nicht: ich scheue nicht
Zu sagen, wer ich war; da die Bekehrung
So süß mich dünkt, seit ich ein andrer bin.

Rosalinde. Allein das blut'ge Tuch?

Oliver.   Im Augenblick,
Da zwischen uns, vom ersten bis zum letzten,
Nun Thränen die Berichte mild gebadet,
Wie ich gelangt an jenen wüsten Platz:
Geleitet' er mich zu dem edlen Herzog,
Der frische Kleidung mir und Speise gab,
Der Liebe meines Bruders mich empfehlend,
Der mich sogleich in seine Höhle führte.
Er zog sich aus, da hatt' ihm hier am Arm
Die Löwin etwas Fleisch hinweggerissen,

Das unterdes geblutet; er fiel in Ohnmacht,
Und rief nach Rosalinden, wie er fiel.
Ich bracht' ihn zu sich selbst, verband die Wunde,
Und da er bald darauf sich stärker fühlte,
Hat er mich hergesandt, fremd, wie ich bin,
Dies zu berichten, daß Ihr ihm den Bruch
Des Wortes mögt verzeihn; und dann dies Tuch
Mit seinem Blut gefärbt, dem jungen Schäfer
Zu bringen, den er seine Rosalinde
Im Scherz zu nennen pflegt.

Celia. Was giebt es, Ganymed? mein Ganymed?
(Rosalinde fällt in Ohnmacht.)

Oliver. Wenn manche Blut sehn, fallen sie in Ohnmacht.

Celia. Ach, dies bedeutet mehr! — Mein Ganymed!

Oliver. Seht, er kommt wieder zu sich.

Rosalinde. Ich wollt', ich wär zu Haus.

Celia.   Wir führen dich dahin.
Ich bitt' Euch, wollt Ihr unterm Arm ihn fassen?

Oliver. Faßt nur Mut, junger Mensch! — Ihr ein Mann?
— Euch fehlt ein männlich Herz.

Rosalinde. Das thut es, ich gesteh's. Ach, Herr, jemand könnte
denken, das hieße sich recht verstellen. Ich bitte Euch, sagt Eurem
Bruder, wie gut ich mich verstellt habe. — Ah! ha!

Oliver. Das war keine Verstellung: Eure Farbe legt ein zu
starkes Zeugnis ab, daß es eine ernstliche Gemütsbewegung war.

Rosalinde. Verstellung, ich versichere Euch.

Oliver. Gut also, faßt ein Herz, und stellt Euch wie ein Mann.

Rosalinde. Das thu' ich, aber von Rechts wegen hätte ich ein
Weib werden sollen.

Celia. Kommt, Ihr seht immer blässer und blässer; ich bitte
Euch, nach Hause. — Lieber Herr, geht mit uns.

Oliver. Gern, denn ich muß ja meinem Bruder melden,
Wie weit Ihr ihn entschuldigt, Rosalinde.

Rosalinde. Ich will etwas ausdenken; aber ich bitte Euch,
rühmt ihm meine Verstellung. — Wollt Ihr gehen? *(Alle ab.)*

Fünfter Aufzug.

1. Scene.

Der Wald.

Probstein und Käthchen kommen.

Probstein. Wir werden die Zeit schon finden, Käthchen. Ge=
duld, liebes Käthchen!

Käthchen. Wahrhaftig, der Pfarrer war gut genug, was auch der alte Herr sagen mochte.

Probstein. Ein abscheulicher Ehrn Olivarius, Käthchen, ein entsetzlicher Textdreher. Aber, Käthchen, da ist ein junger Mensch hier im Walde, der Anspruch auf dich macht.

Käthchen. Ja, ich weiß, ver es ist: er hat in der Welt nichts an mich zu fordern. Da kommt der Mensch, den Ihr meint.

Wilhelm kommt.

Probstein. Es ist mir ein rechtes Labsal, so einen Tölpel zu sehen. Meiner Treu, wir, die mit Witz gesegnet sind, haben viel zu verantworten. Wir müssen necken, vir können's nicht lassen.

Wilhelm. Guten Abend, Käthchen.

Käthchen. Schönen guten Abend, Wilhelm.

Wilhelm. Und Euch, Herr, einen guten Abend.

Probstein. Guten Abend, lieber Freund. Bedeck den Kopf! bedeck den Kopf! Nnn, sei so gut, bedeck dich! Wie alt seid Ihr, Freund?

Wilhelm. Fünfundzwanzig, Herr.

Probstein. Ein reifes Alter. Ist dein Name Wilhelm?

Wilhelm. Wilhelm, Herr.

Probstein. Ein schöner Name. Bist hier im Walde geboren?

Wilhelm. Ja, Herr, Gott sei Dank.

Probstein. „Gott sei Dank," — eine gute Antwort. Bist reich?

Wilhelm. Nun, Herr, so, so.

Probstein. „So, so" ist gut, sehr gut, ganz ungemein gut, — nein, doch nicht, es ist nur so, so. Bist du weise?

Wilhelm. Ja, Herr, ich hab' einen hübschen Verstand.

Probstein. Ei, wohl gesprochen! Da fällt mir ein Sprichwort ein: „Der Narr hält sich für weise, aber der Weise weiß, daß er ein Narr ist." Wenn der heidnische Philosoph Verlangen trug, Wein=beeren zu essen, so öffnete er die Lippen, indem er sie in den Mund steckte; damit wollte er sagen, Weinbeeren wären zum Essen gemacht und Lippen zum Öffnen. Ihr liebt dieses Mädchen?

Wilhelm. Das thu' ich, Herr.

Probstein. Gebt mir Eure Hand. Bist du gelehrt?

Wilhelm. Nein, Herr.

Probstein. So lerne dieses von mir: Haben ist haben, denn es ist eine Figur in der Redekunst, daß Getränk, wenn es aus einem Becher in ein Glas geschüttet wird, eines leer macht, indem es das andere anfüllt; denn alle unsere Schriftsteller stimmen überein: ipse ist er; Ihr seid aber nicht ipse, denn ich bin er.

Wilhelm. Was für ein Er, Herr?

Probstein. Der Er, Herr, der dies Mädchen heiraten muß. Also, Ihr, Tölpel, meidet, — was in der Pöbelsprache heißt, verlaßt,

— den Umgang, — was auf bäurisch, die Gesellschaft, — dieser Frauensperson, — was im gemeinen Leben heißt, Mädchen; welches alles zusammen heißt: meidet den Umgang dieser Frauensperson, oder, Tölpel, du kommst um; oder, damit du es besser verstehst, du stirbst: nämlich ich töte dich, schaffe dich aus der Welt, bringe dich vom Leben zum Tode, von der Freiheit zur Knechtschaft. Ich will dich mit Gift bedienen, oder mit Bastonnaden, oder mit dem Stahl; ich will eine Partei gegen dich zusammenrotten, dich mit Politik über= wältigen, ich will dich auf hundertundfünfzig Arten umbringen: darum zittere und zieh ab.

Käthchen. Thu es, guter Wilhelm.

Wilhelm. Gott erhalt' Euch guter Dinge, Herr. (Ab.)

Corinnus kommt.

Corinnus. Unsere Herrschaft sucht Euch. Kommt! geschwind, geschwind!

Probstein. Lauf, Käthchen! Lauf, Käthchen! Ich komme nach, ich komme nach. (Alle ab.)

2. Scene.

Ebendaselbst.

Orlando und Oliver treten auf.

Orlando. Ist es möglich, daß Ihr auf so geringe Bekannt= schaft Neigung zu ihr gefaßt? Kaum saht Ihr sie, so liebtet Ihr; kaum liebtet Ihr, so warbt Ihr; kaum habt Ihr geworben, so sagt sie auch ja? Und Ihr beharrt darauf, sie zu besitzen?

Oliver. Macht Euch weder aus der Übereilung davon ein Be= denken, aus ihrer Armut, der geringen Bekanntschaft, meinem schnellen Werben, noch aus ihrem raschen Einwilligen: sondern sagt mit mir, ich liebe Aliena; sagt mit ihr, daß sie mich liebt; willigt mit beiden ein, daß wir einander besitzen mögen. Es soll zu Eurem Besten sein, denn meines Vaters Haus und alle Einkünfte des alten Herrn Roland will ich Euch abtreten und hier als Schäfer leben und sterben.

Rosalinde kommt.

Orlando. Ihr habt meine Einwilligung. Laßt Eure Hochzeit morgen sein, ich will den Herzog dazu einladen und sein ganzes frohes Gefolge. Geht und bereitet Aliena vor, denn seht Ihr, hier kommt meine Rosalinde.

Rosalinde. Gott behüt' Euch, Bruder.

Oliver. Und Euch, schöne Schwester.

Rosalinde. O mein lieber Orlando, wie bekümmert es mich, dich dein Herz in einer Binde tragen zu sehen.

Orlando. Meinen Arm.

Rosalinde. Ich dachte, dein Herz wäre von den Klauen eines Löwen verwundet worden.

Orlando. Verwundet ist es, aber von den Augen eines Fräu=
leins.

Rosalinde. Hat Euch Euer Bruder erzählt, wie ich mich stellte,
als fiel ich in Ohnmacht, da er mir Euer Tuch zeigte?

Orlando. Ja, und größere Wunder als das.

Rosalinde. O ich weiß, wo Ihr hinaus wollt. — Ja, es ist
wahr, niemals ging noch etwas so schnell zu, außer etwa ein Gefecht
zwischen Widdern, und Cäsars thrasonisches Geprahle: „Ich kam, sah
und siegte." Denn Euer Bruder und meine Schwester trafen sich
nicht so bald, so sahen sie: sahen nicht so bald, so liebten sie; liebten
nicht so bald, so seufzten sie; seufzten nicht so bald, so fragten sie
einander nach der Ursache; wußten nicht so bald die Ursache, so suchten
sie das Hilfsmittel; und vermittelst dieser Stufen haben sie eine Treppe
zum Ehestande gebaut, die sie unaufhaltsam hinaufsteigen, oder nuent=
haltsam vor dem Ehestande sein werden. Sie sind in der rechten
Liebeswut, sie wollen zusammen, man brächte sie nicht mit Keulen
auseinander.

Orlando. Sie sollen morgen verheiratet werden, und ich will
den Herzog zur Vermählung laden. Aber ach! welch bitteres Ding
ist es, Glückseligkeit nur durch anderer Augen zu erblicken. Um desto
mehr werde ich morgen auf dem Gipfel der Schwermut sein, je glück=
licher ich meinen Bruder schätzen werde, indem er hat, was er wünscht.

Rosalinde. Wie nun? morgen kann ich Euch nicht statt
Rosalindens dienen?

Orlando. Ich kann nicht länger von Gedanken leben.

Rosalinde. So will ich Euch denn nicht länger mit eitlem
Geschwätz ermüden. Wißt also von mir — denn jetzt rede ich nicht
ohne Bedeutung —, daß ich weiß, Ihr seid ein Edelmann von guten
Gaben. Ich sage dies nicht, damit Ihr eine gute Meinung von
meiner Wissenschaft fassen sollt, insofern ich sage: ich weiß, daß Ihr
es seid; noch strebe ich nach einer größeren Achtung, als die Euch
einigermaßen Glauben ablocken kann, zu Eurem eigenen Besten, nicht
zu meinem Ruhm. Glaubt denn, wenn's Euch beliebt, daß ich
wunderbare Dinge vermag: seit meinem dritten Jahr hatte ich Ver=
kehr mit einem Zauberer von der tiefsten Einsicht in seiner Kunst,
ohne doch verdammlich zu sein. Wenn Euch Rosalinde so sehr am
Herzen liegt, als Euer Benehmen laut bezeugt, so sollt Ihr sie hei=
raten, wann Euer Bruder Aliena heiratet. Ich weiß, in welche be=
drängte Lage sie gebracht ist, und es ist mir nicht unmöglich, wenn
Ihr nichts dagegen habt, sie Euch morgen vor die Augen zu stellen,
leibhaftig und ohne Gefährde.

Orlando. Sprichst du in nüchternem Ernst?

Rosalinde. Das thu' ich bei meinem Leben, das ich sehr wert
halte, sage ich gleich, daß ich Zauberei verstehe. Also werft Euch in

Euren besten Staat, ladet Eure Freunde; denn wollt Ihr morgen
verheiratet sein, so sollt Ihr's, und mit Rosalinden, wenn Ihr wollt.

Silvius und Phöbe treten auf.

Seht, da kommen Verliebte, die eine in mich und der andere in sie.

Phöbe. Es war von Euch sehr unhold, junger Mann,
Den Brief zu zeigen, den ich an Euch schrieb.

Rosalinde. Ich frage nichts danach, es ist mein Streben,
Verachtungsvoll und unhold Euch zu scheinen.
Es geht Euch da ein treuer Schäfer nach:
Ihn blickt nur an, ihn liebt, er huldigt Euch.

Phöbe. Sag, guter Schäfer, diesem jungen Mann,
Was lieben heißt.

Silvius. Es heißt, aus Seufzern ganz bestehn und Thränen,
Wie ich für Phöbe.

Phöbe. Und ich für Ganymed.

Orlando. Und ich für Rosalinde.

Rosalinde. Und ich für keine Frau.

Silvius. Es heißt aus Treue ganz bestehn und Eifer,
Wie ich für Phöbe.

Phöbe. Und ich für Ganymed.

Orlando. Und ich für Rosalinde.

Rosalinde. Und ich für keine Frau.

Silvius. Es heißt, aus nichts bestehn als Phantasie,
Aus nichts als Leidenschaft, aus nichts als Wünschen,
Ganz Anbetung, Ergebung und Gehorsam,
Ganz Demut, ganz Geduld und Ungeduld,
Ganz Reinheit, ganz Bewährung, ganz Gehorsam.
Und so bin ich für Phöbe.

Phöbe. Und so bin ich für Ganymed.

Orlando. Und so bin ich für Rosalinde.

Rosalinde. Und so bin ich für keine Frau.

Phöbe (zu Rosalinden). Wenn dem so ist, was schmäht Ihr meine Liebe?

Silvius (zu Phöbe). Wenn dem so ist, was schmäht Ihr meine Liebe?

Orlando. Wenn dem so ist, was schmäht Ihr meine Liebe?

Rosalinde. Wem sagt Ihr das: „was schmäht Ihr meine Liebe?"

Orlando. Der, die nicht hier ist und die mich nicht hört.

Rosalinde. Ich bitte Euch, nichts mehr davon: es ist, als wenn
die Wölfe gegen den Mond heulen. — (Zu Silvius.) Ich will Euch
helfen, wenn ich kann. — (Zu Phöbe.) Ich wollte Euch lieben, wenn
ich könnte. — Morgen kommen wir alle zusammen. — (Zu Phöbe.)
Ich will Euch heiraten, wenn ich je ein Weib heirate, und ich heirate
morgen. — (Zu Orlando.) Ich will Euch Genüge leisten, wenn ich
je irgend wem Genüge leistete, und Ihr sollt morgen verheiratet
werden. — (Zu Silvius.) Ich will Euch zufrieden stellen, wenn das,

was Euch gefällt, Euch zufrieden stellt, und Ihr sollt morgen heiraten. — (Zu Orlando.) So wahr Ihr Rosalinde liebt, stellt Euch ein, — (zu Silvio) so wahr Ihr Phöbe liebt, stellt Euch ein, — und so wahr ich kein Weib liebe, werde ich mich einstellen. Damit gehabt euch wohl, ich habe euch meine Befehle zurückgelassen.

Silvius. Ich bleibe nicht aus, wenn ich das Leben behalte.

Phöbe. Ich auch nicht.

Orlando. Ich auch nicht. (Alle ab.)

3. Scene.

Ebendaselbst.

Probstein und Käthchen kommen.

Probstein. Morgen ist der frohe Tag, Käthchen; morgen heiraten wir uns.

Käthchen. Mich verlangt von ganzem Herzen danach, und ich hoffe, es ist kein unehrbares Verlangen, wenn mich verlangt, eine Frau wie andere auch zu werden. Hier kommen zwei von des verbannten Herzogs Pagen.

Zwei Pagen kommen.

Erster Page. Schön getroffen, wackerer Herr!

Probstein. Wahrhaftig, schön getroffen! Kommt, setzt euch, setzt euch, und ein Lied.

Zweiter Page. Damit wollen wir aufwarten: setzt euch zwischen uns.

Erster Page. Sollen wir frisch dran, ohne uns zu räuspern, oder auszuspeien, oder zu sagen, daß wir heiser sind, womit man immer einer schlechten Stimme die Vorrede hält. Gut! gut! und beide aus einem Tone, wie zwei Zigeuner auf einem Pferde.

Lied.

Ein Liebster und sein Mädel schön,
    Mit heisa und ha und juchheisa trala!
Die thäten durch das Kornfeld gehn,
    Zur Maienzeit, der lustigen Paarezeit;
Wann Vögel singen, tirlirelirei:
Süß Liebe liebt der Mai.

Und zwischen Halmen auf dem Rain,
    Mit heisa und ha und juchheisa trala!
Legt sich das hübsche Paar hinein,
    Zur Maienzeit, der lustigen Paarezeit.
Wann Vögel singen, tirlirelirei:
Süß Liebe liebt den Mai.

Sie sangen diese Melodei,
   Mit heisa und ha und juchheisa trala,
Wie's Leben nur 'ne Blume sei,
   Zur Maienzeit, zur lustigen Paarezeit,
Wann Vögel singen, tirlirelirei:
Süß Liebe liebt den Mai.

So nutzt die gegenwärt'ge Zeit,
   Mit heisa und ha und juchheisa trala!
Denn Liebe lacht im Jugendkleid,
   Zur Maienzeit, der lustigen Paarezeit,
Wann Vögel singen, tirlirelirei:
Süß Liebe liebt den Mai.

Probstein. Wahrhaftig, meine jungen Herren, obschon das Lied nicht viel sagen wollte, so war die Weise doch sehr unmelodisch.

Erster Page. Ihr irrt Euch, Herr, wir hielten das Tempo, wir haben die Zeit genau in acht genommen.

Probstein. Ja, meiner Treu! ich könnte die Zeit auch besser in acht nehmen, als solch ein albernes Lied anzuhören. Gott befohlen! und er verleihe euch bessere Stimmen. — Komm, Käthchen! (Alle ab.)

4. Scene.

Ein anderer Teil des Waldes.

Der Herzog, Amiens, Jaques, Orlando, Oliver und Celia treten auf.

Herzog. Und glaubst du denn, Orlando, daß der Knabe
   Dies alles kann, was er versprochen hat?

Orlando. Zuweilen glaub' ich's, und zuweilen nicht,
   So wie, wer fürchtet, hofft, und weiß, er fürchte.
      Rosalinde, Silvius und Phöbe treten auf.

Rosalinde. Habt noch Geduld, indes wir den Vertrag
   Aufs neu bestät'gen. Herzog, Ihr erklärt,
   Daß, wenn ich Eure Rosalinde stelle,
   Ihr dem Orlando hier sie geben wollt?

Herzog. Ja, hätt' ich Königreich' ihr mitzugeben.

Rosalinde (zu Orlando). Ihr sagt, Ihr wollt sie, wenn ich sie Euch bringe?

Orlando. Ja, wär ich aller Königreiche König.

Rosalinde (zu Phöbe). Ihr sagt, Ihr wollt mich nehmen, wenn ich will?

Phöbe. Das will ich, stürb' ich gleich die Stunde drauf.

Rosalinde. Wenn Ihr Euch aber weigert, mich zu nehmen,
   Wollt Ihr Euch diesem treuen Schäfer geben?

Phöbe. So ist der Handel.

Rosalinde (zu Silvius). Ihr sagt, wenn Phöbe will, wollt Ihr sie haben?

Silvius. Ja, wär sie haben und der Tod auch eins.

Rosalinde. Und ich versprach, dies alles auszugleichen.
O Herzog, haltet Wort, gebt Eure Tochter;
Orlando, haltet Eures, sie zu nehmen;
Ihr, Phöbe, haltet Wort, heiratet mich,
Wenn Ihr mich ausschlagt, ehlicht diesen Schäfer;
Ihr, Silvius, haltet Wort, heiratet sie,
Wenn sie mich ausschlägt: und von dannen geh' ich,
Zu schlichten diesen Wirrwarr. (Rosalinde und Celia ab.)

Herzog. An diesem Schäferknaben fallen mir
Lebend'ge Züge meiner Tochter auf.

Orlando. Mein Fürst, das erste Mal, daß ich ihn sah,
Schien mir's, er sei ein Bruder Eurer Tochter.
Doch, lieber Herr, der Knab' ist waldgeboren,
Und wurde unterwiesen in den Gründen
Verrufner Wissenschaft von seinem Oheim,
Den er als einen großen Zaubrer schildert,
Vergraben im Bezirke dieses Walds.

Probstein und Käthchen kommen.

Jaques. Sicherlich ist eine neue Sündflut im Anzuge und diese Paare begeben sich in die Arche. Da kommt ein Paar seltsamer Tiere, die man in allen Sprachen Narren nennt.

Probstein. Gruß und Empfehlung euch allen!

Jaques. Werter Fürst, heißt ihn willkommen: das ist der scheckig gesinnte Herr, den ich so oft im Walde antraf. Er schwört, er sei ein Hofmann gewesen.

Probstein. Wenn irgend jemand das bezweifelt, so laßt ihn mich auf die Probe stellen. Ich habe meine Menuetts getanzt, ich habe den Damen geschmeichelt, ich bin politisch gegen meinen Freund gewesen und geschmeidig gegen meinen Feind, ich habe drei Schneider zu Grunde gerichtet, ich habe vier Händel gehabt und hätte bald einen ausgefochten.

Jaques. Und wie wurde der ausgemacht?

Probstein. Nun, wir kamen zusammen und fanden, der Handel stehe auf dem siebenten Punkt.

Jaques. Wie, siebenter Punkt? — Lobt mir den Burschen, mein gnädiger Herr.

Herzog. Er gefällt mir sehr.

Probstein. Gott behüt' Euch, Herr! ich wünsche das nämliche von Euch. Ich dränge mich hier unter die übrigen ländlichen Paare, zu schwören und zu verschwören, je nachdem der Ehestand bindet und Fleisch und Blut bricht. Eine arme Jungfer, Herr, ein übel aussehend Ding, Herr, aber mein eigen: eine demütige Laune von mir, Herr, zu nehmen, was sonst niemand will. Reiche Ehrbarkeit, Herr, wohnt wie ein Geizhals in einem armen Hause, wie eine Perle in einer garstigen Auster.

Herzog. Meiner Treu, er ist sehr behende und spruchreich.

Jaques. Aber der siebente Punkt! Wie fandet Ihr den Handel auf dem siebenten Punkt?

Probstein. Wegen einer Lüge im siebenten Grade. — Halt dich gerade, Käthchen. — Nämlich so, Herr. Ich konnte den Schnitt von eines gewissen Hofmanns Bart nicht leiden; er ließ mir melden, wenn ich sagte, sein Bart wäre nicht gut gestutzt, so wäre er anderer Meinung: das nennt man den höflichen Bescheid. Wenn ich ihm wieder sagen ließ, er wäre nicht gut gestutzt, so ließ er mir sagen, er stutzte ihn für seinen eigenen Geschmack: das nennt man den feinen Stich. Sagte ich noch einmal, er wäre nicht gut gestutzt, so erklärte er mich unfähig zu urteilen: das nennt man die grobe Erwiderung. Nochmals, er wäre nicht gut gestutzt, so antwortete er, ich spräche nicht wahr; das nennt man die beherzte Abfertigung. Nochmals, er wäre nicht gut gestutzt, so sagte er, ich löge: das nennt man den trotzigen Widerspruch, und so bis zur bedingten Lüge und zur offenbaren Lüge.

Jaques. Und wie oft sagtet Ihr, sein Bart wäre nicht gut gestutzt?

Probstein. Ich wagte nicht weiter zu gehen als bis zur bedingten Lüge, noch er, mir die offenbare Lüge zuzuschieben, und so maßen wir unsere Degen und schieden.

Jaques. Könnt Ihr nun nach der Reihe die Grade nennen?

Probstein. O Herr, wir streiten wie gedruckt, nach dem Buch, so wie man Sittenbüchlein hat. Ich will Euch die Grade aufzählen. Der erste der höfliche Bescheid; der zweite der feine Stich; der dritte die grobe Erwiderung; der vierte die beherzte Abfertigung; der fünfte der trotzige Widerspruch; der sechste die Lüge unter Bedingung; der siebente die offenbare Lüge. Aus allen diesen könnt Ihr Euch herausziehen, außer der offenbaren Lüge, und aus der sogar, mit einem bloßen Wenn. Ich habe erlebt, daß sieben Richter einen Streit nicht ausgleichen konnten, aber wie die Parteien zusammenkamen, fiel dem einen nur ein Wenn ein; zum Beispiel: „wenn Ihr so sagt, so sage ich so,“ und sie schüttelten sich die Hände und machten Brüderschaft. Das Wenn ist der wahre Friedensstifter; ungemeine Kraft in dem Wenn.

Jaques. Ist das nicht ein seltener Bursch, mein Fürst? Er versteht sich auf alles so gut und ist doch ein Narr.

Herzog. Er braucht seine Thorheit wie ein Stellpferd, um seinen Witz dahinter abzuschießen.

H y m e n, mit R o s a l i n d e in Frauenkleidern an der Hand, und C e l i a treten auf. Feierliche Musik.

Hymen. Der ganze Himmel freut sich,
Wenn ird'scher Dinge Streit sich
In Frieden endet.

Nimm deine Tochter, Vater,
Die Hymen, ihr Berater,
    Vom Himmel sendet;
Daß du sie gebst in dessen Hand,
Dem Herz in Herz sie schon verband.

Rosalinde (zum Herzoge). Euch übergeb' ich mich, denn ich bin Euer.
  (Zu Orlando.) Euch übergeb' ich mich, denn ich bin Euer.

Herzog. Trügt nicht der Schein, so seid Ihr meine Tochter.

Orlando. Trügt nicht der Schein, so seid Ihr meine Rosalinde.

Phöbe.   Ist's Wahrheit, was ich seh',
        Dann — meine Lieb', ade!

Rosalinde. Ich will zum Vater niemand, außer Euch.
  (Zu Orlando.) Ich will zum Gatten niemand, außer Euch.
  (Zu Phöbe.) Ich nehme nie ein Weib mir, außer Euch.

Hymen.   Still! die Verwirrung end' ich,
        Die Wunderdinge wend' ich
            Zum Schluß, der schön sich fügt.
        Acht müssen Hand in Hand
        Hier knüpfen Hymens Band,
            Wenn nicht die Wahrheit lügt.

  (Zu Orlando und Rosalinde.) Euch und Euch trennt nie ein Leiden;
  (Zu Oliver und Celia.) Euch und Euch kann Tod nur scheiden;
  (Zu Phöbe.) Ihr müßt seine Lieb' erkennen,
        Od'r ein Weib Gemahl benennen;
  (Zu Probstein und Käthchen.) Ihr und Ihr seid Euch gewiß,
        Wie der Nacht die Finsternis.
        Weil wir Hochzeitchöre singen,
        Fragt euch satt nach diesen Dingen:
        Daß euer Staunen sei verständigt,
        Wie wir uns trafen, und dies endigt.

            Lied.

Ehstand ist der Juno Krone:
    O sel'ger Bund von Tisch und Beit!
Hymen bevölkert jede Zone,
    Drum sei die Eh' verherrlichet.
Preis, hoher Preis und Ruhm zum Lohne
Hymen, dem Gotte jeder Zone!

Herzog. O liebe Nichte, seī mir sehr willkommen!
  Als Tochter, nichts Geringres, aufgenommen.

Phöbe. Ich breche nicht mein Wort: du bist nun mein;
    Mich nötigt deine Treue zum Verein.
            Jaques de Boys tritt auf.

Jaques de Boys. Verleiht für ein paar Worte mir Gehör:

Ich bin der zweite Sohn des alten Roland,
Der Zeitung diesem schönen Kreise bringt.
Wie Herzog Friedrich hörte, täglich strömten
Zu diesem Walde Männer von Gewicht,
Warb er ein mächtig Heer: sie brachen auf,
Von ihm geführt, in Absicht, seinen Bruder
Zu fangen hier und mit dem Schwert zu tilgen.
Und zu dem Saume dieser Wildnis kam er,
Wo ihm ein alter heil'ger Mann begegnet,
Der ihn nach einigem Gespräch bekehrt
Von seiner Unternehmung und der Welt.
Die Herrschaft läßt er dem vertriebnen Bruder,
Und die mit ihm Verbannten stellt er her
In alle ihre Güter. Daß dies Wahrheit,
Verbürg' ich mit dem Leben.

Herzog.   Willkommen, junger Mann!
Du steuerst kostbar zu der Brüder Hochzeit:
Dem einen vorenthaltne Länderei'n.
Ein ganzes Land, ein Herzogtum, dem andern.
Zuerst laßt uns in diesem Wald vollenden,
Was hier begonnen ward und wohl erzeugt;
Und dann soll jeder dieser frohen Zahl,
Die mit uns herbe Tag' und Nächt' erduldet,
Die Wohlthat unsers neuen Glückes teilen,
Wie seines Ranges Maß es mit sich bringt.
Doch jetzt vergeßt die neue Herrlichkeit,
Bei dieser ländlich frohen Lustbarkeit.
Spielt auf, Musik! — Ihr Bräutigam' und Bräute,
Schwingt euch zum Tanz im Überschwang der Freude.

Jaques. Herr, mit Erlaubnis: — hab' ich recht gehört,
So tritt der Herzog in ein geistlich Leben,
Und läßt die Pracht des Hofes hinter sich?

Jaques de Boys. Das thut er.

Jaques. So will ich zu ihm: diese Neubekehrten,
Sie geben viel zu hören und zu lernen.
(Zum Herzoge.) Euch, Herr, vermach' ich Eurer vor'gen Würde;
Durch Tugend und Geduld verdient Ihr sie;
(Zu Orlando.) Euch einer Liebsten, Eurer Treue wert;
(Zu Oliver). Euch Eurem Erb', und Braut, und mächt'gen Freunden;
(Zu Silvius). Euch einem lang' und wohlverdienten Ehbett;
(Zu Probstein). Und Euch dem Zank; denn bei der Liebesreise
Hast du dich auf zwei Monat nur versehn
Mit Lebensmitteln. — Sei denn guter Dinge;
Ich bin für andre als für Tänzersprünge.

Herzog. Bleib, Jaques, bleib!

Jaques. Zu keiner Lustbarkeit, — habt Ihr Befehle,
So schickt sie mir in die verlaßne Höhle. (Ab.)

Herzog. Wohlan! wohlan! begeht den Feiertag.
Beginnt mit Lust, was glücklich enden mag. (Ein Tanz.)

Epilog.

Es ist nicht die Sitte, eine Heldin als Epilog zu sehen; aber es ist nicht unpassender, als einen Helden als Prolog zu sehen. Wenn es wahr ist, daß guter Wein keines Lobes bedarf, so ist es auch wahr, daß ein gutes Stück keines Epiloges bedarf; und dennoch lobt man gern guten Wein, und ein gutes Stück gewinnt durch einen guten Epilog. In velcher Lage bin ich nun, die ich weder ein guter Epilog bin, noch für ein gutes Stück auf eure Gunst rechnen darf? Ich komme nicht in der Tracht einer Bettlerin: darum würde es mir übel anstehen zu betteln. Ich muß mich aufs Beschwören legen, und ich vill mit den Frauen anfangen. Ich beschwöre euch, ihr Frauen, bei der Liebe, die ihr zu Männern hegt, diesem Stücke eure Gunst zu schenken, soweit es euch gefällt. Und ich beschwöre euch, ihr Männer, bei der Liebe, die ihr zu Frauen hegt — und an eurem Stutzerlächeln sehe ich, daß keiner von euch sie haßt, — daß ihr mit den Frauen dazu helft, daß das Stück gefällt. Wäre ich ein Mädchen, so würde ich alle diejenigen unter euch küssen, deren Bärte mir gefielen, deren Gesichter mir zusagten und deren Atem mir nicht zuwider wäre; und ich bin überzeugt, alle diejenigen unter euch, die einen hübschen Bart, oder ein hübsches Gesicht, oder einen wohlriechenden Atem haben, werden mir, zum Dank für mein freundliches Anerbieten, bei meiner Abschiedsverbeugung lebewohl znrufen.

Druck von Heike & Becker in Leipzig.

Shakespeares

sämtliche

dramatische Werke.

Übersetzt von
Schlegel und Tieck.

Mit einer biographischen Einleitung von **Rob. Prölß.**

Siebenter Band.

Leipzig.
Gustav Fock Verlag.

Der Widerspenstigen Zähmung.

Übersetzt von

Ludwig Tieck.

———

Personen.

Ein Lord.
Christoph Schlau, ein betrunkener Kesselflicker.
Wirtin, Page, Schauspieler, Jäger und andere Bediente des Lords.
Baptista, ein reicher Edelmann in Padua.
Vincentio, ein alter Edelmann aus Pisa.
Lucentio, Vincentios Sohn, Liebhaber der Bianka.
Petruchio, ein Edelmann aus Verona, Katharinens Freier.
Gremio, } Biankas Freier.
Hortensio,
Tranio, } Lucentios Diener.
Biondello,
Grumio, } Petruchios Diener.
Curtis,
Ein Pedant, der den Vincentio vorstellen soll.
Katharina, die Widerspenstige, } Baptistas Töchter.
Bianka, ihre Schwester,
Eine Witwe.
Schneider, Putzhändler und Bediente des Baptista und des Petruchio.
(Die Handlung ist abwechselnd in Padua und in dem Landhause des Petruchio.)

———

Einleitung.

Vor einer Schenke auf der Heide.

Schlau und die Wirtin treten auf.

Schlau. Ich vill Euch zwiebeln, mein Seel!

Wirtin. Fußschellen für dich, du Lump!

Schlau. Du Weibsstück! die Schlaus sind keine Lumpen! Sieh in den Chroniken nach, wir kamen mit Richard dem Eroberer herüber! also paucas palabris: laßt der Welt ihr Recht; Sessa!

Wirtin. Ihr wollt mir die Gläser nicht bezahlen, die Ihr zerbrochen habt?

Schlau. Nein, keinen Heller. Geh, geh! sagt Jeronimo, geh in dein kaltes Bett und värme dich.

Wirtin. Ich weiß schon, was ich zu thun habe: ich muß gehen und den Viertelsmeister holen! — (Ab.)

Schlau. Den Viertels=, Fünftels=, Sechstels= oder Achtelsmeister; ich werde ihm nach dem Gesetz antworten. Ich weiche keinen Zollbreit, Junge; laßt ihn kommen und in der Güte.

(Schläft ein.)

Ein Lord, der mit seinem Gefolge von der Jagd zurückkehrt, tritt auf.

Lord. Jäger, ich sag' dir's, pfleg die Meute gut. —
Halt Lustig kurz; der Schaum steht ihm vorm Munde,
Und kupple Greif mit der tiefstimm'gen Bracke.
Sahst du nicht, Bursch, wie brav der Silber aufnahm
Am Rand des Zauns, so kalt die Fährte war?
Den Hund möcht' ich für zwanzig Pfund nicht missen.

Erster Jäger. Nun, Baumann ist so gut wie der, Mylord:
Er ließ nicht ab, verlor er gleich die Spur,
Und zweimal saub er heut die schwächste Witterung: —
Glaubt mir's, das ist der allerbeste Hund.

Lord. Du bist ein Narr; wär' Echo nur so flink,
Ich schätzt' ihn höher als ein Dutzend solcher.
Nun füttre diese gut, und sieh nach allen;
Ich reite morgen wieder auf die Jagd.

Erster Jäger. Ganz wohl, Mylord.

Lord. Was giebt's da?
Ein Toter oder Trunkner? atmet er?

Zweiter Jäger. Er atmet, gnäd'ger Herr; ihn wärmt sein Bier,
Sonst wär's ein kaltes Bett, so fest zu schlafen.

Lord. O scheußlich Tier! Da liegt er wie ein Schwein! —
Graunvoller Tod, vie ekel ist dein Abbild!
Mit diesem Trunkenbold fang' ich was an.

Was meint ihr, wenn man in ein Bett ihn legte,
In seinem Linnen, Ring' an seinen Fingern,
Ein recht erlesnes Mahl an seinem Lager,
Stattliche Diener um ihn beim Erwachen: —
Würde der Bettler nicht sein selbst vergessen?

Erster Jäger.
Mein Treu, Mylord, das, glaub' ich, kann nicht fehlen.

Zweiter Jäger. Es wird ihn seltsam dünken, wenn er aufwacht.

Lord. Ganz wie ein schmeichlerischer Traum, ein Blendwerk!
Drum hebt ihn auf, verfolgt den Scherz geschickt.
Tragt ihn behutsam in mein schönstes Zimmer,
Und hängt umher die lüsternen Gemälde;
Wärmt seinen strupp'gen Kopf mit duft'gem Wasser,
Mit Lorbeerholz durchwürzt des Saales Luft,
Haltet Musik bereit, sowie er wacht,
Daß Himmelston ihm Wonn' entgegenklinge.
Und spricht er etwa, eilt sogleich herzn,
Und mit demüt'ger, tiefer Reverenz
Fragt: Was besiehlt doch Eure Herrlichkeit?
Das Silberbecken reich' ihm einer dar
Voll Rosenwasser und bestreut mit Blumen.
Die Gießkann' trage dieser, Handtuch jener;
Sagt: Will Eu'r Gnaden sich die Hände kühlen?
Ein andrer steh' mit reichem Kleide da
Und frag' ihn, welch ein Anzug ihm beliebt?
Noch einer sprech' ihm vor von Pferd und Hunden,
Und wie sein Unfall sein Gemahl bekümmre.
Macht ihm begreiflich, er sei längst verrückt,
Und sagt er euch, er sei . . . so sprecht, er träume,
Er sei nichts anders als ein mächt'ger Lord. —
Dies thut und macht's geschickt, ihr lieben Leute;
Es wird ein schön ausbünd'ger Zeitvertreib,
Wenn wir erlaubtes Maß nicht überschreiten.

Erster Jäger. Mylord, vertraut, wir spielen unsre Rolle;
Und unserm Eifer nach soll er es glauben,
Daß er nichts anders ist, als wir ihn nennen.

Lord. Hebt ihn behutsam auf, bringt ihn zu Bett,
Und jeder an sein Amt, wenn er erwacht.

(Einige tragen Schlau fort. Trompeten.)

Geh, Bursch, und sieh, wen die Trompete meldet:
Vielleicht ein großer Herr, der auf der Reise
Sich diesen Ort ersehn, um hier zu rasten.
Sag an, wer ist's?

Diener.   Mit Euer Gnaden Gunst,
Schauspieler sind's, die ihre Dienste bieten.
Lord. Führ sie herein. Ihr seid willkommen, Leute.

Schauspieler treten auf.

Erster Schauspieler. Wir danken Euer Gnaden.
Lord. Gedenkt ihr diesen Abend hier zu bleiben?
Zweiter Schauspieler. Wenn Euer Gnaden unsern Dienst genehmigt.
Lord. Von Herzen gern. Den Burschen kenn' ich noch,
Er spielte eines Pachters ältsten Sohn;
Da, wo so hübsch du um das Mädchen warbst.
Ich weiß nicht deinen Namen, doch die Rolle
War passend und natürlich dargestellt.
Erster Schauspieler. War es nicht Soto, den Eu'r Gnaden meint?
Lord. Der war es auch; du spieltest ihn vortrefflich.
Nun, zur gelegnen Stunde kommt ihr eben,
So mehr, da ich 'nen Spaß mir vorgesetzt,
Wo ihr mit eurem Witz mir helfen könnt.
Ein Lord hier wird euch heute spielen sehn;
Allein ich fürcht', ihr kommt mir aus der Fassung:
Daß, fällt sein närrisch Wesen euch ins Auge
(Denn noch sah Mylord niemals ein Theater),
Ihr nicht ausbrecht in schallendes Gelächter,
Und so ihm Anstoß gebt; denn seid versichert,
Wenn ihr nur lächelt, kommt er außer sich.
Erster Schauspieler. Sorgt nicht, Mylord, wir halten uns im Zaum,
Und wär' er auch die lächerlichste Fratze.
Lord. Du geh mir, führ' sie in die Kellerei.
Da reiche jedem freundlichen Willkommen
Und spare nichts, was nur mein Haus vermag. *(Schauspieler ab.)*
— Du hol' Bartolomeo mir, den Pagen,
Und laß ihn kleiden ganz wie eine Dame;
Dann führ ihn in des Trunkenbolds Gemach
Und nenn ihn gnäd'ge Frau, dien' ihm mit Ehrfurcht.
Sag ihm von mir, wenn meine Gunst ihm lieb,
Mög' er mit seinem Anstand sich betragen,
So wie er edle Frauen irgend nur
Mit ihren Eh'herrn sich benehmen sah,
So unterthänig sei er diesem Säufer.
Mit sanfter Stimme, tief sich vor ihm neigend,
Sprech' er dann: Was befiehlt mein teurer Herr?
Worin Eu'r Weib getreu und unterwürfig
Euch Pflicht erweis' und ihre Lieb' erzeige? —
Hernach mit süßem Kuß und sanft umarmend,

Einleitung.

Das Haupt an seine Brust ihm angelehnt,
Soll er im Übermaß der Freude weinen,
Daß sein Gemahl ihm wieder hergestellt,
Der zweimal sieben Jahr sich selbst verkennend
Für einen schmutz'gen Bettler sich gehalten. —
Versteht der Knabe nicht die Frauenkunst,
Schnell diesem Regenschauer zu gebieten,
Wird eine Zwiebel ihm behilflich sein,
Die heimlich eingewickelt in ein Tuch
Die Augen sicher unter Wasser setzt. —
Besorge dies, so schleunig du's vermagst;
Ich will sogleich dir mehr noch anvertraun. (Diener ab.)
Ich weiß, der Knabe wird den seinen Anstand,
Gang, Stimm' und Wesen einer Dam' entwenden.
Ich freu' mich drauf, wenn er Gemahl ihn nennt,
Und wie mit Lachen alle werden kämpfen,
Wenn sie dem dummen Bauern huld'gen müssen.
Ich geh', noch mehr zu raten; mein Erscheinen
Mag ihre allzu lust'ge Laune dämpfen,
Die sonst vielleicht ein Übermaß erreichte.
            (Ab mit keinem Gefolge.)
Es treten auf Schlau mit mehreren Dienern. Einige tragen Kleider, Becken
        und Gießkanne, und anderes Gerät. Der Lord unter ihnen.

Schlau. Um Gottes willen, einen Krug Dünnbier.

Erster Diener. Befiehlt Eu'r Herrlichkeit 'nen Becher Sekt?

Zweiter Diener. Befiehlt Eu'r Gnaden eingemachte Früchte?

Dritter Diener. Welch einen Anzug wünscht Eu'r Gnaden heut?

Schlau. Ich bin Christoph Schlau, heißt mich nicht Herrlichkeit
noch Gnaden. Ich habe mein Lebtage keinen Sekt getrunken, und
wollt ihr mir Eingemachtes geben, so gebt mir eingemachtes Rind=
fleisch. Fragt mich nicht, welchen Anzug ich tragen will, denn ich
habe nicht mehr Wämser als Rücken, nicht mehr Strümpfe als Beine,
nicht mehr Schuhe als Füße, ja zuweilen mehr Füße als Schuhe,
oder solche Schuhe, wo mir die Zehen durchs Oberleder gucken.

Lord. Gott nehm' Eu'r Gnaden diesen müß'gen Wahn! —
O daß ein mächt'ger Lord, von solcher Abkunft,
So großem Reichtum, solcher hohen Würde
Sich von so bösem Geist beherrschen läßt!

Schlau. Was! wollt ihr mich verrückt machen? Bin ich denn
nicht Christoph Schlau, Sohn des alten Schlau von Burtonheide?
Durch Geburt ein Hausierer, durch Erziehung ein Hechelkrämer, durch
Verwandlung ein Bärenführer und nun nach meiner jetzigen Hau=
tierung ein Kesselflicker? Fragt nur Anne Hacket, die dicke Bier=
wirtin von Wincot, ob sie mich nicht kennt. Wenn sie sagt, daß sie

mich nicht mit vierzehn Pfennigen für Weißbier auf dem Kerbholz
angeſtrichen hat, ſo ſtreicht mich an als den verlogenſten Schelm in
der ganzen Chriſtenheit. Was! ich bin doch nicht verhext? — Hier
iſt . . .

Erſter Diener. O dies macht Eure edle Gattin weinen! —

Zweiter Diener. O dies macht Eure treuen Diener trauern! —

Lord. Ja, deshalb ſcheun das Haus die Anverwandten,
Als geißelt' Euer Wahnſinn ſie hinweg.
O edler Lord, gedenk der hohen Ahnen,
Den alten Sinn ruf aus dem Bann zurück,
Und banne dieſen blöden niedern Traum! —
Bereit ſieh dein Geſind', dir aufzuwarten;
Die Pflicht will jeder thun auf deinen Wink!
Willſt du Muſik? ſo horch, Apollo ſpielt,
Und zwanzig Nachtigall'n im Bauer ſingen; —
Sag', willſt du ſchlafen? Deiner harrt ein Lager,
Weicher und ſanfter als das üpp'ge Bett,
Das für Semiramis ward aufgeſchmückt. —
Willſt du luſtwandeln! Blumen ſtreun wir dir;
Willſt reiten? Deine Roſſe laſſ' ich zäumen,
Ihr Zeug ganz aufgeſchmückt mit Gold und Perlen; —
Liebſt du die Beize? Deine Falken ſchwingen
Sich höher als die Morgenlerche; Jagd?
Der Himmel dröhnt vom Bellen deiner Hunde
Und weckt der hohlen Erde grelles Echo.

Erſter Diener. Sprich, willſt du hetzen? ſchnell ſind deine Hunde,
Leicht wie der Hirſch und flücht'ger als das Reh.

Zweiter Diener. Liebſt du Gemälde? Sprich, wir bringen dir
Adonis ruhend an dem klaren Bach,
Und Cytherea ganz im Schilf verſteckt,
Das toſend ſich vor ihrem Atem regt,
Wie ſchwankes Schilfrohr, das im Winde nickt.

Lord. Wir zeigen Jo dir, da ſie noch Jungfrau,
Wie ſie betrogen ward und überraſcht;
Wie ſie geſchah, ſo lebt die That im Bild.

Dritter Diener. Und Daphne, flüchtend durch den dorn'gen Wald,
Zerritzt die Beine, daß man ſchwört, ſie blute,
Und bei dem Anblick traurig wein' Apollo:
So meiſterlich gemalt ſind Blut und Thränen.

Lord. Du biſt ein Lord, nichts andres als ein Lord,
Und ein Gemahl beſitzeſt du, weit ſchöner
Als irgend ein' in dieſer dürft'gen Zeit.

Erſter Diener. Und eh' die Thränen, die, für dich vergoſſen, ·

Voll Neid ihr lieblich Antlitz überströmt,
War sie das reizendste Geschöpf der Welt;
Und jetzt noch steht sie keiner andern nach.
Schlau. Bin ich ein Lord, und hab' ich solche Frau?
Träum' ich? sagt, oder träumte mir bis jetzt?
Ich schlafe nicht, ich seh', ich hör', ich spreche,
Ich rieche Duft, ich fühle weiches Lager.
Bei meiner Seel', ich bin ein Lord, wahrhaftig,
Kein Kesselflicker, noch Christopher Schlau.
Wohlan, so bringt mir meine Frau vor Augen,
Und nochmals einen Krug vom dünnsten Bier! —
Zweiter Diener. Will Eur' Erhabenheit die Hände waschen?
(Die Diener reichen ihm Becken, Kanne und Tuch.)
Wir sind beglückt, daß Ihr zurecht Euch fandet;
O daß Ihr endlich einseht, wer Ihr seid! —
Seit fünfzehn Jahren wart Ihr wie im Traum,
Und wachtet Ihr, so war's, als ob Ihr schlieft.
Schlau. Seit fünfzehn Jahren! Blitz, ein hübsches Schläfchen!
Sprach ich denn gar nichts in der ganzen Zeit? —
Erster Diener. O ja, Mylord, doch lauter unnütz Zeug.
Denn lagt Ihr gleich in diesem schönen Zimmer,
Doch sagtet Ihr, man werf' Euch aus der Thür.
Dann schaltet Ihr die Wirtin aus und drohtet
Sie beim Gerichtstag nächstens zu verklagen,
Weil sie Steinkrüge gab statt richt'gen Maßes;
Dann wieder rieft Ihr nach Cäcilie Hacket.
Schlau. Ja ja, der Wirtin Tochter in der Schenke.
Dritter Diener.
Ei, Herr, Ihr kennt solch Haus nicht und solch Mädchen,
Noch solche Leute, als Ihr hergezählt,
Auch all die Männer, die Ihr nanntet, nicht:
Als Stephan Schlau, Hans Knopf, den alten Dicken,
Und Peter Torf, und Heinrich Pimpernell,
Und zwanzig solcher Namen noch und Leute,
Die niemals lebten, und die niemand kennt.
Schlau. Nun, Gott sei Dank für unsre Besserung!
Alle. Amen!
Schlau. Ich danke dir, 's soll nicht dein Schade sein. —
Der Page kommt wie eine Dame gekleidet, mit Gefolge.
Page. Wie geht es meinem Herrn?
Schlau. Ei nun, recht wohl, hier giebt's genug zu essen.
Wo ist mein Weib?
Page. Hier, edler Herr; was wolltest du von ihr?

Schlau. Seid Ihr mein Weib und nennt mich nicht mein Mann?
Herr heiß' ich fürs Gesind', ich bin Eu'r Alter.
Page. Mein Gatte und mein Herr, mein Herr und Gatte,
Ich bin Eu'r Ehgemahl in schuld'ger Demut.
Schlau. Nun ja, ich weiß. Wie heißt sie denn?
Lord.   Madam.
Schlau. Was! Madam Else? oder Madam Hanne? —
Lord. Madam schlichtweg, so nennen Lords die Ladies.
Schlau. Nun, Madam Frau, man sagt, ich schlief und träumte
Schon an die fünfzehn Jahre wohl und länger.
Page. Ja, und die Zeit bedünkte mich wie dreißig,
Weil ich so lang getrennt von deinem Bett.
Schlau. 's ist viel! Leute, laßt mich und sie allein.
Madam, zieht Euch nur aus und kommt zu Bett.
Page. Dreimal erhabner Lord, ich muß Euch flehn,
Geduldet Euch nur wen'ge Nächte noch,
Wo nicht, nur bis die Sonne unterging;
Denn Eure Ärzte haben streng verordnet
(In Furcht, Eu'r altes Übel kehre wieder),
Daß ich mich noch von Eurem Bett entferne:
So steht die Sache, drum entschuldigt mich.

    Schlau. I nun ja, wenn's so steht, ist's aber doch schwer, so
lange zu warten. Aber es sollte mich freilich verdrießen, wenn ich
wieder in meine Träume verfiele, darum will ich warten, was auch
Fleisch und Blut dazu sagen mögen.

               Ein Diener kommt.

Diener. Eu'r Herrlichkeit Schauspieler sind bereit,
Weil Ihr gesund, ein lustig Stück zu spielen,
Denn also halten's Eure Ärzte dienlich,
Weil zuviel Trübsinn Euer Blut verdickt,
Und Traurigkeit des Wahnsinns Amme ist.
Deshalb schien's ihnen gut, Ihr säht dies Spiel,
Und lenktet Euern Sinn auf muntern Scherz:
Dadurch wird Leid verbannt, verlängt das Leben.

    Schlau. Zum Henker, das soll geschehen. Ist es nicht so eine
Komödität, eine Christmarktstanzerei, oder eine Luftspringergeschichte?

    Page. Nein, Herr, dies Zeug gefällt Euch wohl noch besser.

    Schlau. Was? Ist es Tischzeug?

Page.   's ist 'ne Art Historie.

    Schlau. Nun, wir wollen's ansehen. Komm, Madam Frau,
setz dich neben mich, und laß der Welt ihren Lauf; wir werden nie=
mals wieder jünger.

Erster Aufzug.

1. Scene.

Straße.

Lucentio und Tranio treten auf.

Lucentio. Tranio, du weißt, wie mich der heiße Wunsch,
Padua zu sehn, der Künste schöne Wiege,
In die fruchtbare Lombardei geführt,
Des herrlichen Italiens lust'gen Garten;
Und rüstig durch des Vaters Lieb' und Urlaub,
Von seinen Wünschen und von dir begleitet,
Höchst treuer Diener, wohl erprobt in allem,
Laß uns, hier angelangt, mit Glück beginnen
Die Bahn des Lernens und geistreichen Wissens.
Pisa, berühmt durch angesehne Bürger,
Gab mir das Dasein, und dort lebt mein Vater,
Ein Kaufmann, wohlbekannt der ganzen Welt,
Vincentio, vom Geschlecht der Bentivogli. —
Vincentios Sohn, in Florenz auferzogen,
Geziemt's, des Vaters Hoffnung zu erfüllen,
Des Reichtums Glanz durch edles Thun zu zieren.
So weih' ich, Tranio, des Studierens Zeit
Der Tugend und Philosophie allein;
Jener Philosophie, die uns belehrt,
Wie Glück durch Tugend nur erworben wird.
Wie denkst du drüber, sprich. Denn Pisa ließ ich
Und kam nach Padua, wie ein Mann verläßt
Den seichten Bach, sich in den Strom zu versen,
Um Sättigung zu trinken seinem Durst.
Tranio. Mi perdonate, lieber junger Herr:
Ich denk' in allem grade so wie Ihr,
Froh, daß Ihr fest bei Euerm Vorsatz bleibt,
Der süßen Weisheit Süßigkeit zu sangen.
Nur, guter Herr, indem wir so bewundern
Die Tugend und moral'sche Wissenschaft,
Laßt uns nicht Stoiker, nicht Stöcke werden.
Horcht nicht so fromm auf Aristot'les Schelten,
Daß Ihr Ovid als sündlich ganz verschwört;
Sprecht Logik mit den Freunden, die Ihr seht,
Und übt Rhetorik in dem Tischgespräch;
Treibt Dichtkunst und Musik, Euch zu erheitern;

Und Metaphysik und Mathematik,
Die tischt Euch auf, wenn Ihr Euch hungrig fühlt;
Was Ihr nicht thut mit Lust, gedeiht Euch nicht;
Kurz, Herr, studiert, was Ihr am meisten liebt.

Lucentio. Bedankt sei, Tranio, denn du rätst mir gut.
Wärst du, Biondello, nur erst angelangt,
Wir könnten bald hier eingerichtet sein
Und Wohnung mieten, groß genug für Freunde,
Die ich in Padua mir erwerben werde.
Doch warte noch: was kommen da für Leute?

Tranio. Ein Aufzug, von der Stadt uns zu begrüßen.

Baptista, Katharina, Bianka, Gremio und Hortensio treten auf.
Lucentio und Tranio gehen auf die Seite.

Baptista. Nein, werte Herren, drängt mich ferner nicht,
Denn was ich fest beschlossen, wißt ihr jetzt:
Das heißt, mein jüngres Kind nicht zu vermählen,
Eh' ich der ältsten einen Mann geschafft.
Liebt einer von euch beiden Katharinen
(Denn beide kenn' ich wohl und will euch wohl),
So steht's euch frei, nach Lust um sie zu frei'n.

Gremio. Befreit mich von dem Frei'n, sie ist zu rauh.
Da, nehmt, Hortensio! Braucht Ihr was von Frau? —

Katharina. Ich bitt' Euch, Vater, ist's Eu'r Wille so,
Mich auszuhökern allen diesen Kunden?

Hortensio. Kunden, mein Kind? dich sucht als Kundschaft keiner,
Du mußt erst neue, sanftre Form verkünden.

Katharina. Ei, laßt Euch drum nicht graue Haare wachsen.
Ihr seid noch meilenweit von ihrem Herzen;
Und hättet Ihr's, gewiß sie sorgte schon,
Den Schopf Euch mit dreibein'gem Stuhl zu bürsten,
Und schminkt' Euch das Gesicht wie den Hanswürsten.

Hortensio. Vor solchen Teufeln, lieber Gott, bewahr' uns.

Gremio. Mich auch, du lieber Gott!

Tranio. Seht, junger Herr, was hier sich für ein Spaß weist!
Die Dirn' ist toll, wo nicht, gewaltig naß'weis.

Lucentio. Doch sieh, wie in der andern sanftem Schweigen
Sich jungfräuliche Mild' und Demut zeigen.
Still, Tranio!

Tranio. Gut, junger Herr! Mum! gafft Euch nur recht satt!

Baptista. Ihr, meine Herrn, damit ich gleich erfülle,
Was ich gesagt, — geh, Bianka, nun hinein!
Und laß dich's nicht betrüben, gute Bianka,
Denn du bist mir deshalb nicht minder lieb.

Katharina. Ein zierlich Püppchen! lieber gar geheult,
Wüßtest du nur warum?
Bianka. Vergnüg' dich nur an meinem Mißvergnügen. —
Herr, Eurem Willen füg' ich mich in Demut.
Gesellschaft sei'n mir meine Laut' und Bücher,
Durch Lesen und Musik mich zu erheitern.
Lucentio. O Tranio, hörst du nicht Minerva sprechen?
Hortensio. Wollt Ihr so wunderlich verfahren, Herr? —
Es dauert mich, daß Bianka leiden muß
Durch unsre Liebe. —
Gremio. Was! Ihr sperrt sie ein,
Signor Baptist, um diesen höllischen Teufel?
Und straft der andern böse Zung' an ihr?
Baptista. Ihr Herrn, beruhigt euch, ich bin entschlossen.
Geh nur, mein Kind (Bianka geht),
Und weil ich weiß, sie hat am meisten Freude
An Poesie, Musik und Instrumenten,
Will ich Lehrmeister mir im Hause halten
Zur Bildung ihrer Jugend. Ihr, Hortensio,
Und Signor Gremio, wißt ihr irgend einen,
So schickt ihn zu mir, denn gelehrten Männern
Erzeig' ich Freundlichkeit und spare nichts,
Recht sorgsam meine Kinder zu erziehn.
Und so lebt wohl. Du, Katharina, bleibe;
Ich habe mehr mit Bianka noch zu reden. (Ab.)
Katharina. Meint Ihr? nun ich denk', ich geh wohl auch. Ei seht doch!
Was! Wollt Ihr mir die Zeit vorschreiben? Weiß ich denn
Nicht selber, was ich thun und lassen soll? Ha! — (Ab.)

Gremio. Geh du nur zu des Teufels Großmutter. — Deine
Talente sind so herrlich, daß keiner dich hier zu halten begehrt! —
Der beiden Liebe ist nicht so groß, Hortensio, daß wir ihretwegen
nicht immer stehen und auf unsere Nägel blasen und passen mögen;
unser Kuchen ist noch zäh auf beiden Seiten. Lebt wohl; aber aus
Liebe zu meiner holden Bianka will ich doch, wenn ich's irgendwo
vermag, einen geschickten Mann finden, der ihr Unterricht erteilen
kann in dem, was sie erfreut, und ihn zu ihrem Vater senden.

Hortensio. Das will ich auch, Signor Gremio. Aber noch
ein Wort, ich bitte Euch! — Obgleich unsere Mißhelligkeit bisher
keine Verabredung unter uns gestattet hat, so laßt uns jetzt nach
besserem Rat bedenken, daß uns beiden daran gelegen sei, — damit
wir wieder Zutritt zu unserer schönen Gebieterin erhalten, und glück=
liche Nebenbuhler in Biankas Liebe werden können, — vornehmlich
Eine Sache zu betreiben und zustande zu bringen.

Gremio. Welche wäre das, ich bitte Euch? —

Hortensio. Ei nun, ihrer Schwester einen Mann zu schaffen.

Gremio. Einen Mann! Einen Teufel!

Hortensio. Ich sage, einen Mann.

Gremio. Ich sage, einen Teufel. Meinst du denn, Hortensio, daß, obgleich ihr Vater sehr reich ist, jemand so sehr verrückt sein sollie, die Hölle heiraten zu wollen? —

Hortensio. Geht doch, Gremio! Wenn es gleich Eure und meine Geduld übersteigt, ihr lautes Toben zu ertragen, so giebt's doch gutgesinnte Leute, liebster Freund (wenn sie nur zu finden wären), die sie mit allen ihren Fehlern und dem Gelde obendrein wohl nehmen würden.

Gremio. Das mag sein; aber ich nähme ebenso gern ihre Aus= steuer mit der Bedingung, alle Morgen am Pranger gestäupt zu werden.

Hortensio. Ja, wie Ihr sagt; unter faulen Äpfeln giebt's nicht viel Wahl. Aber wohlan, da dieser Querstrich uns zu Freunden gemacht, so laßt uns auch so lange freundschaftlich zusammenhalten, bis wir Baptistas ältefte Tochter zu einem Mann verholfen und dadurch die jüngste für einen Mann freigemacht haben; und dann wieder frisch daran! — Liebste Bianka! Wer das Glück hat, führt die Braut heim, wer am schnellsten reitet, sticht den Ring. Was meint Ihr, Signor Gremio? —

Gremio. Ich bin's zufrieden, und ich wollte, ich hätte dem schon das beste Pferd in Padua geschenkt, um damit auf die Freite zu reiten, der sie tüchtig freien, nehmen und zähmen wollte, und das Haus von ihr befreien. Kommt, laßt uns gehen. *(Gremio und Hortensio ab.)*

Tranio. Ich bitt' Euch, sagt mir, Herr, ist es denn möglich? Kann so geschwind die Lieb' in Bande schlagen? —

Lucentio. O Tranio, bis ich's an mir selbst erfahren,
Hielt ich es nie für möglich, noch zu glauben.
Doch sieh, weil ich hier müßig stand und schaute,
Fand ich die Kraft der Lieb' im Müßiggang.
Und nun gesteh' ich's ehrlich offen dir, —
Der du verschwiegen mir und treu bist,
Wie Anna war der Königin Karthagos! —
Tranio! ich schmacht', ich brenn', ich sterbe, Tranio,
Wird nicht das sanfte Kind mir anvermählt.
Rate mir, Tranio! denn ich weiß, du kannst es,
Hilf mir, o Tranio! denn ich weiß, du willst es.

Tranio. Mein junger Herr, jetzt ist nicht Zeit zu schelten,
Verliebte Neigung schmält man nicht hinweg,
Hat Lieb' Euch unterjocht, so bleibt nur dies:
Redime te captum quam queas minimo.

Lucentio. Hab' Dank, mein Knab', ſprich weiter, dies vergnügt;
Troſt ſprichſt du mir, erſprießlich iſt dein Rat.

Tranio. Ihr wart im Anſchaun ſo verloren, Herr,
Und habt wohl kaum das Wichtigſte bemerkt? —

Lucentio. O ja! Ich ſah von holdem Liebreiz ſtrahlen
Ihr Antlitz, wie Agenors Tochter einſt,
Als Jupiter, gezähmt von ihrer Hand,
Mit ſeinen Knieen küßte Kretas Straud.

Tranio. Bemerktet Ihr nur das? Nicht, wie die Schweſter
Zu ſchmähn begann und ſolchen Sturm erregte,
Daß kaum ein menſchlich Ohr den Lärm ertrug? —

Lucentio. Ich ſah ſie öffnen die Korallenlippen,
Die Lnſt durchwürzte ihres Atems Hanch;
Lieblich und ſüß war alles, was ich ſah.

Tranio. Nun wird es Zeit, ihn aus dem Traum zu rütteln.
Erwacht doch, Herr! Wenn Ihr das Mädchen liebt,
So denkt ſie zu gewinnen. Alſo ſteht's: —
Die ält'ſte Schweſter iſt ſo bös und wild,
Daß, bis der Vater ſie hat losgeſchlagen,
Eu'r Liebchen unvermählt zu Hanſe bleibt.
Und darum hat er eng ſie eingeſperrt,
Damit kein Freier ſie beläſt'gen ſoll.

Lucentio. Ach, Tranio! Wie, ſo grauſam iſt der Vater! —
Doch, haſt du nicht gemerkt, wie er geſonnen,
Ihr hochverſtänd'ge Lehrer zuzuführen? —

Tranio. Das hört' ich, Herr, und fertig iſt mein Plan.

Lucentio. Tranio, nun hab' ich's! —

Tranio. Ich wette meinen Kopf! —
Daß unſre Liſt, o Herr, die Hand ſich beut.

Lucentio. Sag deine erſt.

Tranio. Ihr wollt Hauslehrer ſein
Und Euch zum Unterricht der Liebſten melden;
War es nicht ſo? —

Lucentio. So war's. Und geht es an? —

Tranio. Unmöglich geht's. Wer ſollte denn ſtatt Eurer
Vincentios Sohn vorſtellen hier in Padua?
Haushalten, Studien treiben, Freunde ſehn,
Die Landsmannſchaft beſuchen und traktieren? —

Lucentio. Baſta! Sei ſtill, mein Plan iſt ganz geſchloſſen.
Man hat in keinem Haus uns noch geſehn,
Und niemand unterſcheidet am Geſicht,
Wer Herr, wer Diener iſt; und daraus folgt,
Du ſollſt an meiner Statt als Herr gebieten,

Statt meiner Haus und Staat und Leute halten;
Ich will ein andrer sein, ein Reisender
Aus Florenz, aus Neapel oder Pisa.
Geschmiedet ist's. Gleich, Tranio, laß uns tauschen,
Nimm meinen Federhut und Mantel hier;
Sobald Biondello kommt, bedient er dich,
Doch erst bezaubr' ich ihn, daß er nicht schwatzt.

(Sie tauschen die Kleider.)

Tranio. Das müßt Ihr auch.
In Summa, Herr, da es Euch so gefällt,
Und meine Pflicht es ist, Euch zu gehorchen,
(Denn das gebot Eu'r Vater mir beim Abschied:
„Sei meinem Sohne stets zu Dienst," so sprach er,
— Wiewohl ich glaube, daß er's so nicht meinte),
Geb' ich Euch nach und will Lucentio sein,
Weil ich mit treuem Sinn Lucentio liebe.

Lucentio. So sei es, Tranio, weil Lucentio liebt.
Ich werd' ein Knecht, dies Mädchen zu gewinnen,
Die mein verwundet Aug' in Fesseln schlug.

Biondello kommt.

Hier kommt der Schlingel. Kerl, wo stecktest du? —

Biondello. Wo ich gesteckt? Nein, sagt, wo steckt Ihr selbst?
Stahl Tranio, mein Kamrad, die Kleider Euch? —
Ihr ihm die seinen? oder beide? sprecht doch! —

Lucentio. Hör, guter Freund, es ist nicht Zeit zu spaßen,
Drum stelle dich, so wie die Zeit es fordert.
Dein Kamrad hier, mein Leben mir zu retten,
Legt meinen Rock und äußern Anschein an,
Und ich zu meiner Rettung nahm die seinen.
Kaum angelangt, erschlug ich im Gezänk
Hier einen Mann und fürcht', ich bin erkannt.
Bedien' ihn, wie sich's ziemt, befehl' ich dir;
Zu meiner Rettung mach' ich schnell mich fort.
Verstehst du mich?

Biondello.   Ich, Herr? Auch nicht ein Jota.

Lucentio. Kein Wort von Tranio komm' aus deinem Mund;
Tranio in Zukunft heißt Lucentio.

Biondello. Ich wünsch' ihm Glück; ich möcht' es auch wohl so.

Tranio. Ich gönnt' es dir, träf' dann mein Wunsch nur ein,
Daß unser Herr Bianka möchte frein.
Doch, Bursch, nicht meinethalben, es gilt des Plans Vollführen;
Laß stets nun in Gesellschaft die Klugheit dich regieren.
Sind wir allein, nun wohl, da bin ich Tranio,
Doch wo uns Leute sehn, dein Herr Lucentio.

Lucentio. Tranio, nun komm,
Noch eins ist übrig, das mußt du vollbringen:
Sei auch ein Freier, dann ist alles richtig.
Frag nicht weshalb; mein Grund ist sehr gewichtig. (Alle ab.)

Erster Diener. Mylord, Ihr nickt, Ihr merkt nicht auf das Spiel?

Schlau. Ja doch, bei Sankt Annen, es ist eine hübsche Geschichte
Kommt noch mehr davon?

Page. Mylord, es fing erst an.

Schlau. Es ist ein schön Stück Arbeit, Madam Frau; —
Ich wollt', es wär' erst aus.

2. Scene.
Andere Straße.

Petruchio und Grumio treten auf.

Petruchio. Verona, lebe wohl auf kurze Zeit,
Die Freund' in Padua will ich sehn; vor allen
Den Freund, der mir der liebst' und nächste ist,
Hortensio; und dies, denk'·ich, ist sein Haus: —
Hier, Grumio, Bursche, klopfe, sag ich dir.

Grumio. Klopfen, Herr? Wen soll ich klopfen? Ist hier jemand,
der Euer Edeln exultiert hat? —

Petruchio. Schlingel, ich sage, klopf mir hier recht derb.

Grumio. Euch hier klopfen, Herr? Ach, wer bin ich, daß ich
Euch hier klopfen sollte? —

Petruchio. Schlingel, ich sage, klopf mir hier ans Thor,
Und hol gut aus, sonst schlag' ich dich aufs Ohr.

Grumio.
Mein Herr sucht, glaub' ich, Händel! gelt daß ich's nicht probiere;
Ich wüßt', wer am Ende am schlimmsten dabei führe.

Petruchio. Sag, machst du bald? Sieh, Kerl, wenn du nicht klopfst,
So schell' ich selbst; da, nimm aufs Maul die Schelle,
Und sing mir dein Sol Fa hier auf der Stelle.
(Zieht den Grumio an den Ohren.)

Grumio. Helft, Leute, helft, mein Herr ist toll geworden! —

Petruchio. Nun klopf ein andermal, wenn ich's dir sage! —
Hortensio kommt.

Hortensio. Was nun? Was giebt's? Mein alter Freund Grumio?
und mein lieber Freund Petruchio? was macht Ihr alle in Verona? —

Petruchio. Signor Hortensio, kommt Ihr zu schlichten diesen Strauß?
Con tutto il cuore bene trovato, ruf' ich aus.

Hortensio. Alla nostro casa ben venuto, molto onorato
Signor mio Petruchio.
Grumio, steh auf, wir müssen Frieden stiften.

Shakespeare's Werke. VII. Bd

Grumio. Ach! was er da auf lateinisch vorträgt, wird's nicht
in Ordnung bringen. — Wenn das kein rechtmäßiger Grund für
mich ist, seinen Dienst zu verlassen! — Hört Ihr, Herr, er sagt zu
mir, ich soll ihm klopfen; ich soll nur tüchtig ausholen, Herr; nun
seht selbst, kam es einem Diener zu, seinem Herrn so zu begegnen?
noch dazu, wenn er in fremden Zungen spricht? —
     Und that ich nur, was er besahl in Eil,
     Dann kam auf Grumio nicht der schlimmste Teil.
Petruchio. Ein unvernünftiger Bursch, seht nur, Hortensio,
     Ich hieß den Schurken klopfen an das Thor,
     Und kount' es nicht um alle Welt erlangen.
Grumio. Du lieber Himmel! Klopfen an das Thor!
     Spracht Ihr nicht deutlich: Bursche, klopf mich hier.
     Hol aus und klopf mich, klopf mich hier gehörig.
     Und kommt Ihr jetzt mit: Klopf mir an das Thor.
Petruchio. Kerl, pack dich oder schweig, das rat' ich dir.
Hortensio. Geduld, Petruchio, ich bin Grumios Anwalt.
     Das ist ein schlimmer Fall ja zwischen Euch
     Und Eurem alten, lust'gen, treuen Grumio! —
     Und sagt mir nun, mein Freund, welch günst'ger Wind
     Blies Euch nach Padua von Verona her? —
Petruchio. Der Wind, der durch die Welt die Jugend treibt,
     Sich Glück wo anders als daheim zu suchen,
     Wo uns Erfahrung spärlich reist. In kurzem,
     Signor Hortensio, steht es so mit mir:
     Antonio, mein Vater, ist gestorben;
     Nun treib' ich auf Geratewohl mich um,
     Vielleicht zu frein und zu gedeihn, wie's geht;
     Im Beutel hab' ich Gold, daheim die Güter,
     Und also reist' ich aus, die Welt zu sehn.
Hortensio. Petruchio, soll ich nun dir ohne Umschweif
     Zu einer zänt'schen bösen Frau verhelfen?
     Du würd'st mir wenig danken solchen Rat,
     Und doch versprech' ich dir's, reich soll sie sein,
     Und zwar sehr reich; indes, du bist mein Freund,
     Ich will sie dir nicht wünschen.
Petruchio. Signor Hortensio, unter alten Freunden
     Braucht's wenig Worte. Wißt Ihr also nur
     Ein Mädchen, reich genug, mein Weib zu werden
     — (Denn Gold muß klingen zu dem Hochzeitstanz),
     Sei sie so häßlich als Florentius' Schätzchen,
     Alt wie Sibylle, zänkisch und erbost
     Wie Sokrates' Xantippe, ja noch schlimmer·

Ich kehre mich nicht dran, und nichts bekehrt
Meinen verliebten Eiser, tobt sie gleich
Dem Adriat'schen Meer, von Sturm gepeitscht;
Ich kam zur reichen Heirat her nach Padna.
Wenn reich, kam ich zum Glück hierher nach Padna.

Grumio. Nun seht, lieber Herr, er sagt's Euch wenigstens klar heraus, wie er denkt. Ei, gebt ihm nur Gold genug, und verheiratet ihn mit einer Marionette, oder einem Haubenblock, oder einer alten Schachtel, die keinen Zahn mehr im Munde hat, hätte sie auch so viel Krankheiten als zweiundfünfzig Pferde: nichts kommt ihm un= gelegen, wenn nur Gold mitkommt.

Hortensio. Petruchio, da wir schon so weit gediehn,
So setz' ich fort, was ich im Scherz begann.
Ich kann, Petruchio, dir ein Weib verschaffen
Mit Geld genug, und jung und schön dazu,
Erzogen, wie der Edelfrau geziemt.
Ihr einz'ger Fehl — und das ist Fehls genug —
Ist, daß sie unerträglich bös und wild,
Zänkisch und trotzig über alles Maß;
Daß, wär' auch mein Besitz noch viel geringer,
Ich nähm' sie nicht um eine Mine Goldes.

Petruchio.
O still, du kennst die Macht des Goldes nicht!
Sag ihres Vaters Namen, das genügt.
Ich mach' mich an sie, tobte sie so laut
Wie Donner, wenn im Herbst Gewitter kracht.

Hortensio. Ihr Vater ist Baptista Minola,
Ein freundlicher und sehr gefäll'ger Mann;
Ihr Name Katharina Minola,
Berühmt in Padua als die schlimmste Zunge.

Petruchio. Sie kenn' ich nicht, doch ihren Vater kenn' ich,
Und dieser war bekannt mit meinem Vater.
Ich will nicht schlafen, bis ich sie gesehn,
Und drum verzeiht, daß ich so gradezu
Euch gleich beim ersten Wiedersehn verlasse,
Wenn Ihr mich nicht dahin begleiten wollt.

Grumio. Ich bitt' Euch, Herr, laßt ihn gehen, solange der Humor bei ihm dauert. Mein Seel, wenn sie ihn so kennte wie ich, so wüßte sie, daß Zanken wenig gut bei ihm thut. Mag sie ihn meinetwegen ein Stücker zwanzigmal Spitzbube nennen, oder so etwas, ei, das thut ihm nichts. Aber wenn er nachher anfängt, so geht's durch alle Register. Ich will Euch was sagen, Herr, nimmt sie's nur irgend mit ihm auf, so wird er ihr eine Figur in das Angesicht

zeichnen und sie so desigurieren, daß sie nicht mehr Augen behält als
eine Katze. Ihr kennt ihn noch nicht, Herr! —

Hortensio. Wart nur, Petruchio, ich will mit dir gehn.
> Baptista ist der Wächter meines Schatzes,
> Der meiner Seele Kleinod aufbewahrt,
> Die schöne Bianka, seine jüngste Tochter;
> Und die entzieht er mir und vielen andern,
> Die Nebenbuhler sind in meiner Liebe,
> Weil er's unmöglich glaubt und unerhört,
> (Um jene Fehler, die ich dir genannt,)
> Daß jemand könnt' um Katharinen werben.
> Drum hat Baptista so es angeordnet,
> Daß keiner je bei Bianka Zutritt findet,
> Bis er sein zänkisch Käthchen erst vermählt. —

Grumio. Sein zänkisch Käthchen!
> Der schlimmste Nam' aus allen für ein Mädchen! —

Hortensio. Nun, Freund Petruchio, thut mir einen Dienst
> Und stelli mich, in ein schlicht Gewand verkleidet,
> Baptista vor als wohlerfahrnen Meister,
> Um Bianka in Musik zu unterrichten.
> So schafft ein Kunstgriff mir Gelegenheit
> Und Muß', ihr meine Liebe zu entdecken
> Und unerkannt um sie mich zu bewerben.

Grumio. Das ist keine Schelmerei! Seht nur, wie das junge
Volk die Köpfe zusammensteckt, um die Alten anzuführen. Junger
Herr, junger Herr, seht Euch einmal um; wer kommt da? He? —

Hortensio. Still, Grumio! Es ist mein Nebenbuhler.
> Petruchio, tritt beiseit'! *(Sie gehen auf die Seite.)*

Gremio und Lucentio treten auf, letzterer verkleidet, mit Büchern unter dem Arm.

Grumio. Ein art'ger Milchbart! Recht ein Amoroso! —

Gremio. O recht sehr gut! Ich las die Liste durch,
> Nun, sag' ich, laßt sie mir recht kostbar binden,
> Und lauter Liebesbücher, merkt das ja,
> Ihr müßt durchaus kein andres mit ihr lesen.
> Versteht Ihr mich? Dann will ich, außer dem,
> Was Euch Signor Baptistas Großmut schenkt,
> Euch wohl bedenken. Die Papiere nehmt,
> Laßt sie mit süßem Wohlgeruch durchräuchern,
> Denn sie ist süßer noch als Wohlgeruch,
> Der sie bestimmt. Was wollt Ihr mit ihr lesen? —

Lucentio. Was ich auch les', ich führe Eure Sache,
> Als meines Gönners, dessen seid gewiß,
> So treu, als ob Ihr selbst zugegen wär't.

Ja, und vielleicht mit noch wirksamern Worten,
Wenn Ihr nicht etwa ein Gelehrter seid.

Gremio. O Wissenschaft! Was für ein Segen bist du! —

Grumio. O Schnepfenhirn! Was für ein Esel bist du! —

Petruchio. Schweig, Kerl!

Hortensio. Still, Grumio! — Gott zum Gruß, Herr Gremio! —

Gremio. Euch gleichfalls, Herr Hortensio. Ratet Ihr's,
Wohin ich gehe? Zu Baptista Minola;
Ich gab mein Wort, mich sorglich zu bemühn
Um einen Lehrer für die schöne Bianka.
Da traf ich's nun zu meinem Glück recht wohl
Mit diesem jungen Mann, der sich empfiehlt
Durch Kenntnis und Geschick. Er liest Poeten
Und andre Bücher, und zwar gute, glaubt mir.

Hortensio. Das freut mich sehr. Ich sagt' es einem Freund,
Der will mir einen seinen Mann empfehlen
Zum Lehrer der Musik für unsre Herrin.
So bleib' ich denn in keinem Punkt zurück
Im Dienst der schönen Bianka, die ich liebe.

Gremio. Ich liebe sie, das soll die That beweisen.

Grumio. Der Beutel soll's beweisen.

Hortensio. Gremio, nicht Zeit ist's, jetzt von Liebe schwatzen.
Hört mich, und venn Ihr gute Worte gebt,
Erzähl' ich, was uns beide freuen muß.
Hier ist ein Herr, den ich zufällig fand,
Der, weil mit uns sein eigner Vorteil geht,
Sich um das böse Käthchen will bewerben,
Ja, und sie frein, ist ihm die Mitgift recht.

Gremio. Ein Wort, ein Mann, wär' herrlich! —
Hortensio, weiß er ihre Fehler alle? —

Petruchio. Ich weiß, sie ist ein trotzig, störrisch Ding.
Ist's weiter nichts? Ihr Herrn, was ist da schlimm?

Gremio.
Nicht schlimm, mein Freund? Was für ein Landsmann seid Ihr?

Petruchio. Ich bin ein Verones', Antonios Sohn.
Mein Vater starb, doch blieb sein Geld mir leben,
Das soll mir noch viel gute Tage geben.

Gremio. Nein, gute Tage nicht mit solcher Plage;
Doch habt Ihr solch Gelüst, in Gottes Namen!
Behilflich will ich Euch in allem sein. —
Und um die wilde Katze wollt Ihr frein? —

Petruchio. Ei, will ich leben?

Grumio (beiseite). Will er sie frein? Ja, oder ich will sie hängen.

Petruchio. Weshalb, als in der Absicht kam ich her?
Denkt Ihr, ein kleiner Schall betäubt mein Ohr?
Hört' ich zuzeiten nicht den Löwen brüllen?
Hört' ich das Meer nicht, aufgeschwellt von Stürmen,
Gleich wilden Ebern wüten, schweißbeschäumt?
Vernahm ich Feuerschlünde nicht im Feld,
In Wolken donnern Jovis schwer Geschütz?
Hab' ich in großer Feldschlacht nicht gehört
Trompetenklang, Roßwiehern, Kriegsgeschrei?
Und von der Weiberzunge schwatzt Ihr mir,
Die halb nicht giebt so harten Schlag dem Ohr,
Als die Kastanie auf des Landmanns Herd? —
Popanze für ein Kind!

Grumio (beiseite).   Die scheut' er nie!

Gremio. Hortensio, hört,
Zu unserm Besten ist der Herr gekommen,
Mir ahndet gutes Glück für uns und ihn.

Hortensio. Ich bürgte, daß wir ihm beisteuern wollten
Und alle Kosten seiner Werbung tragen.

Gremio. Wohl! wenn Ihr sicher nur von ihrer Wahl seid . . .

Grumio (beiseite). Wär' mir so sicher nur 'ne gute Mahlzeit! —

Tranio in stattlichen Kleidern kommt mit Biondello.

Tranio. Gott grüß euch, meine Herrn! Ich bin so kühn
Und bitt' euch, mir den nächsten Weg zu zeigen
Zum Hause des Signor Baptista Minola.

Gremio. Zu dem, der die zwei schönen Töchter hat?
Sagt, meint Ihr den?

Tranio.   Denselben. — He, Biondello! —

Gremio. Ich hoffe nicht, Ihr meint auch sie zugleich?

Tranio. Sie oder ihn! Wer weiß! Was kümmert's Euch?

Petruchio. Nur nicht die Zänk'rin, bitt' Euch, galt es der?

Tranio. Nach Zänkern frag' ich nicht. Bursch, komm doch her.

Lucentio (beiseite). Gut, Tranio! —

Hortensio.   Herr, ein Wort mit Euch allein!
Liebt Ihr das Mädchen? Sagt ja oder nein!

Tranio. Und wenn ich's thäte, wär' es ein Verbrechen?

Gremio. Nein, wenn Ihr gehn wollt, ohne mehr zu sprechen.

Tranio. Daß mir nicht frei die Straße, hört' ich nie,
So gut wie Euch, mein Herr.

Gremio.   Ja, doch nicht sie.

Tranio. Und warum nicht?

Gremio.   Nun, wenn ein Grund Euch fehlt,
Weil Signor Gremio sie für sich erwählt.

Hortenſio. Und auch Signor Hortenſio wählte ſie.
Tranio. Geduld, Ihr Herrn, und ſeid Ihr Edelleute,
　Gönnt mir das Wort, hört mich gelaſſen an.
　Baptiſta iſt ein Edelmann von Rang,
　Dem auch mein Vater nicht ganz unbekannt.
　Und wär' ſein Kind noch ſchöner, als ſie iſt,
　Mag mancher um ſie werben, und auch ich.
　Der ſchönen Leda Tochter liebten tauſend:
　So dräugt zur ſchönen Bianka ſich noch einer.
　Und kurz, Lucentio wird als Freier bleiben,
　Käm' Paris ſelbſt und hofft' ihn zu vertreiben.
Gremio. Schaut! dieſes Herrchen ſchwatzt uns all' zu Tode.
Lucentio. Laßt ihm nur Raum, der Schluß wird lumpig ſein.
Petruchio. Hortenſio, ſag, wohin das alles führt.
Hortenſio. Mein Herr, nur eine Frag' erlaubt mir noch:
　Habt Ihr Baptiſtas Tochter je geſehn? —
Tranio. Nein, doch gehört, er habe deren zwei:
　Die eine ſo berühmt als Keiferin,
　Wie es als ſchön und ſittſam iſt die andre.
Petruchio. Herr, Herr, die ältſt' iſt mein, die laßt mir gehn!
Gremio. Ja, laßt die Arbeit nur dem Herkules,
　Und ſchwerer wiege ſie als alle zwölf.
Petruchio. Laßt Euch von mir, zum Kuckuck, das erklären.
　Die jüngre Tochter, nach der Ihr ſo angelt,
　Verſchließt der Vater allen Freiern ſtreng
　Und will ſie keinem einz'gen Mann verſprechen,
　Bis erſt die ältre Schweſter angebracht.
　Dann iſt die jüngre frei, doch nicht vorher.
Tranio. Wenn es ſich ſo verhält, daß Ihr es ſeid,
　Der all' uns fördert, mit den andern mich,
　So brecht das Eis denn, ſetzt die Sache durch;
　Holt Euch die ältſte, macht die jüngre frei,
　Daß wir ihr nahn; und wer ſie daun erbeutet,
　Wird nicht ſo roh ſein, nicht es zu vergelten.
Hortenſio. Herr, Ihr ſprecht gut, und zeigt Euch ſehr verſtändig,
　Und weil Ihr nun als Freier zu uns kommt,
　Müßt Ihr, wie wir, dem Herrn erkenntlich werden,
　Dem alle obenein verſchuldet bleiben.
Tranio. Ich werde nicht ermangeln. Dies zu zeigen,
　Erſuch' ich Euch, ſchenkt mir den heut'gen Abend,
　Und zechen wir auf unſrer Damen Wohl.
　Thun wir, gleich Advokaten im Prozeß,
　Die tüchtig ſtreiten, doch als Freunde ſchmauſen.

Grumio und **Biondello.**
Weich schöner Vorschlag! Kinder, laßt uns gehn.
Hortensio. Der Vorschlag in der That ist gut und sinnig.
Petruchio, kommt, Euer Ben venuto bin ich. (Alle ab).

Zweiter Aufzug.

1. Scene.

Zimmer bei Baptista.

Katharina und Bianka treten auf.

Bianka. Sieh, Schwester, mir und dir thust du zu nah,
Wenn du mich so zur Magd und Sklavin machst;
Das nur beklag' ich, was den Putz betrifft,
Mach los die Hand, so werf' ich selbst ihn weg,
Mantel und Oberkleid, bis auf den Rock.
Und was du mir befiehlst, ich will es thun,
So wohl weiß ich, was ich der ältern schuldig.
Katharina. Von deinen Freiern sage, ich befehl's dir,
Wer ist der liebste dir? und nicht gelogen! —
Bianka. Glaub' mir, o Schwester, unter allen Männern
Sah ich noch nie so auserwählte Züge,
Daß einer mehr als andre mir gefallen.
Katharina. Schätzchen, du lügst. Ist's nicht Hortensio?
Bianka. Wenn du ihm gut bist, Schwester, schwör' ich dir,
Ich rede selbst für dich, daß du ihn kriegst.
Katharina. Aha! ich merke schon, du wärst gern reich,
Du willst den Gremio, um in Pracht zu leben!
Bianka. Wenn er es ist, um den du mich beneidest,
O dann ist's Scherz, und nun bemerk' ich auch,
Du spaßtest nur mit mir die ganze Zeit.
Ich bitt' dich, Schwester Käthchen, bind mich los.
Katharina. Wenn das ein Scherz ist, so war alles Spaß. (Schlägt sie.)
Baptista tritt auf.
Baptista. He, halt, du Drache! Was soll diese Bosheit?
Bianka, hierher! Das arme Kind, sie weint!
Bleib doch beim Näh'n, gieb dich nicht mit ihr ab.
Pfui! schäme dich, du böse Teufelslarve!
Was kränkst du sie, die dich doch nie gekränkt?
Wann hat sie dir ein bittres Wort entgegnet? —
Katharina. Ihr Schweigen höhnt mich, und ich will mich rächen.
(Springt auf Bianka zu.)
Baptista. Was! mir vor Augen? Bianka, geh hinein! — (Bianka ab.)

Katharina. Wollt Ihr mir das nicht gönnen? Ja, nun seh' ich's,
Sie ist Eu'r Kleinod, sie muß man vermählen,
Ich muß auf ihrer Hochzeit barfuß tanzen,
Weil Ihr sie liebt, Affen zur Hölle führen!
Sprecht nicht mit mir, denn ich will gehn und weinen,
Bis mir Gelegenheit zur Rache wird. (Ab.)

Baptista. Hat je ein Hausherr den Verdruß empfunden?
Doch wer kommt hier?

Gremio mit Lucentio, in geringer Kleidung; Petruchio mit Hortensio,
als Musiklehrer; und Tranio mit Biondello, der eine Laute und Bücher trägt,
treten auf.

Gremio. Guten Morgen, Freund Baptista.

Baptista.
Freund Gremio, guten Morgen! Ihr Herrn, Gott grüß' euch.

Petruchio. Euch gleichfalls, Herr. Habt Ihr nicht eine Tochter,
Genannt Kathrina, schön und tugendhaft? —

Baptista. Ich hab 'ne Tochter, Herr, genannt Kathrina.

Gremio. Ihr seid zu derb, beginnt den Spruch nach Ordnung.

Petruchio. Mischt Euch nicht drein, Herr Gremio, laßt mich machen.
Ich bin ein Edler aus Verona, Herr,
Der Ruf von ihrer Schönheit, ihrem Geiste,
Leutseligem Wesen und bescheidnem Anstand,
Erlesnen Tugenden und sanften Sitten
Macht mich so kühn, als Gast mich einzudrängen
In Euer Haus, damit mein Aug' erfahre
Die Wahrheit des, was ich so oft gehört.
Und als das Angeld der Bewillkommnung
Beschenk' ich Euch mit dem da, der mir dient,
(stellt den Hortensio vor)
Erfahren in Musik und Mathematik,
Um dieses Wissen gründlich sie zu lehren,
In dem sie, wie ich weiß, nicht unerfahren.
Schlagt mir's nicht ab, Ihr würdet sonst mich kränken:
Sein Name ist Licio, und er stammt aus Mantua.

Baptista. Ihr seid willkommen, er um Euretwillen.
Doch meine Tochter Katharin', ich weiß es,
Paßt nicht für Euch, zu meinem großen Kummer.

Petruchio. Ich seh', die Trennung wird Euch allzuschwer;
Vielleicht ist Euch mein Wesen auch zuwider? —

Baptista. Versteht mich recht, ich sprach so, wie ich denke.
Von woher kommt Ihr, Herr? Wie nenn' ich Euch? —

Petruchio. Petruchio ist mein Nam', Antonios Sohn;
In ganz Italien war der wohl bekannt.

Baptista. Ich kenn' ihn wohl, willkommen seinethalb.

Gremio. Eu'r Recht in Ehren, Herr Petruchio, laßt
Uns arme Freier auch zu Worte kommen. —
Cospetto! Ihr seid hurtig bei der Hand. —
Petruchio. Laßt, Herr, ich muß es zu beenden suchen.
Gremio. So scheint's, doch mögi Ihr einst dem Werben fluchen!
Nachbar, dies ist ein sehr annehmliches Geschenk, davon bin ich
überzeugt. Um Euch meinerseits die gleiche Höflichkeit zu erweisen
(der ich von Euch höflicher behandelt worden bin als irgend jemand),
so nehme ich mir die Freiheit, Euch diesen jungen Gelehrten zu über=
geben (stellt Lucentio vor), welcher lange Zeit in Reims studiert hat,
und ebenso erfahren ist im Griechischen, Lateinischen und andern
Sprachen, als jener in Musik und Mathematik. Sein Name ist
Cambio; ich bitte, genehmigt seine Dienste.
Baptista. Tausend Dank, Signor Gremio: willkommen, lieber
Cambio (zu Tranio). Aber, werter Herr, Ihr geht wie ein Fremder;
darf ich so kühn sein, nach der Ursache Enres Hierseins zu fragen? —
Tranio. Verzeiht, Signor, denn Kühnheit ist's von mir,
Daß ich, ein Fremder noch in dieser Stadt,
Mich gleich als Freier Eurer Tochter nenne,
Der tugendhaft gesinnten schönen Bianka. —
Auch ist Eu'r fester Vorsatz mir bekannt,
Der Vorzug ihrer ältern Schwester giebt.
Das einz'ge, was ich bitt', ist die Erlaubnis —
Seid Ihr von meiner Herkunft unterrichtet —
Daß mit den andern Freiern Zutritt mir,
Aufnahm' und Gunst gleich allen sei gestattet.
Und zur Erziehung Eurer Töchter bracht' ich
Dies schlichte Instrument; ich bitte, nehmt's,
Und ein'ge Bücher, Griechisch und Latein.
Groß ist ihr Wert, wenn Ihr sie nicht verschmäht.
Baptista. Lucentio heißt Ihr? und von wannen kommt Ihr?
Tranio. Aus Pisa, edler Herr, Vincentios Sohn.
Baptista. Ein sehr geehrter Mann, ich kenn' ihn wohl
Nach seinem Ruf, und heiß' Euch sehr willkommen.
(Zum Hortensio.) Nehmt Ihr die Laute, — Ihr (zum Lucentio) dies
　　　　　　　　　　　　　　　Pack von Büchern,
Gleich sollt Ihr Eure Schülerinnen sehn.
He! Holla drinnen!

　　　　　　　Ein Diener kommt.

　　　　　　　Bursche, führ sofort
Die Herrn zu meinen Töchtern, sage beiden
Sie sollen höflich ihren Lehrern sein.

　　　　(Diener, Hortensio, Lucentio und Biondello ab.)

Ich bitt' Euch, in den Garten mir zu folgen,
Und dann zum Essen. Ihr seid sehr willkommen,
Davon ist jeder, hoff' ich, überzeugt.

Petruchio. Signor Baptista, mein Geschäft hat Eil':
Ich kann nicht jeden Tag als Freier kommen.
Wohl kennt Ihr meinen Vater, mich in ihm,
Den einz'gen Erben seines Gelds und Guts,
Das ich vermehrt eh' als vermindert habe;
So sagt mir nun: erwürb' ich ihre Gunst,
Welch eine Mitgift bringt sie mir ins Haus? —

Baptista. Nach meinem Tod die Hälfte meines Guts
Und gleich zur Stelle zwanzigtausend Kronen.

Petruchio. Und für erwähnte Mitgift sich'r ich ihr
Als Wittum, falls sie länger lebt als ich,
Was nur an Länderein und Höfen mein.
Laßt uns genauer schriftlich dies entwerfen,
Und gelte gegenseitig der Kontrakt.

Baptista. Doch was genau zuerst sich muß ergeben,
Das ist ihr Ja; denn das ist eins und alles.

Petruchio. Ei, das ist nichts; denn seht, ich sag' Euch, Vater,
Ist sie unbändig, bin ich toll und wild.
Und wo zwei wüt'ge Feuer sich begegnen,
Vertilgen sie, was ihren Grimm genährt.
Wenn kleiner Wind die kleine Flamme facht,
So bläst der Sturm das Feu'r auf einmal aus.
Das bin ich ihr, und so fügt sie sich mir;
Denn ich bin rauh und werbe nicht als Kind.

Baptista. Wirb dann mit Glück und möge dir's gelingen;
Doch rüste dich auf einige harte Reden.

Petruchio. Auf Hieb und Stich; wie Berge stehn dem Wind;
Sie wanken nicht, und blies' er immerdar.

Hortensio kommt zurück mit zerschlagenem Kopfe.

Baptista. Wie nun, mein Freund? Was machte dich so bleich?

Hortensio. Das that die Furcht, wahrhaftig, ward ich bleich.

Baptista. Bringt's meine Tochter weit als Künstlerin?

Hortensio. Ich glaube, weiter bringt sie's als Soldat;
Eisen hält bei ihr aus, doch keine Laute.

Baptista. Kannst du sie nicht die Laute schlagen lehren?

Hortensio. Nein, denn sie hat die Laut' an mir zerschlagen.
Ich sagt' ihr, ihre Griffe sei'n nicht recht,
Und bog zur Fingersetzung ihr die Hand;
Als sie mit teuflisch bösem Geiste rief:
Griffe nennt Ihr's? Jetzt will ich richtig greifen!

Und schlug mich auf den Kopf mit diesen Worten,
Daß durch die Laut' er einen Weg sich bahnte.
So stand ich da, erschrocken und betäubt,
Wie durchs Halseisen schaut' ich durch die Laute,
Während sie tobt', mich lump'gen Fiedler schalt,
Und Klimperhans, und zwanzig schlimme Namen,
Als hätt' sie's ausstudiert, mich recht zu schimpfen.
Petruchio. Nun, meiner Seel', es ist ein muntres Kind;
Nun lieb' ich zehnmal mehr sie als vorher.
Wie sehn' ich mich, ein Stück mit ihr zu plaudern! —
Baptista. Kommt, geht mit mir, und seid nicht so bestürzt.
Setzt mit der jüngsten fort den Unterricht;
Sie dankt Euch guten Rat und ist gelehrig.
Signor Petruchio, wollt Ihr mit uns gehn,
Sonst schick' ich meine Tochter Käthchen her.
Petruchio. Ich bitt' Euch, thut's; ich will sie hier erwarten
      (Baptista, Tranio, Gremio und Hortensio ab.)
Und etwas dreist mich zeigen, wenn sie kommt.
Schmält sie, so sag' ich ihr ins Angesicht,
Sie singe lieblich, gleich der Nachtigall.
Blickt sie mit Wut, sag' ich, sie schaut so klar
Wie Morgenrosen, frisch vom Tau gewaschen.
Und bleibt sie stumm, und spricht kein einzig Wort,
So rühm' ich ihr behendes Sprechtalent
Und sag', die Redekunst sei herzentzückend.
Sagt sie, ich soll mich packen, dank' ich ihr,
Als bäte sie mich, Wochen da zu bleiben;
Schlägt sie mich aus, so frag' ich nach dem Tag
Des Aufgebots, und wann die Hochzeit sei?
Da kommt sie schon! Und nun, Petruchio, sprich.
          Katharina kommt.
Guten Morgen, Käthchen, denn so heißt Ihr, hör' ich.
Katharina. Ihr hörtet recht und seid doch hart gehört;
Wer von mir spricht, nennt sonst mich Katharine.
Petruchio.
Mein Seel, Ihr lügt, man nennt Euch schlechtweg Käthchen,
Das lust'ge Käthchen, auch das böse Käthchen.
Doch, Käthchen, schmuckstes Käthchen in Europa,
Käthchen von Käthchenheim, du, Käthchen, goldnes,
(Denn sind nicht die Dukätchen stets von Gold?)
Erfahre denn, du Käthchen Herzenstrost:
Weil alle Welt mir deine Sanftmut preist,
Von deiner Tugend spricht, dich reizend nennt,

Und doch so reizend nicht, als dir gebührt,
Hat mich's bewegt, zur Frau dich zu begehren, —
Katharina. Bewegt? Ei seht! so bleibt nur in Bewegung
Und macht, daß Ihr Euch baldigst heimbewegt.
Ihr scheint beweglich.
Petruchio. So! Was ist beweglich?
Katharina. Ein Feldstuhl.
Petruchio. Brav getroffen! Sitzt auf mir.
Katharina. Die Esel sind zum Tragen, so auch Ihr.
Petruchio. Die Weiber sind zum Tragen, so auch Ihr.
Katharina. Nicht solchen Narr'n als Euch, wenn Ihr mich meint.
Petruchio. Ich will dich nicht belasten, gutes Käthchen;
Denn weil du doch bis jetzt nur jung und leicht . . .
Katharina. Zu leicht gefüßt, daß solch ein Tropf mich hasche;
Allein so schwer Gewicht, als mir gebührt,
Hab' ich trotz einer.
Petruchio. Sprichst du mir vom Habicht? —
Katharina. Ihr sangt nicht übel.
Petruchio. Soll ich Habicht sein,
Und du die Ringeltaube?
Katharina. Zu den Tauben
Gehört Ihr selbst, trotz Eurer großen Ohren,
Und dies mein Ringel ist wohl nicht für Euch.
Petruchio. Geh mir, du Wespe! du bist allzu böse! —
Katharina. Nennt Ihr mich Wespe, fürchtet meinen Stachel.
Petruchio. Das beste Mittel ist, ihn auszureißen.
Katharina. Ja, wüßte nur der Narr, wo er versteckt.
Petruchio. Wer weiß nicht, wo der Wespe Stachel sitzt?
Im Schweif!
Katharina. Nein, in der Zunge.
Petruchio. In wessen Zunge?
Katharina. Der Euren, sprecht vom Schweifen Ihr. Lebt wohl!
Petruchio. Mit meiner Zung' in deinem Schweif? Komm, Käthchen,
Ich bin ein Edelmann . . .
Katharina. Das woll'n wir sehn. (Schlägt ihn.)
Petruchio. Mein Seel, du kriegst eins, wenn du nochmal schlägst!
Katharina. So mögt Ihr Eure Armatur verlieren.
Wenn Ihr mich schlügt, wär't Ihr kein Edelmann,
Wär't nicht armiert, und folglich ohne Arme.
Petruchio. Treibst du Heraldik? Trag mich in dein Buch,
Katharina. Was ist Eu'r Helmschmuck? Ist's ein Hahnenkamm?
Petruchio. Ein Hahn; doch kammlos, bist du meine Henne.
Katharina. Kein Hahn für mich, Ihr kräht als mattes Hähnlein!

Petruchio. Komm, Käthchen, komm, du mußt nicht sauer sehn.
Katharina. 's ist meine Art, wenn ich Holzäpfel sehe.
Petruchio. Hier ist ja keiner, darum sieh nicht sauer.
Katharina. Doch, doch! —
Petruchio. So zeig' ihn mir!
Katharina.   Ich habe keinen Spiegel!
Petruchio. Wie? Mein Gesicht?
Katharina.   So jung und schon so klug? —
Petruchio. Nun, bei Sankt Georg, ich bin zu jung für dich!
Katharina. Doch schon verwelkt!
Petruchio.   Aus Gram!
Katharina.   Das grämt mich nicht.
Petruchio. Nein, Käthchen, bleib, so nicht entkommst du mir. ·
Katharina. Nein, ich erbos' Euch, bleib' ich länger hier.   ·
Petruchio. Nicht dran zu denken; du bist allerliebst! —
Ich hörte, du seist rauh und spröd' und wild,
Und sehe nun, daß dich der Ruf verleumdet.
Denn scherzhaft bist du, schelmisch, äußerst höflich,
Nicht schnell von Wort, doch süß wie Frühlingsblumen.
Du kannst nicht zürnen, kannst nicht finster blicken,
Wie böse Weiber thun, die Lippe beißen.
Du magst niemand im Reden überhaun,
Mit Sanftmut unterhältst du deine Freier,
Mit freundlichem Gespräch und süßen Phrasen. —
Was fabelt denn die Welt, daß Käthchen hinkt?
O böse Welt! Sieh, gleich der Haselgerte
Ist Käthchen schlank und grad' und braun von Farbe,
Wie Haselnüss' und süßer als ihr Kern.
Laß deinen Gang mich sehen. — Nein, du hinkst nicht.
Katharina. Geh, Narr, befiehl den Leuten, die du lohnst! —
Petruchio. Hat je Diana so den Wald geschmückt,
Wie Käthchens königlicher Gang dies Zimmer?
O sei du Diana, laß sie Käthchen sein,
Und dann sei Käthchen keusch und Diana üppig.
Katharina. Wo habt Ihr die gelehrte Red' erlernt?
Petruchio. Ist nur ex tempore, mein Mutterwitz.
Katharina. O witz'ge Mutter! Witzlos sonst ihr Sohn! —
Petruchio. Fehlt mir Verstand?
Katharina.   Ihr habt wohl just so viel,
Euch warm zu halten.
Petruchio.   Nun, das will ich auch
In deinem Bett, mein Käthchen; und deshalb,
Beiseite setzend alles dies Geschwätz,

Sag' ich Euch rund heraus: Eu'r Vater giebt
Euch mir zur Frau, die Mitgift ward bestimmt,
Und wollt Ihr's oder nicht, Ihr werdet mein.
Nun, Käthchen, ich bin grad' ein Mann für dich;
Denn bei dem Sonnenlicht, das schön dich zeigt,
Und zwar so schön, daß ich dir gut sein muß,
Kein andrer darf dein Ehmann sein als ich.
Ich ward geboren, dich zu zähmen, Käthchen,
Dich aus 'nem wilden Kätzchen zu 'nem Käthchen
Zu wandeln, zahm wie andre fromme Käthchen.
Dein Vater kommt zurück, nun sprich nicht nein;
Ich will und muß zur Frau Kathrinen haben.

Baptista, Gremio und Tranio kommen zurück.

Baptista. Nun, Herr Petruchio, sagt, wie geht es Euch
Mit meiner Tochter?

Petruchio. Nun, wie sonst als gut?
Wie sonst als gut? Unmöglich ging' es schlecht.

Baptista. Nun, Tochter Katharina? So verdrossen?

Katharina. Nennt Ihr mich Tochter? Nun, ich muß gestehn,
Ihr zeigtet mir recht zarte Vaterliebe,
Mir den Halbtollen da zum Mann zu wünschen!
Den Hans den Flucher, wilden Renommisten,
Der's durchzusetzen denkt mit Schwadronieren! —

Petruchio. Vater, so steht's: Ihr und die ganze Welt,
Wer von ihr sprach, der sprach von ihr verkehrt.
Thut sie so wild, so ist es Politik.
Denn beißend ist sie nicht, nein, sanft wie Tauben;
Nicht heißen Sinns, nein, wie der Morgen kühl.
Im Dulden kommt sie nah Griseldens Vorbild
Und in der Keuschheit Roms Lucretia.
Und kurz und gut: wir stimmen so zusammen,
Daß nächsten Sonntag unsre Hochzeit ist.

Katharina. Eh' will ich nächsten Sonntag dich gehenkt sehn.

Gremio. Petruchio, hört, sie will Euch eh' geheult sehn!

Tranio. Nennt Ihr das gut gehn? Dann steht's schön mit uns! —

Petruchio. Seid ruhig, Herrn, ich wähle sie für mich,
Wenn's nur uns beiden recht, was kümmert's Euch? —
Wir machten aus, hier unter uns allein,
Daß in Gesellschaft sie sich böse stellt.
Ich sag' euch, ganz unglaublich ist's fürwahr,
Wie sie mich liebt. O du holdsel'ges Käthchen! —
Sie hing an meinem Hals, und Kuß auf Kuß
Ward aufgetrumpft, und Schwur auf Liebesschwur,

So rasch, daß sie im Nu mein Herz gewann.
O, Ihr seid Schüler, und das ist das Wunder,
Wie zahm, wenn Mann und Frau allein gelassen,
Der lahmste Wicht die tollste Spröde stimmt.
Gieb mir die Hand, mein Käthchen. Nach Venedig
Reis' ich, um Putz zum Hochzeitstag zu kaufen: —
Besorgt das Mahl, Herr Vater, ladet Gäste,
So zweifl' ich nicht, mein Käthchen zeigt sich schmuck.

Baptista. Das Wort versagt mir. Gebt mir Eure Hände!
Gott schenk' Euch Glück, Petruchio; wir sind einig.

Gremio und Tranio.
Amen von ganzem Herzen! Wir sind Zeugen.

Petruchio. Vater, und Braut, und Freunde, lebt denn wohl.
Jetzt nach Venedig! Sonntag ist bald da,
Da braucht man Ring' und Ding' und bunte Schau.
Nun küß mich, Sonntag bist du meine Frau.
(Petruchio und Katharina zu verschiedenen Seiten ab.)

Gremio. Ward je ein Paar so schnell zusamm' gekuppelt? —

Baptista. Jetzt bin ich, Freund', in eines Kaufmanns Lage,
Da ich auf zweifelnd Glück verzweifelt wage.

Tranio. Doch lag die War' Euch lästig auf dem Hals,
Nun trägt sie Zinsen oder geht zu Grund.

Baptista. Als Zins ist mir nur ihre Ruhe teuer.

Gremio. Gewiß, er kaufte sich 'nen ruh'gen Geier! —
Doch nun, Baptista, denkt der jüngern Tochter;
Dies ist der Tag, den wir so lang' ersehnt.
Ich bin Eu'r Nachbar, war der erste Freier.

Tranio. Und ich bin einer, der Bianka liebt,
Mehr als Gedanken raten, Worte zeugen.

Gremio. Jüngling! Du kannst nicht lieben, stark wie ich.

Tranio. Graubart, dein Lieben fröstelt.

Gremio.   Deines knistert.
Fort, Springinsfeld! das Alter ist gedeihlich!

Tranio. Doch Jugend nur dem Mädchensinn erfreulich.

Baptista. Zankt nicht, ihr Herrn. Ich will den Streit entscheiden;
Das Bare trägt's davon. Wer von euch zwein
Das größte Wittum meiner Tochter sichert,
Soll Biankas Lieb' erhalten.
Sagt, Signor Gremio, was könnt Ihr verschreiben?

Gremio. Vor allem, wißt Ihr, ist mein Haus in Padua
Reichlich versehn mit Gold und Silberzeug,
Becken und Kanne, die Händchen ihr zu waschen.
Alle Tapeten tyrisches Gewirk.

Koffer von Elfenbein, gepackt voll Kronen,
In Cedernkisten Teppiche, bunte Decken,
Köstliche Stoffe, Betthimmel, Baldachine,
Batiste, türk'sche perlgestickte Polster,
Borten, durchwebt mit venetian'schem Gold,
Kupfer= und Zinngeschirr, und was gehört
Zum Haus und Hausrat. In der Meierei
Stehn hundert Stück Milchkühe für den Eimer,
In Ställen hundertzwanzig fette Ochsen,
Nebst allem Zubehör und Inventar.
Ich selbst, ich bin bejahrt, ich kann's nicht leugnen;
Und wenn ich morgen sterb', ist alles ihr,
Gehört sie einzig mir, solang ich lebe.

Tranio. Das einzig war gut angebracht, hört mich!
Ich bin des Vaters Erb' und einz'ger Sohn.
Wenn Ihr die Tochter mir zum Weibe gebt,
Verschreib' ich ihr drei, vier so schöne Häuser
Im reichen Pisa als nur irgend eins,
Das Signor Gremio hier in Padua hat.
Und außerdem zweitausend Kronen jährlich
Aus reichen Länderein, allein für sie.
Nun, Signor Gremio, womit stecht Ihr das?

Gremio. Zweitausend Kronen Landertrag im Jahr?
Mein Landgut trägt in allem nicht so viel,
Doch ihr verschreib' ich es; zudem ein Frachtschiff,
Das jetzt im Hafen von Marseille liegt.
Nun? Streicht Ihr vor dem Frachtschiff nicht die Segel?

Tranio. Gremio! Man weiß, mein Vater hat drei große
Kauffahrerschiffe, zwei Galeeren und
Zwölf tücht'ge Ruderbarken: die verschreib' ich
Und zweimal mehr, als du noch bieten kannst.

Gremio. Nein, alles bot ich nun, mehr hab' ich nicht;
All' meine Habe, mehr kann sie nicht haben;
Und wählt Ihr mich, hat sie mein Gut und mich.

Tranio. Dann ist vor aller Welt das Mädchen mein,
Nach Euerm Wort; Gremio ward abgetrumpft.

Baptista. Ich muß gestehn, Eu'r Bieten war das höchste;
Und stellt Eu'r Vater die Versicherung aus,
Ist sie die Eurige; wo nicht, verzeiht,
Wo bleibt ihr Wittum, sterbt Ihr vor dem Vater?

Tranio. Schikane das! Er ist bejahrt, ich jung.

Gremio. Und sterben Junge nicht so gut als Alte?

Baptista. Wohlan, ihr Herrn,

Dies ist mein Wort. Am nächsten Sonntag, wißt Ihr,
Ist meiner Tochter Katharine Trauung.
Nun, einen Sonntag später will ich Bianka
Mit Euch verloben, schafft Ihr den Revers,
Wo nicht, mit Signor Gremio;
Und so empfehl' ich mich, und dank' euch beiden. (Ab.)

Gremio. Lebt, Nachbar, wohl. Jetzt, Freund, fürcht' ich dich nicht,
Du Hasenfuß! Dein Vater wär' ein Narr!
Dir alles geben, und in alten Tagen
Von deiner Gnade leben? Gute Nacht!
Des hat solch italien'scher Fuchs wohl acht. (Ab.)

Tranio. Der Teufel hol' dich, list'ges altes Fell!
Ich spiele hohes Spiel und setz' es durch.
Mein Plan ist fertig, meinem Herrn zu dienen.
Was braucht es mehr? Lucentio der falsche
Zeugt einen Vater, Vincentio den falschen.
Und das ist Wunders gnug. Sonst sind's die Väter,
Die sich die Kinder zeugen; allein für unser Frein hier
Erzeugt das Kind den Vater, will nur die List gedeihn mir. (Ab.)

Dritter Aufzug.

1. Scene.

Zimmer bei Baptista.

Lucentio, Hortensio und Bianka treten auf.

Lucentio. Fiedler, laßt sein; Ihr werdet allzu dreist.
Habt Ihr die Freundlichkeit so schnell vergessen,
Mit der Euch Katharine hier empfing? —

Hortensio. Zanksücht'ger Schulgelehrter! Dieses Fräulein
Ist Schutzherrin der himmlischen Musik.
Drum steht zurück und gönnet mir den Vorzug;
Und wenn wir eine Stunde musiziert,.
Soll Euer Lesen gleiche Muße finden.

Lucentio. Ihr widersinn'ger Tropf! der nicht begriff,
Zu welchem Zweck Musik uns ward gegeben: —
Ist's nicht, des Menschen Seele zu erfrischen,
Nach ernstem Studium und des Tages Müh'? —
Deshalb vergönnt, daß wir philosophieren,
Und ruhn wir aus, dann mögt Ihr musizieren.

Hortensio. Gesell! Ich will dein Trotzen nicht ertragen! —

Bianka. Ei, Herrn, das heißt ja doppelt mich beleid'gen,

Zu zanken, wo mein Will' entscheidend ist.
Ich bin kein Schulkind, das die Rute scheut,
Ich will mich nicht an Zeitbestimmung binden,
Nein, Stunde nehmen, wie's mir selbst gefällt.
Den Streit zu schlichten, setzen wir uns hier,
Nehmt Euer Instrument, und spielt indessen,
Denn wir sind fertig, eh' Ihr nur gestimmt.

Hortensio. So schließt Ihr, wenn ich recht in Stimmung bin?
(Zieht sich zurück.)

Lucentio. Das wird wohl nie der Fall sein. Stimmt nur immer.

Bianka. Wo blieben wir?

Lucentio. An dieser Stelle, Fräulein:
Hac ibat Simois, hic est Sigeia Tellus,
Hic steterat Priami regia celsa senis.

Bianka. Wollt Ihr das übersetzen?

Lucentio. Hac ibat, wie ich Euch schon sagte, Simois — ich
bin Lucentio, — hic est — Sohn des Vincentio in Pisa; — Sigeia
tellus — so verkleidet, um Eure Liebe zu erspähen; — hic steterat
und jener Lucentio, der um Euch wirbt, — Priami — ist mein
Diener Tranio; — Regia — der mich vertritt, — Celsa Senis damit
wir den alten Herrn Pantalon anführen.

Hortensio. Fräulein, nun stimmt die Laute.

Bianka. O pfui! das E ist falsch, das G ist recht.

Lucentio. Recht, darum geh! mein Freund, und stimme wieder.

Bianka. Laßt sehn, ob ich's jetzt übersetzen kann.
Hac ibat Simois — ich kenne Euch nicht; — hic est Sigeia tellus
— ich traue Euch nicht; hic steterat Priami — nehmt Euch in
acht, daß er uns nicht hört; — Regia seid nicht zu verwegen —
Celsa Senis verzweifelt nicht.

Hortensio. Fräulein, nun stimmt sie.

Lucentio. A und F sind falsch.

Hortensio. Ihr seid wohl selbst das A und F, Herr Aff'.
Wie feurig keck der Schulgelehrte wird! —
Fürwahr, der Schelm wagt's, ihr den Hof zu machen;
Wart, Schulfuchs, ich will besser dich bewachen.

Bianka. Ich seh es mit der Zeit wohl ein, noch zweifl' ich.

Lucentio. O zweifelt nicht! Ihr wißt, der Aeacide
War Ajax, nach dem Ahnherrn so genannt.

Bianka. Ich muß dem Lehrer glauben, sonst beteur' ich,
Auf meinem Zweifel würd' ich stets beharren.
Doch sei's genug. Nun, Licio, ist's an Euch.
Ihr guten Lehrer, nehmt's nicht übel auf,
Daß ich so scherzhaft mit euch beiden war.

3*

Hortenſio. Ihr vögt nun gehn und uns ein Weilchen laſſen.
  Dreiſtimmige Muſik kommt heut nicht vor.
Lucentio. Nehmt Ihr es ſo genau? (Beiſeite) Dann muß ich varten
  Und auf ihn achten; denn irr' ich mich nicht,
  Macht unſer ſeiner Sänger den Verliebten.
Hortenſio. Fräulein, eh' Ihr die Laute nehmt zur Hand,
  Muß ich beginnen mit den Anfangsregeln.
  Daß Ihr des Fingerſatzes Kunſt begreift
  Und Eure Skala lernt in kürzrer Zeit,
  Vergnüglicher, brauchbarer, kräftiger,
  Als je ein andrer Lehrer Euch's gezeigt. —
  Hier habt Ihr's aufgeſchrieben, ſchön und faßlich.
Bianka. Die Skala hab' ich längſt ſchon abſolviert.
Hortenſio. Doch hört, wie ſie Hortenſio konſtruiert.
Bianka (lieſt):
  C. Skala, Grund der Harmonie genannt,
  D. Soll Hortenſios heiße Wünſche denken.
  E F. O Bianka, ſchenk' ihm deine Hand,
  G. A. Und laß ſein treues Herz dich leiten.
  H. Nimm zwei Schlüſſel an, die er dir bot,
  C. Dein Erbarmen, oder ſeinen Tod.
Bianka. Das nennt Ihr Skala? Geht, die mag ich nicht;
  Die alte lieb'. ich mehr, bin nicht ſo lüſtern,
  Seltſamer Neu'rung Echtes aufzuopfern.
  Ein Diener kommt.
Diener. Fräulein, der Vater will, Ihr laßt die Bücher
  Und helft der Schweſter Zimmer aufzuſchmücken;
  Ihr vißt, auf morgen iſt der Hochzeittag.
Bianka. Lebt wohl, ihr lieben Lehrer, ich muß gehn.
  (Bianka und Diener ab.)
Lucentio. Dann, Fräulein, hab' ich keinen Grund zu bleiben. (Ab.)
Hortenſio. Doch Grund hab' ich, den Schulfuchs zu erforſchen.
  Mir ſcheint nach ſeinem Blick, er ſei verliebt;
  Doch, Bianka, iſt dein Sinn ſo ganz verächtlich,
  Dein wandernd Aug' auf jeden Knecht zu werfen,
  So lauf', zu wem du willſt! Biſt du ſo niedrig,
  Such' ich ein andres Weib, und ſo erwidr' ich. (Ab.)

2. Scene.

Anderes Zimmer.

Baptiſta, Gremio, Tranio, Katharina, Bianka und Diener treten auf.

Baptiſta. Signor Lucentio, dieſes iſt der Tag
  Für Katharinens und Petruchios Hochzeit,

Und immer noch läßt sich kein Eidam sehn.
Was wird man sagen? Welch ein Spott für uns!
Der Bräut'gam fehlt, da schon der Priester wartet,
Um der Vermählung Feier zu vollziehn!
Was sagt Lucentio denn zu unsrer Schmach?

Katharina. Nur meine Schmach! Hat man mich doch gezwungen,
Die Hand zu reichen, meinem Sinn entgegen,
Dem tollen Grobian, halbverrückt von Launen,
Der eilig freit und langsam Hochzeit macht.
Ich sagt' es wohl, er sei ein Narrenhäusler,
Der unter Derbheit bittern Hohn versteckt;
Und um für einen lust'gen Mann zu gelten,
Hält er um tausend an, setzt fest die Hochzeit,
Lädt Freunde ein, bestellt das Aufgebot,
Und deukt nie Ernst aus schlechtem Spaß zu machen.
Mit Fingern zeigt man nun auf Katharinen
Und spricht: Da geht des Narr'n Petruchio Frau,
Gefiel's ihm nur, zur Heirat sie zu holen! —

Tranio. Geduld, Baptista, liebe Katharine;
Petruchio meint es gut, bei meinem Leben,
Was auch ihn hemmen mag, sein Wort zu halten.
Ist er gleich derb, kenn' ich ihn doch als klug,
Und ist er lustig, doch als Mann von Ehre.

Katharina. Hätt' ich ihn nur mit Augen nie gesehn!
(Geht weinend ab mit Bianka und den Dienern.)

Baptista. Geh', Mädchen, wenn du weinst, kann ich's nicht schelten:
Denn solche Schmach müßt' eine Heil'ge kränken,
Viel mehr so heft'gen Sinn und rasches Blut.
Biondello kommt.

Biondello. Herr, Herr, Neuigkeiten! Alte Neuigkeiten! Solche Neuigkeiten, wie Ihr sie nie gehört habt!

Baptista. Alt und neu zugleich? Wie kann das sein?

Biondello. Nun, ist das keine Neuigkeit, wenn ich Euch sage, daß Petruchio kommt?

Baptista. Ist er gekommen?

Biondello. Ei, nicht doch!

Baptista. Was denn?

Biondello. Er kommt erst.

Baptista. Wann wird er hier sein?

Biondello. Wann er hier steht, wo ich jetzt stehe, und Euch dort sieht.

Tranio. Aber nun deine alten Neuigkeiten?

Biondello. Ei, Petruchio langt jetzt an in einem neuen Hut und

einem alten Wams, einem Paar alten Beinkleidern, dreimal gewendet,
mit einem Paar Stiefeln, die schon als Lichtkasten gedient haben,
einer mit Schnallen, der andere zum Schnüren; mit einem alten,
rostigen Degen aus dem Stadtzeughause: das Gefäß ist zerbrochen,
der Bügel fehlt, und die beiden Riemen sind zerrissen; sein Pferd ist
kreuzlahm und trägt einen alten wurmstichigen Sattel mit zweierlei
Bügeln; außerdem hat's den Rotz und ist auf dem Rückgrat ganz
vermoost; es ist krank an der Mundfäule, behaftet mit der Räude,
steckt voller Gallen, ist ruiniert vom Spat, leidet an der Gelbsucht,
hat einen inkurabeln Hahnentritt, einen intermittierenden Sonnen=
koller und einen unvertilgbaren Kropf; dabei ist's senkrückig, stark
buglahm und steif auf den Vorderbeinen; es hat eine halbverbogene
Stange und ein Kopfgestell von Schafleder, das man so kurz geschnallt,
um's vom Stolpern abzuhalten, daß es schon oft gerissen und dann
wieder mit Knoten zusammengestückt ist; einen Gurt, aus sechs Stücken
geflickt, und einen sammeten Schwanzriemen von einem Frauensattel,
mit zwei Buchstaben, die ihren Namen bedeuten sollen, zierlich mit
Nägeln eingeschlagen, und hie und da mit Packfaden ergänzt.

Baptista. Wer kommt mit ihm?

Biondello. O Herr, sein Lakai, der leibhaftig wie das Pferd
ausstaffiert ist: mit einem leinenen Strumpf an einem Bein und einem
groben wollenen Jagdstrumpf am andern, und ein Paar roten und
blauen Tucheggen als Kniegürteln; einen alten Hut, an dem die
„Vierzig verliebten neuen Lieder" als Feder stecken; ein Ungeheuer,
ein rechtes Ungeheuer in seinem Anzuge, und sieht keinem christlichen
Dienstboten oder eines Edelmanns Lakaien ähnlich!

Tranio. Wer weiß, welch seltne Laun' ihn dazu trieb,
  Obgleich er oft geringe Kleider trägt.

Baptista. Nun, ich bin froh, daß er kommt; mag er kommen,
wie er will.

Biondello. Nein, Herr, er kommt nicht.

Baptista. Sagtest du nicht, er komme?

Biondello. Wer? Petruchio?

Baptista. Ja, daß Petruchio komme.

Biondello. Nein, Herr, ich sagte, sein Pferd kommt, und er
sitzt drauf.

Baptista. Nun, das ist eins.

Biondello. O nein doch, beim St. Jakob! da seid Ihr weit vom Ziele!
  Denn Pferd und Mann sind mehr als eins, und sind doch auch
                           nicht viele.

                   Petruchio und Grumio kommen.

Petruchio. Wo seid ihr, schmuckes Volk? Wer ist zu Haus?

Baptista. Gut, daß Ihr grade kommt . . .

Petruchio.   Und doch nicht grade...

Baptista. Ihr hinkt doch nicht?

Tranio.   Nicht grade so geschmückt,
Als Ihr wohl solltet.

Petruchio.   Wär's auch zierlicher,
Ich stürmte ebenso zu euch herein.
Doch wo ist Käthchen, meine holde Braut?
Was macht mein Vater? Lente, sagt, was habt ihr?
Was gafft denn diese werteste Gesellschaft,
Als wär' ein seltsam Abenteu'r zu sehn,
Ein Wunderzeichen oder ein Komet?

Baptista. Ei nun, Ihr wißt, heut ist Eu'r Hochzeittag;
Erst sorgten wir, Ihr möchtet gar nicht kommen,
Nun mehr noch, daß Ihr kommt so ungeschmückt.
Pfui! Weg das Kleid, Schaub' einem Mann wie Ihr,
Und unserm Ehrentag ein Dorn im Auge! —

Tranio. Und sagt uns, welch ein wichtig Hindernis
Hielt Euch so lang entfernt von Eurer Braut?
Und bringt Euch her, Euch selbst so gar nicht ähnlich?

Petruchio. Langweilig wär's zu sagen, schlimm zu hören;
Genug, ich kam, und will mein Wort erfüllen,
Kann ich's auch nicht in allen Stücken thuu,
Was ich bei längrer Muß' entschuld'gen will,
So daß ihr alle sollt zufrieden sein.
Doch wo ist Käthchen? Schon zu lange säumt' ich,
's ist spät, wir sollten in der Kirche sein.

Tranio. Seht nicht die Brant in den unzarten Hüllen;
Geht auf mein Zimmer, nehmt ein Kleid von mir.

Petruchio. Daraus wird nichts, ich will sie so besuchen.

Baptista. Doch so, ich hoff' es, geht Ihr nicht zur Kirche?

Petruchio. Ja doch, just so; drum laßt das Reden sein;
Mir wird sie angetraut, nicht meinen Kleidern.
Könnt' ich ergänzen, was sie an mir abnutzt,
Wie ich dies ärmliche Gewand kann tauschen,
Wär's gut für Käthchen, besser noch für mich.
Doch welch ein Narr bin ich, mit Euch zu schwatzen,
Derweil ich sie als Braut begrüßen sollte,
Mein Recht mit einem süßen Kuß besiegelnd!
              (Petruchio, Grumio und Biondello ab.)

Tranio. Der närrische Aufzug hat gewiß Bedeutung!
Doch reden wir ihm zu, wenn's möglich ist,
Daß er sich besser kleide vor der Trauung.

Baptista. Ich will ihm nach und sehn, was daraus wird. (Ab.)

Tranio. Nun, junger Herr, kommt's noch drauf an, den Willen
  Des Vaters zu gewinnen. Zu dem Zweck,
  Wie ich vorhin Eu'r Gnaden schon erzählte,
  Schaff' ich uns einen Mann — wer es auch sei,
  Macht venig aus — den richten wir uns ab,
  Der soll Vincentio aus Pisa sein
  Und hier in Padua die Verschreibung geben
  Auf größre Summen noch, als ich versprach.
  So sollt Ihr Eures Glücks Euch ruhig freun,
  Mit Einstimmung vermählt der schönen Bianka.
Lucentio. Wär' mein Kamrad nur nicht, der zweite Lehrer,
  Der Biankas Schritte so genau bewacht,
  So ging' es leicht, sich heimlich zu vermählen.
  Und ist's geschehn, sag' alle Welt auch nein,
  Behaupt' ich, aller Welt zum Troß, mein Recht.
Tranio. Das, denk' ich, läßt sich nach und nach ersehn.
  Sind wir nur wachsam stets auf unsern Vorteil,
  So prellen wir den alten Graubart Gremio,
  Den überschlauen Vater Minola,
  Den schmachtend süßen Meister Licio
  Zum Besten meines lieben Herrn Lucentio. *Gremio kommt zurück.*
  Nun, Signor Gremio! kommt Ihr aus der Kirche?
Gremio. Und zwar so gern, wie je nur aus der Schule.
Tranio. Sind Braut und Bräut'gam denn zu Hause schon? —
Gremio. Bräut'gam? Recht! Breit ja macht er sich genug,
  Bräut Jammer noch und Not der armen Braut.
Tranio. Schlimmer als sie? Ei was! Das ist nicht möglich.
Gremio. Er ist ein Teufel, ein leibhaft'ger Satan!
Tranio. Und sie des Teufels leibhaft'ge Großmutter!
Gremio. Pah! gegen ihn ein Lamm, ein Kind, ein Täubchen!
  Laßt Euch erzählen, Herr. Der Priester fragt' ihn,
  Ob Katharinen er zur Frau begehre?
  „Beim Donnerwetter, ja!" schrie er, und fluchte.
  Vor Schrecken ließ das Buch der Priester fallen;
  Und als er sich gebückt, es aufzunehmen,
  Gab ihm der tolle Bräut'gam solchen Schlag,
  Daß Buch und Pfaff', und Pfaff' und Buch hinstürzten.
  „Nun raff' das Zeug auf!" rief er, „wer da mag!"
Tranio. Was sagte denn das Bräutchen, als er aufstand?
Gremio. Sie war ganz Furcht; denn seht, er stampft' und fluchte,
  Als hätte ihn der Priester thören wollen.
  Als nun die Ceremonien all' geendet,
  Ruft er nach Wein,

Und: Profit! schreit er, wie auf dem Verdeck,
Als tränk' er nach dem Sturm mit den Kamraden;
Stürzt den Muskat hinab, und wirft die Tunke
Dem Küster ins Gesicht, aus keinem Grund,
Als weil sein Bart ihm, dünn und hungrig, schien
Um einen Schluck zu betteln, da er trank.
Und nun faßt' er die Braut um ihren Hals,
Und giebt ihr einen Schmatz so gellend laut,
Daß rings die ganze Kirche wiederhallte.
Ich lief aus Scham hinaus, als ich dies sah,
Und nach mir, glaub' ich, folgt' der ganze Schwarm.
So tolle Hochzeit war noch nie zuvor!
Horch! horch! ich höre schon die Musikanten.

Musik. Petruchio, Katharina, Bianka, Baptista, Hortensio und
Grumio kommen mit Dienern und Gefolge.

Petruchio. Ihr Herrn und Freund', ich dank' für eure Müh'.
Ich weiß, ihr denkt nun heut mit mir zu essen.
Und habt viel aufgewandt zum Hochzeitschmaus.
Doch leider ruft die Eil' mich gleich von hier;
Darum muß jetzt ich Abschied von euch nehmen.

Baptista. Ist's möglich? Noch heut abend wollt Ihr fort?

Petruchio. Bei Tag noch muß ich fort, noch vor dem Abend;
Nicht wundert Euch: sagt' ich Euch mein Geschäft,
Ihr hießt mich selbst wohl gehn, und nicht verweilen.
Und, ehrsame Gesellschaft, Dank euch allen,
Die ihr gesehn, wie ich mich hingegeben
Der höchst sanftmüt'gen, frommen, lieben Frau.
Mit meinem Vater schmaust, trinkt auf mein Wohl;
Denn ich muß fort, und Gott sei mit euch allen.

Tranio. Laßt uns Euch bitten, bleibt bis nach der Mahlzeit.

Petruchio. Es kann nicht sein.

Gremio. Laßt mich Euch bitten.

Petruchio. Es kann nicht sein.

Katharina. Laßt mich Euch bitten.

Petruchio. Das ist mir recht!

Katharina. So ist's Euch recht, zu bleiben?

Petruchio. Recht ist mir's, daß Ihr bittet, ich soll bleiben;
Doch nichts von Bleiben, bittet, was Ihr mögt.

Katharina. Wenn Ihr mich liebt, so bleibt.

Petruchio. Grumio, die Pferde! —

Grumio. Ja, Herr, sie sind parat, der Haber hat die Pferde
schon gefressen.

Katharina. Nun gut;
Thu', was du willst, mich bringst du heut nicht weg,

Auch morgen nicht, nicht bis es mir gefällt.
Das Thor ist offen, Herr, da geht der Weg,
Drum trabt nach Haus, eh' Euch die Stiefel drücken;
Ich aber will nicht gehn, eh' mir's gefällt.
Das gäb 'nen herrlich mürrischen Grobian,
Der sich den ersten Tag so mausig macht!

Petruchio. Ei, Käthchen, still, ich bitt' dich, sei nicht bös.

Katharina. Ich will nun böse sein, was kümmert's dich?
Vater, schweigt nur, er bleibt, solang ich will.

Gremio. Aha, mein Freund, nun geht die Sache los.

Katharina. Ihr Herrn, hinein da zu dem Hochzeitsmahl.
Ich seh', ein Weib wird bald zum Narrn gemacht,
Wenn sie nicht Mut hat, sich zu widersetzen.

Petruchio. Sie soll'n hinein, mein Kind, wie du befiehlst;
Gehorcht der Braut, denn ihretwegen kamt ihr.
Setzt euch zum Schmausen, singt und jubiliert,
Bringt volle Humpen ihrem Mädchenstand;
Seid toll und lustig, oder laßt euch heulen;
Allein mein herzig Käthchen muß mit mir.
Nein, seht nicht scheel, noch stampft und stiert und mault;
Ich will der Herr sein meines Eigentums;
Sie ist mein Landgut, ist mein Haus und Hof,
Mein Hausgerät, mein Acker, meine Scheune,
Mein Pferd, mein Ochs, mein Esel, kurz mein Alles.
Hier steht sie, rühr' sie einer an, der Herz hat!
Ich will mein Recht behaupten vor dem Frechsten,
Der mir den Weg in Padua sperrt! Zieh, Grumio,
Zieh deinen Sarras, rund um uns sind Räuber;
Hau deine Frau heraus, bist du ein Mann!
Ruhig, lieb Herz, sie soll'n dir nichts thun, Käthchen;
Ich helf' dir durch, und wären's Millionen.

(Petruchio, Katharina und Grumio ab.)

Baptista. Nun gehn sie denn, o sanftes, stilles Paar!

Gremio. Es war wohl Zeit, sonst starb ich noch vor Lachen!

Tranio. So tolles Bündnis ist noch nie geschlossen!

Lucentio. Fräulein, was haltet Ihr von Eurer Schwester?

Bianka. Daß toll von je, sie toll sich angekettet.

Gremio. Und sich ihr Mann noch toller angekäthet.

Baptista. Nachbarn und Freunde, fehlt auch Brant und Bräut'gam,
Um ihren Platz zu nehmen an dem Tisch,
So strotzt die Tafel doch von Leckerbissen.
Ihr nehmt des Bräut'gams Platz, Lucentio,
Und Bianka mag für ihre Schwester gelten.

Tranio. Soll unsre Bianka lernen Bräutchen spielen?
Baptista. Das soll sie, Freund Lucentio. Kommt herein.
(Alle ab.)

Vierter Aufzug.

1. Scene.

Saal bei Petruchio.

Grumio tritt auf.

Grumio. Hol' die Pest alle müden Schindmähren, alle tollen Herrn und alle schlechten Wege! Ward je einer so geprügelt? — Je einer so vollgespritzt? Ist je ein Mensch so müde gewesen? Ich bin vorausgeschickt, um Feuer zu machen, und sie kommen hinter mir drein, um sich zu wärmen. Wär' ich nun nicht so ein kleiner Topf und bald heiß im Kopf, mir würden die Lippen an die Zähne frieren, die Zunge an den Gaumen, das Herz an die Rippen, ehe ich zu einem Feuer käme, um mich aufzutauen. Aber ich gedenke das Feuer anzublasen und mich damit zu wärmen; denn wenn man dies Wetter erwägt, so kann ein viel größerer Kerl, als ich bin, sich den Schnupfen holen. Holla, he! Curtis!

Curtis kommt.

Curtis. Wer schreit da so erfroren?

Grumio. Ein Stück Eis. Wenn du es nicht glauben willst, so kannst du von meinen Schultern zu meinen Füßen so geschwind hinunterglitschen, als wie vom Kopf zum Genick. Feuer, liebster Curtis!

Curtis. Kommen denn unser Herr und seine Frau, Grumio?

Grumio. Ja doch, Curtis, o ja! und darum Feuer, Feuer, thu kein Wasser dran!

Curtis. Ist sie denn solch eine hitzige Widerspenstige, wie man sagt? —

Grumio. Das war sie, guter Curtis, vor diesem Frost; aber du weißt's, der Winter zähmt Mann, Frau und Vieh; denn er hat meinen alten Herrn und meine neue Frau gezähmt und mich selbst, Kamrad Curtis.

Curtis. Geh mir, du dreizölliger Geck! Ich bin kein Vieh! —

Grumio. Halt' ich nur drei Zoll? Ei was! Dein Horn mißt einen Fuß, und so lang bin ich zum wenigsten. Aber willst du Feuer anmachen? Oder soll ich Klage über dich bei unserer Frau führen, deren Hand (denn sie ist gleich bei der Hand) du bald fühlen

wirst, als einen kalten Trost dafür, daß du langsam bist in deinem
heißen Dienst? —

Curtis. Bitt' dich, lieber Grumio, erzähle mir was; wie geht's
in der Welt?

Grumio. Kalt geht's in der Welt, Curtis, in jedem andern
Dienst als im deinigen; und darum Feuer! Thu, was dir gebührt,
und nimm, was dir gebührt; denn unser Herr und seine Frau sind
beinahe totgefroren.

Curtis. Das Feuer brennt, und also nun erzähle was Neues,
guter Grumio.

Grumio. I nun. (Singt.) „He Hans! Ho Hans!" so viel
Neues du willst.

Curtis. Ach, geh, du bist immer so voller Flausen.

Grumio. Nun also, mach Feuer, denn ich bin auch voller
Kälte. Wo ist der Koch? Ist das Abendessen fertig? Ist das Haus
gescheuert, Binsen gestreut, Spinneweben abgesegt, die Knechte in
ihren neuen Jacken und weißen Strümpfen? Hat jeder Bediente sein
hochzeitlich Kleid an? Sind die Gläser geschwenkt und die Becher
getränkt, die Tischdecken aufgelegt, und alles in Ordnung? —

Curtis. Alles fertig, und darum bitt' ich dich, was Neues.

Grumio. Erstlich wisse, daß mein Pferd müde ist; daß mein
Herr und meine Frau übereinander hergefallen sind . . . .

Curtis. Wie? handgreiflich?

Grumio. Aus ihrem Sattel in den Kot, übereinander; und
davon ließe sich eine Geschichte erzählen.

Curtis. Nun laß hören, liebster Grumio.

Grumio. Dein Ohr her!

Curtis. Hier!

Grumio. Da! (Giebt ihm eine Ohrfeige.)

Curtis. Das heißt eine Geschichte fühlen, nicht eine Geschichte
hören.

Grumio. Und darum nennt man's eine gefühlvolle Geschichte;
und dieser Schlag sollte nur an dein Ohr anklopfen und sich Gehör
ausbitten. Nun fang' ich an. In primis, wir kamen einen schmutzigen
Berg herab, mein Herr ritt hinter meiner gnädigen Frau —

Curtis. Beide auf einem Pferde?

Grumio. Was denkst du dir dabei?

Curtis. Ei, ein Pferd.

Grumio. Erzähle du die Geschichte. Aber wärst du mir nicht
dazwischen gekommen, so hätt'st du gehört, vie ihr Pferd fiel, und
sie unter ihr Pferd; du hätt'st gehört, an welcher schmutzigen Stelle,
und vie durchnäßt sie war; wie er sie liegen ließ mit dem Pferde
auf ihr; wie er mich prügelte, weil ihr Pferd gestolpert war; wie

sie durch den Kot watete, um ihn von mir wegzureißen; vie er fluchte, wie sie betete, sie, die noch nimmermehr gebetet hatte; wie sie heulte, vie die Pferde davonliefen, wie ihr Zügel zerriß, wie ich meinen Schwanzriemen verlor, nebst vielen anderen denkwürdigen Historien, welche nun in Vergessenheit sterben; und du kehrst ohne Weltkenntnis in dein Grab zurück.

Curtis. Nach dieser Rechnung ist mit ihm ja noch weniger Auskommens, als mit ihr?

Grumio. Ja, und das werden die Frechsten von euch allen erfahren, wenn er nach Hause kommt. Aber warum schwatze ich hier? Ruf Nathanael, Joseph, Niklas, Philipp, Walther, Haberkuckuck, und die andern her; laß sie ihre Köpfe glatt kämmen, ihre blauen Röcke ausbürsten, ihre Kniegürtel sollen sie nicht anstößig binden, mit dem linken Fuß ausscharren, und sich's nicht unterstehen, ein Haar von meines Herrn Pferdeschwanz anzurühren, bis sie sich die Hand geküßt haben. Sind sie alle fertig?

Curtis. Das sind sie.

Grumio. Ruf sie her.

Curtis. Hört ihr! He! Ihr sollt dem Herrn entgegengehen! — und meiner gnädigen Fran ein rechtes Ansehen geben!

Grumio. Nun, sie ist selbst schon ansehnlich genug!

Curtis. Das ist gewiß.

Grumio. Nun, was rufst du denn die Leute, ihr ein Ansehen zu geben?

Curtis. Ich meine, sie sollen ihr Kredit verschaffen.

Grumio. Ei was, sie wird ja nichts von ihnen borgen wollen.

Mehrere Bediente kommen.

Nathanael. Willkommen zu Hanse, Grumio!

Philipp. Wie geht's, Grumio?

Joseph. Ei, Grumio!

Niklas. Kamerad, Grumio!

Nathanael. Wie geht's, alter Junge?

Grumio. Willkommen, du! — Wie geht's, du? — Ei, du! — Kamerad, du! — und damit genug des Grüßens. — Nun, ist alles fertig? Ist jedes Ding niedlich, meine schmucken Kerlchen?

Nathanael. Jedes Ding ist fertig. — Wie nah ist der Herr?

Grumio. Ganz nah, vielleicht schon abgestiegen, und darum seid nicht — — Potz sapperment, seid still! Ich höre meinen Herrn.

Petruchio und Katharina kommen.

Petruchio. Wo sind die Schurken? Was? Kein Mensch am Thor Hielt mir den Bügel, nahm das Pferd mir ab?
Wo sind Nathanael, Philipp und Gregor?

Alle. Hier, Herr! Hier, Herr!

Petruchio. Hier, Herr! hier, Herr! hier, Herr! hier, Herr!
Ihr tölpelhaften, schlecht gezognen Flegel!
Was! keine Ordnung? Kein Respekt? Kein Dienst?
Wo ist der dumme Kerl, den ich geschickt?

Grumio. Hier, Herr, noch ganz so dumm, und doch geschickt.

Petruchio. Du Bauernlümmel! Du verdammter Karr'ngaul!
Sollt'st du im Park uns nicht entgegenkommen
Und all' die faulen Schlingel mit dir bringen?

Grumio. Nathanaels Rock, Herr, war noch nicht ganz fertig,
An Philipps Korduanschuh'n war noch kein Eisen,
Kein Fackelruß, um Peters Hut zu schwärzen,
An Walthers Dolch die Scheide noch in Arbeit.
Niemand in Staat, als Ralph, Gregor und Adam;
Die andern lumpig, alt und bettelhaft.
Doch wie: sie sind, hab' ich sie hergeholt.

Petruchio. Geht, Schlingel! Geht, besorgt das Abendessen!
        (Einige von den Dienern ab.)
(Singt.) Wo ist mein vor'ges Leben hin?
— Wo sind die — — Setz' dich, Käthchen! sei willkommen
Hum, hum, hum, hum!
Wird's bald? he? — Nnn, lieb Käthchen, sei vergnügt! —
— Die Stiefel ab, ihr Schlingel, Schufte! Wird's
(Singt.) Ein Bruder Graurock lobesan
       Kam seines Wegs getrost heran — —
Spitzbube! du verrenkst mir ja das Bein!
Nimm das! Und zieh den andern besser aus! *(Schlägt ihn.)*
— Sei lustig, Käthchen. — Wasser her! Geschwind!
— Wo ist mein Windspiel Troilus? Kerl, gleich hin,
Mein Vetter Ferdinand soll zu uns kommen. *(Ein Diener ab.)*
Den mußt du küssen, Kind, und näher kennen lernen.
Her die Pantoffeln! Krieg' ich denn kein Wasser?
       (Es wird ihm ein Becken gebracht.)
Komm, Käthchen, wasch' dich! Und nochmals willkommen!
       (Der Bediente wirft die Kanne hin.)
Verdammter Hundsfott! Mußt du's fallen lassen? *(Schlägt ihn.)*

Katharina. Geduld, ich bitt', er that es unversehns!

Petruchio. Ein Hurensohn! Ein Eselsohr von Dickkopf! —
Komm, Käthchen, setz' dich, hungrig mußt du sein;
Sprichst du das Gratias, Liebchen, oder ich? —
Was ist das? Schöps?

Erster Diener.   Ja.

Petruchio.   Und wer bracht' es?

Erster Diener.   Ich.

Petruchio. Es ist verbrannt, und so ist alles Essen;

Welch Hundevolk! Wo ist der Koch, die Bestie?
Wie wagt ihr Schurken, das mir anzurichten,
Mir vorzusetzen, was ich doch nicht mag?
Da! Fort damit! Fort Teller, Becher! Alles!
(Wirft Essen und Tischzeug auf die Erde.)
Einfält'ge Lümmel! Ungeschliffnes Volk!
Was? brummt ihr noch? Gleich werd' ich bei euch sein.

Katharina. Ich bitt' dich, lieber Mann, sei nicht so unwirsch;
Gut war das Essen, hätt'st du's nur gemocht!

Petruchio. Nein, Käthchen, 's war vertrocknet und verbrannt.
Und grade das hat man mir streng verboten;
Denn auf die Galle wirkt's, erzeugt den Arger.
Drum ist es besser, wenn wir beide fasten,
Die an und für sich wir cholerisch sind,
Als durch zu stark Gebratnes uns verderben.
Geduld, mein Kind, wir holen's morgen ein;
Doch diese Nacht woll'n wir gemeinsam fasten,
Komm nun, ich führ' dich in dein Brautgemach.
(Katharina, Petruchio und Curtis ab.)

Nathanael. Peter, sag, hast du so was je gesehn?

Peter. Die macht er tot in ihrer eignen Manier.
Curtis kommt zurück.

Grumio. Wo ist er?

Curtis. Drin mit ihr;
Hält ihr 'ne Predigt von Enthaltsamkeit,
Zankt, flucht und schilt; und sie, das arme Ding,
Wagt kaum noch aufzusehn, zu stehn, zu reden,
Und sitzt, wie eben aus 'nem Traum erwacht.
Fort! Fort! Da kommt er wieder her! (Sie laufen fort.)
Petruchio kommt zurück.

Petruchio. So hab' ich klugerweis' mein Reich begonnen
Und hoffe, ferner glücklich zu regieren.
Mein Fall' ist nun geschärft und tüchtig hungrig,
Und bis er zahm ist, kriegt er auch kein Futter;
Sonst wird er nie auf meinen Wink gehorchen.
Noch kirr' ich anders meinen wilden Sperber,
So daß er kommt, und kennt des Wächters Ruf.
Wach bleibt sie, wie der Habicht wachen muß,
Der schlägt und stößt und nicht gehorchen vill.
Heut aß sie nichts, und soll auch nichts bekommen,
Schlief nicht die Nacht, und soll's auch diese nicht;
Wie bei dem Essen stell' ich mich, als wär'
Das Bett ganz unrecht und verkehrt gemacht;
Dahin werf' ich den Pfühl, dorthin das Kissen,

Die Deck' auf jene Seit', auf die das Laken;
Ja, bei dem Wirrwarr schwör' ich noch, ich thu'
Das alles nur aus zarter Sorg' um sie.
Kurz, sie soll wachen diese ganze Nacht;
Nickt sie nur etwas ein, so zank' und tob' ich,
Um durch mein Schrei'n den Schlaf ihr zu verscheuchen.
Dies ist die Art, durch Lieb' ein Weib zu töten;
So beug' ich ihren harten störr'gen Sinn.
Wer Widerspenst'ge besser weiß zu zähmen,
Mag christlich mir's zu sagen sich bequemen. (Ab.)

2. Scene.

Straße in Padua vor Baptistas Haus.

Tranio und Hortensio treten auf.

Tranio. Wär's möglich wohl, Freund Licio, daß ein andrer
    Sich Biankas Gunst erworben, als Lucentio? —
    Sie that doch ganz, als liebte sie nur mich.

Hortensio. Wollt Ihr Beweis von dem, was ich Euch sagte,
    So gebt hier acht, wie er sie unterrichtet.

(Sie stellen sich auf die Seite.)
Bianka und Lucentio kommen.

Lucentio. Fräulein, behaltet Ihr, was ich Euch lehrte?

Bianka. Was lehrt Ihr, Meister, erst erklärt mir das.

Lucentio. Was einzig mein Beruf, die Kunst zu lieben.

Bianka. Mögt Ihr bald Meister sein in dieser Kunst!

Lucentio. Nehmt Ihr als Lehrling mich in Eure Gunst.

(Gehen vorüber.)

Hortensio. Nun wahrlich, das geht schnell! o sagt mir doch,
    Ihr schwuret ja, daß Euer Fräulein Bianka
    Nichts in der Welt so als Lucentio liebe?

Tranio. O falscher Amor! Treulos Weibervolk!
    Ich sag' dir, Licio, es ist unglaublich!

Hortensio. Nicht länger diese Mask': ich bin nicht Licio,
    Bin auch kein Musiker, wie ich Euch schien,
    Vielmehr ein Mann, den die Verkleidung reut
    Um solche, die den Edelmann verwirft
    Und solchen Wicht zu ihrem Abgott macht!
    So wißt denn, Herr, daß ich Hortensio heiße.

Tranio. Signor Hortensio, oft hab' ich gehört
    Von Eurer starken Leidenschaft für Bianka.
    Da ich nun Augenzeuge bin des Leichtsinns,
    Will ich mit Euch, seid Ihr es so zufrieden,
    Auf ewig Biankas Lieb und Gunst verschwören.

Hortensio. Wie zärtlich sie sich küssen! Herr Lucentio!
Hier meine Hand; und feierlich beschwör' ich
Nie mehr um sie zu frein; abschwör' ich ihr
Als ganz unwürdig aller Zärtlichkeit,
Mit der ich thöricht ihr gehuldigt habe.
Tranio. Empfangt auch meinen ungefälschten Schwur:
Zur Frau nehm' ich sie nie, selbst wenn sie bäte.
Pfui! seht nur, wie unmenschlich sie ihn streichelt!
Hortensio. Möcht' alle Welt, nur er nicht, sie verschwören!
Ich nun, um recht gewiß den Schwur zu halten,
Will einer reichen Witwe mich vermählen,
Morgen am Tag, die mich so lang geliebt,
Als ich der schnöden Dirne nachgegangen.
Und so lebt wohl, Signor Lucentio!
Der Weiber Freundlichkeit, nicht schöne Augen,
Gewinnt mein Herz. So nehm' ich meinen Abschied,
Und fest bleibt stehn, was ich beschworen habe. (Hortensio ab.)
Bianka und Lucentio kommen wieder.
Tranio. Nun, Fräulein Bianka, werd' Euch Glück und Segen
Auf allen Euern heil'gen Liebeswegen! —
Ja, ja! ich hab' Euch wohl ertappt, mein Herz;
Wir schwuren beid' Euch ab, ich und Hortensio.
Bianka. Tranio, Ihr scherzt. Schwurt ihr mir beide ab?
Tranio. Das thaten wir.
Lucentio.   Dann sind wir Licio los.
Tranio. Mein Seel, er nimmt sich eine frische Witwe;
Die wird dann Braut und Frau an einem Tag.
Bianka. Gott geb' ihm Freude.
Tranio. Und zähmen wird er sie.
Bianka.   So spricht er, Freund.
Tranio. Gewiß, er geht schon in die Zähmungsschule.
Bianka. Die Zähmungsschule? Ei, giebt's solchen Ort?
Tranio. Ja, Fräulein, und Petruchio ist der Rektor.
Der lehrt Manier, die jedem er verständigt,
Wie man der Widerspenst'gen Zunge bändigt.
Biondello kommt gelaufen.
Biondello. O lieber Herr, so lang hab' ich gelauert,
Daß hundemüd' ich bin; doch endlich sah ich
'nen alten Biedermann vom Hügel kommen,
Der paßt für uns.
Tranio.   Sag an, wer ist's, Biondello?
Biondello. Ein Merkatant, Herr, oder ein Pedant;
Ich weiß nicht was; doch steif in seinem Anzug,
An Haltung, Gang und Tracht recht wie ein Vater.

Lucentio. Tranio, was soll er uns?

Tranio. Wenn der leichtgläubig meinen Märchen traut,
  So ist er froh, Vincentio hier zu spielen;
  Und giebt Baptista Minola Verschreibung
  So gut, als ob Vincentio selbst er wäre. —
  Nehmt Eure Braut hinein und laßt mich machen.

(Lucentio und Bianca ab.)

Ein Pedant tritt auf.

Pedant. Gott grüß Euch, Herr!

Tranio.   Und Euch, Herr, seid willkommen!
  Ist hier Eu'r Ziel, Herr, oder reist Ihr weiter?

Pedant. Hier ist mein Ziel, für einige Wochen mind'stens;
  Dann reis' ich weiter, reise noch bis Rom;
  Von dort nach Tripolis, schenkt Gott mir Leben.

Tranio. Von woher kommt Ihr, wenn's vergönnt?

Pedant.   Von Mantua.

Tranio. Von Mantua, Herr? Ei, Gott verhüt' es!
  Und kommt nach Padua mit Gefahr des Lebens?

Pedant. Mein Leben, Herr? Wieso? Das väre schlimm!

Tranio. Tod ist verhängt für jeden, der von Mantua
  Nach Padua kommt; wißt Ihr die Ursach' nicht?
  Venedig nahm Euch Schiffe weg, der Doge
  (Weil Feindschaft zwischen ihm und Eurem Herzog)
  Ließ öffentlich durch Ausruf es verkünden.
  Mich wundert — nur veil Ihr erst kürzlich kamt,
  Sonst hättet Ihr den Ausruf schon vernommen.

Pedant. O veh, mein Herr! Das ist für mich noch schlimmer;
  Denn Wechselbriefe hab' ich von Florenz,
  Die hier in Padua abzugeben sind.

Tranio. Gut, Herr; um einen Dienst Euch zu erweisen,
  Will ich dies thun, und diesen Rat Euch geben; —
  Erst sagt mir aber: war't Ihr je in Pisa?

Pedant. Ja, Herr, in Pisa bin ich oft gewesen,
  Pisa, berühmt durch angesehne Bürger.

Tranio. So kennt Ihr unter diesen wohl Vincentio?

Pedant. Ich kenn' ihn nicht, doch hört' ich oft von ihm;
  Ein Kaufmann von unendlichem Vermögen.

Tranio. Er ist mein Vater, Herr, und auf mein Wort,
  Er sieht Euch im Gesicht so ziemlich gleich.

Blondello. Just, wie ein Apfel einer Auster gleicht!

Tranio. In dieser Not das Leben Euch zu retten,
  Thu' ich Euch, ihm zuliebe, diesen Dienst.
  Und haltet's nicht für Euer schlimmstes Glück,

Daß Ihr dem Herrn Vincentio ähnlich seht.
Von ihm müßt Namen Ihr und Ansehn borgen;
Mein Haus steht Euch zu Diensten, wohnt bei mir.
Betragt Euch so, daß niemand Argwohn faßt,
Nun, Ihr versteht mich; ja, so sollt Ihr bleiben,
Bis Eu'r Geschäft in dieser Stadt beendigt.
Ist dies ein Dienst, so nehmt ihn willig an.

Pedant. Das thu' ich, Herr, und will in Euch stets sehn
Den Schützer meines Lebens, meiner Freiheit.

Tranio. So kommt mit mir und stellt die Sach' ins Werk.
So viel sei Euch beiläufig noch gesagt,
Mein Vater wird hier jeden Tag erwartet,
Um hier ein Eheverlöbniß abzuschließen
Mit mir und eines Herrn Baptista Tochter;
Von alledem will ich Euch unterrichten.
Kommt mit mir, Herr, geziemlich Euch zu kleiden. (Alle ab.)

3. Scene.

Zimmer in Petruchios Landhaus.

Katharina und Grumio treten auf.

Grumio. Nein, nein, gewiß! Ich darf nicht, für mein Leben!
Katharina. Für jede neue Kränkung neuer Hohn.
Ward ich sein Weib, daß er mich läßt verhungern?
Betritt ein Bettler meines Vaters Haus,
Bekommt er, wie er bittet, gleich die Gabe,
Wo nicht, so find't er anderswo Erbarmen;
Doch ich, die nie gewußt, was Bitten sei,
Und die kein Mangel je zum Bitten zwang,
Ich sterb' aus Hunger, bin vom Wachen schwindelnd,
Durch Fluchen wach, durch Zanken satt gemacht;
Und was mich mehr noch kränkt als alles dies,
Er thut es unterm Schein der zartsten Liebe,
Als könnt's nicht fehlen: wenn ich schliefe, äße,
Würd' ich gefährlich krank, und stürbe gleich.
Ich bitte, geh und schaff mir was zu essen,
Und gleichviel was, wenn's nur genießbar ist.
Grumio. Was sagt Ihr wohl zu einem Kälberfuß?
Katharina. Ach, gar zu gut; ich bitt' dich, schaff ihn mir.
Grumio. Nur fürcht' ich, ist's ein zu cholerisch Essen.
Allein ein fett Gekröse, gut geschmort?
Katharina. Das mag ich gern, o Liebster, hol es mir.

4*

Grumio. Ich weiß doch nicht, ich fürcht', es ist cholerisch.
Was sagt Ihr denn zu Rindfleisch, und mit Senf?

Katharina. Dies Essen zählt zu meinen Leibgerichten.

Grumio. Ja, ja, doch ist der Senf ein wenig hitzig.

Katharina. Nun, Rindfleisch dann, und laß den Senf ganz weg

Grumio. Nein, das ist nichts; Ihr nehmt den Senf dabei,
Sonst kriegt Ihr auch das Fleisch von Grumio nicht.

Katharina. Gut, beides oder eins, ganz wie du willst.

Grumio. Also den Senf denn, und kein Fleisch dazu?

Katharina. Mir aus den Augen, Kerl! boshafter Wicht!
Abspeisen willst du mich mit Wortgerichten? (Schlägt ihn.)
Verwünscht seist du und deine ganze Rotte,
Die sich an meinem Elend noch ergötzt!
Aus meinen Augen! Fort! —
      Petruchio mit einer Schüssel und Hortensio kommen.

Petruchio. Wie geht's, mein Käthchen? Herz, so melancholisch?

Hortensio. Nun, seid Ihr guten Muts?

Katharina.   Ja! guten Unmuts!

Petruchio. Nun lach mich an, mein Herz, sei wohlgemut.
Hier, Kind, du siehst, wie ich für dich besorgt.
Selbst richt' ich für dich an und bringe dir's.
           (Setzt die Schüssel auf den Tisch.)
Nun! solche Freundlichkeit verdient doch Dank.
Was! nicht ein Wort? Nun dann, du magst es nicht,
Und mein Bemühn ist ganz umsonst gewesen.
Da! Nehmt die Schüssel weg.

Katharina.   Bitte, laßt sie stehn.

Petruchio. Der kleinste Dienst wird ja mit Dank bezahlt;
Und meiner soll's, eh' du dir davon nimmst.

Katharina. Ich dank' Euch, Herr.

Hortensio. Signor Petruchio, pfui! Ihr seid zu tadeln!
Gesellschaft leist' ich Euch, so komm und eß.

Petruchio (beiseite). Iß alles auf, wenn du mich liebst, Hortensio.
(Laut.) Nun wohl bekomm' es dir, mein liebes Herz;
Iß schnell, mein Käthchen. Nun, mein süßes Liebchen,
Laß uns zurück, zu deinem Vater reisen;
Dort laß uns wacker schwärmen und stolzieren,
Mit seidnen Kleidern, Hauben, goldnen Ringen,
Mit Litzen, Spitzen, Samt und tausend Dingen,
Mit Spang' und Armband wie die höchste Edeldam',
Bernstein, Korall' und Perl und solchem Trödelkram.
Nun, bist du satt? Dein wartet schon der Schneider
Und bringt zum Putz die raschelnd seidnen Kleider.

Schneider kommt

Komm, Schneider! zeig uns deine Herrlichkeiten!
Leg aus das Kleid.

Putzhändler kommt.

Und was habt Ihr zu suchen?

Putzhändler. Hier ist die Haube, die Eu'r Gnaden wünschte.

Petruchio. Was! Auf 'ne Suppenschüssel abgeformt?
Ein samtner Napf? Pfui doch! gemein und garstig!
Wie eine Walnußschal', ein Schneckenhaus,
Ein Quark, ein Tand, ein Wisch, ein Puppenhäubchen!
Weg mit dem Ding! Schafft eine größre, sag' ich.

Katharina. Ich will sie größer nicht; so ist's die Mode,
So tragen seine Damen jetzt die Hauben.

Petruchio. Wenn Ihr erst sein seid, sollt Ihr eine haben;
Doch nicht vorher.

Hortensio (beiseite). Das wird sobald nicht sein!

Katharina. Wie, Herr? hab' ich Erlaubnis nicht, zu reden?
Ja, ich will reden, denn ich bin kein Kind!
Schon Bessere hörten meine Meinung sonst;
Könnt Ihr das nicht, stopft Euch die Ohren zu.
Mein Mund soll meines Herzens Bosheit sagen,
Sonst wird mein Herz, verschweig' ich sie, zerspringen;
Und ehe das geschieht, so will ich frei
Und über alles Maß die Zunge brauchen.

Petruchio. Du hast ganz recht, es ist 'ne lump'ge Haube,
Ein Tortendeckel, eine Samtpastete;
Ich hab' dich lieb drum, daß sie dir mißfällt.

Katharina. Lieb oder lieb mich nicht, die Haub' ist hübsch;
Und keine sonst, nur diese wird mich kleiden.

Petruchio.
Dein Kleid willst du? Ganz recht! Kommt, zeigt es, Schneider.
O gnad' uns Gott! Welch Faschingstück ist dies?
Was giebt's hier? Ärmel? Nein, Haubitzen sind's;
Seht! auf und ab, gekerbt wie Apfelkuchen,
Mit Schlitzen, Schnipp und Schnapp, gezickt, gezackt,
Recht wie ein Rauchfaß in der Baderstube.
Wie nennst du das ins Teufels Namen, Schneider?

Hortensio (beiseite). Ich seh', nicht Kleid noch Haube wird sie kriegen.

Schneider. Ihr hießt mich's machen, ganz wie sich's gehört,
So wie die Mod' es heutzutage will.

Petruchio. Jawohl, das that ich; doch besinne dich,
Ich sagte nicht: verdirb es nach der Mode!
Gleich spring nach Hause über Stock und Block,

Denn meiner Kundschaft bist du völlig quitt.
Für mich ist's nicht! Fort, mach mit, was du willst.

Katharina. Ich sah noch nie so schön gemachtes Kleid,
So modisch, sauber, von so hübscher Form;
Ihr wollt mich wohl zur Marionette machen?

Petruchio. Recht! Er will dich zur Marionette machen.

Schneider. Sie sagt, Euer Gnaden will sie zu einer Mario=
nette machen.

Petruchio. O ungeheure Frechheit! — Du lügst, du Zwirn,
Du Fingerhut, du Elle,
Dreiviertel=, halbe, Viertelelle, Zoll!
Du Floh! du Mücke! Winterheimchen du!
Trotzt mir im eignen Haus' ein Faden Zwirn?
Fort, Lappen du! Du Überrest, du Zuthat!
Sonst mess' ich mit der Elle dich zurecht,
Daß du zeitlebens solch Gewäsch verlernst.
Ich sag' es, ich! du hast ihr Kleid verpfuscht.

Schneider. Eu'r Gnaden irrt; das Kleid ist so gemacht,
Just so, wie's meinem Meister ward befohlen.
Grumio gab Ordre, wie es werden sollte.

Grumio. Ich gab nicht Ordre; Zeug hab' ich gegeben.

Schneider. Und wie verlangtet Ihr's von ihm gemacht?

Grumio. Zum Henker, Herr, mit Nadel und mit Zwirn.

Schneider. Doch sagt, nach welchem Schnitt Ihr's habt bestellt?

Grumio. Du hast wohl schon allerlei geschnitten?

Schneider. O ja, das habe ich.

Grumio. Schneide mir aber kein Gesicht. Du hast auch schon
manchen herausgeputzt, mich verschone aber mit deinen Ausputzern;
weder das eine noch das andere ist bei mir angebracht. Ich sage
dir, ich hieß deinem Meister, er solle das Kleid schneiden; ich hieß
ihm aber nicht, es in Stücke schneiden: ergo, du lügst.

Schneider. Nun, hier ist der Zettel mit der Bestellung, mir
zum Zeugen.

Petruchio. Lies ihn.

Grumio. Der Zettel lügt in seinen Hals, wenn er sagt, ich
habe es so bestellt.

Schneider. „In primis, ein freies loses Kleid."

Grumio. Herr, wenn ich ein Wort von freiem losen Wesen
gesagt habe, so näht mich in des Kleides Schleppe, und schlagt mich
mit einem Knäuel braunen Zwirn tot. Ich sagte bloß Kleid.

Petruchio. Weiter.

Schneider. „Mit einem kleinen runden Kragen."

Grumio. Ich bekenne den Kragen.

Schneider. „Mit einem Pauschärmel."

Grumio. Ich bekenne zwei Ärmel.

Schneider. „Die Ärmel niedlich zugespitzt und ausgeschnitten."

Petruchio. Ja, das ist die Spitzbüberei.

Grumio. Der Zettel lügt, Herr, der Zettel lügt. Ich befahl, die Ärmel sollten ausgeschnitten und wieder zugenäht werden; und das will ich an dir gut machen, wenn auch dein kleiner Finger mit einem Fingerhut gepanzert ist.

Schneider. Was ich gesagt habe, ist doch wahr; und hätte ich dich nur, ich weiß wohl wo, wollte ich es dir schon beweisen.

Grumio. Ich steh' dir gleich bereit; nimm du die Rechnung, gieb mir die Elle, und schone mich nicht.

Hortensio. Ha! Ha! Grumio, dabei käme er zu kurz!

Petruchio. Nun, kurz und gut, das Kleid ist nicht für mich.

Grumio. Da habt Ihr recht, 's ist für die gnäd'ge Frau.

Petruchio. Geh, heb' es auf zu deines Herrn Gebrauch.

Grumio. Schurke, bei deinem Leben nicht — meiner gnädigen Frau Kleid aufheben zu deines Herrn Gebrauch?

Petruchio. Nun, Mensch, was denkst du dir dabei?

Grumio. O Herr, die Meinung geht tiefer, als Ihr denkt — meiner gnädigen Frau Kleid aufheben zu seines Herrn Gebrauch? o pfui! pfui! pfui!

Petruchio (beiseite). Hortensio, sag, du wollst den Schneider zahlen. (Laut.) Geh! Nimm es mit! Fort, und kein Wort nun weiter!

Hortensio. Schneider, das Kleid bezahl' ich morgen dir,
Und nimm die hast'gen Reden ihm nicht übel;
Geh, sag' ich dir, und grüß' mir deinen Meister. (Schneider ab.)

Petruchio. So, Käthchen, komm! Besuchen wir den Vater,
So wie wir sind, in unsern schlichten Kleidern.
Stolz soll der Beutel sein, der Anzug arm;
Denn nur der Geist macht unsern Körper reich.
Und wie die Sonne bricht durch trübste Wolken,
So strahlt aus niedrigstem Gewand die Ehre.
Was? Ist der Häher edler als die Lerche,
Weil er mit schönerem Gefieder prangt?
Und ist die Otter besser als der Aal,
Weil ihre fleckige Haut das Aug' ergötzt?
O Käthchen, nein; so bist auch du nicht schlimmer
Um diese arme Tracht und schlechte Kleidung.
Doch hältst du's schimpflich, so gieb mir die Schuld.
Und drum frisch auf, wir wollen gleich dahin,
Beim Vater froh und guter Dinge sein.
Geht, meine Leute ruft, gleich reiten wir,

Die Pferde führt zum Heckenthor hinaus,
Bis dahin gehn wir, setzen dort uns auf.
Laßt sehn: ich denk', es ist jetzt sieben Uhr;
Wir können dort sein noch zum Mittagessen.

Katharina. Herr, ich versich'r' Euch, es hat zwei geschlagen,
Und kaum zum Abendessen kommt Ihr hin.

Petruchio. Es soll nun sieben Uhr sein, eh' wir reiten.
Sieh, was ich sag' und thu', und möchte thun,
Stets mußt du widersprechen! Laßt nur, Leute;
Ich will nun heut nicht fort; und eh' ich reite,
Da soll's die Stunde sein, die ich gesagt.

Hortensio. Der große Herr stellt gar die Sonne rückwärts! (Gehen ab.)

4. Scene.

Straße in Padua vor Baptistas Haus.

Tranio und der Pedant als Vincentio gekleidet treten auf.

Tranio. Dies ist das Haus, Signor; sagt, soll ich rufen?

Pedant. Jawohl! Was sonst? Und wenn ich mich nicht täusche,
Muß sich Signor Baptista mein erinnern
Von Genua her; bald sind es zwanzig Jahr,
Da wohnten beide wir im Pegasus.

Tranio. So ist es recht. Bleibt Eurer Rolle treu.
Seid strenge, wie es einem Vater ziemt.

Biondello kommt.

Pedant. Seid unbesorgt. Doch seht, hier kommt Eu'r Bursch;
Den müßt Ihr noch belehren.

Tranio. Um den seid unbekümmert. He, Biondello,
Nimm dich zusammen jetzt, das rat' ich dir;
Halt fest im Sinn, dies sei Vincentio.

Biondello. Ei, das ist meine Sache.

Tranio. Doch hast du's auch Baptista angemeldet?

Biondello. Der Alte, sagt' ich ihm, sei in Venedig,
Und daß Ihr heut in Padua ihn erwartet.

Tranio. Du bist ein ganzer Kerl; nimm das zum Trinken.
Hier kommt Baptista; nun macht ernste Mienen.

Baptista und Lucentio kommen.

Signor Baptista! glücklich angetroffen!
Vater, (zum Pedanten)
Dies ist der Herr, von dem ich Euch erzählt.
Ich bitt' Euch, handelt väterlich an mir,
Gebt mir mein Erbteil um Biankas willen.

Pedant. Sacht, sacht, mein Sohn!

Mit Eurer Gunst, mein Herr. Nach Padua kommend,
Um Schulden einzufordern, setzt mein Sohn
In Kenntnis mich von einer großen Sache,
Betreffend sein und Eurer Tochter Liebe.
Und um des Rufes will'n, in dem Ihr steht,
Und um der Liebe will'n, die er für sie
Und sie für ihn hegt — nicht ihn hinzuhalten,
Willige ich als guter Vater ein,
Ihn bald vermählt zu sehn; und sagt Ihr „ja"
So williglich als ich, sollt Ihr mich sicher
(Verständ'gen wir uns erst) höchst dienlich finden,
Damit gemeinsam der Kontrakt sich schließe.
Denn schwierig kann ich gegen Euch nicht sein,
Mein Teurer, Eures guten Rufes halb!

Baptista. Verzeiht, Signor, was ich erwidern muß:
Eu'r bünd'ger, kurzer Antrag ist mir lieb;
So viel ist wahr: Lucentio, Euer Sohn,
Liebt meine Tochter, und sie liebt ihn wieder,
Wenn beide nicht die größten Heuchler sind.
Deshalb, wenn es bei Eurem Worte bleibt,
Daß wie ein Vater Ihr an ihm wollt handeln
Und meinem Kind ein Wittum wollt verschreiben,
So ist es gut; die Heirat ist gemacht;
Eu'r Sohn erhält mein Kind mit gutem Willen.

Tranio. Ich dank' Euch, Herr. Wo scheint's Euch wohl am besten,
Uns zu verloben und den Ehkontrakt
Nach gegenseitigem Vertrag zu stiften?

Baptista. Nur nicht bei mir! Ihr wißt, es haben Ohren
Die Wände, meine Dienerschaft ist groß;
Auch Gremio liegt noch immer auf der Lauer.
So kann man dort gar leicht uns unterbrechen.

Tranio. In meiner Wohnung denn, wenn's Euch gefällt.
Dort wohnt mein Vater; dort, noch diesen Abend,
Verhandeln wir die Sache wohl und heimlich.
Schickt diesen Diener hin zu Eurer Tochter;
Mein Bursch soll gleich uns den Notar besorgen.
Das schlimmste bleibt, daß hastig so bestellt,
Ihr schmale, magre Vorbereitung findet.

Baptista. Mir ist es recht. Nun, Cambio, eilt nach Haus,
Und sagt Bianka, sich bereit zu halten;
Und wenn Ihr wollt, erzählt, was sich begeben.
Lucentios Vater kam nach Padua,
Und sie wird nun wohl bald Lucentios Frau.

Lucentio. Daß dies gescheh', fleh' ich zu allen Göttern!

Tranio. Halt dich nicht auf mit Göttern, sondern geh.

Signor Baptista, zeig' ich Euch den Weg?

Willkomm'! Ihr trefft wohl heut nur eine Schüssel;

In Pisa mach' ich's wieder gut.

Baptista.   Ich folg' Euch.

(Tranio, Pedant und Baptista ab.)

Biondello. Cambio!

Lucentio. Was sagst du, Biondello?

Biondello. Ihr saht doch meinen Herrn mit den Augen blinzeln und Euch anlachen?

Lucentio. Und das heißt, Biondello?

Biondello. Ei, das heißt nichts; aber er ließ mich hier zurück, Euch den Sinn und die Moral seiner Zeichen auszulegen.

Lucentio. Nun so bitte ich dich, kommentiere sie denn.

Biondello. Also denn wie folgt: Baptista ist uns sicher und schwatzt mit dem trügenden Vater eines trügerischen Sohns.

Lucentio. Nun, und was weiter?

Biondello. Ihr sollt seine Tochter zum Abendessen führen.

Lucentio. Und dann?

Biondello. Der alte Pfarrer an der Sankt Lukaskirche steht Euch jede Stunde zu Gebot.

Lucentio. Und was soll nun das alles?

Biondello. Das weiß ich nicht; nur das weiß ich, daß sie sich jetzt mit einer nachgemachten Versicherung beschäftigen. Denkt Ihr nun darauf, Euch ihrer zu versichern, cum Privilegio ad imprimendum solum, macht, daß Ihr zur Kirche kommt; nehmt Pfarrer, Küster und ein paar gültige Zeugen mit.

Und hilft Euch nicht zum Ziele, was ich Euch jetzt erdacht,

Sagt Eurer schönen Bianca nur auf ewig gute Nacht.

Lucentio. Höre noch, Biondello! . . .

Biondello. Ich habe keine Zeit. Ich kenne ein Mädchen, die verheiratete sich an einem Nachmittag, als sie in den Garten ging und Petersilie pflückte, um ein Kaninchen zu füllen; warum denn nicht auch Ihr, Herr? und so lebt wohl. Mein Herr hat mir aufgetragen, nach St. Lukas zu gehen, damit der Pfarrer zur Hand sei, wenn Ihr mit Eurem Appendix ankommen werdet. (Ab.)

Lucentio. Ich kann und will, wenn sie's zufrieden ist;

Sie wird es sein; weshalb denn sollt' ich zweifeln?

Mag's gehn, wie's will. Ich will es ehrlich wagen.

Cambio, frisch auf! die Braut dir zu erjagen! (Ab.)

5. Scene.

Landstraße.

Petruchio, Katharina und Hortensio treten auf.

Petruchio. Um Himmels willen schnell! Es geht zum Vater!
Mein Gott! Wie hell und freundlich scheint der Mond!

Katharina. Der Mond? die Sonne! Jetzt scheint ja nicht der Mond!

Petruchio. Ich sag', es ist der Mond, der scheint so hell.

Katharina. Ich weiß gewiß, die Sonne scheint so hell.

Petruchio. Bei meiner Mutter Sohn, und das bin ich,
Mond soll's sein oder Stern, oder was ich will,
Eh' ich zu deinem Vater weiter reise.
Führt nur die Pferde wieder in den Stall.
Stets Widerspruch! und nichts als Widerspruch!

Hortensio. Gebt ihm doch recht; sonst kommt Ihr nicht vom Fleck.

Katharina. Nein, bitt' Euch, kommt, da wir so weit gelangt;
Sei's Mond und Sonn', und was dir nur gefällt,
Und wenn du willst, magst du's ein Nachtlicht nennen;
Ich schwör', es soll für mich dasselbe sein.

Petruchio. Ich sag', es ist der Mond.

Katharina.   Natürlich ist's der Mond.

Petruchio. Ei wie du lügst! 's ist ja die liebe Sonne!

Katharina. Ja, lieber Gott! Es ist die liebe Sonne!
Doch nicht die Sonne, wenn du's anders willst;
Der Mond auch wechselt, wie es dir gelüstet;
Und wie du's nennen willst, das ist es auch,
Und soll's gewiß für Katharinen sein.

Hortensio. Glück auf, Petruchio, denn der Sieg ist dein.

Petruchio. Nun vorwärts denn! So läuft die Kugel recht,
Und nicht verkehrt mehr gegen ihre Richtung.
Doch still! Was für Gesellschaft kommt uns da?

Vincentio in Reisekleidern tritt auf.

(Zum Vincentio.) Gott grüß Euch, schöne Dame! Wo hinaus?
Sprich, liebes Käthchen, sprich recht offenherzig,
Sahst du wohl je ein frischres Frauenbild?
Wie kämpft auf ihrer Wange Rot und Weiß!
Wie schmückten wohl zwei Sterne so den Himmel,
Wie dieses Himmels Antlitz ihre Augen.
Du holdes Kind, noch einmal guten Morgen;
Käthchen, umarm sie ihrer Schönheit wegen.

Hortensio. Er macht den Mann noch toll, den er zur Frau macht.

Katharina. Aufblüh'nde Schöne! frische Mädchenknospe,
Wohin des Weges? Wo ist deine Heimat?

Glückfel'ge Eltern von so schönem Kind!
Glückfel'ger noch der Mann, dem günst'ge Sterne
Zur holden Ehgenossin dich bestimmten!

Petruchio. Was! Käthchen! Ei, ich hoff', du bist nicht toll?
Das ist ein Mann, alt, runzlig, welk und grau,
Und nicht ein Mädchen, wie du doch behauptest.

Katharina. Verzeiht dem Wahn der Augen, alter Vater;
Die Sonne traf mir blendend das Gesicht,
Und was ich sah, erschien mir jung und grün.
Nun merk' ich erst, Ihr seid ein würd'ger Greis;
Verzeiht, bitt' ich, dies thörichte Verkennen.

Petruchio. Thu's, guter alter Mann, und laß uns wissen,
Wohin du reisest. Ist es unser Weg,
Soll die Gesellschaft uns erfreulich sein.

Vincentio. Mein werter Herr und schöne muntre Dame,
Die durch solch seltsam Grüßen mich erschreckt,
Vincentio heiß' ich, komm' aus Pisa her;
Nach Padua geh' ich jetzt, dort zu besuchen
Den Sohn, den ich seit lange nicht gesehn.

Petruchio. Wie heißt er? sagt!

Vincentio.   Lucentio, edler Herr.

Petruchio. Das trifft sich gut, für deinen Sohn am besten;
Und nach Verwandtschaft nun wie nach dem Alter
Mag ich dich jetzt geliebter Vater nennen.
Die Schwester meiner Frau hier, dieser Dame,
Ist deinem Sohn vermählt. Nicht sei verwundert,
Und nicht erschreckt; untadlig ist ihr Ruf,
Die Mitgift reich, sie selbst aus gutem Hause,
Auch außerdem von Sitt' und Eigenschaft,
Wie eines Edelmanns Gemahlin ziemt.
Erlaub', Vincentio, daß ich dich umarme;
Und gehn wir, deinen wackern Sohn zu sehn,
Den deine Ankunft sicher hoch erfreut.

Vincentio. Ist's Wahrheit? oder ist's nur leer Mutwill,
Daß Ihr als lust'ger Reisender die Laune
An Fremden übt, die auf der Straß' Ihr einholt?

Hortensio. Nein, ich versichr' Euch, alter Herr, so ist's.

Petruchio. Komm, geh nur mit und sieh die Wahrheit selbst;
Du traust wohl nicht, weil wir dich erst genect.

(Petruchio, Katharina und Vincentio ab.)

Hortensio. Petruchio, schön! du hast mir Herz gemacht!
Zur Witwe! wär' sie noch so widerspenstig,
Jetzt hast du Selbstvertraun und Mut, und kennst dich (Ab.)

Fünfter Aufzug.

1. Scene.

Padua. Vor Lucentios Haus.

Von der einen Seite treten auf Biondello, Lucentio und Bianka;
Gremio geht auf und ab ihnen gegenüber.

Biondello. Nur schnell und still, Herr, denn der Priester vartet.

Lucentio. Ich fliege, Biondello; aber sie haben dich vielleicht im Hause nötig, darum verlaß uns.

Biondello. Nein, meiner Treu, erst müßt Ihr die Kirche im Rücken haben, und dann will ich zu meinem Herrn zurück, sobald ich kann.

(Lucentio, Bianka und Biondello ab.)

Gremio. Mich wundert, wo nur Cambio bleiben mag.

Petruchio, Katharina, Vincentio und Diener treten auf.

Petruchio. Hier ist die Thür, dies ist Lucentios Haus;
Mein Vater wohnt mehr nach dem Markte zu;
Dorthin muß ich, und also laß' ich Euch.

Vincentio. Ihr müßt durchaus mit mir vorher noch trinken;
Ich denk', ich kann Euch hier als Wirt begrüßen,
Und angerichtet finden wir wohl auch. (Klopft an die Thür.)

Gremio. Sie haben Geschäfte da drinnen; Ihr müßt stärker klopfen.

Pedant oben am Fenster.

Pedant. Wer klopft denn da, als wollt' er die Thür einschlagen?

Vincentio. Ist Signor Lucentio zu Hause, Herr?

Pedant. Zu Hause ist er, Herr, aber nicht zu sprechen.

Vincentio. Wenn ihm nun aber jemand ein= oder zweihundert Pfund brächte, um sich einen guten Tag zu machen?

Pedant. Behaltet Eure hundert Pfund für Euch; er hat sie nicht nötig, solange ich lebe.

Petruchio. Nun, ich hab's Euch wohl gesagt, Euer Sohn sei in Padua beliebt. Hört einmal, Herr, ohne viel unnütze Weitläuftig= keit: sagt doch, ich bitte Euch, dem jungen Herrn Lucentio, sein Vater sei von Pisa angekommen und stehe hier an der Thür, um ihn zu sprechen.

Pedant. Du lügst; sein Vater ist von Pisa angekommen und sieht hier aus dem Fenster.

Vincentio. Bist du sein Vater?

Pedant. Ja, Herr; so sagt mir seine Mutter, wenn ich ihr glauben darf.

Petruchio (zu Vincentio). Was soll das heißen, Herr? Das ist ja offenbare Schelmerei, daß Ihr einen fremden Namen annehmt.

Pedant. Legt Hand an den Schurken! Er denkt wohl jemand hier in der Stadt unter meiner Maske zu betrügen?

(Biondello kommt zurück.)

Biondello. Ich habe sie in der Kirche zusammen gesehen; der Himmel verleih ihnen günstigen Wind. — Aber was ist hier? Mein alter Herr Vincentio? Nun sind wir alle verloren und zu Grunde gerichtet.

Vincentio (Biondello erblickend). Komm her, du Galgenstrick!

Biondello. Ich hoffe, das kann ich bleiben lassen!

Vincentio. Komm hierher, Spitzbube! Was, hast du mich vergessen?

Biondello. Euch vergessen? Nein, Herr, ich konnte Euch nicht vergessen, denn ich habe Euch in meinem Leben nicht gesehen.

Vincentio. Was, du ausgemachter Schelm! Deines Herrn Vater, Vincentio, nicht gesehen?

Biondello. Was! meinen alten, verehrungswürdigen Herrn? Ei versteht sich, Signor, da guckt er ja zum Fenster heraus!

Vincentio. Ist dem wirklich so? (Schlägt ihn.)

Biondello. Hilfe! Hilfe! hier ist ein verrückter Mensch, der mich umbringen will. (Läuft davon.)

Pedant. Zu Hilfe, mein Sohn! Zu Hilfe, Signor Baptista! (Tritt vom Fenster zurück.)

Petruchio. Komm, liebes Käthchen, laß uns zurücktreten und warten, wie dieser Handel ablaufen wird. (Sie gehen auf die Seite.)

Pedant, Baptista, Tranio und Diener treten auf.

Tranio. Herr, wer seid Ihr denn, daß Ihr Euch herausnehmt, meinen Diener zu schlagen?

Vincentio. Wer ich bin, Herr? Sagt mir lieber, wer seid denn Ihr? O ihr unsterblichen Götter! O du geputzter Schlingel! Ein seidenes Wams, samtene Hosen, ein Scharlachmantel und ein hochgespitzter Hut! O ich bin verloren, ich bin verloren! Unterdes ich zu Hause den guten Wirt mache, bringen mein Sohn und mein Bedienter alles auf der Universität durch!

Tranio. Nun, was giebt's denn?

Baptista. Was! Ist der Mensch mondsüchtig?

Tranio. Herr, nach Eurer Tracht scheint Ihr ein gesetzter alter Mann, aber Eure Reden verraten Euch als einen Verrückten. Ei, Herr, was geht's denn Euch an, und wenn ich Gold und Perlen trage? Dank sei es meinem guten Vater, ich bin imstande, es dran zu wenden!

Vincentio. Dein Vater, o Spitzbube! der ist ein Segelmacher in Bergamo!

Baptista. Ihr irrt Euch, Herr, Ihr irrt Euch! Sagt mir doch, wie denkt Ihr denn, daß er heißt?

Vincentio. Wie er heißt! Als wüßte ich nicht, wie er heißt! Ich habe ihn vom dritten Jahr auf groß gezogen, und sein Name ist Tranio.

Pedant. Fort mit dir, du toller Esel; er heißt Lucentio und ist mein einziger Sohn und Erbe aller meiner, des Signor Vincentio, Güter.

Vincentio. Lucentio? O, er hat seinen Herrn umgebracht! Verhaftet ihn, ich befehle es Euch im Namen des Dogen. O mein Sohn! mein Sohn! Sag mir, Bösewicht, wo ist mein Sohn Lucentio?

Tranio. Ruft einen Gerichtsdiener her! (Einer von den Bedienten geht und holt einen Gerichtsdiener.) Bringt diesen verrückten Menschen ins Gefängnis. Vater Baptista, ich binde es Euch auf die Seele, daß er vor Gericht gestellt wird.

Vincentio. Mich ins Gefängnis bringen?

Gremio. Haltet, Gerichtsdiener, er soll nicht in Verhaft!

Baptista. Redet nicht drein, Signor Gremio; ich sage, er soll in Verhaft.

Gremio. Nehmt Euch in acht, Signor Baptista, daß Ihr nicht in dieser Sache hinters Licht geführt werdet. Ich getraue mir's, darauf zu schwören, dies sei der rechte Vincentio.

Pedant. Schwöre, wenn du's dir getraust.

Gremio. Nein, zu schwören getraue ich mir's just nicht.

Tranio. So solltest du lieber auch sagen, ich sei nicht Lucentio?

Gremio. Ja, dich kenne ich als den Signor Lucentio.

Baptista. Fort mit dem alten Narren, in Arrest mit ihm.

Vincentio. So schleppt gewaltthätig man Fremde fort! O niederträcht'ger Bösewicht!

Biondello kommt zurück mit Lucentio und Bianka.

Biondello. Ja, wir sind zu Grunde gerichtet, und dort ist er, verleugnet ihn, verschwört ihn; sonst sind wir alle verloren.

Lucentio (knieend). Verzeiht mir, Vater!

Vincentio.   Lebst du, liebster Sohn?

(Biondello, Tranio und der Pedant laufen davon.)

Bianka (knieend). Verzeiht, o Vater!

Baptista.   Was hast du gethan? Wo ist Lucentio?

Lucentio.   Hier; ich bin Lucentio,
Rechtmäß'ger Sohn des wirklichen Vincentio,
Durch heil'ges Recht ward deine Tochter mein;
Indes dein Auge täuscht' ein falscher Schein.

Gremio. Ausbünd'ge, abgefeimte Schelmerei!

Vincentio. Wo blieb denn Tranio, der verdammte Wicht,
Der prahlt' und Troß mir bot ins Angesicht?

Baptista. Ei sagt mir, ist nicht dies mein Cambio?

Bianka. Hier; umgewandelt in Lucentio.

Lucentio. Dies Wunder that die Liebe. Biankas Liebe
Ließ meinen Stand mit Tranio mich vertauschen,
Indes er meine Rolle hier gespielt.
Und glücklich bin ich endlich eingelaufen
In den ersehnten Hafen meines Glücks.
Was Tranio that, dazu zwang ich ihn selbst;
Verzeiht ihm, mir zuliebe, teurer Vater.

Vincentio. Ich will dem Schurken die Ohren abschneiden, der
mich ins Gefängnis schicken wollte.

Baptista (zu Lucentio). Aber hört, Herr: Ihr habt also meine
Tochter geheiratet, ohne nach meiner Einwilligung zu fragen?

Vincentio. Seid unbesorgt, wir stellen Euch zufrieden;
Doch ich muß fort und strafen die arge Büberei. (Ab.)

Baptista. Und ich den Grund erforschen all dieser Schelmerei. (Ab.)

Lucentio. Geliebte, Mut, dein Vater wird versöhnt.
(Lucentio und Bianka ab.)

Gremio. Mein Kuchen ist noch zäh, doch geh' ich mit ins Haus,
Hab' ich schon nichts zu hoffen als meinen Teil am Schmaus. (Ab.)

Petruchio und Katharina treten vor.

Katharina. Komm, lieber Mann, zu sehn, was daraus wird.

Petruchio. Erst küsse mich, Käthchen, dann wollen wir gehn.

Katharina. Was! hier auf offner Straße?

Petruchio. Was! schämst du dich meiner?

Katharina. Nein, Gott bewahre; aber ich schäme mich,
Dich hier zu küssen.

Petruchio.
Nun dann nur fort nach Hause! He, Bursch! gleich reiten wir.

Katharina. Da hast du deinen Kuß. Nicht wahr, nun bleibst du hier?

Petruchio. Ist das nun so nicht besser? Mein liebstes Käthchen, sieh·
Einmal besser als keinmal, und besser spät als nie. (Ab.)

2. Scene.

Zimmer in Lucentios Haus.

Ein gedeckter Tisch. Baptista, Vincentio, Gremio, der Pedant, Lucentio,
Bianka, Petruchio, Katharina, Hortensio und die Witwe treten auf;
Tranio, Blondello, Grumio und andere warten auf.

Lucentio. Zvar spät, doch endlich stimmt, was Mißklang schien,
Und Zeit ist's, wenn der wilde Krieg vorüber,
Der Angst zu lächeln, der bestandnen Not.

Begrüß, geliebte Bianka, meinen Vater,
Mit gleicher Zärtlichkeit begrüß' ich deinen.
Bruder Petruchio, Schwester Katharine,
Und du, Hortensio, mit der lieben Witwe,
Langt wacker zu. Willkommen meinem Hause!
Es diene dies Bankett nun zum Beschluß
Nach unserm großen Gastmahl. Bitt, setzt euch;
Und nicht zu schwatzen minder als zu essen. (Sie setzen sich.)
Petruchio. Und nichts als sitzen, sitzen, essen, essen.
Baptista. Die Freundlichkeit ist heimisch hier in Padua.
Petruchio. Was nur in Padua heimisch, find' ich freundlich.
Hortensio. Uns beiden wünsch' ich, dieses Wort sei wahr.
Petruchio. Nun, auf mein Wort! Hortensio scheut die Witwe.
Witwe. Nein, glaubt mir nur, ich scheue mich vor niemand.
Petruchio. Wie sinnreich sonst, doch fehlt Ihr meinen Sinn.
Ich meint', Hortensio scheue sich vor Euch.
Witwe. Wer schwindlig ist, der denkt, die Welt geht rund.
Petruchio. Ei! rund erwidert.
Katharina.   Sagt, wie meint Ihr das?
Witwe. Ich zahl' ihm nur in gleicher Münze wieder,
Was ich von ihm empfing.
Petruchio.   Von mir empfing sie?
Hortensio, wie gefällt dir das? laß hören!
Hortensio. Wie sie die Red' empfangen, meint die Witwe.
Petruchio. Gut eingelenkt! Küßt ihn dafür, Frau Witwe.
Katharina. Wer schwindlig ist, der denkt, die Welt geht rund:
Ich bitt' Euch, sagt mir, was Ihr damit meintet?
Witwe. Eu'r Mann, der sich 'ne Widerspenst'ge nahm,
Mißt meines Mannes Kreuz nach seinem Gram.
Das war's, was ich gemeint.
Katharina. So war's gemein gemeint.
Witwe.   Ja, denn Euch meint' ich.
Katharina. Ich wär' gemein, gäb' ich noch acht auf Euch.
Petruchio. Drauf los, Käthchen!
Hortensio. Auf sie los, Witwe!
Petruchio. Einhundert Mark, mein Käthchen kriegt sie unter!
Hortensio. Das wär' mein Amt.
Petruchio. Gesprochen wie ein Amtmann! Auf dein Wohl!
(Trinkt dem Hortensio zu.)
Baptista. Was sagt Freund Gremio zu dem schnellen Witz?
Gremio. Sie stoßen mit den Köpfen gut zusammen.
Bianka. Wie, Stoß und Kopf? Ein Witzkopf möchte sagen,
Eu'r Kopf und Stoß sei nur wie Kopf und Horn.

Vincentio. So, Fräulein Braut? hat Euch das aufgeweckt?

Bianka. O ja, doch nicht erschreckt; drum schlaf' ich fort.

Petruchio. Das sollt Ihr nicht; weil Ihr einmal begonnen,
Müßt Ihr noch zwei, drei spitze Worte dulden.

Bianka. Bin ich Eu'r Wild? so wechsl' ich das Revier;
Verfolgt mich denn, wenn Ihr ein Schütze seid;
Willkommen seid ihr alle.
(Bianka ab mit Katharina und der Witwe.)

Petruchio. Sie hat nicht standgehalten. Signor Tranio,
Den Vogel nahmt Ihr auch aufs Korn, doch traft nicht;
Gesundheit jedem, der da schießt und fehlt!

Tranio. O Herr, Lucentio hetzte mich als Windhund;
Der läuft für sich, und fängt für seinen Herrn.

Petruchio. Ein gutes schnelles Bild, nur etwas hündisch.

Tranio. Doch daß Ihr für Euch selbst gejagt, war gut;
Denn Euer Wild, meint man, weist Euch die Zähne.

Baptista. Oho! Petruchio, Tranio traf Euch jetzt.

Lucentio. Ich danke dir den Hieb, mein guter Tranio!

Hortensio. Bekennt, bekennt; hat er Euch nicht getroffen?

Petruchio. Ich muß gestehn, er streifte mich ein wenig.
Und da der Witz an mir vorbeigeflogen,
Zehn gegen eins, so traf er Euch ins Herz.

Baptista. Nun, allen Ernstes, Sohn Petruchio,
Du hast die Widerspenstigste von allen.

Petruchio. Ich aber sage nein. Dies zu beweisen,
Laßt jeden Botschaft senden seiner Frau;
Und wessen Frau vor allen folgsam ist,
Und kommt zuerst, wenn er sie rufen läßt,
Gewinnt die Wette, die wir hier bestimmen.

Hortensio. Genehmigt. Wieviel setzt Ihr?

Lucentio.   Zwanzig Kronen.

Petruchio. Zwanzig Kronen!
So viel setz' ich auf meinen Hund und Falken,
Doch zwanzigmal so viel auf meine Frau.

Lucentio. Einhundert denn!

Hortensio.   Genehmigt!

Petruchio.   Topp! Es sei!

Hortensio. Wer macht den Anfang?

Lucentio.   Das will ich. Biondello!
Sag meiner Frau, sie solle zu mir kommen.

Biondello. Ich geh'.
(Ab.)

Baptista.   Halbpart, Herr Sohn, daß Bianka kommt.

Lucentio. Nichts halb; ich will das Ganze mir gewinnen.

Biondello kommt zurück.

Wie nun! Was giebt's?

Biondello. Herr, unsre Frau läßt sagen,
Daß sie zu thun hat und nicht kommen kann.

Petruchio. Aha! Sie hat zu thun und kann nicht kommen!
Heißt das antworten?

Gremio. Ja, und noch recht höflich;
Wenn Eure nur nichts Schlimmres läßt erwidern.

Petruchio. Ich hoffe Beſſres.

Hortenſio. Geh, Burſch, zu meiner Frau; erſuche ſie
Sogleich zu kommen. *(Biondello ab.)*

Petruchio. Oho! erſuche ſie!
Dann muß ſie freilich kommen!

Hortenſio. So? ich fürchte,
Bei Eurer wird Euch kein Erſuchen helfen.

Biondello kommt zurück.

Nun, wo iſt meine Frau?

Biondello. Sie ſagt, Ihr habt wohl einen Scherz im Sinn;
Sie komme nicht; Ihr ſollt nur zu ihr kommen.

Petruchio. Schlimmer und schlimmer! Will ſie nicht? O schmählich,
Nicht auszuhalten, völlig unerträglich!
Du, Grumio, geh ſogleich zu meiner Frau;
Sag, ich befehl' ihr, ſie ſoll zu mir kommen. *(Grumio ab.)*

Hortenſio. Ich weiß die Antwort!

Petruchio. Nun?

Hortenſio. Sie wolle nicht.

Petruchio. So schlimmer steht's um mich, und damit gut.

Katharina kommt.

Baptiſta. Gott ſei mir gnädig! ſeht, da kommt Kathrine!

Katharina. Was wollt Ihr, Herr, daß Ihr nach mir geſandt?

Petruchio. Wo iſt Hortenſios Frau und deine Schweſter?

Katharina. Da drinn' am Fener ſitzen ſie und ſchwatzen.

Petruchio. Geh, hol ſie her; und wollen ſie nicht kommen,
Führ ſie gegeißelt ihren Männern her!
Geh, ſag' ich, bringe ſie uns augenblicks. *(Katharina ab.)*

Lucentio. Hier iſt ein Wunder, wollt Ihr Wunder ſehn.

Hortenſio. Ja wohl! mich wundert, was nur das bedeute?

Petruchio. Ei, Friede deutet's, Lieb' und ruhig Leben,
Ehrwürdig Regiment, rechtmäß'ge Herrſchaft;
Kurz, was nur irgend ſüß und glücklich iſt.

Baptiſta. Nun, dir ſei alles Heil, guter Petruchio;
Die Wett' iſt dein; ich aber füge noch
Zu dem Gewinſte zwanzigtauſend Kronen;

5 *

Der andern Tochter eine andre Mitgift;
Denn anders ist sie, man erkennt sie nicht.

Petruchio. Ich will die Wette besser noch gewinnen;
Sie soll mehr Zeichen des Gehorsams geben,
Der neu erworbnen Sitte des Gehorsams.

Katharina kommt zurück mit Bianka und der Witwe.

Nun seht, sie kommt und bringt die trotz'gen Weiber,
Gefangne weiblicher Beredsamkeit.
Die Haube, Katharina, sicht dir nicht;
Fort mit dem Plunder! tritt sie gleich mit Füßen!
        (Katharina thut es.)

Witwe. Gott, laß mich Ursach nie zum Kummer haben,
Bis ich so albern mich betragen werde!

Bianka. Pfui! das ist ja ein läppischer Gehorsam!

Lucentio. Ei, wäre dein Gehorsam nur so läppisch!
Deines Gehorsams Weisheit, schöne Bianka,
Bringt mich um hundert Kronen seit der Mahlzeit.

Bianka. So kind'scher du, darauf etwas zu wetten!

Petruchio. Kathrine, dir befehl' ich:
Erklären sollst du den starrköpf'gen Weibern,
Was sie für Pflicht dem Herrn und Ehmann schuldig.

Witwe. Ei was, Ihr scherzt; wir wollen keine Predigt.

Petruchio. Thu's, sag' ich dir, und mach mit der den Anfang!

Witwe. Nein doch.

Petruchio.   Ja, sag' ich; mach mit der den Anfang!

Katharina. Pfui, pfui! entrunzle diese droh'nde Stirn,
Und schieß nicht zorn'ge Pfeil' aus diesen Augen,
Verwundend deinen König, Herrn und Herrscher.
Das tötet Schönheit, wie der Frost die Flur,
Zerstört den Ruf, wie Wirbelwind die Blüten,
Und niemals ist es recht noch liebenswert.
Ein zornig Weib ist gleich getrübter Quelle,
Sumpfig und widrig, stockig, ohne Schönheit.
Und ist sie so, wird keiner, noch so durstig,
Sie würd'gen, einen Tropfen draus zu schlürfen.
Dein Ehmann ist dein Herr, ist dein Erhalter,
Dein Licht, dein Haupt, dein Fürst; er sorgt für dich
Und deinen Unterhalt; giebt seinen Leib
Mühsel'ger Arbeit preis zu Land und Meer,
Wacht Nächte durch in Sturm und Tag' in Kälte,
Wenn du im Hause warm und sicher ruhst;
Und fordert keinen andern Zoll von dir,
Als Liebe, holde Blicke und Gehorsam;
Zu kleine Zahlung für so große Schuld.

Die Pflicht, die der Vasall dem Fürsten schuldet,
Die ist die Frau auch schuldig ihrem Gatten.
Und ist sie trotzend, launisch, trüb und bitter,
Und nicht gehorsam billigem Gebot,
Was ist sie als ein tückischer Rebell,
Sünd'ger Verräter an dem lieben Herrn?
Wie schäm' ich mich, daß Frann so albern sind!
Sie künden Krieg und sollten knien um Frieden!
O daß sie herrschen, leufen, trotzen wollen,
Wo sie nur schweigen, lieben, dienen sollen!
Weshalb ist unser Leib zart, sanft und weich,
Kraftlos für Müh' und Ungemäch der Welt,
Als daß ein weiches Herz, ein sanft Gemüte
Als zarter Gast die zarte Wohnung hüte?
O kommt, ihr eigensinn'gen, schwachen Würmer!
Mein Sinn war hart wie einer nur der euern,
Mein Stolz so groß, mein Witz vielleicht gewandter,
Um Wort mit Wort, um Zorn mit Zorn zu schlagen.
Jetzt seh' ich's, unsre Lanzen sind nur Stroh;
Gleich schwach wir selbst, schwach wie ein hilflos Kind,
Scheinen wir nur, was wir am mind'sten sind.
Drum dämpft den Trotz, beugt euch dem Mann entgegen,
Ihm unter seinen Fuß die Hand zu legen.
Wenn er's befiehlt zum Zeichen meiner Pflicht,
Verweigert meine Hand den Dienst ihm nicht.

Petruchio. Das nenn' ich eine Frau! Küß mich, mein Mädchen!
Lucentio. Glück zu, Herr Bruder, du bezwangst dein Käthchen!
Vincentio.
    Das klingt recht sein, wenn Kinder fromm und schmiegsam!
Lucentio. Doch schlimm, wenn Frau'n verstockt sind und unfügsam.
Petruchio. Nun, Käthchen, komm zu Bette.
    Drei sind vermählt, doch zwei nur schlecht, ich wette.
    Gut' Nacht, ihr Herrn, und traft ihr schon das Weiße;
    Ich bin's, der heut mit Recht der Sieger heiße.
                    (Petruchio und Katharina ab.)
Hortensio. Die Widerspenst'ge hast du gut gebändigt.
Lucentio. Ein Wunder bleibt's, daß dies so glücklich endigt. (Ab.)

Viel Lärmen um Nichts.

Übersetzt von

Ludwig Tieck.

Personen.

Don Pedro, Prinz von Aragon.
Leonato, Gouverneur von Messina.
Don Juan, Pedros Halbbruder.
Claudio, ein florentinischer Graf.
Benedikt, ein Edelmann aus Padua.
Antonio, Leonatos Bruder.
Balthasar, Don Pedros Diener.
Borachio, } Don Juans Begleiter.
Konrad,
Holzapfel, } einfältige Gerichtsdiener.
Schlehwein,
Ein Schreiber.
Ein Mönch.
Hero, Leonatos Tochter.
Beatrice, Leonatos Nichte.
Margareta, } Heros Kammerfrauen.
Ursula,
  Ein Knabe, Boten, Wachen, Gefolge.
(Die Scene ist in Messina.)

Erster Aufzug.

1. Scene.

Leonato, Hero, Beatrice und ein Bote treten auf.

Leonato. Ich sehe aus diesem Briefe, daß Don Pedro von Aragon diesen Abend in Messina eintrifft.

Bote. Er kann nicht mehr weit sein: er war kaum drei Meilen von der Stadt entfernt, als ich ihn verließ.

Leonato. Wieviel Edelleute habt ihr in diesem Treffen verloren?

Bote. überhaupt nur sehr wenige von Rang, und keinen von Namen.

Leonato. Ein Sieg gilt doppelt, wenn der Feldherr seine volle Zahl wieder heimbringt. Wie ich sehe, hat Don Pedro einem jungen Florentiner, Namens Claudio, große Ehre erwiesen.

Bote. Die er seinerseits sehr wohl verdient, und Don Pedro nicht minder nach Verdienst erkannt. Er hat mehr gehalten, als seine Jugend versprach, und in der Gestalt eines Lammes die Thaten eines Löwen vollbracht; ja, wahrlich, es sind alle Erwartungen noch trefflicher von ihm übertroffen, als Ihr erwarten dürft, von mir erzählen zu hören.

Leonato. Er hat einen Oheim hier in Messina, welchem diese Nachricht sehr lieb sein wird.

Bote. Ich habe ihm schon Briefe überbracht, und er scheint große Freude daran zu haben; so große Freude, daß es schien, sie könne sich nicht ohne ein Zeichen von Schmerz bescheiden genug darstellen.

Leonato. Brach er in Thränen aus?

Bote. In großem Maß.

Leonato. Eine zärtliche Ergießung der Zärtlichkeit. Keine Gesichter sind echter, als die so gewaschen werden. Wieviel besser ist's, über die Freude zu weinen, als sich am Weinen zu freuen.

Beatrice. Sagt mir doch, ist Signor Schlachtschwert aus dem Feldzug wieder heimgekommen, oder noch nicht?

Bote. Ich kenne keinen unter diesem Namen, mein Fräulein. Es wird keiner von den Offizieren so genannt.

Leonato. Nach wem fragt Ihr, Nichte?

Hero. Meine Muhme meint den Signor Benedikt von Padua.

Bote. O, der ist zurück, und immer noch so aufgeräumt als jemals.

Beatrice. Er schlug seinen Zettel hier in Messina an, und forderte den Cupido auf Pfeil und Bogen heraus; und meines Oheims Narr, als er die Aufforderung gelesen, unterschrieb in Cupidos Namen und erwiderte die Herausforderung auf den stumpfen Bolzen. Sagt mir doch, wie viele hat er in diesem Feldzug umgebracht und aufgegessen? Oder lieber, wie viele hat er umgebracht? denn ich versprach ihm, alle aufzuessen, die er umbringen würde.

Leonato. Im Ernst, Nichte, Ihr seid unbarmherzig gegen den Signor Benedikt. Aber Ihr werdet Euren Mann an ihm finden, das glaubt mir nur.

Bote. Er hat in diesem Feldzug gute Dienste gethan, mein Fräulein.

Beatrice. Ihr hattet verdorbenen Proviant, und er half ihn

verzehren; nicht wahr? Er ist ein sehr tapferer Tellerheld, und hat
einen unvergleichlichen Appetit.

Bote. Dagegen, Fräulein, ist er auch ein guter Soldat.

Beatrice. Gegen Fräulein ist er ein guter Soldat; aber was
ist er gegen Kavaliere?

Bote. Ein Kavalier gegen einen Kavalier, ein Mann gegen einen
Mann. Er ist mit allen ehrenwerten guten Eigenschaften ausstaffiert.

Beatrice. Ausstaffiert! O ja! Aber die Staffage ist auch
danach. — Ei nun, wir sind alle sterblich.

Leonato. Ihr müßt meine Nichte nicht mißverstehen, lieber Herr.
Es ist eine Art von scherzhaftem Krieg zwischen ihr und Signor
Benedikt. Sie kommen nie zusammen ohne ein Scharmützel von
sinnreichen Einfällen.

Beatrice. Leider gewinnt er niemals dabei. In unserer letzten
Affaire gingen ihm vier von seinen fünf Sinnen als Krüppel davon,
und seine ganze Person muß sich seitdem mit einem behelfen. Wenn
er noch Sinn und Witz genug zurückbehalten hat, sich warm zu halten,
so mag man ihm das als ein Abzeichen gönnen, das ihn von seinem
Pferde unterscheidet; denn sein ganzer Vorrat beschränkt sich jetzt darauf,
nicht eben eine unvernünftige Kreatur zu sein. Wer ist denn jetzt
sein Unzertrennlicher? Denn alle vier Wochen hat er einen neuen
Herzensfreund.

Bote. Ist's möglich?

Beatrice. Sehr leicht möglich: denn er hält es mit seiner
Treue, wie mit der Mode seines Hutes, die immer mit jedem nächsten
Block wechselt.

Bote. Wie ich sehe, Fräulein, steht dieser Kavalier nicht sonderlich bei Euch angeschrieben.

Beatrice. Nein, wenn das wäre, so würde ich alles, was ich
schrieb, verbrennen. Aber sagt mir doch, wer ist jetzt sein Kamerad?
Giebt's keinen jungen Raufer, der Lust hat, in seiner Gesellschaft eine
Reise zum Teufel zu machen? —

Bote. Man sieht ihn am meisten mit dem edlen Claudio.

Beatrice. O Himmel! Dem wird er sich anhängen, wie eine
Krankheit. Man holt ihn sich schneller als die Pest, und wen er
angesteckt hat, der wird augenblicklich verrückt. Tröste Gott den edlen
Claudio; wenn er sich den Benedikt zugezogen, wird er nicht unter
tausend Pfund von ihm geheilt.

Bote. Ich wünschte Freundschaft mit Euch zu halten, Fräulein.

Beatrice. Thut das, mein Freund.

Leonato. Ihr werdet niemals verrückt werden, Nichte!

Beatrice. Nein, nicht eh ein heißer Januar kommt.

Bote. Hier kommt Don Pedro. (Geht ab.)

Don Pedro, Balthasar, Don Juan, Claudio und Benedikt
treten auf.

Don Pedro. Teurer Signor Leonato, Ihr geht Eurer Unruhe
entgegen. Es ist sonst der Welt Brauch, Unkosten zu vermeiden, und
Ihr sucht sie auf.

Leonato. Nie kam Unruhe unter Eurer Gestalt in mein Haus,
mein gnädiger Fürst. Wenn uns die Unruhe verließ, bleibt sonst
die Behaglichkeit zurück: wenn Ihr dagegen wieder abreist, wird die
Trauer verweilen, und das Glück von mir Abschied nehmen.

Don Pedro. Ihr nehmt Eure Last zu willig auf. — Das ist
Eure Tochter, wie ich vermute?

Leonato. Das hat mir ihre Mutter oft gesagt.

Benedikt. Zweifelt Ihr daran, Signor, daß Ihr sie fragtet?

Leonato. Nein, Signor Benedikt, denn damals wart Ihr noch
ein Kind.

Don Pedro. Da habt Ihr's nun, Benedikt: wir sehen daraus,
was Ihr jetzt als Mann sein müßt. In der That, sie kündigt selber
ihren Vater an. — Ich wünsche Euch Glück, mein Fräulein, Ihr
gleicht einem ehrenwerten Vater.

Benedikt. Sei Signor Leonato ihr Vater, aber doch, wie ähnlich
sie ihm auch ist, sie würde nicht um ganz Messina seinen Kopf auf
ihren Schultern tragen wollen.

Beatrice. Mich wundert, daß Ihr immer etwas sagen wollt,
Signor Benedikt, kein Mensch achtet auf Euch.

Benedikt. Wie, mein liebes Fräulein Verachtung! Lebt Ihr
auch noch?

Beatrice. Wie sollte wohl Verachtung sterben, wenn sie solche
Nahrung vor sich hat, wie den Signor Benedikt? — Die Höflichkeit
selbst wird zur Verachtung werden, wenn Ihr Euch vor ihr sehen laßt.

Benedikt. Dann ist Höflichkeit ein Überläufer; aber so viel ist
gewiß, alle Damen sind in mich verliebt, Ihr allein ausgenommen;
und ich wollte, mein Herz sagte mir, ich hätte kein so hartes Herz,
denn wahrhaftig, ich liebe keine.

Beatrice. Ein wahres Glück für die Frauen; Ihr wäret ihnen
ein gefährlicher Bewerber geworden. Ich danke Gott und meinem
kalten Herzen, daß ich hierin mit Euch eines Sinnes bin. Lieber
wollt' ich meinen Hund eine Krähe anbellen hören, als einen Mann
schwören, daß er mich liebe.

Benedikt. Gott erhalte mein gnädiges Fräulein immer in dieser
Gesinnung! So wird doch einer oder der andere ehrliche Mann dem
Schicksal eines zerkratzten Gesichtes entgehen.

Beatrice. Kratzen würde es nicht schlimmer machen, wenn es
ein Gesicht wäre wie Eures.

Benedikt. Gut, Ihr seid ein trefflicher Papageien=Erzieher.

Beatrice. Ein Vogel von meiner Zunge ist besser, als ein Vieh von Eurer.

Benedikt. Ich wollte, mein Pferd wäre so schnell als Eure Zunge und liefe so in eins fort. Doch nun geht, und der Himmel sei mit Euch, denn ich bin fertig.

Beatrice. Ihr müßt immer mit lahmen Pferdegeschichten aufhören; ich kenne Euch von alten Zeiten her.

Don Pedro. Kurz und gut — Leonato — Ihr Signor Claudio und Signor Benedikt; — mein werter Freund Leonato hat euch alle eingeladen. Ich sage ihm aber, wir werden wenigstens einen Monat verweilen, und er bittet den Himmel, daß irgend eine Veranlassung uns länger hier aufhalten möge. Ich wollte schwören, daß er kein Heuchler sei, sondern daß ihm dies Gebet von Herzen geht.

Leonato. Ihr würdet nicht falsch schwören, mein gnädiger Herr. Laßt mich Euch willkommen heißen, Prinz Juan; nach Eurer Aus= söhnung mit dem Fürsten, Eurem Bruder, widme ich Euch alle meine Dienste.

Don Juan. Ich danke Euch. Ich bin nicht von vielen Worten, aber ich danke Euch.

Leonato. Gefällt's Euer Gnaden, voraus zu gehen?

Don Pedro. Eure Hand, Leonato, wir gehen zusammen.

(Leonato, Don Pedro, Don Juan, Beatrice und Hero gehen ab.)

Benedikt und Claudio.

Claudio. Benedikt, hast du Leonatos Tochter wohl ins Auge gefaßt?

Benedikt. Ins Auge habe ich sie nicht gefaßt, aber angesehen habe ich sie.

Claudio. Ist sie nicht ein sittsames junges Fräulein?

Benedikt. Fragt Ihr mich wie ein ehrlicher Mann um meine schlichte, aufrichtige Meinung? Oder soll ich Euch nach meiner Ge= wohnheit, als ein erklärter Feind ihres Geschlechts, antworten?

Claudio. Nein, ich bitte dich, rede nach ernstem, nüchternem Urteil.

Benedikt. Nun denn, auf meine Ehre; mich dünkt, sie ist zu niedrig für ein hohes Lob, zu braun für ein helles Lob, zu klein für ein großes Lob; alles was ich zu ihrer Empfehlung sagen kann, ist dies: wäre sie anders, als sie ist, so wäre sie nicht hübsch, und weil sie nicht anders ist, als sie ist, so gefällt sie mir nicht.

Claudio. Du glaubst, ich treibe Scherz: nein, sage mir ehrlich, wie sie dir gefällt.

Benedikt. Wollt Ihr sie kaufen, weil Ihr Euch so genau er= kundigt?

Claudio. Kann auch die ganze Welt solch Kleinod kaufen?

Benedikt. Jawohl, und ein Futteral dazu. Aber sprecht Ihr dies in vollem Ernst? Oder agiert Ihr den lustigen Rat, und er= zählt uns, Amor sei ein geübter Hasenjäger, und Vulkan ein trefflicher Zimmermann? Sagt doch, welchen Schlüssel muß man haben, um den rechten Ton Eures Gesanges zu treffen?

Claudio. In meinem Aug' ist sie das holdeste Fräulein, das ich jemals erblickte.

Benedikt. Ich kann noch ohne Brille sehen, und ich sehe doch von dem allen nichts. Da ist ihre Muhme: wenn die nicht von einer Furie besessen wäre, sie würde Hero an Schönheit so weit übertreffen, als der erste Mai den letzten Dezember. Aber ich hoffe, Ihr denkt nicht daran, ein Ehemann zu werden? Oder habt Ihr solche Gedanken? —

Claudio. Und hätt' ich schon das Gegenteil beschworen, ich traute meinem Eide kaum, wenn mir Hero meine Gattin werden wollte.

Benedikt. Nun wahrhaftig, steht es so mit Euch? Hat die Welt auch nicht einen einzigen Mann mehr, der seine Kappe ohne Verdacht tragen will? Soll ich keinen Junggesellen von sechzig Jahren mehr sehen? Nun, nur zu; wenn du denn durchaus deinen Hals unters Joch zwingen willst, so trage den Druck davon und verseufze deine Sonntage. Sieh, da kommt Don Pedro und sucht dich.

Don Pedro kommt zurück.

Don Pedro. Welch Geheimnis hat euch hier zurückgehalten, daß ihr nicht mit uns in Leonatos Haus gingt?

Benedikt. Ich wollte, Eure Hoheit nötigte mich, es zu sagen.

Don Pedro. Ich befehle dir's bei deiner Lehnspflicht.

Benedikt. Ihr hört's, Graf Claudio: ich kann schweigen, wie ein Stummer, das könnt Ihr glauben; aber bei meiner Lehnspflicht, seht Ihr wohl, bei meiner Lehnspflicht, — er ist verliebt. In wen? (so fragt Eure Hoheit jetzt) und nun gebt acht, wie kurz die Antwort ist: in Hero, Leonatos kurze Tochter.

Claudio. Wenn dem so wäre, wär' es nun gesagt.

Benedikt. Wie das alte Märchen, mein Fürst: es ist nicht so; und war nicht so, und wolle Gott nur nicht, daß es so werde!

Claudio. Wenn meine Leidenschaft sich nicht in kurzem än= dert, so wolle Gott nicht, daß es anders werde.

Don Pedro. Amen, wenn Ihr sie liebt; denn das Fräulein ist dessen sehr würdig.

Claudio. So sprecht Ihr nur, mein Fürst, mich zu versuchen.

Don Pedro. Bei meiner Tren', ich rede, wie ich's denke.

Claudio. Das that ich ebenfalls, mein Fürst, auf Ehre.

Benedikt. Und ich bei meiner zwiefachen Ehre und Treue, mein Fürst, ich gleichfalls.

Claudio. Daß ich sie liebe, fühl' ich.

Don Pedro. Daß sie es wert ist, weiß ich.

Benedikt. Und daß ich weder fühle, wie man sie lieben kann, noch weiß, wie sie dessen würdig sei, das ist eine Überzeugung, welche kein Feuer aus mir herausschmelzen soll; darauf will ich mich spießen lassen.

Don Pedro. Du warst von jeher ein verstockter Ketzer in Verachtung der Schönheit.

Claudio. Und der seine Rolle nie anders durchzuführen mußte, als indem er seinem Willen Gewalt anthat.

Benedikt. Daß mich ein Weib geboren hat, dafür dank' ich ihr; daß sie mich aufzog, auch dafür sag' ich ihr meinen demütigsten Dank: aber daß ich meine Stirn dazu hergebe, die Jagd darauf abzublasen, oder mein Hifthorn an einen unsichtbaren Riemen aufhänge, das können mir die Frauen nicht zumuten. Weil ich ihnen das Unrecht nicht thun möchte, einer von ihnen zu mißtrauen, so will ich mir das Recht vorbehalten, keiner zu trauen; und das Ende vom Liede ist (und zugleich gewiß auch das beste Lied), daß ich ein Junggesell bleiben will.

Don Pedro. Ich erlebe es noch, dich einmal ganz blaß vor Liebe zu sehen.

Benedikt. Vor Zorn, vor Krankheit oder Hunger, mein Fürst; aber nicht vor Liebe. Beweist mir, daß ich jemals aus Liebe mehr Blut verliere, als ich durch eine Flasche Wein wieder ersetzen kann, so stecht mir die Augen aus mit eines Balladenschreibers Feder, hängt mich auf über der Thür eines schlechten Hauses, und schreibt darunter: „Zum blinden Cupido."

Don Pedro. Nun ja, wenn du je von diesem Glauben abfällst, so mach dir keine Rechnung auf unsere Barmherzigkeit.

Benedikt. Wenn ich das thue, so hängt mich in einem Faß auf wie eine Katze, und schießt nach mir; und wer mich trifft, dem klopft auf die Schulter und nennt ihn Adam.

Don Pedro. Nun wohl, die Zeit wird kommen,
    „Wo sich der wilde Stier dem Joche fügt."

Benedikt. Das mag der wilde Stier; wenn aber der verständige Benedikt sich ihm fügt, so reißt dem Stier seine Hörner aus, und setzt sie an meine Stirn, und laßt mich von einem Anstreicher abmalen, und mit so großen Buchstaben, wie man zu schreiben pflegt: „Hier sind gute Pferde zu vermieten," setzt unter mein Bildnis: „Hier ist zu sehen Benedikt, der verheiratete Mann."

Claudio. Wenn das geschähe, so würdest du hörnertoll sein.

Don Pedro. Nun, wenn nicht Cupido seinen ganzen Köcher in Venedig verschossen hat, so wirst du in kurzem für deinen Hochmut beben müssen.

Benedikt. Dazu müßte noch erst ein Erdbeben kommen.

Don Pedro. Gut, andere Zeiten, andere Gedanken. Für jetzt, lieber Signor Benedikt, geht hinein zu Leonato, empfehlt mich ihm, und sagt ihm, ich werde mich zum Abendessen bei ihm einfinden; denn wie ich höre, macht er große Zurüstungen.

Benedikt. Diese Bestellung traue ich mir allenfalls noch zu, und somit befehle ich Euch — —

Claudio. „Dem Schutz des Allerhöchsten: gegeben in meinem Hause (wenn ich eins hätte) — —

Don Pedro. Den sechsten Juli: Euer getreuer Freund Benedikt."

Benedikt. Nun spottet nicht, spottet nicht: der Inhalt Eurer Gespräche ist zuweilen mit Lappen verbrämt, und die Verbrämung nur sehr schwach aufgenäht: Eh Ihr so alte Späße mir zum Hohn wieder hervorsucht, prüft Euer Gewissen, und somit empfehle ich mich Euch. (Benedikt ab.)

Claudio. Eu'r Hoheit könnte jetzt mich sehr verpflichten.

Don Pedro. Sprich, meine Lieb' ist dein: belehre sie,
Und du sollst sehn, wie leicht sie fassen wird
Die schwerste Lehre, die dir nützlich ist.

Claudio. Hat Leonato einen Sohn, mein Fürst?

Don Pedro. Kein Kind, als Hero, sie ist einz'ge Erbin.
Denkst du an sie, mein Claudio?

Claudio.   O mein Fürst,
Eh Ihr den jetzt beschloßnen Krieg begannt,
Sah ich sie mit Soldatenblick mir an,
Dem sie gefiel: allein die rauhe Arbeit
Ließ Wohlgefallen nicht zur Liebe reifen.
Jetzt kehr' ich heim, und jene Kriegsgedanken
Räumten den Platz: statt ihrer drängen nun
Sich Wünsche ein, von sanfter holder Art,
Und mahnen an der jungen Hero Reiz,
Und daß sie vor dem Feldzug mir gefiel.

Don Pedro. Ich seh' dich schon als einen Neuverliebten,
Und unser Ohr bedroht ein Buch von Worten.
Liebst du die schöne Hero, sei getrost,
Ich will bei ihr und ihrem Vater werben,
Du sollst sie haben: war es nicht dies Ziel,
Nach dem die feingeflochtne Rede strebte?

Claudio. Wie lieblich pflegt Ihr doch des Liebeskranken,
Des Gram Ihr gleich an seiner Blässe kennt.
Nur daß mein Leid zu plötzlich nicht erschiene,
Wollt' ich durch längres Heilen es beschönen.

Don Pedro. Wozu die Brücke breiter, als der Fluß?
Die Not ist der Gewährung bester Grund.
Sieh, was dir hilft, ist da: fest steht, du liebst,
Und ich bin da, das Mittel dir zu reichen.
Heut abend, hör' ich, ist ein Maskenball,
Verkleidet spiel' ich deine Rolle danu,
Der schönen Hero sag' ich, ich sei Claudio,
Mein Herz schütt' ich in ihren Busen aus,
Und nehm' ihr Ohr gefangen mit dem Sturm
Und mächt'gen Angriff meiner Liebeswerbung.
Sogleich nachher sprech' ich den Vater an,
Und dieses Liedes End' ist, sie wird dein.
Nun komm, und laß sogleich ans Werk uns gehn.   (Beide ab.)

2. Scene.

Leonato und Antonio treten auf.

Leonato. Nun, Bruder! Wo ist mein Neffe, dein Sohn? —
Hat er die Musik besorgt?

Antonio. Er macht sich sehr viel damit zu thun. Aber, Bruder,
ich kann dir seltsame Neuigkeiten erzählen, von denen du dir nicht
hättest träumen lassen.

Leonato. Sind sie gut?

Antonio. Nachdem der Erfolg sie stempeln wird: indes der
Deckel ist gut, von außen sehen sie hübsch aus. Der Prinz und Graf
Claudio, die in einer dicht verwachsenen Allee in meinem Garten
spazieren gingen, wurden von einem meiner Leute wie folgt behorcht.
Der Prinz entdeckte dem Claudio, er sei verliebt in meine Nichte, deine
Tochter, und willens, sich ihr heut abend auf dem Ball zu erklären:
und wenn er finde, daß sie nicht abgeneigt sei, so volle er den Augen-
blick beim Schopf ergreifen, und gleich mit dem Vater reden.

Leonato. Hat der Bursche einigen Verstand, der das sagte?

Antonio. Ein guter, ein recht schlauer Bursch: ich will ihn
rufen lassen, dann kannst du ihn selbst ausfragen.

Leonato. Nein, nein, wir wollen es für einen Traum halten,
bis es an den Tag kommt. — Aber ich vill doch meiner Tochter
davon sagen, damit sie sich besser auf eine Antwort gefaßt machen
kann, venn es von ohngefähr wahr sein sollte. Geht doch, und erzählt ihr's. (Verschiedene Personen gehen über die Bühne.) Vettern, ihr
wißt, was ihr zu thun habt? — — O bitte um Verzeihung, lieber
Freund, Ihr müßt mit mir gehen, ich bedarf Eures guten Kopfes. —
Ihr, lieben Vettern, gebt acht in dieser unruhigen Zeit. (Alle ab.)

3. Scene.

Don Juan und Konrad treten auf.

Konrad. Was der Tausend, mein Prinz, warum seid Ihr denn so übermäßig schwermütig?

Don Juan. Weil ich übermäßig viel Ursache dazu habe, deshalb ist auch meine Verstimmung ohne Maß.

Konrad. Ihr solltet doch Vernunft anhören.

Don Juan. Und wenn ich sie nun angehört, welchen Trost hätt' ich dann davon?

Konrad. Wenn auch nicht augenblickliche Hilfe, doch Geduld zum Leiden.

Don Juan. Ich wundere mich, wie du, der, wie du selbst sagst, unterm Saturn geboren ist, dich damit abgiebst, ein moralisches Mittel gegen ein tödliches Uebel anzupreisen. Ich kann meine Natur nicht verbergen; ich muß schwermütig sein, wenn ich Ursache dazu habe, und über niemands Einfälle lachen; essen, wenn mich hungert, und auf niemands Belieben warten; schlafen, wenn mich schläfert, und um niemands Geschäfte mich anstrengen; lachen, wenn ich lustig bin, und keinen in seiner Laune streicheln.

Konrad. Ei ja; aber Ihr solltet Euch nicht so zur Schau tragen, bis Ihr's ohne Widerspruch thun könnt. Erst neulich habt Ihr Euch mit Eurem Bruder überworfen, und jetzt eben hat er Euch wieder zu Gnaden aufgenommen; da könnt Ihr unmöglich in seiner Gunst Wurzel schlagen, wenn Ihr Euch nicht selbst das gute Wetter dazu macht. Ihr müßt Euch notwendig günstige Witterung für Eure Ernte schaffen.

Don Juan. Lieber wollt' ich eine Hagebutte im Zaun sein, als eine Rose in seiner Gnade: und für mein Blut schickt sich's besser, von allen verschmäht zu werden, als ein Betragen zu drechseln, und jemands Liebe zu stehlen. So viel ist gewiß, niemand wird mich einen schmeichlerischen Biedermann nennen, niemand soll mir's aber dagegen absprechen, daß ich ein aufrichtiger Bösewicht sei. Mit einem Maulkorb trauen sie mir, und mit einem Block lassen sie mich laufen: darum bin ich entschlossen, in meinem Käfig nicht zu singen. Hätt' ich meine Zähne los, so würd' ich beißen: hätt' ich meinen freien Lauf, so thäte ich, was mir beliebt. Bis dahin laß mich sein, was ich bin, und such mich nicht zu ändern.

Konrad. Könnt Ihr denn von Euerm Mißvergnügen keinen Gebrauch machen?

Don Juan. Ich mache allen möglichen Gebrauch davon, ich brauche es eben. Wer kommt denn da? Was giebt's Neues, Borachio? —

Borachio kommt.

Borachio. Ich komme von drüben von einem großen Abend=
schmaus: der Prinz, Euer Bruder, wird von Leonato königlich be=
wirtet, und ich kann Euch vorläufig erzählen, daß eine Heirat im
Werke ist.

Don Juan. Könnte mir das nicht ein Fundament werden,
irgend ein Unheil darauf zu bauen? Wer ist denn der Narr, der sich an
ewige Unruhe verloben will?

Borachio. Ei, es ist Eures Bruders rechte Hand.

Don Juan. Wer? der höchst ausbündige Claudio?

Borachio. Eben der.

Don Juan. Ein schmuckes Herrchen! Und wer? und wer?
Was sein Absehen? —

Borachio. Nun, Hero, Leonatos Tochter und Erbin.

Don Juan. Das kaum flügge Märzhühnchen? Wie kommst
du dazu? —

Borachio. Ich habe das Ausräuchern der Zimmer zu besorgen:
und als ich eben in einem dumpfigen Saal damit beschäftigt bin,
kommen der Prinz und Claudio Hand in Hand in sehr ernsthafter
Unterredung. Ich duckte mich hinter die Tapeten, und da hört' ich,
wie sie Abrede nahmen, der Prinz solle um Hero für sich werben,
und wenn er sie bekomme, sie dem Grafen Claudio geben.

Don Juan. Komm, komm, laß uns hinüber; das kann
meinem Grimm Nahrung werden. Dieser junge Emporschößling hat
den ganzen Ruhm meiner Niederlage; kann ich den nur auf einem
Wege kreuzen, so will ich mich allerwegen glücklich schätzen. Ihr seid
beide zuverlässig, und steht mir bei?

Konrad. Bis in den Tod, gnädiger Herr.

Don Juan. Gehen wir zu dem großen Gastmahl! Sie lassen's
sich um so besser schmecken, weil sie mich zahm gemacht haben. Ich
wollte, der Koch dächte wie ich! Wollen wir gehen und sehen, was
zu thun ist? —

Borachio. Wir sind zu Euerm Befehl, mein gnädiger Herr.

(Alle ab.)

Zweiter Aufzug.

1. Scene.

Leonato, Antonio, Hero und Beatrice treten auf.

Leonato. War der Graf nicht zum Abendessen hier?

Antonio. Ich sah ihn nicht.

Beatrice. Wie herbe dieser Mann aussieht! Ich kann ihn niemals ansehen, daß ich nicht eine volle Stunde Sodbrennen bekäme.

Hero. Er hat eine sehr melancholische Gemütsart.

Beatrice. Das müßte ein vortrefflicher Mann sein, der gerade das Mittel zwischen ihm und Benedikt hielte: der eine ist wie ein Bild, und sagt gar nichts, und der andere wie meiner gnädigen Frau ältester Sohn, und plappert immer fort.

Leonato. Also die Hälfte von Signor Benedikts Zunge in Don Juans Mund, und die Hälfte von Don Juans Schwermut in Benedikts Gesicht. —

Beatrice. Und dazu ein hübsches Bein und ein feiner Fuß, Onkel, und Geld genug in der Tasche, solch ein Mann müßte jedes Mädchen in der Welt erobern, wenn er's verstünde, ihre Gunst zu gewinnen.

Leonato. Auf mein Wort, Nichte, du wirst dir in deinem Leben keinen Mann gewinnen, wenn du eine so böse Zunge hast.

Antonio. Ja wahrhaftig, sie ist zu böse.

Beatrice. Zu böse ist mehr als böse: auf diese Weise entgeht mir eine Gabe Gottes, denn es heißt: „Gott giebt einer bösen Kuh kurze Hörner, aber einer zu bösen Kuh giebt er gar keine".

Leonato. Weil du also zu böse bist, wird Gott dir keine Hörner geben.

Beatrice. Richtig, wenn er mir keinen Mann giebt, und das ist ein Segen, um den ich jeden Morgen und jeden Abend auf den Knieen bitte. Himmel! wie sollte ich wohl einen Mann mit einem Bart im Gesicht aushalten: lieber schlief' ich auf Wolle.

Leonato. Du kannst dir ja einen Mann aussuchen, der keinen Bart hat.

Beatrice. Was sollte ich mit dem anfangen? Ihm meine Kleider anziehen und ihn zum Kammermädchen machen? Wer einen Bart hat, ist mehr als ein Jüngling, und wer keinen hat, weniger als ein Mann: wer mehr als ein Jüngling ist, taugt nicht für mich, und wer weniger als ein Mann ist, für den tauge ich nicht. Deshalb will ich lieber sechs Batzen Handgeld vom Bärenführer als Lohn nehmen, und seine Affen zur Hölle führen.

Leonato. Gut, geh also zur Hölle.

Beatrice. Nein, nur an die Pforte. Da wird mir denn der Teufel entgegenkommen, mit Hörnern auf dem Kopf, wie ein alter Hahnrei und sagen: mach dich fort und geh zum Himmel, Beatrice, geh zum Himmel, hier ist kein Platz für euch Mädchen; darauf liefere ich ihm denn meine Affen ab, und nun flugs hinaus zu St. Peter am Himmelsthor, der zeigt mir, wo die Junggesellen sitzen, und da leben wir so lustig, als der Tag lang ist.

Antonio (zu Hero). Nun, liebe Nichte, ich hoffe doch, Ihr werdet Euch von Eurem Vater regieren lassen?

Beatrice. Ei, das versteht sich. Es ist meiner Muhme Schuldig=keit, einen Knicks zu machen und zu sagen: „Wie es Euch gefällt, mein Vater." Aber mit alledem, liebes Mühmchen, muß es ein hübscher junger Mensch sein, sonst mach einen zweiten Knicks und sage: „Wie es mir gefällt, mein Vater." —

Leonato. Nun, Nichte, ich hoffe noch den Tag zu erleben, vo du mit einem Manne versehen bist.

Beatrice. Nicht ehe, bis der liebe Gott die Männer aus einem andern Stoff macht, als aus Erde. Soll es ein armes Mädchen nicht verdrießen, sich von einem Stück gewaltigen Staubes meistern zu lassen? Einem nichtsnutzigen Lehmkloß Rechenschaft von ihrem Thun und Lassen abzulegen? Nein, Onkel, ich nehme keinen. Adams Söhne sind meine Brüder, und im Ernst, ich halte es für eine Sünde, so nah' in meine Verwandtschaft zu heiraten.

Leonato. Tochter, denk an das, was ich dir sagte. Wenn der Prinz auf eine solche Art um dich wirbt, so weißt du deine Antwort.

Beatrice. Die Schuld wird an der Musik liegen, Muhme, wenn er nicht zur rechten Zeit um dich anhält. Wenn der Prinz zu ungestüm wird, so sag ihm, man müsse in jedem Dinge Maß halten; und so vertanze die Antwort. Denn siehst du, Hero, freien, heiraten und bereuen sind wie eine Courante, eine Sarabande und ein Grave: der erste Antrag ist heiß und rasch, wie eine Courante, und ebenso fanatisch: die Hochzeit manierlich, sittsam wie eine Sara=bande, voll altfränkischer Feierlichkeit; und dann kommt die Reue, und fällt mit ihren lahmen Beinen in den Pas Grave immer schwerer und schwerer, bis sie in ihr Grab sinkt.

Leonato. Muhme, du betrachtest alle Dinge sehr scharf und bitter.

Beatrice. Ich habe gesegnete Augen, Oheim, ich kann eine Kirche bei hellem Tage sehen.

Leonato. Da kommen die Masken; Bruder, mach Platz.
(Don Pedro, Leonato, Beatrice, Antonio gehen ab.)
Don Pedro kommt maskiert.

Don Pedro. Gefällt es Euch, mein Fräulein, mit Eurem Freunde umherzugehen?

Hero. Wenn Ihr langsam geht und freundlich aussseht und nichts sagt, so will ich Euch das Gehen zusagen; auf jeden Fall, wenn ich davongehe.

Don Pedro. Mit mir, in meiner Gesellschaft?

Hero. Das kann ich sagen, wenn mir's gefällt.

Don Pedro. Und wenn gefällt's Euch, das zu sagen?

Hero. Wenn ich Euer Gesicht werde leiden mögen; denn es wäre ein Leiden, wenn die Laute dem Futteral gliche.

Don Pedro. Meine Maske ist wie Philemons Dach; im Hause birgt sich Zeus.

Hero. Dann sollte strohgedeckt sie sein. *(Gehen vorbei.)*

Margareta und Balthasar maskiert.

Margareta. Sprecht Ihr von Liebe, sprecht leis.

Balthasar. Nun, ich wollte, Ihr liebtet mich.

Margareta. Das wollte ich nicht, um Eurer selbst willen. Denn ich habe eine Menge schlimme Eigenschaften.

Balthasar. Zum Beispiel?

Margareta. Ich bete laut.

Balthasar. Um so lieber seid Ihr mir: da können, die Euch hören, Amen sagen.

Margareta. Der Himmel verhelfe mir zu einem guten Tänzer.

Balthasar. Amen.

Margareta. Und schaffe mir ihn aus den Augen, sobald der Tanz aus ist. — Nun, Küster, antwortet.

Balthasar. Schon gut, der Küster hat seine Antwort.

(Gehen vorüber.)

Ursula und Antonio treten maskiert ein.

Ursula. Ich kenne Euch gar zu gut, Ihr seid Signor Antonio.

Antonio. Auf mein Wort, ich bin's nicht.

Ursula. Ich kenne Euch an Eurem wackelnden Kopf.

Antonio. Die Wahrheit zu sagen, das mache ich ihm nach.

Ursula. Ihr könntet ihn unmöglich so vortrefflich schlecht nach= machen, wenn Ihr nicht der Mann selber wär't. Hier ist ja seine trockene Hand ganz und gar; Ihr seid's, Ihr seid's.

Antonio. Auf mein Wort, ich bin's nicht.

Ursula. Geht mir doch! Denkt Ihr denn, ich kenne Euch nicht an Eurem lebhaften Witz? Kann sich Tugend verbergen? Ei, ei, Ihr seid's. Die Anmut läßt sich nicht verhüllen; und damit gut.

(Gehen vorüber.)

Benedikt und Beatrice, maskiert.

Beatrice. Wollt Ihr mir nicht sagen, wer Euch das gesagt hat?

Benedikt. Nein, das dürft Ihr nicht verlangen.

Beatrice. Und wollt Ihr mir auch nicht sagen, wer Ihr seid?

Benedikt. Jetzt nicht.

Beatrice. Daß ich voller Hochmut sei — und daß ich meinen besten Witz aus den „hundert lustigen Erzählungen" hernehme. — Nun seht, das sagte Signor Benedikt.

Benedikt. Wer ist das?

Beatrice. Ich bin gewiß, Ihr kennt ihn mehr als zu viel.

Benedikt. Nein, gewiß nicht.

Beatrice. Hat er Euch nie lachen gemacht?

Benedikt. Sagt mir doch, wer ist er denn?

Beatrice. Nun, er ist des Prinzen Hofnarr: ein sehr schaler Spaßmacher, der nur das Talent hat, unmögliche Lästerungen zu ersinnen. Niemand findet Gefallen an ihm, als Wüstlinge, und was ihn diesen empfiehlt, ist nicht sein Witz, sondern seine Feigheit: denn er unterhält sie und ärgert sie zugleich, und dann lachen sie einmal über ihn, und ein andermal schlagen sie ihn. Ich weiß gewiß, er ist hier in diesem Geschwader: ich wollte, unsere Fahrzeuge begegneten sich.

Benedikt. Sollte ich diesen Kavalier finden, so will ich ihm erzählen, was Ihr von ihm sagt.

Beatrice. Ja, ja, thut das immer. Er wird dann allenfalls ein paar Gleichnisse an mir zerbrechen, und wenn sich's etwa fügt, daß niemand darauf acht giebt, oder darüber lacht, so verfällt er in Schwermut, und dann ist ein Rebhuhnflügel gerettet, denn der Narr wird den Abend gewiß nicht essen. (Musik drinnen.) Wir müssen den Anführern folgen.

Benedikt. In allem, was gut ist.

Beatrice. Freilich, wenn sie zu etwas Bösem führen, so fall' ich bei der nächsten Ecke von ihnen ab. (Beide ab.)

Tanz drinnen. Es kommen Don Juan, Borachio, Claudio.

Don Juan. Es ist richtig, mein Bruder ist in Hero verliebt und hat ihren Vater auf die Seite genommen, um ihm den Antrag zu machen: die Damen folgen ihr, und nur eine Maske bleibt zurück.

Borachio. Und das ist Claudio, ich kenne ihn an seiner Haltung.

Don Juan. Seid Ihr nicht Signor Benedikt?

Claudio. Ihr habt's getroffen, ich bin's.

Don Juan. Signor, Ihr steht sehr hoch in meines Bruders Freundschaft. Er ist in Hero verliebt: redet ihm das aus, ich bitte Euch. Sie ist ihm an Geburt nicht gleich; Ihr würdet darin als ein rechtschaffener Mann handeln.

Claudio. Wie wißt Ihr's denn, daß er sie liebt? —

Don Juan. Ich hörte ihn seine Zuneigung beteuern.

Borachio. Ich auch. Er schwur, er wolle sie noch diesen Abend heiraten.

Don Juan. Kommt, wir wollen zum Bankett. —
(Don Juan und Borachio ab.)

Claudio. So gab ich Antwort ihm als Benedikt,
Doch Claudios Ohr vernahm die schlimme Zeitung.
Es ist gewiß, der Prinz warb für sich selbst;
Freundschaft hält stand in allen andern Dingen,
Nur in der Liebe Dienst und Werbung nicht.

Drum brauch' ein Liebender die eigne Zunge,
Es rede jeglich Auge für sich selbst,
Und keiner trau' dem Anwalt: Schönheit weiß
Durch Zauberkünste Treu' in Blut zu wandeln,
Das ist ein Fall, der stündlich zu erproben,
Und doch hab' ich vertraut: Hero, fahr hin.

Benedikt kommt wieder.

Benedikt. Graf Claudio?

Claudio. Ja, der bin ich.

Benedikt. Kommt, wollt Ihr mit?

Claudio. Wohin?

Benedikt. Nun, zum nächsten Weidenbaum, in Euren eigenen
Angelegenheiten, Graf. Auf welche Manier wollt Ihr Euren Kranz
tragen; um den Hals, wie eines Wucherers Kette? oder unterm Arm,
wie eines Hauptmanns Schärpe? Tragen müßt Ihr ihn, auf eine
oder andere Weise, denn der Prinz hat Eure Hero weggefangen.

Claudio. Viel Glück mit ihr!

Benedikt. Nun, das nenn' ich gesprochen, wie ein ehrlicher
Viehhändler: so endigt man einen Ochsenhandel. Aber hättet Ihr's
wohl gedacht, daß der Prinz Euch einen solchen Streich spielen würde?

Claudio. Ich bitte Euch, laßt mich.

Benedikt. Oho, Ihr seid ja wie der blinde Mann. Der Junge
stahl Euch Euer Essen, und Ihr schlagt den Pfeiler.

Claudio. Wenn Ihr denn nicht wollt, so gehe ich. (Ab.)

Benedikt. Ach, das arme angeschossene Huhn! Jetzt wird sich's
in die Binsen verkriechen. — Aber daß Fräulein Beatrice mich kennt,
und doch auch nicht kennt . . . . Des Prinzen Hofnarr? Nun ja,
das mag hingehen, ich komme zu diesem Titel, weil ich lustig bin. —
Aber nein! thue ich mir denn nicht selbst unrecht? Halten mich denn
die Leute für so etwas? Ist's denn nicht die boshafte, bittere Ge=
mütsart Beatricens, welche die Rolle der Welt übernimmt, und mich
ins Gerede bringen möchte? Gut, ich will mich rächen, wie ich kann.

Don Pedro, Hero und Leonato kommen.

Don Pedro. Sagt, Signor, wo ist der Graf? Habt Ihr ihn
nicht gesehen?

Benedikt. Wahrhaftig, gnädigster Herr, ich habe eben die Rolle
der Frau Fama gespielt. Ich fand ihn hier so melancholisch, wie ein
Jagdhaus im Forst: darauf erzählte ich ihm — und ich glaube, ich
erzählte die Wahrheit — Euer Gnaden habe die Zusage dieses jungen
Fräuleins erhalten, und bot ihm meine Begleitung zum nächsten
Weidenbaum an, entweder ihm einen Kranz zu flechten, weil man
ihm untreu geworden, oder ihm eine Rute zu binden, weil er nichts
Besseres verdiene, als Streiche.

Don Pedro. Streiche? Was hat er denn begangen?

Benedikt. Die alberne Sünde eines Schulknaben, der voller Freuden über ein gefundenes Vogelnest, es seinem Kameraden zeigt, und dieser stiehlt's ihm weg.

Don Pedro. Willst du denn das Zutrauen zur Sünde machen? Die Sünde ist beim Stehler.

Benedikt. Nun, es wäre doch nicht umsonst gewesen, wenn wir die Rute gebunden hätten und den Kranz dazu; den Kranz hätte er selbst tragen können, und die Rute wäre für Euch gewesen, denn Ihr habt ihm, wie mir's vorkommt, sein Vogelnest gestohlen.

Don Pedro. Ich will ihm seine Vögel nur singen lehren, und sie dann dem Eigentümer wieder zustellen.

Benedikt. Wenn ihr Gesang zu Euren Worten stimmt, so war es bei meiner Treue ehrlich gesprochen.

Don Pedro. Fräulein Beatrice hat einen Handel mit Euch; der Kavalier, mit dem sie tanzte, hat ihr gesagt, ihr hättet sehr übel von ihr gesprochen.

Benedikt. O! Sie ist vielmehr mit mir umgegangen, daß kein Klotz es ausgehalten hätte; eine Eiche, an der nur noch ein einziges grünes Laub gewesen wäre, hätte ihr geantwortet: ja selbst meine Maske fing an, lebendig zu werden und mit ihr zu zanken. Sie sagte mir, indem sie mich für einen andern hielt, ich sei des Prinzen Hofnarr; ich sei langweiliger als ein starkes Tauwetter; das ging, Schlag auf Schlag, mit einer so unglaublichen Geschwindigkeit, daß ich nicht anders da stand, als ein Mann an einer Scheibe, nach welcher eine ganze Armee schießt. Sie spricht lauter Dolche, und jedes Wort durchbohrt: wenn ihr Atem so fürchterlich wäre, als ihre Ausdrücke, so könnte niemand in ihrer Nähe leben, sie würde alles bis an den Nordpol vergiften. Ich möchte sie nicht heiraten, und bekäme sie alles zur Mitgift, was Adam vor dem Sündenfall besaß. Sie hätte den Herkules gezwungen, ihr den Braten zu wenden, ja er hätte seine Keule spalten müssen, um das Feuer anzumachen. Nein, reden wir nicht von der; an der werdet Ihr die höllische Ate finden, nur in guten Kleidern. Wollte doch Gott, wir hätten einen Gelehrten, der sie beschwören könnte; denn wahrhaftig, solange sie hier ist, lebt sich's in der Hölle so ruhig, als auf geweihter Stätte, und die Leute sündigen mit Fleiß, um nur hinzukommen: so sehr folgen ihr alle Zwietracht, Grausen und Verwirrung.

Claudio und Beatrice kommen.

Don Pedro. Seht, da kommt sie.

Benedikt. Hat Eure Hoheit nicht eine Bestellung für mich an das Ende der Welt? Ich wäre jetzt bereit, um des geringsten Auf=trags willen, der Euch in den Sinn käme, zu den Antipoden zu

gehen. Ich wollte Euch vom äußersten Rande von Asien einen Zahn=
stocher holen; Euch das Maß vom Fuß des Priesters Johannes
bringen; Euch ein Haar aus dem Bart des großen Chans holen,
eine Gesandtschaft zu den Pigmäen übernehmen, ehe ich nur drei
Worte mit dieser Harpye wechseln sollte. Habt Ihr kein Geschäft
für mich?

Don Pedro. Keines, als daß ich um Eure angenehme Ge=
sellschaft bitte.

Benedikt. O Himmel, mein Fürst, hier habt Ihr ein Gericht,
das nicht für mich ist; ich kann diese gnädige Frau Zunge nicht ver=
tragen. (Ab.)

Don Pedro. Seht Ihr wohl, Fräulein, Ihr habt Signor
Benedikts Herz verloren.

Beatrice. Es ist wahr, gnädiger Herr, er hat es mir eine
Zeitlang versetzt, und ich gab ihm seinen Zins dafür, ein doppel=
tes Herz für ein einfaches. Seitdem hatte er mir's aber mit falschen
Würfeln wieder abgenommen, so daß Euer Gnaden wohl sagen mag,
ich habe es verloren.

Don Pedro. Ihr habt ihn daniedergestreckt, mein Fräulein,
Ihr habt ihn niedergestreckt.

Beatrice. Ich wollte nicht, daß er mir das thäte, gnädiger
Herr, ich möchte sonst Narren zu Kindern bekommen. Hier bringe
ich Euch den Grafen Claudio, den Ihr mir zu suchen auftrugt.

Don Pedro. Nun, wie steht's, Graf, warum seid Ihr so
traurig?

Claudio. Nicht traurig, mein Fürst.

Don Pedro. Was denn? Krank?

Claudio. Auch das nicht.

Beatrice. Der Graf ist weder traurig, noch krank, noch lustig,
noch wohl: aber höflich, Graf, höflich wie eine Apfelsine, und ein
wenig von ebenso eifersüchtiger Farbe.

Don Pedro. In Wahrheit, Fräulein, diese heraldische Aus=
legung trifft zu; obgleich ich schwören kann, daß, wenn dies der Fall
ist, sein Argwohn im Irrtum sei. Sieh, Claudio, ich warb in deinem
Namen, und die schöne Hero ist gewonnen; ich hielt bei ihrem Vater
an, und habe seine Einwilligung erhalten. Bestimme jetzt deinen
Hochzeitstag, und Gott schenke dir seinen Segen.

Leonato. Graf, empfangt von mir meine Tochter, und mit
ihr mein Vermögen. Seine Gnaden haben die Heirat gemacht, und
die ewige Gnade sage Amen dazu.

Beatrice. Redet doch, Graf, das war eben Euer Stichwort.

Claudio. Schweigen ist der beste Herold der Freude. Ich wäre
nur wenig glücklich, wenn ich sagen könnte, wie sehr ich's bin. Fräu=

lein, wie Ihr die Meine seid, bin ich nun der Eure; ich gebe mich
selbst für Euch hin, und schmachte nach der Auswechslung.

Beatrice. Redet doch, Muhme, oder wenn Ihr nichts wißt,
so schließt ihm den Mund mit einem Kuß, und laßt ihn auch nicht
zu Wort kommen.

Don Pedro. In der That, mein Fräulein, Ihr habt ein
fröhliches Herz.

Beatrice. O ja, gnädiger Herr, ich weiß es ihm Dank, dem
närrischen Dinge, es hält sich immer an der Windseite des Kummers.
Meine Muhme sagt ihm da ins Ohr, er sei in ihrem Herzen.

Claudio. Ja, das thut sie, Muhme.

Beatrice. Lieber Gott, über das Heiraten! So kommt alle
Welt unter die Haube, nur ich nicht, und mich brennt die Sonne
braun; ich muß schon im Winkel sitzen, und mit Ach! und Weh!
nach einem Mann veinen.

Don Pedro. Fräulein Beatrice, ich will Euch einen schaffen.

Beatrice. Ich wollte, Euer Vater hätte diese Mühe übernommen.
Haben Euer Gnaden nicht vielleicht einen Bruder, der Euch gleicht?
Euer Vater verstand sich auf herrliche Ehemänner, wenn ein armes
Mädchen nur dazu kommen könnte!

Don Pedro. Wollt Ihr mich haben, mein Fräulein?

Beatrice. Nein, mein Prinz, ich müßte denn einen andern
daneben für die Werkeltage haben können. Eure Hoheit ist zu kost=
bar, um Euch für alle Tage zu tragen. — Aber ich bitte, verzeiht
mir, mein Prinz; ich bin einmal dazu geboren, lauter Thorheiten,
und nichts Ernsthaftes zu sprechen.

Don Pedro. Euer Schweigen verdrießt mich am meisten, nichts
kleidet Euch besser als Munterkeit, denn Ihr seid ohne Frage in
einer lustigen Stunde geboren.

Beatrice. O nein, gnädigster Herr, denn meine Mutter weinte.
Aber es tanzte eben ein Stern, und unter dem bin ich zur Welt
gekommen. Glück zu, Vetter und Muhme! —

Leonato. Nichte, vollt Ihr das besorgen, wovon ich Euch
sagte?

Beatrice. O ich bitte tausendmal um Vergebung, Oheim:
mit Eurer Hoheit Erlaubnis. (Ab.)

Don Pedro. Wahrhaftig, ein angenehmes, munteres Mädchen!

Leonato. Melancholisches Element hat sie nicht viel, gnädiger
Herr. Sie ist nie ernsthaft, als wenn sie schläft: und auch dann
ist sie's nicht immer. Denn wie meine Tochter mir erzählt, träumt
ihr zuweilen Schelmerei, und vom Lachen wacht sie auf.

Don Pedro. Sie kann's nicht leiden, daß man ihr von einem
Manne sagt.

Leonato. O um alles in der Welt nicht; sie spottet alle ihre Freiwerber von sich weg.

Don Pedro. Das wäre eine vortreffliche Frau für Benedikt!

Leonato. O behüte Gott, mein Fürst; wenn die eine Woche verheiratet wären, sie hätten einander toll geschwatzt.

Don Pedro. Graf Claudio, wann gedenkt Ihr Eure Braut zur Kirche zu führen?

Claudio. Morgen, gnädiger Herr. Die Zeit geht auf Krücken, bis die Liebe im Besitz aller ihrer Rechte ist.

Leonato. Nicht vor dem nächsten Montag, mein lieber Sohn, welches gerade heute über acht Tage wäre; und auch das ist noch immer eine zu kurze Zeit, um alles nach meinem Sinn zu veranstalten.

Don Pedro. Ich sehe, Ihr schüttelt den Kopf über einen so langen Aufschub, aber ich verspreche dir's, Claudio, diese Woche soll uns nicht langweilig werden. Ich will während dieser Zwischenzeit eine von Herkules' Arbeiten vollbringen, und zwar die, den Signor Benedikt und das Fräulein Beatrice sterblich ineinander verliebt zu machen. Ich sähe die beiden gar zu gern als ein Paar, und zweifle nicht, damit zustande zu kommen, wenn ihr drei mir solchen Beistand versprechen wollt, wie ich's jedem von euch anweisen werde.

Leonato. Ich bin zu Euren Diensten, mein Fürst, und sollte mich's zehn schlaflose Nächte kosten.

Claudio. Ich auch, gnädiger Herr.

Don Pedro. Und Ihr auch, schöne Hero?

Hero. Ich will alles thun, was nicht unziemlich ist, um meiner Muhme zu einem guten Mann zu verhelfen.

Don Pedro. Und Benedikt ist noch keiner von den hoffnungslosesten Ehemännern, die ich kenne. So viel kann ich von ihm rühmen: er ist von edler Sinnesart, von erprobter Tapferkeit und bewährter Rechtschaffenheit. Ich will Euch lehren, wie Ihr Eure Muhme stimmen sollt, daß sie sich in Benedikt verliebe: und ich werde mit Eurer beider Hilfe Benedikt so bearbeiten, daß er trotz seinem schnellen Witz und seinem verwöhnten Gaumen in Beatricen verliebt werden soll. Wenn wir das zustande bringen, so ist Cupido kein Bogenschütze mehr; sein Ruhm wird uns zu teil werden, denn dann sind wir die einzigen wahren Liebesgötter. Kommt mit mir herein, ich will Euch meinen Plan sagen. (Ab.)

2. Scene.

Don Juan und Borachio treten auf.

Don Juan. Es ist richtig; Graf Claudio wird Leonatos Tochter heiraten.

Borachio. Ja, gnädiger Herr; ich kann aber einen Querstrich machen.

Don Juan. Jeder Schlagbaum, jeder Querstrich, jedes Hinder=
nis wird mir eine Arznei sein. Ich bin krank von Verdruß über
ihn, und was nur irgend seine Neigung kreuzt, geht gleiches Weges
mit der meinigen. Wie willst du denn diese Heirat hindern?

Borachio. Nicht auf eine redliche Art, gnädiger Herr, aber
so versteckt, daß keine Unredlichkeit an mir sichtbar werden soll.

Don Juan. Wie denn? Mach's kurz.

Borachio. Ich glaube, ich sagte Euch schon vor einem Jahr,
gnädiger Herr, wie weit ich's in Margaretens Gunst gebracht, des
Kammermädchens der Hero.

Don Juan. Ich erinnere mich.

Borachio. Ich kann sie zu jedem ungewöhnlichen Augenblicke
in der Nacht bestellen, daß sie aus dem Kammerfenster ihres Fräuleins
heraussehe.

Don Juan. Und was für Leben ist darin, der Tod dieser
Heirat zu werden?

Borachio. Das Gift hieraus zu mischen, ist hernach Eure Sache.
Geht zum Prinzen, Eurem Bruder; seid nicht sparsam damit, ihm
zu sagen, welchen Schimpf es seiner Ehre bringe, den hochberühmten
Claudio (dessen Würdigung Ihr mächtig erheben müßt) mit einer
verrufenen Dirne zu vermählen, wie diese Hero.

Don Juan. Und welchen Beweis soll ich ihm davon geben?

Borachio. Beweis genug, den Prinzen zu täuschen, Claudio
zu quälen, Hero zu Grunde zu richten und Leonato zu töten. Wollt
Ihr denn noch mehr haben?

Don Juan. Alles will ich daran setzen, nur um sie zu ärgern.

Borachio. Nun wohl, so findet mir eine bequeme Stunde,
in der Ihr Don Pedro und Graf Claudio beiseite nehmen könnt.
Sagt ihnen, Ihr wüßtet, Hero liebe mich; zeigt einen besondern Eifer
für den Prinzen wie für den Claudio, und die Ihr aus Besorgnis
für Eures Bruders Ehre, die diese Heirat gemacht, und für seines
Freundes Ruf, der im Begriff sei, durch die Larve eines Mädchens
hintergangen zu werden, dies alles offenbaret. Sie werden Euch
schwerlich ohne Untersuchung glauben: dann erbietet Euch, Beweise
zu schaffen, und zwar nicht geringere, als daß sie mich an ihrem
Kammerfenster sehen sollen; mich hören, wie ich Margareten Hero nenne,
wie Margarete mich Borachio ruft: und dies alles laßt sie gerade in der
Nacht vor dem bestimmten Hochzeitstage sehen. Denn ich will indes
die Sache so einrichten, daß Hero abwesend sein soll, und daß, wenn sich
so wahrscheinliche Gründe für ihre Treulosigkeit häufen, Eifersucht als
Überzeugung erscheinen, und die ganze Zurüstung unnütz werden soll.

Don Juan. Mag daraus kommen, was will, ich unternehme es. Zeige dich gewandt in der Ausführung, und tausend Dukaten sollen deine Belohnung sein.

Borachio. Bleibt nur standhaft in Eurer Anklage, meine Gewandtheit soll mir keine Schande machen.

Don Juan. Ich will gleich gehen, und hören, welchen Tag sie zur Hochzeit angesetzt haben. (Beide ab.)

3. Scene.

Benedikt und ein Page kommen.

Benedikt. Höre!

Page. Signor?

Benedikt. In meinem Kammerfenster liegt ein Buch, bringe mir das hierher in den Garten.

Page. Ich bin schon hier, gnädiger Herr.

Benedikt. Das weiß ich, aber ich will dich fort haben, und hernach wieder hier. (Page geht.) Ich wundere mich doch außerordent= lich, wie ein Mann, der sieht, wie ein anderer zum Narren wird, wenn er seine Gebärden der Liebe widmet, doch, nachdem solche läppische Thorheiten an jenem verspottet, sich zum Gegenstand seiner eigenen Verachtung macht, indem er sich selbst verliebt: und solch ein Mann ist Claudio. Ich weiß die Zeit, da ihm keine Musik recht war, als Trommel und Querpfeife, und nun hörte er lieber Tamburin und Flöte. Ich weiß die Zeit, wo er fünf Stunden zu Fuß gelaufen wäre, um eine gute Rüstung zu sehen, und jetzt könnte er fünf Nächte ohne Schlaf zubringen, um den Schnitt eines neuen Wamses zu er= sinnen. Sonst sprach er schlicht vom Munde weg, wie ein ehrlicher Junge und ein guter Soldat; nun ist er ein Ästhetiker geworden, seine Rede ist wie ein phantastisch besetztes Bankett, ebenso viel kurioses seltsames Konfekt. — Sollt' ich jemals so verwandelt werden können, solange ich noch aus diesen Augen sehe? Wer weiß: — Ich glaube es nicht. Ich will nicht darauf schwören, daß mich die Liebe nicht in eine Auster verwandeln könne; aber darauf möchte ich doch einen Eid ablegen, daß sie mich vorher erst in eine Auster verwandelt haben müsse, ehe sie einen solchen Narren aus mir machen soll. Dieses Mädchen ist schön, das thut mir noch nichts; ein anderes ist witzig, das thut mir auch nichts; ein drittes tugendhaft, das thut mir immer noch nichts: und bis nicht alle Vorzüge sich in einem Mädchen ver= einigen, soll kein Mädchen bei mir einen Vorzug haben. Reich muß sie sein, das ist ausgemacht; weise, oder ich mag sie nicht; tugend= haft, oder ich biete gar nicht auf sie; schön, oder ich sehe sie gar nicht an; sanft, oder sie soll mir nicht nahe kommen; edel, oder ich wollte

sie nicht, wenn sie auch sonst ein Engel wäre; angenehm in ihrer
Unterhaltung, vollkommen in der Musik; und wenn sie das alles ist,
so mag ihr Haar eine Farbe haben, wie es Gott gefällt. Ach! da
kommen der Prinz und unser Amoroso. Ich will mich in die Laube
verstecken. (Geht beiseite.)

Don Pedro, Leonato und Claudio kommen.

Don Pedro. Gefällt's Euch jetzt, das Lied zu hören?

Claudio. Ja, teurer Herr. — Wie still der Abend ist,
  Wie schlummernd, daß Musik noch süßer töne! —

Don Pedro. Seht Ihr, wo Benedikt sich dort versteckt?

Claudio. Jawohl, mein Fürst. Wenn der Gesang beendigt,
  Soll unser Füchslein gleich sein Teil erhalten.

Balthasar mit Musik kommt.

Don Pedro. Kommt, Balthasar, singt das Gedicht noch einmal.

Balthasar. O heischt nicht, daß sich meine rauhe Stimme
  Zum zweitenmal an der Musik versünd'ge.

Don Pedro. Stets war's ein Merkmal der Vortrefflichkeit,
  Durch Larve die Vollendung zu entstellen:
  Ich bitt' dich, sing, laß mich nicht länger werben.

Balthasar. Weil Ihr von Werbung sprecht, so will ich singen:
  Denn oft beginnt sein Werben ein Galan,
  Wo's ihm der Müh' nicht wert scheint: dennoch wirbt er,
  Und schwört, er sei verliebt.

Don Pedro.   Nun bitt' dich, singe,
  Und willst du erst noch länger präludieren,
  So thu's in Noten.

Balthasar.   Welche Not! die Noten
  Sind der Notiz nicht wert, notiert Euch das.

Don Pedro. Das nenn' ich drei gestrichne Noten mir,
  Not, Noten und Notiz! (Musik.)

Benedikt. Nun, divina Musica. Nun ist seine Seele in
Verzückung! Ist es nicht seltsam, daß Schafdärme die Seele aus
eines Menschen Leibe ziehen können? Da lobe ich mir ein Horn
für mein Geld.

Lied.

  Klagt, Mädchen, klagt nicht Ach und Weh,
  Kein Mann bewahrt die Treue.
  Am Ufer halb, halb schon zur See
  Reizt, lockt sie nur das Neue.
  Weint keine Thrän' und laßt sie gehn,
  Seid froh und guter Dinge,
  Daß statt der Klag' und dem Gestöhn
  Juchheisasa erklinge.

Singt nicht Balladen trüb' und bleich,
In Trauermelodieen:
Der Männer Trug war immer gleich,
Seitdem die Schwalben ziehen.
Weint keine Thrän' u. s. w.

Don Pedro. Auf meine Ehre, ein hübsches Lied.

Balthasar. Und ein schlechter Sänger, gnädiger Herr.

Don Pedro. Wie? O nein doch, du singst ganz gut für den Notbehelf.

Benedikt (beiseite). Wär's ein Hund gewesen, der so geheult hätte, sie hätten ihn aufgehängt. Nun, Gott gebe, daß seine heisere Stimme kein Unglück bedeute! — Ich hätte ebenso gern den Nachtraben gehört, wäre auch alles erdenkliche Unglück danach erfolgt.

Don Pedro (zu Claudio). Ja, Ihr habt recht. — Höre, Balthasar! Schaffe uns eine recht ausgesuchte Musik; morgen abend soll sie unter Fräulein Heros Fenstern spielen.

Balthasar. Die beste, die ich finden kann, gnädiger Herr.
(Ab mit den Musikern.)

Don Pedro. Schön; — jetzt laß uns. — Sagt doch, Leonato, was erzähltet Ihr mir doch vorhin? Daß Eure Nichte Beatrice in Benedikt verliebt sei?

Claudio (beiseite). O nur zu, nur zu, der Vogel sitzt. (Laut.) Ich hätte nie geglaubt, daß das Fräulein einen Mann lieben könnte.

Leonato. Ich ebensowenig. Aber das ist eben das Wunderbarste, daß sie gerade für den Benedikt schwärmt, den sie dem äußeren Schein nach bisher verabscheute.

Benedikt. Ist's möglich? bläst der Wind aus der Ecke?

Leonato. Auf mein Wort, gnädiger Herr, ich weiß nicht, was ich davon denken soll. Aber sie liebt ihn mit einer rasenden Leidenschaft, es übersteigt alle Vorstellung.

Don Pedro. Vielleicht ist's nur Verstellung.

Claudio. Das möcht' ich auch glauben.

Leonato. O Gott, Verstellung! Es ist wohl noch nie eine verstellte Leidenschaft der lebendigen Leidenschaft so nahe gekommen, als sich's an ihr äußert.

Don Pedro. Nun, und welche Symptome der Leidenschaft zeigt sie denn?

Claudio (leise). Jetzt ködert den Hamen, dieser Fisch wird anbeißen.

Leonato. Welche Symptome, gnädiger Herr? Sie sitzt Euch da, . . . nun, meine Tochter sagte Euch ja, wie.

Claudio. Ja, das that sie.

Don Pedro. Wie denn? Wie? Ihr setzt mich in Erstaunen.

Ich hätte immer gedacht, ihr Herz sei ganz unempfindlich gegen alle Angriffe der Liebe.

Leonato. Darauf hätte ich auch geschworen, mein Fürst, und besonders gegen Benedikt.

Benedikt (beiseite). Ich hielte es für eine Presserei, wenn's der weißbärtige Kerl nicht sagte. Spitzbüberei, meiner Seele, kann sich doch nicht hinter solche Ehrwürdigkeit verbergen.

Claudio (beiseite). Jetzt hat's gefaßt, nur immer weiter.

Don Pedro. Hat sie Benedikt ihre Neigung zu erkennen gegeben?

Leonato. Nein, sie schwört auch, dies nie zu thun: das ist eben ihre Qual.

Claudio. Jawohl, darin liegt's. Das sagte mir auch Eure Tochter; soll ich, sagt sie, die ich ihm oft mit Spott begegnet, ihm jetzt schreiben, daß ich ihn liebe?

Leonato. Das sagt sie, wenn sie gerade einen Brief an ihn angefangen hat. Denn sie sicht wohl zwanzigmal in der Nacht auf, und da sitzt sie dann in ihrem Nachtkleide und schreibt ganze Seiten voll — meine Tochter sagt uns alles. — — Und nachher zerreißt sie den Brief in tausend Hellerstückchen, zankt mit sich selbst, daß sie so wenig Zurückhaltung besitze, an jemand zu schreiben, von dem sie's doch wisse, er werde sie verhöhnen: ich beurteile ihn, sagt sie, nach meiner eigenen Sinnesart, denn ich würde ihn verhöhnen, wenn er mir schriebe; ja, wie sehr ich ihn liebe, ich thät' es doch.

Claudio. Dann nieder auf die Kniee stürzt sie, weint, seufzt, schlägt sich an die Brust, zerrauft ihr Haar, betet, flucht: O süßer Benedikt! Gott schenke mir Geduld!

Leonato. Freilich, das thut sie, das sagt mir meine Tochter. Ja, sie ist so außer sich in ihrer Ekstase, daß meine Tochter zu= weilen fürchtet, sie möchte in der Verzweiflung sich ein Leides thun: das ist nur zu wahr.

Don Pedro. Es wäre doch gut, wenn Benedikt es durch jemand anderes erführe, da sie es ihm nun einmal nicht entdecken wird.

Claudio. Wozu? Er würde doch nur Scherz damit treiben, und das arme Fräulein dafür ärger quälen.

Don Pedro. Wenn er das thäte, so wär's ein gutes Werk, ihn zu hängen. Sie ist ein vortreffliches, liebes Fräulein und ihr guter Ruf über allen Verdacht erhaben.

Claudio. Dabei ist sie ausgezeichnet verständig.

Don Pedro. In allen andern Dingen, nur nicht darin, daß sie den Benedikt liebt.

Leonato. O gnädiger Herr! wenn Verstand und Leidenschaft in einem so zarten Alter miteinander kämpfen, so haben wir zehn Beispiele für eines, daß die Leidenschaft den Sieg davon trägt. Es thut mir leid um sie, und ich habe die gerechteste Ursache dazu, da ich ihr Oheim und Vormund bin.

Don Pedro. Ich wollte, sie hätte diese Entzückungen mir gegönnt; ich hätte alle andern Rücksichten abgethan, und sie zu meiner Hälfte gemacht. Ich bitte Euch, sagt doch dem Benedikt von der Sache, und höret, was er erwidern wird.

Leonato. Meint Ihr wirklich, daß es gut wäre?

Claudio. Hero ist überzeugt, es werde ihr Tod sein; denn sie sagt, sie sterbe, wenn er sie nicht wieder liebe, und sie sterbe auch lieber, als daß sie ihm ihre Liebe entdecke; und wenn er sich wirklich um sie bewirbt, so wird sie eher sterben wollen, als das Geringste von ihrem gewohnten Widerspruchsgeist aufgeben.

Don Pedro. Sie hat ganz recht; wenn sie ihm ihre Neigung verken ließe, so wär's sehr möglich, daß er sie nur verlachte. Der Mann hat, wie Ihr alle wißt, eine sehr übermütige Gesinnung.

Claudio. Er ist sonst ein feiner Mann.

Don Pedro. Er hat allerdings eine recht glückliche äußere Bildung.

Claudio. Ganz gewiß, und wie mich dünkt, auch viel Verstand.

Don Pedro. Es zeigen sich in der That mitunter Funken an ihm, welche wie Witz aussehen.

Leonato. Und ich halte ihn auch für tapfer.

Don Pedro. Wie Hektor, das versichere ich Euch, und nach der Art, wie er mit Händeln umzugehen versteht, muß man auch einräumen, daß er Klugheit besitzt. Denn entweder weicht er ihnen mit großer Vorsicht aus, oder er unterzieht sich ihnen mit einer christlichen Furcht.

Leonato. Wenn er Gott fürchtet, so muß er notwendig Frieden halten. Wenn er den Frieden bricht, so kann's nicht anders sein, als daß er seine Händel mit Furcht und Zittern anfängt.

Don Pedro. Und so ist es auch. Denn der Mann fürchtet Gott, obgleich nach seinen derben Spässen kein Mensch das von ihm glauben sollte. Mit alledem dauert mich Eure Nichte. Wollen wir gehen und Benedikt aufsuchen und ihm von ihrer Liebe sagen?

Claudio. Nimmermehr, gnädigster Herr. Diese Schwachheit wird endlich verständigem Rate weichen.

Leonato. Ach, das ist unmöglich. Eher wird ihr Leben von ihr weichen.

Don Pedro. Nun, wir wollen hören, was Eure Tochter weiter davon sagt, und sich's indessen verkühlen lassen. Ich halte viel auf Benedikt, und wünschte sehr, er möchte sich einmal mit aller Bescheidenheit prüfen und einsehen, wie wenig er eine so treffliche Dame zu besitzen verdient.

Leonato. Wollen wir gehen, mein Fürst? Das Mittagessen wird fertig sein.

Claudio (beiseite). Wenn er sich hierauf nicht sterblich in sie verliebt, so will ich nie wieder einer Wahrscheinlichkeit trauen.

Don Pedro (beiseite). Man muß jetzt das nämliche Netz für sie aufstellen, und das laßt Eure Tochter und ihre Kammerfrau über= nehmen. Der Spaß wird sein, wenn jeder von ihnen sich von der Leidenschaft des andern überzeugt hält, und ohne allen Grund. Das ist die Scene, die ich sehen möchte: es wird eine wahre Pantomime sein. Wir wollen sie abschicken, um ihn zu Tische zu rufen.

(Don Pedro, Claudio und Leonato ab.)

Benedikt (tritt hervor). Das kann keine Schelmerei sein; das Gespräch war zu ernsthaft. Sie haben die Gewißheit der Sache von Hero; sie scheinen das Fräulein zu bedauern: es scheint, ihre Leiden= schaft hat die höchste Spannung erreicht. — In mich verliebt? O, das muß erwidert werden. Ich höre, wie man mich tadelt: sie sagen, ich werde mich stolz gebärden, wenn ich merke, wie sie mich liebt. Sie sagen ferner, sie werde eher sterben, als irgend ein Zeichen ihrer Neigung geben. Ich dachte nie zu heiraten, aber man soll mich nicht für stolz halten. Glücklich sind, die erfahren, was man an ihnen aus= setzt, und sich danach bessern können. Sie sagen, das Fräulein sei schön; ja das ist eine Wahrheit, die ich bezeugen kann; und tugend= haft: — allerdings, ich kann nichts dawider sagen; — und verständig, ausgenommen, daß sie in mich verliebt sei; — und — meiner Treu', das ist eben kein Zuwachs ihrer Verständigkeit, aber doch kein großer Beweis ihrer Thorheit, denn ich will mich entsetzlich wieder in sie verlieben. — Ich wage es freilich darauf, daß man mir etliche alberne Späße und Witzbrocken zuwirft, weil ich selbst so lange über das Heiraten geschmählt habe; aber kann sich der Geschmack nicht ändern? Es liebt einer in seiner Jugend ein Gericht, das er im Alter nicht ausstehen kann: sollen wir uns durch Sticheleien und Sentenzen und jene papiernen Kugeln des Gehirns aus der rechten Bahn unserer Laune schrecken lassen? Nein, die Welt muß bevölkert werden. Als ich sagte, ich wolle als Junggeselle sterben, dacht' ich es nicht zu er= leben, daß ich noch eine Frau nehmen würde. Da kommt Beatrice. Beim Sonnenlicht, sie ist schön! ich erspähe schon einige Zeichen der Liebe an ihr.

Beatrice kommt.

Beatrice. Wider meinen Willen hat man mich abgeschickt, Euch zu Tische zu rufen.

Benedikt. Schöne Beatrice, ich danke Euch für Eure Mühe.

Beatrice. Ich gab mir nicht mehr Mühe, diesen Dank zu ver= dienen, als Ihr Euch bemüht, mir zu danken. Wär' es mühsam gewesen, so wär' ich nicht gekommen.

Benedikt. Die Bestellung machte Euch also Vergnügen?

Beatrice. Ja, gerade so viel, als Ihr auf eine Messerspitze nehmen könnt, um's einer Dohle beizubringen. Ihr habt wohl keinen Appetit, Signor? So gehabt Euch wohl. (Ab.)

Benedikt. Ah, „wider meinen Willen hat man mich abgeschickt, Euch zu Tische zu rufen!" das kann zweierlei bedeuten: — „es kostete mich nicht mehr Mühe, diesen Dank zu verdienen, als Ihr Euch bemüht, mir zu danken;" das heißt so viel, als jede Mühe, die ich für Euch unternehme, ist so leicht als ein Dank. Wenn ich nicht Mitleid für sie fühle, so bin ich ein Schurke; venn ich sie nicht liebe, so bin ich ein Jude. Ich will gleich gehen, und mir ihr Bildniß verschaffen. (Ab.)

Dritter Aufzug.

1. Scene.

Es treten auf Hero, Margareta, Ursula.

Hero. Lauf, Margarete, in den Saal hinauf,
Dort findst du meine Muhme Beatrice
Mit Claudio und dem Prinzen im Gespräch.
Raun ihr ins Ohr, daß ich und Ursula
Im Garten gehn, und unsre Unterhaltung
Nur sie betrifft, sag, daß du uns behorcht.
Dann heiß sie schleichen in die dichte Laube;
Wo Geißblattranken, an der Sonn' erblüht,
Der Sonne Zutritt wehren: — wie Günstlinge,
Von Fürsten stolz gemacht, mit Stolz verschatten
Die Kraft, die sie erschaffen. — Dort versteckt
Soll sie uns reden hören: dies besorge,
Mach deine Sachen gut, und laß uns jetzt.

Margareta. Ich schaffe gleich sie her, verlaßt Euch drauf. (Ab.)

Hero. Nnn, Ursula, wenn Beatrice kommt,
Und wir im Baumgang auf und nieder wandeln,
Sei einzig nur vom Benedikt die Rede.
Wenn ich ihn nenne, stimme gleich mir bei,
Und preis' ihn mehr, als je ein Manu verdient.
Darauf erzähl' ich dir, wie Benedikt
In Beatricen sterblich sei verliebt.
So schnitzt der kleine Gott die schlauen Pfeile,
Die schon durch Hören treffen. Jetzt fang' an:

Denn sieh nur, Beatrice, wie ein Kiebitz,
Schlüpft dicht am Boden hin, uns zu belauschen.

Beatrice schleicht in die Laube.

Ursula. Die Lust beim Angeln ist, sehn, wie der Fisch
Den Silberstrom mit goldnen Rudern teilt,
Den tück'schen Haken gierig zu verschlingen.
So angeln wir nach jener, die sich eben
Geduckt dort in die Geißblatthülle biegt.
Sorgt nicht um meinen Anteil am Gespräch.

Hero. Komm näher nun, daß nichts ihr Ohr verliere
Vom süßen Köder, den wir trüglich legen.

(Sie nähern sich der Laube.)

Nein wahrlich, Ursula, sie ist zu stolz,
Ich kenn' ihr Herz, es ist so spröd' und wild
Wie ungezähmte Falken.

Ursula.   Ist's denn wahr?
Liebt Benedikt so einzig Beatricen?

Hero. So sagt der Prinz und auch mein Bräutigam.

Ursula. Und trugen sie Euch auf, es ihr zu sagen?

Hero. Sie baten mich, ich mög' es ihr entdecken:
Ich sprach, da Benedikt ihr Freund, sie möchten
Ihm raten, diese Neigung zu besiegen,
Daß Beatrice nie davon erfährt.

Ursula. Warum, mein Fräulein? Gönnt Ihr nicht dem Ritter
So reiche, vollbeglückte Ehe gern,
Als Beatrice je gewähren kann.

Hero. Beim Liebesgott! Ich weiß es, er verdient
So viel, als man dem Manne nur vergönnt,
Doch schuf Natur noch nie ein weiblich Herz
Von sprödrem Stoff als das der Beatrice.
Hohn und Verachtung sprüht ihr funkelnd Auge
Und schmäht, worauf sie blickt: so hoch im Preise
Stellt sie den eignen Witz, daß alles andre
Ihr nur gering erscheint: sie kann nicht lieben,
Noch Bild und Form der Neigung in sich prägen,
So ist sie in sich selbst vergafft.

Ursula.   Gewiß,
Und darum wär's nicht gut, erführe sie's,
Wie er sie liebt; sie würd' ihn nur verspotten.

Hero. Da sagst du wahr. Ich sah noch keinen Mann,
So klug, so jung und brav, so schön gebildet,
Sie münzt ihn um ins Gegenteil. Wenn blond,
So schwur sie, sollt' er ihre Schwester heißen,

Wenn schwarz, hatt' einen Harlekin Natur
Sich zeichnend, einen Tintenfleck gemacht:
Schlank, war's ein Lanzenschaft mit schlechtem Kopf,
Klein, ein Achatbild, ungeschickt geschnitzt:
Sprach er, ein Wetterhahn für alle Winde,
Schwieg er, ein Block, den keiner je bewegt.
So kehrt sie stets die falsche Seit' hervor,
Und giebt der Tugend und der Wahrheit nie,
Was Einfalt und Verdienst erwarten dürfen.
Ursula. Gewiß, so scharfer Witz macht nicht beliebt.
Hero. O nein! So schroff, so außer aller Form,
Wie's Beatrice liebt, empfiehlt wohl nie.
Wer aber darf ihr's sagen? Wollt' ich reden,
Ich müßt' an ihrem Spott vergehn; sie lachte
Mich aus mir selbst, erdrückte mich mit Witz.
Mag Benedikt drum wie verdecktes Feuer
In Seufzern sterben, innen sich verzehren:
Das ist ein beßrer Tod als tot gespottet,
Was schlimmer ist, als tot gekitzelt werden.
Ursula. Erzählt's ihr doch, hört, was sie dazu sagt.
Hero. Nein, lieber geh' ich selbst zu Benedikt,
Und rat' ihm seine Leidenschaft bezähmen.
Und wahrlich, ein'ge ehrliche Verleumdung
Auf meine Muhm' ersinn' ich. Niemand glaubt,
Wie leicht ein böses Wort die Lieb' erstickt.
Ursula. Thut Eurer Muhme nicht so großes Unrecht.
Sie kann nicht alles Urteil so verleugnen,
Mit so viel schnellem, scharfem Witz begabt, —
Als man sie dessen rühmt, — zurückzuweisen
Solch seltnen Kavalier als Signor Benedikt.
Hero. In ganz Italien sucht er seinesgleichen;
Versteht sich, meinen Claudio ausgenommen.
Ursula. Ich bitt' Euch, zürnt mir deshalb nicht, mein Fräulein;
Nach meiner Ansicht glaub' ich, Signor Benedikt
Gilt an Gestalt und Haltung, Geist und Mut
In unserm Welschland für den ersten Mann.
Hero. Gewiß, er ist von hochbewährtem Ruf.
Ursula. Den ihm sein Wert verdient, eh er ihn hatte.
Wann macht Ihr Hochzeit, Fräulein?
Hero. Nun, allernächstens; morgen wohl. Jetzt komm,
Ich will dir Kleider zeigen, rate mir,
Was morgen mich am besten schmücken wird.
Ursula. Die klebt am Leim; Ihr fingt sie, dafür steh' ich.

So bringt ein Zufall Amorn oft Gelingen,
Den trifft sein Pfeil, den fängt er sich mit Schlingen. (Beide ab.)

Beatrice (kommt hervor).

Welch Feu'r durchströmt mein Ohr! Ist's wirklich wahr?
Wollt ihr mir Spott und Hohn so scharf verweisen?
Leb wohl dann, Mädchenstolz, auf immerdar,
Mich lüstet nimmermehr nach solchen Preisen.
Und, Benedikt, lieb immer: so gewöhn' ich
Mein wildes Herz an deine teure Hand;
Sei treu, und, Liebster, deine Treue krön' ich,
Und unsre Herzen bind' ein heil'ges Band.
Man sagt, du bist es wert, und ich kann schwören,
Ich wußt' es schon, und besser als vom Hören. (Ab.)

2. Scene.

Don Pedro, Claudio, Benedikt und Leonato.

Don Pedro. Ich bleibe nur noch, bis Eure Hochzeit vorüber ist, und gehe dann nach Aragon zurück.

Claudio. Ich will Euch dahin begleiten, mein Fürst, wenn Ihr mir's vergönnen wollt.

Don Pedro. Nein, das hieße den neuen Glanz Eures Ehestandes ebenso verderben, als einem Kinde sein neues Kleid zeigen und ihm verbieten, es zu tragen. Ich will mir nur Benedikts Gesellschaft erbitten, denn der ist von der Spitze seines Scheitels bis zur Sohle seines Fußes lauter Fröhlichkeit. Er hat Cupidos Bogensehne zwei oder dreimal durchgeschnitten, und der kleine Henker wagt seitdem nicht mehr, auf ihn zu schießen. Er hat ein Herz, so gesund und ganz wie eine Glocke, und seine Zunge ist der Klöpfel, denn was sein Herz denkt, spricht seine Zunge aus.

Benedikt. Meine Herren, ich bin nicht mehr, der ich war.

Leonato. Das sag' ich auch, mir scheint, Ihr seid ernster.

Claudio. Ich hoffe, er ist verliebt.

Don Pedro. Fort mit dem unnützen Menschen! — es ist kein so wahrer Blutstropfen in ihm, daß er durch eine Liebe wahrhaft gerührt werden könnte; ist er ernst, so fehlt's ihm an Geld.

Benedikt. Mich schmerzt der Zahn.

Don Pedro. Heraus damit!

Benedikt. Zum Henker auch!

Claudio. Nein, zum Zahnarzt!

Don Pedro. Was! um Zahnweh seufzen?

Leonato. Was doch nur ein Fluß oder ein Wurm ist?

Benedikt. Gut, jeder kann den Schmerz bemeistern, nur der nicht, der ihn fühlt.

Claudio. Ich bleibe doch dabei, er ist verliebt.

Don Pedro. Es ist kein Zeichen verliebter Grillen an ihm, es müßte denn die Grille sein, mit der er in fremde Moden verliebt ist: als z. B. heut ein Holländer, morgen ein Franzos, oder in der Tracht zweier Länder zugleich, ein Deutscher vom Gürtel abwärts lauter Falten und Pluderhosen, und ein Spanier darüber, ohne Wams. Hätte er also nicht eine verliebte Grille für diese Narrheit (wie er sie denn wirklich hat), so wäre er kein Narr aus Liebe, wie Ihr ihn dazu machen wollt.

Claudio. Wenn er nicht in irgend ein Frauenzimmer ver= liebt ist, so traut keinem Wahrzeichen mehr. Er bürstet alle Morgen seinen Hut; was kann das sonst bedeuten?

Don Pedro. Hat ihn jemand beim Barbier gesehen?

Claudio. Nein, aber den Barbiersdiener bei ihm, und die alte Zier seiner Wangen ist schon gebraucht, Bälle damit zu stopfen.

Leonato. In der That, er sieht um einen Bart jünger aus.

Don Pedro. Und was mehr ist, er reibt sich mit Bisam; merkt Ihr nun, wo's ihm fehlt?

Claudio. Das heißt mit andern Worten: der holde Knabe liebt.

Don Pedro. Der größte Beweis ist seine Schwermut.

Claudio. Und wann pflegte er sonst sein Gesicht zu waschen?

Don Pedro. Ja, oder sich zu schminken? Ich höre aber wohl, was man deswegen von ihm sagt.

Claudio. Und sein sprudelnder Geist! der jetzt in eine Lauten= saite gekrochen ist und durch Griffe regiert wird.

Don Pedro. Freilich, das alles kündigt eine tragische Geschichte an. Summa Summarum: er ist verliebt.

Claudio. Ja, und ich weiß auch, wer in ihn verliebt ist.

Don Pedro. Nun, das möchte ich auch wissen. Ich wette, es ist eine, die ihn nicht kennt.

Claudio. O freilich! Ihn und alle seine Fehler; und die dem= ungeachtet für ihn stirbt.

Don Pedro. Die muß mit dem Gesicht aufwärts begraben werden.

Benedikt. Das alles hilft aber nicht für mein Zahnweh. Alter Herr, kommt ein wenig mit mir auf die Seite; ich habe acht oder neun vernünftige Worte ausstudiert, die ich Euch sagen möchte, und die diese Steckenpferde nicht zu hören brauchen.

(Benedikt und Leonato ab.)

Don Pedro. Ich wette mein Leben, er hält bei ihm um Beatricen an.

Claudio. Ganz gewiß. Hero und Margarete haben unterdes ihre Rolle mit Beatricen gespielt, und nun werden wohl diese Bären einander nicht beißen, wenn sie sich begegnen.

Don Juan kommt.

Don Juan. Mein Fürst und Bruder, grüß Euch Gott.

Don Pedro. Guten Tag, Bruder.

Don Juan. Wenn es Euch gelegen wäre, hätte ich mit Euch zu reden.

Don Pedro. Allein?

Don Juan. Wenn es Euch gefällt, — doch Graf Claudio mag's immer hören; denn was ich zu sagen habe, betrifft ihn.

Don Pedro. Wovon ist die Rede?

Don Juan. Gedenkt Ihr Euch morgen zu vermählen, edler Herr?

Don Pedro. Das wißt Ihr ja.

Don Juan. Das weiß ich nicht, wenn er erst wissen wird, was ich weiß.

Claudio. Wenn irgend ein Hinderniß stattfindet, so bitte ich Euch, entdeckt es.

Don Juan. Ihr denkt vielleicht, ich sei Euer Freund nicht: das wird sich hernach ausweisen; indem Ihr mich besser ins Auge faßt, durch das, was ich Euch entdecken werde. Von meinem Bruder glaube ich, daß er Euch wohl will, und aus Herzensliebe Euch verholfen hat, Eure baldige Heirat ins Werk zu richten. In Wahrheit, eine schlecht angebrachte Werbung! Eine schlecht verwandte Mühe! —

Don Pedro. Nun? was wollt Ihr damit sagen?

Don Juan. Ich kam hierher, es Euch mitzuteilen; und um die Sache kurz zu fassen, — denn es ist schon zu lange die Rede davon gewesen, — das Fräulein ist treulos.

Claudio. Wer? Hero?

Don Juan. Eben sie; Leonatos Hero, Eure Hero — jedermanns Hero?

Claudio. Treulos?

Don Juan. Das Wort ist zu gut, ihre Verderbtheit zu malen; ich könnte sie leicht schlimmer nennen. Denkt nur an die schlimmste Benennung, ich werde sie rechtfertigen. Wundert Euch nicht, bis wir mehr Beweis haben: geht nur heut abend mit mir, dann sollt Ihr sehen, wie ihr Kammerfenster erstiegen wird, und zwar noch in der Nacht vor ihrem Hochzeittage. Wenn Ihr sie dann noch liebt, so heiratet sie morgen; aber Eurer Ehre wird es freilich besser stehen, wenn Ihr Eure Gedanken ändert.

Claudio. Wär' es möglich?

Don Pedro. Ich will es nicht glauben.

Don Juan. Habt Ihr nicht den Mut zu glauben, was Ihr seht, so bekennt auch nicht, was Ihr wißt. Wollt Ihr mir folgen, so will ich Euch genug zeigen. Wenn Ihr erst mehr gehört und gesehen habt, so thut hernach, was Euch beliebt.

Claudio. Sehe ich diese Nacht irgend etwas, weshalb ich sie morgen nicht heiraten könnte, so will ich sie vor der ganzen Versammlung, indem sie getraut werden sollte, beschimpfen.

Don Pedro. Und so wie ich für dich warb, sie zu erlangen, so will ich mich nun mit dir vereinigen, sie zu beschämen.

Don Juan. Ich will sie nicht weiter verunglimpfen, bis Ihr meine Zeugen seid. Seid nur ruhig bis Mitternacht, dann mag der Ausgang sich offenbaren.

Don Pedro. O Tag, verkehrt und leidig!

Claudio. O Unglück, fremd und seltsam!

Don Juan. O Schmach, mit Glück verhütet!

So sollt Ihr sagen, saht Ihr erst den Ausgang. (Alle ab.)

3. Scene.

Holzapfel, Schlehwein und Wache treten auf.

Holzapfel. Seid ihr fromme, ehrliche Leute, und getreu?

Schlehwein. Ja; sonst wär's schade darum, wenn sie nicht die ewige Salvation litten an Leib und Seele.

Holzapfel. Nein, das wäre noch viel zu wenig Strafe für sie, wenn sie nur irgend eine Legitimität an sich hätten, da sie doch zu des Prinzen Wache inkommodiert sind.

Schlehwein. Richtig. Teilt Ihnen jetzt ihr Kommando aus, Nachbar Holzapfel.

Holzapfel. Erstens also. Wer, meint ihr, der die meiste Unkapazität hätte, Konstabel zu sein? —

Erste Wache. Veit Haberkuchen, Herr, oder Görge Steinkohle, denn sie können lesen und schreiben.

Holzapfel. Kommt her, Nachbar Steinkohle. Gott hat Euch mit einem guten Namen gesegnet. Ein Mann von guter Physiognomik sein, ist ein Geschenk des Glücks; aber die Schreibe- und Lesekunst kommt von der Natur.

Zweite Wache. Und beides, Herr Konstabel — —

Holzapfel. Habt Ihr, ich weiß, daß Ihr das sagen wollt. Also dann, was Eure Physiognomik betrifft, seht, da gebt Gott die Ehre, und macht nicht viel Rühmens davon; und Eure Schreibe- und Lesekunst, damit könnt Ihr Euch sehen lassen, wo kein Mensch solche Dummheiten nötig hat. Man hält Euch hier für den allerstupidesten Menschen, um Konstabel bei unserer Wache zu sein; darum sollt Ihr die Laterne halten. Euer Amt ist, Ihr sollt alle Vogelbunten irritieren: Ihr seid dazu da, daß Ihr allen und jedem zuruft: Halt! In des Prinzen Namen.

Zweite Wache. Aber wenn nun einer nicht halten will?

Holzapfel. Nun, seht Ihr, da kümmert Euch nicht um ihn, laßt ihn laufen, ruft sogleich die übrige Wache zusammen, und dankt Gott, daß Ihr den Schelm los seid.

Schlehwein. Wenn man ihn angerufen hat, und er will nicht stehen, so ist er keiner von des Prinzen Unterthanen.

Holzapfel. Richtig. Und mit solchen, die nicht des Prinzen Unterthanen sind, sollen sie sich gar nicht abgeben. Dann sollt Ihr auch keinen Lärm auf der Straße machen, denn daß eine Wache auf dem Posten Toleranz und Spektakel treibt, kann gar nicht geduldet werden.

Zweite Wache. Wir wollen lieber schlafen als schwatzen; wir wissen schon, was sich für eine Wache gehört.

Holzapfel. Recht! Ihr sprecht wie ein alter und tranquiller Wächter; denn ich sehe auch nicht, was im Schlafen für Sünde sein sollte. Nur nehmt Euch in acht, daß sie Euch Eure Piken nicht stehlen. Ferner! Ihr sollt in allen Bierschenken einkehren und den Besoffenen sollt Ihr befehlen, zu Bett zu gehen. —

Zweite Wache. Aber wenn sie nun nicht wollen. —

Holzapfel. Nun seht Ihr, da laßt sie sitzen, bis sie wieder nüchtern sind. Und wenn sie Euch dann keine bessere Antwort geben, da könnt Ihr ihnen sagen, sie wären nicht die Leute, für die Ihr sie gehalten habt.

Zweite Wache. Gut, Herr!

Holzapfel. Wenn Ihr einem Diebe begegnet, so könnt Ihr ihn kraft Eures Amtes in Verdacht haben, daß er kein ehrlicher Mann sei; und was dergleichen Leute betrifft, seht Ihr, je weniger Ihr mit ihnen zu verkehren oder zu schaffen habt, je besser ist's für Eure Repetition.

Zweite Wache. Wenn wir's aber von ihm wissen, daß er ein Dieb ist, sollen wir ihn da nicht festhalten?

Holzapfel. Freilich, kraft Eures Amts könnt Ihr's thun; aber ich denke, wer Pech angreift, besudelt sich: der friedfertigste Weg ist immer, wenn Ihr einen Dieb fangt, laßt ihn zeigen, was er kann, und sich aus Eurer Gesellschaft wegstehlen.

Schlehwein. Ihr habt doch immer für einen sanftmütigen Mann gegolten, Kamerad.

Holzapfel. Das ist wahr, mit meinem Willen möcht' ich keinen Hund hängen, wieviel mehr denn einen Menschen, der nur einige Redlichkeit im Leibe hat.

Schlehwein. Wenn Ihr ein Kind in der Nacht weinen hört, so müßt Ihr der Amme rufen, daß sie's stillt.

Zweite Wache. Wenn aber die Amme schläft und uns nicht hört?

Holzapfel. Nun so zieht in Frieden weiter und laßt das Kind sie mit seinem Schreien wecken. Denn wenn das Schaf sein Lamm nicht hören will, das da bä schreit, so wird's auch keinem Kalbe antworten, wenn's blökt.

Schlehwein. Das ist sehr wahr.

Holzapfel. Dies ist das Ende Eurer Destruktion: Ihr Konstabel sollt jetzt den Prinzen in eigener Person präsentieren: wenn Ihr dem Prinzen in der Nacht begegnet, könnt Ihr ihn stehen heißen.

Schlehwein. Nein, mein Seel, das kann er doch wohl nicht.

Holzapfel. Fünf Schillinge gegen einen: jedermann, der die Konstipation dieser Bürgerwache kennt, muß sagen, er kann ihn stehen heißen; aber, zum Henker, versteht sich, wenn der Prinz Lust hat: denn freilich, die Wache darf niemand beleidigen, und es ist doch eine Beleidigung, jemand gegen seinen Willen stehen zu heißen.

Schlehwein. Sapperment, das denk' ich auch.

Holzapfel. Ha, ha, ha! — Nun, Leute, gute Nacht. Sollte irgend eine Sache von Wichtigkeit passieren, so ruft nach mir. Nehmt Euren und Eures Kameraden Verstand zusammen und so schlaft wohl. Kommt, Nachbar.

Zweite Wache. Nun, Leute, wir wissen jetzt, was unseres Amtes ist: kommt und setzt euch mit auf die Kirchenbank bis um zwei Uhr, und dann zu Bett.

Holzapfel. Noch ein Wort, ehrliche Nachbarn. Ich bitte euch, wacht doch vor Signor Leonatos Thüre, denn weil's da morgen eine Hochzeit giebt, so wird heute abend viel Spektakel sein. Gott befohlen! Nun, gute Addition! das bitte ich euch.

(Holzapfel und Schlehwein ab.)

Borachio und Konrad kommen.

Borachio. He, Konrad.

Erste Wache. Still! Rührt Euch nicht. —

Borachio. Konrad, sag' ich!

Konrad. Hier, Mensch! ich bin an deinem Ellbogen.

Borachio. Zum Henker, mein Ellbogen juckte mir auch, ich wußte wohl, daß das die Krätze bedeuten würde.

Konrad. Die Antwort darauf will ich dir schuldig bleiben; nun nur weiter in deiner Geschichte.

Borachio. Stelle dich nur hart unter dieses Vordach, denn es fängt an zu regnen; und nun will ich dir, wie ein redlicher Trunkenbold, alles offenbaren.

Erste Wache. Irgend eine Verräterei, Leute! Steht aber stockstill!

Borachio. Wisse also, ich habe tausend Dukaten von Don Juan verdient.

Konrad. Ist's möglich, daß eine Schurkerei so teuer sein kann?

Borachio. Du sollst lieber fragen, ob's möglich sei, daß ein Schurke so reich sein könne: denn wenn die reichen Schurken der armen bedürfen, so können die armen fordern, was sie wollen.

Konrad. Das wundert mich.

Borachio. Man sieht wohl, du bist noch kein Eingeweihter; du solltest doch wissen, daß die Mode eines Mantels, eines Wamses, oder eines Huts für einen Mann so viel als nichts ist.

Konrad. Nun ja, es ist die Kleidung.

Borachio. Ich meine aber die Mode.

Konrad. Ja doch, die Mode ist die Mode.

Borachio. Ach was, das heißt ebensoviel, als ein Narr ist ein Narr. Aber siehst du denn nicht, was für ein mißgestalter Dieb diese Mode ist?

Erste Wache. Ei! den Herrn Mißgestalt kenne ich: der hat nun an die sieben Jahr das Diebeshandwerk mitgemacht und geht jetzt herum wie ein vornehmer Herr; ich besinne mich auf seinen Namen.

Borachio. Hörtest du nicht eben jemand?

Konrad. Nein, es war die Fahne auf dem Hause.

Borachio. Siehst du nicht, sag' ich, was für ein mißgestalter Dieb diese Mode ist? Wie schwindlig er alle das hitzige junge Blut zwischen vierzehn und fünfunddreißig herumdreht? bald stutzt er sie dir zu wie Pharaos Soldaten auf den schwarzgeräucherten Bildern, bald wie die Priester des Bel zu Babel auf den alten Kirchenfenstern, bald wie den kahl geschorenen Herkules auf den braunen, wurmstichigen Tapeten, wo sein Hosenlatz so groß ist als seine Kenle.

Konrad. Kann sein, ich sehe auch, daß die Mode mehr Kleider aufträgt als der Mensch. Aber hat sie dich denn nicht auch windlich gemacht, daß du von deiner Erzählung abgekommen bist, um mir von der Mode vorzufaseln?

Borachio. Nicht so sehr, als du denkst. Wisse also, daß ich diese Nacht mit Margareten, Fräulein Heros Kammermädchen, unter Heros Namen ein Liebesgespräch geführt; daß sie sich aus ihres Fräuleins Fenster zu mir heruntergeneigt und mir tausendmal gute Nacht gewünscht hat: o, ich erzähle dir die Geschichte erbärmlich; — ich hätte vorher sagen sollen, wie der Prinz, Claudio und mein Herr, gekörnt, gestellt und gepreßt von meinem Herrn Don Juan, von weitem im Garten diese zärtliche Zusammenkunft mit ansahen.

Konrad. Hielten sie denn Margarete für Hero?

Borachio. Zwei von ihnen thaten's, der Prinz und Claudio; aber mein Herr, der Teufel, wußte wohl, daß es Margarete sei. Teils seine Schwüre, mit denen er sie vorher berückt hatte, teils die dunkle Nacht, die sie täuschte, vor allem aber meine künstliche Schelmerei,

die alle Verleumdung des Don Juan bekräftigte, brachten's so weit,
daß Claudio wütend davonging und schwur, er wolle morgen, wie
es verabredet war, zur Trauung mit ihr zusammenkommen, sie dann
vor der ganzen Versammlung durch die Entdeckung von dem, was
er in der Nacht gesehen, beschimpfen und sie ohne Gemahl nach Hause
schicken.

Erste Wache. Wir befehlen euch in des Prinzen Namen, steht.

Zweite Wache. Ruft den eigentlichen Herrn Konstabel; wir
haben hier das allergefährlichste Stück von liederlicher Wirtschaft dekoff=
riert, das jemals im Lande vorgefallen ist.

Erste Wache. Und ein Herr Mißgestalt ist mit im Spiel, ich
kenne ihn, er trägt eine Locke.

Konrad. Liebe Herren . . . . .

Zweite Wache. Ihr sollt uns den Herrn Mißgestalt herbei=
schaffen, das werden wir euch wohl zeigen.

Konrad. Meine Herren — —

Erste Wache. Stillgeschwiegen! Wir befehlen euch, daß wir
euch gehorchen, mit euch zu gehen.

Borachio. Wir werden da in eine recht bequeme Situation
kommen, wenn sie uns erst auf ihre Piken genommen haben.

Konrad. O ja, eine recht pikante Situation. Kommt, wir
wollen mit euch gehen. (Alle ab.)

4. Scene.

Hero, Margareta, Ursula.

Hero. Liebe Ursula, wecke doch meine Muhme Beatrice und
bitte sie, aufzustehen.

Ursula. Sogleich, mein Fräulein.

Hero. Und hierher zu kommen.

Ursula. Sehr wohl. (Ab.)

Margareta. Ich dächte doch, Eure andere Palatine sei noch
schöner.

Hero. Nein, liebes Gretchen, ich werde diese tragen.

Margareta. Sie ist wahrhaftig nicht so hübsch, und ich stehe
Euch dafür, Eure Muhme wird Euch dasselbe sagen.

Hero. Meine Muhme ist eine Närrin, und du bist die zweite;
ich werde keine andere als diese nehmen.

Margareta. Euren neuen Aufsatz finde ich allerliebst, wenn
das Haar nur um einen Gedanken brauner wäre; und Euer Kleid
ist nach der geschmackvollsten Mode, das ist gewiß. Ich habe das
Kleid der Herzogin von Mailand gesehen, von dem man so viel
Wesens macht.

Hero. Das soll ja über alles gehen, sagt man.

Margareta. Auf meine Ehre, es ist nur ein Nachtkleid im Vergleich mit dem Eurigen. Das Zeug von Goldstoff, und die Aufschnitte mit Silber garniert und mit Perlen gestickt; niederhängende und Seitenärmel, und Garnierungen unten herum, die mit einem bläulichen Lahn unterlegt sind. Was aber die schöne, ausgesuchte, gefällige und ganz besondere Mode betrifft, da ist Eures zehnmal mehr wert.

Hero. Gott gebe, daß ich's mit Freuden tragen möge, denn mein Herz ist erstaunlich schwer.

Margareta. Es wird bald noch schwerer werden, wenn es erst das Gewicht eines Mannes tragen soll.

Hero. Pfui doch, schämst du dich denn nicht? —

Margareta. Warum denn, mein Fräulein? Daß ich von Dingen in Ehren rede? Ist nicht eine Heirat ein Ding in Ehren? auch bei Bettlern? Ist nicht Euer Herr ein Ehrenmann auch ohne Heirat? Ich hätte wohl sagen sollen — haltet mir's zu Gnaden — das Gewicht eines Gemahls? Wenn nicht schlimme Gedanken gute Reden verdrehen, so werde ich niemandem Ärgernis geben. Ist wohl irgend ein Anstoß darin, wenn ich sage: schwerer durch das Gewicht eines Gemahls? Nein, gewiß nicht, wenn es nur der rechte Mann und die rechte Frau sind, sonst freilich hieße das die Sache leicht nehmen und nicht schwer. Fragt nur Fräulein Beatrice, hier kommt sie.

Beatrice kommt.

Hero. Guten Morgen, Muhme.

Beatrice. Guten Morgen, liebe Hero.

Hero. Nun was ist dir? Du sprichst ja in einem so kranken Ton?

Beatrice. Mich dünkt, aus allen andern Tonarten bin ich heraus. — Es ist gleich fünf Uhr, Muhme, es ist Zeit, daß du dich fertig machst. — — Mir ist ganz krank zu Mut, wahrhaftig! — Ach! Wenn mir nur jemand Rat wüßte!

Margareta. Zu einem Wildfalken, Wallach oder Werber?

Beatrice. Für das, womit sie alle anfangen, für mein Weh.

Margareta. Nnn, wenn Ihr nicht eine Renegatin geworden seid, so kann man nicht mehr nach den Sternen segeln.

Beatrice. Was meint die Närrin damit?

Margareta. Ich? O gar nichts, aber Gott schenke jedem, was sein Herz wünscht.

Hero. Diese Handschuhe schickt mir der Graf, es ist der lieblichste Wohlgeruch.

Beatrice. Der Sinn ist mir benommen; ich rieche nichts.

Margareta. Benommen? Oder eingenommen? Je nun, man erkältet sich wohl.

Beatrice. O Gott sieh' uns bei, Gott sieh' uns bei! Wie lange ist's denn, daß du Jagd auf Witz machst?

Margareta. Seitdem Ihr es aufgegeben habt, mein Fräulein. Steht mein Witz mir nicht vortrefflich?

Beatrice. Er scheint noch nicht genug ins Feld, du solltest ihn an deiner Kappe tragen. — Aber auf mein Wort, ich bin recht krank.

Margareta. Euer Gnaden sollten sich abgezogenen Kardobenedikt holen lassen, und ihn aufs Herz legen; es giebt kein besseres Mittel für Beklemmungen.

Hero. Da stichst du sie mit einer Distel.

Beatrice. Benedikt? Warum Benedikt? Soll vielleicht eine Moral in dem Benedikt stecken?

Margareta. Moral? Nein, mein Tren', ich meinte nichts Moralisches damit, ich meinte natürliche Kardobenedikten=Distel. Ihr denkt vielleicht, ich halte Euch für verliebt. Nein, beim Himmel, ich bin nicht solch eine Närrin, daß ich alles denken sollte, was mir einfällt, und es fällt mir auch nicht ein, zu denken, was ich könnte. Denn wenn ich mir auch den Kopf ausdächte, so kann ich mir's nicht denken, daß Ihr, mein Fräulein, verliebt seid, oder jemals sein werdet, oder jemals sein könnt. Und doch war Benedikt auch so einer, und ist jetzt ein Mensch, wie andere. Er schwur, er wolle nie heiraten, und jetzt trotz seinem hohen Sinn verzehrt er sein Essen ohne Murren. Ob Ihr noch zu bekehren seid, weiß ich nicht; aber mir scheint, Ihr seht auch schon aus den Augen, wie andere Mädchen.

Beatrice. Was ist das für eine Art von Gang, den deine Zunge nimmt?

Margareta. Kein falscher Galopp.

Ursula (kommt zurück). Gnädiges Fräulein, macht Euch fertig, der Fürst, der Graf, Signor Benedikt, Don Juan und alle jungen Kavaliere aus der Stadt sind da, um Euch zur Trauung zu führen.

Hero. Helft mir mich ankleiden, liebe Muhme, liebes Gretchen, liebe Ursula. (Alle ab.)

5. Scene.

Leonato, Holzapfel, Schlehwein treten auf.

Leonato. Was habt Ihr mir zu sagen, mein ehrlicher Nachbar?

Holzapfel. Ei, gnädiger Herr, ich möchte gern eine Konfidenz mit Euch haben, die Euch sehr introduziert.

Leonato. Macht's kurz, ich bitt' Euch: Ihr seht, ich habe viel zu thun.

Holzapfel. Ja, gnädiger Herr, so ist es.

Schlehwein. Ja, wahrlich, so ist es.

Leonato. Was ist es denn, meine guten Freunde?

Holzapfel. Der gute, liebe Schlehwein, mein gnädiger Herr, schweift gern ein wenig von der Sache ab. Ein alter Mann, gnädiger Herr! Und sein Verstand ist nicht so stumpf, Gott sei Dank, als ich's ihm wünschen wollte. Aber, das muß ich sagen, ehrlich! ehrlich! Wie die Haut zwischen seinen Augenbraunen!

Schlehwein. Ja, gottlob, ich bin so ehrlich als irgend ein Mann auf der Welt, der ein alter Mann ist, und nicht ehrlicher, als ich.

Holzapfel. Komporationen sind odorös: palabras, Nachbar Schlehwein!

Leonato. Nachbarn, ihr seid mir nachgerade ennuyant.

Holzapfel. Das sagen Euer Gnaden nur so aus Höflichkeit, denn wir sind des armen Herzogs Gerichtsdiener. Aber wär' ich auch so ennuyant, als ein König, so wollt' ich's mich nicht dauern lassen, und alles auf Euer Gnaden wenden.

Leonato. Dein ganzes Talent zu ennuyieren auf mich?

Holzapfel. Ja, und wenn's noch tausendmal mehr wäre, als es schon ist; denn ich höre eine so gute Exklamation von Euer Gnaden als von irgend jemand in der Stadt; und obgleich ich nur ein armer Mann bin, so freut's mich doch, es zu hören.

Schlehwein. Und mich auch.

Leonato. Wenn ich nur wüßte, was Ihr mir denn zu sagen habt.

Schlehwein. Seht Ihr, Herr, unsere Wache hat diese Nacht, immer mit Exzeption von Eurer höchsten Gegenwart, ein paar so durchtriebene Spitzbuben aufgefangen, als nur in Messina zu finden sind.

Holzapfel. Ein guter alter Mann, gnädiger Herr! Er muß immer was zu schwatzen haben, wie man zu sagen pflegt: Wenn das Alter eintritt, geht der Verstand zu Ende. Gott steh' mir bei! es ist recht erbaulich zu sehen. Brav, meiner Treu', Nachbar Schleh= wein! Seht Ihr, der liebe Gott ist ein guter Mann; wenn ihrer zwei auf einem Pferde reiten, so muß schon einer hinten aufsitzen. Eine ehrliche Seele, meiner Treu'! Ja, gnädiger Herr, das ist er, so gut als einer, der Brod ißt. Aber was Gott thut, das ist wohl= gethan. Die Menschen können nicht alle gleich sein! Ja, ja! der liebe gute Nachbar!

Leonato. In der That, Nachbar, er reicht doch nicht an Euch.

Holzapfel. Gaben, die von Gott kommen.

Leonato. Ich muß gehen.

Holzapfel. Ein einziges Wort, gnädiger Herr: unsere Wache hat wirklich zwei perspektivische Kerls irritiert, und wir möchten, daß Euer Gnaden sie noch heut morgen examinierten.

Leonato. Unternehmt dieses Examen selbst und bringt mir das Protokoll. Ich bin jetzt sehr eilig, wie Ihr wohl seht.

Holzapfel. Das soll aufs komplottste besorgt werden.

Leonato. Trinkt ein Glas Wein, ehe ihr geht, und so lebt wohl.

Ein Diener kommt.

Diener. Gnädiger Herr, man wartet auf Euch, um Eure Fräulein Tochter zur Trauung zu führen.

Leonato. Ich komme gleich, ich bin fertig. (Ab.)

Holzapfel. Geht doch, lieber Kamerad, geht doch zum Görge Steinkohle, sagt doch, er soll seine Feder und Tintenfaß mit ins Gefängnis nehmen. Wir sollen jetzt hin und diese Kerls examinieren.

Schlehwein. Und das muß mit Verstand geschehen.

Holzapfel. An Verstand soll's nicht fehlen, darauf verlaßt Euch. Hier sitzt was (an die Stirn deutend), das soll einen oder den andern schon zur Konfektion bringen. Holt Ihr nur den gelehrten Schreiber, um unsere ganze Exkommunikation zu Papiere zu liefern, und kommt dann wieder zu mir ins Gefängnis. (Gehen ab.)

———

Vierter Aufzug.

1. Scene.

In der Kirche.

Don Pedro, Don Juan, Leonato, Mönch, Claudio, Benedikt, Hero und Beatrice 2c.

Leonato. Wohlan, Pater Franziskus, macht's kurz; nichts als was zur eigentlichen Trauung gehört: Ihre besonderen Pflichten könnt Ihr ihnen hernach vorhalten.

Mönch. Ihr seid hier, gnädiger Herr, um Euch diesem Fräulein zu vermählen?

Claudio. Nein.

Leonato. Um mit ihr vermählt zu werden, Pater; Ihr seid hier, um sie zu vermählen.

Mönch. Fräulein, seid Ihr hier, um mit diesem Grafen vermählt zu werden?

Hero. Ja.

Mönch. Wofern einer von euch ein inneres Hindernis weiß, weshalb ihr nicht verbunden werden dürfet, so beschwöre ich euch, bei dem Heil eurer Seelen, es zu entdecken.

Claudio. Wißt Ihr eines, Hero?

Hero. Keines, Herr.

Mönch. Wißt Ihr eines, Graf?

Leonato. Ich getraue mich für ihn zu antworten, keines.

Claudio. O was sich die Menschen nicht alles getrauen! Was sie alles thun! Was sie täglich thun, und wissen nicht, was sie thun! —

Benedikt. Nun? Interjektionen? Freilich! Einige werden ge= braucht beim Lachen, als z. B. Ha, Ha, Ha! —

Claudio. Vater, mach Platz! Erlaubt ein Wort, mein Vater.
Gebt Ihr aus freier Wahl mir, ohne Zwang,
Dies Mädchen, Eure Tochter?

Leonato. So frei, mein Sohn, als Gott mir sie gegeben.

Claudio. Und was geb' ich zurück Euch, dessen Wert
So reichem, köstlichem Geschenk entspräche?

Don Pedro. Nichts, wenn Ihr nicht zurück sie selbst erstattet.

Claudio. Ihr lehrt mich edle Dankbarkeit, mein Prinz.
Hier, Leonato, nehmt zurück sie wieder,
Gebt Eurem Freunde nicht die faule Frucht,
Sie ist nur Schein und Zeichen ihrer Ehre. —
Seht nur, wie mädchengleich sie jetzt errötet.
O wie vermag in Würd' und Glanz der Tugend
Verworfne Sünde listig sich zu kleiden!
Zeugt nicht dies Blut als ein verschämter Anwalt
Von ihrer schlichten Tugend? schwürt ihr nicht,
Ihr alle, die sie seht, sie sei noch schuldlos,
Nach diesem äußern Schein? Doch ist sie's nicht:
Sie kennt die Gluten heimlicher Umarmung,
Nur Schuld, nicht Sittsamkeit ist dies Erröten.

Leonato. Was meint Ihr, Herr?

Claudio.   Sie nicht zu nehmen, mein' ich,
Mein Herz an keine Buhlerin zu knüpfen.

Leonato. Mein teurer Graf, wenn Ihr in eigner Prüfung
Schwach ihre unerfahrne Jugend traft
Und ihre Jungfrau'n=Ehre überwandet —

Claudio. Ich weiß schon, was Ihr meint! Erkannt' ich sie,
Umarmte sie in mir nur ihren Gatten,
Und milderte die vorbegangne Sünde:
Nein, Leonato!
Nie mit zu freiem Wort versucht' ich sie;
Stets wie ein Bruder seiner Schwester zeigt' ich
Verschämte Neigung und bescheidnes Werben.

Hero. Und hab' ich jemals anders Euch geschienen?

Claudio. Fluch deinem Schein! Ich will dagegen schreiben.
Du schienst wie Diana mir in ihrer Sphäre,
Keusch wie die Knospe, die noch nicht erblüht:

Doch du bist ungezähmt in deiner Lust,
Wie Venus oder jene üpp'gen Tiere,
Die sich im wilden Sinnentaumel wälzen.

Hero. Seid Ihr nicht wohl, daß Ihr so irre redet?

Leonato. Ihr, teurer Fürst, sagt nichts?

Don Pedro.   Was soll ich sagen?
Ich sieh' entehrt, weil ich die Hand geboten,
Den teuern Freund der Dirne zu verknüpfen.

Leonato. Wird dies gesprochen, oder ist's ein Traum?

Don Juan. Es wird gesprochen, Herr, und ist auch wahr.

Benedikt. Dies sieht nicht aus wie Hochzeit!

Hero.   Wahr? O Gott! —

Claudio. Leonato, steh' ich hier?
Ist dies der Prinz? Ist dies des Prinzen Bruder?
Dies Heros Antlitz? Sind dies unsre Augen? —

Leonato. Das alles ist so; doch was soll es, Herr?

Claudio. Erlaubt nur eine Frag' an Eure Tochter:
Beim Recht, das Euch Natur und Blut gegeben
Auf Euer Kind, heißt sie die Wahrheit reden.

Leonato. Thu's, ich befehl' es dir, wenn du mein Kind.

Hero. O Gott beschütze mich! Wie man mich drängt! —
Wie nennt Ihr diese Weise des Verhörs?

Claudio. Bekennt Euch jetzt zu Eurem wahren Namen.

Hero. Ist der nicht Hero? Wer schmäht diesen Namen.
Mit irgend wahrem Vorwurf?

Claudio.   Das thut Hero,
Ja, Hero selbst kann Heros Tugend schmähn. —
Wer ist der Mann, den gestern nacht Ihr spracht
Aus Eurem Fenster zwischen zwölf und eins?
Wenn Ihr unschuldig seid, antwortet mir.

Hero. Ich sprach mit keinem Mann zu dieser Stunde.

Don Pedro. Nun wohl, so seid Ihr schuldig. Leonato,
Mich schmerzt, daß Ihr dies hört, bei meiner Ehre!
Ich selbst, mein Bruder, der beschimpfte Graf
Sahn sie und hörten sie zu jener Stunde
An ihrem Fenster mit 'nem Wüstling reden,
Der wie ein frecher Schuft auch eingestand
Die tausend schändlichen Zusammenkünfte,
So heimlich stattgehabt.

Don Juan.   Pfui! Pfui! man kann
Sie nicht benennen, Herr, noch drüber reden.
Die Sprach' ist nicht so rein, um ohne Sünde

Davon zu sprechen; drum, mein schönes Kind,
Beklag' ich Euren schlecht beratnen Wandel.

Claudio. O Hero! Welche Hero könntst du sein,
Wenn halb nur deine äußre Huld im Innern
Dein Thun und deines Herzens Rat bewachte!
So fahr denn wohl, höchst häßlich, und höchst schön!
Du reine Sündlichkeit, sündhafte Reinheit!
Um deinethalb schließ' ich der Liebe Thor,
Und häng' als Decke Argwohn vor mein Ange;
Sie wandle jede Schönheit mir in Unheil,
Daß nie ihr Bild im Glanz der Huld mir strahle.

Leonato. Ist niemands Dolch für meine Brust geschliffen?
(Hero fällt in Ohnmacht.)

Beatrice. Was ist dir, Muhme? Warum sinkst du nieder?

Don Juan. Kommt, gehn wir. Diese Schmach, ans Licht gebracht,
Löscht ihre Lebensgeister. (Don Pedro, Don Juan und Claudio ab.)

Benedikt. Wie geht's dem Fräulein?

Beatrice. Tot, fürcht' ich! — Oheim, helft!
Hero! ach Hero! Pater! Benedikt! —

Leonato. Zieh, Schicksal, nicht die schwere Hand zurück!
Tod ist die schönste Hülle solcher Schmach,
Und einzig zu erflehn.

Beatrice. Wie ist dir, Muhme?

Mönch. Erholt Euch, Fräulein!

Leonato. Blickst du noch auf?

Mönch. Ja, warum soll sie nicht?

Leonato. Warum? Ha! ruft nicht jede Kreatur
Schmach über sie? vermochte sie es wohl,
Die in ihr Blut geprägte Schuld zu leugnen?
Du sollst nicht leben! Schließ dein Aug' auf ewig!
Denn glaubt' ich nicht, daß du alsbald hier stürbest,
Glaubt' ich, dein Geist sei stärker als die Schmach,
Ich würde selbst als Schlußwort meiner Flüche
Dein Herz durchbohren. — Klagt' ich, du seist mein Einz'ges?
Zürni' ich deshalb der kargenden Natur?
O eins zu viel an dir! Weshalb das eine! —
Weshalb warst du je lieblich meinem Ange,
Weshalb nicht nahm ich mit barmherz'ger Hand
Ein Bettlerkind mir auf vor meinem Thor?
Daß, so befleckt, ein Brandmal jedes Frevels,
Alsdann ich sprach: kein Teil davon ist mein,
Im fremden Stamm hat diese Schande Wurzel! —
Doch mein! meins, das ich liebte, das ich pries,

Mein Eigentum, mein Stolz: so sehr ja meins,
Daß ich mir selbst nicht mehr als mein erschien,
Mich an ihr messend: Ha, sie! sie ist gefallen
In einen Pfuhl von Schwarz: die weite See
Hat Tropfen nicht genug, sie rein zu waschen,
Zu wenig Salz, vor Fäulnis zu bewahren
Dies bös verderbte Fleisch!

Benedikt.   Herr, seid geduldig.
Ich wahrlich bin von Staunen so betäubt,
Daß mir die Worte fehlen.

Beatrice. Bei meinem Leben, man hat sie verleumdet!

Benedikt. Fräulein, schlieft Ihr zu Nacht in ihrem Zimmer?

Beatrice. Nein, diesmal nicht; doch bis zur letzten Nacht
Schlief ich das ganze Jahr in ihrer Kammer.

Leonato. Bestätigt! Ha, bestätigt! Noch verstärkt,
Was schon verschlossen war mit Eisenbanden!
Wie könnten beide Prinzen, Claudio, lügen?
Der so sie liebte, daß die Schmach nur nennend
Er sie mit Thränen wusch? Fort! laßt sie sterben.

Mönch. Hört jetzt mich an;
Denn nur deshalb hab' ich so lang' geschwiegen
Und diesem Vorfall freien Raum gegeben,
Das Fräulein zu beachten. Sah ich doch,
Wie tausend Röten durch ihr Antlitz fuhren
Als Boten; und wie tausend Unschulds=Engel
In weißer Scham hinweg die Röten trugen.
Und in dem Auge glüht' ein Feuer auf,
Verbrennend allen Irrwahn, den die Prinzen
Aufstellten wider ihre Mädchentreu'.
— — Nennt mich Thor,
Traut meinem Wissen nicht, noch der Erfahrung,
Die mit der Prüfung Siegel stets bekräftigt
Die Wahrheit meines Wissens, nicht dem Alter,
Ehrwürd'gem Stand, Beruf und heil'gem Amt;
Liegt nicht dies schöne Fräulein schuldlos hier,
Von gift'gem Wahn getroffen.

Leonato.   Mönch, unmöglich!
Du siehst, es blieb ihr nur so viele Gnade,
Nicht zur Verdammnis ihrer Schuld zu fügen
Des Meineids Sünde. Leugnet sie es denn?
Was suchst du denn entschuld'gend zu verhüllen,
Was frei in eigner Nacktheit vor uns steht?

Mönch. Fräulein, wer ist's, mit dem man Euch verklagt?

8*

Hero. Die mich verklagten, wissen's, ich weiß keinen.
 Weiß ich von irgend einem Mann, der lebt,
 Mehr, als der Jungfrau Sittsamkeit erlaubt,
 Sei keine Sünde mir vergeben. — Vater,
 Beweist, daß irgend wer mit mir gesprochen
 Um Mitternacht, und daß ich gestern abend
 Mit irgend einem Wesen Wort gewechselt,
 Verstoßt mich, haßt mich, martert mich zu Tode.
Mönch. Ein seltsam Irren muß die Prinzen täuschen!
Benedikt. Gewiß sind zwei von ihnen Ehrenmänner;
 Und ward ihr beßres Urteil fehl geleitet,
 Schreibt sich die Bosheit wohl vom Bastard her,
 Des Geist und Sinn nur lebt von Trug und Tücke.
Leonato. Ich weiß nicht. Sprachen wahr sie, so zerreiße
 Dich diese Hand: ist falsch sie angeklagt,
 So soll der Stolzeste wohl davon hören.
 Zeit hat noch nicht mein Blut so aufgetrocknet,
 Noch Alter meinen Geist so abgestumpft,
 Noch Armut mein Vermögen so vernichtet.
 Noch schlechter Wandel mich beraubt der Freunde,
 Daß sie nicht, so mich kränkend, fühlen sollen
 Noch meines Körpers Kraft, des Geistes Stärke,
 Des Reichtums Macht und auserwählter Freunde
 Es ihnen übergnug zu zahlen.
Mönch.   Haltet!
 Laßt meinen Rat in diesem Fall Euch leiten.
 Die Prinzen ließen Eure Tochter tot:
 Laßt eine Zeitlang heimlich sie verschließen,
 Und macht bekannt, daß wirklich sie gestorben.
 Behauptet allen äußern Prunk der Trauer;
 Und hängt an Eurer Ahnen altes Grabmal
 Ein Epitaph, vollziehet jede Feier,
 Die zur Beerdigung die Sitt' erheischt.
Leonato. Und wohin führt dies alles? was dann weiter?
Mönch. Dies wird, gut durchgeführt, Verleumdung wandeln
 In Mitleid gegen sie: das ist schon viel.
 Doch weiter soll die seltne Hilfe führen,
 Mein Werk soll, hoff' ich, höhern Zweck gebären.
 Sie starb, so muß man überall verbreiten.
 Im Augenblick, als man sie angeklagt:
 So wird sie dann entschuldigt und bedauert
 Von jedem, der es hört: denn so geschieht's,
 Daß, was wir haben, wir nach Wert nicht achten,

Solange wir's genießen: war's verloren,
Dann überschätzen wir den Preis; danu sehn wir
Die Tugend, die wir im Besitz verkannt,
Solang' er unser. So wird's Claudio gehn,
Hört er, daß seine Worte sie getötet.
Mit süßer Macht schleicht ihres Lebens Bild
Sich in die Werkstatt seiner Phantasie,
Und jedes liebliche Organ des Lebens
Stellt sich, in köstliches Gewand gekleidet,
Weit zarter, rührender, voll frischern Lebens
Dem innern Auge seines Geistes dar,
Als da sie wirklich lebt'; und er wird trauern,
Hat Lieb' in seinem Herzen je geherrscht,
Und wünschen, daß er nicht sie angeklagt,
Selbst, wenn er auch die Schuld als wahr erkannte.
Geschieht dies nun, so zweifelt nicht, Erfolg
Wird dieses Glück noch glänzender bekleiden,
Als ich das ungefähre Bild entwerfe.
Doch wär' auch jeglich andres Ziel verfehlt;
Die Überzeugung von des Fräuleins Tod
Tilgt das Gerücht von ihrer Schmach gewiß;
Und schlüg' Euch alles fehl, so bergt sie danu,
Wie's ihrem wunden Ruf am besten ziemt,
In eines Klosters abgeschiednem Leben
Vor aller Augen, Zungen, Schmähn und Kränkung.

Benedikt. Signor Leonato, folgt dem Rat des Mönchs,
Und wißt Ihr schon, wie sehr ich Lieb' und Neigung
Dem Prinzen und Graf Claudio zugewendet,
Doch will ich, auf mein Wort, so sorglich schweigen,
So streng und treu für Euch, wie Eure Seele
Sich selber bleibt.

Leonato. In dieser Flut des Grams
Mögt Ihr mich lenken an dem schwächsten Faden.

Mönch. So sei denn, wenn Euch Fassung nicht verläßt,
Seltsame Heilung seltnem Schmerz beschieden. —
Ihr, Fräulein, sterbt zum Schein: Eu'r Hochzeitfest
Ward, hoff' ich, nur verlegt: drum harrt in Frieden.
(Mönch, Hero und Leonato ab.)

Benedikt. Fräulein Beatrice, habt Ihr die ganze Zeit geweint?
Beatrice. Ja, und ich werde noch viel länger veinen.
Benedikt. Das will ich nicht wünschen.
Beatrice. Dessen bedarf's auch nicht, ich thu' es freivillig.
Benedikt. Gewiß, ich denke, Eurer schönen Base ist unrecht geschehen.

Beatrice. Ach! Wie hoch würde der Mann sich um mich verdient machen, der ihr Recht widerfahren ließe!

Benedikt. Giebt es irgend einen Weg, solche Freundschaft zu zeigen?

Beatrice. Einen sehr ebnen Weg, aber keinen solchen Freund.

Benedikt. Kann ein Mann es vollbringen?

Beatrice. Es ist eines Mannes Amt, aber nicht das Eure.

Benedikt. Ich liebe nichts in der Welt so sehr, als Euch; ist das nicht seltsam?

Beatrice. So seltsam, als etwas, von dem ich nichts weiß. Es wäre ebenso möglich zu sagen, ich liebte nichts in der Welt so sehr, als Euch: aber glaubt mir's nicht; und doch lüg' ich nicht: ich bekenne nichts und leugne nichts. Mich jammert meine Muhme.

Benedikt. Bei meinem Degen, Beatrice, du liebst mich.

Beatrice. Schwört nicht bei Euerm Degen, eßt ihn.

Benedikt. Ich will bei ihm schwören, daß du mich liebst; und ich will den zwingen, meinen Degen zu essen, der da sagt, ich liebe Euch nicht.

Beatrice. Ihr wollt Euer Wort nicht wieder essen?

Benedikt. Mit keiner Brühe, die nur irgend ersonnen werden kann. Ich beteure, daß ich dich liebe.

Beatrice. Nun denn, Gott verzeihe mir!

Benedikt. Was für eine Sünde, liebste Beatrice?

Beatrice. Ihr unterbracht mich eben zur guten Stunde: ich war im Begriff, zu beteuern, ich liebte Euch.

Benedikt. Thue das von ganzem Herzen.

Beatrice. Ich liebe Euch mit so viel von meinem Herzen, daß nichts mehr übrig bleibt, es Euch dabei zu beteuern.

Benedikt. Heiß mich, was du willst, für dich ausführen.

Beatrice. Töte Claudio.

Benedikt. O, nicht für die ganze Welt!

Beatrice. Ihr tötet mich, indem Ihr's weigert: lebt wohl.

Benedikt. Warte noch, süße Beatrice.

Beatrice. Ich bin fort, obgleich ich noch hier bin. — Nein, Ihr seid keiner Liebe fähig; — nein, ich bitt' Euch, laßt mich.

Benedikt. Beatrice . . . .

Beatrice. Im Ernst, ich will gehen.

Benedikt. Laßt uns erst Freunde sein.

Beatrice. O ja, Ihr wagt ehe Freund mit mir zu sein, als mit meinem Feinde zu fechten.

Benedikt. Ist Claudio dein Feind?

Beatrice. Hat sich der nicht auf den äußersten Grad als ein Schurke gezeigt, der meine Verwandte verleumdet, geschmäht, entehrt hat? O! daß ich ein Mann wäre! — Was! Sie hinzuhalten, bis sie ihm am Altar die Hand hinhält, und dann mit so öffentlicher Beschuldigung, so unverhohlener Beschimpfung, so unbarmherziger Tücke, — o Gott! daß ich ein Mann wäre. Ich wollte sein Herz auf offenem Markt verzehren!

Benedikt. Hört mich, Beatrice. — —

Beatrice. Mit einem Manne aus ihrem Fenster reden! Ein feines Märchen!

Benedikt. — Nein, aber Beatrice. — —

Beatrice. Die süße Hero! Sie ist gekränkt, sie ist verleumdet, sie ist vernichtet!

Benedikt. Beatr ... — —

Beatrice. Prinzen und Grafen! Wahrhaftig, ein recht prinz= liches Zeugniß! ein honigsüßes Grafenstückchen! ein lieber Bräutigam, wahrhaftig! O daß ich ein Mann wäre um seinetwillen! oder daß ich einen Freund hätte, der um meinetwillen ein Mann sein wollte! Aber Mannheit ist in Ceremonien und Höflichkeiten zerschmolzen, Tapferkeit in Komplimente: die Männer sind ganz Zungen geworden, und noch dazu sehr gezierte. Es ist jetzt schon einer ein Herkules, der nur eine Lüge sagt, und darauf schwört: ich kann durch meinen Wunsch kein Mann werden, so will ich denn als ein Weib mich grämen und sterben.

Benedikt. Warte, liebste Beatrice; bei dieser Hand, ich liebe dich.

Beatrice. Braucht sie mir zuliebe zu etwas Besserem, als da= bei zu schwören.

Benedikt. Seid Ihr in Euerm Gewissen überzeugt, daß Graf Claudio Hero unrecht gethan hat?

Beatrice. Ja, so gewiß ich einen Gedanken oder eine Seele habe.

Benedikt. Genug, zählt auf mich. Ich fordere ihn heraus. Laßt mich Eure Hand küssen und so lebt wohl: bei dieser Hand. Claudio soll mir eine schwere Rechenschaft ablegen. Wie Ihr von mir hört, so denket von mir. Geht, tröstet Eure Muhme; ich muß sagen, sie sei gestorben, und so lebt wohl. (Beide ab.)

2. Scene.

Holzapfel, Schlehwein, Schreiber; alle drei in ihren Amtsröcken, Wache mit Konrad und Borachio.

Holzapfel. Sind alle Geschworenen unserer Injurie beisammen?

Schlehwein. O, einen Stuhl und Kissen für den Herrn Schreiber.

Schreiber. Welches sind die Malefikanten?

Holzapfel. Zum Henker, der bin ich und mein Gevatter.

Schlehwein. Das versteht sich. Wir haben die Introduktion, sie zu examinieren

Schreiber. Aber wo sind die Verbrecher, die examiniert werden sollen? Laßt sie vor den Herrn Konstabel führen.

Holzapfel. Ja zum Henker, laßt sie vorführen. Wie ist Sein Name, Freund?

Borachia. Borachio.

Holzapfel. Seid so gut, schreibt's auf, Borachio. — Senior, Musjeh? —

Konrad. Ich bin ein Kavalier, Herr, und mein Name ist Konrad.

Holzapfel. Schreibt auf, Meister Kavalier Konrad. Leute, sagt einmal, dient ihr Gott?

Konrad und Borachio. Nun, das hoffen wir.

Holzapfel. Schreibt's nieder, sie hoffen, daß sie Gott dienen, und schreibt Gott voran: denn Gott bewahre doch, daß Gott vor solchen Schelmen vorangehen sollte. Leute, es ist bereits erwiesen, daß ihr nicht viel besser seid als Spitzbuben, und man wird bald genug eine Ahnung davon kriegen. Was könnt ihr nun für euch anführen?

Konrad. Ei nun, Herr, wir sagen, wir sind keine.

Holzapfel. Ein verdammt witziger Bursch, das muß ich sagen: aber ich will schon mit ihm fertig werden. — Kommt einmal hier heran, Musjeh: ein Wort ins Ohr, Herr: ich sage Ihm, man glaubt von euch, ihr seid zwei Spitzbuben.

Borachio. Herr, ich sage Euch, wir sind keine.

Holzapfel. Tretet wieder auf die Seite. Bei Gott, sprechen sie nicht, als hätten sie sich miteinander verabredet! Habt Ihr's hingeschrieben, daß sie keine sind? —

Schreiber. Herr Konstabel, das ist nicht die Manier, zu examinieren. Ihr müßt die Wache abhören, die sie verklagt hat.

Holzapfel. Ja, zum Henker, das ist die vidimierte Heerstraße. Die Wache soll kommen. *(Wache kommt.)* Leute, ich befehle euch in des Prinzen Namen, verklagt mir einmal diese beiden Menschen.

Erste Wache. Dieser Mann hier sagte, Herr, Don Juan, des Prinzen Bruder, sei ein Schurke.

Holzapfel. Schreibt hin — Don Juan ein Schurke. — Was! Das ist ja klarer Meineid, des Prinzen Bruder einen Schurken zu nennen.

Borachio. Herr Konstabel . . . —

Holzapfel. Still geschwiegen, Kerl, dein Gesicht gefällt mir gar nicht, muß ich dir gestehen.

Schreiber. Was hörtet Ihr ihn sonst noch sagen?

Zweite Wache. Ei nun, er sagte auch, er hätte tausend Dukaten vom Don Juan erhalten, um Fräulein Hero fälschlich anzuklagen.

Holzapfel. Klare Brandmörderei, wenn jemals eine begangen ist.

Schlehwein. Ja, mein Seel', so ist es auch.

Schreiber. Was noch mehr, Freund?

Erste Wache. Und daß Graf Claudio nach seinen Reden sich vorgesetzt habe, Fräulein Hero vor der ganzen Versammlung zu be= schimpfen und sie nicht zu heiraten.

Holzapfel. O Spitzbube! Dafür wirst du noch ins ewige Jubiläum verdammt werden.

Schreiber. Was noch mehr?

Zweite Wache. Das war alles.

Schreiber. Und das ist mehr, Leute, als ihr leugnen könnt. Prinz Juan hat sich diesen Morgen heimlich weggestohlen; Hero ward auf diese Weise angeklagt, auf eben diese Weise verstoßen, und ist aus Gram darüber plötzlich gestorben: Herr Konstabel, laßt die beiden Leute binden und in Leonatos Haus führen, ich will voran gehen, und ihm das Verhör zeigen. (Ab.)

Holzapfel. Recht so; laßt ihnen die Bandagen anthun.

Schlehwein. Laßt sie festbinden.

Konrad. Fort, ihr Maulaffen!

Holzapfel. Gott steh' mir bei, wo ist der Schreiber? Er soll schreiben: des Prinzen Konstabel ein Maulaffe! Wart! bindet sie fest! Du nichtswürdiger Kerl! —

Konrad. Fort! Ihr seid ein Esel, Ihr seid ein Esel.

Holzapfel. Despektierst du denn mein Amt nicht? Despektierst du denn meine Jahre nicht? — Wär' er doch noch hier, daß er es auf= schreiben könnte, daß ich ein Esel bin! Aber, ihr Leute, vergeßt mir's nicht, daß ich ein Esel bin, wenn's auch nicht hingeschrieben ward, erinnert euch's ja, daß ich ein Esel bin. Nein, du Spitzbube, du steckst voller Moralität, das kann ich dir durch zuverlässige Zeugen beweisen. Ich bin ein gescheiter Mann, und was mehr ist, ein Mann bei der Justiz, und was mehr ist, ein ansässiger Mann, und was mehr ist, ein so hübsches Stück Fleisch, als nur irgend eines in ganz Messina, und ein Mann, der sich auf die Gesetze versteht, siehst du, und ein Mann, der sein Vermögen hat, siehst du, und ein Mann, der um vieles gekommen ist, und der seine zwei Röcke hat, und alles, was an ihm ist, sauber und accurat. Bringt ihn fort! Ach, da hätten sie's nur von mir aufgeschrieben, daß ich ein Esel bin! — (Alle ab.)

Fünfter Aufzug.

1. Scene.

Es treten auf Leonato und Antonio.

Antonio. Fährst du so fort, so bringst du selbst dich um;
Und nicht verständig ist's, dem Gram so helfen,
Dir selbst zum Schaden.

Leonato. Spare deinen Rat!
Er fällt so fruchtlos in mein Ohr, wie Wasser
Ein Sieb durchströmt. O gieb mir keinen Rat!
Und keinen Tröster laß mein Ohr erquicken,
Als solchen, dessen Schmerz dem meinen gleicht. —
Bring mir 'nen Vater, der sein Kind so liebte,
Des Freud' an ihm vernichtet ward, wie meine,
Und heiß Geduld ihn predigen.
Miß seinen Gram nach meinem auf ein Haar,
Jeglichem Weh entsprech' ein gleiches Weh,
Und hier wie dort, ein Schmerz für jeden Schmerz,
In jedem Zug und Umriß, Licht und Schatten;
Wenn der nun lächelt und den Bart sich streicht,
Ruft: Gram fahr hin, und ei! statt tief zu seufzen,
Sein Leid mit Sprüchen flickt, mit Schülerphrasen
Den bittern Schmerz betäubt, den bringe mir,
Von diesem will ich dann Geduld erlernen.
Doch solchen Mann giebt's nicht. Denn, Bruder, Menschen,
Sie raten, trösten, heilen nur den Schmerz,
Den sie nicht selber fühlten. Trifft er sie,
Dann wird zur wilden Wut derselbe Trost,
Der eben noch Arznei dem Gram verschrieb,
An seidner Schnur den Wahnsinn wollte fesseln,
Herzweh mit Luft, den Krampf mit Worten stillen.
Nein! Nein! Stets war's der Brauch, Geduld zu rühmen
Dem Armen, den die Last des Kummers beugt:
Doch keines Menschen Kraft noch Willensstärke
Genügte solcher Weisheit, wenn er selbst
Das Gleiche duldete; drum keinen Rat;
Denn lauter schreit mein Schmerz als dein Ermahnen.

Antonio. So hat der Mann dem Kinde nichts voraus?

Leonato. Ich bitt' dich, schweig. Ich bin nur Fleisch und Blut.
Denn noch bis jetzt gab's keinen Philosophen,
Der mit Geduld das Zahnweh konnt' ertragen:

Ob sie der Götter Sprache gleich geredet,
Und Schmerz und Zufall als ein Nichts verlacht.
Antonio. So häufe nur nicht allen Gram auf dich;
Laß jene, die dich kränkten, gleichfalls dulden.
Leonato. Da sprichst du weislich: ja, so soll's geschehn.
Mein Herz bezeugt mir's, Hero ward verleumdet,
Und dies soll Claudio hören, dies der Fürst,
Und alle sollen's, die sie so entehrt.

Don Pedro und Claudio kommen.

Antonio. Hier kommen Claudio und der Prinz in Eil.
Don Pedro. Ah, guten Morgen!
Claudio. Guten Tag euch beiden.
Leonato. Hört mich, ihr Herrn — —
Don Pedro. Leonato, wir sind eilig.
Leonato. So eilig, Herr? So lebt denn wohl, ihr Herrn; —
Jetzt habt ihr Eile? — Wohl, es wird sich finden.
Don Pedro. Nun, guter Alter, zankt doch nicht mit uns.
Antonio. Schafft ihm ein Zank sein Recht, so weiß ich solche,
Die wohl den kürzern zögen.
Claudio. Ei, wer kränkt' ihn?
Leonato. Ha, wahrlich du! Du kränktest mich, du Heuchler! —
O leg die Hand nur nicht an deinen Degen,
Ich fürchte nichts.
Claudio. Verdorre diese Hand,
Eh sie dem Alter so zu drohen dächte.
Die Hand am Schwert hat nichts bedeutet, wahrlich!
Leonato. Ha, Mann! Nicht grinse so, und spotte meiner!
Ich spreche nicht als Thor und blöder Greis,
Noch unter meines Alters Freibrief rühm' ich,
Was ich als Jüngling that, was ich noch thäte,
Wär' ich nicht alt: Nein, hör' es auf dein Haupt,
Du kränktest so mein schuldlos Kind und mich,
Daß ich ablege meine Würd' und Ehrfurcht:
Mit granem Haar und vieler Jahre Druck
Fordr' ich dich hier, als Mann dich mir zu stellen.
Verleumdet hast du meine arme Hero.
Dein falsches Zeugnis hat ihr Herz durchbohrt,
Und unter ihren Ahnen ruht sie jetzt,
Ha! in dem Grab, wo Schande nimmer schlief,
Als ihre, die dein Schurkenstreich ersann.
Claudio. Mein Schurkenstreich?
Leonato. Ja, deiner, Claudio, deiner.
Don Pedro. Ihr drückt Euch unrecht aus, Signor.

Leonato.   Mein Prinz,
  An ihm will ich's beweisen, wenn er's wagt,
  Trotz seiner Fechterkunst und raschen Übung,
  Trotz seiner Jugend Lenz, und muntern Blüte.
Claudio. Laßt mich. Ich habe nichts mit Euch zu schaffen.
Leonato. So willst du gehn? Du hast mein Kind gemordet.
  Ermord'st du, Knabe, mich, mord'st du 'nen Mann.
Antonio. Er muß uns beide morden, ja, zwei Männer,
  Darauf kommt's hier nicht an: zuerst den einen;
  Ja, wer gewinnt, der lacht. Mir steh' er Rede!
  Komm, folg mir, Jung', Herr Junge, komm und folg mir!
  Herr Jung'! ich haue deine Finten durch,
  Ja, ja, so wahr ich Edelmann, das will ich!
Leonato. Bruder ...
Antonio. Sei du nur still! Gott weiß, das Mädchen lieb' ich.
  Nun ist sie tot, von Schurken tot geschmäht,
  Die wohl so gern sich einem Manne stellen,
  Als ich der Schlang' an ihr Zunge griffe.
  Gelbschnäbel, Buben, Affen, Prahler. — —
Leonato.   Bruder! —
Antonio. Ei was, sei still! — Was da! ich kenne sie,
  Weiß, was sie gelten, ja, bis auf 'nen Skrupel:
  Kopflose, dreiste, modesücht'ge Knaben,
  Die lügen, witzeln, höhnen, schmähn und lästern,
  Wie Narr'n sich tragen, widerlich dem Auge,
  Und ein halb Dutzend grimme Worte lernten,
  Was sie dem Feind anthäten, wenn sie's wagten —
  Und das ist alles.
Leonato.   Bruder ...
Antonio.   's ist schon gut,
  Du kümmre dich um nichts, laß mich nur machen.
Don Pedro. Ihr Herrn, wir woll'n nicht Euern Unmut wecken.
  Daß Eure Tochter starb, geht mir zu Herzen.
  Doch auf mein Wort, sie ward um nichts beschuldigt,
  Als was gewiß und klar erwiesen stand.
Leonato. Mein Fürst, mein Fürst — —
Don Pedro.   Ich will nicht hören.
Leonato.   Nicht?
  Fort, Bruder! — Ihr sollt hören!
Antonio.   Ja, Ihr sollt!
  Ja! oder ein'ge von uns sollen's fühlen! (Leonato und Antonio ab.)
                    Benedikt kommt.
Don Pedro. Seht, seht, da kommt der Mann, den wir gesucht.

Claudio. Nun, Signor, was giebt's Neues?

Benedikt. Guten Tag, mein Fürst.

Don Pedro. Willkommen, Signor. Ihr hättet eben beinahe einen Strauß trennen können.

Claudio. Es fehlte nicht viel, so hätten zwei alte Männer ohne Zähne unsre zwei Nasen abgebissen.

Don Pedro. Leonato und sein Bruder. Was denkst du wohl? Hätten wir gefochten, ich fürchte fast, daß wir zu jung für sie gewesen wären.

Benedikt. In einer schlechten Sache hat man keinen echten Mut. Ich kam, euch beide aufzusuchen.

Claudio. Und wir sind schon lange auf den Beinen, dich zu suchen. Denn wir sind gewaltig melancholisch, und sähen's gern, wenn uns das jemand austriebe. Willst du deinen Witz in Bewegung setzen?

Benedikt. Er steckt in meiner Scheide, soll ich ihn ziehen?

Don Pedro. Trägst du deinen Witz an der Seite?

Claudio. Das that noch niemand, obgleich wohl schon viele ihren Witz beiseite gelegt haben. Ich will dich spielen heißen, wie wir's den Fiedlern thun; spiel auf, mach uns lustig.

Don Pedro. So wahr ich ehrlich bin, er sieht blaß aus: bist du krank oder verdrießlich?

Claudio. Mut, Freund! Wenn der Gram auch eine Katze ums Leben bringen kann, so hast du doch wohl Herz genug, den Gram ums Leben zu bringen.

Benedikt. Signor, wenn Ihr Euern Witz gegen mich richtet, so denk' ich ihm in seinem Rennen standzuhalten. Habt die Güte und wählt ein anderes Thema.

Claudio. So schafft Euch erst eine neue Lanze, denn diese letzte brach mitten durch.

Don Pedro. Beim Himmel, er verändert sich mehr und mehr; ich glaube, er ist im Ernst verdrießlich.

Claudio. Nun, wenn er's ist, so weiß er, wie er seinen Gürtel zu schnallen hat.

Benedikt. Soll ich Euch ein Wort ins Ohr sagen?

Claudio. Gott bewahre uns vor einer Ausforderung!

Benedikt (beiseite zum Claudio). Ihr seid ein Nichtswürdiger; ich scherze nicht. Ich will's Euch beweisen, wie Ihr wollt, womit Ihr wollt, und wann Ihr wollt. Thut mir Bescheid, oder ich mache Eure Feigherzigkeit öffentlich bekannt. Ihr habt ein liebenswürdiges Mädchen getötet, und ihr Tod soll schwer auf Euch fallen: Laßt mich Eure Antwort hören.

Claudio (laut). Schön, ich werde mich einfinden, wenn Eure Mahlzeit der Mühe verlohnt.

Don Pedro. Was? ein Schmaus? ein Schmaus?

Claudio. Jawohl, er hat mich eingeladen auf einen Kalbs=
kopf und einen Kapaun, und wenn ich beide nicht mit der größten
Zierlichkeit vorschneide, so sagt, mein Messer tauge nichts. Giebt's
nicht etwa auch eine junge Schnepfe?

Benedikt. Signor, Euer Witz geht einen guten leichten Paß,
er fällt nicht schwer.

Don Pedro. Ich muß dir doch erzählen, wie Beatrice neulich
deinen Witz herausstrich. Ich sagte, du hättest einen feinen Witz; o
ja, sagte sie, fein und klein. Nein, sagte ich, einen großen Witz;
recht, sagte sie, groß und grob; nein, sagte ich, einen guten Witz;
nun eben, sagte sie, er thut niemanden weh. Aber, sagte ich, es ist
ein kluger junger Mann; gewiß, sagte sie, ein recht superkluger junger
Mensch. Und was noch mehr ist, sagte ich, er versteht sich auf ver=
schiedene Sprachen; das glaub' ich, sagte sie, denn er schwur mir
Montag abends etwas zu, das er Dienstag morgens wieder verschwur:
da habt Ihr eine doppelte Sprache, da habt Ihr zwei Sprachen.
So hat sie eine ganze Stunde lang alle deine besonderen Tugenden
travestiert, bis sie zuletzt mit einem Seufzer beschloß, du seist der=
artigste Mann in Italien.

Claudio. Wobei sie bitterlich weinte und hinzufügte, sie kümmere
sich nichts darum.

Don Pedro. Ja, das that sie: und doch mit alledem, wenn
sie ihn nicht herzlich haßte, so würde sie ihn schmerzlich lieben. Des
Alten Tochter hat uns alles erzählt.

Claudio. Alles, alles: und noch obendrein, Gott sahe ihn,
als er sich im Garten verstecket hatte.

Don Pedro. Und wann werden wir denn des wilden Stieres
Hörner auf des vernünftigen Benedikt Stirne sehen?

Claudio. Und wann werden wir mit großen Buchstaben ge=
schrieben lesen: Hier wohnt Benedikt, der verheiratete Mann?

Benedikt. Lebt wohl, junger Bursche, Ihr wißt meine Mei=
nung, ich will Euch jetzt Euerm schwatzhaften Humor überlassen.
Ihr schwadroniert mit Euern Späßen, wie die Großprahler mit ihren
Klingen, die gottlob niemand verwunden. Gnädiger Herr, ich sage Euch
meinen Dank für Eure bisherige Güte; von nun an muß ich mich Eurer
Gesellschaft entziehen. Euer Bruder, der Bastard, ist aus Messina entflohen;
ihr beide habt ein liebes unschuldiges Mädchen ums Leben gebracht. Was
diesen Don Ohnebart hier betrifft, so werden er und ich noch miteinander
sprechen, und bis dahin mag er in Frieden ziehen. (Ab.)

Don Pedro. Es ist sein Ernst?

Claudio. Sein ehrsamster Ernst, und ich wollte wetten, alles
aus Liebe zu Beatrice.

Don Pedro. Und er hat dich gefordert?

Claudio. In aller Form.

Don Pedro. Was für ein artiges Ding ein Mann ist, wenn er in Wams und Hosen herumläuft und seinen Verstand zu Hause läßt!

Claudio. Er ist alsdann ein Riese gegen einen Affen, aber dafür ist dann auch ein Affe ein Gelehrter gegen solch einen Mann.

Holzapfel, Schlehwein, Wache mit Konrad und Borachio.

Don Pedro. Aber jetzt stille, laß gut sein, und du, mein Herz, geh in dich und sei ernst. Sagte er nicht, mein Bruder sei entflohen?

Holzapfel. Nun heran, Herr; wenn Euch die Gerechtigkeit nicht zahm machen kann, so soll die Justiz niemals wieder mit Mor=Alen und Crimen=Alen zu thun haben; ja, und wenn Ihr vorher ein hippokratischer Taugenichts gewesen seid, so muß man Euch jetzt auf die Finger sehen.

Don Pedro. Was ist das? Zwei von meines Bruders Leuten gebunden? und Borachio der eine?

Claudio. Forscht doch nach ihrem Vergehen, gnädiger Herr.

Don Pedro. Gerichtsdiener, welches Vergehen haben sich diese Lente zu schulden kommen lassen?

Holzapfel. Zum Henker, gnädiger Herr, falschen Rapport haben sie begangen: überdem haben sie Unwahrheiten gesagt; andernteils sind sie Kalomnieen; sechstens und letztens haben sie ein Fräulein verleumdet; drittens haben sie Unrichtigkeiten verifiziert: und schließlich sind sie lügenhafte Spitzbuben.

Don Pedro. Erstens frage ich dich, was sie gethan haben; drittens frag' ich dich, was ihr Vergehen ist; sechstens und letztens, warum man sie arretiert hat; und schließlich, was Ihr ihnen zur Last legt.

Claudio. Richtig subdividiert, nach seiner eigenen Einteilung. Das heiß' ich doch eine Sache in die rechte Uniform reformieren.

Don Pedro. Was habt ihr begangen, Lente, daß man euch auf diese Weise gebunden hat? Dieser gelehrte Konstabel ist zu scharf=sinnig, als daß man ihn verstehen könnte. Worin besteht euer Vergehen?

Borachio. Teuerster Prinz, laßt mich nicht erst vor Gericht gestellt werden; hört mich an, und mag dieser Graf mich nieder=stoßen. Ich habe eure eigenen Augen grob getäuscht, was euer beider Weisheit nicht entdecken konnte, haben diese schalen Thoren ans Licht gebracht, die mich in der Nacht behorchten, als ich diesem Manne hier erzählte, wie Don Juan, Euer Bruder, mich angestiftet, Fräulein Hero zu verleumden: wie Ihr in den Garten gelockt wurdet, und mich um Margareten, die Heros Kleider trug, werben saht; wie Ihr sie verstoßen habt, als Ihr sie heiraten solltet. Diesen meinen Buben=streich haben sie zu Protokoll genommen, und lieber will ich ihn mit

meinem Blut versiegeln, als ihn noch einmal zu meiner Schaude
wiederholen. Das Fräulein ist durch meine und meines Herrn falsche
Beschuldigung getötet worden; und kurz, ich begehre jetzt nichts, als
den Lohn eines Bösewichts.

Don Pedro. Rennt nicht dies Wort wie Elsen durch dein Blut?

Claudio. Ich habe Gift getrunken, als er sprach.

Don Pedro. Und hat mein Bruder hierzu dich verleitet?

Borachio. Ja, und mich reichlich für die That belohnt.

Don Pedro. Er ist Verrat und Tücke ganz und gar, —
Und nun entfloh er auf dies Bubenstück.

Claudio. O süße Hero! Jetzt strahlt mir dein Bild
Im reinen Glanz, wie ich zuerst es liebte.

Holzapfel. Kommt, führt diese Requisiten weg: unser Schreiber
wird alleweil auch den Signor Leonato von dem Handel destruiert
haben; und ihr, Leute, vergeßt nicht, zu seiner Zeit und an seinem
Ort zu spezifizieren, daß ich ein Esel bin.

Schlehwein. Hier, hier kommt der Herr Signor Leonato,
und der Schreiber dazu.

Leonato, Antonio und der Schreiber kommen.

Leonato. Wo ist der Bube? Laßt mich sehn sein Antlitz.
Daß wenn ein Mensch mir vorkommt, der ihm gleicht,
Ich ihn vermeiden kann. Wer ist's von diesen?

Borachio. Wollt Ihr den sehn, der Euch gekränkt? Ich bin's.

Leonato. Bist du der Sklav', des Hauch getötet hat
Mein armes Kind?

Borachio.   Derselbe; ich allein.

Leonato. Nein, nicht so, Bube, du verleumdest dich.
Hier steht ein Paar von ehrenwerten Männern,
Ein dritter floh, des Hand im Spiele war: —
Euch dank' ich, Prinzen, meiner Tochter Tod,
Den schreibt zu Euern hohen würd'gen Thaten,
Denn herrlich war's vollbracht, bedenkt Ihr's recht.

Claudio. Ich weiß nicht, wie ich Euch um Nachsicht bäte,
Doch reden muß ich. Wählt die Rache selbst,
Die schwerste Buß' ersinnt für meine Sünde,
Ich trage sie. Doch nur im Mißverstand
Lag meine Sünde!

Don Pedro.   Und meine, das beschwör' ich.
Und doch, dem guten Greis genug zu thun,
Möcht' ich mich beugen unterm schwersten Joch,
Mit dem er mich belasten will.

Leonato. Befehlen kann ich nicht, „erweckt mein Kind",
Das wär' unmöglich. Doch ich bitt' euch beide,

Verkündet's unsrer Stadt Messina hier,
Wie schuldlos sie gestorben. Kann die Liebe
Zu ernster Arbeit Euern Geist erheben,
So hängt ein Epitaph an ihre Gruft,
Und singt es ihrer Asche, singt's heut nacht.
Auf morgen früh lad' ich Euch in mein Haus,
Und könnt Ihr jetzt mein Eidam nicht mehr werden,
So seid mein Neff'. — Mein Bruder hat 'ne Tochter,
Beinah ein Abbild meines toten Kindes:
Und sie ist ein'ze Erbin von uns beiden,
Der gebt, was ihre Muhm' erhalten sollte,
Und so stirbt meine Rache.

Claudio.   Edler Mann!
So übergroße Güt' entlockt mir Thränen.
Mit Rührung nehm' ich's an: verfügt nun künftig
Nach Willkür mit dem armen Claudio.

Leonato. Auf morgen dann erwart' ich Euch bei mir.
Für heut gut' Nacht. Der Niederträchtige
Steh' im Verhör Margreten gegenüber,
Die, glaub' ich, auch zu dem Komplott gehörte,
Erkauft von Euerm Bruder.

Borachio. Bei meiner Seele, nein, so war es nicht,
Sie sprach mit mir, nicht wissend, was sie that:
Stets hab' ich treu und rechtlich sie gefunden,
In allem, was ich je von ihr erfahren.

Holzapfel. Anbei ist noch Meldung zu thun, gnädiger Herr,
obgleich es freilich nicht weiß auf schwarz dasteht, daß dieser Requisit
hier, dieser arme Sünder, mich einen Esel genannt hat. Ich muß
bitten, daß das bei seiner Bestrafung in Anregung kommen möge.
Und ferner hörte die Wache sie von einem Mißgestalt reden; er leiht
Geld um Gottes willen und treibt's nun schon so lange, und giebt
nichts wieder, daß die Leute anfangen, hartherzig zu werden, und
nichts mehr um Gottes willen geben wollen. Seid von der Güte
und verhört ihn auch über diesen Punkt.

Leonato. Hab' Dank für deine Sorg' und brav Bemühen.

Holzapfel. Eu'r Wohlgeboren reden wie ein recht ehrwürdiger
und dankbarer junger Mensch, und ich preise Gott für Euch.

Leonato. Da hast du für deine Mühe.

Holzapfel. Gott segne dieses fromme Haus.

Leonato. Geh, ich nehme dir deine Gefangenen ab und danke dir.

Holzapfel. So resigniere ich Ew. Wohlgeboren einen infamen
Spitzbuben, nebst unterthänigster Bitte an Ew. Wohlgeboren, ein
Exempel an sich zu statuieren, andern dergleichen zur Warnung. Gott

behüte Ew. Wohlgeboren, ich wünsche Euch alles Gute, Gott geb' Euch gute Besserung, ich erlaube Ew. Wohlgeboren jetzt allerunterthänigst zu Hause zu gehen: und wenn ein fröhliches Wiedersehen zu den erwünschten Dingen gehört, so wolle Gott es in seiner Gnade verhüten. Kommt Nachbar. (Gehen ab.)

Leonato. Nun bis auf morgen früh, ihr Herren, lebt wohl.

Antonio. Lebt wohl, ihr Herren, vergeßt uns nicht auf morgen.

Don Pedro. Wir fehlen nicht.

Claudio.   Heut nacht wein' ich um Hero.
(Don Pedro und Claudio ab.)

Leonato. Schafft diese fort: Jetzt frag' ich Margareta,
    Wie sie bekannt ward mit dem schlechten Menschen. (Ab.)

2. Scene.

Benedikt und Margareta, die sich begegnen.

Benedikt. Hört doch, liebste Margareta, macht Euch um mich verdient, und verhelft mir zu einem Gespräch mit Beatricen.

Margareta. Wollt Ihr mir dafür auch ein Sonett zum Lobe meiner Schönheit schreiben?

Benedikt. In so hohem Stil, Margareta, daß kein jetzt Lebender, noch so Verwegener sich daran wagen soll, denn in Wahrheit, das verdienst du.

Margareta. Daß keiner sich an meine Schönheit wagen soll?

Benedikt. Dein Witz schnappt so rasch wie eines Windspiels Maul, er fängt auf.

Margareta. Und Eurer trifft so stumpf wie eines Fechters Rapier, er stößt und verwundet nicht.

Benedikt. Lauter Galanterie, Margareta, er will kein Frauenzimmer verwunden. Und nun bitte ich dich, rufe mir Beatrice, ich strecke die Waffen vor dir.

Margareta. Nun, ich will sie rufen, ich denke, sie hat ihre Füße bei der Hand.

Benedikt. Wenn das ist, so hoffe ich, kommt sie.

(Singt). Gott Amor droben
        Kennt meinen Sinn,
        Und weiß aus vielen Proben,
        Wie schwach ich bin. — —

Ich meine im Singen; aber in der Liebe ... Leander, der treffliche Schwimmer, Troilus, der den ersten Pandarus in Requisition setzte, und ein ganzes Buch voll von diesen Liebesrittern, deren Namen jetzt so glatt in der ebenen Bahn der fünffüßigen Jamben dahin gleiten, alle diese waren nie so ernstlich über und über in Liebe ver=

senkt, als mein armes Ich: aber wahrhaftig, ich kann's nicht in Reimen beweisen: ich hab's versucht; ich finde keinen andern Reim auf Mädchen als . . . Schäfchen, ein zu unschuldiger Reim; auf Zorn, als Horn, ein harter Reim; auf Ohr, Thor, ein alberner Reim: sehr verfängliche Endungen; nein, ich bin einmal nicht unter einem reimenden Planeten geboren, ich weiß auch nicht in Feiertagsworten zu werben.

Beatrice kommt.

Schönste Beatrice, kommst du wirklich, weil ich dich rief?

Beatrice. Ja, Signor, und ich werde gehen, wenn Ihr mir's sagt.

Benedikt. O, Ihr bleibt also bis dahin?

Beatrice. Dahin habt Ihr jetzt eben gesagt, also lebt nun wohl. Doch eh ich gehe, sagt mir das, weshalb ich kam; laßt mich hören, was zwischen Euch und Claudio vorgefallen ist.

Benedikt. Nichts als böse Reden, und demzufolge laß mich dich küssen.

Beatrice. Böse Reden sind nur böse Luft, und böse Luft ist nur böser Atem, und böser Atem ist ungesund, und also will ich ungeküßt wieder gehen.

Benedikt. Du hast das Wort aus seinem rechten Sinn heraus geschreckt, so energisch ist dein Witz. Aber ich will dir's ehrlich er= zählen. Claudio hat meine Forderung angenommen, und ich werde jetzt bald mehr von ihm hören, oder ich nenne ihn öffentlich eine Memme. Und nun sage mir, in welche von meinen schlechten Eigen= schaften hast du dich zuerst verliebt? —

Beatrice. In alle auf einmal, denn sie bilden zusammen eine so wohl organisierte Republik von Fehlern, daß sie auch nicht einer guten Eigenschaft gestatten, sich unter sie zu mischen. Aber um welche von meinen schönen Qualitäten habt Ihr zuerst die Liebe zu mir erdulden müssen?

Benedikt. Die Liebe erdulden! Eine hübsche Phrase! Freilich erdulde ich die Liebe, denn wider meinen Willen muß ich dich lieben.

Beatrice. Wohl gar deinem Herzen zum Trotz? Ach! das arme Herzchen.. Wenn Ihr ihm um meinetwillen trotzt, will ich ihm um Euretwillen Trotz bieten, denn ich werde niemals das lieben, was mein Freund haßt.

Benedikt. Du und ich sind zu vernünftig, um uns friedlich um einander zu bewerben.

Beatrice. Das sollte man aus dieser Beichte nicht schließen: unter zwanzig vernünftigen Männern wird nicht einer sich selbst loben.

Benedikt. Ein altes, altes Sprichwort, Beatrice, das gegolten haben mag, als es noch gute Nachbarn gab: wer in unserem Zeit= alter sich nicht selbst eine Grabschrift aufsetzt, ehe er stirbt, der wird

9*

nicht länger im Gedächtnis leben, als die Glocke läutet und die Witwe weint.

Beatrice. Und das wäre?

Benedikt. Ihr fragt noch? Nun, eine Stunde läuten und eine Viertelstunde weinen. Deshalb ist der beste Ausweg für einen Verständigen (wenn anders Don Wurm, sein Gewissen, ihn nicht daran hindert), die Posaune seiner eigenen Tugenden zu sein, wie ich's jetzt für mich bin. So viel über mein Selbstlob (und daß ich des Lobes wert sei, will ich selbst bezeugen); nun sagt mir aber, wie geht es Eurer Muhme? —

Beatrice. Sehr schlecht.

Benedikt. Und wie geht es Euch selbst?

Beatrice. Auch sehr schlecht.

Benedikt. Seid fromm, liebt mich und bessert Euch, und nun will ich Euch lebewohl sagen, denn hier kommt jemand in Eil.

Ursula kommt.

Ursula. Mein Fräulein, Ihr sollt zu Eurem Oheim kommen, es ist ein schöner Lärm da drinnen! Man hat erwiesen, Hero sei böslich belogen, die Prinzen und Claudio mächtig betrogen, und Don Juan, der Anstifter von dem allen, hat sich auf und davon gemacht. Wollt Ihr jetzt gleich mitkommen?

Beatrice. Wollt Ihr diese Neuigkeiten mit anhören?

Benedikt. Ich will in deinem Herzen leben, in deinem Schoß sterben, in deinen Augen begraben werden, und über das alles will ich mit dir zu deinem Oheim gehen. (Ab.)

3. Scene.

<small>Don Pedro, Claudio, Gefolge mit Musik und Fackeln.</small>

Claudio. Ist dies des Leonato Grabgewölb?

Diener. Ja, gnäd'ger Herr.

Claudio (liest von einer Rolle). Schmähsucht brach der Hero Herz,

Hier schläft sie im Jungfrau'nkranz.
Für der Erde kurzen Schmerz
Schmückt sie Tod mit Himmelsglanz:
Leben mußt' in Schmach ersterben,
Tod ihr ew'gen Ruhm erwerben.
<small>(Hängt die Rolle auf.)</small>
Häng an ihres Grabmals Steinen,
Wenn ich tot, sie zu beweinen.

Nun stimmet an und singt die Todeshymne.

Gesang.
Gnad' uns, Königin der Nacht,
Die dein Mägdlein umgebracht;

Trauernd und mit Angstgestöhn
Um ihr Grab wir reuig gehn.
Mitternacht steh' uns bei!
Mehr' unser Klaggeschrei!
Feierlich, feierlich!
Gräber, gähnt weit empor!
Steig auf, o Geisterchor,
Feierlich! feierlich!

Claudio. Nun ruh' in Frieden dein Gebein!
Dies Fest soll jährlich sich erneu'n.

Don Pedro. Löscht eure Fakeln jetzt, schon fällt der Tau,
Der Wolf zieht waldwärts, und vom Schlaf noch schwer,
Streift sich der Osten schon mit lichtem Grau,
Vor Phöbus' Rädern zieht der Tag einher.
Euch allen Dank; verlaßt uns und lebt wohl.

Claudio. Guten Morgen, Freunde, geh nun jeder heim!

Don Pedro. Kommt, laßt zu neuem Feste jetzt uns schmücken,
Und dann zu Leonato folgt mir nach.

Claudio. Und Hymen mög' uns diesmal mehr beglücken,
Als an dem heut gesühnten Trauertag. (Alle ab.)

4. Scene.

Leonato, Antonio, Benedikt, Beatrice, Ursula, Mönch und Hero
treten auf.

Mönch. Sagt' ich's Euch nicht, daß sie unschuldig sei? —

Leonato. Wie Claudio und der Prinz, die sie verklagt
Auf jenem Irrtum, den wir jetzt besprochen.
Doch etwas ist Margret' im Fehl verstrickt,
Zwar gegen ihren Willen, wie's erscheint
In dem Verlauf der ganzen Untersuchung.

Antonio. Nun, ich bin froh, daß alles glücklich endet.

Benedikt. Das bin ich auch, da sonst mein Wort mich band,
Vom jungen Claudio Rechenschaft zu fordern.

Leonato. Nun, meine Tochter, und ihr andern Frau'n,
Zieht in das nächste Zimmer euch zurück,
Und wenn ich sende, kommt in Masken her.
Der Prinz und Claudio woll'n um diese Stunde
Mich hier besuchen. Du, Bruder, kennst dein Amt,
Du mußt der Vater deiner Nichte sein,
Und Claudio sie vermählen. (Frauen gehen ab.)

Antonio. Das thu' ich dir mit fester, sichrer Miene.

Benedikt. Euch, Pater, denk' ich auch noch zu bemühn.

Mönch. Wozu, Signor?

Benedikt.　Zu binden oder lösen, eins von beiden.
　　Herr Leonato, so weit ist's, mein Teurer,
　　Mit günst'gen Augen sieht mich Eure Nichte.
Leonato.　Die Augen lieh ihr, wahrlich, meine Tochter.
Benedikt.　Und ich vergelt' es mit verliebten Augen.
Leonato.　Den Liebesblick habt Ihr von mir erhalten,
　　Von Claudio und dem Prinzen. Doch, was wollt Ihr?
Benedikt.　Die Antwort, Herr, bedünkt mich problematisch.
　　Mein Wille wünscht, daß Euer guter Wille
　　Sich unserm Willen fügt, und dieser Tag
　　Uns durch das Band der heil'gen Eh' verknüpfe:
　　Und dazu, würd'ger Mann, schenkt Euern Beistand.
Leonato.　Mein Jawort geb' ich gern.
Mönch.　　　　　　　　　Ich meinen Beistand.
　　Hier kommt der Prinz und Claudio.
　　　　　　　　Don Pedro und Claudio mit Gefolge.
Don Pedro.　Guten Morgen diesem ganzen edlen Kreis.
Leonato.　Guten Morgen, teurer Fürst, guten Morgen, Claudio.
　　Wir warten Euer: seid Ihr noch entschlossen,
　　Mit meines Bruders Kind Euch zu vermählen?
Claudio.　Ich halte Wort und wär' sie eine Mohrin.
Leonato.　Ruft sie herein, der Priester ist bereit. *(Antonio ab.)*
Don Pedro.　Ei, guten Morgen, Benedikt, wie geht's?
　　Wie kommt Euch solch ein Februarsgesicht,
　　So voller Frost und Sturm und Wolken, an?
Claudio.　Ich denk', er denkt wohl an den wilden Stier.
　　Nur still! Dein Horn schmück' ich mit goldnem Knopf,
　　Und ganz Europa soll dir Bravo rufen,
　　Wie einst Europa sich am Zeus erfreute,
　　Da er als edles Vieh trug Liebesbeute.
Benedikt.　Zeus brüllt' als Stier ein sehr verführend Muh,
　　Und solch ein Gast kirrt' Eures Vaters Kuh.
　　Und ließ ein Kalb zurück dem edlen Tier,
　　Ganz so vom Anschau und Geblök wie Ihr.
　　　　　　Antonio kommt wieder, mit ihm die Frauen maskiert.
Claudio.　Das zahl ich Euch: doch jetzt kommt andre Rechnung.
　　— An welche Dame darf ich hier mich wenden?
Antonio.　Hier diese ist's, nehmt sie von meiner Hand.
Claudio.　So ist sie mein, zeigt mir Eu'r Antlitz, Holde.
Leonato.　Nicht so: bevor du ihre Hand erfaßt
　　Vor diesem Priester und ihr Treu' gelobt.
Claudio.　Gebt mir die Hand vor diesem würd'gen Mönch,
　　Wenn Ihr mich wollt, so bin ich Euer Gatte.

Hero. Als ich gelebt, war ich Eu'r erstes Weib,
Als Ihr geliebt, wart Ihr mein erster Gatte. (Nimmt die Maske ab.)

Claudio. Die zweite Hero?

Hero. Nichts ist so gewiß,
Geschmäht starb eine Hero: doch ich lebe.
Und ich bin rein von Schuld, so wahr ich lebe.

Don Pedro. Die vor'ge Hero! Hero, die gestorben! —

Leonato. Sie war nur tot, solang ihr Leumund lebte.

Mönch. All dies Erstaunen bring' ich zum Verständnis.
Sobald die heil'gen Bräuche sind vollbracht,
Erzähl' ich Euch genau des Fräuleins Tod.
Indes nehmt als Gewöhnliches dies Wunder,
Und laßt uns alle zur Kapelle gehn.

Benedikt. Still, Mönch, gemach! Wer ist hier Beatrice?

Beatrice. Das ist mein Name. Was wollt Ihr von mir?

Benedikt. Liebt Ihr mich nicht?

Beatrice. Nein, weiter nicht als billig.

Benedikt. So sind Eu'r Oheim und der Prinz und Claudio
Gar sehr getäuscht; sie schwuren doch, Ihr liebtet.

Beatrice. Liebt Ihr mich nicht?

Benedikt. Nein, weiter nicht als billig.

Beatrice. So sind mein Mühmchen, Ursula und Gretchen,
Gar sehr getäuscht; sie schwuren doch, Ihr liebtet.

Benedikt. Sie schwuren ja, Ihr seid fast krank um mich?

Beatrice. Sie schwuren ja, Ihr seid halbtot aus Liebe?

Benedikt. Ei, nichts davon! Ihr liebt mich also nicht?

Beatrice. Nein wahrlich, nichts als freundliches Erwidern.

Leonato. Kommt, Nichte, glaubt mir's nur, Ihr liebt den Herrn.

Claudio. Und ich versichr' es Euch, er liebt auch sie:
Seht nur dies Blatt von seiner Hand geschrieben,
Ein lahm Sonett aus eignem leeren Hirn
Zu Beatricens Preis.

Hero. Und hier ein zweites
Von ihrer Schrift, aus ihrer Tasch' entwandt,
Verrät, wie sie für Benedikt erglüht.

Benedikt. O Wunder! Hier zeugen unsere Hände gegen unsere Herzen. Komm, ich will dich nehmen, aber bei diesem Sonnenlicht, ich nehme dich nur aus Mitleid.

Beatrice. Ich will Euch nicht geradezu abweisen, aber bei diesem Tagesglanz, ich folge nur den dringenden Zureden meiner Freunde; und zum Teil, um Euer Leben zu retten; denn man sagt mir, Ihr hättet die Auszehrung.

Benedikt. Still, ich stopfe dir den Mund. (Küßt sie.)

Don Pedro. Wie geht's nun, Benedikt, du verheirateter Mann?

Benedikt. Ich will dir etwas sagen, Prinz: eine ganze hohe Schule von Witzknackern soll mich jetzt nicht aus meinem Humor sticheln. Meinst du, ich frage etwas nach einer Satire oder einem Epigramm? Könnte man von Einfällen beschmutzt werden, wer hätte dann noch einen sauberen Fleck an sich? Mit einem Wort, weil ich mir's einmal vorgesetzt, zu heiraten, so mag mir die ganze Welt jetzt vorsetzen, was sie an Gegengründen weiß, mir soll's eins sein; und darum macht mir keine Glossen, wenn ich ehemals darüber gesprochen; denn der Mensch ist ein schwindliges Geschöpf, und damit ist's gut. Was dich betrifft, Claudio, so dachte ich dir eins zu versetzen; aber da es den Anschein hat, als sollten wir jetzt Vettern werden, so lebe in heiler Haut und liebe meine Muhme.

Claudio. Ich hatte schon gehofft, du würdest Beatricen einen Korb geben, damit ich dich aus deinem einzelnen Staude hätte herausklopfen könnte und dich zu einem Dualisten machen, und ein solcher wirst du auch ohne Zweifel werden, wenn meine Muhme dir nicht gewaltig auf die Finger sieht!

Benedikt. Still doch, wir sind Freunde. Laßt uns vor der Hochzeit einen Tanz machen, das schafft uns leichtere Herzen und unseren Franen leichtere Füße.

Leonato. Den Tanz wollen wir hernach haben.

Benedikt. Nein, lieber vorher; spielt nur, ihr Musikanten. — Prinz, du bist so nachdenklich, nimm dir eine Frau! nimm dir eine Frau! Es giebt keinen ehrwürdigeren Stab, als der mit Horn beschlagen ist.

Ein Diener kommt.

Diener. Mein Fürst, Eu'r Bruder ward im Fliehn gefangen,
Man bracht' ihn mit Bedeckung nach Messina.

Benedikt. Denkt nicht eher als morgen an ihn; ich will unterdes schon auf derbe Strafen sinnen. Spielt auf, Musikanten!

(Tanz. Alle ab.)

Die Komödie der Irrungen.

Übersetzt von

Ludwig Tieck.

Personen.

Solinus, Herzog von Ephesus.
Aegeon, ein Kaufmann aus Syrakus.
Antipholus von Ephesus } Zwillingsbrüder und Söhne des Aegeon.
Antipholus von Syrakus }
Dromio von Ephesus } Zwillingsbrüder und Diener der beiden Antipholus.
Dromio von Syrakus }
Balthasar, ein Kaufmann.
Angelo, ein Goldschmied.
Ein Kaufmann, Freund des Antipholus von Syrakus.
Ein anderer Kaufmann.
Doktor Zwick, ein Schulmeister und Beschwörer.
Aemilia, Frau des Aegeon, Aebtissin zu Ephesus.
Adriana, Frau des Antipholus von Ephesus.
Luciana, Schwester der Adriana.
Lucie, Adrianens Kammermädchen.
Eine Courtisane.
Kerkermeister, Gerichtsdiener und Gefolge.

(Die Scene ist in Ephesus.)

Erster Aufzug.

1. Scene.

Saal im Palast des Herzogs.

Es treten auf der Herzog, Aegeon, der Kerkermeister und Gefolge.

Aegeon. Fahr fort, Solin! Sei Förderer meines Falles;
Dein Urteil ende Schmerz und Gram und alles.

Herzog. Kaufmann aus Syrakus, hör auf zu rechten;
Ich kann parteiisch nicht das Gesetz verletzen.
Die Fehd' und Zwietracht, die uns jüngst erwuchs
Durch eures Herzogs tückische Mißhandlung
Ehrsamer Kaufherrn, meiner Unterthanen —
Die, Geld entbehrend, um sich loszukaufen,

Sein hart Gesetz mit ihrem Blut besiegelt —
Bannt alle Gnad' aus unserm droh'nden Blick.
Denn seit durch eure Unverträglichkeit
Tödlicher Zwist die Städte untergräbt,
Erging ein feierlicher Volksbeschluß,
So bei den Syrakusern wie bei uns,
Daß kein Verkehr sei zwischen beiden Häfen.
Noch mehr:
Läßt ein geborner Epheser sich sehn
Auf Jahrmarkt oder Meß' in Syrakus;
Und kommt ein Mann, aus Syrakus entstammt,
Zum Hafenplatz von Ephesus, — der stirbt:
Sein ganz Vermögen fällt dem Herzog zu;
Es sei denn, daß er tausend Mark aufbringt,
Der Strafe zu entgehn, als Lösegeld.
Nun, deine Habe, noch so hoch geschätzt,
Beläuft sich, denk' ich, kaum auf hundert Mark.
Deshalb bist du dem Tod mit Recht verfallen.

Aegeon. Das ist mein Trost: erging erst dein Gebot,
　　Stirbt mit der Abendsonn' auch meine Not.

Herzog. Wohl, Syrakuser, sag uns kurz den Grund,
　　Warum du zogst aus deiner Vaterstadt,
　　Und was dich hergeführt nach Ephesus?

Aegeon. O schwerste Pflicht, die du mir auferlegt,
　　Dir auszusprechen unaussprechlich Leid!
　　Doch, daß die Welt bezeuge, Vatersehnsucht,
　　Nicht niedrer Frevel wirkte meinen Tod,
　　Erzähl' ich dir, soviel mein Gram erlaubt.
　　　Ich stamm' aus Syrakus, und wählte mir
　　Ein Weib zur Gattin; ich durch sie beglückt,
　　Und sie durch mich, wenn uns kein Unstern traf.
　　Mit ihr lebt' ich vergnügt; mein Reichtum wuchs
　　Durch Reisen, die ich oft mit Glück versucht
　　Nach Epidamnus, bis mein Faktor starb.
　　Die große Sorg' um preisgegebne Güter
　　Riß mich aus meiner Gattin treuem Arm.
　　Noch nicht sechs Monde waren wir getrennt,
　　Als jene schon — obgleich erliegend fast
　　Der süßen Strafe, die des Weibes Erbteil —
　　Anstalt getroffen, um mir nachzureisen,
　　Und schnell und wohlbehalten zu mir kam.
　　Nicht lange war sie dort, da wurde sie
　　Beglückte Mutter von zwei wackern Söhnen,

Die, seltsam, jeder so dem andern ähnlich,
Daß man sie nur durch Namen unterschied.
Zur selben Stund' und in demselben Wirtshaus
Kam eine arme Frau ins Wochenbett
Mit Zwillingssöhnen, die sich völlig glichen.
Und beide, weil die Eltern ganz verarmt,
Kauft' ich, und zog sie groß zum Dienst der meinen.
Mein Weib, nicht wenig stolz auf ihre Knaben,
Betrieb die bald'ge Heimkehr Tag für Tag.
Ungern gewährt' ich's ihr, ach nur zu schnell!
Wir schifften ab; :
'ne Meile waren wir schon unterwegs,
Eh' die dem Wind stets unterthän'ge Tiefe
Uns trübe Vorbedeutung wies des Unglücks.
Doch länger blieb uns wenig Hoffnung mehr;
Denn, was von trübem Licht der Himmel gönnte,
Bot unsern furchterfüllten Seelen nur
Allzu gewisse Bürgschaft nahen Todes.
Ich selber hätt' ihn freudig wohl umarmt;
Allein das siete Jammern meines Weibes,
Die, was sie kommen sah, vorausbeweinte,
Und meiner lieben Knaben ängstlich Schrein,
Die, wenn sie unsre Furcht auch nicht verstanden,
Doch mit uns jammerten nach Kinderart,
Zwang mich, nach Aufschub noch für uns zu spähn.
So fing ich's an; kein auder Mittel gab's:
Das Schiffsvolk sucht' im Boote sich zu bergen;
Uns ließen sie das Schiff, zum Sinken reif.
Mein Weib, besorgter für den Jüngstgebornen,
Hatt' ihn befestigt an 'nem kleinen Notmast,
Wie ihn der Seemann mitnimmt für den Sturm
Zu dem band sie den einen Sklavenzwilling,
Und ich war gleich bemüht für beide andre.
Die Kinder so verteilt, mein Weib und ich,
Die Blicke treu auf unsre Sorge heftend,
Banden uns an des Mastbaums Enden fest;
Und auf den Wogen treibend mit dem Strom
Gelangten wir, so schien es, gen Korinth.
Nun endlich brach die Sonne mild hervor,
Die Nebel wichen, die uns widerstrebt,
Und durch die Wohlthat des ersehnten Lichts
Ward still die Flut, und unser Aug' entdeckte
Zwei Schiffe, die mit Eile sich uns nahten,

Dies von Korinth, von Epidaurus jenes.
Doch eben jetzt — weh mir, was mußt' ich sehn!
Errat aus dem Erzählten, was geschehn!

Herzog. Nein, weiter, alter Mann, brich so nicht ab;
Denn Mitleid darf ich, wenn nicht Gnade, schenken.

Aegeon. O thaten das die Götter, braucht' ich nicht
Sie jetzt mit Recht der Grausamkeit zu zeihn!
Denn, eh' die Schiff uns nah auf zwanzig Knoten,
Gerieten wir an ein gewaltig Riff,
Und heftig angetrieben an den Fels
Brach unser hilfreich Fahrzeug mitten durch;
So daß in dieser ungerechten Scheidung
Fortuna jedem, gleichverteilend, ließ,
Was seines Lebens Freud' und Sorge sei.
Ihr Teil, der Armen! der befrachtet schien
Mit mindrer Last, obschon nicht minderm Gram,
Ward schneller fortgetrieben vor dem Wind,
Und aufgefangen sah' ich alle drei
Durch Fischer aus Korinth, wie mir's erschien.
Zuletzt nahm uns ein andres Schiff an Bord.
Und hörend, wen das Glück durch sie erlöst,
Gab uns die Mannschaft freundlichen Willkommen,
Und raubt' auch wohl den Fischern ihre Bente,
Wenn nicht die Jacht ein schlechter Segler war;
Und deshalb lenkte sie den Lauf zur Heimat.
Jetzt wißt Ihr, wie ich all mein Heil verlor;
Und Mißgeschick mein Leben nur erhielt,
Um meines Unglücks Trauermär zu melden.

Herzog. Um derer willen, die du so beklagst,
Thu mir die Freundschaft und berichte noch,
Wie's jenen denn und dir seitdem erging.

Aegeon. Den jüngsten Sohn, und doch mein ält'stes Leid,
Befiel nach achtzehn Jahren heiße Sehnsucht
Nach seinem Bruder; so bestürmt' er mich,
Daß ihn sein Diener — der im gleichen Fall,
Beraubt des Bruders, dessen Namen führte —
Begleiten dürf' um jenen zu erspähn.
Und weil ich krank aus Liebe zum Verlornen,
Wagt' ich es, den Geliebten zu verlieren.
Fünf Jahr' durchsucht' ich alles griech'sche Land,
Durchstreifte Asien nach allen Seiten
Und kam, heimfahrend, jetzt nach Ephesus.
Zwar hoffnungslos, wollt' ich doch diesen Ort

Wie jeden, wo nur Menschen sind, durchforschen.
Hier aber muß mein Lebenslauf jetzt enden;
Und glücklich pries' ich meinen frühen Tod,
Gäb' all mein Reisen mir Gewähr, sie lebten.

Herzog. Unseliger Aegeon! Vorbestimmt,
Den höchsten Grad der Trübsal zu erdulden!
O, glaub mir, wär's nicht wider das Gesetz
Und wider Krone, Würd' und fürstlich Wort,
Das, wollt' er's auch, kein Herrscher darf umgehn,
Mein Herz verföcht' als Anwalt deine Sache.
Doch, ob du gleich verfallen bist dem Tod,
Und Widerruf einmal gefällten Spruchs
Zu großem Eintrag unsrer Ehre führte,
Doch will ich dich begünst'gen, wie ich kann.
Drum, Kaufmann, frist' ich dir noch diesen Tag,
Daß du dir Hilf' in Freundeshilfe suchst.
Versuch dein Heil bei allen Freunden hier;
Bitt oder borge, bis die Summe voll,
Und lebe; kannst du's nicht, so stirbst du dann.
Schließer, du stehst für ihn.

Schließer. Wohl, gnäd'ger Fürst.

Aegeon. Hoffnungslos, trostlos will's Aegeon wagen,
Bis morgen nur sein Leben zu vertagen. (Alle gehen ab.)

2. Scene.

Markt.

Es treten auf Antipholus von Syrakus, ein Kaufmann und Dromio
von Syrakus.

Kaufmann. Deshalb sagt aus, Ihr seid von Epidamnus,
Sonst wird auf Euer Gut Beschlag gelegt.
Noch heut erst ward ein Syrakuser Kaufmann
Verhaftet, der allhier gelandet ist;
Und weil er nicht sein Leben lösen kann,
Trifft ihn der Tod nach unserm Stadtgesetz,
Eh' noch die müde Sonn' im Westen sinkt.
Hier ist Eu'r Geld, das Ihr mir anvertraut.

Antipholus v. S. Geh, trag's in den Centauren, unsern Gasthof,
Und bleib dort, Dromio, bis ich wiederkomme.
In einer Stund' ist Mittagessens Zeit;
Bis dahin will ich mir die Stadt betrachten,
Den Käufern zusehn, die Paläste anschaun
Und dann in meinem Gasthof schlafen gehn,

Weil lahm und müd' ich bin vom weiten Reisen.
Nun mach' dich fort.

Dromio v. S. Wohl mancher möcht' Euch jetzt beim Worte nehmen,
Und wandern mit so hübschem Reisegeld. (Ab.)

Antipholus v. S.
Ein treuer Bursch, mein Herr; der mir schon oft,
Wenn ich verstimmt durch Schwermut oder Kummer,
Den Sinn erleichtert hat mit munterem Scherz.
Wollt Ihr mich nicht begleiten durch die Stadt
Und dann ins Wirtshaus gehn und mit mir speisen?

Kaufmann. Ich ward bestellt, mein Herr, von ein'gen Wechslern,
Wo mich ein vorteilhaft Geschäft erwartet;
Deshalb verzeiht; doch nach der fünften Stunde,
Wenn's Euch gefällt, treff' ich Euch auf dem Markt,
Und bleibe dann bei Euch, bis Schlafenszeit;
Jetzt ruft mich jener Handel von Euch ab.

Antipholus v. S. Lebt wohl so lang; ich schlendre dann allein
Und wandre auf und ab, die Stadt zu sehn.

Kaufmann. Seid Eurem besten Wohlsein dann empfohlen. (Geht ab.)

Antipholus v. S. Wer meinem besten Wohlsein mich empfiehlt,
Der wünscht mir, was ich nie erreichen kann.
Ich bin in dieser Welt ein Tropfen Wasser,
Der in dem Meer 'nen andern Tropfen sucht;
Er stürzt hinein, zu finden den Gefährten,
Und ungesehn verschwimmt er selbst im Forschen.
So ich, indem ich Mutter such' und Bruder,
Verschwind' ich Armer selbst auf ihrer Spur.

Dromio von Ephesus kommt.

Hier kommt mein wahrer Lebensalmanach.
Wie nun! Was kehrst du denn so bald zurück?

Dromio v. E. So bald zurück? Fragt doch, warum so spät?
Die Gans verbrennt, das Ferkel fällt vom Spieß,
Die Glock' im Turm schlug zwölf, und meine Frau
Macht', daß es eins auch schlug auf meiner Backe.
Sie ist so heiß, weil Eure Mahlzeit kalt ward;
Die Mahlzeit wurde kalt, weil Ihr nicht heimkommt;
Ihr kommt nicht heim, weil Ihr nicht Hunger habt;
Euch hungert nicht, weil Ihr die Fasten bracht;
Doch wir, die Fasten halten und Gebet,
Wir büßen, was Ihr sündigt, früh und spät.

Antipholus v. S. Still doch! spar deine Lunge! Sag mir jetzt,
Wo ließest du das Geld, das ich dir gab?

Dromio v. E. O, die sechs Dreier, Herr, vom letzten Mittwoch,

Für den zerrißnen Schwanzriem meiner Frau?
Die hab' ich nicht mehr; die belam der Sattler.

Antipholus v. S. Ich bin zu Späßen heut nicht aufgelegt;
Sag mir, und scherze nicht: wo ist das Geld?
Da wir hier fremd sind, wie getraust du dich,
So große Summ' aus deiner Acht zu lassen?

Dromio v. E. Ich bitt' Euch, scherzt, wenn Ihr zu Tische sißt!
Mich sendet unsre Frau zu Euch als Post,
Und kehr' ich heim, traktiert sie mich als Pfosten;
Denn was ihr fehlt, kerbt sie mir auf den Kopf.
Mich dünkt, Eu'r Magen sollt' Euch Glode sein
Und Euch nach Hause schlagen ohne Boten.

Antipholus v. S. Hör, Dromio, dieser Spaß kommt sehr zur Unzeit;
Spar ihn mir auf für eine beßre Stunde.
Wo ist das Gold, das ich dir anvertraut?

Dromio v. E. Mir, Herr? Ei wahrlich, Herr, Ihr gabt mir nichts.

Antipholus v. S. Hör mich, Herr Schlingel; laß die Albernheit,
Und sag, wie du besorgtest deinen Auftrag.

Dromio v. E. Mein Auftrag war, vom Marlt Euch heimzuholen
In Euer Haus, den Phönix, Herr, zum Essen.
Die Frau und ihre Schwester warten schon.

Antipholus v. S. So wahr ich Christ bin, stehe mir jetzt Rede:
An welchen sichern Ort bracht'st du das Gold?
Sonst schlag' ich dir den lust'gen Schädel mürbe,
Der Possen reißt, wenn mir's verdrießlich ist.
Wo sind die tausend Mark, die ich dir gab?

Dromio v. E. Zwar ein'ge Marken trägt mein Kopf von Euch,
Auch ein'ge Marken Eurer Frau mein Rücken;
Doch das beläuft sich nicht auf tausend Marl.
Wollt' ich Eu'r Gnaden die zurückbezahlen,
Ich glaub', Ihr strict sie nicht geduldig ein.

Antipholus v. S. Von meiner Frau? Sag, Kerl, von welcher Frau?

Dromio v. E. Eu'r Gnaden Liebste, meine Frau im Phönix,
Die jetzt noch fastet, bis Ihr kommt zum Essen,
Und betet, daß Ihr eilig kommt zum Essen.

Antipholus v. S. Was, Schurke, neckst du mich ins Angesicht,
Da ich's verbot? Da hast du eins, Herr Schlingel!

Dromio v. E. Was that ich? haltet ein, um Gotteswillen!
Laßt Ihr die Hand nicht ruhn, brauch' ich die Beine. (Er läuft davon.)

Antipholus v. S. Bei meiner Treu! durch irgend einen Streich
Ward mir der Tropf um all mein Gold geprellt!
Man sagt, die Stadt sei voll Betrügereien,
Behenden Gauklern, die das Auge blenden,

Lorenzo, Jessica und Solanio treten auf.

Bassanio. Lorenzo und Solanio willkommen,
Wofern die Jugend meines Ansehns hier
Willkommen heißen darf. Erlaubet mir,
Ich heiße meine Freund' und Landesleute
Willkommen, holde Porzia.

Porzia.   Ich mit Euch;
Sie sind mir sehr willkommen.

Lorenzo. Dank, Euer Gnaden! — Was mich angeht, Herr,
Mein Vorsatz war es nicht, Euch hier zu sehn,
Doch da ich unterwegs Solanio traf,
So bat er mich, daß ich's nicht weigern konnte,
Hieher ihn zu begleiten.

Solanio.   Ja, ich that's,
Und habe Grund dazu. Signor Antonio
Empfiehlt sich Euch. (Giebt dem Bassanio einen Brief.)

Bassanio.   Eh' ich den Brief erbreche,
Sagt, wie befindet sich mein wackrer Freund?

Solanio. Nicht krank, Herr, wenn er's im Gemüt nicht ist,
Noch wohl, als im Gemüt; der Brief da wird
Euch seinen Zustand melden. (Bassanio liest den Brief.)

Graziano. Nerissa, muntert dort die Fremde auf,
Heißt sie willkommen. Eure Hand, Solanio!
Was bringt Ihr von Venedig mit? wie geht's
Dem königlichen Kaufmann, dem Antonio?
Ich weiß, er wird sich unsers Glückes freun,
Wir sind die Jasons, die das Vlies gewonnen.

Solanio. O hättet ihr das Vlies, das er verlor!

Porzia. In dem Papier ist ein feindsel'ger Inhalt,
Es stiehlt die Farbe von Bassanios Wangen.
Ein teurer Freund tot; nichts auf Erden sonst,
Was eines festgesinnten Mannes Fassung
So ganz verwandeln kann. Wie? schlimm und schlimmer?
Erlaubt, Bassanio, ich bin halb Ihr selbst,
Und mir gebührt die Hälfte auch von allem,
Was dies Papier Euch bringt.

Bassanio.   O werte Porzia!
Hier sind ein paar so widerwärt'ge Worte,
Als je Papier befleckten. Holdes Fräulein,
Als ich zuerst Euch meine Liebe bot,
Sagt' ich Euch frei, mein ganzer Reichtum rinne
In meinen Adern, ich sei Edelmann;
Und dann sagt' ich Euch wahr. Doch, teures Fräulein,

Da ich auf nichts mich schätzte, sollt Ihr sehn,
Wie sehr ich Prahler war. Da ich Euch sagte,
Mein Gut sei nichts, hätt' ich Euch sagen sollen,
Es sei noch unter nichts; denn, in der That,
Mich selbst verband ich einem teuren Freunde,
Den Freund verband ich seinem ärgsten Feind,
Um mir zu helfen. Hier, Fräulein, ist ein Brief,
Das Blatt Papier wie meines Freundes Leib,
Und jedes Wort drauf eine offne Wunde,
Der Lebensblut entströmt. — Doch ist es wahr,
Solanio? Sind denn alle Unternehmen
Ihm fehlgeschlagen? Wie, nicht eins gelang?
Von Tripolis, von Mexiko, von England,
Von Indien, Lissabon, der Barbarei?
Und nicht ein Schiff entging dem furchtbaren Anstoß
Von Armut droh'nden Klippen?

Solanio.   Nein, nicht eins.
Und außerdem, so scheint es, hätt' er selbst
Das bare Geld, den Juden zu bezahlen,
Er nähm' es nicht. Nie kannt' ich ein Geschöpf,
Das die Gestalt von einem Menschen trug,
So gierig einen Menschen zu vernichten.
Er liegt dem Doge früh und spät im Ohr,
Und klagt des Staats verletzte Freiheit an,
Wenn man sein Recht ihm weigert; zwanzig Handelsleute,
Der Doge selber, und die Senatoren
Vom größten Ansehn reden all' ihm zu;
Doch niemand kann aus der Schikan' ihn treiben
Von Recht, verfallner Buß' und seinem Schein.

Jessica.   Als ich noch bei ihm war, hört' ich ihn schwören
Vor seinen Landesleuten Chus und Tubal,
Er wollte lieber des Antonio Fleisch
Als den Betrag der Summe zwanzigmal,
Die er ihm schuldig sei. Und, Herr, ich weiß,
Wenn ihm nicht Recht, Gewalt und Ansehn wehrt,
Wird es dem armen Manne schlimm ergehn.

Porzia.   Ist's Euch ein teurer Freund, der so in Not ist?

Bassanio.   Der teu'rste Freund, der liebevollste Mann,
Das unermüdet willigste Gemüt
Zu Dienstleistungen, und ein Mann, an dem
Die alte Römerehre mehr erscheint,
Als sonst an wem, der in Italien lebt.

Porzia.   Welch eine Summ' ist er dem Juden schuldig?

„Ich weiß," sprach er, „von Haus nicht, noch von Hausfrau;"
Und meinen Auftrag, der der Zunge zukam,
Trägt meine Schulter heim, das dank' ich ihm;
Denn, kurz und gut, er gab mir Schläge drauf.
Adriana. Geh' wieder hin, du Schurk', und hol' ihn her.
Dromio v. E. Noch einmal gehn und neue Prügel holen?
Um Gotteswill'n, schickt einen andern Boten.
Adriana. Lauf, Schurk', sonst schlag' ich kreuzweis dir den Kopf!
Dromio v. E. Dann segnet er das Kreuz mit neuen Schlägen,
Und so bekomm' ich ein geweihtes Haupt.
Adriana. Fort, trolle dich, hol deinen Herrn zurück!
Dromio v. E. Fortrollen soll ich? Bin ich denn ein Ball,
Den man mit Füßen tritt und vorwärts stößt?
Hin und zurück nach Lust schlägt mich ein jeder;
Soll das noch lange währen, so näht mich erst in Leder. (Geht ab.)
Luciana. Pfui, wie entstellen dich die zorn'gen Falten!
Adriana. Er wird gewiß sein Liebchen unterhalten,
Indes ich hier mit seinem Lächeln geize.
Nahm schon das Alter aller Anmut Reize
Von meiner Wange? Sein dann ist die Schuld!
Ist stumpf mein Witz? die Rede ohne Huld?
Verlernt' ich die gewandte, flücht'ge Rede,
Durch seine Kält' und Rauheit ward sie spröde.
Wenn ihm der andern muntrer Putz gefällt,
Ist's mein Vergehn, was er mir vorenthält?
Was für Ruinen magst du an mir finden,
Die nicht sein Werk? Wenn meine Reize schwinden,
Er will es so; von ihm ein Sonnenblick
Brächt' alle vor'ge Anmut mir zurück.
Doch er, der wilde Hirsch, rennt aus den Pfählen —
Mein ist er satt — sich auswärts Kost zu stehlen.
Luciana. Selbstqual der Eifersucht! hör auf zu klagen!
Adriana. Ein fühllos Herz mag solche Schmach ertragen!
Es huldigt fremden Reizen, ach, sein Blick,
Sonst kehrte längst er schon zu mir zurück.
Du weißt es, er versprach mir eine Kette;
Ach, wär's nur das, was er vergessen hätte;
Wenn unsrem Bett er nur die Treu' nicht bricht.
Ach, jedes Kleinod, schimmert's noch so licht,
Erblinden muß es. Zwar bleibt ihm sein Wert,
Wie man es auch betastet; doch versehrt
Sein Goldglanz wird. Noch kam kein Mann zur Welt,
Den nicht der Falschheit Makel hätt' entstellt.

Und kann ich nicht durch Schönheit um ihn werben,
Will ich, den Rest verweinend, trostlos sterben.
Luciana. O Thorheit, so durch Eifersucht verderben! (Sie gehen ab.)

2. Scene.

Ebendaselbst.

Antipholus von Syrakus tritt auf.

Antipholus v. S. Das Gold, das ich dem Dromio gab, liegt sicher
Mir im Centauren, und mein treuer Diener
Ist ausgegangen, um mich aufzusuchen.
Nach Zeit und Stund' und meines Wirts Bericht
Konnt' ich mit Dromio nicht gesprochen haben,
Seit ich vom Markt ihn schickte. — Sieh, da kommt er!

Dromio von Syrakus kommt.

Nun, Freund? Ist dir der Übermut vergangen?
Nun spaße wieder, wenn du Schläge liebst.
Du kennst den Gasthof nicht? Bekamst kein Gold?
Dich schickt die Frau, zum Essen mich zu rufen?
Ich wohn' im Phönix? Sag mir, warst du toll,
Daß du mir solche tolle Antwort gabst?

Dromio v. S. Welch eine Antwort, Herr? Wann sagt' ich das?

Antipholus v. S. Jetzt eben, hier; kaum vor 'ner halben Stunde.

Dromio v. S. Ich sah Euch nicht, seit Ihr das Gold mir gabt
Und mich damit heimsandtet zum Centauren.

Antipholus v. S. Schlingel, du leugnetest des Golds Empfang
Und sprachst von einer Frau mir und von Mahlzeit;
Doch hoff' ich, fühlst du noch, wie mir's gefiel.

Dromio v. S. Es freut mich, Euch so aufgeräumt zu sehn,
Was meint Ihr mit dem Scherz? Erzählt mir's, Herr!

Antipholus v. S. Ha! höhnst und neckst du mich ins Angesicht?
Denkst du, ich scherze? da! und hier noch eins! (Schlägt ihn.)

Dromio v. S. Halt, Herr, ich bitt' Euch! Euer Spaß wird Ernst;
Um welchen Handel ernt' ich solches Handgeld?

Antipholus v. S. Weil ich wohl manchmal in Vertraulichkeit
Als meinen Narr'n dich brauch' und mit dir schwatze,
Treibst frechen Mißbrauch du mit meiner Güte
Und scheust nicht meines Ernstes Heiligtum.
Die muntre Mücke tanz' im Strahl der Sonne,
Doch kriech' in Ritzen, wenn der Glanz sich birgt;
Eh' du mich neckst, betrachte meinen Blick
Und modle deinen Witz nach meiner Miene;
Sonst schlag' ich die Manier in deine Schanze.

Dromio v. S. Schanze nennt Ihr's? Wenn Ihr nur mit
10*

Sturmlaufen aufhören wolltet, möcht' es lieber Kopf bleiben; und fahrt Ihr noch lange so mit Schlägen fort, so muß ich mir eine Schanze für meinen Kopf anschaffen und ihn einschanzen, oder ich werde meinen Witz in meinen Schultern suchen. Aber mit Vergunst, Herr, warum werd' ich geschlagen?

Antipholus v. S.   Das weißt du nicht?

Dromio v. S.   Nichts, Herr, als daß ich geschlagen verde.

Antipholus v. S.   Soll ich dir sagen, warum?

Dromio v. S.   Ja, Herr, und wofür; denn wie man sagt, hat jedes Warum sein Wofür.

Antipholus v. S.   Zuerst, warum: fürs Necken; dann, wofür: Weil du's zum zweitenmal mit mir versuchst.

Dromio v. S.
So komm' ich ohne Fug und Recht zu solchem barschen Gruß;
Denn Eu'r Warum und Eu'r Wofür hat weder Hand noch Fuß.
Nun gut, ich dank' Euch.

Antipholus v. S.   Dankst mir, Freund? Wofür?

Dromio v. S.   Meiner Tren, Herr, für das Etwas, das ich für nichts bekam.

Antipholus v. S.   Ich will's nächstens wieder gutmachen, und dir nichts für etwas geben. Aber sag mir, Freund, ist es Essenszeit?

Dromio v. S.   Nein, Herr; denn unser Fleisch hat noch nicht, was ich habe.

Antipholus v. S.   Und was wäre das?

Dromio v. S.   Sein Fett.

Antipholus v. S.   Dann wird's also noch hart und trocken sein?

Dromio v. S.   Ja, und wenn das ist, so bitte ich Euch, eßt nicht davon.

Antipholus v. S.   Dein Grund?

Dromio v. S.   Es möchte Euch cholerisch machen, und dann gäb's noch einmal Prügelsuppe.

Antipholus v. S.   Siehst du? Lerne zur rechten Zeit spaßen; jedes Ding hat seine Zeit.

Dromio v. S.   Den Satz hätte ich wohl geleugnet, ehe Ihr so cholerisch wurdet.

Antipholus v. S.   Nach welcher Regel?

Dromio v. S.   Nun, nach einer Regel, an der so wenig ein Haar zu finden ist, vie an der kahlen Platte des uralten Gottes der Zeit.

Antipholus v. S.   Laß hören.

Dromio v. S.   Wenn einer von Natur kahl wird, so giebt's keine Zeit für ihn, sein Haar wieder zu bekommen.

Antipholus v. S.   Auch nicht durch Prozeß und Restitution?

Dromio v. S. O ja, durch den Prozeß eines Perückenkaufs oder durch die Restitution, die man durch das abgeschnittene Haar eines andern erlangt.

Antipholus v. S. Warum ist doch die Zeit ein solcher Knicker mit dem Haar, das sonst ein so reichlicher Auswuchs ist?

Dromio v. S. Weil's ein Segen ist, mit dem sie das Vieh begabt; was sie dem Menschen an Haar entzieht, das ersetzt sie ihm an Witz.

Antipholus v. S. Und doch hat mancher Mensch mehr Haar als Witz.

Dromio v. S. Kein einziger, der nicht so viel Witz hätte, sein Haar zu verlieren.

Antipholus v. S. Du machtest aber den Schluß, starkbehaarte Menschen seien täppische Gesellen ohne Witz.

Dromio v. S. Je täppischer der Gesell gewesen, je schneller verliert er's; aber mit dem allen verliert sich's mit einer Art von Lustigkeit.

Antipholus v. S. Aus welchem Grund?

Dromio v. S. Aus zwei Gründen, und gesunden dazu.

Antipholus v. S. Gesunden wohl eigentlich nicht.

Dromio v. S. Oder sichern.

Antipholus v. S. Auch nicht sichern, in einer so mißlichen Sache.

Dromio v. S. Gewissen denn also.

Antipholus v. S. Und die sind?

Dromio v. S. Der erste, weil er das Geld fürs Haarkräuseln sparen kann; und der zweite, weil ihm beim Essen das Haar nicht in die Suppe fallen wird.

Antipholus v. S. Du wolltest alle die Zeit her beweisen, nicht jedes Ding habe seine Zeit.

Dromio v. S. Nun allerdings, und das that ich auch; namentlich, daß es keine Zeit gebe, Haar wieder zu bekommen, das von Natur verloren ist.

Antipholus v. S. Aber dein Grund hielt nicht Stich, warum es keine Zeit gebe, es wieder zu bekommen. .

Dromio v. S. Ich verbessere ihn so: die Zeit selbst ist kahl, und deshalb wird sie bis ans Ende der Welt Kahlköpfe in ihrem Gefolge haben.

Antipholus v. S. Ich wußte schon, es würde einen kahlen Schluß geben. Aber still! Was winkt uns dort?

Adriana und Luciana kommen.

Adriana. Ja, ja, Antipholus! Sieh fremd und finster.
Für eine andre hast du süße Blicke!
Ich bin nicht Adriana, nicht dein Weib!

Es gab 'ne Zeit, da schwurst du ungefragt,
Kein Wort sei wie Musik in deinem Ohr,
Kein Gegenstand erfreulich deinem Blick,
Kein Fühlen je willkommen deiner Hand,
Kein Mahl von Wohlgeschmack für deinen Gaum,
Wenn ich nicht Blick, Wort, Hand und Becher tauschte!
Wie kommt's denn jetzt, mein Gatte, o wie kommt's,
Daß du so ganz dir selbst entfremdet bist?
Dir selber sagt' ich; denn mir wirst du fremd,
Mir, die ich unzertrennlich dir vereint,
Nichts bin, als deines Herzens bester Teil.
Ach, reiße nicht dein Innres von mir los!
Denn wisse, mein Geliebter, leichter träufst du
'nen Tropfen Wasser in die stürm'sche See,
Und nimmst den Tropfen unvermischt zurück,
Ohn' allen Zusatz oder Minderung,
Als daß du dich mir nimmst, und nicht auch mich.
Wie müßt' es dich verwunden bis ins Mark,
Vernähmst du nur, ich sei nicht treu und rein,
Und dieser Leib, der dir allein geweiht,
Befleckt durch Üppigkeit und schnöde Lust?
Du würd'st mich anspein, mich mit Füßen treten,
Den Namen Gatten ins Gesicht mir schleudern,
Die sünd'ge Haut mir reißen von der Stirn,
Den Trauring abhann von der falschen Hand
Und ihn zerbrechen mit der Trennung Fluch.
Ich weiß, du darfst's, und darum thu es auch!
Des Ehbruchs Makel trag' ich schon an mir,
Mein Blut ist angesteckt von sünd'ger Lust;
Denn sind wir zwei wie eins, und du bist falsch,
So geht dein Gift in meine Adern über,
Und angesteckt werd' ich zur Buhlerin.
Dem echten Bett bleib treu drum; halte den Bund,
Sonst wird meine Schmach und deine Schande kund.
Antipholus v. S. Gilt mir das, schöne Frau? Ich kenn' Euch nicht;
Ich bin zwei Stunden erst in Ephesus
Und Eurer Stadt so fremd, wie Eurer Rede;
Denn wie mein Witz die Worte prüf' und wende,
Mir fehlt's an Witz, der nur ein Wort verstände.
Luciana. Pfui, Bruder! Kann die Welt sich so verändern?
Wann spracht Ihr je mit meiner Schwester so?
Sie ließ durch Dromio Euch zum Essen rufen.
Antipholus v. S. Durch Dromio?

Dromio v. S. Durch mich?

Adriana. Durch dich; und diese Antwort bracht'st du mir:
Er habe dich gezaust, und unter Schlägen
Mein Haus als sein's, mich als sein Weib verleugnet.

Antipholus v. S. Sprachst du vorhin mit dieser Dame schon?
Was wollt ihr? Wohin zielt eure Verschwörung?

Dromio v. S. Ich, Herr? Ich sah sie nie, bis eben jetzt.

Antipholus v. S. Schurke, du lügst; denn eben diese Worte
Hast du mir richtig auf dem Markt bestellt.

Dromio v. S. Ich sprach in meinem Leben nicht mit ihr!

Antipholus v. S. Wie könnte sie uns dann bei Namen nennen,
Wenn es durch Offenbarung nicht geschah?

Adriana. Wie schlecht mit deiner Würde sich's verträgt,
Mit deinem Knecht so plump den Gaukler spielen,
Ihn anzustiften, mir zum Ärgerniß!
Von dir getrennt erduld' ich schon so viel,
Treib nicht mit meinem Gram ein grausam Spiel!
O, laß mich, fest am Ärmel häng' ich dir!
Ihr Männer seid der Stamm, die Rebe wir,
Die unsre Schwäch' an eure Stärke rauken
Und euch geteilte Kraft und Hilfe danken.
Ach! wuchernd Unkraut wuchs schon übergroß!
Habsücht'ger Epheu, Dorn, unnützes Moos;
Das, weil man's nicht vertilgt, mit gift'ger Gärung
Den Saft ihm raubt und droht dem Baum Zerstörung!

Antipholus v. S. Sie spricht mit mir! Mir gilt ihr Vorwurf, mir!
Ward ich vielleicht im Traum vermählt mit ihr?
Schlafe ich jetzt? Und glaub' all dies zu hören?
Welch Wahn mag Ohr und Auge mir bethören?
Bis ich das sichre Rätsel klar erkannt,
Biet' ich dem dargebotnen Trug die Hand.

Luciana. Geh, Dromio, decken heiß' den Tisch geschwinde.

Dromio v. S. Nun, beim Sankt Veit, verzeih' uns Gott die Sünde,
Hier walten Feen; der Himmel sei mir gnädig,
Mit Kobold, Kanz und Elfengeistern red' ich!
Und thun wir ihren Willen nicht genau,
Man saugt uns tot, man kneipt uns braun und blau.

Luciana. Was red'st du mit dir selbst, und rührst dich nicht?
Dromio, du Drohne! Schnecke, müß'ger Wicht!

Dromio v. S. Herr, sagt, bin ich vertauscht? bin ich noch ich?

Antipholus v. S. Ein andrer Geist kam über dich und mich.

Dromio v. S. Der Geist nur? Auch der Leib ward umgeschaffen.

Antipholus v. S. Du bist der Alte.

Dromio v. S.   Nein, ich gleich' 'nem Affen.

Luciana. Du bist zum Esel worden, glaub mir das.

Dromio v. S. 's ist wahr, sie reitet mich; schon wittr' ich Gras;
  Es kann nicht anders sein; 'nen Esel nennt mich,
  Sonst müßt' ich sie ja kennen, denn sie kennt mich.

Adriana. Genug, ich will nicht länger wie ein Kind
  Die Hand ans Auge thun und thöricht weinen,
  Indes Gemahl und Diener mich verhöhnen.
  Kommt, Herr, zum Essen, Dromio hüt' das Thor.
  Wir woll'n heut oben speisen, lieber Mann,
  Und tausend Sünden sollst du mir gestehn.
  Bursch, wenn dich jemand fragt nach deinem Herrn,
  Sag, er sei auswärts; laß mir niemand ein.
  Komm, Schwester! Dromio, du behüt die Schwelle!

Antipholus v. S. Ist dies die Erd'? Ist's Himmel oder Hölle?
  Schlaf' oder wach' ich? Bin ich bei Verstand?
  Mir selbst ein Rätsel, bin ich hier bekannt.
  Ich mach's wie sie, und dabei will ich bleiben,
  Und kecken Muts durch diesen Nebel treiben.

Dromio v. S. Herr, soll ich wirklich Wache stehn am Thor?

Adriana. Laß niemand ein, sonst schlag' ich dich aufs Ohr

Luciana. Kommt denn; das Essen geht jetzt allem vor. (Sie gehen ab.

Dritter Aufzug.

1. Scene.

Ebendaselbst.

Es treten auf Antipholus von Ephesus, Dromio von Ephesus, Angelo
und Balthasar.

Antipholus v. E. Werter Herr Angelo, Ihr müßt uns entschuld'gen.
  Wenn ich die Zeit versäume, zankt mein Weib.
  Sagt, daß ich in der Werkstatt zögerte,
  Zu sehn, wie ihr Geschmeide ward gefertigt,
  Und daß Ihr's morgen früh uns bringen wollt.
  Denkt nur! der Schelm da schwört mir ins Gesicht,
  Ich hätt' ihn auf dem Markt vorhin geprügelt
  Und tausend Mark in Gold von ihm verlangt,
  Und daß ich Frau und Haus vor ihm verleugnet.
  Du Trunkenbold, was dacht'st du dir dabei?

Dromio v. E.
  Sagt, Herr, was Euch gefällt, ich weiß doch, was ich weiß;

Von Eurer Marktbegrüßung trag' ich noch den Beweis;
Wär' Pergament mein Rücken, und Tinte jeder Schlag,
So hätt' ich Eure Handschrift, so gut man's wünschen mag.

Antipholus v. E. Hör, Kerl, du bist ein Esel.

Dromio v. E.   Ich sage nichts dagegen;
Vollauf hatt' ich zu tragen, an Schimpf sowie an Schlägen.
Hätt' ich nur mit den Hufen Euch tüchtig eins versetzt,
So hätt' Euch wohl der Esel mehr in Respekt gesetzt.

Antipholus v. E.
Seid nicht so ernst, Herr Balthasar! Ich wünsche nur, das Essen
Möge mit meinem Willkomm und Freundesgruß sich messen.

Balthasar. O, über Eure Freundlichkeit kann ich das Mahl vergessen!

Antipholus v. E. O nein, die Freundschaft reicht nicht aus, die
schafft nicht Fleisch noch Fisch;
Ein ganzes Haus voll Willkomm füllt nicht den kleinsten Tisch.

Balthasar. Gut Essen ist gemein, Herr, das kauft man allerorten!

Antipholus v. E.
Und Willkomm viel gemeiner; denn der besteht aus Worten.

Balthasar. Hauskost und rechter Willkomm, so dünkt mich, ist's das Beste.

Antipholus v. E.
Ja, wenn die Wirte Knicker sind, und filz'ger noch die Gäste.
Doch ist mein Tisch auch schlecht bestellt, Ihr werdet's schon ver=
schmerzen;
Wohl mancher giebt's Euch reichlicher, doch keiner mehr vom Herzen.
Doch halt! Das Thor verriegelt? Geh, rufe, wir sind da.

Dromio v. E. Brigitte, Lucie, Rosine, Cäcilie, Barbara!

Dromio v. S. (drinnen).
Tropf, Esel, Rindvieh, Karr'ngaul, was soll das tolle Rufen?
Entweder pack dich von der Thür, oder setz dich auf die Stufen.
Was für 'nen Schwarm von Dirnen rufst du zusammen hier,
Da eine schon zuviel ist? Fort, pack dich von der Thür!

Dromio v. E.
Welcher Lümmel ist hier Pförtner? Gleich wird der Herr dich schelten!

Dromio v. S. (drinnen).
Geh er hin, wo er herkam, sonst möcht' er sich erkälten!

Antipholus v. E.
Wer spricht denn so da drinnen? Heda! Mach auf die Thür!

Dromio v. S. (drinnen).
Recht, Herr! Ich sag' Euch wann, wenn Ihr mir sagt, wofür!

Antipholus v. E.
Wofür? Nun, um zu essen; ich will in den Speisesaal!

Dromio v. S. (drinnen).
Der bleibt Euch heut verschlossen; versucht's ein andermal!

Antipholus v. E.

Wer bist du, frecher Schlingel, der mir mein Haus verbietet?

Dromio v. S. (drinnen).

Euch aufzuwarten: Dromio, der heut die Pforte hütet.

Dromio v. E.

Du frecher Wicht, Amt hast du und Namen mir entwandt;
Das eine bracht' mir wenig Ehr', das andre große Schand'.
Ach, hättst du doch die Maske heut morgen schon geborgt,
Du hättst dich mit 'nem Namen und 'nem Eselskopf versorgt.

Lucie (drinnen).

Was für ein Lärmen, Dromio? Sag, wer da draußen steht?

Dromio v. E.   Lucie, laß ein den Herren!

Lucie (drinnen).   Ei was, er kommt zu spät,
Das sag du deinem Herrn nur.

Dromio v. E.   Was muß uns hier begegnen!
Es heißt ja doch im Sprichwort: „Woll' unsern Eingang segnen!"

Lucie (drinnen).

Kennst du wohl auch das andre: „Zu Pfingsten auf dem Eise?"

Dromio v. S. (beiseite).

Heißest du Lucie? Lucie, so war die Antwort weise.

Antipholus v. E.

Du freches Kammerkätzchen, läßt du uns jetzt bald ein?

Lucie (drinnen).   Ich wollt' Euch eben fragen!

Dromio v. S.   Und Eu'r Bescheid war „nein".

Dromio v. E. Zur Hilfe, zur Hilfe! Hier geht's schlagaus, schlagein!

Antipholus v. E.   Du Weibsstück, laß mich hinein doch!

Lucie.   Ja, wenn ich wüßte, warum?

Dromio v. E.   Klopft tüchtig an die Pforte!

Lucie (drinnen).   Ei, klopft sie schief und krumm.

Antipholus v. E.

Schlag' ich die Thür erst ein, so sollst du heulen, Drache!

Lucie (drinnen).

Viel kürzer, daß Ihr krumm liegt heut abend auf der Wache.

Adriana (drinnen).

Wer lärmt denn so da draußen? Ich denke, die Welt geht unter!

Dromio v. S. (drinnen).

Die Straßenbuben, Ihr Gnaden, sind heut besonders munter.

Antipholus v. E.

Wie, Weib, bist du da drinnen? Was kamst du nicht zuvor?

Adriana (drinnen).

Dein Weib, verwünschter Schurke? Marsch, pack dich von dem Thor.

Dromio v. E.

Wenn man den Schurken ohrfeigt, Herr, so jücket Euch das Ohr.

Angelo. Hier giebt's nicht Mahl noch Willkomm; eins möchten wir
doch erlangen!

Balthasar.
Wir stritten, was das Beste sei; nun ist uns beides entgangen!

Dromio v. E.
Sie stehen an der Thür, Herr; Ihr müßt sie doch empfangen.

Antipholus v. E.
Hier weht der Wind zu scharf, wir müssen wo auders essen.

Dromio v. E.
So sprächt Ihr, Herr, mit Recht, hättet Ihr den Mantel vergessen.
Wir stehen hier draußen und frieren, und drinnen dampft der Braten;
Das nenn' ich seinen eignen Herrn verkaufen und verraten!

Antipholus v. E.
Geh einer und hol ein Werkzeug zum Brechen jedenfalls!

Dromio v. S. (drinnen).
Brecht Ihr 'nen Bruchteil von der Thür, so brech' ich Euch den Hals!

Dromio v. E.
Das brecht Ihr wohl vom Zaun! Mag's biegen oder brechen,
Ich brech' 'ne Lanze mit Euch, das will ich Euch versprechen.

Dromio v. S. (drinnen).
Ihr liebt das Brechen, merk' ich! Bleibt nur da draus, ihr Frechen!

Antipholus v. E. Ich käme lieber hinein, das Draußen hab' ich satt.

Dromio v. S. (drinnen).
Wenn erst der Bock keinen Bart, der Baum keine Blätter hat!

Antipholus v. E.
Wir müssen die Thüre sprengen; ist hier kein Baum zur Hand?

Dromio v. E.
Oho! Nun sollst du dich wundern! Der Baum ohne Blatt sich fand;
Der wird uns tapfer beistehn, trotz allen deinen Possen;
Und was den Bock betrifft, den hast du selbst geschossen.

Antipholus v. E. Geh, mach dich auf, schaff mir 'nen Hebebaum!

Balthasar. O nicht doch, Herr! Gebt der Geduld noch Raum!
Ihr strittet gegen Euern guten Ruf,
Und zöget selbst in des Verdachts Bereich
Die unbescholtne Ehre Eurer Fran.
Bedenkt nur: ihre langerprobte Klugheit,
Gesetzte Tugend, reife Sittsamkeit
Verbürgt, hier sei ein Grund, den Ihr nicht kennt.
Und zweifelt nicht, rechtfert'gen wird sie sich,
Warum die Thür Euch heut verschlossen blieb.
Folgt meinem Rate: räumen wir das Feld,
Und laßt im Tiger uns zu Mittag essen;
Und gegen Abend geht allein nach Haus,

Den Grund so seltner Weigrung zu erfahren.
Wenn Ihr Euch anschickt, jetzt Gewalt zu brauchen
Am hellen Tag, wo alles kommt und geht,
So wird der Handel gleich zum Stadtgespräch;
Und Eurem unbescholt'nen Ruf zum Trotz
Giebt der gemeine Pöbel ihm die Deutung,
Die allzu leicht sich schnöden Eingang schafft,
Und über'n Tod Euch noch ins Grab verfolgt.
Denn die Verleumdung, wie ein Erbvermächtnis,
Bleibt stets dem Haus und schändet sein Gedächtnis.

Antipholus v. E. Ich geb' Euch nach; ich will mich ruhig halten
Und — geht's auch nicht von Herzen — lustig sein.
Ich kenn' ein Mädchen, witzig im Gespräch,
Hübsch und gescheit, wild und gefällig doch;
Dort woll'n wir speisen. Dieses Mädchens halb
Hat meine Frau — doch wahrlich ohne Grund —
Schon manchmal eifersüchtig mich geschmält.
Bei dieser laßt uns speisen. (Zu Angelo.) Geht nach Haus
Und holt die Kette; fertig wird sie sein.
Die bringt mir dann ins Stachelschwein, ich bitt' Euch;
So heißt das Haus. Die goldne Kette schenk' ich,
Und wär's auch nur, um meine Frau zu ärgern,
An unsre Wirtin. Eilt Euch, lieber Herr;
Da mir die eigne Pforte widersteht,
So klopf' ich an, wo man uns nicht verschmäht.

Angelo. Ein Stündchen noch vergönnt, und ich bin Euer.

Antipholus v. E.
Habt Dank. Doch kommt der Spaß mir etwas teuer!
      (Sie gehen ab.)

2. Scene.

Ebendaselbst.

Es treten auf Luciana und Antipholus von Syrakus.

Luciana. Vergaßest du in wenig Augenblicken
Des Gatten Pflicht? Und soll durch Mißverstand
Der Liebe Blüt' im Liebeslenz ersticken?
Der Bau zerfallen, der so schön erstand?
Hast du die Schwester um ihr Gold gefreit,
So heuchle ihr, dem Gold zuliebe, Fener,
Und glühst du sonstwo, thu's in Heimlichkeit;
Dein falsches Lieben hüll in dunkle Schleier.
Die Schwester lese nicht in deinen Blicken,

Dritter Aufzug. 2. Scene.

Noch laß den Mund die eigne Schmach verkünden,
　Daß Huld und Anmut deine Untreu' schmücken.
　Kleid' als der-Tugend Boten schnöde Sünden;
Verstellung berg' ihr deines Lasters Flecken,
　Und leihe dir der Heiligen Betragen;
　Sei heimlich falsch; was mußt du's ihr entdecken?
　Wird thöricht wohl ein Dieb sich selbst verklagen?
Willst du sie zwiefach kränken, Unbeständ'ger,
　An ihrem Tisch gestehn des Betts Verrat?
Schmach hat noch Scheinruhm, übt sie ein Verständ'ger;
　Doch böses Wort verdoppelt böse That.
Wir armen Fraun! Gönnt uns doch nur den Glauben —
　Wir sind ja ganz Vertraun — daß ihr uns huldigt;
Den Handschuh laßt, wollt ihr die Hand uns rauben;
　Ihr wißt, wie gern ein liebend Herz entschuldigt.
Drum, lieber Bruder, geht zu ihr hinein,
　Liebkost der Schwester, sprecht ihr freundlich zu;
's ist frommer Trug, ein wenig falsch zu sein,
　Bringt süßes Schmeichelwort den Streit zur Ruh'.

Antipholus v. S. Holdselig Kind, dein Nam' ist unbekannt mir,
　Noch ahn' ich, wer dir meinen je genannt;
Du scheinst des Himmels Heiligen verwandt mir
　An Gnad' und Reiz, an Schönheit und Verstand.
Lehr mich, Geliebte, prüfen, denken, sprechen;
　Entfalte meinen irdisch groben Sinnen,
Wie mag ich wahnumstrickt, bethört von Schwächen,
　Den Inhalt deines dunkeln Worts gewinnen?
Was strebst du, meine Seele zu entraffen,
　Und lockst sie in ein unbekannt Gefild?
Bist du ein Gott? Willst du mich neu erschaffen?
　Verwandle mich, dir folg' ich, schönes Bild!
Doch bin ich noch ich selbst, so zweifle nicht;
　Nie war die thränenvolle Schwester mein;
Nie weiht' ich ihrem Bette Schwur und Pflicht;
　Viel mehr, viel mehr ist meine Seele dein.
Laß ab, Sirene, mich mit süßen Liedern
　In deiner Schwester Zährenflut zu locken;
Singst du für dich, wird trunkne Lieb' erwidern!
　Breit' auf die Silberflut die goldnen Locken,
So holdem Lager geb' ich gern mich hin;
　Und in der sel'gen Täuschung soll's mich dünken:
Wer also stirbt, dem bringt der Tod Gewinn.
　Leicht ist die Lieb'; sie sterbe, muß sie sinken.

Luciana. Wie sprecht Ihr fremd und allem Sinn entrückt!

Antipholus v. S. Fremd nur für jene, doch von dir entzückt!

Luciana. Die Sünd' entspringt in Eurem Aug' allein.

Antipholus v. S. Blind schaute sich's an deiner Sonne Schein.

Luciana. Schaut, wo Ihr sollt; das macht die Augen klar!

Antipholus v. S. Nacht sehn und blind sein, Lieb, ist gleich fürwahr!

Luciana. Ich Euer Lieb? Das muß die Schwester sein!

Antipholus v. S. Der Schwester Schwester!

Luciana. Meine Schwester!

Antipholus v. S. Nein,
Du bist es selbst, des Herzens bester Teil,
Aug' meines Augs, der Seele Seelenheil,
Des Lebens Inhalt, Hoffnung, Glück und Wonne,
Mein irdisch Heil und meines Himmels Sonne!

Luciana. Das sollt' Euch alles meine Schwester sein.

Antipholus v. S. Dich nenne Schwester, denn ich bin nur dein;
Dir weih' ich Lieb' und Leben, nimm mich an,
Ich habe noch kein Weib, du keinen Mann;
Gieb mir die Hand!

Luciana. Ich bitt' Euch, seid nur still;
Ich muß erst sehn, ob auch die Schwester will. (Ab.)

Dromio von Syrakus kommt.

Antipholus v. S. Heda, was giebt's, Dromio? Wohin rennst du so eilig?

Dromio v. S. Kennt Ihr mich, Herr? bin ich Dromio? bin ich Euer Diener? bin ich ich?

Antipholus v. S. Du bist Dromio, du bist mein Diener, du bist du.

Dromio v. S. Ich bin ein Esel, ich bin eines Weibes Diener, ich bin außer mir.

Antipholus v. S. Welches Weibes Diener? und warum außer dir?

Dromio v. S. Außer mir, mein Seel! ich gehöre einem Weibe an, einer, die mich in Anspruch nimmt, die mir nachläuft; die mich haben will!

Antipholus v. S. Wie nimmt sie dich in Anspruch?

Dromio v. S. Nun, mein Seel, wie Ihr Euer Pferd in Anspruch nehmt, wie eine Bestie will sie mich haben; ich meine nicht, als ob ich eine Bestie wäre, und sie mich haben wollte; sondern daß sie, als eine recht bestialische Kreatur, mich in Anspruch nimmt.

Antipholus v. S. Wer ist sie?

Dromio v. S. Ein sehr respektables Korpus; so eine, von

der man nicht reden kann, ohne hinzuzusetzen: „mit Respekt zu melden."
Ich mache nur ein mageres Glück bei der Partie, und doch ist's eine
erstaunlich fette Heirat.

Antipholus v. S. Wie meinst du das, eine fette Heirat!

Dromio v. S. Mein Seel, Herr, sie ist das Küchenmensch
und lauter Schmalz; ich wüßte nicht, wozu sie zu brauchen wäre,
als eine Lampe aus ihr zu machen, und bei ihrem eigenen Licht vor
ihr davonzulaufen. Ich wette, ihre Lumpen und der Talg darin
brennen einen polnischen Winter durch; wenn sie bis zum jüngsten
Tage lebt, so brennt sie eine Woche länger als die ganze Welt.

Antipholus v. S. Von welcher Farbe ist sie?

Dromio v. S. Schwarz wie meine Schuhe; aber ihr Gesicht
ist lange nicht so rein; denn, warum? sie schwitzt, daß man bis
über die Schuh in den Schlamm zu waten käme.

Antipholus v. S. Das ist ein Fehler, dem Wasser abhelfen wird.

Dromio v. S. Nein, Herr, es ist zu echt; Noahs Flut würde
nicht hinreichen.

Antipholus v. S. Wie ist ihr Name?

Dromio v. S. Nelle, Herr; aber ihr Name und Dreiviertel,
das heißt 'ne Elle und Dreiviertel reichen nicht aus, sie von Hüfte
zu Hüfte zu messen.

Antipholus v. S. Sie ist also ziemlich breit?

Dromio v. S. Nicht länger von Kopf zu Fuß, als von
Hüfte zu Hüfte. Sie ist kugelförmig wie ein Globus; ich wollte
Länder auf ihr entdecken.

Antipholus v. S. Auf welchem Teil ihres Körpers liegt
Schottland?

Dromio v. S. Das fand ich aus an seiner Unfruchtbarkeit;
recht auf der Fläche der Hand.

Antipholus v. S. Wo Frankreich?

Dromio v. S. Auf ihrer Stirn, bewaffnet und rebellisch und
im Krieg gegen das Haupt.

Antipholus v. S. Wo England?

Dromio v. S. Ich suchte nach den Kalkfelsen, aber ich konnte
nichts Weißes an ihr entdecken; doch denk' ich, es liegt auf ihrem
Kinn, wegen der salzigen Feuchtigkeit, die zwischen ihm und Frank=
reich fließt.

Antipholus v. S. Wo Spanien?

Dromio v. S. Wahrhaftig, das sah ich nicht, aber ich spürte
es heiß in ihrem Atem.

Antipholus v. S. Wo Amerika? die beiden Indien?

Dromio v. S. O, Herr, auf ihrer Nase, die über und über
mit Rubinen, Saphiren und Karfunkeln staffiert ist und ihren

reichen Glanz nach dem heißen Atem Spaniens wendet, welches
ganze Armadas von Galeeren ausschickte, die von der Nase aus be=
frachtet werden sollen.

Antipholus v. S. Wo liegen Belgien und die Niederlande?

Dromio v. S. O, Herr, so tief habe ich nicht nachgesucht. Kurz,
dieser Scheuerteufel, dieser Satan legte Beschlag auf mich, nannte
mich Dromio, schwur, ich habe mich ihr verlobt, erzählte mir, was
für geheime Zeichen ich an mir trage, als den Fleck auf meiner
Schulter, das Mal an meinem Halse, die große Warze an meinem
linken Arm; so daß ich vor Schrecken davonlief wie vor einer Hexe.
War meine Brust nicht glaubensstark, das Herz wie Stahl nicht spröd,
Zum Stutzschwanz machte sie mich gar, der den Bratenspieß ihr dreht.

Antipholus v. S. Nun mach dich auf, und lauf zur Reede schnell;
Und bläst von Ufer irgend nur der Wind,
Weil' ich in dieser Stadt nicht über Nacht.
Geht heut ein Schiff noch ab, so komm zum Markt,
Da will ich mich ergehen, bis du heimkehrst.
Wo jedermann uns kennt, und wir nicht einen,
Wär's Zeit wohl einzupacken, sollt' ich meinen.

Dromio v. S. Und wie der Wandrer vor dem Bären rennt,
Lauf' ich vor der, die meine Frau sich nennt. (Ab.)

Antipholus v. S. Von lauter Hexen wird der Ort bewohnt,
Drum ist es hohe Zeit, davonzugehn.
Die hier Gemahl mich nannte, schafft mir Graun
Als Frau zu denken; doch die schöne Schwester,
Begabt mit so viel holdem, mächt'gem Reiz,
So süßem Zauber in Gespräch und Umgang,
Macht fast mich zum Verräter an mir selbst.
Drum will, um nicht mein eigen Selbst zu kränken,
Gehör ich der Sirene Lied nicht schenken.

Angelo tritt auf.

Angelo. Mein Herr Antipholus . . .

Antipholus v. S.						Das ist mein Name!

Angelo. Nun ja, das weiß ich, Herr. Hier ist die Kette;
Ich dacht' Euch noch im Stachelschwein zu treffen;
Doch hielt die Kette mich so lange auf.

Antipholus v. S. Was wollt Ihr, das ich mit der Kette thun soll?

Angelo. Was Euch gefällt! Ich machte sie für Euch.

Antipholus v. S. Für mich, mein Herr? Ich hab' sie nicht bestellt.

Angelo. Nicht einmal oder zwei, wohl zwanzigmal!
Geht heim, erfreuet Eure Frau damit.
Und nach dem Abendessen sprech' ich vor
Und hole mir das Geld für meine Kette.

Antipholus v. S. Ich bitt' Euch, Herr, empfangt das Geld sogleich:
Sonst möcht' Euch Kett' und Geld verloren gehn.
Angelo. Ihr seid recht aufgeräumt; gehabt Euch wohl. (Geht.)
Antipholus v. S. Ich weiß nicht, was ich davon denken soll;
Doch denk' ich dies: es wird sich niemand grämen,
So reiches Kleinod zum Geschenk zu nehmen;
Auch seh' ich, leicht muß hier sich's leben lassen,
Wo man das Gold verschenkt auf allen Gassen.
Nun auf den Markt! auf Dromio wart' ich dort;
Und segelt heut ein Schiff, dann hurtig fort! (Geht ab.)

Vierter Aufzug.

1. Scene.

Ebendaselbst.

Ein Kaufmann, Angelo und ein Gerichtsdiener treten auf.

Kaufmann. Ihr wißt, daß Ihr's zu Pfingsten zugesagt,
Und seit der Zeit hab' ich nicht nachgefragt;
Und that's auch jetzt nicht, müßt' ich nicht durchaus
Nach Persien reisen und bedürfte Geld.
Drum leistet gegenwärt'ge Zahlung mir,
Sonst nehm' ich Euch in Haft durch diesen Häscher.
Angelo. Genau die Summe, die ich Euch verschrieb,
Soll ich erhalten von Antipholus;
Und eben jetzt, da Ihr mich traft, erhielt er
Von mir 'ne goldne Kette; deren Preis
Ich nachmittags um fünf erheben soll.
Gefiel's Euch, mitzugehn bis an sein Haus,
Zahlt' ich die Schuld und meinen Dank dazu.
Antipholus von Ephesus und Dromio von Ephesus kommen aus dem Hause der Courtisane.
Gerichtsdiener. Die Mühe könnt Ihr sparen; seht, dort kommt er.
Antipholus v. E. Derweil ich geh' zum Goldschmied, geh du hin,
Und kauf mir einen Strick, zum Angebinde
Für meine Frau und ihre Helfershelfer,
Die mich am hellen Tage ausgesperrt.
Doch halt! da ist der Goldschmied. Mach dich fort;
Kauf mir den Strick und bring ihn mir nach Haus.
Dromio v. E. Ich kauf 'ne Rente mir von tausend Pfund!
Ich kauf' 'nen Strick! (Geht ab.)
Antipholus v. E. Der hat sich gut gebettet, der Euch traut!
Auf Euch und Eure Kette macht' ich Rechnung;

Doch Kette nicht noch Goldschmied sind gekommen.
Gelt, unsre Freundschaft schien Euch allzu fest,
Wenn wir sie ketteten? Drum kamt Ihr nicht!
Angelo. Den Spaß in Ehren, doch hier ist die Note,
Wieviel sie wiegt, aufs äußerste Karat;
Des Goldes Feinheit, und der Arbeit Kunst,
Das Ganze ist mindstens drei Dukaten mehr,
Als ich zu zahlen hab' an diesen Herrn.
Ich bitt' Euch, daß Ihr ihn sogleich befriedigt;
Er muß zur See und wartet nur darauf.
Antipholus v. E. Ich habe so viel bares Geld nicht bei mir
Und bin auch sonst noch in der Stadt beschäftigt.
Hört, Lieber, führt den Fremden in mein Haus,
Tragt meiner Frau die Kette hin und sagt ihr,
Daß sie dagegen Euch die Summe zahle;
Vielleicht auch bin ich dort so früh wie Ihr.
Angelo. Ihr wollt ihr also selbst die Kette bringen?
Antipholus v. E. Nein, nehmt sie mit; ich könnte mich verspäten.
Angelo. Ganz wohl, mein Herr; habt Ihr die Kette bei Euch?
Antipholus v. E. Hab' ich sie nicht, so werdet Ihr sie haben;
Sonst mögt Ihr ohne Geld nach Hause gehn.
Angelo. Nein, jetzt in allem Ernst, Herr, gebt die Kette;
Denn Wind und Wetter dienen diesem Herrn;
Und leider hielt ich schon zu lang' ihn auf,
Antipholus v. E.
Der Scherz, mein Gönner, meint Ihr, soll entschuld'gen,
Daß Ihr im Stachelschwein nicht Wort gehalten?
Ich sollte schelten, daß Ihr uns verfehlt;
Doch vie ein zänkisch Weib schmollt Ihr zuerst.
Kaufmann. Die Zeit verstreicht; ich bitt' Euch, macht ein Ende.
Angelo. Ihr hört, wie er mir lästig wird; die Kette. . . .
Antipholus v. E. Ei, gebt sie meiner Frau und holt Eu'r Geld.
Angelo. Ihr wißt, daß ich sie eben jetzt Euch gab!
Drum schickt die Kette oder sonst ein Zeichen.
Antipholus v. E. Pfui doch! das heißt den Spaß zu Tode jagen!
Wo ist die Kett'? Ich bitt' Euch, zeigt sie her.
Kaufmann. Ich hab' nicht Zeit für Eure Tändelei.
Sagt, Herr, wollt Ihr mir zahlen oder nicht?
Wo nicht, so überliefr' ich ihn dem Häscher.
Antipholus v. E. Euch zahlen? Ich? Was hätt' ich Euch zu zahlen?
Angelo. Das Geld, das Ihr mir schuldet für die Kette.
Antipholus v. E. Ich schuld' Euch keins, bis ich empfing die Kette.
Angelo. Ich gab sie Euch vor einer halben Stunde!

Antipholus v. E.
Ihr gabt mir nichts! Ihr kränkt mich, dies zu sagen!

Angelo. Mich kränkt viel mehr noch, Herr, daß Ihr mir's leugnet;
Bedenkt, wie mein Kredit darauf beruht!

Kaufmann. Nun, Häscher, nimm ihn fest auf meine Klage.

Gerichtsdiener. Das thu' ich; folgt mir in des Herzogs Namen.

Angelo. Dies geht an meine Ehr' und guten Ruf;
Entweder willigt ein und zahlt die Summe,
Sonst setz' ich Euch in Haft durch diesen Häscher!

Antipholus v. E. Für etwas zahlen, das ich nie empfing?
Laß mich verhaften, Tropf, wenn du es wagst!

Angelo. Hier sind die Sporteln; Häscher, nehmt ihn fest.
Nicht meines Bruders schont' ich in dem Fall,
Trieb' er so handgreiflichen Spott mit mir.

Gerichtsdiener. Ich nehm' Euch fest, mein Herr, Ihr hört die Klage!

Antipholus v. E. Ich folge, bis ich Bürgschaft dir gestellt;
Doch Ihr, mein Freund, büßt mir den Spaß so teuer,
Daß all Euer Gold im Laden nicht genügt.

Angelo. O, Herr, ich finde Recht in Ephesus,
Zu Euerm höchsten Schimpf, das zweifelt nicht!

Dromio von Syrakus kommt vom Hafen.

Dromio v. S. Herr, 's ist ein Schiff aus Epidamnus da,
Das nur noch wartet, bis der Reeder kommt,
Und danu die Anker lichtet. Unsre Fracht
Hab' ich an Bord gebracht und eingekauft
Das Öl, den Balsam und den Aquavit.
Das Schiff ist segelfertig, lust'ger Wind
Bläst frisch vom Ufer, und sie warten nur
Auf ihren Reeder und auf Euch noch, Herr.

Antipholus v. E. Was? Bist du toll geworden? dummes Schaf,
Welch Schiff von Epidamnus wartet mein?

Dromio v. S. Das Schiff, das Ihr zur Überfahrt bestellt!

Antipholus v. E. Du Trunkenbold! Ich hab 'nen Strick bestellt;
Ich sagte dir's, zu welchem Zweck und Ende!

Dromio v. S. Ihr hättet um ein Ende Strick geschickt?
Ihr schicktet mich zum Hafen um ein Schiff!

Antipholus v. E. Darüber sprechen wir zu bessrer Zeit
Und lehren deine Ohren besser hören.
Zu Adriana, Schlingel, lauf in Eil';
Bring ihr den Schlüssel; sag ihr, in dem Pult,
Der mit dem türk'schen Teppich zugedeckt,
Sei eine Börse Gold; die laß dir geben,
Sag ihr, ich sei verhaftet auf der Straße,

11*

Und dies mein Lösegeld; nun eil dich, Bursch.
Jetzt ins Gefängnis, Häscher, bis er kommt.

(Alles geht ab außer Dromio.)

Dromio v. S. Zu Adriana? Das ist, wo wir speisten,
Wo Dousabel zum Manne mich verlangt?
Sie ist zu dick für mein Umarmen, hoff' ich!
Doch muß ich hin, obschon sehr wider Willen.
Der Diener muß des Herrn Gebot erfüllen. (Geht ab.)

2. Scene.

Ebendaselbst.

Adriana und Luciana treten auf.

Adriana. So stürmisch, Schwester, drang er auf dich ein?
War dir sein Aug' ein feierlicher Deuter?
Warb er in vollem Ernst? Ja oder nein?
Rot oder blaß? trübsinnig oder heiter?
Sind dir im Kampf der Leidenschaft erschienen
Des Herzens Meteor' auf seinen Mienen?
Luciana. Er sprach zuerst, dir sind' ihn keine Pflicht.
Adriana. Weil er sie nie erfüllt, o Bösewicht!
Luciana. Er schwur, hier sei er Fremdling ganz und gar.
Adriana. Da schwur er recht, obgleich es Meineid war.
Luciana. Für dich dann sprach ich.
Adriana.   Und was sagt' er dir?
Luciana. Was ich ihn bat für dich, fleht er von mir.
Adriana. Mit was für Künsten wollt' er dich verführen?
Luciana. War's treu gemeint, so kount' er fast mich rühren.
Die Schönheit rühmt' er, dann der Rede Huld.
Adriana. Sprachst du so huldreich?
Luciana.   Bitte dich, Geduld!
Adriana. Die hab' ich nicht! Ich will den Zorn nicht stillen;
Der Zunge mind'stens laß' ich ihren Willen.
Er ist unförmlich, welk und krumm und alt,
Wüst von Gesicht, von Körper mißgestalt;
Ruchlos und unwirsch, derb und thöricht, weist
In aller Hülle er den eklern Geist.
Luciana. Kann Eifersucht um solchen Mann uns plagen?
Wer wird, erlöst von einem Übel, klagen?
Adriana. Ach, Liebste! dennoch dünkt er mich der Beste;
Sähn ihn die andern nur mit scheelem Blick!
Der Kiebitz schreit nur, wenn er fern vom Neste;
Schmäht gleich mein Mund, mein Herz ersleht ihm Glück.

Dromio von Syrakus kommt gelaufen.

Dromio v. S. Heda! das Pult! den Beutel! Sucht geschwinde!

Luciana. So atemlos?

Dromio v. S.   Ich lief ja gleich dem Winde.

Adriana. Wo ist dein Herr? Sprich, er ist doch gesund?

Dromio v. S. O nein! er steckt im tiefsten Höllenschlund.

Ihn packt' ein Gnom, des Wams nicht zu verwüsten,
Des hartes Herz in Eisen eingeknöpft;
Ein Elf, ein Kobold, ohne Trost und Rührung;
Ein Wolf, ein Kerl in lederner Montierung;
Ein Hintersaß, ein Schulterklopfer, der stets an den Mauern,
In Gäßchen, Winkeln, Schluchten und Buchten pflegt zu lauern;
Ein Spürhund, der gar leise schleicht, trotz seiner vielen Schellen,
Und vor dem jüngsten Tage noch die Seelen führt zur Höllen.

Adriana. Nun, Mensch, was ist los?

Dromio v. S. Was los ist, weiß ich nicht; genug, man setzt' ihn fest.

Adriana. Warum? Wer hat ihm das nur angethan?

Dromio v. S.

Ich weiß nicht, wer's ihm angethan, daß er jetzt sitzt im Block;
Doch weiß ich, er war angethan mit einem Büffelrock.
Wollt Ihr als Lösung senden den Beutel dort im Pult?

Adriana. Geh, hol ihn, Schwester. (Luciana geht) Seltsam in der That,
Daß er vor mir verborgne Schulden hat!
Sprich, war's vielleicht wohl einer Bürgschaft Band?

Dromio v. S. Es war kein Band, es hielt ihn wohl noch stärker;
'ne goldne Kette bracht' ihn in den Kerler.
Hört Ihr sie klingen?

Adriana.   Was! die goldne Keite?

Dromio v. S.

Nicht doch! Die Glocke mein' ich! Wie könnt Ihr nur mich plagen?
Zwei war es, da ich ging, nun hat's schon eins geschlagen.

Adriana.

Gehn jetzt die Stunden rückwärts? Ei, hört mir doch den Gecken!

Dromio v. S.

Ja, wenn die Stunde Häscher sieht, so lehrt sie um vor Schrecken.

Adriana.

Als ob die Zeit verschuldet wär'! Wie das nun ganz verkehrt ist!

Dromio v. S.

Zeit ist bankrott und schuldet mehr dem Augenblick, als sie wert ist.
Dann ist die Zeit ein Dieb auch; habt auf den Spruch nur acht:
Die Zeit stiehlt sich von dannen, bei Tage wie bei Nacht.
Wenn sie nun stiehlt und Schulden hat, und ein Häscher läßt sich sehn.
Hat sie nicht recht, eine Stunde jeden Tag zurückzugehn?

Luciana kommt zurück.

Adriana. Hier, Dromio, ist das Gold; gleich trag es hin;
Und kehrt zurück, sobald ihr könnt, ihr beiden.
Tausend Gedanken kreuzen mir den Sinn,
Gedanken, bald zum Trost mir, bald zum Leiden. (Sie gehen ab.)

3. Scene.

Ebendaselbst.

Antipholus von Syrakus tritt auf.

Antipholus v. S. Kein Mensch begegnet mir, der mich nicht grüßt,
Als sei ich ihm ein längst bekannter Freund,
Und jedermann nennt mich bei meinem Namen.
Der bietet Gold mir an, der ladet mich ein,
Der dankt mir für erzeigte Höflichkeit,
Der schlägt mir vor, ihm Waren abzukaufen.
Erst eben rief ein Schneider mich ins Haus
Und zeigte Stoffe, die er mir gekauft,
Und nahm zugleich das Maß mir ohne weiteres.
Gewiß, Trugbilder sind's der Phantasie,
Und Lapplands Hexenmeister hausen hier.

Dromio von Syrakus kommt.

Dromio v. S. Herr, hier ist das Gold, das ich Euch holen
sollte. Nun, wo habt Ihr denn das Bild des alten Adam im
neuen Rocke gelassen?

Antipholus v. S.
Von welchem Gold sprichst du? Von welchem Adam?

Dromio v. S. Nicht von dem Adam, der das Paradies hütete,
sondern von dem Adam, der das Gefängniß hütet; von dem, der mit
dem Fell des Kalbes angethan war, das für den verlorenen Sohn
geschlachtet ward; von dem, der hinter Euch herkam, Herr, wie ein
böser Engel, und Euch Eurer Freiheit entsagen hieß.

Antipholus v. S. Ich verstehe dich nicht.

Dromio v. S. Nicht? Die Sache ist doch klar! Ich meine
den, der vie eine Baßgeige in seinem lebernen Futteral geht; den
Kerl, Herr, der, wenn einer müde wird, ihn auf die Schulter klopft
und ihn zum Sitzen nötigt; der sich über die Wildfänge erbarmt und
sie zu gesetzten Leuten macht; den ein Gläubiger aussendet, um die
Verleugner einzufangen.

Antipholus v. S. Was? du meinst einen Häscher?

Dromio v. S. Ja, Herr, den Schriftgelehrtesten aller Häscher;
denn er veiß immer genau, ob sich einer verschrieben hat, und seine
Hauptgeschicklichkeit besteht im bündigen Schließen.

Antipholus v. S. Nun Freund, komm auch mit deinen Possen zum Schluß. Geht heut abend noch ein Schiff ab? Kommen wir fort?

Dromio v. S. Ei, Herr, ich brachte Euch schon vor einer Stunde den Bescheid, daß die Jacht „Geschwindigkeit" heut abend in See stäche; da hielt der Häscher Euch auf, und Ihr mußtet erst das Boot Aufschub abwarten. Hier sind die Engel, nach denen Ihr schicktet, die Euch befreien sollen.

Antipholus v. S. Der Bursch ist ganz verwirrt, das bin ich auch;
Wir wandern unter Trug und Blendwerk hier;
Ein guter Geist entführ' uns bald von hinnen!

Eine Courtisane tritt auf.

Courtisane. Willkomm', willkommen, Herr Antipholus!
Ich seh', Ihr habt den Goldschmied jetzt gefunden;
Ist das die Kette, die Ihr mir verspracht?

Antipholus v. S. Satan, zurück! Führ mich nicht in Versuchung!

Dromio v. S. Herr, ist dies Madam Satan?

Antipholus v. S. Es ist der Teufel.

Dromio v. S. Nein, sie ist noch was Schlimmeres, sie ist des Teufels werte Amme; und hier kommt sie und scheint ins Feld wie eine leichte Schöne, oder eine schöne Leuchte. Wenn deshalb die leichten Dirnen sagen „Gott verdamme mich," so heißt das eigentlich so viel, als „Gott laß mich eine leichte Schöne werden;" es steht geschrieben, sie erscheinen den Menschen wie leuchtende Engel; alle Leuchten aber sind feurig, und Feuer brennt; ergo, wenn sie zu den Leichten gehören, verbrennt man sich an ihnen; darum kommt ihr nicht zu nah.

Courtisane. Eu'r Bursch und Ihr seid heut sehr aufgeräumt;
Kommt, holen wir unser Mittagessen nach.

Dromio v. S. Herr, wenn's Suppe giebt, so seht Euch nach einem langen Löffel um!

Antipholus v. S. Warum, Dromio?

Dromio v. S. Nun, mein Seel, der braucht einen langen Löffel, der mit dem Teufel ißt.

Antipholus v. S. Fort, böser Geist! Was sagst du mir von Essen?
Du bist 'ne Hexe, wie ihre alle seid;
Ins Himmels Namen: Laß von mir und geh!

Courtisane. Gebt mir den Ring, den Ihr bei Tisch mir nahmt,
Oder vertauscht die Kette für den Demant;
Dann geh' ich fort und fall' Euch nicht zur Last,

Dromio v. S. Sonst fordern Teufel wohl ein Stückchen Nagel,
Ein Haar, 'nen Strohhalm, Tropfen Blut, 'ne Nadel,
'ne Nuß, 'nen Kirschkern; aber die ist gier'ger.

Die will 'ne Kette.
Nehmt Euch in acht; wenn Ihr die Kette gebt,
So klirrt der Teufel und erschreckt uns, Herr.

Courtisane. Ich bitt' Euch, gebt den Ring, wo nicht die Kette;
Ihr werdet mich doch nicht im Ernst drum prellen?

Antipholus v. S.
Hebe dich weg, du Kobold! Fort, Dromio, fort, mein Sohn!

Dromio v. S. Laß ab vom Stolz, so schreit der Pfau; nicht wahr,
das wißt Ihr schon?

(Antipholus und Dromio gehen ab)

Courtisane. Nun, ganz gewiß, Antipholus ist toll,
Sonst würd' er so verrückt sich nicht gebärden;
Er nahm 'nen Ring, vierzig Dukaten wert,
Versprach dafür mir eine goldne Kette;
Und beides will er jetzo mir verleugnen.
Woraus ich schon den Wahnsinn erst erriet,
— Auch ohne seine jetz'ge Raserei —
War tolles Zeug, das er bei Tisch erzählte,
Wie man die eigne Thüre ihm verschloß.
Ich denk', sein Weib kennt seine tollen Anfäll'
Und schloß mit Fleiß das Thor ihm, als er kam.
Mir bleibt nichts übrig, als ins Haus zu gehn
Und seiner Frau zu sagen, wie im Fieber
Er zu mir eindrang und mir mit Gewalt
Den Ring entwandt; das wird das Klügste sein;
Vierzig Dukaten büßt man ungern ein. *(Ab.)*

4. Scene.

Andere Straße.

Antipholus von Ephesus und der Häscher treten auf.

Antipholus v. E. Sei unbesorgt, mein Freund; ich flüchte nicht;
Ich schaff' dir, eh' ich geh', die ganze Summe
Zum Pfand, für die du mich verhaftet hast.
Mein Weib ist heut in wunderlicher Laune
Und glaubt gewiß dem Boten nicht so leicht,
Daß ich verhaftet sei in Ephesus.
Ich weiß, sie wird dem eignen Ohr nicht traun.

Dromio von Ephesus kommt mit einem Strick.

Hier kommt mein Bursch; ich denk', er hat das Geld.
Nun, Freund, bringst du mir mit, wonach ich schickte?

Dromio v. E. Hier hab' ich bare Zahlung für sie alle.

Antipholus v. E. Allein, wo ist das Geld?

Dromio v. E. Ei, Herr, das Geld bezahlt' ich für den Strick.

Antipholus v. E. Fünfhundert Stück Dukaten für 'nen Strick?

Dromio v. E. Für den Preis schaffe ich Euch noch fünfhundert.

Antipholus v. E. Zu welchem Ende schick' ich dich nach Haus?

Dromio v. E. Zu des Stricks Ende, Herr, und zu dem Ende bin ich wieder da.

Antipholus v. E.
Und zu dem Ende, Kerl, nimm diesen Willkomm. (Er schlägt Dromio.)

Häscher. Lieber Herr, seid geduldig!

Dromio v. E. Nein, an mir ist's, geduldig zu sein; ich bin in Trübsal.

Häscher. Halt dein Maul, sei gescheit.

Dromio v. E. Nein, redet ihm lieber zu, daß er seine Hände halte.

Antipholus v. E. Du nichtsnutziger, fühlloser Schlingel!

Dromio v. E. Ich wollt', ich wäre fühllos, Herr, so thäten mir Eure Schläge nichts.

Antipholus v. E. Du hast nur Gefühl für Schläge, wie ein Esel!

Dromio v. E. Ja wohl, ein Esel; so lang werdet Ihr mir die Ohren noch ziehen. — Ich habe ihm von der Stunde meiner Geburt an bis auf diesen Augenblick gedient und habe nie was davon gehabt als Schläge. Wenn mich friert, so heizt er mir ein mit Schlägen; wenn ich heiß bin, so kühlt er mich ab mit Schlägen; ich werde damit geweckt, wenn ich schlafe, auf die Beine gebracht, wenn ich sitze, aus der Thür gejagt, wenn ich ausgehe, bewillkommt, wenn ich nach Haus komme; ja wahrhaftig, ich trage sie auf der Schulter, wie die Bettlerin ihren Balg, und ich denke, wenn er mich erst lahm geprügelt hat, verde ich von Thür zu Thür damit betteln gehen.

Adriana, Luciana, die Courtisane und Zwick kommen.

Antipholus v. E. So folgt mir nur, denn dort kommt meine Frau.

Dromio v. E. Frau, respice finem, gedeult ans Ende; oder vielmehr, wie der Prophet spricht und der Papagei sagt: hütet Euch vor des Stricks Ende.

Antipholus v. E. Wann wirst du schweigen, Kerl? (Schlägt ihn.)

Courtisane. Was sagt Ihr nun? Nicht wahr, Eu'r Mann ist toll?

Adriana. Nach seinem rauhen Wesen glaub' ich's fast.
Herr Doktor Zwick, Ihr seid ja ein Beschwörer:
Ich bitt' Euch, bringt ihn wieder zu Verstand;
Ich will Euch zahlen, was Ihr nur begehrt.

Luciana. O Himmel! wie er wild und grimmig blickt!

Courtisane. Seht, wie er zittert, recht wie ein Besessner!

Zwick. Gebt mir die Hand, laßt mich den Puls Euch fühlen!

Antipholus v. E. Da ist die Hand, laßt Ener Ohr mich fühlen!

Zwick. Du Satan, der in diesem Manne wohnt,
Gieb dich gefangen meinem frommen Spruch
Und lehr zurück ins Reich der Finsterniß! .
Bei allen Heiligen beschwör' ich dich!

Antipholus v. E. Blödsinn'ger Fasler, schweig! ich bin nicht toll.

Adriana. Ach, wärst du's nicht, du arme kranke Seele!

Antipholus v. E. Sag, Schätzchen, sag! sind das die werten Freunde?
Die safrangelbe Fratze, schmauste sie
Und zecht' an meinem Tische heut bei dir,
Indes sich mir die sünd'ge Pforte schloß
Und mir das eigne Haus verweigert ward?

Adriana. Gott weiß, zu Haus ja speistest du, mein Teurer;
Und wärst du doch bis jetzt bei mir geblieben,
Frei von dem Schimpf und von dem Stadtgerede!

Antipholus v. E. Zu Haus gespeist? Du Schurke, rede du!

Dromio v. E. Herr, grad heraus, Ihr speistet nicht zu Haus.

Antipholus v. E. War nicht die Thüre zu? ich ausgesperrt?

Dromio v. E. Mein Seel, die Thür war zu, Ihr ausgesperrt.

Antipholus v. E. Und hat sie selbst nicht schimpflich mir begegnet?

Dromio v. E. Wahrhaftig, schimpflich hat sie Euch begegnet.

Antipholus v. E. Schalt, höhnt' und zankte nicht die Küchenmagd?

Dromio v. E. Weiß Gott, das Küchenfräulein zankt' Euch aus.

Antipholus v. E. Und ging ich nicht in größter Wut von dannen?

Dromio v. E. Ja, das ist wahr, mein Rücken kann's bezeugen;
Er trägt die Spuren Eurer kräft'gen Wut.

Adriana. Ist's gut, ihm in dem Unsinn recht zu geben?

Zwick. Der Bursche geht auf seine Launen ein,
Sagt ja, und weiß den Tollen wohl zu nehmen.

Antipholus v. E.
Dem Goldschmied gabst du's an, mich zu verhaften!

Adriana. O Gott, ich schickte Geld, dich zu befrein,
Durch Dromio hier, der eilig deshalb kam.

Dromio v. E. Was? Geld durch mich? Vielleicht wohl in Gedanken;
Doch Geld, mein Seel! empfing ich keinen Heller,

Antipholus v. E. Gingst du nicht hin, die Börse Gold zu holen?

Adriana. Er kam zu mir, ich gab sie ihm sogleich.

Luciana. Und ich bin Zenge, daß er sie bekam.

Dromio v. E. Gott und der Seiler können mir's bezeugen;
Ich ward nur ausgeschickt nach einem Strick!

Zwick. Frau! Herr und Diener, beide sind besessen.
Ich seh's an ihrem bleichen, stieren Blick.
Man bind' und führ' sie in ein dunkles Loch.

Antipholus v. E. Sprich! warum hast du heut mich ausgesperrt?
(zu Dromio.) Und weshalb leugnest du den Beutel Gold?

Adriana. Mein teurer Mann, ich sperrte dich nicht aus!

Dromio v. E. Und ich, mein teurer Herr, empfing kein Gold.
Doch das bekenn' ich, Herr, man sperrt' uns aus.

Adriana. Du heuchlerischer Schuft, das lügst du beides!

Antipholus v. E. Du heuchlerische Metze, du lügst alles
Und bist verschworen mit verruchtem Volk,
Ehrlosen Spott und Schimpf mir anzuthun!
Ausreißen will ich dir die falschen Augen,
Die sich an meiner Schande weiden wollen.
Mehrere Diener kommen und wollen Hand an ihn legen; er sträubt sich.

Adriana. O bind't ihn, bind't ihn! Laßt ihn nicht heran!

Zwick. Mehr Leute her! der Feind ist stark in ihm!

Luciana. Ach, armer Mann! Wie krank und bleich er aussieht!

Antipholus v. E. Wollt ihr mich morden? Häscher, dir gehör' ich
Als dein Gefangner; leid'st du, daß sie mich
Von hier entführen?

Häscher.   Leute, laßt ihn gehn;
's ist ein Gefangner, ihr bekommt ihn nicht.

Zwick. Bindet mir den; denn er ist auch verrückt.

Adriana. Was willst du thun, du unverständ'ger Häscher?
Freut's dich zu sehn, wie sich ein armer Kranker,
Gegen sich selber wütend, Schaden thut?

Häscher. 's ist mein Gefangner; ließ' ich jetzt ihn los,
So müßt' ich Bürge sein für seine Schuld.

Adriana. Die will ich tilgen, eh' ich von dir geh'.
Bring mich von hier zu seinem Gläubiger,
Und weiß ich, wie die Schuld entstand, so zahl' ich.
(Antipholus und Dromio werden gebunden.)
Mein werter Doktor, schafft in Sicherheit
Ihn in mein Haus; o unglückfel'ger Tag!

Antipholus v. E. O unglückfel'ge Metze!

Dromio v. E. Herr, Eurethalb bin ich in Banden hier.

Antipholus v. E. Zum Teufel, Kerl! Willst du mich rasend machen?

Dromio v. E. Wollt Ihr für nichts gebunden sein? So rast doch
Und flucht bei Höll' und Teufel, lieber Herr!

Luciana. Gott helf' euch Armen! Was für Zeug sie faseln!

Adriana. Geht, bringt sie fort; du, Schwester, komm mit mir.
(Zwick, Antipholus, Dromio und Bediente ab.)
Nun sprich! Auf wessen Klag' ist er verhaftet?

Häscher. Des Goldschmieds Angelo; kennt Ihr ihn nicht?

Adriana. Ich kenn' ihn. Welche Summ' ist er ihm schuldig?

Häscher. Zweihundert Stück Dukaten.

Adriana.   Und wofür?

Häscher. Für eine Kette, die Eu'r Mann empfing.

Adriana. Die hatt' er mir bestellt, doch nicht erhalten.

Courtisane. Nun seht; als Euer Mann ganz wütig heut
   Zu mir ins Haus lief und den Ring mir nahm
   (Ich sah den Ring noch jetzt an seiner Hand),
   Traf ich ihn gleich darauf mit dieser Kette.

Adriana. Das kann wohl sein, allein ich sah sie nicht.
   Kommt, Häscher, zeigt mir, wo der Goldschmied wohnt;
   Genau erführ' ich gern, wie sich's verhält.

*Antipholus von Syrakus kommt mit gezogenem Degen; ihm folgt Dromio
von Syrakus.*

Luciana. Gott sei uns gnädig, sie sind wieder los!

Adriana. Und gar mit bloßen Degen! Hilfe! Hilfe!
   Bindet sie wieder!

Häscher.   Lauft, sonst ist's Eu'r Tod. *(Sie entfliehen eilig.)*

Antipholus v. S. Ich seh', die Hexen fürchten blanke Degen!

Dromio v. S. Die Eure Frau will sein, lief nun vor Euch!

Antipholus v. S. Komm zum Centauren, schaff die Sachen weg!
   Und wären wir doch sicher erst an Bord!

    Dromio v. S. Wahrhaftig, Ihr solltet die Nacht noch hier
bleiben; sie werden uns nichts anthun. Ihr saht, sie geben uns gute
Worte und bringen uns Gold. Mich dünkt, es ist eine so liebe
Nation, daß, wäre nicht jener Berg von tollem Fleisch, der mich zur
Ehe verlangt, ich könnte es übers Herz bringen, immer hier zu
bleiben und unter die Hexen zu gehen.

Antipholus v. S. Nicht um die ganze Stadt bleib' ich die Nacht;
   Drum fort, und schaff die Sachen schnell an Bord. *(Sie gehen ab.)*

Fünfter Aufzug.

1. Scene.

Ebendaselbst. Vor einem Kloster.

Der Kaufmann und Angelo treten auf.

Angelo. Es thut mir leid, daß ich Euch aufgehalten;
   Doch auf mein Ehrenwort, die Kett' empfing er,
   Obgleich er mir's recht schändlich abgeleugnet.

Kaufmann. Was hat der Mann für Ruf an diesem Ort?

Angelo. Den besten, Herr, von unbescholtnem Leumund;
   Unendlich sein Kredit; er selbst beliebt,

Zählt zu den ersten Bürgern dieser Stadt;
Ein Wort von ihm mehr wert als all mein Gut.

Kaufmann. Sprecht leise; denn mich dünkt, ich seh' ihn kommen.
Antipholus von Syrakus und Dromio von Syrakus kommen.

Angelo. Er ist's, und trägt dieselbe Kett' am Hals,
Die er vorhin so unerhört verschwur.
Kommt näher, lieber Herr! ich red' ihn an!
Signor Antipholus, mich wundert sehr,
Daß Ihr den Schimpf mir und die Unruh' macht
Und (nicht ohn' ein'gen Makel für Euch selbst)
Umständlich und auf Euren Eid verleugnet
Die Kette, die Ihr jetzt so offen tragt.
Denn, abgesehn von Klage, Schimpf und Haft,
Bringt Ihr in Schaden meinen würd'gen Freund,
Der, hätt' ihn unser Streit nicht aufgehalten,
Auf seinem Schiff jetzt unter Segel wär'.
Von mir habt Ihr die Kette; könnt Ihr's leugnen?

Antipholus v. S. Mich dünkt von Euch; noch hab' ich's nie geleugnet.

Kaufmann. O ja, Ihr thatet's, Herr, und schwurt sogar!

Antipholus v. S. Wer hörte mich das leugnen und verschwören?

Kaufmann. Mit diesen Ohren, weißt du, hört' ich's selbst.
Schäm' dich, Elender, daß du lebst und wandelst,
Wo Männer dir von Ehre je begegnen!

Antipholus v. S. Du bist ein Schurke, klagst du so mich an;
Ich will dir meine Ehr' und Redlichkeit
Sogleich beweisen, wagst du's mir zu stehn.

Kaufmann. Ich wag's und fordre dich als einen Schurken. (Sie ziehen.)
Adriana, Luciana, die Courtisane und Diener kommen.

Adriana. Halt! thut ihm nichts! Um Gott, er ist verrückt;
Macht euch an ihn; nehmt ihm den Degen weg;
Auch Dromio bindet; bringt sie in mein Haus!

Dromio v. S. Lauft, Herr, um Gotteswill'n! Flieht in ein Haus;
Hier ist ein Kloster; fort, sonst fängt man uns.
(Antipholus und Dromio flüchten sich in die Abtei.)
Die Aebtissin tritt auf.

Aebtissin. Seid ruhig, Leute; welch Gedräng' ist hier?

Adriana. Ich will zu meinem armen, tollen Mann.
Laßt uns hinein, damit wir fest ihn binden
Und führen ihn nach Haus, daß er genese.

Angelo. Ich dacht' es gleich, er sei nicht recht bei Sinnen!

Kaufmann. Nun thut mir's leid, daß ich den Degen zog.

Aebtissin. Seit wann befiel der Wahnsinn diesen Mann?

Adriana. Die letzte Woche war er trüb und still
Und finster, ganz ein andrer Mann als sonst;

Doch erst heut nachmittag ist seine Krankheit
Zu diesem höchsten Grad von Wut gestiegen.
Aebtissin. Verlor er große Güter auf der See?
Begrub er einen Freund? Hat wohl sein Auge
Sein Herz bethört zu unerlaubter Liebe?
Der Sünde sind viel junge Männer schuldig,
Die ihrem Blick zu große Freiheit lassen.
An welchem dieser Leiden ist er krank?
Adriana. An keinem, wenn es nicht das letzte ist;
Ein Liebchen wohl hatt' ihm sein Haus verleidet.
Aebtissin. Das hättet Ihr ihm dann verweisen sollen.
Adriana. Das that ich auch.
Aebtissin. 　　　　　　　　Doch wohl nicht scharf genug.
Adriana. So scharf, wie es der Anstand mir erlaubte.
Aebtissin. Vielleicht geheim nur.
Adriana. 　　　　　　　In Gesellschaft auch.
Aebtissin. Ja, doch nicht oft genug.
Adriana. Es war der Inhalt jeglichen Gesprächs.
Im Beite schlief er nicht vor meinem Mahnen;
Am Tische aß er nicht vor meinem Mahnen;
Allein wählt' ich's zum Text für meine Rede,
Und in Gesellschaft spielt' ich oft drauf an;
Stets sagt' ich ihm, es sei gemein und schändlich.
Aebtissin. Und deshalb fiel der Mann in Wahnsinn endlich;
Das gist'ge Schrei'n der eifersücht'gen Frau
Wirkt tödlicher als tollen Hundes Zahn.
Es scheint, dein Zanken hindert' ihn am Schlaf:
Daher der Schwindel, der den Kopf ihm einnahm;
Du sagst, sein Mahl ward ihm durch Schmähn verwürzt;
Unruhig Essen giebt ein schlecht Verdaun:
Daher entstand des Fiebers heiße Glut;
Und was ist Fieber, als ein Wahnsinnschauer?
Dein Keifen störte seinen Zeitvertreib,
Wo süß Erholen mangelt, was kann folgen,
Als trübe Schwermut und Melancholie,
Der grimmigen Verzweiflung nah verwandt?
Und hintendrein zahllos ein siecher Schwarm
Von bleichen Übeln und des Lebens Mördern?
Das Mahl, den Zeitvertreib, den Schlummer wehren
Verwirrt den Geist und muß den Sinn verstören;
Und hieraus folgt, durch deine Eifersucht
Ward dein Gemahl von Tollheit heimgesucht.
Luciana. Wenn sie ihn schalt, so war es mild und freundlich;

Doch er erwies sich heftig, rauh und feindlich.
Hörst du den Tadel ruhig an und schweigst?

Adriana. Sie weckt mir des Gewissens eigne Stimme.
Jetzt, Freunde, geht hinein, legt Hand an ihn!

Aebtissin. Nein, keine Seele darf mein Haus betreten.

Adriana. So schickt durch Diener meinen Mann heraus.

Aebtissin. Er suchte Schutz in diesem Heiligtum,
Und schirmen soll es ihn vor euren Händen,
Bis ich ihn wieder zur Vernunft gebracht;
Wenn nicht vergeblich alle Mühe bleibt.

Adriana. Ich pflege meinen Mann und steh' ihm bei
Als Krankenwärterin, das ist mein Amt;
Ich will mein eigner Stellvertreter sein,
Und deshalb soll er mir nach Hause folgen.

Aebtissin. Gieb dich zur Ruh', denn ich entlass' ihn nicht,
Bis ich versucht die oft erprobten Mittel,
Heilkräft'gen Balsam, Tränke, fromm Gebet,
Zur Manneswürd' ihn wieder herzustellen.
Es ist ein Thun, das mein Gelübde heischt,
Ein Liebeswerk, das meines Ordens Pflicht.
Drum geh nur heim und laß ihn hier zurück.

Adriana. Ich will nicht fort und meinen Mann Euch lassen;
Und wenig ziemt sich's Eurer Heiligkeit,
Den Gatten so von seiner Frau zu trennen.

Aebtissin. Sei still und geh von hier; ich geb' ihn nicht.
(Aebtissin geht ab.)

Luciana. Dem Herzog klage, wie man hier dich kränkt!

Adriana. Komm mit, ich will mich ihm zu Füßen werfen
Und nicht aufstehn, bis ich mit Flehn und Thränen
Den Herzog rührte, daß er selber komme
Und der Aebtissin meinen Mann entreiß'.

Kaufmann. Der Zeiger, denk' ich, weist jetzt grad auf fünf;
Und sicher kommt der Fürst alsbald hierher,
Den Weg zu jenem melanchol'schen Thal,
Dem Platz des Tods und ernsten Hochgerichts,
Der hinter dieses Klosters Gräben liegt.

Angelo. Und weshalb kommt er?

Kaufmann. Um einen würd'gen Syrakuser Kaufmann,
Der wider dieser Stadt Gesetz und Recht
Zu seinem Unglück in den Hafen lief.
Vor allem Volk enthaupten hier zu sehn.

Angelo. O still, sie kommen; schaun wir seinen Tod.

Luciana. Knie vor dem Herzog, eh' er weiter geht!

Der Herzog tritt auf; ihm folgen Aegeon mit bloßem Haupte, der Scharfrichter und Gerichtsdiener.

Herzog. Noch einmal macht es öffentlich bekannt:
Erlegt ein Freund für ihn das Geld, so stirbt
Er nicht; so hoch steht er in meiner Gunst.

Adriana. Gerechtigkeit,
Erhabner Herzog, gegen die Aebtissin!

Herzog. Sie ist 'ne würd'ge, tugendhafte Dame;
Unmöglich hat sie je dein Recht gekränkt.

Adriana. Antipholus, mein Gatte, den zum Herru
Ich über mich und meine Güter machte,
Weil Ihr's so dringend heischtet, ward heut krauk —
O Tag des Wehs! — an höchst unbänd'gem Wahnsinn,
So daß er rasend durch die Straßen lief —
Mit ihm sein Diener, wie er selbst verrückt —
Und viele Bürger dieser Stadt verletzte,
In ihre Häuser dringend, Gold und Ringe
Und was nur seiner Wut gefiel, sich raubend.
Schon einmal sandt' ich ihn gebunden heim
Und ging umher, den Schaden zu vergüten.
Den hier und dort sein Wahnsinn angerichtet.
Drauf — Gott mag wissen, wer ihm half zur Flucht —
Entsprang er denen, die ihn hüteten.
Die beiden nun, er und sein toller Knecht,
Im stärksten Anfall und mit bloßem Schwert
Begegnen uns aufs neu'; wir müssen weichen
Vor ihrer Tobsucht, bis wir Hilfe finden,
Sie abermals zu fesseln; hierauf fliehn sie
In dieses Kloster, und wir folgen nach;
Und nun schließt die Aebtissin uns die Pforte
Und will uns nicht gestatten, ihn zu holen,
Noch selbst ihn senden, um ihn heimzuschaffen.
Deshalb, o edler Herzog, gieb Befehl,
Ihn auszuliefern, daß ihm Hilfe werde.

Herzog. Schon lange diente mir dein Mann im Krieg,
Und ich versprach dir auf mein fürstlich Wort,
Als du zu deines Bettes Herrn ihn wähltest,
Ihm alle Huld und Liebe zu erweisen.
Geh wer von euch, klopf an das Klosterthor
Und ruf die Frau Aebtissin zu mir her;
Ich will die Sach' entscheiden, eh' ich gehe.

Ein Diener kommt.

Diener. Ach, gnäd'ge Frau, eilt fort und rettet Euch!
Denn Herr und Knecht sind wieder losgebrochen;

Die Mägde all der Reihe nach geprügelt,
Der Doktor festgebunden und sein Bart
Mit Feuerbränden schmählich abgesengt:
So oft er flammte, gossen sie aus Eimern
Schlammwasser drüber hin, das Haar zu löschen.
Jetzt predigt ihm mein Herr Geduld, indes
Der Bursch wie einem Narrn den Kopf ihm schert;
Und wahrlich, schickt Ihr Hilfe nicht sogleich,
Die beiden bringen Euch den Zaubrer um.

Adriana. Schweig, Narr, dein Herr sowie sein Bursch sind hier,
Und alles ist erlogen, was du sprichst.

Diener. Bei meinem Leben, Frau, ich rede wahr;
Ich habe kaum geatmet, seit ich's sah!
Er ruft nach Euch und schwört, wenn er Euch greift,
Er seng' Euch das Gesicht und zeichn' es schlimm.
(Lärm hinter der Scene.)
Horcht! horcht! ich hör' ihn, Frau! Entflieht nur schnell!

Herzog. Kommt her, seid furchtlos! Stellt euch, Hellebarden!

Adriana. O Gott! Es ist mein Mann! Ihr alle zeugt,
Er ist unsichtbar durch die Luft geführt!
Noch eben hielt das Kloster ihn verwahrt,
Nun ist er hier, und kein Verstand begreift's.

Antipholus von Ephesus und Dromio von Ephesus treten auf

Antipholus v. E. Gerechtigkeit!
Mein gnäd'ger Herzog, o Gerechtigkeit!
Um jenen Dienst, den ich dir vormals that,
Als in der Schlacht ich über dich mich stellte
Und tiefe Wunden deinethalb empfing.
Des Blutes halb, das ich für dich vergoß,
Gewähre jetzo mir Gerechtigkeit!

Aegeon. Wenn Todesfurcht mich nicht bethört, sind dies
Mein Sohn Antipholus und Dromio!

Antipholus v. E. Gerechtigkeit,
Mein teurer Fürst, hier gegen dieses Weib,
Die du mir selbst gegeben hast zur Frau;
Sie hat mir Schmach erzeigt und Spott und Haß
Bis zu der Kränkung höchstem Übermaß!
Ja, allen Glauben übersteigt der Schimpf,
Den sie mir heut so schamlos angethan.

Herzog. Entdeck' ihn mir, du sollst gerecht mich finden.

Antipholus v. E. Heut, großer Fürst, schloß sie das Haus mir zu,
Indes sie mit Gesindel drinnen schmauste.

Herzog. Ein schwer Vergehn! Frau, hast du das gethan?

Adriana. Nein, edler Herr! Ich, er und meine Schwester,
Wir aßen heut zusammen; ich will sterben,
Wenn das nicht falsch ist, wes er mich beschuldigt.

Luciana. Nie will ich sehn den Tag, noch ruhn die Nacht,
Sagt sie Euch schlichte Wahrheit nicht, mein Fürst.

Angelo. O falsche Weiber! Beide schwören Meineid;
Denn hierin klagt der Tolle ganz mit Recht.

Antipholus v. E. Mein Fürst, ich weiß genau, was ich Euch sage;
Nicht bin ich durch des Weines Glut verstört,
Noch wild im Kopf durch heft'gen Zorn gereizt;
Obgleich so großer Schimpf auch Weise thörte.
Dies Weib da schloß mich aus vom Mittagsmahl;
Der Goldschmied, stünd' er nicht mit ihr im Bund,
Könnt' es bezeugen; denn er war dabei
Und ging dann, eine Kette mir zu holen,
Die er versprach, ins Stachelschwein zu bringen,
Wo Balthasar und ich zusammen aßen.
Als wir gespeist und er nicht wiederkam,
Sucht' ich ihn auf; ich traf ihn auf der Straße
Und in Gesellschaft jenes andern Herrn.
Hier schwur der tück'sche Goldschmied hoch und teuer,
Daß ich indes die Kette schon empfangen,
Die ich, Gott weiß! noch nie gesehn; deshalb
Ließ er durch einen Häscher mich verhaften.
Ich schwieg und sandte meinen Burschen heim
Nach barem Geld, allein er brachte nichts;
Drauf redet' ich dem Häscher freundlich zu,
Mich selber zu begleiten in mein Haus.
Da traf ich unterwegs
Mein Weib, die Schwester und ein ganzes Pack
Von mitverschwornem Volk! Mit diesen war
Ein Meister Zwick, ein blasser Hungerleider,
Ein wahres Beingeripp', ein Charlatan,
Ein Taschenspieler, schäb'ger Glücksprophet,
Ein Wicht, hohläugiger Schmalhans, so ein Schlucker,
Ein wandelndes Skelett Und dieser Unhold,
Ei denkt doch! spielte den Beschwörer nun,
Sah mir ins Auge, fühlte mir den Puls,
Rief geisterbleich, ich sei von Geistern selbst
Und bösem Spuk besessen; — darauf fiel
Der Schwarm mich an, band mich und riß mich fort,
Und in ein finstres dumpfes Loch des Hauses
Warf man uns beide, mich und ihn, gebunden;

Bis mit den Zähnen ich das Band zernagend
In Freiheit kam und augenblicks hierher
Zu Eurer Hoheit lief. Nun fleh' ich Euch,
Mir völlige Vergeltung zu gewähren
Für diese Kränkung und unwürd'ge Schmach.

Angelo. Mein Fürst, fürwahr, so weit bezeug' ich's ihm:
Er speiste nicht zu Haus, man sperrt' ihn aus.

Herzog. Doch, gabst du ihm die Kette oder nicht?

Angelo. Ich gab sie ihm; und als er hier hineinlief,
Sahn alle noch die Kett' an seinem Hals.

Kaufmann. Und ich kann schwören: Meine eignen Ohren
Hörten Euch eingestehn der Kett' Empfang,
Nachdem Ihr's auf dem Markt erst abgeleugnet,
Und deshalb zog ich gegen Euch den Degen.
Darauf verbargt Ihr Euch in der Abtei,
Aus der Ihr, scheint mir's, durch ein Wunder kamt.

Antipholus v. E. Niemals betrat ich diesen Klosterhof,
Noch zogst du je den Degen gegen mich!
Die Kette sah ich nie. So helf' mir Gott,
Wie alles falsch ist, des Ihr mich beschuldigt!

Herzog. Ei, was ist dies für ein verwirrter Handel!
Ich glaub', ihr alle trankt aus Kirkes Becher.
Verschloßt ihr ihn im Kloster, wär' er drin;
Wär' er verrückt, er spräche nicht so ruhig.
Ihr sagt, er aß daheim; der Goldschmied hier
Spricht dem entgegen. — Bursche, was sagst du?

Dromio v. E. Mein Fürst, er aß mit der im Stachelschwein.

Courtisane. Er that's und riß vom Finger mir den Ring.

Antipholus v. E.
's ist wahr, mein Fürst, ich hab' den Ring von ihr.

Herzog. Sahst du's mit an, wie er ins Kloster ging?

Courtisane. Ja, Herr, so wahr ich hier Eu'r Hoheit sehe.

Herzog. Nun, das ist seltsam! Ruft mir die Abtissin;
Ihr alle seid verwirrt, wo nicht verrückt!

(Einer von des Herzogs Gefolge geht in die Abtei.)

Aegeon. Erhabner Herzog, gönnt mir jetzt ein Wort.
Ich fand zum Glück den Freund, der mich erlöst
Und zahlt die Summe, die mir Freiheit schafft.

Herzog. Sprich offen, Syrakuser, was du willst.

Aegeon. Herr, ist Eu'r Name nicht Antipholus?
Heißt dieser Sklav', an Euren Dienst gebunden,
Nicht Dromio?

Dromio v. E. Ja gewiß, ich war gebunden;

12

Allein, gottlob, er biß das Band entzwei;
Nun bin ich Dromio, sein entbundner Diener.
Aegeon. Ich weiß, ihr beid' erinnert euch noch mein!
Dromio v. E. An uns sind wir durch Euch erinnert, Herr;
Denn jüngst noch waren wir gleich Euch gebunden.
Hat Zwick Euch in der Kur? Ich will nicht hoffen!
Aegeon. Was thut Ihr denn so fremd? Ihr kennt mich wohl!
Antipholus v. E. Ich sah Euch nie im Leben, Herr, bis jetzt.
Aegeon. O! Gram hat mich gewelkt, seit Ihr mich saht,
Und Sorg' und die entstell'nde Hand der Zeit
Schrieb fremde Furchen in mein Angesicht.
Doch sag mir, kennst du meine Stimme nicht?
Antipholus v. E. Auch diese nicht.
Aegeon.   Du auch nicht, Dromio?
Dromio v. E. Nein, in der That nicht, Herr.
Aegeon.   Ich weiß, du kennst sie!
      Dromio v. E. Ich, Herr? Ich weiß gewiß, ich kenn' Euch
nicht; und was ein Mensch auch immer leugnen mag, Ihr seid ver=
bunden, ihm jetzt zu glauben.
Aegeon. Auch nicht die Stimm'? O grausam harte Zeit!
Lähmst und entnervst du so die arme Zunge
In sieben kurzen Jahren, daß mein Sohn
Nicht meines Grams verstimmten Laut mehr kennt?
Ward gleich mein runzlig Angesicht umhüllt
Von flock'gem Schnee des saftverzehrenden Winters,
Erstarrten gleich die Adern meines Bluts:
Doch blieb Erinnrung noch der Nacht des Lebens,
Ein matter Schein den fast erloschnen Leuchten,
Und schwacher Laut dem halbertaubten Ohre.
Und all die alten Zeugen trügen nicht
Und nennen dich mein Kind Antipholus!
Antipholus v. E. Nie sah ich meinen Vater, seit ich lebe!
Aegeon. Du weißt doch, Sohn, es sind jetzt sieben Jahr,
Seit du wegzogst von Syrakus; vielleicht
Schämst du dich, mich im Elend zu erkennen?
Antipholus v. E.
Der Herzog und wer in der Stadt mich kennt,
Kann mir bestät'gen, daß es nicht so ist;
Nie sah ich Syrakus in meinem Leben.
Herzog. Ich sag' dir, Syrakuser, zwanzig Jahr
Lebt unter meinem Schutz Antipholus
Und war seitdem noch nie in Syrakus;
Dich macht Gefahr und Alter, scheint mir, kindisch.

Die Aebtissin kommt mit Antipholus von Syrakus und Dromio von
Syrakus.

Aebtissin. Mein Fürst, viel Unrecht that man diesem Mann.
(Alle drängen sich, sie zu sehen.)

Adriana. Zwei Gatten seh' ich, täuscht mich nicht mein Auge!

Herzog. Der eine ist des andern Genius;
Und so bei diesen. Wer ist echter Mensch?
Und wer Erscheinung? Wer entziffert sie?

Dromio v. S. Ich, Herr, bin Dromio; heißt mir diesen gehn.

Dromio v. E. Ich, Herr, bin Dromio; bitt' Euch, laßt mich stehn.

Antipholus v. S. Seh' ich Aegeon oder seinen Geist?

Dromio v. S. Mein alter Herr! Wer hat Euch hier gebunden?

Aebtissin. Wer ihn auch band, die Bande lös' ich jetzt,
Und seine Freiheit schafft mir einen Gatten.
Sprich, Greis Aegeon, wenn du's selber bist,
Der einst Aemilia seine Gattin nannte,
Die dir ein schönes Zwillingspaar geschenkt.
O, wenn du der Aegeon bist, so sprich,
Und sprich zu ihr, der nämlichen Aemilia!

Aegeon. Wenn alles dies kein Traum, bist du Aemilia;
Und wenn du's bist, so sprich, wo ist der Sohn,
Der mit dir schwamm auf jenem leid'gen Floß?

Aebtissin. Von Epidamnern wurden er und ich
Mitsamt dem Zwilling Dromio aufgefangen;
Dann kamen rohe Fischer aus Korinth,
Die meinen Sohn und Dromio mir entführt
Und mich den Epidamner Schiffern ließen.
Was drauf aus ihnen wurde, weiß ich nicht;
Mir fiel das Los, in dem Ihr jetzt mich seht.

Herzog. Das paßt ja zu der Mär von heute morgen!
Die zwei Antipholus, so täuschend gleich,
Und die zwei Dromio, eins dem Ansehn nach,
Dazu der Schiffbruch, dessen sie gedenkt!
Dies sind die Eltern dieser beiden Söhne,
Die sich durch Zufall endlich wiederfinden.
Antipholus, du kamst ja von Korinth?

Antipholus v. S. Nein, Herr, ich nicht; ich kam von Syrakus.

Herzog. Tritt auf die Seit'; ich unterscheid' euch nicht.

Antipholus v. E. Ich war's, der von Korinth kam, gnäd'ger Herr.

Dromio v. E. Und ich mit ihm.

Antipholus v. E. Hierher geführt vom Herzog Menaphon,
Dem tapfern Helden, Eurem würd'gen Ohm.

Adriana. Wer von euch beiden speiste heut bei mir?

Antipholus v. S. Ich, werte Frau.

Adriana.   Und seid Ihr nicht mein Mann?

Antipholus v. E. Nicht doch! Da thu' ich Einspruch.

Antipholus v. S. Das thu' ich auch, obgleich Ihr mich so nanntet,
Und dieses schöne Fräulein, Eure Schwester,
Mich Bruder hieß. Was ich Euch da gesagt,
Das hoff' ich alles bald noch einzulösen,
Wenn nur kein Traum ist, was ich jetzt erlebt.

Angelo. Das ist die Kette, Herr, die ich Euch gab.

Antipholus v. S. Ich will's Euch glauben, Herr; ich leugn' es nicht.

Antipholus v. E. Und Ihr, Herr, nahmt mich fest um diese Kette.

Angelo. Ich glaub', ich that es, Herr; ich leugn' es nicht.

Adriana. Ich hatt' Euch Gold geschickt, Euch loszukaufen,
Durch Dromio; doch ich glaub', er bracht' es nicht.

Dromio v. E. Nein, nichts durch mich.

Antipholus v. S. Die Börse mit Dukaten kam an mich,
Und Dromio, mein Diener, gab sie mir:
Ich seh', wir trafen stets des andern Diener,
Und mich hielt man für ihn, wie ihn für mich.
Daraus entstanden diese Irrungen.

Antipholus v. E. Mit diesem Gold erlös' ich meinen Vater.

Herzog. Es thut nicht not; dein Vater bleibt am Leben.

Courtisane. Herr, meinen Diamant gebt mir zurück!

Antipholus v. E. Nehmt ihn, und vielen Dank für Eure Mahlzeit.

Aebtissin. Erhabner Fürst, geruht Euch zu bemühn,
Mit uns in die Abtei hineinzugehn
Und unser ganzes Schicksal zu vernehmen.
Und alle, die ihr hier versammelt seid,
Ihr Leidgenossen all an dieser Irrung
Des Einen Tags, Gesellschaft leistet uns,
Und wir versprechen euch genug zu thun!
Ja, dreiunddreißig Jahr lag ich in Wehn
Mit euch, ihr Söhn', und erst in dieser Stunde
Genas ich froh von meiner schweren Bürde.
Der Fürst, mein Gatte, meine beiden Kinder,
Ihr, die Kalender ihrem Wiegenfeste,
Kommt mit hinein, wir feiern's heut aufs beste.
So eilt nach langem Gram zum Wiegenfeste!

Herzog. Gern vieg' ich mich mit euch in Festeslust.
(Alle gehen ab; es bleiben die beiden Antipholus und die beiden Dromio.)

Dromio v. S. Herr, hol' ich Eure Waren aus dem Schiff?

Antipholus v. E. Ei, Dromio, was für Waren hab' ich dort?

Dromio v. S. Das Gut, das im Centauren war gelagert!

Antipholus v. S. Er spricht zu mir; ich, Dromio, bin dein Herr.

Komm, geh mit uns; das wird hernach besorgt;
Umarm den Bruder jetzt und freu dich sein.
(Die beiden Antipholus gehen ab.)
Dromio v. S. Die dicke Schönheit dort bei deinem Herrn,
Die heut zum Küchentisch mich kommandiert,
Wird meine Schwester nun, nicht meine Frau?
Dromio v. E. Mich dünkt, du bist mein Spiegel, nicht mein Bruder.
Ich seh' an dir, ich bin ein hübscher Bursch.
Sag, kommst du mit hinein zum Patenschmaus?
Dromio v. S. Ich nicht; du bist der älteste.
Dromio v. E. Das fragt sich noch; wie führst du den Beweis?
Dromio v. S. Wir wollen Halme ziehn ums Seniorat;
Bis dahin geh voran.
Dromio v. E.   Nun, sei's denn so:
Als Bruder und Bruder sah man uns ein in das Leben wandern;
Drum laß uns Hand in Hand auch gehn, nicht einer vor dem andern.
(Sie gehen ab.)

Druck von Hesse & Becker in Leipzig

Shakespeares

sämtliche

dramatische Werke.

Übersetzt von
Schlegel und Tieck.

Mit einer biographischen Einleitung von **Rob. Prölß.**

Achter Band.

Leipzig.
Gustav Fock Verlag.

Die beiden Veroneser.

Übersetzt von

Ludwig Tieck.

Personen.

Der Herzog von Mailand, Silvias Vater.
Valentin, } zwei junge Veroneser.
Proteus, }
Antonio, Vater des Proteus.
Thurio, Nebenbuhler der Valentin.
Eglamour.
Flink, Diener des Valentin.

Lanz, Diener des Proteus.
Panthino, Diener des Antonio.
Ein Wirt.
Räuber.
Julia, eine edle Veroneserin.
Silvia, des Herzogs Tochter.
Lucetta, Kammermädchen der Julia.
Diener. Musikanten.

Das Stück spielt zum Teil in Verona, zum Teil in Mailand, zum Teil an der Grenze von Mantua.

Erster Aufzug.

1. Scene.

Platz in Verona.

Valentin und Proteus treten auf.

Valentin. Hör, teurer Proteus, auf, mir zuzureden;
Wer stets zu Haus bleibt, hat nur Witz fürs Haus.
Wenn Neigung nicht dein junges Herz gefesselt
Den süßen Augenwinken deiner Schönen,
Bät' ich dich eh'r, du möchtest mich begleiten,
Die Wunder fremder Länder zu beschaun,
Anstatt daheim im dumpfen Traum die Jugend
In thatenloser Muße zu vernutzen.
Doch da du liebst, so lieb', und mit Gedeihn,
Und lieb' ich einst, sei gleicher Segen mein.
Proteus. Du gehst? Mein liebster Valentin, fahr wohl!
Denk deines Proteus, wenn du Ding' erblickst,
Die schön und merkenswert, auf deinen Reisen;
Wünsch mich zu dir, dein Glück mit dir zu teilen,

1*

Wenn Gutes dir begegnet; in Gefahr,
Wenn jemals dich Gefahr umringt, empfiehl
Dein Drangſal meinem heiligen Gebet.
Denn Fürſprech, Valentin, will ich dir ſein.
Valentin. Und bet'ſt aus einem Liebesbuch für mich.
Proteus. Jawohl, aus einem Buche, das ich liebe.
Valentin Das iſt von tiefer Lieb' ein ſeichtes Märchen,
Wie durch den Hellespont Leander ſchwamm.
Proteus. Das iſt ein tiefes Märchen tiefrer Liebe;
Die Liebe ging ihm ja bis an den Hals.
Valentin. Über die Ohren biſt du drin verſenkt,
Und haſt doch nie den Hellespont durchſchwommen.
Proteus. Verſchone mich mit dieſem Ohrenſchmaus.
Valentin. Lieh'ſt du dein Ohr mir, gäbſt du's auf.
Proteus.   . Was denn?
Valentin. Zu lieben, wo du Spott für Seufzer ernteſt,
Spröde Blicke für herzbeklemmtes Sehnen
Und einen flücht'gen Augenblick der Luſt
Für zwanzig müd durchwachter Nächte Qual.
Gewonnen, iſt's vielleicht ein ſchlimmes Gut;
Verloren, iſt doch ſchwere Müh' gewonnen.
Und immer iſt's durch Witz errungne Thorheit;
Wo nicht, iſt's Witz, durch Thorheit überwältigt.
Proteus. Geht es nach dir, ſo nennſt du mich 'nen Thoren.
Valentin. Und geht's nach dir, fürcht' ich, du wirſt es ſein.
Proteus. Du höhnſt die Lieb'; ich bin nicht Liebe, nein.
Valentin. Lieb' iſt dein Meiſter; denn ſie meiſtert dich,
Und der, den eine Närrin ſpannt ins Joch,
Den kann man nicht ins Buch der Weiſen ſchreiben.
Proteus. Doch lieſt man, ſo wie in der zartſten Knoſpe
Die Raupe nagend wohnt, ſo nagend wohne
Die Liebe in dem allerfeinſten Sinn.
Valentin. Auch ſagt das Buch, ſo wie die frühſte Knoſpe
Vom Wurm zernagt wird, eh' ſie aufgeblüht,
So wandl' auch jungen, zarten Sinn die Liebe
In Thorheit, daß vergiftet wird die Knoſpe,
Daß in der Blüte ſchon das Grün verwelkt
Und jeder künſt'gen Hoffnung ſchöner Schein.
Doch was verſchwend' ich Zeit, um dir zu raten,
Dem Prieſter ſchwärmeriſchen Liebeswahns?
Nochmals, leb' wohl! Es wartet auf der Reede
Mein Vater, um mich eingeſchifft zu ſehn.
Proteus. Ich will dich hinbegleiten, Valentin.

Valentin. Mein Proteus, nein. Jetzt laß uns Abschied nehmen.
Nach Mailand laß durch Briefe mich erfahren
Von deiner Liebe Glück, und was sonst Neues
Sich hier ereignet, während fern dein Freund;
So werd' auch ich dich schriftlich oft besuchen.
Proteus. Begegne dir zu Mailand alles Glück!
Valentin. Nicht minder dir daheim! und so, leb' wohl!
(Valentin geht ab.)
Proteus. Er jagt der Ehre nach, und ich der Liebe,
Läßt Freund', um ihrer würdiger zu werden;
Mich, Freund' und alles lass' ich für die Liebe.
Du, süße Julia, du hast mich verwandelt;
Verhaßt ist Wissenschaft, die Zeit verlier' ich,
Trotz biet' ich gutem Rat, die Welt nichts achtend;
Krank ist mein trüber Sinn, in Leid verschmachtend.
Flink tritt auf.
Flink. Gegrüßt, Herr Proteus, saht Ihr meinen Herrn?
Proteus. Soeben schifft er sich nach Mailand ein.
Flink. So mußten sie so bald ins Schiff ihn schaffen?
Dann bin ich eins von den verlornen Schafen.
Proteus. Ja; leicht verirrt ein armes Schäfchen sich,
Sobald der Schäfer von der Herde wich.
Flink. Ihr schließt, daß mein Herr ein Schäfer ist, und ich eins
von den Schafen?
Proteus. Das thu' ich.
Flink. So sind meine Hörner die seinen, mag ich wachen oder
schlafen.
Proteus. Eine einfält'ge Antwort, so ziemt sie den Schafen.
Flink. Dies macht mich alles zu einem Schaf.
Proteus. Sicherlich; und deinen Herrn zum Schäfer.

Flink. Nein, das kann ich durch einen Beweis widerlegen.

Proteus. Es müßte mit seltsamen Dingen zugehen, wenn ich nicht das Gegenteil beweise.

Flink. Der Schäfer sucht das Schaf, und nicht das Schaf den Schäfer; aber ich suche meinen Herrn, und mein Herr nicht mich; deswegen bin ich kein Schaf.

Proteus. Das Schaf folgt des Futters halb' dem Schäfer, der Schäfer nicht der Speise halb' dem Schaf. Du folgst des Lohnes halb' deinem Herrn, dein Herr nicht des Lohnes wegen dir; deshalb bist du ein Schaf.

Flink. Nur noch einen solchen Beweis, und ich muß schreien: Bä!

Proteus. Doch höre, Freund, gabst du den Brief an Julia?

Flink. Ja, Herr! Ich, ein verdutztes Lamm, gab ihr, dem

geputzten Lamm, Euren Brief; und sie, das geputzte Lamm, gab mir,
dem verdutzten Lamm, nichts für meine Mühe.

Proteus. Welch eine Menge Lämmer! Sage mir, was die
alle von mir wollen.

Flink. Ist's Euch um Wolle zu thun, so müßt Ihr sie scheren.

Proteus. Ja, dich will ich scheren.

Flink. Nein, mir solltet Ihr lieber etwas bescheren für mein
Brieftragen.

Proteus. Du irrst; ich meinte, ich wollte dich scheren.

Flink. Ach! scheren statt bescheren. Geht, laßt mich ungeschoren.
Ich trag' Euch keinen Brief mehr, ist so die Müh' verloren.

Proteus. Nun, was sagte sie? Merktest du, ob meine Worte
sie zu gewinnen taugen?

Flink. Nichts.

Proteus. Taugen, nichts? Ei, das ist Taugenichts.

Flink. Ihr versteht falsch, Herr; ich sage nur, ich merkte nichts,
ob Eure Werte für sie taugen.

Proteus. Nun, zusammengesetzt ist das: Taugenichts.

Flink. Ihr habt Euch die Mühe gegeben, es zusammenzusetzen,
so nehmt es denn für Eure Mühe.

Proteus. Nein, du sollst es dafür haben, daß du meinen
Brief hingetragen hast.

Flink. Gut, ich sehe wohl, daß ich geduldig sein muß, um
Euch zu ertragen.

Proteus. Nun, was hast du denn von mir zu ertragen?

Flink. Wahrhaftig, Herr, ich trug den Brief sehr ordentlich,
und habe doch nichts als das Wort Taugenichts für meine Mühe
davongetragen.

Proteus. Ei, du hast einen behenden Witz.

Flink. Und doch kann er Eure langsame Börse nicht einholen.

Proteus. Nun, mach fort. Was sagte sie? Heraus mit
deiner Botschaft.

Flink. Heraus mit Eurer Börse, damit Lohn und Botschaft
zugleich überliefert werden.

Proteus. Gut, hier ist für deine Mühe. (Giebt ihm Geld.)
Was sagte sie?

Flink. Mein Seel, Herr, ich glaube, Ihr werdet sie schwerlich
gewinnen.

Proteus. Warum? Konntest du so viel aus ihr herausbringen?

Flink. Herr, ich konnte durchaus nichts aus ihr herausbringen,
nicht einmal einen Dukaten für die Überlieferung Eures Briefes.
Und da sie so hart war gegen mich, der ich als Dolmetsch Eurer
Gefühle kam, so fürchte ich, daß sie ebenso hart gegen Euch sein

wird, wenn Ihr Eure Gefühle selbst aussprecht. Gebt ihr kein Liebespfand als Steine, denn sie ist so hart wie Stahl.

Proteus. Wie? Sagte sie nichts?

Flink. Nein, nicht einmal: Nimm das für deine Mühe. Ihr werdet mir nie gleichgültig sein, denn Ihr habt mich gleich um einige Gulden reicher gemacht; zum Dank dafür tragt künftig Eure Briefe selbst. Und so will ich Euch meinem Herrn empfehlen. (Geht ab.)

Proteus. Geh, geh, vor Schiffbruch euer Schiff zu hüten;
Es kann nicht scheitern, hat es dich an Bord.
Du bist bestimmt zu trockenem Tod am Lande.
Ich muß schon einen bessern Boten senden;
Nicht achtet, fürcht' ich, Julia meiner Zeilen,
Wenn sie aus beßrer Hand sie nicht empfängt. (Geht ab.)

2. Scene.

Ebendaselbst. Juliens Garten.

Julia und Lucetta treten auf.

Julia. Doch sprich, Lucetta, denn wir sind allein,
Du rätst, ich soll mein Herz der Lieb' eröffnen?

Lucetta. Ja, Fräulein; schließt Ihr's der Vernunft nicht zu.

Julia. Von all den edlen Herrn, die mich besuchen,
Die im gesell'gen Kreis ich täglich sehe,
Wer scheint am meisten dir der Liebe wert?

Lucetta. Ich bitt' Euch, nennt sie mir, so sag' ich Euch
Nach schwacher, schlichter Einsicht meine Meinung.

Julia. Wie denkst du von dem schönen Eglamour?

Lucetta. Er ist ein Ritter, wohlberedt und fein;
Doch wär' ich Ihr, er würde nimmer mein.

Julia. Wie denkst du von dem reichen Herrn Mercatio?

Lucetta. Von seinem Reichtum gut, von ihm so so.

Julia. Nun sprich, wie du vom edlen Proteus denkst.

Lucetta. O Thorheit, wie du uns so ganz befängst!

Julia. Was ficht dich an, wird Proteus nur genannt?

Lucetta. Verzeiht, die Scham ist's, die mich übermannt.
Glaubt Ihr, daß ich Unwürd'ge schätzen kann
Solch anmutvollen, edlen, jungen Mann?

Julia. Warum nicht Proteus, wie die andern Gäste?

Lucetta. Nun denn, von Guten scheint er mir der beste.

Julia. Dein Grund?

Lucetta. Kein andrer ist's, als eines Weibes Grund;
Er scheint mir so, nur weil er mir so scheint.

Julia. So rätst du, meine Lieb' auf ihn zu werfen?

Lucetta. Ja, glaubt Ihr nicht die Liebe weggeworfen.
Julia. Er nur allein sprach mir von Liebe nie.
Lucetta. Und doch, glaubt's, liebt er inn'ger Euch als alle.
Julia. Er spricht fast nie, das ist nicht Leidenschaft.
Lucetta. Verdecktes Feuer brennt mit größrer Kraft.
Julia. Nicht liebt, wer seine Liebe stets verschweigt.
Lucetta. Noch wen'ger, wer vor andern stets sie zeigt.
Julia. O! wüßt' ich, wie er denkt!
Lucetta.   Lest, Fräulein, dies Papier.
Julia. An Julia. Sprich, von wem?
Lucetta.   Der Inhalt sagt es Euch.
Julia. Doch sprich; wer gab es dir?
Lucetta. Der Page Valentins, den Proteus schickte;.
  Euch wolli' er's geben selbst, doch ich kam ihm entgegen,
  Empfing's an Eurer Statt; verzeiht, war ich verwegen.
Julia. Bei meiner Sittsamkeit! Du Kupplerin!
  Wagst du es, lose Zeilen aufzunehmen?
  Planst heimlichen Verrat an meiner Jugend?
  Nun, auf mein Wort, das ist ein ehrbar Amt,
  Und du Beamter schicklich für die Würde.
  Da nimm das Blatt, laß es ihm wiedergeben;
  Sonst komm du nie vor meine Augen wieder.
Lucetta. Der Liebe Dienst soll Lohn, nicht Haß gewinnen.
Julia. So gehst du nicht?
Lucetta.   Nun könnt Ihr Euch besinnen.
(Lucetta geht ab.)
Julia. Und doch — hätt' ich den Brief nur durchgelesen!
  Doch Schande wär's, sie wieder herzurufen,
  Erbitten, was ich als Verbrechen schalt.
  Die Närrin! weiß, daß ich ein Mädchen bin,
  Und zwingt mich nicht, daß ich den Brief erbreche.
  Nein sagt ein Mädchen, weil's die Sitte will,
  Und wünscht, daß es der Frager dent' als ja.
  Pfui, wie verkehrt ist diese thörichte Liebe!
  Ein wildes Kindchen kratzt sie erst die Amme
  Und küßt in Demut gleich darauf die Rute!
  Wie ungestüm schalt ich Lucetta fort,
  Da ich so gern sie hier behalten hätte!
  Wie zornig lehrt' ich meine Stirn sich falten,
  Da innre Lust mein Herz zum Lächeln zwang!
  Die Strafe sei, daß ich Lucetta rufe
  Und meine Thorheit zu verzeihen bitte.
  Heda! Lucetta!

Lucetta kommt zurück.

Lucetta. Was befiehlt Euer Gnaden?

Julia. Iſt noch nicht Eſſenszeit?

Lucetta. Ich wollt', es wäre;
Dann kühltet Ihr den Zorn an Eurer Mahlzeit,
Statt an der Dienerin.

Julia. Was nimmſt du auf
So ſorgſam?

Lucetta. Nichts.

Julia. Weshalb denn bückſt du dich?

Lucetta. Ich nahm ein Blatt auf, das ich fallen ließ.

Julia. Und iſt das Blatt denn nichts?

Lucetta. Nichts, das mich angeht.

Julia. Dann laß für die es liegen, die es angeht,

Lucetta. Es wird für die nicht lügen, die es angeht,
Wenn es nicht irgend einer falſch erklärt.

Julia. Es ſchrieb dir ein Verehrer wohl in Verſen?

Lucetta. Um es nach einer Melodie zu ſingen;
Setzt Ihr es doch; Ihr kennt die edle Kunſt.

Julia. Nicht, an unedlen Tand ſie zu verſchwenden;
Drum ſing' es zu dem Ton leichtſinn'ge Liebe.

Lucetta. Es iſt zu ſchwer für ſolchen leichten Ton.

Julia. Zu ſchwer? So iſt es wohl vielſtimm'ger Satz?

Lucetta. Es iſt melodiſch nur, ſingt Ihr's allein.

Julia. Warum nicht du?

Lucetta. Es iſt für mich zu hoch.

Julia. Zeig her dein Lied! — Ha, Kecke, was iſt das?

Lucetta. Nein, bleibt im Ton, wollt Ihr's zu Ende ſingen;
Und doch gefällt mir dieſer Ton nicht recht.

Julia. Weshalb denn nicht?

Lucetta. Er iſt zu ſchneidend, Fräulein.

Julia. Du biſt zu vorlaut.

Lucetta. Nein, nun wird es matt;
Einſtimm'ges Lied hat keine Harmonie;
Die Mittelſtimme fehlt.

Julia. Die heiſre Stimme
Der Mittlerin zerſtört die Harmonie.

Lucetta. Proteus bedarf wohl der Vermittlung nicht.

Julia. Nicht länger ſoll mich dies Geſchwätz beläſt'gen.
Das nimmt kein Ende mit den Liebesſchwüren!

(Sie zerreißt den Brief.)

Geh, mach dich fort! Laß die Papiere liegen;
Du hätt'ſt ſie gern in Händen, mich zu ärgern.

Lucetta. Sie stellt sich spröd, und doch wär's ihr am liebsten,
Wenn sie ein zweiter Brief so ärgerte.

(Geht ab.)

Julia. Nein; könnte mich derselbe Brief nur ärgern!
Haßvolle Hände, Liebesschrift zerreißt ihr?
Mordsücht'ge Wespen, saugt des Honigs Süße
Und stecht zu Tod die Biene, die ihn gab?
Zur Sühne küss' ich jedes Stück Papier.
Sieh — güt'ge Julia — hier, ungüt'ge Julia!
Und so, um deinen Undank zu bestrafen,
Werf' ich den Namen auf den harten Stein
Und tret' mit Füßen deinen spröden Trotz.
O, sieh, hier steht — der liebeswunde Proteus —
O, Armer du! Mein Busen, wie ein Beet,
Herberge dich, bis ganz die Wunde genesen,
In die heilkräft'gen Kusses Soud' ich senke.
Doch zwei-, dreimal stand Proteus hier geschrieben!
Still, guter Wind, entführe mir kein Stückchen,
Bis jedes Wort des Briefs ich wieder fand.
Nur meinen Namen nicht; den trag' ein Sturm
Zum Zackenfels, der graus ins Meer hinausragt,
Und schleudr' ihn in die wilde See hinab!
Sieh, zweimal hier sein Nam' in einer Zeile —
Der arme Proteus, Proteus, gramverloren —
Der süßen Julia! — Nein, das reiß' ich ab;
Doch will ich's nicht, da er so allerliebst
Ihn paart mit seinem schwermutvollen Namen.
So will ich einen auf den andern falten;
Nun küßt, umarmt euch, zankt, thut, was ihr wollt.

Lucetta kommt zurück.

Lucetta. Fräulein, zur Mahlzeit, Euer Vater wartet.
Julia. Gut, gehn wir.
Lucetta. Wie, laßt Ihr die Papier' als Schwätzer liegen?
Julia. Hältst du sie wert, so nimm sie auch nur auf.
Lucetta. Schlecht nahmt Ihr's auf, da ich sie niederlegte;
Doch soll'n sie fort, daß sie sich nicht erkälten.
Julia. Ich seh', du hast zu ihnen ein Gelüst.
Lucetta. Ja, sagt nur immer, was Ihr meint zu sehn;
Auch ich seh' klar, denkt Ihr schon, ich sei blind.
Julia. Komm, komm! Beliebt's, hineinzugehn?

(Sie gehen ab.)

3. Scene.

Ebendaselbst. Zimmer in Antonios Haus.

Antonio und Panthino treten auf.

Antonio. Panthino, sprich, mit welcher ernsten Rede
Hielt dich mein Bruder in dem Kreuzgang auf?
Panthino. Von Proteus, seinem Neffen, Eurem Sohn.
Antonio. Doch was von ihm?
Panthino. Ihn wundert, daß Eu'r Gnaden
Daheim ihn seine Jugend läßt verbringen,
Da mancher, der geringer ist als Ihr,
Den Sohn auf Reisen schickt, sich auszuzeichnen;
Der in den Krieg, um dort sein Glück zu suchen;
Der zur Entdeckung weitentlegner Inseln;
Der zur gelehrten Universität.
Für dieser Wege jeglichen und alle,
Meint er, sei Proteus, Ener Sohn, geschickt.
Mir trug er auf, es Euch ans Herz zu legen,
Daß Ihr ihn nicht länger daheim behaltet;
Zum Vorwurf würde es dem Greis gereichen,
Hätt' er die Welt als Jüngling nicht gesehn.
Antonio. Nun, dazu darfst du mich nicht eben drängen,
Worauf ich schon seit einem Monat sinne.
Wohl hab' ich selbst den Zeitverlust erwogen,
Und wie er ein vollkommner Mann nicht ist,
Eh' ihn die Welt erzogen und geprüft.
Erfahrung wird durch Fleiß und Müh' erlangt
Und durch den raschen Lauf der Zeit gereift;
Doch sprich, wohin ich ihn am besten sende?
Panthino. Ich denk', Eu'r Gnaden ist nicht unbekannt,
Wie jetzt sein Freund, der junge Valentin,
Am Hof dem Kaiser seine Dienste widmet.
Antonio. Ich weiß es wohl.
Panthino. Ich mein', Eu'r Gnaden sollt' ihn dahin senden.
Dort übt er sich im Stechen und Turnieren,
Hört sein Gespräch, bekannt wird er dem Adel,
Und so wird jede Übung ihm geläufig,
Die seiner Jugend ziemt und seinem Rang.
Antonio. Dein Rat gefällt mir, wohl hast du's erwogen;
Und, daß du siehst, wie sehr er mir gefällt,
Soll's deutlich dir durch die Vollstreckung werden.
So will ich mit der allerschnellsten Eile
Alsbald ihn schicken an des Kaisers Hof.

Panthino. Vernehmt, daß morgen Don Alfonso reist,
Mit andern angesehnen jungen Herrn,
Dem Kaiser ihre Huldigung zu bringen.
Und ihren Dienst dem Herrscher anzubieten.

Antonio. In der Gesellschaft soll auch Proteus reisen;
Und, grade recht — jetzt will ich's ihm verkünden.

Proteus tritt auf.

Proteus. O süße Lieb'! o süße Zeilen! süßes Leben!
Ja, hier ist ihre Hand, des Herzens Bote;
Hier ist ihr Liebesschwur, der Ehre Pfand.
O, daß die Väter unsern Liebesbund
Und unser Glück durch ihren Beifall krönten!
O, Engel! Julia!

Antonio. Was ist das für ein Brief, den du da liest?

Proteus. Mein gnäd'ger Vater, wen'ge Zeilen nur,
In denen Valentin sich mir empfiehlt,
Und die ein Freund mir bringt, der ihn gesprochen.

Antonio. Gieb mir den Brief; laß sehn, was er enthält.

Proteus. Durchaus nichts Neues, Herr; er schreibt mir nur,
Wie glücklich er dort lebt, wie sehr geliebt
Und täglich wachsend in des Kaisers Gnade;
Er wünscht mich hin, sein Glück mit ihm zu teilen.

Antonio. Und fühlst du seinem Wunsche dich geneigt?

Proteus. Herr, Eurem Willen bin ich unterthan,
Und nicht darf mir des Freundes Wunsch gebieten.

Antonio. Mein Wille trifft mit seinem Wunsch zusammen;
Sei nicht erstaunt, daß ich so schnell verfahre;
Denn was ich will, das will ich, kurz und gut.
Beschlossen ist es, daß du ein'ge Zeit
Mit Valentin am Hof des Kaisers lebst;
Was ihm zum Unterhalt die Seinen geben,
Die gleiche Summe setz' auch ich dir aus.
Auf morgen halt' dich fertig, abzugehn;
Kein Einwand gilt, unwiderruflich bleibt's.

Proteus. Herr, nicht so schnell ist alles vorbereitet;
Nur ein, zwei Tage, überlegt's Euch, bitt' ich.

Antonio. Ei, was du brauchst, das schicken wir dir nach.
Kein längres Zögern, morgen mußt du fort.
Panthino, komm; du sollst mir Hilfe leisten,
Um eiligst seine Reise zu befördern.

(Antonio und Panthino gehen ab.)

Proteus. Das Feuer floh ich so, mich nicht zu brennen.
Und stürzte mich ins Meer, wo ich ertrinke;

Dem Vater wollt' ich Julias Brief nicht zeigen,
Aus Furcht, er könne meine Liebe hindern;
Jetzt muß ihm meine Weigrung dazu dienen,
Das stärkste Hinderniß ihr vorzuschieben.
O, daß der Liebe Frühling, immer wechselnd,
Gleich des Apriltags Herrlichkeit uns funkelt;
Er zeigt die Sonn' in ihrer vollen Pracht,
Bis plötzlich eine Wolk' ihr Licht verdunkelt!

Panthino kommt zurück.

Panthino. Herr Proteus, Euer Vater ruft nach Euch;
Er ist sehr eilig, bitte, folgt mir gleich.
Proteus. Mein Herz ergiebt sich, denn es muß ja sein;
Doch ruft es tausendmal mit Schmerzen: nein! (Sie gehen ab.)

Zweiter Aufzug.

I. Scene.

Palast des Herzogs in Mailand.

Valentin und Flink treten auf.

Flink. Eu'r Handschuh, Herr.
Valentin. Bin schon damit versehn.
Flink. Dacht' ich's doch gleich, er entfiel Euch aus Versehn.
Valentin. Ha! laß mich sehn! Ja, gieb ihn, er ist mein.
O süßer Schmuck, der Köstliches hüllt ein!
Ach Silvia! Silvia!
Flink. Fräulein Silvia! Fräulein Silvia!
Valentin. Was soll das, Bursch?
Flink. Sie ist nicht zu errufen.
Valentin. Ei, wer heißt sie dich rufen?
Flink. Euer Gnaden, oder ich müßte es falsch verstanden haben.
Valentin. Ja, du bist immer zu voreilig.
Flink. Und doch ward ich neulich gescholten, daß ich zu langsam sei.
Valentin. Wohlan, sage mir, kennst du Fräulein Silvia?
Flink. Sie, die Euer Gnaden liebt?
Valentin. Nun, woher weißt du, daß ich liebe?
Flink. Wahrhaftig, an diesen besonderen Kennzeichen: Fürs erste, habt Ihr gelernt, wie Herr Proteus, Eure Arme ineinander zu winden, wie ein Mißvergnügter; an einem Liebesliede Geschmack zu finden, wie ein Rotkehlchen; allein einherzuschreiten, wie ein Pestkrauler; zu ächzen, wie ein Schulknabe, der sein ABC verloren hat; zu weinen, wie eine junge Dirne, die ihre Großmutter

begrub; zu faſten, wie einer, der in der Hungerkur liegt, zu wachen, wie einer, der Einbruch fürchtet; winſelnd zu reden, wie ein Bettler am Allerheiligentage. Ihr pflegtet ſonſt, wenn Ihr lachtet, wie ein Hahn zu krähen; wenn Ihr einherginget, wie ein Löwe zu wandeln; wenn Ihr faſtetet, war es gleich nach dem Eſſen; wenn Ihr finſter blicktet, war es, weil Euch Geld fehlte. Und jetzt ſeid Ihr von Eurer Dame verwandelt, daß, wenn ich Euch anſehe, ich Euch kaum für meinen Herrn halten kann.

Valentin. Bemerkt man alles dies in mir?

Flink. Man bemerkt das alles außer Euch.

Valentin. Außer mir? Das iſt nicht möglich.

Flink. Außer Euch? Nein, das iſt gewiß; denn außer Euch wird kein Menſch ſo einfältig ſein. Aber Ihr ſeid ſo außer Euch vor Thorheiten, daß dieſe Thorheiten in Euch ſind und durchſcheinen durch Euch wie Waſſer in einem Uringlaſe, ſo daß kein Auge Euch ſieht, das nicht gleich zum Arzt wird und Eure Krankheit begutachtet.

Valentin. Doch, ſage mir, kennſt du Fräulein Silvia?

Flink. Die, welche Ihr ſo anſtarret, wenn ſie bei Tiſche ſitzt?

Valentin. Haſt du das bemerkt? Eben die meine ich.

Flink. Nun, Herr, ich kenne ſie nicht.

Valentin. Kennſt du ſie an meinem Anſtarren, und kennſt ſie doch nicht?

Flink. Iſt es nicht die, die häßlich gewachſen iſt?

Valentin. Sie iſt ſchön, Burſche, und noch herrlicher gewachſen.

Flink. Das weiß ich recht gut.

Valentin. Was weißt du?

Flink. Daß ſie nicht ſo ſchön iſt, und brauner als Wachs.

Valentin. Ich meine, ihre Schönheit iſt ausbündig, aber die Herrlichkeit ihres Wuchſes unermeßlich.

Flink. Das macht, weil das eine gemalt, und das andere nicht in Rechnung zu ſtellen iſt.

Valentin. Wie gemalt, und wie nicht in Rechnung zu ſtellen?

Flink. Nun, ſie iſt ſo gemalt, um ſie ſchön zu machen, daß kein Menſch ihre Schönheit berechnen kann.

Valentin. Was meinſt du von mir? Ich ſtelle ihre Schön= heit hoch in Rechnung.

Flink. Ihr ſaht ſie niemals, ſeit ſie häßlich iſt.

Valentin. Seit wann iſt ſie häßlich?

Flink. Seitdem Ihr ſie liebt.

Valentin. Ich habe ſie immer geliebt, ſeit ich ſie ſah, und ſtets noch ſehe ich ſie reich an Schönheit.

Flink. Wenn Ihr ſie liebt, könnt Ihr ſie nicht ſehen.

Valentin. Warum?

Flink. Weil Liebe blind ist. O, daß Ihr meine Augen hättet; oder Eure Augen hätten die Klarheit, welche sie hatten, als Ihr den Herrn Proteus schaltet, daß er ohne Kniebänder ging.

Valentin. Was würde ich dann sehen?

Flink. Eure gegenwärtige Thorheit und ihre übergroße Häß= lichkeit; denn er, weil er verliebt war, konnte nicht sehen, um sein Knieband zu schnallen; und Ihr, weil Ihr verliebt seid, könnt gar nicht einmal sehen, Eure Strümpfe anzuziehen.

Valentin. So scheint's, Bursche, du bist verliebt; denn gestern morgen konntest du nicht sehen, meine Schuhe zu putzen.

Flink. Wahrhaftig, Herr, ich war in mein Bett verliebt. Ich danke Euch, daß Ihr mich meiner Liebe wegen wamstet; denn das macht mich um so kühner, Euch um die Eure zu schelten.

Valentin. Ich trage sie im Herzen, wo ich geh' und stehe.

Flink. Setzt Euch, so wird Euch die Last leichter sein.

Valentin. Gestern abend trug sie mir auf, einige Verse an jemand zu schreiben, den sie liebt.

Flink. Und thatet Ihr's?

Valentin. Ja.

Flink. Und sind sie nicht sehr lahm geschrieben?

Valentin. Nein, Bursch, so gut, wie ich nur konnte. — Still, hier kommt sie.

Silvia tritt auf.

Flink (beiseite). O herrliches Puppenspiel! O vortreffliche Marionette! Jetzt wird's bald zu einer Erklärung seinerseits kommen.

Valentin. Fräulein und Gebieterin, tausend guten Morgen.

Flink (beiseite). O! einen guten Abend dazu. Über die Million von Komplimenten.

Silvia. Ritter Valentin und Diener, ich gebe Euch zweitausend.

Flink (beiseite). Er sollte ihr Zinsen geben, und sie giebt sie ihm.

Valentin. Wie Ihr befahlt, hab' ich den Brief geschrieben
An den geheimen, namenlosen Freund;
Sehr ungern ließ ich mich dazu gebrauchen,
Geschah's aus Pflicht für Euer Gnaden nicht.

Silvia. Dank, edler Diener, recht geschickt vollführt.

Valentin. Glaubt mir, mein Fräulein, es ging schwer von statten;
Denn, unbekannt, an wen es war gerichtet,
Schrieb ich unsicher nur, aufs Geratewohl.

Silvia. Ihr achtet wohl zu viel so viele Mühe?

Valentin. Nein, Fräulein; nützt es Euch, so will ich schreiben,
Wenn Ihr's befehlt, noch tausendmal so viel.
Und doch — ·

Silvia. Ein schöner Satz! Ich rate, was soll folgen;
Doch neun' ich's nicht; — doch kümmert es mich nicht; —
Und doch nehmt dies zurück; — und doch, ich dank' Euch; —
Und will Euch künftig niemals mehr bemühn.

Flink (beiseite). Und doch geschieht's gewiß, und doch, und doch.

Valentin. Was meint Euer Gnaden? Ist es Euch nicht recht?

Silvia. Ja, ja; die Verse sind recht gut geschrieben,
Doch, da Ihr's ungern thatet, nehmt sie wieder;
Hier, nehmt sie hin.

Valentin. Fräulein, sie sind für Euch.

Silvia. Ja, ja; Ihr schriebt sie, Herr, auf mein Ersuchen;
Ich aber will sie nicht; sie sind für Euch.
Ich hätte gern sie rührender gehabt.

Valentin. Wenn Ihr befehlt, schreib' ich ein andres Blatt.

Silvia. Und schriebt Ihr es, so lest es durch statt meiner;
Gefällt es Euch, dann gut; wo nicht, auch gut.

Valentin. Und wenn es mir gefällt, Fräulein, was dann?

Silvia. Gefällt es Euch, so nehmt's für Eure Mühe.
Und so, mein lieber Diener, guten Morgen. (Silvia geht ab.)

Flink. O unsichtbares Späßchen! das zu ergründen nicht geht!
Wie der Wetterhahn auf dem Turm, wie die Nas' im Gesicht steht!
Es dient mein Herr und sleht ihr; doch sie wünscht ihn sich dreister
Und macht aus ihrem Schüler sich selber den Schulmeister.
Vortrefflich eingefädelt! O Gipfel aller Künste!
Mein Herr schreibt an sich selbst in seiner Herrin Dienste.

Valentin. Was räsonnierst du so mit dir selbst?

Flink. Nein, ich meinte nur; die Raison habt Ihr.

Valentin. Um was zu thun?

Flink. Freiwerber für Fräulein Silvia zu sein.

Valentin. Für wen?

Flink. Für Euch selbst, und sie wirbt um Euch figürlich.

Valentin. Wie denn figürlich?

Flink. Durch einen Brief, wollt' ich sagen.

Valentin. Sie hat ja an mich nicht geschrieben.

Flink. Was braucht sie's, da sie Euch an Euch selbst hat
schreiben lassen. Nun, merkt Ihr den Spaß?

Valentin. Nichts, glaube mir.

Flink. Ich glaube Euch auch nichts, Herr. Aber merktet Ihr
nicht ihren Ernst?

Valentin. Es ward mir keiner, als ein zornig Wort.

Flink. Sie gab Euch ja einen Brief.

Valentin. Das ist der Brief, den ich an ihren Freund geschrieben habe.

Flink. Und den Brief hat sie bestellt, und damit gut.

Valentin. Ich wollte, es wäre nicht schlimmer.

Flink. Ich bürge Euch, es ist grade so gut.
Denn oft geschrieben habt Ihr ihr, und sie aus Sittsamkeit,
Weil Muß' ihr auch vielleicht gefehlt, gab nimmer Euch Bescheid;
Vielleicht auch bang, daß Boten wohl Betrügerei verübten,
Hat sie den Liebsten selbst gelehrt, zu schreiben dem Geliebten.
Das sprech' ich wie gedruckt, denn ich sah's gedruckt. —
Was steht Ihr in Gedanken? Es ist Essenszeit.

Valentin. Ich habe gegessen.

Flink. Ja, aber hört, Herr, wenn auch das Chamäleon Liebe
sich mit Luft sättigen kann, ich bin einer, der sich von Speise nährt,
und möchte gern essen. Ach! seid nicht wie Eure Dame; laßt Euch
rühren! laßt Euch rühren! (Beide gehen ab.)

2. Scene.

Verona. Juliens Zimmer.

Proteus und Julia treten auf.

Proteus. Geduldig, liebe Julia.

Julia. Ich muß, wo keine Hilfe ist.

Proteus. Sobald ich irgend kann, kehr' ich zurück.

Julia. Verkehrt sich Euer Sinn nicht, lehrt Ihr bald.
Nehmt dies als Eurer Julia Angedenken.
(Sie giebt ihm einen Ring.)

Proteus. So tauschen wir; nimm dies und denke mein.

Julia. Laß heil'gen Kuß des Bundes Siegel sein.

Proteus. Nimm meine Hand als Zeichen ew'ger Treue;
Und wenn im Tag mir eine Stund' entschlüpft,
In der ich nicht um dich, o Julia, seufze,
Mag in der nächsten Stund' ein schweres Unheil
Mich für Vergessenheit der Liebe strafen!
Mein Vater wartet mein; o! sage nichts;
Die Flut ist da — nicht deiner Thränen Flut,
Mich hält die Flut mehr, als ich bleiben sollte. *(Julia geht ab.)*
Julia, leb' wohl! — Wie? ohn' ein Wort gegangen?
Ja, treue Lieb' ist so, sie kann nicht sprechen;
Mit Thaten schmückt sich Treu' und nicht mit Worten.
Panthino tritt auf.

Panthino. Man wartet schon.

Proteus. Ich komme; geh nur fort.
Ach! Trennung macht verstummen Liebeswort.
(Beide gehen ab.)

3. Scene.

Ebendaselbst. Straße.

Lanz tritt auf und führt einen Hund am Strick.

Lanz. Nein, in einer ganzen Stunde werde ich nicht mit
Weinen fertig: alle Lanze haben nun einmal den Fehler. Ich habe
mein Erbteil empfangen, wie der verlorene Sohn, und gehe mit
Herrn Proteus an den kaiserlichen Hof. Ich glaube, Krabb, mein
Hund, ist der verbissenste Hund auf der ganzen Welt. Meine Mutter
weinte, mein Vater jammerte, meine Schwester schrie, unsere Magd
heulte, unsere Katze rang die Hände, und unser ganzes Haus war
im erbärmlichsten Zustand, da vergoß dieser hartherzige Köter nicht
eine Thräne. Er ist ein Stein, ein wahrer Kieselstein, und hat
nicht mehr Nächstenliebe als ein Hund. Ein Jude würde geweint
haben, wenn er unseren Abschied gesehen hätte; ja, meine Großmutter,
die keine Augen mehr hat, seht ihr, die weinte sich blind bei meinem
Fortgehen. Ich will euch zeigen, wie es herging: Dieser Schuh ist mein
Vater; nein, dieser linke Schuh ist mein Vater — nein, dieser linke Schuh
ist meine Mutter; nein, so kann es nicht sein; — ja, es ist so, es ist so; er
wurde öfter versohlt. Dieser Schuh mit dem Loch ist meine Mutter,
und dieser mein Vater; hol' mich der Henker! so ist's; nun dieser
Stock ist meine Schwester; denn seht ihr, sie ist so weiß wie eine
Lilie, und so schlank wie eine Gerte; dieser Hut ist Haune, unsere Magd;
ich bin der Hund — nein, der Hund ist er selbst, und ich bin der
Hund, — ach! der Hund ist ich, und ich bin ich; ja, so, so. Nun
komme ich zu meinem Vater; Vater, Euren Segen! nun kann der
Schuh vor Weinen kein Wort sprechen; nun küsse ich meinen Vater;
gut, er weint fort; — nun komme ich zu meiner Mutter, (o, daß
er nur sprechen könnte, wie ein Weib, das von Sinnen ist!) gut, ich
küsse sie; ja, das ist wahr, das ist meiner Mutter Atem ganz und
gar; nun komme ich zu meiner Schwester — hört ihr, wie sie
jammert? nun vergießt der Hund keine Thräne, und spricht während
der ganzen Zeit kein Wort; und ihr seht doch, wie ich den Staub
mit meinen Thränen lösche.

Panthino tritt auf.

Panthino. Fort, fort, Lanz, an Bord; dein Herr ist eingeschifft, und du mußt hinterher rudern. Was ist das? Was weinst
du, Kerl? Fort, Esel; du wirst dich ohne Not verstricken und das
Schiff verlieren, wenn du länger wartest.

Lanz. Das thut nichts; denn es ist die hartherzigste Verstrickung,
die jemals ein Mensch am Strick mit sich führte.

Panthino. Welch hartherzige Verstrickung meinst du?

Lanz. Die ich hier am Strick habe; Krabb, mein Hund.

Panthino. Schweig, Kerl, ich meine, du wirst die Flut ver=
lieren; und wenn du die Flut verlierst, deine Reise verlieren; und
wenn du deine Reise verlierst, deinen Herrn verlieren, und wenn du
deinen Herrn verlierst, deinen Dienst verlieren; und wenn du deinen
Dienst verlierst — Warum hältst du mir den Mund zu?

Lanz. Aus Furcht, du möchtest deine Zunge verlieren. —
Mag ich Flut, Reise, Herrn, Dienst und die Verstrickung verlieren!
Flut! — Ja, Mann, wenn der Strom vertrocknet wäre, wäre ich
imstande, ihn mit meinen Thränen zu füllen; wenn der Wind sich
gelegt hätte, könnte ich das Boot mit meinen Seufzern treiben.

Panthino. Komm, komm fort, Kerl, ich bin hergeschickt, dich
zu holen.

Lanz. Hol' dich der Henker!

Panthino. Wirst du gehen?

Lanz. Ja, ich will gehen. (Beide gehen ab.)

4. Scene.

Palast des Herzogs in Mailand.

Valentin, Silvia, Thurio und Flink treten auf.

Silvia. Diener!

Valentin. Gebieterin?

Flink. Herr, Thurio runzelt gegen Euch die Stirn.

Valentin. Ja, Bursch, aus Liebe.

Flink. Nicht zu Euch.

Valentin. Zu meiner Dame also.

Flink. Es wäre gut, Ihr gäbet ihm eins.

Silvia. Diener, Ihr seid mißlaunig.

Valentin. In Wahrheit, Fräulein, ich scheine so.

Silvia. Scheint Ihr, was Ihr nicht seid?

Valentin. Vielleicht.

Thurio. Das thun Gemälde.

Valentin. Das thut Ihr.

Thurio. Was scheine ich, das ich nicht bin?

Valentin. Weise.

Thurio. Welch ein Beweis vom Gegenteil!

Valentin. Eure Thorheit.

Thurio. Und wo bemerkt Ihr meine Thorheit?

Valentin. In Eurem Wams.

Thurio. Mein Wams ist gedoppelt.

Valentin. Nun, so wird auch Eure Thorheit doppelt sein.

Thurio. Wie?

2*

Silvia. Wie, erzürnt, Ritter Thurio? verändert Ihr die Farbe?

Valentin. Gestattet es ihm, Fräulein; er ist eine Art Chamäleon.

Thurio. Das mehr Lust hat, Euer Blut zu trinken, als in Eurer Luft zu leben.

Valentin. Ihr habt gesprochen, Herr.

Thurio. Ja, Herr, und bin fertig für diesmal.

Valentin. Ich weiß es wohl, Herr, daß Ihr immer fertig seid, ehe Ihr anfangt.

Silvia. Eine hübsche Artillerie von Worten, edle Herren, und munter geschossen.

Valentin. So ist es in der That, Fräulein; und wir danken dem Geber.

Silvia. Wer ist das, Diener?

Valentin. Ihr selbst, holdes Fräulein; denn Ihr gebt das Feuer; Herr Thurio borgt seinen Witz von Euer Gnaden Blicken, und verschwendet, was er borgt, mildthätig in Eurer Gesellschaft.

Thurio. Herr, wenn es zwischen uns Wort um Wort gelten soll, so werde ich Euren Witz bankrott machen.

Valentin. Das weiß ich wohl, Herr; Ihr habt einen Schatz von Worten, und keine andere Münze Euren Dienern zu geben; denn es zeigt sich an ihren kahlen Livreen, daß sie von Euren kahlen Worten leben.

Silvia. Nicht weiter, nicht weiter, edle Herren; hier kommt mein Vater.

Der Herzog tritt auf.

Herzog. Nun, Tochter Silvia, du bist hart belagert.
Herr Valentin, Eu'r Vater ist gesund.
Was sagt Ihr wohl zu Briefen aus der Heimat
Mit guter Zeitung?

Valentin.   Dankbar, gnäd'ger Herr,
Empfang' ich jeden frohen Abgesandten.

Herzog. Kennt Ihr Antonio, Euren Landsmann, wohl?

Valentin. Ja, gnäd'ger Herr, ich kenne diesen Mann,
Daß er geehrt ist und von hoher Achtung,
Und nach Verdienst im besten Rufe steht.

Herzog. Hat er nicht einen Sohn?

Valentin. Ja, einen Sohn, mein Fürst, der wohl verdient,
Daß solchen Vaters Zärtlichkeit ihn ehrt.

Herzog. Ihr kennt ihn näher?

Valentin. Ich kenn' ihn wie mich selbst; denn seit der Kindheit
Vereint als Freunde, lebten wir zusammen.
Und war ich gleich ein träger Müßiggänger,
Der achtlos, ach, die edle Zeit vergeudet,

Die sonst mein Alter engelgleich geschmückt,
So nutzte Proteus doch, dies ist sein Name,
Zu schönem Vorteil seine Tag und Stunden;
Er ist an Jahren jung, alt an Erfahrung:
Sein Haupt noch unreif, doch sein Urteil reif;
Mit einem Wort (denn hinter seinem Wert
Bleibt jedes Lob zurück, das ich ihm gebe),
Er ist vollkommen an Gestalt und Geist,
An jeder Zierde reich, die Edle ziert.

Herzog. Wahrhaftig, wenn er Euer Wort bewährt,
So ist er würdig einer Kais'rin Liebe
Und gleich geschickt für eines Kaisers Rat.
Wohl! dieser Edelmann ist angelangt
Und bringt Empfehlung mir von mächt'gen Herren;
Hier denkt er ein'ge Zeit sich aufzuhalten;
Die Nachricht, mein' ich, muß Euch sehr erfreun.

Valentin. Blieb etwas mir zu wünschen, so war er's.

Herzog. Nun, so bewillkommt ihn, wie er's verdient;
Dich, Silvia, fordr' ich auf, und, Thurio, Euch;
Denn Valentin bedarf nicht der Ermahnung;
Ich geh' und will sogleich ihn zu euch senden.

(Der Herzog geht ab.)

Valentin. Dies, Fräulein, ist der Mann, von dem ich sagte,
Er wäre mir gefolgt, wenn die Geliebte
Sein Auge nicht mit Strahlenblick gefesselt.

Silvia. So hat sie ihm die Augen freigegeben
Und andres Pfand für seine Treu' behalten.

Valentin. Gewiß hält sie sie als Gefangne noch.

Silvia. So muß er blind sein; und wie kann ein Blinder
Nur seinen Weg sehn, um Euch aufzusuchen?

Valentin. Ei, Liebe sieht mit mehr als fünfzig Augen,

Thurio. Man sagt, daß Liebe gar kein Auge hat.

Valentin. Um solche Liebende zu sehn wie Euch;
Den Alltagswesen gönnt sie keinen Blick.

Silvia. Genung, genug; hier kommt der Fremde schon.

Proteus tritt auf.

Valentin. Willkommen, teurer Freund! — Ich bitt' Euch, Herrin,
Bestätigt durch besondre Huld den Willkomm.

Silvia. Sein eigner Wert ist Bürge seines Willkomms.
Ist er's, von dem Ihr oft zu hören wünschtet?

Valentin. Er ist's, Gebiet'rin. Gönnt ihm, holdes Fräulein,
Daß er, gleich mir, sich Eurem Dienste weihe.

Silvia. Zu niedre Herrin für so hohen Diener.

Proteus. Nein, holdes Fräulein, zu geringer Diener,
Daß solche hohe Herrin auf ihn schaut.
Valentin. Laßt jetzt Unwürdigkeit auf sich beruhn.
Nehmt, holdes Fräulein, ihn als Diener auf.
Proteus. Ergebenheit, nichts andres kann ich rühmen.
Silvia. Und immer fand Ergebenheit den Lohn.
Willkommen, Diener, der unwürd'gen Herrin.
Proteus. Wer außer Euch so spräche, müßte sterben.
Silvia. Daß Ihr willkommen?
Proteus.				Nein, daß Ihr unwürdig.

Ein Diener tritt auf.

Diener. Eu'r Vater will Euch sprechen, gnäd'ges Fräulein.
Silvia. Ich bin zu seinem Dienst. (Diener geht ab.) Kommt, Ritter
					Thurio,
Geht mit. — Nochmals willkommen, neuer Diener.
Jetzt mögt Ihr von Familiensachen sprechen;
Ist das geschehn, erwarten wir Euch wieder.
Proteus. Wir werden beid' Euch unsre Dienste widmen.

(Silvia, Thurio und Flint gehen ab.)

Valentin. Nun sprich, wie geht es allen in der Heimat?
Proteus. Gesund sind deine Freund' und grüßen herzlich.
Valentin. Wie geht's den Deinen?
Proteus.				Alle waren wohl.
Valentin. Wie steht's um deine Dam' und deine Liebe?
Proteus. Liebesgespräche waren dir zur Last;
Ich weiß, du hörst nicht gern von Liebessachen.
Valentin. Ja, Proteus, doch dies Leben ist verwandelt.
Gebüßt hab' ich, weil ich verschmäht die Liebe;
Ihr hohes Herrscherwort hat mich gestraft
Mit strengem Fasten, reuig bittrer Klage,
Mit Thränen nächtlich, tags mit Herzensseufzern;
Weil Lieb' ich höhnte, traf mit ihrem Bann
Das Auge, Schlummer scheuchend, mir die Liebe
Und macht's zu meines Herzensgrames Wächter.
O, Liebster, Amor ist ein mächt'ger Fürst
Und hat mich so gebeugt, daß ich bekenne,
Es giebt kein Weh, das seiner Strafe gleicht,
Doch giebt's nicht größre Lust als ihm zu dienen!
Jetzt kein Gespräch, als nur von Lieb' allein;
Jetzt ist mir Frühstück, Mittag, Abendmahl,
Schlummer und Schlaf das eine Wörtchen Liebe.
Proteus. Genug; denn schon dein Auge spricht dein Glück.
War dies der Abgott, dem du huldigest?

Valentin. Ja; ist sie nicht ein himmlisch Heil'genbild?
Proteus. Nein, doch sie ist ein irdisch Musterbild.
Valentin. Nenn göttlich sie.
Proteus. Nicht schmeicheln will ich ihr.
Valentin. O, schmeichle mir; des Lobs freut sich die Liebe.
Proteus. Mir, als ich krank war, gabst du bittre Pillen;
Dieselbe Arzenei reich' ich dir jetzt.
Valentin. So sprich von ihr die Wahrheit; wenn nicht göttlich,
Laß einen hehren Engel sie doch sein,
Hoch über aller Erdenkreatur.
Proteus. Nur Julia nehm' ich aus.
Valentin. Nimm keine aus;
Du nimmst zu viel dir gegen sie heraus.
Proteus. Hab' ich nicht Grund, die meine vorzuziehn?
Valentin. Und dazu will ich dir behilflich sein.
Sie soll gewürdigt sein der hohen Ehre,
Zu tragen Silvias Schleppe, daß dem Kleid
Die harte Erde keinen Kuß entwende
Und, durch so große Gunst von Stolz gebläht,
Zu tragen weigert sommerschwell'nde Blumen
Und rauhen Winter ewig dauernd halte.
Proteus. Was, lieber Valentin, ist das für Schwulst?
Valentin. Verzeih! Mit ihr verglichen ist das nichts;
Ihr Wert macht jeden andern Wert zum Nichts;
So einzig ist sie.
Proteus. Bleib' sie einzig denn.
Valentin. Nicht um die Welt; ja, Freund, sie ist schon mein;
Und ich so reich in des Juwels Besitz,
Wie zwanzig Meere, all ihr Sand von Perlen,
Nektar die Flut, gediegnes Gold die Felsen.
Verzeih, auch kein Gedanke mehr an dich;
Denn jeder ist Begeistrung für die Liebste.
Mein Nebenbuhl, der Thor, den um sein großes
Vermögen nur der Vater schätzen kann,
Ging mit ihr fort, und eilig muß ich nach;
Denn Liebe, weißt du, ist voll Eifersucht.
Proteus. Doch sie liebt dich?
Valentin. Ja, und wir sind verlobt;
Noch mehr, die Stunde der Vermählung selbst,
Und auch die List, wie wir entfliehen mögen,
Beredet schon; wie ich zum Fenster steige
Auf seilgeknüpfter Leiter; jedes Mittel
Zu meinem Glück erdacht und fest bestimmt.

Geh, guter Proteus, mit mir auf mein Zimmer,
Daß mir dein Rat in dieser Sache helfe.
Proteus. Geh nur voran, ich will dich schon erfragen.
Ich muß zur Reed', um ein'ges auszuschiffen,
Was mir von meinen Sachen nötig ist;
Und dann bin ich zu deinen Diensten gleich.
Valentin. Und kommst du bald?
Proteus.   Gewiß, in kurzer Frist.
              (Valentin geht ab.)
Wie eine Glut die andre Glut vernichtet,
So wie ein Keil der Wucht des andern weicht,
Ganz so ist das Gedächtnis vor'ger Liebe
Vor einem neuen Bild durchaus vergessen.
Ist es mein Aug', ist's meines Freundes Lob,
Ihr echter Wert, mein falscher Unbestand,
Was Unvernunft so zum Vernünfteln treibt?
Schön ist sie; so auch Julia, die ich liebe; —
Nein, liebte, denn mein Lieben ist zerronnen;
Und, wie ein Wachsbild an des Feuers Glut,
Schwand jeder Eindruck dessen, was sie war.
Mich dünkt mein Eifer kalt für Valentin,
Und daß ich ihn nicht liebe, so wie sonst.
Ach, viel zu sehr, zu sehr lieb' ich sein Fräulein;
Das ist der Grund, nur wenig ihn zu lieben.
Wie werd' ich überlegt sie einst vergöttern,
Die so unüberlegt ich jetzt verehre!
Ihr Bildnis nur hab' ich bis jetzt gesehn,
Und das hat meines Denkens Licht geblendet;
Wird sie mir erst im vollen Glanz erscheinen,
So kann's nicht anders sein, ich werde blind.
Kann ich verirrte Liebe heilen, sei's;
Wo nicht, erring' ich sie um jeden Preis.   (Geht ab.)

5. Scene.

Ebendaselbst. Straße.

Flint und Lanz treten auf.

Flint. Lanz! bei meiner Seele, du bist in Mailand willkommen.

Lanz. Schwöre nicht falsch, liebes Kind; denn ich bin nicht willkommen. Ich sage immer, ein Mann ist nicht eher verloren, bis er gehenkt, und nicht eher an einem Ort willkommen, bis irgend eine Zeche bezahlt ist, und die Wirtin zu ihm willkommen sagt.

Flink. Komm mit mir, du Narrenkopf, ich will gleich mit dir ins Bierhaus, wo du für fünf Stüber fünftausend Willkommen haben sollst. Aber, sage doch, wie schied dein Herr von Fräulein Julia?

Lanz. Wahrhaftig, nachdem sie im Ernst miteinander geschlossen hatten, schieden sie ganz artig im Spaß.

Flink. Aber wird sie ihn heiraten?

Lanz. Nein.

Flink. Wie denn? Wird er sie heiraten?

Lanz. Nein, auch nicht.

Flink. Wie, sind sie auseinander?

Lanz. Nein, sie sind so ganz wie ein Fisch.

Flink. Nun denn, wie steht die Sache mit ihnen?

Lanz. Ei, so: wenn es mit ihm wohl steht, steht es wohl mit ihr.

Flink. Welch ein Esel bist du! du widerstehst mir immer.

Lanz. Und du bist ein Klotz; denn mein Stock widersteht mir auch.

Flink. In deiner Meinung?

Lanz. Nein, selbst in meinen Handlungen; denn sieh, ich lehne mich so rücklings auf ihn, und so widersteht mir mein Stock.

Flink. So sicht er dir entgegen, das ist wahr.

Lanz. Nun, widerstehen und entgegenstehen ist doch wohl dasselbe.

Flink. Aber sage mir die Wahrheit, giebt es eine Heirat?

Lanz. Frage meinen Hund; wenn er ja sagt, giebt's eine; wenn er nein sagt, giebt's eine; wenn er mit dem Schwanz wedelt und nichts sagt, giebt's eine.

Flink. Der Schluß ist also, daß es eine giebt.

Lanz. Du sollst niemals solch ein Geheimnis anders von mir herausbringen, als durch eine Parabel.

Flink. Wenn ich es nur so herausbringe. Aber, Lanz, was sagst du, daß mein Herr so ein tüchtiger Reimsinger geworden ist?

Lanz. Ich habe ihn nie anders gekannt.

Flink. Als wie?

Lanz. Als einen tüchtigen Weinschlinger, wie du ihn eben rühmst.

Flink. Ei, du nichtsnutziger Esel, du verdrehst mir alles im Maul.

Lanz. Ei, Narr, ich meinte ja nicht, daß du das Glas am Maul hast, sondern dein Herr.

Flink. Ich sage dir, mein Herr ist ein eifriger Reimsinger geworden.

Lanz. Nun, ich sage dir, es ist mir gleich, wenn er sich auch die Lunge aus dem Halse singt. Willst du mit mir ins Bierhaus gehen, gut; wo nicht, so bist ein Hebräer, ein Jude und nicht wert, ein Christ zu heißen.

Flink. Warum?

Lanz. Weil du nicht ſo viel Nächſtenliebe in dir haſt, mit einem Chriſten zu Biere zu gehen?

Flint. Wie du befiehlſt. (Beide gehen ab.)

6. Scene.

Zimmer.

Proteus tritt auf.

Proteus. Verlaſſ' ich meine Julia, iſt es Meineid;
Lieb' ich die ſchöne Silvia, iſt es Meineid;
Kränk' ich den Freund, das iſt der höchſte Meineid.
Dieſelbe Macht, die erſt mich ſchwören ließ,
Sie reizt mich jetzt, dreifachen Schwur zu brechen.
Die Liebe zwang zum Eid und zwingt zum Meineid.
O Liebe, ſüße Verführerin, deinen Fehltritt
Lehr' den Verführten, mich, entſchuldigen.
Erſt huldigt' ich dem ſchimmernden Geſtirn,
Jetzt bet' ich an den Glanz der Himmelsſonne.
Man bricht bedachtſam unbedacht Gelübde,
Dem fehlt Verſtand, dem echter Wille fehlt,
Verſtand zu lehren, gut für ſchlecht zu wählen.
Pfui, ſchamvergeſſene Zunge! ſchlecht zu nennen,
Die du ſo oft der Frauen erſte prieſeſt,
Mit zwanzigtauſend ſeelentiefen Eiden.
Nicht meiden kann ich Lieb', und doch geſchieht's:
Doch meid' ich dort ſie, wo ich lieben ſollte.
Julia verlier' ich, und den Freund verlier' ich;
Behalt' ich ſie, muß ich mich ſelbſt verlieren,
Verlier' ich ſie, find' ich durch den Verluſt
Für Valentin mich ſelbſt, für Julia Silvia.
Ich bin mir ſelber näher als der Freund;
Denn Lieb' iſt in ſich ſelbſt am köſtlichſten;
Und Silvia, zeng, o Himmel, der ſie ſchuf!
Stellt Julia mir als dunkle Mohrin dar.
Vergeſſen will ich denn, daß Julia lebt,
In dem Gedanken, meine Liebe ſtarb.
Und Valentin ſoll als mein Feind mir gelten,
Weil ich um Silvia werb', die ſüßere Freundin.
Ich kann die Treu' mir ſelber nicht bewahren,
Begeh' ich nicht Verrat an Valentin.
Die Nacht denkt er auf ſeilgeknüpfter Leiter
Der Göttin Silvia Fenſter zu erſteigen;
Ich, ſein Vertrauter, bin ſein Nebenbuhler.
Gleich will ich nun dem Vater Kunde geben

Von der Verkleidung und beschloss'nen Flucht;
Der wird, im Zorn, dann Valentin verbannen,
Da er die Tochter Thurio will vermählen.
Doch, Valentin entfernt, durchkreuz' ich schnell
Durch schlaue List des plumpen Thurio Werbung.
Leih, Liebe, Schwingen, rasch zum Ziel zu streben,
Wie du mir Witz gabst, diese List zu weben. (Geht ab.)

7. Scene.

Verona. Juliens Zimmer.

Julia und Lucetta treten auf.

Julia. Rat mir, Lucetta; hilf mir, liebes Kind!
Bei unsrer Liebe selbst beschwör' ich dich.
Du bist das Blatt, auf dem mein Sinnen all
Deutlich geschrieben und verzeichnet steht.
Bedeute mich und nenne mir die Mittel,
Wie ich mit Ehren unternehmen mag
Zu meinem teuren Proteus hinzureisen.

Lucetta. Ach! sehr beschwerlich ist der Weg und lang.

Julia. Der wahrhaft fromme Pilger bleibt entschlossen,
Mit müdem Schritt Provinzen zu durchmessen;
Wie mehr denn sie, beschwingt mit Liebesfittich,
Und strebt der Flug zu dem so hoch geliebten,
Göttlich begabten Mann, zu Proteus hin.

Lucetta. Doch harret lieber, bis er wiederkehrt.

Julia. Du weißt, sein Blick ist meiner Seele Nahrung.
Hab Mitleid mit dem Mangel, der mich quält,
Daß ich so lang' nach dieser Nahrung schmachte!
O! kenntest du den innren Drang der Liebe,
Du möchtest eh' mit Schnee ein Feuer zünden,
Als Liebesglut durch Worte löschen wollen.

Lucetta. Nicht löschen will ich Eurer Liebe Feuer,
Nur mäßigen des Feuers Ungestüm,
Daß es der Klugheit Schranke nicht zerstöre.

Julia. Je mehr du's dämpfst, je heller flammt es auf.
Der Bach, der nur mit sanftem Murmeln schleicht,
Tobt ungeduldig, wird er eingedämmt;
Doch wird sein schöner Lauf nicht aufgehalten,
Spielt er ein süßes Lied mit Glanzgestein
Und streift mit zartem Kuß jedwede Binse,
Die er auf seinem Pilgerpfad berührt;
So wandert er durch manche Schlangenwindung
Mit leichtem Spiel zum wilden Ozean.

Drum laß mich gehn und ſtör nicht meinen Lauf,
Ich bin geduldig wie ein ſanfter Bach,
Und Kurzweil acht' ich jeden müden Schritt,
Bis mich der letzte zum Geliebten bringt;
Dort will ich ruhen, wie nach Erdenleid
Ein ſel'ger Geiſt ruht in Elyſium.

Lucetta. Allein in welcher Kleidung wollt Ihr gehn?

Julia. Nicht wie ein Mädchen; denn vermeiden möcht' ich
Den lockern Angriff ausgelaſſner Männer;
Gute Lucetta, ſolch Gewand beſorge,
Wie's einem zücht'gen Edelknaben ziemt:

Lucetta. So müßt Ihr Euch der Locken ganz berauben.

Julia. Nein, Kind; ich flechte ſie in ſeidne Strähne
Mit zwanzig künſtlich=treuen Liebesknoten.
Phantaſtiſch ſo zu ſein ziemt ſelbſt dem Jüngling,
Der älter iſt, als ich erſcheinen werde.

Lucetta. Nach welchem Schnitt wollt Ihr das Beinkleid tragen?

Julia. Das klingt ganz ſo, als: „Sagt mir, gnäd'ger Herr,
Wie weit wollt Ihr wohl Euren Reifrock haben?"
Nun, nach dem Schnitt, der dir gefällt, Lucetta.

Lucetta. Notwendig müßt Ihr dann mit Latz ſie tragen.

Julia. Pfui, pfui, Lucetta! das wird häßlich ſein.

Lucetta. Die runde Hoſ' iſt keine Nadel wert;
Ein Latz muß ſein, um Nadeln drauf zu ſtecken.

Julia. Lucetta, liebſt du mich, ſo ſchaffe mir,
Was gut dir dünkt und ſich am beſten ziemt;
Doch, Mädchen, ſprich, wie wird die Welt mich richten,
Wenn ſie die unbedachte Reiſ' erfährt?
Ich fürchte ſehr, es ſchadet meinem Ruf.

Lucetta. Wenn Ihr das denkt, ſo bleibt zu Haus, geht nicht.

Julia. Das will ich nicht.

Lucetta. So lacht denn jeder Läſterung und geht.
Lobt Proteus nur die Reiſe, wenn Ihr kommt,
Was kümmern Euch die Tadler, ſeid Ihr fort?
Ich fürcht', er wird ſie ſchwerlich billigen.

Julia. Das iſt, Lucetta, meine kleinſte Sorge.
Viel tauſend Schwür', ein Ozean von Thränen
Und grenzenloſer Liebe manch ein Zeichen
Verbürgen, daß ich ihm zur Freude komme.

Lucetta. All dies iſt trügeriſchen Männern dienſtbar.

Julia. Zu ſchlechtem Zweck, gebraucht von ſchlechten Männern!
Proteus' Geburt regiert' ein treu'rer Stern;
Sein Wort iſt heil'ges Band, ſein Schwur Orakel,

Treu feine Liebe und fein Sinnen rein;
Die Thränen feines Herzens reine Boten,
Und himmelfern fein Herz von jedem Falfch.
Lucetta. Mögt Ihr ihn fo nur finden, wenn Ihr kommt!
Julia. O, liebst du mich, fo kränk ihn nicht fo bitter,
Daß feine Trene du in Zweifel ziehst.
Nur wer ihn liebt, kann meine Lieb' erwerben;
So folge mir denn auf mein Zimmer gleich,
Zu überdenken, was mir nötig fei,
Mich auszurüften zu der Sehnfuchtsreife.
Dir fei mein ganz Vermögen übergeben,
So Hausrat, Länderei'n, wie guter Ruf;
Nur hilf zum Danke mir alsbald von hinnen.
Kein weitres Wort! Wir gehen gleich ans Werk;
Denn Ungeduld bringt jedes Zögern mir. (Sie gehen ab.)

Dritter Aufzug.

I. Scene.

Mailand.   Zimmer im Palaft des Herzogs.

Herzog, Proteus und Thurio treten auf.

Herzog. Verlaßt uns, Signor Thurio, kurze Zeit;
Wir haben heimlich etwas zu befprechen. — (Thurio geht ab.)
Jetzt, Proteus, fagt, was Ihr von mir begehrt.
Proteus. Mein gnäd'ger Herr, was ich Euch wollt' entdecken,
Heißt das Gefetz der Freundfchaft mich verhehlen;
Doch, wenn ich Eurer gnäd'gen Huld gedenke,
Die Ihr dem Unverdienten reich gefchenkt,
So fpornt mich meine Pflicht, Euch auszufprechen,
Was fonft kein Gut der Welt mir je entriffe.
Wißt, gnäd'ger Herzog: Valentin, mein Freund,
Will Eure Tochter diefe Nacht entführen;
Mir ward der Anfchlag von ihm felbft vertrant.
Ich weiß, Ihr feid entfchloffen, Signor Thurio
Sie zu vermählen, den das Fräulein haßt;
Und wenn man fie auf diefe Art entführte,
Es brächte Eurem Alter bittres Leid.
Drum zog ich's vor, um meiner Pflicht zu g'nügen,
Des Freundes Abficht fo zu hintertreiben,
Als, fie verhehlend, fchwere Sorgen nieder

Auf Euer Haupt zu ziehn, die, nicht gehoben,
In ein frühzeitig Grab Euch niederdrückten.

Herzog. Dank, Proteus, für dein redliches Gemüt;
Solang ich lebe, will ich's dir gedenken.
Nicht unbemerkt von mir blieb diese Liebe,
Wenn sie mich wohl fest eingeschlafen wähnten;
Und oft schon dacht' ich, Valentin den Hof
Und ihren Umgang streng zu untersagen;
Doch, fürchtend, Argwohn geh' auf falscher Spur
Und könne unverdient den Mann verletzen
(Ein hastig Wesen, das ich stets vermied),
Blickt' ich ihn freundlich an; dadurch zu finden
Das, was du selber jetzt mir hast entdeckt.
Und daß du siehst, wie ich dies längst gefürchtet,
Wohl wissend, leicht verführt sei zarte Jugend,
Wohnt sie im hohen Turme jede Nacht.
Den Schlüssel nehm' ich in Verwahrung selbst;
Unmöglich ist's, von dort sie zu entführen.

Proteus. Wißt, gnäd'ger Herr, ein Mittel ist erdacht,
Wie er ihr Kammerfenster mag erklimmen,
Daß auf geflochtnem Seil sie niedersteigen;
Dies holt der junge Liebende jetzt eben
Und muß mit ihm sogleich hier wiederkommen;
Auffangen könnt Ihr ihn, wenn's Euch gefällt.
Doch, gnäd'ger Herr, thut es mit seiner Wendung,
Daß er in mir nicht den Verräter ahne.
Denn Liebe nur zu Euch, nicht Haß zu ihm,
Bewog mich, seinen Plan bekannt zu machen.

Herzog. Bei meiner Ehr', er soll es nie erfahren,
Daß mir von dir ein Licht hierüber kam.

Proteus. Lebt wohl, mein Fürst, dort naht schon Valentin.

(Proteus geht ab.)

Valentin tritt auf.

Herzog. Freund Valentin, wohin in solcher Eil'?

Valentin. Mit Eurer Gnaden Gunst, ein Bote wartet,
Um meinen Freunden Briefe mitzunehmen,
Und jetzo wollt' ich sie ihm übergeben.

Herzog. Ist viel daran gelegen?

Valentin. Ihr Inhalt soll nur melden, wie gesund
Und glücklich ich an Eurem Hofe lebe.

Herzog. So ist's nicht wichtig; weile noch bei mir;
Denn ein Geschäft muß ich mit dir besprechen,

Ganz insgeheim, das nahe mich betrifft.
Dir ist nicht unbekannt, daß ich die Tochter
Mit Thurio, meinem Freund, vermählen wollte.

Valentin. Ich weiß es wohl, mein Fürst, und die Verbindung
Ist reich und ehrenvoll, und trefflich paßt
Ob seiner Tugend, Mild' und Würdigkeit
Der edle Herr für Eure schöne Tochter.
Könnt Ihr des Fräuleins Herz nicht zu ihm wenden?

Herzog. Durchaus nicht; sie ist mürrisch, widerspenstig,
Stolz, ungehorsam, starr und pflichtvergessen:
Sie weigert mir die Liebe ganz des Kindes,
Wie sie nicht Furcht vor ihrem Vater kennt;
Und, daß ich's dir gestehe, dieser Stolz
Hat, wohlerwogen, ihr mein Herz entfremdet.
Ich hoffte sonst die letzten Lebensjahre
Gepflegt von Kindesliebe hinzubringen,
Doch jetzt ist mein Entschluß, mich zu vermählen;
Dann nehm', wer will, sich der Verstoßnen an.
Mög' ihre Schönheit ihre Mitgift sein;
Denn mich und meine Güter schätzt sie nicht.

Valentin. Was will Eu'r Gnaden, das ich hierin thue?

Herzog. In eine Dame hier in Mailand, Freund,
Bin ich verliebt; doch sie ist spröd' und kalt,
Und achtet nicht Beredsamkeit des Greises.
Drum wollt' ich dich zu meinem Führer wählen,
(Denn längst vergaß ich schon, den Hof zu machen,
Auch hat der Zeiten Weise sich verändert;)
Wie, und was Art ich mich betragen soll,
Ihr sonnenhelles Aug' auf mich zu lenken.

Valentin. Gewinnt sie durch Geschenk', schätzt sie nicht Worte:
Juwelen sprechen oft mit stummer Kunst,
Gewinnen mehr als Wort des Weibes Gunst.

Herzog. Sie wies ein Kleinod ab, das ich geschickt.

Valentin. Oft weist ein Weib zurück, was sie beglückt.
Ein zweites schickt, ermüdet nicht im Lauf;
Verschmähn zuerst weckt später Sehnsucht auf.
Wenn scheel sie blickt, ist's nicht, um Haß zu zeigen,
Sie will, Ihr sollt ihr größre Liebe zeigen;
Schilt sie Euch weg, so heißt das nicht: geht fort!
Die Närrchen rasen, nimmt man sie beim Wort.
Abweisen laßt Euch nicht, was sie auch spricht,
Denn sagt sie: „geht", so meint sie: „gehet nicht".
Lobt, schmeichelt, preist, vergöttert ihre Gaben,

Auch schwarz, laßt sie ein Engelsantlitz haben.
Der Mann, der eine Zung' hat, ist kein Mann,
Wenn sie ihm nicht ein Weib gewinnen kann.
Herzog. Doch die ich meine, ward von ihren Freunden
Versprochen einem jungen, edlen Herrn
Und streng von Männerumgang ausgeschlossen,
Daß niemand sie am Tage sehen darf.
Valentin. So würd' ich denn sie in der Nacht besuchen.
Herzog. Verschlossen ist die Thür, verwahrt der Schlüssel,
Daß niemand nachts zu ihr gelangen mag.
Valentin. Was hindert, durch das Fenster einzusteigen?
Herzog. Hoch ist ihr Zimmer, von dem Boden fern,
Und steil gebaut, daß keiner auf mag klimmen,
Der augenscheinlich nicht sein Leben wagt.
Valentin. Nun, eine Leiter, wohlgeknüpft aus Schnüren,
Hinaufzuwerfen mit zwei Eisenklammern,
Genügt, der Hero Turm selbst zu ersteigen,
Wenn ein Leander kühn es wagen will.
Herzog. So wahr du bist ein echter Edelmann,
Gieb Rat, wie solche Leiter anzuschaffen.
Valentin. Wann braucht Ihr sie? Ich bitte, sagt mir das.
Herzog. In dieser Nacht; denn Liebe gleicht dem Kinde,
Das alles will, was es erlangen kann.
Valentin. Um sieben Uhr schaff' ich Euch solche Leiter.
Herzog. Noch eins: ich will zu ihr gehn allein;
Wie läßt sich nun dorthin die Leiter schaffen?
Valentin. Leicht könnt Ihr, gnäd'ger Herr, sie selber tragen,
Ist Euer Mantel nur von ein'ger Länge.
Herzog. Von deiner Länge wird's ein Mantel thun?
Valentin. Ja, gnäd'ger Herr.
Herzog.   Zeig deinen Mantel mir,
Ich laß' mir einen machen von der Länge.
Valentin. Ein jeder Mantel, gnäd'ger Herr, ist passend.
Herzog. Wie stell' ich mich nur an mit solchem Mantel?
Ich bitte, laß mich deinen überhängen.
Was für ein Brief? was sehe ich? — An Silvia?
Und hier ein Instrument, so wie ich's brauche?
Vergönnt, daß ich einmal das Siegel breche.
(Liest.) „Ihr wohnt bei Silvia, meine Nachtgedanken;
Als Sklaven send' ich Euch, dorthin zu fliegen.
O, könnt' ihr Herr so leicht gehn durch die Schranken,
Um da zu ruhn, wo sie gefühllos liegen!
Ja, die Gedanken schließ in sel'ge Brust ein,

Dieweil ihr König, der sie eifrig schickt,
Verwünschend wünscht, er möcht' in solcher Luft sein,
Weil mehr als er die Diener sind beglückt.
Weil ich sie sende, drum verwünsch' ich mich;
Wo selbst ich sollte ruhn, erfreun sie sich."
Und was steht hier?
"Silvia, in dieser Nacht befrei' ich dich."
So ist es; und dazu ist dies die Leiter.
Ha, Phaethon (denn du bist Merops' Sohn),
Greiffst nach den Zügeln du der Sonnenrosse,
Im Übermut die Erde zu verbrennen?
Nach Sternen, weil sie auf dich nieder scheinen?
Ha! frecher Sklav! der keck sich eingedrängt,
Dein hündisch Grinsen schenke deinesgleichen,
Wiß', meiner Nachsicht, mehr als deinem Wert,
Verdankst du's, daß du ungefährdet ziehn darfst;
Dies preise mehr, als all die Gunstbezeigung,
Die ich, nur weggevorsen, dir erwies.
Doch wenn du länger weilst in meinem Laud,
Als nötig ist, bei schleunigster Beeilung
Von unserm königlichen Hof zu scheiden,
Dann will, bei Gott, ich grimmiger dir zürnen,
Als ich mein Kiud je oder dich geliebt.
Fort denn, und schweig mit nichtiger Entschuld'gung;
Liebst du dein Leben, fort in schnellster Eil'. (Herzog geht ab.)

Valentin. Lieber den Tod als dieses Daseins Marter.
Zu sterben, ist von mir verbannt zu sein,
Und Silvia ist ich selbst; verbanut von ihr
Ist selbst von selbst; o tödliche Verbannung!
Ist Licht noch Licht, venn ich nicht Silvia sehe?
Ist Luft noch Luft, wo Silvia nicht zugegen?
Es sei denn, daß mein Geist sie nahe dächte,
Am Schatten der Vollkommenheit sich weidend.
Nur wenn ich in der Nacht bei Silvia bin,
Singt meinem Ohr Musik die Nachtigall;
Nur wenn ich Silvia kanu am Tage sehn,
Nur danu strahlt meinem Auge Tag sein Licht.
Sie ist mein Lebenselement; ich sterbe,
Werd' ich durch ihren Himmelseinfluß nicht
Erfrischt, verklärt, gehegt, bewahrt im Leben.
Tod folgt mir, flieh' ich seinen Todesspruch;
Verweil' ich hier, erwart' ich nur den Tod;
Doch fliehe ich, so flieh' ich aus dem Leben.

Proteus und Lanz treten auf.

Proteus. Lauf, Bursch, lauf, lauf, und such ihn mir.

Lanz. Holla! Holla!

Proteus. Was siehst du?

Lanz. Den, den wir suchen; es ist nicht ein Haar auf seinem Kopfe, das nicht ein Valentin ist.

Proteus. Valentin?

Valentin. Nein.

Proteus. Wer denn? sein Geist?

Valentin. Auch nicht.

Proteus. Was denn?

Valentin. Niemand.

Lanz. Kann niemand sprechen? Herr, soll ich schlagen?

Proteus. Wen willst du schlagen?

Lanz. Niemand.

Proteus. Zurück, Tölpel.

Lanz. Nun, Herr, ich will niemand schlagen, ich bitte Euch —

Proteus. Zurück, sag' ich. Freund Valentin, ein Wort.

Valentin. Mein Ohr ist abgesperrt für gute Zeitung,
So viel des Bösen zog darin schon ein.

Proteus. Dann will ich mein' in tiefes Schweigen senken;
Denn sie ist rauh, voll Übellaut und schlimm.

Valentin. Botschaft von Silvias Tod?

Proteus.   Nicht, Valentin.

Valentin. Nicht Valentin, fürwahr, für jenen Engel.
Sagt sie sich von mir los?

Proteus.   Nicht, Valentin.

Valentin. Nicht Valentin, wenn Silvia sich losfagt!
Was bringst du denn?

Lanz. Herr, man rief aus, daß Ihr seid hier verbannt.

Proteus. Daß du verbannt bist, ach, das ist die Botschaft;
Von hier, von Silvia und von deinem Freund.

Valentin. Von diesen Schmerzen hab' ich schon gezehrt;
Das Übermaß wird jetzt mich übersätt'gen.
Und weiß es Silvia schon, daß ich verbannt?

Proteus. Ja, ihr entströmte bei dem strengen Spruch
(Der, ohne Widerruf, in Kraft besteht)
Ein Meer von Perlen, Thränen sonst genannt;
Die goß sie zu des harten Vaters Füßen;
Auf ihre Knie warf sie sich bittend hin,
Die Hände ringend, deren Weiß erglänzte,
Als würden sie erst jetzt so bleich aus Gram.
Doch nicht gebeugtes Knie, erhobne Hand,

Noch Seufzer, Klagen, Silberflut der Thränen
Durchdrang des mitleidlosen Vaters Herz;
Nein, Valentin, ergreift man ihn, muß sterben.
Ihr Fürwort reizt' ihn noch zu größerm Zorn,
Als sie für deine Rückberufung bat.
In enge Haft hieß er sie schließen ein
Und drohte zornig, nie sie zu befrein.

Valentin. Nichts mehr; wenn nicht dein nächstes Wort, gesprochen,
Mit tötender Gewalt mein Leben trifft.
Ist's so, dann bitt' ich, hauch es in mein Ohr,
Ein Trau'rlied, das mein endlos Leiden ende.

Proteus. Nein, klage nicht, wo du nicht helfen kannst,
Und such zu helfen dem, was du beklagst;
Die Zeit ist Amm' und Mutter alles Guten.
Verweilst du hier, siehst du nicht die Geliebte;
Auch drohet dein Verweilen deinem Leben.
Hoffnung ist Liebesstab; zieh hin mit ihm,
Er sei dir gegen die Verzweiflung Schutz.
Schick deine Briefe her, bist du auch fern;
Die sende mir, und ich befördre sie
In den milchweißen Busen deiner Silvia.
Für lange Reden ist jetzt keine Zeit;
Komm, ich begleite dich durchs Thor der Stadt,
Und, eh' wir scheiden, sprechen wir ausführlich
Von deiner Herzensangelegenheit.
Bei Silvias Liebe, meide die Gefahr,
Um sie, wenn nicht um dich, und komm mit mir.

Valentin. Lanz, wenn du meinen Burschen sehen solltest,
Heiß eilen ihn und mich am Nordthor treffen.

Proteus. Geh, hörst du, such ihn auf. Komm, Valentin.

Valentin. O, teure Silvia! armer Valentin!

(Proteus und Valentin gehen ab.)

Lanz. Ich bin nur ein Narr, seht ihr; und doch habe ich
den Verstand, zu merken, daß mein Herr eine Art von Spitzbube
ist; doch das ist alles eins, wenn er nur ein ganzer Spitzbube wäre.
Der soll noch geboren werden, der da weiß, daß ich verliebt bin;
und doch bin ich verliebt; aber ein Gespann Pferde soll das aus mir
nicht herausziehen; und auch nicht, in wen ich verliebt bin, und doch
ist's ein Weibsbild; aber was für ein Weibsbild, das werde ich nicht
verraten; und doch ist's ein Milchmädchen; doch ist's kein Mädchen;
denn sie hat Kindtaufe gehalten; und doch ist's ein Mädchen; denn
sie ist ihres Herrn Mädchen und dient um Lohn. Sie hat mehr
Qualitäten als ein Hühnerhund, — und das ist viel für einen

3*

Chriftenmenfchen. Hier ift der Katzenlog (zieht ein Papier heraus) von ihren Eigenfchaften. Imprimis, fie kann tragen und holen. Nun, ein Pferd kann nicht mehr; ein Pferd kann nicht holen, fondern nur tragen; deswegen ift fie beffer als eine Mähre. Item, fie kann melken; feht ihr, eine fäuberliche Tugend an einem Mädchen, das reine Hände hat.

Flint tritt auf.

Flint. Heda, Signor Lanz, wo ift mein Gebieter?

Lanz. Dein Gebiet, er? Ich dachte, du wäreft fein Gebiet.

Flint. Ei, immer dein alter Spaß, die Worte zu verdrehen. Was giebt es denn für Neuigkeiten in deinem Papier?

Lanz. Die fchwärzefte Neuigkeit, von der du jemals gehört haft.

Flint. So, Burfch, wie fchwarz?

Lanz. Ei, fo fchwarz wie Tinte.

Flint. Laß mich fie lefen.

Lanz. Fort mit dir, Dummkopf, du kannft nicht lefen.

Flint. Du lügft, ich kann.

Lanz. Ich will dich auf die Probe ftellen. Sage mir das: Wer zeugte dich?

Flint. Wahrhaftig, der Sohn meines Großvaters.

Lanz. O du unftudierter Grützkopf! es war der Sohn deiner Großmutter; das beweift, daß du nicht lefen kannft.

Flint. Komm, Narr, komm; ftell mich auf die Probe mit deinem Papier.

Lanz. Hier; und Sankt Nikolas fteh' dir bei!

Flint. Imprimis, fie kann melken.

Lanz. Ja, das kann fie.

Flint. Item, fie brauet gutes Bier.

Lanz. Und daher kommt das Sprichwort: Glück zu, ihr braut gutes Bier.

Flint. Item, fie kann nähen und fticken.

Lanz. Nun beffer als erwürgen.

Flint. Item, fie kann ftricken.

Lanz. So braucht der Mann nicht um einen Strick zu forgen, wenn die Frau ftricken kann.

Flint. Item, fie kann wafchen und fcheuern.

Lanz. Das ift eine befondere Tugend; denn da braucht man fie nicht zu wafchen und zu fcheuern.

Flint. Item, fie kann fpinnen.

Lanz. So kann ich als Fliege ausfliegen, wenn fie fich mit Spinnen forthilft.

Flint. Item, fie hat viele namenlofe Tugenden.

Lanz. Das will sagen, Bastardtugenden; die kennen eben ihre Väter nicht und haben darum keine Namen.

Flink. Jetzt folgen ihre Fehler.

Lanz. Den Tugenden hart auf dem Fuße.

Flink. Item, sie ist nüchtern nicht gut zu küssen wegen ihres Atems.

Lanz. Nun, der Fehler kann durch ein Frühstück gehoben werden. Lies weiter.

Flink. Sie ist ein Süßmaul.

Lanz. Das ist Ersatz für ihren saueren Atem.

Flink. Item, sie spricht im Schlaf.

Lanz. Das ist besser, als wenn sie im Sprechen schliefe.

Flink. Item, sie ist langsam im Reden.

Lanz. O Schurke, das unter ihre Fehler zu setzen! langsam im Reden zu sein, ist eine ganz einzige Tugend bei einem Weibe; ich bitte dich, streich das aus und stelle es unter ihren Tugenden oben an.

Flink. Item, sie ist eitel.

Lanz. Streich das auch aus! es war Evas Erbteil, und kann nicht von ihr genommen werden.

Flink. Item, sie hat keine Zähne.

Lanz. Daraus mache ich mir auch nichts; denn ich liebe die Rinden.

Flink. Item, sie ist zänkisch.

Lanz. Gut; das Beste ist, sie hat keine Zähne zum Beißen.

Flink. Item, sie lobt sich einen guten Schluck.

Lanz. Wenn der Schluck gut ist, soll sie's; wenn sie's nicht thut, thu' ich's; denn was gut ist, muß gelobt werden.

Flink. Item, sie ist zu freigebig.

Lanz. Mit ihrer Zunge kann sie's nicht; denn es steht geschrieben, daß sie langsam damit ist; mit ihrem Beutel soll sie's nicht, denn den will ich verschlossen halten; nun könnte sie es sonst noch mit etwas; und da kann ich nicht helfen. Gut, weiter.

Flink. Item, sie hat mehr Haar als Witz, und mehr Fehler als Haare, und mehr Geld als Fehler.

Lanz. Halt hier; ich will sie haben; sie war mein und nicht mein, zwei- oder dreimal bei diesem letzten Artikel; wiederhole das noch einmal.

Flink. Item, sie hat mehr Haar als Witz.

Lanz. Mehr Haar als Witz, das mag sein; das will ich beweisen: der Deckel des Salzfasses verbirgt das Salz und ist deshalb mehr als das Salz; das Haar, das den Witz bedeckt, ist mehr als der Witz; denn das größere verbirgt das kleinere. Was ist das nächste?

Flink. Und mehr Fehler als Haare.

Lanz. Das ist schrecklich; wenn das heraus wäre!

Flint. Und mehr Geld als Fehler.

Lanz. Ach, das Wort macht die Fehler zu Tugenden. Gut, ich will sie haben; und wenn das eine Heirat giebt, wie kein Ding unmöglich ist —

Flint. Was daun?

Lanz. Nun, dann will ich dir sagen, — daß dein Herr am Nordthor auf dich wartet.

Flint. Auf mich?

Lanz. Auf dich! Ja; wer bist du? er hat schon auf bessere Leute gewartet, als du bist.

Flint. Und muß ich zu ihm gehen?

Lanz. Du mußt zu ihm laufen; denn du hast so lange hier gewartet, daß gehen schwerlich hinreicht.

Flint. Warum sagtest du mir das nicht früher? Hol der Henker deinen Liebesbrief! (Geht ab.)

Lanz. Jetzt kriegt er Prügel, weil er meinen Brief gelesen hat; ein unverschämter Kerl, der sich in Geheimnisse drängen vill! Ich vill hinterher und an des Bengels Züchtigung meine Freude haben. (Geht ab.)

2. Scene.

Ebendaselbst.   Zimmer im Palast des Herzogs.

Der Herzog und Thurio treten auf, Proteus nach ihnen.

Herzog. Nichts fürchtet, Thurio; lieben wird sie Euch,
Nun Valentin aus ihrem Blick verbannt ist.

Thurio. Seit seiner Flucht hat sie mich ausgehöhnt,
Verschworen meinen Umgang; mich gescholten,
Daß ich verzweifeln muß, sie zu gewinnen.

Herzog. So schwacher Liebeseindruck gleicht dem Bild,
In Eis geschnitten; eine Stunde Wärme
Löst es zu Wasser auf und tilgt die Form.
Ein wenig Zeit schmelzt ihren frost'gen Sinn
Und macht den niedern Valentin vergessen. —
Wie nun, Herr Proteus? Sagt, ist Euer Landsmann
Gemäß dem strengen Ausruf abgereist?

Proteus. Ja, gnäd'ger Herr.

Herzog. Betrübt ist meine Tochter um sein Gehn.

Proteus. Bald wird die Zeit, mein Fürst, den Gram vertilgen.

Herzog. Das glaub' ich auch; doch Thurio denkt nicht so.
Die gute Meinung, die ich von dir habe, —
Denn Proben deines Werts hast du gezeigt, —
Macht, daß ich um so eh'r mich an dich wende.

Proteus. Zeig' ich mich jemals unwert Eurer Gnade,
Raub' mir der Tod den Anblick Euer Gnaden.
Herzog. Du weißt, wie sehr ich zu vollziehen wünsche
Thurios Verbindung mit der Tochter Silvia.
Proteus. Ich weiß es, gnäd'ger Fürst.
Herzog. Und ebenso, denk' ich, ist dir bekannt,
Wie sie sich meinem Willen widersetzt.
Proteus. Sie that's, solange Valentin hier weilte.
Herzog. Ja, und verkehrten Sinns bleibt sie verkehrt.
Was thun wir wohl, auf daß sie bald vergesse,
Wie jenen sie geliebt, und Thurio liebe?
Proteus. Am besten, Valentin so zu verleumden,
Als sei er untreu, feig und niedrer Abkunft;
Drei Dinge, die den Weibern stets verhaßt.
Herzog. Doch wird sie denken, man spricht so aus Haß.
Proteus. Ja, wird von einem Feind dies vorgebracht.
Drum muß es mit Beweisen der erklären,
Der ihr als Freund des Valentin erscheint.
Herzog. Ihn zu verleumden, wärest du der nächste.
Proteus. Mit Widerwillen nur, mein gnäd'ger Fürst;
Es ziemt sich schlecht für einen Edelmann,
Besonders gegen seinen besten Freund.
Herzog. Wo Euer Lob ihm nicht von Nutzen ist,
Kann Euer Lästern ihm nicht Schaden bringen;
Drum unbedenklich dürft den Dienst Ihr leisten,
Den ich als Euer Freund von Euch erbitte.
Proteus. Ihr habt gewonnen, Herr. Und wenn nur irgend
Böse Nachrede Macht hat über sie,
So soll sie bald aufhören, ihn zu lieben.
Doch, reißt dies Valentin aus ihrem Herzen,
Liebt sie deshalb noch Signor Thurio nicht.
Thurio. Drum, wie die Gunst von ihm Ihr abgewickelt,
Daß sie sich nicht ganz unbrauchbar verwirre,
Müßt Ihr bei mir sie anzuzetteln suchen;
Und das geschieht, wenn Ihr mich so erhebt,
Wie Ihr den Signor Valentin erniedrigt.
Herzog. Und, Proteus, hierin dürfen wir Euch trauen;
Da wir durch Valentins Erzählung wissen,
Daß treuen Dienst Ihr schon der Liebe schwurt
Und nicht den Sinn zum Abfall wandeln könnt.
In dem Vertraun sei Zutritt Euch gewährt,
Wo Ihr mit Silvia alles könnt besprechen:
Sie ist verdrießlich, düster, melancholisch

Und wird, des Freundes halb, Euch gern empfangen;
Da mögt Ihr sie durch Überredung stimmen,
Valentin zu hassen, meinen Freund zu lieben.

Proteus. Was ich nur irgend kann, soll gern geschehn;
Ihr aber, Thurio, zeigt zu wenig Eifer;
Leimruten stellt, um ihren Sinn zu fangen
Durch klagende Sonett', die, süß gereimt,
Ergebnen Dienst in jedem Wort verkünden.

Herzog. Ja, viel kann Poesie, das Himmelskind.

Proteus. Singt, daß Ihr auf der Schönheit Weihaltar
Ihr Thränen, Seufzer, Euer Herz selbst opfert;
Schreibt, bis die Tinte trocknet; macht sie fließen
Mit Euren Thränen; rührend sei der Vers,
Daß er beglaub'gen mag die Herzensliebe;
Denn Orpheus' Laut' erklang von Dichtersehnen!
Dem goldnen Ton erweicht sich Stein und Erz,
Zahm ward der Tiger, der Leviathansriese
Entstieg der Tiefe, auf dem Strand zu tanzen.
Habt Ihr ein herzbeweglich Lied gesungen,
So bringt in stiller Nacht vor ihrem Fenster
Harmon'schen Gruß; weint zu den Instrumenten
Ein weiches Lied; der Mitternacht Totenstille
Wird gut zum Laut der süßen Wehmut stimmen.
So oder niemals ist sie zu erringen.

Herzog. Die Vorschrift zeigt, wie sehr du selbst geliebt.

Thurio. Heut' nacht noch üb' ich aus, was du geraten.
Drum, teurer Proteus, du mein Liebeslehrer,
Laß augenblicklich in die Stadt uns gehn
Und wohlgeübte Musikanten suchen;
Ich hab' schon ein Sonett, das trefflich paßt
Als deines Unterrichtes erste Probe.

Herzog. So macht euch dran, ihr Herrn.

Proteus Bis nach der Tafel warten wir Euch auf,
Und dann sogleich beginnen wir das Werk.

Herzog. Nein, thut es alsobald; ich geb' euch frei. (Alle ab.)

Vierter Aufzug.

1. Scene.

Wald zwischen Mailand und Verona.

Einige Räuber treten auf.

Erster Räuber. Gesellen, halt! Dort kommt ein Reisender.
Zweiter Räuber. Und wären's zehn, bangt nicht, und macht sie nieder.

Valentin und Flink kommen.

Dritter Räuber. Steht, Herr, werst hin das, was Ihr bei Euch tragt;
Sonst setzen wir Euch hin, Euch auszuplündern.
Flink. Wir sind verloren, Herr! Das sind die Schufte,
Vor denen alle Reisenden sich fürchten.
Valentin. Ihr Freunde —
Erster Räuber. Das sind wir nicht, Herr! Wir sind Eure Feinde.
Zweiter Räuber. Still! Hört ihn an.
Dritter Räuber. Bei meinem Bart, das woll'n wir!
Er ist ein feiner Mann.
Valentin. So wißt, ich habe wenig zu verlieren;
Ich bin ein Mann, den Unglück niederschlug;
Mein Reichtum sind nur diese armen Kleider;
Wenn ihr von denen mich entblößen wollt,
Nehmt ihr mir alles, meine ganze Habe.
Räuber. Wohin reist Ihr?
Valentin. Nach Verona.
Erster Räuber. Woher kommt Ihr?
Valentin. Von Mailand.
Dritter Räuber. Habt Ihr Euch lang' da aufgehalten?
Valentin. An sechzehn Mond', und blieb wohl länger dort,
Wenn nicht das häm'sche Glück mir widerstrebte.
Erster Räuber. Seid Ihr von dort verbannt?
Valentin. Ich bin's.
Zweiter Räuber. Für welch Vergehn?
Valentin. Für etwas, das mich quält, wenn ich's erzähle.
Ich tötet' einen Mann, was sehr mich reut;
Doch schlug ich ihn im ehrlichen Gefecht,
Ohn' falschen Vorteil oder niedre Tücke.
Erster Räuber. Ei, laßt es Euch nicht reun, wenn's so geschah;
Doch seid Ihr um so kleine Schuld verbannt?
Valentin. Ich bin's, und war noch froh des milden Spruchs
Erster Räuber. Versteht Ihr Sprachen?

Valentin. Die Gabe dank' ich meinen Jugendreisen;
　Sonst wär' es mir wohl manchmal schlimm ergangen.
Dritter Räuber. Der Bursch wär', bei der Glatz' von Robin Hoods
　Dickwanst'gem Mönch, für unsre Baud' ein König.
Erster Räuber. Wir woll'n ihn haben; Gesellen, auf ein Wort.
Flink. Geht unter sie;
　Es ist 'ne ehrenwerte Dieberei.
Valentin. Schweig, Schlingel!
Zweiter Räuber. Sagt, habt Ihr was, worauf Ihr Hoffnung setzt?
Valentin. Nichts, als mein Glück.
Dritter Räuber. Wißt denn, ein Teil von uns sind Edelleute,
　Die wildes Blut und ungezähmte Jugend
　Aus ehrbarer Gesellschaft ausgestoßen.
　Mich selbst hat von Verona man verbannt,
　Weil ich ein Fräulein zu entführen suchte,
　Die reich war und dem Herzog nah verwandt.
Zweiter Räuber. Und mich von Mantua, weil ich wutentbrannt
　Dort einem Edelmann das Herz durchstach.
Erster Räuber. Und mich um solch gering Versehn wie diese.
　Doch nun zum Zweck — denn unsre Fehler hört Ihr,
　Damit sie unsern Räuberstand entschuld'gen —
　Wir sehn, Ihr seid ein gutgebauter Mann
　Von angenehmer Bildung; und Ihr rühmt Euch
　Der Sprachen; solches Manns, der so vollendet,
　Bedürfen wir in unsrer Profession.
Zweiter Räuber. In Wahrheit, weil Ihr ein Verbannter seid,
　Deshalb, vor allem andern, fragen wir:
　Gefällt's Euch, unser General zu werden?
　Wollt Ihr 'ne Tugend machen aus der Not
　Und mit uns hier in diesen Wäldern leben?
Dritter Räuber. Sprich, willst du unsrer Bande zugehören?
　Sag ja, und sei der Hauptmann von uns allen;
　Wir huld'gen dir und folgen deinem Wort
　Und lieben dich als unsern Herrn und König.
Erster Räuber. Doch stirbst du, wenn du unsre Gunst verschmähst.
Zweiter Räuber. Nicht sollst du prahlen je mit unserm Antrag.
Valentin. Den Antrag nehm' ich an, mit euch zu leben,
　Mit dem Beding, daß ihr nicht Unbill übt
　An armen Wandrern und wehrlosen Frauen.
Dritter Räuber. Nein, wir verschmähn so ehrlos feige Thaten.
　Komm mit, wir bringen dich zu unsrer Schar
　Und zeigen dir den Schatz, den wir gehäuft;
　Und dieser, so wie wir, sind dir zu Dienst. (Alle ab.)

2. Scene.

Mailand. Im Palasthof.

Proteus tritt auf.

Proteus. Erst war ich treulos gegen Valentin,
Nun muß ich auch an Thurio unrecht handeln.
Mit falschem Schein, als spräch' ich seinethalb,
Nutz' ich den Zutritt eignem Liebeswerben;
Doch Silvia ist zu schön, zu treu, zu heilig,
Gehör zu geben niedriger Bestechung.
Beteur' ich treuergebnen Sinn für sie,
Wirft sie die Falschheit vor mir an dem Freund;
Und weih' ich ihrer Schönheit meinen Schwur,
Heißt sie mich meines Meineids gleich gedenken,
Weil Julien ich mein Liebeswort gebrochen.
Doch, ob sie mich auch noch so schnöde abweist,
Genug, um jede Hoffnung zu ertöten,
Stärkt sich nur meine Lieb' und schmeichelt ihr,
Dem Hündchen gleich, je mehr sie sie zurückstößt.
Doch Thurio kommt; jetzt müssen wir zum Fenster
Und ihrem Ohr ein nächtlich Ständchen bringen.

Thurio kommt mit Musikanten.

Thurio. Wie, Proteus? seid Ihr mir vorausgeschlichen?
Proteus. Ja, edler Thurio; denn Ihr wißt, daß Liebe
Zum Dienst hinschleicht, wo sie nicht gehen kann.
Thurio. Ja, Herr, doch hoff' ich, daß Ihr hier nicht liebt.
Proteus. Ich thu' es doch; sonst wär' ich fern von hier.
Thurio. Wen? Silvia?
Proteus.   Silvia — um Euretwegen.
Thurio. So dank' ich Euretwegen. Jetzt, ihr Herrn,
Stimmt nun, und dann mit frischem Mut daran.

In der Entfernung treten auf der Wirt und Julia in Pagentracht.

Wirt. Nun, mein junger Gast! mich dünkt, Ihr leidet an der
Alkoholik; ich bitte Euch, warum?
Julia. Ei, mein guter Wirt, weil ich nicht fröhlich sein kann.
Wirt. Kommt, Ihr sollt fröhlich werden. Ich will Euch hin=
bringen, wo Ihr Musik hören und den Edelmann sehen werdet, nach
dem Ihr fragtet.
Julia. Aber werde ich ihn sprechen hören?
Wirt. Ja, das werdet Ihr.
Julia. Das wird Musik sein. (Die Musik beginnt.)
Wirt. Hört! hört!

Julia. Ist er unter denen?

Wirt. Ja, aber still, laßt uns zuhören.

Gesang.

Wer ist Silvia? Wer ist sie,
Die aller Welt Verehrung?
Heilig, schön und weis' ist sie,
In himmlischer Verklärung;
Lob und Preis ihr, dort und hie.

Ist sie nicht so schön als gut?
Denn Schön' und Güte weilt hie.
Amor ihr im Auge ruht,
Ihn von der Blindheit heilt sie;
Er, dort bleibend, Wunder thut.

Dich, o Silvia, singen wir,
Die hoch als Fürstin thronet;
Du besiegst an Huld und Zier,
Was nur auf Erden wohnet;
Kränzt das Haupt mit Rosen ihr!

Wirt. Nun? seid Ihr noch schwermüt'ger als zuvor?
Was ist Euch, Freund? gefällt Euch die Musik nicht?

Julia. Ihr irrt; der Musikant gefällt mir nicht.

Wirt. Warum, mein artiges Kind?

Julia. Er spielt falsch, Vater.

Wirt. Wie? greift er unrecht in die Saiten?

Julia. Das nicht; aber er reißt so in die Saiten, daß er die
Saiten meines Herzens zerreißt.

Wirt. Ihr habt ein zartes Ohr.

Julia. O, ich wollte, ich wäre taub; es macht mein Herz schwer.

Wirt. Ich merke, Ihr habt keine Freude an Musik.

Julia. Nicht die geringste, wenn sie so mißlautet.

Wirt. Hört, welch ein schöner Wechsel in der Musik.

Julia. Ach! dieser Wechsel ist das Böse.

Wirt. Ihr wollt, daß sie immer dasselbe spielen?

Julia. Ich wollte, einer spielte stets dasselbe.
Doch dieser Proteus, von dem wir jetzt sprechen,
Stellt er sich oft bei diesem Fräulein ein?

Wirt. Ich sage Euch, was Lanz, sein Diener, mir gesagt hat,
er liebt sie über alle Maßen.

Julia. Wo ist Lanz?

Wirt. Er ist fort, seinen Hund zu suchen, den er morgen,
auf seines Herrn Befehl, der Dame zum Geschenk bringen muß.

Julia. Still! geh beiseit', die Gesellschaft entfernt sich.

Proteus. Thurio, seid unbesorgt! Ich spreche so,
Daß meinem list'gen Plan Ihr höchstes Lob zollt.
Thurio. Wo treffen wir uns?
Proteus.   Bei Sankt Gregors Brunnen.
Thurio. Lebt wohl.

(Thurio und die Musikanten ab.)

Silvia erscheint oben am Fenster.

Proteus. Fräulein, ich biet' Euer Gnaden guten Abend.
Silvia. Ich danke, meine Herrn, für die Musik;
Wer ist's, der sprach?
Proteus. Mein Fräulein, kenntet Ihr sein treues Herz,
Ihr würdet bald ihn an der Stimme kennen.
Silvia. Herr Proteus, hört' ich recht.
Proteus. Proteus, mein edles Fräulein, und Eu'r Diener.
Silvia. Was ist Eu'r Wille?
Proteus.   Eu'r will'ger Knecht zu sein.
Silvia. Euer Wunsch ist schon erfüllt; mein Will' ist dieser,
Daß Ihr sogleich nach Haus und schlafen geht.
Du schlau, meineidig, falsch, treuloser Mann!
Glaubst du, ich sei so schwach, so unverständig,
Daß mich verführte deine Schmeichelei,
Der du mit Schwüren schon so manche trog'st?
Zur Heimat kehr, die Braut dir zu versöhnen.
Denn ich, hör's, blasse Königin der Nacht!
Ich bin so fern, mich deinem Flehn zu neigen,
Daß ich dein schmachvoll Werben tief verachte;
Und schon beginn' ich mit mir selbst zu hadern,
Daß ich noch Zeit verschwende, dich zu sprechen.
Proteus. Ich will's gestehn, mein Herz, ich liebt' ein Fräulein;
Doch sie ist tot.
Julia (beiseite). Falsch ist's, dürft' ich nur reden;
Denn ich bin sicher, sie ist nicht begraben.
Silvia. Sei's, wie du sagst; doch Valentin, dein Freund,
Lebt noch, dem ich, du bist des selber Zeuge,
Verlobte bin. Und hast du keine Scham,
Ihn durch dein freches Drängen so zu kränken?
Proteus. Man sagte mir, auch Valentin sei tot.
Silvia. So denk, ich sei es auch; denn in sein Grab,
Des sei gewiß, versenkt' ich meine Liebe.
Proteus. Laßt, Teure, mich sie aus der Erde scharren.
Silvia. Geh, rufe Juliens Lieb' aus ihrer Gruft;
Und kannst du's nicht, begrabe dort die deine.

Julia (beiſeite).   Davon ward ihm nichts kund.

Proteus.   Fräulein, wenn Euer Herz ſo grauſam iſt,
Bewilligt doch Eu'r Bildnis meiner Liebe,
Das Bildnis, das in Eurem Zimmer hängt;
Zu dieſem will ich reden, ſeufzen, weinen.
Denn, da das wahre Selbſt von Eurer Schönheit
Sich weggeſchenkt, bin ich ein Schatten nur;
Und Eurem Schatten will ich liebend huld'gen.

Julia (beiſeite).   Wär' es ein wahres Selbſt, betrög'ſt du es
Und machteſt es zum Schatten, wie ich bin.

Silvia.   Mich freut es nicht, zum Götzen Euch zu dienen;
Doch, da es gut für Eure Falſchheit paßt,
Nur Schatten, falſch Gebilde anzubeten,
Schickt zu mir morgen früh, ich ſend' es Euch;
Und ſo ſchlaft wohl.

Proteus.   Wie, wer verurteilt liegt
Und morgen ſeine Hinrichtung erwartet.

(Proteus geht ab und Silvia von oben weg.)

Julia.   Wirt, wollt Ihr gehen?

Wirt.   Meiner Treu, ich war feſt eingeſchlafen.

Julia.   Sagt mir, wo wohnt Proteus?

Wirt.   Ei, in meinem Hauſe. — Wahrhaftig, ich glaube, es
iſt beinah' Tag.

Julia.   Das nicht; doch iſt's die längſte Nacht geweſen,
Die ich je durchgewacht, und auch die bängſte.   (Sie gehen ab.)

3. Scene.

Ebendaſelbſt.

Eglamour tritt auf.

Eglamour.   Die Stunde hat mir Silvia beſtimmt.
Und jetzt ſoll ich erfahren, was ſie wünſcht;
Zu etwas Wicht'gem will ſie mich gebrauchen.
Fräulein!

Silvia erſcheint oben am Fenſter.

Silvia.   Wer ruft?

Eglamour.   Euer Diener und Euer Freund,
Der Euren gnädigen Befehl erwartet.

Silvia.   Herr Eglamour, viel tauſend guten Morgen.

Eglamour.   So viele, wertes Fräulein, wünſch' ich Euch,
Nach Euer Gnaden Willen und Geheiß

Kam ich so früh, zu hören, welchen Dienst
Es Euch gefallen wird mir aufzutragen.
Silvia. O Eglamour, du bist ein Edelmann, —
Ich schmeichle nicht, ich schwör', ich thu' es nicht —
Zartfühlend, weise, tapfer, ohne Tadel.
Dir ist nicht unbekannt, welch holden Sinn
Ich hege dem verbannten Valentin,
Noch wie mein Vater mich mit Zwang will geben
Dem faden Thurio, den mein Herz verabscheut.
Du hast geliebt; und sagen hört' ich dich,
Kein Schmerz kam deinem Herzen je so nah
Als deiner Braut, der treu geliebten, Tod,
Auf deren Grab du strenge Keuschheit schwurest.
Herr Eglamour, mich zieht's zu Valentin
Nach Mantua, wo er, wie ich höre, weilt.
Und da die Wege jetzt gefährlich sind,
So wünsch' ich deine würdige Gesellschaft,
Nur im Vertrau'n auf deine wahre Ehre.
Sprich von des Vaters Zorn nicht, Eglamour;
Mein Leid bedenke, einer Dame Leid,
Und daß ich fliehen darf mit gutem Fug,
Mich vor gottlosem Ehebund zu schützen,
Den Gott und Schicksal stets noch ahndeten.
Ich bitte flehend dich, mit einem Herzen
So voll von Trübsal wie die See voll Sand,
Gefährte mir zu sein und mitzugehn;
Wo nicht, so berge, was ich dir entdeckt,
Daß ich allein mein Abenteuer wage.
Eglamour. Mich jammert, Fräulein, Euer schwer Bedrängnis;
Und da ich Eures Herzens Tugend kenne,
Geb' ich den Willen drein, mit Euch zu reisen;
Nicht achtend, was mich irgend fährden könnte,
Wie ich nur eifrig Eure Wohlfahrt wünsche.
Wann wollt Ihr reisen?
Silvia.   Wie der Abend kommt.
Eglamour. Wo treff' ich Euch?
Silvia.   In Bruder Patriks Zelle.
Ich gebe vor, ich ging' zur heil'gen Beichte.
Eglamour. Ich werd' Euch, teures Fräulein, nicht verfehlen.
Prinzessin, guten Morgen.
Silvia. Habt guten Morgen, teurer Eglamour.

                              (Gehen ab.)

4. Scene.

Ebendaselbst.

Lanz tritt auf mit feinem Hunde.

Lanz. Wenn eines Menſchen Angehöriger ſich recht hündiſch gegen ihn beträgt, ſeht ihr, das muß einen kränken; einer, den ich vom frühſten aufgezogen habe; einen, den ich vom Erſäufen gerettet, da drei oder vier ſeiner blinden Brüder und Schweſtern daran mußten! Ich habe ihn abgerichtet — gerade wie wenn einer ſich recht ausdrücklich vornimmt: ſo möchte ich einen Hund abgerichtet haben. Ich war abgeſchickt, ihn Fräulein Silvia zum Geſchenk von meinem Herrn zu überbringen; und kaum bin ich in den Speiſeſaal getreten, ſo läuft er mir zu ihrem Teller und ſtiehlt ihr einen Kapaunenſchenkel. O, es iſt ein böſes Ding, wenn ſich ein Köter nicht in jeder Geſellſchaft zu benehmen weiß! Ich wollte, daß einer, der, ſozuſagen, es auf ſich genommen hat, ein wahrer Hund zu ſein, daß er dann, ſozuſagen, auch ein Hund in allen Dingen wäre. Wenn ich nicht mehr Verſtand gehabt hätte als er, und den Fehler auf mich genommen, den er beging, ſo glaube ich wahrhaftig, er wäre dafür gehenkt worden. So wahr ich lebe, er hätte es büßen müſſen! Urteilt ſelbſt: da ſchiebt er ſich ein in die Geſellſchaft von drei oder vier wohlgeborenen Hunden, unter des Herzogs Tafel; da ſiecht er kaum (Gott behüte mich) ſo lange, daß ein Menſch drei Schluck thun könnte, ſo riecht ihn auch ſchon der ganze Saal. Hinaus mit dem Hunde, ſagt einer; was für ein Köter iſt das? ſagt ein anderer; peitſcht ihn hinaus, ruft der dritte; hängt ihn auf; ſagt der Herzog. Ich, der ich gleich den Geruch wieder kannte, wußte, daß es Krabb war; und mache mich an den Kerl, der die Hunde peitſcht. Freund, ſage ich, Ihr ſeid willens, den Hund zu peitſchen? Ja, wahrhaftig, das bin ich, ſagt er. So thut Ihr ihm himmelſchreiend Unrecht, antworte ich; ich that das Ding, was Ihr wohl wißt. Der macht auch weiter keine Umſtände und peitſcht mich zum Saal hinaus. Wie viele Herren würden das für ihre Diener thun? Ja, ich kann's beſchwören, ich habe im Block geſeſſen für Würſte, die er geſtohlen hat, ſonſt wäre es ihm ans Leben gegangen. Ich habe am Pranger geſtanden für Gänſe, die er gewürgt hat, ſonſt hätten ſie ihn dafür hingerichtet; das haſt du nun ſchon vergeſſen! — Ja, ich denke noch an den Streich, den du mir ſpielteſt, als ich mich von Fräulein Silvia beurlaubte; hieß ich dich nicht immer auf mich achtgeben, und es ſo machen wie ich? Wann haſt du geſehen, daß ich mein Bein aufhob und an einer Dame Reifrock mein Waſſer abſchlug? Haſt du je ſolche Streiche von mir geſehen?

Proteus und Julia treten auf.

Proteus. Sebastian ist dein Name? du gefällst mir;
Ich will dich gleich zu einem Dienst gebrauchen.

Julia. Was Euch beliebt; ich will thun, was ich kann.

Proteus. Das hoff' ich, wirst du. — (Zu Lanz.) Wie, nichtsnutz'ger
Lümmel?
Wo hast du seit zwei Tagen mir gesteckt?

Lanz. Ei, Herr, ich brachte Fräulein Silvia den Hund, wie
Ihr mich hießet.

Proteus. Und was sagte sie zu meiner kleinen Perle?

Lanz. Ei, sie sagte, Euer Hund wäre ein Köter; und meinte,
ein hündischer Dank wäre genug für solch ein Geschenk.

Proteus. Aber sie nahm meinen Hund?

Lanz. Nein, wahrhaftig, das that sie nicht; hier hab' ich ihn
wieder mitgebracht.

Proteus. Was, diesen wolltest du ihr von mir schenken?

Lanz. Ja, Herr; das andere Eichhörnchen wurde mir von des
Scharfrichters Buben auf dem Markt gestohlen; und da schenkte ich
ihr meinen eigenen; der Hund ist so dick wie zehn von den Euren,
und um so größer ist auch das Präsent.

Proteus. Geh, mach dich fort, und bring mir meinen Hund;
Sonst komm mir niemals wieder vor die Augen.
Fort, sag' ich; bleibst du mich zu ärgern stehn?
Ein Schurke, der mir stets nur Schande macht. (Lanz geht ab.)
Ich nahm, Sebastian, dich in meinen Dienst,
Teils, weil ich einen solchen Knaben brauche,
Der mit Verstand vollführt, was ich ihn heiße;
Denn kein Verlaß ist auf den dummen Tölpel.
Doch mehr um dein Gesicht und dein Betragen,
Die — wenn mich meine Ahnung nicht betrügt —
Von guter Bildung zeugen, Glück und Treue.
Drum wisse, deshalb hab' ich dich genommen.
Geh augenblicklich nun mit diesem Ring,
Den übergieb an Fräulein Silvia.
Wohl liebte die mich, die ihn mir gegeben.

Julia. Ihr also liebt sie nicht, da Ihr ihn weg gebt.
Sie ist wohl tot?

Proteus. Das nicht; ich glaub', sie lebt.

Julia. Weh mir!

Proteus. Weshalb rufst du: weh mir?

Julia. Ich kann nicht anders, ich muß sie beklagen.

Proteus. Weshalb beklagst du sie?

Julia. Weil mich bedünkt, sie liebte Euch so sehr,

Als Ihr nur Euer Fräulein Silvia liebt;
Sie sinnt nur ihn, der schon vergaß ihr Lieben;
Ihr brennt für sie, die abweist Euer Lieben.
O Jammer, daß sich Lieb' so widerspricht,
Und des gedenkend mußt' ich klagen, weh mir!

Proteus. Gut, gieb ihr diesen Ring und auch zugleich
Den Brief. Hier ist ihr Zimmer; sag dem Fräulein,
Ich fordr' ihr himmlisch Bild, das sie versprochen.
Dies ausgerichtet eil' zu meiner Kammer,
Wo du mich traurig, einsam finden wirst. (Proteus geht ab.)

Julia. Wie wen'ge Frauen brächten solche Botschaft!
Ach! armer Proteus! du erwählst den Fuchs,
Um dir als Hirt die Lämmer zu behüten.
Ach, arme Thörin! was beklag' ich den,
Der mich von ganzem Herzen jetzt verachtet?
Weil er sie liebt, verachtet er mich nun;
Weil ich ihn liebe, muß ich ihn beklagen.
Ich gab ihm diesen Ring, da wir uns trennten,
Als Angedenken meiner Gunst und Treue.
Nun schickt man mich (o unglücksel'ger Bote!),
Zu fordern, was ich nicht gewinnen möchte;
Zu bringen, was ich abgeschlagen wünschte;
Und treu zu preisen den, dem ich Verachtung gönnte.
Ich bin die treu Verlobte meines Herrn;
Doch kann ich nicht sein treuer Diener sein,
Wenn ich nicht an mir selbst Verräter werde.
Doch will ich für ihn werben; doch so kalt,
Wie ich, beim Himmel, die Erwidrung wünschte.

        Silvia tritt auf mit Begleitung.

Gegrüßt seid, edle Dame! Bitt' Euch, macht,
Daß ich mit Fräulein Silvia sprechen kann.

Silvia. Was wolltet Ihr von ihr, wenn ich es wäre?

Julia. Wenn Ihr es seid, so bitt' ich, mit Geduld
Die Botschaft anzuhören, die ich bringe.

Silvia. Von wem?

Julia. Von Signor Proteus, meinem Herrn.

Silvia. Ach! Wegen eines Bildes schickt er Euch?

Julia. Ja, Fräulein.

Silvia. So bring denn, Ursula, mein Bildnis her.

        (Das Bild wird gebracht.)

Geht, gebt das Eurem Herrn, sagt ihm von mir,
Die Julia, die sein falsches Herz vergaß,
Ziemt besser, als der Schatten, seinem Zimmer.

Julia. Fräulein, gefällt's Euch, diesen Brief zu lesen.
　Verzeiht, mein Fräulein; ich gab unvorsichtig
　Euch ein Papier, das nicht für Euch bestimmt;
　Dies ist der rechte Brief an Euer Gnaden.
Silvia. Ich bitte, laß mich das noch einmal sehn.
Julia. Es kann nicht sein; mein Fräulein, Ihr verzeiht.
Silvia. Hier, nimm.
　Ich will die Zeilen deines Herrn nicht lesen.
　Ich weiß, sie sind mit Schwüren angefüllt
　Und neuerfundnen Eiden, die er bricht
　So leicht, als ich jetzt dieses Blatt zerreiße.
Julia. Fräulein, er schickt Eu'r Gnaden diesen Ring.
Silvia. Thut Schmach so mehr, mir diesen Ring zu schicken;
　Denn tausendmal hab' ich ihn sagen hören,
　Wie seine Julia ihn beim Abschied gab.
　Hat auch sein falscher Finger ihn entweiht,
　Soll meiner Julien nicht solch Unrecht thun.
Julia. Sie dankt Euch.
Silvia. 　　　　　Was sagst du?
Julia. Ich dank' Euch, Fräulein, für dies Zartgefühl;
　Das arme Kind! Herr Proteus kränkt sie sehr.
Silvia. Kennst du sie?
Julia. Beinah' so gut, als ich mich selber kenne.
　Gedenk' ich ihres Wehs, bei meiner Seele,
　Schon hundertmal hab' ich um sie geweint.
Silvia. So glaubt sie wohl, daß Proteus sie verlassen?
Julia. Ich glaub', so ist's, und das ist auch ihr Gram.
Silvia. Sie ist von großer Schönheit?
Julia. Sie war einst schöner, Fräulein, als sie ist.
　Da sie noch glaubte, daß mein Herr sie liebe,
　War sie, wie mich bedünkt, so schön wie Ihr;
　Doch seit sie ihrem Spiegel untreu ward,
　Die Maske wegwarf, die vor Sonne schützte,
　Sind von der Luft gebleicht der Wangen Rosen,
　Und ihrer Stirne Lilienglanz gedunkelt,
　Daß sie so schwarz geworden ist, wie ich.
Silvia. Wie groß war sie?
Julia. Sie ist von meinem Wuchse; denn zu Pfingsten,
　Als man heitrer Festspiele sich erfreute,
　Gab mir das junge Volk die Frauenrolle
　Und putzte mich mit Juliens Kleidern aus;
　Die paßten mir so gut, wie alle sagten,
　Als wäre das Gewand für mich geschnitten.

Davon weiß ich, ſie iſt ſo hoch wie ich.
Und zu der Zeit macht' ich ſie recht zu weinen,
Denn traurig war die Rolle, die ich ſpielte;
Ariadne war's, von wildem Weh verzehrt
Um Theſeus' Falſchheit und geheime Flucht;
Das ſpielten meine Thränen ſo lebendig,
Daß meine arme Herrin, tief gerührt,
Recht herzlich weint'; und ſterben will ich gleich,
Wenn ich im Geiſt nicht ihren Kummer fühlte!

Silvia. Sie iſt dir ſehr verpflichtet, lieber Knabe!
Ach, armes Mädchen! einſam und verlaſſen!
Ich weine ſelbſt, bedenk' ich deine Worte.
Hier, Knab', iſt meine Börſe; nimm die Gabe
Um deiner Herrin willen, die du liebſt.
Leb' wohl. (Silvia geht ab.)

Julia. Sie wird Euch danken, lernt Ihr je ſie leunen.
Ein edles Fräulein, ſanft und voller Huld.
Die Werbung meines Herrn läßt ſie wohl kalt,
Da meiner Herrin Liebe ſie ſo wert hält.
Wie treibt doch Liebe mit ſich ſelbſt ein Spiel!
Hier iſt ihr Bildnis; laßt mich ſehn, ich denke,
Hätt' ich nur ſolchen Kopfputz, mein Geſicht
Würd' ganz ſo lieblich wie das ihre ſein.
Doch hat der Maler etwas ihr geſchmeichelt,
Wenn ich nicht allzuviel mir ſelber ſchmeichle.
Ihr Haar iſt bräunlich, meins vollkommen blond;
Wenn das den Ausſchlag giebt in ſeiner Liebe,
So trag' ich falſches Haar von dieſer Farbe.
Ihr Aug' iſt klares Blau, und ſo das meine;
Doch ihre Stirn iſt niedrig, meine hoch.
Was könnt' es ſein, was ihn an ihr entzückt,
Womit ich ihn nicht auch entzücken könnte,
Wär' thörichte Liebe nicht ein blinder Gott?
So nimm denn, Schatten, dieſen Schatten mit;
Er iſt dein Nebenbuhler. Lebloſes Bild!
Du wirſt verehrt, geküßt und angebetet;
Und wäre Sinn in ſeinem Götzendienſt,
Mein Weſen würde Bild ſtatt deiner ſein.
Ich will dir freundlich ſein der Herrin wegen;
So war ſie mir; ſonſt, bei dem Jupiter,
Kratzt' ich dir deine blinden Augen aus,
Die Liebe meines Herrn zu dir zu tilgen. (Geht ab.)

Fünfter Aufzug.

1. Scene.

Ebendaselbst. Ein Kloster.

Eglamour tritt auf.

Eglamour. Die Sonne rötet schon den Abendhimmel;
Die Stund' ist da, die Silvia mir bestimmte,
Hier bei Patricius' Zell' auf sie zu warten.
Sie bleibt nicht aus; denn Liebende verfehlen
Die Stunde nur, um vor der Zeit zu kommen,
Weil sie die Eile selbst noch spornen möchten.
Hier kommt sie schon. Glücksel'gen Abend, Fräulein!

Silvia tritt auf.

Silvia. Geb's Gott! Geh weiter, guter Eglamour!
Hinaus zum Pförtchen an der Klostermauer;
Ich bin besorgt, daß Laurer mich bewachen.
Eglamour. Sorgt nicht, der Wald ist kaum drei Meilen weit;
Ist der erreicht, sind wir in Sicherheit. (Sie gehen ab.)

2. Scene.

Ebendaselbst. Zimmer im Palast des Herzogs.

Thurio, Proteus und Julia treten auf.

Thurio. Was sagt zu meinem Werben Silvia?
Proteus. O Herr, ich fand sie milder als bisher;
Doch hat sie viel an Euch noch auszustellen.
Thurio. Was, daß mein Bein zu lang ist?
Proteus. Nein; zu dünn.
Thurio. So trag' ich Stiefel, daß es runder wird.
Julia (beiseite). Was Liebe scheut, wer kann sie dazu spornen?
Thurio. Und mein Gesicht?
Proteus. Sie sagt', es sei zu weiß.
Thurio. Da lügt der Schalk; denn mein Gesicht ist schwarz.
Proteus. Doch weiß sind Perlen; und das Sprichwort sagt,
Ein schwarzer Mann ist Perl' im Aug' der Schönen.
Julia (beiseite). Ja; Perlen, die der Damen Augen blenden,
Denn lieber wegsehn, als auf sie zu blicken.
Thurio. Gefällt ihr mein Gespräch?
Proteus. Schlecht, redet Ihr von Krieg.

Thurio. Doch gut, wenn ich von Lieb' und Frieden rede?

Julia (beiseite). Am besten, sicher, wenn Ihr friedlich schweigt.

Thurio. Was aber sagte sie von meinem Mut?

Proteus. O, Herr, darüber hat sie keinen Zweifel.

Julia (beiseite). Nicht nötig, weil sie seine Feigheit kennt.

Thurio. Doch was von meiner Abkunft?

Proteus. Daß Ihr sehr hoch herabgekommen seid.

Julia (beiseite). Gewiß; vom Edelmann zum Narr'n herab.

Thurio. Bedenkt sie auch mein großes Gut?

Proteus. Ja, mit Bedauern.

Thurio. Weshalb?

Julia (beiseite). Weil einem Esel es gehört.

Proteus. Weil Ihr's nicht selbst verwaltet.

Julia. Hier kommt der Herzog.

Der Herzog tritt auf.

Herzog. Wie steht's, Herr Proteus? Thurio, wie steht's?
Wer von euch sah den Eglamour seit kurzem?

Thurio. Ich nicht.

Proteus. Ich auch nicht.

Herzog. Saht ihr Silvia?

Proteus. Nein.

Herzog. So floh sie hin zu Valentin, dem Wicht,
Und Eglamour ist es, der sie begleitet.
Gewiß; denn Bruder Lorenz traf sie beide,
Als im Gebet er durch die Waldung ging.
Ihn kannt' er wohl und glaubt' auch sie zu kennen:
Doch macht' ihn ihre Maske ungewiß.
Auch gab sie vor, sie woll' am Abend beichten
In des Patricius Zell', und war nicht dort.
Durch diese Zeichen wird die Flucht bestätigt.
Deswegen, bitt' ich, weilt nicht lang beratend,
Nein, gleich zu Pferd; und trefft mich beide, wo
Am Fuße des Gebirgs nach Mantua sich
Der Weg hinaufzieht; dorthin flohen sie.
Beeilt euch, teure Herrn, und folgt mir nach. (Geht ab.)

Thurio. Nun ja, da haben wir das kind'sche Ding,
Die ihrem Glück entflieht, wenn es ihr folgt.
Ihr nach! mehr mich an Eglamour zu rächen,
Als weil ich Silvia, die Leichtsinn'ge, liebe. (Geht ab.)

Proteus. Ich folge, mehr weil Silvia meine Liebe,
Als Eglamour, der mit ihr geht, mein Haß! (Geht ab.)

Julia. Ich folge, mehr zu kreuzen diese Liebe,
Als Silvia hassend, die geflohn aus Liebe. (Geht ab.)

3. Scene.

Wald.

Silvia und die Räuber kommen.

Räuber. Kommt, kommt;
Geduld, wir bringen Euch zu unserm Hauptmann.
Silvia. Durch tausend große Unglücksfälle lernt' ich
Den heutigen ertragen mit Geduld.
Zweiter Räuber. Kommt, führt sie weg!
Erster Räuber. Wo ist der Edelmann, der bei ihr war?
Dritter Räuber. Geschwind von Füßen, ist er uns entlaufen;
Doch Moses und Valerius folgen ihm.
Geht mit ihr nach des Waldes Abendseite,
Dort ist der Hauptmann; wir dem Flücht'gen nach;
Das Dickicht ist besetzt, er kann nicht durch.
Erster Räuber. Kommt, Ihr müßt mit zu unsers Hauptmanns Höhle.
Seid unbesorgt; er ist von edlem Sinn
Und wird an einem Weib sich nicht vergreifen.
Silvia. O Valentin, das duld' ich deinethalb! (Alle ab.)

4. Scene.

Wald.

Valentin tritt auf.

Valentin. Wie wird dem Menschen Übung doch Gewohnheit!
Der unbesuchte Wald, die duulle Wüste,
Gefällt mir mehr als volkreich blüh'nde Städte.
Hier kann ich einsam sitzen, ungesehn,
Und, zu der Nachtigallen Klageliedern,
Mein Leid und Weh in Trauertönen singen.
O du, Beherrscherin von dieser Brust,
Laß nicht dein Haus so lang veröbet sichn,
Daß nicht der morsche Bau in Trümmer falle,
Und kein Gedächtnis bleibe, was er war!
Komm, Silvia, das Gebäude herzustellen!
Tröst', holde Schöne, deinen armen Schäfer!
Welch Lärmen, welch ein Aufruhr ist das heut?
Die Bande schwärmt, Willkür ist ihr Gesetz;
Sie machen Jagd auf arme Wandersleute;
Sie lieben mich; doch hab' ich viel zu thun,
Wenn ich will rohe Ungebühr verhüten.
Verbirg dich, Valentin; wer kommt dort her? (Er tritt beiseite.)

Proteus. So dienſtbereit war, Fräulein, ich für Euch, —
Obgleich Ihr keinen Dienſt des Dieners achtet, —
Daß ich mein Leben wagte, Euch zu retten
Vor ihm, dem Räuber Eurer Lieb' und Ehre.
Gebt mir zum Dank nur Einen holden Blick;
Geringern Lohn als den kann ich nicht fordern,
Und wen'ger, ſicherlich, könnt Ihr nicht geben.

Valentin. Iſt dies ein Traum, was ich hier ſeh' und höre?
Leih, Liebe, mir ein Weilchen noch Geduld.

Silvia. O weh mir Armen, Unglückſeligen!

Proteus. Unglücklich war't Ihr, Fräulein, eh' ich kam;
Und meine Ankunft macht'. Euch wieder glücklich.

Silvia. Unglücklich macht mich deine Annäh'rung.

Julia (beiſeite). Und mich, wenn er Euch wirklich näher kommt.

Silvia. Wär' ich vom Leu'n, dem hungrigen, ergriſſen,
Viel lieber Speiſe ſein dem Ungetüm,
Als mich vom falſchen Proteus retten laſſen.
Sei Zeuge, Himmel, wie Valentin ich liebe,
Sein Leben iſt mir teu'r wie meine Seele,
Und ganz ſo ſehr — denn mehr noch iſt nicht möglich —
Iſt mir verhaßt der falſch', meineid'ge Proteus;
Drum fort, und quäl' mich nicht mit läſt'gem Werben.

Proteus. Dem kühnſten Unternehmen, todgefährlich,
Böt' ich die Stirn um einen milden Blick.
Es iſt der Liebe Fluch bewährt geblieben,
Daß nie ein Weib den, der ſie liebt, kann lieben.

Silvia. Daß Proteus nicht die, die ihn liebt, kann lieben.
In Julias Herz lies, deiner Erſtgeliebten,
Um deren Gunſt du deine Treu' geſpalten
In tauſend Schwüre; und all' dieſe Schwüre
Zum Meineid wurden ſie, um mich zu lieben.
Nun haſt du keine Treu' mehr, wenn nicht zwei,
Was ſchlimmer wär' als keine; beſſer keine
Als Doppeltreu', die iſt zu viel um eine,
Du Trüger deines wahren Freunds!

Proteus.   In Liebe,
Wem gilt da Freundſchaft?

Silvia.   Jedem, außer Proteus.

Proteus. Nun, wenn der milde Geiſt beredter Worte
Auf keine Art zu ſanfter Weiſ' Euch ſtimmt,
So werb' ich wie Soldaten mit Gewalt;
Und Liebe wird, ſich ſelbſt entartet, Zwang.

Silvia. O Himmel!

Proteus.   Mit Gewalt bezwing' ich dich.

Valentin. Du Ehrenräuber, los die freche Hand!
Du Freund von schlechter Art!

Proteus.   Ha, Valentin!

Valentin. Du Alltagsfreund, das heißt treulos und lieblos;
(Denn so sind Freunde jetzt) Verräter, du!
Du hintergingst mich; meinem Aug' allein
Konnt' ich dies glauben. Nun darf ich nicht sagen,
Mir lebt ein Freund; du würd'st mich Lügen strafen.
Wem ist zu traun, wenn unsre rechte Hand
Sich gegen unsre Brust empört? O Proteus,
Ich fürchte, nie darf ich dir wieder traun
Und muß um dich die Welt als Fremdling achten.
O schlimme Zeit! o Stich ins Herz hinein!
So muß der Freund der Feinde schlimmster sein!

Proteus. O Scham und Schuld vernichtet mich!
Vergieb mir, Valentin, wenn Herzensreue
Genügen kann, die Sünde abzubüßen,
So sieh mein Leid; die Schuld ist größer nicht
Als jetzt mein Schmerz.

Valentin.   So bin ich ausgesöhnt,
Und wieder acht' ich dich als ehrenvoll.
Wen Reue nicht entwaffnen kann, stammt nicht
Von Erd' noch Himmel, beide fühlen mild;
Durch Reue wird des Ew'gen Zorn gestillt:
Und daß vollkommen werde mein Verzeih'n,
Geb' ich dir alles, was in Silvien mein.

Julia. Weh mir, verloren! (Sie wird ohnmächtig.)

Proteus.   Seht, was fehlt dem Knaben.

Valentin. Ei, Knabe! Schelm! was giebt's? was ficht dich an?
Blick auf, sprich!

Julia.   O Signor, mein Herr befahl mir,
An Fräulein Silvia diesen Ring zu bringen,
Den ich vergaß und noch nicht abgegeben.

Proteus. Wo ist der Ring?

Julia.   Hier ist er.
(Giebt ihm einen Ring.)

Proteus.   Laß mich sehn!
Ha, diesen Ring schenkt' ich an Julia.

Julia. Verzeiht mir, Herr, ich habe mich geirrt!
Dies ist der Ring, den Ihr an Silvia sandtet.
(Zeigt einen andern.)

Proteus. Allein wie kamst du zu dem Ring? Beim Abschied
    Gab ich ihn Julien.
Julia.   Und mir gab ihn Julia;
    Und Julia selbst hat ihn hierher gebracht.
Proteus. Wie? Julia!
Julia. Schau sie, nach der all deine Eide zielten,
    Die alle tief im Herzen sie bewahrte,
    Des Wurzel oft dein Meineid, ach! gespalten.
    O Proteus, dich beschäme diese Tracht!
    Erröte du, daß solch unziemend Kleid
    Ich angelegt, wenn ich der Liebesmaske
    Mich wirklich schämen muß.
    Mag Sitt' entscheiden, wer am schwersten fehle:
    Vertauscht ein Weib das Kleid, ein Mann die Seele.
Proteus. Ein Mann die Seele? Wahr, o Himmel! Treue
    Nur fehlt dem Mann, vollkommen sich zu nennen;
    Der Mangel macht der Sünd' ihn unterthan;
    Treulosigkeit stirbt ab, eh' sie begann.
    Was ist in Silvia nur, das frischer nicht
    Die Treue sieht in Juliens Angesicht?
Valentin. Kommt denn, und reiche jeder seine Hand;
    Den schönen Bund müßt ihr mich schließen lassen,
    Nicht länger darf solch Freundespaar sich hassen.
Proteus. Du, Himmel, weißt, mein Wunsch ist mir erfüllt!
Julia. Der meine mir.

Räuber kommen mit dem Herzog und Thurio.

Räuber.   Ha, Beute, Beute!
Valentin. Zurück! es ist der Fürst, mein gnäd'ger Herzog.
    Euer Gnaden sei gegrüßt dem gnadenblößten,
    Verbannten Valentin.
Herzog.   Wie, Valentin?
Thurio. Silvia ist dort, und Silvia ist mein!
Valentin. Wollt Ihr nicht sterben, Thurio, fort, entweicht!
    Kommt nicht so nah, daß Euch mein Zorn erreicht;
    Nicht nenne Silvia dein, wag's noch einmal,
    So soll dich Mailand nicht mehr sehn. Hier steht sie;
    Wag's sie mit einem Finger zu berühren,
    Mit einem Hauch nur sie zu streifen, wag's!
Thurio. Herr Valentin, ich frage nichts nach ihr;
    Den halt' ich thöricht, der sein Leben wagt
    Um eines Mädchens halb, die ihn nicht liebt!
    Ich will sie nicht, und darum sei sie dein.

Herzog. Um so nichtswürd'ger bist und schlechter du,
 Auf krummen Wegen erst sie zu erstreben,
 Und dann so leichten Kaufs von ihr zu lassen!
 Nun, bei der Ehr' und Würde meiner Ahnen,
 Mich freut dein Mut! Du, Valentin, verdienst
 Die Liebe selbst der höchsten Kaiserin.
 Wie du mich hast gekränkt, das sei vergessen,
 Ich widerrufe, ausgesöhnt, den Bann.
 Streb' kühn nach höhrer Würde, Hochverdienter,
 Die ich bestät'ge; Ritter Valentin,
 Du bist ein Edelmann von altem Blut;
 Nimm deine Silvia, du hast sie verdient!
Valentin. Ich dank' Euer Gnaden, mich beglückt die Gabe.
 Ich bitt' Euch nun um Eurer Tochter willen,
 Gewährt mir eine Gunst, um die ich flehe.
Herzog. Gewährt um deinetwillen, was es sei!
Valentin. Herr, die Verbannten, die mit mir gelebt,
 Sind Männer, ausgezeichnet an Verdiensten;
 Seht ihnen, was sie hier begingen, nach
 Und ruft aus der Verbannung sie zurück;
 Sie sind gebessert, mild und wohlgeartet,
 Geschickt zu großen Diensten, gnäd'ger Herr!
Herzog. Es sei gewährt; Verzeihung dir und ihnen;
 Gieb ihnen Stellen, die dir passend scheinen.
 Kommt, laßt uns gehn; begraben sei Verdruß
 In Spiel und Lust und seltner Festlichkeit.
Valentin. Und unterwegs, mein gnäd'ger Fürst, versuch' ich,
 Euch im Gespräch ein Lächeln zu erregen.
 Was denkt Ihr von dem Pagen, hoher Herr?
Herzog. Sittsam scheint mir der Knabe, er errötet.
Valentin. Mehr sittsam, glaubt, als Knabe, gnäd'ger Fürst!
Herzog. Was meint Ihr mit dem Wort?
Valentin. Gefällt's Euch, so erzähl' ich Euch im Gehn,
 Was Euch verwundern wird, wie sich's begab.
 Komm, Proteus, dies sei deine Strafe nur,
 Zu hören die Geschichte deiner Liebe;
 Und dann sei unser Hochzeitstag der deine;
 Ein Fest, ein Haus und ein gemeinsam Glück. (Alle gehen ab.)

Coriolanus.

Übersetzt von
Dorothea Tieck.

Personen.

Cajus Marcius Coriolanus, ein edler Römer.
Titus Lartius, }
Cominius, } Anführer gegen die Volsker.
Menenius Agrippa, Coriolanus' Freund.
Sicinius Velutus, }
Junius Brutus, } Volkstribunen.
Marcius, Coriolanus' kleiner Sohn.
Ein römischer Herold.
Tullus Aufidius, Anführer der Volsker.
Ein Unterfeldherr des Aufidius.
Verschworne.
Ein Bürger von Antium.
Zwei volskische Wachen.
Volumnia, Coriolanus' Mutter.
Virgilia, Coriolanus' Gemahlin,
Valeria, Virgilias Freundin.
Dienerin der Virgilia.

Römer und Volsker. Senatoren, Patrizier, Aedilen, Liktoren, Krieger,
Bürger, Boten.

(Das Stück spielt teils in Rom; teils im Gebiet der Volsker und Antiaten.)

Erster Aufzug.

1. Scene.

Straße in Rom.

Es tritt auf ein Haufe aufrührerischer Bürger mit Stäben, Knütteln und
andern Waffen.

Erster Bürger. Ehe wir irgend weiter gehen, hört mich sprechen.
Zweiter Bürger. Sprich! sprich! —
Erster Bürger. Ihr alle seid entschlossen, lieber zu sterben
als zu verhungern?
Alle Bürger. Entschlossen! entschlossen! —

Erster Bürger. Erstlich wißt ihr: Cajus Marcius ist der Hauptfeind des Volkes.

Alle Bürger. Wir wissen's! wir wissen's! —

Erster Bürger. Laßt uns ihn umbringen, so können wir die Kornpreise selbst machen. Ist das ein Urteilsspruch?

Alle Bürger. Kein Geschwätz mehr darüber. Wir wollen's thun. Fort! fort!

Zweiter Bürger. Noch ein Wort, meine guten Bürger!

Erster Bürger. Wir werden für die armen Bürger gehalten, die Patrizier für die guten. Das, wovon der Adel schwelgt, würde uns nähren. Gäben sie uns nur das überflüssige, ehe es verdirbt, so könnten wir glauben, sie nähmen sich unser auf menschliche Weise an; aber sie denken, so viel sind wir nicht wert. Die Abzehrung, an der wir leiden, der Anblick unseres Elends ist gleichsam ein Verzeichnis, in welchem ihr Wohlleben specifiziert wird. Unser Jammer ist ihr Gewinst. Dies wollen wir mit unseren Spießen rächen, ehe wir selbst Spießgerten werden. Denn das wissen die Götter! Ich rede so aus Hunger nach Brot, und nicht aus Durst nach Rache.

Zweiter Bürger. Wollt ihr besonders gegen den Cajus Marcius vorgehen?

Alle. Gegen ihn zuerst, er ist ein wahrer Hund gegen das Volk.

Zweiter Bürger. Bedenkt ihr auch, welche Dienste er dem Vaterland gethan hat?

Erster Bürger. Sehr wohl! und man könnte ihn auch recht gern dafür loben; aber er belohnt sich selbst dadurch, daß er so stolz ist.

Zweiter Bürger. Nein, rede nicht so boshaft.

Erster Bürger. Ich sage euch: was er rühmlich gethan hat, that er nur aus diesem Grunde. Wenn auch Leute von zartem Gewissen immerhin sagen mögen, es war für sein Vaterland, so that er's doch nur, seiner Mutter Freude zu machen, und teils auch um stolz zu sein; denn sein Stolz ist ebenso groß wie seine Tapferkeit.

Zweiter Bürger. Was er an seiner Natur nicht ändern kann, das rechnet ihr ihm für ein Laster. Das dürft ihr wenigstens nicht sagen, daß er habsüchtig ist.

Erster Bürger. Wenn ich das auch nicht darf, werden mir doch die Anklagen nicht ausgehen. Er hat Fehler so überlei, daß die Aufzählung ermüdet. (Geschrei hinter der Scene.) Welch Geschrei ist das? Die andere Seite der Stadt ist in Aufruhr. Was stehen wir hier und schwatzen? Aufs Kapitol!

Alle. Kommt! kommt! —

Erster Bürger. Still! wer kommt hier?

Menenius Agrippa tritt auf.

Zweiter Bürger. Der würdige Menenius Agrippa, einer, der das Volk immer geliebt hat.

Erster Bürger. Der ist noch ehrlich genug. Wären nur die übrigen alle so!

Menenius. Was habt ihr vor, Landsleute! Wohin geht ihr
Mit Stangen, Knütteln? Sprecht, was giebt's? Ich bitt' euch!

Erster Bürger. Unsere Sache ist dem Senat nicht unbekannt, sie haben eine Ahnung gehabt seit vierzehn Tagen, was wir vor= haben, und das wollen wir ihnen nun durch Thaten zeigen. Sie sagen, arme Klienten haben schlimmen Atem, sie sollen erfahren, daß wir auch schlimme Arme haben.

Menenius. Ei, Leute! gute Freund' und liebe Nachbarn,
Wollt ihr euch selbst verderben?

Erster Bürger. Das hat nicht Not, Herr, wir sind schon verdorben.

Menenius. Ich sag' euch, Freund', es sorgt mit wahrer Milde
Für euch der Adel. Eure Not betreffend,
Das Teurungselend, könntet ihr so gut
Dem Himmel dräun mit Knütteln, als sie schwingen
Gegen den Staat von Rom, des Lauf sich bricht
So grade Bahn, daß es zehntausend Zügel,
Stärker gekettet, sprengt, als jemals ihm
Nur eure Hemmung bietet. Diese Teurung,
Die Götter machen sie, nicht die Patrizier,
Gebeugte Knie, nicht Arme müssen helfen.
Ihr wurdet, ach, durchs Elend hingerissen
Dahin, wo Größres euer harrt. Ihr lästert
Roms Lenker, die wie Väter für euch sorgen,
Wenn ihr wie Feinde sie verflucht.

Erster Bürger. Für uns sorgen! — nun wahrhaftig! —
Sie sorgten noch nie für uns. Uns verhungern lassen und ihre Vorratshäuser sind vollgestopft mit Korn. Verordnungen machen für den Wucher, um die Wucherer zu unterstützen. Täglich irgend ein heilsames Gesetz gegen die Reichen widerrufen und täglich schärfere Verordnungen ersinnen, die Armen zu fesseln und einzu= zwängen. Wenn der Krieg uns nicht auffrißt, thun sie's: das ist ihre ganze Liebe für uns.

Menenius. Entweder müßt ihr selbst
Als ungewöhnlich boshaft euch bekennen,
Sonst schelt' ich euch als thöricht. Ich erzähl' euch
Ein hübsches Märchen, möglich, daß ihr's kennt,
Doch da's hier eben herpaßt, will ich wagen,
Es nochmals aufzutischen.

Erster Bürger. Gut, wir wollen's anhören, Herr! Ihr müßt aber nicht glauben, unser Unglück mit einem Märchen abspeisen zu können; doch wenn Ihr wollt, her damit!

Menenius. Einstmals geschah's, daß alle Leibesglieder
Dem Bauch rebellisch, also ihn verklagten:
Daß er allein nur wie ein Schlund verharre
In Leibes Mitte, arbeitlos und müßig,
Die Speisen stets einheimsend, niemals thätig,
So wie die andern all'; wo jen' Organe
Säh'n, hörten, dächten, führten, gingen, fühlten,
Und, wechselseitig mitteilsam, dem Willen
Und allgemeinen Hang des Körpers dienten.
Der Bauch erwiderte —

Erster Bürger. Gut, Herr, was hat der Bauch denn nun erwidert?

Menenius. Ich sag' es gleich. — Mit einer Art von Lächeln,
Das nicht von Herzen ging, nur gleichsam so —
— Denn seht, ich kann den Bauch ja lächeln lassen
So gut als sprechen — gab er höhnisch Antwort
Den mißvergnügten Gliedern, die rebellisch
Die Einkünft' ihm nicht gönnten; ganz so passend
Wie ihr auf unsre Senatoren scheltet,
Weil sie nicht sind wie ihr.

Erster Bürger. Des Bauches Antwort. Wie!
Das fürstlich hohe Haupt, das wache Auge;
Das Herz, der kluge Rat; der Arm, der Krieger;
Das Bein, das Roß; die Zunge, der Trompeter;
Nebst anderm Zubehör und kleinern Hilfen
In diesem unserm Bau, wenn sie —

Menenius. Was denn?
Mein Treu'! der Mensch da schwatzt. Was denn? was denn?

Erster Bürger. So würden eingezwängt vom Fresser Bauch,
Der nur des Leibs Kloake —

Menenius. Gut, was denn?

Erster Bürger. Die andern Kräfte, wenn sie nun so klagten,
Der Bauch, was könnt' er sagen?

Menenius. Ihr sollt's hören.
Schenkt ihr ein bißchen, was ihr wenig habt,
Geduld, so sag' ich euch des Bauches Antwort.

Erster Bürger. Ihr macht es lang.

Menenius. Jetzt paßt wohl auf, mein Freund!
Euer höchst gesetzter Bauch, er war bedächtig,
Nicht rasch, gleich den Beschuld'gern, und sprach so:
Wahr ist's, ihr einverleibten Freunde, sagt' er,

Zuerst nehm' ich die ganze Nahrung auf,
Von der ihr alle lebt; und das ist recht,
Weil ich das Vorratshaus, die Werkstatt bin
Des ganzen Körpers. Doch bedenkt es wohl:
Durch eures Blutes Ströme send' ich sie
Bis an den Hof, das Herz — den Thron des Hirns,
Und durch des Leibs gewundene Organe
Empfängt der stärkste Nerv, die feinste Ader
Von mir den angemeßnen Unterhalt,
Wovon sie leben. Und obwohl ihr alle —
Ihr guten Freunde — habt acht — dies sagt der Bauch.

Erster Bürger. Gut. Weiter.

Menenius.   Seht ihr auch nicht all' auf eins,
Was jeder einzelne von mir empfängt,
Doch kann ich Rechnung legen, daß ich allen
Das feinste Mehl von allem wieder gebe,
Und nur die Klei' mir bleibt. Wie meint ihr nun?

Erster Bürger. Das war 'ne Antwort. Doch wie paßt das hier?

Menenius. Roms Senatoren sind der gute Bauch,
Ihr die empörten Glieder; denn erwägt
Ihr Müh'n, ihr Sorgen, prüfet wohl, was alles
Des Staates Vorteil heischt; so seht ihr ein,
Kein allgemeines Gut, was ihr empfangt,
Das nicht entsprang und kam zu euch von ihnen.
Durchaus nicht von euch selbst. Was denkt ihr nun?
Du, große Zeh', in dieser Ratsversammlung!

Erster Bürger. Ich die große Zehe? Warum die große Zehe?

Menenius. Weil du, der Niedrigst', Ärmst', Erbärmlichste
Von dieser weisen Rebellion vorantrittst.
Du Schwächling ohne Saft und Kraft, du führst,
Dir Vorteil zu erjagen.
Doch schwenkt nur eure Stäb' und dürren Knüttel,
Rom wird nun Schlacht mit seinen Ratten liefern,
Mit einem Teil ist's aus.

Cajus Marcius tritt auf.

Heil! edler Marcius.

Marcius. Dank euch. Was giebt es hier? Rebell'sche Schurken,
Die ihr das Jucken eurer Einsicht kratzt,
Bis ihr zu Aussatz werdet.

Erster Bürger. Von Euch bekommen wir doch immer gute Worte.

Marcius. Ein gutes Wort dir geben, hieße schmeicheln
Jenseit des Abscheus. Was verlangt ihr, Hunde?

Die Krieg nicht wollt, noch Frieden; jener schreckt euch,
Und dieser macht euch frech. Wer euch vertraut,
Find't euch als Hasen, wo er Löwen hofft,
Wo Füchse, Gäns'. Ihr seid nicht sichrer, nein!
Als glühnde Feuerkohlen auf dem Eis,
Schnee in der Sonne. Eure Tugend ist,
Den adeln, den Verbrechen niedertreten;
Dem Recht zu fluchen, das ihn schlägt. Wer Größe
Verdient, verdient auch euren Haß; und eure Neigung
Ist eines Kranken Gier, der heftig wünscht,
Was nur sein Übel mehrt. Wer sich verläßt
Auf eure Gunst, der schwimmt mit blei'rnen Flossen,
Und haut mit Binsen Eichen nieder. Hängt euch!
Euch traun?
Ein Augenblick, so ändert ihr den Sinn,
Und nennt den edel, den ihr eben haßtet,
Den schlecht, den erst ihr kröntet. Nun, was giebt's?
Daß allerorten ihr in unsrer Stadt
Schreit gegen den Senat, der doch allein,
Zunächst den Göttern, euch in Furcht erhält,
Ihr fräß't einander sonst. Was wollen sie?

Menenius. Nach eignem Preis das Korn, das, wie sie jagen,
    Im Überfluß daliegt.

Marcius.   Hängt sie! Sie sagen's?
Beim Feuer sitzend, wissen sie genau,
Was auf dem Kapitol geschieht; wer steigt,
Wer gilt, wer fällt; da stiften sie Faktionen;
Und schließen Ehen; stärken die Partei,
Und beugen die, die nicht nach ihrem Sinn,
Noch unter ihre Nägelschuh'. Sie sagen,
Korn sei genug vorhanden?
Wenn sich der Adel doch der Mild' entschlüge,
Daß ich mein Schwert ziehn dürft'. Ich häufte Berge
Von Leichen der zerhau'nen Sklaven, hoch,
Wie ich nur meine Lanze schleudern könnte.

Menenius. Nein, diese sind fast gänzlich schon beruhigt;
Denn, fehlt im Überfluß auch der Verstand,
So sind sie doch ausbündig feig. Doch sagt mir,
Was macht der andre Trupp?

Marcius.   Schon ganz zerstreut.
Die Schurken!
Sie hungern, sagten sie, und ächzten Sprüchlein,
Als: Not bricht Eisen. Hunde müssen fressen.

Das Brot ist für den Mund. Die Götter senden
Nicht bloß den Reichen Korn. Mit solchen Fetzen
Macht sich ihr Klagen Luft; da man drauf einging
Und ein Gesuch bewilligt — ein apartes —
Das Herz des Edelmutes zu zerbrechen,
Die kühnste Macht zu lähmen — warfen sie,
Als sollten auf des Mondes Horn sie hängen,
Die Mützen aufwärts, wilden Aufruhr jauchzend.

Menenius. Und was ward zugestanden?

Marcius. Fünf Tribunen,
Um ihre Pöbelweisheit zu vertreten,
Aus eigner Wahl: der ein' ist Junius Brutus,
Sicinius und — was weiß ich — Tod und Pest!
Die Lumpen sollten eh' die Stadt abdecken,
Als mich so weit zu bringen. Nächstens nun
Gewinnen sie noch mehr, und finden Größres,
Dran sich ihr Meuterscharfsinn übt.

Menenius. 's ist seltsam.

Marcius. Geht, fort mit euch, ihr Lumpen!

Ein Bote tritt auf.

Bote. Ist Cajus Marcius hier?

Marcius. Nun ja! was soll's?

Bote. Ich meld' Euch, Herr, die Volsker sind in Waffen.

Marcius. Mich freut's! So werden wir am besten los
Den Überfluß, der schimmlicht wird. — Seht da,
Die würd'gen Väter.

Es treten auf Cominius, Titus Lartius und andere Senatoren, Junius Brutus und Sicinius Velutus.

Erster Senator. Marcius, was Ihr uns sagtet, ist geschehn;
Die Volsker sind in Waffen.

Marcius. Ja, sie führt
Tullus Aufidius, der macht euch zu schaffen.
Ich sünd'ge, seinen Adel ihm zu neiden,
Und wär' ich etwas anders, als ich bin,
So wünsch' ich, er zu sein.

Cominius. Ihr fochtet miteinander.

Marcius. Wenn, halb und halb geteilt, die Welt sich zauste,
Und er auf meiner Seit', ich fiele ab,
Nur daß ich ihn bekämpft'. — Er ist ein Löwe,
Den ich zu jagen stolz bin.

Erster Senator. Darum, Marcius,
Magst du Cominius folgen in den Krieg.

Cominius. Ihr habt es einst versprochen.

Marcius. Herr, das hab' ich,
Und halte Wort. Du, Titus Lartius, siehst
Noch einmal Tullus mich ins Antlitz schlagen.
Wie — bist gelähmt und bleibst zurück?

Titus. Nein, Marcius.
Ich lehn' auf eine Krücke und schlage mit der andern,
Eh ich dies Werk versäum'.

Marcius. O, edles Blut!

Erster Senator. Begleitet uns zum Kapitol, dort harren
Die treusten Freunde unser.

Titus. Geht voran —
Cominius, folgt ihm nach, wir folgen Euch,
Ihr seid des Vorrangs würdig.

Cominius. Edler Marcius!

Erster Senator (zu den Bürgern).
Geht, macht euch fort! — nach Haus!

Marcius. Nein, laßt sie folgen.
Die Volsker haben Korn; hin mit den Ratten,
Die Scheuren freßt. — Hochadlige Rebellen,
Euer Mut schlägt herrlich aus. Ich bitte, folgt.
(Senatoren, Cominius, Marcius, Titus Lartius und Menenius gehen ab, die
Bürger schleichen sich fort.)

Sicinius. War je ein Mensch so stolz wie dieser Marcius?

Brutus. Er hat nicht seinesgleichen.

Sicinius. Als wir ernannt zu Volkstribunen wurden —

Brutus. Saht Ihr sein Aug', den Mund?

Sicinius. Ja, und sein Höhnen.

Brutus. Gereizt, schont nicht sein Spott die Götter selbst.

Sicinius. Den keuschen Mond auch würd' er lästern.

Brutus. Verschling' ihn dieser Krieg; er ward zu stolz
Auf seine Tapferkeit.

Sicinius. Solch ein Gemüt,
Gekitzelt noch vom Glück, verschmäht den Schatten,
Auf den er mittags tritt. Doch wundert's mich,
Wie nur sein Hochmut es erträgt, zu sichu
Unter Cominius.

Brutus. Ruhm, nach dem er zielt,
Und der schon reich ihn schmückt, wird besser nicht
Erworben und bevahrt, als auf dem Platz
Zunächst dem Ersten; denn was nun mißlingt,
Das ist des Feldherrn Schuld, thut er auch alles,
Was Menschenkraft vermag; kurzsichtig Urteil
Ruft dann vom Marcius aus: O hätte dieser
Den Krieg geführt!

5*

Sicinius.   Und geht es gut, so raubt
Die günst'ge Meinung, die an Marcius haftet,
Cominius jegliches Verdienst.

Brutus.   Geht mir,
Cominius' halben Ruhm hat Marcius schon,
Erwarb er ihn auch nicht; und seine Fehler
Sie werden Marcius' Ruhm, that er auch selbst
Nichts Großes irgend.

Sicinius.   Laßt uns hin und hören
Die Ausfert'gung, und in was Art und Weise
Er, außer seiner Seltsamkeit, nun geht
In diesen jetz'gen Kampf.

Brutus.   So gehn wir denn. (Beide ab.)

2. Scene.

Corioli. Im Senat.

Tullus Aufidius tritt auf mit einigen Senatoren.

Erster Senator. So glaubt Ihr wirklich denn, Aufidius,
Daß die von Rom erforschten unsern Plan,
Und wissen, was wir thun?

Aufidius.   Glaubt Ihr's denn nicht?
Was ward wohl je gedacht in unserm Staat,
Das nicht, eh's körperliche That geworden,
Rom ausgespürt? Noch sind's vier Tage nicht,
Daß man von dort mir schrieb; so, denk' ich, lautet's —
Ich hab' den Brief wohl hier; — ja, dieser ist's.
(Er liest). Geworben wird ein Heer; doch niemand weiß,
Ob für den Ost, den West. Groß ist die Tenrung,
Das Volk im Aufruhr, und man raunt sich zu,
Cominius, Marcius, euer alter Feind,
— Der mehr von Rom gehaßt wird als von euch —
Und Titus Lartius, ein sehr tapfrer Römer,
Daß diese drei den Kriegszug führen sollen,
Wohin er geht; wahrscheinlich trifft es euch,
Drum sehi euch vor.

Erster Senator.   Im Feld sichu unsre Scharen:
Wir zweifeln nie, daß Rom, uns zu begegnen,
Stets sei bereit.

Aufidius.   Und Ihr hieltet's für klng,
Zu bergen euren großen Plau, bis er
Sich zeigen mußte; doch im Brüten schon
Erkannt' ihn Rom, so scheint's: durch die Entdeckung

Wird unſer Ziel geſchmälert, welches war,
Zu nehmen manche Stadt, eh noch die Römer
Bemerkt, daß wir im Gang.

Zweiter Senator.   Edler Aufidius,
Nehmt Eure Vollmacht, eilt zu Euren Scharen,
Uns überlaßt's, Corioli zu ſchützen;
Belagern ſie uns hier, kommt zum Entſatz
Mit Eurem Heer zurück; doch ſollt Ihr ſehn,
Die Rüſtung gilt nicht uns.

Aufidius.   O! zweifelt nicht:
Ich ſprech' aus ſicherer Nachricht. Ja — noch mehr,
Schon rückten ein'ge ihrer Hauſen aus,
Und nur hierherwärts. Ich verlaſſ' euch, Väter.
Wenn wir und Cajus Marcius uns begegnen,
So iſt's geſchworen, daß wir Streiche wechſeln,
Bis einer kampfunfähig wird.

Alle Senatoren. Die Götter ſei'n mit Euch!

Aufidius.   Sie ſchirmen euch!

Erſter Senator. Lebt wohl!

Zweiter Senator. Lebt wohl!

Aufidius. Lebt wohl! (Alle ab.)

3. Scene.

Rom, Zimmer in Marcius' Haus.

Volumnia und Virgilia treten auf.

Volumnia. Ich bitte dich, Tochter, ſinge; oder ſprich wenigſtens troſtreicher; wäre mein Sohn mein Gemahl geweſen, ich würde mich lieber ſeiner Abweſenheit erfreuen, durch die er Ehre erwirbt, als den Umarmungen ſeines Bettes, in denen ich ſeine Liebe erkannte. Da er noch ein zarter Knabe war, und das einzige Kind meines Schoßes; da Jugend und Anmut gewaltſam alle Blicke auf ihn zogen, als die tagelangen Bitten eines Königs einer Mutter nicht eine einzige Stunde ſeines Anblicks abgekauft hätten; ſchon damals, — wenn ich bedachte, wie Ehre ſolch ein Weſen zieren würde, und daß es nicht beſſer ſei als ein Gemälde, was an der Wand hängt, wenn Ruhm=begier es nicht belebte, — war ich erfreut, ihn da Gefahren ſuchen zu laſſen, wo er hoffen konnte, Ruhm zu finden. In einen grauſamen Krieg ſandte ich ihn, aus dem er zurückkehrte, die Stirn mit Eichen=laub umwunden. Glaube mir, Tochter, mein Herz hüpfte nicht mehr vor Freuden, als ich zuerſt hörte, er ſei ein Knabe, als jetzt, da ich zuerſt ſah, er ſei ein Mann geworden.

Virgilia. Aber wäre er nun in der Schlacht geblieben, teure Mutter, wie dann?

Volumnia. Dann wäre sein Nachruhm mein Sohn gewesen; in ihm hätte ich mein Geschlecht gesehen. Höre mein offenherziges Bekenntnis: Hätte ich ein Dutzend Söhne, jeder meinem Herzen gleich lieb, und keiner mir weniger teuer als dein und mein guter Marcius, ich wollte lieber elf für ihr Vaterland edel sterben sehen, als einen einzigen in wollüstigem Müßiggang schwelgen.

Es tritt eine Dienerin auf.

Dienerin. Edle Frau, Valeria wünscht Euch zu sehn.

Virgilia. Ich bitte, erlaubt mir, mich zurückzuziehn.

Volumnia. O nein! das sollst du nicht.
Mich dünkt, bis hier tönt deines Gatten Trommel,
Er reißt Aufidius bei den Haaren nieder;
Wie Kinder vor dem Bären fliehn die Volsker.
Mich dünkt, ich seh's! So stampft er und ruft aus:
Memmen, heran! in Furcht seid ihr gezeugt,
Obwohl in Rom geboren. Und er trocknet
Die blut'ge Stirn mit eh'rner Hand, und schreitet
So wie ein Schnitter, der gehalten ist,
Alles zu mähn, wo nicht den Lohn zu missen.

Virgilia. Die blut'ge Stirn! — o Jupiter! kein Blut.

Volumnia. O schweig, du Thörin! schöner ziert's den Mann
Als Gold sein Mal. Die Brust der Hekuba
War schöner nicht, da sie den Hektor säugte,
Als Hektors Stirn, die Blut entgegenspie
Voll Hohn den Griechen-Schwertern. — Sagt Valerien,
Wir sind bereit, sie zu empfangen. *(Dienerin ab.)*

Virgilia. Himmel,
Schütz meinen Mann vorm grimmigen Aufidius!

Volumnia. Er schlägt Aufidius' Haupt sich unters Knie
Und tritt auf seinen Hals.

Valeria tritt auf.

Valeria. Ihr edlen Frauen, euch beiden guten Tag!

Volumnia. Liebe Freundin —

Virgilia. Ich bin erfreut, Euch zu sehn, verehrte Frau.

Valeria. Was macht ihr beide? Ihr seid ausgemachte Haus=hälterinnen. Was näht ihr da? Ein artiges Muster, das muß ich gestehen. — Was macht euer kleiner Sohn?

Virgilia. Ich danke Euch, edle Frau, er ist wohl.

Volumnia. Er mag lieber Schwerter sehen und die Trommel hören, als auf seinen Schulmeister achtgeben.

Valeria. O! auf mein Wort, ganz der Vater. Ich kann's be=
schwören, er ist ein allerliebster Knabe. Nein wahrlich, ich beobachtete
ihn am Mittwoch eine halbe Stunde ununterbrochen: er hat solch
entschlossene Miene. Ich sah ihn einem glänzenden Schmetterling
nachlaufen, und als er ihn gefangen hatte, ließ er ihn wieder fliegen,
und nun wieder ihm nach, und fiel der Länge nach hin, und wieder
aufgesprungen, und ihn noch einmal gefangen. Hatte ihn sein Fall
böse gemacht, oder was ihm sonst sein mochte, aber er knirschte so
mit den Zähnen und zerriß ihn. O! ihr könnt nicht glauben, wie
er ihn zerfetzte.

Volumnia. Eine von seines Vaters Launen.

Valeria. Ei wahrhaftig! er ist ein edles Kind.

Virgilia. Ein Knirps, Valeria.

Valeria. Kommt, legt Eure Stickerei weg, Ihr müßt heut
nachmittag mit mir die müß'ge Hausfrau machen.

Virgilia. Nein, Liebe, ich werde nicht ausgehen.

Valeria. Nicht ausgehen?

Volumnia. Sie wird, sie wird.

Virgilia. Nein, gewiß nicht; erlaubt es mir. Ich will nicht
über die Schwelle schreiten, ehe mein Gemahl aus dem Kriege heim=
gelehrt ist.

Valeria. Pfui! wollt Ihr so wider alle Vernunft Euch ein=
sperren? Kommt mit, Ihr müßt die gute Freundin besuchen, die
im Kindbett liegt.

Virgilia. Ich will ihr eine schnelle Genesung wünschen und
sie mit meinem Gebet besuchen; aber hingehen kann ich nicht.

Volumnia. Nun, warum denn nicht?

Virgilia. Es ist gewiß nicht Trägheit oder Mangel an Liebe.

Valeria. Ihr wäret gern eine zweite Penelope; und doch sagt
man, alles Garn, das sie in Ulysses' Abwesenheit spann, füllte Jthaka
nur mit Motten. Kommt; ich wollte, Eure Leinwand wäre so
empfindlich wie Euer Finger, so würdet Ihr aus Mitleid aufhören,
sie zu stechen. Kommt, Ihr müßt mitgehen.

Virgilia. Nein, Liebe, verzeiht mir; im Ernst, ich werde nicht
ausgehen.

Valeria. Ei wahrhaftig! Ihr müßt mitgehen: dann will ich
Euch auch herrliche Neuigkeiten von Eurem Gemahl erzählen.

Virgilia. O, liebe Valeria! es können noch keine gekommen sein.

Valeria. Wahrlich! ich scherze nicht mit Euch; es kam gestern
abend Nachricht von ihm.

Virgilia. In der That?

Valeria. Im Ernst, es ist wahr; ich hörte einen Senator
davon erzählen. So war es: — Die Volsker haben ein Heer

ausrücken laſſen, welchem Cominius, der Feldherr, mit einem Teil der römiſchen Macht entgegen gegangen iſt. Ener Gemahl und Titus Lartius belagern ihre Stadi Corioli, ſie zweifeln nicht daran, ſie zu bemeiſtern und den Krieg bald zu beendigen. — Dies iſt wahr, bei meiner Ehre; und nun bitte ich Euch, geht mit uns.

Virgilia. Verzeiht mir, gute Valeria, künftig will ich Euch in allem andern gehorchen.

Volumnia. Ei, laßt ſie, Liebe. Wie ſie jetzt iſt, würde ſie nur unſer Vergnügen ſtören.

Valeria. Wirklich, das glaube ich auch. So lebt denn wohl. Kommt, liebe, teure Frau. Ich bitte dich, Virgilia, wirf deine Feierlichkeit zur Thür hinaus und geh noch mit.

Virgilia. Nein, auf mein Wort, Valeria. In der That, ich darf nicht: Ich wünſche euch viel Vergnügen.

Valeria. Gut, ſo lebt denn wohl. (Alle ab.)

4. Scene.

Vor Corioli.

Mit Trommeln und Fahnen treten auf **Marcius, Titus Lartius,** **Anführer, Krieger.** Zu ihnen ein **Bote.**

Marcius. Ein Bote kommt. Ich wett', es gab ein Treffen.
Titus. Mein Pferd an Eures: Nein.
Marcius.   Es gilt.
Titus.   Es gilt.
Marcius. Sprich du. Traf unſer Feldherr auf den Feind?
Bote. Sie ſchaun ſich an; doch ſprachen ſie noch nicht —
Titus. Das gute Pfand iſt mein.
Marcius.   Ich kauf's Euch ab.
Titus. Nein, ich verkauf' und geb's nicht; doch Euch borg' ich's
Für fünfzig Jahr. — Die Stadt nun fordert auf.
Marcius. Wie weit abſtehn die Heere?
Bote.   Kaum drei Stunden.
Marcius. So hören wir ihr Feldgeſchrei, ſie unſers. —
Nun, Mars, dir fleh' ich, mach uns raſch im Werk,
Daß wir mit dampfendem Schwert von hinnen ziehn,
Den Freunden im Feld zu helfen.
                          Blaſt den Aufruf.

Es wird geblaſen, auf den Mauern erſcheinen **Senatoren** und andere.

Tullus Aufidius, iſt er in der Stadt?
Erſter Senator. Nein, und auch keiner, der Euch wen'ger fürchtet,
Das heißt: wen'ger als wenig. Horcht, die Trommeln
(Kriegsmuſik aus der Ferne.)

Von unsrer Jugend Schar. Wir brechen eh' die Mauern,
Als daß sie uns einhemmten. Unsre Thore,
Zum Schein geschlossen, riegeln Binsen nur,
Sie öffnen sich von selbst. Horcht, weit her tönt's.
(Kriegsgeschrei.)
Das ist Aufidius. Merkt, wie er hantiert
Dort im gespaltnen Heer.

Marcius.   Ha! sie sind dran!

Titus. Der Lärm sei unsre Weisung. Leitern her!
(Die Volsker kommen aus der Stadt.)

Marcius. Sie scheu'n uns nicht; nein, sie bringen aus der Stadt.
Werft vor das Herz den Schild und kämpft mit Herzen,
Gestählter als die Schild'. Auf, wackrer Titus!
Sie höhnen uns weit mehr, als wir gedacht,
Das macht vor Zorn mich schwitzen. Auf, Kamraden!
Wer weicht, den halte ich für einen Volsker,
Und fühlen soll er meinen Stahl.

Römer und Volsker gehen kämpfend ab. Die Römer werden zurückgeschlagen,
Marcius kommt zurück.

Marcius. Die ganze Pest des Südens fall' auf euch!
Schandflecke Roms, Gesindel! — Schwär' und Beulen
Besäen euch; daß ihr ein Abscheu seid,
Eh noch gesehn, und selbst gegen den Wind
Euch ansteckt meilenweit! Ihr Gänseseelen
In menschlicher Gestalt! Vor Sklaven lauft ihr,
Die Affen schlagen würden? Höll' und Pluto!
Wund rücklings, Nacken rot, Gesichter bleich,
Vor Flucht und Fieberfrost. Macht's gut! greift an!
Sonst, bei des Himmels Blitz, lass' ich den Feind
Und stürz' auf euch. Seht euch denn vor, voran!
Steht, und wir schlagen sie zu ihren Weibern,
Wie sie zu unsern Schanzen uns gefolgt!

Ein neuer Angriff, Volsker und Römer kämpfen. Die Volsker flüchten in die
Stadt, Marcius verfolgt sie.

Auf geht das Thor, nun zeigt euch, wackre Helfer!
Für die Verfolger hat's das Glück geöffnet,
Nicht für die Flücht'gen. Nach! und thut wie ich.

(Er stürzt in die Stadt und das Thor wird hinter ihm geschlossen.)

Erster Soldat. Tolldreist! ich nicht —

Zweiter Soldat.   Noch ich.

Dritter Soldat.   Da seht! sie haben
Ihn eingesperrt.

Alle.   Nun geht er drauf, das glaubt nur.

Titus Lartius tritt auf.

Titus.   Was ward aus Marcius?

Alle.   Tot, Herr, ganz gewiß.

Erster Soldat. Den Flücht'gen folgt' er auf den Ferſen nach,
Und mit hinein; die, eh wir's uns verſahn,
Schloſſen die Thore: er iſt drin, allein
Der ganzen Stadt zu ſtehen.

Titus.   Edler Freund!
Du, fühlend, kühner als dein fühllos Schwert,
Feſtſtehend, wenn dies weicht, verloren biſt du, Marcius!
Der reinſte Diamant, ſo groß wie du,
Wär' nicht ein ſolch Juwel; du warſt ein Krieger
Nach Catos Sinn, nicht wild und fürchterlich
In Streichen nur, nein, deinem grimmen Blick
Und deiner Stimme donnergleichem Schmettern
Erbebten deine Feind', als ob die Welt
Im Fieber läg' und wankte.

Marcius kommt zurück, blutend, von den Feinden verfolgt.

Erster Soldat. Seht, Herr!

Titus.   O! da iſt Marcius!
Laßt uns ihn retten oder mit ihm fallen.

(Gefecht, alle dringen in die Stadt.)

5. Scene.

Straße in Coriolt.

Römer kommen mit Beute.

Erster Römer. Das will ich mit nach Rom nehmen.

Zweiter Römer. Und ich dies.

Dritter Römer. Hol's der Henker! ich hielt das für Silber.

In der Ferne hört man noch immer Kriegsgetümmel. Marcius und Titus
treten auf mit einem Trompeter.

Marcius. Seht dieſe Trödler, die die Stunden ſchätzen
Nach roſt'gen Drachmen. Kiſſen, blei'ne Löffel,
Blechſtückchen, Wämſer, die der Henker ſelbſt
Verſcharrte mit dem Leichnam, ſtiehlt die Brut,
Eh noch die Schlacht zu Ende. — Haut ſie nieder! —
Hört dort des Feldherrn Schlachtruf! Fort zu ihm!
Dort kämpfſt, den meine Seele haßt, Aufidius!
Und mordet unſre Römer. Drum, mein Titus,
Nimm eine Anzahl Volks, die Stadt zu halten;

Mit denen, die der Mut befeuert, eil' ich,
Cominius beizuſtehn.

Titus. Du bluteſt, edler Freund!
Die Arbeit war zu ſchwer, ſie zu erneu'n
In einem zweiten Gang.

Marcius. Herr, rühmt mich nicht.
Dies Werk hat kaum mir warm gemacht. Lebt wohl!
Das Blut, das ich verzapft, iſt mehr Arznei,
Als mir gefährlich. Vor Aufidius ſo
Tret' ich zum Kampf.

Titus. Fortunas holde Gottheit
Sei jetzt in dich verliebt; ihr ſtarker Zauber
Irrleite deines Feindes Schwert. O Held!
Dein Knappe ſei Erfolg!

Marcius. Und du ihr Freund,
Der höchſtgeſchätzten einer. Lebe wohl! (Geht ab.)

Titus. Ruhmwürd'ger Marcius!
Geh du, blas auf dem Marktplatz die Trompete,
Und ruf der Stadt Beamte dort zuſammen,
Daß ſie vernehmen unſern Willen. Fort! (Ab.)

6. Scene.

Nahe dem Lager des Cominius.

Cominius und ſein Heer auf dem Rückzuge.

Cominius. Schöpft Atem, Freunde. Gut gekämpft! Wir hielten
Wie Römer uns; nicht tollkühn dreiſt im Stehn,
Noch feig im Rückzug. Auf mein Wort, ihr Krieger,
Der Angriff wird erneut. Indem wir kämpften,
Erklang, vom Wind geführt, in Zwiſchenräumen
Der Freunde Schlachtruf. O! ihr Götter Roms!
Führt ſie zu Ruhm und Sieg, wie wir uns wünſchen,
Daß unſre Heere, lächelnd ſich begegnend,
Euch Dankesopfer bringen.

Ein Bote tritt auf.
Deine Botſchaft?

Bote. Die Mannſchaft von Corioli brach aus,
Und boten Marcius und Lartius Schlacht:
Ich ſah die Unſern zu den Schanzen fliehn,
Da eilt' ich fort.

Cominius. Mich dünkt, ſprichſt du auch wahr,
So ſprichſt du doch nicht gut. Wie lang iſt's her?

Bote. Mehr als 'ne Stunde, Herr.

Cominius. 's ist keine Meil', wir hörten noch die Trommeln.
　Wie — gingst du eine Stund' auf diese Meile?
　Und bringst so spät Bericht?
Bote. 　　　　　　　　　Der Volsker Spione
　Verfolgten mich, so lief ich einen Umweg
　Von drei, vier Meilen; sonst bekamt Ihr, Herr,
　Vor einer halben Stunde schon die Botschaft.

　　　　　　Marcius tritt auf.

Cominius. Doch wer ist jener,
　Der aussieht wie geschunden? O! ihr Götter!
　Er trägt des Marcius Bildung, und schon sonst
　Hab' ich ihn so gesehn.
Marcius. 　　　　　Komm' ich zu spät?
Cominius. Der Schäfer kann vom Donner nicht die Trommel
　So unterscheiden, wie ich Marcius' Stimme
　Von jedem niedern Mann.
Marcius. 　　　　　　Komm' ich zu spät?
Cominius. Ja, wenn du nicht in fremdes Blut gekleidet,
　In eignem kommst.
Marcius. 　　　　　O! laßt mich Euch umschlingen
　Mit kräft'gen Armen, wie als Bräutigam,
　Mit freud'gem Herzen, wie am Hochzeitstag,
　Als Kerzen mir zu Bett geleuchtet.
Cominius. 　　　　　　　　Blume
　Der Krieger du, wie geht's dem Titus Lartius?
Marcius. Wie einem, der geschäftig Urteil spricht,
　Zum Tode den verdammt, den zur Verbannung,
　Den frei läßt, den beklagt, dem andern droht.
　Er hält Corioli im Namen Roms,
　So wie ein schmeichelnd Windspiel an der Leine,
　Die er nach Willkür löst.
Cominius. 　　　　　　Wo ist der Schelm,
　Der sprach, sie schlügen euch zurück ins Lager?
　Wo ist er? Ruft ihn her.
Marcius. 　　　　　Nein, laßt ihn nur.
　Die Wahrheit sprach er; doch die edlen Herrn,
　Das niedre Volk, — verdammt! für sie Tribunen! —
　Die Maus läuft vor der Katze nicht, wie sie
　Vor Schusten rannten, schlechter als sie selbst.
Cominius. Wie aber drangt ihr durch?
Marcius. Ist zum Erzählen Zeit? Ich denke nicht —
　Wo ist der Feind? Seid Ihr des Feldes Herr?
　Wo nicht, was ruht Ihr, bis Ihr's seid?

Cominius. O Marcius!
Wir fochten mit Verlust und zogen uns
Zurück, den Vorteil zu erspähn.
Marcius. Wie steht ihr Heer? Wißt Ihr, auf welcher Seite
Die beste Mannschaft ist?
Cominius. Ich glaube, Marcius,
Im Vordertreffen kämpfen die Antiaten,
Ihr bestes Volk, Aufidius führt sie an,
Der ihrer Hoffnung Seel' und Herz.
Marcius. Ich bitt' dich,
Bei jeder Schlacht, in der vereint wir fochten,
Bei dem vereint vergoßnen Blut, den Schwüren,
Uns ewig treu zu lieben; stell mich grade
Vor die Antiaten und Aufidius hin:
Und säumt nicht länger. Nein, im Augenblick
Die Luft erfüllend mit gezückten Schwertern,
Versuchen wir die Stunde.
Cominius. Wünscht' ich gleich,
Du würdest in ein laues Bad geführt,
Dir Balsam aufgelegt; doch wag' ich nicht
Dir's abzuschlagen. Wähle selber dir
Für diesen Kampf die Besten.
Marcius. Das sind nur
Die Willigsten. Ist irgend einer hier —
Und Sünde wär's, zu zweifeln — dem die Schminke
Gefällt, mit der er hier mich sieht gemalt,
Der übeln Ruf mehr fürchtet als den Tod,
Der tapfern Tod schätzt über schnödes Leben,
Sein Vaterland mehr als sich selber liebt,
Wer so gesinnt, ob einer oder viele,
Der schwing' sein Schwert, wie er gesinnt zu zeigen,
Und folge Marcius. (Alle jauchzen, schwingen die Schwerter, heben ihn
auf ihren Armen empor und weisen die Mützen in die Höhe.)
Laßt gehn, laßt gehn! Macht ihr ein Schwert aus mir?
Ist dies kein äußrer Schein, wer von euch allen
Ist nicht vier Volsker wert? Ein jeder kann
Aufidius einen Schild entgegentragen
So hart wie seiner. Eine Anzahl nur,
Dank' ich schon allen, wähl' ich, und den andern
Spar' ich die Arbeit für den nächsten Kampf,
Wie er sich bieten mag. Voran, ihr Freunde!
Vier meiner Leute mögen die erwählen,
Die mir am liebsten folgen.

Cominius.   Kommt, Gefährten,
Beweist, daß ihr nicht prahltet, und ihr sollt
Uns gleich in allem sein. (Alle ab.)

7. Scene.

Vor den Thoren von Corioli.

Titus Lartius, eine Besatzung in Corioli zurücklassend, geht dem Marcius und
Cominius mit Trommeln und Trompeten entgegen, ihm folgt ein Anführer
mit Kriegern und ein Späher.

Titus. Besetzt die Thore wohl, thut eure Pflicht,
Wie ich's euch vorschrieb. Send' ich, schickt zur Hilfe
Uns die Centurien nach: der Rest genügt
Für kurze Deckung. Geht die Schlacht verloren,
So bleibt die Stadt uns doch nicht.
Anführer.   Traut auf uns.
Titus. Fort! und verschließet hinter uns die Thore.
Komm, Führer; führe uns ins röm'sche Lager. (Alle ab.)

8. Scene.

Schlachtfeld.

Getümmel. Marcius und Aufidius, die einander begegnen.

Marcius. Mit dir nur will ich kämpfen; denn dich haff' ich
Mehr als Wortbrüchige.
Aufidius.   Wir hassen gleich.
Kein Drache Afrikas ist mir so gräulich,
Wie dein verhaßter Ruhm. Stemm fest den Fuß!
Marcius. Wer weicht, soll sterben als des andern Sklave,
Dann treffe ihn der Götter Strafgericht.
Aufidius. Flieh', Marcius, ich, so hetz mich gleich dem Hasen.
Marcius. Noch vor drei Stunden, Tullus,
Focht ich allein in Eurer Stadt Corioli,
Und hanst' nach Willkür dort. Nicht ist's mein Blut,
Worin du mich verlarvt siehst: Drum zur Rache
Spann deine Kraft aufs höchste!
Aufidius.   Wärst du Hektor,
Der eurer vielgepriesnen Ahnen Geisel,
Du kämst mir nicht von hier.
          (Sie fechten, einige Volsker kommen dem Aufidius zu Hilfe.)
Dienstwillig, und nicht tapfer! Ihr beschimpft mich
Durch so verhaßten Beistand.
               (Alle fechtend ab.)

9. Scene.

Das römische Lager.

Getümmel. Rückzug geblasen, Trompeten. Von einer Seite tritt auf Cominius mit seinem Heer, von der andern Marcius, den Arm in der Binde,
und andere Römer.

Cominius. Erzähl' ich dir dein Werk des heut'gen Tages,
Du glaubtest nicht dein Thun; doch will ich's melden,
Wo Senatoren Thrän' und Lächeln mischen,
Wo die Patrizier horchen, achselzucken,
Zuletzt bewundern; wo sich Frau'n entsetzen,
Und, froh erschreckt, mehr hören; wo der plumpe
Tribun, der, wie die Plebs, haßt deinen Ruhm,
Ausruft, dem eignen Groll zum Trotz: Dank, Götter!
Daß unserm Rom ihr solche Helden schenktet!
Doch kamst zum Nachtisch nur du dieses Schmauses
Vorher schon voll gesättigt.

Titus Lartius kommt mit seinen Kriegern.

Titus.   O mein Feldherr!
Hier ist das Streitroß, wir sind das Geschirr.
Hättst du gesehn —

Marcius.   Still, bitt' ich. Meine Mutter,
Die einen Freibrief hat, ihr Blut zu preisen,
Kräult mich, wenn sie mich rühmt. Ich that ja nur,
Was ihr: das ist, so viel ich kann, getrieben,
Wie ihr es war't, das ist fürs Vaterland.
Wer heut den guten Willen nur erfüllte,
Hat meine Thaten überholt.

Cominius.   Nicht darfst du
Das Grab sein deines Werts. Rom muß erkennen,
Wie köstlich sein Besitz. Es wär' ein Hehl,
Arger als Raub, nicht minder als Beschimpfung,
Zu decken deine That, von dem zu schweigen,
Was, zu des Preises höchstem Flug erhoben,
Bescheiden noch sich zeigt. Drum bitt' ich dich,
Zum Zeichen, was du bist, und nicht als Lohn
Für all dein Thun, laß vor dem Heer mich reden.

Marcius. Ich hab' so Wunden hier und da, die schmerzt es,
Sich so erwähnt zu hören.

Cominius.   Schwiegen wir,
Der Undank müßte sie zum Schwären bringen,
Bis sie der Tod kurierte. Von den Pferden, —

Wir fingen viel und treffliche — und allen
Den Schätzen in der Stadt, im Feld erbeutet,
Sei dir der zehnte Teil, ihn auszusuchen
Noch vor der allgemeinen Teilung, ganz
Nach deiner eignen Wahl.

Marcius.   Ich dank' dir, Feldherr;
Doch sträubt mein Herz sich, einen Lohn zu nehmen
Als Zahlung meines Schwerts. Ich schlag' es aus,
Und will nur so viel aus gemeiner Teilung,
Wie alle, die zugegen waren.

(Ein langer Trompetenstoß. Alle rufen: „Marcius! Marcius!" werfen Mützen
und Speere in die Höhe.)

Daß die Drommeten, die ihr so entweiht,
Nie wieder tönen! Wenn Posaun' und Trommel
Im Lager Schmeichler sind, mag Hof und Stadt
Ganz Lüge sein und Gleißnerei. Wird Stahl
Weich wie Schmarotzerseide, diene die
Als Panzer für den Krieg. Genug, sag' ich.
Weil ich die blut'ge Nase mir nicht wusch,
Und einen Schwächling niederwarf, was mancher
Hier unbemerkt gethan, schreit ihr mich aus
Mit übertriebnem unverständigen Zuruf,
Als säh' ich gern mein kleines Selbst gefüttert
Mit Lob, das Lüge würzt.

Cominius.   Zu große Demut!
Ihr seid mehr grausam eignem Ruhm, als dankbar
Uns, die wir Euch gerecht sind; drum erlaubt:
Wenn gegen Euch Ihr wütet, legen wir —
Wie einen, der sich schadet — Euch in Fesseln,
Und sprechen sicher dann. Sei es bekannt,
Wie uns, der ganzen Welt, daß Cajus Marcius
Des Krieges Kranz erwarb. Und des zum Zeichen
Nehm' er mein edles Roß, bekannt dem Lager,
Mit allem Schmuck; und heiß' er von heut an,
Für das, was vor Corioli er that,
Mit vollem Beifallsruf des ganzen Heeres:
Cajus Marcius Coriolanus. —
Sei würdig dieses Ehrennamens stets. (Trompetenstoß.)

Alle. Cajus Marcius Coriolanus!

Coriolanus. Ich geh', um mich zu waschen;
Und ist mein Antlitz rein, so könnt Ihr sehn,
Ob ich erröte. Wie's auch sei, ich dank' Euch —
Ich denk' Euer Pferd zu reiten, und allzeit

Im Wappen diesen edlen Namen tragen,
Nach meiner besten Kraft.

Cominius. Nun zu den Zelten.
Wo, eh wir noch geruht, wir schreiben wollen
Nach Rom von unserm Glück. Ihr, Titus Lartius,
Müßt nach Corioli. Schickt uns nach Rom
Die Häupter, daß wir dort mit ihnen handeln
Um ihr und unser Wohl.

Titus. So sei es, Feldherr.

Coriolanus. Die Götter spotten mein. Kaum schlug ich aus
Höchst fürstliche Geschenk', und muß nun betteln
Bei meinem Feldherrn.

Cominius. Nehmt es hin! Was ist's?

Coriolanus. Ich wohnt' einmal hier in Corioli
Bei einem armen Mann; er war mir freundlich;
Er rief mich an; ich sah ihn als Gefangnen;
Doch da hatt' ich Aufidius im Gesicht,
Und Wut besiegte Mitleid. Gebt, ich bitte,
Frei meinen armen Wirt.

Cominius. O schöne Bitte!
Wär' er der Schlächter meines Sohns, er sollte
Frei sein, so wie der Wind. Entlaßt ihn, Titus.

Titus. Marcius, sein Nam'?

Coriolanus. Bei Jupiter! vergessen! —
Ich bin erschöpft. — Ja — mein Gedächtnis schwindet.
Ist hier nicht Wein?

Cominius. Gehn wir zu unsern Zelten.
Das Blut auf Eurem Antlitz trocknet. Schnell
Müßt Ihr verbunden werden. Kommt. (Alle ab.)

10. Scene.

Lager der Volsker.

Trompetenstoß. Tullus Aufidius tritt auf, blutend, zwei Krieger mit ihm.

Aufidius. Die Stadt ist eingenommen.

Erster Krieger. Sie geben auf Bedingung sie zurück.

Aufidius. Bedingung! —
Ich wollt', ich wär' ein Römer; denn als Volsker
Kann ich nicht sein das, was ich bin. — Bedingung! —
Was für Bedingung bringt ihm ein Vertrag,
Der sich auf Gnad' ergab? Marcius, fünfmal
Focht ich mit dir, so oft auch schlugst du mich,
Und wirst es, denk' ich, treffen wir uns auch,

So oft wir speisen. — Bei den Elementen!
Wenn ich je wieder, Bart an Bart, ihm stehe,
Muß ich ihn ganz, muß er mich ganz vernichten:
Nicht mehr, wie sonst, ist mein Wettringen ehrlich;
Dacht' sonst ich, ihn in gleichem Kampf zu tilgen,
Schwert gegen Schwert: treff' ich ihn jetzt, wie's kommt,
Wut oder List vernicht' ihn.

Erster Krieger.　　　　　　　's ist ein Teufel!

Aufidius. Kühner; doch nicht so schlau. Vergiftet ist
Mein Mut, weil er von ihm den Flecken duldet,
Verleugnet eignen Wert. Nicht Schlaf noch Tempel;
Ob nackt, ob krank; nicht Kapitol noch Altar,
Gebet der Priester, nach des Opfers Stunde,
Vor denen jede Wut sich legt, sie sollen
Ihr abgenutzt Gewohnheitsrecht erheben
Je gegen meinen Haß. Wo ich ihn finde,
Daheim, in meines Bruders Schutz, selbst da,
Dem gastlichen Gebot zuwider, wüsch' ich
Die wilde Hand in seinem Herzblut. Geht, —
Erforscht, wie man die Stadt besetzt hält, wer
Als Geisel muß nach Rom.

Erster Krieger.　　　　　　　Wollt Ihr nicht gehn?

Aufidius. Man wartet meiner im Cypressenwald,
Südwärts der Mühlen; dahin bringt mir Nachricht,
Wie die Welt geht, daß ich nach ihrem Schritt
Ansporne meinen Lauf.

Erster Krieger.　　　　　Das will ich, Herr. (Alle ab.)

Zweiter Aufzug.

1. Scene.

Marktplatz in Rom.

Es treten auf Menenius, Sicinius und Brutus.

Menenius. Der Augur sagte mir, wir würden heut abend
Nachricht erhalten.

Brutus. Gute oder schlimme?

Menenius. Nicht nach dem Wunsch des Volks; denn sie lieben
den Marcius nicht.

Sicinius. Natur lehrt die Tiere selbst ihre Freunde kennen.

Menenius. Sagt mir: Wen liebt der Wolf?

Sicinius. Das Lamm.

Menenius. Es zu verschlingen, wie die hungrigen Plebejer den edlen Marcius möchten.

Brutus. Nun, der ist vahrhaftig ein Lamm, das wie ein Bär blökt.

Menenius. Er ist wahrhaftig ein Bär, der wie ein Lamm lebt. — Ihr seid zwei alte Männer: Sagt mir nur eins, was ich euch fragen will.

Brutus. Gut, Herr.

Menenius. An welcher Verkehrtheit ist Marcius arm, an welcher ihr beide nicht reich seid?

Brutus. Er ist nicht arm an irgend einem Fehler, sondern mit allen ausgestattet.

Sicinius. Vorzüglich mit Stolz.

Brutus. Und im Prahlen überbietet er jeden andern.

Menenius. Das ist doch seltsam! Wißt ihr beide vohl, wie ihr in der Stadt beurteilt werdet? Ich meine von uns, aus den besseren Ständen. Sagt!

Brutus. Nun, vie werden wir denn beurteilt?

Menenius. Weil ihr doch eben vom Stolz sprachet. -- Wollt ihr nicht böse werden?

Brutus. Nur weiter, Herr, weiter.

Menenius. Nun, es ist auch gleichgültig, denn ein sehr kleiner Dieb von Gelegenheit raubt euch wohl einen sehr großen Vorrat von Geduld. Laßt eurer Gemütsart den Zügel schießen und werdet böse, soviel ihr Lust habt, wenigstens wenn ihr ein Vergnügen darin findet, es zu sein. Ihr tadelt Marcius wegen seines Stolzes?

Brutus. Wir thun es nicht allein, Herr.

Menenius. Das weiß ich wohl. Ihr könnt sehr wenig allein thun; denn eure Helfer sind viele; sonst würden auch eure Thaten außerordentlich einfältig herauskommen; eure Fähigkeiten sind allzu kindermäßig, um vieles allein zu thun. Ihr sprecht von Stolz — o! daß ihr nur Angen im Nacken hättet, einen gründlichen Einblick in euer eigenes edles Selbst zu thun. — O! könntet ihr das! —

Brutus. Und was dann?

Menenius. Ei! dann entdecktet ihr ein paar so verdienstlose, stolze, gewaltsame, querköpfige Magistratspersonen — alias Narren — als nur irgend welche in Rom.

Sicinius. Menenius, Ihr seid auch bekannt genug.

Menenius. Ich bin bekannt als ein lustiger Patrizier, und einer, der einen Becher heißen Weines liebt, mit keinem Tropfen nüchternen Tiberwassers gemischt. Man sagt, ich sei etwas schwach

6*

darin, immer den ersten Kläger zu begünstigen; haftig und entzündbar
bei zu kleinen Veranlassungen; einer, der mit dem Hinterteil der
Nacht mehr Verkehr hat als mit der Stirn des Morgens. Was ich
denke, sag' ich, und verbrauche meine Bosheit in meinen Worten.
Wenn ich zwei solchen Staatsmännern begegne, wie ihr seid —
Lykurgusse kann ich euch nicht nennen —, und das Getränk, was
ihr mir bietet, meinem Gaumen widerwärtig schmeckt, so mache ich
ein krauses Gesicht dazu. Ich kann nicht sagen: Euer Edlen haben
die Sache sehr gut vorgetragen, wenn ich den Esel aus jedem eurer
Worte herausgucken sehe; und obwohl ich mit denen Geduld haben
muß, welche sagen, ihr seid ehrwürdige, gesetzte Männer, so lügen
doch die ganz abscheulich, welche behaupten, ihr hättet gute Gesichter.
Wenn ihr dies auf der Landkarte meines Mikrokosmus entdeckt,
folgt daraus, daß ich auch bekannt genug bin? Welch Unheil lesen
eure blinden Scharfsichtigkeiten aus diesem Äußeren heraus, um
sagen zu können, daß ich auch bekannt genug bin?

Brutus. Geht, Herr, geht! Wir kennen Euch gut genug.

Menenius. Ihr kennt weder mich, euch selbst, noch irgend
etwas. Ihr seid nach der armen Schelmen Mützen und Kratzfüßen
ehrgeizig. Ihr bringt einen ganzen, ausgeschlagenen Vormittag
damit zu, einen Zank zwischen einem Pomeranzenweibe und einem
Spundhändler abzuhören, und vertagt dann die Streitfrage über
drei Pfennig auf den nächsten Gerichtstag. — Wenn ihr das Verhör
über irgend eine Angelegenheit zwischen zwei Parteien habt, und es
trifft sich, daß ihr von der Kolik gezwickt werdet, so macht ihr Ge=
sichter wie die Possenreißer, steckt die blutige Fahne gegen alle Geduld
auf, und schickt, nach einem Nachttopf brüllend, den Prozeß blutend
fort, nur noch verwickelter durch euer Verhör: Ihr stiftet keinen
andern Frieden in dem Handel, als daß ihr beide Parteien Schurken
nennt. Ihr seid ein Paar seltsame Kreaturen!

Brutus. Geht, geht! man weiß recht gut von Euch, daß Ihr
ein beßrer Spaßmacher bei der Tafel seid, als ein unentbehrlicher
Beisitzer auf dem Kapitol.

Menenius Selbst unsere Priester müssen Spötter werden,
wenn ihnen so lächerliche Geschöpfe aufstoßen wie ihr. Wenn ihr
auch am sachgemäßesten sprecht, so ist es doch das Wackeln eurer
Bärte nicht wert; und für eure Bärte wäre es ein zu ehrenvolles
Grab, das Kissen eines Flickschneiders zu stopfen oder in eines Esels
Packsattel eingesargt zu werden. Und doch müßt ihr sagen: Marcius
ist stolz! der, billig gerechnet, mehr wert ist als alle eure Vorfahren,
seit Deukalion, wenn auch vielleicht bei einigen der Besten von ihnen
das Henkersamt erblich war. Ich wünsch' Euer Gnaden einen guten
Abend; längere Unterhaltung mit euch würde mein Gehirn anstecken,

denn ihr seid ja die Hirten des Plebejerviehes. Ich bin so dreist,
mich von euch zu beurlauben.

(Brutus und Sicinius ziehen sich in den Hintergrund zurück.)

Volumnia, Virgilia und Valeria kommen.

Nun, meine ebenso schönen als edeln Damen? Luna selbst,
wandelte sie auf Erden, wäre nicht edler. Wohin folgt ihr euren
Augen so schnell?

Volumnia. Ehrenwerter Menenius, mein Sohn Marcius
kommt. Um der Juno villen, halt uns nicht auf.

Menenius. Wie! Marcius kommt zurück?

Volumnia. Ja, teurer Menenius, und mit der herrlichsten
Auszeichnung.

Menenius. Da hast du meine Mütze, Jupiter, und meinen
Dank. Ha! Marcius kommt?

Beide Frauen. Ja, es ist wahr.

Volumnia. Seht, hier ist ein Brief von ihm; der Senat hat
auch einen, seine Frau einen, und ich glaube zu Hanse ist noch
einer für Euch.

Menenius. Mein ganzes Haus muß heut nacht herumtanzen.
Ein Brief an mich?

Virgilia. Ja, gewiß, es ist ein Brief für Euch da, ich habe
ihn gesehen.

Menenius. Ein Brief an mich! das macht mich für sieben
Jahre gesund; in der ganzen Zeit will ich dem Arzt ein Gesicht
ziehen. Das herrlichste Rezept im Galen ist dagegen nur Quacksalb-
sudelei, und gegen dies Heilmittel nicht besser als Pferdearznei. Ist
er nicht verwundet? Sousi pflegte er verwundet zurückzukommen.

Virgilia. O! nein, nein, nein!

Volumnia. O! er ist verwundet, ich danke den Göttern dafür.

Menenius. Das thue ich auch, wenn es nicht zu arg ist.
Bringt er Sieg in der Tasche mit? — Die Wunden stehen ihm gut.

Volumnia. Auf der Stirn, Menenius. Er kommt zum
drittenmal mit dem Eichenkranz heim.

Menenius. Hat er den Aufidius tüchtig in die Lehre genommen?

Volumnia. Titus Lartius schrieb: Sie fochten miteinander,
aber Aufidius entkam.

Menenius. Und es war Zeit für ihn, das kann ich ihm versichern. Hätte er ihm stand gehalten, so hätte ich nicht mögen so
gefidiust werden für alle Kisten in Corioli und das Gold, was in
ihnen ist. Ist das dem Senat gemeldet?

Volumnia. Liebe Frauen, laßt uns gehen. Ja, ja, ja! —
Der Senat hat Briefe vom Feldherrn, der meinem Sohn allein den

Ruhm dieses Krieges zugesteht. Er hat in diesem Feldzug alle seine früheren Thaten zwiefach übertroffen.

Valeria. Gewiß, es werden wunderbare Dinge von ihm erzählt.

Menenius. Wunderbar? Ja, ich stehe euch dafür, nicht ohne sein wahres Verdienst.

Virgilia. Geben die Götter, daß sie wahr seien!

Volumnia. Wahr! pah!

Menenius. Wahr? Ich will darauf schwören, daß sie wahr sind. — Wo ist er verwundet? (Zu den Tribunen.) Gott tröste euer liebwertesten Gnaden; Marcius kommt nach Hanse, und hat nun noch mehr Ursache, stolz zu sein. — Wo ist er verwundet?

Volumnia. In der Schulter und am linken Arm. Das wird große Narben geben, sie dem Volk zu zeigen, wenn er um das Konsulat sich bewirbt. Als er Tarquin zurückschlug, bekam er sieben Wunden an seinem Leib.

Menenius. Eine im Nacken und zwei im Schenkel, es sind neun, von denen ich weiß.

Volumnia. Vor diesem letzten Feldzuge hatte er fünfund= zwanzig Wunden.

Menenius. Nun sind es siebenundzwanzig, und jeder Riß war eines Feindes Grab. (Trompeten und Freudengeschrei.) Hört die Trompeten!

Volumnia. Sie sind des Marcius Herolde! Vor ihm
    Gejauchz der Lust und Thränen hinter ihm.
    : Der schwarze Tod liegt ihm im nerv'gen Arm;
    Erhebt er ihn, so stürzt der Feinde Schwarm.

Trompeten. Es treten auf Cominius, und Titus Lartius, zwischen ihnen Coriolanus mit einem Eichenkranz geschmückt, Anführer, Krieger, ein Herold.

Herold. Kund sei dir, Rom, daß Marcius ganz allein
    Focht in Corioli, und mit Ruhm erwarb
    Zu Cajus Marcius einen Namen: diesen
    Folgt ruhmvoll: Coriolanus.
    Gegrüßt in Rom, berühmter Coriolanus! (Trompeten.)

Alle. Gegrüßt in Rom, berühmter Coriolanus!

Coriolanus. Laßt's nun genug sein, denn es kränkt mein Herz.
    Genug, ich bitte!

Cominius.   Sieh, Freund, deine Mutter.

Coriolanus. O!
    Ich weiß, von allen Göttern flehtest du
    Erfolg für mich. (Er kniet vor ihr nieder.)

Volumnia.   Nein; auf, mein wackrer Krieger,
    Mein edler Marcius, würd'ger Cajus, und
    Durch thatenreiche Ehren neu benannt:
    Wie war's doch? Coriolan muß ich dich nennen?
    Doch sieh, dein Weib.

Coriolanus. Mein lieblich Schweigen; Heil
Hättst du gelacht, kam auf der Bahr' ich heim,
Da weinend meinen Sieg du schaust? O, Liebe!
So in Corioli sind der Wittwen Augen,
Der Mütter, Söhne klagend.

Menenius. Die Götter krönen dich!

Coriolanus. Ei, lebst du noch?
                        (Zu Valeria.) O! edle Frau, verzeiht!

Volumnia. Wohin nur wend' ich mich? Willkommen heim!
Willkommen Feldherr! Alle sind willkommen!

Menenius. Willkommen tausendmal. Ich könnte weinen
Und lachen; ich bin froh und ernst. Willkommen!
Ein Fluch treff' in die Wurzel jedes Herz,
Das nicht mit Freuden dich erblickt. Euch drei
Muß Rom vergöttern. — Doch, auf Treu' und Glauben!
Holzäpfel, alte, stehn noch hier, die niemals
Durch Pfropfen sich veredeln. Heil euch, Krieger!
Die Nessel nennen wir nur Nessel, und
Der Narren Fehler Narrheit.

Cominius. Stets trifft er's!

Coriolanus. Immer Menenius, immer.

Herold. Macht Platz da! Weiter.

Coriolanus (zu Frau und Mutter.) Deine Hand, und deine.
Eh noch mein eignes Haus mein Haupt beschattet,
Besuch' ich erst die trefflichen Patrizier,
Von denen ich nicht Grüße nur empfing,
Noch immer neue Ehren.

Volumnia. Ich erlebt' es,
Erfüllt zu sehn den allerhöchsten Wunsch,
Den kühnsten Bau der Einbildung. Nur eins
Fehlt noch, und das, ich zweifle nicht,
Wird unser Rom dir schenken.

Coriolanus. Gute Mutter,
Ich bin auf meinem Weg ihr Sklave lieber,
Als auf dem ihrigen mit ihnen Herrscher.

Cominius. Zum Kapitol.
(Trompetenhörner. Sie gehen alle im feierlichen Zuge ab, wie sie kamen. Die
Tribunen bleiben.)

Brutus. Von ihm spricht jeder Mund; das blöde Auge
Bebrillt für ihn sich. Die geschwätz'ge Amme
Läßt, bis in Krämpf' er fällt, den Sängling schrei'n
Und schwatzt von ihm, die Küchenmagd sogar
Knüpft um den rauch'gen Hals ihr bestes Leinen,

Die Mau'r erkletternd; Buden, Simse, Fenster
Gefüllt; das Dach besetzt, der First beritten
Mit vielerlei Gestaltung; alle einig
In Gier, nur ihn zu schaun. Es drängen sich
Fast nie gesehne Priester durch den Schwarm,
Und stoßen, um beim Pöbel Platz zu finden;
Und hinterm Schleier geben unsre Damen
Den Krieg von Weiß und Rot auf ihren Wangen,
Den zartgeschonten, preis dem wilden Raub
Von Phöbus' Feuerküssen. Solch ein Wirrwarr,
Als ob, wer immer von den Göttern mit ihm,
Sich sacht in seine Menschenart geschlichen,
Und ihm der Anmut Zauber mitgeteilt.

Sicinius. Im Umsehn, glaubt mir, wird er Konsul sein.

Brutus. Dann schlafe unser Amt, solang er herrscht.

Sicinius. Er kann nicht mäß'gen Schritts die Würden tragen
Vom Anfang bis zum Ziel; er wird vielmehr
Verlieren den Gewinn.

Brutus.   Das ist noch Trost.

Sicinius. O, zweifelt nicht, das Volk, für das wir stehn,
Vergißt, nach altverjährtem Hasse, leicht
Auf kleinsten Anlaß diesen neusten Glanz;
Und daß er Anlaß giebt, ist so gewiß,
Als ihn sein Hochmut spornt.

Brutus.   Ich hört' ihn schwören,
Würb' er ums Konsulat, so woll' er nicht
Erscheinen auf dem Marktplatz; noch sich hüllen
Ins abgetragne, schlichte Kleid der Demut;
Noch, wie die Sitt' ist, seine Wunden zeigend
Dem Volk, um ihren übeln Atem betteln.

Sicinius.   Gut!

Brutus. So war sein Wort. Eh' giebt er's auf, als daß
Er's nimmt, wenn nicht der Adel ganz allein
Es durchsetzt mit den Patriziern.

Sicinius.   Höchst erwünscht!
Bleibt er nur bei dem Vorsatz, und erfüllt ihn,
Kommt's zur Entscheidung.

Brutus.   Glaubt's, er wird es thun.

Sicinius. So wird es ihm zum sichern Untergang
Gereichen, uns zum Heil.

Brutus.   Der muß erfolgen,
Sonst fallen wir. Zu diesem Endzweck denn
Gemahnen wir das Volk, wie er sie stets

Gehaßt; und, hätt' er Macht, zu Eseln sie
Umschafft', verstummen hieße ihre Sprecher,
Und ihre Freiheit bräche, weil er sie,
In Fähigkeit des Geists und Kraft zu handeln,
Von nicht mehr Feu'r und Tüchtigkeit erachtet,
Als das Kamel im Krieg, das nur sein Futter
Erhält, um Last zu tragen, herbe Schläge,
Wenn's unter ihr erliegt.

Sicinius.   Dies eingeblasen,
Wenn seine Frechheit einst im höchsten Flug
Das Volk verletzt — woran's nicht fehlen wird,
Bringt man ihn drauf, und das ist leichter noch,
Als Hund' auf Schafe hetzen —, wird zur Glut,
Ihr dürr Gesträpp zu zünden, dessen Glut
Ihn schwärzen wird auf ewig.

Ein Bote tritt auf.

Brutus.   Nun, was giebt's?

Bote. Ihr seid aufs Kapitol geladen. Sicher
Glaubt man, daß Marcius Konsul wird. Ich sah
Die Stummen drängen, ihn zu sehn, die Blinden
Ihn zu vernehmen, Frauen warfen Handschuh',
Jungfrau'n und Mädchen Bänder hin und Tücher,
Wo er vorbeiging; die Patrizier neigten
Wie vor des Jovis Bild. Das Volk erregte
Mit Schrei'n und Mützenwerfen Donner=Schauer.
So etwas sah ich nie.

Brutus.   Zum Kapitol!
Habt Ohr und Auge, wie's die Zeit erheischt,
Und Herz für die Entscheidung —

Sicinius.   Nehmt mich mit. (Alle ab.)

2. Scene.

Das Kapitol.

Zwei Ratsdiener, welche Polster legen.

Erster Ratsdiener. Komm, komm. Sie werden gleich hier
sein. Wie viele werben um das Konsulat?

Zweiter Ratsdiener. Drei, heißt es; aber jedermann glaubt,
daß Coriolanus es erhalten wird.

Erster Ratsdiener. Das ist ein wackerer Gesell; aber er ist
verzweifelt stolz und liebt das g m   Volk nicht.

Zweiter Ratsdiener. Es! es hat viel große Männer ge=
geben, die dem Volke schmeichelten und es doch nicht liebten. Und

es giebt manche, die das Volk geliebt hat, ohne zu wissen, warum. Also wenn sie lieben, so wissen sie nicht, weshalb, und sie hassen aus keinem besseren Grund; darum, wenn Coriolanus sich nicht darum kümmert, ob sie ihn lieben oder hassen, beweist das die richtige Einsicht, die er von ihrer Gemütsart hat; und seine edle Sorglosigkeit zeigt ihnen dies deutlich.

Erster Ratsdiener. Wenn er sich nicht darum kümmerte, ob sie ihn lieben oder nicht, so würde er sich unparteiisch in der Mitte halten und ihnen weder Gutes noch Böses thun; aber er sucht ihren Haß mit größerem Eifer, als sie es ihm erwidern können, und unterläßt nichts, was ihn vollständig als ihren Gegner zeigt. Nun, sich die Miene geben, daß man nach dem Haß und dem Mißvergnügen des Volkes strebt, ist so schlecht wie das, was er verschmäht, ihnen, um ihrer Liebe willen, zu schmeicheln.

Zweiter Ratsdiener. Er hat sich um sein Vaterland sehr verdient gemacht. Und sein Aufsteigen ist nicht auf so bequemen Staffeln, wie jener, welche geschmeidig und höflich gegen das Volk, mit geschwenkten Mützen, ohne weitere That, zu Achtung und Ruhm gelangten. Er aber hat seine Verdienste ihren Augen und seine Thaten ihren Herzen so eingepflanzt, daß, wenn ihre Zungen schweigen wollten und dies nicht eingestehen, es eine Art von undankbarer Beschimpfung sein würde; es anders darzustellen, wäre eine Bosheit, die, indem sie sich selbst Lügen strafte, von jedem Ohr, das sie hörte, Vorwurf und Tadel ernten würde.

Erster Ratsdiener. Nichts mehr von ihm, er ist ein würdiger Mann. Mach Platz, sie kommen.

Trompeten. Es treten auf unter dem Vortritt von Liktoren: der Konsul Cominius, Menenius, Coriolanus, mehrere Senatoren, Sicinius und Brutus. Senatoren und Tribunen nehmen ihre Plätze getrennt.

Menenius. Da ein Beschluß gefaßt, der Volsker wegen,
　Und wir den Titus Lartius heim berufen,
　Bleibt noch als Hauptpunkt dieser zweiten Sitzung,
　Des Helden edlen Dienst zu lohnen, der
　So für sein Vaterland gekämpft. — Geruht dann,
　Ehrwürd'ge, ernste Väter, und befehlt
　Ihm, der jetzt Konsul ist, und Feldherr war
　In unserm wohlbeschloßnen Krieg, ein wenig
　Zu sagen von dem edlen Werk, vollführt
　Durch Cajus Marcius Coriolanus, der
　Hier mit uns ist, um dankbar ihn zu grüßen
　Durch Ehre, seiner wert.

Erster Senator.　　　　Cominius, sprich!
　Laß, allzulang, nichts aus. Wir glauben eh',

Daß unserm Staat die Macht zu lohnen, fehlt,
Als uns der weitste Wille. Volksvertreter,
Wir bitten euer freundlich Ohr, und dann
Eu'r günstig Fürwort beim gemeinen Volk,
Daß gelte, was wir wünschen.

Sicinius.   Wir sind hier
Zu freundlichem Vertrage; unsre Herzen
Nicht abgeneigt, zu ehren, zu befördern
Ihn, der uns hier versammelt.

Brutus.   Um so mehr
Thun wir dies freud'gen Muts, gedenkt er auch
Des Volks mit beßrem Sinn, als er bisher
Es hat geschätzt.

Menenius.   Das paßt nicht, paßt hier nicht.
Ihr hättet lieber schweigen soll'n. Gefällt's Euch,
Cominius anzuhören?

Brutus.   Herzlich gern.
Doch war mein Warnen besser hier am Platz,
Als Eu'r Verweis.

Menenius.   Er liebt ja Euer Volk;
Doch zwingt ihn nicht, ihr Schlafgesell zu sein.
Edler Cominius, sprich. (Coriolanus steht auf und will gehen.)
Nein, bleib nur sitzen.

Erster Senator. Bleib, Coriolanus, schäm dich nicht zu hören,
Was edel du gethan.

Coriolanus.   Verzeiht mir, Väter,
Eh' will ich noch einmal die Wunden heilen,
Als hören, wie ich dazu kam.

Brutus.   Ich hoffe,
Mein Wort vertrieb Euch nicht.

Coriolanus.   O nein! doch oft
Hielt ich den Streichen stand und floh vor Worten.
Nicht schmeichelt und drum kränkt Ihr nicht. Eu'r Volk
Das lieb' ich nach Verdienst.

Menenius.   Setzt Euch.

Coriolanus.   Eh' ließ' ich
Im warmen Sonnenschein den Kopf mir krauen,
Wenn man zum Angriff bläst, als müßig sitzend,
Mein Nichts zum Fabelwerk vergrößern hören. (Geht ab.)

Menenius. Volksvertreter!
Wie könnt' er eurem Brutgewimmel schmeicheln,
Wo einer gut im Tausend? wenn ihr seht,
Er wagt eh' alle Glieder für den Ruhm,

Als eins von seinen Ohren, ihn zu hören?
Cominius, fahre fort.

Cominius. Mir fehlt's an Stimme. Coriolanus' Thaten
Soll man nicht schwach verkünden. Wie man sagt,
Ist Mut die erste Tugend, und erhebt
Zumeist den Eigner; ist es so, so wiegt
Den Mann, von dem ich sprech', in aller Welt
Kein einzelner auf. Mit sechzehn Jahren schon,
Da, als Tarquin Rom überzog, da focht er
Voraus den andern. Der Diktator, den
Voll Auszeichnung ich nenne, sah ihn kämpfen:
Wie mit dem Kinn der Amazon' er jagte
Die bärt'gen Lippen; und zum Schutze über
Den hingestürzten Römer trat; drei Feinde schlug
Im Angesicht des Konsuls; Tarquin traf,
Und auf das Knie ihn stürzt'. An jenem Tag,
Als er ein Weib kount' auf der Bühne spielen,
Zeigt er sich ganz als Mann im Kampf: zum Lohn
Ward ihm der Eichenkranz. In zartem Alter
Ein reifer Mann schon, wuchs er gleich dem Meer;
Seitdem, im Sturm von siebzehn Schlachten, streifte
Von jedem Schwerte er den Kranz. Sein letztes,
Erst vor, daun in Corioli, ist so,
Daß jedes Wort verarmt. Die Fliehnden hemmt' er,
Und durch sein hohes Beispiel ward dem Feigsten
Zum Spiel das Schrecknis. So wie Binsen weichen
Dem Schiff im Segeln, wichen ihm die Menschen,
Und schwanden seinem Kiel. Sein Schwert, Todstempel,
Rafft hin, 100's fiel. Vom Haupt bis zu den Füßen
War blutige Vernichtung; jeder Bewegung
Hallt Sterberöcheln nach. Allein betrat er
Das Todesthor der Stadt, das er bemalt
Mit unentrinnbar'm Weh; tritt, keiner half ihm,
Heraus, und schlägt mit plötzlicher Verstärkung
Die Stadt, Planeten gleich. Sein ist nun alles,
Da plötzlich traf ihm Schlachtgetöse rufend
Den wachen Sinn, und schnell den Mut verdoppelnd
Belebt sich frisch sein arbeitmüder Leib:
Er stürzt in neuen Kampf und schreitet nun
Blut dampfend über Menschenleben hin,
Als folg' ihm ewige Vernichtung. Bis wir Stadt
Und Schlachtfeld unser nannten, ruht' er nicht,
Um Atem nur zu schöpfen.

Menenius. Würd'ger Mann!

Erster Senator. Im vollsten Maß ist er der Ehre wert,
Die seiner harrt.

Cominius. Die Bente stieß er weg.
Kostbare Dinge sah er an, als wär's
Gemeiner Kot; und weniger begehrt er,
Als selbst der Geiz ihm gäbe. Ihm ist Lohn
Für Großthat, sie zu thun. Zufrieden ist er,
Sein Leben so zu opfern ohne Zweck.

Menenius. Er ist von wahrem Adel. Ruft ihn her.

Erster Senator. Ruft Coriolanus.

Erster Ratsdiener. Er tritt schon herein.
Coriolanus kommt zurück.

Menenius. Mit Freud' ernennt dich, Coriolan, zum Konsul
Der sämtliche Senat.

Coriolanus. Stets weih' ich ihm
Mein Leben, meinen Dienst.

Menenius. Jetzt bleibt nur noch,
Daß du das Volk anredest.

Coriolanus. Ich ersuch' Euch:
Erlaßt mir diesen Brauch; denn ich kann nicht
Das Kleid anthun, entblößt sichn und sie bitten
Um ihre Stimmen, meiner Wunden wegen.
Erlaubt die Sitte zu umgehn.

Sicinius. Das Volk, Herr,
Will seine Stimm' abgeben, läßt nicht fahren
Den kleinsten Punkt des Herkomm's.

Menenius. Reizt es nicht.
Nein, bitte! fügt Euch dem Gebrauch, und nehmt,
Wie es bisher die Konsuln all gethan,
Die Würd' in ihrer Form.

Coriolanus. 's ist eine Rolle,
Die ich errötend spiel'; auch wär' es gut
Dem Volle dies zu nehmen.

Brutus. Hört ihr das?

Coriolanus. Vor ihnen prahlen: dies that ich und das;
Die Schmarren zeigen, die ich bergen sollte,
Als hätt' ich, ihre Stimmen zu erwerben,
Sie nur bekommen.

Menenius. Nein, du mußt dich fügen.
Tribunen, euch empfehlen wir fürs Volk,
Was wir ihm zugedacht. Dem edlen Konsul
Sei alle Freud' und Ehre!

Senatoren. Den Coriolanus kröne Freud' und Ehre!
(Trompeten. Die Senatoren gehen.)

Brutus. Ihr seht, wie er das Volk behandeln will.

Sicinius. Wenn sie's nur merkten. Er wird sie ersuchen,
Als wär' es ihm verächtlich, daß bei ihnen
Steht seines Wunschs Gewährung.

Brutus.   Doch sogleich
Erfahren sie, was hier geschah. Ich weiß,
Sie warten unser auf dem Markt. (Sie gehen ab.)

3. Scene.

Auf dem Forum.

Mehrere Bürger treten auf.

Erster Bürger. Ein und für allemal: wenn er unsere Stimmen
verlangt, können wir sie ihm nicht abschlagen.

Zweiter Bürger. Wir können, Freund, wenn wir wollen.

Dritter Bürger. Wir haben freilich die Macht: aber es ist
eine Macht, die wir nicht ermächtigt sind zu gebrauchen. Denn
wenn er uns seine Wunden zeigt und seine Thaten erzählt, so müssen
wir unsere Zungen in diese Wunden legen und für sie sprechen;
ebenso wenn er uns seine edlen Thaten mitteilt, so müssen wir ihm
unsere edle Anerkennung derselben mitteilen. Undankbarkeit ist
ungeheuer; wenn die Menge nun undankbar wäre, das hieße aus
der Menge ein Ungeheuer machen; wir, die wir Glieder derselben
sind, würden ja dadurch Ungeheuer-Glieder werden.

Erster Bürger. Und es fehlt wenig, daß wir für nichts besser
gehalten werden; denn dazumal, als wir wegen des Korns einen
Aufstand machten, scheute er sich nicht, uns die vielköpfige Menge zu
nennen.

Dritter Bürger. So hat uns schon mancher genannt. Nicht
weil von unseren Köpfen einige schwarz, einige strohblond, und einige
kahl sind, sondern weil unser Sinn so vielfarbig ist; und das glaube
ich wahrhaftig, auch wenn alle unsere Sinne aus ein und demselben
Schädel herausgelassen würden, so flögen sie nach Ost, West, Nord
und Süd, und vereinigten sie sich, einen geraden Weg zu suchen, so
würden sie zugleich auf allen Punkten des Kompasses sein.

Zweiter Bürger. Glaubst du das? Wohin, denkst du, würde
dann mein Sinn fliegen?

Dritter Bürger. O! dein Sinn kann nicht so schnell heraus,
als der von andern Leuten; denn er ist zu fest in einen Klotzkopf
eingekeilt; aber wenn er seine Freiheit hätte, so würde er gewiß
südwärts fliegen.

Zweiter Bürger. Warum dahin?

Dritter Bürger. Um sich in einem Nebel zu verlieren: wären nun drei Viertel davon in faulem Dunst weggeschmolzen, so würde der letzte Teil aus Gewissenhaftigkeit zurückkommen, um dir zu einer Frau zu verhelfen.

Zweiter Bürger. Du hast immer deine Schwänke im Kopf. Schon gut, schon gut!

Dritter Bürger. Seid ihr alle entschlossen, eure Stimmen zu geben? Aber das macht nichts; die Mehrzahl setzt es durch. Ich bleibe dabei: wenn er dem Volke geneigter wäre, so gab es nie einen besseren Mann.

Coriolanus und Menenius treten auf.

Hier kommt er! und zwar in dem Gewand der Demut. Gebt acht auf sein Betragen. — Wir müssen nicht so beisammen bleiben, sondern zu ihm gehen, wo er steht, einzeln, oder zu zweien und dreien. Er muß jedem besonders eine Bitte vortragen: dadurch erlangt der einzelne die Ehre, ihm seine eigene Stimme mit seiner eigenen Zunge zu geben. Darum folgt mir, und ich will euch anweisen, wie ihr zu ihm gehen sollt.

Alle. Recht so, recht so! (Sie gehen ab.)

Menenius. Nein, Freund, Ihr habt nicht recht. Wißt Ihr denn nicht,
Die größten Männer thaten's.

Coriolanus. Was nur sag' ich?
Ich bitte, Herr. — Verdammt! ich kann die Zunge
In diesen Gang nicht bringen. Seht die Wunden —
Im Dienst des Vaterlands empfing ich sie,
Als ein'ge eurer Brüder brüllend liefen
Vor unsern eignen Trommeln.

Menenius. Nein. — Ihr Götter!
Nicht davon müßt Ihr reden. Nein, sie bitten,
An Euch zu denken.

Coriolanus. An mich denken! hol' sie —!
Vergäßen sie mich lieber, wie die Tugend,
Umsonst von Priestermund gepredigt.

Menenius. Ihr
Verderbt noch alles, nun ich geh', sprecht zu ihnen
Vernünftig doch. (Ab.)

Es kommen zwei Bürger.

Coriolanus. Heiß ihr Gesicht sie waschen,
Und ihre Zähne rein'gen. Ach! da kommt so 'n Paar!
Ihr wißt den Grund, weshalb ich hier bin, Freund!

Erster Bürger. Jawohl; doch sagt, was Euch dazu gebracht?

Coriolanus. Mein eigner Wert.

Zweiter Bürger.   Euer eigner Wert!

Coriolanus.   Ja.   Nicht
Mein eigner Wunsch.

Erster Bürger. ·   Wie! nicht Euer eigner Wunsch?

Coriolanus. Nein, Freund! nie var's mein eigner Wunsch, mit Bettel
Den Armen zu beläst'gen.

Erster Bürger.   Ihr müßt denken:
Wenn wir Euch etwas geben, ist's in Hoffnung
Durch Euch auch zu gewinnen.

Coriolanus. Gut denn, sagt mir den Preis des Konsulats.

Erster Bürger. Der Preis ist: freundlich drum zu bitten.

Coriolanus.   Freundlich?
Ich bitte, gönnt mir's. Wunden kann ich zeigen,
Wenn wir allein sind. — Eure Stimme, Herr!
Was sagt Ihr?

Zweiter Bürger. Würd'ger Mann, Ihr sollt sie haben.

Coriolanus. Geschloßner Kauf!
Zwei edle Stimmen also schon erbettelt.
Eure Pfenn'ge hab' ich! — Geht!

Erster Bürger.   Doch das ist seltsam.

Zweiter Bürger. Könnt' ich sie nochmals geben — doch — mein'thalb.
Sie gehen ab. Zwei andere Bürger kommen.

   Coriolanus. Ich bitte euch nun, wenn sich's zu dem Tone
eurer Stimmen paßt, daß ich Konsul werde; ich habe hier den
üblichen Rock an.

   Dritter Bürger. Ihr habt Euch edel um Euer Vaterland
verdient gemacht, und habt Euch auch nicht edel verdient gemacht.

   Coriolanus. Euer Rätsel?

   Dritter Bürger. Ihr waret eine Geißel für seine Feinde;
ihr waret eine Rute für seine Freunde. Ihr habt, die Wahrheit zu
sagen, das gemeine Volk nicht geliebt.

   Coriolanus. Ihr solltet mich für so tugendhafter halten, da
ich meine Liebe nicht gemein gemacht habe. Freund, ich will meinem
geschworenen Bruder, dem Voll, schmeicheln, um eine beßre Meinung
von ihm zu ernten; es ist ja eine Eigenschaft, die sie hier für hochgeboren halten. Und da der Weisheit ihrer Wahl mein Hut lieber
ist als mein Herz, so will ich mich auf die einschmeichelnde Ver-
beugung üben und mich mit ihnen abfinden auf ganz nachäffende
Art. Das heißt, Freund, ich will die Bezauberungskünste irgend
eines Volksfreundes nachäffen und den Verlangenden höchst freigebig
mitteilen. Deshalb bitt' ich euch: laßt mich Konsul verden.

   Vierter Bürger. Wir hoffen uns in Euch einen Freund zu
erwerben und geben Euch darum unsere Stimmen herzlich gern.

Dritter Bürger. Ihr habt auch viele Wunden für das Vaterland empfangen.

Coriolanus. Ich will eure Kenntnis nicht dadurch besiegeln, daß ich sie euch zeige. Ich will eure Stimmen sehr hoch schätzen und euch nun nicht länger zur Last fallen.

Beide Bürger. Die Götter geben Euch Freude, das wünschen wir aufrichtig. (Die Bürger gehen ab.)

Coriolanus. O süße Stimmen!
Lieber verhungert, lieber gleich gestorben;
Als Lohn erbetteln, den wir erst erworben.
Warum soll hier in schäbigem Kleid ich stehn,
Um Hinz und Kunz und jeden anzuflehn
Um nutzlos Fürwort? Weil's der Brauch verfügt.
Doch wenn sich alles vor Gebräuchen schmiegt,
Wird nie der Staub des Alters abgestreift,
Berghoher Irrtum wird so aufgehäuft,
Daß Wahrheit nie ihn überragt. Weit eh'r
Als so den Narr'n spielen, gehen Amt und Ehr'
An den, der es thun mag. — Halb ist's schon geschehn;
Viel überstanden, mag's nun weiter gehn.

Drei andere Bürger kommen.

Mehr Stimmen noch! —
Eure Stimmen! denn für eure Stimmen focht' ich,
Für eure Stimmen wacht' ich, für eure Stimmen
Hab' ich zwei Dutzend Narben; achtzehn Schlachten
Hab' ich gesehn, gehört; für eure Stimmen
Gethan sehr viel, mehr, minder. Eure Stimmen!
Gewiß, gern wär' ich Konsul.

Fünfter Bürger. Er hat edel gehandelt, und kein redlicher Mann kann ihm seine Stimme versagen.

Sechster Bürger. Darum laßt ihn Konsul werden. Die Götter verleihen ihm Glück und machen ihn zum Freund des Volkes.

Alle. Amen, Amen!
Gott schütz' dich, edler Konsul!

Coriolanus. Würd'ge Stimmen!

Die Bürger gehen ab. Menenius, Sicinius und Brutus treten auf.

Menenius. Ihr genügtet jetzt der Vorschrift. Die Tribunen
Erhöhn Euch mit des Volkes Stimm', es bleibt nur,
Daß mit der Würde Abzeichen geschmückt
Ihr den Senat besucht.

Coriolanus. So bin ich fertig?

Sicinius. Genügt habt Ihr dem Brauche des Ersuchens,
Das Volk bestätigt Euch, und wird geladen
Alsbald anzuerkennen Eure Wahl.

Coriolanus. Wo! im Senat?

Sicinius. Ja, Coriolanus, dort.

Coriolanus. Darf ich die Kleider wechseln?

Sicinius. Ja, Ihr dürft es.

Coriolanus. Das will ich gleich; und kenn' ich selbst mich wieder,
Mich zum Senat verfügen.

Menenius. Ich geh' mit Euch. — Wollt Ihr uns nicht begleiten?

Brutus. Wir harren hier des Volks.

Sicinius. Gehabt Euch wohl.

(Coriolanus und Menenius gehen ab.)

Er hat's nun, und, mich dünkt, sein Blick verriet,
Wie's warm am Herz ihm liegt.

Brutus. Mit stolzem Herzen trug er
Der Demut Kleid. Wollt Ihr das Volk entlassen?

Die Bürger kommen zurück.

Sicinius. Nun, Freunde, habt ihr diesen Mann erwählt?

Erster Bürger. Ja, unsre Stimmen hat er.

Brutus. Die Götter machen wert ihn eurer Liebe.

Zweiter Bürger. Amen! Nach meiner armen, schwachen Einsicht
Verlacht er uns, um unsre Stimmen bittend.

Dritter Bürger. Gewiß, er höhnt' uns gradezu.

Erster Bürger. Nein, das ist seine Art; er höhnt' uns nicht.

Zweiter Bürger. Du bist der einz'ge, welcher sagt, er habe
Uns schmählich nicht behandelt; zeigen sollt' er
Die Ehrenmal', fürs Vaterland die Wunden.

Sicinius. Nun, und das that er doch?

Mehrere Bürger. Nein, keiner sah sie.

Dritter Bürger. Er habe Wunden, in geheim zu zeigen,
Sprach er, und so den Hut verächtlich schwenkend:
Ich möchte Konsul sein; — doch, alter Branch
Erlaubt es nicht, als nur durch' eure Stimmen.
Drum eure Stimmen. — Als wir eingewilligt,
Da hieß es: Dank für eure Stimmen, dank' euch.
O süße Stimmen! nun ihr gabt die Stimmen,
Stör' ich euch länger nicht. — War das kein Hohn?

Sicinius. Ihr waret blöde, scheint's, dies nicht zu sehn;
Und, saht ihr's, allzu kindisch freundlich doch
Die Stimmen ihm zu leihn.

Brutus. Konnt't ihr nicht sprechen,
Wie man's euch lehrt'? Als er noch ohne Macht,

Und nur des Vaterlands geringer Diener,
Da war er euer Feind, sprach stets der Freiheit
Entgegen, und den Rechten, die ihr habt
Im Körper unsers Staats, und nun erhoben
Zu mächt'gem Einfluß und Regierung selbst, —
Wenn er auch da mit bösem Sinn verharrt,
Feind der Plebejer, könnten eure Stimmen
Zum Fluch euch werden. Konntet ihr nicht sagen:
Gebühr' auch seinem edlen Thun nichts Mindres,
Als was er suche, mög' er doch mit Huld,
Zum Lohn für eure Stimmen, euer denken,
Verwandelnd seinen Haß für euch in Liebe,
Euch Freund und Gönner sein?

Sicinius.   Spracht ihr nun so,
Wie man euch riet, so ward sein Geist erprobt,
Sein Sinn geprüft; so ward ihm abgelockt
Ein gütiges Versprechen, woran ihr,
Wenn Ursach' sich ergab, ihn mahnen konntet.
Wo nicht, so ward sein trotzig Herz erbittert,
Das keinem Punkt sich leicht bequemt, der irgend
Ihn binden kann; so, wenn in Wut gebracht,
Nahmt ihr den Vorteil seines Zornes wahr,
Und er blieb unerwählt.

Brutus.   Bemerktet ihr,
Wie er euch frech verhöhnt', indem er bat,
Da eure Lieb' er brauchte? Wie — und glaubt ihr,
Es werd' euch nicht sein Hohn zermalmend treffen,
Wenn ihm die Macht ward? War in all den Körpern
Denn nicht ein Herz? Habt ihr nur deshalb Zungen,
Weisheit, Vernunft zu überschrein?

Sicinius.   Habt ihr
Nicht Bitten sonst versagt? und jetzo, ihm
Der euch nicht bat, nein höhnte, wollt ihr schenken
Die Stimmen, die sonst jeder ehrt?

Dritter Bürger. Noch ward er nicht ernannt, wir können's weigern.

Zweiter Bürger. Und wollen's weigern.
Fünfhundert Stimmen schaff' ich von dem Klang.

Erster Bürger. Ich doppelt das, und ihre Freund' als Zuthat.

Brutus. So macht euch eilig fort! Sagt diesen Freunden,
Sie wählten einen Konsul, der der Freiheit
Sie wird berauben, und so stimmlos machen,
Wie Hunde, die man für ihr Kläffen schlägt
Und doch zum Kläffen hält.

                                          7*

Sicinius.   Versammelt sie
Und widerruft, nach reiferm Urteil, alle
Die unverständ'ge Wahl. An seinen Stolz,
An seinen alten Groll mahnt sie. Vergeßt nicht,
Wie er der Demut Kleid verächtlich trug,
Wie werbend er euch höhnt'. Nur eure Liebe,
Gedenkend seiner Dienste, ließ nicht Furcht
Aufkommen wegen seiner jetz'gen Haltung,
Die würdelos und spöttisch er gestaltet,
Nach eingefleischtem Haß.

Brutus.   Legt alle Schuld
Uns, den Tribunen, bei, und sprecht, wir drängten
Euch, keines Einwurfs achtend, so, daß ihr
Ihn wählen mußtet.

Sicinius.   Sagt, ihr stimmtet bei
Mehr, weil wir's euch befohlen, als geleitet
Von eigner wahrer Lieb'; und eu'r Gemüt
Erfüllt von dem mehr, was ihr mußtet thun,
Als was ihr solltet, gabt ihr eure Stimmen
Ganz gegen euren Sinn. Gebt uns die Schuld.

Brutus.
Ja, schont uns nicht; sagt, daß wir euch gepredigt:
Wie jung er schon dem Vaterland gedient,
Wie lang seitdem; aus welchem Stamm er sproßt,
Dem edlen Haus der Marcier; daher kam
Auch Ancus Marcius, Numas Tochter-Sohn,
Der nach Hostilius hier, dem Großen, herrschte;
Das Haus gab uns auch Publius und Quintus,
Die uns durch Röhren gutes Wasser schafften;
Auch Censorinus, wie er ward genannt,
Den, zweimal Censor, dieser Name schmückte,
Der war sein großer Ahn.

Sicinius.   Da so entsprossen,
Er außerdem durch eignen Wert verdiente
Den hohen Platz, so schärften wir euch ein
Sein zu gedenken; doch da ihr erwägt —
Wägend sein jetz'ges Thun mit dem vergangnen —
Er werd' euch ewig Feind sein, widerruft ihr
Die übereilte Wahl.

Brutus.   Sagt, nimmer wär's geschehn, —
Darauf kommt stets zurück — ohn' unsern Antrieb.
Und eilt, wenn ihr die Stimmenzahl gesammelt,
Aufs Kapitol.

Mehrere Bürger. Das woll'n wir. Alle faſt
Bereu'n ſchon ihre Wahl. (Die Bürger gehen ab.)
Brutus. So geht's denn fort;
Denn beſſer iſt's, den Aufſtand jetzt zu wagen,
Als größern, wie er kommen muß, abwarten.
Wenn er, nach ſeiner Art, in Wut gerät
Durch ihr Verweigern, ſo bemerkt und nützt
Den Vorteil ſeines Zorns.
Sicinius. Zum Kapitol!
Kommt, laßt uns dort ſein vor dem Strom des Volkes;
Dies ſoll, wie's teilweis iſt, ihr Wille ſcheinen,
Was unſer Treiben war. (Sie gehen ab.)

Dritter Aufzug.

1. Scene.

Straße in Rom.

Hörner. Es treten auf Coriolanus, Menenius, Cominius, Titus
Lartius, Senatoren und Patrizier.

Coriolanus. Tullus Aufidius bracht' aufs neu ein Heer auf?
Titus. Er that's; und das war auch die Urſach, ſchneller
Den Frieden abzuſchließen.
Coriolanus. So ſtehn die Volsker, wie ſie früher ſtanden;
Bereit, wenn ſich der Anlaß beut, uns wieder
Zu überziehn.
Cominius. Sie ſind ſo matt, o Konſul!
Daß wir wohl kaum in unſerm Leben mehr
Ihr Banner fliegen ſehn.
Coriolanus. Saht Ihr Aufidius?
Titus. Ich gab ihm Sicherheit; er kam und fluchte
Ergrimmt den Volskern, die ſo niederträchtig
Die Stadt geräumt. Er lebt in Antium jetzt.
Coriolanus. Sprach er von mir?
Titus. Das that er, Freund?
Coriolanus. Wie? was?
Titus. Wie oft er, Schwert an Schwert, Euch angerannt;
Daß er von allen Dingen auf der Welt,
Euch haſſ' zumeiſt; ſein Gut woll' er verpfänden
Ohn' Hoffnung des Erſatzes, könn' er nur
Euer Sieger heißen.

Coriolanus.   Und er lebt in Antium?
Titus. In Antium.   •
Coriolanus. O! hätt' ich Ursach, dort ihn aufzusuchen,
Zu trotzen seinem Haß! Willkommen hier!

Sicinius und Brutus treten auf.

Ha! seht, das da sind unsre Volkstribunen,
Zungen des großen Mundes; mir verächtlich,
Weil sie mit ihrer Amtsgewalt sich brüsten,
Mehr als der Adel dulden kann.
Sicinius.   Nicht weiter.
Coriolanus. Ha! was ist das?
Brutus.   Es ist gefährlich, geht Ihr —
Zurück!
Coriolanus. Woher der Wechsel?
Menenius.   Was geschah?
Cominius. Ward er vom Adel und nicht vom Volk bestätigt?
Brutus. Cominius, nein.
Coriolanus.   Hatt' ich von Kindern Stimmen?
Erster Senator. Macht Platz, Tribunen. Er soll auf den Markt.
Brutus. Das Volk ist gegen ihn empört.
Sicinius.   Halt ein!
Sonst giebt's ein Unheil.
Coriolanus.   Ist dies eure Herde?
Die müssen Stimmen haben, jetzt zum Ja
Und gleich zum Nein? — Und ihr, was schafft denn ihr?
Seid ihr ihr Maul, regiert auch ihre Zähne!
Habt ihr sie nicht gehetzt?
Menenius.   Seid ruhig, ruhig!
Coriolanus. Das ist nur ein Komplott und abgekartet,
Zwang anzuthun dem Willen der Patrizier.
Duldet's — und lebt mit Volk, das nicht kann herrschen
Und nicht beherrscht sein.
Brutus.   Nennt es nicht Komplott.
Das Volk schreit, Ihr verhöhnt es, und damals
Als Korn umsonst verteilt ward, murrtet Ihr;
Schmähtet des Volks Fürbitter, schaltet sie
Des Adels Feinde, Schmeichler, Zeitendiener.
Coriolanus. Nun, dies war längst bekannt.
Brutus.   Allein nicht allen.
Coriolanus. Gabt Ihr die Weisung ihnen jetzt?
Brutus.   Ich, Weisung?
Cominius. Solch Thun sieht Euch schon ähnlich.

Brutus. Ähnlich wohl,
Und übertrifft doch jedenfalls das Eure.
Coriolanus. Und dennoch sollt' ich Konsul sein? Beim Himmel!
Sei ich verdienstlos denn wie ihr, und werd' ich
Eu'r Mit=Tribun.
Sicinius. Ihr zeigt zu viel von dem,
Weshalb das Volk sich regt. Wollt Ihr am Ziel,
Dem Ihr zustrebt, anlangen, sucht den Weg,
Den Ihr verloren habt, mit sanfterm Geist;
Sonst könnt Ihr nimmermehr als Konsul herrschen,
Noch als Tribun zur Seit' ihm stehn.
Menenius. Seid ruhig!
Cominius.
Das Volk ward aufgehetzt. Fort! — solche Falschheit
Ziemt Römern nicht. Verdient hat Coriolan
Nicht, daß man ehrlos diesen Stein ihm lege
In seine Ehrenbahn.
Coriolanus. Vom Korn mir sprechen!
Dies war mein Wort, und ich will's wiederholen.
Menenius. Nicht jetzt, nicht jetzt!
Erster Senator. Nicht jetzt in dieser Hitze.
Coriolanus. Bei meinem Leben, jetzt. Mit eurer Gunst,
Ihr Freunde! Ihr vom Adel!
Doch die unsaubre, wankelmüt'ge Menge
Sie schau' mich an, der ich nicht schmeichl', und spiegle
In meinem Wort sich. Ja, ich wiederhol' es:
Wir ziehn, sie hätschelnd, gegen den Senat,
Unkraut der Rebellion, Frechheit, Empörung,
Wofür wir selbst gepflügt, den Samen streuten,
Da wir mit uns, der edlern Zahl, sie mengten,
Die keine andre Macht und Tugend missen,
Als die sie selbst an Bettler weggeschenkt.
Menenius. Nun gut, nichts mehr!
Erster Senator. Kein Wort mehr, laßt Euch bitten.
Coriolanus. Wie! nicht mehr?
Hab' ich mein Blut fürs Vaterland vergossen,
Nicht fürchtend fremde Macht, so soll die Lunge
Laut schelten, bis sie siecht, auf diesen Aussatz,
Vor dessen Pest uns grant, und strebten doch
Ihn uns zu haben.
Brutus. Ihr sprecht von dem Volk,
Als wäret Ihr ein Gott, gesandt zu strafen,
Und nicht ein Mensch, so schwach wie sie.

Sicinius. Gut wär' es,
Wir sagten dies dem Volk.

Menenius. Wie! seinen Zorn?

Coriolanus. Zorn!
Wär' ich so sanft wie mitternächt'ger Schlaf,
Beim Jupiter! dies wäre meine Meinung.

Sicinius. Und diese Meinung
Soll bleiben in sich selbst verschloßnes Gift,
Nicht andre mehr vergiften noch.

Coriolanus. Soll bleiben?
Hört ihr der Gründlinge Triton? bemerkt ihr
Sein herrschend Soll?

Cominius. 's war ungesetzlich.

Coriolanus. Soll!
Du guter, aber höchst unkluger Adel!
Ehrbare, doch achtlose Senatoren!
Wie geht ihr so der Hydra nach, zu wählen
Den Diener, der mit eigenmächt'gem Soll, —
Er nur des Ungeheuers Lärmtrompete —
Frech euren Strom in sumpf'gen Teich will leiten,
Sich eignen euer Bett? — Hat er Gewalt,
Neigt euren blöden Sinn; wenn keine, weckt
Die Langmut, die Gefahr bringt. Seid ihr weise,
Gleicht nicht gemeinen Thoren; seid ihr's nicht,
Gönnt ihnen Sitz bei euch. — Ihr seid Plebejer,
Wenn Senatoren sie; sie sind nichts Mindres,
Wenn bei der Stimmen Mischung nur die ihren
Der feinste Gaum schmeckt. Sie wählten sich Beamten, —
Und diesen, der sein Soll entgegensetzt,
Sein pöbelhaftes Soll weit würd'germ Rat
Als je in Griechenland ernst drein sah. Zeus!
Beschimpft wird so der Konsul, mein Herz weint,
Zu sehn, wie, wenn zwei Mächte sich erheben
Und keine herrscht, Verderben, ungesäumt,
Dringt in die Lücke zwischen beid', und stürzt
Die eine durch die andre.

Cominius. Gut, zum Marktplatz.

Coriolanus. Wer immer riet das Korn der Vorratshäuser
Zu geben unentgeltlich, wie's gebräuchlich
Manchmal in Griechenland —

Menenius. Genug! nicht weiter.

Coriolanus.
— Obgleich das Volk dort frei're Macht besaß —

Der, sag' ich, nährt Empörung und zog groß
Den Untergang des Staates.

Brutus. Soll das Volk
Dem seine Stimme geben, der so spricht?

Coriolanus. Ich geb' euch Gründe,
Mehr wert als ihre Stimmen: Korn, sie wissen's,
War nicht von uns ein Dank; sie waren sicher,
Sie thaten nichts dafür: zum Krieg geworben,
Als selbst des Vaterlandes Herz bedroht war,
Da wollte keiner aus dem Thor: der Eifer
Verdient' nicht Korn umsonst; hernach im Krieg,
Ihr Meutern und Empören, ihres Mutes
Einzige Proben, sprachen schlecht ihr Lob. —
Die Klage,
Womit sie oftmals den Senat beschuldigt,
Aus ungebornem Grund, konnt' nie erzeugen
Ein Recht auf freie Schenkung. Nun — was denn?
Wie soll die blinde Menge da verdaun
Die Güte des Senats? Laßt Thaten sprechen,
Wie ihre Worte wohl gelautet hätten:
„Wir sind der größre Hanse, wir verlangten's;
Und sie, recht furchtsam, gaben, was wir heischten."
So erniedern
Wir unser hohes Amt, sind schuld, daß Pöbel
Furcht unsre Sorgfalt schilt. Dies bricht dereinst
Die Schranken des Senats, und läßt die Krähen
Hinein, daß sie die Adler hacken.

Menenius. Kommt! Genug!

Brutus. Genug im Übermaß.

Coriolanus. Nein! nehmt noch mehr:
Was nur den Schwur, sei's göttlich, menschlich, heiligt,
Besiegle meinen Schluß. Die Doppelherrschaft,
Wo dieser Teil mit Grund verachtet, jener
Ohn' Grund sich überhebt; wo Adel, Rang und Weisheit
Nichts kann beschließen ohne ja und nein
Des großen Unverstandes — muß verdrängen,
Was wahrhaft nötig ist, um Raum zu geben
Unhaltbar Schlechtem — hemmt man so den Zweck,
Folgt nun, es kann zweckmäßig nichts geschehn —
Darum beschwör' ich euch!
Ihr, die ihr wen'ger zaghaft seid als weise;
Die ihr mehr liebt des Staates festen Grund
Als Andrung scheut, die höher stets geachtet

Ein edles Leben als ein langes; die
Preisgeben wollt gewagter Kur den Leib,
Lieber als sicherm Tod. — Mit eins reißt aus
Die vielgespaltne Zung', laßt sie nicht lecken
Dies Süß, was ihnen Gift ist. Eur' Entehrung
Verstümmelt rechte Einsicht, raubt dem Staat
Die Lauterkeit, die ihn verklären sollte,
So daß ihm Macht fehlt, Gutes, das er möchte,
Zu thun, weil ihn das Böse stets verhindert.

Brutus. Er sprach genug.

Sicinius.　　　　　Er sprach als Hochverräter,
Und soll es büßen, wie's Verrätern ziemt.

Coriolanus. Elender du! Erstick in Schmach! Was soll
Das Volk mit den kahlköpfigen Tribunen?
Ihnen vertrauend, weigert's den Gehorsam
Der höhern Obrigkeit. In einem Aufruhr,
Da nicht das Recht, nein, da die Not Gesetz war,
Da wurden sie gewählt. — Zu beßrer Zeit
Sagt von dem Recht nun kühn: dies ist das Recht,
Und schleudert in den Staub hin ihre Macht.

Brutus. Offner Verrat!

Sicinius.　　　　　Der da ein Konsul? Nein.

Brutus. He! die Ädilen her! laßt ihn verhaften.

Sicinius. Geht, ruft das Volk. (Brutus geht ab.)
　　　　　　　　　　　Ich selbst, in seinem Namen,
Leg' Hand an dich als Neurer und Empörer
Und Feind des Staats. — Folg, ich befehl' es dir,
Um Rechenschaft zu sichn.

Coriolanus.　　　　Fort, alter Bock!

Senatoren u. **Patrizier.** Wir bürgen für ihn.

Menenius.　　　　　Hand weg, alter Mann!

Coriolanus. Fort, morsches Ding, sonst schüttl' ich deine Knochen
Dir aus den Kleidern.

Sicinius.　　　　Helft! Ihr Bürger, helft!
　　Brutus kommt zurück mit den Aedilen und einer Schar Bürger.

Menenius. Mehr Achtung beiderseits.

Sicinius.　　　　　Hier ist er, welcher euch
Der Macht berauben will.

Brutus.　　　　Greift ihn, Aedilen.

Die Bürger. Nieder mit ihm! zu Boden! (Geschrei von allen Seiten.)

Zweiter Senator. Waffen! Waffen! (Alle drängen sich um Coriolanus.)
　　Tribunen! Edle! Bürger! Haltet! Ha!
　　Sicilianus! Brutus! Coriolanus! Bürger!

Die Bürger. Den Frieden haltet! Frieden! Haltet Frieden!
Menenius. Was wird drans werden? Ich bin außer Atem,
   Es droht uns Untergang! Ich kann nicht, sprecht
   Tribunen, ihr zum Volk. Coriolanus, ruhig!
   Sprich, Freund Sicinius.
Sicinius.   Hört mich, Bürger. Still!
Die Bürger. Hört den Tribun. Still! Rede, rede, rede!
Sicinius. Ihr seid dran, eure Rechte zu verlieren.
   Marcius will alle sie euch nehmen, Marcius,
   Den eben ihr zum Konsul wähltet.
Menenius.   Pfui!
   Dies ist der Weg zu zünden, nicht zu löschen.
Erster Senator. Die Stadt zu schleifen, alles zu zerstören.
Sicinius. Was ist die Stadt wohl als das Volk?
Die Bürger.   Ganz recht!
   Das Volk nur ist die Stadt.
Brutus. Durch aller Einstimmung sind wir erwählt
   Als Obrigkeit des Volks.
Die Bürger.   Und sollt es bleiben.
Menenius. Dazu ist Aussicht.
Cominius. Dies ist der Weg, um alles zu zerstören,
   Das Dach zu stürzen auf das Fundament,
   Und zu begraben jede Rangordnung
   In Trümmerhaufen!
Sicinius.   Dies verdient den Tod!
Brutus. Jetzt gilt's, daß unser Ansehn wir behaupten
   Oder verlieren. Wir erklären hier
   In Volkes Namen, dessen Macht zu seinen
   Vertretern uns erwählt: Marcius verdient
   Sogleich den Tod.
Sicinius.   Deshalb legt Hand an ihn.
   Schleppt zum Tarpejschen Felsen und von dort
   Stürzt in Vernichtung ihn.
Brutus.   Aedilen, greift ihn!
Die Bürger. Ergieb dich, Marcius.
Menenius.   Hört ein einzig Wort!
   Tribunen, hört! ich bitt' euch, nur ein Wort.
Aedilen. Still, still!
Menenius. Seid, was ihr scheint, des Landes wahre Freunde.
   Verfahrt mit Mäßigung, anstatt gewaltsam
   Abhilfe euch zu schaffen.
Brutus.   Kalte Mittel,
   Sie scheinen kluge Hilf' und sind nur Gift,

Wenn so die Krankheit rast. Legt Hand an ihn!
Und schleppt ihn auf den Fels.

Coriolanus.   Nein, gleich hier sterb' ich.

(Er zieht sein Schwert.)

Es sah wohl mancher unter euch mich kämpfen.
. Kommt, und versucht nun selbst, was ihr nur saht.

Menenius. Fort mit dem Schwert! Tribunen, steht zurück!

Brutus. Legt Hand an ihn!

Menenius.   Helft, helft dem Marcius! helft!
Ihr hier vom Adel, helft ihm, jung und alt!

Die Bürger. Nieder mit ihm! Nieder mit ihm!

(Handgemenge; die Tribunen, die Aedilen und das Volk werden hinausgetrieben.

Menenius. Geh! fort nach deinem Haus! enteile schnell!
Zu Grund' geht alles sonst.

Zweiter Senator.   Fort!

Cominius.   Haltet stand.
Wir haben ebensoviel Freund' als Feinde.

Menenius. Soll's dahin kommen?

Erster Senator.   Das verhütet, Götter!
Mein edler Freund, ich bitte, geh nach Haus.
Laß uns den Schaden heilen.

Menenius.   Unsre Wunde,
Die du nicht selbst kannst prüfen. Fort, ich bitte.

Cominius. Freund, geh hinweg mit uns.

Coriolanus. O! wären sie Barbaren! — und sie sind's,
Obwohl Roms Brut — nicht Römer! — und sie sind's nicht,
Obwohl geworfen vor dem Kapitol. —

Menenius. Komm!
Nimm deinen edlen Zorn nicht auf die Zunge.
Einst kommt uns beßre Zeit.

Coriolanus.   Auf ebnem Boden
Schlüg' ich wohl ihrer vierzig.

Menenius.   Ich auch nähm' es
Mit zwei der Besten auf, ja, den Tribunen.

Cominius. Doch hier ist Übermacht, nicht zu berechnen.
Und Mannheit wird zur Thorheit, stemmt sie sich
Entgegen stürzendem Gebäu. Entfernt Euch,
Eh dieser Schwarm zurückkehrt, dessen Wut
Rast, wie gehemmter Strom, und übersteigt,
Was sonst ihn niederhielt.

Menenius.   Ich bitte, geh!
So seh' ich, ob mein alter Witz noch anschlägt,

Bei Leuten, die nur wenig haben. Flicken
Muß man den Riß mit Lappen jeder Farbe.
Cominius. Kommt, kommt! (Coriolanus, Cominius und andere gehen ab.)
Erster Patrizier. Der Mann hat ganz sein Glück zerstört.
Menenius. Sein Sinn ist viel zu edel für die Welt.
Er kann Neptun nicht um den Dreizack schmeicheln,
Nicht Zeus um seine Donner. Mund und Herz ist eins.
Was seine Brust geschmiedet, spricht die Zunge,
Und ist er zornig, so vergißt er gleich,
Daß er den Tod je nennen hört'. (Geräusch hinter der Scene.)
Welch Aufruhr!
Zweiter Patrizier. O! wären sie im Bett!
Menenius. Wären sie in der Tiber! Was zum Henker,
Konnt' er nicht freundlich sprechen!
Brutus, Sicinius, Bürger kommen zurück.
Sicinius. Wo ist die Viper,
Die unsre Stadt entvölkern möcht', um alles
In allem drin zu sein?
Menenius. Würd'ge Tribunen —
Sicinius. Wir stürzen ihn von dem Tarpejschen Fels
Mit strenger Hand; er trotzet dem Gesetz,
Drum weigert das Gesetz ihm das Verhör;
Die Macht der bürgerlichen Strenge fühl' er,
Die ihm so nichtig dünkt.
Erster Bürger. Er soll erfahren,
Der Volksmund sind die edelen Tribunen,
Wir seine Hand.
Mehrere Bürger. Er soll, er soll!
Menenius. Freund —
Sicinius. Still!
Menenius. Schreit nicht Vertilgung, wo ihr in den Grenzen
Der Mäß'gung jagen solltet.
Sicinius. Wie kommt's, daß Ihr
Ihm halft, sich fort zu machen?
Menenius. Hört mich an:
Wie ich den Wert des Konsuls kenne, kann ich
Auch seine Fehler nennen.
Sicinius. Konsul? welcher Konsul?
Menenius. Der Konsul Coriolan.
Brutus. Er Konsul?
Die Bürger. Nein, nein, nein, nein, nein!
Menenius. Vergönnt, ihr gutes Volk, und ihr Tribunen,
Gehör', so möcht' ich ein, zwei Worte sagen,

Die euch nicht weitren Schaden bringen sollen
Als soviel Zeitverlust.
Sicinius.   So faßt Euch kurz,
Denn wir sind fest entschlossen, abzuthun
Den gift'gen Staatsverräter; ihn verbannen,
Läßt die Gefahr bestehn; ihn hier behalten,
Ist sichrer Tod. Drum kamen wir zum Schluß:
Er stirbt noch heut.
Menenius.   Verhüten das die Götter!
Daß unser hohes Rom, des Dankbarkeit
Für die verdienten Kinder steht verzeichnet
In Jovis' Buch, gleich einer Rabenmutter
Den eignen Sohn verschlänge.
Sicinius. Ein Schad' ist er, muß ausgeschnitten werden.
Menenius. Ein Glied ist er, das einen Schaden hat,
Es abzuschneiden tödlich, leicht zu heilen.
Was that er Rom, wofür er Tod verdiente?
Weil er die Feind' erschlug? Sein Blut, vergossen —
Und das, ich schwör's, ist mehr als er noch hat,
Um manchen Tropfen — floß nur für sein Land; —
Wird, was ihm bleibt, vergessen durch sein Land,
Das wär' uns allen, die es thun und dulden,
Ein ew'ges Brandmal.
Sicinius.   Das ist barer Unsinn.
Brutus. Gänzlich verkehrt! Als er sein Land geliebt,
Ehrt' es ihn auch.
Menenius.   ▬ Hat uns der Fuß gedient
Und wird vom Krebs geschädigt, denken wir
Nicht mehr der vor'gen Dienste?
Brutus.   Schon genug.
Zu seinem Hause hin! reißt ihn heraus,
Damit die Ansteckung von gift'ger Art
Nicht veiter sich verbreite.
Menenius.   Nur ein Wort!
So tigerfüß'ge Wut, sieht sie das Elend
Unüberlegter Eile, legt zu spät
Blei an die Sohlen. — Drum verfahrt nach Recht,
Daß nicht, da er beliebt, Partei'n sich rotten,
Und Römerhand das hohe Rom zerstöre.
Brutus. Wenn das geschäh'!
Sicinius.   Was schwatzt ihr da?
Gab er nicht Proben uns seines Gehorsams?
Aedilen schlagen! Trotz uns bieten! Kommt!

Menenius. Erwägt nur dies! er ist im Krieg erwachsen;
Seit er ein Schwert mocht' schwingen, lernt' er sein=
Gesiebte Sprache nicht; virst Mehl und Kleie
Nur im Gemengsel aus. Gebt mir Erlaubnis,
Ich geh' zu ihm und bring' ihn friedlich her,
Wo nach der Form des Rechts er Rede steht
Auf seine äußerste Gefahr.

Erster Senator. Tribunen,
Die Weis' ist menschlich; allzublutig würde
Der andre Weg, und im Beginnen nicht
Der Ausgang zu erkennen.

Sicinius. Edler Menenius.
So handelt Ihr denn als des Volks Beamter; —
Ihr Lente legt die Waffen ab.

Brutus. Geht nicht nach Haus.

Sicinius. Geht auf den Markt, dort treffen vir Euch wieder
Und bringt Ihr Marcius nicht, so gehn wir weiter
Auf unserm ersten Weg. (Ab.)

Menenius. Ich bring' ihn euch.
(Zu den Senatoren.) Geht mit mir, ich crsuch' euch. Er muß kommen,
Sonst folgt das Schlimmste.

Erster Senator. Laßt uns zu ihm gehn. (Alle ab.)

2. Scene.

Zimmer in Coriolanus' Haus.

Coriolanus tritt auf mit einigen Patriziern.

Coriolanus. Laßt sie mir um die Ohren alles werfen;
Mir drohn mit Tod durch Rad, durch wilde Rosse;
Zehn Berg' auf den Tarpejschen Felsen türmen,
Daß tiefer, als der Augen Strahl kanu folgen,
Der Sturz mich reißt; doch bleib' ich ihnen stets
Also gesinnt.

Erster Patrizier. Ihr handelt um so edler.

Volumnia tritt auf.

Coriolanus. Mich wundert, wie die Mutter
Mein Thun nicht billigt, die doch lump'ge Sklaven
Sie stets genannt; Geschöpfe, nur gemacht,
Daß sie mit Pfenn'gen schachern; barhaupt stehn
In der Versammlung, gaffen, stannen, schweigen,
Wenn einer meines Ranges sich erhob,
Redend von Fried' und Krieg.

(Zu Volumnia.)   Ich sprach von Euch,
Weshalb wünscht Ihr mich milder? Soll ich falsch sein
Der eignen Seele? Lieber sagt, ich spiele
Den Mann nur, der ich bin.

Volumnia.   O! Sohn, Sohn, Sohn!
Hättst deine Macht du doch erst angelegt,
Eh du sie abgenützt.

Coriolanus.   Sie fahre hin!

Volumnia. Du konntest ganz der Mann sein, der du bist,
Wenn du es wen'ger zeigtest; wen'ger waren
Sie deinem Sinn entgegen, hehltest du
Nur etwas mehr, wie du gesinnt, eh ihnen
Die Macht gebrach, um dich zu krenzen.

Coriolanus.   Hängt sie!

Volumnia. Ja, und verbrennt sie!

Menenius kommt mit Senatoren.

Menenius. Kommt, kommt! Ihr wart zu rauh, etwas zu rauh.
Ihr müßt zurück, es bessern.

Erster Senator.   Da hilft nichts;
Denn thut Ihr dieses nicht, reißt auseinander
Die Stadt und geht zu Grund.

Volumnia.   O! laß dir raten.
Ich hab' ein Herz, unbeugsam wie das deine,
Doch auch ein Hirn, das meines Zornes Ausbruch
Zu besserm Vorteil lenkt.

Menenius.   Recht, edle Frau.
Eh er sich so dem Schwarm sollt' beugen, wenn's nicht
Die Fieberwut der Zeit als Mittel heischte;
Dem ganzen Staat eh' schnallt' ich um die Rüstung,
Die ich kaum tragen kann.

Coriolanus.   Was soll ich thun?

Menenius. Zu den Tribunen kehren.

Coriolanus. Was weiter denn?

Menenius. Bereun, was Ihr gesprochen.

Coriolanus. Vor ihnen? Kann ich's doch nicht vor den Göttern!
Und soll's vor ihnen?

Volumnia.   Sohn, du bist zu herrisch.
Magst du auch hierin nie zu edel sein;
Doch wenn die Not gebietet — selbst oft sprachst du,
Wie Ehr' und Politik als treue Freunde
Im Krieg zusammen wachsen. Wohl, so sage,
Wie sie im Frieden wohl sich schaden können,
Daß sie in ihm sich trennen?

Coriolanus. Pah!

Menenius. Gut gefragt.

Volumnia. Bringt es im Krieg dir Ehre, der zu scheinen,
Der du nicht bist, — und großer Zwecke halb
Gebraucht ihr dieser Politik — wär's schlimmer,
Daß sie im Frieden soll Gemeinschaft halten
Mit Ehre, wie im Krieg, da sie doch beiden
Gleich unentbehrlich ist?

Coriolanus. Was drängst du so?

Volumnia. Weil jetzt dir obliegt, zu dem Volk zu reden,
Nicht nach des eignen Sinnes Unterweisung,
Noch auch was dir dein Herz angeben mag;
Mit Worten nur, die die Zunge nur gelernt,
Bastard=Geburten, Silben ohne Geltung,
Die nicht des Herzens Wahrheit sind verpflichtet.
Dies, wahrlich, kann so wenig dich entehren,
Als eine Stadt durch sanftes Wort erobern,
Wo sonst dein Glück entscheiden müßt', und Wagnis
Von vielem Blutvergießen. —
Ich wollte meine Art und Weise bergen,
Wenn Freund' und Glück es in Gefahr mit Ehren
Von mir verlangten. Ich vertrete hier
Weib dir und Sohn, Patrizier und Senat.
Und du willst lieber unserm Pöbel zeigen,
Wie du kannst finster sehn, als einmal schmeicheln,
Um ihre Gunst zu erben, und zu schützen,
Was ohne sie zu Grunde geht?

Menenius. Edle Frau!
Kommt, geht mit uns, sprecht freundlich und errettet
Nicht nur, was jetzt gefährlich, nein, was schon
Verloren war.

Volumnia. Ich bitte dich, mein Sohn,
Geh hin, mit dieser Mütz' in deiner Hand,
So streck sie aus, tritt nah an sie heran,
Es küss' dein Knie die Stein'; in solchem Thun ist
Gebärd' ein Redner, und der Einfalt Auge
Gelehrter als ihr Ohr. Neige dein Haupt
Und beuge es, dein stolzes Herz bestrafend,
Demütig, wie die Maulbeer' überreif,
Die jedem Druck weicht. — Oder sprich zu ihnen:
Du seist ihr Krieger, im Gelärm erwachsen,
Habst nicht die sanfte Art, die, wie du einsähst,
Dir nötig sei, die sie begehren dürften,

Wärbst du um ihre Gunst; doch wolltst du sicher
Dich künftig modeln zu dem ihrigen,
Soveit Person und Kraft in dir nur reichten.
Menenius. Das nur gethan,
So wie sie sagt, sind alle Herzen dein,
Denn sie verzeihn so leicht, wenn du sie bittest,
Als sonst sie müßig schwatzen.
Volumnia.   O! gieb nach!
Laß dir nur diesmal raten. Weiß ich schon,
Eh' sprängst du nach dem Feind in Feuerschlünde,
Als daß du ihm in Blumenlauben schmeichelst.
Hier ist Cominius.

Cominius tritt auf.

Cominius. Vom Marktplatz komm' ich, Freund, und dringend scheint,
Daß Ihr Euch sehr verstärkt; sonst hilft Euch nur
Flucht oder Sanftmut. Alles ist in Wut.
Menenius. Nur gutes Wort.
Cominius.   Das, glaub' ich, dient am besten,
Zwingt er sein Herz dazu.
Volumnia.   Er muß und will.
Laß dich erbitten, sag: ich will, und geh!
Coriolanus. Muß ich mit bloßem Kopf mich zeigen? Muß ich
Mit niedrer Zunge Lügen strafen so
Mein edles Herz, daß es verstummt? Nun gut, ich thu's.
Doch käm's nur auf das einz'ge Fleckchen an,
Den Marcius, sollten sie zu Staub ihn stampfen,
Und in den Wind ihn streun — zum Marktplatz nun.
Ihr zwingt mir eine Roll' auf, die ich nie
Natürlich spiele.
Cominius.   Kommt, wir helfen Euch.
Volumnia. O! hör mich, holder Sohn. Du sagtest oft,
Daß dich mein Lob zum Krieger erst gemacht,
So spiel, mein Lob zu ernten, eine Rolle,
Die du noch nie gespielt.
Coriolanus.   Ich muß es thun.
Fort, meine Sinnesart! Komm über mich,
Geist einer Metze. Meine Kriegerkehle,
Die einstimmt' in die Trommel, werd' ein Pfeifchen,
Dünn wie des Hänflings, wie des Mädchens Stimme,
Die Kinder einlullt; eines Buben Lächeln
Wohn' auf der Wange mir; Schulknaben-Thränen
Verdunkeln mir den Blick; des Bettlers Zunge
Dring' durch die Lippen; mein bepanzert Knie,

Das nur im Bügel krumm war, beuge sich
Wie des, der Pfenn'ge fleht. — Ich will's nicht thun,
Nicht meinem wahren Selbst die Ehre künd'gen,
Und durch des Leibs Gebärdung meinen Sinn
Zu ew'ger Schand' abrichten.

Volumnia.   Wie du willst.
Von dir zu betteln ist mir größre Schmach,
Als dir von ihnen. Fall' alles daun in Trümmer!
Mag lieber deinen Stolz die Mutter fühlen,
Als stets Gefahr von deinem Starrsinn fürchten.
Den Tod verlach' ich großgeherzt wie du.
Mein ist dein Mut, ja, den sogst du von mir,
Dein Stolz gehört dir selbst.

Coriolanus.   Sei ruhig, Mutter,
Ich bitte dich! — Ich gehe auf den Markt;
Schilt mich nicht mehr. Will als Marktschreier werben
Um ihre Liebe, ihre Herzen stehlen,
Und kehren, von jeder Zunft geliebt. Ich gehe.
Grüß meine Frau. Ich kehr' als Konsul wieder;
Sonst glaube nie, daß meine Zung' es weit
Im Weg des Schmeichelns bringt.

Volumnia.   Thu', was du willst. (Sie geht ab.)

Cominius. Fort, die Tribunen warten. Rüstet Euch
Mit milder Antwort; denn sie sind bereit,
Hör' ich, mit härtern Klagen, als die jetzt
Schon auf Euch lasten.

Coriolanus. Mild — ist die Losung. Bitte, laßt uns gehn.
Laßt sie mit Falschheit mich beschuld'gen, ich
Antworte ehrenvoll.

Menenius.   Nur aber milde.

Coriolanus. Gut, milde sei's denn, milde. (Alle ab.)

3. Scene.

Ebendaselbst. Das Forum.

Sicinius und Brutus treten auf.

Brutus. Das muß der Hauptpunkt sein: daß er erstrebt
Tyrannische Gewalt; entschlüpft er da,
Treibt ihn mit seinem Volkshaß in die Enge,
Und daß er nie verteilen ließ die Bente,
Die den Antiaten abgenommen ward.

Ein Aedil tritt auf.

Nun, kommt er?

Aedil.   Er kommt.

Brutus.   Und wer begleitet ihn?

Aedil.   Der alte
Menenius und die Senatoren, die
Ihn stets begünstigt.

Brutus.   Habt Ihr ein Verzeichnis
Von allen Stimmen, die wir uns verschafft,
Geschrieben nach der Ordnung?

Aedil.   Ja, hier ist's.

Brutus. Habt Ihr nach Tribus sie gesammelt?

Aedil.   Ja.

Sicinius. So ruft nun ungesäumt das Volk hieher,
Und hören sie mich sagen: so soll's sein,
Nach der Gemeinen Kraft und Recht: sei's nun
Tod, Geldbuß' oder Bann, so laßt sie schnell
Tod rufen, sag' ich Tod! Geldbuße, sag' ich: Buße,
Auf ihrem alten Vorrecht so bestehn,
Und auf der Kraft in der gerechten Sache.

Aedil. Ich will sie unterweisen.

Brutus. Und haben sie zu schreien erst begonnen,
Nicht aufgehört, nein, dieser wilde Lärm
Muß die Vollstreckung augenblicks erzwingen
Der Strafe, die wir rufen.

Aedil.   Wohl, ich gehe.

Sicinius. Und mach sie stark, und unserm Wink bereit.
Wann wir ihn immer geben.

Brutus.   Macht Euch dran. *(Der Aedil geht ab.)*
Reizt ihn sogleich zum Zorn; er ist gewohnt
Zu siegen, und sein volles Teil zu haben
Von Widerspruch. Einmal in Wut, nie lenkt er
Zur Mäßigung zurück; dann spricht er aus,
Was er im Herzen hat; genug ist dort,
Was uns dazu hilft, ihm den Hals zu brechen.

*Es treten auf Coriolanus, Menenius, Cominius, Senatoren
und Patrizier.*

Sicinius. Nun seht, hier kommt er.

Menenius.   Sanft, das bitt' ich dich.

Coriolanus. Ja, wie ein Stallknecht, der für lump'gen Heller
Den Schurken pfundweis einsteckt. — Hohe Götter!
Gebt Rom den Frieden, und den Richterstühlen
Biedere Männer! Pflanzet Lieb' uns ein!
Füllt dicht mit Friedensprunk die Tempelhallen,
Und nicht mit Krieg die Straßen!

Erſter Senator.   Amen! Amen!
Menenius. Ein edler Wunſch.
Sicinius.   Ihr Bürger, tretet näher.
Der Aedil kommt mit den Bürgern.
Aedil. Auf die Tribunen merkt. Gebt acht. Still! ſtill!
Coriolanus. Erſt hört mich reden.
Beide Tribunen. Gut, ſprecht — ruhig denn!
Coriolanus. Werd' ich nicht weiter angeklagt als hier,
  Wird alles jetzt gleich ausgemacht?
Sicinius.   Ich frage:
Ob Ihr des Volkes Stimm' Euch unterwerft,
Die Sprecher anerkennt, und willig tragt
Den Straffpruch des Geſetzes für die Fehler,
Die man Euch darthun wird?
Coriolanus.   Ich trage ſie.
Menenius. O, Bürger, ſeht! er ſagt, er will ſie tragen:
Der Kriegesdienſte, die er that, gedenkt;
Seht an die Wunden, die ſein Körper trägt,
Sie gleichen Gräbern auf geweihtem Boden.
Coriolanus. Nur Dornenriſſe, Schrammen, nur zum Lachen.
Menenius. Erwägt noch ferner:
Daß, hört ihr ihn nicht gleich dem Bürger ſprechen,
Den Krieger findet ihr in ihm. Nehmt nicht
Den rauhen Ton für bösgemeintes Wort;
Nein, wie geſagt, ſo wie's dem Krieger ziemt,
Nicht feindlich euch.
Cominius.   Gut, gut, nichts mehr.
Coriolanus.   Wie kommt's,
Daß ich, einſtimmig anerkannt als Konſul,
Nun ſo entehrt bin, daß zur ſelben Stunde
Ihr mir die Würde nehmt?
Sicinius.   Uns ſtehet Rede.
Coriolanus. Sprecht denn, 's iſt wahr, das ſollt' ich ja.
Sicinius. Wir zeihn dich, daß du haſt geſtrebt, zu ſtürzen
Herkömmlich Recht in Rom, und ſo dich ſelbſt
Tyranniſch aller Herrſchaft anzumaßen,
Und darum ſtehſt du hier als Volksverräter.
Coriolanus. Verräter! —
Menenius.   Still nur, mäßig, dein Verſprechen
Coriolanus. Der tiefſten Hölle Glut verſchling' das Volk!
Verräter ich! du läſternder Tribun!
Und ſäßen tauſend Tod' in deinem Auge,
Und packten Millionen deine Fäuſte,

Und droh' all diese deine Lügnerzunge:
Ich, ich sag' dennoch dir, du lügst! — die Stimme
So frei, als wenn ich zu den Göttern bete.
Sicinius.   Hörst du dies, Volk?
Die Bürger.   Zum Fels mit ihm! zum Fels mit ihm!
Sicinius.   Seid ruhig.
Wir brauchen neuer Fehl' ihn nicht zu zeihn:
Was ihr ihn thun saht, und ihn reden hörtet,
Wie er euch fluchte, eure Diener schlug,
Mit Streichen trotzte dem Gesetz; die Stirn bot
Uns, deren große Macht ihn richten sollte;
So frevelhaft, so hochverräterisch,
Verdient den härtsten Tod.
Brutus.   Doch da er Dienste
Dem Staat gethan —
Coriolanus.   Was schwatzt Ihr noch von Diensten?
Brutus.   Ich sag' es, der ich's weiß.
Coriolanus.   Ihr?
Menenius.   Ist es dies,
Was Eurer Mutter Ihr verspracht?
Cominius.   O hört.
Ich bitt' Euch.
Coriolanus.   Nein, ich will nichts weiter hören.
Laß sie ausrufen: Tod vom steilen Fels,
Landflücht'ges Elend, Schinden, eingekerkert
Zu schmachten, Tags mit einem Korn; — doch kauft' ich
Nicht für ein gutes Wort mir ihre Gnade,
Hielt' nicht an mich, für was sie schenken können,
Bekäm ich's für 'nen „Guten Morgen" schon.
Sicinius.   Weil er, so viel er kount', von Zeit zu Zeit,
Aus Haß zum Volke, Mittel hat gesucht,
Ihm seine Macht zu rauben; und auch jetzt
Als Feind sich wehrt, nicht nur in Gegenwart
Erhabnen Rechts, nein, gegen die Beamten,
Die es verwalten: in des Volkes Namen,
Und unsrer, der Tribunen Macht, verbannen
Wir augenblicklich ihn aus unsrer Stadt.
Bei Strafe des Sturzes vom Tarpejischen Fels
Betrete er nie mehr die Thore Roms.
Ins Volkes Namen sag' ich: So soll's sein.
Die Bürger.   So soll es sein! So soll's sein! Fort mit ihm!
Er ist verbannt, und 'also soll es sein.
Cominius.   Hört mich, ihr Männer, Freunde hier im Volk.

Sicinius. Er ist verurteilt. Nichts mehr.

Cominius.   Laßt mich sprechen.
    Ich war eu'r Konsul, und Rom kann an mir
    Die Spuren seiner Feinde sehn. Ich liebe
    Des Vaterlandes Wohl mit zartrer Ehrfurcht,
    Heil'ger und tiefer, als mein eignes Leben,
    Mehr als mein Weib und ihres Leibes Frucht,
    Die Schätze meines Bluts. Wollt' ich nun sagen — —

Sicinius. Wir wissen, was Ihr wollt. Was könnt' Ihr sagen?

Brutus. Zu sagen ist nichts mehr. Er ist verbannt
    Als Feind des Volks und seines Vaterlands.
    So soll's sein.

Die Bürger. So soll's sein! so soll es sein!

Coriolanus. Gemeines Hundepack! des Hauch ich hasse,
    Wie sauler Sümpfe Dunst; des Gunst mir teuer,
    Wie unbegrabner Männer totes Aas,
    Das mir die Luft vergift't. — Ich banne dich!
    Bleibt hier zurück mit eurem Unbestand,
    Der schwächste Lärm mach' euer Herz erbeben,
    Eu'r Feind mit seines Helmbusch's Nicken fächle
    Euch in Verzweiflung; die Gewalt habt immer,
    Zu bannen eure Schützer — bis zuletzt
    Eu'r stumpfer Sinn, der glaubt, erst wenn er fühlt,
    Der nicht einmal euch selbst erhalten kann,
    Stets Feind euch selbst, euch endlich unterwerfe
    Als höchst verworfne Sklaven, einem Volk,
    Das ohne Schwertstreich euch gewann. — Verachtend
    Um euretwillen Rom, wend' ich den Rücken,
    Noch anderswo giebt's eine Welt.

    (Coriolanus, Cominius, Menenius, Senatoren und Patrizier gehen ab.)

Aedil. Des Volkes Feind ist fort! ist fort! ist fort!

Die Bürger. Verbannt ist unser Feind! ist fort! Ho! ho!

    (Sie jauchzen und werfen ihre Mützen.)

Sicinius. Begleitet ihn bis vor das Thor und folgt ihm,
    Wie er euch sonst verfolgt' mit bitterm Schmähn,
    Kränkt ihn, wie er's verdient. — Laßt eine Wache
    Uns durch die Stadt begleiten.

Die Bürger. Kommt, kommt, geleiten wir ihn vor das Thor.
    Edle Tribunen, euch der Götter Schutz! (Alle ab.)

Vierter Aufzug.

1. Scene.

Ebendaſelbſt. Vor dem Thor.

Es treten auf Coriolanus, Volumnia, Virgilia, Menenius,
Cominius und mehrere junge Patrizier.

Coriolanus. Nein, weint nicht mehr. Ein kurz Lebwohl. Das Tier
Mit vielen Köpfen ſtößt mich weg. Ei, Mutter!
Wo iſt dein alter Mut? Du ſagteſt oft:
Es ſei das Unglück Prüfſtein der Gemüter,
Gemeine Not trag' ein gemeiner Menſch,
Es treib' auf ſtiller See mit gleicher Kunſt
Ein jedes Boot; jedoch gelaſſen bleiben,
Wenn uns ins tiefſte Herz das Schickſal traf,
Heiſcht edle Kunſt. — Du ludeſt oft mir auf
Belehrungen, die unbezwinglich machten
Die Herzen, die ſie ganz durchdrangen.
Virgilia. O Himmel! Himmel!
Coriolanus. Nein, ich bitte, Weib —
Volumnia. Die Peſtilenz treff' alle Zünſte Roms,
Und die Gewerke Tod!
Coriolanus. Was, was! Ich werde
Geliebt ſein, wenn ich erſt gemißt. Nein, Mutter!
Ruf auf den Geiſt, der ſonſt dich ſagen machte,
Wärſt du das Weib des Herkules geweſen,
Sechs ſeiner Thaten hätteſt du gethan,
Und deinem Mann ſo vielen Schweiß erſpart?
Cominius!
Halt ſtand! Gott ſchütz' euch! — Lebt wohl, Weib und Mutter!
Mir geht's noch gut. — Menenius, alter, treuer,
Salz'ger als jüngern Manns ſind deine Thränen,
Und giftig deinem Aug'. Mein weiland Feldherr,
Ich ſah dich finſter, und oft ſcheuteſt du
Herzhärtend Schauſpiel; ſag' den bangen Frauen:
Beweinen Unvermeidliches ſei Thorheit,
Sowohl, als drüber lachen. — Weißt du, Mutter,
Mein Wagnis var dein Troſt ja immer! und
Das glanbe feſt, geh' ich auch jetzt allein,
So wie ein Drache einſam, den die Höhle
Gefürchtet und berufen macht mehr als geſehn,
Dein Sohn ragt ob der großen Menge ſtets,
Wo nicht, fällt er durch Liſt und tück'ſchen Köder.

Volumnia. Mein großer Sohn!
Wo willst du hin? Nimm für die erste Zeit
Cominius mit, und triff bestimmte Wahl,
Statt wild dich jedem Zufall preis zu geben,
Der auf dem Weg dir aufstößt.

Coriolanus. O ihr Götter!

Cominius. Den Monat bleib' ich bei dir; wir bedenken,
Wo du magst weilen, daß du von uns hörest,
Und wir von dir, daß, wenn die Zeit den Anlaß
Für deine Rückberufung bent, wir nicht
Nach einem Mann die Welt durchsuchen müssen,
Die Gunst verlierend, welche stets erkaltet,
Wenn fern ist, der sie braucht.

Coriolanus. So lebt denn wohl!
Du trägst der Jahre viel, hast übersatt
Den Rausch des Kriegs, mit einem umzutreiben,
Der unversehrt noch. Bringt mich nur ans Thor:
Komm, süßes Weib, geliebte Mutter, und
Ihr wohlerprobten Freunde. — Bin ich draußen,
Sagt: Lebe wohl, und lächelt. Bitte, kommt —
Solang ich überm Boden bin, sollt ihr
Stets von mir hören, und nie etwas andres,
Als was dem frühern Marcius gleicht.

Menenius. So würdig,
Wie man nur hören kann. Laßt uns nicht weinen.
Könnt' ich nur sieben Jahr herunterschütteln
Von diesen alten Gliedern, — bei den Göttern!
Ich wollt' auf jedem Schritt dir folgen.

Coriolanus. Kommt!
Deine Hand. (Alle ab.)

2. Scene.

Ebendaselbst. Vor dem Thor.

Sicinius, Brutus und Aedil treten auf.

Sicinius. Schickt sie nach Hause, er ist fort. Nicht weiter.
Gekränkt sind die Patrizier, die, wir sehen's,
Zu ihm gestanden.

Brutus. Nun wir unsre Macht
Gezeigt, laßt uns demüt'ger scheinen, als
Da dieses noch im Werden.

Sicinius. Schickt sie heim.
Sagt ihnen, fort sei nun ihr großer Feind,
Und neu befestigt ihre Macht.

Brutus. Entlaßt sie.
Hier kommt die Mutter.

Volumnia, Virgilia und Menenius treten auf.

Sicinius. Laßt uns fort!
Brutus. Weshalb?
Sicinius. Man sagt, sie sei verrückt.
Brutus. Sie sahn uns schon.
Weichet nicht aus.
Volumnia. Ha wohlgetroffen, ihr!
Der Götter aufgehäufte Plagen lohnen
Euch eure Liebe.
Menenius. Still, seid nicht so laut.
Volumnia. Könnt' ich vor Thränen nur, ihr solltet hören —
Doch sollt ihr etwas hören. (zu Brutus.) Wollt Ihr gehn?
Virgilia (zu Sicinius). Auch Ihr sollt bleiben. Hätt' ich doch die Macht,
Das meinem Mann zu sagen.
Sicinius. Seid Ihr männisch?
Volumnia. Ja, Narr. Ist das 'ne Schande? seht den Narren!
War nicht ein Mann mein Vater? Warst du fuchsisch,
Zu bannen ihn, der Wunden schlug für Rom
Mehr als du Worte sprachst.
Sicinius. O güt'ger Himmel!
Volumnia. Mehr edle Wunden als du kluge Worte,
Und zu Roms Heil. Eins sag' ich dir — doch geh.
Nein, bleiben sollst du. Wäre nur mein Sohn,
Sein gutes Schwert in Händen, in Arabien,
Und dort vor ihm dein Stamm.
Sicinius. Was dann?
Virgilia. Was dann?
Er räumte auf mit Kind und Kindeskind.
Volumnia. Bastard' und alles.
Die Wunden, die der Wackre trägt für Rom!
Menenius. Kommt, kommt! seid ruhig.
Sicinius. Ich wollt', er wär' dem Vaterland geblieben,
Was er ihm war; statt selbst den edlen Knoten
Zu lösen, den er schlang.
Brutus. So wünsch't' ich auch.
Volumnia. So wünsch't' ich auch! Ihr hetztet auf den Pöbel:
Katzen, die seinen Wert begreifen können,
Wie die Mysterien ich, die nicht der Himmel
Der Erd' enthüllen vill.
Brutus. Kommt, laßt uns gehn.

Volumnia. Nun ja, ich bitt' euch! geht!
Ihr thatet wackre That. — Hört dies noch erst:
So weit das Kapitol hoch überragt
Das kleinste Haus in Rom, so weit mein Sohn,
Der Gatte dieser Frau, hier dieser, seht ihr?
Den ihr verbannet, überragt euch alle.

Brutus. Genug. Wir gehn.

Sicinius. Was, dienen wir zur Zielscheib'
Für eine, der die Sinne fehlen?

Volumnia. Nehmt
Noch mein Gebet mit euch. (Die Tribunen gehen ab.)
O! hätten doch die Götter nichts zu thun
Als meine Flüch' erfüllen. Träf' ich sie
Nur einmal tags, erleichtern würd's mein Herz
Von schwerer Last.

Menenius. Ihr gabt es ihnen derb,
Und habt auch Grund. Speist Ihr mit mir zu Nacht?

Volumnia. Zorn ist mein Nachtmahl; an mir selber zehrend,
Reibt mich die Nahrung auf. Kommt, laßt uns gehn.
Laßt dieses schwache Wimmern, klagt wie ich,
Der Juno gleich im Zorn. — Kommt, kommt.

Menenius. Pfui, Pfui!

(Sie gehen ab.)

3. Scene.

Landstraße zwischen Rom und Antium.

Ein Römer und ein Volsker, die sich begegnen.

Römer. Ich kenne Euch recht gut, Freund, und Ihr kennt mich auch. Ich denke, Ihr heißt Adrian?

Volsker. Ganz recht. Wahrhaftig, ich hatte Euch vergessen.

Römer. Ich bin ein Römer, und thue jetzt wie Ihr Dienste gegen Rom. Kennt Ihr mich nun?

Volsker. Nikanor? nicht?

Römer. Ganz recht.

Volsker. Ihr hattet mehr Bart, als ich Euch zuletzt sah; aber Euer Gesicht wird mir durch Eure Zunge kenntlich. — Was giebt es Neues in Rom? Ich habe einen Auftrag vom Senat der Volsker, Euch dort auszukundschaften, und Ihr habt mir eine Tagereise erspart.

Römer. In Rom hat es einen seltsamen Aufstand gegeben: Das Volk gegen die Senatoren, Patrizier und Edeln.

Volsker. Hat es gegeben? Ist es denn nun vorbei? Unser

Staat denkt nicht so; sie machen die stärksten Rüstungen und hoffen
sie in der Hitze der Entzweiung zu überfallen.

Römer. Der große Brand ist gelöscht; aber eine geringe Veranlassung würde ihn wieder in Flammen setzen; denn den Edeln
geht die Verbannung des würdigen Coriolan so zu Herzen, daß sie
ganz in der Stimmung sind, dem Volke alle Gewalt zu nehmen,
und ihnen ihre Tribunen auf immer zu entreißen. Dies glimmt
unter der Asche, das kann ich Euch versichern, und ist fast reif zum
heftigsten Ausbruch.

Volsker. Coriolan verbannt?

Römer. Ja, verbannt?

Volsker. Mit der Nachricht werdet Ihr willkommen sein,
Nikanor.

Römer. Das Wetter ist jetzt gut für Euch. Man pflegt zu
sagen, die beste Zeit, eine Frau zu verführen, sei, wenn sie sich mit
ihrem Manne überworfen hat. Euer edler Tullus Aufidius kann
sich in diesem Kriege hervorthun, da sein großer Gegner Coriolanus
jetzt in seinem Vaterlande nichts gilt.

Volsker. Das kann ihm nicht fehlen. Wie glücklich war ich,
Euch so unvermutet zu begegnen! Ihr habt meinem Geschäft ein
Ende gemacht, und ich will Euch nun freudig nach Hause begleiten.

Römer. Ich kann Euch vor dem Abendessen noch höchst sonder-
bare Dinge von Rom erzählen, die ihren Feinden sämtlich zum Vorteil gereichen. Habt ihr ein Heer bereit? Wie?

Volsker. Ja, und ein wahrhaft königliches. Die Centurionen
und ihre Mannschaft sind schon in Abteilungen einquartiert und
stehn im Sold, so daß sie jede Stunde aufbrechen können.

Römer. Es freut mich, daß sie so marschfertig sind, und ich
denke, ich bin der Mann, der sie sogleich in Bewegung setzen wird.
Also herzlich willkommen, und höchst vergnügt in Eurer Gesellschaft.

Volsker. Ihr nehmt mir die Worte aus dem Munde; ich habe
die meiste Ursach, mich dieser Zusammenkunft zu freuen.

Römer. Gut, laßt uns zusammen gehen. (Sie gehen ab.)

4. Scene.

Antium. Vor Aufidius' Haus.

Coriolanus tritt auf in geringem Anzug verkleidet und verhüllt.

Coriolanus. Dies Antium ist ein hübscher Ort. O Antium!
Ich machte dir die Witwen. Manchen Erben
Der schönen Häuser hört' ich in der Schlacht
Stöhnen und sinken. — Kenne mich drum nicht;

Sonst morden mich mit Bratspieß' deine Weiber,
In kind'scher Schlacht mit Steinen deine Knaben.

Es kommt ein Bürger.

Gott grüß' Euch, Herr.

Bürger.   Und Euch.

Coriolanus.   Zeigt mir, ich bitte,
    Wo Held Aufidius wohnt. Ist er in Antium?

Bürger. Ja, und bewirtet heut in seinem Haus
    Die Ersten unsrer Stadt.

Coriolanus.   Wo ist sein Haus?

Bürger. Dies ist's, Ihr steht davor.

Coriolanus.   Lebt wohl. Ich dank' Euch.

(Der Bürger geht ab.)

O Welt! du rollend Rad! Geschworne Freunde,
Die in zwei Busen nur ein Herz getragen,
Die Zeit und Bett und Mahl und Arbeit teilten,
Vereinigt stets, als wie ein Zwillingspaar
In ungetrennter Liebe, brechen aus
Urplötzlich, durch den Hader um ein Nichts
In bittern Haß. — So auch, erboste Feinde,
Die wilder Groll nicht schlafen ließ, stets sinnend,
Einander zu vertilgen: durch 'nen Zufall,
Ein Ding, kein Ei wert, werden Herzensfreunde,
Und ihre Kinder Paare. So auch ich.
Ich hasse den Geburtsort, liebe hier
Die Feindesstadt. — Hinein! erschlägt er mich,
Übt er sein Recht. Doch läßt er mich gewähren,
So dien' ich seinem Land. (Geht ab.)

5. Scene.

Ebendaselbst. Saal im Haus des Aufidius.

Man hört Musik von innen, es kommt ein Diener.

Erster Diener. Wein, Wein! was ist das für Aufwartung? —
Ich glaube, die Bursche sind alle im Schlaf. (Geht ab.)

Ein zweiter Diener kommt.

Zweiter Diener. Wo ist Cotus? der Herr ruft ihn. Cotus!
(Geht ab.)

Coriolanus tritt auf.

Coriolanus. Ein hübsches Haus; das Mahl riecht gut. Doch ich
Seh' keinem Gaste gleich.

Der erste Diener kommt wieder.

Erster Diener. Was wollt Ihr, Freund? Woher kommt Ihr? Hier ist kein Platz für Euch. Bitte, macht Euch fort.

Coriolanus. Ich habe bessern Willkomm nicht verdient,
Da Coriolan ich bin.

Der zweite Diener kommt.

Zweiter Diener. Wo kommst du her, Freund? Hat der Pförtner keine Augen im Kopf, daß er solche Gesellen herein läßt? Bitte, mach dich fort.

Coriolanus. Hinweg!

Zweiter Diener. Hinweg? Geh du hinweg.

Coriolanus. Du wirst mir lästig.

Zweiter Diener. Bist du so keck? Man wird schon mit dir sprechen.

Der dritte Diener kommt.

Dritter Diener. Was ist das für ein Mensch?

Erster Diener. Ein so wunderlicher, wie ich noch keinen sah. Ich kann ihn nicht aus dem Hause kriegen. Ich bitte, ruf doch mal den Herrn her.

Dritter Diener. Was habt Ihr hier zu suchen, Mensch? Bitte, scher dich aus dem Haus.

Coriolanus. Laßt mich hier stehn; nicht schad' ich eurem Herd.

Dritter Diener. Wer seid Ihr?

Coriolanus. Ein Mann von Staude.

Dritter Diener. Ein verwünscht armer.

Coriolanus. Gewiß, das bin ich.

Dritter Diener. Ich bitte Euch, armer Mann von Staude, sucht Euch ein anderes Quartier; hier ist kein Platz für Euch. — Ich bitte Euch, packt Euch, fort.

Coriolanus. Geht eurem Berufe nach. Hinweg! stopft euch mit kalten Bissen. (Stößt den Diener weg.)

Dritter Diener. Was, Ihr wollt nicht? Bitte, sage doch meinem Herrn, was er hier für einen seltsamen Gast hat.

Zweiter Diener. Das will ich. (Geht ab.)

Dritter Diener. Wo wohnst du?

Coriolanus. Unter dem Firmament.

Dritter Diener. Unter dem Firmament?

Coriolanus. Ja.

Dritter Diener. Wo ist das?

Coriolanus. In der Stadt der Geier und Krähen.

Dritter Diener. In der Stadt der Geier und Krähen? Was das für ein Esel ist! So wohnst du auch wohl bei den Elstern?

Coriolanus. Nein, ich diene nicht deinem Herrn.

Erſter Diener. Kerl! was haſt du mit meinem Herrn zu ſchaffen?

Coriolanus. Nun, das iſt doch ſchicklicher, als wenn ich mit deiner Frau zu ſchaffen hätte

Du ſchwätzſt und ſchwätzſt; nimm deinen Teller. Marſch!

(Er ſchlägt ihn hinaus.)

Aufidius tritt auf.

Aufidius. Wo iſt der Menſch?

Zweiter Diener. Hier, Herr. Ich hätte ihn vie einen Hund hinausgeprügelt; ich wollte nur die Herren drinnen nicht ſtören.

Aufidius. Woher kommſt du? Was willſt du? Dein Name? Weshalb antworteſt du nicht? Sprich, Menſch, wie heißeſt du?

Coriolanus (ſchlägt den Mantel auseinander). Wenn, Tullus,

Du noch nicht mich erkennſt, und, mich anſchauend,
Nicht findeſt, wer ich bin, zwingt mich die Not,
Mich ſelbſt zu nennen.

Aufidius.   Und wie iſt dein Name?

Coriolanus. Ein Name, ſchneidend für der Volsker Ohr,
Und rauhen Klangs für dich.

Aufidius.   Wie iſt dein Name?
Dein Äußeres iſt graus, und deine Miene
Gebieteriſch. Iſt auch zerfetzt dein Tauwerk,
Zeigſt du als wackres Schiff dich. Wie dein Name?

Coriolanus. Zieh deine Stirn in Falten. Kennſt mich jetzt?

Aufidius. Nicht kenn' ich dich. Dein Name?

Coriolanus. Mein Nam' iſt Cajus Marcius, der dich ſelbſt
Vorerſt, und alle deine Landsgenoſſen
Sehr ſchwer verletzt' und ſchädigte; des zenge
Mein dritter Name Coriolan. Die Kriegsmühn,
Todesgefahren und die Tropfen Bluts,
Vergoſſen für das undankbare Rom,
Das alles wird bezahlt mit dieſem Namen,
Ein ſtarkes Mahnwort und des Haſſes Bürge,
Der Feindſchaft, die du mir mußt hegen. Nur
Der Name bleibt. Die Grauſamkeit des Volks,
Ihr Neid, geſtattet von dem ſeigen Adel,
Die alle mich verließen, ſchlang das andre.
Sie duldeten's, mich durch der Sklaven Stimmen
Aus Rom geziſcht zu ſehn. — Und dieſes Elend
Bringt mich an deinen Herd; die Hoffnung nicht,
Verſteh mich recht, mein Leben zu erhalten;
Denn fürchtet' ich den Tod, ſo mied' ich wohl
Von allen Menſchen dich zumeiſt — Nein, Trotz,

Mit ihnen wett zu werden, die mich bannten,
Treibt mich hieher. — Wenn du nun in dir trägst
Ein grollend Herz, das Rache heischt für alles,
Was dich als Mann gekränkt, und Einhalt thun will
Der schmachvollen Verheerung deines Lands,
Mach dich gleich dran, daß dir mein Elend nütze,
Daß dir mein Rachedienst zur Wohlthat werde;
Denn ich bekämpfe
Mein gifterfülltes Land mit aller Wut
Der Höllengeister. Doch fügt es sich so:
Du wagst es nicht, und bist ermüdet, weiter
Dein Glück noch zu versuchen; dann, kurz, dann
Bin ich des Lebens auch höchst überdrüssig,
Dann biet' ich dir und deinem alten Haß
Hier meine Gurgel. — Schneidst du sie nicht ab,
So würdest du nur als ein Thor dich zeigen;
Denn immer hab' ich dich mit Grimm verfolgt,
Und Tonnen Blutes deinem Land' entzapft.
Ich kann nur leben dir zum Hohn; es sei denn,
Um Dienste dir zu thun.

Aufidius.   O Marcius, Marcius!
Ein jedes Wort von dir hat eine Wurzel
Des alten Neids mir aus der Brust gejätet.
Wenn Jupiter
Von jener Wolke Göttliches uns kund thät'
Und spräche: „Wahr ist's!" mehr nicht glaubt' ich ihm
Als dir, ganz edler Marcius! laß mich schlingen,
Dir um den Leib die Arme, gegen den
Mein fester Speer wohl hundertmal zerbrach,
Und ritzt' den Mond mit Splittern. Hier umfang' ich
Den Amboß meines Schwerts, und ringe nun
So edel und so heiß mit deiner Liebe,
Als je mein eifersücht'ger Mut gerungen
Mit deiner Tapferkeit. Laß mich bekennen:
Ich liebte meine Braut, nie seufzt' ein Mann
Mit treu'rer Seele; doch, dich hier zu sehn,
Du Hoher! läßt mein Herz noch freud'ger springen,
Als da mein neuvermähltes Weib zuerst
Mein Haus betrat. Du Mars, ich sage dir,
Ganz fertig steht ein Kriegsheer, und ich wollte
Noch einmal dir den Schild vom Arme hauen,
Wo nicht meinen verlieren. Zwölfmal hast du
Mich übermeistert, jede Nacht seitdem

Träumt' mir vom Balgen zwischen dir und mir.
Wir waren beid' in meinem Schlaf am Boden,
Die Helm' vom Haupt uns reißend und uns würgend,
Halbtot vom Nichts erwacht' ich. — Würd'ger Marcius!
Hätt' ich nicht andern Streit mit Rom, als nur,
Daß du von dort verbannt, ich böte auf
Von zwölf zu siebzig alles Volk, um Krieg
Ins Herz des undankbaren Roms zu gießen
Mit überschwell'nder Flut. — O komm! tritt ein,
Und nimm die Freundeshand der Senatoren,
Die jetzt hier sind, mir lebewohl zu sagen,
Der Eu'r Gebiet sich anzugreifen anschickt,
Wenn auch nicht Rom selbst.

Coriolanus.   Götter! seid gepriesen!

Aufidius. Drum, du Hochherrlicher, willst du nun selbst
Dein eigner Rächer sein, so übernimm
Die Hälfte meiner Macht, bestimme du
Nach deinem besten Einsehn, denn du kennst
Des Landes Kraft und Schwäche, deinen Weg.
Sei's anzuklopfen an die Thore Roms,
Sei's sie an fernen Grenzen heimzusuchen,
Erst schreckend, dann vernichtend. Doch tritt ein,
Und sei empfohlen jenen, daß sie Ja
Zu deinen Wünschen sprechen. — Tausend Willkomm!
Und mehr mein Freund, als du je Feind gewesen,
Und das war viel. Reich' deine Hand! willkommen!

(Coriolanus und Aufidius gehen ab.)

Erster Diener. Das ist eine wunderliche Veränderung.

Zweiter Diener. Bei meiner Hand, ich dachte ihn mit einem Prügel hinaus zu schlagen; und doch ahnete mir, seine Kleider machten von ihm eine falsche Aussage.

Erster Diener. Was hat er für einen Arm! Er schwenkte mich herum mit seinem Daumen und Finger, wie man einen Kreisel tanzen läßt.

Zweiter Diener. Nun, ich sah gleich an seinem Gesicht, daß was Besonderes in ihm steckte. Er hatte dir eine Art von Gesicht, sag' ich — ich weiß nicht, wie ich es nennen soll.

Erster Diener. Das hatte er. Er sah aus, gleichsam — Ich will mich hängen lassen, wenn ich nicht dachte, es wäre mehr in ihm, als ich denken konnte.

Zweiter Diener. Das dachte ich auch, mein Seel. Er ist geradezu der einzigste Mann in der Welt.

Erster Diener. Das glaube ich auch. Aber einen besseren Krieger, als er, kennest du doch wohl.

Zweiter Diener. Wer? mein Herr?

Erster Diener. Ja, das ist keine Frage.

Zweiter Diener. Der wiegt sechs solche auf.

Erster Diener. Nein, das nun auch nicht; doch ich halte ihn für einen größeren Krieger.

Zweiter Diener. Mein Treu! sieh, man kann nicht sagen, was man davon denken soll! Was die Verteidigung einer Stadt betrifft, da ist unser Feldherr vorzüglich.

Erster Diener. Ja, und auch für den Angriff.

Der dritte Diener kommt zurück.

Dritter Diener. O, Bursche, ich kann euch Neuigkeiten er= zählen, Neuigkeiten, ihr Flegel!

Die beiden andern. Was? was? was? Laß hören.

Dritter Diener. Ich wollte kein Römer sein; lieber alles in der Welt, lieber wäre ich ein verurteilter Mensch.

Erster u. zweiter Diener. Warum? warum?

Dritter Diener. Nun, der ist da, der unseren Feldherrn immer zwackte, der Cajus Marcius.

Erster Diener. Warum sagtest du, unseren Feldherrn zwacken?

Dritter Diener. Ich sage just nicht, unseren Feldherrn zwacken; aber er war ihm doch immer gewachsen.

Zweiter Diener. Kommt, wir sind Freunde und Kameraden. Er war ihm doch immer zu mächtig, das habe ich ihn selbst sagen hören.

Erster Diener. Er war ihm, kurz und gut, zu mächtig. Vor Corioli hackte und zackte er ihn wie eine Karbonade.

Zweiter Diener. Und hätte er was von einem Kannibalen gehabt, so hätte er ihn wohl gebraten und aufgegessen dazu.

Erster Diener. Aber dein andres Neues?

Dritter Diener. Nun, da drinnen machen sie so viel Auf= hebens von ihm, als wenn er der Sohn des Mars wäre: Obenan gesetzt bei Tische, von keinem der Senatoren gefragt, der sich nicht barhäuptig vor ihn hinstellt. Unser Feldherr selbst thut, als wenn es seine Geliebte wäre, segnet sich mit Berührung seiner Hand, und dreht das Weiße in den Augen heraus, wenn er spricht. Aber der Grund und Boden meiner Neuigkeit ist: Unser Feldherr ist mitten durchgeschnitten, und nur noch die Hälfte von dem, was er gestern war; denn der andere hat die Hälfte durch Ansuchen und Genehmigung der ganzen Tafel. Er sagt: er will gehen und den Pförtner von Rom bei den Ohren herumzerren, er will alles vor sich niedermähen und reine Bahn machen.

Zweiter Diener. Und er ist der Mann danach, es zu thun, mehr als irgend jemand, den ich kenne.

Dritter Diener. Es zu thun? Freilich wird er's thun! Denn versteht, Leute, er hat ebensoviel Freunde als Feinde; und diese Freunde, Leute, wagten gleichsam nicht, versteht mich, Leute, sich als seine Freunde, wie man zu sagen pflegt, zu zeigen, solange er in Mißkreditierung war.

Erster Diener. In Mißkreditierung? was ist das?

Dritter Diener. Aber Leute, wenn sie seinen Helmbusch wieder hoch sehen werden, und den Mann in seiner Kraft, so werden sie aus ihren Höhlen kriechen wie Kaninchen nach dem Regen und alle mit ihm schwärmen.

Erster Diener. Aber wann geht das los?

Dritter Diener. Morgen, heute, sogleich. Ihr werdet die Trommel heut nachmittag schlagen hören, es ist gleichsam noch eine Schüssel zu ihrem Fest, die verzehrt werden muß, ehe sie sich den Mund abwischen.

Zweiter Diener. Nun, so kriegen wir doch wieder eine muntre Welt. Der Friede ist zu nichts gut, als Eisen zu rosten, Schneider zu vermehren und Bänkelsänger zu schaffen.

Erster Diener. Ich bin für den Krieg, sage ich, er übertrifft den Frieden, wie der Tag die Nacht; er ist lustig, wachsam, und hält einen immer in Spannung und in Atem; Frieden ist Stumpfheit, Dumpfheit; schwerfällig, taub, schläfrig, unempfindlich, und bringt mehr Bastarde hervor, als der Krieg Menschen erwürgt.

Zweiter Diener. Richtig; und wie man auf gewisse Weise den Krieg Notzucht nennen kann, so macht, ohne Widerrede, der Friede viel Hahnrei.

Erster Diener. Ja, und er macht, daß die Menschen einander hassen.

Dritter Diener. Und mit Recht. Weil sie dann einander weniger nötig haben. Der Krieg ist mein Mann. — Ich hoffe, Römer sollen noch ebenso wohlfeil werden, als Volsker. Sie stehen auf, sie stehen auf!

Alle. Hinein! hinein! (Alle ab.)

6. Scene.

Rom. Ein öffentlicher Platz.

Sicinius und Brutus treten auf.

Sicinius. Man hört von ihm nichts, hat ihn nicht zu fürchten. Was ihn gestärkt, ist zahm; da Friede jetzt Und Ruh' im Volke, welches sonst empört

9*

Und wild. Wir machen seine Freund' erröten;
Daß alles blieb im ruh'gen Gleis. Sie sähen
Viel lieber, ob sie selbst auch drunter litten,
Aufrührerhaufen durch die Straßen stürmen,
Als daß der Handwerksmann im Laden singt
Und alle freudig an die Arbeit gehn.

Menenius tritt auf.

Brutus. Wir griffen glücklich durch. Ist das Menenius?
Sicinius. Er ist es. O! er wurde sehr geschmeidig
Seit kurzem. — Seid gegrüßt.
Menenius.   Ich grüß' euch beide.
Sicinius. Euer Coriolanus wird nicht sehr vermißt,
 Als von den Freunden nur; der Staat besteht,
Und würde stehn, wenn er ihm mehr noch grollte.
Menenius. Gut ist's, und könnte noch weit besser sein,
 Hätt' er sich nur gefügt.
Sicinius.   Wo ist er? Wißt Ihr's?
Menenius. Ich hörte nichts, auch seine Frau und Mutter
Vernehmen nichts von ihm.

Es kommen mehrere Bürger.

Die Bürger.   Der Himmel schütz' euch!
Sicinius. Guten Abend, liebe Nachbarn.
Brutus. Guten Abend allen! Guten Abend allen!
Erster Bürger. Wir, unsre Frau'n und Kinder sind verpflichtet,
Auf Knien für euch zu beten.
Sicinius.   Geh's euch wohl.
Brutus. Lebt wohl, ihr Nachbarn. Hätte Coriolanus
Euch so geliebt wie wir!
Die Bürger. Der Himmel segn' euch.
Die Tribunen. Lebt wohl! lebt wohl! (Die Bürger gehen ab.)
Sicinius. Dies ist beglücktre wohl und liebre Zeit,
Als da die Bursche durch die Straßen liefen,
Vernichtung brüllend.
Brutus.   Cajus Marcius war
Im Krieg ein würd'ger Held, doch unverschämt,
Voll Stolz gebläht, ehrgeizig übers Maß,
Voll Eigenliebe.
Sicinius.   Herrschermacht für sich
Allein erstrebend.
Menenius.   Nein, das glaub' ich nicht.
Sicinius. Das hätten wir, so daß wir's all beveinten,
Empfunden, blieb's bei seiner Wahl zum Konsul.

Brutus. Die Götter wandten's gnädig ab, und Rom
Ist frei und sicher ohne ihn.

Ein Aedil kommt.

Aedil. Tribunen!
Da ist ein Sklave, den wir festgesetzt,
Der sagt: es brach mit zwei verschiednen Heeren
Der Volsker Macht ins römische Gebiet,
Und mit des Krieges fürchterlichster Wut
Verwüsten sie das Land.

Menenius. Das ist Aufidius,
Der, da er unsers Marcius Bann gehört,
Die Hörner wieder ausstreckt in die Welt,
Die er einzog, als Marcius stand vor Rom,
Und nicht ein Blickchen wagte.

Sicinius. Ei, was schwatzt Ihr
Von Marcius da?

Brutus. Peitscht diesen Lügner aus. Es kann nicht sein.
Die Volsker wagen nicht den Bruch.

Menenius. Es kann nicht sein?
Wohl sagt uns die Erinnrung, daß es sein kann;
Dreimal hat solcher Fall sich zugetragen,
In meiner Zeit. — Vernehmt doch den Gesellen,
Eh ihr ihn straft, fragt ihn, wo er's gehört;
Ihr möchtet sonst wohl euren Warner peitschen,
Den Boten schlagen, der euch wahren will
Vor dem, was zu befürchten.

Sicinius. Sprecht nicht so!
Ich weiß, es kann nicht sein.

Brutus. Es ist unmöglich.

Ein Bote kommt.

Bote. In größter Eil' versammelt der Senat
Sich auf dem Kapitol. — Sie hörten Botschaft,
Die ihr Gesicht entfärbt.

Sicinius. Das macht der Sklave.
Laßt vor dem Volk ihn peitschen; sein Verhetzen —
Nichts als sein Märchen.

Bote. Nicht doch, würd'ger Herr.
Des Sklaven Wort bestätigt sich, und weit,
Weit Schlimmres wird berichtet.

Sicinius. Wie, weit Schlimmres?

Bote. Es wird von vielen Zungen frei gesprochen,
Ob glaublich, weiß ich nicht, es führe Marcius,
Mitsam Aufidius, ein Heer auf Rom;

Und schwöre Rache, welche reichen soll
Vom Jüngsten bis zum Ältesten.

Sicinius.   Höchst glaublich!
Brutus. Nur ausgestreut, damit der schwächre Teil
Den guten Marcius heim soll wünschen.

Sicinius.   Freilich
Ist das der Kniff.

Menenius.   Nein, dies ist unwahrscheinlich.
Nicht mehr kann mit Aufidius er sich einen,
Als was am heftigsten sich widerspricht.

Es kommt ein zweiter Bote.

Bote. Man läßt in Eil' aufs Kapitol euch fordern:
Ein furchtbar Heer, geführt von Cajus Marcius,
Im Bunde mit Aufidius, rast ringsum
In unsren Ganen; Weg und Steg schon hat
Es überflutet, sengend und verheerend,
Was seiner Wut begegnet.

Cominius tritt auf.

Cominius. O! Ihr habt Schönes angerichtet.
Menenius.   Nun, was giebt's?
Cominius. Die eignen Töchter helft ihr schänden, und
Der Dächer Blei auf eure Schädel schmelzen,
Die Weiber sehn entehrt vor euren Augen.

Menenius. Was giebt es denn? was giebt's?
Cominius. Verbrannt die hohen Tempel bis zum Grund,
Und eure Recht', auf die ihr pocht, gepfercht
Wohl in ein Mauseloch.

Menenius.   Ich bitt' euch — sprecht!
Ich fürcht', ihr habt es schön gemacht. O sprecht!
Wenn Marcius sich verband den Volskern — —

Cominius.   Wenn?
Er ist ihr Gott, er führt sie wie ein Wesen,
Das nicht Natur erschuf, nein, eine Gottheit,
Die beßre Bildung formt. Sie folgen ihm
Her gegen uns gezücht, so ruhig, sicher,
Wie Knaben Sommer-Schmetterlinge jagen,
Und Schlächter Fliegen töten.

Menenius. Ihr habt's schön gemacht.
Ihr und die Schurzfell-Männer, die ihr auf
Des Handwerks Stimmen euch versteiftet, und
Der Knoblauchfresser Atem.

Cominius.   Schütteln wird er
Euch um die Ohren Rom.

Menenius.   Wie Herkules
Die reise Frucht abschüttelt. Schöne Arbeit!
Brutus. So ist es wahr?
Cominius.   Ja, und Ihr sollt erbleichen,
Bevor Ihr's anders findet. Jede Provinz
Fällt lachend ab, und wer sich widersetzt,
Den höhnt als tapfre Dummheit man, der stirbt
Als ein standhafter Narr. Wer kann ihn tadeln?
Die frühern Feinde finden was an ihm.
Menenius. Wir sind alle verloren, wenn der Edle
Nicht Gnade übt.
Cominius.   Wer soll ihn darum bitten?
Nicht die Tribunen, die sich schämen müßten;
Das Volk verdient von ihm Erbarmen, wie
Der Wolf vom Schäfer. — Seine besten Freunde,
Sagten sie: Schone Rom! sie mahnten ihn
Gleich jenen, welche seinen Haß verdient,
Und zeigten sich als Feinde.
Menenius.   Das ist wahr.
Wenn er den Brand an meine Schwelle legte,
Sie zu verzehren, hätt' ich nicht die Stirn,
Zu sagen: Bitte, laß! — Ihr triebt es schön,
Ihr und das Handwerk. Seht Eurer Hände Werk!
Cominius. Ihr brachtet
Solch Zittern über Rom, daß sich's noch nie
So hilflos fand.
Die Tribunen. Sagt nicht, daß wir es brachten.
Menenius. So? Waren wir's? Wir liebten ihn: doch tierisch
Und knechtisch feig, nicht adlig, wichen wir
Dem Pack, das aus der Stadt ihn zischte.
Cominius.   Ich fürchte,
Sie brüllen wieder ihn herein. Aufidius,
Der Männer zweiter folgt nun seinem Wink,
Als dient' er unter ihm. Verzweiflung nur
Kann Rom ihm nun statt Politik, Verteid'gung
Und Macht entgegenstellen.
                     Es kommt ein Haufe Bürger.
Menenius.   Hier kommt das Pack.
Und ist Aufidius mit ihm? Ja, ihr seid's,
Die unsre Luft verpestet, als ihr warst
Die schweiß'gen Mützen in die Höh', und schriet:
Verbannt sei Coriolan. — Nun kommt er wieder.
Und jedes Haar auf seiner Krieger Haupt

Wird euch zur Geißel. — So viel Narrenköpfe,
Als Mützen flogen, wird er niederstrecken
Zum Lohn für eure Stimmen. — Nun, was thut's?
Und wenn er all' uns brennt in eine Kohle,
Geschieht uns recht.

Die Bürger.   Wir hörten böse Zeitung.

Erster Bürger. Was mich betrifft, als ich gesagt: Verbannt ihn,
Da sagt' ich: Schade drum!

Zweiter Bürger.   Das that ich auch.

Dritter Bürger. Das that ich auch; und, die Wahrheit zu
sagen, das thaten viele von uns. Was wir thaten, das thaten wir
zum allgemeinen Besten; und obgleich wir freiwillig in seine Ver=
bannung einwilligten, so war es doch gegen unseren Willen.

Cominius. Ihr seid ein schönes Volk, ihr Stimmen!

Menenius. Ihr machtet's herrlich, ihr und euer Pack.
Gehn wir aufs Kapitol?

Cominius.   Jawohl. Was sonst?
(Cominius und Menenius gehen ab.)

Sicinius. Geht, Freunde, geht nach Haus, seid nicht entmutigt.
Dies ist sein Anhang, der das wünscht bestätigt,
Was er zu fürchten vorgiebt. Geht nach Haus.
Seid ohne Furcht.

Erster Bürger. Die Götter seien uns gnädig. Kommt, Nach=
barn, laßt uns nach Hause gehen. Ich sagte immer: Wir thaten
unrecht, als wir ihn verbannten.

Zweiter Bürger. Das thaten wir alle. Kommt, laßt uns
nach Hause gehen. (Die Bürger gehen ab.)

Brutus. Die Neuigkeit gefällt mir nicht.

Sicinius.   Mir auch nicht.

Brutus. Aufs Kapitol! Mein halb Vermögen gäb' ich,
Wär' eine Lüge dies.

Sicinius.   Kommt, laßt uns gehen. (Gehen ab.)

7. Scene.

Lager in geringer Entfernung von Rom.

Aufidius und ein Hauptmann treten auf.

Aufidius. Noch immer laufen sie dem Römer zu?

Hauptmann. Ich weiß nicht, welche Zauberkraft er hat;
Doch dient zum Tischgebet er Euren Kriegern,
Wie zum Gespräch beim Mahl und Dank am Schluß.
Ihr seid in diesem Krieg verdunkelt, Herr,
Selbst von den Euren.

Aufidius.   Jetzt kann ich's nicht ändern,
Als nur durch Mittel, die die Kräfte lähmten
Von unserm Plane. Er beträgt sich stolzer,
Selbst gegen mich, als ich es je erwartet,
Da ich zuerst ihn aufnahm. Doch sein Wesen
Bleibt darin sich getreu. Ich muß entschuld'gen,
Was nicht zu bessern ist.

Hauptmann.   Doch wünsch' ich, Herr,
Für Euere Person, Ihr hättet nie
Mit ihm geteilt Eu'r Ansehn, nein, entweder
Die Führung selbst behalten, oder ihm
Allein sie überlassen.

Aufidius. Wohl weiß ich, was du meinst; und, sei versichert,
Wenn's zur Abrechnung kommt, so denkt er nicht,
Wes ich ihn kann beschuld'gen. Scheint es gleich,
Und glaubt er selbst, und leuchtet es auch ein
Dem Volk, daß er in allem redlich handelt,
Und wacker sich um unsre Sache annimmt,
Ficht, gleich dem Drachen siegt, sobald er nur
Das Schwert gezückt doch blieb noch ungethan,
Was so den Hals ihm bricht, oder den meinen
Gefährdet, wenn wir miteinander rechnen.

Hauptmann. Herr glaubt Ihr, daß er Roms sich wird bemeistern?

Aufidius. Jedwede Stadt ist sein, eh er belagert,
Und ihm ergeben ist der Adel Roms,
Patrizier lieben ihn und Senatoren.
Den Krieg versteht nicht der Tribun. Das Volk
Wird schnell zurück ihn rufen, wie's ihn eilig
Von dort verstieß. Ich glaub', er ist für Rom,
Was für den Fisch der Meeraar, der ihn fängt
Durch ein Naturgebot. Erst war er ihnen
Ein edler Diener, doch er konnte nicht
Mit Maß die Würden tragen. Sei's nun Stolz,
Der stets bei immer neuem Glück anhaftet
Dem Glücklichen; sei's ein kurzsichtig Urteil,
Wodurch er nicht den Zufall klug gelenkt,
Der ihn begünstigt, oder sei's Natur,
Die ihn aus einem Stück schuf, — sonder Wandel
Im Helme wie im Ratssitz stets derselbe;
Frieden befehlend mit demselben Ernst
In seiner Haltung, wie er Krieg gebot;
Doch dieser Dinge eins; — von deren jedem
Er einen Beischmack hatte, keines ganz;

So weit sprech' ich ihn frei — macht' ihn gefürchtet,
Gehaßt, verbannt.
Sein Eigenlob ersticket sein Verdienst;
Doch nur die Nachwelt urteilt unsern Wert,
Und eine Macht, die stets sich selber preist,
Zum sichern Grab wird ihr die Rednerbühne,
Drauf sie verherrlichet ihr eignes Thun.
Feu'r wird von Feu'r, und Keil von Keil verdrängt,
Recht wird durch Recht, und Kraft durch Kraft beschränkt.
Kommt, laßt uns gehn. Ist, Cajus, Rom erst dein,
Dann bist der Ärmste du, dann bist du mein. (Sie gehen ab.)

Fünfter Aufzug.

1. Scene.

Öffentlicher Platz in Rom.

Es treten auf Menenius, Cominius, Sicinius, Brutus und andere.

Menenius. Nein, ich geh' nicht. — Ihr hört, was dem er sagte,
Der einst sein Feldherr war. Der ihn geliebt
Aufs allerzärtlichste. Er hieß mich Vater;
Doch was thut das? — Geht ihr, die ihn verbannt,
'ne Meile schon vor seinem Zelt fallt nieder,
Und schleicht so knie'nd in seine Gnade. — Nein:
That er so spröd gegen Cominius, bleib' ich
Zu Haus.
Cominius. Er that, als kennte er mich nicht.
Menenius. Hört ihr's?
Cominius. Doch einmal nannt' er mich bei meinem Namen:
Die alte Freundschaft macht' ich geltend, Blut,
Gemeinsam sonst vergossen. Coriolan
Wollt' er nicht sein, verbat sich jeden Namen:
Er sei ein Nichts, ein ungenanntes Wesen,
Bis er sich einen Namen neu geschmiedet
Im Brande Roms.
Menenius. Ja, ja. Ihr machtet's gut.
Ein paar Tribunen, die sich mühten, Kohlen
Wohlfeil in Rom zu machen. — Edler Ruhm!
Cominius. Ich mahnt' ihn, wie so königlich Verzeihung.
Je minder sie erwartet sei. Er sprach,

Das sei vom Staat ein kahles Wort an ihn,
Den selbst der Staat bestraft.
Menenius.   Das war ganz recht.
Was konnt' er anders sagen?
Cominius.   Ich suchte seine Schonung zu erwecken
Für die besondern Freund'. Er gab zur Antwort:
Nicht lesen könn' er sie aus einem Haufen
Verdorbner, muff'ger Spreu; auch sei es Thorheit,
Um ein paar arme Körner stinken lassen
Den Unrat unverbrannt.
Menenius.   Um ein paar Körner?
Davon bin ich eins, seine Frau und Mutter,
Sein Kind, der wackre Freund, wir sind die Körner:
Ihr seid die muff'ge Spreu, und eu'r Gestank
Dringt bis zum Mond, wir müssen für euch brennen.
Sicinius.   Seid milde doch, wenn Ihr gleich Hilfe weigert,
Wie dringend sie vonnöten, macht zum Vorwurf
Uns unser Elend nicht. Doch sprächet Ihr
Für Ener Vaterland, Eu'r gutes Wort,
Mehr als ein eilig aufgerafftes Heer,
Hemmt' unsern Landsmann.
Menenius.   Nein, ich bleib' davon.
Sicinius   Ich bitt' Euch, geht zu ihm.
Menenius.   Was könnt' es nutzen?
Brutus.   Versuchen nur, was Eure Liebe mag
Für Rom bei Marcius.
Menenius.   Und gesetzt, daß Marcius
Zurück mich schickt, wie er Cominius that
Ganz ungehört. — Was dann?
Noch ein gekränkter Freund, von Gram durchbohrt
Durch seine Härte. Nnn? Was dann?
Sicinius.   Euern Willen
Erkennt Rom dankbar nach dem Maß, wie Ihr
Die gute Meinung zeigt.
Menenius.   Ich will's versuchen —
Ich denk', er hört mich; doch, die Lippen beißen,
Cominius schelten, das nimmt mir den Mut. Ei,
Man traf die Stunde nicht, vor Tische war's,
Und sind die Adern leer, ist kalt das Blut;
Dann schmollen wir dem Morgen, sind unwillig
Zu geben und vergeben; doch gefüllt
Die Röhren und Kanäle unsers Bluts
Mit Wein und Nahrung, macht die Seele schmeid'ger

Als priesterliches Fasten. — Darum pass' ich,
Bis er für mein Gesuch in Tafel=Laune,
Und dann mach' ich mich an ihn.
Brutus.   Ihr kennt den wahren Pfad zu seiner Güte,
Und könnt des Weges nicht fehlen.
Menenius.   Gut, ich wag's.
Geh's, wie es will, bald werd' ich selber wissen,
Ob's mir gelang. (Geht ab.)
Cominius.   · Er hört ihn nimmer.
Sicinius.   Nicht?
Cominius. Glaubt mir, er sitzt im Gold, sein Blick so feurig,
Als wollt er Rom verbrennen; seine Kränkung
Ist Kerkermeister seiner Gnade. — Ich kniete —
Nur leise sprach er: Auf! — entließ mich — so —.
Mit seiner stummen Hand. Was er thun würde,
Schickt' er mir schriftlich nach; was er nicht würde,
Das zwänge ihn sein Eid, sich zu versagen.
So daß uns keine Hoffnung bleibt —
Wenn's seine edle Mutter nicht und Gattin —
Die, hör' ich, sind gewillt, ihn anzuflehn
Um Gnade für die Stadt: drum gehn wir hin,
Daß unser bestes Wort sie noch mehr treibe. (Gehen ab.)

2. Scene.

Lager der Volsker vor Rom.

Zwei Wachen der Volsker, zu ihnen kommt Menenius.

Erste Wache. Halt! — woher kommt Ihr?
Zweite Wache.   Halt, und geht zurück.
Menenius. Ihr wacht wie Männer. Gut, doch mit Vergunst,
Ich bin ein Staatsbeamter, und gekommen,
Mit Coriolan zu sprechen.
Erste Wache.   Von wo?
Menenius.   Von Rom.
Erste Wache. Ihr kommt nicht durch, Ihr müßt zurück. — Der Feldherr
Will nichts von dort mehr hören.
Zweite Wache. Ihr sollt Eu'r Rom in Flammen sehn, bevor
Mit Coriolan Ihr sprecht.
Menenius.   Ihr guten Freunde,
Habt ihr gehört von Rom den Feldherr sprechen,
Und seinen Freunden dort! zehn gegen eins,
So traf mein Nam' eu'r Ohr, er heißt Menenius

Erste Wache. Mag sein. Zurück! denn Eures Namens Würde
Bringt Euch nicht durch.

Menenius.   Ich sage dir, mein Freund,
Dein Feldherr liebt mich, denn ich war die Chronik
Von seinen guten Thaten, drin sein Ruhm
Ohngleichen stand, vielleicht auch übertrieben.
Stets sagt' ich Wahrheit aus von meinen Freunden,
Von denen er der Erst', im ganzen Umfang,
Den strenge Wahrheit litt, und manches Mal,
Wie eine Kugel auf zu glattem Grund,
Sprang ich zu weit gar, stempelt' fast die Lüge
Mit seinem Lob. — Drum, Kerl, muß ich auch durch.

Erste Wache. Mein Treu, Herr, wenn Ihr auch so viele
Lügen für ihn, als jetzt Worte für Euch gesprochen habt, so sollt
Ihr doch nicht durch. — Nein, und wenn auch das Lügen so ver=
dienstlich wäre, wie ein keusches Leben. Darum — zurück!

Menenius. Ich bitte dich, Mensch, bedenke, daß ich Menenius
heiße, der immer die Partei deines Feldherrn hielt.

Zweite Wache. Wenn Ihr auch sein Lügner gewesen seid,
wie Ihr vorgebt, so bin ich einer, der in seinem Dienst die Wahr=
heit spricht, und Euch sagt, daß Ihr hier nicht hinein dürft.
Darum zurück! ·

Menenius. Hat er zu Mittag gegessen? weißt du's nicht?
denn ich wollte nicht gern eher mit ihm reden, als nach der Mahlzeit.

Erste Wache. Ihr seid ein Römer, sagt Ihr?

Menenius. Ich bin, was dein Feldherr ist.

Erste Wache. Dann solltet Ihr auch Rom hassen, so wie er.
Könnt ihr, nachdem ihr euren Verteidiger zu euren Thoren hinaus
gestoßen und in eurer blödsinnigen Volkswut eurem Feind euren
eigenen Schild gegeben habt, noch glauben, seine Rache ließe sich
durch die schwächlichen Seufzer alter Frauen abwenden, durch das
jungfräuliche Händefalten eurer Töchter, oder durch gichtlahme Ge=
bärdung eines so abgetragenen, kindischen Mannes wie Ihr zu sein
scheint? Könnt Ihr glauben, das Feuer, das eure Stadt entflammen
soll, mit so schwachem Atem auszublasen? Nein, Ihr irrt euch. —
Darum, zurück nach Rom, und bereitet Euch zu eurer Hinrichtung.
Ihr seid verurteilt ohne Gnadenfrist und Verzeihung, das hat der
General geschworen.

Menenius. Bursche, wenn dein Anführer wüßte, daß ich hier
bin, so würde er mich mit Achtung behandeln.

Erste Wache. Geht, unser Anführer kennt Euch nicht.

Menenius. Ich meine, dein Feldherr.

Erste Wache. Der Feldherr fragt nichts nach Euch. — Zurück!

Ich sag' es Euch, geht; sonst zapfe ich noch Eure halbe Unze Blut ab — zurück! denn mehr könnt Ihr nicht haben. Fort!

Menenius. Nein, aber Mensch! Mensch!

Coriolanus und Aufidius treten auf.

Coriolanus. Was giebt's?

Menenius. Jetzt, Geselle, will ich dir etwas einbrocken. — Du sollst nun sehen, daß ich in Achtung stehe. Du sollst gewahr werden, daß solch ein Hans Schilderhaus mich nicht von meinem Sohn Coriolan fortschnauzen kann. Sieh an der Art, wie er mich empfangen wird, ob du nicht reif für den Galgen bist, oder für eine Todesart von längerem Spektakel und größerer Qual. Sieh nun her, und falle sogleich in Ohnmacht, wegen dessen, was dir bevorsteht. — Die glorreichen Götter mögen stündliche Ratsversammlung halten, wegen deiner besonderen Glückseligkeit, und dich nicht weniger lieben, als dein alter Vater Menenius. O! mein Sohn! mein Sohn! du bereitest uns Feuer? Sieh, hier ist Wasser, um es zu löschen. Ich war schwer zu bewegen, zu dir zu gehen; aber weil ich überzeugt bin, daß keiner besser als ich dich bewegen kann, so bin ich mit Seufzern aus den Thoren dort hinaus geblasen worden, und beschwöre dich nun, Rom und deinen flehenden Landsleuten zu verzeihen. Die gütigen Götter mögen deinen Zorn sänftigen, und die Hefen davon hier auf diesen Schurken leiten, auf diesen, der mir, wie ein Klotz, den Eintritt zu dir versagte.

Coriolanus. Hinweg!

Menenius. Wie, hinweg?

Coriolanus. Weib, Mutter, Kind, nicht kenn' ich sie. — Mein Thun
Ist andern dienstbar. Eignet mir die Rache
Auch gänzlich; steht Erbarmen doch nur bei
Den Volskern. Unsrer Freundschaft Angedenken
Vergifte lieber undankbar Vergessen,
Als Mitleid sie zu sehr erinnre. Fort denn!
Mein Ohr ist fester eurem Flehn verschlossen,
Als eure Thore meiner Kraft. Doch nimm dies,
Weil ich dich liebt', ich schrieb's um deinetwillen
Und wollt' es senden. Kein Wort mehr, Menenius,
Verstatt' ich dir. Der Mann, Aufidius,
War mir sehr lieb in Rom; und dennoch siehst du —

Aufidius. Du bleibst derselbe stets.

(Coriolanus und Aufidius gehen ab.)

Erste Wache. Nun, Herr, ist Euer Name Menenius?

Zweite Wache. Ihr seht, er ist ein Zauber von großer Kraft. Ihr wißt nun den Weg nach Hause.

Erſte Wache. Habt Ihr gehört, wie wir ausgeſcholten ſind, weil wir Eure Hoheit nicht einließen?

Zweite Wache. Warum doch, deukt Ihr, ſoll ich nun in Ohnmacht fallen?

Menenius. Ich frage weder nach der Welt noch nach eurem Feldherrn. Was ſolche Kreaturen betrifft wie ihr, ſo weiß ich kaum, ob ſie da ſind, ſo unbedeutend ſeid ihr. — Wer den Entſchluß faſſen kann, von eigener Hand zu ſterben, fürchtet es von keiner andern. Mag euer Feldherr das Ärgſte thun; und, was euch betrifft, bleibt, was ihr ſeid, lange, und eure Erbärmlichkeit wachſe mit eurem Alter! Ich ſage euch das, was mir geſagt wurde: Hinweg!

(Er geht ab.)

Erſte Wache. Ein ganzer Mann, das muß ich ſagen.

Zweite Wache. Der würdigſte Mann iſt unſer Feldherr, er iſt ein Fels, eine Eiche, die kein Sturm erſchüttert. (Sie gehen ab.)

3. Scene.

Zelt des Coriolanus.

Es treten auf Coriolanus, Aufidius und andere.

Coriolanus. So ziehn wir morgen denn mit unſerm Heer
Vor Rom. Ihr, mein Genoß in dieſem Krieg,
Thut Euren Senatoren kund, wie redlich
Ich alles ausgeführt.

Aufidius. Nur ihren Zweck
Habt Ihr im Aug' gehabt; Eu'r Ohr verſtopft
Roms allgemeinem Flehn; nie zugelaſſen
Vertraulich Flüſtern: ſelbſt nicht von den Freunden,
Die ſich Eu'r ſicher wähnten.

Coriolanus. Dieſer Greis,
Den ich nach Rom, gebrochnen Herzens, ſende,
Er liebte mehr mich als mit Vaterliebe,
Ja, machte mich zum Gott. — Die letze Zuflucht
War, ihn zu ſenden; alter Liebe wegen,
Blickt' ich ſchon finſter, that ich noch einmal
Den erſten Antrag, den ſie abgeſchlagen
Und jetzt nicht nehmen können; ihn zu ehren,
Der mehr zu wirken hoffte. Wenig gab
Ich nach; neuer Geſandtſchaft doch und Bitte,
Sei's nun vom Staat, von Freunden, leih' ich nun
Mein Ohr nicht mehr. — Ha! welch ein Lärm iſt das?

(Geſchrei hinter der Scene.)

Werd' ich versucht, zu brechen meinen Schwur,
Indem ich ihn gethan? Ich werd' es nicht.

Es treten auf Virgilia, Volumnia, die den jungen Marius an der Hand führt, Valeria mit Gefolge. Alle in Trauer.

Mein Weib voran, dann die ehrwürd'ge Form,
Die Bildung meinem Leib gab. An der Hand
Den Enkel ihres Bluts. — Fort Sympathie!
Brecht, all' ihr Band' und Rechte der Natur!
Sei's tugendhaft, in Starrsinn fest zu bleiben.
Was gilt dies Beugen mir? dies Taubenauge,
Das Götter lockt zum Meineid? — Ich zerschmelze!
Und bin nicht festre Erd' als andre Menschen —
Ha! meine Mutter beugt sich —
Als wenn Olympus sich 'nem Maulwurfshügel
Mit Flehen neigte; und mein junger Sohn
Hat einen Blick der Bitt', aus dem allmächtig
Natur schreit: Weiger's nicht! — Nein, pflüge auf
Der Volsker Rom, verheer' Italien. — Nimmer
Soll, wie unflügge Brut, Instinkt mich führen;
Ich steh', als wär' der Mensch sein eigner Schöpfer,
Und kennte keinen Anhang.

Virgilia.   Herr und Gatte!
Coriolanus. Mein Auge schaut nicht mehr, wie sonst in Rom.
Virgilia. Der Gram, der uns verwandelt hat, macht dich
So denken.
Coriolanus. Wie ein schlechter Spieler jetzt
Vergaß ich meine Roll' und bin verwirrt,
Bis zur Verhöhnung selbst. — Blut meines Herzens!
Vergieb mir meine Tyrannei; doch sage
Drum nicht: Vergieb den Römern. — O! ein Kuß,
Lang wie mein Bann, und süß wie meine Rache.
Nun, bei der Juno Eifersucht, den Kuß
Nahm ich, Geliebte, mit, und meine Lippe
Hat ihn seitdem jungfräulich treu bewahrt.
Ihr Götter! wie? ich schwatze?
Und aller Mütter edelste der Welt
Blieb unbegrüßt? — Mein Knie, sink in die Erde,
Drück tiefer deine Huld'gung ein dem Boden,
Als jedes andern Sohns. (*Er kniet nieder.*)
Volumnia.   Steh auf gesegnet!
Weil, auf nicht weicherm Kissen als der Stein,
Ich vor dir knie', und Huld'gung neuer Art

Dir weihe, die bisher ganz falsch verteilt
War zwischen Kind und Mutter. (Sie kniet.)

Coriolanus. Was ist das?
Ihr vor mir knien? vor dem bestraften Sohn?
Dann mögen Kiesel von der sand'gen Bucht
Frech an die Sterne springen; rebell'sche Winde
Die Feuersonne mit stolzen Zedern peitschen,
Mordend Unmöglichkeit, zum Kinderspiel
Zu machen das, was ewig nie kann sein.

Volumnia. Du bist mein Krieger,
Ich gab dir Bildung. Kennst du diese Frau?

Coriolanus. Die edle Schwester des Publicola,
Die Luna Roms, keusch wie die Zacken Eis,
Die aus dem reinsten Schnee der Frost geformt
Am Heiligtum Dianens. Seid gegrüßt, Valeria!

Volumnia. Dies ist ein kleiner Auszug von dir selbst,
Der durch die Auslegung erfüllter Jahre
Ganz werden kann wie du.

Coriolanus. Der Gott der Krieger,
Mit Beistimmung des höchsten Zeus, erziehe
Zum Adel deinen Sinn: daß du dich stählst,
Der Schande unverwundbar, und im Krieg
Ein groß Seezeichen stehst, die Winde höhnend,
Die rettend, die auf dich die Blicke heften.

Volumnia. Knie nieder, Bursch.

Coriolanus. Das ist mein wackrer Sohn.

Volumnia. Er und dein Weib, die Frau hier und ich selbst
Stud Flehende vor dir.

Coriolanus. Ich bitt' Euch, still!
Wo nicht, bedenket dies, bevor Ihr sprecht:
Was zu gewähren ich verschwor, das nehmt nicht
Als Euch verweigert: heißt mich nicht entlassen
Mein Heer; nicht wieder unterhandeln mit
Dem Handwerksvolk von Rom; nicht sprecht mir vor,
Worin ich unnatürlich scheine; denkt nicht
Zu sänft'gen meine Wut und meine Rache
Mit euren kältern Gründen.

Volumnia. O! nicht mehr! nicht mehr!
Du hast erklärt, du willst uns nichts gewähren;
Denn nichts zu wünschen haben wir, als das,
Was du schon abschlugst. Dennoch wünschen wir,
Auf daß, versagst die Bitte du, der Tadel
Nur deine Härte treffen mag. Drum hör' uns.

Coriolanus. Aufidius und ihr Volsker, merkt, wir hören
Nichts in geheim von Rom. Nun, Eure Bitte?
Volumnia. Wenn wir auch schwiegen, sagte doch dies Kleid
Und unser bleiches Antlitz, welch ein Leben
Seit deinem Bann wir führten. Denke selbst,
Wie wir, unseliger als alle Frauen,
Dir nahn! Dein Anblick, der mit Freudenthränen
Die Augen füllen sollt', das Herz mit Wonne,
Zwingt sie zu weinen und vor Furcht zu zittern.
Da Mutter, Weib und Kind es sehen müssen,
Wie Sohn, Gemahl und Vater grausam wühlt
In seines Landes Busen. — Und uns Arme!
Uns trifft am härtsten deine Wut; du wehrst uns,
Die Götter anzuflehn, ein Trost, den alle,
Nur wir nicht, teilen: denn wie können wir's?
Wie können für das Vaterland wir beten,
Was unsre Pflicht? und auch für deinen Sieg,
Was unsre Pflicht? — Ach! unsre teure Amme,
Das Vaterland, geht unter, oder du,
Du Trost im Vaterland. Wir finden immer
Ein unabwendbar Elend; wird uns auch
Der Wunsch gewährt, daß wir den Sieg entscheiden.
Entweder führt man dich, Abtrünn'gen, Fremden,
In Ketten durch die Straßen; oder du
Trittst im Triumph des Vaterlandes Schutt,
Und trägst die Palme, weil du kühn vergossest
Der Frau, der Kinder Blut; ich selbst, mein Sohn,
Ich will nicht Dien'rin sein des Schicksals, bis
Zum Schluß des Kriegs. — Kann ich dich nicht bewegen,
Daß lieber jedem Teil du Huld gewährst,
Als einen stürzest — so sollst du nicht eher
Dein Vaterland bestürmen, bis du tratst, —
Glaub mir, du sollst nicht — auf der Mutter Leib,
Der dich zur Welt gebar.
Virgilia. Ja, auch auf meinen,
Der diesen Sohn dir gab, auf daß dein Name
Der Nachwelt blüh'.
Der kleine Marcius. Auf mich soll er nicht treten.
Fort lauf' ich, bis ich größer bin, dann fecht' ich.
Coriolanus. Wer nicht will Milde fühlen, gleich den Frauen,
Der muß nicht Frau noch Kindes Antlitz schauen.
Zu lange saß ich.

(Er steht auf.)

Volumnia.   Nein, so geh nicht fort
Ziel' unsre Bitte nur dahin, die Römer
Zu retten, durch den Untergang der Volsker,
Denen du dienst, so möchtst du uns verdammen
Als giftig deiner Ehre. — Nein, wir bitten,
Daß beide du versöhnst. Dann sagen einst
Die Volsker: diese Gnad' erwiesen wir, —
Die Römer: Wir empfingen sie; und jeder
Entbeut dir Heil und ruft: Gesegnet sei
Für diesen Frieden! Großer Sohn, du weißt,
Des Krieges Glück ist ungewiß, gewiß
Ist dies, daß wenn du Rom besiegst, der Lohn,
Den du dir erntest, solch ein Name bleibt,
Dem, wie er nur genannt wird, Flüche folgen.
Dann schreibt die Chronik einst: Der Mann war edel,
Doch seine letzte That löscht' alles aus,
Zerstört' sein Vaterland; drum bleibt sein Name
Ein Abscheu künft'gen Zeiten. — Sprich zu mir.
Der Ehre zartste Regung war dein Streben,
In ihrer Hoheit Göttern gleich zu sein:
Den Luftraum mit dem Donner zu erschüttern,
Und doch den Blitz mit einem Keil zu laden,
Der nur den Eichbaum spaltet. Was sprichst du nicht?
Hältst du es würdig eines edlen Mannes,
Sich stets der Kränkung zu erinnern? — Tochter,
Sprich du, er achtet auf dein Weinen nicht. —
Sprich, Knabe, du!
Vielleicht bewegt dein kindisch Wort ihn mehr,
Als unsre Rede mag. — Kein Mann auf Erden
Verdankt der Mutter mehr; doch hier läßt er
Mich schwatzen, wie ein Weib am Pranger. — Nie
In deinem Leben zeigtest du dich huldvoll
Der lieben Mutter, weil sie, die arme Henne,
Nicht andrer Brut erfreut, zum Krieg dich gluckte,
Und sicher heim, mit Ehren stets beladen. —
Heiß' ungerecht mein Flehn und stoß mich weg;
Doch ist's das nicht, so bist nicht ehrlich du,
Und strafen werden dich die Götter, daß
Du mir die Pflicht entziehst, die Müttern ziemt.
Er kehrt sich ab! —
Kniet nieder, Frau'n, beschäm' ihn unser Knien.
Der Name Coriolan macht ihn zu stolz
Für Mitleid unserm Flehn. — Kniet, sei's das Letzte. —

                                                    10*

Dann ist es aus — dann kehren wir nach Rom,
Und sterben mit den Unsern. — Blick auf uns!
Dies Kind, nicht kann es sagen, was es meint;
Doch kniet es, hebt die Händ' empor mit uns,
Spricht für die Bitte so mit größrer Kraft
Als du zu weigern hast. — Kommt, laßt uns gehn:
Der Mensch hat eine Volskerin zur Mutter,
Sein Weib ist in Corioli, dies Kind
Gleicht ihm durch Zufall. — Doch bescheide uns,
Still bin ich noch, bis die Stadt in Flammen steht,
Dann sag' ich etwas noch —

(Er faßt die beiden Hände der Mutter. Pause.)

Coriolanus.   O! Mutter! — Mutter!
Was thust du? Sieh, die Himmel öffnen sich,
Die Götter schaun herab; des unnatürlichen
Auftrittes lachen sie. — O! meine Mutter!
Für Rom hast du glücklichen Sieg gewonnen;
Doch deinen Sohn — O glaub's mir, daß du den
Bezwungen, schlägt zu großem Leid ihm aus,
Wohl gar zum Tod! Doch mag es nur geschehn!
Aufidius, kann ich Krieg nicht redlich führen,
Schließ' ich heilsamen Frieden. Sprich, Aufidius,
Wärst du an meiner Statt, hättst du die Mutter
Weniger gehört? ihr weniger zugestanden?
Aufidius. Ich war bewegt.
Coriolanus.   Ich schwöre drauf, du warst es.
Und nichts Geringes ist es, wenn mein Auge
Von Mitleid träuft. Doch rate mir, mein Freund!
Was für Bedingung machst du? denn nicht geh' ich
Nach Rom, ich kehre mit euch um, und bitt' euch,
Seid hierin mir gewogen. — O Mutter! Fran!
Aufidius (für sich). Froh bin ich, daß sich Mitleid so und Ehre
In dir entzwei'n; das soll zurück mir schaffen
Mein ehemalig Glück. (Die Frauen wollen sich entfernen.)
Coriolanus.   O! jetzt noch nicht.
Erst trinken wir, dann tragt ein beßres Zeugnis,
Als bloßes Wort nach Rom, das gegenseitig
Mit gleichem Pakt von uns besiegelt wird.
Kommt, tretet mit uns ein. Ihr Frau'n verdient,
Daß man euch Tempel baut; denn alle Schwerter
Italiens, und aller Bundsgenossen,
Sie hätten diesen Frieden nicht erkämpft.

(Alle ab.)

4. Scene.

Rom. Ein öffentlicher Platz.

Menenius und Sicinius treten auf.

Menenius. Seht Ihr dort jenen Vorsprung am Kapitol? jenen Eckstein?

Sicinius. Warum? Was soll er?

Menenius. Wenn es möglich ist, daß Ihr ihn mit Eurem kleinen Finger von der Stelle bewegt, dann ist einige Hoffnung, daß die römischen Frauen, besonders seine Mutter, etwas bei ihm aus= richten können. — Aber! ich sage, es ist keine Hoffnung, unsere Kehlen sind verurteilt und warten auf den Henker.

Sicinius. Ist es möglich, daß eine so kurze Zeit die Gemüts= art eines Menschen so verändert?

Menenius. Es ist ein Unterschied zwischen einer Raupe und einem Schmetterling; und doch war der Schmetterling eine Raupe. Dieser Marcius ist aus einem Menschen ein Drache geworden, die Schwingen sind ihm gewachsen, er ist mehr als ein kriechendes Geschöpf.

Sicinius. Er liebte seine Mutter von Herzen.

Menenius. Mich auch. Aber er kennt jetzt seine Mutter so wenig als ein achtjähriges Pferd. Die Herbigkeit seines Angesichts macht reife Trauben sauer. Wenn er wandelt, so bewegt er sich wie ein Turm, und der Boden schrumpft vor seinem Tritt zusammen. Er ist imstande, einen Harnisch mit seinem Blick zu durchbohren; er spricht wie eine Totenglocke, und sein Hm ist eine Batterie. Er sitzt da im Thronsessel wie ein Abbild Alexanders. Was er befiehlt, das geschehen soll, das ist schon vollendet, indem er es befiehlt. Ihm fehlt zu einem Gotte nichts als Ewigkeit und ein Himmel, darin zu thronen.

Sicinius. Doch, Gnade, wenn Ihr die Wahrheit sagt.

Menenius. Ich male ihn nach dem Leben. Gebt nur acht, was für Gnade seine Mutter mitbringen wird. Es ist nicht mehr Gnade in ihm als Milch in einem männlichen Tiger; das wird unsere arme Stadt erfahren. — Und alles dies haben wir Euch zu danken.

Sicinius. Die Götter mögen sich unser erbarmen!

Menenius. Nein, in einem solchen Falle werden sich die Götter unser nicht erbarmen. Als wir ihn verbannten, achteten wir nicht auf sie, und da er nun zurückkommt, um uns den Hals zu brechen, achten sie nicht auf uns.

Ein Bote tritt auf.

Bote. Wollt Ihr das Leben retten, flieht nach Hause,
  Das Volk hat Euren Mittribun ergriffen

Und schleift ihn durch die Straßen. Alle schwören,
Er soll, wenn keinen Trost die Frauen bringen,
Den Tod zollweis' empfinden.

Ein zweiter Bote kommt.

Sicinius.   Was für Nachricht?
Bote. Heil! Heil! Die Frauen haben obgesiegt,
Es ziehn die Volsker ab, und Marcius geht.
Ein froh'rer Tag hat nimmer Rom begrüßt,
Nicht seit Tarquins Vertreibung.
Sicinius.   Freund, sag an,
Ist's denn auch wirklich wahr? weißt du's gewiß?
Bote. Ja, so gewiß die Sonne Jener ist.
Wo stecktet ihr, daß ihr noch zweifeln könnt?
Geschwollne Flut stürzt so nicht durch den Bogen,
Wie die Beglückten durch die Thore. Horcht!

(Man hört Trompeten, Oboen, Trommeln und Freudengeschrei.)

Posaunen, Flöten, Trommeln und Trommeten,
Zimbeln und Pauken und der Römer Jauchzen,
Es macht die Sonne tanzen. (Freudengeschrei.)
Menenius.   Gute Zeitung.
Ich geh' den Frau'n entgegen. Die Volumnia
Ist von Patriziern, Konsuln, Senatoren
Wert eine Stadt voll, solcher Volks=Tribunen
Ein Meer und Land voll. — Ihr habt gut gebetet,
Für hunderttausend Eurer Kehlen gab ich
Heut früh nicht einen Deut. Hört, wie sie jubeln.

(Musik und Freudengeschrei.)

Sicinius. Erst für die Botschaft segnen Euch die Götter,
Und dann nehmt meinen Dank.
Bote.   Wir haben alle
Viel Grund zu vielem Dank.
Sicinius.   Sind sie schon nah?
Bote. Fast schon am Thor.
Sicinius.   Laßt uns entgegen gehn
Und ihre Jubel mehren.

Die Frauen treten auf, von Senatoren, Patriziern und Volk begleitet.
Sie gehen über die Bühne.

Erster Senator. Seht unsre Schutzgöttin, das Leben Roms!
Ruft alles Volk zusammen, preist die Götter,
Macht Freudenfeuer, streut den Weg mit Blumen,
Und übertönt den Schrei, der Marcius bannte,

Ruft ihn zurück im Willkomm seiner Mutter.
Willkommen! ruft den Frau'n Willkommen zu.
Alle. Willkommen! edle Frauen! seid willkommen!
(Trommeln und Trompeten. Alle ab.)

5. Scene.

Antium. Ein öffentlicher Platz.

Aufidius tritt auf mit Begleitern.

Aufidius. Geht, sagt den Senatoren, ich sei hier,
Gebt ihnen dies Papier, und wenn sie's lasen,
Heißt sie zum Marktplatz kommen, wo ich selbst
Vor ihrem und des ganzen Volkes Ohr
Bekräft'ge, was hier steht. Der Angeklagte
Zog eben in die Stadt, und ist gewillt,
Sich vor das Volk zu stellen, in der Hoffnung,
Durch Worte sich zu rein'gen. Geht. (Die Begleiter gehen ab.)

Drei oder vier Verschworne treten auf.

Willkommen!
Erster Verschworner. Wie steht's mit unserm Feldherrn?
Aufidius. Grade so
Wie dem, der durch sein Wohlthun wird vergiftet,
Den sein Erbarmen mordet.

Zweiter Verschworner. Edler Herr,
Wenn bei derselben Absicht Ihr verharrt,
Zu der Ihr unsern Beitritt wünschtet, retten
Wir Euch von der Gefahr.
Aufidius. Ich weiß noch nicht.
Wir müssen handeln nach des Volkes Stimmung.
Dritter Verschworner. Das Volk bleibt ungewiß, solang es noch
Kann wählen zwischen euch. Der Fall des einen
Macht, daß der andre alles erbt.
Aufidius. Ich weiß es.
Auch wird der Vorwand, ihm eins beizubringen,
Beschönigt. Ich erhob ihn, gab mein Wort
Für seine Treu. Er, so erhöht, begoß
Mit Schmeicheltau die neuen Pflanzen, machte
Die Freunde mir abspenstig, nahm dazu
Ein schmiegsam Wesen an, er, den man
Nur rauh, unlenksam und freimütig kannte.
Dritter Verschworner. Sein Starrsinn, als die Würde er
Des Konsuls suchte, die er nur verlor,
Weil er nicht nachgab —

Aufidius.   Davon wollt' ich reden.
Deshalb verbannt, kam er an meinen Herd,
Bot seinen Hals dem Dolch. Ich nahm ihn auf,
Ließ meinen Dienst ihn teilen, ihn gewähren
In allen seinen Wünschen, ja, ihn wählen
Aus meinen Reihn, zu seines Plans Vollführung,
Die besten, frisch'sten Leute. Selbst auch dient' ich
Für seinen Plan, half ihm die Ehre ernten,
Die er dann ganz an sich riß. Selbst mir unrecht
Zu thun, war ich fast stolz. Bis ich am Ende
Sein Söldner schien, nicht seinesgleichen, den er
Mit seiner Gönnerschaft bezahlt'; als wär' ich
Für Lohn in seinem Dienste.

Erster Verschworner.   Ja, das that er,
Das Heer erstaunte drob. Und dann zuletzt
Als Rom sein war, und wir nicht wen'ger Ruhm
Als Beut' erwarteten —

Aufidius.   Dies ist der Punkt,
Wo ich mit ganzer Kraft ihm widerstrebe.
Für wen'ge Tropfen Weiberthränen, vohlfeil
Die Lügen, konnt' er Schweiß und Blut verkaufen
Der großen Unternehmung. Darum sterb' er,
Und ich ersteh' in seinem Fall. — Doch, horcht. —

(Trommeln und Trompeten, Freudengeschrei des Volkes.)

Erster Verschworner. Ihr kamt zur Vaterstadt, gleich einem Boten,
Und wurdet nicht begrüßt; bei seiner Rückkehr
Zerreißt ihr Schrei'n die Luft.

Zweiter Verschworner.   Ihr blöden Thoren!
Die Kinder schlug er euch, ihr sprengt die Kehlen
Ihm Glück zu wünschen.

Dritter Verschworner. Drum zu Eurem Vorteil,
(Eh' er noch sprechen kann, das Volk zu stimmen
Durch seine Rede, fühl' er Ener Schwert.
Wir unterstützen Euch, daß, wenn er liegt,
Euer Bericht, nach Eurem Sinn gegeben,
Mit seinen Gründen ihn begrabe.

Aufidius.   Still,
Hier kommt schon der Senat.

Die Senatoren treten auf.

Die Senatoren.   Ihr seid daheim willkommen.

Aufidius. Das hab' ich nicht verdient; doch, würd'ge Herrn,
Las't ihr bedächtig durch, was ich euch schrieb?

Die Senatoren. Wir thaten's.

Erster Senator. Und mit Kummer, dies zu hören.
Was früher er gefehlt, das, glaub' ich, war
Nur leichter Strafe wert: doch da zu enden,
Wo er beginnen sollte, wegzuschenken
Den Vorteil unsrer Rüstung, uns zu zahlen
Mit unsern Kosten, mit dem Feind zu pakten,
Der schon sich ihm ergab, ist unverzeihlich.

Aufidius. Er naht, ihr sollt ihn hören.

Coriolanus tritt ein, mit Trommeln und Fahnen, Bürger mit ihm.

Coriolanus. Heil, edle Herrn. Heim kehr' ich, euer Krieger,
Unangesteckt von Vaterlandsgefühlen,
So wie ich auszog. Eurem hohen Willen
Bleib' ich stets unterthan. — Nun sollt ihr wissen,
Daß herrlichster Erfolg mein Müh'n gekrönt;
Auf blut'gem Pfade führt' ich euren Krieg
Bis vor die Thore Roms. Wir bringen Beute,
Die mehr als um ein Dritteil überwiegt
Die Kosten dieses Kriegs. Wir machten Frieden,
Mit minderm Ruhm nicht für die Antiaten
Als Schmach für Rom, und überliefern hier,
Von Konsuln und Patriziern unterschrieben,
Und mit dem Siegel des Senats versehn,
Euch den Vergleich.

Aufidius. Lest ihn nicht, edle Herrn.
Sagt dem Verräter, daß er eure Macht
Im höchsten Grad mißbraucht hat.

Coriolanus. Was? Verräter?

Aufidius. Ja, du Verräter, Marcius!

Coriolanus. Marcius?

Aufidius. Ja, Marcius, Cajus Marcius! denkst du etwa,
Ich werde hier mit deinem Raub dich schmücken,
Deinem gestohlnen Namen Coriolan?
Ihr Herrn und Häupter dieses Staats, meineidig
Verriet er eure Sach', und schenkte weg,
Für ein'ge salz'ge Tropfen euer Rom,
Ich sage euer, an seine Frau und Mutter,
Eid und Entschluß zerreißend, wie 'nen Faden
Von morscher Seide, niemals Kriegsrat
Berufend. Nein, bei seiner Amme Thränen,
Weint' er, und heulte euren Sieg hinweg,
Daß Pagen sein sich schämten, und Soldaten
Sich staunend angesehn.

Coriolanus. Hörst du das, Mars!

Aufidius. Nenne den Gott nicht, thränensel'ger Knabe.

Coriolanus. Ha!

Aufidius.		Das bist du.

Coriolanus. Du grenzenloser Lügner! zu groß machst du
  Mein Herz für seinen Inhalt. Knab'? o Sklave!
  Verzeiht mir, Herrn, das ist das erste Mal,
  Daß man mich zwingt, zu schmähen. — Euer Urteil
  Straf' Lügen diesen Hund; sein eignes Wissen —
  Denn meine Striemen sind ihm eingedrückt,
  Und meine Zücht'gung nimmt er mit ins Grab —
  Schleudre zugleich die Lüg' ihm in den Hals.

Erster Senator. Still, beid', und hört mich an.

Coriolanus. Reißt mich in Stück', ihr Volsker! Männer, Kinder,
  Färbt all' euer Schwert in mir. — Knab'? — Falscher Hund!
  Wenn eure Chronik Wahrheit spricht, — da steht's,
  Daß, wie im Taubenhaus der Adler, ich
  Gescheucht die Volsker in Corioli,
  Allein sie scheuchte, Knabe!

Aufidius.			Edle Herrn,
  So laßt ihr an sein blindes Glück euch mahnen,
  Das eure Schmach, von diesem frechen Prahler?
  Seht es und hört's gelassen?

Die Verschwornen.			Dafür sterb' er!

  Die Bürger (durcheinander). Reißt ihn in Stücke, thut es gleich.
— Er tötete meinen Sohn — meine Tochter. — Er tötete meinen
Vetter Marcus! — Er tötete meinen Vater.

Zweiter Senator. Still! keine blinde Wut. Seid ruhig. Still!
  Der Mann ist edel, und sein Ruhm umschließt
  Den weiten Erdkreis. Sein Vergehn an uns
  Sei vor Gericht gezogen. Halt, Aufidius!
  Und stör' den Frieden nicht.

Coriolanus.			O! hätt' ich ihn!
  Und sechs Aufidius, mehr noch, seinen Stamm,
  Mein treues Schwert zu brauchen!

Aufidius.			Frecher Bube!

Die Verschwornen. Durchbohrt! durchbohrt! durchbohrt ihn!

(Aufidius und die Verschwornen ziehen und erstechen Coriolanus. Aufidius stellt
sich auf ihn.)

Die Senatoren.			Halt, halt ein!

Aufidius. Ihr edlen Herrn, o! hört mich an.

Erster Senator.			O Tullus!

Zweiter Senator. Du hast gethan, was Tugend muß beweinen.

Dritter Senator. Tritt nicht auf ihn. Seid ruhig, all ihr Männer,
Steckt eure Schwerter ein.

Aufidius. Ihr Herrn, erfahrt ihr — wie in dieser Wut,
Von ihm erregt, nicht möglich, — die Gefahren,
Die euch sein Leben droht', so wird's euch freu'n,
Daß er so weggeräumt. Stellt gleich, ihr Edlen,
Vor den Senat mich, so weis' ich mich aus
Als euer treuer Diener, oder dulde
Den schwersten Spruch.

Erster Senator. Tragt seine Leiche fort,
Und trauert über ihn. Er sei geehrt,
Wie je ein edler Leichnam, dem der Herold
Zu Grab folgt.

Zweiter Senator. Sein eigner Ungestüm
Nimmt von Aufidius einen Teil der Schuld.
So kehrt's zum Besten.

Aufidius. Meine Wut ist hin,
Mein Herz durchbohrt der Gram. So nehmt ihn auf,
Helft, drei der ersten Krieger, ich der vierte.
Die Trommel rührt, und laßt sie traurig tönen,
Schleppt nach die Speer'. Obwohl in dieser Stadt
Er vielen Sohn und Gatten hat geraubt,
Und nie zu sühnend Leid auf uns gebracht,
So sei doch seiner ehrenvoll gedacht.
Helft mir!

(Sie tragen die Leiche Coriolanus' fort. Trauermarsch.)

Liebes Leid und Lust.

Übersetzt von

Ludwig Tieck.

Personen.

Der König von Navarra.
Biron,
Longaville, } Herren im Gefolge des Königs.
Dumaine,
Boyet,
Mercade, } Herren im Gefolge der Prinzessin von Frankreich.
Don Adriano de Armado, ein Spanier.
Nathanael, ein Dorfpfarrer.
Dumm, ein Konstabel.
Holofernes, ein Schulmeister.
Schädel, ein Bauer.
Motte, Page des Don Adriano de Armado.
Ein Förster.
Die Prinzessin von Frankreich.
Rosaline,
Maria, } Hoffräulein der Prinzessin.
Katharina,
Jaquenetta, ein Bauernmädchen.
Gefolge des Königs und der Prinzessin.
(Scene: in Navarra.)

Erster Aufzug.

1. Scene.

Navarra. Park vor dem königlichen Schloß.

Es treten auf der König, Biron, Longaville und Dumaine.

König. Mag Ruhm, den jeder sucht, solang er lebt,
Leben in Schrift auf unserm erznen Grabe,
Und dann uns zieren in des Todes Unzier;
Wenn trotz der räuberisch gefräß'gen Zeit
Das Streben dieser Gegenwart uns kauft

Die Ehr', in ihrer Sichel Schärfe stumpft
Und uns zu Erben macht der ganzen Zukunft.
Deshalb, ihr tapfern Sieger! — denn das seid ihr,
Die ihr die eigne Neigung kühn bekämpft,
Zusamt der ird'schen Lüste mächt'gem Heer, —
Bleib' unser letzt Gebot in voller Kraft.
Navarra soll das Wunder sein der Welt;
Sein Hof sei eine kleine Akademie,
Drin still beschaulich Weisheit wird gepflegt.
Ihr drei, Biron, Dumaine und Longaville,
Beschwurt, drei Jahre hier mit mir zu leben,
Studiengenossen, den Gesetzen treu,
Die auf der Tafel hier verzeichnet stehn.
Ihr schwurt den Eid; nun unterschreibt die Namen,
Damit die eigne Hand des Ehre fälle,
Der hiervon nur den kleinsten Punkt verletzt.
Seid ihr zum Handeln wie zum Schwur bereit,
So unterschreibt und haltet streng den Eid.

Longaville. Gebt her; es gilt ja nur dreijährig Fasten;
Die Seele schmaust, ob auch der Körper darbt;
Ein fetter Bauch hat magres Hirn; je feister
Die Rippen, um so eh'r bankrott die Geister.

Dumaine. Mein teurer Fürst, Dumaine will Buße thun;
Den gröbren Reiz der Welt und ihrer Freuden
Läßt er dem stumpfern Knecht der groben Welt;
Der Lust, dem Pomp, dem Reichtum will ich sterben,
In der Philosophie all dies zu erben.

Biron. Ich kann nur ihr Gelübde wiederholen,
Das ich, mein bester Fürst, schon abgelegt:
Das heißt, drei Jahr studierend hier zu leben.
Doch giebt's noch andre strenge Observanzen
Als: keine Frau zu sehn in all der Zeit,
Was, hoff' ich sehr, nicht im Verzeichnis steht;
Und einen Tag der Woche nichts zu essen,
Und außerdem nur täglich ein Gericht,
Was, hoff' ich, auch nicht im Verzeichnis steht;
Und dann drei Stunden Schlaf nur jede Nacht
Und keinen Augenblick am Tage schlummern —
Während ich arglos sonst die Nächte durchschlief
Und Nacht selbst machte aus dem halben Tag —
Was, hoff' ich sehr, nicht im Verzeichnis steht.
O trocknes Müh'n! O allzuschwere Lasten!
Studieren, keine Frau sehn, wachen, fasten!

König. Eu'r Eid giebt auf, dies alles aufzugeben.

Biron. Ich sage nein, mein Fürst, Ihr müßt vergeben;
Drei Jahr an Eurem Hof zu leben nur
Und mit Euch zu studieren, war mein Schwur.

Longaville. Der eine Schwur schließt auch die andern ein

Biron. Dann schwur ich nur zum Spaß, bei ja und nein.
Was ist der Zweck des Studiums? Laßt mich's wissen.

König. Nun, das zu lernen, was wir jetzt nicht wissen.

Biron. Was unerforschlich ist gemeinem Sinn?

König. Das ist des Studiums göttlicher Gewinn.

Biron. Dann, schwör' ich Euch, studier' ich andachtsvoll,
Zu lernen das, was ich nicht wissen soll.
Als, wo ich mag ein leckres Mahl erspähn,
Da uns zum Fasten unser Eid verpflichtet;
Und wo ich kann ein hübsches Mädchen sehn,
Seit auf der Schönen Anblick wir verzichtet;
Oder wie man zu harten Eid umgehe,
Daß man ihn brech' und doch die Tren' bestehe.
Wenn dies der Studien Ziel und edler Preis,
Dann lehrt mich Studium, was ich noch nicht weiß,
Dann schwör' ich gern, gelob' Euch allen Fleiß.

König. Der Anstoß eben hemmt, wenn man studiert,
Der unsern Geist zu eitler Lust verführt.

Biron. Eitel ist jede Lust, am meisten die
Mit Müh' erkauft, doch nichts erwirbt als Müh';
Als, mühevoll den Geist zum Buch gewendet,
Suchen der Wahrheit Licht; Wahrheit indessen
Hat täuschend schon des Auges Blick geblendet,
Licht suchend, hat das Licht des Lichts vergessen;
Und statt zu spähn, wo Licht im Finstern funkelt,
Erlosch dein Licht, Nacht hat dein Aug' umdunkelt.
Studiert vielmehr, was Euer Aug' entzücke,
Indem Ihr's auf ein schönres Auge wendet,
Das blendend uns zugleich mit Trost erquicke
Und, raubt es Licht, uns neue Sehkraft spendet.
Studium vergleich' ich mit dem Strahl der Sonnen,
Kein frecher Blick darf ihren Glanz ergründen;
Was hat solch armer Grübler sich gewonnen
Als Satzung, die im fremden Buch zu finden?
Die ird'schen Paten, die im Himmelsheer,
Gevattern gleich, jedweden Stern benennen,
Erfreun sie sich der hellen Nächte mehr,
Als die umhergehn und nicht einen kennen?

Allzuviel wissen heißt mit Worten kramen,
Und jeglicher Gevatter kann benamen.

König. Ei, wie belesen er aufs Lesen wütet!

Dumaine. Wie rasch fortschreitend er das Gehn verbietet!

Longaville. Er will das Korn getilgt, Unkraut behütet!

Biron. Der Lenz ist nah, wenn Gans und Ente brütet.

Dumaine. Wie paßt sich das?

Biron. Es paßt für Zeit und Ort.

Dumaine. Nicht für den Sinn!

Biron. So reimte doch das Wort.

Longaville. Biron ist gleich den neid'schen, frost'gen Winden;
Er knickt die ersten Blumen, die entspringen.

Biron. Und wär' ich's? Soll sich Sommerstolz verkünden,
Eh' noch ein Vogel Ursach' hat, zu singen?
Wollt Ihr, daß eine Fehlgeburt mich freut?
Ich mag um Neujahr Rosen nicht verlangen,
Noch Schnee, wenn blühend sich der Mai erneut.
Jegliche Frucht muß Reif' und Zeit erlangen.
So kommt für Euch zu spät das Lernen nach;
Ihr wollt zur Hausthür klettern übers Dach.

König. So scheidet aus, Biron, und geht sofort.

Biron. Nein, teurer Herr, ich bleib'; ich gab mein Wort.
Sprach ich gleich mehr zum Ruhm der Barbarei,
Als für den Engel Weisheit Ihr könnt sagen,
Doch halt' ich meinen Eidschwur streng und treu
Und will drei Jahr die Buße täglich tragen.
Zeigt mir das Blatt, und was es auch begehrt,
Dem Härtsten sei die Unterschrift gewährt.

König. Zur rechten Zeit noch hast du dich belehrt.

Biron (liest). „Item, daß kein Weib unserem Hof auf eine
Meile nah kommen dürfe." — Ist dies bekannt gemacht?

Longaville. Schon seit vier Tagen.

Biron. Und welche Strafe steht darauf? (Liest.) „Bei Verlust
ihrer Zunge." Wer hat sie so bedräut?

Longaville. Nun, meine Wenigkeit.

Biron. Und wozu so viel Leid?

Longaville. Zu schrecken durch der Strafe Furchtbarkeit.

Biron. Ein arg Gesetz doch für die Höflichkeit! (Er liest.)
„Item, sieht man einen Mann in dem Zeitraum von drei Jahren
mit einem Weibe sprechen, so soll er so viel öffentlich Schmach er=
dulden, als der übrige Hof nur immer zu ersinnen vermag."
Den Punkt, mein Lehnsherr, müßt Ihr selber brechen;
Denn Frankreichs König schickt in unser Land

Die eigne Tochter her, mit Euch zu sprechen,
Durch seltnen Reiz und Hoheit weltbekannt.
Für ihren Vater, alt, gelähmt und kränklich,
Fragt sie um Aquitaniens Räumung an;
Darum erscheint der Punkt mir sehr bedenklich,
Dafern sie nicht den Weg umsonst gethan.

König. Wie nur der Umstand uns so ganz entfiel!

Biron. So schießt das Studium immer übers Ziel;
Weil es studiert, zu haschen, was es wollte,
Vergaß es auszurichten, was es sollte,
Und hat es nun, worauf es lang gesonnen,
Ist's wie im Krieg: zerronnen wie gewonnen.

König.
Dann freilich sind zur Ändrung wir gezwungen;
Denn unser Gast sein muß sie notgedrungen.

Biron. Und all die Eide wird die Not zerbrechen
Dreitausendmal, noch eh' drei Jahre schwinden;
Denn jeder Mensch hat angeborne Schwächen,
Die Gnade nur, nicht Kraft kann überwinden.
Drum sei mein Trost, verletz' ich das Gebot,
Mich zwang zum Meineid unumgänglich Not.
So soll mein Name ohne Klausel stehn, (unterschreibt)
Und wer das kleinste der Gesetze kränkt,
Der mög' in ew'ger Schmach zu Grunde gehn.
Versuchung ist, wie andern, mir verhängt,
Doch hoff' ich, schein' ich auch verdrossen jetzt,
Von allen brech' ich wohl den Eid zuletzt.
Doch, wird kein Scherz zur Stärkung uns gewährt?

König. O ja! Ihr wißt, an unserm Hof verkehrt
Ein Reisender aus Spanien; ein Exempel
Der neusten Mod', in Feinheit wohl belehrt,
Des Hirn Sentenzen ausprägt rote ein Stempel
Einer, dem die Musik der eignen Stimme
So süß dünkt als ein überirdisch Tönen;
Das Muster eines Manns, den ihrem Grimme
Unrecht und Recht gewählt, sie zu versöhnen.
Dies Kind der Laune, Don Armado heißt er,
Erzählt mit schwülst'gem Wort in Mußestunden
Das Thun und Wirken hoher Waffenmeister
Aus Spaniens Glut, im Strom der Zeit entschwunden.
Ich weiß nicht, edle Herrn, wie ihr ihn schätzt,
Doch wahr ist, daß sein Lügen mich ergötzt,
Und daß er meine Sänger mir ersetzt.

Biron. Armado ist der Mod' erlauchter Hort,
Und funkelneu von Phras' und seltnem Wort.
Longaville. Mit ihm soll Schädel uns die Stunden würzen
Und der drei Jahre strenge Zeit verkürzen.

Dumm mit einem Brief und Schädel treten auf.

Dumm. Welches ist des Herzogs eigene Person?
Biron. Dieser, Freund; was willst?
Dumm. Ich selber präsumiere seine eigene Person, denn ich bin seiner Hoheit Sergeant; aber ich möchte gern seine Person in Fleisch und Blut sehen.
Biron. Dieser ist's.
Dumm. Signor Arme — Arme — empfiehlt Euch. Da ist 'ne Schelmerei im Werk; dieser Brief wird Euch mehr sagen.
Schädel. Der ganze Unbegriff davon betrifft gleichsam mich.
König. Ein Brief von dem glorreichen Armado.
Biron. Wie niedrig auch der Inhalt, so hoffe ich doch, bei Gott! auf hohe Worte.
Longaville. Ein hohe Hoffnung auf ein niedriges Facit; Gott verleihe uns Geduld!
Biron. Zu hören oder uns das Lachen zu verbeißen?
Longaville. Lässig zu hören und mäßig zu lachen; oder mit beidem verschont zu bleiben.
Biron. Wohlan, sei es so, wie der Stil uns Anlaß geben wird, die Ernsthaftigkeit mit Stumpf und Stiel auszurotten.
Schädel. Der Inhalt bin ich, Herr, soweit es die Jaquenetta betrifft. Art, Weise und Grund von der Sache anlangend, so ward ich ertappt, daß es eine Art hatte.
Biron. Auf welche Weise?
Schädel. Paarweise.
Biron. Und auf welchen Grund?
Schädel. Auf dem Grunde des Parks sitzend; da habt Ihr Art, Grund und Weise, und zwar folgenderweise: Was die Art betrifft, so ist's die Art eines Mannes, mit einem Mädel zu reden; was den Grund, so gründlich er kann.
Biron. Und die folgende Weise?
Schädel. Nun, die wird sich wohl in meiner Zurechtweisung ausweisen, und Gott schütze das Recht!
König. Wollt ihr den Brief mit Aufmerksamkeit anhören?
Biron. Wie wir delphische Ausrufungen vernehmen würden.
Schädel. Das glaub' ich, Schellfische hört man immer gern anrufen.
König (liest). „Großer Statthalter, des Firmaments Vizeregent und alleiniger Selbstherrscher Navarras, meiner Seele irdischer Gott und meines Leibes Nahrung spendender Patron" —

Schädel. Noch kein Wort von Schädel!

König. „So iſt es" —

Schädel. Es kanu ſo ſein; aber wenn er ſagt, es iſt ſo, ſo iſt er, die Wahrheit zu ſagen, nur ſo ſo.

König. Friede!

Schädel. Mit mir und jedem, der nicht ſechten mag!

König. Kein Wort!

Schädel. Von anderer Leute Geheimniſſen, das bitt' ich mir aus.

König (lieſt). „So iſt es! Belagert von der düſterfarbigen Melancholei empfahl ich den ſchwarzdrückenden Humor der allerheil= ſamſten Arznei deiner Geſundheit atmenden Luft, und, ſo wahr ich ein Edelmann bin, entſchloß mich, zu luſtwandeln. Die Zeit wann? Um die ſechſte Stunde, wenn das Vieh am meiſten graſet, der Vogel am beſten pickt und der Menſch ſich niederſetzt zu derjenigen Nahrung, welche genannt wird: Abendeſſen. So viel in Betracht der Zeit wann. Nun von dem Grunde welchen, auf welchem, meine ich, ich wandelte; ſelbiger wird benamſet dein Park. Sodann in Betracht des Ories wo, wo, meine ich, ich ſtieß auf jene obſcöne und höchſt unzielſetzliche Begebenheit, welche meiner ſchneeweißen Feder die eben= holzſchwarze Tinte entlockt, ſo du hier betrachteſt, ſchaueſt, erblickeſt oder wahrnimmſt. Anlangend jedoch den Ort wo, er liegt Nord= Nord=Oſt gen Oſt von dem weſtlichen Winkel deines ſeltſam geſchürzten Gartens. Alldaſelbſt ſahe ich jenen ſtaubſinnigen Schäfer, jenen verworfenen Gründling deiner Scherzhaftigkeit" —

Schädel. Mich!

König (lieſt). „Jene unpolierte, kenntnisarme Seele" —

Schädel. Mich!

König (lieſt). „Jenen armſeligen Hinterſaſſen" —

Schädel. Immer noch mich!

König (lieſt). „Welcher, ſoviel ich mich erinnere, geheißen iſt Schädel" —

Schädel. Hoho! mich ſelbſt!

König (lieſt). „Geſellt und vergeſellſchaftet, entgegen deinem manifeſtierten, proklamierten Edikt und abſtinenten Statut, mit — mit — o mit — aber mich erſchüttert mich zu ſagen, womit" —

Schädel. Mit einem Weibsbilde.

König (lieſt). „Mit einem Kinde unſerer Ahnfrau Eva, einem weiblichen Gebilde, oder, geeigneter deinem lieblichen Verſtändnis, einem Mägdlein. Dieſen — wie meine ſtets bewährte Pflicht mich ſpornt — ſende ich dir, den Lohn, ſeine Beſtrafung, zu empfahen durch deiner ſüßen Hoheit Gerichtsdiener Antonius Dumm, einen Mann von gutem Ruf, Betragen, Verhalten und Anſehen."

Dumm. Mich, mit Euer Gnaden Vergunſt; ich bin Anton Dumm.

König (liest). „Jaquenetta betreffend — so ist das schwächere Gefäß geheißen, welche ich überraschte mit vorbemeldetem Bauers= mann — so bewahre ich selbige als ein Gefäß für deines Gesetzes Furie, und soll sie auf den geringsten Wink deines holden Wohl= meinens zum Gerichte geführt werden. Der deine, in allen Formen dahingegebener und herzbrennender Glut des Diensteifers

Don Adriano de Armado.“

Biron. Dies ist nicht so gut als ich erwartete, aber das Beste, das ich je gehört.

König. Jawohl, das Beste im Schlechtesten. Aber Ihr da, mein Freund, was sagt Ihr dazu?

Schädel. Herr, ich bekenne das Mädel?

König. Hörtet Ihr nicht die Kundmachung?

Schädel. Ich bekenne, daß ich viel davon gehört, aber wenig davon gemerkt habe.

König. Es ward kundgemacht: ein Jahr Gefängnis, wenn einer mit einem Weibsbilde ertappt wird.

Schädel. Ich ward auch mit keinem ertappt, Herr; ich ward ertappt mit einer Demoiselle.

König. Gut, es ward kundgemacht: Demoiselle.

Schädel. Es war auch keine Demoiselle, gnädiger Herr; es war eine Jungfrau.

König. Auch das war in dem Gesetz enthalten, es ward kund= gemacht: Jungfrau.

Schädel. Wenn das so ist, so leugne ich ihre Jungfrauschaft, ich ward ertappt mit einem Mädel.

König. Mit diesem Mädel werdet Ihr auch nichts anrichten, Freund.

Schädel. Mit diesem Mädel werde ich wohl etwas aus= richten, Herr!

König. Ich will dein Urteil sprechen, Bursch; du sollst eine Woche bei Wasser und Brot fasten.

Schädel. Lieber hätte ich einen Monat bei Schöpsenfleisch und Suppe gebetet.

König. Und Don Armado soll dein Wächter sein.
Mylord Biron, laßt ihn ihm überliefern!
Und gehn wir, Herrn, damit ein jeder thut,
Was er den andern hier so fest beschworen.

Biron. Ich setze meinen Kopf an Euren Hut,
In Spott und Schmach gehn Eid und Spruch verloren.
Komm mit, Gesell!

Schädel. Ich leide für die Wahrheit, Herr; denn es ist wahr, ich ward mit Jaquenetta ertappt, und Jaquenetta ist eine wahrhafte

Dirne; und deshalb, willkommen du bitterer Kelch der Glückseligkeit! Die Trübsal wird eines Tages wieder lächeln, und bis dahin setze dich nieder, Kummer! (Sie gehen ab.)

2. Scene.

Ebendaselbst. Armados Haus im Park.

Es treten auf Armado und Motte.

Armado. Was bedeutet es, Kind, wenn ein Mann von hohem Geist schwermütig wird?

Motte. Eine große Vorbedeutung, Herr, daß er melancholisch aussehen wird.

Armado. Aber Melancholie ist ja damit eins und dasselbe, teures Pfropfreis!

Motte. Nein, nein; o beileibe, nein!

Armado. Wie unterscheidest du wohl Schwermut und Melancholie, mein zarter Juvenil?

Motte. Durch eine faßliche Demonstration ihrer Wirkungen, mein zäher Sennor.

Armado. Warum zäher Sennor? Warum zäher Sennor?

Motte. Warum zarter Juvenil? Warum zarter Juvenil?

Armado. Ich sagte es, zarter Juvenil, als ein kongruentes Epitheton, anfügsam deinen jungen Tagen, welche wir treffend nennen: zart.

Motte. Und ich zäher Sennor als einen passenden Titel für Eure alten Jahre, welche wir mit Recht nennen: zäh.

Armado. Artig und geschickt.

Motte. Wie meint Ihr, Herr; ich artig, und meine Rede geschickt? oder ich geschickt, und meine Rede artig?

Armado. Du artig, weil klein.

Motte. Kleinartig, weil klein. Und warum geschickt?

Armado. Und deshalb geschickt, weil schnell.

Motte. Sprecht Ihr dies zu meinem Lobe, Herr?

Armado. Zu deinem verdienten Lobe.

Motte. Ich will einen Aal mit demselben Lobe loben.

Armado. Wie? daß ein Aal geistreich ist?

Motte. Daß ein Aal schnell ist.

Armado. Höre einmal, du bist schnell im Antworten; du erhitzest mein Blut.

Motte. Nun habe ich meine Antwort, Herr.

Armado. Ich liebe nicht, daß man mich kreuzt.

Motte (beiseite). Umgekehrt, ihn lieben die Kreuzer nicht.

Armado. Ich habe versprochen, drei Jahre mit dem Herzoge zu studieren.

Motte. Das könnt Ihr in einer Stunde thun.

Armado. Unmöglich!

Motte. Wieviel ist eins dreimal genommen?

Armado. Ich bin schwach im Rechnen; es ziemt dem Geiste eines Bierzapfers.

Motte. Ihr seid ein Edelmann und ein Spieler, Herr.

Armado. Ich bekenne mich zu beidem; beides ist der Firnis eines vollendeten Mannes.

Motte. So wißt ihr denn auch sicherlich, auf wieviel sich die Gesamtsumme von Daus und As beläuft.

Armado. Sie beläuft sich auf eins mehr denn zwei.

Motte. Und das nennt der gemeine Pöbel drei.

Armado. Recht.

Motte. Nun, ist denn das so mühsames Studium? Drei waren hier ausstudiert, ehe Ihr dreimal mit den Augen blinzt; und wie leicht man das Wort Jahre zu dem Wort drei fügen und drei Jahre in zwei Worten studieren kann, das zählt Euch das Kunst= pferd vor.

Armado. Eine hübsche Figur!

Motte (beiseite). Hübscher als Eure kann sie leicht sein!

Armado. Ich will überdem gestehen, daß ich in Liebe bin; und welcherleigestalt es niedrig ist für einen Soldaten, zu lieben, also auch bin ich in Liebe eines niedrigen Mägdleins. Wenn mein Schwert zu ziehen gegen den Kummer der Leidenschaft mich befreien könnte von dieser gottvergessenen Gesinnung, so würde ich das Ver= langen gefangen nehmen und es einem französischen Hofmann gegen ein neu ersonnenes Kompliment auswechseln. Ich halte es für schimpflich, zu seufzen; mich dünkt, ich sollte fluchen, daß dem Cupido angst und bange wird. Sprich mir Trost ein, Kind; welche große Männer sind verliebt gewesen?

Motte. Herkules, Herr.

Armado. Holdseligster Herkules! Mehr Autoritäten, teurer Knabe, nenne ihrer mehr; und, mein holdseliges Kind, lasse sie Männer von gutem Ruf und stattlichem Betragen sein.

Motte. Simson, Herr; der war ein Mann von gutem Be= tragen, großem Betragen; denn er trug die Stadtthore auf seinem Rücken wie ein Lastträger; und der war verliebt.

Armado. O wohlgebauter Simson! Stämmig gegliederter Simson! Ich übertreffe dich mit meinem Rapier so sehr, als du mich im Thortragen übertrafest. Wer war Simsons Geliebte, mein teurer Motte?

Motte. Ein Weib, Herr.

Armado. Von welcher Komplexion?

Motte. Von allen vieren, oder dreien, oder zweien, oder von einer unter den vieren.

Armado. Sage mir ausdrücklich, von welcher Komplexion?

Motte. Von der meergrünen, Herr.

Armado. Ist das eine der vier Komplexionen?

Motte. So wie ich gelesen habe, Herr; und noch dazu die beste.

Armado. Grün, in der That, ist die Farbe der Liebenden; aber eine Geliebte von der Farbe zu haben, dazu, dünkt mich, hatte Simson nur wenig Ursache. Ohne Zweifel hatte er wegen ihres Witzes Zärtlichkeit für sie?

Motte. So ist es, Herr, denn sie hatte einen grünen Witz.

Armado. Meine Geliebte ist höchst makellos weiß und rot.

Motte. Höchst makelvolle Gedanken, Herr, sind unter dieser Farbe maskiert.

Armado. Erkläre, erkläre dich, wohlgezogenes Kindlein.

Motte. Meines Vaters Witz und meiner Mutter Zunge steht mir bei!

Armado. Anmutige Anrufung für ein Kind; sehr artig und pathetisch.

Motte. Wenn rot und weiß die Mädchen blühn,
　　Hat Sünde nie ein Zeichen;
　　Sonst macht ein Fehltritt sie erglühn,
　　Die Furcht wie Schnee erbleichen.
　　Was Schuld sei oder Schrecken nur,
　　Wer möcht' es unterscheiden,
　　Wenn ihre Wange von Natur
　　Die Farbe trägt der beiden?

Ein gefährlicher Reim, Herr, gegen Weiß und Rot!

Armado. Giebt's nicht eine Ballade, Kind, vom König und der Bettlerin.

Motte. Vor einigen Menschenaltern hatte sich die Welt mit einer solchen Ballade versündigt; aber ich glaube, man findet sie jetzt nicht mehr; oder wenn sie noch da wäre, sind weder Text noch Melodie zu brauchen.

Armado. Ich will diesen Gegenstand von neuem bearbeiten lassen, damit ich ein Beispiel habe für meine Abirrung an einem erhabenen Vorgänger. Knabe, ich liebe das Landmädchen, welches ich im Park mit dem vernunftbegabten Bauernlümmel Schädel ergriff; sie kann Ansprüche machen . . .

Motte (beiseite). Aufs Zuchthaus, und mit alledem auf einen bessern Liebhaber als meinen Herrn.

Armado. Singe, Knabe, mein Gemüte wird schwermütig vor Liebe.

Motte. Und das ist ein großes Wnuder, da Ihr ein leicht=
fertiges Mädchen liebt.

Armado. Singe, sage ich.

Motte. Geduld, bis die Gesellschaft fort ist.

Dumm, Schädel und Jaquenetta treten auf.

Dumm. Herr, des Herzogs Wille ist, daß Ihr Schädel in
Sicherheit bringt; Ihr sollt ihm keine Freude oder sonstige Tortur
verursachen; aber fasten soll er, drei Tage in der Woche. Diese
Jungfer muß ich in den Park bringen unter die Milchmädchen.
Lebt wohl!

Armado. Ich verrate mich durch Erröten. Mädchen!

Jaquenetta. Männel!

Armado. Ich will dich im Parkhäuschen besuchen.

Jaquenetta. Das liegt nahe.

Armado. Ich weiß, wo es gelegen ist.

Jaquenetta. Herrje, wie klug Ihr seid!

Armado. Ich will dir Wunder sagen.

Jaquenetta. Ja, Plunder!

Armado. Ich liebe dich!

Jaquenetta. Das sind alte Kalender.

Armado. Und so gehab dich wohl!

Jaquenetta. Prost die Mahlzeit.

Dumm. Komm, Jaquenetta, fort!

(Dumm und Jaquenetta gehen ab.)

Armado. Bösewicht, du sollst fasten für deine Vergehungen,
bevor dir verziehen wird.

Schädel. Gut, Herr; ich hoffe, wenn ich's thue, verde ich's
mit vollem Magen thun.

Armado. Du sollst schwer bestraft werden.

Schädel. So bin ich Euch mehr verbunden als Eure Lente;
denn die werden nur leicht belohnt.

Armado. Hinweg mit diesem Bösewicht, sperrt ihn ein!

Motte. Komm, du übertretender Sklave, komm!

Schädel. Faßt mich nur nicht an! Ich will gefaßt sein, zu
fasten, wenn Ihr mich loslaßt.

Motte. Los und gefaßt zugleich? Mein Freund, du mußt
ins Gefängnis.

Schädel. Gut! Wenn ich je die fröhlichen Tage der Ver=
zweiflung wiedersehe, die ich gesehen habe, so sollen gewisse Lente sehen.

Motte. Was sollen gewisse Leute sehen?

Schädel. Nichts, gar nichts, Junker Motte, als was sie
erblicken werden. Es schickt sich für Gefangene nicht, in ihren Reden
still zu schweigen, und deswegen will ich nichts sagen. Gott sei's

gedankt, ich habe nicht mehr Geduld als andere Leute; und darum kann ich ruhig sein. (Motte und Schädel ab.)

Armado. Ja, ich verehre selbst den Boden — welcher niedrig —, wo ihr Schuh — welcher niedriger —, geführt von ihrem Fuß — welcher am niedrigsten —, einhertritt. Ich werde meineidig, welches doch ein großer Beweis von Unredlichkeit —, wenn ich liebe; und wie kann das echtes Lieben sein, welches unredlich begonnen wird? Liebe ist ein Kobold; Liebe ist ein Teufel, es giebt keinen bösen Engel als die Liebe. Dennoch ward Simson so versucht, und er besaß eine ausnehmende Stärke; dennoch ward Salomo so verführt, und er besaß einen ziemlichen Verstand. Cupidos Pfeil ist zu stark für Herkules' Keule; wie sollte er dann nicht meiner spanischen Klinge überlegen sein? Der erste und zweite Ausforderungsgrund können mir nicht helfen: den passado achtet er nicht, das duello gilt ihm nichts. Sein Schimpf ist, Knabe genannt zu werden; sein Triumph dagegen, Männer zu unterjochen. Fahre hin, Tapferkeit! Roste, meine Klinge! Schweige, Trommel! Denn euer Meister ist verliebt; ja, er liebt. Helfe mir irgend ein improvisierender Gott des Reims; denn zweifelsohne wird aus mir ein Sonettendichter. Ersinne, Witz; schreibe, Feder; denn ich bin gestimmt für ganze Bände in Folio· (Er geht ab.)

Zweiter Aufzug.

1. Scene.

Ein anderer Teil des Parks. Zelte in einiger Entfernung.

Es treten auf die Prinzessin von Frankreich, Rosaline, Maria, Katharina, Boyet, Lords und Gefolge.

Boyet. Nun, Fürstin, regt die feinsten Geister auf;
  Denkt, wen der König, Euer Vater, sendet;
  Zu wem er sendet, was sein Auftrag sei:
  Ihr, kostbar in der Schätzung aller Welt,
  Sollt unterhandeln mit dem einz'gen Erben
  Jeglichen Vorzugs, des ein Mann sich rühmt,
  Navarras Stolz; und das Gesuch nichts minder
  Als Aquitanien; einer Kön'gin Mitgift.
  Verschwendet nun so jeden seinen Reiz,
  Wie einst Natur die Reize selten machte,
  Als sie der ganzen Welt sie vorenthielt,
  Verschwenderisch nur Euch damit zu schmücken.
Prinzessin. Wie arm, Lord Boyet, meine Schönheit sei,

Braucht sie doch nicht der Schminke Eures Lobes.
Schönheit wird nur vom Kennerblick gekauft,
Nicht angebracht durch des Verkäufers Prahlen.
Ich höre minder stolz mein Lob Euch künden,
Als Ihr Euch vordrängt, weise zu erscheinen,
Und, meinen rühmend, Euren Witz zu zeigen.
Doch nun dem Mahner zur Ermahnung: Ihr,
Freund Boyet, wißt, wie der geschwätz'ge Ruf
Verbreitet, daß Navarra sich verschworen,
Eh' mühvoll Studium nicht drei Jahr' verzehrt,
Naht seinem stillen Hofe sich kein Weib.
Deshalb scheint uns notwend'ge Vorbereitung,
Eh' vir betreten sein verbotnes Thor,
Zu hören seinen Willen; und deshalb
Erlasen wir, vertrauend Eurem Wert,
Euch als beredten Anwalt unsrer Bitte.
Sagt ihm, die königliche Tochter Frankreichs,
In ernstem, Eile forderndem Geschäft
Müss' ein Gespräch mit Seiner Hoheit heischen.
Eilt, ihm dies mitzuteilen; wir erwarten,
Klienten gleich, in Demut seinen Ausspruch.

Boyet. Stolz Eures Auftrags geh' ich willig, Teure! (Er geht ab.)

Prinzessin. Nur will'ger Stolz ist Stolz, und so der Eure!
Wer sind, ihr lieben Herrn, die Schwurgenossen,
Die mit dem frommen Herzog dies gelobt?

Lord. Der ein' ist Longaville.

Prinzessin.   Kennt Ihr den Mann?

Maria. Ich kenn' ihn wohl. Auf einem Hochzeitsest,
Wo dem Lord Perigord die schöne Erbin
Des Jacob Faulconbridge ward anvermählt,
In Normandie, sah ich den Longaville.
Man rühmt ihn einen Mann von edeln Gaben,
Der Künste kundig, hohen Waffenruhms;
Nichts steht ihm schlecht, was er mit Ernst versucht.
Der einz'ge Fleck in seiner Tugend Glanz
— Kann je ein Fleck den Glanz der Tugend trüben —
Ist kecker Witz mit allzudreistem Willen;
Er schneidet scharf und will mit Willen keinen
Verschonen, der in seine Macht gerät.

Prinzessin. Ein lust'ger Spötter also; nicht, mein Kind?

Maria. Wer meist ihn kennt, hält meist ihn so gesinnt.

Prinzessin. Witz, schnell geboren, wächst und welkt geschwind.
Wer sind die andern?

Katharina. Dumaine, ein wohlerzogner junger Mann;
 Wer Tugend liebt, muß ihn um Tugend lieben;
 Zu ſchaden kräftig, doch dem Böſen fremd;
 Denn er hat Witz, ſelbſt Unform zu verſchönen,
 Und Schönheit, die auch ohne Witz beſtäche.
 Ich ſah ihn einſt beim Herzog Alençon;
 Und mein Bericht von ſeiner Trefflichkeit
 Bleibt hinter ſeinem Werte weit zurück.

Roſaline. Noch einer dieſer Akademiker
 War dort mit ihm, dafern ich recht vernahm,
 Biron genannt; mit einem luſt'gern Mann
 — Doch in den Grenzen wohlanſtänd'gen Scherzes —
 Hab' ich noch nie ein Stündchen weggeſchwatzt.
 Sein Aug' erzeugt Gelegenheit für Witz;
 Denn jeglich Ding, das jenes nur erſpäht,
 Verwandelt dieſer gleich in heitern Scherz,
 Den die gewandte Zunge, ſeines Scharfſinns
 Auslegerin, ſo fein und artig formt,
 Daß alte Ohren ſelbſt ſein Wort verjüngt,
 Und Jugend ganz von ihm bezaubert wird;
 So hold und leicht beſchwingt iſt ſein Geſpräch.

Prinzeſſin. Gott helf' euch! Seid ihr alle denn verliebt?
 Daß jede ſo den Ihren hat geſchmückt
 Mit ſolchen Lobes prunkvoll reicher Zier?

Boyet kommt zurück.

Maria. Hier kommt Boyet.

Prinzeſſin.   Nun ſagt, was für Empfang?

Boyet. Navarra weiß von Eurer Hoheit Nähe;
 Und er, ſamt den Genoſſen ſeines Eides,
 Sie waren all' Euch zu empfahn bereit,
 Bevor ich kam. So viel hab' ich gehört:
 Eh'r wird er Euch im Feld kampieren laſſen —
 Als kämt Ihr zu belagern ſeinen Hof —
 Eh' er Entbindung ſucht von ſeinem Eid
 Und Euch beherbergt in ſeinem öden Hauſe.
 Hier kommt Navarra. (Die Damen maskieren ſich.)

Der König, Longaville, Dumaine und Biron treten auf.

König. Willkomm'n am Hof Navarras, ſchönſte Fürſtin.

  Prinzeſſin. Schön gebe ich Euch zurück, und Willkommen
habe ich noch nicht. Das Gewölbe dieſes Hofs iſt zu hoch, um das
Eure zu ſein, und ein Willkommen auf offenem Felde zu niedrig,
um mir zu geziemen.

König. Ihr ſolli willkommen ſein an meinem Hof.

Prinzessin. Ich will's denn sein; geleitet mich dahin.

König. Hört mich nur an; bei Gott hab' ich geschworen.

Prinzessin. So helf' Euch Gott; denn Ihr habt falsch geschworen.

König. Nicht um die Welt mit meinem Willen, Fürstin!

Prinzessin. Nun, Wille bricht ihn; Wille, anders nichts.

König. Eu'r Hoheit ist unwissend seines Inhalts.

Prinzessin. Und wärt Ihr so, wärt Ihr unwissend weise,
Da Kenntnis jetzt Unwissenheit verrät.
Ich hör', mein Fürst verschwur es, hauszuhalten;
Todsünde ist's, den Eid zu halten, Fürst,
Und Sünde, ihn zu brechen.
Allein verzeiht! — Zu vorschnell kühn bin ich,
Den Lehrer lehren wollen, ziemt mir schlecht.
Geruht zu lesen, weshalb ich gekommen,
Und schnelle Antwort gebt auf mein Gesuch. (Giebt ein Papier.)

König. Das will ich, wenn es kann so schnell geschehn.

Prinzessin. Ihr thut's so schneller, daß ich nur mag gehn;
Mein Bleiben kann nicht mit dem Eid bestehn.

Biron. Tanzt' ich mit Euch nicht in Brabant einmal?

Rosaline. Tanzt' ich mit Euch nicht in Brabant einmal?

Biron. Ja, ganz gewiß.

Rosaline. Wie überflüssig dann
Die Frag' an mich!

Biron. O seid doch nicht so rasch!

Rosaline. Ihr habt mit solchem Fragen mich gespornt!

Biron. Eu'r Witz rennt allzu scharf, Ihr jagt ihn stumpf.

Rosaline. Nicht bis er ließ den Reiter in dem Sumpf.

Biron. Was hat die Uhr geschlagen?

Rosaline. Die Stunde, wo Narren fragen.

Biron. Viel Glück für Eure Maske!

Rosaline. Glück den Gesichtern drunter!

Biron. Gott send' Euch Freier munter!

Rosaline. Amen, und beßre als Euch.

Biron. Dann geh' ich lieber gleich.

König. Prinzessin, Euer Vater nennt uns hier
Die Zahlung von einhunderttausend Kronen,
Was nur die Hälfte jener ganzen Summe,
So ihm mein Vater vorschoß für den Krieg.
Doch setzt, er oder ich — was nie geschah —
Empfing dies Geld, so bleibt doch unbezahlt
Einhunderttausend noch, wofür als Pfand
Ein Teil von Aquitanien mir haftet,
Obschon es nicht der Summe Wert beträgt.

Will denn Eu'r Vater uns zurückerstatten,
Nur jene Hälfte, die uns noch gebührt,
So lassen wir ihm Aquitanien gern
Und bleiben Freund mit seiner Majestät.
Doch dazu, scheint es, hat er wenig Luft;
Denn hier verlangt er wiederum die Zahlung
Der Hunderttausend Kronen, aber nicht
Will er für Zahlung eben dieser Summe
Den Anspruch sich auf Aquitanien wahren,
Das ich weit lieber aus den Häuden gäbe
Und nähme, was mein Vater vorgestreckt,
Anstatt des arg beschnittnen Aquitaniens.
Wär' seine Ford'rung nicht so fern, o Fürstin,
Von billiger Willfahrung, Eurer Schönheit
Willfahrte mehr als billig wohl mein Herz,
Daß Ihr vergnügt nach Frankreich wiederkehrtet.

Prinzessin. Ihr thut dem König, meinem Vater, unrecht,
Und unrecht Eures Namens würd'gem Ruf,
Wenn Ihr beharrt zu leugnen den Empfang
Von dem, was doch so treulich ward gezahlt.

König. Ich schwöre, daß ich nie davon gehört;
Beweist Ihr mir's, so zahl' ich, oder trete
Euch Aquitanien ab.

Prinzessin.   Es bleibt beim Wort.
Boyet, Ihr könnt die Quittungen ihm zeigen
Für jene Summe, von den Staatsbeamten
Karls, seines Vaters.

König.   Stellt mich so zufrieden.

Boyet. Erlaub' Eu'r Hoheit, das Paket blieb aus,
Das dies und andre Dokument' enthält;
Auf morgen wird Euch alles vorgelegt.

König. Der Augenschein, o Fürstin, soll genügen;
Ich will mich allen bill'gen Gründen fügen.
Indes empfange solcherlei Willkommen,
Wie Ehre, sonder Bruch der Ehr', ihn darf
Anbieten deiner edlen Würdigkeit.
Ich kann, o Schönste, nicht mein Thor dir öffnen,
Doch draußen sollst du so empfangen werden,
Daß du im Herzen mir zu wohnen denkst,
Obschon ich dir des Hauses Gastrecht weigre.
Dein edler Sinn entschuld'ge mich, leb wohl;
Wir werden morgen wieder dich besuchen.

Prinzessin. Wohlsein und Heil begleit' Eu'r Majestät!

König. Dir wünsch' ich, was dein eigner Wunsch erfleht.
(Der König mit Gefolge geht ab.)

Biron. Euch, Dam', empfehl' ich meinem eignen Herzen.

Rosaline. Ich bitte Euch, Herr, bestellt ihm meine Empfeh=
lungen. Ich sähe es gern einmal.

Biron. Ich wollt', Ihr hörtet's ächzen.

Rosaline. Ist's Närrchen krank?

Biron. Von Herzen krank.

Rosaline. Ei, so laßt ihm Blut.

Biron. Wäre das ihm gut?

Rosaline. Meine Heilkunst sagt, es tauge.

Biron. So stich's mit deinem Auge.

Rosaline. Non point! Mit der Messerspitze.

Biron. Das Gott dich beschütze!

Rosaline. Und dich vor langen Jahren!

Biron. Den Dank muß ich versparen! (Zieht sich zurück.)

Dumaine. Mein Herr, ein einz'ges Wort: sagt an, wer ist die Dame?

Boyet. Die Erbin Alençons, und Rosalin' ihr Name.

Dumaine. Sehr reizend ist sie. Nun, mein Herr, lebt wohl!
(Er geht ab.)

Longaville. Laßt mich um ein Wort Euch bitten; wer ist in Weiß die da?

Boyet. Manchmal ein Frauenzimmer, venn man bei Licht sie sah.

Longaville. Vielleicht bei Lichte leicht; nur ihren Namen will ich.

Boyet. Sie hat nur einen für sich; den wollen, vär' nicht billig.

Longaville. Ich bitte, wessen Tochter?

Boyet. Ihrer Mutter, wie man sagt.

Longaville. Was so ein Bart nicht vagt!

Boyet. Lieber Herr, nur nicht so wild;
  Erbin des Faulconbridge.

Longaville. Nun ist mein Zorn gestillt.
  Sie zeigt sehr schönen Anstand.

Boyet. Wie's auch schon mancher Mann fand. (Longaville geht ab.)

Biron. Wie heißt in der Mütze die?

Boyet. Katharina, Gott schütze sie!

Biron. Ist sie vermählt oder nicht?

Boyet. Wie just die Laune sie sticht.

Biron. Willkommen, mein Herr, lebt wohl zugleich!

Boyet. Lebt wohl, für mich; willkommen, für Euch. (Biron geht ab.)

Maria. Der letzte ist Biron, der tolle, lust'ge Lord.
  Keiu Wort, das nicht ein Scherz ist.

Boyet. · Und jeder Scherz nur ein Wort.

Prinzessin. Drum war es gut gethan, als Ihr ihn faßtet beim Wort.

Boyet. Ich war so rasch zu entern, als er zu nah'u dem Bord.

Maria. Zwei tapfre Schafe, wahrlich!

Boyet.   Nein, Schiffe, meine Beſte;
Nur Schafe, Lamm, ſind wir auf deinen Lippen Gäſte.

Maria. Ihr Schaf' und ich die Weide; endigt der Spaß nun hier?

Boyet. Wenn Ihr mir zu weiden erlaubt. (Will ſie küſſen.)

Maria.   ·   Nicht ſo, mein zartes Tier.
Meine Lippen ſind kein Gemeinfeld, wenngleich offen Revier.

Boyet. Und wem denn zugehörig?

Maria.   Nun, meinem Glück und mir.

Prinzeſſin. Die Witz'gen lieben Zank; doch ſei der Streit geendet.
Der Bürgerkrieg des Witzes iſt beſſer angewendet
Auf Navarras' Bücherhelden; hier wär' er nur verſchwendet.

Boyet. Wenn meine Seherkunſt, und dieſe irrt wohl nicht,
Des Herzens ſtumme Rhetorik, die aus den Augen ſpricht,
Mir richtig deutete, verſank Navarras Mut . . .

Prinzeſſin. In was?

Boyet.   Ei nun, wir Kenner betiteln's Liebesglut.

Prinzeſſin. Eu'r Grund?

Boyet. Zum Hofhalt ſeines Auges entflohn Gebärd' und Sinnen,
Und ſchauten voll Verlangen aus dem Verſtecke drinnen.
Sein Herz, gleich 'nem Agat, der Eu'r Bild trägt als Siegel,
Es ſtrahlte ſeinen Stolz aus in ſeines Auges Spiegel.
Die Zunge, ungehalten zu reden, ſtatt zu ſehn,
Sie ſtolpert übereilt, im Auge ihm zu ſtehn.
Zum Sinn des Auges drängte der andern Sinne Gewühl,
Die Schönſte der Schönen zu ſehn, das war ihr einzig Gefühl.
Sein Auge, wie ein Schrein, dünkt mich, umſchloß ſie alle,
Wie man dem Fürſten bent Juwelen im Kryſtalle;
Sie bieten ſich Euch zu eigen, die köſtlichen, zuhauf,
Und winken aus gläſerner Hülle und laden Euch zum Kauf.
Auf ſeiner Stirn, drauf Staunen geſchrieben ſtand ſo klar,
Mocht' jeglich Auge leſen, daß ſein Auge bezaubert war.
Ich bürg' Euch Aquitanien und ſeines Reichs Genuß,
Gebt Ihr um meinetwillen ihm einen lieblichen Kuß.

Prinzeſſin. Kommt, gehn wir in unſer Zelt, Boyet iſt aufgelegt.

Boyet. Nur das in Worte zu faſſen, was mir ſein Aug' entdeckt.
Ich wußte ſeinem Auge den Mund hinzuzufügen,
Und ließ der Zunge Worte, die, glaubt mir feſt, nicht lügen.

Prinzeſſin. Du alter Liebeshändler weißt gut deine Worte zu fügen!

Maria. Er iſt Amors Großvater, der muß ihm alles entdecken.

Roſaline. Dann gleicht Venus der Mutter; ihr Vater iſt zum
                                        Erſchrecken.

Boyet. Hört ihr, ihr tollen Dirnen?   ·

Maria.   Nein.
Boyet.   Wohl, so seht ihr dann?
Rosaline. O ja, den Weg nach Hanse.
Boyet.   Mit Euch bind' ich nicht an.
(Alle ab.)

Dritter Aufzug.

1. Scene.

Ein anderer Teil des Parks.

Armado und Motte treten auf.

Armado. Trillere, mein Kind; affiziere mir den Sinn des Gehörs.
Motte (singt). Concolinel.
Armado. Melodische Weise! — Geh, Zartheit der Jahre; nimm diesen Schlüssel, gieb dem Bauer Entfesselung, dring ihn wind= schnell hierher; ich bedarf sein wegen eines Briefs an meine Huldin.
Motte. Herr, wollt Ihr Eure Huldin mit neumodischen Sing= weisen und Arien gewinnen?
Armado. Wie meinst du? Giebt es Arien, welche weise sind?
Motte. Nein, mein vollendeter Gebieter; aber schnellt einen Ton staccato von der Spitze Eurer Zunge; vibriert dazu tremulando mit Euren Füßen; würzt ihn mit Ausdruck, indem Ihr die Augen= lider aufschlagt; seufzt eine Note und singt eine Note; einmal durch die Gurgel, als schlucktet Ihr Liebe, indem Ihr Liebe singt, einmal durch die Nase, als schnupftet Ihr Liebe, indem Ihr Liebe riecht; Euren Hut gleich einem Vordach über den Laden Eurer Augen; die Arme kreuzweise über Eurem dünnen Wamse, wie ein Kaninchen am Spieß; oder Eure Hände in der Tasche, wie eine Figur auf den alten Bildern. Dabei müßt Ihr nicht zu lange in einer Tonart verweilen, sondern ein Schnippchen, und linksum. Das sind Gaden, das ist Urwüchsigkeit, das fängt spröde Mädchen, die sich auch ohne= dies fangen ließen; das macht, daß man von den Gemütern, die solches Wesen affektieren — notiert's Euch! — Notiz nimmt.
Armado. Womit hast du diese Erfahrung eingekauft?
Motte. Für meinen Pfennig der Beobachtung.
Armado. Doch o! Doch o!
Motte. Vergessen ist das Steckenpferd!
Armado. Nennst du meine Huldin Steckenpferd?
Motte. Nein, Herr, das Steckenpferd ist nur ein rohes Füllen und Eure Huldin vielleicht ein Mietklepper. Aber habt Ihr Eure Huldin vergessen?

Armado. Beinahe hätte ich's.

Motte. Nachläſſiger Student! Lernt ſie auswendig!

Armado. Ich liebe ſie auswendig und inwendig, Knabe.

Motte. Und abwendig, Herr; alles das beweiſe ich Euch.

Armado. Was willſt du beweiſen?

Motte. Mich als Mann, wenn ich leben bleibe, und dies aus=, in= und abwendig im Augenblick. Auswendig liebt Ihr ſie, weil Ihr ihren Namen ohne Anſtoß herſagen könnt; inwendig, weil Ihr nicht aus der Haut fahren dürft; und abwendig, weil ſie ſich von Euch abwendet.

Armado. Ich bin in allen dieſen drei Fällen.

Motte. Und wäret Ihr auch in ſechs Fellen, ſo würdet Ihr in allen Euren Fellen ungefällig bleiben.

Armado. Führe mir den Bauer hieher; er ſoll mir einen Brief überdringen.

Motte. Eine ſympathetiſche Botſchaft! Ein Pferd als Geſandter eines Eſels!

Armado. Ha! Was ſagſt du?

Motte. Meiner Treu, Herr, Ihr müßt den Eſel auf dem Pferde ſchicken, denn er iſt nur langſam zu Fuß; doch ich gehe.

Armado. Der Weg iſt nur kurz — hinweg!

Motte. So ſchnell wie Blei, Herr.

Armado. Deine Meinung, artiges Ingenium?
Blei dünkt mich ein Metall, dumm, ſchwer und träg' zu ſein.

Motte. Minime, edler Sennor; oder wahrlich, Sennor, nein.

Armado. Ich ſage: Blei iſt langſam.

Motte. Ihr folgt zu ſchnell dem Schein;
Iſt langſam wohl ein Blei, venn aus dem Lauf geſchoſſen?

Armado. Ein würdig Rednerblümchen!
Ich alſo bin das Rohr, die Kugel paßt auf ihn.
Jetzt ſchieß' ich dich auf den Bauer.

Motte. Bauz denn, und ſeht mich fliehn.
(Läuft ab.)

Armado. Ein höchſt ſcharfſinn'ger Juvenil, ſo flink, hat ſo bei der Hand Witz!
Erlaube, liebſtes Firmament, ich ſeufze dir in dein Antlitz!
Fahr wohl, o Mut, mein Herz iſt jetzt der trüden Schwermut Landſitz!
Mein Herold kommt zurück.

Motte kommt mit Schädel zurück.

Motte. Ein Wunder, Herr! Seht 'nen Schädel, der ſich zerſtieß das Bein.

Armado. Ein Enigma, ein Rätſel; komm, wie mag der l'envoy ſein?

Schädel. Nichts da von Nicknamen und Rätseln oder Lang=
fahnen; weg mit Euren Salbenbüchsen, Herr. Ach Herr, Wegerich,
puren Wegerich, keine Langfahnen, keine Langfahnen oder Salben,
Herr; nichts als Wegerich!

Armado. Bei der Tugend, du erzwingst Gelächter; dein
alberner Gedanke meinen Humor; das Schwellen meiner Lunge regt
mich an zu verächtlichem Lächeln; o vergebt mir, ihr Gestirne! Hält
der Unbedachtsame Salbe für l'envoy und das Wort l'envoy für
Salbe?

Motte. Betrachtet der Weise sie etwa anders? Ist nicht
l'envoy ein salbungsvoller Gruß?

Armado. Nein, Page, 's ist ein Epilog, ein Diskurs, der uns erklärt
Irgend ein dunkles Präambulum, das wir zuvor gehört.
Ein Exempel mache dir's klar.
　　　　　Der Fuchs, der Affe, die Biene klein,
　　　　　Weil's drei sind, mußten sie ungleich sein.
Dies ist die Moral, nun folgt der l'envoy.

Motte. Ich will den l'envoy hinzufügen; sagt Ihr die Moral
noch einmal.

Armado. 　　Der Fuchs, der Affe, die Biene klein,
　　　　　Weil's drei sind, mußten sie ungleich sein.

Motte. 　　Bis dann die Gans kam aus der Thür;
　　　　　Da wurden sie gleich, denn drei ward vier.
Nun will ich mit Eurer Moral anfangen; folgt Ihr mir nach
mit meinem l'envoy.
　　　　　Der Fuchs, der Affe, die Biene klein,
　　　　　Weil's drei sind, mußten sie ungleich sein.

Armado. 　　Bis dann die Gans kam aus der Thür;
　　　　　Da wurden sie gleich, denn drei ward vier.

Motte. Ein erfreulicher l'envoy, der sich mit einer Gans
endigt. Was könnt Ihr mehr verlangen?

Schädel. Der Junge hat ihn zum besten mit der Gans, das wollt'
　　　　　　　　　　　　　　　　　　　ich wetten;
Eu'r Handel wär' nicht schlecht, wär's eine von den setten.
Braucht wer 'nen pfiffigen Schelm, ei seht den Kleinen, der kann's!
Ihr sucht 'nen setten l'envoy? Er verkauft Euch 'ne fette Gans.

Armado. O wart noch! Wartet noch! Dies Argument, wie begann's?

Motte. Ich erzählt' Euch, wie ein Schädel sich heut das Bein
　　　　　　　　　　　　　　　　　　　geschunden.
Drauf rieft Ihr nach dem l'envoy.

Schädel. Jawohl, und ich nach Wegerich; so hat sich's eingefunden,
Dann kam der fette l'envoy, die Gans, die Ihr gekauft,
So endigte der Markt.

Armado. Aber erkläre mir, welche Allegorie liegt verborgen unter dem Schädel, welcher sein Bein zerstoßen?

Motte. Ich will's Euch auf eine gefühlvolle Weise deutlich machen.

Schädel. Du haft kein Gefühl dafür, Motte! Diesen l'envoy will ich sprechen:

Ich Schädel rannt' hinaus, statt ruhig im Hause zu sein,
Und stolpert' in der Thür und stieß mich an das Bein.

Armado. Wir wollen die Sache ruhen lassen.

Schädel. Ja, das wird dem Beine wohl bekommen.

Armado. Du, Schädel, ich will dich emancipieren.

Schädel. Ihr wollt mich als Ehmann citieren? Das läuft wohl wieder auf so 'nen l'envoy, auf eine Gans hinaus.

Armado. Bei meiner zarten Seele, ich meine, dich in Freiheit setzen, deine Person frankieren; du warst vermauert, gebunden, eingekerkt, verstopft.

Schädel. Richtig, richtig, und nun wollt Ihr meine Purganz sein und mich loslassen.

Armado. Ich schenke dir deine Freiheit, erlöse dich aus der Gebundenheit, und als Gegenleistung lege ich dir nur dieses auf: überreiche gegenwärtiges Sendschreiben dem Landmädchen Jaquenetta. Hier ist Remuneration (er giebt ihm Geld), denn die beste Stütze meiner Ehre ist, meine Vasallen zu unterstützen. Motte, folge. (Er geht ab.)

Motte. Wie das X auf das U. Leb wohl, Freund Schädel, du
würdiger Kerl! (Geht ab.)

Schädel. Mein süßes Quentchen Mannsfleisch! Spitzbübische niedliche
Perl'!

Nun will ich seine Remuneration ansehen. Remuneration? Ach, das ist das lateinische Wort für drei Heller; drei Heller heißt Remuneration? „Was kostet das Band? Einen Pfennig. Nein, ich will Euch eine Remuneration geben;" gelt, das klingt? Remuneration! Ei, das lautet viel hübscher als eine französische Krone! Ich will ohne dies Wort nichts wieder einkaufen noch verkaufen.

Biron kommt.

Biron. O mein guter Kerl Schädel, vortrefflich, daß ich dich finde.

Schädel. Bitt' Euch, Herr, wieviel rotes Band kann man für eine Remuneration kaufen?

Biron. Was ist eine Remuneration?

Schädel. Ei je, Herr, anderthalb Pfennig.

Biron. Nun also für drei Heller Seidenband.

Schädel. Ich danke Euer Gnaden, Gott befohlen.

Biron. Halt, warte, Mensch, ich muß dich jetzt gebrauchen.

Willst meine Gunst gewinnen, guter Kerl,
So thu ein Ding, um das ich bitten will.

Schädel. Wann soll es denn geschehen, Herr?

Biron. O diesen Nachmittag.

Schädel. Nun gut, ich will es thun, so lebt denn wohl.

Biron. Du weißt ja noch nicht, was es ist.

Schädel. Ich werd's schon wissen, Herr, wenn ich's gethan habe.

Biron. Ei, Schlingel, du mußt es vorher wissen.

Schädel. Ich will morgen früh zu Euer Gnaden kommen.

Biron. Es muß den Nachmittag geschehen. Hör, Bursch, es
ist nur dies:
Die Fürstin kommt zur Jagd hier in den Park,
Und eine edle Dam' ist im Gefolge.
Spricht süß ein Mund, dann ruft er ihren Namen
Und nennt sie Rosaline. Frag nach ihr,
Und ihrer weißen Hand gieb dies Geheimniß,
Versiegelt. Hier dein Rekompens; nun geh. (Giebt ihm Geld.)

Schädel. Rekompens — o süßer Rekompens! Besser als Remuneration, elftehalb Pfennig besser. Ei du herziger Rekompens:
ich will's thun, Herr, wie gedruckt. Rekompens! Remuneration! (Ab.)

Biron. Oh! Und ich verliebt, seht doch,
Ich, der Cupidos Geißel sonst gewesen!
Ein wahrer Büttel jedem Sehnsuchtsseufzer,
Ein Lästrer, ja, nachtwachender Konstabel,
Ein strenger Schuldespot des armen Knaben,
Kein Sterblicher so überstolz wie ich!
Der laun'sche Junge, greinend, blind, verkappt,
Der Kleingroß, Riesenzwerg, Ritter Cupido,
Sonettenfürst, Herzog gekreuzter Arme,
Gesalbter König aller Ach und O,
Lehnsherr der Tagedieb' und Mißvergnügten,
Monarch der Schlitze, Schatz der Hosenlätze,
Allein'ger Kaiser, großer Feldzeugmeister
Der Kirchenbüßer; (o mein kleines Herz!)
Ich soll sein Adjutant sein, soll mich kleiden
In seine Farben, wie ein Maientänzer?
Wie, was, ich lieb', ich werb', ich such' ein Weib?
Ein Weib, das einer deutschen Schlaguhr gleicht,
Stets dran zu bessern, ewig aus den Fugen,
Die niemals recht geht, wie sie auch sich stellt,
Als wenn man stets sie stellt, damit sie recht geht?
Und, was das Schlimmste, noch meineidig werden!
Und just die Schlimmste lieben von den dreien!
Ein bläßlich Ding mit einer Sammetstirn,
Mit zwei Pechkugeln im Gesicht statt Augen,

12*

Und eine wahrlich, die die That wird thun,
Und wär' ein Argus ihr gesetzt zum Wächter!
Und, ach! um die nun seufzen, um sie wachen!
Ich um sie beten! — Sei's drum, 's ist 'ne Strafe,
Die Amor mir diktiert für die Verachtung
Seiner allmächtig furchtbar kleinen Macht.
Nun wohl! So will
Ich lieben, schreiben, seufzen, ächzen, beten;
Der liebt das Fräulein, jener schwärmt für Greten.　　(Ab.)

————

Vierter Aufzug.

1. Scene.

Ein anderer Teil des Parks.

**Es treten auf die Prinzessin, Rosaline, Maria, Katharina,
Boyet, Lords, Gefolge, ein Förster.**

Prinzessin. War das der König, der sein Pferd so scharf
Die jähe Höh' des Hügels sporrt' hinan?
Boyet. Ich weiß nicht; doch ich glaub', er war es nicht.
Prinzessin. Wer es auch sei, aufstrebend zeigt er sich.
Nun heut, ihr Herrn, empfahn wir den Bescheid
Und Samstag kehren wir nach Frankreich heim. —
Jetzt, lieber Förster, zeigt uns das Gehölz;
Wo stellt Ihr uns, daß wir den Mörder spielen?
Förster. Hier in der Näh', am Saum des Unterholzes;
Der Stand ist gut, Ihr habt den schönsten Schuß.
Prinzessin. Der Schönheit Preis! Die Schöne thut den Schuß,
Und drum mit Recht sprichst du vom schönsten Schuß.
Förster. So, Gnäd'ge, hab ich's nicht gemeint, verzeiht!
Prinzessin. Wie, hast du schon dein erstes Lob bereut?
O kurzer Ruhm! Nicht schön? O Herzeleid!
Förster. Ja, Fürstin, schön!
Prinzessin.　　　　　　O, laß die Schminke ruhn;
Wo Schönheit fehlt, ist Schmeicheln eitles Thun.
Hier, lieber Spiegel, für die Wahrheit nimm es; (giebt ihm Geld)
Zu schöner Lohn als Zahlung für so Schlimmes!
Förster. In Euch hat einzig Schönheit sich gebettet.
Prinzessin. Seht, wie ein Goldstück meine Schönheit rettet!
O Schönheitsketzerei, der Zeiten wert;
Wenn sie nur schenkt, wird jede Hand verehrt.

Doch jetzt zur Jagd! Wenn Sanftmut töten muß,
Schilt sie auf jeden gutgezielten Schuß;
So bleibt mein Ruf als Schützin unversehrt.
Denn treff' ich nicht, hat Mitleid mir's gewehrt;
Treff' ich, wohlan, so muß der Tadel schweigen;
Ich that es nur, Euch meine Kunst zu zeigen.
Unleugbar ist's und die Erfahrung lehrt,
Wie Ruhmsucht zum Verbrechen sich entehrt;
Um Lob und Preis, um nichtige Erscheinung
Entsagen wir des Herzens beßrer Meinung;
Wie meine Hand um Lob zu töten denkt
Das arme Wild, das ich sonst nie gekränkt.

Boyet. Hat's nicht auch Ehrgeiz ihnen eingegeben,
Wenn böse Frau'n nach Eigenherrschaft streben
Als Herrn des Eheherrn?

Prinzessin. Ehrgeiz allein; und Ehr' und Preis gebührt
Jedweder Frau, die ihren Herrn regiert.

Schädel tritt auf.

Prinzessin. Hier kommt ein Bürger unsrer Republik.

Schädel. Schönen guten Abend! Um Vergebung, welches ist
die Hauptdame?

Prinzessin. Die kannst du an den übrigen erkennen, mein
Freund, die ohne Haupt sind.

Schädel. Welches ist die größte Dame, die höchste?

Prinzessin. Die dickste und die längste.

Schädel. Die dickste und die längste! Nun ja, was wahr, bleibt wahr.
Ließ' Eure Taille schmal und leicht sich wie mein Witz umfassen,
So möchte von den Fräulein hier Euch jeder Gürtel passen.
Seid Ihr nicht die Hauptdame? Die dickste seid Ihr gewiß!

Prinzessin. Was wollt Ihr, Freund? Was wollt Ihr?

Schädel. Dem Fräulein Rosalinde schrieb den Brief Mylord Biron.

Prinzessin. Geschwind den Brief, den Brief; den Schreiber kenn'
ich schon.

Wart, Freund! — Boyet, ich weiß, Ihr habt im Tranchieren Geschick;
Legt mir dies Hühnchen vor.

Boyet. Ich gehorch' Euch im Augenblick.
Der Brief ging fehl, von uns ward er keinem zugedacht.
Er ist für Jaquenetta.

Prinzessin. Doch weil er uns gebracht,
Brich nur dem Wachs das Genick; nun lies, ihr alle gebt acht!

Boyet (liest). „Beim Himmel, daß Du schön, ist untrüglichschlüß=
lich; wahr, daß Du reizend; Wahrhaftigkeit selbst, daß Du lieblich.
O Du, schöner denn schön, reizender denn reizend, wahrhaftiger denn

Wahrhaftigkeit ſelber, habe Erbarmung mit Deinem heroiſchen Vaſallen!
Der durchlauchtigſte und allergroßmächtigſte König Cophetua warf
ein Auge auf die ſchelmiſche und unzweifelhafte Bettlerin Zenelophon,
und eben derſelbige var es, der da mit Fug konnte ausrufen:
Veni, vidi, vici, welches, dafern wir's zerſetzen in Volksſprache —
o niedrige und dumme Volksſprache! — ſo viel als videlicet, er kam,
ſah und überwand. Er kam, eins; ſah, zwei; überwand, drei. Wer
kam? Der König. Weshalb kam er? Zu ſehen. Weshalb ſah er?
Zu überwinden. Zu vem kam er? Zu der Bettlerin. Wen ſah
er? Die Bettlerin. Wen überwand er? Die Bettlerin. Der Schluß
iſt Sieg; auf weſſen Seite? Des Königs. Die Gefangennehmung be=
reichert; auf veſſen Seite? Der Bettlerin. Die Kataſtrophe iſt eine
Vermählungsſeier; auf weſſen Seite? Des Königs? Nein, auf beiden
in einer oder einer in beiden Seiten. Ich bin der König; denn ſo
fordert es das Gleichnis; Du die Bettlerin; denn ſo zeuget Deine
Niedrigkeit. Soll ich Deine Liebe erheiſchen? Ich könnte es. Soll
ich deine Liebe erzwingen? Ich dürfte es. Soll ich um Deine Liebe
werben? Ich vill es. Was wirſt Du eintauſchen für Fetzen? Spitzen.
Für Bürden? Würden. Für Dich? Mich! Alſo, entgegenharrend
Deiner Replik, profanier' ich meine Lippen an Deinen Fuß, meine
Augen an Dein Konterfei und mein Herz an Dein Allenthalb. Dein
in der innigſten Dahingebung der Dienſtbefliſſenheit
                    Don Adriano de Armado."
Alſo brüllt des Nemäerlöwen Schlund
    Nach dir, du Lamm, das ſeiner Mordluſt Ziel;
Vor ſeinem ſtolzen Fuß ſink auf den Grund,
    Und von dem Raubzug neigt er ſich zum Spiel.
Doch ſträubſt du dich, was wird aus dir, o Seele?
    Fraß ſeiner Wut, Proviant für ſeine Höhle.
Prinzeſſin. Wer iſt der Wetterhahn, der Federbuſch, der Quaſt?
    Hörtet ihr Beßres je? Wer hat den Brief verfaßt?
Boyet. Wenn ich mich recht beſinne, kenn' ich den harten Stil.
Prinzeſſin. Ja, nennt ihn ſo! Selbſt Knüttel vär' immer nicht
                                                zu viel.
Boyet. Armado iſt ein Spanier, und dient mit ſeinen Poſſen
    Zum Zeitvertreib dem König und ſeinen Buchgenoſſen.
Ein Phantaſt, ein Monarcho.
Prinzeſſin.   Mein Freund, hör auf ein Wort!
    Wer gab dir jenen Brief?
Schädel.   Wie ich Euch ſagte, Mylord.
Prinzeſſin. Wem ſollteſt du ihn geben?
Schädel.   Von ihm an jenes Fräulein.
Prinzeſſin. Von wem an velches Fräulein?

Schädel. Vom gnäd'gen Herrn Biron bin ich hierher gesandt
An eine Dam' aus Frankreich, Lady Rosaline genannt.

Prinzessin. Der Brief ward falsch bestellt. Ihr Herren, fort von hier!
Steck' den einstweilen ein, Schatz; bald wird der rechte dir.
(Die Prinzessin mit ihrem Gefolge ab.)

Boyet. Wer ist denn nun verschossen?

Rosaline. Sag' ich's Euch, edler Held?

Boyet. Ja, Ausbund aller Schönheit.

Rosaline. Der Pfeil, den sie abgeschnellt.
Schön abpariert!

Boyet. Die Prinzessin schießt nach Hornwild; doch wirst du einst
heiraten:
Zehn gegen eins, daß in dem Jahr die Hörner trefflich geraten.
Pariere den!

Rosaline. So hört, ich bin verschossen.

Boyet. Drum seid Ihr auch so bleich.
Jedoch in wen?

Rosaline. In keinen, der Ausschuß ist, gleich Euch.
Pariere den.

Maria. Ihr ruht nicht, bis sie Euch trifft: wahrt Euch die Stirn
mit dem Hut!

Boyet. Sie selber traf man tiefer schon. Nicht wahr, da zielt' ich gut?

Rosaline. Soll ich gegen dich anrücken mit einem alten Reim,
der schon ein Mann war, als König Pipin von Frankreich noch als
kleiner Bube herumlief, was das Treffen andelangt?

Boyet. Wenn ich mich verschanzen darf mit einem ebenso alten,
der ein Weib war, als Königin Ginevra von Britannien noch ein
kleines Mädchen, was das Treffen andelangt?

Rosaline. Du kannst nicht treffen, treffen, treffen,
Du kannst nicht treffen, mein guter Hans.

Boyet. Schon gut, ich kann nicht, kann nicht, kann nicht;
Kann ich's nicht, nun, ein andrer kann's. (Rosaline und Katharina ab.)

Schädel. Beim Element, recht lustig! Wie gut die beiden sich hielten!

Maria. Die Scheiden trafen sie trefflich, so oft sie zusammenhielten.

Boyet. Die Scheiden, sagt Ihr, Fräulein? Nun, daß wir nichts
vergessen,
Der Scheide gebührt ein Pflock, um recht den Schuß zu messen.

Maria. O, weit nach links gefehlt! Ihr seid jetzt nicht bei der Hand.

Schädel. Jawohl, um die Mitte zu treffen, nehmt näher Euren Stand.

Boyet. Ich nicht bei der Hand? Dann zeigt mir, wie Ihr den
Pfeil regiert?

Schädel. Gebt acht! Sie gewinnt den Kernschuß! Der Pflock
wird ruiniert.

Maria. Kommt, kommt, Ihr ſprecht zu gröblich, ohn' Anſtand
und Manier!

Schädel. Ihr trefft ſie weder mit Schuß noch Stich; verſucht's
und kegelt mit ihr!

Boyet. Das gäde zu viel Anſtoß. Leb wohl, mein graues Tier.
(Boyet und Maria gehen ab.)

Schädel. Mein Seel, ein blöder Schäfer! Ein recht ſimpler Tropf!
O je, wie hieben die Damen und ich ihn über den Kopf!
Blitz, welche niedliche Späße! Der Witz wie korrupt und zierlich!
Wenn's ſo glatt von der Zunge haſpelt, ſo recht obſcön und manierlich!
Narmado auf einer Seite — welch nobler, zierlicher Held!
Wie er ſich ſpreizt vor den Fräuleins! Wie hübſch er den Fächer hält,
Und küßt ſich im Gehn die Hand! Und ſchwört Euch die ſüßeſten Eide!
Und dann ſein Page, die Handvoll Witz! auf der andern Seite.
'ne höchſt pathetiſche Fliege! Der Herr erhalte ſie beide.
(Jagdgeſchrei hinter der Scene: Holla! Holla! Schädel geht ab.)

2. Scene.

Ebendaſelbſt.

Es treten auf Dumm, Holofernes und Sir Nathanael.

Nathanael. Eine hochwürdige Jagdluſtbarkeit, in der That,
und unternommen nach dem Zeugniß eines guten Gewiſſens.

Holofernes. Der Hirſch war, wie Ihr wiſſet, sanguis, in
vollem Geblüt, reif wie ein Jungherrnapfel, welcher jetzt hanget
gleich einem Juwel in dem Ohre coeli, der Luft, des Firmamentes,
der Feſte, und plötzlich fället gleich einem Holzapfel auf das An=
geſicht terrae, des Bodens, des Grundes, des Erdreiches.

Nathanael. In der That, Meiſter Holofernes, Ihr wechſelt
anmutig mit denen Prädikaten, recht wie ein Schriftgelehrter; allein
laßt mich Euch bezengen, Herr, es war ein Bock vom erſten Geweth.

Holofernes. Sir Nathanael, haud credo.

Dumm. Es var keine Hautkrähe, es var ein Spießer.

Holofernes. O barbariſche Intimation! und hinwiederumb
eine Art Inſinuation, gleichſam in via, auf dem Wege, einer Ex=
plikation; facere gleichſam eine Replikation, oder vielmehr gleichſam
ostentare, darlegen eine Inklination; nach ſeiner ohngeſitteten, ohn=
geglätteten, ohnausgefeileten, ohngeſtutzeten, ohngeſchmücketen, oder
vielmehr ohnkultiviereten, oder vielmehreſt ohnkonfirmiereten Weiſe
wiederumb einzuſchalten mein haud credo ſtatt eines Wildes.

Dumm. Ich ſage, das Wild war keine Hautkrähe, es war ein
Spießer.

Holofernes. Zweimal gesottene Einfalt, bis coctus!
O du monstrose Ignoranz, vie mißgeschaffen dein Schein!
Nathanael. Er speiste die Leckerbißlein nie, die in den Büchern gedeihn.
Er hat nicht gegessen des Papieres, sozusagen, noch getrunken der
Tinte; seine Sinneskraft ist nicht herangenährt; er ist nur ein Tier,
nur fühlend in seinen gröberen Organen.
Solch unfruchtbare Gewächse stellt man uns Empfindungs= und
Geschmackbegabten hin,
Daß unserer gedeihlicheren Gaben wir uns freuen mit dankbarem
Sinn.
Gleich falsch, wenn ich in Albernheit als Narr und Geck mich blähte,
Als wenn ein solcher Hahn, vie der, gelehrt in Schulen krähte.
Ich halt's mit jenem Kirchenvater, der oft zu sagen pflegt:
Manch einer steht das Wetter aus, der nicht den Wind erträgt.
Dumm. Ihr seid zwei Schriftgelehrte, könnt ihr das schmucke Rätsel
mir lösen:
Was keine fünf Wochen jetzt alt und bei Kains Geburt schon 'nen
Monat gewesen?.
Holofernes. Dictynna, ehrlicher Dumb; Dictynna, ehrlicher
Dumb.
Dumm. Wer ist dick und dünne?
Nathanael. Eine Titulatur Lunae, Phoebae, des Mondes.
Holofernes. Der Mond war 'nen Monat alt, als Adam nicht älter var,
Und keine fünf Wochen zählt' er, als jener hundert Jahr.
Die Allusion verleuret nichts bei dem Umbtausch.
Dumm. Das ist auch wahr, mein Seel, die Kollusion verlieret
nichts beim Umtausch.
Holofernes. Gott särle deine Kapazität! Ich sage, die A l l u s i o n
verleuret nichts bei dem Umbtausch.
Dumm. Und ich sage, die Konfusion verliert nichts beim Um=
tausch; denn der Mond wird nie älter, als just einen Monat; und
überdem bleib' ich dabei und sage, es var ein Spießer, den die
Prinzessin schoß.
Holofernes. Sir Nathanael, wollet Ihr anhören ein extem=
porelles Epitaphium auf den Tod des Tieres? Und zwar hade ich,
um mich der Einfalt zu accommodieren, das Tier, welches die
Prinzessin schoß, einen Spießhirsch genennet.
Nathanael. Perge, wertester Meister Holofernes; perge, dafern
Ihr alle Skurrilität verbannt veit.
Holofernes. Ich verde die Allitteration in etvas vorwalten
lassen, denn das zeuget von Gewandtheit.
Straff spannt die Schöne schnellt und schießt ein Spießtier, schlank
und schmächtig;

Man nannt' es Spießhirsch; denn am Spieß spießt ihn der Speise-
meister.

Hierauf verspeist mit Gabeln wird's ein Gabelhirsch, so dächt' ich,
Und weil die Schützin Kronen trägt, mit Recht ein Kronhirsch
heißt er.

Hell gellt die Jagd, nehmt vom Gebell zu Hirsch eins von den Len,
Sind's fünfzig Hirschel; noch ein L, so thät' sie hundert fällen.

Nathanael. Wie schmeidig bewegt er der Verse zähen Fuß!

Dumm. Was das für ein Wesen ist über seine Fersen und
Fußzehen.

Holofernes. Dieses ist eine Gabe, die mir verliehen ward;
simpel, simpel, ein launischer, abspringender Geist, erfüllet von Gestalten, Figuren, Formen, Gegenständen, Einbildungen, Wahrneh-
mungen, Motionen, Revolutionen; dieselben werden gezeuget in dem
Mutterleibe des Gedächtnuffes, ernähret in dem Schoße der pia mater,
und an das Licht geboren bei zeitigender Gelegenheit. Indessen die
Gabe ist gut in solchen, bei denen sie zur rechten Scharpffinnigkeit
gelanget, und ich bin dankbar für dieselbe.

Nathanael. Sir, ich preise den Herrn für Euch, und das
mögen auch meine Pfarrkinder. Denn ihre Söhne sind gut beraten
bei Euch, und ihre Töchter gedeihen augenscheinlich unter Euch; Ihr
seid ein stattliches Membrum des gemeinen Wesens.

Holofernes. Mehercle, wann ihre Söhne ingenium besitzen,
soll es ihnen nicht fehlen an Instruktion, wann ihre Töchter
empfänglich sind, werd' ich's ihnen schon beibringen. Jedennoch vir
sapit, qui pauca loquitur. Eine als Weib geschaffene Seele begrüßet uns.

Jaquenetta und Schädel treten auf.

Jaquenetta. Gott grüß' Ihn, Herr Farr!

Holofernes. Nicht etva fur ein Dieb; noch fer bring her
und gieb, sondern far, die Spreu im Sieb. Weffenthalben far?

Schädel. Weil Farr bei uns einen Ochsen bedeutet; und weil
des Pfarrers Haupt so voller Gelehrsamkeit steckt, wie ein Oxhoft
voll Wein.

Holofernes. Wie ein Ochshaupt! Ein hübscher Funke des
Witzes in einem Erdenkloße; Feuer genug für einen Kiesel, Perle
genug für eine Sau. Es ist artlich, es ist hübsch.

Jaquenetta. Lieber Herr Farr, sei Er doch so gut und les'
Er mir den Brief. Schädel hat ihn mir gegeben, und Don Armadill
schrieb ihn mir; ich bitt' Ihn drum, les' Er ihn.

Holofernes. Fauste, precor gelidâ quando pecus omne sub
umbra
Ruminat — und so weiter. Ach, du guter alter Mantuanus!

Ich kann von dir sagen, wie der Reisende von Venedig:

> Vinegia, Vinegia,
> Chi no ti vede, non ti pretia.

Alter Mantuanus! Alter Mantuanus! Wer dich nicht verstehet, der liebet dich nicht. — Ut, re, sol la mi fa. Mit Eurem Vergunst, Herr Pfarrer, was ist der Inhalt? oder vielmehr, wie Horatius saget in seinem — was zum Element! Verse?

Nathanael. Ja, Herr, und sehr gelehrte.

Holofernes. Lasset mich vernehmen eine Strophe, eine Stanza, einen Vers; lege, domine.

Nathanael (liest). „Macht Liebe mich verschwor'n, darf ich noch Liebe schwören?

Treu' hält nur stand, gab sie der Schönheit sich zu eigen;
Meineidig an mir selbst, will ich dir treu gehören;
Was eichenfest mir schien, kannst du wie Binsen beugen!
Die Forschung lechzt im Durst, dein Auge sei mein Bronnen,
Dort thront die Seligkeit, die uns das Buch verheißt;
Der Kenntnis Inbegriff hat, wer dich kennt, gewonnen!
Vielkundig ist der Mund, der mit Verstand dich preist,
Stumpfsinnig, wer nicht beugt sein Knie vor deiner Schöne;
Mein größter Ruhm, daß ich so hohen Wert empfand.
Der Augen Feuerblitz, der Rede Donnertöne
Sind Wonneglanz, Musik, hast du den Zorn verbannt.
Doch göttlich, wie du bist, vergieb, wenn rauhe Zungen
Des ew'gen Himmels Lob mit ird'schem Laut gesungen!"

Holofernes. Ihr findet nicht die Apostrophen und darüber verfehlt Ihr den Accent. Lasset mich die Canzonetta überspähen; hier ist nur das Silbenmaß observieret, allein, was da heißet die Elegantia, die Leichtigkeit zusampt dem güldenen Schlußfall des Gedichtes — caret. Ovidius Naso, der war der Mann! Und warumb auch Naso? warumb sonst, als weil er auswitterte der Phantasey ihre balsamischen Duftblüten? Der Erfindungskraft ihre Absprünge? Imitari ist nichts, das thut der Hund seinem Herrn, der Affe seinem Wärter, das aufgeputzte Kunstpferd seinem Renter. Aber, Damosella Jungfrau, ward dieses Euch zugewendet?

Jaquenetta. Ja, Herr, von einem Musjeh Biron, einem von den Lords der ausländischen Königin.

Holofernes. Ich will einmal beäugeln die Aufschrift: „An die schneeweiße Hand des allerschönsten Fräuleins Rosaline." Wiederumb will ich mir ansehen den Inhalt des Briefes, umb die Bezeichnung zu finden, des Objektes, das da schreibet, an die Person, welcher da geschrieben wird:

> „Eu'r Gnaden zu allem Dienst bereitwilligster
>
> Biron."

Sir Nathanael, dieſer Biron iſt einer von denen Eidgenoſſen des
Königes, und hat allhier einen Brief gefertiget an eine Geleitsdame
der fremden Monarchin, welcher accidentellerweiſe oder auf dem Wege
der Progreſſion in die Verirrung geraten iſt. Entſchlüpfe, mein Kind;
überantvorte dieſes Blatt in die Hand der Majeſtät; es mag von
beſonderem Moment ſein. Verweile dich hier nicht mit Verbeugungen;
ich überhebe dich deiner Pflicht; leb wohl.

Jaquenetta. Du, Schädel, komm mit. Herr, Gott grüß' ihn!

Schädel. Nimm mich mit, Mädel. (Beide gehen ab.)

Nathanael. Sir, Ihr habt dies in der Furcht Gottes gethan,
ſehr gewiſſenhaft, und wie irgend ein Kirchenvater ſagt . . . .

Holofernes. Sir, redet mir nichts von dem Kirchenvater,
ich verargwöhne ſchmuckhafte Ausſchmückungen. Aber um zurück=
zukommen auf die Verſe; geſielen ſie Euch, Sir Nathanael?

Nathanael. Meiſterlich, was die Faſſung betrifft.

Holofernes. Ich ſpeiſe heute mittag bei dem Vater eines
ſicheren Zöglings; allwo, wenn es Euch gefällig ſein ſollte, vor der
Mahlzeit die Tafel mit einem gratias zu gratifizieren, ich kraft
meines Privilegii bei denen Eltern fürbeſagten Kindes oder Pfleg=
linges, Euer ben venuto auf mich nehmen will. Daſelbſt werde ich
dann die Behaupt= und Erhärtung führen, wie jene Verſe ſehr ohn=
gelahrt ſeien, und keine Würze haben von Poeſey, Witz, noch Er=
ſindung. Ich erſuche umb Eure Geſellſchaft.

Nathanael. Und ich danke Euch; denn Geſellſchaft — ſagt die
Schrift — iſt die Glückſeligkeit des Lebens.

Holofernes. Ja wahrhaftiglich! Da thut die Schrift einen
höchſt ohnwiderleglichen Ausſpruch. Euch, Freund (zu Dumm), lad'
ich zugleich, verſagt's nicht; nein! pauca verba! Hinweg! die
Herren ſind jetzi bei der Jagd; gehn wir zu unſerer Erquickung.

(Sie gehen ab.)

3. Scene.

Ein anderer Teil des Parks.

Biron tritt auf, ein Papier in der Hand.

Biron. Der König jagt das Wild, ich hetze mich ſelbſt; ſie
ſind erpicht auf ihre Netze; ich bin umnetzt von Pech, Pech, welches
beſudelt; beſudelt! ein garſtiges Wort! Nun, ſetze dich, Gram! denn
ſo, jagt man, ſprach der Narr; und ſo ſag' ich; ich, der Narr.
Wohl bewieſen mein Witz! Beim Himmel, dieſe Liebe iſt ſo toll,
wie Ajax, ſie tötet Schafe; ſie tötet mich, mich, das Schaf. Abermals
vohl bewieſen meinerſeits! — Ich will nicht lieben; wenn ich's thue,
hängt mich auf; auf Ehre, ich vill's nicht. Ach, aber ihr Auge!

Beim Sonnenlicht, wär's nicht um ihres Auges willen, ich würde sie
nicht lieben; ja, um ihrer beiden Augen willen; wahrhaftig, ich thue
nichts in der Welt als lügen, und in meinen Hals hinein lügen.
Beim Himmel, ich liebe; und das lehrt mich reimen, und schwer=
mütig sein; und hier ist ein Stück von meinem Gereim und hier
meine Schwermut. Nun, eines von meinen Sonetten hat sie schon;
der Tölpel brachte es, der Narr sandte es, und das Fräulein hat es;
süßer Tölpel, süßerer Narr, süßestes Fräulein! Bei Gott, ich wollte
alles drum geben, wenn die drei andern auch so weit wären. Hier
kommt einer mit einem Papier; gebe der Himmel, daß er seufzen
möge! (Er versteckt sich.)

König. Weh mir!

Biron (beiseite). Angeschossen, beim Himmel! Nur zu, liebster
Cupido; du hast ihm mit deinem Vogelbolzen eins unter die linke
Brust abgegeben. Wahrhaftig, Geheimnisse?

König (liest). „So lieblich küßt die goldne Sonne nicht
　　　Die Morgenperlen, die an Rosen hangen,
　　　Als deiner Augen frisches Strahlenlicht
　　　Die Nacht des Taus vertilgt auf meinen Wangen.

　　　Der Silbermond nicht halb so glänzend flimmert
　　　Durch der krystallnen Fluten tiefe Reine,
　　　Als dein Gesicht durch meine Thränen schimmert;
　　　Du strahlst in jeder Thräne, die ich veine.

　　　Dich trägt als Siegeswagen jede Zähre,
　　　So fährst du im Triumph auf meinem Leid;
　　　O schau, wie ich die Thränenschar vermehre,
　　　Mein Weh spricht laut von deiner Herrlichkeit.

　　　Doch liebe dich nicht selbst; die Thränen scheinen
　　　Dir Spiegel sonst, und ewig müßt' ich veinen.
　　　O aller Jungfraun Haupt, du hochgekröntes,
　　　Kein Geist erdenkt dein Lob, kein Mund ertönt es!"

Wie wird mein Leid ihr kund? Hier lieg' du Blatt;
Birg Thorheit, freundlich Laub! Wer tritt hervor?
　　　　　(Der König tritt auf die Seite.)

　　　　　Longaville kommt mit einem Papier.

(Beiseite.) Was, Longavill' und lesend? horch mein Ohr!

Biron (beiseite). Erschein' in deinem Bilde, dritter Thor!

Longaville. Weh mir, ich brach den Schwur!

Biron (beiseite).　　　　　　　　　　Er trägt den Zettel
Wie einer, der für Meineid steht am Pranger!

König (beiseite). Verliebt? Genossenschaft wird Scham versüßen!

Biron (beiseite) Ein Trunkenbold wird gern den andern grüßen.

Longaville. Ich bin wohl nicht meineidig so allein.

Biron (beiseite). Ich könnte leicht dich trösten, ich wüßte noch von zwei'n'
Wir woll'n als Kleeblatt uns, als Triumvirn associeren,
Die Redlichkeit am Tyburn des Amor strangulieren.

Longaville. Wenn Rührung nur dem starren Vers nicht fehlte!
O süßes Kind, Maria, Auserwählte!
Die Reime da zerreiß' ich, schreib' in Prose.

Biron (beiseite). Reime sind Schleifen an Cupidos Hose;
Verdirb ihm den Besatz nicht.

Longaville. Dies mag gehn. (Liest das Sonett.)
„Nur die Rhetorik deiner Himmelsblicke
— Die Welt kann ihr nicht bündig widersprechen —
Verführte mich zu dieses Meineids Tücke;
Nicht sträflich ist's, um dich den Schwur zu brechen.

Dem Weib entsagt' ich; doch ist sonnenklar,
Da Göttin du, niemals entsagt' ich dir;
Himmlisch bist du, mein Eid nur irdisch war,
Und deine Huld heilt jede Sünd' in mir.

Ein Schwur ist Hauch, und Hauch ist Dunst; o schein
Auf meine Erde, Sonne, du mein Licht,
Zieh auf das Dunstgelübb', dann ist es dein.
Gebrochen dann, that ich die Sünde nicht,

Brach ich es gleich. Kein Thor wird sich besinnen,
Um Wortsverlust den Himmel zu gewinnen."

Biron (beiseite). O brünst'ge Liebesglut! Das nenn' ich Ketzerei!
Ein unreif Gänschen verehren, als ob's 'ne Göttin sei!
Gott helf' uns, ach, Gott helfe! Verirrten wir uns so weit?

Longaville. Durch wen nur send' ich es? Halt! Gesellschaft?
ich trete beiseit.

(Er tritt auf die Seite.)

Dumaine kommt.

Biron (beiseite). Versteckt in allen Ecken, ein Spiel aus Kinderzeit!
Ich throne wie ein Halbgott, verhüllt in meiner Wolke,
Zu strenger Aufsicht diesem höchst argen Sündervolke.
Noch neue Säcke zur Mühle? O, mehr als Hoffen verhieß!
Dumaine ist auch verwandelt; vier Schnepfen an einem Spieß.

Dumaine. O Käthchen, göttlich Käthchen!

Biron (beiseite). O Tropf, profaner Tropf!

Dumaine. Beim Himmel! Als ein Wunder jeglichen Blick entzückst du!

Biron (beiseite). Bei der Erde, sie ist keins; o Menschenkind, dies lügst du.

Dumaine. Ihr Ambrahaar beschämt den Ambra selber.
Biron (beiseite). Merkwürdig g'ung! Ein Rab', ein ambragelber!
Dumaine. Wie Cedern schlank!
Biron (beiseite). Ist guter Hoffnung nicht
Ihr Schulterblatt?
Dumaine. Glanzvoll wie Tageslicht!
Biron (beiseite). O ja, nur muß die Sonne just nicht scheinen.
Dumaine. O, hätt' ich meinen Wunsch!
Longaville (beiseite). Und ich den meinen!
König (beiseite). Und ich den meinen auch, du edler Lord!
Biron (beiseite). Amen, und meinen ich, das war ein trefflich Wort.
Dumaine. Wo find' ich Ruh? sie glüht als Fieder täglich
Im Blut mir; sie vergessen wird unmöglich!
Biron (beiseite). In deinem Blut? Dann mußt du Ader lassen,
Und, schöner Unsinn! fängst sie auf in Tassen.
Dumaine. Noch einmal les' ich durch, was ich geschrieben.
Biron (beiseite). Noch einen seh' ich hier, verdummt durch Lieben.
Dumaine (liest). „Einst — o wehe muß ich klagen!
    In des Maies Liebestagen
    Spähte Lieb' ein Rößlein duftig,
    Wie's am Stengel schwankte lustig;
    Durch den Samt der Blätter wehn
    Schmeichelwinde ungesehn.
    Der Geliebt', in Todespein,
    Wünscht des Himmels Hauch zu sein.
    Luft, spricht er, küßt deine Wangen;
    Könnt' ich den Triumph erlangen!
    Schwur, ach! hält die Hand zurücke,
    Daß sie nicht vom Dorn dich pflücke;
    Ach, so schwört die Jugend nicht,
    Die so gerne Blüten bricht.
    Neun es Sünde nicht,. daß ich
    Jene Eide brech' für dich.
    Dir ja hätte Zeus geschworen,
    Juno gleiche schwarzen Mohren;
    Sterblich stieg' er selbst zur Erden,
    Um in Liebe dein zu werden."
Dies send' ich, will noch klarer ihr in Bildern
Der treuen Liebe Sehnsuchtsqualen schildern,
O, daß der Fürst, Biron und Longaville
Auch liebten! Spielt hier jeder böses Spiel,
Wird meiner Stirn der Makel fortgeschafft:
Denn keiner fehlt, sind alle gleich vergafft.

Longaville (hervortretend).
Dumaine, fern iſt dein Lieben aller Gnade!
Genoſſen willſt du auf verliebtem Pfade?
O, ſieh nur blaß; ich weiß, ich würd’ erröten,
Fänd’ ich mich ſo ertappt im Übertreten!
König (hervortretend).   Erröte denn, dein Fall iſt ganz ſo ſchwer!
Du ſchiltſt auf ihn und ſündigſt zweimal mehr;
Du liebſt wohl nicht Marien? Longaville
Schrieb nie ihr ein Sonett im hohen Stil?
Hielt auf der Bruſt die Arme nie gefalten,
Um nieder nur ſein klopfend Herz zu halten?
Hier im Gebüſch, das ſchirmend mich verſteckt,
Sah ich euch beid’, und war für beid’ erſchreckt.
Die freveln Reime laſt ihr recht beweglich,
Die Seufzer dampften auf, ihr ſtöhntet kläglich.
Der rief zum Zeus, der ließ ein Ach! erſchallen,
Der nannt’ ihr Haar Gold, der ihr Aug’ kryſtallen,
(zu Longaville) Du wollt’ſt um Meineid dir den Himmel laufen,
(zu Dumaine) Du ließeſt Zeus der Juno ſelbſt entlaufen.
Wie ſpottet wohl Biron, wenn er erfuhr,
Gebrochen ſei, was man ſo eifrig ſchwur;
Wie wird er euch verlachen, jubilieren,
Und Witze ſprühn und höhniſch triumphieren!
Um alle Schätze, die ich je geſehn,
Ich möcht’ ihm ſo nicht gegenüberſtehn.
Biron (hervortretend).   Jetzt, Heuchelei, jetzt iſt’s um dich geſchehn.
Verzeih, o mein erlauchter Souverän!
Mit welchem Rechte ſchiltſt du dieſe Kälber?
Sag, gutes Herz, wer liebt mehr als du ſelber?
Dein Aug’ iſt nie ein Wagen? Wenn es weint,
Giebt’s keine Fürſtin, die drin widerſcheint?
Du brichſt um keinen Preis den Eid, ich weite,
Und nur ein Bänkelſänger ſchreibt Sonette.
Schämt ihr euch nicht? Ihr ſchämt euch ohne Frage,
Ihr alle drei, daß dies ſo kam zu Tage.
Du fandſt an ihm, der Fürſt an dir den Splitter,
Ich euren Balken, ihr drei Liebesritter.
O Himmel, welch ausbünd’ge Narrenſcene
Von Seufzen, Gram, von Ächzen, von Geſtöhne!
Wie ernſthaft blied ich, als vor meinem Blicke
Ein hoher Fürſt ſich umgeformt zur Mücke!
Als Herkules, der Held, der Kreiſel drehte,
Und Salomo ein Gaſſenliedchen krähte,

Neſtor mit Kindern Seifenblaſen machte,
Und Läſtrer Timon über Poſſen lachte!
Wo ſchmerzt es dich, Freund Longavill', geſteh es?
Wo, Dumaine, fließt die Quelle deines Wehes?
Wo Eurer Hoheit? Herzkrank ſeid ihr alle!
Schnell! Einen Heiltrank!

König. Dein Witz ſchmeckt nach Galle.
Sind wir durch deinen Späherblick ſo verraten?

Biron. Nicht ihr durch mich, ich bin durch euch verraten;
Ich, ſtets ſo brav; ich, der's wie Sünde ſcheut,
Zu brechen den von mir gelobten Eid;
Ich bin verraten, weil ich mich verband
Mit Menſchen eures Schlags, voll Unbeſtand.
Wann ſah man mich ein Lied in Reime zwingen?
Um Lenen ſtöhnen? Wann den Tag verdringen
Mit Putzen? Wann vernahmt ihr, daß ich ſang
Gedicht' auf Hand, auf Wang', auf Aug' und Gang,
Figur, Natur, auf Stirn, auf Fuß und Zeh',
Auf Luſt und Bruſt?

Jaquenetta und Schädel treten auf.

König. Wohin entläufſt du? ſteh!
Trabſt du als Ehrlich oder Dieb ſo eilig?

Biron. Der Lieb' entflieh'nd, nicht bei Verliebten veil' ich.

Jaquenetta. Gott grüß' den König!

König. Bringſt du was für mich?

Schädel. Was, von Verrat, Herr!

König. Wie entſpann er ſich?

Schädel. Geſponnen ward er nicht.

König. Nun, wenn auch nicht geſtrickt,
So ſeid Verrat und du nach Hanſe jetzt geſchickt.

Jaquenetta. Seid doch ſo gut, Herr König, leſt, was ſich degeben hat;
Dem Pfarrer ſchien's bedenklich; er ſagt, es ſei ein Verrat.

König. Nimm, Biron, lies ihn durch. (Biron lieſt den Brief.) Wer
hat ihn dir gegeben?

Jaquenetta. Das war der Schädel da.

König. Wer hat ihn dir gegeben?

Schädel. Tonn' Adramotte war's, Tonn' Adramodio.

König. Wie nun, was ficht dich an? Warum den Brief zerſtören?

Biron. 's iſt kein Verrat, mein König; ein Tand, das kann ich
beſchwören.

Longaville. Er bracht' ihn ganz im Zorn, und deshalb woll'n
wir ihn hören.

Dumaine (hebt die Stücke auf). 'ß ist Birons Hand wahrhaftig, und
　　　　　　　　　　　　　　　　　hier sein Name dazu.

Biron. O Tölpel, verdammter Tropf? mußt du mich beschämen? du?
　　Strafbar mein König, strafbar; ich klage selbst mich an.

König. Wie das?

Biron. 　　　　　　Euch fehlt ein vierter Narr, vollständig ist nun
　　　　　　　　　　　　　　　　　　　　das Gespann.
　　Den, diesen, und Euch, mein Fürst, und mich traf gleiches Verderben.
　　Wir alle sind Ganner der Lieb' und verdienen des Todes zu sterben.
　　Entlaßt die edle Versammlung, und mehr noch meld' ich Euch hier.

Dumaine. Was ungleich, ward jetzt eben.

Biron. 　　　　　　　　　　Jawohl, wir sind nun vier.
　　Entfliegen die Tauben nicht bald?

König. 　　　　　　　　Was zaudert ihr noch? geht fort!

Schädel. Wir beiden Gerechten gehn, die Verräter bleiben am Ort.

　　　　　　(Schädel und Jaquenetta ab.)

Biron. Nun, Freunde, liebende, seid mir umarmt!
　　Wir sind so treu, als Fleisch und Blut nur reicht;
　　See ebbt und flutet, Winterluft erwarmt,
　　Jung Blut zerbricht die alte Satzung leicht.
　　Nicht zu umgehn ist, was uns selbst geboren;
　　Drum war der Eid im Schwur schon falsch geschworen!

König. Sprach Liebe jenes Blatt? Ich wette drauf!

Biron. Du fragst? Wer schaut zu Rosalinen auf,
　　Der gleich dem wilden Sohn des Inderstrands,
　　Wenn sich der Ost erschließt zu Pracht und Lust,
　　Nicht beugt das Haupt, geblendet von dem Glanz,
　　Und küßt den Staub mit unterthän'ger Brust?
　　Welch überkühnes Adlerauge wendet
　　Zur Sonne sich, von keiner Wolk' umhüllt,
　　Und wird von ihrer Hoheit nicht geblendet?

König. Welch Eifern? Welche Wut hat dich erfüllt?
　　Ein Mond, herrscht meine Dam' im holden Licht,
　　Weil sie als Dienstgestirn kaum sichtbar funkelt.

Biron. Dann ist mein Sehn kein Sehn, ich Biron nicht;
　　Wär' nicht mein Liebchen, Tag wär' nachtumdunkelt.
　　Die Quintessenz der Farbenschönheit strahlt
　　Wie reinste Edelstein' auf ihren Wangen;
　　Wie sich ein Bild aus tausend Reizen malt,
　　Ein Meisterwerk selbst meisterndem Verlangen.
　　O wäre höchste Redekunst mein Teil —
　　Nein, sie bedarf dein nicht, erborgter Schimmer!

Mag seine Ware preisen, wem sie feil,
Sie steht zu hoch dem Lob für jetzt und immer.
Ein Mönch, verdorrt und hundert Winter alt,
Wirft fünfzig ab, kann er ins Aug' ihr blicken;
Schönheit verjüngt ihm kräftig die Gestalt,
Tauscht mit der Kindheit Wiege seine Krücken.
O Licht und Leben strahlt sie gleich der Sonne.

König. Ei, deine Dam' ist schwarz, vie Ebenholz!

Biron. Ist Ebenholz ihr gleich? O, Holz der Wonne!
Ein Weib, daraus gezimmert, wär' mein Stolz.
Wo ist dein Buch? fest soll mein Schvur bestehn,
Daß Schönheit selbst die Schönheit nicht erreicht,
Lernt sie von ihrem Auge nicht das Sehn;
Und keine schön, die ihr an Schwärze weicht.

König. Sophisterei! Schwarz ist Livrei der Hölle,
Des Kerkers Farbe, Düsterblick der Nacht,
Und helles Weiß thront auf des Himmels Schwelle.

Biron. Zu täuschen, wählt der Teufel lichte Tracht.
Wenn Schwarz die Stirne meiner Liebsten deckt,
So trauert sie, daß falsches Haar, Karmin
Verliebte reizt mit täuschendem Aspekt;
Das Schwarz ward hell, da sie zur Welt erschien.
Ihr Antlitz weist der Mode neue Pfade:
Natürlich Blut hört man als Schminke schelten,
Und Rot, daß es nicht Tadel auf sich lade,
Färbt schwarz sich, ihrer Stirne gleich zu gelten.

Dumaine. Sie überdunkelt selbst die Schornsteinfeger!

Longaville. Seit sie erschien, dünkt sich der Köhler schmuck.

König. Mit seiner holden Farbe prangt der Neger!

Dumaine. Spart alle Kerzen! Nacht ist hell genug.

Biron. Die Damen, die ihr wähltet, scheun den Regen,
Er möcht' an ihrer muntern Schminke naschen!

König. Doch deiner, dächt' ich, käm' er recht gelegen;
Viel Schönre weiß ich, die sich nie gewaschen.

Biron. Währt's bis zum jüngsten Tag, ihr Schönsein preis' ich!

König. Dann schreckt ihn mehr als sie der Teufel nicht.

Dumaine. Kein Mensch var so vergafft in Dorn und Reisig!

Longaville. Sieh hier ihr Bild; mein Schuh und ihr Gesicht!

Biron. O wären deine Augen Pflastersteine,
Ihr Fuß wär' viel zu zart, um drauf zu gehn.

Dumaine. Damit recht deutlich dann der Straß' erscheine,
Was sonst, wenn auf dem Kopf man steht, zu sehn.

König. Sind alle wir verliebt? All' aus dem Gleise?

13*

Biron. Unleugbar; und meineidig alle wißt.

König. So schweigt nun, und Biron, mein Freund, beweise,
Daß unsere Liebe noch kein Treubruch ist.

Dumaine. O ja, reich etwas Balsam diesem Zweifel!

Longaville. Ach, stünde jetzt dir Weisheit zu Gebot,
Logik und List, zu prellen klug den Teufel!

Dumaine. Tinktur für Meineid!

Biron.   Wahrlich, die thut not.
Auf, ins Gewehr, streitbare Liebesritter!
Erwägt, was ihr zuerst beschworen habt;
Fasten, studieren, keine Frauen sehn;
Klarer Verrat am Königtum der Jugend.
Sagt, könnt' ihr fasten? ihr seid allzu jung;
Und die Enthaltsamkeit zeugt Krankheit nur.
Und als ihr zu studieren habt gelobt,
Da habt ihr euerm Buch schon abgeschworen.
Könnt ihr stets träumen, grübeln, darauf starren?
Wie hättet Ihr, o Herr, und Ihr, und Ihr
Erforscht die Herrlichkeit der Wissenschaft,
Half euch die Schönheit nicht der Frau'ngesichter?
Aus Frauenaugen zieh' ich diese Lehre;
Sie sind der Grund, das Buch, die hohe Schule,
Aus der Prometheus' echtes Feu'r entglüht.
Ei, stets sich abarbeiten, kerfert ein
Die raschen Lebensgeister im Geblüt,
Wie rastlos angestrengtes Wandern endlich
Die Sehnenkraft des Reisenden ermüdet.
Drum, wollt ihr nie ein Frauenantlitz schaun,
Habt den Gebrauch der Augen ihr verschworen
Und auch das Studium, dem ihr euch gelobt.
Denn welcher Autor in der ganzen Welt
Lehrt solche Schönheit, wie ein Frauenauge?
Das Wissen ist ein Anhang nur zu uns,
Und wo wir sind, ist unser Wissen auch.
Drum, wenn wir uns in Mädchenaugen sehn,
Sehn wir nicht gleichfalls unser Wissen dort?
O, wir gelobten Studien, werte Lords;
Mit dem Gelübb' entsagten wir den Büchern.
Wie hättet Ihr, o Herr, und Ihr und Ihr
Durch bleierne Betrachtung je ersonnen
So glüh'nden Vers, als den begeisternd Augen
Von Schönheitspflegerinnen Euch gespendet?
Das andre träge Wissen bleibt im Hirn,

Und deshalb finden seine dürren Knechte
Mühsel'ge Ernte kaum nach schwerem Dienst.
Doch Lied', in Frauenaugen erst gelernt,
Lebt nicht allein vermauert im Gehirn;
Wie Luft sich durch den Erdball rings verbreitet,
Strömt sie gedankenschnell durch jede Kraft
Und zeugt jedweder Kraft zwiefache Kraft,
Weit höher als ihr Wirken und ihr Amt.
Die feinste Schärfe leiht sie dem Gesicht;
Wer liebt, des Auge schaut den Adler blind;
Wer liebt, des Ohr vernimmt den schwächsten Laut,
Wo selbst des Diebs argwöhnisch Horchen taub ist.
Die Liebe fühlt empfindlicher und feiner,
Als der beschalten Schnecke zartes Horn!
Schmeckt sie, wird Bacchus' leckre Zunge stumpf.
Ist Lied' an Kühnheit nicht ein Herkules,
Der stets der Hesperiden Bäum' erklimmt?
Schlau wie die Sphinx, so süß und musikalisch
Wie Phöbus' Lei'r bespannt mit seinem Haar?
Wenn Liebe spricht, dann lullt der Götter Stimme
Den Himmel ein durch ihre Harmonie.
Nie wagt's ein Dichter und ergriff die Feder,
Eh' er sie eingetaucht in Liebesseufzer.
Dann erst entzückt sein Lied des Wilden Ohr,
Pflanzt in Tyrannen holde Menschlichkeit.
Aus Frauenaugen zieh' ich diese Lehre;
Sie sprühn noch jetzt Prometheus' echte Glut;
Sie sind das Buch, die Kunst, die hohe Schule,
Die alle Welt umfaßt, erläutert, nährt;
Sonst überall ist nichts Vollkommnes da.
Drum war't ihr Thoren, diesen Frau'n entsagend,
Und haltet ihr den Schwur, so bleibt ihr Thoren.
Der Weisheit halb — ein Wort, das jeder liebt —
Der Liebe halb — ein Wort, das jeden liebt —
Der Männer halb, die Schöpfer sind der Frau'n,
Der Frauen halb, durch die wir Männer sind,
Laßt uns den Eid vernichten, uns zu retten;
Sonst retten wir den Eid, vernichten uns.
's ist fromme Pflicht, meineidig so zu werden;
Barmherzigkeit schreibt das Gesetz uns vor,
Und wer trennt Liebe von Barmherzigkeit?

König. Sankt Amor denn! Und, Ritter, auf! Ins Feld!
Biron. Voran die Banner, und zum Angriff, Lords;

Nieder mit ihnen, drängt und sprengt die Reihn;
Doch sorgt, daß ihr die Sonn' im Rücken habt.
Longaville. Nun, schlicht und ehrlich, ohne viel Figuren:
Soll'n wir um die französ'schen Mädchen frein?
König. Frein und gedeihn; deßhalb laßt uns ersinnen
Ein festlich Spiel für sie in ihren Zelten.
Biron. Erst führen wir hierher sie aus dem Park;
Dann heimwärts leit' ein jeder an der Hand
Sein schönes Liebchen; diesen Nachmittag
Soll sie ein art'ger Zeitvertreib ergötzen,
So gut die kurze Zeit vergönnen will;
Es bahnen Spiele, Masken, Fest' und Tänze
Den Weg der Lieb', und streun ihr Blumenkränze.
König. Fort, daß wir müßig nicht die Zeit versitzen;
Die Stunde, die noch unser, laßt uns nützen.
Biron. Allons! Wer Unkraut sät, drischt kein Getreide;
Gerechtigkeit wägt stets in richt'gen Schalen.
Der Dirnen Leichtsinn straft gebrochne Eide;
Nichts Beßres kaufen, die mit Kupfer zahlen. (Sie gehen ab.)

Fünfter Aufzug.

1. Scene.

Ein anderer Teil des Parks.

Holofernes, Nathanael und Dumm treten auf.

Holofernes. Satis quod sufficit.

Nathanael. Ich preise Gott für Euch, Sir! Eure Tischreden waren vielgekörnt und sentenzenreich, ergötzlich ohne Skurrilität, witzig ohne Affektation, kühn ohne Frechheit, gelahrt ohne Eigendünkel und paradox ohne Ketzerei. Ich diskurierte an einem dieser quondam Tage mit einem Gesellschafter des Königs, welcher tituliert, benamset, oder genannt wird Don Adriano de Armado.

Holofernes. Novi hominem tanquam te. Sein Humor ist hochfliegend, seine Redeweise gebieterisch, seine Zunge gefeilet, sein Auge ehrsüchtig, sein Gang majestätisch und sein Betragen überall pomphaft, lächerlich und thrasonisch. Er ist zu erlesen, zu verschniegelt, zu zierhaft, zu absonderlich so zu sagen; ja, daß ich mich des Ausdruckes bediene, zu ausländerisch.

Nathanael. Ein höchst eigentümliches und auserwähltes Prädikat! (Er nimmt seine Schreibtafel.)

Holofernes. Er zeucht den Faden seiner Loquacität seiner, als es der Wollenvorrat seiner Gedanken verträgt. Ich verabscheue dergleichen adrogante Phantasmen, solche ungeselligliche und zterausbündige Pürschlein, solche Folterknechte Orthographiä, als die da sagen: „kein" statt: „nicht ein"; „Harse" statt: „Harpse"; er spricht statt: er scheußet, er schießt; ich verleure, vocatur verliere; er benamset einen Nachbauer Nachbar; Viech, abbreviieret Vieh. Pfui! (welches er verunstalten würde in fi!) solches ist ein Scheuel und Greuel, es reget in mir auf Ingrimmigkeit; ne intelligis, domine? machet mich fast gallenerbittert, ja abersinnig.

Nathanael. Laus deo, bone intelligo.

Holofernes. Bone? — bone, für bene; Priscianus einigermaßen geschrammt; muß hingehen.

Armado, Motte und Schädel treten auf.

Nathanael. Videsne qui venit?

Holofernes. Video et gaudeo.

Armado (zu Motte). Bursch —

Holofernes. Quare Bursch? varum nicht Pürsch?

Armado. Männer des Friedens, willkommen.

Holofernes. Höchst kriegerischer Herr, Salutationem.

Motte. Sie sind auf einem großen Schmaus von Sprachen gewesen und haben sich die Brocken gestohlen.

Schädel. O, sie zehren schon lange aus dem Almosenkorb der Worte. Mich wundert, daß dein Herr dich nicht schon als ein Wort aufgegessen hat; denn du bist um einen Kopf kürzer als honorificabilitudinitatibus; man schlingt dich leichter hinunter als ein Mandelschiffchen.

Motte. Still, das Läuten fängt an.

Armado (zu Holofernes). Monsieur, seid Ihr kein Litteratus?

Motte. Ja, ja, er erklärt den Buben die Fidel. Was reimt sich auf Gras und trägt Hörner auf dem Kopf?

Holofernes. Auf Gras, pueritia?

Motte. Ihr selbst, o einfältiges Schaf, mit Euren Hörnern; da hört Ihr nun seine Gelehrsamkeit.

Holofernes. Quis, quis, du Konsonant?

Motte. Begreift Ihr's nicht? Teilt Euch einmal in den Namen Erich; laßt den die erste Hälfte sagen, und sprecht Ihr die zweite, da sollt Ihr's hören. Wer ist das Schaf?

Armado. Er.

Holofernes. Ich.

Armado. Nun, bei der salzigen Woge des Mediterraneums, ein artiger Stoß, eine lebhafte Stoccata, tit tack, spitzig und witzig; es erfreut meinen Scharfsinn, es ist echter Humor, dem Sitz des Hauptes entsprossen.

Motte. Oder echte Sproſſen, die auf dem Haupte ſitzen.

Holofernes. Was beſaget dieſe Alluſion? dieſe Figur?

Motte. Hörner.

Holofernes. Du diſputiereſt wie Infantia; geh, peitſche deinen Kreiſel.

Motte. Leiht mir Euer Horn, einen draus zu drechſeln und herumzupeitſchen Eure infamia, circum circa; ein Kreiſel von Hahnreihorn.

Schädel. Und hätte ich nur einen Pfennig im Sack, du ſollteſt ihn haben, um dir Pfeffernüſſe zu kaufen. Halt, da iſt noch dieſelbe Remuneration, die ich von deinem Herrn bekam, du Hellerbüchſe von Witz, du Taubenei von Manierlichkeit. Ei, wenn's der Himmel doch ſo gefügt hätte, daß du auch nur mein Baſtard wärſt! Zu welchem freudigen Vater würdeſt du mich machen! Geh, Kleiner, du triffſt es ad unken, den Nagel auf den Kopf, wie man zu ſagen pflegt.

Holofernes. Oho, ich vittere falſches Latein; für ad unguem.

Armado. Mann der Wiſſenſchaft, praeambula; wir wollen uns abſcheiden von den Barbaren. Diſcipliniert Ihr nicht pueritiam in dem Scholarchengebäude auf dem Haupte des Gebirges?

Holofernes. Oder auf mons, dem Hügel.

Armado. Je nach Eurem gütigen Wohlgefallen, ſtatt des Gebirges.

Holofernes. Alſo thue ich, senza dubbio.

Armado. Sir, es iſt des Königs allerliebſtes Wohlmeinen und Affektation, die Prinzeſſin zu beglückwünſchen in ihren Pavillonen, in den Poſterioribus des Tages, welche der rohe Pöbel nennt — Nachmittag.

Holofernes. Die Poſteriora des Tages, höchſt edelmütiger Ritter, ſind ädäquat, kongruent und anfügſam für den Nachmittag; das Wort iſt ſelekt, erleſen, ſüß und würzig, das deteuere ich, hoch= anſehentlicher Herr, das deteuere ich.

Armado. Herr, der König iſt ein wackerer Edelmann und mein vertrauter, ich darf ſagen, mein ſehr guter Freund; — was innerlich unter uns vorgeht, deſſen ſei nichts erwähnt. Ich bitte dich, gedenke nicht dieſes Ceremoniells; ich bitte dich, laß dein Haupt gedeckt; — und benebſt andern gewichtvollen und höchſt ernſtlichen Entwürfen — und gewiß, von nachdrücklichem Gewicht — aber deſſen ſei nichts erwähnt; — denn ich muß dir ſagen, es iſt Seiner Majeſtät gefällig — beim Sonnenlicht! — manchmal ſich zu lehnen auf meine unwürdige Schulter und mit Ihren königlichen Fingern ſo zu tändeln mit meinem Auswuchs, meinem Knebelbart; allein, ſüßes Herz, deſſen ſei nichts erwähnt. Beim Licht des Äthers! ich trage dir keine Fabeln vor; manche ſonderliche und ausbündige Ehren gefällt es ſeiner

Machtvollkommenheit zu erweisen dem Armado, einem Soldaten, einem Vielgewanderten, einem, der die Welt gesehen; aber deffen fei nichts erwähnt. Der eigentliche Kern des allen ift — aber, füßes Herz, ich flehe um Verschwiegenheit — daß der König verlangt, ich folle die Prinzeffin, fein holdes Lamm, regalieren mit einer vergnüg= lichen Oftentation, Prunkschau, einem Aufzug, Mummenschanz oder Feuerwerk. Nun, wohl wiffend, wie der Pfarrer und Euer füßes Selbft tüchtig feid - für dergleichen Ausbruch und plötzlichen Erguß der Hilarität, habe ich Euch hiervon verftändiget, in Abficht, Euren Beiftand in Ansprache zu nehmen.

Holofernes. Ritter, dann müffet Ihr die nenn Helden vor ihr agieren. Sir Nathanael, was da anbelanget . eine Zeitkürzung, eine Schauftellung in den Pofterioribus diefes Tages, welche auf= geführet werden foll durch unfere Mitwirkung, auf der Majeftät Gebot und diefes höchft galanten, illuftrierten und gelahrten Edel= mannes vor der Prinzeffin, ift, behaupte ich, nicht eines fo angemeffen als eine Darftellung der neun Helden.

Nathanael. Wo finden wir Männer, die heldenhaft genug feien, fie darzuftellen?

Holofernes. Den Jofua Ihr Selbften; ich oder diefer tapfere Edelmann den Judas Makkabäus; diefer Schäfer hier, vermöge feiner großen Struktur und Gliederfügung, foll Pompejus den Großen übernehmen; der Page den Herkules.

Armado. Verzeiht, Herr, ein Irrtum; er hat nicht Quantität genug für jenes Helden Daumen; er ift nicht fo dick wie der Knopf feiner Keule.

Holofernes. Vergönnet man mir Anhörung? Er foll den Herkules agieren in feiner Minorennität, fein Auftreten und fein Abschreiten foll fein die Erdroffelung des Lindwurmes; und ich werde eine Apologie für diefen Endzweck in Bereitschaft halten.

Motte. Vortrefflich erfonnen! Wenn dann einer von den Zuhörern zischt, fo könnt Ihr rufen: Recht fo, Herkules, nun würgft du die Schlange; fo giebt man den Fehlern eine feine Wendung, obgleich wenige fein und gewandt genug find, das mit Anftand auszuführen.

Armado. Und das Refiduum der Heldenzahl?

Holofernes. Drei will ich felbften fpielen.

Motte. Dreimal heldenhafter Mann!

Armado. Soll ich euch etwas anvertrauen?

Holofernes. Wir horchen auf.

Armado. Wann dies nicht erkleckt, agieren wir einen Mummen= schanz. Ich erfuch' euch, kommt.

Holofernes. Animo! Gevatter Dumb, du haft die ganze Zeit nicht ein Wort gefagt.

Dumm. Und auch keins verſtanden, Herr.

Holofernes. Andiamo, wir wollen dich anſtellen.

Dumm. Ich will ſelbſt eins tanzen oder aufſpielen ſchön
Auf der Trommel den Helden, die den Ringeltanz drehn.

Holofernes. Brav! Dümblicher Dumb! Doch jetzt laßt ans Werk
uns gehn.

(Sie gehen ab.)

2. Scene.

Ein anderer Teil des Parks. Vor dem Zelte der Prinzeſſin.

Die Prinzeſſin und ihre Damen treten auf.

Prinzeſſin. Kinder, man macht uns reich, bevor wir reiſen,
Wenn Angebind' in ſolcher Fülle kommen;
Ein Fräulein, eingefaßt in Diamanten!
Seht, was mir ſandte der verliebte Fürſt.

Rosaline. Kam ſonſt, Prinzeſſin, nichts mit dem Geſchenk?

Prinzeſſin. Nichts andres? Ja, ſo viele Liebesreime,
Als nur ein ganzer Bogen in ſich faßt;
Zwei Seiten eng beſchrieben, Rand und alles,
Und Amors Name trägt das Siegelwachs.

Rosaline. So kam der kleine Gott einmal ins Wachstum,
Der ſeit fünftauſend Jahren blieb ein Knabe.

Katharina. Ja, und ein arger Galgenſchelm dazu.

Rosaline. Ihr ſeid ihm gram; er tötet' Eure Schweſter.

Katharina. Er machte ſie ſchwermütig, trüb und ernſt;
Und alſo ſtarb ſie! War ſie leicht wie Ihr,
So luſt'gen, muntern, flatterhaften Sinnes,
Großmutter konnt' ſie werden, eh' ſie ſtarb;
Und Ihr wohl auch, denn leichtes Herz lebt lang.

Rosaline. Wollt Ihr das dunkle leicht uns nicht erleuchten!

Katharina. Leicht zündend Licht in einer dunkeln Schönheit.

Rosaline. Das Licht, das Ihr uns anſteckt, brennt noch dunkel.

Katharina. Mit Putzen, fürcht' ich, mach' ich es nicht beſſer;
Ihr putzt Euch auch, und bleibt doch immer dunkel.

Rosaline. Was Ihr auch thut, Ihr thut es fleiß im Dunkeln.

Katharina. Ihr ſeid zu leicht, drum ſcheut Ihr nicht das Licht.

Rosaline. Ich wiege nicht, was Ihr, drum bin ich leicht.

Katharina. Ich merke ſchon, Ihr ſeid mir nicht gewogen.

Rosaline. Weil Eure Worte Ihr ſo wenig wägt.

Prinzeſſin. Recht hübſch geſpielt; der Ball flog hin und her.
Doch Rofalin', auch Ihr bekamt was Hübſches;
Wer ſandt' es und was iſt's?

Rosaline.   Ich wollt', Ihr wüßtet's;
Wär' mein Gesicht so hübsch nur als das Eure,
Gleich Hübsches hätt' ich dann, bezeug' es dies.
Ja, Verse had' ich auch, Dank Herrn Biron.
Die Füße richtig; ging er nicht darauf
Zu weit, ich wär' der Erde schönste Göttin;
Denn er vergleicht mich zwanzigtausend Schönen.
O, mein Gemäld' entvarf er in dem Brief!

Prinzessin. Und sieht's dir gleich?

Rosaline. O ja, des Briefs Buchstaben, nicht mein Lob.

Prinzessin. So schön wie Tinte! Trefflicher Vergleich!

Katharina. Schwarz vie das große B im Vorschriftbuch!

Rosaline. Ich male nicht, denn ich din frei von Malen,
Mein goldner Ausbund roter Initialen;
O, schad' um all' die O's auf deiner Wange!

Prinzessin. Ei, still von Pocken; schweig, du kleine Schlange!
Doch, was hat Euch Freund Dumaine zugesandt?

Katharina. Den Handschuh da.

Prinzessin.   Wie, nur für Eine Hand?

Katharina. O nein, ein Paar. Um mich zu langeweilen,
Schrieb er zehntausend schäferhafte Zeilen,
Voll Übertreibung, Schwulst und Heuchelei;
Schlecht abgefaßt, tiefsinn'ge Pinselei.

Maria. Dies und die Perlenschnur schickt Longaville;
In jedem Dutzend Worte zwölf zu viel.

Prinzessin. Gewiß, mit dieser Sendung steht es schief;
Warum nicht längre Kett' und kürzern Brief?

Maria. Das war ein Wort an Füll' und Inhalt tief.

Prinzessin. Wie klug, die Liebenden so zu verlachen!

Rosaline. Wie dumm, daß sie erlausen schwer dies Lachen!
Dem Biron will ich schlimme Händel machen.
O, hätt' ich auf acht Tag' ihn nur gefangen,
Er sollte kriechen, wedeln, detteln, dangen,
Nach Stund' und Zeit und Wink sich drehn und wenden,
Zwecklos in Reimen seinen Witz verschwenden;
Mir Sklavendienste thun aus aller Macht,
Stolz, daß er stolz mich Höhnende gemacht;
So wundergleich beherrschte mein Gebot ihn.
Daß er als Narr mir folgte, der Despotin.

Prinzessin. So fest sitzt keiner, ward er erst gefangen,
Als der aus Witz in Thorheit eingegangen.
Thorheit, in Weisheit ausgebrütet, stützt
Auf Weisheitgrund sich, und die Schule nützt,

Daß Anmut, Witz, all die gelehrten Gilden
Vollständig den anmut'gen Narren bilden.

Rosaline. Der Jugend Blut brennt nicht so wild empört
Wie Ernst, wenn er zur Tollheit sich belehrt.

Maria. Thorheit der Narr'n ist minder scharf geprägt
Als Narrheit, die im weisen Mann sich regt;
Denn alle Kraft des Witzes muß ihm nützen,
Auf Scharfsinn seine Albernheit zu stützen.

Boyet kommt.

Prinzessin. Seht, Boyet! Freude strahlt in seinen Zügen!

Boyet. O, dem Gelächter muß ich fast erliegen!

Prinzessin. Was bringst du?

Boyet.   Jetzo gilt es! Schnell verschanzt,
Vertheidigt Euch; Geschütz ist aufgepflanzt;
Eu'r Friede wird bedroht, man will Euch haschen,
Durch Liebesargument Euch überraschen;
Nun mustert Euern Witz in Reih' und Glied;
Wo nicht, verhüllt Euch feig das Haupt und flieht.

Prinzessin. Sankt Amor wider Sankt Denis im Bunde?
Wer stürmt uns denn mit Worten? Spion, gieb Kunde.

Boyet. Im kühlen Schatten unter Feigenbäumen
Wollt' ich ein halbes Stündchen schlummernd träumen,
Als, sieh! zu stören die ersehnte Ruh',
Gewandelt kam grad' auf den Schatten zu
Der König und sein Anhang. Ich sogleich
Verbarg mich in ein nachbarlich Gesträuch;
Und jetzt vernehmt, was ich daselbst vernommen:
Sie werden gleich verkleidet zu Euch kommen.
Ihr Herold ist ein hübscher Schelm von Knaben,
Dem sie die Botschaft eingerichtet haben;
Sie ließen ihn Accent und Ton studieren,
„So mußt du reden! So den Arm regieren!"
Doch gleich im Augenblick die Furcht erwächst,
Der Hoheit Anblick dring' ihn aus dem Text;
Denn, spricht der Fürst, du wirst 'nen Engel schaun;
Doch, fürchte nichts, sprich kühnlich mit Vertraun.
Der Junge ruft: Das macht mir keine Zweifel;
Ich hätte mich gefürchtet, wär's ein Teufel.
Ein jeder klopft die Schultern ihm und lacht,
Was dreister noch den dreisten Buben macht.
Der rieb den Arm sich, so, und grinst' und schwur,
So artig sprach noch keine Kreatur;

Der, mit dem Daum und Finger schnalzend, rief:
Frisch durch den Strom! Und wär' er noch so tief!
Der dritte tanzt' und sprach: Gewonnen Spiel!
Der vierte dreht' sich auf der Ferf' und fiel;
Und somit taumeln alle hin ins Gras,
So tief und stürmisch lachend ohne Maß,
Daß, läppisch in des Lachens Krampf, mit Weinen
Thorheit zu schelten ernste Thränen scheinen.

Prinzessin. Im Ernst? Im Ernst? So kommen sie heran?

Boyet. Jawohl! Jawohl! Und stattlich angethan
Als Moskowiten oder Russen; dann
Wird man beteuern, schmeicheln, tanzen, schwören,
Und jeder seine Liebesglut erklären
Der eignen Dame, die er leicht erkannt
Am eignen Schmuck, den er an sie gesandt.

Prinzessin. So leicht, ihr Herrn? Das möchte noch sich fragen;
Denn, Kinder, Masken laßt uns alle tragen,
Und keinem der verliebten Schar vergönnen,
Das Antlitz seiner Schönen zu erkennen.
Wart, Rosaline, nimm mein Kleinod hier;
Dann schwört der Fürst als seiner Liebsten dir.
Dich, Freundin, schmücke meins, und mich das deine,
Daß ich Biron als Rosalin' erscheine.
Und ihr auch tauscht die Zeichen; falsch belehrt,
Irrt jeder Paladin und wirdt verkehrt.

Rosaline. Nun gut, tragt eure Pfänder recht zur Schau.

Katharina. Allein, wozu der Tausch, zu welchem Zweck?

Prinzessin. Der Zweck des Plans ist, ihren Plan zu stören.
Sie spotten unser nur, die Freier keck,
Und Spott für Spott, das ist allein mein Zweck.
Hat jeder heut sein Herz der falschen Göttin
Recht insgeheim enthüllt, so trifft Gespött ihn,
Wenn wir das nächste Mal uns wiedersehn
Und unverlarvt uns gegenüberstehn.

Rosaline. Wenn sie zum Tanz uns fordern, weigerst du's?

Prinzessin. Ums Himmels willen, rührt mir keinen Fuß!
Auch auf die schwülst'gen Verse gebt nicht acht,
Und während man sie spricht, seht weg und lacht.

Boyet. Solche Verachtung bringt den Redner um,
Raubt das Gedächtnis ihm und macht ihn stumm.

Prinzessin. Drum thu' ich's auch; kam einer erst heraus,
Der andern Weisheit, hoff' ich, bleibt zu Haus.
Das nenn' ich Spaß, wenn Spaß den Spaß vertreibt,

Der ihre weicht, das Feld dem unfern bleibt;
So triumphieren wir; sie müssen fliehn,
Und wohlverspottet ihres Weges ziehn. (Trompetenstoß.)

Boyet. Musik! Verlarvt euch, die Verlarvten nahn.

(Die Damen maskieren sich.)

Es treten Mohren auf mit Musik. Hierauf der König, Biron, Longaville
und Dumaine, als Moskowiter verkleidet; Motte, Musikanten und Gefolge.

Motte. „Heil euch, ihr Schönheitreichsten dieser Erde!"

Biron. Schönheiten, reicher nicht, als reicher Taft!

Motte. „O, heiligster Verein holdsel'ger Damen,

(die Damen drehen ihm den Rücken zu)

Der je die Rücken wandt' auf Männeraugen —"

Biron. Die Blicke, Bursch, die Blicke.

Motte. „Der je die Blicke wandt' auf Männeraugen!
Aus —"

Boyet. Aus ist es, allerdings.

Motte. „Aus eurer Gnadenfüll' geruht, ihr Engel,
Nicht anzuschaun —"

Biron. Uns anzuschaun, du Schlingel.

Motte. „Uns anzuschaun mit Augen glanzumfunkelt —
Mit Augen glanzumfunkelt."

Boyet. Ihr habt das Epithet nicht gut gewählt;
Ich rat' Euch, nennt es Augen ganz umdunkelt.

Motte. Sie hören nicht; das bringt mich ganz heraus!

Biron. Das nennst du Zuversicht? Geh fort, du Knirps!

Prinzessin. Was wünschen diese Freunde? Fragt, Boyet;
Wenn unsre Sprache sie verstehn, so laßt sie
Mit schlichtem Wort vortragen ihr Gesuch;
Fragt, was man will.

Boyet.   Was sucht ihr bei der Fürstin?

Biron. Friedlich und holdgesinnt zu nahn der Fürstin.

Rosaline. Was fordern sie?

Boyet. Friedlich und holdgesinnt zu nahn der Fürstin.

Rosaline. Das haben sie gethan; so heißt sie gehn.

Boyet. Sie sagt, das habt ihr; könnt nun wieder gehn.

König. Sag ihr, wir maßen vieler Meilen Raum,
'nen Tanz mit ihr auf diesem Gras zu messen.

Boyet. Er sagt, sie maßen vieler Meilen Raum,
'nen Tanz mit Euch auf diesem Gras zu messen.

Rosaline. Ei, nicht doch! Fragt, wie viele Zoll sie rechnen
Auf jede Meile? Wenn sie viele maßen,
So ist das Maß von einer bald gesagt.

Boyet. Durchmaßt ihr Meilen, um hierher zu kommen,
Und viele Meilen, fragt die Fürstin euch,
Wie viele Zoll in einer Meil' enthalten?
Biron. Sagt ihr, wir maßen sie mit müden Schritten.
Boyet. Sie hört euch selbst.
Rosaline.   Und wie viel müde Schritte
Von all den müden Meilen, die ihr gingt,
Habt ihr gezählt im Wandern einer Meile?
Biron. Wir zählen nichts, das wir für euch verwenden.
So reich ist unsre Pflicht, so unbegrenzt,
Daß wir Beschwer niemals in Rechnung stellen.
Begnadigt uns mit eurem Sonnenantlitz,
Daß wir, gleich Wilden, ihm Anbetung zollen.
Rosaline. Mein Antlitz ist nur Mond, den Wolken decken.
König. Glücksel'ge Wolken! Reizendes Verstecken!
So woll', o Glanzmond, samt den Sternen scheinen —
Und wolkenfrei — auf unsrer Augen Weinen.
Rosaline. O, mattes Bitten! War ein Wunsch je blasser?
Du flehst um etwas Mondenschein im Wasser.
König. Mögt Ihr ein Auf= und Niedergehn uns schenken
Für unsern Tanz? Der Wunsch kann Euch nicht kränken.
Rosaline. So spiele denn, Musik! Auf, eilt euch, munter!
Nein, still, kein Tanz mehr; denn der Mond ging unter.
König. Nun, tanzt ihr nicht? Was hat euch so verletzt?
Rosaline. Erst war ich Vollmond, letztes Viertel jetzt.
König. Doch immer ihr der Mond und ich der Mann;
Noch tönt die Melodie, laß dich bewegen!
Rosaline. Sie rührt mein Ohr!
König.   Laß auch den Fuß sich regen!
Rosaline. Reicht uns die Hand, mit Fremden dünkt uns Pflicht
Nicht allzuspröd zu sein. Wir tanzen nicht.
König. Und gebt die Hand?
Rosaline.   Als Abschiedsgunstbezeugung;
Der Tanz ist aus, nun macht die Schlußverbeugung.
König. Nur noch zwei Takte, schließen wir den Kreis!
Rosaline. Nein, mehr bekommt ihr nicht um diesen Preis.
König. Nennt selbst ihn; welcher Preis kauft euer Bleiben?
Rosaline. Eu'r Weggehn.
König.   Der Preis ist nicht aufzutreiben!
Rosaline.
Dann kauft ihr nichts. Viel Grüß', ihr fremden Schwalben;
An eure Masken zwei, euch selbst 'nen halben.
König. Wollt Ihr nicht tanzen, plaudern wir so mehr.

Rosaline. Dann insgeheim.

König.   Das grade freut mich sehr.
          (Sie gehen vorüber und reden leise.)

Biron. Weißhändig Kind, ein süßes Wort mit dir!

Prinzessin. Milch, Honig, Zucker, Feigen, das sind vier.

Biron. Zum Naschen hab' ich Met, Sekt, Malvasier;
     Die drei in Trumpf gespielt sticht Eure vier.

Prinzessin. So will ich nicht auf As und König warten;
     Ich trau' Euch nicht, Ihr spielt mit falschen Karten.

Biron. Ein Wort!

Prinzessin.   Kein süßes!

Biron.   Muß Euch ewig grollen.

Prinzessin. Das ist zu bitter.

Biron.   Ihr habt es so wollen.
          (Sie gehen vorüber.)

Dumaine. Laßt Euch erbitten! Wechseln wir ein Wort!

Maria. Nennt's!

Dumaine.   Schöne Lady!

Maria.   Wirklich? Schöner Lord!
     Das für die schöne Lady.

Dumaine.   Gönnt dem Flehn
     Nur eins noch insgeheim, dann will ich gehn. *(Sie gehen vorüber.)*

Katharina. Habt Ihr 'ne Mask', und ging't der Zunge quitt?

Longaville. Ich weiß, mein Fräulein, Eurer Frage Grund.

Katharina. O schnell, ich bin begierig, teilt ihn mit!

Longaville. Zwei Zungen, schönes Kind, führt Ihr im Mund;
     Zeig' ich Euch wo, laßt mir den Vorrat bald.

Katharina. Sprecht Ihr von wo? In Frankreich heißt's ein Kalb.

Longaville. Ein Kalb, Mylady?

Katharina.   Nein, ein Mylord Kalb.

Longaville. Wir teilen uns das Wort.

Katharina.   O nein, nichts halb!
     Es bleibt Euch; tränkt's und zieht's als Ochsen groß.

Longaville. Der Spott gab selber Euch den schlimmsten Stoß.
     Ihr weißsagt Hörner, Fräulein. Ist das ehrlich?

Katharina. So sterbt als Kalb, dünkt Euch der Schmuck gefährlich.

Longaville. Doch eh' ich sterb', ein Wort mit Euch allein.

Katharina. Blökt nicht zu laut, der Metzger hört Euch schrein.
          (Sie gehen vorüber.)

Boyet. Schalkhafter Mädchen Zunge kann zerschneiden
     Wie allerfeinst geschliffner Messer Klingen
     Das kleinste Haar, das kaum zu unterscheiden;
     Den tiefsten Sinn des Sinns geschickt durchdringen;

Auf Flügeln stürmt ihr Witz durch alle Schranken,
Schneller als Kugeln, Sturmwind, Blitz, Gedanken.
Rosaline. Kein Wort mehr, Kinder, schon verstrich die Zeit.
Biron. So ziehn wir ab, von Spott und Hohn zerbläut!
König. Kommt! wer euch naht, einfält'ge Kinder sieht er.
Prinzessin. Zwanzig Adieus, ihr frost'gen Moskowiter!

(Der König und die Lords gehen ab.)

Ist das der Witzbund, den die Welt so preist?
Boyet. Kerzen sind sie, und Ihr bliest aus ihr Licht.
Rosaline. Ins Auge fällt ihr Witz, grob, derb und feist.
Prinzessin. O, schwacher Witz! Königlich armer Wicht!
Ich fürchte, daß er noch vor Nacht sich hänge,
Nie ohne Maske darf er mehr erscheinen.
Biron, dem Dreisten, rissen alle Stränge!
Rosaline. Sie waren sämtlich nahe dran zu weinen;
Der König hätt' in Ohnmacht bald gelegen.
Prinzessin. Biron kam fast vor heft'gem Schwören um.
Maria. Dumaine bot sich zum Dienst und seinen Degen;
Non, sagt' ich, point; gleich war mein Diener stumm.
Katharina. Longaville sprach, sein Herz halt' ich gepreßt,
Ich sei, was meint ihr?
Prinzessin. Ein Polyp im Herzen?
Katharina. Wahrhaftig, ja!
Prinzessin. Geh, schlimmer du als Pest!
Rosaline. Traun! simple Bürger hört' ich besser scherzen.
Doch denkt, mir hat der König Treu' geschworen.
Prinzessin. Und Birons Geist hat nur für mich noch Raum.
Katharina. Lord Longaville ward nur für mich geboren.
Maria. An mir hält Dumaine fest, wie Rind' am Baum.
Boyet. Fürstin und holde Dämchen, glaubt es mir:
Nicht lange währt's, so sind sie wieder hier,
In eigener Person; seid überzeugt,
So herben Spott verdaun sie nicht so leicht.
Prinzessin. Sie wiederkommen?
Boyet. Ja, mit Freudensprüngen,
Wie lahm gebläut sie auch von dannen gingen;
Drum, die Geschenke tauscht, und kommen sie,
Erblüht wie Rosen in des Sommers Früh.
Prinzessin. Wie, blühn? Sprich deutlich, ohne diese Possen.
Boyet. Maskierte Fraun sind Rosen, unerschlossen;
Doch schleierlos, entwölkte Engel, prangen
Gleich vollverblühten Rosen ihre Wangen.

Prinzeffin. Fort mit dir, Unverstand! Was soll geschehn,
  Wenn wir sie ohne Masken wiedersehn?
Rosaline. Folgt meinem Rat, o Fürstin und ihr Schönen;
  Laßt uns erkannt, wie unerkannt, sie höhnen.
  Wir klagen, welch ein Spuk uns heimgesucht,
  Den Moskowiter albern hier versucht;
  Fremd thun wir, fragen, wer die Narr'n gewesen,
  Die all den schalen Wortkram auserlesen;
  So schlechten Prologus, so garst'ge Tracht
  Als Fastnachtspiel vor unser Zelt gebracht.
Boyet. Fräulein beiseit; der Feind ist in der Nähe.
Prinzeffin. Husch, eilt ins Zelt, wie aufgescheuchte Rehe.
  Die Damen gehen ab. — Es treten auf der König, Biron, Longaville und
  Dumaine in ihrer eigenen Tracht.
König. Gott grüß' Euch, schöner Herr; wo ist die Fürstin?
Boyet. In ihrem Zelt. Gefällt's Eu'r Majestät,
  Mir Euern Auftrag gnädig zu vertraun?
König. Ersucht sie um Gehör nur auf ein Wort.
Boyet. Das thu' ich; und auch sie wird's thun, Mylord. *(Er geht hinein.)*
Biron. Der gute Freund pidi Witz, wie Tauben Spelt,
  Und giebt ihn von sich, wie es Gott gefällt.
  Er ist ein Witzhausierer, kramt ihn aus
  Auf Kirmes, Jahrmarkt, Erntebier und Schmaus;
  Und uns Großhändlern will es nicht gelingen,
  Die Ware so geschickt in Kurs zu bringen.
  Die Mädel kann er an den Ärmel schnüren,
  Als Adam würd' er Eva selbst verführen;
  Er schneidet vor, er lispelt, thut galant;
  Er war's, der fast sich weggeküßt die Hand;
  Er, aller Moden Affe, Prinz Manierlich;
  Wenn er im Brettspiel würfelt, flucht er zierlich
  Mit feinster Auswahl; ja er singt Tenor
  Im Chor mit Glück; und stellt er jemand vor,
  Das thu' ihm einer nach! Er heißt „der Süße",
  Die Trepp', ersteigt er sie, küßt ihm die Füße;
  Er lächelt, wie das Blümchen, jeden an,
  Und zeigt geschickt den elfnen, weißen Zahn;
  Wer ihn vergaß, nennt noch im Todesbett
  Ihn mindstens „honigzüngiger Boyet".
König. Auf seine Honigzung' ein Dutzend Blattern!
  Armados Pagen stört' allein sein Schnattern!
  Die Prinzeffin, Rosaline, Marta, Katharina, Boyet und Gefolge
  treten auf.
Biron. Da kommt er. Courtoisie, was war dein Thun,
  Eh' dieser Mensch dich annahm? und was nun?

König. Holdsel'ge Fürstin, Heil und Segen viel!

Prinzessin. Fiel Heil und Segen? konnten sie nicht stehn?

König. Lenkt nicht mein Reden ab von seinem Ziel!

Prinzessin. So wünscht geschickter; gern laß' ich's geschehn.

König. Wir kommen zum Besuch und sind bereit,
 Euch einzuführen in der Hofburg Hallen.

Prinzessin. Wie ich dem Feld, bleibt treu Ihr Eurem Eid;
 Am Treubruch hat nicht Gott noch ich Gefallen.

König. Werft mir nicht vor, wozu Ihr mich verlockt;
 Der Zauber Eures Augs bricht meinen Schwur.

Prinzessin.
 Nennt's Tugend nicht! Das Laster müßt Ihr schelten;
 Denn Treu' und Eide bricht das Laster nur.
 Vernehmt, bei meiner Jungfraunehre, rein,
 Wie fleckenlose Lilienblüten, schwör' ich,
 Und sollt' ich dulden alle Qual und Pein,
 Als Eures Hauses Gast zu sein begehr' ich;
 Nie will ich Grund sein, daß Ihr brecht den Eid,
 Den Ihr dem Himmel lautern Sinns geweiht.

König. Wie in der öden Wüste wohnt Ihr hier,
 Einsam, verlassen, sehr zu unsrer Schmach.

Prinzessin. Dem ist nicht so, mein König, glaubt es mir;
 Anmut'ger Scherz und Kurzweil folgt uns nach;
 Noch eben sahn wir edle Russen hier.

König. Wie, Fürstin, Russen?

Prinzessin.   Allerdings, Mylord;
 Schmuck und galant, voll Anstand und Manier.

Rosaline. Sprecht wahr, Prinzessin; 's ist nicht so, Mylord.
 Die Fürstin, nach dem Modeton der Zeit,
 Lobt über die Gebühr aus Höflichkeit.
 Uns vier, mein Fürst, besucht' ein Viergespann
 Von Russen: wohl ein Stündchen hört' ich's an;
 Man sprach gar viel und schnell, und in der Stunde
 Kam nicht ein kluges Wort aus ihrem Munde.
 Ich will sie Narr'n nicht nennen, doch das weiß ich,
 Sind sie beim Glas, so zechen Narren fleißig.

Biron. Der Spaß bedünkt mich trocken. — Schönste Fraun,
 Eu'r Witz macht Weisheit schal, denn wenn wir schaun
 Der Sonne Glut mit Augen noch so hell,
 Wird Licht uns Nacht. So scharf, so fein und schnell
 Sprüht Euer Geist, daß seiner Blitze Flammen
 Weisheit als schal, Reichtum als arm verdammen.

Rosaline. Dann seid Ihr weis' und reich; denn seh' ich recht —

Biron. Bin ich ein Narr, ein ganz armsel'ger Knecht.

14*

Roſaline. Ihr nahmt, was Euer nur, ſonſt würd' ich ſchmälen;
Iſt's recht, das Wort vom Mund uns wegzuſtehlen?·
Biron. Euch, Euch gehör' ich an mit Leib und Leben.
Roſaline. Der ganze Narr?
Biron.					Ich kann nicht wen'ger geben.·
Roſaline. Sagt, welche Maske war's, die Ihr geborgt?
Biron. Wo? Welche? Wann? Wozu die Frag' an mich?
Roſaline. Dort; jene; dann; der müß'ge Überdau,
Der Schlechtes barg, und Beßres trug zur Schau.
König. Wir ſind durchſchaut, ſie ſpotten uns zu Tode.
Dumaine. Geſtehn wir's nur, und wenden's noch zum Scherz!
Prinzeſſin. Ihr ſeid beſtürzt? Iſt Euch nicht wohl, mein König?
Roſaline. O, reibt die Schläfen ihm! Wie ſeht Ihr blaß!
Seekrank vielleicht, da Ihr von Moskau ſchifftet?
Biron. Die Straf' hat unſer Meineid uns geſtiftet!
Das trüg' nicht länger eine Stirn von Erz!
Hier ſteh' ich: wirf den Pfeil, mit Spott vergiftet,
Mit Hohn zermalmend töte mich dein Scherz;
Dein mächt'ger Geiſt zertrümmre mich in Scherben,
Mein Stumpfſinn ſei durchbohrt von deinem Schwert!
Ich werd' nie mehr als Ruſſe um dich werben,
Nie wieder ſei ein Tanz von dir begehrt;
Will nie geſchrieb'nen Reden mehr vertrauen,
Noch dem Geplapper knabenhafter Zungen;
Nie mehr verlarvt mich nahen ſchönen Frauen,
Noch flehn in Reimen, wie ſie Blinde ſungen.
Fort, laftne Phraſen, Klingklang ſchwacher Dichter,
Hyperbeln, ſuperfein, geziert und ſchwirrend,
Fort, ſeidner Bombaſt, Schmetterlingsgelichter,
Das Grillen mir gebrütet, ſinnverwirrend;
Euch meid' ich, bei dem Handſchuh hier, dem weißen —
Wie weiß die Hand ſein mag, weiß Gott allein —
Künftig ſei ſchlicht mein Werben und Verheißen;
Nimm Grete dann den Hans, der brav und jung,
Mit hausgebacknem Ja, und derbem Nein;
Sein Herz iſt feſt und ſenza Riß und Sprung.
Roſaline. Kein ſenza ditt' ich!
Biron. Ei, noch hab' ich Hang zur alten Wut; ertragt mich, ich bin krank!
Nur allgemach kommt Beßrung. Wie's auch ſei,
Schreibt „Herr, von Peſt erlöſ' uns" auf die drei;
Denn ſie ſind angeſteckt, ſie mußten fangen
Das böſe Gift aus Euren ſchönen Augen.
Die Ritter traf's; Euch wird es auch erreichen.
Tragt Ihr nicht ſchon verhängnisvoll die Zeichen?

Prinzessin. Sie wurden uns von Freierhand beschert!

Biron. Wir sind verurteilt, konfisziert, zerstört.

Rosaline. Da seht, wohin ein bös Gewissen führt!
Ihr klagt, und nennt euch jetzt schon kondemniert?

Biron. O, traut ihr nicht, sie wird durch nichts gerührt!

Rosaline. Wollt Ihr, daß ich die Rührung so verschwende?

Biron. Sprecht Ihr nur selbst; mein Scharfsinn ging zu Ende.

König. Lehrt, holde Jungfrau, wie solch schwer Vergehn
Entschuldigt sei?

Prinzessin (zu den drei andern). Am schönsten durch Gestehn.
Wart Ihr nicht eben hier in fremder Tracht?

König. Ja, Fürstin.

Prinzessin. Und Ihr kamt mit Vorbedacht?

König. Ja, schöne Herrin.

Prinzessin. Nun dann, ohne Schen,
Was schwurt Ihr Eurer Dame? sagt es frei!

König. Daß nichts auf Erden meiner Liebe gliche!

Prinzessin. Nimmt sie beim Wort Euch, laßt Ihr sie im Stiche.

König. Auf meine Ehre, nein.

Prinzessin. Still, nur kein Schwören;
Meineid'ge können nicht durch Eid bethören.

König. Brech' ich den Schwur, straft mich, wie ich's verdiene!

Prinzessin. Das will ich, drum bewahrt ihn. Rosaline,
Was flüsterte der Russe dir ins Ohr?

Rosaline. Er sagte mir viel süße Dinge vor,
Wie er mich höher schätz', als alle Welt,
Als Aug' und Licht; und schloß, ein treuer Werder,
Verschmäht' ich ihn, dann als mein Ritter sterb' er.

Prinzessin. Gott schenk' dir Glück mit ihm; der edle Lord,
Recht königlich behauptet er sein Wort.

König. Wie meint Ihr das? Auf Ehr' und Redlichkeit,
Nie schwur ich dieser Dame solchen Eid.

Rosaline. Gewiß, Ihr schwurt; Ihr schient so fromm und bieder
Und schenktet mir dies Pfand, hier habt Ihr's wieder.

König. Der Fürstin bot ich Treu' und Unterpfand;
Ich hatt' am Ärmelgoldreif sie erkannt.

Prinzessin. Verzeiht, sie trug die Diamantenschnur;
Und mein ist Herr Biron, Dank seinem Schwur.
Wollt Ihr mich selbst? Wollt Ihr die Perlenbinde?

Biron. Von beiden keins; fahrt hin mit günst'gem Winde!
Nun wird mir's klar, Ihr hattet ausgeheckt,
Nachdem man Euch verriet, was wir versteckt,
Uns auszupfeifen wie 'nen Christnachtschwank.
Ein Klatschheld, Possenreißer, Saltimbank,

Ein Tellerjunker, Witzbold, altes Weib,
Der die gnäd'ge Frau zum Zeitvertreib
Zum Lachen reizt, und fein Hanswurftgeficht
In Runzeln lächelt, gab von uns Bericht.
Die Damen tauschten die Geschenk', und wir,
Getäuscht vom Zeichen, huldigten der Zier.
Nun schreckt uns neuen Meineids granse Irrung,
Vorsätzlich erft, und diesmal durch Verwirrung.
Wer uns den Spaß verdarb, Ihr wart's allein, (zu Boyet)
Der uns verführt, noch einmal falsch zu sein.
Ihr seid der Schönen ew'ger Blumenstreuer,
Meßt ihren Fuß, singt ihrer Augen Stern,
Steht zwischen ihrem Stuhl, Herr, und dem Feuer,
Reicht Teller hin, spaßt übermäßig gern.
Hanswurst! Ihr unterbrachet unfren Knaben;
Laßt Euch in einem Weiberhemd begraben.
Noch immer grinft Ihr? Eures Auges Schielen
Trifft wie ein bleiern Schwert!

Boyet.   O muntres Zielen!
Wie brav er rannt', auf Hieb und Stoß gewärtig!

Biron. Gleich sprengt er wieder an; halt! Ich bin fertig.

Schädel kommt.

Ha, echter Witz! Du trennft ein hübsches Stechen!

Schädel. O je, gebt uns Bericht,
Soll'n die drei Helden kommen oder nicht?

Biron. Sind's denn nur drei?

Schädel.   Nein, Herr, es steht gar fein,
Denn jede Perfchon macht drei.

Biron.   Und dreimal drei macht neun.

Schädel. O nicht doch, Herr, wenn Ihr erlaubt, weit, weit davon entfernt;
Wir sind so dumm nicht, wie Ihr glaubt, wir haben auch was gelernt.
Erlaubt, Herr, dreimal drei, Herr . . .

Biron.   Ist nicht neun.

    Schädel. Mit Vergunft, Herr, wir wissen schon, wieviel es
austrägt.

    Biron. Beim Jupiter, ich habe immer gemeint, dreimal drei
mache neun.

    Schädel. Ach je! Da wär's ein Jammer, wenn Ihr Euer
Brot mit Rechnen verdienen müßtet, Herr!

    Biron. Wieviel ist's denn?

    Schädel. Ei herrje; die Parten selbft, die Spielperfchonen, die
werden's Euch gleich veifen, was es austrägt. Ich für meinen Part
soll, vie sie sagen, nur eine Perfchon verspielen, nur eine arme
Perfchon; Pumpelmus den Großen, Herr.

Biron. Bist du einer von den Helden?

Schädel. Sie haben sich's ausgedacht, ich wäre der rechte Held für Pumpelnus den Großen; eigentlich kenne ich das Gewicht dieses Helden nicht so recht; aber es ist meine Sache, für ihn einzustehen.

Biron. Gut, fangt nur immer an.

Schädel. Gebt acht, wir machen's schmuck, setzen allen Fleiß daran. (Ab.)

König. Sie werden uns beschämen, geh, laß sie nicht herein!

Biron. Mit dem Schämen ist's abgethan, und Schaden bringt es nie,
Wenn's schlechter gerät, als wir's gemacht, des Königs Kompanie.

König. Ich sage, laß sie weg!

Prinzessin. Laßt mich, mein König, meistern dies Geheiß.
Spaß dünkt erst hübsch, wenn er um sich nicht weiß,
Wenn Eifer ringt nach Gunst, und Kunst erstirbt
In jenem Eifer, der so thätig wirdt.
Verfehlte Form wird Form für neuen Spaß;
Man lacht des Bergs, der einer Maus genas.

Biron. Ein treulich Bild von unserm Spiel, o Herr!

Armado tritt auf.

Armado. Gesalbter, ich flehe um so viel Aufwand deines königlichen geliebten Atems, als erforderlich ist für ein paar Worte. (Er spricht heimlich mit dem König und übergiebt ihm ein Papier.)

Prinzessin. Dient dieser Mann Gott?

Biron. Warum fragt Ihr das?

Prinzessin. Er spricht nicht wie ein Mann, den Gott erschaffen hat.

Armado. Das ist alles eins, mein holder süßer Honigmonarch; denn ich beteure, der Schulmeister ist übertrieben phantastisch, ja, zu eitel, zu, zu eitel. Aber stellen wir die Sache, wie man zu sagen pflegt, auf fortuna della guerra. Ich wünsche dir den Frieden des Gemüts, allerköniglichste Gespanschaft!

König. Das wird ein treffliches Heldenspiel werden. Er agiert den Hektor von Troja, der Schäfer Pompejus den Großen, der Dorfpfarrer Alexandern, Armados Page den Herkules und der Schulmeister den Judas Makkabäus.
Und bringt der erste Akt den vier Helden keinen Schimpf,
So wechseln sie die Tracht und spielen die andern fünf.

Biron. Fünf werden sogleich erscheinen.

König. Da irrt Ihr, sollt' ich meinen.

Biron. Der Schulmeister, der Eisenfresser, der Zaunpriester, der Tölpel und der Junge.
Er ließ denn fünfe grade sein, sonst bis zum jüngsten Tag
Find't keiner fünf dergleichen vom echt'sten Heldenschlag.

König. Da segelt schon ihr Schiff heran, wie man's nur wünschen mag.
(Schauspiel der neun Helden.)

Schädel tritt auf als Pompejus.

Schädel. Pompejus ich —
Biron.   Du lügst, du warst es nie.
Schädel. Pompejus ich —
Boyet.   Mit Pardelkopf am Knie.
Biron. Wir müssen Freunde werden, du altes Spottgenie!
Schädel. Pompejus ich, Pompejus ich, benamt der dicke Held —
Dumm. Der Große.
Schädel. Richtig! Groß! — Benamt der große Held,
   Der oftmals wild mit Tartsch und Schild die Feinde schlug im Feld;
   Ich fuhr daher auf offnem Meer, bis wir gelandet sind,
   Und leg' den Speer vor die Füße quer dem fränk'schen Königskind.
Wenn Eure Hochgeborenheit jetzt spräche; Dank, Pompejus! so wär'
ich zu Ende.
   Prinzessin. Großen Dank, großer Pompejus.
   Schädel. So viel ist's nicht wert; aber ich will hoffen, ich war
perfekt; einen kleinen Fehler macht' ich bei dem Großen.
   Biron. Meinen Hut gegen einen Sechser, Pompejus liefert
uns den besten Helden. — Nathanael kommt als Alexander.
Nathanael. Ich thät als Weltregent das Weltrevier durchwandern,
   Durch Ost, West, Nord und Süd zog ich mit Heeresmacht;
   Mein gutes Wappenschild nennt laut mich Alexandern —
Boyet. Eure Nase da spricht nein, sie steht zu grad' im G'sicht.
Biron. Eure Nase da riecht nein, mein gar feinriechender Wicht.
Prinzessin. Der Weltregent erschrickt; o, stört ihn nicht, ihr andern!
Nathanael. Ich thät als Weltregent das Weltrevier durchwandern —
Boyet. Sehr wahr, das thatst du, stolzer Alexander!
Biron. Großer Pompejus . . .
Schädel. Euer Knecht und Schädel.
   Biron. Weg da mit dem Weltregenten, schafft mir den
Alexander weg.
   Schädel (zu Sir Nathanael). O Herr, Ihr habt Alexandern, den
Weltregenten, über den Haufen geworfen! Euch wird man wegen
der Geschichte aus Eurem bunten Rock herausschälen. Euren Löwen,
der mit der Hellebarde in der Pfote auf dem Nachtstuhl sitzt, wird
man dem Cacamillus geben, und der wird dann der neunte Held
sein. Ein Eroberer, der sich fürchtet, zu sprechen! Pfui, Alexander!
schäm dich! fort! (Nathanael ab.) 's ist, mit Euer Gnaden Wohlmeinen, ein
närrischer, weichherziger Mann, ein ehrlicher Mann, seht Ihr, und gleich
aus der Verfassung. Es ist so ein gutes Gemüt von Nachbar und so
ein wackerer Kegelschieber; aber was den Alexander betrifft, lieber Gott,
da seht Ihr, da ist's freilich so was, da kommt er zu kurz. Aber jetzt
kommen Helden, die werden ganz anders von der Leber weg reden.
   Biron. Tritt beiseite, würdiger Pompejus!

Holofernes als Judas und Motte als Herkules treten auf.

Holofernes. Den großen Herkules spielt dieser Knirps,
  Der Cerb'rus totschlug, den dreiköpf'gen canus,
  Der schon als Säugling, als ein kleiner Stirps,
  Die Schlangen hat erstickt in seiner manus.
  Quoniam, er kommt noch minorenn allhie,
  Ergo verfaßt' ich dies' Apologie.
  (Zu Motte.) Gieb Ansehn dir beim exit und verschwinde! (Motte ab.)
    Holofernes. Judas bin ich —
    Dumaine. Ein Judas!
Holofernes. Nicht Ischariot, Herr!
  Judas bin ich, benamset Makkabäus.
    Dumaine. Wamst man den Makkabäus, trifft's den Judas.
    Biron. Ein küssender Verräter! Woran erkennt man dich
  als Judas?
    Holofernes. Judas bin ich —
    Dumaine. Ei, so schäme dich doch, Judas!
    Holofernes. Wie meint Ihr, Herr?
    Boyet. Der Judas soll hingehen und sich hängen.
    Holofernes. So geht mir mit dem Beispiel voran, mein Holder.
    Biron. Allerdings, es war ein Holderbaum, an dem sich
  Judas aufhing.
    Holofernes. Ihr werdet diesen meinen Kopf nicht aus der
  Fassung bringen!
    Biron. Wenn man's recht faßt, hast du gar keinen Kopf.
    Holofernes. Was wäre denn dieses?
    Boyet. Ein Lautenkopf!
    Dumaine. Ein Nadelkopf!
    Biron. Ein Totenkopf auf einem Ringe!
    Longaville. Der Kopf einer alten Römermünze, kaum zu erkennen!
    Boyet. Der Knopf von Cäsars Degen.
    Dumaine. Der geschnitzte Pfropf an einem Pulverhorn.
    Biron. Sankt Georgs Halbgesicht auf einer Agraffe.
    Dumaine. Ja, auf einer bleiernen Agraffe.
    Biron. Ja, wie ein Zahnarzt sie an der Kappe trägt; und
  nun sprich weiter, denn wir haben dir den Kopf gewaschen.
    Holofernes. Ihr habt ihn mir ganz verdreht.
    Biron. Wir haben ihn dir zurechtgesetzt.
    Holofernes. Und habt ihn selber schon so oft verloren.
  Biron. Und wenn du ein Löwe wärst, so hätten wir dich geschoren,
    Doch weil du nur ein Köter bist, muß man dir Esel bohren;
    Und so gehab dich wohl, du Narr, und trolle dich stracks.
  Rotbärtiger Fuchs, krummbeiniger Dachs, Juddachs, halb Jude,
                  halb Dachs.

Holofernes. Das ist nicht säuberlich, nicht artlich, noch großmutig!

Boyet. Ein Licht für den Monsieur Judas, sonst stößt er den Kopf sich blutig!

Prinzessin. Ach, armer Makkabäus, wie hat man dich gehetzt!

Armado tritt auf als Hektor.

Biron. Verbirg dein Haupt, Achilles; hier erscheint Hektor in Waffen.

Dumaine. Und venn mein Spott mich auch selbst treffen sollte, will ich doch jetzt lustig sein.

König. Hektor var nur ein Hund gegen diesen!

Boyet. Ist das wirklich Hektor?

Dumaine. Ich denke, Hektor war nicht so zierlich gezimmert.

Longaville. Hatte Hektor solche Waden?

Dumaine. Waden, beim Himmel, wie Faden!

Boyet. Nein, am schönsten sind seine Dünnbeine.

Biron. Unmöglich kann dies Hektor sein!

Dumaine. Er ist ein Gott oder ein Maler, denn er macht Gesichter.

Armado. Der speergewalt'ge Mars, im Kampf unüberwindlich, Gab Hektorn ein Geschenk —

Dumaine. Eine vergoldete Muskatnuß!

Biron. Eine Citrone!

Longaville. Mit Nägelein durchsteckt.

Dumaine. Nein, benagelt.

Armado. Still! — Der speergewalt'ge Mars, im Kampf unüberwindlich, Gab Hektorn ein Geschenk, Burgherrn von Ilion. Der mut'ge Held fürwahr focht jeden Tag zwölfstündlich Vom Morgen bis zur Nacht vor seinem Pavillon. Die Blume nun bin ich —

Dumaine. Das Unkraut.

Longaville. 's Gänseblümchen.

Armado. Süßer Lord Longaville, zügelt Eure Zunge!

Longaville. Ich muß ihr vielmehr den Zügel schießen lassen; denn sie rennt gegen Hektor.

Dumaine. Ja, und Hektor ist ein Windhund.

Armado. Der süße Degen ist tot und begraden; liebste Kindlein, verunglimpft nicht das Gedein der Dahingeschiedenen. Als er lebte, var er ein mutiger Held. Jedoch ich will fürbaß in meinem Text; süßer Königssproß, lenke auf mich das Organ des Gehörs. *(Biron spricht heimlich mit Schädel.)*

Prinzessin. Sprich, wackrer Hektor, es ergötzt uns sehr.

Armado. Ich adoriere deiner süßen Herrlichkeit Pantoffel.

Boyet. Er mißt seine Liebe nach Fuß und Zoll!

Dumaine. In Ermangelung einer Elle.

Armado. Hektor, der Hannibal daniederwarf —

Schädel. Ja, freilich, Gevatter Hektor, mit der Hanne steht's schlimm; zwei Monat wird's her sein.

Armado. Was meinst du?

Schädel. Mein Seel! venn Ihr nicht den ehrlichen Trojaner spielt, so ist's arme Mädel geliefert; sie ist guter Hoffnung; das Kind renommiert schon im Mutterleibe; es ist von Euch.

Armado. Kalumnifizierst du mich vor Potentaten? Du sollst des Todes sterben!

Schädel. Dann wird Hektor gestäupt werden wegen der Jaquenetta, der er zum Kinde half, und gehenkt wegen des Pompejus, dem er vom Leben half.

Dumaine. Selt'ner Pompejus!

Boyet. Glorwürdiger Pompejus!

Biron. Größer denn groß, großer, großer, großer Pompejus! Pompejus der Unermeßliche!

Dumaine. Hektor zittert.

Biron. Pompejus glüht: Mehr Ates, mehr Ates! Hetzt sie auf, hetzt sie auf!

Dumaine. Jetzt wird Hektor ihn herausfordern.

Biron. Ja, und hätte er nicht mehr Mannsblut in seinem Gedärm, als ein Floh zum Abendbrot verzehrt.

Armado. Beim Morgenstern, ich fordere dich!

Schädel. Ich will nicht mit Morgensternen fechten, wie die Nachtwächter; klirren soll's, das Eisen soll heraus; hol mir doch einer meinen Degen wieder her!

Dumaine. Platz für die entzündeten Helden!

Schädel. In Hemdärmeln will ich mich schlagen!

Dumaine. Allerresolutester Pompejus!

Motte. Liebster Herr, verzeiht, wenn ich so frei mit der Sprache herausgehe. Seht Ihr denn nicht, daß Pompejus schon seinen Rock auszieht? Was denkt Ihr denn? Ihr kommt um all Eure Reputation.

Armado. Edle Herren und Kriegsfürsten, haltet mir zu gut, ich will nicht im Hemde fechten.

Dumaine. Ihr dürft's nicht ausschlagen; Pompejus hat gefordert.

Armado. Süße Seelen, ich kann es und ich will es.

Biron. Welchen Grund habt Ihr dafür?

Armado. Die nackte Wahrheit ist, ich habe kein Hemd; ich gehe in Wolle zur Pönitenz.

Boyet. 's ist wahr, das ward ihm in Rom auferlegt, veil er kein Leinzeug hatte; seit der Zeit, ich will's beschwören, besitzt er keins, außer einem von Jaquenettes Wischtüchern, und das trägt er zunächst am Herzen; es ist ein Andenken.

Mercade tritt auf.

Mercade. Heil, Fürſtin!

Prinzeſſin.   Sehr willkommen, Freund Mercade;
Nur daß du unſre Luſtbarkeit hier ſtörſt!

Mercade. Ich nah' Euch traurig, Fürſtin, meine Botſchaft
Weilt auf der Zunge ſchwer; der Fürſt, Euer Vater —

Prinzeſſin. Iſt tot!

Mercade.   So iſt's; und alles iſt geſagt.

Biron. Jetzt, Helden, fort; die Szene wird bewölkt.

Armado. Ich meinesteils atme freiern Atem; ich ſchaute die
Tage der Kränkung durch den kleinen Spalt der Klugheit und werde
mir Recht verſchaffen wie ein Soldat.   (Die Helden gehen ab.)

König. Wie geht's Eu'r Majeſtät?

Prinzeſſin. Boyet, trefft Anſtalt; ich will fort zu Nacht.

König. Nicht ſo, Prinzeſſin, ich erſuch' Euch, bleibt.

Prinzeſſin. Trefft Anſtalt, ſag' ich. — Dank, Ihr edlen Herrn,
Für all Eu'r hold Bemühen, und ich bitt' Euch
Aus friſch betrübtem Herzen, Ihr entſchuldigt
Oder vergeßt in Eurem klugen Sinn
Die Schalkheit und das Necken unſres Scherzes.
Wenn unſre Kühnheit ſich zu weit verging
Im Tauſch der Rede, Eure Höflichkeit
War ſchuld daran. Lebt wohl, erlauchter Fürſt!
Gebeugtes Herz führt nicht behende Zunge.
Entſchuldigt, iſt mein Dank nicht angemeſſen
Der vicht'gen Bitte, die ſo leicht gewährt.

König. Der Zeiten letzter Augenblick geſtaltet
Den letzten Ausgang oft nach dem Bedarf;
Ja, im Entſchwinden ſelber ſchlichtet ſie
Was lange Prüfung nicht zu löſen wußte.
Und ob der Tochter gramverhüllte Stirn
Der Liebe heitrem Werben nicht vergönnt
Das fromme Wort, das gern bereden möchte;
Dennoch, weil Lieb' im Feld zuerſt erſchien,
Laß nicht des Kummers Wolke ſie verſcheuchen
Aus ihrer Bahn. Verlornen Freund dejammern
Iſt lange nicht ſo heilſam, noch gedeihlich,
Als ſich des neu gefundnen Freunds erfreun.

Prinzeſſin. Mein dumpfer Gram läßt mich Euch nicht verſtehn

Biron. Gram faßt ein einſach ſchlichtes Wort am beſten;
Und was der König meint, bezeichn' Euch dies.
Um Eure Huld verſäumten wir die Zeit
Und wurden untreu unſerm Schwur, Eu'r Reiz
Entſtellt' uns ſehr und wandelt' unſern Sinn;

Ins Gegenteil schlug unser Streben um.
So kam's, daß wir Euch lächerlich erschienen;
Denn Lieb' ist voller Eigensinn und Unart,
Mutwillig wie ein Kind, abspringend, eitel,
Erzeugt durch's Aug' und deshalb gleich dem Auge
Voll flücht'ger Bilder, Formen, Phantasien,
Bunt wechselnd, so wie in des Auges Spiegel
Der Dinge Wechsel schnell vorüberrollt.
Wenn so gescheckte Tracht leichtsinn'ger Liebe
Anlegend, wir in Euern Himmelsaugen
Unziemlich schienen unserm Schwur und Ernst,
Verführt uns Euer Himmelsauge selbst
Zu Fehlern, die Ihr tadelt. Deshalb, Holde,
Ist unser Lieb' Eu'r Werk, ist's auch der Irrtum,
Den sie erzeugt; abtrünnig wurden wir,
Daß, einmal falsch, Euch ewig dauernd bliebe,
Die Ihr uns falsch wie treu macht, unsre Liebe.
So läutert Falschheit, Sünde sonst an sich,
Die eigne Schuld und wandelt sich in Tugend.

Prinzessin. Wir nahmen Eure Briefe, reich an Liebe,
Die Gaben auch, Botschafter Eurer Liebe;
Und schätzten sie in unserm Jungfraunrat
Für Courtoisie und höflich seinen Witz,
Als müß'ge Zier und Stickerei der Zeit.
Doch ernster, inn'ger nahmen wir es nicht
Mit Eurer Huld'gung; deshalb ward Eu'r Lieben
Nach eignem Maß als leichter Scherz erwidert.

Dumaine. Die Briefe, Fürstin, zeigten mehr als Scherz.

König. Auch unser Blick.

Rosaline. Wir lasen sie nicht so.

König. Jetzt mit der Stunde letztem Schlag verheißt
Uns Eure Liebe!

Prinzessin. Viel zu kurze Frist,
Zu schließen solchen endlos ew'gen Kauf.
Nein, nein, Mylord, Eu'r Meineid mahnt Euch schwer;
Ihr seid mit Schuld belastet. Darum hört mich!
Wenn mir zulieb' — obgleich kein Grund vorhanden —
Ihr etwas thun vollt, sollt Ihr dieses thun:
Schwört keinen Eid mir, aber eilt sofort
In eine Sied'lung still und abgelegen,
Entfernt von allen Freuden dieser Welt;
Dort weilt, bis durch der zwölf Gestirne Kreis
Die Sonnenbahn den Jahreslauf vollendet.
Wenn solche Streng' und abgeschiednes Leben

Nicht ändern, was Eu'r heißes Blut gelobt;
Wenn Frost und Fasten, Klaus' und leicht Gewand
Nicht welkt die heitern Blüten Eurer Liebe;
Wenn sie sich prüfungsstark bewährt als Liebe,
Dann, nach Verlauf des Jahrs, erscheine wieder,
Sprich dreist mich an, errungen durch Verdienst,
Und bei der Jungfraunhand, die jetzt die deine
Berührt, ich bin dein Eigen. Bis dahin
Verschließ' ich in ein Trauerhaus mein Leid,
In Thränenregen meinen Schmerz ergießend,
Des hingeschiednen Vaters eingedenk.
Versagst du dies, laß unsre Hände scheiden,
Und aller Herzensanspruch sterb' in belden.

König. Versag' ich dies, versag' ich mehr zu halten,
Um meine Kraft der trägen Ruh' zu weih'n,
So treffe mich des Todes rächend Walten.
Nun und auf ewig leb' ich dir allein.

Dumaine. Und wer hilft mir aus meinen Kümmernissen?

Katharina. Ein Weib! Ein Bart, Gesundheit, gut Gewissen;
Keins von den dreien, hoff' ich, sollt Ihr missen.

Dumaine. O, sag' ich gleich denn: Dank dir, liebste Frau!

Katharina. Nicht so, Mylord; erst über Jahr und Tag;
Dann zeige sich's, was Euer Kinn vermag.
Kommi, wenn zu meiner Fürstin kommt der König;
Hab' ich viel Gunst dann, geb' ich Euch ein wenig.

Dumaine. Bis dahin sei dir treuer Dienst geweiht.

Katharina. Schwört nicht! Ihr bräch't vielleicht auch diesen Eid.

Longaville. Was sagt Maria?

Maria.   Wenn zwölf Monde schwanden,
Schmück' ich statt Trauer mich mit Brautgewanden.

Longaville. Geduldig harr' ich, doch die Zeit ist lang!

Maria. Wie Ihr, noch seid Ihr allzu jung und schlank!

Biron. Sinnst du, Geliebte? Holde, schau mich an;
Schau meines Herzens Fenster, schau dies Auge,
Welch fleh'nde Bitte drin auf Antwort harrt
Gebeut mir einen Dienst für deine Liebe.

Rosaline. Oft, Lord Biron, hab' ich von Euch gehört,
Eh' ich Euch sah; der Welt vielzüngig Urteil
Bezeichnet Euch als einen dreisten Spötter,
Voller Vergleich und Hohn, der tief verwundet,
Den Ihr auf all und jeden Nächsten lenkt,
Der Eures Witzes Gnad' anheimgefallen.
Den Wermut nun aus Eurem Hirn zu reuten,
Und — venn Ihr's vollt — zugleich mich zu gewinnen —

Denn ohne dies ist kein Gewinnen möglich —
Sollt Ihr dies ganze Jahr von Tag zu Tag
Sprachlose Kranke sehn, sollt stets verkehren
Mit siechem Elend; Eu'r Bemühen sei es,
Mit Eures Witzes ausgelass'ner Laune
Zum Lächeln Ohnmacht selbst und Schmerz zu zwingen.

Biron. Den Mund des Sterbenden zum wilden Lachen?
Das könnt Ihr nicht verlangen. 's ist unmöglich;
Scherz rührt die Seele nicht im Todeskampf!

Rosaline. Das ist der Weg, den spött'schen Geist zu dämpfen,
Der Kraft nur schöpft aus jenem nicht'gen Beifall,
Den schal Gelächter stets dem Narren zollt.
Des Scherzes Anerkennung ruht im Ohr
Des Hörenden allein, nicht in der Zunge
Des, der ihn spricht. Drum wenn des Kranken Ohr,
Betäubt vom Schall der eignen schweren Seufzer,
Anhört den leichten Spaß, dann fahret fort;
Ich will Euch nehmen und den Fehl dazu.
Doch, wenn's Euch abweist, zügelt jene Laune;
Und Eures Fehlers frei find' ich Euch wieder,
Durch solche Sinnesänd'rung hocherfreut.

Biron. Zwölf Monde? Nun, wenn's sein muß, Not dricht Stahl;
Zwölf Monde treib' ich Spaß im Hospital.

Prinzessin. Ja, werter Fürst, und also nehm' ich Abschied.

König. Nein, Teure, gönnt uns noch ein kurz Geleit!

Biron. Nicht wie im alten Lustspiel endigt's heut';
Hans hat kein Gretchen; schade, daß die Damen
Den Ausgang nicht komödienhafter nahmen!

König. Still, Freund, das Ende kommt schon, sei nicht bange,
In Jahr und Tag.

Biron.   So spielt das Stück zu lange.

Armado tritt auf.

Armado. O holde Majestät, vergönnt mir . . .

Prinzessin. War das nicht Hektor?

Dumaine. Der würd'ge Held von Troja!

Armado. Ich will deinen königlichen Finger küssen und Abschied nehmen; ich that ein Gelübde, ich schwur Jaquenetten, um ihrer holden Gunst willen den Pflug zu führen drei Jahre lang. Wollt Ihr jedoch, vielgeschätzte Hoheit, den Dialog anhören, welchen die zween gelahrten Männer zusammengestellt zur Verherrlichung der Eule und des Kuckucks? Er sollte dem Ende unseres Schauspiels angefügt werden.

König. Ruft sie sogleich, wir wollen sie anhören.

Armado. Holla! tretet ein!

Holofernes, Motte, Schädel und andere treten auf mit Musik.

Hier zeigt sich Ver, der Lenz,
Dort Hiems, Winter; diesen stellt die Eule,
Der Kuckuck jenen dar. Nun Ver beginne.

Lied.

Frühling. Wenn Primeln gelb und Veilchen blau
Und Maßlieb silberweiß im Grün,
Und Kuckusblumen rings die Au
Mit bunter Frühlingspracht umblühn,
Des Kuckucks Ruf im Baum erklingt,
Und neckt den Eh'mann, wenn er singt: Kucku,
Kucku, Kucku. Der Mann ergrimmt,
Wie er das böse Wort vernimmt.

Wenn Lerche früh den Pflüger weckt,
Am Bach der Schäfer flötend schleicht,
Wenn Dohl' und Kräh' und Täubchen heckt,
Ihr Sommerhemd das Mädchen bleicht,
Des Kuckucks Ruf im Baum erklingt,
Und neckt den Eh'mann, wenn er singt: Kucku,
Kucku, Kucku. Der Mann ergrimmt,
Wie er das böse Wort vernimmt.

Winter. Wenn Eis in Zapfen hängt am Dach,
Und Thoms, der Hirt, vor Frost erstarrt,
Wenn Hans die Klötze trägt ins Fach,
Die Milch gefriert im Eimer hart,
Das Blut gerinnt, der Weg verschneit,
Dann nächtlich friert der Kauz und schreit: Tuhu,
Tuwit tuhu, ein lustig Lied,
Derweil die Hanne Würzbier glüht.

Wenn Sturm dem Giebelfenster droht,
Im Schnee das Vöglein emsig pickt,
Wenn Lisbeths Nase spröd' und rot,
Der Pfarrer hustend fast erstickt,
Bratapfel zischt in Schalen welt,
Dann nächtlich blinzt der Kauz und schreit: Tuhu,
Tuwit tuhu, ein lustig Lied,
Derweil die Hanne Würzbier glüht.

Armado. Die Worte Merkurs sind rauh nach den Gesängen
des Apoll. Ihr dorthin; wir dahin. (Alle gehen ab.)

Druck von Hesse & Becker in Leipzig.

Neue Leipziger
Klassiker-Ausgaben

mit Biographien und Porträts.

Chamisso. Mit Biographie v. K. Siegen.
Eichendorff. Mit Biogr. v. G. Karpeles.
Gaudy. Mit Biographie von K. Siegen.
Goethe. Mit Biographie v. S. M. Prem.
Hauff. Mit Biographie von Ad. Kofahl.
Hebbel. Mit Biographie v. A. Stern.
Heine. Mit Biographie v. G. Karpeles.
Immermann, Oberhof. Mit Biographie von K. Siegen.
H. v. Kleist. Mit Biogr. von K. Siegen.
Körner. Mit Biographie v. Ad. Kofahl.
Lenau. Mit Biographie v. G. Karpeles.
Lessing. Mit Biographie von M. Brasch.
Rückert. Mit Biographie von C. Beyer.
Schiller. Mit Biographie v. G. Karpeles.
Shakespeare. Übersetzt v. Schlegel u. Tieck. Mit Biographie von Rob. Prölß.
Uhland. Mit Biographie v. L. Geiger.

Vorzügliche Ausstattung!
Unübertroffene Korrektheit!

Max Hesse's Verlag, Leipzig.

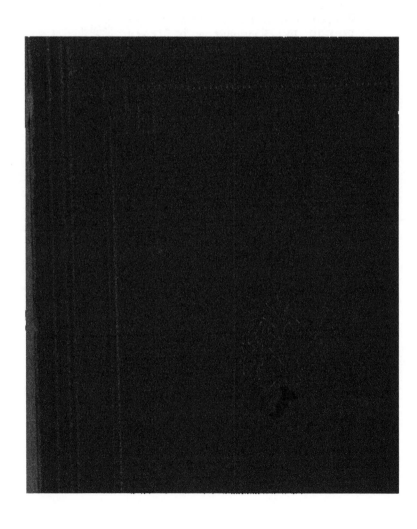

.

Lightning Source UK Ltd.
Milton Keynes UK
UKHW012029201118
332601UK00013B/1994/P